Dr. Andreas Zahn

Wirtschaftsrecht
Ein Fachbuch für Studium und Praxis

1. Auflage 2022

Korrekturhinweise

B. BGB Allgemeines Schuldrecht

S. 245 Abs. 4 letzte Z.: „Unternehmern"

S. 246 Abs. 4 Z. 6: „Unternehmern"; Z. 7: digitale „Produkte"

S. 335 Abs. 1 Pkt. 3: „Verbrauchsgüterkaufvertrag"; Pkt. 7: „§ 650 Abs. 3 BGB"

S. 337 Abs. 2 Z. 1: „§ 327 Abs. 2 Nr. 1 BGB"

S. 344 Abs. 1 Z. 2: „§§ 327t und 327u BGB"

B. BGB Besonderes Schuldrecht

S. 385 Abs. 2 Pkt. 4 Z. 6: „und Zahlungsdienste" „§§ 662-676c BGB"

S. 388 Abs. 2 Z. 2: „§ 433 BGB"

S. 389 Abs. 4 Z. 4: „§ 453 Abs. 1 S. 1 Fall 1 BGB"

S. 390 Abs. 2 Z. 1: „453 Abs. 1 S. 1 BGB"; Abs. 3 Z. 5: „§ 438 Abs. 1 Nr. 1 b"; Abs. 4 Z. 2: „§ 453 Abs. 1 S. 1 Fall 1 BGB"

S. 391 Abs. 1 Z. 2: „§ 453 Abs. 1 S. 1 Fall 2 BGB"; Abs. 3 Z. 2 „§ 453 Abs. 1 S. 1 Fall 2 BGB", Abs. 4 Z. 1: „§ 453 Abs. 1 S. 1 Fall 1 BGB"

S. 393 Abs. 2 Z. 6: „§ 925 BGB"; Z. 10: „seines gegenwärtigen"; Z. 11: „§ 311b Abs. 3 BGB"; Abs. 4 Z. 1: „§ 453 Abs. 1 S. 1 Fall 1"

S. 394 Abs. 2 Z. 1: „§§ 453 Abs. 1 S. 1 Fall 2, 433 BGB"; Abs. 3 Pkt. 2: „Mängeln (Nr. 2)"

S. 397 Abs. 2 Z. 4: „§ 434 Abs. 2 S. 1 Nr. 1 BGB; Abs. 4 Z. 5: „§§ 446, 243 Abs. 2 BGB"

S. 404 Abs. 3 Z. 7: „statt der Leistung oder Ersatz vergeblicher Aufwendungen"

S. 408 Abs. 4 Z. 3: „weit überwiegender"; Abs. 6 Z. 2: „§ 437 Nr. 2 Fall 2 BGB"

S. 409 Abs. 3 Z. 2; „§ 437 Nr. 2 BGB"

S. 410 Abs. 4 Z. 1: „des Käufers"; Abs. 5 Z. 1: „der Verkäufer"; Z. 3: „der Käufer"; Z. 6: „der Verkäufer"; Abs. 7 Z. 3: „§ 442 Abs. 2 BGB"

S. 411 Abs. 1 Z 5: „§ 442 Abs. 1 S. 2 BGB"; Z. 10: „§ 434 Abs. 2 S. 2 und 3 BGB"; Abs. 2 Z. 4: „§ 442 Abs. 1 S. 2 BGB"

S. 416 Abs. 2 Z. 9: „§ 475b Abs. 4 BGB"; Z. 13: „jeweiligen Verkäufer"; Abs. 3 Z. 5: „§ 475b Abs. 4 BGB"; Abs. 4 Z. 3: „§ 445b Abs. 2 S. 2 BGB a.F."; Z. 6-8: Satz 4 gestrichen

S. 418 Abs. 3 Z. 12: „§ 434 Abs. 2 S. 1 Nr. 1 BGB"

Abkürzungen

Abs. = Absatz, Pkt. = Punkt, S. = Seite, Z. = Zeile

Wirtschaftsrecht

Ein Fachbuch für Studium und Praxis

Von
Dr. Andreas Zahn

1. Auflage 2022

Bibliografische Information der Deutschen Nationalbibliothek
Die Deutsche Nationalbibliothek verzeichnet diese Publikation
in der deutschen Nationalbibliografie; detaillierte bibliografische Daten
sind im Internet über http://dnb.d-nb.de abrufbar

ISBN 978-3-00-070103-0

E-Mail: azahn@mail.de

Druck: EuroPB s.r.o., Dělostřelecká 344, CZ 261 01 Příbram in Kooperation mit
Besser zum Druck e.K., 90530 Wendelstein

Satz: Jung Crossmedia Publishing GmbH, Gewerbestraße 17, 35633 Lahnau

Cover: NM Hammersen & Partner, Friedberg

für
Marie-Carlotta und **Sofie-Julietta**

Information über den Autor:

Dr. Andreas Zahn hat langjährige Erfahrung als Rechtsanwalt und Partner in internationalen Wirtschaftskanzleien sowie als Syndikus in einer deutschen Großbank. Seine Expertise liegt im Bereich des deutschen und europäischen Wirtschaftsrechts, insbesondere bei der Beratung der Marktakteure in komplexen Cross-Border Transaktionen.

Haftungsausschluss:

Der Autor übernimmt keine Haftung für die Benutzung dieses Buchs und der darin enthaltenen Informationen sowie deren Aktualität, Richtigkeit, Vollständigkeit und nicht für Druckfehler. Sämtliche Rechts- und Haftungsansprüche sind ausgeschlossen. Insbesondere stellen Inhalte dieses Buchs keine Rechtsberatung dar. Für die Inhalte von in diesem Buch abgedruckten Internetseiten sind ausschließlich die Betreiber der jeweiligen Internetseiten verantwortlich.

Inhaltsübersicht

3. Teil. Handels- und Gesellschaftsrecht

Inhaltsverzeichnis

2. Teil. Allgemeines Privatrecht

Abkürzungsverzeichnis

a. A.	anderer Ansicht
ABS	Asset-Backed-Securities
Abs.	Absatz
ADS	Allgemeine Deutsche Seeversicherungsbedingungen
ADSp	Allgemeine Deutsche Spediteurbedingungen
a. E.	am Ende
AEG	Allgemeines Eisenbahngesetz
AEUV	Vertrag über die Arbeitsweise der Europäischen Union
a. F.	alte Fassung
AG	Aktiengesellschaft
AGB	Allgemeine Geschäftsbedingungen
AGG	Allgemeines Gleichbehandlungsgesetz
AktG	Aktiengesetz
AMG	Arzneimittelgesetz
AnfG	Anfechtungsgesetz
AO	Abgabenordnung
ApBetrO	Apothekenbetriebsordnung
APEC	Asiatisch-Pazifische Wirtschaftsgemeinschaft
APKR	Allgemeines Persönlichkeitsrecht
Art.	Artikel
ARUG	Gesetz zur Umsetzung der Aktionärsrichtlinie
ASEAN	Verband Südostasiatischer Nationen
ASP	Application Service Providing
AtomG	Atomgesetz
AVAG	Anerkennungs- und Vollstreckungsausführungsgesetz
AVB	Allgemeine Versicherungsbedingungen
BaFin	Bundesanstalt für Finanzdienstleistungsaufsicht
BAG	Bundesarbeitsgericht
BÄO	Bundesärzteordnung
BAT	Bundes-Angestelltentarifvertrag
BauSparkG	Bausparkassengesetz
BB	Betriebs-Berater
BBankG	Bundesbankgesetz
BBG	Bundesbeamtengesetz
BBiG	Berufsbildungsgesetz
BDSG	Bundesdatenschutzgesetz
BeamtStG	Beamtenstatusgesetz
BeamtVG	Beamtenversorgungsgesetz
BetrVG	Betriebsverfassungsgesetz
BeurkG	Beurkundungsgesetz
BGB	Bürgerliches Gesetzbuch
BGB-InfoV	BGB-Informationspflichten-Verordnung
BGBl.	Bundesgesetzblatt
BGH	Bundesgerichtshof
BGHZ	Entscheidungen des Bundesgerichtshofs in Zivilsachen
BHO	Bundeshaushaltsordnung
BImSchG	Bundes-Immissionsschutzgesetz
BIZ	Bank für Internationalen Zahlungsausgleich
BMJV	Bundesministerium der Justiz und für Verbraucherschutz
BMWI	Bundesministerium für Wirtschaft und Energie
BNotO	Bundesnotarordnung
BORA	Berufsordnung der Rechtsanwälte
BörsG	Börsengesetz
BPatG	Entscheidungen des Bundespatentgerichts
BRAO	Bundesrechtsanwaltsordnung
Brexit	Kunstwort aus „Britain“ und „Exit“ für den Austritt des Vereinigten Königreichs aus der EU

Brüssel-Ia-VO	EU-Verordnung über die gerichtliche Zuständigkeit und die Anerkennung und Vollstreckung von Entscheidungen in Handels- und Zivilsachen
BT-Drucks.	Bundestags-Drucksache
BTÄO	Bundes-Tierärzteordnung
BurlG	Bundesurlaubsgesetz
BVerfG	Bundesverfassungsgericht
BVerfGE	Entscheidungen des Bundesverfassungsgerichts
BVerfGG	Bundesverfassungsgerichtsgesetz
BVVO	EU-Beihilfeverfahrensverordnung
BZRG	Bundeszentralregistergesetz
bzw.	beziehungsweise
CBOT	Chicago Board of Trade
c. i. c.	culpa in contrahendo (Verschulden bei Vertragsschluss)
CISG	Übereinkommen der Vereinten Nationen über Verträge über den internationalen Warenverkauf (UN-Kaufrecht)
Clearstream	Clearstream International S. A.
CME	Chicago Mercantile Exchange
CMR-Konvention	Internationale Vereinbarung über Beförderungsverträge auf Straßen
COVMG	Gesetz über Maßnahmen im Gesellschafts-, Genossenschafts-, Vereins-, Stiftungs- und Wohnungseigentumsrecht zur Bekämpfung der Auswirkungen der COVID-19-Pandemie
CRR	EU-Kapitaladäquanzverordnung
DB	Der Betrieb
DCFR	Gemeinsamer Referenzrahmen-Entwurf für ein europäisches Vertragsrecht
DCGK	Deutscher Corporate Governance Kodex (Fassung vom 16.12.2019)
DepotG	Depotgesetz
DesignG	Designgesetz
d. h.	das heißt
DigRL	EU-Digitalisierungsrichtlinie
DIN-Normen	Normen des Deutschen Instituts für Normierung e.V.
DIRL	EU-Digitale-Inhalte-Richtlinie
DiRUG	Gesetz zur Umsetzung der (EU-)Digitalisierungsrichtlinie
D&O-Versicherung	Directors & Officers-Versicherung
DPMA	Deutsches Patent- und Markenamt
DrittelbG	Drittelbeteiligungsgesetz
DTC	Depository Trust & Clearing Corporation
EAGV	Vertrag zur Gründung der Europäischen Atomgemeinschaft
EAWU	Eurasische Wirtschaftsunion
EBV	Eigentümer-Besitzer-Verhältnis
EC	European Exchange
ECC	European Commodity Clearing
ECO	Organisation für wirtschaftliche Zusammenarbeit
ECOWAS	Westafrikanische Wirtschaftsgemeinschaft
EDSA	Europäischer Datenschutzausschuss
EDSA Leitlinien	Leitlinien zur Verarbeitung personenbezogener Daten gemäß Artikel 6 Absatz 1 Buchstabe b (EU-)DSGVO im Zusammenhang mit der Bereitstellung von Online-Diensten für betroffene Personen (02/2019)
EEG	Erneuerbare-Energien-Gesetz
EEX	European Energy Exchange
EFTA	Europäische Freihandelsassoziation
EFZG	Entgeltfortzahlungsgesetz
EGBGB	Einführungsgesetz zum Bürgerlichen Gesetzbuche
EGGVG	Einführungsgesetz zum Gerichtsverfassungsgesetz
EGMR	Europäischer Gerichtshof für Menschenrechte
EGSCE	Gesetz zur Einführung der Europäischen Genossenschaft
eIDAS-VO	EU-Verordnung über elektronische Identifizierung und Vertrauensdienste
EMRK	Europäische Menschenrechtskonvention
EnVKV	Pkw-Energieverbrauchskennzeichnungsverordnung
EnWG	Energiewirtschaftsgesetz

EPÜ	Europäisches Patentübereinkommen
ErbbauRG	Erbbaurechtsgesetz
ERI	Einheitliche Richtlinien für Inkassi
ErwGr	Erwägungsgrund
ESC	Europäische Sozialcharta
ESMA	Europäische Wertpapier- und Marktaufsichtsbehörde
EstG	Einkommensteuergesetz
EU	Europäische Union
EuBVO	EU-Verordnung über die Zusammenarbeit zwischen den Gerichten der Mitgliedstaaten auf dem Gebiet der Beweisaufnahme in Zivil- oder Handelssachen
EU-DSGVO	EU-Datenschutz-Grundverordnung
EuGD	Gericht für den öffentlichen Dienst der Europäischen Union
EuGFVO	EU-Verordnung zur Einführung eines europäischen Verfahrens für geringfügige Forderungen
EuGH	Gerichtshof der Europäischen Gemeinschaften
EuGVVO	EU-Gerichtsstands- und Vollstreckungsverordnung
EuInsVO	EU-Insolvenzverordnung
EUIPO	Amt der Europäischen Union für geistiges Eigentum
EuMahnVO	EU-Mahnverfahrensverordnung
EUV	Vertrag über die Europäische Union
EU-VO	EU-Verordnung(en)
EuVTVO	EU-Unbestrittene-Forderungen-Vollstreckungstitel-Verordnung
EuZBLG	Gesetz über die Zusammenarbeit von Bund und Ländern in der Europäischen Union
EuZVO	Europäische Zustellungsverordnung
EVB	Eigentumsvorbehalt
EWIV	Europäische Wirtschaftliche Interessenvereinigung
EWIV-AG	EWIV-Ausführungsgesetz
EWIV-VO	EU-Verordnung über die Schaffung einer Europäischen Wirtschaftlichen Interessenvereinigung
eWpPG	Gesetz zur Einführung von elektronischen Wertpapieren
eWpRV	Verordnung über Anforderungen an elektronische Wertpapierregister
EWR	Europäischer Wirtschaftsraum
EWRA	Abkommen über den Europäischen Wirtschaftsraum
EZB	Europäische Zentralbank
f, ff	folgend, folgende
FAO	Fachanwaltsordnung
FG	Finanzgerichtsordnung
FinDAG	Finanzdienstleistungsaufsichtsgesetz
EinSiG	Finanzsicherheitengesetz
FKVO	EU-Fusionskontrollverordnung
FrHSchV D-USA	Deutsch-amerikanischer Freundschafts-, Handels- und Schifffahrtsvertrag
FüPoG II	Zweites Führungspositionengesetz
FWB	Frankfurter Wertpapierbörse
GBO	Grundbuchordnung
GbR	Gesellschaft bürgerlichen Rechts
GCC	Golf-Kooperationsrat
GebrMG	Gebrauchsmustergesetz
GEK	Gemeinsames Europäisches Kaufrecht
GEK-VO	Vorschlag für eine Verordnung über ein Gemeinsames Europäisches Kaufrecht
gem.	gemäß
Genfer-ÜE	Genfer Übereinkommen über die Anerkennung von Rechten an Flugzeugen
GenG	Genossenschaftsgesetz
GenTG	Gentechnikgesetz
GesRRL	EU-Gesellschaftsrechtsrichtlinie
GewO	Gewerbeordnung
GG	Grundgesetz
ggf.	gegebenenfalls
GmbH	Gesellschaft mit beschränkter Haftung
GmbHG	Gesetz betreffend die Gesellschaft mit beschränkter Haftung
GmbHR	GmbHRundschau

GMRA . . . . Global Master Repurchase Agreement
GMSLA . . . . Global Master Securities Lending Agreement
GoA . . . . Geschäftsführung ohne Auftrag
GRC . . . . Charta der Grundrechte der Europäischen Union
grds. . . . . grundsätzlich
GRUR . . . . Zeitschrift für Gewerblichen Rechtsschutz und Urheberrecht
GVG . . . . Gerichtsverfassungsgesetz
GVGA . . . . Geschäftsanweisung für Gerichtsvollzieher
GWB . . . . Gesetz gegen Wettbewerbsbeschränkungen
GWG . . . . Geldwäschegesetz

Haager-ÜE . . . . Haager Übereinkommen über die Anerkennung und Vollstreckung ausländischer Urteile
HaftPflG . . . . Haftpflichtgesetz
HGB . . . . Handelsgesetzbuch
h. L. . . . . herrschende Lehre
h. M. . . . . herrschende Meinung
HOAI . . . . Honorarordnung für Architekten und Ingenieure
HRV . . . . Handelsregisterverordnung
Hs. . . . . Halbsatz
HV . . . . Hauptversammlung(en)

IAS-Verordnung . . . EU-Verordnung betreffend die Anwendung internationaler Rechnungslegungsstandards
IBRD . . . . Internationale Bank für Wiederaufbau und Entwicklung
ICC . . . . Internationale Handelskammer
ICE . . . . ICE Futures Europe
ICJ . . . . Internationaler Gerichtshof
ICSID . . . . Internationales Zentrum für die Beilegung von Investitionsstreitigkeiten
IDA . . . . Internationale Entwicklungsorganisation
i. d. R. . . . . in der Regel
IDW RS HFA 8 . . . . Stellungnahme des Instituts für Wirtschaftsprüfer zu Zweifelsfragen der Bilanzierung von asset-backed-securities-Gestaltungen und ähnlichen Transaktionen
i. e. S. . . . . im engeren Sinn(e)
IFC . . . . Internationale Finanzcooperation
IGF . . . . Informationsfreiheitsgesetz
IGH-Statut . . . . Statut des Internationalen Gerichtshofs
IMF . . . . Internationaler Währungsfonds
Incoterms . . . . International Commercial Terms (Internationale Handelsklauseln)
InsO . . . . Insolvenzordnung
IntVG . . . . Integrationsverantwortungsgesetz
IPR . . . . Internationales Privatrecht
i. S. d. . . . . im Sinne des
ISDA . . . . International Swaps and Derivatives Association
ISDA Master Agreement . . . . ISDA-Rahmenvertrag für OTC-Derivattransaktionen
ISGH . . . . Internationaler Seegerichtshof
ISO-Normen . . . . . Normen der Internationalen Organisation für Normung
IStGH . . . . Internationaler Strafgerichtshof
i. S. v. . . . . im Sinne von
ITLOS . . . . Internationaler Seegerichtshof
i. V. m. . . . . in Verbindung mit
IWG . . . . Informationsverwendungsgesetz

JZ . . . . Juristenzeitung

KAGB . . . . Kapitalanlagegesetzbuch
KapMuG . . . . Kapitalanleger-Musterverfahrensgesetz
KfZ . . . . Kraftfahrzeug(e)
KG . . . . Kammergericht (OLG des Landes Berlin)
KG . . . . Kommanditgesellschaft
KGaA . . . . Kommanditgesellschaft auf Aktien

KMU	Kleine und mittlere Unternehmen
K&R	Kommunikation & Recht
KSchG	Kündigungsschutzgesetz
KunstUrhG	Kunsturhebergesetz
KWG	Kreditwesengesetz
LCH	LCH.Clearnet Group Limited
LG	Landgericht
LkSG	Lieferkettensorgfaltspflichtengesetz
Londoner-EÜE	Londoner Europäisches Übereinkommen betreffend Auskünfte über ausländisches Recht
LuftVG	Luftverkehrsgesetz
Lugano-ÜE	Lugano Übereinkommen über die gerichtliche Zuständigkeit und die Vollstreckung gerichtlicher Entscheidungen in Zivil- und Handelssachen
MarkenG	Markengesetz
MDR	Monatsschrift für Deutsches Recht
m. E.	meines Erachtens
Merscosur	Gemeinsamer Südamerikanischer Markt
MgVG	Gesetz über die Mitbestimmung der Arbeitnehmer bei einer grenzüberschreitenden Verschmelzung
MIGA	Multilaterale Investitions-Garantie-Agentur
MitbestG	Mitbestimmungsgesetz
MMR	Multimedia und Recht
MoMiG	Gesetz zur Modernisierung des GmbH-Rechts
MontanMitbestG	Montan-Mitbestimmungsgesetz
MoPeG	Gesetz zur Modernisierung des Gesellschaftsrechts
NachwG	Nachweisgesetz
NAFTA	Nordamerikanisches Freihandelsabkommen
Netzwerkbekanntmachung	Bekanntmachung der EU-Kommission über die Zusammenarbeit innerhalb des Netzes der Wettbewerbsbehörden
n. F.	neue Fassung
NGO	Nichtregierungsorganisationen
NJW	Neue Juristische Wochenschrift
NJW-RR	Neue Juristische Wochenschrift – Rechtsprechungsreport
Nr.	Nummer(n)
NY-ÜE	New Yorker Übereinkommen über die Anerkennung und Vollstreckung ausländischer Schiedssprüche
NZA	Neue Zeitschrift für Arbeitsrecht
NZG	Neue Zeitschrift für Gesellschaftsrecht
NZM	Neue Zeitschrift für Miet- und Wohnungsrecht
o. Ä.	oder Ähnliche(s)
OHG	Offene Handelsgesellschaft
OLG	Oberlandesgericht
OLGE	Entscheidungssammlung der Oberlandesgerichte
OMT	Outright Monetary Transactions (direkte Geldtransaktionen)
OTC	Over-the Counter (außerbörslich)
Ottawa-ÜE	UNIDROIT-Übereinkommen über das Internationale Factoring
PAngV	Preisangabenverordnung
PAO	Patentanwaltsordnung
PartG	Partnerschaftsgesellschaft
PartGG	Gesetz über Partnerschaftsgesellschaften Angehöriger Freier Berufe
PatG	Patentgesetz
PBefG	Personenbeförderungsgesetz
PCA	Permanent Court of Arbitration (Ständiger Schiedshof)
PDLV	Postdienstleistungsverordnung
PECL	Principles of European Contract Law
PfandBG	Pfandbriefgesetz

PflVG	Pflichtversicherungsgesetz
ProdHaftG	Produkthaftungsgesetz
Prospekt-VO	EU-Prospektverordnung
PSPP	Public Sector Purchase Programm (Staatsanleihekaufprogramm der EZB)
PublG	Publizitätsgesetz
PVaG	Pensionsverein auf Gegenseitigkeit
PVÜ	Pariser Verbandsübereinkunft zum Schutz des gewerblichen Eigentums
ReaG	Recht am eingerichteten und ausgeübten Gewerbebetrieb
RDG	Rechtsdienstleistungsgesetz
RG	Reichsgericht
RGZ	Entscheidungen des Reichsgerichts in Zivilsachen
ROM I-VO	EU-Verordnung über das auf vertragliche Schuldverhältnisse anzuwendende Recht
ROM II-VO	EU-Verordnung über das auf außervertragliche Schuldverhältnisse anzuwendende Recht
RVG	Rechtsanwaltsvergütungsgesetz
S.	Satz, Seite
s.	siehe
SanInsFoG	Gesetz zur Fortentwicklung des Sanierungs- und Insolvenzrechts
SCE	Societas cooperativa Europaea (Europäische Genossenschaft)
SCE-AG	SCE-Ausführungsgesetz
SCE-VO	EU-Verordnung über die Europäische Genossenschaft
SchRegO	Schiffsregisterordnung
SchVG	Schuldverschreibungsgesetz
SE	Societas Europaea (Europäische Gesellschaft)
SEAG	SE-Ausführungsgesetz
SEBG	SE-Beteiligungsgesetz
SEPA	Single European Payments Area (einheitlicher Euro-Zahlungsverkehrsraum)
SE-VO	EU-Verordnung über die Europäische Gesellschaft
SGB	Sozialgesetzbuch
SGG	Sozialgerichtsgesetz
SMS	Short Message Service (Kurznachrichtendienst)
sog.	so genannt(e)
StaRUG	Gesetz über den Stabilisierungs- und Restrukturierungsrahmen für Unternehmen
StBerG	Steuerberatungsgesetz
StGB	Strafgesetzbuch
StiftRG	Stiftungsregistergesetz
StVG	Straßenverkehrsgesetz
Subs.-Protokoll	Subsidiaritätsprotokoll zum EUV
TKG	Telekommunikationsgesetz
TMG	Telemediengesetz
TPG	Transplantationsgesetz
TRIPS	Abkommen über handelsbezogene Aspekte der Rechte des geistigen Eigentums
TVG	Tarifvertragsgesetz
TzBfG	Teilzeit- und Befristungsgesetz
UAbs.	Unterabsatz
UIG	Umweltinformationsgesetz
UKlaG	Unterlassungsklagengesetz
UMAG	Gesetz zur Unternehmensintegrität und Modernisierung des Anfechtungsrechts
UmweltHG	Umwelthaftungsgesetz
UmwG	Umwandlungsgesetz
UN(O)	Vereinte Nationen
UN-Charta	Charta der Vereinten Nationen
UNCITRAL	Kommission der Vereinten Nationen für Internationales Handelsrecht
UNIDROIT	Internationales Institut zur Vereinheitlichung des Zivilrechts
UrhG	Urhebergesetz
usw.	und so weiter
u. U.	unter Umständen
UWG	Gesetz gegen den unlauteren Wettbewerb

v.	vom
v. a.	vor allem
VAG	Versicherungsaufsichtsgesetz
VDG	Vertrauensdienstgesetz
VerlG	Verlagsgesetz
VermAnlG	Vermögensanlagengesetz
VerschG	Verschollenheitsgesetz
VersR	Versicherungsrecht
VGG	Verwertungsgesellschaftengesetz
vgl.	vergleiche
VO	Verordnung
VO 1/2003	EU-Kartellverfahrensverordnung
VO 1407/2013	EU-De-minimis-Verordnung
VOB	Vergabe- und Vertragsordnung für Bauleistungen
VVaG	Versicherungsverein auf Gegenseitigkeit
VVG	Versicherungsvertragsgesetz
VwGO	Verwaltungsgerichtsordnung
WEF	World Economic Forum (Weltwirtschaftsgipfel)
WEG	Wohnungseigentumsgesetz
WG	Wechselgesetz
WHG	Wasserhaushaltsgesetz
WKGB	Wagniskapitalbeteiligungsgesetz
WKRL	EU-Warenkaufrichtlinie
WM	Wertpapiermitteilungen
WoBindG	Wohnungsbindungsgesetz
WpHG	Wertpapierhandelsgesetz
WPO	Wirtschaftsprüferordnung
WpPG	Wertpapierprospektgesetz
WPÜG	Wertpapiererwerbs- und Übernahmegesetz
WTO	World Trade Organisation (Welthandelsorganisation)
WVK	Wiener Übereinkommen über das Recht der Verträge
ZAG	Zahlungsdiensteaufsichtsgesetz
z. B.	zum Beispiel
ZHG	Zahnheilkundegesetz
ZIP	Zeitschrift für Wirtschaftsrecht und Insolvenzpraxis
ZKG	Zahlungskontengesetz
ZMR	Zeitschrift für Miet- und Raumrecht
ZPO	Zivilprozessordnung
ZVG	Gesetz über die Zwangsversteigerung und die Zwangsverwaltung

Abbildungsverzeichnis

Abbildungen (Abb.) 1–39:

Die Abbildungen hat der Autor selbst erstellt.

Einleitung

Das vorliegende Buch soll die Regelungen des in der Bundesrepublik Deutschland geltenden Wirtschaftsrechts und seine internationalen Bezüge für Studium und Praxis auf verständliche Weise darstellen. Es richtet sich an Studenten der Rechts- und Wirtschaftswissenschaften und die Entscheidungsträger in Wirtschaft, Handel und Industrie. Der Aufbau des Buchs ist in drei Teile gegliedert, den ersten Teil über die Grundlagen des Wirtschaftsrechts, den zweiten Teil über das Allgemeine Privatrecht und den dritten Teil über das Handels- und Gesellschaftsrecht. Die Themenbereiche werden mit Beispielsfällen anhand der aktuellen Rechtsprechung des Europäischen Gerichtshofs, Bundesgerichtshofs und der Instanzgerichte erklärt. Auch werden die Regelungen in übersichtlichen Abbildungen zusammenfassend dargestellt. Zudem erhält der Leser nach den jeweiligen Kapiteln weiterführende Literaturhinweise zu Lehrbüchern und Gesetzeskommentaren sowie zu Weblinks staatlicher Organe, Gerichtshöfe, Internationaler Organisationen, Schiedsgerichte, Verbände und sonstiger Marktteilnehmer.

1. Buchteil (Grundlagen)

Der erste Buchteil gibt einen allgemeinen Überblick über die rechtlichen Grundlagen des staatlichen und supranationalen Rechts. Die Rechtsordnung der Bundesrepublik Deutschland ist durch das Grundgesetz festgelegt, welches das Völkerrecht und das Europarecht in das nationale Recht des souveränen Staates integriert.

Völkerrecht

Das Völkerrecht gilt als Bestandteil des staatlichen Rechts der Bundesrepublik Deutschland. Die allgemeinen Regeln des Völkerrechts sind unmittelbar verbindlich und stehen über den nationalen Gesetzen, aber im Rang unter dem Bundesverfassungsrecht. Dagegen bedürfen Völkerrechtsverträge der Transformation durch ein Vertragsgesetz in innerstaatliches Recht und haben dann den Rang eines Bundesgesetzes. Die Internationalen Organisationen, wie die Vereinten Nationen, der Internationale Währungsfonds und die Weltbankgruppe werden durch Völkerrechtsverträge gegründet und sind zwischenstaatliche Organisationen. Dagegen sind die supranationalen Organisationen, wie die Europäische Union, überstaatlicher Organisationen mit begrenzten Befugnissen ohne das Recht zur eigenmächtigen Kompetenzerweiterung. Keine Rechtssubjekte des Völkerrechts sind Internationale Nichtregierungsorganisationen (NGO).

Nationales Recht

Das nationale Recht der Bundesrepublik Deutschland wird typischerweise im Hinblick auf die Adressaten der Rechtsnormen nach dem Privatrecht und dem Öffentlichen Recht unterschieden.

Privatrecht

Das Privatrecht regelt die Rechtsbeziehungen natürlicher Personen und juristischer Personen als gleichgestellte Rechtssubjekte untereinander sowie das Handeln der staatlichen Organe, Einrichtungen und Wirtschaftsbetriebe, wenn diese privatrechtlich tätig werden. Es umfasst die Gesetzesvorschriften zum privaten Wirtschaftsrecht. Das ist im Bürgerlichen Gesetzbuch und seinen Nebengesetzen sowie den Gesetzen des Sonderprivatrechts geregelt. Zur Bezeichnung des Privatrechts werden als Begriffe auch das Zivilrecht und das Bürgerliche Recht verwendet. Dem Sonderprivatrecht zugeordnet werden insbesondere das Handels- und Gesellschaftsrecht, das Kartell- und Wettbewerbsrecht, das Immaterialgüterrecht, das Bank- und Kapitalmarktrecht mit Börsen-, Wertpapier- und Depotrecht, das Versicherungsrecht, das Insolvenzrecht und das Arbeitsrecht. Das Internationale Privatrecht ist grundsätzlich ein nationales Kollisionsrecht und bestimmt bei Sachverhalten mit Auslandsbezug das anwendbare staatliche Recht. In den EU-Mitgliedstaaten und EWR-Vertragsstaaten gelten in ihrem Anwendungsbereich bestimmte EU-Verordnungen, wie die Rom-I-VO über das auf vertragliche Schuldverhältnisse anzuwendende Recht und die Rom-II-VO über das auf außervertragliche Schuldverhältnisse anzuwendende Recht.

Öffentliches Recht

Das Öffentliche Recht umfasst die Rechtsnormen über das Staats- und Verfassungsrecht, das Allgemeine und das Besondere Verwaltungsrecht mit dem Wirtschaftsverwaltungsrecht, das Verwaltungsverfahrens- und das Verwaltungsprozessrecht sowie das Strafrecht. Das Staats- und Verfassungsrecht bestimmt Aufbau und Organisation des Staates, also die parlamentarische Demokratie und die Gewaltenteilung in Gesetzgebung, Verwaltung und Rechtsprechung sowie die diese bindenden Grundrechte. Formelle Gesetze werden vom Parlament erlassen; meist sind sie allgemeinverbindlich (formell-materielle Gesetze), aber nicht immer (formelle Gesetze). Materiellen Gesetze sind Rechtsverordnungen, Satzungen und Verwaltungsvorschriften, die von der Exekutive aufgrund besonderer gesetzlicher Ermächtigung erlassen werden. Bei den Gesetzen handelt es sich um Rechtsnormen, die aus einem Tatbestand und einer Rechtsfolge bestehen. Ihre Anwendung erfolgt durch Subsumtion eines bestimmten Sachverhalts unter den Tatbestand des jeweiligen Gesetzes nach bestimmten Methoden der Gesetzesauslegung.

Europarecht

Wesentlichen Einfluss auf das nationale Recht und insbesondere das private Wirtschaftsrecht hat das primäre und sekundäre Recht der Europäischen Union. Dies gebietet es, die rechtlichen Grundlagen der Europäischen Union und die Mitwirkungsrechte der EU-Mitgliedstaaten zu beschreiben, die im Vertrag über die Europäische Union und dem Vertrag über die Arbeitsweise der Europäischen Union niedergelegt sind. Die EU-Mitgliedstaaten und die Europäische Union sind dem Prinzip einer offenen Marktwirtschaft mit freiem Wettbewerb im europäischen Binnenmarkt verpflichtet. Die Grundfreiheiten des EU-Binnenmarktes (Marktfreiheiten) sollen die Hindernisse für den freien Verkehr von Waren, Personen, Dienstleistungen und Kapital zwischen den EU-Mitgliedstaaten beseitigen. Die Wettbewerbsregeln bezwecken den Schutz des zwischenstaatlichen Handels vor Beschränkungen und Behinderungen durch ein Kartell- und Missbrauchsverbot sowie das Verbot staatlicher Beihilfen. Das System unverfälschten Wettbewerbs wird flankiert durch die Zusammenschlusskontrolle von Unternehmen aufgrund der EU-Fusionskontrollverordnung.

Abb. 1: Rechtsordnung

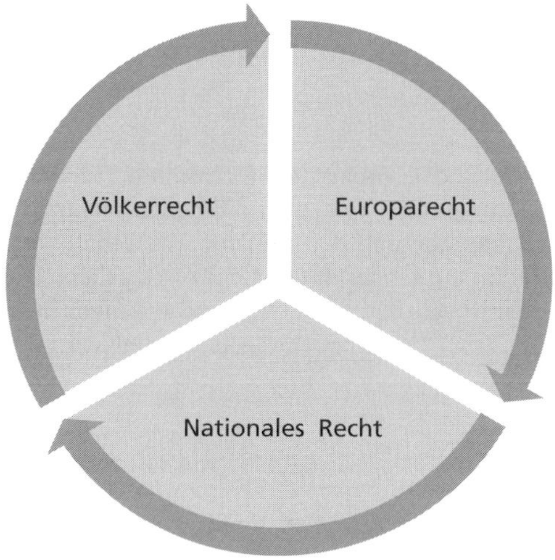

2. Buchteil (Allgemeines Privatrecht)

Der zweite Buchteil behandelt die Vorschriften des Bürgerlichen Gesetzbuchs im Allgemeinen Teil, Schuldrecht und Sachenrecht. Die Abhandlung folgt dabei dem Aufbau des Gesetzes.

BGB-Allgemeiner Teil

Der Allgemeine Teil des BGB enthält die Regeln über natürliche und juristische Personen sowie Rechtsgeschäfte durch Willenserklärung. Nach dem Grundsatz der Privatautonomie kann jede Person ihre Rechtsverhältnisse selbstbestimmt (privatautonom) gestalten. Dies geschieht durch Rechtsgeschäfte, insbesondere den Abschluss von Verträgen mit anderen Personen. Dabei kann sie sich durch Dritte vertreten lassen, die im Namen und mit Vollmacht der vertretenen Person handeln. Dafür gelten die Vorschriften über die Stellvertretung, die Haftung des Vertreters ohne Vertretungsmacht und die Insichgeschäfte. Die Einwilligung und die Genehmigung betreffen Verträge und Verfügungen über einen Gegenstand durch Nichtberechtigte. Die Darstellung der allgemeinen Regeln schließt mit der juristischen Anspruchsprüfung und einer Übersicht über die Anspruchsgrundlagen sowie den verschiedenen Einwendungen gegen einzelne Ansprüche und dem Prüfungsschema hierfür.

BGB-Schuldrecht

Das allgemeine Schuldrecht enthält die Vorschriften über Inhalt, Gestaltung und Erlöschen der Schuldverhältnisse sowie über Schuldverhältnisse aus Verträgen. Das besondere Schuldrecht kodifiziert einzelne rechtsgeschäftliche und gesetzliche Schuldverhältnisse. Es regelt nicht abschließend bestimmte Vertragstypen wie Kaufvertrag, Darlehensvertrag, Mietvertrag, Dienstvertrag und Werkvertrag. In der Praxis haben sich weitere gemischte Verträge wie Factoring, Leasing und Franchising als verkehrstypische Verträge herausgebildet. Gesetzliche Schuldverhältnisse sind die Geschäftsführung ohne Auftrag, ungerechtfertigte Bereicherung und unerlaubte Handlung. Diese entstehen durch ein bestimmtes Verhalten der Parteien kraft Gesetzes und nicht durch ein rechtsgeschäftliches Handeln aufgrund einer Willenserklärung.

Schuldrechtsreform 2022

Das Schuldrecht wird aufgrund europäischer Richtlinien zur Stärkung des Verbraucherschutzes und der Entwicklung eines grenzübergreifenden elektronischen Handels im EU-Binnenmarkt sowie zur Unterstützung der digitalen Wirtschaft wesentlich geändert. Diese werden flankiert durch Maßnahmen des nationalen Gesetzgebers. Die Neuregelungen gelten größtenteils bereits seit Jahresbeginn, teils waren sie schon zuvor in Kraft oder dies geschieht noch im ersten Halbjahr 2022. Die Darstellung beinhaltet daher auch das insoweit neue BGB-Schuldrecht 2022.

BGB-Sachenrecht

Die Vorschriften des Sachenrechts regeln den Besitz und das Eigentum an beweglichen Sachen und Grundstücken. Darüber hinaus regeln sie die beschränkt dinglichen Rechte am Eigentum, insbesondere die Mobiliar- und Grundpfandrechte. Im Sachenrecht gilt das Trennungs- und Abstraktionsprinzip. Nach diesem Prinzip sind die schuldrechtlichen Verpflichtungsgeschäfte und die sachenrechtlichen Verfügungsgeschäfte in ihrer rechtlichen Wirksamkeit grundsätzlich voneinander unabhängig. Ein Ausgleich erfolgt ggf. nach den Regeln des Bereicherungsrechts.

3. Buchteil (Handels- und Gesellschaftsrecht)

Der dritte Buchteil beschäftigt sich mit dem für die Privatwirtschaft und Unternehmen wichtigen Handels- und Gesellschaftsrecht. Dabei handelt es sich um ein Sonderprivatrecht, das durch Spezialgesetze die Regeln des Allgemeinen Privatrechts ergänzt und vorrangig ist.

Handelsrecht

Das Handelsrecht ist in erster Linie Regelungsmaterie des Handelsgesetzbuchs. Im Fokus der Darstellung liegen die Regeln für Kaufleute und Handelsgeschäfte. Die Anwendung des HGB als Sonderprivatrecht der Kaufleute knüpft persönlich an die die Kaufmannseigenschaft an. Das Handelsregister und zukünftig zentral auch das Unternehmensregister gewährleisten die für den Handelsverkehr wichtige Registerpublizität. Die Handelsfirma ist Name des Kaufmanns unter dem er seine Geschäfte betreibt. Es gelten eine Reihe von zu beachtenden Firmengrundsätzen. Die allgemeinen HGB-Vorschriften über Handelsgesetze modifizieren die BGB-Vorschriften, um die Anforderungen an eine schnelle und zuverlässige Geschäftsabwicklung sicherzustellen. Beim Handelskauf sind strengere Vorschriften zu beachten. Die Regelungen und Prinzipien des Handelsrechts werden in Abbildungen zusätzlich dargestellt.

Gesellschaftsrecht

Das Gesellschaftsrecht untergliedert sich in Personengesellschaften und Kapitalgesellschaften.

Personengesellschaftsrecht

Die Gesellschaft bürgerlichen Rechts bildet die Grundform der Personengesellschaften. Diese können Träger von Rechten und Pflichten sein, sind aber keine juristischen Personen, sondern Gesamthandsgemeinschaften. Sie kommen durch Gesellschaftsvertrag zwischen mindestens zwei natürlichen oder juristischen Personen oder Personengesellschaften zustande, in dem sich die Gesellschafter gegenseitig verpflichten, den Gesellschaftszweck durch vereinbarte Beiträge zu fördern. Ist der Zweck auf den Betrieb eines Handelsgewerbes unter gemeinsamer Firma gerichtet, handelt es sich um eine offene Handelsgesellschaft oder eine Kommanditgesellschaft nach für sie vorrangig geltenden Vorschriften des Handelsgesetzbuchs. Bei der OHG ist die Haftung keines der Gesellschafter gegenüber den Gesellschaftsgläubigern beschränkt. Bei der KG ist diese Haftung bei mindestens einem Gesellschafter beschränkt (Kommanditist) und bei den anderen Gesellschaftern nicht beschränkt (Komplementär).

Reform des Personengesellschaftsrechts

Das Recht der Personengesellschaften wird zukünftig durch das Gesetz zur Modernisierung des Gesellschaftsrechts reformiert. Im Mittelpunkt stehen dabei Neuregelungen der Gesellschaft bürgerlichen Rechts. Ihre Rechts- und Parteifähigkeit wird der Rechtsprechung folgend für die am Rechtsverkehr teilnehmende Außen-Gesellschaft gesetzlich anerkannt. Eingeführt wird auch ein neues Gesellschaftsregister für die GbR und ein eigenes Beschlussmängelrecht für die OHG und KG.

Kapitalgesellschaftsrecht

Gesellschaft mit beschränkter Haftung

Die Kapitalgesellschaften sind juristische Personen des Privatrechts mit dem wirtschaftlichen Verein als Grundform. Im Wirtschaftsleben meist genutzte Rechtsform ist die Gesellschaft mit beschränkter Haftung. Die GmbH wird im GmbH-Gesetz geregelt und kann auch als Ein-Mann-Gesellschaft gegründet werden. Als Variante hierzu ohne das Erfordernis eines Mindestkapitals hat der Gesetzgeber die Unternehmergesellschaft (UG) (haftungsbeschränkt) eingeführt. Den Gläubigern der GmbH haftet nur das Gesellschaftsvermögen. Damit dieses als Haftungsfonds zur Verfügung steht, müssen die Regeln zur Kapitalaufbringung und Kapitalerhaltung beachtet werden. Die Organe der GmbH sind der Geschäftsführer und die Gesellschafterversammlung.

Neue Regeln für Online-Gründung und Register

Das Gesetz zur Umsetzung der EU-Digitalisierungsrichtlinie sieht zukünftig die Gründung einer GmbH auch online mittels Videokonferenz vor. Das Unternehmensregister soll die Funktion eines zentralen Registers für die Veröffentlichung von Unterlagen der Rechnungslegung und Unternehmensberichte übernehmen. Weiter geregelt wird außerdem der grenzüberschreitende Informationsaustausch über das Europäische System der Registervernetzung.

Aktiengesellschaft

Die Aktiengesellschaft ist zentrale Rechtsmaterie der Vorschriften im Aktiengesetzes. Dabei handelt es sich um eine Kapitalgesellschaft, deren Grundkapital in Aktien zerlegt ist. Sind die Aktien börsennotiert, ist regelmäßig eine Vielzahl von Aktionären an der Aktiengesellschaft beteiligt. Man spricht dann von einer Publikumsaktiengesellschaft. Auch die Aktiengesellschaft kann als Ein-Mann-Gesellschaft gegründet werden. Die Gesellschafter der Aktiengesellschaft haften nicht für die Gesellschaftsverbindlichkeiten. Nach dem Trennungsprinzip haftet auch bei der eingetragenen Aktiengesellschaft nur das Gesellschaftsvermögen. Deshalb gelten strenge Anforderungen für Kapitalaufbringung und Kapitalerhaltung. Die Organe der Aktiengesellschaft sind Vorstand, Aufsichtsrat und Hauptversammlung.

Europäische Gesellschaft

Die EU-Verordnung über das Statut der Europäische Gesellschaft (Societas Europaea) regelt eine besondere Rechtsform der Aktiengesellschaft auf europäischer Ebene. Die Gesellschaft kann grenzüberschreitend durch Zusammenschluss, Gründung einer Holding, gemeinsame Tochtergesellschaft oder Umwandlung einer nationalen Aktiengesellschaft gegründet werden. Auf diese Weise können Unternehmen mit nationalen Niederlassungen europaweit ohne eine Änderung der Gesellschaftsstruktur tätig werden. Die SE kann mit einem Verwaltungsorgan (monistisches Modell) oder mit einem Leitungs- und Aufsichtsorgan (dualistisches Modell), jeweils mit dem weiteren Organ der Hauptversammlung gegründet werden.

Die verschiedenen Gesellschaftsformen, Gründungsvoraussetzungen, Rechte und Pflichten der Gesellschafter, Haftung von Gesellschaftern und Gesellschaft, Liquidation und Beendigung der Gesellschaften werden zusätzlich in Abbildungen verdeutlicht.

Konstanz, im Januar 2022 Dr. Andreas Zahn

1. Teil. Grundlagen

A. Völkerrecht

I. Staaten

1. Klassischer Staatsbegriff

a. Drei-Elemente Lehre

Ein Staat im Sinne der allgemeinen Staatslehre ist ein soziales Gebilde, das ein abgrenzbares Territorium als **Staatsgebiet**, eine Bevölkerung als **Staatsvolk** und eine stabile Regierung, die auf diesem Gebiet effektive Gewalt ausübt, als **Staatsgewalt** voraussetzt. Diese Merkmale der auch im Völkerrecht geltenden sog. „Drei-Elemente-Lehre" des Staatsrechtlers Georg Jellinek (1851–1911) sind für die Entstehung eines Staates als Völkerrechtssubjekt erforderlich. Auf die äußere Souveränität als Fähigkeit, mit anderen Staaten in eine Beziehung zu treten, als weiteres Merkmal der Definition des Staatsbegriffs gemäß Art. 6. S. 1 Montevideo-Konvention von 1933, soll es hingegen nicht ankommen. Nach überwiegender Auffassung ist die Existenz eines Staates auch unabhängig von der **Anerkennung** durch andere Staaten. Die Anerkennung eines Staates durch die Staatengemeinschaft hat nach dieser **deklarativen Theorie** der Souveränität keine rechtsbegründende (konstitutive), sondern lediglich eine formal bestätigende (deklaratorische) Wirkung. Umgekehrt gilt ein Staat dann als untergegangen, wenn eines der drei Elemente, die seine Existenz begründen, weggefallen ist. Nach der Gegenansicht (**konstitutive Theorie**) ist die Anerkennung eines Neustaates ein statusverleihender konstitutiver Akt. Dabei handelt es sich um das Verfahren, in dem seitens der Altstaaten verbindlich über das Bestehen eines Neustaates und seine Aufnahme in die Staaten- und Völkergemeinschaft entschieden wird.

Eine völkerrechtliche Pflicht zur Anerkennung anderer Staaten gibt es nicht. Die Entscheidung, ob ein (Alt-)Staat einen anderen als Völkerrechtssubjekt anerkennen will, liegt im **freien Ermessen** eines jeden Staates. Maßgeblich für die Beurteilung der Staatenqualität sind die tatsächlichen Umstände (**Effektivitätsprinzip**). In der Staatenpraxis wird die Anerkennung eines Staates oft von der Erfüllung bestimmter politischer Bedingungen abhängig gemacht. Das sind vor allem die Einhaltung der Charta der Vereinten Nationen und die Achtung von Rechtsstaatlichkeit, Demokratie und Menschenrechten. Durch die Anerkennung staatlicher Souveränität erklärt sich ein Staat (**anerkennender Staat**) gegenüber einem anderen Staat (**anerkannter Staat**) bereit, diesen als gleichberechtigtes Völkerrechtssubjekt zu behandeln.

b. Bundesrepublik Deutschland

Die Bundesrepublik Deutschland ist ein demokratischer und sozialer **Bundesstaat**, der sich aus 16 Teilstaaten, den Bundesländern, zusammensetzt (Art. 20 Abs. 1 GG). Die Merkmale der Staatlichkeit gemäß der Drei-Elemente-Lehre liegen auch bei den einzelnen Bundesländern vor. Diese sind allerdings nur **Staatsrechtssubjekte** gemäß der innerstaatlichen Rechtsordnung. Sie gelten jedoch nicht als Staaten im Sinne des Völkerrechts. Eine Änderung der Teilstaaten innerhalb des Staatsgebietes ist möglich (Art. 29 GG). Das Staatsvolk ist die Bevölkerung des Staates, d. h. die Gesamtheit derjenigen, die sich aktiv am Staat zum Beispiel durch Wahlen beteiligen können (vgl. Art. 116 GG). Die Staatsgewalt ist durch **Gewaltenteilung** in die gesetzgebende Gewalt (**Legislative**), die ausführende Gewalt (**Exekutive**) und die rechtsprechende Gewalt (**Judikative**) aufgeteilt (Art. 1 Abs. 3 und 20 Abs. 3 GG). Eine Änderung der Bundesstaatlichkeit, der grundsätzlichen Mitwirkung der Länder bei der Gesetzgebung oder der in Art. 1 und 20 GG niedergelegten Grundsätze ist nach Art. 79 Abs. 3 GG unzulässig (**Ewigkeitsklausel**). Das Grundgesetz kann nur durch eine Verfassung ersetzt werden, die von dem deutschen Volke in freier Entscheidung (**Volksabstimmung**) beschlossen worden ist, und verliert seine Gültigkeit an dem Tag, an dem die neue Verfassung in Kraft tritt (Art 146 GG).

2. Geltung des Völkerrechts

Als Völkerrecht wird nach traditionellem Verständnis das **zwischen Staaten** als Rechtssubjekte geltende Recht definiert. Es erstreckt sich darüber hinaus auf **nichtstaatliche** Rechtspersonen, die mittels völkerrechtlicher Verträge von den Staaten geschaffen werden. Das Völkerrecht gilt letztlich, weil und soweit es in der **Staatenpraxis** als verbindlich anerkannt und befolgt wird. Nach dem überwiegend vertretenen **Dualismus** haben Völkerrecht und nationales Recht unterschiedliche Regelungsbereiche und -adressaten sowie Rechtsquellen. Entgegen der Lehre vom **Monismus** hat das Völkerrecht danach nicht von selbst Vorrang gegenüber dem nationalen Recht eines Staates. Vielmehr bedarf es der staatlichen Anerkennung aufgrund eines rechtlichen **Umsetzungsaktes**, um innerstaatliche Wirkung zu entfalten.

Das Grundgesetz überführt durch die Vorschrift des Art. 25 GG die **allgemeinen Regeln** des Völkerrechts in die deutsche Rechtsordnung. Diese umfassen das Völkergewohnheitsrecht in seiner Gesamtheit sowie die allgemeinen Rechtsgrundsätze (z. B. Prinzipien des Eigentums). Die allgemeinen Regeln des Völkerrechts gehen den nationalen Gesetzen vor und erzeugen Rechte und Pflichten unmittelbar für die Bewohner des Bundesgebietes. Nach allgemeiner Auffassung nehmen sie damit einen Rang zwischen der Verfassung und dem einfachen Recht, d. h. den vom Bundesgesetzgeber aufgrund Art. 70 ff GG erlassenen Gesetzen, ein. Das einfache Recht ist **völkerrechtskonform** auszulegen und muss von den Gerichten und Behörden von Amts wegen beachtet werden. Völkerrechtliche Verträge werden nach Art. 59 Abs. 2 GG durch ein Gesetz in innerstaatliches Recht umgesetzt (**Transformationsgesetz**). Die Zuständigkeit für den Erlass des Transformationsgesetzes richtet sich nach den allgemeinen Grundsätzen über die Verteilung der Gesetzgebungszuständigkeiten in Art. 70 GG. Ist der Bund zuständig, erfolgt die Umsetzung völkerrechtlicher Verträge durch Erlass in Form eines Bundesgesetzes (Art. 59 Abs. 2 S. 1 GG). Sind die Bundesländer ausschließlich zuständig und schließt der Bund für sie einen internationalen Vertrag (Art. 32 Abs. 1 GG), muss er nach dem Lindauer Abkommen vom 14. November 1957 die vorherige Zustimmung der betroffenen Bundesländer einholen, die dann ihrerseits Transformationsgesetze erlassen.

3. Völkerrechtsquellen

Die Völkerrechtsquellen sind in Art. 38 Abs. 1 a) bis c) IGH-Statut aufgelistet und werden als verbindliche Rechtssätze verstanden. Sie umfassen **völkerrechtliche Verträge** zwischen zwei (bilaterale Verträge) Staaten oder mehreren (multilaterale Verträge) Staaten, das **Völkergewohnheitsrecht** sowie die **allgemeinen Rechtsgrundsätze**. Als Hilfsmittel zur Feststellung der Rechtsnormen werden nationale und internationale gerichtliche Entscheidungen und die Lehren der anerkanntesten Autoren der verschiedenen Völker herangezogen (Art. 38 Abs. 1 d) IGH-Statut). Umstritten ist, ob es sich um eine abschließende Auflistung der Rechtsquellen handelt. Dagegen spricht, dass die Vorschrift des Art. 38 IGH-Statut grundsätzlich abgeändert werden kann und es sich bei dem IGH-Statut um eine Prozessordnung handelt, die hierzu keine Vorgaben macht. Von den **formellen** Rechtsquellen werden die **materiellen Rechtsquellen** unterscheiden. Als solche gelten diejenigen außerrechtlichen Grundwerte und Elemente, die auf die einmal entstandenen völkerrechtlichen Normen einwirken. Weitere materielle Rechtsquellen können **einseitige Akte** eines Staates wie Anerkennung, Protest, Versprechen oder Verzicht darstellen. Hierzu bedarf es der Publizität des Rechtsaktes und des entsprechenden Rechtsbindungswillens. Auch verbindliche Rechtsakte internationaler Organisationen sind eventuelle Rechtsquellen, wie Resolutionen des Sicherheitsrats der Vereinten Nationen, die für alle Mitgliedstaate aufgrund Art. 25 UN-Charta verbindlich sind. Für Resolutionen der UN-Generalversammlung soll dies indessen nicht gelten, da es sich um unverbindliche Akte handelt. Verlautbarungen von Konferenzen und Organisationen, die lediglich auf eine moralische Verpflichtung abzielen, haben ebenfalls keine verbindliche Wirkung (**„Soft Law“**).

II. Internationale Organisationen

1. Entstehung

Internationale Organisationen werden durch völkerrechtlichen Vertrag (**Gründungsvertrag**) gegründet. Sie können sich aber auch aus der **Staatenpraxis** heraus entwickeln. Parteien eines Gründungsvertrags sind Staaten, aber auch die Internationale Organisation selbst, wenn sie zum völkerrechtlichen Handeln in Form von Vertragsschlüssen ermächtigt sind. Die Organisationen sind von ihren Gründungssubjekten verschieden und rechtlich verselbständigte Körperschaften. Ihre Rechtssubjektivität wird durch Statusklauseln im Gründungsvertrag oder durch eine darin implizierte Anerkennung (**Implied Powers**) begründet. Die Gründungs- bzw. Mitgliedstaaten verpflichten sich regelmäßig zur Anerkennung der nationalen Rechtspersönlichkeit, die für die Aufgabenwahrung der Organisation erforderlich ist (**funktionelle Rechtspersönlichkeit**). Davon zu unterscheiden ist die völkerrechtliche Rechtsfähigkeit (**Völkerrechtssubjektivität**) der Internationalen Organisation als Völkerrechtssubjekte. Diese Rechtsfähigkeit kann durch den Gründungsvertrag verliehen werden, der regelmäßig handlungsfähige **Organe** und einen bestimmten **Vertragszweck** vorsieht. Meist fehlt es aber an einer expliziten Regelung zur Völkerrechtssubjektivität in den Gründungsverträgen, so dass diese anhand der Gesamtheit der Organisationsaufgaben zu beurteilen ist. Die Rechtspersönlichkeit (sowohl national als auch völkerrechtlich) wirkt grundsätzlich nur gegenüber den Mitgliedstaaten der Organisation. Erst mit deren Anerkennung (Art. 34 WVK) wirkt sie auch gegenüber anderen Staaten (**Drittstaaten**) Die Anerkennung der Internationalen Organisation als Völkerrechtssubjekt durch Drittstaaten hat eine rechtsbegründende (konstitutive) Wirkung. Indessen erfolgt die Anerkennung ihrer nationalen Rechtspersönlichkeit i. d. R. gemäß den nationalen Vorschriften des Internationalen Privatrechts.

Die Parteien der Gründungsverträge sind die Mitgliedstaaten mit allen vertraglichen Rechten und Pflichten (**Vollmitgliedschaft**). Die Rechte und Pflichten der Mitgliedstaaten können im Gründungsvertrag oder durch Vertragsänderung eingeschränkt werden (**Teilmitgliedschaft**). Auch gibt es Vorrechte und Immunitäten in den Mitgliedstaaten für die Organisation und ihre Bediensteten wie Befreiung von Steuern und der Gerichtsbarkeit (**Jurisdiktionsimmunität**), die in separaten Abkommen zu den Gründungsverträgen ausführlich geregelt werden. Grundsätzlich aber unterliegen die Organisationen dem nationalen Recht ihrer Mitgliedstaaten einschließlich des Völkerrechts. Neben einer Mitgliedschaft gibt es auch Sonderformen der Beteiligung an der jeweiligen Internationalen Organisation wie die Assoziierung oder den Beobachterstatus, um Staaten und andere Völkerrechtssubjekte in den Entscheidungsprozess der Organisation einzubinden. Eine Vollmitgliedschaft kann auch noch nach Gründung durch einen Beitritt erfolgen, ohne dass ein Rechtsanspruch darauf besteht. Dafür ist ein einstimmiger oder mehrheitlicher Beschluss der Mitgliedstaaten erforderlich. Dies gilt etwa für den Beitritt zu den Vereinten Nationen (vgl. Art. 4 Abs. 2 UN-Charta) und der Europäischen Union (vgl. Art. 49 EUV).

2. Erscheinungsformen

Internationale Organisationen lassen sich nach Aufgaben, Wirkungskreis und Befugnissen klassifizieren. Die **Vereinten Nationen** (UNO) einschließlich ihrer Sonderorganisationen haben eine generelle Zuständigkeit. Ihre Hauptaufgaben (Art. 1 UN-Charta)) sind, den Weltfrieden und die internationale Sicherheit zu wahren, freundschaftliche Beziehungen zwischen den Nationen zu entwickeln, eine internationale Zusammenarbeit zur Lösung von wirtschaftlichen, sozialen, kulturellen, humanitären Problemen, die Achtung von Menschenrechten und Grundfreiheiten zu festigen und die Bemühungen der Nationen zur Verwirklichung dieser gemeinsamen Ziele aufeinander abzustimmen. Der **Internationale Währungsfonds** (IMF), die **Weltbankgruppe** mit ihren selbstständigen Organisationen (IBRD, IDA, IFC, MIGA, ICSID) und die davon zu unterscheidende **Welthandelsorganisation** (WTO) befassen sich mit der globalen Handels- und Wirtschaftspolitik. Die **Bank für Internationalen Zahlungsausgleich** (BIZ) ist eine internationale Organisation des Finanzwesens. Die Zuständigkeit anderer Organisationen ist funktionell auf bestimmte Aufgaben ausgerichtet und in der Mitgliedschaft regional begrenzt, wie etwa auf die Schaffung eines gemeinsamen Wirtschaftsraums (z. B. NAFTA, Mercosur, APEC, ASEAN, ECOWAS, EAWU, GCC, ECO, EFTA, EWR). Internationale Organisationen sind außerdem der Internationale Strafgerichtshof (IStGH), der Internationale Seegerichtshof (ISGH) sowie der Ständige Schiedshof (PCA). Im Unterschied dazu ist der Internationale Gerichtshof (ICJ) als Hauptrechtsprechungsorgan der UNO keine eigenständige Organisation. Internationale Organisationen können ihre Mitglieder auch ihnen gegenüber und untereinander verpflichten. So sind die Beschlüsse des UN-Sicherheitsrats für die Mitgliedstaaten bindend (Art. 25 UN-Charta).

III. Supranationale Organisationen

Supranationale Organisationen verlagern rechtliche Zuständigkeiten von nationalstaatlicher Ebene auf eine überstaatliche Organisation. Im Unterschied zu Internationalen Organisationen haben Supranationale Organisationen eine eigenständige **autonome Rechtsordnung**, die in den Mitgliedstaaten geltendes Recht erzeugt. Die Organisationen selbst haben aber anders als ein Staat keine originäre Hoheitsgewalt **(Kompetenz-Kompetenz)**. Ihre Befugnisse beruhen auf der Übertragung von Souveränitätsrechten durch die Mitgliedstaaten und sind daher **abgeleitete Hoheitsgewalt**. Die Europäischen Union (EU) ist eine supranationale Organisation, die über eine eigene Rechtsordnung verfügt. Die Mitgliedstaaten der Europäischen Union habe auf diese in den EU-Verträgen (EUV, AEUV) bestimmte Hoheitsrechte übertragen (vgl. Art. 23 GG).

IV. Sonstige Organisationen

Die Internationalen **Nichtregierungsorganisationen** (NGO) mit globalem Wirkungskreis sind keine eigenständigen Rechtssubjekte des Völkerrechts. Vielmehr handelt es sich hierbei um privatrechtliche Vereinigungen, die dem nationalen Recht ihres Heimatstaats unterliegen. Auch internationale staatliche Organisationen wie Dachorganisationen für Behörden oder staatliche Organe sind keine Völkerrechtssubjekte. Dazu gehören die **Internationale**

Handelskammer (ICC) und Konferenzen wie der **Weltwirtschaftsgipfel** (WEF). Der Mensch als Individuum und das nichtstaatliche organisierte Volk können als partielle Rechtsträger dem Völkerrecht unterfallen. Dies gilt auch für Volksgruppen oder nationale Minderheiten in Bezug auf ihr Selbstbestimmungsrecht. Indessen ist die Allgemeine Erklärung der Menschenrechte (**UN-Menschenrechtscharta**) als Resolution der Vollversammlung der Vereinten Nationen kein völkerrechtlicher Vertrag mit verbindlicher Wirkung und deshalb nicht einklagbar.

Abb. 2: Völkerrecht

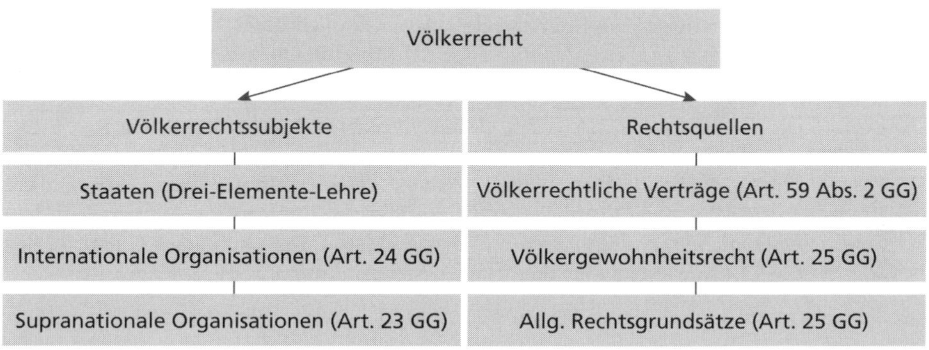

Lehrbücher:

Arnauld, Völkerrecht, 4. Auflage, Heidelberg 2019
Herdegen, Völkerrecht, 20. Auflage, München 2021
Hobe, Einführung in das Völkerrecht, 11. Auflage, Stuttgart 2020
Ipsen, Völkerrecht, 7. Auflage, München 2018
Kempen/Hillgruber, Völkerrecht, 3. Auflage, München 2021
Stein/von Buttlar/Kotzur, Völkerrecht, 14. Auflage, München 2017
Vitzthum/Proelß, Völkerrecht, 8. Auflage, Berlin 2019
Weiß/Ohler/Bungenberg, Welthandelsrecht, 3. Auflage, München 2022

Websites:

Globale Organisationen
UNO www.un.org
IMF www.imf.org
World Bank www.worldbank.org
WTO www.wto.org
BIZ www.bis.org

Gerichtshöfe
ICJ www.icj-cij.org
ITLOS www.itlos.org
ICC www.icc-cpi.int
PCA www.pca.cpa.org

B. Nationales Recht

Nationales Recht ist die Gesamtheit des **objektiven Rechts** der Bundesrepublik Deutschland. Dieses hat im Rahmen des räumlichen, sachlichen und persönlichen Anwendungsbereichs eine allgemeine Gültigkeit (**Rechtsordnung**). Das objektive Recht umfasst sämtliche Gesetze, die in einem förmlichen Gesetzgebungsverfahren erlassen werden, und die sonstigen verbindlichen Rechtsnormen (**Rechtsnormen**), die auf gesetzlicher Grundlage durch die dafür zuständigen Organe erlassen werden (**positives Recht**). Erfasst wird auch das **Gewohnheitsrecht**, das nicht durch Gesetzgebungsorgane erlassen, aber aufgrund fortwährender Anwendung und längerer Tradition vom Rechtsverkehr als verbindlich anerkannt wird. Zudem entwickeln die Gerichte höchster Instanz durch Rechtsfortbildung in ständiger Rechtsprechung abstrakte Rechtssätze (**Richterrecht**), die sie bei ihrer Entscheidungsfindung berücksichtigen.

Die Bestandteile des nationalen Rechts sind das **Privatrecht** und das **Öffentlichen Recht**. Das Privatrecht regelt die Rechtsbeziehungen zwischen den natürlichen und juristischen Personen als private Rechtssubjekte und der staatlichen Organe, Einrichtungen und Betriebe, wenn diese privatrechtlich handeln. Das Öffentliche Recht regelt die Rechtsbeziehungen zwischen dem Staat und seinen Organen, Einrichtungen und Betrieben als Träger öffentlicher Gewalt zu den Privatrechtssubjekten sowie zwischen den staatlichen Verwaltungsträgern untereinander.

Die Rechtsnormen können einer Person oder Personengruppe (**Rechtssubjekt**) eine konkrete, einklagbare Befugnis gegenüber einer anderen Person gewähren, etwas zu tun, zu unterlassen oder zu verlangen (**subjektives Recht**). Das Bürgerliche Gesetzbuch definiert das subjektive Recht als **Anspruch** (§ 194 Abs. 1 BGB). Subjektive Rechte auf ein bestimmtes Verhalten zur Verfolgung eigener Interessen können sich auch gegen einen Träger öffentlicher Gewalt richten (**subjektive öffentliche Rechte**). Grundlagen dafür sind das europäische Unionsrecht und die Grundrechte in ihren subjektiven Funktionen als Abwehr-, Leistungs- und Teilhaberechte.

I. Privatrecht

1. Allgemeines

Das Privatrecht umfasst die objektiv-rechtlichen Regelungen der Rechtsbeziehungen zwischen gleichgestellten natürlichen und juristischen Personen. Dabei wird zwischen dem **allgemeinen Privatrecht** und dem **Sonderprivatrecht** unterschieden. Das allgemeine Privatrecht ist zentral im **Bürgerlichen Gesetzbuch** und ergänzend in seinen **Nebengesetzen** geregelt. Es wird auch als Bürgerliches Recht oder Zivilrecht (aus dem lateinischen *ius civile*) bezeichnet. Die Gesetze des Sonderprivatrechts enthalten die allgemeinen bürgerlich-rechtlichen Regelungen ändernde **Spezialregelungen** für bestimmte Sachgebiete oder Berufsgruppen. Sofern diese Spezialregelungen nicht anwendbar sind, gelten **subsidiär** die allgemeinen bürgerlich-rechtlichen Regelungen.

a. Privatautonomie

aa. Grundsatz

Im Privatrecht gilt der Grundsatz der **Gleichberechtigung** und der **Privatautonomie**. Danach stehen die Privatrechtssubjekte einander auf der Grundlage der Gleichordnung gleichberechtigt gegenüber. Jeder Person ist in der Gestaltung ihrer rechtlichen Verhältnisse grundsätzlich frei **(Selbstbestimmung)**. Sie gestaltet ihre Rechtsbeziehungen selbstständig (autonom) nach ihrem eigenen Willen und unabhängig vom Staat. Die Privatautonomie folgt aus der grundrechtlich geschützten **allgemeinen Handlungsfreiheit** (Art. 2 Abs. 1 GG). Nach den BGB-Vorschriften kann der Einzelne nach seinem Willen mit rechtlich verbindlicher Wirkung handeln und dabei seine Rechtsverhältnisse grundsätzlich frei gestalten. Das geschieht durch **Rechtsgeschäfte**, die durch seine Willenserklärung zustande kommen. Es kann sich um einseitige Rechtsgeschäfte wie Kündigung und Widerruf oder um mehrseitige Rechtsgeschäfte wie einen Vertrag handeln.

bb. Ausprägungen

Die Privatautonomie ist grundrechtlich geschützt. Sie umfasst die **Vertragsfreiheit** (§ 311 BGB) als Teil der allgemeinen Handlungsfreiheit (Art. 2 Abs. 1 GG). Darüber hinaus besteht für jedermann und alle Berufe im Rahmen der **Vereinigungsfreiheit** (Art. 9 Abs. 3 GG), das Recht, Vereine zu bilden (§§ 21–79 BGB). Außerdem wird die **Eigentumsfreiheit** (Art. 14 GG) gewährleistet (§ 903 BGB). Aus der eigenständigen Gestaltung der Rechtsverhältnisse ergeben sich zwischen den Einzelnen **Ansprüche**, die das Privatrecht ihnen zuordnet (vgl. § 194 Abs. 1 BGB). Die Rechtsordnung überlässt es dabei dem Einzelnen, ob und wie er seine Ansprüche gegenüber einem anderen geltend macht und gewährleistet dafür den rechtlichen Rahmen etwa durch die Prozessordnungen. Das Privatrecht schützt in bestimmten Grenzen auch die Rechte und Rechtsgüter des Einzelnen durch **Haftungsregelungen** wie Schadensersatzansprüche bei deliktischer Verletzung von Leben, Körper, Gesundheit, Freiheit, Eigentum und Vermögen im Rahmen der Ansprüche aus unerlaubter Handlung (§§ 823 ff BGB).

b. Nachgiebiges Recht

Die Vorschriften des Privatrechts gelten grundsätzlich nur, soweit die Parteien nichts anderes vereinbart haben. Diese Vorschriften konnen durch Parteivereinbarung privatautonom geändert oder abbedungen werden können **(nachgiebiges Recht)**. Das gilt für die meisten Vorschriften im Bürgerlichen Gesetzbuch über das Recht der Schuldverhältnisse und im Handelsgesetzbuch die Vorschriften über die Handelsgeschäfte. Dagegen sind gesellschaftsrechtliche Normen, wie insbesondere im Aktienrecht, sowie sanierungs- und insolvenzrechtliche Normen häufig nicht durch Vereinbarung der Parteien abdingbar.

c. Zwingendes Recht

aa. Allgemeines

Der Grundsatz der Vertragsfreiheit wird durch unabdingbare Rechtsnormen eingeschränkt, die der allgemeinen Rechtssicherheit und dem Schutz der Parteien dienen **(zwingendes Recht)**. Sie können nicht durch Vereinbarung der Parteien aufgehoben oder abgeändert werden, die i. d. R. wegen Verstoß gegen zwingendes Recht nichtig ist. Zwingendes Recht sind beispielsweise die allgemeinen Regelungen über die Formnichtigkeit (§ 125 BGB), gesetzliche Verbote (§ 134 BGB) und die Sittenwidrigkeit von Rechtsgeschäften (§ 138 BGB). Des Weiteren gilt das auch für schuldrechtliche Vorschriften im Mietrecht, Arbeitsrecht (§ 613 a BGB), Reiserecht (§§ 651 a–651y BGB) und Sachenrecht (§§ 853–1296 BGB). Auch das **Diskriminierungsverbot** des Allgemeinen Gleichbehandlungsgesetzes (§§ 1 ff AGG) ist zwingendes Recht. Besonders bedeutsam sind die schuldrechtlichen Vorschriften des Verbraucherschutzes.

bb. Verbraucherschutz

Der Verbraucherschutz ist Regelungsgegenstand **zwingender** schuldrechtlicher Vorschriften im Bürgerlichen Gesetzbuch. Dies beruht in besonderem Maße auf den Vorgaben des europäischen Gesetzgebers durch sekundäre Rechtsakte **(EU-Richtlinien)**. Diese muss der nationale Gesetzgeber aufgrund der unionsrechtlichen Umsetzungspflicht in das BGB-Schuldrecht transferieren. Die Verbraucherschutzvorschriften im Schuldrecht sind insbesondere folgende:

- Recht der Allgemeinen Geschäftsbedingungen (§§ 307–310 BGB)
- Verbraucherverträge und besondere Vertriebsformen (§§ 312–312m BGB)
- Verbraucherverträge über digitale Produkte (§§ 327–327s BGB)
- Widerrufsrecht bei Verbraucherverträgen (§§ 355–361 BGB)
- Verbrauchsgüterkauf (§§ 474–479 BGB),
- Verbrauchgüterkauf über digitale Produkte (§§ 475a–475d BGB)
- Verträge über Teilzeit-Wohnrecht, langfristige Urlaubsprodukte, Vermittlungsverträge und Tauschsystemverträge (§§ 481–487 BGB)
- Verbraucherdarlehensverträge (§§ 491–505e BGB)
- Finanzierungshilfen (§§ 506–508 BGB)
- Ratenlieferungsverträge (§ 510 BGB)
- Immobiliar-Verbraucherdarlehensverträge (§ 511 BGB)
- Verbraucherdarlehensverträge für Existenzgründer (§ 513 BGB)
- Unentgeltliche Darlehensverträge (§ 514 BGB)
- Unentgeltliche Finanzierungshilfen (§ 515 BGB)
- Verbrauchervertrag über die Schenkung digitaler Produkte (§ 516a BGB)
- Verträge über die Miete digitaler Produkte (§§ 548a, 578b BGB)
- Verbrauchervertrag über eine digitale Dienstleistung (§ 620 Abs. 2 BGB)
- Verbrauchervertrag über die Herstellung digitaler Produkte (§ 650 Abs. 2–4 BGB)
- Verbraucherbauvertrag (§§ 650i–650o BGB)
- Pauschalreisevertrag (§§ 651a–651y BGB)
- Reisevermittlung (§ 651v BGB)
- Vermittlung verbundener Dienstleistungen (§ 671w BGB)
- Darlehensvermittlungsvertrag (§§ 655a–655e BGB)

d. Kontrahierungszwang

Das Gesetz bestimmt in verschiedenen Rechtsbereichen eine zwingende Pflicht zur Annahme eines Angebots zum Abschluss von Verträgen **(Kontrahierungszwang)**. Diese kann sich auch aus dem Verbot diskriminierender Verhaltensweisen ergeben (§§ 18ff GWB, Art. 102 AEUV). Der Kontrahierungszwang besteht insbesondere für Rechtsträger mit einer Monopolstellung, die besondere Versorgungsleistungen im Bereich der **Daseinsvorsorge** erbringen, z. B.:

- Postanbieter (§ 3 PDLV)
- Eisenbahnen (§ 10 AEG)
- Verkehrsunternehmen (§ 22 PBefG)
- Strom- und Gasversorger (§ 17 EnWG)
- Wasserversorger (§ 826 BGB)
- Netzbetreiber (§ 56ff EEG)

Gesetzliche Pflichten zum Abschluss von Verträgen gelten auch für:

- Kreditinstitute (§ 31 Abs. 1 ZKG)
- private Krankenversicherungen (§ 193 Abs. 5 S. 5 VVG)
- gesetzliche Krankenkassen (§ 5 SGB V)

- Kfz-Haftpflichtversicherungen (§ 5 PflVG)
- Luftfahrtunternehmen (§ 21 Abs. 2 LuftVG)
- Apotheken (§ 17 Abs. 4 ApBetrO).

2. Bürgerliches Gesetzbuch

Das Bürgerliche Gesetzbuch ist nach Sachthemen in **fünf Teile** gegliedert und folgt dabei einem aus römischen Rechtsquellen im 19. Jahrhundert entwickelten Aufbau nach dem **Pandekten-System**. Das BGB beginnt mit einem für die folgenden Bücher geltenden **Allgemeinen Teil** (Buch 1). Dieser beinhaltet die Regelungen über die Rechtssubjekte und das Zustandekommen von Rechtsgeschäften durch Willenserklärung (§§ 1–240 BGB). Es folgt das **Schuldrecht** (Buch 2) mit den Regelungen des rechtsgeschäftlichen Verkehrs durch Schuldverhältnisse und Verträge (§§ 241–853 BGB). Das **Sachenrecht** (Buch 3) regelt die Rechtsverhältnisse von Sachen zu Rechtssubjekten (§§ 853–1296 BGB). Das **Familienrecht** (Buch 4) regelt die Ehe und Verwandtschaft (§§ 1297–1921 BGB) und das **Erbrecht** (Buch 5) die Rechtsnachfolge des Privateigentums (§§ 1922–2385 BGB).

3. Nebengesetze

Nebengesetze sind Gesetze, die das Bürgerliche Gesetzbuch **ergänzen** und **modifizieren** und bilden mit diesem das **allgemeine Privatrecht**. Nebengesetze sind insbesondere das:

- Einführungsgesetz zum BGB **(EGBGB)**
- Gesetz über das Erbbaurecht **(ErbbauRG)**
- Gesetz über die Haftung für fehlerhafte Produkte **(ProdhaftG)**
- Gesetz über Unterlassungsklagen bei Verbraucherrechts- und anderen Verstößen **(UKlaG)**
- Gesetz über den Versicherungsvertrag **(VVG)**
- Gesetz über das Wohnungseigentum und das Dauerwohnrecht **(WEG)**

4. Sonderprivatrechte

a. Handelsrecht

aa. Nationales Recht

Das Handelsrecht ist das **Sonderprivatrecht für Kaufleute**, wirtschaftlich tätige Unternehmen und Handelsgeschäfte. Durch die Vorschriften des Handelsgesetzbuchs **(HGB)** und seiner Nebengesetze werden die privatrechtlichen Regelungen in den ersten drei Büchern des BGB (Allgemeiner Teil, Schuldrecht, Sachenrecht) ergänzt oder modifiziert. Die BGB-Regeln finden insoweit nur subsidiär Anwendung. Die handelsrechtlichen Vorschriften für Kaufleute gelten auch für die Handelsgesellschaften und die Kapitalgesellschaften kraft gesetzlicher Anordnung (§ 6 HGB). Einzelne handelsrechtliche Vorschriften gelten außerdem für Nichtkaufleute. Bestandteil des Handelsrechts ist auch das handelsrechtliche **Gewohnheitsrecht** (vgl. § 346 HGB), v. a. über das **kaufmännische Bestätigungsschreiben** und die **Lehre vom Scheinkaufmann**. Die Gewerbeordnung **(GewO)** bestimmt und beschränkt die Gewerbefreiheit inhaltlich.

bb. Internationales Recht

Europäisches Handelsrecht

Die Sonderregeln des Handelsrechts werden ebenso wie die allgemeinen Privatrechtsregeln des BGB (z. B. Verbraucherschutz) zunehmend durch die Vorgaben des europäischen Gesetzgebers an die EU-Mitgliedstaaten harmonisiert. Dies geschieht sowohl durch das EU-Primärrecht (z. B. IAS-Verordnung) wie das EU-Sekundärrecht (z. B. Bilanzrichtlinie, Handelsvertreterrichtlinie). Die **EU-Verordnungen** sind zwischen den EU-Mitgliedstaaten und den EWR-Vertragsstaaten unmittelbar anwendbar, wohingegen die **EU-Richtlinien** in nationales Recht umzusetzen sind.

Internationaler Handelsverkehr

Im internationalen Handelsverkehr gilt nach dem Grundsatz der freien Rechtswahl gemäß Art. 3 Rom-I-VO das von den Parteien gewählte Recht für den Schuldvertrag **(Vertragsstatut)**.

UN-Kaufrecht (Wiener Kaufrecht)

Das UN-Kaufrecht nach dem Übereinkommen **(CISG)** über Verträge über den internationalen Warenkauf (auch Wiener Kaufrecht) ist Teil des deutschen Rechts. Sofern die Parteien daher als Vertragsstatut deutsches Recht wählen, gilt es in seinem Anwendungsbereich, wenn diese es nicht ausschließen. Es gliedert sich in vier Teile (I-IV) über den Anwendungsbereich und allgemeine Bestimmungen (Art. 1–13 CISG), den Vertragsabschluss (Art. 14–24 CISG), den Warenkauf (Art. 25–88 CISG) und die Schlussbestimmungen (Art. 89–101 CISG).

Internationales Transportrecht

Die Internationale Vereinbarung über Beförderungsverträge auf Straßen **(CMR-Konvention)** gilt für internationale Transporte, die auf dem Landtransportweg durchgeführt werden. Sie ist von den Vertragsparteien des Frachtvertrags dann zwingend anzuwenden, wenn mindestens ein Abgangs- oder Empfangsland des Gutes ein CMR-Mitgliedstaat ist (Art. 1 Abs. 1 CMR).

Internationale Handelsbräuche

Die internationalen Handelsbräuche werden im Rahmen von § 346 HGB berücksichtigt.

Internationales Handelsgewohnheitsrecht

Internationales Handelsrecht wird teils als eigenständige Rechtsquelle, teils als Sammelbegriff für verschiedene Rechtsgrundlagen des internationalen Handelsverkehrs verstanden.

UNIDROIT-Grundregeln

Die UNIDROIT-Grundregeln für internationale Handelsverträge **(UNIDROIT-Grundregeln)** enthalten eine Zusammenfassung und Ordnung des internationalen Vertragsrechts. Es handelt sich nicht um einen bindenden völkerrechtlichen Vertrag, sondern um unverbindliche Regeln für den internationalen Handel. Diese können von den Vertragsparteien in der Rechtswahl- und Gerichtsstandklausel mit einer Schiedsgerichtsabrede vertraglich vereinbart werden.

UNCITRAL-Rechtsakte

UNCITRAL-Rechtsakte werden von der UN-Kommission für Internationales Handelsrecht (**UNCITRAL**) zum Zweck der Vereinheitlichung des internationalen Handelsrechts erlassen. Diese sind aber nicht immer rechtlich verbindlich, sondern haben oft empfehlenden Charakter, wie z. B. die **UNCITRAL-Schiedsverfahrensordnung (2010)**.

b. Gesellschaftsrecht

Das Gesellschaftsrecht stellt bestimmte Rechtsformen (**Gesellschaftsformen**) zur Verfügung, die nach nationalen und europäischen Gesellschaftsformen unterschieden werden können.

aa. Nationales Recht

Die Rechtsformen des nationalen Gesellschaftsrechts umfassen die Personengesellschaften, Kapitalgesellschaften, Genossenschaften sowie den Versicherungsverein auf Gegenseitigkeit. Das Recht der **Personengesellschaften** wird durch eine umfassende **Gesetzesreform** geändert und an die Anforderungen eines modernen Wirtschaftslebens angepasst. Außerdem wird die **Digitalisierungsrichtlinie** durch eine weitere Gesetzesnovelle im Handelsrecht sowie im Recht der Gesellschaft mit beschränkter Haftung und in weiteren Gesetzen umgesetzt.

Personengesellschaften

Grundform der Personengesellschaften ist die in den §§ 705–740 BGB geregelte Gesellschaft bürgerlichen Rechts (**GbR**), auf der die Personenhandelsgesellschaften aufbauen. Die Form der offenen Handelsgesellschaft (**OHG**) ist vorrangig in §§ 105–160 HGB und subsidiär in §§ 105 Abs. 3 HGB, §§ 705 ff BGB geregelt. Kennzeichnend für die (Außen-)GbR und die OHG ist, dass alle Gesellschafter für die Gesellschaftsverbindlichkeiten den Gläubigern der Gesellschaft unbeschränkt mit ihrem Privatvermögen **haften**. Die Form der Kommanditgesellschaft (**KG**), ist in §§ 161–177 a HGB und subsidiär in §§ 161 Abs. 2, 105 ff HGB sowie §§ 105 Abs. 3 HGB, §§ 705 ff BGB geregelt. Bei ihr haftet mindestens ein Gesellschafter für die Verbindlichkeiten der Gesellschaft ihren Gläubigern unbeschränkt persönlich (**Komplementär**). Dagegen haften die übrigen Gesellschafter (**Kommanditisten**) nur bis zur Höhe der Haftsumme, die für sie im Handelsregister eingetragen ist. Die **stille Gesellschaft** (§§ 230–236 HGB) ist eine nicht im Geschäftsverkehr auftretende Innengesellschaft. Dabei beteiligt sich ein stiller Gesellschafter durch Leistung einer Einlage an dem Handelsgewerbe, dass ein anderer betreibt. Eine weitere Personengesellschaft ist die **Partnerschaftsgesellschaft** (§§ 1 **PartGG**). In ihr können sich die Angehörigen der freien Berufe zur Ausübung ihrer Berufe zusammenschließen.

Reform des Personengesellschaftsrechts

Das Recht der Personengesellschaften wird mit Wirkung zum 01.01.2024 durch das Gesetz zur Modernisierung des Personengesellschaftsrechts umfassend reformiert. Die Regelungen über die Gesellschaft bürgerlichen Rechts werden in den §§ 705–740 c BGB n. F. dabei neu gefasst. Zukünftig wird zwischen der rechtsfähigen Gesellschaft (§§ 705–739 BGB n. F.), die bereits von der Rechtsprechung (BGHZ 146, 341 „ARGE Weißes Ross“) anerkannt worden ist, und der nicht rechtsfähigen Gesellschaft (§§ 740–740 c BGB n. F.) unterschieden. Die Gesellschaft kann entweder selbst Rechte erwerben und Verbindlichkeiten eingehen, wenn sie nach dem Willen der Gesellschafter am Rechtsverkehr teilnehmen soll (**rechtsfähige Gesellschaft**). Sie kann den Gesellschaftern aber auch nur zur Ausgestaltung ihrer Rechtsverhältnisse untereinander dienen (**nicht rechtsfähige Gesellschaft**) (§ 705 Abs. 2 BGB n. F.).

Die rechtsfähige GbR kann sich freiwillig in neues **Gesellschaftsregister** (§§ 707–707d BGB n. F.) eintragen lassen, was keine Voraussetzung für die Entstehung und Rechtsfähigkeit der Gesellschaft, aber für die Eintragung in weiteren Registern ist. Außerdem wird die **Gesellschafterklage** für alle Personengesellschaften einheitlich gesetzlich geregelt (§ 715b BGB n. F.).

Für die Personenhandelsgesellschaften der OHG und der KG ist zukünftig erstmals gesetzlich ein eigenes **Beschlussmängelrecht** (§§ 109–115 HGB n. F.) vorgesehen. Ein Beschluss der Gesellschafter kann wegen Verletzung von Rechtsvorschriften anfechtbar oder nichtig sein (§ 110 HGB n. F.). Auch kann die Rechtsform der OHG und der KG durch Eintragung in das Handelsregister zur **Ausübung freier Berufe** errichtet werden (§ 107 Abs. 1 S. 2 HGB n. F.).

Kapitalgesellschaften

Die Kapitalgesellschaften sind Körperschaften und juristische Personen. Ihre Grundform ist der wirtschaftliche Verein (§ 22 BGB). Die Gesellschaft mit beschränkter Haftung (**GmbH**) ist eine Kapitalgesellschaft, die im GmbH-Gesetz geregelt wird. Als „kleine Variante" der GmbH gilt die Unternehmergesellschaft (**UG**) (**haftungsbeschränkt**) (§ 5a GmbHG). Das Aktiengesetz regelt die Rechte und Pflichten von Gesellschaften mit einem in Aktien zerlegten Grundkapital in Form der Aktiengesellschaft (**AG**). Zudem regelt es die Kommanditgesellschaft auf Aktien (**KGaA**) (§§ 278–290 AktG). Mischformen zwischen Personenhandels- und Kapitalgesellschaft sind die KGaA, Gesellschaft mit beschränkter Haftung & Compagnie Kommanditgesellschaft (**GmbH & Co. KG**) sowie die Unternehmergesellschaft (haftungsbeschränkt) & Compagnie Kommanditgesellschaft (**UG (haftungsbeschränkt & Co. KG**).

Im Unterschied zu den Personengesellschaften ist bei den Kapitalgesellschaften die **Haftung** der Gesellschafter für Verbindlichkeiten der Gesellschaft gegenüber dritten Personen auf das **Gesellschaftsvermögen beschränkt** (§ 13 Abs. 2 GmbHG, § 1 Abs. 1 S. 2 AktG). Die Haftung der Gesellschafter mit ihrem Privatvermögen ist grundsätzlich ausgeschlossen.

Umsetzung der Digitalisierungsrichtlinie

Das Gesetz zur Umsetzung der Digitalisierungsrichtlinie tritt mit Wirkung zum 01.08.2022 in Kraft. Danach kann eine Gesellschaft mit beschränkter Haftung durch notarielle Beurkundung der Willenserklärungen für den Gesellschaftsvertrag mittels Videokonferenz online gegründet werden (**Online-Gründung der GmbH**). Zudem können nach den Neuregelungen bestimmte Anmeldungen zur Eintragung in das Handelsregister durch öffentliche Beglaubigung mittels Videokommunikation erfolgen (**Online-Verfahren für Registeranmeldungen**). Außerdem ist das **Unternehmensregister** als zentrales Register für die Veröffentlichung von Unterlagen der Rechnungslegung und Unternehmensberichte vorgesehen. Auch wird der grenzüberschreitende Austausch von Informationen über Zweigniederlassungen und disqualifizierte Geschäftsführer weiter geregelt.

Zweites Führungspositionen-Gesetz

Das Gesetz zur Ergänzung und Änderung der Regelungen für die gleichberechtigte Teilhabe von Frauen und Männern an Führungspositionen in der Privatwirtschaft und im öffentlichen Dienst (Zweites Führungspositionen-Gesetz – FüPoG II) hat ein **Mindestbeteiligungsgebot** für Vorstände von Aktiengesellschaften mit mehr als drei Mitgliedern im Aktiengesetz eingeführt. Besteht der Vorstand bei börsennotierten Gesellschaften, die paritätisch mitbestimmt sind, aus mehr als drei Personen, so muss mindestens eine Frau und mindestens ein Mann Mitglied des Vorstands sein. Eine Vorstandsbestellung unter Verstoß gegen das Beteiligungsgebot ist nichtig (§ 76 Abs. 3a AktG). Sofern der Vorstand für den Frauenanteil in einer der beiden Führungsebenen unterhalb des Vorstands die Zielgröße Null festlegt, so hat er diesen Beschluss klar und verständlich zu begründen (§ 76 Abs. 4 S. 2–4 AktG). Legt der Aufsichtsrat für sich oder den Vorstand die Zielgröße Null fest hat er dies klar und verständlich zu begründen (§ 111 Abs. 5 AktG). Die Begründung ist im Lagebericht in der Erklärung zur Unternehmensführung aufzunehmen (§ 289f Abs. 2 Nr. 4–5a HGB). Eine weitere Neuregelung ist die „**Auszeit**" für Vorstandsmitglieder. Danach hat ein Mitglied eines Vorstands, der aus mehreren Personen besteht, das Recht, den Aufsichtsrat um den Widerruf seiner Bestellung zu ersuchen, wenn es wegen Mutterschutz, Elternzeit, Pflege eines Familienangehörigen oder Krankheit seinen mit der Bestellung verbundenen Pflichten vorübergehend nicht nachkommen kann (§ 84 Abs. 3 AktG). Die Neuregelungen sind mit Wirkung zum 12.08.2021 in Kraft getreten.

Verlängerung des COVMG bis 31.08.2022

Das COVMG hat Erleichterungen für die Durchführung von Hauptversammlungen der AG, KGaA, SE und des VVaG, sowie von Gesellschafterversammlungen der GmbH, General- und Vertreterversammlungen der Genossenschaft und von Mitgliederversammlungen der Vereine eingeführt. Dies soll die betroffenen Unternehmen in die Lage versetzten, auch bei weiterhin bestehenden Beschränkungen der Versammlungsmöglichkeiten erforderliche Beschlüsse zu fassen und handlungsfähig zu bleiben. Dabei wurde die Möglichkeit, Hauptversammlungen der Aktiengesellschaften, insbesondere der Publikumsgesellschaften, ohne physische Anwesenheit der Aktionäre oder ihrer Bevollmächtigten abzuhalten (**virtuelle Hauptversammlung**), geschaffen (§§ 1–6 COMVG). Zugleich wurde das Fragerecht eingeschränkt (§ 1 Abs. 2 S. 2 COMVG) und eine Möglichkeit, Widerspruch zu Protokoll im Wege elektronischer Kommunikation zu erklären (§ 1 Abs. 2 Nr. 4 COMVG). Die Regelungen der virtuellen Hauptversammlung sind bis zum Ablauf des 31.08.2022 verlängert worden (§ 7 COVMG).

Eingetragene Genossenschaft

Die eingetragene Genossenschaft (**eG**) ist ein Zusammenschluss oder Verband von natürlichen oder juristischen Personen zu Zwecken der Erwerbstätigkeit oder der wirtschaftlichen oder sozialen Förderung der Mitglieder durch gemeinschaftliche wirtschaftliche Geschäftsbetriebe. Sie wird im Genossenschaftsgesetz (§§ 1ff **GenG**) geregelt. Für Verbindlichkeiten der Genossenschaft **haftet** den Gläubigern nur das **Vermögen der Genossenschaft** (§ 2 GenG).

Versicherungsverein auf Gegenseitigkeit

Der Versicherungsverein auf Gegenseitigkeit (**VVaG**) ist eine besondere Rechtsform des Vereins, der die Versicherung seiner Mitglieder nach dem Grundsatz der Gegenseitigkeit betreiben will. Er ist im vierten Kapitel des zweiten Teils des Versicherungsaufsichtsgesetzes (**VAG**) (§§ 171–210) geregelt. Danach **haftet** für alle Verbindlichkeiten des VVaG dessen Gläubigern nur das **Vereinsvermögen**. Die Mitglieder den Vereinsgläubigern haftet hingegen nicht (§ 175 VAG).

Deutscher Corporate Governance Kodex

Der Deutsche Corporate Governance Kodex (**DCGK**) enthält bestimmte Verhaltensregeln für börsennotierte Gesellschaften und Gesellschaften mit Kapitalmarktzugang (§ 161 Abs. 1

S. 2 AktG). Er wird von der Regierungskommission DCGK herausgegeben und im amtlichen Teil des Bundesanzeigers bekannt gemacht, abrufbar auf www.dcgk.de. Die Verhaltensregeln sind Grundsätze, Empfehlungen und Anregungen für den Vorstand und den Aufsichtsrat. Sie sollen dazu beitragen, dass die Gesellschaft im Unternehmensinteresse (**Best Practice**) geführt wird und haben gesetzähnliche Wirkung (**Soft Law**). Die Empfehlungen gelten nur insoweit, als keine gesetzlichen Bestimmungen entgegenstehen. Besonderheiten des Aufsichtsrechts für börsennotierte Kreditinstitute und Versicherungsunternehmen sind nicht berücksichtigt.

Die Verpflichtung der Erklärung zum DCGK wird in § 161 AktG geregelt. Danach müssen der Vorstand und der Aufsichtsrat der börsennotierten Gesellschaften jährlich erklären, dass den Empfehlungen des Kodex gefolgt wird (**Entsprechenserklärung**). Gleiches gilt für Vorstand und Aufsichtsrat einer Gesellschaft, die ausschließlich andere Wertpapiere als Aktien zum Handel an einem organisierten Markt (§ 2 Abs. 11 WpHG) ausgegeben hat und deren ausgegebene Aktien auf eigene Veranlassung über ein multilaterales Handelssystem (§ 2 Abs. 8 S. 1 Nr. 8 WpHG) gehandelt werden. Die Erklärung muss den Aktionären und allen anderen Interessierten auf der Internetseite der Gesellschaft dauerhaft zugänglich gemacht werden (§ 161 Abs. 2 AktG).

Umwandlungsrecht

Das Umwandlungsgesetz (**UmwG**) regelt die Umwandlung von gesellschafts-, vereins- oder genossenschaftsrechtlich organisierten Rechtsträgern, die ihren Sitz im Inland haben. Danach wird unterschieden zwischen der Umwandlung (§ 1 UmwG) durch **Verschmelzung** (§ 2–122 UmwG), **Spaltung** (§§ 123–173 UmwG), **Vermögensübertragung** (§§ 174–189 UmwG) und **Formwechsel** (§§ 190–304 UmwG). Im Rahmen dieser Umwandlungsmöglichkeiten besteht auch nach der Gesellschaftsgründung eine **Wahlfreiheit** zwischen den gesetzlich zulässigen gesellschaftsrechtlichen Organisationsformen.

Rechnungslegung und Publizität

Kapitalgesellschaften sind zur Rechnungslegung durch Aufstellung, Prüfung und Feststellung eines Jahresabschlusses und Lageberichts (§§ 264 ff HGB) sowie zur Offenlegung (**Publizität**) durch elektronische Einreichung und Bekanntmachung im Bundesanzeiger (§ 325 Abs. 1, 2 HGB) verpflichtet. Für andere Personen, die nicht unter diese Vorschriften fallen, regelt das **Publizitätsgesetz** die Verpflichtung zur Rechnungslegung und Publizität. Es ist anwendbar auf Unternehmen in der Rechtsform einer Personenhandelsgesellschaft, für die kein Abschluss nach §§ 264 a, 264 b HGB aufgestellt wird, des Einzelkaufmanns, des wirtschaftlichen Vereins, der gewerbetreibenden Stiftung bürgerlichen Rechts sowie einer Körperschaft, Stiftung oder Anstalt des öffentlichen Rechts, die Kaufmann (§ 1 HGB) oder als solcher im Handelsregister eingetragen (§§ 2 ff HGB) ist. Die **Verpflichtung gilt nur**, wenn für drei aufeinander folgende Geschäftsjahre zwei der drei nachfolgenden Merkmale zutreffen: Bilanzsumme von mehr als 65 Millionen Euro, Umsatzerlöse von mehr als 130 Millionen Euro, Beschäftigung von durchschnittlich mehr als 5.000 Arbeitnehmern. Sie umfasst die Aufstellung, Prüfung und Feststellung von Jahresabschluss und Lagebericht (§§ 5–8 PublG) und Offenlegung (Publizität) durch elektronische Einreichung und Bekanntmachung im Bundesanzeiger (§ 9 Abs. 1 PublG, § 325 Abs. 1, 2 HGB). Die Verpflichtung zur Rechnungslegung von Konzernen ist gesondert geregelt (§§ 11–15 PublG).

bb. Europäisches Recht

Die Rechtsformen des nationalen Gesellschaftsrechts werden durch bestimmte europäische Rechtsformen ergänzt, die auf sekundären Rechtsakten der Europäischen Union in Form von **EU-Verordnungen** und den zu ihrer Umsetzung erlassenen **nationalen Gesetzen** beruhen.

Europäische Gesellschaft

Aktiengesellschaften können als Europäische Gesellschaft (**SE**) gemäß der EU-Verordnung Nr. 2157/2001 über das Statut der Societas Europaea (**SE-VO**) und dem SE-Ausführungsgesetz (SEAG) gegründet werden. Die **Mitbestimmung** der Arbeitnehmervertreter richtet sich nach dem Gesetz über die Beteiligung in einer SE (**SEBG**).

Europäischen Wirtschaftliche Interessenvereinigung

Die Unternehmensform der Europäischen Wirtschaftliche Interessenvereinigung (**EWIV**) wird in der EU-Verordnung Nr. 2137/85 über die Schaffung einer EWIV (**EWIV-VO**) und dem EWIV-Ausführungsgesetz geregelt und als Personengesellschaft betrachtet.

Europäische Genossenschaft

Die Europäische Genossenschaft (**SCE**) beruht auf der EU-Verordnung Nr. 1453/2003 über das Statut der Societas Cooperativa Europaea (**SCE-VO**) und dem Gesetz zur Einführung der SCE und Änderung des Genossenschaftsrechts (**EGSCE**).

c. Kartell- und Wettbewerbsrecht

Das Kartell- und Wettbewerbsrecht ist auf nationaler und europäischer Ebene geregelt. Hinzu kommt das Lauterkeitsrecht als Bestandteil des nationalen Wettbewerbsrechts, das zunehmend der Harmonisierung aufgrund europäischer Richtlinien unterliegt.

aa. Nationales Recht

Das Kartellrecht ist national im Gesetz gegen Wettbewerbsbeschränkungen (**GWB**) geregelt. Zweck des Gesetzes ist es, die freiheitliche Gestaltung der Marktwirtschaft und einen fairen Wettbewerb zu gewährleisten. Das GWB hat sechs Teile über Wettbewerbsbeschränkungen (§§ 1–47l), Kartellbehörden (§§ 48–53), Verfahren (§§ 54–95), Vergabe von öffentlichen Aufträgen und Konzessionen (§§ 97–184), Anwendungsbereich der Teile 1 bis 3 (§ 185), Übergangs- und Schlussbestimmungen (§ 186). Die zentralen Regelungen des nationalen Kartellrechts sind das Verbot wettbewerbsbeschränkender Vereinbarungen (**Kartellverbot**) (§ 1 ff GWB), das Verbot der missbräuchlichen Ausnutzung einer marktbeherrschenden Stellung (**Missbrauchsverbot**) (§§ 18–21 GWB) und die Zusammenschlusskontrolle von Unternehmen (**Fusionskontrolle**) (§§ 35–43 a GWB). Das Verhältnis zum europäischen Wettbewerbsrecht mit dem EU-Kartellverbot (Art. 101 AEUV) und EU-Missbrauchsverbot (Art. 102 AEUV) ist in § 22 GWB geregelt. Für bestimmte Wirtschaftsbereiche gelten Sonderregeln (§§ 28–31 b GWB). Bei Verstößen gegen das Kartell- oder Missbrauchsverbot besteht ein **Beseitigungs**- und **Unterlassungsanspruch** des Betroffenen (§ 33 GWB). Erfolgt der Verstoß vorsätzlich oder fahrlässig, besteht eine **Schadensersatzpflicht** (§ 33 a GWB). Auch kann die Kartellbehörde die Abschöpfung eines wirtschaftlichen Vorteils (**Vorteilsabschöpfung**) anordnen (§§ 34, 34 a GWB).

Ein Abschnitt regelt die Aufgaben der **Monopolkommission**. Diese erstellt alle zwei Jahre ein Gutachten über den Stand und die absehbare Entwicklung der Unternehmenskonzentration, die Anwendung der wettbewerbsrechtlichen Vorschriften sowie sonstige wettbewerbspolitischen Fragen **(Hauptgutachten)** (§§ 44–47 GWB). Kartellbehörden sind das **Bundeskartellamt**, das Bundesministerium für Wirtschaft und Energie und die nach Landesrecht zuständigen obersten Landesbehörden (§§ 48, 49 GWB). Das Bundeskartellamt vollzieht europäisches Recht gemäß § 50 GWB. Die Zusammenarbeit im **Netzwerk der europäischen Wettbewerbsbehörden** ist in §§ 50a–50f GWB geregelt. Das Bundeskartellamt ist eine selbstständige Bundesoberbehörde mit Sitz in Bonn im Zuständigkeitsbereich des BMWI (§ 51 Abs. 1 GWB). Es veröffentlicht alle zwei Jahre (abwechselnd mit der Monopolkommission) einen Bericht über seine Tätigkeit sowie über die Lage und Entwicklung auf seinem Aufgabengebiet **(Tätigkeitsbericht)** (§ 53 Abs. 1 GWB). Der Bundesverband der Deutschen Industrie e.V. (BDI) hat einen BDI Leitfaden Kartellrecht veröffentlicht der die kartellrechtlichen Grundsätze darlegt abrufbar unter:

https://bdi.eu/media/themenfelder/wettbewerb/publikationen/201510_Leitfaden-Kartellrecht.pdf.

bb. Europäisches Recht

Auf europäischer Ebene regelt der Vertrag über die Arbeitsweise der Europäischen Union das **Kartellverbot** (Art. 101 AEUV) und das **Missbrauchsverbot** (Art. 102 AEUV). Nach der EU-Kartellverfahrensverordnung sind die Vorschriften des europäischen Wettbewerbsrechts und des nationalen Wettbewerbsrechts **parallel** anzuwenden. Die Wettbewerbsbehörden und die Gerichte der Mitgliedstaaten müssen bei der Anwendung des nationalen Kartellrechts auch Art. 101 AEUV und Art. 102 AEUV zur rechtlichen Beurteilung von Maßnahmen anwenden, wenn diese dazu geeignet sind, den Handel zwischen den Mitgliedstaaten zu beeinträchtigen (Art. 3 Abs. 1 VO 1/2003). Ein weiterer Gegenstand der unionsrechtlichen Wettbewerbsordnung sind die Regeln zur Kontrolle von Unternehmenszusammenschlüssen **(EU-Fusionskontrolle)**. Die EU-Fusionskontrollverordnung regelt die europäische Zusammenschlusskontrolle für Fusionen von gemeinschaftsweiter Bedeutung. Zudem schützt auch das Verbot staatlicher Beihilfen **(EU-Beihilfeverbot)** vor Wettbewerbsverfälschungen im Binnenmarkt (Art. 107 Abs. 1 AEUV). Die **EU-Kommission** ist als **europäische Wettbewerbsbehörde** ausschließlich zuständig für die Beihilfeaufsicht und die europäische Fusionskontrolle. Im Kartellrecht ist sie gemeinsam mit den nationalen Kartellbehörden zuständig.

cc. Lauterkeitsrecht

Das Wettbewerbsrecht im weiteren Sinne umfasst neben dem Kartellrecht die gesetzlichen Regelungen gegen unlauteres Verhalten im wirtschaftlichen Wettbewerb **(Lauterkeitsrecht)**. Diese sind im Gesetz gegen den unlauteren Wettbewerb **(UWG)** und ergänzend in weiteren Rechtsvorschriften **(z. B. PAngV)** niedergelegt. Das UWG dient dem **Schutz** der **Mitbewerber**, der **Verbraucher** sowie der sonstigen **Marktteilnehmer** vor unlauteren geschäftlichen Handlungen und schützt zugleich das Interesse der **Allgemeinheit** an einem unverfälschten Wettbewerb (§ 1 UWG). Das Gesetz ist in vier Kapitel über allgemeine Bestimmungen (§§ 1–7), Rechtsfolgen (§§ 8–11), Verfahrensvorschriften (§§ 12–15a), Straf- und Bußgeldvorschriften (§§ 16–20) gegliedert. Die allgemeinen Vorschriften enthalten das Verbot unlauterer geschäftlicher Handlungen **(Generalklausel)** (§ 3 Abs. 1 UWG). Diese sind unzulässig, wenn sie sich an Verbraucher richten oder diese erreichen und wenn sie nicht der unternehmerischen Sorgfalt entsprechen und dazu geeignet sind, das wirtschaftliche Verhalten des Verbrauchers wesentlich zu beeinflussen (§ 3 Abs. 2 UWG). Die im Anhang aufgeführten geschäftlichen Handlungen gegenüber Verbrauchern sind stets unzulässig (§ 3 Abs. 3 UWG).

Einzelne Schutztatbestände unlauteren Wettbewerbs enthalten die §§ 4–7 UWG:

- Mitbewerberschutz (§ 4 UWG)
- Aggressive geschäftliche Handlungen (§ 4a UWG)
- irreführende geschäftliche Handlungen (§ 5 UWG)
- Irreführung durch Unterlassen (§ 5a UWG)
- vergleichende Werbung (§ 6 UWG)
- unzumutbare Belästigungen (§ 7 UWG)

Bei Verstoß gegen das Verbot unzulässiger geschäftlicher Handlungen nach den §§ 3, 7 UWG besteht Anspruch auf Beseitigung **(Beseitigungsanspruch)** und bei Wiederholungsgefahr auf Unterlassung **(Unterlassungsanspruch)**. Der Anspruch auf Unterlassung besteht bereits, wenn eine derartige Zuwiderhandlung droht (§ 8 Abs. 1 UWG). Werden die Zuwiderhandlungen von einem Mitarbeiter oder Beauftragten in einem Unternehmen begangen, sind sich auch gegen den Inhaber des Unternehmens begründet (§ 8 Abs. 2 UWG).

Anspruchsberechtigt (§ 8 Abs. 3 UWG) sind:

- jeder Mitbewerber (Nr. 1),
- rechtsfähige Verbände zur Förderung gewerblicher oder beruflicher Interessen (Nr. 2),
- qualifizierte Einrichtungen der Liste nach § 4 Abs. 2 UKlaG oder dem Verzeichnis der EU-Kommission nach Art. 4 Abs. 3 der EU-Richtlinie über Unterlassungsklagen zum Schutz der Verbraucherinteressen (Nr. 3),
- die Industrie- und Handelskammern oder die Handwerkskammern (Nr. 4).

Anspruchsberechtigt bei einem Verstoß gegen die EU-Verordnung zur Förderung von Fairness und Transparenz für gewerbliche Nutzer von Online-Vermittlungsdiensten sind die Verbände, Organisationen und öffentlichen Stellen, die die Voraussetzungen des Art. 14 Abs. 3 und 4 der Verordnung erfüllen (§ 8a UWG).

Die **Geltendmachung** von Beseitigungs- und Unterlassungsansprüchen ist **verboten**, wenn sie unter Berücksichtigung der gesamten Umstände **missbräuchlich** ist (§ 8c Abs. 1 UWG). Dazu gibt es einzelne gesetzliche Tatbestände, nach denen dies im Zweifel anzunehmen ist (§ 8c Abs. 2 UWG). Bei Verstoß gegen das Missbrauchsverbot kann der Anspruchsgegner **Ersatz** der für seine Rechtsverteidigung erforderlichen **Aufwendungen** fordern (§ 8c Abs. 3 UWG). Bei einer vorsätzlichen oder fahrlässigen unzulässigen geschäftlichen Handlung haben die Mittbewerber Anspruch auf **Schadensersatz**; bei periodischen Druckschriften nur bei Vorsatz (§ 9 UWG). Klagebefugte Verbände und qualifizierte Einrichtungen haben bei unzulässigen geschäftlichen Handlungen Anspruch auf Herausgabe eines zu Lasten einer Vielzahl von Abnehmern erzielten Gewinns **(Gewinnabschöpfung)** an den Bundeshaushalt (§ 10 Abs. 1 UWG).

Zur Sicherung der Unterlassungsansprüche können einstweilige Verfügungen ohne Darlegung und Glaubhaftmachung (§§ 935, 940 ZPO) erlassen werden (§ 12 Abs. 1 UWG). Berechtigte von Unterlassungsansprüchen sollen den Schuldner vor der Einleitung eines Gerichtsverfahrens abmahnen **(Abmahnung)** und ihm Gelegenheit geben, den Streit mit Abgabe einer mit einer angemessenen Vertragsstrafe bewehrten **Unterlassungsverpflichtung** beizulegen (§ 13 Abs. 1 und 2 UWG). Der Abmahnende hat Anspruch auf Ersatz der erforderlichen Aufwendungen (§ 13 Abs. 3 UWG). Der Abgemahnte hat Anspruch auf Ersatz der für seine Rechtsverteidigung erforderlichen Aufwendungen, soweit die Abmahnung oder der Ersatzanspruch nicht zulässig ist (§ 13 Abs. 5 UWG). Die Festlegung der Vertragsstrafe regelt § 13a UWG. **Einigungsstellen** zur Beilegung von Streitigkeit über Ansprüche aufgrund des UWG bestehen nach Landesrecht bei den Industrie- und Handelskammern (§ 15 UWG). Die **strafbare Werbung** ist in § 16 und die **Bußgeldvorschriften** sind in § 17 UWG geregelt.

Reform des Wettbewerbsrechts

Das UWG und die Gewerbeordnung werden durch Maßnahmen sowohl des nationalen wie auch des europäischen Gesetzgebers in wesentlichen Bereichen weiter reformiert.

Gesetz für faire Verbraucherverträge

Durch das Gesetz für faire Verbraucherverträge (BGBl. 2021 I, S. 3433) ist eine Regelung über die Einwilligung in **Telefonwerbung** (§ 7a UWG) eingeführt worden, die am 01.10.2021 in Kraft getreten ist. Werbende Unternehmen haben danach die Pflicht zur **Dokumentation** der **Einwilligung** des **Verbrauchers**, wenn ihm gegenüber mit einem Telefonanruf geworben wird (§ 7a Abs. 1 UWG). Sie müssen den Dokumentationsnachweis ab Erteilung der Einwilligung sowie nach jeder Verwendung der Einwilligung **fünf Jahre aufbewahren** (§ 7a Abs. 2 UWG). Die Dokumentations- und Aufbewahrungspflichten sind bußgeldbewehrt (§ 20 UWG).

Gesetz zur Stärkung des Verbraucherschutzes im Wettbewerbs- und Gewerberecht

Durch das Gesetz zur Stärkung des Verbraucherschutzes im Wettbewerbs- und Gewerberecht (BGBl. 2021 I, S. 3504) wird die **Modernisierungsrichtlinie** im Bereich der Vorschriften über unlautere Geschäftspraktiken und der Gewerbeordnung zum 28.05.2022 im nationalen Recht umgesetzt. Ziel der Änderungen ist v. a. eine effektivere Sanktionierung grenzüberschreitender Verstöße gegen verbraucherschützende Vorschriften, Zugang zu angemessenen und wirksamen Rechtsbehelfen sowie die Verbesserung der Transparenz im Online-Handel. Gestärkt wird auch der Schutz vor aggressiven oder irreführenden Praktiken bei Kaffeefahrten und die Abgrenzung nichtkommerzieller Kommunikation von geschäftlichen Handlungen.

Regelungen zu Online-Marktplätzen, Ranking und Verbraucherbewertungen

Zukünftig besteht bei Angeboten von Waren oder Dienstleistungen über **Online-Marktplätze** eine Verpflichtung der Betreiber darüber zu informieren, ob es sich nach der eigenen Erklärung des Anbieters um einen Unternehmer handelt (§ 5b Abs. 1 Nr. 6 UWG n. F.). Darüber hinaus sind Unternehmer, die Verbrauchern **Online-Suchanfragen** nach Waren und Dienstleistungen verschiedener Anbieter ermöglichen, verpflichtet, über die Hauptparameter für die Festlegung des **Rankings** und die **Gewichtung** dieser Parameter im Vergleich zu anderen Parametern zu informieren (§ 5b Abs. 2 S. 1 UWG n. F.). Rankings in Suchergebnissen dürfen nicht durch versteckte Werbungen oder versteckte Zahlungen beeinflusst werden (§ 11a des Anhangs zu § 3 Abs. 3 UWG n. F.). Außerdem müssen Unternehmer, die **Verbraucherbewertungen** zugänglich machen, zukünftig darüber informieren, ob und wie sie sicherstellen, dass die Bewertungen tatsächlich von Verbrauchern stammen (§ 5 Abs. 3 UWG n. F.). Auch gibt es hierzu besondere Unlauterkeitstatbestände (Nr. 23b und 23c des Anhangs zu § 3 Abs. 3 UWG n. F.).

Verbot der Vermarktung wesentlich unterschiedlicher Waren als identisch; Bußgeldregelung

Das Verbot irreführender geschäftlicher Handlungen wird um eine Regelung ergänzt. Danach ist es unzulässig, wenn durch die geschäftliche Handlung eine Ware in einem EU-Mitgliedstaat **als identisch** mit einer in anderen EU-Mitgliedstaaten auf dem Markt bereitgestellten Ware vermarktet wird, obwohl sich diese Waren in ihrer Zusammensetzung oder in ihren Merkmalen **wesentlich** voneinander **unterscheiden**. Dies gilt nicht, wenn dies durch objektive und legitime Faktoren gerechtfertigt ist (§ 5 Abs. 3 Nr. 2 UWG n. F.). Zum **Schadensersatz** verpflichtet ist zukünftig auch, wer vorsätzlich oder fahrlässig eine unzulässige geschäftliche Handlung (§ 3 UWG) vornimmt und Verbraucher zu einer Entscheidung veranlasst, die sie anderenfalls nicht getroffen hätten. Dies gilt nicht für unlautere geschäftliche Handlungen nach den §§ 3a, 4 und 6 sowie nach Nummer 32 des Anhangs (§ 9 Abs. 2 UWG n. F.). Zur einheitlichen Ahndung bei **weitverbreitetem Verstoß** und weitverbreitetem Verstoß mit **Unions-Dimension** wird künftig die Verhängung eines Bußgeldes im Rahmen koordinierter Aktionen statuiert (§ 19 UWG n. F.).

Schutz vor aggressiven und irreführenden Verkaufspraktiken bei Kaffeefahrten

Die Gewerbeordnung wird durch eine neu eingeführte Regelung zum Schutz der Verbraucher vor aggressiven und irreführenden Verkaufspraktiken im Zusammenhang mit unerwünschten Hausbesuchen geändert (§ 56a GewO n. F.). Die bestehenden **Anzeigepflichten** für Veranstalter von **Kaffeefahrten** werden verschärft und erweitert. **Wanderlager** anlässlich einer Kaffeefahrt im Ausland müssen künftig bei der Behörde angezeigt werden, die für den Ort der gewerblichen Niederlassung des Veranstalters zuständig ist. Für die Bewerbung der Veranstaltung bestehen Mitteilungspflichten und Informationspflichten über das Widerrufsrecht der Verbraucher. Der Vertrieb von Nahrungsergänzungsmitteln und Medizinprodukten wird verboten. Verstöße sind bußgeldbewehrt (§ 145 Abs. 3 und 4 GewO n. F.).

Abgrenzung nichtkommerzieller Kommunikation von geschäftlichen Handlungen

Der Anwendungsbereich des UWG für neuere Formen der Kommunikation und des Marketings im Internet, wie **Influencer-Marketing**, wird klargestellt. Bei der Beurteilung einer unlauteren geschäftlichen Handlung gehen Vorschriften zur Regelung besonderer Aspekte geschäftlicher Handlungen den Regelungen des UWG vor (§ 1 Abs. 2 UWG n. F.). Auch wird die Definition der geschäftlichen Handlung dahin ergänzt, dass diese nicht mehr nur in einem objektiven, sondern auch in einem unmittelbaren Zusammenhang mit einer **Absatzförderung** stehen muss (§ 2 Nr. 2 UWG n. F.). Damit soll die kommerzielle Kommunikation besser von der privaten Meinungsäußerung in **soziale Medien** oder **Blogs** abgegrenzt werden. Zudem wird klargestellt, dass bei einer Handlung zugunsten eines fremden Unternehmens kein kommerzieller Zweck anzunehmen ist, wenn der Handelnde hierfür kein Entgelt oder ähnliche Gegenleistung von dem fremden Unternehmer erhält oder sich versprechen lässt (§ 5 Abs. 4 S. 2 UWG n. F.). Das soll einen sicheren Rechtsrahmen für Handlungen von Influencern bieten, wenn diese Waren oder Dienstleistungen ohne Entgelt oder Gegenleistung empfehlen.

d. Immaterialgüterrecht

aa. Nationales Recht

Die Gesetze des gewerblichen Rechtsschutzes und des Urheberrechts schützen im Unterschied zum Sacheigentum das **geistige Eigentum** einer Person (**Immaterialgüterrechte**). Leistungen im technischen Bereich werden durch das Patentgesetz (**PatG**) und das Gebrauchsmustergesetz (**GebrMG**) geschützt. Das Designgesetz (**DesignG**) schützt bestimmte Erscheinungsformen eines Erzeugnisses. Das Markengesetz (**MarkenG**) schützt verschiedene Kennzeichen in Form von Marken, geschäftlichen Bezeichnungen und geographischen Herkunftsangaben. Durch das Urhebergesetz (**UrhG**) werden persönliche geistige Schöpfungen und verwandte Schutzrechte geschützt. Zudem gilt das Gesetz über die Wahrnehmung von Urheberrechten und verwandten Schutzrechten durch Verwertungsgesellschaften (**VGG**). Der Verlagsvertrag über ein Werk der Literatur oder Tonkunst wird Gesetz über das Verlagsrecht (**VerlG**) geregelt.

bb. Europäisches Recht

Auf europäischer Ebene wird das das **geistige Eigentum** durch Art. 36 EUV und Art 17 Abs. 2 der Charta der Grundrechte der Europäischen Union (**GRC**) geschützt. Ein Mindestpaket von Maßnahmen, Verfahren und Rechtsbehelfen regelt die Richtlinie zur Durchsetzung der Rechte des geistigen Eigentums. Im Bereich des **Patentrechts** gilt international das Übereinkommen über die Erteilung europäischer Patente (**EPÜ**). Auf EU-Ebene gilt die Verordnung über die Umsetzung der verstärkten Zusammenarbeit im Bereich der Schaffung eines einheitlichen Patentschutzes und die Verordnung über die anzuwendenden Übersetzungsregelungen. Für das **Designrecht** gilt die Verordnung über das Gemeinschaftsgeschmackmuster und die Richtlinie über den rechtlichen Schutz von Mustern und Modellen. Das EU-**Markenrecht** basiert auf der Verordnung über die Unionsmarke und der Richtlinie zur Angleichung der Rechtsvorschriften der Mitgliedstaaten über die Marken.

cc. Internationales Recht

Auf internationaler Ebene gilt die Pariser Verbandsübereinkunft zum Schutz des gewerblichen Eigentums (**PVÜ**) und ihre Nebenabkommen. Das PVÜ umfasst neben dem Patent-, Muster- und Kennzeichenrecht auch die Unterdrückung des unlauteren Wettbewerbs. Das materielle Recht der PVÜ gilt durch das Übereinkommen über handelsbezogene Aspekte der Rechte des geistigen Eigentums (**TRIPS-Abkommen**) auch für Mitglieder der Welthandelsorganisation (**WTO**).

e. Bankrecht

aa. Allgemeines

Das Bankrecht ist in vielen Einzelgesetzen enthalten. Diese regulieren die Rechtsverhältnisse von Banken und Kreditinstituten (**institutioneller Bankrechtsbegriff**). Die privaten Banken, öffentlichen Banken und Genossenschaftsbanken bilden die klassischen „**drei Säulen**“ im deutschen Kreditwesen. Daneben unterliegen sonstige Unternehmen, die keine Kreditinstitute sind (Finanzdienstleistungsinstitute), aber Finanzdienstleistungen erbringen (§ 1 Abs. 1a KWG) und Finanzunternehmen (§ 1 Abs. 3 KWG) der bankrechtlichen Regulierung. Im weiteren Sinne umfasst das Bankrecht die Gesamtheit der rechtlichen Regelungen des Geldes (**funktioneller Bankrechtsbegriff**). Auch wird nach den Rechtsbeziehungen zwischen dem öffentlichem und privaten Bankrecht unterschieden. Zentrale Regelungsmaterie des öffentlichen Bankrechts ist das Bankaufsichtsrecht.

bb. Öffentliches Bankrecht

Das **Bankaufsichtsrecht** ist öffentliches Bankrecht. Es wird insbesondere geregelt durch das:

- Gesetz über das Kreditwesen (**KWG**),
- Gesetz über die Finanzdienstleistungsaufsicht (**FinDAG**),
- Gesetz über Bausparkassen (**BausparkG**),
- Pfandbriefgesetz (**PfandBG**),
- Gesetz über die deutsche Bundesbank (**BBankG**),
- Gesetz über die Beaufsichtigung von Zahlungsdiensten (**ZAG**),
- Geldwäschegesetz (**GWG**),
- Einlagensicherungsgesetz (**EinSiG**),
- Zahlungskontengesetz (**ZKG**).

cc. Privates Bankrecht

Das private Bankrecht betrifft die Regelung des Rechtsverhältnisses zwischen **Banken und Kunden** sowie den **Banken untereinander** bei der Vornahme von Rechtsgeschäften. Das BGB regelt diesbezüglich bestimmte schuldrechtliche Verträge, insbesondere:

- Darlehensvertrag (§§ 488–490 BGB),
- Verbraucherdarlehensverträge (§§ 491–505e BGB),
- Finanzierungshilfen (§§ 506–508 BGB),
- Ratenlieferungsverträge (§ 510 BGB),
- Immobiliar-Verbraucherdarlehensverträge (§ 511 BGB),
- Verbraucherdarlehensverträge für Existenzgründer (§ 513 BGB),
- Unentgeltliche Darlehensverträge (§ 514 BGB),
- Unentgeltliche Finanzierungshilfen (§ 515 BGB),
- Darlehensvermittlungsvertrag (§§ 655a–655e BGB),
- Geschäftsbesorgungsverträge und Zahlungsdienste (§§ 675c–676c BGB).

Allgemeine und besondere Geschäftsbedingungen

Die Kreditinstitute verwenden gegenüber ihren Kunden Allgemeine Geschäftsbedingungen zur Ausgestaltung ihrer Vertragsbeziehungen mit den Kunden. Grundlage dafür sind regelmäßig die „Allgemeinen Geschäftsbedingungen" der privaten Banken, öffentlichen Banken und Genossenschaften (**„AGB-Banken"**). Diese werden durch Preis- und Leistungsverzeichnisse der Institute sowie durch Bedingungen für besondere Geschäftsfelder (**Sonderbedingungen**) ergänzt. Dazu gehören die Sonderbedingungen für Bank- und Kreditkarten, Zahlungsverkehr, Online Banking und Wertpapiergeschäfte. Die Geschäftsbedingungen der Banken sind auf den Websites der Bankenverbände und der einzelnen Institute abrufbar.

Websites (Verbände):
Bundesverband deutscher Banken: www.bankenverband.de
Bundesverband öffentlicher Banken Deutschlands: www.voeb.de
Bundesverband der Deutschen Volksbanken und Raiffeisenbanken: www.bvr.de
Deutscher Sparkassen- und Giroverband: www.dsgv.de

Deutsche und internationale Rahmenverträge

Außerdem verwenden die Banken bei **Finanztermingeschäften** sowohl untereinander, als auch mit Unternehmen und sonstigen professionellen Gegenparteien eine speziell zu diesem Zweck von der Deutschen Kreditwirtschaft entwickelte vertragliche Dokumentation. Diese besteht aus einem Rahmenvertrag und Anhängen für bestimmte Transaktionstypen und unterliegt dem deutschen Recht (**Deutsche Rahmenverträge**). Darüber hinaus kommen bei internationalen Transaktionen vor allem mit ausländischen Vertragspartnern die speziellen Rahmenverträge für den (außerbörslichen) **OTC-Handel** mit Wertpapieren (**GMRA, GMSLA**) und mit Derivaten (**ISDA Master Agreement**) zur Anwendung.

Websites (Verbände):
Deutsche Rahmenverträge: www.bankenverband.de
Internationale Rahmenverträge: www.isda.org, www.icmagroup.org, www.isla.co.uk

f. Kapitalmarktrecht

Das Kapitalmarktrecht hat die Emission und den Handel mit **fungiblen Anlageinstrumenten** zum Regelungsgegenstand. Davon erfasst werden auch übergreifende Rechtsbereiche wie das Börsenrecht, Wertpapierrecht und Aktienrecht.

aa. Europäisches Prospektrecht

Das europäische Prospektrecht ist in den Vorschriften der EU-Prospektverordnung (**Prospekt-VO**) geregelt. Das öffentliche Anbieten von Wertpapieren und ihre Zulassung zum Handel an einem geregelten Markt, der sich in einem EU-Mitgliedstaat befindet oder dort betrieben wird, unterliegt danach einer **Prospektpflicht**. Anbieter von Wertpapieren auf dem Kapitalmarkt sind dazu verpflichtet, Anleger in einem zu veröffentlichenden Prospekt über Chancen und Risiken der Investition in die angebotenen Wertpapiere zu informieren, damit sich die Anleger darüber ein fundiertes Urteil bilden können (Art. 1 Abs. 1 Prospekt-VO). **Ausnahmen** hiervon bestehen für bestimmte Arten von Wertpapieren, unterhalb eines bestimmten Schwellenwertes und für bestimmte Arten öffentlicher Angebote (Art. 2 Abs. 2–4 Prospekt-VO). Weitere Ausnahmen gelten für die **Zulassung** bestimmter Instrumente zum **Handel** an einem geregelten Markt (Art. 2 Abs. 5 Prospekt-VO). Vorgaben zur näheren Ausgestaltung der Prospektanhänge sind in der Delegierten Verordnung (EU) 2019/980 festgelegt. Auch gibt es Leitlinien der Europäischen Wertpapier- und Marktaufsichtsbehörde (**ESMA**) und der Bundesanstalt für Finanzdienstleistungsaufsicht (**BaFin**).

Websites (Behörden):
BaFin: www.bafin.de
ESMA: www.esma.europa.eu

bb. Nationales Prospektrecht

Wertpapierprospektgesetz

Ergänzend zur EU-Prospektverordnung gilt das nationale Wertpapierprospektgesetz (**WpPG**). Sein Anwendungsbereich und die Begriffsbestimmungen sind im Abschnitt 1 (§§ 1–2 WpPG), Ausnahmen von der Prospektpflicht und Regelungen zum Wertpapier-Informationsblatt sind im Abschnitt 2 (§§ 3–7 WpPG) geregelt. Die **Prospekthaftung** und die Haftung bei Wertpapier-Informationsblättern regelt Abschnitt 3 (§§ 8–16 WpPG). Die **Zuständigkeit** und Befugnisse der Bundesanstalt für Finanzdienstleistungsaufsicht (**BaFin**) regelt Abschnitt 4 (§§ 17–20). Die sonstigen Vorschriften insbesondere über die anerkannte Prospektsprache und die elektronische Einreichung und Aufbewahrung von Prospekten regelt Abschnitt 5 (§§ 21–28 WpPG).

Vermögensanlagengesetz

Für bestimmte Arten von **Vermögensanlagen**, die im Inland öffentlich angeboten werden, ist der Anbieter zur Veröffentlichung eines Verkaufsprospekts nach den Regeln des Gesetzes über Vermögensanlagen (**VermAnlG**) verpflichtet (**Prospektpflicht**), sofern nicht Ausnahmen hiervon gelten (§§ 2, 6 VermAnlG). Die **Prospekthaftung** und die Haftung bei Wertpapier-Informationsblättern regeln §§ 20–22 VermAnlG.

Kapitalanlagengesetzbuch

Das Kapitalanlagengesetzbuch (**KAGB**) reguliert alle als **Investmentvermögen** einzuordnende Kapitalsammlungen. Darunter fällt jeder **Organismus für gemeinsame Anlagen**, der von einer Anzahl von Anlegern Kapital einsammelt, um es gemäß einer festgelegten Anlagestrategie zum Nutzen dieser Anleger zu investieren, und der kein operativ tätiges Unternehmen außerhalb des Finanzsektors ist (§ 1 Abs. 1 S. 1 KAGB). Die **Prospektpflicht** und die Pflicht zur Erstellung wesentlicher Anlegerinformationen sind für den Vertrieb eines offenen Publikumsinvestmentvermögens in § 164 KAGB sowie für den Vertrieb eines geschlossenen Publikumsinvestmentvermögens in § 268 KGB geregelt. Die **Prospekthaftung** und die Haftung für die wesentlichen Anlegerinformationen regelt § 306 KAGB.

Wertpapiererwerbs- und Übernahmegesetz

Das Wertpapiererwerbs- und Übernahmegesetz (**WPÜG**) regelt öffentliche Angebote für den Erwerb von Anteilen an **Ziel-Gesellschaften** in Form von Wertpapieren, die zum Handel an einem organisierten Markt zugelassen sind. Danach muss der Bieter seine Entscheidung zur Abgabe eines Angebots unverzüglich veröffentlichen (§ 10 WPÜG). Zudem muss er eine Unterlage über das Angebot (**Angebotsunterlage**) erstellen und veröffentlichen (**Prospektpflicht**) mit den Angaben, die notwendig sind, um in Kenntnis der Sachlage über das Angebot entscheiden zu können (§ 11 WPÜG). Die Haftung für die Angebotsunterlage (**Prospekthaftung**) regelt § 12 WPÜG)

Weitere Gesetze

Das Gesetz über Musterverfahren in kapitalmarktrechtlichen Streitigkeiten (**KapMuG**) regelt die Durchsetzung von **Schadensersatzansprüchen** zum Schutz der Anleger. Das Gesetz zur Förderung von Wagnisbeteiligungen (**WKBG**) regelt die Tätigkeit und Beaufsichtigung von Gesellschaften, deren Geschäftsgegenstand die Eigenkapitalbeteiligung an Zielgesellschaften ist (**Venture Capital**).

cc. Wertpapierhandelsrecht

Das Wertpapierhandelsrecht ist Gegenstand des Wertpapierhandelsgesetzes (**WpHG**), das den **Wertpapierhandel** regelt. Sein Anwendungsbereich umfasst die Wertpapierdienstleistungen und die Wertpapiernebendienstleistungen, den börslichen und außerbörslichen Handel mit Finanzinstrumenten, den Abschluss von Finanztermingeschäften, die Finanzanalysen sowie die Veränderungen der Stimmrechtsanteile von börsennotierten Gesellschaften (§ 1 WpHG).

dd. Börsenrecht

Der geschäftliche Verkehr an den Wertpapier-, Waren-, und Terminbörsen ist im Börsengesetz (**BörsG**) und den Börsenordnungen geregelt (**Börsenrecht**). Diese werden ergänzt durch die Allgemeinen Geschäftsbedingungen und Handelsbedingungen der jeweiligen Börsen. Darüber hinaus gibt es europäische und internationale Börsenplätze mit ihren jeweiligen Regelwerken. Die Geschäftsbedingungen und Regelwerke sind auf den Websites der Börsen abrufbar.

Websites:

Wertpapierbörsen (Deutschland)
Berliner Börse: www.boerse-berlin.de
Börse Düsseldorf: www.boerse-duesseldorf.de
Börse Hannover: www.boerse-hannover.de
Börse Stuttgart: www.boerse-stuttgart.de
Frankfurter Wertpapierbörse: www.borese-frankfurt.de
Hamburger Börse: www.hamburger-boerse.de
Tradegate Exchange: www.tradegate.de

Warenbörsen (Deutschland)
Hamburg, Hannover, München, Südwestdeutsche Warenbörsen:
www.deutsche-warenboersen.de

Terminbörsen (International)
Eurex: www.eurex.exchange.com
CME: www.cmegroup.com
CBOT: www.cmegroup.com
EEX: www.eex.com
Euronext: www.euronext.com
ICE: www.theice.com

ee. Clearing

Das Clearing von Transaktionen findet im **Interbankenhandel** zur Abwicklung der Lieferung und Zahlung großvolumiger Geschäfte im Geld-, Devisen-, Wertpapier- und Derivatehandel statt. Dabei handelt es sich um die Saldierung und Aufrechnung gegenseitiger Forderungen und Verbindlichkeiten von Gegenparteien über eine zentrale Clearingstelle (**Clearinghaus**), deren Mitglieder diese sind. Dazu ist ein Vertrag mit dem jeweiligen Clearinghaus und die Annahme eines umfangreichen Regelwerks (**Geschäftsbedingungen**) erforderlich. Die Dokumentation ist auf den Websites der einzelnen Clearinghäuser abrufbar.

Websites (Clearinghäuser):
Clearstream: www.clearstream.com
DTC: www.dtc.com
EC: www.eurex.com
ECC: www.ecc.de
LCH: www.lch.com

ff. Wertpapierrecht

Wertpapierverbriefung

Das Wertpapierrecht befasst sich mit der **Verbriefung** von Rechten in **Wertpapieren** und deren Funktionen. Die **Schuldverschreibungen** in Form der Inhaber- und Namenspapiere sind nicht abschließend im BGB (§§ 793–808 BGB) geregelt. Die **kaufmännischen Orderpapiere**, unterliegen primär den handelsrechtlichen Vorschriften (§§ 363–365 HGB). Das Recht über den Wechsel regelt das Wechselgesetz (**WG**) und über den Scheck das Scheckgesetz (**ScheckG**)

Schuldverschreibungsgesetz

Das Schuldverschreibungsgesetz regelt die Rechtsverhältnisse bei Schuldverschreibungen aus Gesamtemissionen, die nach deutschem Recht begeben werden. Es gilt aber nicht für gedeckte Schuldverschreibungen i. S. d. PfandBG und öffentliche Schuldverschreibungen (§ 1 SchVG). Es findet ansonsten auf alle Arten von Schuldschreibungen wie etwa verbriefte **Zertifikate** und **Optionen** Anwendung. Das Schuldverschreibungsgesetz hat drei Abschnitte über Allgemeine Vorschriften (§§ 1–4 SchVG), Beschlüsse der Gläubiger (§§ 5–22 SchVG), Bußgeldvorschriften und Übergangsbestimmungen (§§ 23, 24 SchVG).

Allgemeine Vorschriften

Die Bedingungen zur Beschreibung der Leistung sowie die Rechte und Pflichten des Schuldners und der Gläubiger (**Anleihebedingungen**) müssen sich aus der Urkunde ergeben und müssen bei elektronisch begebenen Anleihen aus dem Wertpapierregister ersichtlich sein (§ 2 SchVG). Die vom Schuldner versprochene Leistung muss durch einen sachkundigen Anleger ermittelt werden können (**Transparenz des Leistungsversprechens**) (§ 3 SchVG).

Bestimmungen in Anleihebedingungen können während der Laufzeit der Anleihe durch Rechtsgeschäft nur durch gleichlautenden Vertrag mit sämtlichen Gläubigern oder nach Abschnitt 2 SchVG geändert werden (**kollektive Bindung**). Der Schuldner muss Gläubiger gleich behandeln (§ 4 SchVG).

Beschlüsse der Gläubiger

Die Vorschriften über die Beschlüsse der Gläubiger legen den rechtlich zulässigen Rahmen für die Änderung von Anleihebedingungen durch kollektives Handeln (**Collective Action Clauses**) fest. Anleihegläubiger können durch Mehrheitsbeschluss Änderungen der Anleihebedingungen zustimmen und zur Wahrnehmung der Rechte einen gemeinsamen Vertreter bestellen. Von §§ 5–21 SchVG können die Anleihebedingungen nur abweichen, soweit gesetzlich zulässig. Eine Verpflichtung zur Leistung durch Mehrheitsbeschluss kann für die Gläubiger nicht begründet werden (§ 5 Abs. 1 SchVG). Die **Mehrheitsbeschlüsse** sind für alle Gläubiger der Anleihe gleichermaßen **verbindlich**. Sieht ein Mehrheitsbeschluss nicht gleichen Bedingungen für alle Gläubiger vor, ist er unwirksam. Dies gilt nur dann nicht, wenn die benachteiligten Gläubiger ihrer Benachteiligung ausdrücklich zustimmen (§ 5 Abs. 2 SchVG). Durch Mehrheitsbeschluss können die Gläubiger den Maßnahmen nach § 5 Abs. 3 SchVG, insbesondere der Verringerung oder **Änderung** der Fälligkeit von **Zinsen** und **Hauptforderung** zustimmen.

Die Gläubiger entscheiden mit der **einfachen Mehrheit** der an der Abstimmung teilnehmenden Stimmrechte. Beschlüsse, durch welche der wesentliche Inhalt der Bedingungen geändert wird, bedürfen zu ihrer Wirksamkeit einer Mehrheit von mindestens 75 Prozent der teilnehmenden Stimmrechte (**qualifizierte Mehrheit**). Die Anleihebedingungen können eine höhere Mehrheit vorschreiben (§ 5 Abs. 4 SchVG). Ist in diesen bestimmt, dass die Kündigung nur von mehreren Gläubigern und einheitlich erklärt werden kann, darf der erforderliche Mindestanteil der ausstehenden Schuldverschreibungen nicht mehr als 25 Prozent betragen (§ 5 Abs. 5 SchVG). Die Gläubiger üben ihr Stimmrecht (§ 6 SchVG) in einer Gläubigerversammlung oder im Wege einer Abstimmung ohne Versammlung aus (§ 5 Abs. 6 SchVG). Die Versammlung ist gemäß § 9 SchVG einzuberufen und beschlussfähig (§ 15 Abs. 3 SchVG), wenn die Anwesenden wertmäßig mindestens die Hälfte der ausstehenden Schuldverschreibungen vertreten. Für die Abstimmung gelten die §§ 133 ff AktG (§ 16 Abs. 2 SchVG). Die Beschlüsse der Gläubiger sind gemäß § 17 SchVG bekannt zu machen.

Wertpapierverwahrung

Das Depotrecht umfasst die Regeln über die bankmäßige Aufbewahrung von Wertpapieren und die Anschaffungsgeschäfte. Es ist im Wesentlichen im Depotgesetz (**DepotG**), §§ 383–406 HGB (**Kommissionsgeschäft**) und §§ 688–700 BGB (**Verwahrung**) sowie den AGB-Banken und Sonderbedingungen für Wertpapiergeschäfte geregelt. Im Interbankenhandel sind zudem die Bedingungen für das Clearing von großvolumigen Bankgeschäften zu beachten.

Reform des Wertpapierrechts

Einführung von elektronischen Wertpapieren und Kryptowertpapieren

Das Wertpapierrecht über Schuldverschreibungen ist durch das Gesetz zur Einführung von elektronischen Wertpapieren (BGBl. 2021 I, S. 1423) (**eWpPG**) grundlegend modernisiert worden. Die Regelungen sind am 10.06.2021 in Kraft getreten. Nach alter Rechtslage mussten Inhaber-Wertpapiere zwingend in einer Urkunde verbrieft werden, um übertragen werden zu können (§§ 929ff BGB) und somit verkehrsfähig und börsenmäßig handelbar zu sein. Nach den Neuregelungen können Inhaberpapiere dadurch elektronisch begeben werden (**elektronische Wertpapiere**), dass der Wertpapieremittent anstelle der Ausstellung einer Wertpapierurkunde eine Eintragung in ein **elektronisches Wertpapierregister** bewirkt (§§ 2 Abs. 1, 4 Abs. 1 eWpPG). Durch die Eintragung entfaltet ein elektronisches Wertpapier dieselbe Rechtswirkung wie ein Wertpapier, das mittels Urkunde begeben worden ist; es gilt zugleich als Sache im Sinne des § 90 BGB (§ 2 Abs. 2, 3 eWpPG).

Sammeleintragung und Einzeleintragung

Die Emittenten von Inhaberpapieren haben ein **Wahlrecht**, ob sie Wertpapiere mittels Urkunde oder auf elektronischem Wege emittieren wollen. Als Inhaber elektronischer Wertpapiere kann in das elektronische Wertpapierregister (zentrales Register) auf Veranlassung des Emittenten eine Wertpapiersammelbank oder einer Depotbank (**Sammeleintragung**) eingetragen werden (§ 8 Abs. 1 Nr. 1 eWpPG). Es kann alternativ aber auch eine natürliche oder juristische Person oder rechtsfähige Personengesellschaft, die das elektronische Wertpapier als Berechtigte hält (**Einzeleintragung**), eingetragen werden (§ 8 Abs. 1 Nr. 2 eWpPG).

Elektronisches Wertpapierregister

Elektronisches Wertpapierregister ist das von einem zugelassenen Zentralverwahrer oder einer Depotbank geführte **zentrale Register** (§§ 4 Abs. 1 Nr. 1, 12 eWpPG). Bei Wertpapieren, die unter Nutzung der Blockchain-Technologie oder vergleichbarer Technologien emittiert werden (**Kryptowertpapiere**), ist das elektronische Wertpapierregister das **Kryptowertpapierregister** (§§ 4 Abs. 1 Nr. 2, 16 eWpPG), welches auf einem fälschungssicheren Aufzeichnungssystem geführt werden muss (§ 16 Abs. 1 eWpPG). Die näheren Bestimmungen für die elektronischen Register und die registerführenden Stellen werden in der Verordnung über Anforderungen an elektronische Wertpapierregister (**eWpRV**) geregelt. Die **BaFin** ist zuständig für die **Aufsicht** über die Erbringung der Emission und das Führen der Register (§ 12 eWpPG).

g. Versicherungsrecht

Das Versicherungsrecht regelt die privatrechtlichen Rechtsverhältnisse zwischen Versicherer und Versicherungsnehmer (**Versicherungsverhältnisse**) für die Sozialversicherung und für die Privatversicherung (**Privatversicherungsrecht**). Das Gesetz über den Versicherungsvertrag (**VVG**) und die Allgemeinen Versicherungsbedingungen (**AVB**) regeln die Rechtsverhältnisse zwischen den Vertragsparteien grundlegend. Während die Sozialversicherung in die Kranken-, Unfall-, Renten- Pflege- und Arbeitslosenversicherung untergliedert ist, sind die Zweige der Privatversicherung die Lebens-, Kranken- Unfall- und Haftpflichtversicherung. Bei der gesetzlichen Sozialversicherung und der Haftpflichtversicherung besteht eine gesetzliche **Versicherungspflicht**. Das öffentliche Versicherungsrecht (**Versicherungsaufsichtsrecht**) regelt die Versicherungsmärkte im Versicherungsaufsichtsgesetz (**VAG**).

h. Insolvenzrecht

Das Insolvenzrecht regelt die Rechte von Gläubigern bei (drohender) **Zahlungsunfähigkeit** oder **Überschuldung** von Schuldnern. Es besteht aus dem nationalen und dem internationalen Insolvenzrecht. Das nationale Insolvenzrecht regelt die Insolvenzordnung. Das internationale Insolvenzrecht besteht aus dem Primärrecht der Union und dem deutschen internationale Insolvenzrecht. Die Insolvenzordnung ist mit dem Inkrafttreten (in überwiegenden Teilen) des Gesetzes zur Fortentwicklung des Sanierungs- und Insolvenzrechts (**SanInsFoG**)

(BGBl. 2020 I, S. 3256) am 01.01.20221 **reformiert** worden, um es moderner und effektiver auszugestalten. Sein Hauptbestandteil ist das Gesetz über den Stabilisierungs- und Restrukturierungsrahmen für Unternehmen (**StaRUG**), das zugleich die EU-Restrukturierungsrichtlinie umsetzt und an das COVID-19-Insolvenzaussetzungsgesetz anknüpft.

aa. Nationales Recht

Regelinsolvenzverfahren

Das nationale Insolvenzrecht ist in der Insolvenzordnung (**InsO**) geregelt. Diese sieht ein spezielles Verfahren (**Insolvenzverfahren**) zur Zwangsvollstreckung in das Vermögen des Schuldners vor (§§ 1 ff InsO). Es dient dazu, die Gläubiger eines Schuldners gemeinschaftlich (**Gesamtvollstreckung**) zu befriedigen. Dies geschieht, indem das Vermögens des Schuldners verwertet und der Erlös verteilt oder in einem Insolvenzplan eine abweichende Regelung insbesondere zum Erhalt des Unternehmens getroffen wird. Dem redlichen Schuldner wird Gelegenheit gegeben, sich von seinen restlichen Verbindlichkeiten zu befreien (§ 1 InsO). Das Insolvenzverfahren nach den allgemeinen Vorschriften gilt grundsätzlich für Unternehmen (**Regelinsolvenzverfahren**).

Verbraucherinsolvenzverfahren

Neben dem Regelinsolvenzverfahren (§§ 1 ff InsO) können sich natürliche Personen nach einem **Verbraucherinsolvenzverfahren** (§§ 304–311 InsO) oder ggf. Regelinsolvenzverfahren (§ 304 InsO) von Verbindlichkeiten befreien (**Restschuldbefreiung**).

Juristische Personen des öffentlichen Rechts

Das Insolvenzverfahren über das Vermögen des **Bundes** oder der **Länder** ist **ausgeschlossen**, ebenso wie über eine juristische Person des öffentlichen Rechts, die der Aufsicht eines Landes untersteht, wenn das **Landesrecht** dies **bestimmt** (§ 12 Abs. 1 InsO).

bb. Internationales Recht

Europäisches Insolvenzrecht

Bei Insolvenzen innerhalb der EU gilt die Verordnung über Insolvenzverfahren (**EuInsVO**). Danach sind für die Eröffnung des Insolvenzverfahrens die Gerichte des Mitgliedstaates zuständig, in dessen Hoheitsgebiet der Schuldner den Mittelpunkt seines hauptsächlichen Interesses (**Centre of Main Interests** (COMI)) hat. Der hauptsächliche Interessenmittelpunkt ist der Ort, an dem der Schuldner gewöhnlich der Verwaltung seiner Interessen nachgeht und der für Dritte feststellbar ist (Art. 3 Abs. 1 EuInsVO). Dadurch soll die missbräuchliche Sitzverlegung des Schuldners in das Hoheitsgebiet eines anderen Staates vor Antragstellung auf Eröffnung eines Insolvenzverfahrens (**forum shopping**) verhindert werden.

UNCITRAL-Modellgesetz

Auf internationaler Ebene gibt es das von der UN-Kommission für Internationales Handelsrecht (UNCITRAL) beschlossene **UNCITRAL-Modellgesetz** für grenzüberschreitende Insolvenzen Es enthält Mindeststandards zur Schaffung eines internationalen Insolvenzrechts. Im Verhältnis zwischen der Bundesrepublik Deutschland und dem Vereinigten Königreich gilt dieses sowohl nach dem autonomen britischen wie auch dem deutschen internationalen Privatrecht für die gegenseitige Anerkennung und Vollstreckung insolvenzrechtlicher Entscheidungen.

Deutsches Internationales Insolvenzrecht

Das deutsche internationale Insolvenzrecht ist in §§ 335–358 InsO geregelt. Es bestimmt das anwendbare nationale Insolvenzrecht außerhalb des Anwendungsbereichs des europäischen Insolvenzrechts bei grenzüberschreitenden Sachverhalten (**Kollisionsrecht**). Die Eröffnung eines ausländischen Insolvenzverfahrens wird grundsätzlich anerkannt (§ 343 InsO). Nach §§ 354–358 InsO ist aber auch ein besonderes Insolvenzverfahren über das inländische Vermögen des Schuldners (**Partikularinsolvenzverfahren**) und bei Anerkennung eines ausländischen Hauptinsolvenzverfahrens (**Sekundärinsolvenzverfahren**) zulässig.

i. Arbeitsrecht

aa. Allgemeines

Das Arbeitsrecht umfasst die rechtlichen Bestimmungen zur Regelung der unselbstständigen, abhängigen Erwerbstätigkeit. Hierbei wird inhaltlich zwischen dem Individualarbeitsrecht und dem Kollektivarbeitsrecht unterschieden. Das **Individualarbeitsrecht** erfasst das rechtliche Verhältnis zwischen Arbeitgeber und Arbeitnehmer. Das **Kollektivarbeitsrecht** beschäftigt sich mit dem Verhältnis zwischen Gewerkschaften, Betriebs-, Personalräten und sonstigen Mitarbeitervertretungen auf der einen Seite und Arbeitgeberverbänden sowie Arbeitgebern auf der anderen Seite. Grundlage des Arbeitsrechts ist in beiden Fällen der Arbeitsvertrag, der als Unterfall des Dienstvertrags (§§ 611 ff BGB) in § 611 a BGB geregelt ist.

bb. Individualarbeitsrecht

Im individuellen Arbeitsrecht finden sich die Regelungen in verschiedenen Gesetzen. Hierzu zählen insbesondere das:

- Allgemeine Gleichbehandlungsgesetz (**AGG**),
- Arbeitnehmer-Entsendegesetz (**AentG**),
- Arbeitnehmerüberlassungsgesetz (**AÜG**),
- Arbeitsplatzschutzgesetz (**ArbPlSchG**),
- Arbeitsschutzgesetz (**ArbSchG**).
- Arbeitszeitgesetz (**ArbZG**),
- Bundesurlaubsgesetz (**BurlG**),
- Entgeltfortzahlungsgesetz (**EFZG**)
- Gesetz zum Elterngeld und zur Elternzeit (**BEEG**),
- Jugendarbeitsschutzgesetz (**JarbSchG**),
- Kündigungsschutzgesetz (**KSchG**)
- Mindestlohngesetz (**MiLoG**),
- Mutterschutzgesetz (**MuSchG**),
- Teilzeitarbeits- und Befristungsgesetz (**TzBfG**),
- Lieferkettensorgfaltspflichtengesetz (**LkSG**) (ab 2023).

cc. Kollektivarbeitsrecht

Das Kollektivarbeitsrecht unterscheidet sich nach dem Recht der arbeitsrechtlichen Koalition, dem Tarifvertragsrecht, Arbeitskampfrecht sowie dem Mitbestimmungsrecht in Unternehmen und Betrieben. Das Tarifvertragsrecht regelt das Tarifvertragsgesetz (**TVG**) auf der Grundlage der Koalitionsfreiheit (Art 9 Abs. 3 GG). Das Arbeitskampfrecht ist nicht gesetzlich geregelt, sondern durch die Rechtsprechung geprägt (**Richterrecht**). Das Mitbestimmungsrecht wird in verschiedenen Gesetzen geregelt. Das Betriebsverfassungsgesetz (**BetrVG**) regelt die Wahl und Organisation von Betriebsräten und ihre Tätigkeitsgrundlagen als Interessenvertretung der Arbeitnehmer. Das Bundespersonalvertretungsgesetz (**BPersVG**) regelt die Personalvertretung im öffentlichen Dienst des Bundes und die Personalvertretungsgesetze der Länder regeln diejenige im öffentlichen Dienst der Bundesländer.

Die Aufnahme von Arbeitnehmervertretern in den Aufsichtsrat von Unternehmen regeln das:
- Mitbestimmungsgesetz (**MitBestG**),
- Drittelbeteiligungsgesetz (**DrittelbG**),
- das Montan-Mitbestimmungsgesetz (**MontanMitBestG**),
- Gesetz über die Mitbestimmung der Arbeitnehmer bei einer grenzüberschreitenden Verschmelzung (**MgVG**),
- SE-Beteiligungsgesetz (**SEBG**).

Daneben bestehen die **Tarifverträge** und **Betriebsvereinbarungen** und im öffentlichen Dienst die **Dienstvereinbarungen** als Rechtsgrundlage der Arbeitsverträge.

Abb. 3: Privatrecht

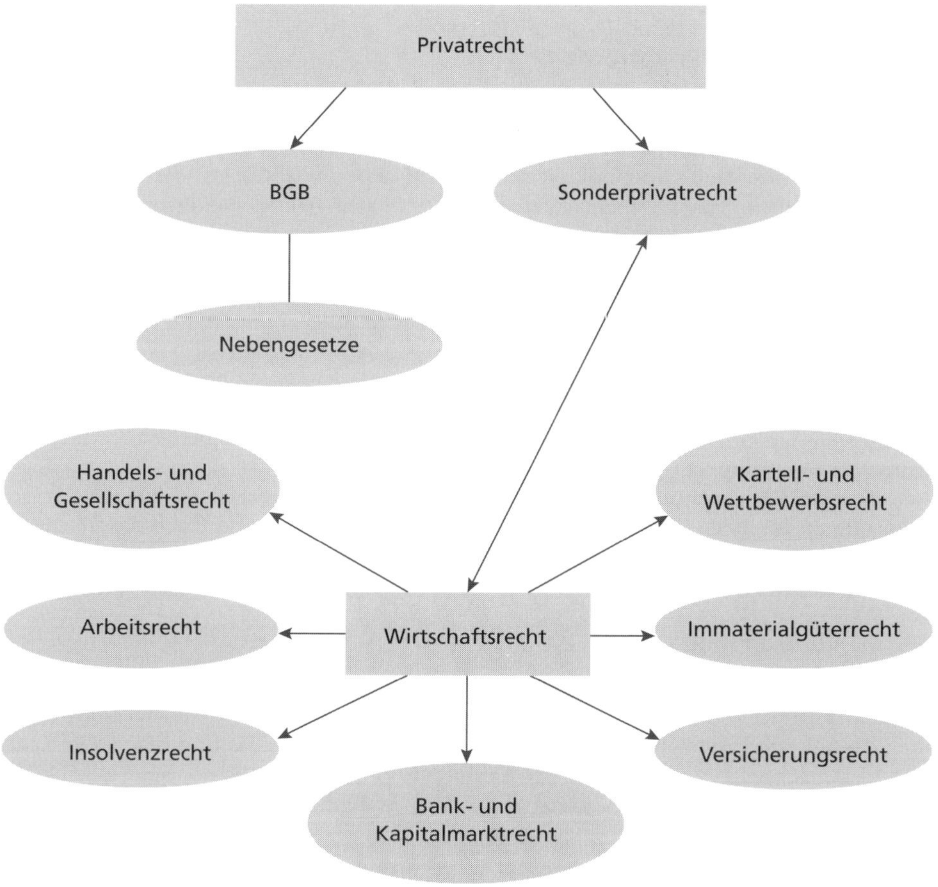

Lehrbücher:
Eisenhardt, Einführung in das Bürgerliche Recht, 7. Auflage, Stuttgart 2018
Kallwass/Abels, Privatrecht, 24. Auflage, München 2021
Klunzinger, Einführung in das Bürgerliche Recht, 17. Auflage, München 2019
Medicus/Petersen, Bürgerliches Recht, 28. Auflage, München 2021
Medicus/Petersen, Grundwissen zum Bürgerlichen Recht, 12. Auflage, München 2021
Musielak/Hau, Grundkurs BGB, 17. Auflage, München 2021

Kommentare:
Bamberger/Roth/Hau/Poseck, Bürgerliches Gesetzbuch, 4. Auflage, München 2020
BeckOK BGB/Bearbeiter, Beck'scher Online-Kommentar BGB, fortlaufend
Dauner-Lieb/Heidel/Ring, Bürgerliches Gesetzbuch, 3. Auflage, Baden-Baden 2021
Ermann, Bürgerliches Gesetzbuch, Handkommentar, 16. Auflage, Köln 2020
Grüneberg (ehemals Palandt), Bürgerliches Gesetzbuch, 81. Auflage, München 2022
J. von Staudingers Kommentar zum BGB/Bearbeiter, Neubearbeitung, fortlaufend
Jauernig, Bürgerliches Gesetzbuch, 18. Auflage, München 2021
Münchener Kommentar zum BGB/Bearbeiter, 9. Auflage, München 2022
Prütting/Wegen/Weinreich/Gehrlein, Bürgerliches Gesetzbuch, 16. Auflage, München 2021
Schulze/Dörner/Ebert u. a., Bürgerliches Gesetzbuch, 11 Auflage, Baden-Baden 2022

5. Internationales Privatrecht

a. Überblick

Die Gesamtheit der Vorschriften des Internationales Privatrechts regelt die Anwendung des Privatrechts eines Staates durch die Verweisung auf dessen inländische oder eine ausländische Privatrechtsordnung. Dabei handelt es sich um einen Teil des nationalen Rechts eines Staates. Es bestimmt bei dem Aufeinandertreffen (**Kollision**) der Privatrechtsordnungen verschiedener Staaten, welches materielle Recht in der Sache bei einem Sachverhalt mit einer Verbindung zu einem ausländischen Staat (**Auslandsbezug**) anzuwenden ist (**Kollisionsrecht**). Das IPR eines Staates kommt aber nur dann zur Anwendung, wenn eine internationale Zuständigkeit für die staatlichen Gerichte nach dem internationalen Verfahrensrecht vorliegt. Die bedeutet, dass ein angerufenes nationales Gericht zuerst prüft, ob es überhaupt verfahrensrechtlich zuständig ist. Sofern dies der Fall ist, wendet es das eigene staatliche Kollisionsrecht *(lex fori)* und nicht dasjenige eines anderen Staates an. Die Anwendung des deutschen Kollisionsrechts regelt Art. 3 EGBGB. Danach sind die kollisionsrechtlichen Regelungen der **EU-Verordnungen** und die völkerrechtlichen Vereinbarungen (**Staatsverträge**) vorrangig anzuwenden. Soweit diese nicht maßgeblich sind, bestimmt sich das anzuwendende nationale Recht bei Sachverhalten mit einer Verbindung zu einem ausländischen Staat nach den **autonomen Vorschriften** des deutschen Rechts (Art. 3 ff EGBGB).

aa. EU-Verordnungen

Das Internationale Privatrecht der Schuldverhältnisse ist auf europäischer Ebene in der **Rom-I-VO** über das auf vertragliche Schuldverhältnisse anzuwendende Recht und der **Rom-II-VO** über das auf außervertragliche Schuldverhältnisse anzuwendende Recht geregelt. Für Kauf- und Werklieferungsverträge hat das **UN-Kaufrecht** (CISG) als internationales Einheitsrecht in seinem Anwendungsbereich Vorrang (Art. 3 Nr. 2 EGBGB).

Internationales Verfahrensrecht

Im Internationalen Verfahrensrecht gelten die Regelungen folgender EU-Verordnungen:

- EU-VO über die gerichtliche Zuständigkeit und die Anerkennung und Vollstreckung von Entscheidungen in Zivil- und Handelssachen (**Brüssel-Ia-VO**),
- EU-VO über die Zustellung gerichtlicher und außergerichtlicher Schriftstücke in Zivil- oder Handelssachen in den Mitgliedstaaten (die **EuZVO**),
- EU-VO über die Zusammenarbeit zwischen den Gerichten der Mitgliedstaaten auf dem Gebiet der Beweisaufnahme in Zivil- oder Handelssachen (**EuBVO**),
- EU-VO zur Einführung eines europäischen Mahnverfahrens (**EuMahnVO**),
- EU-VO zur Einführung eines europäischen Verfahrens für geringfügige Forderungen (**EuGFVO**),
- EU-VO zur Einführung eines europäischen Vollstreckungstitels für unbestrittene Forderungen (**EuVTVO**),
- EU-VO über Insolvenzverfahren (**EuInsVO**).

Nach dem Prinzip der universellen Anwendung einheitlichen Rechts (**Einheitsrecht**) finden die EU-Verordnungen auch bei einem Auslandsbezug zu Staaten Anwendung, die nicht Mitglied der Europäischen Union sind (**Drittstaaten**), und außerdem auf Mitgliedstaaten, die an den EU-Verordnungen nicht teilnehmen.

bb. Völkerrechtliche Vereinbarungen

Völkerrechtliche Vereinbarungen sind **Multilaterale Staatsverträge** zwischen mehreren und **Bilaterale Staatsverträge** zwischen zwei Vertragsstaaten. Multilaterale Staatsverträge haben ebenso wie die EU-Verordnungen eine **universelle Anwendung**. Sie entfalten ihre Wirkung zwischen den Vertragsparteien sowie auch im Verhältnis zu Nichtvertragsstaaten. Dagegen wirken Bilaterale Staatsverträge i. d. R. nur zwischen den Vertragsstaaten und nicht gegenüber dritten Staaten. Staatsverträge sind ebenso wie EU-Verordnungen ohne Rückgriff auf das Recht eines bestimmten Vertragsstaats **autonom auszulegen**.

cc. Multilaterale Staatsverträge

Multilaterale Staatsverträge betreffen unterschiedliche Rechts- und Wirtschaftsbereiche. Sofern sie nicht kollisionsrechtliche, sondern materiell-rechtliche Regeln treffen, handelt es sich dabei um internationales **Einheitsrecht**, das von den Vertragsstaaten in derselben Art und Weise ausgelegt und angewendet werden soll. Im Bereich des Vertragsrechts regelt das **Wiener Übereinkommen** über das Recht der Verträge von 1969 den Abschluss und das Inkrafttreten von Staatsverträgen sowie deren Auslegung. Das Übereinkommen der Vereinten Nationen über Verträge über den internationalen Warenverkauf von 1980 (**UN-Kaufrecht**) regelt den Warenverkauf zwischen gewerblichen Verkäufern aus verschiedenen Vertragsstaaten. Das **Ottawa-Übereinkommen** von 1988 regelt internationale Factoring-Verträge und Forderungsabtretungen. Im Bereich des Sachenrechts findet sich das **Genfer Übereinkommen** über die Anerkennung von Rechten an Luftfahrzeugen von 1948.

Im Internationalen Verfahrensrecht gilt in den EU-Mitgliedstaaten (außer in Dänemark) das **Haager Übereinkommen** über Gerichtsstandsvereinbarungen von 2005. Für die gerichtliche Zuständigkeit wie für die Anerkennung und Vollstreckung von gerichtlichen Entscheidungen zwischen den EU-Mitgliedstaaten und der Schweiz, Norwegen und Island gilt das **Lugano Übereinkommen** von 2007. Dieses regelt die Ausweitung der Brüssel-Ia-VO auf die EFTA-Staaten. Das **Londoner Europäische Übereinkommen** von 1968 betrifft die Erteilung von Auskünften der Vertragsstaaten über ihr Zivil- und Handelsrecht sowie ihr Verfahrensrecht und ihre Gerichtsverfassung. Wichtiger Multilateraler Staatsvertrag im Bereich der internationalen Schiedsgerichtsbarkeit ist das **New Yorker Übereinkommen** über die Anerkennung und Vollstreckung ausländischer Schiedssprüche von 1958. Das NY-ÜE regelt die Verpflichtung der Vertragsstaaten, privatrechtliche Schiedsvereinbarungen als Ausschluss des gerichtlichen Rechtswegs anzunehmen sowie an die Schiedssprüche der Schiedsverfahren, die in anderen Staaten durchgeführt werden, gebunden zu sein, einschließlich deren Vollstreckung.

dd. Autonomes nationales Recht

Das autonome nationale Recht enthält die kollisionsrechtlichen Regeln zum **Personenrecht** und den **Rechtsgeschäften** (Art. 7–12 EGBGB) sowie zum **Sachenrecht** (Art. 43–46 EGBGB). Den Vorbehalt der öffentlichen Ordnung (***ordre public***) regelt Art. 6 EGBGB. Die Rechtsnorm eines anderen Staates ist danach nicht anzuwenden, wenn ihre Anwendung zu einem Ergebnis führt, das mit **wesentlichen Grundsätzen** deutschen Rechts, insbesondere den Grundrechten, offensichtlich unvereinbar ist. Eine inländische zwingende Rechtsnorm kann außerdem auch anwendbar sein, obwohl grundsätzlich ein anderes ausländisches Recht anwendbar wäre, etwa im Bereich des Verbraucherschutzes oder Wettbewerbsrechts. Die zwingenden Rechtsnormen werden als **Eingriffsnormen** bezeichnet (vgl. Art. 9 Rom-I-VO). Außerdem enthalten einzelne kollisionsrechtliche Normen des EGBGB eine besondere **Vorbehaltsklausel** (z. B. Art. 40 Abs. 3 EGBGB). Die Regelungen über die **internationale Zuständigkeit** in den §§ 15ff, 38, 40 ZPO gelten für die nicht von den EU-Verordnungen und völkerrechtlichen Vereinbarungen erfassten Bereiche. Das gilt auch für die **Anerkennung** ausländischer Urteile (§ 328 ZPO) und die **Vollstreckung** (§§ 722, 723, 917 ZPO). Das Zivilprozessrecht wird durch das AVAG ergänzt. Zudem gibt es spezialgesetzliche kollisionsrechtlich Vorschriften wie z. B. in Art. 91 ff WG.

b. Grundlagen

aa. Allgemeines

Das Kollisionsrecht folgt dem Prinzip der **engsten Verbindung** zu einer Rechtsordnung. Diese richtet sich nach personen-, sachbezogenen Verbindungen oder einer Kombination von beiden. Daneben ermöglicht das Prinzip der **Parteiautonomie** die Rechtswahl durch die Parteien für vertragliche und außervertragliche Schuldverhältnisse. Dies gilt aber nicht für das Sachenrecht. Die **Anerkennung** gerichtlicher Entscheidungen gilt für die Mitgliedstaaten innerhalb der Europäischen Union (Art. 36 Abs. 1 EuGVVO). Nach dem **EU-Herkunftslandprinzip** darf eine Ware oder Dienstleistung, die in einem EU-Mitgliedstaat ordnungsgemäß hergestellt und auf den Markt gebracht wird, vorbehaltlich bestimmter Ausnahmen grundsätzlich von diesem Mitgliedstaat aus innerhalb der gesamten EU auf den (Binnen-)Markt gebracht werden.

bb. Kollisions- und Sachnormen

Zu unterscheiden sind Kollisionsnormen und Sachnormen des IPR. Die **Kollisionsnormen** verweisen auf die Anwendung einer staatlichen Privatrechtsordnung. Diese Verweisung wird **Anknüpfung** genannt. Dabei wird das staatliche materielle Recht in verschiedene sachliche Bereiche untergliedert, die einen **Anknüpfungsgegenstand** bilden, wie z. B. das Sachenrecht. Liegt der Anknüpfungsgegenstand vor, wird geprüft, ob der in Frage stehende Sachverhalt den Merkmalen (**Anknüpfungsmerkmale**) des Tatbestandes einer **Kollisionsnorm** entspricht, z. B. der Belegenheit einer Sache in einem Staat (Art. 43 Abs. 1 EGBGB). Der Sachverhalt wird juristisch unter den Anknüpfungsgegenstand der Kollisionsnorm subsumiert

(**Qualifikation**). Anknüpfungsmerkmale können Personen (Anknüpfungsperson), z. B. die Staatsangehörigkeit, Zeitpunkte (Anknüpfungszeitpunkt), z. B. der gewöhnliche Aufenthalt oder etwa auch Begriffe (Anknüpfungsbegriff), z. B. die Rechtswahl, sein. Durch Änderung der anknüpfungserheblichen Tatsachen kann es zu einer Änderung in der Verweisung kommen (**Statutenwechsel**). Dann gilt regelmäßig das neue Statut ab Änderung der relevanten Tatsachen.

cc. Sachnorm- und Gesamtverweisung

Kollisionsnormen können auf Sachnormen einer anderen Rechtsordnung unter Ausschluss von dessen Kollisionsrecht verweisen (**Sachnormverweisung**). Als Sachnormen sind die materiell-rechtlichen Vorschriften zu verstehen, die sich auf den Anknüpfungsgegenstand beziehen und die Rechtsfrage des Sachverhalts letztlich entscheiden. Eine Sachnormverweisung liegt nur vor, wenn dies ausdrücklich gesetzlich vorgesehen ist oder eine allgemeine Verweisung auf das Recht eines anderen Staates einschließlich seines IPR (**Gesamtverweisung**) dem Sinn der Verweisung widersprechen würde (Art. 4 Abs. 1 S. 1 EGBGB). Bei einer Gesamtverweisung ist nach dem Kollisionsrecht des betreffenden Staates zu prüfen, ob es die Verweisung auf das eigene Recht akzeptiert, auf ein anderes ausländisches Recht verweist oder auf das nationale Recht zurückverweist, sog. Rückverweisung (**Renvoi**). Für den Fall einer Rückverweisung ist nach dem autonomen deutschen Kollisionsrecht das materiellrechtliche deutsche Sachrecht anzuwenden (Art. 4 Abs. 1 S. 2 EGBGB). Damit kommt es zum Abbruch der Rückverweisung. Nach h. M. ist das IPR von den Gerichten von Amts wegen zu beachten. Das ausländische Recht ist vom Richter im Freibeweis zu ermitteln (§ 293 ZPO), wenngleich dies in der gerichtlichen Praxis meist durch Einholung von Gutachten erfolgt.

Abb. 4: Internationales Privatrecht

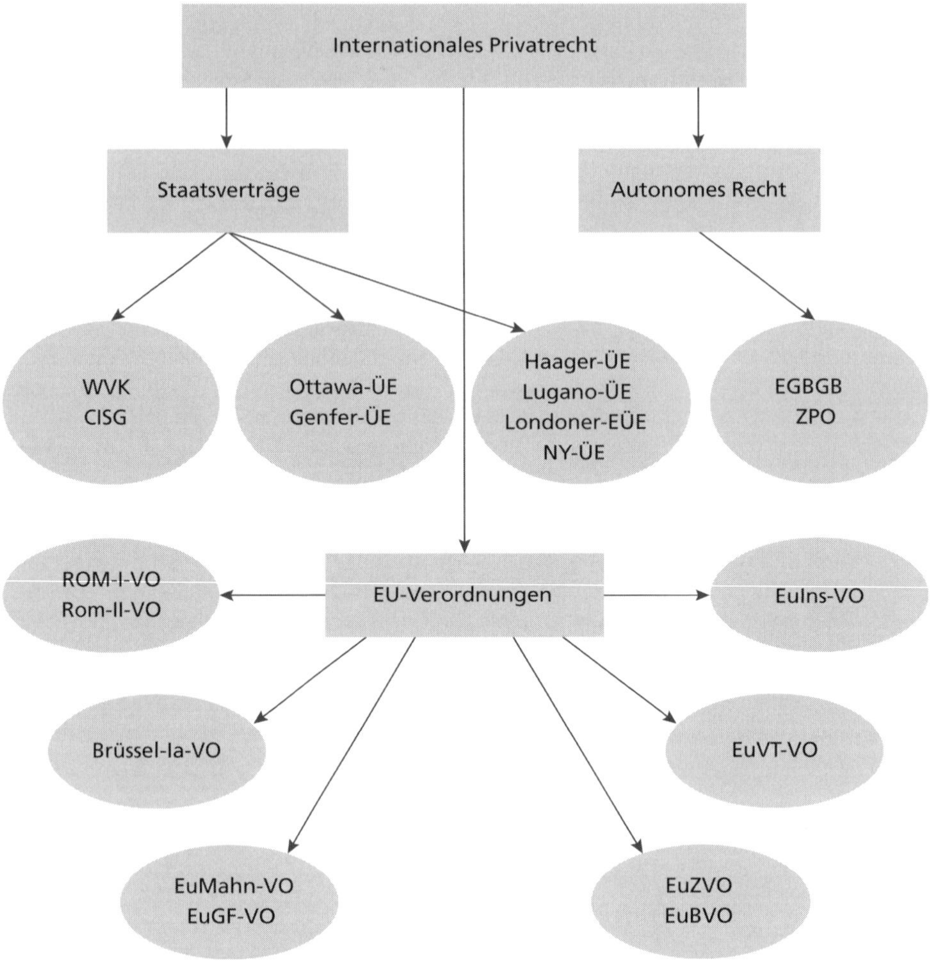

Lehrbücher:

Brödermann/Rosengarten, Internationales Privat- und Zivilverfahrensrecht, 8. Auflage, München 2019
Junker, Internationales Privatrecht, 4. Auflage, München 2021
Rauscher, Internationales Privatrecht, 5. Auflage, Heidelberg 2017
v. Bar/Mankowski, Internationales Privatrecht, Band II, 2. Auflage, München 2019
v. Hoffmann/Thorn, Internationales Privatrecht, 10. Auflage, München 2022

Kommentare:

Bamberger/Roth/Hau/Poseck, BGB, Band 5, Kommentar, 4. Auflage, München 2020
Ferrari/Kieninger, Internationales Vertragsrecht, 3. Auflage, München 2018
Münchener Kommentar zum BGB/Bearbeiter, Band 12, Internationales Privatrecht I, Band 13, Internationales Privatrecht II, 8. Auflage, München 2020

6. Verfahrensrecht

a. Erkenntnisverfahren

Das gerichtliche Verfahren in zivilrechtlichen Streitigkeiten regelt die Zivilprozessordnung (**ZPO**). Sie enthält grundsätzlich alle für die Fragen des Zivilprozesses relevante Vorschriften. Im Erkenntnisverfahren entscheidet das Gericht über den vom Kläger geltend gemachten Anspruch. Regelfall ist das **Urteilsverfahren** nach Erhebung einer Klage (§§ 253 bis 510b ZPO). Zur schnellen Erlangung eines Vollstreckungstitels dienen der **Urkunden, Wechsel-** und **Scheckprozess**, wenn der Anspruch durch Vorlage der respektiven Urkunde bewiesen werden kann (§§ 592 bis 605a ZPO). Im Wege des einstweiligen Rechtsschutzes können subjektive Rechte bei Dringlichkeit bereits vor Entscheidung über eine Klage durch das Verfahren auf **Arrest** oder **einstweilige Verfügung** §§ 916 bis 945 ZPO) geltend machen, sofern wirksamer Rechtsschutz ansonsten nicht gewährleistet wäre. Das **gerichtliche Mahnverfahren** (§§ 688 ff ZPO) ermöglicht die zügige Verschaffung eines Vollstreckungstitels. Es mündet allerdings bei Ansprüchen auf Zahlung einer bestimmten Geldsumme bei Einlegung eines fristgerechten Widerspruchs in das normale Urteilsverfahren.

b. Schiedsgerichtsverfahren

Eine außergerichtliche Beilegung von Rechtsstreitigkeiten durch Schlichtung oder bindendes Urteil in Schiedsgerichtsverfahren ist in §§ 1025 bis 1066 ZPO geregelt. **Schiedsgerichte** sind nicht-staatliche Gerichte, die aufgrund einer vertraglichen Abrede in Form einer **Schiedsvereinbarung** der Streitparteien zusammentreten. Nach § 1060 ZPO müssen von einem Schiedsgericht im Inland ergangene Schiedssprüche von einem staatlichen Gericht für vollstreckbar erklärt werden, damit aus ihnen die Zwangsvollstreckung betrieben werden kann. Dahingegen richtet sich die Anerkennung und Vollstreckung ausländischer Schiedssprüche nach dem New Yorker Übereinkommen über die die Anerkennung und Vollstreckung ausländischer Schiedssprüche von 1958 (§ 1061 ZPO). Die Schiedsordnungen von **Schiedsinstitutionen** sehen teilweise ein anderes Verfahren vor. Die Parteien können in der Schiedsvereinbarung jedoch auch eine solche Schiedsinstitution bestimmen. Diese hat eigene Verfahrensregeln und kann die Parteien bei der Auswahl der Schiedsrichter und bei der Organisation des Schiedsverfahrens unterstützen. Die wichtigsten Organisationen auf internationaler Ebene sind die International Chamber of Commerce in Paris (ICC), die American Arbitration Association in New York (AAA) sowie der London Court of Arbitration (LCA). Schiedsgerichte können von den Parteien auch ohne vorherige Abrede „ad-hoc" eingerichtet werden. Sie müssen sich dann aber über die Schiedsrichterbenennung und die anwendbaren Verfahrensregeln einigen.

Websites (Schiedsgerichte):
ICC iccwbo.org
AAA www.adr.org
LCA www.lcia.org

c. Zwangsvollstreckungsverfahren

Die Durchsetzung eines gerichtlich geltend gemachten Rechtsanspruchs erfolgt durch staatliche Vollstreckungsorgane im Zwangsvollstreckungsverfahren. Das BGB sieht in Ausnahmefällen wie etwa dem Selbsthilferecht des Besitzers nach § 859 BGB die Möglichkeit vor, dass eine Person ihren Rechtsanspruch selbst durchsetzen darf. In der Zivilprozessordnung (ZPO) ist das Verfahren der **Einzelvollstreckung** in das **bewegliche Vermögen** des Schuldners in den §§ 704 bis 959 ZPO geregelt. Darüber hinaus ermöglicht das Anfechtungsgesetz dem Gläubiger auch eine Vollstreckung gegen eine **dritte Person**, die einen Anfechtungsgegenstand vom Schuldner empfangen hat, sofern die gesetzlichen Voraussetzungen vorliegen. Die **Gesamtvollstreckung** in das Vermögen des Schuldners erfolgt nach den Vorschriften der **Insolvenzordnung** (InsO). Die Zwangsvollstreckung des Gläubigers in das **unbewegliche Vermögen** (Grundstücke oder grundstücksgleiche Rechte) des Schuldners regelt das Gesetz über die Zwangsversteigerung und Zwangsverwaltung (ZVG), auf das die ZPO verweist (§ 869 ZPO). Innerhalb der Europäischen Union wird das internationale Zivilverfahrensrecht durch mehrere Verordnungen einheitlich geregelt; dies sind insbesondere die **EuGVVO**, die **EuVTVO**, die **EuMahnVO** sowie die **EuZVO**.

II. Öffentliches Recht

1. Allgemeines

Das Öffentliche Recht regelt das Verhältnis zwischen dem Staat als **Träger hoheitlicher Gewalt** und den Bürgern als **Subjekten des Privatrechts**, die Rechtsbeziehungen der staatlichen Verwaltungsträger untereinander sowie die Organisation des Staates. Es ist unterteilt in das **Staats**- und **Verfassungsrecht**, **Verwaltungsrecht**, **Strafrecht** und das **internationale öffentliche Recht**. Die Normen des öffentlichen Rechts und diejenigen des Privatrechts sind nicht streng getrennt, sondern ergänzen sich in vielen Bereichen. Die Unterscheidung zwischen den beiden Rechtsgebieten ist vor allem für die Gesetzgebungs- und Gerichtszuständigkeit von Bedeutung.

Die Zuständigkeit für die Gesetzgebung ist in den Art. 70 ff GG nach **Regelungsmaterien** differenzierend festgelegt, die dem öffentlichen Recht oder dem Privatrecht zugeordnet werden können. Die Rechtsprechung wird durch das **Bundesverfassungsgericht**, die **Bundesgerichte** und die **Gerichte der Länder** ausgeübt (Art. 92 GG). Rechtsstreitigkeiten, deren Gegenstand das Verfassungsrecht ist, entscheidet das Bundesverfassungsgericht (Art. 93 GG, § 13 BVerfGG). Für bürgerlich-rechtliche Streitigkeiten ist der Rechtsweg zu den **ordentlichen Gerichten** eröffnet (§ 13 GVG). Der Verwaltungsrechtsweg zu den **Verwaltungsgerichten** ist gemäß der Generalklausel des § 40 Abs. 1 VwGO in allen öffentlich-rechtlichen Streitigkeiten nicht-verfassungsrechtlicher Art gegeben, soweit sie nicht durch Bundesgesetz oder Landesgesetz einem anderen Gericht ausdrücklich zugewiesen sind. Eine besondere Gerichtsbarkeit besteht u. a. für **Sozialgerichte** (§ 51 SGG) und **Finanzgerichte** (§ 33 FGO). Die allgemeine Gerichtsbarkeit kann auch durch spezielles Gesetz angeordnet werden (z. B. §§ 126 BBG, 54 BeamtStG). Für Ansprüche auf Enteignungsentschädigung (Art. 14 Abs. 3 GG), aus öffentlich-rechtlicher Verwahrung sowie aus Amtshaftung (§ 839 Abs. 1 i. V. m. Art 34 GG), die nicht auf der Verletzung eines öffentlich-rechtlichen Vertrages beruht, ist der ordentliche Rechtsweg gegeben (§ 40 Abs. 2 VwGO). Auch für Justizverwaltungsakte (§ 23 Abs. 1 EGGVG) sind die ordentlichen Gerichte zuständig.

2. Abgrenzung zum Privatrecht

Nach der überwiegend für maßgeblich gehaltenen sog. **modifizierten Subjektstheorie** ist das öffentliche Recht anwendbar, wenn die betroffene Rechtsnorm den Staat ausschließlich als Träger hoheitlicher Gewalt berechtigt oder verpflichtet. Es reicht dafür aber nicht aus, dass eine juristische Person des öffentlichen Rechts allein aufgrund ihrer Organisationsform Subjekt der Norm ist (so vertritt es die **reine Subjektstheorie**). Die **Subordinationstheorie** führt zur Anwendung des öffentlichen Rechts, wenn zwischen staatlichen Hoheitsträgern und Bürgern ein Verhältnis der Über- und Unterordnung vorliegt. Bei Gleichordnung des Verhältnisses zwischen Staat und Bürgern finden demgemäß die Normen des Privatrechts Anwendung. Nach der **modifizierten Funktionstheorie** muss die betreffende Norm unmittelbar der Besorgung von Staatsaufgaben dienen und darf das staatliche Handeln nicht dem Privatrecht zuordnen. Die auf den römischen Juristen Ulpian (ca. 170–223 n. Chr.) zurückgehende **Interessentheorie** stellt darauf ab, ob die streitentscheidenden Rechtsnormen staatliche oder private Belange betreffen.

Darüber hinaus ist zu beachten, dass die staatlichen Verwaltungsträger grundsätzlich frei sind zu bestimmen, ob sie als Hoheitsträger öffentlich-rechtlich oder privatrechtlich handeln, sofern nicht gesetzlich hoheitliches Handeln durch Verwaltungsakt vorgeschrieben ist (**Wahlfreiheit**). Der Staat kann auch die Organisationsform der Einrichtungen zur Aufgabenerfüllung sowie die Ausgestaltung der Leistungs- und Benutzungsverhältnisse bestimmen. Dabei wird im Bereich der Leistungsverwaltung zwischen der hoheitlichen Bewilligung einer Leistung oder Nutzung („ob") auf der ersten Stufe und ihrer entweder öffentlich-rechtlichen oder privat-rechtlichen Abwicklung auf der zweiten Stufe („wie) unterschieden (**Zweistufentheorie**).

3. Staatsorganisation

Das Recht der Staatsorganisation bestimmt Aufgaben und Funktionen der **Staatsorgane**. Dazu gehören die Regelungen über die obersten Staatsorgane, das Wahlrecht und das Parteiengesetz. Die Staatsorgane sind Teil der Grundordnung des Staates, die in der Verfassung festgeschrieben ist. Die Verfassung der Bundesrepublik Deutschland ist das **Grundgesetz**.

a. Staatsform

Die Staatsform der Bundesrepublik Deutschland ist ein **demokratischer** und **sozialer Bundesstaat** (Art. 20 Abs. 1 GG). Dem Prinzip der **parlamentarischen Demokratie** entsprechend geht alle Staatsgewalt vom Volke aus (**Volkssouveränität**) (Art. 20 Abs. 2 GG). Sie wird vom Volke in Wahlen und Abstimmungen ausgeübt (Art. 38 GG) und ist auf die besonderen Organe der Gesetzgebung (**Legislative**), vollziehenden Gewalt (**Exekutive**) und Rechtsprechung (**Judikative**) aufgeteilt. Die Lehre von der **Gewaltenteilung** geht auf die Werke der Staatstheoretiker im Zeitalter der Aufklärung, vor allem John Locke (Two Treatises of Government, 1689) und Charles de Montesquieu (De l'esprit des lois, 1748), zurück und bezweckt die Machtbegrenzung des Staates und die Sicherheit von Freiheit und Gleichheit.

b. Staatsorgane

Die Organe der Legislative sind auf Ebene des Bundes der **Bundestag** (Art. 43 ff GG) und der **Bundesrat** (Art. 50 ff GG). Das Organ der Exekutive ist die **Bundesregierung**, bestehend aus dem Bundeskanzler und den Bundesministern (Art. 62 ff GG). Die Judikative ist den Richtern anvertraut und wird durch die **Gerichte** ausgeübt (Art. 92 ff GG). Als höchstes deutsches Gericht ist das **Bundesverfassungsgericht** sowohl Teil der judikativen Staatsgewalt, als auch unabhängiges Staatsorgan (Art. 93, 94 GG, BVerfGG). Es gehört nicht zum gerichtlichen Instanzenzug und überprüft nur, ob die Entscheidungen der Fachgerichte mit dem Grundgesetz in Einklang stehen. Der **Bundespräsident** ist als Staatsoberhaupt ebenfalls Organ des Staates und vertritt den Bund nach außen völkerrechtlich (Art. 54 ff GG).

4. Grundrechte

a. Freiheits- und Gleichheitsrechte

Die Grundrechte sind die in Art. 1 bis 19 GG festgeschrieben **Freiheitsrechte** und **Gleichheitsrechte** jedes einzelnen Menschen. Sie sind als subjektive Rechte gegenüber dem Staat ausgestaltet und haben Verfassungsrang. Auf Grundrechte können sich alle natürlichen Personen berufen. Die Grundrechte gelten auch für inländische juristische Personen, soweit sie ihrem Wesen nach auf diese anwendbar sind (Art. 19 Abs. 3 GG). Nach dem Schutzzweck werden Freiheitsrechte (Art. 8, 9, 2 Abs. 1 GG) und Gleichheitsrechte (Art. 3 Abs. 1, 6 Abs. 5), Institutionsgarantien (Art. 5 Abs. 1, 6 Abs. 1 GG) und Verfahrensrechte (Art. 19 Abs. 4, 101 GG) unterschieden. Es gibt spezielle Grundrechte für eng umgrenzte Tatbestände (Art. 12 GG) und allgemeine für eine Vielzahl von Tatbeständen (Art. 2 Abs. 1, 3 Abs. 1 GG). Sofern ein spezielles Grundrecht nicht eingreift, kommt ein allgemeines (Freiheits- oder Gleichheits-) Grundrecht in Betracht (**Auffanggrundrechte**). Nach dem geschützten Personenkreis gelten **Menschenrechte** unabhängig von der jeweiligen Staatsangehörigkeit (**Jedermannsrechte**) und **Bürgerrechte**. Der Zielrichtung nach schützen die Grundrechte als **Abwehrrechte** die Bürger gegen Eingriffe des Staates in ihre Rechtssphäre. Auch können Grundrechte **Leistungsrechte** oder **Teilhaberechte** beinhalten.

b. Grundrechtsbindung

Die Grundrechte binden die Organe der Legislative, Exekutive und Judikative als unmittelbar geltendes Recht (**Grundrechtsbindung**), Art. 1 Abs. 3 GG. Sie gelten dagegen grundsätzlich nicht im privatrechtlichen Rechtsverkehr (**Drittwirkung**). Ausnahmen gelten für die Koalitionsfreiheit (Art. 19 Abs. 3 S. 2 GG), das Widerstandsrecht (Art. 20 Abs. 4 GG) und die Kündigung oder Entlassung von Abgeordneten (Art. 38 Abs. 1 S. 1, 48 Abs. 2 GG). Hier wird ausdrücklich eine Drittwirkung im Privatrecht bestimmt (**direkte Drittwirkung**). Außerdem hat das Bundesverfassungsgericht eine sog. **mittelbare Drittwirkung** der Grundrechte im Privatrecht anerkannt. Danach müssen die Zivilgerichte die Grundrechte bei unbestimmten Rechtsbegriffen v. a. in den **Generalklauseln** (z. B. §§ 134, 138, 242, 626, 826 BGB) und als objektive Wertentscheidung der Verfassung auch im Verhältnis von Privaten zueinander berücksichtigen und das einfache Gesetzesrecht **grundrechtskonform** auslegen.

c. Verfassungsbeschwerde

aa. Beschwerdeverfahren

Gegen eine **Verletzung** von **Grundrechten** sowie **grundrechtsgleiche Rechten** (Art. 20 Abs. 4, 33, 38, 101, 103, 104 GG) durch die öffentliche Gewalt kann **Verfassungsbeschwerde** zum Bundesverfassungsgericht erhoben werden (Art. 93 Abs. 1 Nr. 4a GG). Rügt ein Betroffener die Verletzung seiner Rechte durch Maßnahmen der öffentlichen Gewalt (Behörden), steht ihm der Rechtsweg zu den Verwaltungsgerichten offen (Art. 19 Abs. 4 GG). Erst nach rechtskräftigem Abschluss des Gerichtsverfahrens ist die Erhebung der Verfassungsbeschwerde zulässig (**Subsidiarität der Verfassungsbeschwerde**). Eine Verfassungsbeschwerde gegen gerichtliche Entscheidungen kann erst nach Erschöpfung des Rechtswegs erhoben werden (**Urteilsverfassungsbeschwerde**). Nicht jeder Eingriff in den Schutzbereich eines Grundrechts stellt zugleich eine Grundrechtsverletzung dar.

bb. Schrankenvorbehalte

Der Grundrechtseingriff kann durch Grundrechtsschranken verfassungsrechtlich gerechtfertigt sein (**Schrankenvorbehalte**). Einzelne Grundrechte enthalten selbst Beschränkungen (**verfassungsunmittelbare Schranken**) für ihren Schutzbereich (Art. 9 Abs. 2, 13 Abs. 7 Hs. 1 GG). Im Unterschied dazu enthalten andere Grundrechte einen sog. **einfachen Gesetzesvorbehalt**, wonach der Eingriff nur „durch Gesetz" oder „aufgrund eines Gesetzes" erfolgen darf (Art. 2 Abs. 2 S. 3, 8 Abs. 2, 10 Abs. 2 S. 1 GG). Grundrechte mit sog. **qualifiziertem Gesetzesvorbehalt** enthalten zudem auch noch bestimmte weitere Anforderungen an das einschränkende Gesetz (Art. 5 Abs. 2, 10 Abs. 2 S. 2, 11 Abs. 2 GG). Einige Grundrechte haben jedoch **keinen** Gesetzesvorbehalt (Art. 5 Abs. 3, 9 Abs. 3 GG). Diese Grundrechte können nur durch kollidierende Grundrechte Dritter und andere mit Verfassungsrang ausgestattete Rechtsgüter eingeschränkt werden (**verfassungsimmanente Schranken**).

cc. Schranken-Schranken

Auch die Einschränkung der Grundrechte durch Schranken unterliegt bestimmten Schranken (Schranken-Schranken). Die Einschränkungen von Grundrechten bedürfen stets eines formellen **Parlamentsgesetzes** des Bundes oder der Länder. Der Gesetzgeber muss auch noch **weitere Schranken** einhalten, nämlich das Zitiergebot (Art. 19 Abs. 1 S. 2 GG), das Verbot einschränkender Einzelfallgesetze (Art. 19 Abs. 1 S. 1 GG), die Wesensgehaltsgarantie (Art. 19 Abs. 2 GG), den Bestimmtheitsgrundsatz und das Verhältnismäßigkeitsprinzip. Allerdings kann die **Menschenwürde** nach Art. 1 GG als schrankenloses Grundrecht nicht eingeschränkt werden. Sonst können miteinander kollidierenden Grundrechte durch verfassungsimmanente Schranken gegenseitig eingeschränkt werden, so dass sie grundsätzlich trotz Kollision ausgeübt werden können (**praktische Konkordanz**).

5. Staatsziele

Staatszielbestimmungen definieren Ziele, die ein Staat zu erreichen sucht (**Staatsziele**). Diese werden in der Verfassung lediglich allgemein festgeschrieben und bedürfen einer gesetzlichen Umsetzung. Von den Grundrechten unterscheiden sie sich dadurch, dass sie kein subjektives Recht begründen und daher nicht einklagbar sind. Im Grundgesetz sind die fünf Staatsziele das gesamtwirtschaftliche Gleichgewicht (Art. 109 Abs. 2 GG), die Verwirklichung eines vereinten Europas (Art. 23 Abs. 1 GG), die tatsächliche Gleichberechtigung (Art. 3 Abs. 2 S. 2 GG), der Schutz der natürlichen Lebensgrundlagen (Art. 20a GG) und der Tierschutz (Art. 20a GG). Staatszielbestimmungen sind in einigen Landesverfassungen auch als Grundrechte garantiert und bleiben ungeachtet des Vorrangs des Bundesrechts (Art. 31 GG) in Kraft soweit sie in Übereinstimmung mit Art. 1 bis 18 GG stehen (Art. 142 GG). Darüber hinaus enthalten verschiedene Landesverfassungen weitere Staatszielbestimmungen, z. B. Minderheitenschutz, Umweltschutz und Kulturstaatlichkeit. Auch gibt es neben den Staatszielbestimmungen die **Strukturprinzipien** des Art. 20 GG. Diese sind das Republik-, Demokratie-, Sozialstaats-, Bundesstaats- und Rechtsstaatsprinzip. Von diesen sind die Sozial- und die Rechtsstaatlichkeit zugleich als Staatsziele anerkannt.

6. Gesetzgebung

Nach dem Rechtsstaatsprinzip ist die Ausübung aller staatlichen Gewalt umfassend an das Recht gebunden. Es ist im Grundgesetz in Art. 20 Abs. 3 festgeschrieben. Die Gesetzgebung ist an die verfassungsmäßige Ordnung, die vollziehende Gewalt und die Rechtsprechung sind an Gesetz und Recht gebunden (**Gesetzmäßigkeit staatlichen Handelns**). Nach Art. 1 Abs. 3 GG binden die Grundrechte die staatlichen Organe von Legislative, Exekutive und Judikative als unmittelbar geltendes Recht (**Grundrechtsbindung**). Die Staatsziele stellen eine Aufgabe an den Staat, regeln aber nicht, wie diese Ziele konkret erreicht werden sollen. Deshalb hat der Gesetzgeber ein weite **Einschätzungsprärogative** hinsichtlich ihrer Umsetzung.

a. Gesetzgebungskompetenz

Die Gesetzgebungskompetenz ist das Recht und die Fähigkeit, Gesetze durch das Parlament (**formelle Gesetze**) zu erlassen. Diese ist aufgrund der Struktur des föderalen Bundesstaates der Bundesrepublik Deutschland zwischen der Ebene des Bundes und der Länder aufgeteilt und wird als sog. **Bundesrecht** und **Landesrecht** bezeichnet. Die Ausübung staatlicher Befugnisse und die Erfüllung staatlicher Aufgaben ist grundsätzlich **Sache der Länder** (Art. 30 GG). Für die Abgrenzung der Verbandskompetenz der Länder zum Erlass von Rechtsnormen wird an diese Grundregel in Art. 70 GG angeknüpft. Der Bund darf danach nur staatliche Befugnisse übernehmen, Aufgaben erfüllen oder Gesetze erlassen, wenn es das Grundgesetz ausdrücklich zulässt.

aa. Geltungsvorrang

Aufgrund der föderalen Struktur gilt nach Art. 31 GG der Grundsatz „**Bundesrecht bricht Landesrecht**“. Danach hat bei einem Widerspruch zwischen Bundes- und Landesrecht jegliches Bundesrecht **Geltungsvorrang** vor jeglichem Landesrecht. Voraussetzung für diesen Vorrang ist allerdings, dass die betreffende Regelung in die Kompetenz des Bundes zur Gesetzgebung fällt. Ist das Bundesrecht kompetenzwidrig und nichtig, kann es das kompetenzgemäße Landesrecht nicht brechen. Die Gesetzgebungskompetenz ist, abhängig von der jeweiligen Gesetzesmaterie, durch die **ausschließliche Gesetzgebung** des Bundes, die **konkurrierende Gesetzgebung** des Bundes und der Länder und die **Gesetzgebung der Länder** festgelegt. Die Länder haben die Verbandskompetenz soweit dem Bund für das betreffende Regelungsgebiet keine solche zukommt (Art. 70 Abs. 1 GG).

bb. Ausschließliche Gesetzgebung

Im Bereich der ausschließlichen Gesetzgebung des Bundes (Art. 73, 105 Abs. 1 GG) haben die Länder die Befugnisse zur Gesetzgebung nur dann, wenn und soweit sie hierzu in einem Bundesgesetz ausdrücklich ermächtigt werden (Art. 71 GG). Zu den Gebieten, in denen der Bund eine ausschließliche Gesetzgebung hat, gehören u. a.:

- das Währungs- und Geldwesen,
- die Einheit des Zoll- und Handelsgebiets,
- der gewerbliche Rechtsschutz.

cc. Konkurrierende Gesetzgebung

Im Bereich der konkurrierenden Gesetzgebung (Art. 74 GG) haben die Länder die Befugnis zur Gesetzgebung, soweit der Bund von seiner Gesetzgebungszuständigkeit nicht durch Gesetz Gebrauch gemacht hat (Art. 72 Abs. 1 GG). Diese umfasst u. a.:

- das bürgerliche Recht,
- die Gerichtsverfassung,
- das gerichtliche Verfahren,
- das Vereinsrecht,

- das Aufenthalts- und Niederlassungsrecht,
- das Recht der Wirtschaft,
- das Arbeitsrecht,
- die Verhütung des Missbrauchs wirtschaftlicher Machtstellung,
- die Staatshaftung.

Nach der Regelungstechnik werden die Kompetenzen der Länder also nicht einzeln aufgeführt. Es besteht vielmehr grundsätzlich ein **Regel-Ausnahme-Verhältnis** zu Gunsten der **Verbandskompetenz der Länder**. Allerdings liegt aufgrund der Kataloge des Art. 73 GG für die ausschließliche Gesetzgebung und des Art. 74 GG für die konkurrierende Gesetzgebung das Übergewicht in der **Verfassungspraxis beim Bund**. Zum Kernbereich der Länder gehören aber insbesondere das Polizeirecht, das Kommunalrecht und der Bereich von Bildung und Kultur (**„Kulturhoheit der Länder“**).

dd. Ungeschriebene Kompetenz

Darüber hinaus ist auch eine ungeschriebene Gesetzgebungskompetenz des Bundes in engen Grenzen anerkannt. Sie unterscheidet sich nach der Kompetenz kraft **Sachzusammenhangs**, der **Annexkompetenz** und der Kompetenz **kraft Natur der Sache**. Im Verhältnis zwischen der Bundesrepublik Deutschland und der Europäischen Union wird die Gesetzgebungskompetenz von Bund und Ländern durch die Ermächtigung der Union zum Erlass von unmittelbar für die Bürger geltenden EU-Verordnungen verdrängt (vgl. Art. 288 AEUV). Auch können sich die Länder gegenüber der Zuständigkeitsregelung des Unionsrechts nicht auf die innerstaatliche Kompetenzverteilung berufen.

b. Gesetzgebungsverfahren

aa. Formelle Gesetze

Formelle Gesetze werden direkt vom Parlament in einem verfassungsmäßig vorgegebenen Verfahren erlassen und in einem Gesetzblatt (BGBl.) bekannt gemacht (**Parlamentsgesetze**). Ein **rein formelles Gesetz** regelt einen individuellen Lebenssachverhalt und ist nicht für eine Vielzahl von Einzelfällen bestimmt, z. B. der Haushaltsplan (Art. 110 GG, BHO). Davon unterscheidet sich ein **formell-materielles** Gesetz dadurch, dass es für einen unbestimmten Personenkreis verbindliche Regeln aufstellt. Die meisten formellen sind zugleich materielle Gesetze wie etwa die Gesetze des Privatrechts (BGB, HGB, GWB, UWG usw.).

bb. Bundesgesetze

Auf Bundesebene ist das Gesetzgebungsverfahren zum Erlass formeller Gesetze durch das Parlament in Art. 76–82 GG geregelt. Gesetzesvorlagen werden beim Bundestag durch die Bundesregierung, aus der Mitte des Bundestages oder durch den Bundesrat eingebracht (Art. 76 Abs. 1 GG). Die Bundesgesetze werden vom Bundestag beschlossen (Art. 77 Abs. 1 S. 1 GG). Sie kommen zustande, wenn der Bundesrat zustimmt, den Vermittlungsausschuss nicht anruft, keinen Einspruch einlegt, diesen zurücknimmt oder der Einspruch vom Bundestag überstimmt wird (Art. 78 GG). Nach Art. 79 Abs. 3 GG ist eine Änderung des Grundgesetzes, durch welche die Gliederung des Bundes in Länder, die grundsätzliche Mitwirkung der Länder bei der Gesetzgebung oder die in Artikeln 1 und 20 GG niedergelegten Grundsätze berührt werden, unzulässig (**Ewigkeitsklausel**). Die Bundesgesetze werden vom Bundespräsidenten nach Gegenzeichnung ausgefertigt und im Bundesgesetzblatt verkündet (Art. 82 Abs. 1 S. 1 GG). In diesem Fall spricht man von „**Gesetzen im formellen Sinn**“.

cc. Materielle Gesetze

Materielle Gesetze sind generell-abstrakte Regelungen mit Außenwirkung, die in Form von **Rechtsverordnungen, Satzungen** und **Verwaltungsvorschriften** aufgrund gesetzlicher Ermächtigung (**Rechtsgrundlage**) von der **Exekutive** erlassen werden. Um die Durchbrechung der Gewaltenteilung zu begrenzen, schreibt Art. 80 Abs. 1 GG vor, dass die Bundesregierung, ein Bundesminister oder die Landesregierung nur durch ein Gesetz (**Ermächtigungsnorm**) ermächtigt werden können, Rechtsverordnungen zu erlassen. Dabei müssen Inhalt, Zweck und Ausmaß der erteilten Ermächtigung im Gesetz bestimmt werden. Die Rechtsgrundlage ist in der Verordnung anzugeben. Ist durch ein Gesetz vorgesehen, dass eine Ermächtigung für den Erlass von materiellen Gesetzen weiter übertragen werden kann, so bedarf es zur Übertragung der Ermächtigung einer Rechtsverordnung (**Ermächtigungsgrundlage**).

dd. Satzungsautonomie

Der Erlass von Satzungen kann durch juristische Personen des öffentlichen Rechts mit **Satzungsautonomie** erfolgen.

Beispiele: Gebietskörperschaften, Personalkörperschaften, Realkörperschaften, Anstalten und Körperschaften sowie Stiftungen des öffentlichen Rechts.

Satzungen müssen nach Art. 20 Abs. 3 GG inhaltlich bestimmt und verhältnismäßig sein. Wesentliches ist vom Gesetzgeber in parlamentarischen Gesetzen zu regeln und muss in der Ermächtigungsnorm der Satzung stehen. Dies betrifft vor allem wesentliche Fragen der Grundrechtsausübung und Grundrechtseingriffe, aber auch sonst wesentliche Fragen, die nach dem Demokratieprinzip vom Parlament entschieden werden müssen (**Wesentlichkeitstheorie**). Es wird zwischen Satzungen mit verbindlicher **Außenwirkung** gegenüber Dritten und solchen mit **Innenwirkung** ausschließlich für die jeweilige Körperschaft, die Organe und für deren Verwaltung unterschieden.

ee. Verwaltungsvorschriften

Verwaltungsvorschriften sind Anordnungen einer übergeordneten Behörde gegenüber einer untergeordneten Behörde, die eine einheitliche Rechtspraxis und Rechtsanwendung innerhalb der Behörde erreichen sollen. Sie sind **Innenrecht der Verwaltung** und haben keine unmittelbare Wirkung nach außen. Die Bundesregierung kann beispielsweise nach Art. 84 Abs. 2 GG mit Zustimmung des Bundesrates allgemeine Verwaltungsvorschriften erlassen.

c. Normenhierarchie

Die Normenhierarchie bezeichnet die **Rangfolge der Gesamtheit aller Rechtsnormen** in einem Rechtsstaat, die auf einem Über- und Unterordnungsverhältnis der Rechtsnormen beruht.

aa. Stufenbau

Nach der **Lehre vom Stufenbau der Rechtsordnung** bezieht jede Rechtsnorm ihre Geltung aus einer höheren Norm, wodurch sich die Rechtsnorm bis zur Ebene der jeweiligen Verfassung zurückverfolgen lässt. Die Verfassung kodifiziert eine Rangordnung der auf ihrer Grundlage erlassenen Rechtssätze. Danach dürfen rangniedrigere Normen inhaltlich keine im Verhältnis zu ranghöheren Normen gegenläufigen Regelungen treffen. Dadurch sollen Widersprüche in der Rechtsordnung vermieden werden. Wenn zwei Normen aus unterschiedlichen Stufen denselben Sachverhalt regeln, wird die niedrigere Norm durch die Geltung beanspruchende höhere Norm verdrängt (**Geltungsvorrang**). Dies führt dazu, dass eine inhaltlich widersprechende niedrigere Norm wegen Verstoßes gegen die höherrangige Norm **rückwirkend nichtig** ist. Betrifft dies innerstaatliche Parlamentsgesetze, müssen die Gerichte das Bundesverfassungsgericht oder ein Landesverfassungsgericht anrufen. Diese haben ein sog. **Verwerfungsmonopol** (vgl. Art. 100 GG). Dagegen werden Rechtsverordnungen und Satzungen von den Fachgerichten in eigener Zuständigkeit geprüft, da es sich hierbei nur um materielle Rechtsnormen und nicht um formelle Gesetze handelt.

bb. Rechtsordnung

In der deutschen Rechtsordnung stehen die supranationalen Rechtsnormen der Europäischen Union im Rang vor den Verfassungsnormen des Grundgesetzes. Das **EU-Recht** hat aber **keinen Geltungsvorrang** vor dem deutschen Recht, sondern **lediglich** einen **Anwendungsvorrang**. Bei einem Verstoß nationaler Rechtsnormen gegen europäisches Recht führt dies daher nicht zu deren Nichtigkeit, sondern lediglich dazu, dass die betroffene Norm nicht anzuwenden ist. In der Rangordnung nach dem Recht der Europäischen Union stehen die **Verfassungsnormen** des Grundgesetzes. Diesen folgen die **allgemeinen Regeln des Völkerrechts**. Sie sind Bestandteil des Bundesrechts und gehen den Gesetzen vor (Art. 25 GG).

Die weitere Rangfolge der Rechtsnormen wird durch die bundesstaatlichen Kompetenzordnung festgelegt. Die **Parlamentsgesetze** des Bundes stehen unter dem Grundgesetz, soweit sie zwingendes Recht enthalten. Im Rang gleichgeordnet sind **völkerrechtliche Verträge** (Art. 24 GG). Danach folgen die **Rechtsverordnungen** des Bundes und die **Satzungen** autonomer Organisationen **des Bundes** (Art. 80 GG). Diesen folgen die **Landesverfassungen** und darauf die **Landesgesetze**, soweit sie zwingendes Recht enthalten. Darunter stehen die **Rechtsverordnungen** der **Länder** und die **Satzungen**. Auf diese folgt das **Gewohnheitsrecht**.

Abb. 5: Normenhierarchie

7. Verwaltung

a. Allgemeines

Die Verwaltung (**Exekutive**) umfasst die **Bundesregierung** und die **öffentliche Verwaltung**. Zu dieser gehören alle verwaltungstätigen Behörden des Bundes, der Länder und der Kommunen. Aufgabe der öffentlichen Verwaltung ist in erster Linie die Ausführung der Gesetze. Sie kann aber auch normsetzende Befugnisse haben, wie etwa das Recht zum Erlass von Rechtsverordnungen (Art. 80 GG).

b. Zuständigkeit

Die Ausübung staatlicher Gewalt und die Erfüllung der staatlichen Aufgaben ist **Sache der Länder**, soweit das Grundgesetz keine anderen Regelungen trifft oder zulässt (Art. 30 GG). Nach dem **Regelfall** führen die Länder die Bundesgesetze als **eigene Angelegenheiten** aus, soweit im Grundgesetz nichts anderes bestimmt oder zugelassen ist (Art. 83 GG). Die Länder regeln die Einrichtung der Behörden und das Verwaltungsverfahren selbst (Art. 84 Abs. 1 S. 1 GG) und sind hierbei grundsätzlich keinen Weisungen des Bundes unterworfen. Der Bund übt in diesem Bereich lediglich eine **Rechtsaufsicht** aus (Art. 84 Abs. 3 S. 1 GG), die sich auf die Gesetzmäßigkeit des Verwaltungshandelns, nicht aber auf die Zweckmäßigkeit (sog. **Fachaufsicht**), bezieht.

c. Verwaltungsrecht

Das Recht, das die Tätigkeit der öffentlichen Verwaltung regelt, ist das Verwaltungsrecht als Bestandteil des öffentlichen Rechts. Es wird unterteilt in das **Allgemeine** und das **Besondere Verwaltungsrecht** sowie das **Verwaltungsprozessrecht**.

aa. Verfahrensregeln

Die Verwaltungstätigkeit der öffentlichen Behörden wird durch **Verfahrensgesetze** des Bundes und der Länder geregelt. Das (Bundes-) Verwaltungsverfahrensgesetz (VwVfG) findet auf die Verwaltungstätigkeit der Bundesbehörden, bundesunmittelbarer Körperschaften, Anstalten und Stiftungen des öffentlichen Rechts Anwendung (§ 1 Nr. 1 VwVfG). Auf die Ausführung des Bundesrechts durch die Länder findet das VwVfG keine Anwendung. Die Verwaltungstätigkeit der Länder wird durch die von den Ländern erlassenen Verwaltungsverfahrensgesetze geregelt (vgl. § 1 Abs. 3 VwVfG). Zudem gibt es **spezielle Verfahrensregeln** in Bundesgesetzen. Für das **Sozialrecht** gelten die allgemeinen Verfahrensregeln im Sozialgesetzbuch (SGB I, X). Im **Steuerrecht** regelt die Abgabenordnung (AO) das Verfahren der Finanzverwaltung. Auf Ebene der **Kommunalverwaltung** gelten die Gemeindeordnungen und Kreisordnungen der Bundesländer als Landesgesetze. Die Städte, Kreise und Gemeinden erfüllen diejenigen öffentlichen Aufgaben, die nicht von der Bundes- oder Landesverwaltung wahrgenommen werden. Sie haben nach Art. 28 Abs. 2 GG das Recht zur Regelung aller Angelegenheiten der örtlichen Gemeinschaft in eigener Verantwortung im Rahmen der Gesetze (**Grundsatz der kommunalen Selbstverwaltung**).

bb. Allgemeines Verwaltungsrecht

Das Allgemeine Verwaltungsrecht enthält die für alle Bereiche des Besonderen Verwaltungsrechts geltenden **allgemeinen Regeln**. Regelungsgegenstand ist das Handeln der Gesetzesexekutive durch die Behörden des Bundes, der Länder und der sonstigen Körperschaften des öffentlichen Rechts (**einfache Staatsverwaltung**). Das Verwaltungsverfahren ist die auf den Erlass eines Verwaltungsakts (§§ 35 ff VwVfG) oder den Abschluss eines öffentlich-rechtlichen Vertrages (§§ 54 ff VwVfG) gerichtete Tätigkeit der öffentlichen Verwaltung mit Außenwirkung. Das Verwaltungsverfahren ist nicht an eine bestimmte Form gebunden, falls nicht besondere Rechtsvorschriften vorliegen (§ 10 VwVfG). Es handelt es sich um ein nichtförmliches Verwaltungsverfahren, das einfach, zweckmäßig und zügig durchzuführen ist. Besondere Verfahrensarten sind das förmliche Verwaltungsverfahren (§§ 63 ff VwVfG), das Verfahren über eine einheitliche Stelle (§ 71 a VwVfG) und das Planfeststellungsverfahren (§§ 72 ff VwVfG), die durch Rechtsvorschrift angeordnet werden müssen.

cc. Besonderes Verwaltungsrecht

Das besondere Verwaltungsrecht trifft die Regelungen für **bestimmte Verwaltungsaufgaben**. Diese ergänzen oder modifizieren das allgemeine Verwaltungsrecht. Regelungsbereiche sind insbesondere das:

- Ordnungsrecht (Ausländerrecht, Bauordnungsrecht, Polizei- und Ordnungsrecht, Versammlungsrecht),
- Raumordnungs-, Bau- und Fachplanungsrecht,
- Wirtschaftsverwaltungs- und Aufsichtsrecht (Gewerberecht, Energierecht, Kartellrecht, Telekommunikationsrecht),
- Umweltrecht (Abfallrecht, Immissionsschutzrecht, Wasserrecht),
- Schul- und Hochschulrecht,
- öffentliches Dienstrecht,
- Sozialrecht,
- Steuerrecht,
- Verkehrsrecht.

Die jeweilige Rechtsmaterie ist entweder durch Bundesrecht oder durch Landesrecht geregelt. Das Kommunalrecht und Ordnungsrecht sind in erster Linie Landesrecht. Das Planungsrecht, Wirtschaftsverwaltungsrecht und Umweltrecht sind v. a. durch Gesetze des Bundes geregelt und werden meist durch landesrechtliche Ausführungsbestimmungen ergänzt.

dd. Verwaltungsprozessrecht

Das Verwaltungsprozessrecht ist **Bundesrecht** und befasst sich mit den Gerichtsverfahren vor den **Verwaltungsgerichten**. Das gerichtliche Verfahren ist in der Verwaltungsgerichtsordnung (VwGO) geregelt. Soweit die VwGO keine Verfahrensbestimmungen enthält, sind **subsidiär** das Gerichtsverfassungsgesetz (GVG) und die Zivilprozessordnung (ZPO) anzuwenden (§ 173 VWGO). Damit die Verwaltungsgerichtsbarkeit entscheiden kann, muss der **Rechtsweg** zu den Verwaltungsgerichten **eröffnet sein**. Sofern keine gesetzliche Sonderzuweisung greift (z. B. §§ 51 SGG, 33 FGO, 126 BBG, 54 BeamtStG, 6 UIG, 9 Abs. 4 IFG) ist die **Generalklausel** des § 40 VwGO anwendbar. Danach ist der Verwaltungsrechtsweg eröffnet, wenn es sich um eine **öffentlich-rechtliche Streitigkeit nichtverfassungsrechtlicher Art** handelt. Eine öffentlich-rechtliche Streitigkeit liegt vor, wenn die streitentscheidende Norm dem öffentlichen Recht angehört. Verfassungsgerichtliche Streitigkeiten betreffen die Vereinbarkeit von Hoheitsakten mit der jeweiligen Verfassung. Über Verfassungsstreitigkeiten auf Bundesebene entscheidet das Bundesverfassungsgericht (Art. 93 GG, § 13 BVerfGG). Die Landesverfassungsgerichte der Bundesländer sind keine untergeordneten Instanzen des Bundesverfassungsgerichts. Vielmehr sind sie selbstständig und ausschließlich für die Prüfung des Landesrechts sowie von Akten der Landesorgane zuständig.

8. Rechtsprechung

a. Allgemeines

Die rechtsprechende Gewalt (Judikative) ist nach Art. 92 GG den Richtern anvertraut. Sie wird durch das **Bundesverfassungsgericht**, durch die im Grundgesetz vorgesehenen **Bundesgerichte** und durch die **Gerichte der Länder** ausgeübt. Die Rechtsprechung ist gemäß Art. 20 Abs. 3 GG an Gesetz und Recht gebunden (Rechtsstaatsprinzip). Auf europäischer Ebene wird die Rechtsprechung vom **Europäischen Gerichtshof**, dem **Gericht erster Instanz** der Europäischen Gemeinschaften und dem **Gericht für den öffentlichen Dienst** der Europäischen Union ausgeübt (Art. 19 EUV, Art. 251–281 AEUV).

b. Bundesverfassungsgericht

Aufgabe des Bundesverfassungsgerichts ist es, die Einhaltung des Grundgesetzes zu überwachen (**Hüter des Grundgesetzes**). An seine Rechtsprechung sind alle übrigen Staatsorgane gebunden und seine Entscheidungen sind unanfechtbar. Die Zuständigkeiten des Bundesverfassungsgerichts sind abschließend geregelt (Art. 93 GG, § 13 BVerfGG). Es wird nur auf Antrag tätig. Wichtige **Verfahrensarten** sind die Verfassungsbeschwerde, die Normenkontrolle, das Organstreitverfahren, der Bund-Länder-Streit, die Wahlprüfungsbeschwerde, das Parteiverbotsverfahren und die Richteranklagen (vgl. § 13 GVG). Das Bundesverfassungsgericht kann einstweiligen Anordnungen erlassen und vorläufige Regelungen treffen (§ 32 BVerfGG).

c. Ordentliche Gerichte

Die Zuständigkeit der ordentlichen Gerichte bestimmt sich nach § 13 GVG. Diese sind für die bürgerlichen Rechtsstreitigkeiten, Familiensachen und die Angelegenheiten der freiwilligen Gerichtsbarkeit zuständig (**Zivilsachen**). Sie entscheiden auch über Strafsachen, für die nicht entweder die Zuständigkeit von Verwaltungsbehörden oder Verwaltungsgerichten begründet ist oder aufgrund von Vorschriften des Bundesrechts besondere Gerichte bestellt oder zugelassen sind. Neben die ordentlichen Gerichte treten **besondere Gerichtsbarkeiten** für Sozialgerichte, Arbeitsgerichte, Finanzgerichte, Verwaltungsgerichte und Verfassungsgerichte.

d. Ständige Rechtsprechung

Die Rechtsprechung der deutschen Bundesgerichte (Bundesgerichtshof, Bundesarbeitsgericht, Bundesverwaltungsgericht, Bundessozialgericht, Bundesfinanzhof), und des Europäischen Gerichtshofs sowie teilweise auch der Obergerichte im Instanzenzug (Oberlandesgerichte, Landesarbeits-, Landessozialgerichte und Oberverwaltungsgerichte) hat erhebliche Bedeutung für die Auslegung und Anwendung von Rechtsnormen für die Gerichte der unteren Instanzen. Die Entscheidungen des Bundesverfassungsgerichts können Gesetzeskraft über den Einzelfall entfalten (§ 31 Abs. 2 BVerfGG) und andere Gerichte binden. Wenn die obersten Gerichte zu einer bestimmten Rechtsfrage dauerhaft die gleiche Rechtsauffassung vertreten, sprechen sie von einer **ständigen Rechtsprechung**. Das Abweichen von einer früher vertretenen ständigen Rechtsprechung verstößt aber nicht gegen Art. 20 Abs. 3 GG. Denn höchstrichterliche Urteile sind nicht Gesetzen gleichzustellen und erzielen keine damit vergleichbare Rechtswirkung. Es bedarf dazu auch nicht des Nachweises, dass sich tatsächliche Verhältnisse oder allgemeine Anschauungen in einer bestimmten Hinsicht geändert haben.

Allerdings können sich Schranken der Rückwirkung aus dem rechtsstaatlichen Prinzip der Rechtssicherheit ergeben. Danach ist das Interesse einer Partei, die mit der Fortgeltung der bisherigen Rechtslage rechnen durfte, mit den Belangen des Vertragspartners und den Anliegen der Allgemeinheit abzuwägen. Dabei verkörpert die materielle Gerechtigkeit einen dem Grundsatz der Rechtsicherheit mindestens ebenbürtigen Bestandteil des Rechtsstaatsprinzips (BVerfGE 7, 89; 72, 175; 84, 212).

Abb. 6: Öffentliches Recht

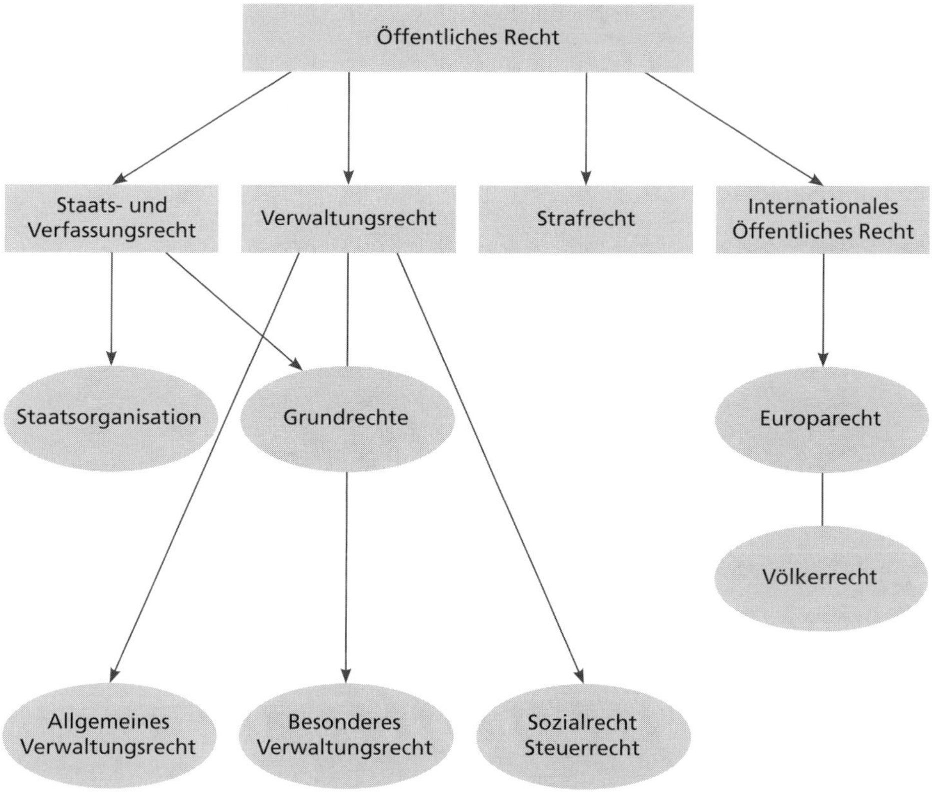

Lehrbücher:
Degenhart, Staatsrecht I, 37. Auflage, Heidelberg 2021
Gröpl, Staatsrecht I, 13. Auflage, München 2021
Hufen, Staatsrecht II, 9. Auflage, München 2021
Ipsen, Staatsrecht I, 33. Auflage, Staatsrecht II, 24. Auflage, München 2021
Maurer/Waldhoff, Allgemeines Verwaltungsrecht, 20. Auflage, München 2020
Wolff/Bachof/Stober/Kluth, Verwaltungsrecht II, 8. Auflage, München 2022

Kommentare:
Dreier, Grundgesetz Kommentar: GG, 3. Auflage, Tübingen 2018
Kahl/Waldhoff/Walter, Bonner Kommentar zum Grundgesetz, Heidelberg 2021
Jarras/Pieroth, Grundgesetz für die Bundesrepublik Deutschland: GG, 16. Auflage, München 2020

v. Mangoldt/Klein/Starck, Kommentar zum Grundgesetz: GG, 7. Auflage, München 2018
Maunz/Dürig, Grundgesetz, 93. Auflage, München 2021
von Münch/Kunig, Grundgesetz-Kommentar, 7. Auflage, München 2021
Sachs, Grundgesetz: GG, 9. Auflage, München 2021
Sodan, Grundgesetz: GG, 4. Auflage, München 2018

Websites:
Bundestag www.bundestag.de
Bundesrat www.bundesrat.de
Bundespräsident www.bundespraesident.de
Bundesregierung www.bundesregierung.de
Bundesverfassungsgericht www.bundesverfassungsgericht.de

III. Rechtsanwendung

1. Allgemeines

a. Rechtssatz

Rechtsnormen enthalten Rechtssätze, die sich an einen allgemeinen Adressatenkreis richten. Sie bestehen aus Tatbestand und Rechtsfolge. Der **Tatbestand** beschreibt eine Situation, für die der Rechtssatz Geltung hat. Er besteht regelmäßig aus kumulativen Tatbestandsmerkmalen. Die **Rechtsfolge** gibt an, welche rechtliche Konsequenz sich aus dem Vorliegen dieser Merkmale ergibt. Sie knüpft an die Erfüllung des Tatbestandes bei Vorliegen der Merkmale aufgrund eines bestimmten Sachverhalts an. Es gilt folgender Merksatz:

„**Wenn** die Voraussetzungen des Tatbestands der Norm vorliegen, **dann** tritt die darin angeordnete Rechtsfolge ein.“

b. Subsumtion

Die Anwendung einer Norm durch Unterordnung des konkreten Lebenssachverhalts unter den Tatbestand bezeichnet man als **Subsumtion**. Diese erfolgt typischerweise **dreigliedrig**. Der Tatbestand der Norm bildet den Obersatz, auf den die eigentliche Subsumtion folgt.

Obersatz: Der Erwerber könnte nach § 929 BGB das Eigentum an der Sache erworben haben.

Die Prüfung durch Vergleich des Sachverhalts mit den Tatbestandsmerkmalen der Norm, also der Frage, ob diese nach dem Sachverhalt vorliegen, bildet den Untersatz.

Untersatz: Der Erwerb des Eigentums setzt nach § 929 BGB voraus, dass der Eigentümer dem Erwerber die Sache übergeben hat und sich beide über den Eigentumsübergang einig sind.

Liegen die Tatbestandsmerkmale der Norm nach Prüfung anhand des Sachverhalts vor, tritt die Rechtsfolge der Norm ein.

Rechtsfolge: Der Eigentümer hat die bewegliche Sache an den Erwerber übergeben und beide sind sich darüber einig, dass das Eigentum übergehen soll (Tatbestand). Das Eigentum ist somit nach § 929 BGB auf den Erwerber übergegangen (Rechtsfolge).

Im juristischen **Gutachten** wird zuerst die Subsumtion vorgenommen und dann dargelegt, ob die Rechtsfolge der geprüften Norm eingetreten ist **(Gutachtenstil)**. Dagegen wird im juristischen **Urteil** das Ergebnis der Subsumtion vorangestellt und dies anschließend in der Begründung ausgeführt **(Urteilsstil)**, wie es bei Gerichtsurteilen (§ 313 Abs. 1 ZPO) üblich ist.

c. Generalklauseln

Über die sog. Generalklauseln des BGB erfolgt eine richterliche Wertung, ob ein bestimmter Lebenssachverhalt unter eine bestimmte Norm fällt. Dabei handelt es sich um abstrakt-generelle Begriffe in den Rechtsnormen **(unbestimmte Rechtsbegriffe)**, die von den Grundprinzipien der Rechtsordnung her auszufüllen sind. Dazu sind insbesondere die Wertvorstellungen des Grundgesetzes und die Grundrechte wegen ihrer mittelbaren Wirkung im Privatrechtsverkehr heranzuziehen. Wichtige Generalklauseln sind die „**guten Sitten**" (§§ 138, 826 BGB), der Grundsatz von „**Treu und Glaube**" (§§ 157, 242 BGB), die „**Unangemessenheit**" (§ 307 BGB) und der „**wichtige Grund**" (314, 626 BGB).

2. Gesetzesauslegung

Die Prüfung einer nationalen Rechtsnorm erfolgt durch ihre Auslegung **(Gesetzesauslegung)**. Die Auslegung geht vom Text der Norm, also der Formulierung des Wortlauts, aus. Dieser ist allerdings für die Rechtsanwendung nicht allein ausschlaggebend, zumal sich die Subsumtion eines Sachverhalts durch das reine Lesen des Normtextes häufig nicht bewerkstelligen lässt. Für die Auslegung gibt es einen **Kanon von Methoden**, der auf den Juristen Friedrich Carl von Savigny (1779–1861) zurückgeht. Dieser hat die heute noch gültigen **vier Elemente** der Auslegung 1840 zusammengefasst (**Juristische Methodenlehre**). Diese sind der Wortlaut (Grammatik), die Stellung und Funktion der Norm (Systematik), die Entstehungsgeschichte (Historie) und der Zweck (Telos) der Norm.

a. Grammatische Auslegung

Mithilfe des Wortlauts wird der zum Zeitpunkt der Entstehung der Norm gültige **Bedeutungsinhalt** der im Tatbestand der Norm verwendeten Begriffe ermittelt (grammatische Auslegung). Dabei ist der Wortlaut nach der gewöhnlichen Bedeutung im Sprachgebrauch des Gesetzgebers zu bestimmten. Insoweit ist zu berücksichtigen ist, dass es sich bei den Gesetzen um Texte handelt, die **Fachbegriffe** mit einer speziellen Bedeutung enthalten. Auch kann sich der **Wortsinn**, der zum Zeitpunkt der Entstehung der Norm maßgeblich war und dieser zugrunde gelegt wurde, zum Zeitpunkt der Gesetzesanwendung gewandelt haben. Maßgeblich ist der bei Formulierung des Rechtssatzes zur Entstehungszeit gültige Bedeutungsinhalt der verwendeten Begriffe, da er die ursprüngliche Zweckrichtung der Norm wiedergeben kann. Da für die Anwendung der Norm die richterliche Gesetzesbindung gilt, ist bei der Gesetzesauslegung im Zweifel auch von der fachspezifischen und nicht umgangssprachlichen Bedeutung des Wortlauts auszugehen. Ist die Auslegung in keiner Hinsicht mit dem möglichen Wortsinn zu vereinbaren, kann die Norm nicht in diesem Sinne ausgelegt werden. In einem solchen Fall kann eine entsprechende Anwendung der Norm auf den nicht durch ihre Tatbestandsmerkmale geregelten Sachverhalt **(Analogie)** in Betracht kommen, um eine mögliche (planwidrige) **Regelungslücke** zu schließen.

b. Systematische Auslegung

aa. Einheit der Rechtsordnung

Im Rahmen der systematischen Auslegung einer Norm analysiert man ihre **Stellung und Funktion** im System der Gesamtrechtsordnung. Leitgedanke ist die Einheit der Rechtsordnung, nach der Normen einander nicht widersprechen können. Eine besondere Rolle spielen die sog. Generalklauseln (z. B. §§ 134, 138, 242, 626, 826 BGB), denen allgemeine Wertungen des Gesetzgebers zugesprochen werden. Aufgrund des Stufenbaus der Normen und der Normenhierarchie sind diejenigen Normen niedrigerer Rangstufe so auszulegen, dass sie Normen höherer Rangstufe nicht widersprechen.

bb. Verfassungskonforme Auslegung

Einfachgesetzliche Normen, die eventuell nicht mit dem Grundgesetz in Einklang stehen, können durch eine verfassungskonforme Auslegung **aufrechterhalten** werden. Dies setzt eine Mehrdeutigkeit der fraglichen Norm voraus. Sind mehrere Bedeutungen möglich, so ist diejenige zu wählen, die den Wertmaßstäben der Verfassung am besten entspricht. Nach der Rechtsprechung des Bundesverfassungsgerichts ist eine verfassungskonforme Auslegung jedoch ausgeschlossen, wenn die Norm mit dem Wortlaut und dem klar erkennbaren Willen der Gesetzgebung in Widerspruch treten würde. Eine Umdeutung der Norm nach den Maßstäben des Grundgesetzes wäre ein unzulässiger Eingriff in die Kompetenz der Gesetzgebung. Deshalb ist die fragliche Rechtsnorm in solchen Fällen verfassungswidrig und nichtig.

cc. Europarechtskonforme Auslegung

Die staatlichen Gerichte müssen das nationale Recht in Übereinstimmung mit dem primären und sekundären Recht der Europäischen Union auslegen (**europarechtskonforme Auslegung**). Nach Art. 4 Abs. 3 EUV sind die Mitgliedstaaten zu einer effektiven Durchsetzung des Unionsrechts verpflichtet, sog. Effektivitätsprinzip *(effet utile)*. Im Rahmen der **unionsrechtskonformen Auslegung** ist das Sekundärrecht der Union im Einklang mit den Normen des Primärrechts der Unionsverträge auszulegen. Darüber hinaus sind die staatlichen Gerichte aufgrund des Anwendungsvorrangs des Unionsrechts verpflichtet, das nationale Recht im Zweifel in Übereinstimmung mit dem Primärrecht und den unmittelbar wirkenden EU-Verordnungen des sekundären Unionsrechts auszulegen. Der EuGH entscheidet nach Art. 267 AEUV auf Vorlage oder Anrufung durch das Gericht eines Mitgliedstaates über den Inhalt des europäischen Rechts, das von dem staatlichen Gericht als entscheidungserheblich eingeschätzt wird (**Vorabentscheidungsverfahren**). Die Feststellung der Unanwendbarkeit des nationalen Rechts wegen Verstoßes gegen unmittelbar wirkendes EU-Recht obliegt allein den staatlichen Fachgerichten. Eine Vorlage gemäß Art. 100 GG an das Bundesverfassungsgericht scheidet in diesem Fall aus, da es hierbei nicht um die Vereinbarkeit mit dem Grundgesetz geht.

Die staatlichen Gerichte dürfen EU-Richtlinien bei ihren Entscheidungen nicht unmittelbar berücksichtigen, weil diese (anders als die EU-Verordnungen) nicht unmittelbar gelten, sondern durch den Gesetzgeber in jedem Mitgliedstaat in nationales Recht umgesetzt werden müssen. Die Pflicht der staatlichen Gerichte zu einer **richtlinienkonformen Auslegung** des nationalen Rechts ergibt sich vielmehr aus der Umsetzungspflicht der Mitgliedstaaten (Art. 288 Abs. 3 AEUV). Nach der Rechtsprechung des Europäischen Gerichtshofs ist der zeitliche Beginn der Pflicht zur richtlinienkonformen Auslegung nicht das Inkrafttreten der Richtlinie, sondern erst der Ablauf der Umsetzungsfrist. Vor diesem Zeitpunkt besteht nur ein sog. **Frustrationsverbot**, das den Mitgliedstaaten verbietet, Vorschriften zu erlassen, die geeignet sind, die Ziele der Richtlinie ernsthaft zu gefährden. Nach Art. 288 Abs. 3 AEUV sind Richtlinien hinsichtlich ihrer **Ziele** bereits **ab** ihrem **Inkrafttreten** verbindlich. Demgegenüber treten wesentliche Rechtswirkungen erst mit Ablauf der Umsetzungsfrist ein.

Voraussetzung für eine richtlinienkonforme Auslegung des nationalen Rechts ist, dass mehrere Auslegungsmöglichkeiten der Norm möglich sind. Gegenstand der Auslegung ist das gesamte nationale Recht, unabhängig vom Zeitpunkt seines Inkrafttretens. Die Pflicht der staatlichen Gerichte zur richtlinienkonformen Auslegung umfasst grundsätzlich nur den von der Richtlinie harmonisierten Anwendungsbereich. Soweit der nationale Gesetzgeber die von der Richtlinie vorgegebenen Regelungen auch auf Sachverhalte erstreckt, die außerhalb dieses Bereichs liegen (**überschießende Umsetzung**), besteht für die von der Richtlinie nicht erfassten Sachverhalten weder eine europarechtliche Pflicht zur richtlinienkonformen Auslegung, noch ein Vorrang zugunsten des richtlinienkonformen Ergebnisses. Nach der Rechtsprechung des Bundesgerichtshofs kann sich allerdings aus innerstaatlichem Recht ein **Gebot einheitlicher Auslegung** ergeben. Eine solche einheitliche Auslegung kann insbesondere aufgrund des Rechtsstaatsprinzips, des Gleichbehandlungsgrundsatzes sowie des Willens des Gesetzgebers, die Fallgestaltungen parallel zu behandeln, geboten sein. Demgegenüber kommt eine **gespaltene Auslegung** in Betracht, wenn im harmonisierten Bereich des nationalen Rechts andere Interessenlagen bestehen als im Anwendungsbereich der Richtlinie.

dd. Gesetzeskonkurrenz

Sofern ein konkreter Lebenssachverhalt die Tatbestände mehrerer Normen erfüllt, liegt eine Gesetzeskonkurrenz vor. Diese kann dogmatisch auf unterschiedliche Weise aufgelöst werden. Nach dem Grundsatz der Spezialität verdrängt die spezielle Norm eine allgemeine Norm und findet deshalb vorrangig Anwendung *(lex specialis derogat legi generali)*. Bei **Subsidiarität** ist eine Norm prinzipiell nachrangig (subsidiär) und nur dann anwendbar, wenn der Tatbestand einer anderen Norm nicht ebenfalls erfüllt ist. Im Falle der **Konsumtion** umfasst die Erfüllung des Tatbestands einer Norm nicht notwendig (dann Spezialität), aber regelmäßig zugleich die Verwirklichung eines anderen Tatbestandes und verdrängt diesen. In der Normenhierarchie hat eine höherrangige Norm im Kollisionsfall vorrangig Geltung gegenüber einer niederrangigen Norm *(lex superior derogat legi inferiori)*. Zudem geht ein später erlassenes Gesetz einem früheren Gesetz derselben Rangordnung vor und verdrängt dessen Anwendung *(lex posterior derogat legi priori)*.

c. Historische Auslegung

Die historische Auslegung versucht den Gebotsgehalt und den Normzweck gesetzlicher Vorschriften aus dem Kontext ihrer Entstehungsgeschichte zu ermitteln. Methodisch umstritten ist, ob es bei der Gesetzesauslegung entstehungszeitlich *(ex tunc)* auf den subjektiven Willen des Gesetzgebers (**subjektive Theorie**) oder geltungszeitlich *(ex nunc)* den objektiven Willen des Gesetzes (**objektive Theorie**) ankommt. Die heute h. M. folgt der objektiven Theorie unter Hinweis darauf, dass sich der subjektive Wille des historischen Gesetzgebers i. d. R. gar nicht feststellen lasse oder durch Änderung der Lebensverhältnisse bald überholt sei. Maßgebend für die Auslegung einer Gesetzesvorschrift ist nach der Rechtsprechung des Bundesverfassungsgerichts der in dieser zum Ausdruck kommende **objektivierte Wille** des Gesetzgebers, so wie er sich aus dem Wortlaut der Gesetzesbestimmung und dem Sinnzusammenhang ergibt, in den diese hineingestellt ist. Nicht entscheidend ist danach dagegen die subjektive Vorstellung der am Gesetzgebungsverfahren beteiligten Organe oder einzelner ihrer Mitglieder über die Bedeutung der Bestimmung. Der Entstehungsgeschichte einer Vorschrift kommt für deren Auslegung nur insofern Bedeutung zu, als sie die Richtigkeit einer nach den angegebenen Grundsätzen ermittelten Auslegung bestätigt oder Zweifel behebt, die auf dem angegebenen Weg allein nicht ausgeräumt werden können.

d. Teleologische Auslegung

Die teleologische Auslegung orientiert sich am Gesetzeszweck und wird als das **zentrale Kriterium** für die Beantwortung der Frage nach der Anwendbarkeit einer Rechtsnorm auf einen konkreten Lebenssachverhalt angesehen. Der Sinn eines Gesetzes bestimmt sich danach, was für ein Ziel bzw. Zweck *(telos)* damit erreicht werden soll. Es erfolgt also eine Auslegung nach dem **Sinn und Zweck der Norm**. Nach der h. M. ist der objektiv in einer Norm zum Ausdruck kommende Sinn und Zweck zu erforschen. Auf den subjektiven Willen des historischen Gesetzgebers soll bei Auslegung der Norm hingegen nicht abgestellt werden. Demgemäß sind Gesetze nach der Rechtsprechung des Bundesgerichtshofs in ihrem Anwendungsbereich nicht auf diejenigen Fälle beschränkt, welche der Gesetzgeber antizipiert hat.

e. Lückenausfüllung

Die Prüfung einer Norm kann zu dem Ergebnis führen, dass sich der konkrete Sachverhalt nicht unter die Norm subsumieren lässt, weil der Gesetzgeber diese Fallkonstellation nicht vorgesehen hat. Er hätte den Fall aber geregelt, wenn er die Regelungsbedürftigkeit erkannt hätte (**planwidrige Regelungslücke**). Grundsätzlich ist der Gesetzgeber berufen, die Gesetzeslücke zu schließen. Gerichte dürfen dies nur dann, wenn Erwägungen der Gerechtigkeit das erfordern und schwerer wiegen als Gründe der Rechtssicherheit und der Gewaltenteilung (**Lückenausfüllung**). Dabei muss der Wille des Gesetzgebers berücksichtigt und so entschieden werden, wie es dem mutmaßlichen Willen des Gesetzgebers entspricht. Die wichtigsten Instrumente der Lückenausfüllung sind die Analogie, der „Erst-recht-Schluß", die teleologische Extension, der Umkehrschluss und die teleologische Reduktion.

aa. Analogie

Analogie ist die Anwendung einer Rechtsnorm auf einen Tatbestand, der demjenigen der Norm ähnlich ist. Voraussetzung dafür ist, dass für einen bestimmten Sachverhalt keine Rechtsnorm existiert und eine planwidrige Regelungslücke besteht. Eine Analogie ist ausgeschlossen, wenn die Rechtsfortbildung als solche verboten ist. Zudem ist die analoge Anwendung der im Gesetz vorgesehenen Rechtsfolge nur dann gem. Art 3 Abs. 1 GG geboten, wenn die Interessenlage im ungeregelten Sachverhalt mit derjenigen vergleichbar ist die der gesetzlichen Regelung zugrunde liegt.

bb. Erst-recht-Schluss

Der Erst-recht-Schluss *(argumentum a fortiori)* hat zwei Varianten. Der Schluss vom Größeren zum Kleineren *(argumentum a maiore ad minus)* führt von einer weitergehenden Regelung auf die Anwendung für einen Fall mit geringeren Anforderungen. Umgekehrt kennzeichnet den Schluss vom Kleineren auf das Größere *(argumentum a minore ad maius)*, dass in einer enger gefassten Regelanordnung die weitergehende Anordnung enthalten und deshalb ebenfalls anwendbar ist.

cc. Umkehrschluss

Der Umkehrschluss leitet von der Anwendbarkeit einer Rechtsnorm nur auf einen bestimmten Sachverhalt ab, dass sie auf andere Fälle nicht anwendbar ist.

dd. Teleologische Reduktion

Durch teleologische Reduktion wird der Anwendungsbereich einer Rechtsnorm eingeschränkt, wenn der Wortlaut nach dem Sinn und Zweck der Norm zu weit gefasst ist (**einschränkende Auslegung**).

ee. Teleologische Extension

Durch teleologische Extension wir der Anwendungsbereich einer Rechtsnorm ausgedehnt, wenn der Wortlaut nach dem Sinn und Zweck der Norm zu eng gefasst ist (**erweiternde Auslegung**).

Lehrbücher:

Kramer, Juristische Methodenlehre, 6. Auflage, München 2019
Möllers, Juristische Methodenlehre, 3. Auflage, München 2020
Puppe, Kleine Schule des juristischen Denkens, 4. Auflage, Göttingen 2019
Reimer, Juristische Methodenlehre, 2. Auflage, Baden-Baden 2020
Rüthers/Fischer/Birk, Rechtstheorie, 11. Auflagen, München 2020
Wank, Juristische Methodenlehre, München 2020

C. Europarecht

I. Europäische Union

1. Rechtsnatur

Die Europäische Union (EU)ist ein **supranationaler Staatenverbund** aus derzeit 27 Mitgliedstaaten. Ihre Verfassung beruht auf dem Vertrag über die Europäische Union (EUV) und dem Vertrag über die Arbeitsweise der Europäischen Union basiert (AEUV). Sie ist keine Internationale Organisation, sondern eine Supranationale Organisation, die **eigene Rechtspersönlichkeit** (Art. 47 EUV) besitzt. In jedem Mitgliedstaat hat die sie die weitestgehende Rechts- und Geschäftsfähigkeit, die juristischen Personen nach dessen Rechtsvorschriften zuerkannt ist (Art. 335 AEUV). Die Europäische Atomgemeinschaft (EEAG), Euratom genannt, besteht mit eigener Rechtspersönlichkeit neben der Union fort. Die Unionsverträge gelten auf **unbegrenzte Zeit** (Art. 53 EUV, 356 AEUV, 208 EAGV). Jeder Mitgliedstaat hat allerdings das Recht (**Austrittsrecht**), im Einklang mit seinen verfassungsrechtlichen Vorschriften zu beschließen, aus der Europäischen Union auszutreten (Art. 50 Abs. 1 AEUV). Darauf basiert auch der EU-Austritt des Vereinigten Königreichs (**Brexit**).

Nach der Rechtsprechung des Europäischen Gerichtshofs (EuGH) ist die Europäische Union eine Rechtsordnung **eigener Art** *(sui generis)*. Das Bundesverfassungsgericht bezeichnet sie als Staatenverbund oder Vertragsunion souveräner Staaten. Für einen souveränen Staat oder Bundesstaat fehlt der Europäischen Union das Recht, sich Zuständigkeiten zuzuweisen und zu verändern (**Kompetenz-Kompetenz**). Die Organe der Europäischen Union sind aber von den Mitgliedstaaten weitgehend unabhängig und können autonom Rechte und Pflichten sowohl für die Mitgliedstaaten als auch für Private begründen. Ein Mitgliedstaat der Europäischen Union kann bei Mehrheitsentscheidungen im Rat (Art. 238 AEUV) überstimmt werden. Nach dem Grundsatz der **loyalen Zusammenarbeit** achten und unterstützen sich die Union und die Mitgliedstaaten gegenseitig bei der Erfüllung der Aufgaben, die sich aus den Verträgen ergibt (Art. 4 Abs. 3 S. 1 EUV). Zudem kann jeder Mitgliedstaat den EuGH anrufen (Art. 257ff AEUV), wenn er der Auffassung ist, dass ein anderer Mitgliedstaat gegen eine Verpflichtung aus den Verträgen verstoßen hat (**Vertragsverletzungsverfahren**).

2. Vertragshistorie

a. Gründungsverträge

Die Europäische Union ist im Kern aus dem Vertrag von Paris (1951) über die Europäische Gemeinschaft für Kohle und Stahl (**Montanunion**) und den Verträgen von Rom (1957) über die Europäische Wirtschaftsgemeinschaft (**EWG**) sowie Atomgemeinschaft (**Euratom**) zwischen den Gründungsstaaten Belgien, Bundesrepublik Deutschland, Frankreich, Italien, Luxemburg und Niederlande hervorgegangen (**Gründungsverträge**). Durch den Vertrag von Brüssel (1965) wurden Rat und Kommission, die bis dahin für jede der drei Gemeinschaften getrennt bestanden, zusammengelegt und nun als Organe der Europäischen Gemeinschaften bezeichnet (**Fusionsvertrag**).

b. Einheitliche Europäische Akte

In der Einheitlichen Europäischen Akte (EEA) wurde von den nunmehr zwölf Mitgliedstaaten in Luxemburg (1986) als erste große Reform der Gründungsverträge die Schaffung eines **Europäischen Binnenmarktes** und einer vertraglichen Grundlage für die bestehende **Europäische Politische Zusammenarbeit** (EPZ) beschlossen. Auch wurde erstmals die Errichtung einer **Europäischen Union** als **Ziel** formuliert (Art. 1 Abs. 1 EEA).

c. Vertrag von Maastricht

Mit dem Vertrag von Maastricht über die Europäische Union (EU-Vertrag) wurde 1992 die **Europäische Union** als übergeordneter noch nicht rechtsfähiger Verbund für die Europäischen Gemeinschaften gegründet. Unter dem gemeinsamen Dach der Europäischen Union entstanden die **drei Säulen** der Europäischen Gemeinschaften (EG, Euratom), der gemeinsamen Außen- und Sicherheitspolitik (GASP) sowie der Zusammenarbeit in den Bereichen Justiz und Inneres (PJZS). Außerdem beinhaltete der EU-Vertrag (Vertrag von Maastricht) eine Reihe erheblicher Änderungen. Im Mittelpunkt standen dabei die Bestimmungen zur Schaffung einer Europäischen **Wirtschafts**- und **Währungsunion** in drei Stufen (jetzt Art. 3 Abs. 4 EUV). Zudem wurde eine engere Koordinierung in der Außen- und Sicherheitspolitik und im Bereich Inneres und Justiz vereinbart. Zugleich wurde die EWG in Europäische Gemeinschaft (EG) umbenannt, da sie nun auch die Zuständigkeiten in anderen Politikbereichen als der Wirtschaft (etwa Umweltpolitik) erhielt. Außerdem führte der EU-Vertrag die **Unionsbürgerschaft** (jetzt Art. 20ff AEUV) und das **Subsidiaritätsprinzip** (jetzt Art. 5 Abs. 3 EUV) ein.

d. Vertrag von Amsterdam

Der Vertrag von Amsterdam (1997) führte vor allem in den Bereichen freier Personenverkehr, Justiz und Inneres zu wichtigen Änderungen. Die Rechte des Europäischen Parlaments wurden durch Ausweitung des Mitentscheidungsverfahrens bei Ratsentscheidungen mit qualifizierter Mehrheit und der Vorabzustimmung bei der Ernennung des Kommissionspräsidenten gestärkt. Im Bereich der GASP kam es zur Einführung des Hohen Vertreters für die Gemeinsamen Außen- und Sicherheitspolitik als Generalsekretär des Rates und EU-Repräsentant. Außerdem wurden die Beitrittsbedingungen für neue Mitgliedstaaten geregelt (jetzt Art. 49 und 2 EUV), die noch durch wirtschaftliche Anforderungen ergänzt wurden **(Kopenhagener Kriterien)**.

e. Vertrag von Nizza

Der Vertrag von Nizza (2000) enthält vor allem Regelungen zur Reform der Institutionen, Beschlussfassung und verstärkten Zusammenarbeit der EU. Die Sitzverteilung im EP und die Stimmgewichtung im Rat wurden modifiziert und die Anzahl der Mandate und Stimmen der Beitrittsländer festgelegt, um die Funktionsfähigkeit der EU mit 27 Mitgliedstaaten zu sichern. Die Beschlussfassung der Mitgliedstaaten mit **qualifizierter Mehrheit** im Rat wurde auf viele Bereiche ausgeweitet. Auch wurde die Möglichkeit der verstärkten Zusammenarbeit auf den Bereich der GASP ausgedehnt.

f. Vertrag von Lissabon

Der Vertrag von Lissabon (2007) reformierte den EU-Vertrag und den EG-Vertrag, der in den Vertrag über die Arbeitsweise der Europäischen Union umbenannt wurde. Institutionell wurde das drei-Säulen-Modell aufgelöst und die EU wurde zur Rechtsnachfolgerin der EG mit eigener Rechtspersönlichkeit. Die Euratom blieb indessen als eigene Organisation neben der Union bestehen. Inhaltlich enthält der Vertrag von Lissabon die wesentlichen Elemente aus dem nicht in Kraft getretenen „**Vertrag über eine Verfassung für Europa**" (2004), durch den die bislang geltenden Grundlagenverträge abgelöst werden sollten.

Wichtige Änderungen betreffen die Rechtsverbindlichkeit der **Charta der Grundrechte der Europäischen Union** (GRC) sowie einen **Beitritt zur EMRK**. Weitere Regelungen sind die Gleichstellung des Europäischen Parlaments als gemeinsamer Gesetzgeber neben dem Rat, die Ausweitung des Mitentscheidungsverfahrens und ihren rechtlichen Status als „ordentliches Gesetzgebungsverfahren", das neue Amt des Präsidenten des Europäischen Rates (der Staats- und Regierungschefs) und des Hohen Vertreters der EU für Außen- und Sicherheitspolitik (als Vorsitzender des Rats für auswärtige Angelegenheiten und Vizepräsident der Kommission), die Ausweitung der Mehrheitsentscheidungen im Rat und Einführung der doppelten Mehrheit (von 55% der Mitgliedstaaten, die 65% der EU-Bevölkerung repräsentieren) bei den Abstimmungen, die Subsidiaritätsrüge und Subsidiaritätsklage der Mitgliedstaaten bei Gesetzgebungsverfahren, die Gründung eines Europäischen Auswärtigen Dienstes, die Regelung eines einseitigen EU-Austrittsrechts und die Einführung einer Europäischen Bürgerinitiative. Gemäß Art. 1 Abs. 2 stellt der EU-Vertrag eine neue Stufe bei der Verwirklichung einer immer engeren Union der Völker Europas dar, in der die Entscheidungen möglichst offen und möglichst bürgernah getroffen werden.

3. EU-Organe

a. Primärorgane

Die EU-Organe (Art. 13 EUV) sind das **Europäische Parlament** mit Sitz in Straßburg und Brüssel (Art. 14 EUV, Art. 223ff AEUV), der mindestens zweimal pro Halbjahr als „EU-Gipfel" tagende **Europäische Rat** der Staats- und Regierungschefs (Art. 15 EUV, Art. 235ff AEUV), der als „Ministerrat" in Brüssel ansässige und dreimal im Jahr in Luxemburg tagende **Rat** (Art. 16 EUV, Art. 237 AEUV), die **Europäische Kommission** mit Sitz in Brüssel (Art. 17 EUV, Art. 244ff AEUV), der **Europäische Gerichtshof** mit Sitz in Luxemburg (Art. 19 Abs. 1 S. 2 EUV, Art. 251ff AEUV), die **Europäische Zentralbank** mit Sitz in Frankfurt am Main (Art. 127ff, 282ff AEUV) und der **Europäische Rechnungshof** mit Sitz in Luxemburg (Art. 285ff AEUV).

b. Institutionen

Der **Wirtschafts- und Sozialausschuss** und der **Ausschuss der Regionen** (Art. 34 EUV, Art. 300 Abs. 1 AEUV) unterstützten die vorgenannten Organe in ihrer Arbeit. Der **Hohe Vertreter** der Europäischen Union für Außen- und Sicherheitspolitik (Art. 18 und 27 EUV) soll die EU gemeinsam mit dem Präsidenten des Europäischen Rates nach außen vertreten (Art. 18 und 27 EUV). Der **Europäische Auswärtige Dienst** mit Sitz in Brüssel (Beschluss des Rates der EU vom 26. Juli 2010) ist dem Hohen Vertreter unterstellt, der auch die Arbeit der EU-Sonderbeauftragten (Art. 33 EUV) koordiniert.

c. EGMR

Der **Europäischen Gerichtshof für Menschenrechte** (EGMR) mit Sitz in Straßburg ist ein aufgrund der Europäischen Menschenrechtskonvention (EMRK) errichteter internationaler Gerichtshof. Er ist kein Unionsorgan, sondern eine internationale europäische Organisation. Der EGMR wacht über die Umsetzung der Europäischen Menschenrechtskonvention und überprüft Akte der Gesetzgebung, Rechtsprechung und Verwaltung auf deren Verletzung in den Unterzeichnerstaaten. Die EMRK enthält einen Katalog der geschützten **Grundrechte** und **Menschenrechte**. (Art. 2–18). Eine Rechtsverletzung kann durch Individualbeschwerden (Art. 34 EMRK), Staatenbeschwerden (Art. 33 EMRK) und Gutachtenverfahren (Art. 47 EMRK) vor dem EGMR geltend gemacht werden. Der EMRK sind alle 47 Mitgliedstaaten des Europarates einschließlich aller EU-Mitglieder beigetreten.

d. Europarat

Der **Europarat** ist eine internationale europäische Organisation, die durch den Vertrag von London 1949 gegründete wurde. Der jährliche Gründungstag des Europarats (5. Mai) wird als Europatag gefeiert. Die Satzung des Europarates sieht eine allgemeine Zusammenarbeit seiner Mitgliedstaaten zur Förderung von wirtschaftlichem und sozialem Fortschritt vor. Zudem gibt es die **Europäische Sozialcharta** (ESC). Sie wurde vom Europarat (1961) als völkerrechtliches Abkommen beschlossen und von der Mehrheit der Mitglieder des Europarates ratifiziert. Die Sozialcharta garantiert der Bevölkerung innerhalb der Unterzeichnerstaaten umfassende soziale Rechte; sie gewährt aber keine subjektiven Rechte. Im Gegensatz zur EMRK kann der Einzelne nicht gegen eine Verletzung der sozialen Ziele der Sozialcharta vor einem europäischen Gericht Klage führen.

4. EU-Binnenmarkt

a. EU-Grundfreiheiten

Die EU-Grundfreiheiten werden in den EU-Verträgen geregelt. Sie dienen der Verwirklichung der Ziele der Europäischen Union durch Errichtung eines gemeinsamen Binnenmarktes **(EU-Binnenmarkt)** (Art. 3 Abs. 3 S. 1 EUV). Dieser umfasst einen Raum ohne Binnengrenzen, in dem der freie Verkehr von Waren, Personen, Dienstleistungen und Kapital **(„vier Grundfreiheiten“)** gemäß den Bestimmungen der Verträge gewährleistet ist (Art. 26 Abs. 2 AEUV). Der freie Personenverkehr ist in die Freizügigkeit der Arbeitnehmer und die unternehmerische Niederlassungsfreiheit unterteilt. Der freie Zahlungsverkehr dient der Sicherung der Marktfreiheiten. Daneben tritt das Freizügigkeitsrecht der Unionsbürger als eine weitere Grundfreiheit (Art. 21 Abs. 1 AEUV). Dieses ist jedoch nicht an eine wirtschaftliche Betätigung des Unionsbürgers gebunden und unabhängig vom Binnenmarkt. Als subsidiäres Auffangrecht tritt es hinter die Arbeitnehmerfreizügigkeit und Dienstleistungsfreiheit zurück. Der Binnenmarkt stellt gemeinsam mit der Wettbewerbsordnung und der Wirtschafts- und Währungsunion die **Wirtschaftsverfassung** der Europäischen Union dar.

aa. Warenverkehrsfreiheit

Die Warenverkehrsfreiheit verbietet bestimmte Maßnahmen, die den **Handel mit Waren** aus anderen Mitgliedstaaten **benachteiligen**. Hierzu zählen Zölle, Ein- und Ausfuhrbeschränkungen sowie Maßnahmen, die vergleichbare Wirkung entfalten (Art. 28–37 AEUV).

bb. Arbeitnehmerfreizügigkeit

Die Arbeitnehmerfreizügigkeit umfasst die Abschaffung jeder auf der Staatsangehörigkeit beruhenden **unterschiedlichen Behandlung** der **Arbeitnehmer** der Mitgliedstaaten in Bezug auf Beschäftigung, Entlohnung und sonstige Arbeitsbedingungen. Arbeitnehmer dürfen sich um tatsächlich angebotene Stellen bewerben, sich zu diesem Zweck in jedem Mitgliedstaat frei bewegen und dort aufhalten, um eine Beschäftigung auszuüben sowie nach Beendigung einer Beschäftigung dort zu verbleiben (Art. 45–55 AEUV).

cc. Niederlassungsfreiheit

Die Niederlassungsfreiheit verbietet die **Beschränkungen der freien Niederlassung** von Staatsangehörigen eines Mitgliedstaats im Hoheitsgebiet eines anderen Mitgliedstaates. Das gleiche gilt für Beschränkungen der Gründung von Agenturen, Zweigniederlassungen oder Tochtergesellschaften durch Angehörige eines anderen Mitgliedstaates, die im Hoheitsgebiet eines anderen Mitgliedstaates ansässig sind. Sie umfasst vorbehaltlich des Kapitels über den Kapitalverkehr die Aufnahme und Ausübung **selbstständiger Erwerbstätigkeiten** sowie die Gründung und Leitung von **Unternehmen**, insbesondere von Gesellschaften i. S. d. Art 54 Abs. 2 AEUV nach den Bestimmungen des Aufnahmestaats für seine eigenen Angehörigen (Art. 49–55 AEUV).

dd. Dienstleistungsfreiheit

Die Dienstleistungsfreiheit verbietet Beschränkungen des freien Dienstleistungsverkehrs für Angehörige der Mitgliedstaaten, die in einem anderen Mitgliedstaat als demjenigen des Leistungsempfängers ansässig sind. Dienstleistungen sind Leistungen, die in der Regel gegen Entgelt erbracht werden, soweit sie nicht den Vorschriften über den freien Waren- und Kapitalverkehr und über die Freizügigkeit der Personen unterliegen. **Dienstleistungen** sind insbesondere gewerbliche, kaufmännische, handwerkliche und freiberufliche Tätigkeiten. Der Leistende kann zwecks Erbringung seiner Leistung seine Tätigkeit vorübergehend in dem Mitgliedstaat ausüben, in dem die Leistung erbracht wird. Dies gilt unter den Voraussetzungen, welche dieser Mitgliedstaat für seine eigenen Angehörigen vorschreibt (Art. 56–62 AEUV).

ee. Kapitalverkehrsfreiheit

Die Kapitalverkehrsfreiheit verbietet alle **Beschränkungen** des **Kapitalverkehrs** und des **Zahlungsverkehrs** zwischen den Mitgliedstaaten und dritten Ländern (Art. 63–66 AEUV).

ff. Freizügigkeitsrecht

Das Freizügigkeitsrecht der Unionsbürger gewährt jedem Unionsbürger das Recht, sich im Hoheitsgebiet der Mitgliedstaaten vorbehaltlich der Beschränkungen und Bedingungen in den EU-Verträgen **frei zu bewegen** und **aufzuhalten**. Unionsbürger ist, wer die Staatsangehörigkeit eines Mitgliedstaats besitzt. Die Unionsbürgerschaft tritt zur nationalen Staatsbürgerschaft hinzu, ersetzt sie aber nicht (Art. 20 Abs. 2a, 21 Abs. 1 AEUV, Art. 45 Abs. 1 GRC).

b. Allgemeine Grundsätze

Die Grundfreiheiten dienen dem Schutz vor unverhältnismäßigen Beschränkungen und nicht gerechtfertigten Diskriminierungen. **Adressaten** sind in erster Linie die **Mitgliedstaaten**. Das umfasst alle Träger staatlicher Gewalt einschließlich den gesetzgebenden Organen, Behörden und Gerichte. Soweit nationales Recht im konkreten Fall den Grundfreiheiten widerspricht, darf es nicht angewendet werden. Daneben sind auch die Unionsorgane im Sekundärrecht beim Erlass von Rechtsakten wie Verordnungen und Richtlinien an die Grundfreiheiten gebunden. Im Rechtsverhältnis zwischen Privaten entfalten die Grundfreiheiten in der Regel jedoch keine Wirkung (**horizontale Direktwirkung**). Das Effektivitätsprinzip kann in Ausnahmefällen eine **unmittelbare Drittwirkung** entfalten.

Der EuGH hat eine derartige unmittelbare Drittwirkung im freien Personenverkehr und freien Dienstleistungsverkehr in Bezug auf ungerechtfertigte Beschränkungen und diskriminierende Behandlung durch nicht-staatliche Einrichtungen und private Dritte anerkannt. In diesen Fällen handelte es sich um privatrechtliche Regelungen von Sportverbänden, bei denen der EuGH Einzelpersonen vor der wirtschaftlichen Überlegenheit der Verbandsmacht geschützt hat (Rs. C.415/93 Bosman). Darüber hinaus hat der EuGH den subjektiven Schutzbereich der Grundfreiheiten durch die Bindung von Privaten an das in der Arbeitnehmerfreizügigkeit bestehende Diskriminierungsverbot ausgeweitet (Rs. C-281/98 Angonese). Des Weiteren hat der Gerichtshof die Warenverkehrsfreiheit auf die Normierungs- und Zertifizierungstätigkeiten einer privaten Einrichtung angewendet, soweit diese für die Vermarktung von Produkten relevant ist (Rs. C-171-11, Fra.bo). Für den Bereich des freien Kapital- und Zahlungsverkehrs ist die Frage der Drittwirkung noch nicht entschieden worden. Die Abgrenzung des sachlichen Anwendungsbereichs der Grundfreiheiten erfolgt nach einer **Schwerpunktbetrachtung**. Eine parallele Anwendung der Grundfreiheiten kommt nur ausnahmsweise in Betracht.

aa. Diskriminierungsverbot

Das allgemeine Diskriminierungsverbot (Art. 18 AEUV) wird im Bereich der Grundfreiheiten spezifiziert. In ihrem Kerngehalt verbieten sie unverhältnismäßige und nicht gerechtfertigte Diskriminierungen nach Staatsangehörigkeit der Berechtigten. Danach sind alle Maßnahmen untersagt, die geeignet sind, die Inanspruchnahme der Grundfreiheiten und die Ausübung der darin verbürgten Tätigkeiten durch die Angehörigen der Mitgliedstaaten zu verbieten, zu behindern oder sie weniger attraktiv zu machen. Dies gilt auch, wenn solchen Maßnahmen diskriminierungsfrei ausgestaltet sind (**unterschiedslose Beschränkungen**). Erfasst werden sowohl unmittelbare (offene) wie mittelbare (versteckte) Diskriminierungen. Staatsangehörige oder Waren anderer Mitgliedstaaten dürfen nicht schlechter behandelt werden als inländische (**Gebot der Inländergleichbehandlung**). Dagegen werden **Inländerdiskriminierungen**, in der ein Staat die eigenen Staatsangehörigen schlechter stellt als ausländische, durch die Grundfreiheiten nicht verhindert.

Der **räumliche Anwendungsbereich** der Grundfreiheiten setzt einen **grenzüberschreitenden Bezug** zum Gebiet der Union voraus. Dieser ist für das nach der Bierverordnung geltende Reinheitsgebot für Bier, das ausschließlich innerhalb Deutschlands gebraut wird und auf dem deutschen Markt verkauft werden soll, nicht gegeben (Rs. C-178/84). Der diskriminierte Inländer kann aber ggf. das Verfassungsgericht seines Mitgliedstaates wegen Verletzung des Gleichheitssatzes (Art. 3 GG) oder der Berufsfreiheit (Art 12 GG) anrufen.

bb. Beschränkungsverbot

Der EuGH hat die Grundfreiheiten zu generellen Beschränkungsverboten weiterentwickelt. Sie sollen nationale Maßnahmen verhindern, die eine Ausübung der Grundfreiheiten behindern oder weniger attraktiv machen können. Dabei ist es nicht relevant, ob die Maßnahmen eines Mitgliedstaats eine unzulässige Diskriminierung nach Staatsangehörigkeit beinhaltet. Nach der Rechtsprechung des Gerichtshofs gilt ein **allgemeines Beschränkungsverbot** für den freien Waren-, Personen- und Dienstleistungsverkehr. Die Kapitalverkehrsfreiheit wurde durch den Vertrag von Maastricht ausdrücklich zu einem Beschränkungsverbot ausgestaltet (Art 63 AEUV). Die Interpretation der Grundfreiheiten als Beschränkungsverbot hat der Gerichtshof allerdings in seiner weiteren Rechtsprechung eingeschränkt (Rs. 267/91 Keck).

cc. Rechtfertigung

Die Beschränkungen der Grundfreiheiten bedürfen eines Rechtfertigungsgrundes.

Vorbehalt der öffentlichen Ordnung

Unmittelbar diskriminierende Maßnahmen lassen sich nur anhand geschriebener *ordre public*-Vorbehalte des EU-Vertrages (**Vorbehalt der öffentlichen Ordnung**) rechtfertigen. Diese bezeichnen Schutzgüter, die eine Beschränkung der jeweiligen Grundfreiheit rechtfertigen können (z. B. in Art. 36, 45 Abs. 3, 52 Abs. 1, 62, 64 und 65 Abs. 1 und 2 AEUV). Bei der Beschränkung der Grundfreiheiten durch die Rechtfertigungsgründe (**Schrankenvorbehalte**) muss zudem das Verhältnismäßigkeitsprinzip gewahrt werden (**Schranken-Schranken**). Danach muss die Beschränkung zur Erreichung des durch sie angestrebten Ziels geeignet und erforderlich sein. Die Grundfreiheiten sind grundsätzlich weit und die Rechtfertigungsgründe eng auszulegen. Dabei werden die Begriffe, die darin verwendet werden, wie der Schutz der öffentlichen Ordnung, autonom nach dem Unionsrecht und nicht nach dem nationalen Recht ausgelegt.

Immanente Schranken

Mittelbar diskriminierende Maßnahmen bzw. unterschiedslose Beschränkungen können neben den geschriebenen Rechtfertigungsgründen auch durch zwingende Gründe gerechtfertigt sein (**ungeschriebene Rechtfertigungsgründe**). Diese Einschränkungen werden auch **immanente Schranken** genannt. Von der Rechtsprechung des Gerichtshofs anerkannt sind zwingende Gründe zum Schutz der Verbraucher, wirksamer steuerlicher Kontrollen, der öffentlichen Gesundheit, der Lauterkeit des Handelsverkehrs, des Allgemeininteresses und der Grundrechte Dritter. Voraussetzung für die Beschränkung durch ungeschriebene Rechtfertigungsgründe sind ihre Subsidiarität, das zwingende Erfordernis der Beschränkung, nicht wirtschaftlich orientierte Erfordernisse und die diskriminierungsfreie Beschränkung. Die Beschränkung muss jedenfalls das unionsrechtliche Diskriminierungsverbot beachten. Eine Diskriminierung aufgrund der Staatsangehörigkeit kann nur durch geschriebene Rechtfertigungsgründe gerechtfertigt werden.

Bereichsausnahmen

Von den Rechtfertigungsgründen sind die Bereichsausnahmen zu unterscheiden. Durch sie wird ein unionsrechtlich bestimmter Bereich aus dem Anwendungsbereich der Grundfreiheiten ausgenommen, wie z. B. die Beschäftigung in der öffentlichen Verwaltung aus dem Bereich der Arbeitnehmerfreizügigkeit (Art. 45 Abs. 4 AEUV).

c. EU-Wettbewerbsordnung

Nach dem Protokoll über den Binnenmarkt und den Wettbewerb umfasst der Binnenmarkt ein System, das den Wettbewerb vor Verfälschungen schützt. Art. 119 Abs. 1 AEUV bestimmt, dass die Tätigkeit der Mitgliedstaaten und der Europäischen Union dem Grundsatz einer offenen Marktwirtschaft mit freiem Wettbewerb verpflichtet ist (**EU-Wettbewerbsordnung**). Nach neuerem Verständnis der EU-Kommission ist die Sicherung eines offenen, unverfälschten Wettbewerbs im Kontext ökonomischer Zielsetzungen wie der Förderung von Verbraucherinteressen oder technischer Innovationen (**Wohlfahrtsbelange**) zu verstehen (**more economic approach**). Demgegenüber wird im Schrifttum betont, dass die EU-Wettbewerbsvorschriften einen selbsttragenden Grundsatz aufstellen, der ohne weitere Zielsetzungen anzuerkennen sei. Die Wettbewerbsregeln des Unionsrechts sind in Art. 101–109 AEUV niedergelegt. Sie sind in **unternehmensgerichtete** Wettbewerbsvorschriften (Art. 101ff AEUV) und **staatsgerichtete** Wettbewerbsvorschriften (Art. 107ff AEUV) untergliedert. Einen Kernbereich bilden die EU-Vorschriften über das **Kartellverbot** (Art. 101 AEUV) und die **Missbrauchskontrolle** (Art. 102 AEUV).

aa. Parallele Anwendung

Die Durchführung der Wettbewerbsregeln richtet sich nach der Kartellverfahrensverordnung (VO 1/2003) und der Netzwerkbekanntmachung. Nach der Kartellverfahrensverordnung sind die Vorschriften des Unionsrechts und des nationalen Wettbewerbsrechts **parallel** anzuwenden (**parallele Anwendung**). Die Wettbewerbsbehörden und Gerichte der Mitgliedstaaten müssen bei der Anwendung des nationalen Kartellrechts auch Art. 101 AEUV und Art. 102 AEUV zur rechtlichen Beurteilung von Maßnahmen anwenden, wenn diese dazu geeignet sind, den **Handel zwischen den Mitgliedstaaten** zu **beeinträchtigen** (Art. 3 Abs. 1 VO 1/2003). Ein weiterer Regelungsbereich der EU-Wettbewerbsordnung sind die Regeln zur Kontrolle von Unternehmenszusammenschlüssen (**Fusionskontrolle**). Die Fusionskontrollverordnung regelt die europäische Zusammenschlusskontrolle für Fusionen von gemeinschaftsweiter Bedeutung. Schließlich schützt auch das Verbot staatlicher Beihilfen in Art. 107 Abs. 1 AEUV vor Wettbewerbsverfälschungen (**Beihilfeverbot**).

bb. Unternehmensbegriff

Die Wettbewerbsregeln des Unionsrechts gelten grundsätzlich für **alle Wirtschaftsbereiche**. **Adressaten** sind private und öffentliche Unternehmen (Grundsatz der Gleichbehandlung). Der EuGH hat einen **funktionalen Unternehmensbegriff** entwickelt. Danach ist ein Unternehmen jede eine wirtschaftliche Tätigkeit ausübende Einheit, unabhängig von ihrer Rechtsform und der Art ihrer Finanzierung (Rs. C-41/90 Höfner und Elser). Damit unterliegen natürliche wie juristische Personen dem Unternehmensbegriff, wenn sie sich wirtschaftlich betätigen.

Wirtschaftliche Tätigkeit ist jede Tätigkeit, die darin besteht, Güter oder Dienstleistungen auf einem Markt anzubieten. Eine Gewinnerzielungsabsicht ist nicht erforderlich. Auch gemeinnützige Unternehmen (**Non-Profit-Unternehmen**) unterfallen deshalb grundsätzlich dem Unternehmensbegriff. In einigen Fällen hat der EuGH aber Einheiten, die **soziale Zwecke** verfolgen, vom Unternehmensbegriff ausgenommen. Einrichtungen, die mit der Verwaltung gesetzlicher Kranken- und Rentenversicherungssysteme betraut sind, einen rein sozialen Zweck verfolgen und keine wirtschaftliche Tätigkeit ausüben, sind nicht als Unternehmen einzustufen (EuGH, C-264-01, C-306-01, C-354-01, C-355-01 AOK).

Eine wirtschaftliche Tätigkeit, die die Anwendung der Wettbewerbsregeln rechtfertigen würde, liegt nicht vor, wenn die Tätigkeit in Ausübung **hoheitlicher Befugnisse** erfolgt (EuGH, C-364-92, SAT). Auch die **Nachfrage** am Markt ist nur eine wirtschaftliche Tätigkeit, wenn das nachgefragte Produkt in der Folge (z. B. nach Weiterverarbeitung) in wirtschaftlicher Tätigkeit auf dem Markt angeboten werden soll. Die Nachfrage von (End-)Verbrauchern begründet nach EuGH-Rechtsprechung indessen keine Unternehmenseigenschaft (EuGH, C-205/03 Fenin).

cc. Wettbewerbsbehörde

Die EU-Kommission ist die zuständige europäische Wettbewerbsbehörde mit ausschließlicher Zuständigkeit für die Beihilfeaufsicht und die europäische Fusionskontrolle. Im Kartellrecht ist sie gemeinsam mit den nationalen Kartellbehörden zuständig. Nach der Rechtsprechung des Gerichtshofs (Rs. C-453/99 Courage) muss grundsätzlich jedermann Ersatz des Schadens verlangen können, der ihm durch einen Verstoß gegen europäisches Kartellrecht entstanden ist (**private Durchsetzung**). Es obliegt den Mitgliedstaaten der Union in den Grenzen des gemeinschaftsrechtlichen Äquivalenz- und Effektivitätsprinzips die nötigen Voraussetzungen für eine Durchsetzung dieser Ansprüche zu schaffen (vgl. RL 2014/104/EU). Die EU-Kommission hat Mitteilungen, Bekanntmachungen und Leitlinien zur Auslegung und Anwendung der Wettbewerbsregeln veröffentlicht. Auch wenn diese nicht rechtsverbindlich sind, können sie als Ausdruck der geltenden Verwaltungspraxis die Kommission binden (**Selbstbindung der Verwaltung**).

d. EU-Kartellverbot

aa. Grundsatz

Das EU-Kartellverbot ist in der Generalklausel des Art. 101 Abs. 1 EUV allgemein geregelt. Danach sind mit dem Binnenmarkt unvereinbar und verboten alle Vereinbarungen zwischen Unternehmen, Beschlüsse von Unternehmensvereinigungen und aufeinander abgestimmte Verhaltensweisen, welche den Handel zwischen den Mitgliedstaaten zu beeinträchtigen geeignet sind und eine Verhinderung, Einschränkung oder Verfälschung des Wettbewerbs innerhalb des Binnenmarkts bezwecken oder bewirken. Das allgemeine Kartellverbot wird durch eine **nicht abschließende** Auflistung untersagter Verhaltensweisen konkretisiert:

- die unmittelbare oder mittelbare Festsetzung der An- oder Verkaufspreise oder sonstiger Geschäftsbedingungen;
- die Einschränkung oder Kontrolle der Erzeugung, des Absatzes, der technischen Entwicklung oder der Investitionen;
- die Aufteilung der Märkte oder Versorgungsquellen;
- die Anwendung unterschiedlicher Bedingungen bei gleichwertigen Leistungen gegenüber Handelspartnern, wodurch diese im Wettbewerb benachteiligt werden;
- die an den Abschluss von Verträgen geknüpfte Bedingung, dass die Vertragspartner zusätzliche Leistungen annehmen, die weder sachlich noch nach Handelsbrauch in Beziehung zum Vertragsgegenstand stehen.

bb. Rechtsfolge

Nach Art. 102 Abs. 2 AEUV sind die verbotenen Vereinbarungen oder Beschlüsse **nichtig**. Es bedarf also keiner besonderen Verwaltungsentscheidung zur Herbeiführung dieser Rechtsfolge. Vielmehr kann jeder vor den zuständigen nationalen Gerichten die Nichtigkeit eines nach dieser Bestimmung verbotenen Kartells oder Verhaltens geltend machen (EuGH, Rs. C-295/04 bis C-298/04 Manfredi). **Unterlassungs**- oder **Schadensersatzansprüche** vor deutschen Gerichten können auf § 823 Abs. 2 BGB gestützt werden, da Art. 101 Abs. 1 AEUV auch Schutzgesetz im Sinne der Vorschrift ist. Das EU-Kartellverbot ist zugleich ein **gesetzliches Verbot** i. S.V. § 134 BGB und kann zur Anwendung von § 138 BGB führen. Die Kommission kann im Rahmen des kartellrechtlichen Verwaltungsverfahrens nach der VO Nr. 1/2003 Zuwiderhandlungen von Unternehmen gegen das Kartellverbot ahnden und diese verpflichten, den Verstoß abzustellen sowie konkrete **Abhilfemaßnahmen** anordnen (Art. 7 VO 1/2003). In dringenden Fällen kann sie einstweilige Maßnahmen anordnen (Art. 8 VO

1/2003). Auch kann sie **Geldbußen** und **Zwangsgelder** festlegen (Art. 23, 24 VO 1/2003). Diese können Beträge von bis zu 10% des im vorausgegangenen Geschäftsjahr erzielten Gesamtumsatzes des an der Zuwiderhandlung beteiligten Unternehmens oder der daran beteiligten Unternehmensvereinigung betragen (Art. 23 Abs. 2 VO 1/2003, Leitlinien der Kommission, 2006/C-210/2, Nr. 32f).

cc. Bagatellgrenzen

Das Kartellverbot erfasst nur solche Verhaltensformen, die eine spürbare Beeinträchtigung des zwischenstaatlichen Wettbewerbs herbeiführen (**Bagatellgrenzen**). Eine solche liegt nach der Bekanntmachung der Kommission über Vereinbarungen von geringer Bedeutung (**Bagatell-Bekanntmachung**) regelmäßig nicht vor für Unternehmen, deren gemeinsamer Marktanteil bei Vereinbarungen zwischen Wettbewerbern nicht mehr als 10% beträgt. Bei Vereinbarungen zwischen Nichtwettbewerbern darf der gemeinsame Marktanteil nicht mehr als 15% betragen (**De-minimis-Schwelle**). Damit besteht ein geschützter Bereich (**Safe Harbour**) unterhalb der Marktanteilsschwellen. Kernbeschränkungen wie Preisabsprachen und Aufteilung von Märkten sind jedoch auch unterhalb dieser Marktanteilsschwellen verboten (**Hardcore-Kartelle**). Das Kartellverbote erfasst grundsätzlich auch Vereinbarungen, die auf die Abschottung nationaler Märkte zielen oder deren gegenseitige Durchdringung erschweren. Außerdem kann etwa der Austausch von sensiblen Geschäftsdaten unter Wettbewerbern eine kartellrechtlich unzulässige Absprache darstellen (**Informationsaustausch**). Sofern eine Vereinbarung Teil einer Vielzahl gleichartiger Verträge ist, muss deren kumulative Auswirkung auf den Wettbewerb und auf den Handel zwischen den Mitgliedstaaten in ihrer Gesamtheit geprüft werden (**Bündeltheorie**).

dd. Fallgruppen

Das EU-Kartellverbot wird durch eine Vielzahl von Entscheidungen der Kommission und des Gerichtshofs konkretisiert. Diese lassen sich in Fallgruppen wie folgt systematisieren.

Horizontale Wettbewerbsbeschränkungen

Als Kartelle im eigentlichen Sinne verboten sind Vereinbarungen zwischen Unternehmen, die auf derselben Marktstufe tätig sind, um den Wettbewerb einzuschränken oder auszuschalten (**horizontale Wettbewerbsbeschränkungen**).

Beispiele: Absprachen zwischen Wettbewerbern über Preise oder Produktionsmengen, die Aufteilung von Absatzgebieten oder Kundengruppen.

Vertikale Wettbewerbsbeschränkungen

Darüber hinaus sind Vereinbarungen zwischen Unternehmen verboten, die auf verschiedenen Marktstufen tätig sind und nicht untereinander im Wettbewerb stehen (**vertikale Wettbewerbsbeschränkungen**).

Beispiele: Absprachen zwischen Herstellern und Absatzmittlern (bzw. Händlern) über die Endverkaufspreise, Alleinvertriebsvereinbarungen, Ausfuhrbeschränkungen zwischen den Tochterunternehmen eines Konzerns in verschiedenen Mitgliedstaaten und mit den Tochterunternehmen in ständiger Geschäftsbeziehung stehenden Großhändlern.

ee. Konzernprivileg

Das Kartellverbot gilt allerdings nicht für Vereinbarungen und abgestimmte Verhaltensweisen zwischen einer Muttergesellschaft und Tochtergesellschaft oder zwischen verschiedenen Tochtergesellschaften desselben Konzerns, wenn diese eine wirtschaftliche Einheit bilden (**Konzernprivileg**). Unter einem Konzern ist die Zusammenfassung mehrerer selbstständiger Unternehmen unter einheitlicher Leitung zu verstehen (vgl. auch § 18 AktG). Dabei ist für das Vorliegen einer wirtschaftlichen Einheit nach ständiger Rechtsprechung des Gerichtshofs (Rs. C-73/95 P Viho) entscheidend, dass die Tochtergesellschaften ihr Vorgehen auf dem Markt nicht wirklich autonom bestimmen können, sondern die Anweisungen der sie kontrollierenden Muttergesellschaft befolgen. Diese muss sich das rechtswidrige Verhalten der Tochtergesellschaft jedoch im Konzernaußenverhältnis zurechnen lassen.

ff. Freistellung

Die Kommission kann das Kartellverbot in bestimmten Fällen nach Art. 102 Abs. 3 AEUV für nicht anwendbar erklären (**Freistellung**). Eine Freistellung kommt in Betracht für:

- Vereinbarungen oder Gruppen von Vereinbarungen zwischen Unternehmen,
- Beschlüsse oder Gruppen von Beschlüssen von Unternehmensvereinigungen,
- aufeinander abgestimmte Verhaltensweisen oder Gruppen von solchen.

Die Vereinbarungen, Beschlüsse oder abgestimmten Verhaltensweisen müssen unter angemessener Beteiligung der Verbraucher an dem entstehenden Gewinn zur Verbesserung der Warenerzeugung oder -verteilung oder zur Förderung des technischen oder wirtschaftlichen Fortschritts beitragen, ohne dass den beteiligten Unternehmen a) Beschränkungen auferlegt werden, die für die Verwirklichung dieser Ziele unerlässlich sind, oder b) Möglichkeiten eröffnet werden, für einen wesentlichen Teil der betreffenden Waren den Wettbewerb auszuschalten.

Nach Art. 1 VO Nr. 1/2003 tritt die Freistellungswirkung unmittelbar **kraft Gesetzes** ein, ohne dass dies einer vorherigen Entscheidung bedarf. Vor Inkrafttreten der VO Nr. 1/2003 war nach dem alten System eine Freistellung vom Kartellverbot durch die Kommission erforderlich, was auch weiterhin möglich bleibt. Förmliche Einzelfreistellungen für konkrete Absprachen sind selten. Die Kommission hat eine Reihe von Verordnungen zur Freistellung bestimmter Kategorien von Unternehmensvereinbarungen erlassen (**Gruppenfreistellungsverordnungen**).

Beispiele: Versicherungssektor (Nr. 267/2010), vertikale Vereinbarungen (Nr. 330/2010), Kfz-Sektor (Nr. 461/2010), Forschungs- und Entwicklungsvereinbarungen (Nr. 1217/2010), Spezialisierungsvereinbarungen (Nr. 11218/2010), Technologietransfer-Vereinbarungen (Nr. 2014).

e. EU-Missbrauchsverbot

aa. Grundsatz

Die missbräuchliche Ausnutzung einer **beherrschenden Stellung** auf dem Binnenmarkt oder auf einem wesentlichen Teil desselben durch ein oder mehrere Unternehmen ist verboten (**EU-Missbrauchsverbot**), soweit dies dazu führen kann, den Handel zwischen den Mitgliedstaaten zu beeinträchtigen (Art. 102 Abs. 1 AEUV). Diese kann nach der unionsrechtlichen Vorschrift insbesondere in Folgendem bestehen:

- der unmittelbaren oder mittelbaren Erzwingung von unangemessenen Einkaufs- oder Verkaufspreisen oder sonstigen Geschäftsbedingungen;

- der Einschränkung der Erzeugung, des Absatzes oder der technischen Entwicklung zum Schaden der Verbraucher;
- der Anwendung unterschiedlicher Bedingungen bei gleichwertigen Leistungen gegenüber Handelspartnern, wodurch diese im Wettbewerb benachteiligt werden;
- der an den Abschluss von Verträgen geknüpften Bedingung, dass die Vertragspartner zusätzliche Leistungen annehmen, die weder sachlich noch nach Handelsbrauch in Beziehung zum Vertragsgegenstand stehen.

bb. Rechtsfolge

Nach Art. 1 Abs. 3 VO 1/2003 ist die missbräuchliche Ausnutzung einer marktbeherrschenden Stellung verboten, ohne dass dies einer vorherigen Entscheidung bedarf. Jedermann kann vor nationalen Gerichten **Unterlassungs-** und **Schadensersatzansprüche** gem. § 823 Abs. 2 BGB wegen Verletzung von Art. 102 AEUV als Schutzgesetz geltend machen. Zudem können die §§ 134, 138 BGB anwendbar sein. Für die Maßnahmen der Kommission gelten die Regelungen über das kartellrechtliche Verwaltungsverfahren insbesondere der Art. 7, 8, 23, 24 VO 1/2003.

cc. Marktbeherrschung

Die beherrschende Stellung auf dem Binnenmarkt (**marktbeherrschende Stellung**) ist durch die Rechtsprechung des Gerichtshofs definiert worden. Es ist die wirtschaftliche Machtstellung eines Unternehmens, die dieses in die Lage versetzt, die Aufrechterhaltung eines wirksamen Wettbewerbs auf dem relevanten Markt zu verhindern, indem sie ihm die Möglichkeit verschafft, sich seinen Wettbewerbern, seinen Abnehmern und zuletzt den Verbrauchern gegenüber in nennenswertem Umfang unabhängig zu verhalten (Rs. C-27/76 United Brands). Demzufolge ist zunächst der sachlich und räumlich **relevante Markt** abzugrenzen, auf der die markbeherrschende Stellung möglich ist. Nach dem Bedarfskonzept wird darauf abgestellt, welche Güter und Leistungen hinsichtlich Eigenschaften, Preis und Verwendungszweck aus Sicht der Nachfrager austauschbar sind (**Substituierbarkeit**). Maßgebliche Kriterien für die Feststellung einer **Marktbeherrschung** sind insbesondere die Struktur des Unternehmens einschließlich des Zuliefersystems, die Marktanteile und die Bedingungen für den Marktzutritt. Ab einem Marktanteil von 50% wird sie i. d. R. bei einem einzelnen Unternehmen angenommen (**Einzelmarktbeherrschung**). Eine marktbeherrschende Stellung mehrerer Unternehmen liegt vor, wenn die Unternehmen diese gemeinsam einnehmen und zwischen ihnen kein wirksamer Wettbewerb stattfindet (**kollektive Marktbeherrschung**).

dd. Missbrauch

Die missbräuchliche Ausnutzung einer marktbeherrschenden Stellung ist anzunehmen, wenn ein Unternehmen von seiner Vormachtstellung auf dem Markt in einer Weise Gebrauch macht, die geeignet ist, den Wettbewerb auf diesem Markt zu schwächen, ohne dass es dafür eine objektive wirtschaftliche Rechtfertigung gibt (EuGH, C-95/04 British Airways). Dabei lassen sich bestimmte Verhaltensweisen kategorisieren. Der Preis- und Konditionenmissbrauch ist ein **Ausbeutungsmissbrauch**. Verhaltensweisen, mit denen der Markteintritt neuer Anbieter verhindert wird oder bestehende Konkurrenten vom Markt verdrängt werden sollen, sind ein Behinderungsmissbrauch. Eine missbräuchliche Ausübung von **gewerblichen Schutzrechten** verhindert den Markteintritt oder das Erstarken von Wettbewerbern (EuGH, C-241/91, 242/91 RTE und ITP; EuG, T-201/04 Microsoft).

f. EU-Fusionskontrolle

aa. Grundsatz

Das EU-Recht der Kontrolle von Unternehmenszusammenschlüssen (**Fusionskontrolle**) bezweckt die Aufrechterhaltung eines Binnenmarktes mit unverfälschtem Wettbewerb. Das Primärrecht der Union enthält keine spezifische Rechtsgrundlage für die Fusionskontrolle. Sie wird vielmehr durch die Verordnung Nr. 139/2004 (**Fusionskontrollverordnung**) geregelt, die gemäß dem Protokoll über den Binnenmarkt und den Wettbewerb (Nr. 27) auf Art. 352 AEUV beruht. Nach Art. 1 Abs. 1 gilt die Fusionskontrollverordnung für alle **Zusammenschlüsse von gemeinschaftsweiter Bedeutung**.

bb. Zuständigkeiten

Nach Art. 21 Abs. 2 Fusionskontrollverordnung (**FKVO**) ist die Kommission vorbehaltlich der Nachprüfung durch den Gerichtshof für Entscheidungen über Zusammenschlussvorhaben, die in den Anwendungsbereich der FKVO fallen, ausschließlich zuständig. Die Mitgliedstaaten sind für Zusammenschlüsse ohne gemeinschaftsweite Bedeutung zuständig. Auf Antrag der Mitgliedstaaten kann die Kommission auch Fusionen ohne gemeinschaftsweite Bedeutung prüfen, die den Handel zwischen den Mitgliedstaaten beeinträchtigen und den Wettbewerb in ihrem Hoheitsgebiet erheblich zu beeinträchtigen drohen (Art. 22 Abs. 1 FKVO). Nach Art. 21 Abs. 3 FKVO wenden die Mitgliedstaaten ihr innerstaatliches Wettbewerbsrecht nicht auf Zusammenschlüssen von gemeinschaftsweiter Bedeutung an (**Sperrwirkung**). Nach Art. 9 Abs. 3b) kann die Kommission an die zuständigen nationalen Wettbewerbsbehörden verweisen, die das nationale Wettbewerbsrecht anwenden.

cc. Anmeldeverfahren

Ein Zusammenschluss von gemeinschaftsweiter Bedeutung ist nach Vertragsabschluss, Veröffentlichung des Übernahmeangebots oder Erwerb einer die Kontrolle begründenden Beteiligung und vor seinem Vollzug bei der Kommission **anzumelden** (Art. 4 Abs. 1 FKVO). Er darf weder vor der Anmeldung noch so lange vollzogen werden (**Suspensiveffekt**), bis er aufgrund einer Entscheidung der Kommission für vereinbar mit dem Gemeinsamen Markt erklärt worden ist (Art. 7, 14 Abs. 2a), b) FKVO). Bis zur Genehmigung der Kommission ist der Unternehmenszusammenschluss **schwebend unwirksam**. Auf begründeten Antrag (von Personen oder Unternehmen) kann ein Zusammenschluss von gemeinschaftsweiter Bedeutung auch von den Mitgliedstaaten (Art. 4 Abs. 4 FKVO) und umgekehrt ein Zusammenschluss ohne gemeinschaftsweite Bedeutung auch von der Kommission (Art. 4 Abs. 5 FKVO) geprüft werden. Einzelheiten des Fusionskontrollverfahrens regelt die Verordnung Nr. 802/2004 (**Durchführungsverordnung**). Zur wettbewerbsrechtlichen Beurteilung hat die Kommission zudem Verwaltungsgrundsätze in Form von Bekanntmachungen und Leitlinien veröffentlicht.

dd. Zusammenschluss

Nach der Definition des Art. 3 Abs. 1 FKVO wird ein Zusammenschluss dadurch bewirkt, dass eine dauerhafte Kontrolle in der Weise stattfindet, dass a) zwei oder mehr bisher voneinander abhängige Unternehmen oder Unternehmensteile fusionieren oder dass, b) eine oder mehrere Personen, die bereits mindestens ein Unternehmen kontrollieren, oder ein oder mehrere Unternehmen durch den Erwerb von Anteilsrechten oder Vermögenswerten durch Vertrag oder in sonstiger Weise die unmittelbare oder mittelbare Kontrolle über die Gesamtheit oder über Teile eines oder mehrere anderer Unternehmen erwerben. Ein Zusammenschluss hat **gemeinschaftsweite Bedeutung**, wenn der weltweite oder gemeinschaftsweite Gesamtumsatz der Unternehmen bestimmte Schwellenwerte (**Aufgreifschwellen**) überschreitet (Art. 1 Abs. 2 FKVO).

ee. Prüfungskriterien

Nach Art. 2 Abs. 1 FKVO sind Zusammenschlüsse von gemeinschaftsweiter Bedeutung auf ihre **Vereinbarkeit** mit dem Gemeinsamen Markt zu prüfen. Bei dieser Prüfung berücksichtigt die Kommission a) die Notwendigkeit, im Gemeinsamen Markt **wirksamen Wettbewerb** aufrechtzuerhalten und zu entwickeln, insbesondere im Hinblick auf die Struktur aller betroffener Märkte und den tatsächlichen oder potenziellen Wettbewerb durch innerhalb oder außerhalb der Gemeinschaft ansässige Unternehmen; b) die **Marktstellung** sowie die wirtschaftliche Macht und die Finanzkraft der beteiligten Unternehmen, die **Wahlmöglichkeiten** der Lieferanten und Abnehmer, ihren Zugang zu den Beschaffungs- und Absatzmärkten, rechtliche oder tatsächliche **Marktzutrittsschranken**, die Entwicklung des Angebots und der Nachfrage bei den jeweiligen Erzeugnissen und Dienstleistungen, die Interessen der **Zwischen**- und **Endverbraucher**, sowie die Entwicklung des **technischen Fortschritts**, sofern diese dem Verbraucher dient und den Wettbewerb nicht behindert.

Die Prüfung anhand dieser Kriterien wird als **SIEC-Test** (Significant Impediment to Effective Competition) bezeichnet. Dabei ist die **erhebliche Behinderung wirksamen Wettbewerbs** das entscheidende Kriterium und nicht (mehr) die Marktbeherrschung (Dominance Test). Dies ist ähnlich dem US-amerikanischen SLC-Test (Substantial Lessening of Competition). Dieser verlangt für eine Untersagung von Fusionen die wesentliche Reduzierung des Wettbewerbs. Im weiteren Fusionskontrollverfahren ermittelt die Kommission nach Art des Zusammenschlusses (horizontal, vertikal oder konglomerat) die Möglichkeit und Wahrscheinlichkeit von nicht-koordinierten (**Einzelmarktbeherrschung**) und koordinierten (**gemeinsame Marktbeherrschung**) Effekten. Führt dies zur Annahme, dass der effektive Wettbewerb beeinträchtigt ist, können die Unternehmen **Abhilfemaßnahmen** anbieten.

Beispiel: Verkauf einer Unternehmenssparte an Mitbewerber, damit in diesem Segment keine Marktbeherrschung erzeugt wird.

Außerdem kann die Kommission ihre Entscheidungen mit Bedingungen und Auflagen wie etwa Zusagen verbinden (z. B. Nestle/Perrier, Abl. 1992, Nr. L 356/1).

ff. Entscheidung

Stellt die Kommission fest, dass ein angemeldeter Zusammenschluss den Prüfungskriterien entspricht, so erklärt sie den Zusammenschluss ohne Bedingungen oder Auflagen für vereinbar mit dem Gemeinsamen Markt (**Vereinbarkeitserklärung**) (Art. 8 Abs. 1 FKVO). Stellt sie fest, dass ein angemeldeter Zusammenschluss nach Änderungen den Prüfungskriterien entspricht, so kann sie ihn für mit dem Gemeinsamen Markt vereinbar erklären und mit Bedingungen und Auflagen an die beteiligten Unternehmen verbinden (**bedingte Vereinbarkeitserklärung**), (Art. 8 Abs. 2 FKVO). Stellt die Kommission fest, dass ein angemeldeter Zusammenschluss nicht den Prüfungskriterien entspricht, so erklärt sie den Zusammenschluss für unvereinbar mit dem Gemeinsamen Markt (**Unvereinbarkeitserklärung**), (Art. 8 Abs. 3 FKVO). Der Kommission steht in Wirtschaftsfragen ein bestimmter **Beurteilungsspielraum** zu. Der Unionsrichter muss aber die Auslegung von Wirtschaftsdaten durch die Kommission kontrollieren und nicht nur die sachliche Richtigkeit der angeführten Beweise, ihre Zuverlässigkeit und Kohärenz prüfen. Er muss auch kontrollieren, ob diese Beweise alle relevanten Daten darstellen, die bei der Beurteilung einer komplexen Situation heranzuziehen waren und ob sie die aus ihnen gezogenen Schlüsse zu stützen vermögen (EuGH, C-12/03 Tetra Laval).

g. Staatliche Beihilfen

aa. Grundsatz

Das Verbot staatlicher Beihilfen ist in Art. 107 Abs. 1 AEUV geregelt. Soweit in den Verträgen nicht anders bestimmt, sind **staatliche Maßnahmen** oder aus **staatlichen Mitteln** gewährte Beihilfen gleich welcher Art, die durch die Begünstigung bestimmter Unternehmen oder Produktionszweige den **Wettbewerb verfälschen** oder zu verfälschen **drohen**, mit dem Binnenmarkt unvereinbar, soweit sie den **Handel** zwischen den Mitgliedstaaten **beeinträchtigen**. Das Beihilfeverbot gilt für öffentliche und private Unternehmen (Art. 106 Abs. 1 AEUV). Es gibt spezielle **Ausnahmen** für den Bereich der Daseinsvorsorge (Art. 106 Abs. 2 AEUV) sowie des Verkehrs (Art. 93, 96 Abs. 3 AEUV), der Landwirtschaft (Art. 42 Abs. 2 AEUV) und der nationalen Sicherheit (Art. 346 Abs. 1b) AEUV).

bb. Beihilfebegriff

Als (staatliche) Beihilfen gelten nicht nur **Subventionen**, sondern auch **Maßnahmen**, die in verschiedenster Form die Belastungen vermindern, die ein Unternehmen normalerweise zu tragen hat und den Subventionen nach Art und Wirkung **gleichstehen** (EuGH, C-200/97 Ecotrade).

Beispiele: Zuschüsse, zinsgünstige Darlehen, Bürgschaften, Steuervorteile, Befreiung von Sozialabgaben, Lieferung von Gütern oder Dienstleitungen zu Vorzugsbedingungen.

Unter den Beihilfebegriff fallen nur staatliche oder vom Staat zu verantwortende Maßnahmen, die aus staatlichen Mitteln finanziert werden.

Beispiele: Rundfunkgebühren (EuGH, C-93/98 Ladbroke Racing).

Auch Umlagen zur Finanzierung erneuerbarer Energien können dem Beihilfeverbot unterfallen (EuGH, C-262-12 Vent de Colere).

Dagegen stellt die Förderung von Strom aus erneuerbaren Energien nach dem Erneuerbare-Energien-Gesetz (EEG 2012) nach dem Urteil des Gerichtshofs vom 28.03.2019 keine Beihilfe aus staatlichen Mitteln dar (EuGH, C-415-16 P Deutschland/Kommission).

Selektiver wirtschaftlicher Vorteil

Zudem muss es sich um einen selektiven wirtschaftlichen Vorteil für ein oder mehrere Unternehmen handeln. Eine solche Selektivität ist nicht gegeben, wenn Vergünstigungen als Maßnahmen allgemeiner Art unter gleichförmigen Bedingungen jedem Unternehmen gewährt werden (EuGH, C-256/97 DM Transport).

Gegenleistung an den Staat

Erhält der Staat für eine Zuwendung an ein Unternehmen eine Gegenleistung, ist zu prüfen, ob diese marktgerecht erfolgt ist. Dabei stellen die Kommission und der EuGH (Rs. C-323/82 Intermills) auf den unter Marktbedingungen handelnden Investor ab und prüfen, ob die Zuwendung den rationalen Gewinnerwartungen (für eine Gegenleistung) entspricht oder nicht (**Privatinvestortest**).

Staatlichen Leistungen

Staatliche Leistungen an Unternehmen als **Ausgleich für Leistungen der Daseinsvorsorge** sind tatbestandlich keine verbotene Beihilfe, wenn sie nach der Rechtsprechung des EuGH (C-280/00 Altmark Trans) vier kumulative Kriterien (**Altmark-Kriterien**) erfüllen:

(1) Das begünstigte Unternehmen muss tatsächlich mit der Erfüllung gemeinwirtschaftlicher Verpflichtungen betraut sein.
(2) Die Kriterien zur Berechnung des Ausgleichs müssen vorab objektiv und transparent aufgestellt werden.
(3) Der Ausgleich darf nicht über die Deckung der Kosten für die Erfüllung der gemeinwirtschaftlichen Verpflichtungen hinausgehen.
(4) Die Höhe (der Kosten) des Ausgleichs muss sich grundsätzlich an der Leistungsfähigkeit eines durchschnittlichen, gut geführten Unternehmens orientieren.

cc. Wettbewerbsverfälschung

Eine Wettbewerbsverfälschung als Voraussetzung des Beihilfeverbots liegt vor bzw. droht, wenn die Maßnahme die **Marktposition** des begünstigten Unternehmens gegenüber seinen Konkurrenten im Binnenmarkt **stärkt** oder wenn für die Wettbewerber der **Zugang** zu dem vom begünstigten Unternehmen bedienten Marktsegment **erschwert** wird (EuGH, C-730/70 Philip Morris). Die staatliche Vergünstigung beeinträchtigt den Handel zwischen den Mitgliedstaaten, wenn es zu einer **Stärkung der Stellung** eines Unternehmens gegenüber seinen Wettbewerbern **im unionsinternen Handel** kommt. Dies ist bei konkurrierenden Unternehmen grundsätzlich anzunehmen. Die begünstigten Unternehmen brauchen nicht selbst am innergemeinschaftlichen Handel teilnehmen. Durch die staatliche Beihilfe kann die inländische Tätigkeit so verstärkt werden, dass sich die Chancen der in anderen Mitgliedstaaten niedergelassenen Unternehmen, verringern, in den inländischen Markt des Mitgliedstaates einzudringen, in dem die begünstigten Unternehmen tätig sind (EuGH, C-518/13 Eventech).

dd. Ausnahmen

De-minimis-Beihilfen

Für De-minimis-Beihilfen an einzelne Unternehmen, deren Gesamtbetrag in einem Zeitraum von drei Steuerjahren 200.000 Euro nicht übersteigt, gilt das Beihilfeverbot nicht (Art. 3 Abs. 1 VO 1407/2013).

Legalausnahmen

Art. 107 Abs. 2 AEUV nimmt Beihilfen sozialer Art an Verbraucher, Katastrophenhilfen und Beihilfen für die Wirtschaft bestimmter, durch die Teilung Deutschlands betroffener Gebiete (soweit sie zum Ausgleich der dadurch verursachten wirtschaftlichen Nachteile erforderlich sind), vom Beihilfeverbot kraft Gesetzes aus (**Legalausnahmen**).

Ermessensausnahmen

Nach Art. 107 Abs. 3 AUEV können Regionalbeihilfen, Konjunkturbeihilfen, Sektorbeihilfen, Kulturbeihilfen und Beihilfen zur Förderung wichtiger Vorhaben von gemeinsamem europäischem Interesse als mit dem Binnenmarkt vereinbar angesehen werden (**Ermessensausnahmen**).

ee. Verfahren

Das Beihilfeverfahren ist in Art. 108 AEUV geregelt. Zuständige Behörde für die Überwachung staatlicher Beihilfen ist die Kommission. Laufende Beihilfen unterfallen Art. 108 Abs. 1 und 2 AEUV. Für die beabsichtigte Einführung oder Umgestaltung von Beihilfen gilt nach Art. 108 Abs. 3 AEUV eine **Anmeldepflicht** der Mitgliedstaaten. Ist die Kommission der Auffassung, dass ein derartiges Vorhaben mit dem Binnenmarkt unvereinbar ist, so leitet sie unverzüglich das in Art. 108 Abs. 2 vorgesehene Verfahren ein (**förmliches Prüfverfahren**). Der betreffende Mitgliedstaat darf die beabsichtigte Maßnahme nicht durchführen (**Durchführungsverbot**), bevor die Kommission einen abschließenden Beschluss erlassen hat (Art. 108 Abs. 3 AEUV, sog. „**Stand-Still-Klausel**). Eine anmeldepflichtige Beihilfe, die nicht oder nicht rechtzeitig angemeldet wurde, gilt nach der Verfahrensverordnung Nr. 2015/1589 als formell rechtswidrig (Art. 1 f) BVVO). Die Durchführungsverordnung Nr. 794/2004 regelt Form, Inhalt und andere Einzelheiten der Anmeldung und Jahresberichte, die Berechnung der Fristen sowie den bei der Rückforderung rechtswidriger Beihilfen anzuwendenden Zinssatz.

ff. Rechtsfolge

Nationale Rechtsakte, die Beihilfemaßnahmen unter Verstoß gegen die Anmeldepflicht (Art. 108 Abs. 3 AEUV) durchführen, sind **nichtig** und können nicht geheilt werden (EuGH, C-354-90 Fédération Nationale du Commerce). Nicht ordnungsgemäß angemeldete Beihilfen muss ein Mitgliedstaat aber nicht zurückfordern, wenn die Kommission sie später genehmigt. In diesem Fall muss der Beihilfeempfänger den Zinsvorteil jedoch ausgleichen, den er durch die vorzeitige Zuwendung der Beihilfe erlangt hat (EuGH, C-199-06 Centre d'exportation du livre francais). Auch nach § 134 BGB führt ein Verstoß gegen die Anmeldepflicht des Art. 108 Abs. 3 AEUV zur Nichtigkeit der Beihilfe von Anfang an *(ex tunc)*, da es sich um ein gesetzliches Verbot handelt.

II. Mitgliedstaaten

1. Souverän der Union

Die Mitgliedstaaten sind der Souverän der Europäischen Union („**Herren der Verträge**"). Sie haben die Europäische Union durch den EU-Vertrag gegründet und auf diese Zuständigkeiten zur Verwirklichung ihrer gemeinsamen Ziele übertragen. Grundlage der Union sind der EUV und der AEUV (Art. 1 EUV). Die Ziele der Union sind in Art. 3 EUV festgelegt. Für die Abgrenzung der Zuständigkeit der Union gilt das **Prinzip der begrenzten Einzelermächtigung** (Art. 5 Abs. 1 S. 1 EUV). Danach wird die Union nur innerhalb der Grenzen der Zuständigkeiten tätig, die die Mitgliedstaaten ihr in den Verträgen zur Verwirklichung der darin niedergelegten Ziele übertragen haben. Die Zuständigkeiten der Union sind vor allem in den Art. 2ff AEUV geregelt. Es sind zugleich die Ermächtigungsnormen für die Handlungen der Unionsorgane (**Verbandskompetenz**).

2. Integrationsschranken

a. Grundgesetz

Die deutsche Verfassung regelt in Art. 23 GG (**Europa-Artikel)** die Mitwirkung bei der Europäischen Union. Danach wirkt die Bundesrepublik Deutschland zur Verwirklichung eines vereinten Europas bei der Entwicklung der Europäischen Union mit, die demokratischen, rechtsstaatlichen, sozialen und föderativen Grundsätzen und dem Grundsatz der Subsidiarität verpflichtet ist und einen im wesentlichen vergleichbaren Grundrechtsschutz gewährleistet (Art. 23 Abs. 1 S. 1 GG). Der Bund kann hierzu durch Gesetz mit Zustimmung des Bundesrates **Hoheitsrechte** übertragen (Art. 23 Abs. 1 S. 2 GG).

Für die Begründung der Europäischen Union sowie für Änderungen ihrer vertraglichen Grundlagen und vergleichbare Regelungen, durch die das Grundgesetz seinem Inhalt nach geändert oder ergänzt wird oder solche Änderungen oder Ergänzungen ermöglicht werden, gilt Art. 79 Abs. 2 und 3 GG (Art. 23 Abs. 1 S. 3 GG). Danach kann das Grundgesetz nur durch ein Gesetz geändert werden, dass der Zustimmung von zwei Dritteln der Mitglieder des Bundestages und Bundesrates bedarf (Art. 79 Abs. 2 GG). Eine Änderung des Grundgesetzes, durch welches die Gliederung des Bundes in Länder, die grundsätzliche Mitwirkung der Länder bei der Gesetzgebung oder die in Art. 1 und 20 GG niedergelegten Grundsätze berührt werden, ist gemäß Art. 79 Abs. 3 GG (Ewigkeitsgarantie) unzulässig (**Verfassungsvorbehalt**).

b. BVerfGE

aa. Lissabon-Urteil

Nach der Rechtsprechung des Bundesverfassungsgerichts im Lissabon-Urteil (BverfGE 123, 267–437) ermächtigt Art. 23 GG zur Beteiligung und Entwicklung an einer als Staatenverbund konzipierten Europäischen Union. Deren Grundordnung unterliegt jedoch allein der Verfügung der Mitgliedstaaten der Europäischen Union, in der ihre Völker die Subjekte demokratischer Legitimation bleiben. Die Ermächtigung der Union, supranationale Zuständigkeiten auszuüben, stammt von den Mitgliedstaaten, die dauerhaft Herren der Verträge bleiben. Das Grundgesetz untersagt die Übertragung von Hoheitsrechten an die Union, aus deren Ausübung eigenständige weitere Hoheitsrechte begründet werden können (Kompetenz Kompetenz). Die unübertragbare und insoweit **integrationsfeste Identität der Verfassung** (Art. 79 Abs. 3 GG) ist eine **absolute Grenze** für die Anpassung des Grundgesetzes an die Entwicklung der Europäischen Union.

Ein zur Integration ermächtigendes Gesetz wie das Zustimmungsgesetz kann trotz des Prinzips der begrenzten Einzelermächtigung immer nur ein **Integrationsprogramm** umreißen. Dieses darf nicht dazu führen, dass im europäischen Integrationsprozess das Primärrecht durch die EU-Organe unbeschränkt oder ohne äußere Kontrolle verändernd oder erweiternd ausgelegt wird. Das Zustimmungsgesetz und die innerstaatliche Begleitgesetzgebung dürfen das Prinzip der begrenzten Einzelermächtigung und die integrationsfeste Verfassungsidentität nicht verletzen. Dabei obliegt den gesetzgebenden Körperschaften neben der Bundesregierung eine besondere Verantwortung im Rahmen der Mitwirkung, die innerstaatlich den Anforderungen des Art. 23 Abs. 1 GG genügen muss (**Integrationsverantwortung**). Im Falle von Grenzdurchbrechungen bei der Inanspruchnahme von Zuständigkeiten durch Unionsorgane erfolgt zudem eine **Ultra-vires-Kontrolle** durch das Bundesverfassungsgericht. Die **Identitätskontrolle** ermöglicht die Prüfung, ob infolge des Handelns der Unionsorgane die Verfassungsidentität verletzt wird.

bb. OMT-Urteil

Nach dem OMT-Urteil des Bundesverfassungsgerichts (BVerfGE 142, 123–234) findet der Anwendungsvorrang des Unionsrechts in dem – in den Zustimmungsgesetzen zu den Verträgen niedergelegten – Integrationsprogramm und in der integrationsfesten Verfassungsidentität seine Grenzen. Das **Demokratieprinzip** und der Grundsatz der **Volkssouveränität** vermittelt den Bürgern in Verbindung mit den Wahlrechtsgrundsätzen Schutz vor einer substantiellen Erosion der Gestaltungsmacht des Bundestages und bedeutsamen Kompetenzüberschreitungen durch Unionsorgane. Der Anspruch des Bürgers auf seine demokratische Selbstbestimmung erfolgt durch Wahlen und Abstimmungen nach dem Mehrheitsprinzip, die den menschenrechtlichen Kern des Demokratieprinzips darstellen. Dieser Anspruch dient jedoch nicht der inhaltlichen Kontrolle demokratischer Prozesse, sondern dazu, sie zu ermöglichen. Folglich beschränkt sich der Gewährleistungsbereich der Wahlrechtsgrundsätze (Art. 38 Abs. 1 S. 1 GG) lediglich auf Strukturveränderungen im staatsorganisationsrechtlichen Gefüge, die etwa bei der Übertragung von Hoheitsrechen auf die Union oder andere supranationale Einrichtungen eintreten können. Derartige Maßnahmen haben als Ultra-vires-Akte am Anwendungsvorrang des Unionsrechts nicht teil. Die Verfassungsorgane, Behörden oder Gerichte dürfen weder am Zustandekommen noch an Umsetzung, Vollziehung oder Operationalisierung von Ultra-vires-Akten teilnehmen.

Darüber hinaus hat das Gericht aus der Integrationsverantwortung der Verfassungsorgane eine Pflicht zur kontinuierlichen Beobachtung des Vollzugs des Integrationsprogramms im Rahmen ihrer Kompetenzen (**Beobachtungspflichten**) hergeleitet. Hinzu kommt auch eine Pflicht, sich schützend und fördernd vor die demokratischen Rechte des Einzelnen zu stellen, wo dieser nicht selbst für sein Integrität sorgen kann (**Schutzpflichten**). Der Verpflichtung der staatlichen Organe zur Integrationsverantwortung entspricht ein Anspruch des wahlberechtigten Bürgers gegen die Verfassungsorgane zum Schutz seines Rechts auf Demokratie. Der Anspruch richtet sich in erster Linie gegen die im Bereich der auswärtigen Gewalt mit besonderen Kompetenzen ausgestatteten Verfassungsorgane Bundesregierung und Bundestag. Diese haben aktiv auf die Befolgung des integrationsfesten Bereichs und die Beachtung seiner Grenzen hinzuwirken (**Reaktionspflicht**).

cc. PSPP-Urteil

Das Bundesverfassungsgericht hat jüngst die Beschlüsse der Europäische Zentralbank zu dem Staatsanleihekaufprogramm (PSPP) für kompetenzwidrige Ultra-vires-Akte gehalten (PSPP-Urteil vom 05.05.2020). Dies folge daraus, dass die EZB in den Beschlüssen weder geprüft noch dargelegt habe, dass die getroffenen Maßnahmen verhältnismäßig seien. Die Verhältnismäßigkeit eines Programms zum Ankauf von Staatsanleihen setzte neben seiner Eignung zur Erreichung des angestrebten Ziels und seiner Erforderlichkeit voraus, dass das **währungspolitische Ziel** und die **wirtschaftspolitischen Auswirkungen** benannt, gewichtet und gegeneinander abgewogen würden. Die unbedingte Verfolgung des währungspolitischen Ziels unter Ausblendung der mit dem Programm verbundenen wirtschaftspolitischen Auswirkungen missachte offensichtlich den Grundsatz der Verhältnismäßigkeit aus Art. 5 Abs. 1 Satz 2 und Art. 4 EUV. Indem Bundesregierung und Deutscher Bundestag dagegen nicht vorgegangen seien, hätten sie die Rechte der Beschwerdeführer (**Verfassungsbeschwerde**) in ihrem Recht aus Art. 38 Abs. 1 S. 1 GG i. V. m. Art. 20 Abs. 1 und 2 GG i. V. m. Art 79 Abs. 3 GG verletzt.

3. EU-Mitwirkung

a. Bundesregierung

Im institutionellen Rahmen der Unionsorgane wirken die Regierungen der Mitgliedstaaten an der Willensbildung der EU mit. Der Europäische Rat der **Staats- und Regierungschefs** gibt der Union die für ihre Entwicklung erforderlichen Impulse und legt die allgemeinen politischen Zielvorstellungen und Prioritäten hierfür fest. Er wird aber nicht gesetzgeberisch tätig (Art. 15 EUV). Der Rat (der EU) kommt auf **Ministerebene** zusammen und wird gemeinsam mit dem Europäischen Parlament als Gesetzgeber tätig. Gemeinsam mit dem Europäischen Parlament übt er die Haushaltsbefugnisse aus (Art. 16 EUV). Die nationalen Parlamente haben auf Ebene der Union kein Mitentscheidungsrecht bei dem Erlass von Rechtsakten des Sekundärrechts, v. a. Verordnungen und Richtlinien. Bestimmte Befugnisse der Parlamente ergeben sich aus Art. 12 EUV in Verbindung mit den Protokollen Nr. 1 (Rolle der nationalen Parlamente) und Nr. 2 (Subsidiaritätsprotokoll) zum Vertrag von Lissabon.

b. Bundestag

Die Mitwirkung des Bundestags auf staatlicher Ebene in Angelegenheiten der Europäischen Union ist in Art. 23 Abs. 2 S. 1 GG festgelegt. Der Begriff der „**Unionsangelegenheiten**" umfasst nach dem Sinn und Zweck der Bestimmung nicht nur das Sekundärrecht wie Verordnungen und Richtlinien, sondern auch Abkommen mit Drittstaaten sowie Maßnahmen und Abkommen der Gemeinsamen Außen- und Sicherheitspolitik (GASP) und der Polizeilichen und Justiziellen Zusammenarbeit in Strafsachen (PJZS). Die Bundesregierung hat den Bundestag umfassend und zum frühestmöglichen Zeitpunkt zu unterrichten (Art. 23 Abs. 2 S. 2 GG). Sie gibt dem Bundestag Gelegenheit zur Stellungnahme vor ihrer Mitwirkung an Rechtsetzungsakten der EU (Art. 23 Abs. 3 S. 1 GG). Dabei ist der Begriff der „**Rechtsetzungsakte**" wie derjenige der Unionsangelegenheiten entsprechend weit auszulegen. Die Bundesregierung berücksichtigt die Stellungnahme des Bundestags bei den Verhandlungen im Rat (Art. 23 Abs. 3 S. 2 GG). Einzelheiten der Zusammenarbeit von Bundesregierung und Bundestag in Angelegenheiten der EU regelt das EUZBBG (Art. 23 Abs. 3 S. 3 GG).

c. Bundesrat

Nach Art. 50 GG wirken die Länder durch den Bundesrat bei der Gesetzgebung und Verwaltung des Bundes und in Angelegenheiten der Europäischen Union mit. Der Bundesrat wirkt nach Maßgabe des Art. 23 Abs. 2 und 4 bis 7 GG auf staatlicher Ebene bei EU-Angelegenheiten mit. Die Bundesregierung hat den Bundesrat umfassend und zum frühestmöglichen Zeitpunkt zu **unterrichten** (Art. 23 Abs. 2 S. 2 GG). Er ist an der Willensbildung des Bundes zu beteiligen, soweit er an einer entsprechenden innerstaatlichen Maßnahme mitzuwirken hätte oder soweit die Länder innerstaatlich zuständig wären (Art. 23 Abs. 4 GG). Soweit in einem Bereich ausschließlicher Zuständigkeiten des Bundes **Interessen der Länder** berührt sind oder soweit im Übrigen der Bund das Recht zur Gesetzgebung hat, berücksichtigt die Bundesregierung die **Stellungnahme** des Bundesrates bei der Festlegung der Verhandlungsposition (Art. 23 Abs. 5 S. 1 GG). Das bedeutet, dass sich die Bundesregierung mit den vom Bundesrat vorgetragenen Argumenten auseinanderzusetzen hat. Wenn im Schwerpunkt Gesetzgebungsbefugnisse der Länder, die Einrichtung ihrer Behörden oder ihre Verwaltungsverfahren betroffen sind, ist bei der Willensbildung des Bundes insoweit die Auffassung des Bundesrates maßgeblich zu berücksichtigen; dabei ist die gesamtstaatliche Verantwortung des Bundes zu wahren (Art. 23 Abs. 5 S. 2 GG). Demnach ist **im Zweifel** die Auffassung des Bundesrates bei der Festlegung der Verhandlungsposition der Bundesregierung im Rat der EU entscheidend. Einzelheiten der Zusammenarbeit von Bund und Ländern in Angelegenheiten der EU regelt das EUZBLG (Art. 23 Abs. 7 GG).

d. IntVG

Der Bundestag und der Bundesrat nehmen in Angelegenheiten der Europäischen Union ihre Integrationsverantwortung gemäß dem Integrationsverantwortungsgesetz (IntVG) wahr. Dieses bezweckt die Ausweitung und Stärkung der Rechte des Bundestages und des Bundesrates zur Umsetzung der Vorgaben des Bundesverfassungsgerichts. Das Gericht hatte das ursprüngliche Begleitgesetz zum Vertrag von Lissabon für teilweise verfassungswidrig erklärt. Der deutsche Vertreter im Rat oder im Europäischen Rat darf Beschlüssen zur **Änderung der EU-Verträge nur aufgrund** eines **Gesetzes** gem. Art. 23 Abs. 1 GG zustimmen oder sich enthalten. Dies ist genauer geregelt in Bezug auf das vereinfachte und besondere Vertragsänderungsverfahren (§§ 2, 3 IntVG), Brückenklauseln (§§ 4–6 IntVG), Kompetenzerweiterungsklauseln (§ 7 IntVG) und Flexibilitätsklauseln (§ 8 IntVG). Der Bundestag kann ebenso wie auch der Bundesrat in bestimmten Fällen den **Notbremsenmechanismus** anwenden (§ 9 IntVG). Außerdem wird das **Ablehnungsrecht** der nationalen Parlamente bei Brückenklauseln, die **Subsidiaritätsrüge**, die **Subsidiaritätsklage** und die **Unterrichtung** durch die Bundesregierung geregelt (§§ 10–13 IntVG). Zu beachten ist, dass ein Verstoß gegen diese gesetzlichen Vorgaben das wirksame Zustandekommen der jeweiligen Beschlüsse als Unionsrechtsakte nicht hindern würde.

e. Subsidiaritätsprinzip

Nach dem Subsidiaritätsprinzip (Art. 5 Abs. 3 EUV) wird die Union in den Bereichen, die nicht in ihre ausschließliche Zuständigkeit fallen, nur tätig, sofern und soweit die Ziele der in Betracht gezogenen Maßnahmen von den EU-Mitgliedstaten weder auf zentraler, noch auf lokaler Ebene ausreichend verwirklicht werden können, sondern vielmehr wegen ihres Umfangs oder ihrer Wirkung auf Unionsebene besser zu verwirklichen sind. Die Aufgabe und Kontrolle von dessen Einhaltung soll nach dem Willen der Mitgliedstaaten vor allem von den nationalen Parlamenten nach dem in dem sog. **Subsidiaritätsprotokoll** vorgesehenen Verfahren ausgeübt werden. Die Einhaltung des Subsidiaritätsprinzips ist im Rahmen der allgemeinen Zuständigkeit des Gerichtshofs durch diesen gerichtlich überprüfbar. Der EuGH beschränkt sich in der Praxis allerdings auf eine **Missbrauchskontrolle**, wonach er nur in Fällen offenkundiger Fehleinschätzungen eingreift. Das Bundesverfassungsgericht behält sich vor, Rechtsakte der europäischen Einrichtungen und Organe, die sich nicht innerhalb ihrer Kompetenzen halten, im deutschen Hoheitsrecht für unverbindlich zu erachten. Die nationalen Parlamente sorgen nach Art. 12b) EUV dafür, dass der Grundsatz der Subsidiarität gemäß den im Subsidiaritätsprotokoll vorgesehenen Verfahren beachtet wird. In der Bundesrepublik Deutschland stehen dem Bundestag und Bundesrat die **Subsidiaritätsrüge** und die **Subsidiaritätsklage** zur Verfügung.

f. Subsidiaritätsrüge

Die Subsidiaritätsrüge ist eine Präventivkontrolle der nationalen Parlamente zu Beginn eines Gesetzgebungsverfahrens der Union (**Frühwarnmechanismus**) nach den Verfahrensregeln des Subsidiaritätsprotokolls. Sie ermöglicht es bereits **im Vorfeld**, einen Gesetzgebungsakt der Union auf Vereinbarkeit mit dem Subsidiaritätsprinzip zu überprüfen und etwaige Verstöße zu rügen (Art. 6, 7 Subs.-Protokoll). Das **Rügerecht** steht sowohl dem Bundestag als auch dem Bundesrat zu (§ 11 IntVG). Die EU-Kommission führt umfangreiche **Anhörungen** durch, bevor sie einen Gesetzgebungsakt vorschlägt (Art. 2 Subs.-Protokoll). Sie leitet ihre Entwürfe für Gesetzgebungsakte den nationalen Parlamenten und dem Unionsgesetzgeber gleichzeitig zu. Das Europäische Parlament leitet seine Entwürfe den nationalen Parlamenten zu (Art. 4 Subs.-Protokoll). Die Entwürfe werden im Hinblick auf die Grundsätze der Subsidiarität und Verhältnismäßigkeit begründet (Art. 5 Subs.-Protokoll). Die nationalen Parlamente oder Kammern eines dieser Parlamente können binnen acht Wochen nach Übermittlung in einer begründeten Stellungnahme darlegen, weshalb der Entwurf ihres Erachtens nicht mit dem Subsidiaritätsprinzip vereinbar ist. Dabei können sie ihre regionalen Parlamente konsultieren (Art. 6 Subs.-Protokoll). Die **begründeten Stellungnahmen** der Mitgliedstaaten werden von Rat, Europäischem Parlament und Kommission berücksichtigt (Art. 7 Subs.-Protokoll).

Jeder Mitgliedstaat verfügt über zwei Stimmen, die bei Zwei-Kammer-Systemen auf die beiden Kammern aufgeteilt werden. Wenn die begründeten Stellungnahmen der Mitgliedstaaten mit einem Quorum von 1/3 der Stimmen (bei Vorhaben betreffend den Raum der Freiheit, der Sicherheit und des Rechts von ¼ der Stimmen) den Entwurf eines Gesetzgebungsakt für nicht mit dem Subsidiaritätsprinzip vereinbar halten, muss der Entwurf überprüft werden (**„gelbe Karte“**). Nach Abschluss der Überprüfung kann die Kommission (oder das EP) beschließen, an dem Entwurf festzuhalten, ihn zu ändern oder ihn zurückzuziehen. Dieser Beschluss muss begründet werden. Erreichen bei einem Entwurf im ordentlichen Gesetzgebungsverfahren die Zahl der erhobenen Subsidiaritätsrügen das Quorum der einfachen Mehrheit der nationalen Parlamente oder ihrer Kammern (**„orangene Karte“**) und beschließt die Kommission an dem Vorschlag festzuhalten, so hat die Kommission eine begründete Stellungnahme abzugeben. Diese wird dem Unionsgesetzgeber vorgelegt, damit dieser sie im Rahmen des Verfahrens berücksichtigt. Sind sodann 55 % der Mitglieder des Rates oder die einfache Mehrheit des EP der Ansicht, dass der Vorschlag nicht mit dem Subsidiaritätsprinzip im Einklang steht, wird er nicht weiter geprüft (**„rote Karte“**).

g. Subsidiaritätsklage

Nach Abschluss des EU-Gesetzgebungsverfahrens hat jedes **nationale Parlament** (auch eine von zwei Kammern) das Recht, gegen Gesetzgebungsakte der Union (Art. 289 Abs. 3 AEUV) vor dem Gerichtshof Klage (**Subsidiaritätsklage**) wegen Verstoß gegen das Subsidiaritätsprinzip zu erheben (Art. 8 Abs. 1 Subs.-Protokoll). Verfahrensrechtlich handelt es sich um eine **Nichtigkeitsklage** (Art. 263 AEUV), die von dem betreffenden Mitgliedstaat im eigenen Namen oder dem seines nationalen Parlaments oder einer ihrer Kammern erhoben werden kann. Auch der **Ausschuss der Regionen** kann Klage erheben, wenn seine Anhörung vor Erlass des Gesetzgebungsaktes vorgeschrieben ist (Art. 165–178 AEUV). Die Subsidiaritätsklage dient der gerichtlichen Kontrolle über die Rechtmäßigkeit von Rechtsakten der Unionsorgane und Unionseinrichtungen. Eine **Subsidiaritätsrüge** ist vor Klageerhebung **nicht erforderlich**. Der Bundestag und der Bundesrat haben das Recht, wegen Verstoßes eines Gesetzgebungsaktes der Europäischen Union gegen das Subsidiaritätsprinzip vor dem Europäischen Gerichtshof Klage zu erheben (Art. 23 Abs. 1 a S. 1 GG). Der Bundestag ist hierzu auf Antrag eines Viertels seiner Mitglieder verpflichtet (Art. 23 Abs. 1 a S. 2 GG, § 12 Abs. 1 IntVG). Die Bundesregierung übermittelt die Klage im Namen des Organs, das die Klageerhebung beschlossen hat, unverzüglich an den Europäischen Gerichtshof (§ 12 Abs. 3 IntVG). Die Prozessführung übernimmt das klagende Organ, also Bundestag oder Bundesrat (§ 12 Abs. 4 IntVG).

III. Unionsrecht

1. Primär- und Sekundärrecht

a. Primärrecht

aa. Die Verträge der Union

Das **Primärrecht** der Union besteht aus dem Vertrag über die Europäische Union (**EUV**), dem Vertrag über die Arbeitsweise der Europäischen Union (**AEUV**) und dem Euratom-Vertrag (**EAG**). Es umfasst auch die Gründungs-, Revisions- und Beitrittsverträge. Die Protokolle und Anhänge sind Bestandteil der Unionsverträge (Art. 51 EUV). Das gilt auch für Beschlüsse des Europäischen Rates und des Rates, die das Primärrecht ändern (EuGH, C-370/12 Pringle). Die Unionsverträge werden vom Gerichtshof auch als Verfassungsurkunde der Europäischen Union bezeichnet (Rs. C-294/83 Les verts) und stehen im obersten Rang der Normenhierarchie des Unionsrechts. Das **Sekundärrecht** der Union steht im Rang unter dem primären Unionsrecht. Es wird auf der Grundlage des Primärrechts erlassen und ist damit **gemeinschaftskonform** auszulegen (EuGH, C-305/05 Ordre des Barreaux).

Adressaten des Primärrechts

Adressaten des Primärrechts sind die **Mitgliedstaaten** und die **Unionsorgane** selbst. Einzelne Vertragsbestimmungen können indessen auch ohne nationalen Umsetzungsakt aufgrund der **unmittelbaren Wirkung** in den Mitgliedstaaten direkte Anwendung finden. Als unmittelbar gelten Vertragsbestimmungen, die unbedingt sind, d. h. den Mitgliedstaat kein Ermessen lassen und aufgrund ihrer inhaltlichen Bestimmtheit keiner weiteren Umsetzung bedürfen (EuGH, C-26/62 van Gend & Loos; C-44/84 Hurd; C-100/89 Kaefer und Proracci). **Einzelpersonen** können ihre unmittelbar betroffenen Rechte vor nationalen und europäischen Gerichten im Rechtsverhältnis sowohl zum Mitgliedstaat (**vertikale unmittelbare Wirkung**) wie auch im Rechtsverhältnis untereinander (**horizontale unmittelbare Wirkung**) einklagen. Die staatlichen Behörden und Gerichte müssen das unmittelbar wirkende Primärrecht der Union von Amts wegen anwenden. Der Gerichtshof hat insbesondere das allgemeine Diskriminierungsverbot, die Grundfreiheiten des Binnenmarkts und das Freizügigkeitsrecht der Unionsbürger für unmittelbar anwendbar erklärt. Das Primärrecht, Sekundärrecht, die EuGH-Entscheidungen, die Entschließungen und Erklärungen der EU-Organe und die von der Union mit anderen Staaten oder Staatenbünden geschlossenen völkerrechtlichen Verträge und Abkommen bilden zusammen mit den politischen Zielsetzungen den **gemeinsamen Besitzstand der Europäischen Union** *(acquis communautaire)*. Dieser muss von beitrittswilligen Staaten übernommen werden (Art. 20 Abs. 4 EUV).

Anwendungsvorrang

Das Unionsrecht hat nach ständiger Rechtsprechung des Europäischen Gerichtshofs (Rs. C-6/64 Costa/E.N.E.L.) Vorrang vor dem Recht der Mitgliedstaaten (**Anwendungsvorrang**). Daher sind die nationalen Behörden und Gerichte dazu verpflichtet, das Unionsrecht auch dann anzuwenden, wenn eine Vorschrift des nationalen Rechts einschließlich des Verfassungsrechts dem entgegensteht. Der EuGH begründet den Vorrang des Unionsrechts mit der Eigenständigkeit der Rechtsordnung der Europäischen Union sowie der Notwendigkeit der einheitlichen Geltung des Unionsrechts in allen Mitgliedstaaten. Die Daseinsberechtigung und die Funktionsfähigkeit der Union wären ansonsten in Frage gestellt, da die Union im Wesentlichen eine Union des Rechts ist. Deshalb ist sicherzustellen, dass alle Unionsbürger und auf dem Binnenmarkt tätigen Unternehmen in europarechtlich geregelten Situationen die gleichen Rechte und Pflichten haben und es nicht zu Diskriminierungen und Wettbewerbsverzerrungen kommt. Ansonsten wäre die Verwirklichung der Ziele des Art. 4 Abs. 3 EUV gefährdet (u. a. Rs. C- 11/70 Internationale Handelsgesellschaft, Rs. C-106/77 Simmenthal, Rs. C-409/06 Winner Wetten). Es handelt sich hierbei aber um **keinen Geltungsvorrang** des EU-Rechts mit Nichtigkeitsfolge entgegenstehenden nationalen Rechts. Daher ist dieses von den nationalen Behörden und Gerichten zu beachten, soweit kein konkreter Widerspruch mit dem unmittelbar anwendbaren Unionsrecht besteht. Bei einem rein innerstaatlichen Sachverhalt kann die betreffende Rechtsvorschrift durchaus anwendbar sein.

Das Bundesverfassungsgericht begründet den Anwendungsvorrang des Unionsrechts mit der Ermächtigung des Bundes zur Übertragung von Hoheitsrechten in Art. 23 Abs. 1 S. 2 GG, der einen Rechtsanwendungsbefehl kraft nationalen Verfassungsrechts enthalte (BVerfGE 113, 267 – Lissabon; BVerfGE 73, 339 – Solange II). Diese Regelung habe zur Folge, dass der ausschließliche Herrschaftsanspruch der Bundesrepublik Deutschland im Geltungsbereich des Grundgesetzes zurückgenommen und der unmittelbaren Geltung und Anwendung eines Rechts aus anderer Rechtsquelle Raum gelassen wird (BVerfGE 37, 271 – Solange I).

bb. Charta der Grundrechte

Die Union erkennt die Rechte, Freiheiten und Grundsätze an, die in der Charta der Grundrechte der Europäischen Union (GRC) niedergelegt sind. Die Charta der Grundrechte und die Verträge sind rechtlich **gleichrangig**. Durch die Bestimmungen der Charta werden die in den Verträgen festgelegten Zuständigkeiten der Union in keiner Weise erweitert (Art. 6 Abs. 1 EUV). Die Charta gilt für die Organe, Einrichtungen und sonstigen Stellen der **Union** unter Wahrung des Subsidiaritätsprinzips und für die **Mitgliedstaaten** ausschließlich bei der **Durchführung des Rechts der Union**. Dementsprechend achten sie die Rechte, halten sich an die Grundsätze und fördern sie deren Anwendung entsprechend ihren jeweiligen Zuständigkeiten und unter Achtung der Grenzen der Zuständigkeiten, die der Union in den Verträgen übertragen werden (Art. 51 Abs. 1 GRC). Jede Einschränkung der Ausübung der in der Charta anerkannten Rechte und Freiheiten muss gesetzlich vorgesehen sein und den Wesensgehalt dieser Rechte und Freiheiten achten. Unter Wahrung des Grundsatzes der **Verhältnismäßigkeit** dürfen Einschränkungen nur vorgenommen werden, wenn sie erforderlich sind und den von der Union anerkannten dem Gemeinwohl dienenden Zielsetzungen oder den Erfordernissen des Schutzes der Rechte und Freiheiten anderer tatsächlich entsprechen (Art. 51 Abs. 1 GRC).

Die Charta der Grundrechte kodifiziert die allgemeinen Menschen- und Bürgerrechte in den ersten sechs Titeln. Im siebten Titel werden die für sämtliche Grundrechte geltenden Regeln festgelegt. Die Grundrechte, wie sie in der EMRK gewährleistet sind und wie sie sich aus den gemeinsamen Verfassungsüberlieferungen der Mitgliedstaaten ergeben, sind als allgemeine Grundsätze Teil des Unionsrechts (Art 6 Abs. 3 EUV, Art. 51 Abs. 3 GRC). Eine Bindung der Mitgliedstaaten an die EMRK folgt auch aus Art. 6 Abs. 2 EUV. Bei Tätigkeiten der Mitgliedstaaten, die kein Unionsrecht betreffen, gelten dagegen die national statuierten Grundrechte. Ein dauerhafter Verstoß gegen die EU-Grundrechte ist in Art. 7 EUV sanktioniert und kann zum **Entzug des Stimmrechts** im Rat der EU führen. Keine Bestimmung der Charta ist als eine Einschränkung oder Verletzung der Menschenrechte und Grundfreiheiten auszulegen, die in dem jeweiligen Anwendungsbereich durch das Recht der Union und das Völkerrecht sowie die internationalen Übereinkünfte der Union oder aller Mitgliedstaaten als Vertragsparteien anerkannt werden. Dies gilt insbesondere für die EMRK sowie die Verfassungen der Mitgliedstaaten (Art. 53 GRC). Nach Auffassung des Europäischen Gerichtshofs (Rs. C-399-11 Melloni) kann nach dem Grundsatz des Vorrangs des Unionsrechts dessen Geltung in einem

Mitgliedstaat nicht dadurch beeinträchtigt werden, dass dieser Staat Vorschriften des nationalen Rechts, auch mit Verfassungsrang, geltend macht. Demgegenüber betont das Bundesverfassungsgericht, dass der Anwendungsvorrang des Unionsrechts in den für integrationsfest erklärten Grundsätze der Verfassung (Art. 23 Abs. 1 S. 3, 79 Abs. 3 GG), einschließlich der Menschenwürdegarantie (Art. 1 GG), seine Grenzen findet. (BVerfGE 140, 317 Solange III).

cc. Allgemeine Rechtsgrundsätze

Die allgemeinen Rechtsgrundsätze des Unionsrechts gelten in Ergänzung vertraglicher Regeln des Primärrechts (**ungeschriebenes EU-Recht**). Sie sind vom Gerichtshof in Rechtsfortbildung vorrangig durch Rechtsvergleichung der Verfassungsprinzipien der Mitgliedstaaten und aus der EMRK entwickelt worden (Rs. C-44/79 Hauer). Die allgemeinen Rechtsgrundsätze binden die **Unionsorgane** sowie die **staatlichen Organe**, die das Unionsrecht vollziehen (EuGH, C-105-03 Pupino). Außerdem gelten sie in den **EU-Mitgliedstaaten**, wenn sie die Voraussetzungen der unmittelbaren Anwendbarkeit des Unionsrechts erfüllen. Dazu gehören die Grundrechte des Unionsrechts, das allgemeine Willkürverbot sowie die allgemeinen Rechtsstaatsprinzipien der Verhältnismäßigkeit, des Vertrauensschutzes und der Rechtssicherheit.

Der **Grundrechtsschutz** wird in der Charta der Grundrechte der Union und dem EU-Vertrag geregelt. Danach sind die Grundrechte, wie sie in der Europäischen Menschenrechtskonvention gewährleistet werden und wie sie sich aus den gemeinsamen Verfassungsüberlieferung der Mitgliedstaaten ergeben, als allgemeine Grundsätze Teil des Unionsrechts (Art. 6 Abs. 3 EUV). Der Grundsatz der Verhältnismäßigkeit gilt explizit für die Ausübung der Zuständigkeiten der Union. Diese darf inhaltlich wie formal nicht über das zur Erreichung der Ziele der Verträge erforderliche Maß hinausgehen (Art 5 Abs. 1 S. 2, Abs. 4 EUV). Auch dürfen Einschränkungen der in der Grundrechtscharta der Union anerkannten Rechte und Freiheiten nur unter Wahrung des Grundsatzes der Verhältnismäßigkeit vorgenommen werden (Art. 52 Abs. 1 S. 2 GRC). Das **Gewohnheitsrecht** ist eine seltene Form des ungeschriebenen Primärrechts von geringer praktischer Relevanz. Die Einordnung der **allgemeinen Grundsätze des Völkerrechts** in das Unionsrecht ist noch nicht abschließend geklärt.

b. Sekundärrecht

Sekundäres Unionsrecht (**Sekundärrecht**) ist das von den Unionsorganen auf der Grundlage der EU-Verträge erlassene Recht. Die **internationalen Übereinkünfte** der Union werden auch dem Sekundärrecht zugeordnet. Sie stehen in der Normenhierarchie unter dem Primärrecht, gehen aber dem Sekundärrecht vor. Die internationalen Übereinkünfte binden die Organe der Union und der Mitgliedstaaten (Art. 216 Abs. 2 AEUV). Verstößt das Sekundärrecht gegen das Primärrecht, kann es vom Gerichtshof für nichtig erklärt werden (Art. 263–265 AEUV). Das Unionsrecht unterscheidet **fünf** rechtliche **Instrumente** des Sekundärrechts (Art. 288 Abs. 1 AEUV). Danach nehmen die Unionsorgane für die Ausübung der Zuständigkeiten der Union Verordnungen, Richtlinien, Beschlüsse, Empfehlungen und Stellungnahmen an. Dabei findet auf Verordnungen, Richtlinien und Beschlüsse das Gesetzgebungsverfahren gemäß Art. 294 AEUV Anwendung. Diese Rechtsakte sind Gesetzgebungsakte (Art. 289 Abs. 3 AEUV).

aa. Verordnungen

Verordnungen haben **allgemeine Geltung**. Sie sind in allen ihren Teilen verbindlich und gelten unmittelbar in jedem Mitgliedstaat (Art. 288 Abs. 2 AEUV). Die Verordnungen regeln abstrakt generelle Sachverhalte und entsprechen materiellen Gesetzen. Die unmittelbare Geltung setzt voraus, dass die Verordnung in Kraft tritt und Anwendung findet, ohne dass es irgendwelcher Maßnahmen zur Umwandlung in nationales Recht bedarf. Die Mitgliedstaaten dürfen nicht die unmittelbare Geltung vereiteln (EuGH, C-34/73 Variola). Der Gerichtshof hat auch klargestellt, dass es den Mitgliedstaaten verwehrt ist, die Tragweite der Verordnung durch innerstaatliches Recht zu beeinträchtigen (Rs. C-539/110 Al Aqsa).

bb. Richtlinien

Richtlinien sind für jeden Mitgliedstaat der Union, an den sie gerichtet sind, hinsichtlich des zu erreichenden **Ziels verbindlich**. Sie überlassen jedoch den innerstaatlichen Stellen die Wahl der Form und der Mittel (Art. 289 Abs. 3 AEUV). Dabei handelt es sich um ein **zweistufiges Rechtsetzungsverfahren**, in dem die Richtlinie erst mit einem **Regelungsprogramm** erlassen wird. Innerhalb einer von der Richtlinie vorgegebenen Frist ist das Regelungsprogramm durch den Erlass nationaler Rechtsvorschriften umzusetzen (**Umsetzungsfrist**). Dazu ist in der Regel ein förmliches Gesetz oder eine Verordnung erforderlich (**Umsetzung**). Richtlinien dienen vor allem der **Harmonisierung** innerstaatlicher Rechtsvorschriften durch inhaltliche Angleichung.

Umsetzungsanforderungen

Die Umsetzung der Richtlinien muss so bestimmt, klar und transparent sein, dass der Einzelne wissen kann, welche Rechte und Pflichten er hat. Um die volle Anwendung der Richtlinien in rechtlicher und tatsächlicher Hinsicht zu gewährleisten, müssen die EU-Mitgliedstaaten einen eindeutigen gesetzlichen Rahmen bereitstellen (EuGH, C-361-88 TA Luft). Während die Umsetzungsfrist läuft, darf ein Mitgliedstaat keine Vorschriften erlassen, die geeignet sind, die Erreichung des Ziels der Richtlinie ernstlich in Frage zu stellen (**Frustrationsverbot**). In Betracht kommt aber die mitgliedstaatliche Befugnis, vorläufige Vorschriften zu erlassen oder die Richtlinie schrittweise durchzuführen (EuGH, C-129/96 Inter Environnement Wallonie).

Vollharmonisierung

Bei Vollharmonisierung dürfen die EU-Mitgliedstaaten keine von den inhaltlichen Vorgaben der Richtlinie abweichenden nationalen Vorschriften beibehalten oder erlassen. Sie müssen das innerstaatliche Recht ohne mildere oder strengere Regelungen anpassen und dürfen dieses für die Zukunft nicht mehr ändern. Dies gilt beispielsweise im Bereich des Verbraucherschutzes für die Umsetzung der Richtlinien durch die Schuldrechtsreform 2022 im nationalen Recht.

Mindestharmonisierung

Bei Mindestharmonisierung dürfen die EU-Mitgliedstaaten nicht von einem Mindeststandard abweichen, den die Richtlinie vorgibt. Sie dürfen aber im Zuge der Umsetzung weitergehende Regelungen im innerstaatlichen Recht erlassen. Von dieser Möglichkeit hat der Gesetzgeber z. B. bei der Schuldrechtsreform 2002 im Rahmen der „großen Lösung“ Gebrauch gemacht.

Umsetzungsverstöße

Eine inhaltlich unrichtige oder verspätete Umsetzung kann im Vertragsverletzungsverfahren geltend gemacht werden (Art. 258–260 EUV). Nach der Rechtsprechung des Gerichtshofs muss das nationale Recht der Mitgliedstaaten soweit wie möglich richtlinienkonform ausgelegt werden. Dies gilt für das vor wie auch nach der Richtlinie erlassene nationale Recht

(EuGH, C-397/01 bis C-403/01 Pfeiffer). Diese Verpflichtung gilt erst nach Ablauf der Umsetzungsfrist (EuGH, C-212/04 Adeneler). Der Grundsatz gemeinschaftskonformer Auslegung darf (aber) nicht zur Auslegung *contra legem* des nationalen Rechts führen. Er verlangt jedoch, dass das nationale Gericht gegebenenfalls das gesamte nationale Recht berücksichtigt, um zu beurteilen, inwieweit es so angewendet werden kann, dass kein der Richtlinie widersprechendes Ergebnis erzielt wird (EuGH, C-105/03 Pupino).

Unmittelbare Anwendung

Nach ständiger Rechtsprechung des Europäischen Gerichtshofs (C-8/81 Becker) kann eine Richtlinie **ausnahmsweise** unmittelbare Anwendung finden, wenn sie trotz Fristablauf nicht in innerstaatliches Recht umgesetzt worden ist. Hierzu muss sie von ihrem Inhalt her unbedingt und hinreichend bestimmt sein, um im Einzelfall angewendet zu werden **(unmittelbare Wirkung)**. Die Einzelnen können sich dann gegenüber den Mitgliedstaaten vor nationalen Behörden und Gerichten auf sie begünstigende Vorschriften einer Richtlinie berufen **(vertikale Drittwirkung)**. Diese EuGH-Rechtsprechung hat das Bundesverfassungsgericht als zulässige Rechtsfortbildung im Rahmen europäischer Rechtstradition anerkannt (BVerfGE 75, 223). Im Verhältnis Privater untereinander können Richtlinien jedoch grundsätzlich keine unmittelbaren Verpflichtungen begründen **(horizontale Drittwirkung)**. Vielmehr muss die unmittelbare Wirkung auf das Verhältnis Privater zum Staat beschränkt bleiben (EuGH, C-152/84 Marshall II). Allerdings soll eine Richtlinie nach **jüngster Rechtsprechung** des Gerichtshofs dann eine unmittelbare Wirkung gegenüber Privaten haben, wenn sie einen allgemeinen Grundsatz des Unionsrechts wie das Diskriminierungsverbot konkretisiert, selbst wenn die Umsetzungsfrist noch nicht abgelaufen ist (EuGH, C-144/04 Mangold; C-555/07 Kücükdeveci).

cc. Beschlüsse

Beschlüsse sind in allen ihren Teilen verbindlich. Sind sie an bestimmte Adressaten gerichtet, so sind sie nur für diese verbindlich (Art. 288 Abs. 3 AEUV). Dies können Mitgliedstaaten, natürliche und juristische Personen sein. Da der Adressatenkreis somit individualisierbar sein muss, um unmittelbare Rechte und Pflichten zu begründen, haben Beschlüsse im Gegensatz zu Verordnungen **keine allgemeine Geltung**. Beschlüsse, die an Mitgliedstaaten gerichtet sind, können **ausnahmsweise** unmittelbare Wirkungen für Einzelne erzeugen. Dieser kann sich vor einem staatlichen Gericht unmittelbar auf einen Beschluss berufen, wenn dieser inhaltlich unbedingt und hinreichend genau ist und Rechte des Einzelnen gegenüber einem Mitgliedstaat begründet (EuGH, C-9/70 Leberpfennig).

dd. Empfehlungen/Stellungnahmen

Empfehlungen und Stellungnahmen sind **nicht verbindlich** (Art. 288 Abs. 4 AEUV). Sie haben einen offenen Adressatenkreis und sind regelmäßig an (die) Mitgliedstaaten gerichtet; so z. B. die Mitteilungen, Bekanntmachungen und Leitlinien der Kommission. Die Innerstaatlichen Gerichte sind verpflichtet, Empfehlungen bei der Entscheidung anhängiger Rechtsstreitigkeiten zu berücksichtigen, insbesondere dann, wenn sie geeignet sind, Aufschluss über die Auslegung anderer innerstaatlicher oder gemeinschaftlicher Bestimmungen zu geben (EuGH, C-322/88 Grimaldi).

ee. Sonstige Rechtsakte

Delegierte Rechtsakte

In Gesetzgebungsakten kann der Kommission die Befugnis übertragen werden, Rechtsakte ohne Gesetzescharakter mit allgemeiner Geltung zur Ergänzung oder Änderung bestimmter nicht wesentlicher Vorschriften des betreffenden Gesetzgebungsaktes zu erlassen (**delegierte Rechtsakte**). In den Gesetzgebungsakten werden Ziele, Inhalt, Geltungsbereich und Dauer der Befugnisübertragung ausdrücklich festgelegt. Die wesentlichen Aspekte eines Bereichs sind dem Gesetzgebungsakt vorbehalten und eine Befugnisübertragung ist für sie ausgeschlossen (Art. 290 Abs. 1 AEUV). Die Bedingungen, unter denen die Übertragung erfolgt, werden in Gesetzgebungsakten ausdrücklich festgelegt (Art. 290 Abs. 2 AEUV).

Durchführungsrechtsakte

Die Mitgliedstaaten ergreifen alle zur Durchführung der verbindlichen Rechtsakte der Union erforderlichen Maßnahmen nach innerstaatlichem Recht. Bedarf es einheitlicher Bedingungen für die Durchführung der verbindlichen Rechtsakte der Union, so werden der Kommission oder in Sonderfällen dem Rat Durchführungsbefugnisse übertragen (**Durchführungsrechtsakte**). Für diese Zwecke legen das Europäische Parlament und der Rat gemäß dem ordentlichen Gesetzgebungsverfahren durch Verordnungen im Voraus allgemeine Regeln und Grundsätze fest, nach denen die Mitgliedstaaten die Wahrnehmung der Durchführungsbefugnisse durch die Kommission kontrollieren (Art. 291 AEUV). Dazu ist die Verordnung (VO) 182/2011 erlassen worden.

Rechtsakt im Einzelfall

Wird die Art des zu erlassenden Rechtsakts von den Verträgen nicht vorgegeben, so entscheiden die Unionsorgane darüber von Fall zu Fall unter Einhaltung der geltenden Verfahren und des Grundsatzes der Verhältnismäßigkeit. Die Rechtsakte sind mit einer Begründung zu versehen und nehmen auf die in den Verträgen vorgesehenen Vorschläge, Initiativen, Empfehlungen. Anträge oder Stellungnahmen Bezug. Werden das Europäische Parlament und der Rat mit dem Entwurf eines Gesetzgebungsakts befasst, so nehmen sie keine Rechtsakte an, die gemäß dem für den betreffenden Bereich geltenden Gesetzgebungsverfahren vorgesehen sind (Art. 296 AEUV).

2. Gesetzgebung

a. Gesetzgebungskompetenz

Rechtsakte werden von den Unionsorganen im Rahmen ihrer Kompetenzen nach den Prinzipien der **begrenzten Einzelermächtigung** (Art. 5 Abs. 1, Art 13 Abs. 2 EUV) und der **Subsidiarität** (Art 5 Abs. 2 EUV) als Sekundärrecht erlassen (**Verbandskompetenz**). Die Rechtsakte sind in Art 288 AEUV geregelt. Dies sind Verordnungen, Richtlinien, Beschlüsse, Empfehlungen und Stellungnahmen. Aus den Rechtsakten muss sich nach der Rechtsprechung des Gerichtshofs (Rs. C-45/86 APS, C-281/01 Energy Star) ihre Rechtsgrundlage ergeben. Dies kann in den Rechtsakten durch eine ausdrückliche Bezugnahme oder objektiv gerichtlich nachprüfbare Umstände, zu denen das Ziel und der Inhalt des Rechtsakts gehören, erfolgen (**Schwerpunktbetrachtung**). Ausnahmsweise kann ein Rechtsakt auch auf verschiedene einschlägige Rechtsgrundlagen gestützt werden. Dazu muss feststehen, dass gleichzeitig zwei Ziele verfolgt werden, die untrennbar miteinander verbunden sind, ohne dass das eine im Verhältnis zum anderen zweitrangig ist und mittelbaren Charakter hat.

aa. Ausschließliche Zuständigkeiten

Die ausschließlichen Zuständigkeiten (Art. 2 Abs. 1 AEUV) weisen der **Europäischen Union** bestimmte Sachbereiche zu, in denen die Mitgliedstaaten nicht gesetzgeberisch tätig werden dürfen (**Sperrwirkung**). Hierzu bedürfen diese ihrerseits einer Unionsermächtigung. Die Europäische Union hat nach Art. 3 Abs. 1 AEUV ausschließliche Zuständigkeit in folgenden Bereichen:

- a) Zollunion,
- b) Festlegung der für das Funktionieren des Binnenmarktes erforderlichen Wettbewerbsregeln,
- c) Währungspolitik für Mitgliedstaaten, deren Währung der Euro ist,
- d) Erhaltung der biologischen Meerschätze im Rahmen der gemeinsamen Fischereipolitik,
- e) gemeinsame Haushaltspolitik.

Ferner hat die Europäische Union die ausschließliche Zuständigkeit für den Abschluss internationaler Übereinkünfte. Dies setzt voraus, dass eine solche Übereinkunft in einem Gesetzgebungsakt der Union vorgesehen ist, er notwendig ist, damit sie ihre interne Zuständigkeit ausüben kann oder soweit er (ansonsten) gemeinsame Regeln beeinträchtigen oder deren Tragweite verändern könnte (Art. 3 Abs. 2 AEUV).

bb. Geteilte Zuständigkeiten

Dagegen können im Bereich der geteilten Zuständigkeiten sowohl die **Europäische Union** als auch die **Mitgliedstaaten** gesetzgeberisch tätig werden und verbindliche Rechtsakte erlassen (Art. 2 Abs. 2 AEUV). Die Mitgliedstaaten sind zuständig, sofern und soweit die Union ihre Zuständigkeit nicht ausgeübt hat. Die Union teilt ihre Zuständigkeit mit den Mitgliedstaaten, wenn ihr die Verträge außerhalb der in Art. 3 und 6 AEUV genannten Bereiche eine Zuständigkeit übertragen (Art. 4 Abs. 1 AEUV). Die geteilte Zuständigkeit erstreckt sich nach Art. 4 Abs. 2 AEUV auf die folgende Hauptbereiche:

- a) Binnenmarkt,
- b) Sozialpolitik,
- c) wirtschaftlicher, sozialer und territorialer Zusammenhalt,
- d) Landwirtschaft und Fischerei ausgenommen die Erhaltung der biologischen Meerschätze,
- e) Umwelt,
- f) Verbraucherschutz,
- g) Verkehr,
- h) transeuropäische Netze,
- i) Energie,
- j) Raum der Freiheit, der Sicherheit und des Rechts,
- k) gemeinsame Sicherheitsanliegen im Bereich der öffentlichen Gesundheit.

Die Union kann in den Bereichen Forschung, technologische Entwicklung und Raumfahrt, Entwicklungszusammenarbeit und humanitäre Hilfe auch Maßnahmen treffen, ohne dass dies die Mitgliedstaaten hindert auch ihre Zuständigkeit auszuüben (Art. 4 Abs. 3 und 4 AEUV).

Die Union ist für die **Koordinierung der Wirtschaftspolitik** der Mitgliedstaaten zuständig und beschließt die Grundzüge dieser Politik (Art. 5 Abs. 1 AEUV). Zudem ist sie in den Bereichen Gesundheit, Industrie, Kultur, Tourismus, allgemeine und berufliche Bildung, Jugend und Sport zuständig zur Unterstützung, Koordinierung oder Ergänzung der Maßnahmen der Mitgliedstaaten (Art. 6 AEUV). Auch ist sie für eine **gemeinsame Außen- und**

Sicherheitspolitik einschließlich der schrittweisen Festlegung einer gemeinsamen Verteidigungspolitik zuständig (Art. 2 Abs. 4 AEUV). Nach Art. 352 AEUV ist die Union im Rahmen der festgelegten Politikbereiche zuständig, um eines der Ziele der Verträge zu verwirklichen (**Flexibilitätsklausel**). Dazu gehören nicht die Ziele der gemeinsamen Außenpolitik (EuGH, C-402/05, C-415-05 Kadi und Al Barakaat).

cc. Zuständigkeitsgrenzen

Die Ausübung der Unionskompetenzen wird durch das **Subsidiaritätsprinzip** (Art. 5 Abs. 1 S. 2, Abs. 3 EUV) und den **Verhältnismäßigkeitsgrundsatz** (Art. 5 Abs. 1 S. 2, Abs. 4 EUV) begrenzt, die sich gegenseitig ergänzen. Im Gegensatz zum Subsidiaritätsprinzip gilt der Verhältnismäßigkeitsgrundsatz auch für Unionsmaßnahmen im Bereich der ausschließlichen Zuständigkeit der Union. Im. **Subsidiaritätsprotokoll**, das mit dem Vertrag von Lissabon in Kraft getreten ist, werden dies Grundsätze näher ausgestaltet. Als Bestandteil der EU-Verträge ist das Protokoll gemäß Art. 51 EUV rechtsverbindlich.

Alle der Union nicht von den Mitgliedstaaten übertragenen Zuständigkeiten verbleiben bei den Mitgliedstaaten (Art. 5 Abs. 2 EUV). Zudem bedarf eine Ausdehnung oder Verringerung der Zuständigkeiten, die der Union von den Mitgliedstaaten übertragen wurden, einer Änderung der EU-Verträge im Wege des **ordentliche Änderungsverfahrens** (Art. 48 Abs. 1 EUV). Dazu müssen allen EU-Mitgliedstaaten den Vertragsänderungen durch Ratifizierung gemäß ihren verfassungsrechtlichen Vorschriften zustimmen (Art. 48 Abs. 4 UAbs. 2, Abs. 6 UAbs. 2 S. 3 EUV).

b. Gesetzgebungsverfahren

Der **Rat** wird gemeinsam mit dem **Europäischen Parlament** als Gesetzgeber tätig (Art. 16 Abs. 1 EUV). Soweit in den Verträgen der Union nichts anderes vorgesehen ist, beschließt der Rat mit **qualifizierter Mehrheit** (Art. 16 Abs. 3 EUV). Als qualifizierte Mehrheit gilt eine Mehrheit von mindestens 55% der Mitglieder des Rates, gebildet aus mindestens 15 Mitgliedstaaten, sofern die von diesen vertretenen Mitgliedstaaten zusammen mindestens 65% der Bevölkerung der Union ausmachen (**doppelte Mehrheit**). Für eine **Sperrminorität** sind mindestens vier Mitglieder des Rates erforderlich, andernfalls gilt die qualifizierte Mehrheit als erreicht (Art. 16 Abs. 4 EUV, Art. 238 Abs. 3 AEUV). Soweit in den Verträgen nichts anderes festgelegt ist, darf ein Gesetzgebungsakt der Union nur auf Vorschlag der Kommission erlassen werden (**Initiativrecht**). Andere Rechtsakte werden auf der Grundlage eines Kommissionsvorschlages erlassen, wenn es in den Verträgen vorgesehen ist (Art. 17 Abs. 2 EUV). Wird der Rat auf Vorschlag der Kommission tätig, so kann er diesen Vorschlag grundsätzlich nur einstimmig abändern (Art. 293 Abs. 1 AEUV). Der Rat (Art. 225 AEUV) und das Parlament (Art. 241 AEUV) können die Kommission jedoch auffordern, einen Vorschlag zu unterbreiten. Im Rahmen einer **Bürgerinitiative** steht dieses Recht auch den Unionsbürgern zu (Art. 11 EUV, Art. 24 AEUV).

aa. Ordentliches Gesetzgebungsverfahren

Das ordentliche Gesetzgebungsverfahren ist die gemeinsame Annahme einer Verordnung, Richtlinie oder eines Beschlusses durch das **Europäische Parlament** und den **Rat** auf **Vorschlag der Kommission** (Art. 289 Abs. 1 S. 1 AEUV) Im ordentlichen Gesetzgebungsverfahren nach Art 294 AEUV legt das Parlament seinen Standpunkt in erster Lesung fest und übermittelt ihn dem Rat. Billigt der Rat den Standpunkt, so ist der Rechtsakt in der Fassung des Standpunktes des Parlaments erlassen. Billigt der Rat den Standpunkt nicht, so legt er seinen

Standpunkt in erster Lesung fest und übermittelt ihn dem Parlament. Dieses kann den Standpunkt des Rates in zweiter Lesung billigen oder sich nicht äußern oder aber in erster Lesung mit der Mehrheit seiner Mitglieder ablehnen. Bei Abänderungen des Standpunktes des Rates durch das Parlament kann es wiederum zu einer Billigung durch den Rat mit qualifizierter Mehrheit oder Ablehnung mit einem anschließenden Verfahren im Vermittlungsausschuss in zweiter und dritter Lesung kommen. Billigt der Vermittlungsausschuss einen gemeinsamen Entwurf, können Parlament und Rat den Rechtsakt erlassen. Andernfalls gilt der Rechtsakt als nicht erlassen.

bb. Besonderes Gesetzgebungsverfahren

Im besonderen Gesetzgebungsverfahren wird der Rechtsakt entweder durch das Parlament unter Beteiligung des Rates oder durch den Rat unter Beteiligung des Parlaments erlassen (Art. 289 Abs. 2 AEUV). Beim **Zustimmungsverfahren** kann der Rat den betreffenden Rechtsakt nicht ohne die Zustimmung des Parlaments erlassen (Art. 223 Abs. 2 AEUV). Das Parlament hat ein Vetorecht, kann die Vorschläge jedoch nicht abändern. Das **Anhörungs-** oder **Konsultationsverfahren** findet nur in Fällen Anwendung, die nicht ausdrücklich dem Zustimmungsverfahren oder ordentlichen Gesetzgebungsverfahren unterliegen. Daneben gibt es Rechtsakte **ohne Gesetzescharakter** als **delegierte Rechtsakte** (Art. 290 AEUV) und **Durchführungsrechtsakte** (Art. 291 AEUV).

3. Rechtsauslegung

Die Auslegung des EU-Rechts (Rechtsauslegung) erfolgt durch den **EuGH** (Art. 267 AEUV). Dieser sichert die Wahrung des Rechts bei der Auslegung und Anwendung der Verträge (Art. 19 Abs. 1 S. 2 EUV). Seine Kompetenz erstreckt sich jedoch nicht nur auf das primäre, sondern auch auf das sekundäre Gemeinschaftsrecht. Die Gerichte der Mitgliedstaaten sind verpflichtet, nationales Recht **gemeinschaftskonform** auszulegen. Bestehen Zweifel über die Auslegung des EU-Rechts und hält das Gericht eines Mitgliedstaats eine Entscheidung darüber zum Erlass seines Urteils für erforderlich, so kann es die Frage dem EuGH zur Entscheidung im Wege des **Vorabentscheidungsverfahrens** vorlegen (Art. 267 AEUV). Das Gericht des Mitgliedstaats ist bei der Entscheidung über den anhängigen Rechtsstreit an die Auslegung des Gerichtshofs gebunden. In gleicher Weise gilt dies für andere nationale Gerichte, die mit der gleichen Rechtsfrage befasst werden. Bei der Auslegung des EU-Rechts durch den EuGH finden sowohl die **klassischen** wie auch die besonderen **gemeinschaftsrechtlichen Auslegungsmethoden** Anwendung.

a. Grammatische Auslegung

Auch der EuGH geht bei der Auslegung des Gemeinschaftsrechts vom **Wortlaut** der Norm aus (**grammatische Auslegung**). Die Gleichwertigkeit der verbindlichen Sprachfassungen der europäischen Verträge und der darauf basierenden Rechtsakte führt allerdings zu Schwierigkeiten bei der grammatischen Auslegung. Da die Wortbedeutungen in den Amts- und Arbeitssprachen variieren können, alle Sprachen jedoch gleichermaßen authentisch sind, kann im Zweifel nicht dem Wortlaut einer bestimmten Sprache der Vorzug gegeben werden. Die Auslegung nach dem Wortlaut muss aber in allen Amtssprachen gleichermaßen möglich sein. Zudem ist der Sinn eines Wortes im EU-Recht aufgrund der **Autonomie der Rechtsbegriffe** des europäischen Rechts nicht zwingend mit seinem Sinn innerhalb der Rechtsordnung eines Mitgliedstaats identisch. Auch wird die Auslegung vom EuGH nicht im Lichte nationaler Rechtsordnungen vorgenommen. Vielmehr kommt bei mehreren möglichen Auslegungen diejenige zur Geltung, die am ehesten geeignet ist, eine **möglichst umfassende Verwirklichung der Ziele** der EU(-Verträge) zu gewährleisten.

b. Systematische Auslegung

Sofern sich der Wortlaut der Norm nicht ermitteln lässt, greift der EuGH auf andere Methoden der Auslegung zurück. Dabei spielt die systematische Auslegung eine wichtige Rolle. Danach ist jede Vorschrift des Gemeinschaftsrechts in ihrem **Zusammenhang** zu sehen und im Lichte des **gesamten Gemeinschaftsrechts**, seiner Ziele und seines Entwicklungsstandes zur Zeit der Anwendung der betreffenden Vorschrift auszulegen. Der EuGH geht im **Primärrecht** davon aus, dass alle Kapitel eines Vertrages der gleichen inneren Form folgen, welche die grundsätzliche Norm an den Anfang stellt. Die folgenden Normen bilden lediglich Konkretisierungen und Ausnahmen dieser Norm. Hieraus leitet sich der allgemeine Auslegungsgrundsatz im EU-Recht ab, dass **Grundsatzregelungen weit** und **Ausnahmeregelungen eng** auszulegen sind. Auch verdrängt das Spezialgesetz das allgemeinere Gesetz (**Spezialität**) und das jüngere Gesetz das ältere (**Derogation**). Im **Sekundärrecht** werden die einzelnen Regelungen nicht als unabhängige Normen betrachtet, sondern als sich ergänzende Teile eines in sich abgestimmten Systems. Das Sekundärrecht ist möglichst so auszulegen, dass es **nicht im Widerspruch zum Primärrecht** steht. Zudem ist es im Einklang mit den völkerrechtlichen Verpflichtungen der Union und dem Völkergewohnheitsrecht auszulegen.

c. Historische Auslegung

Die historische Auslegung nach der Entstehungsgeschichte hat eine **geringe Bedeutung**. Die Verhandlungsprotokolle der Gründungsverträge wurden nicht veröffentlicht. Auch hat der Europäische Gerichtshof die teilweise dazu angeführten Erwägungen der mitgliedstaatlichen Parlamente bei Klagen nicht berücksichtigt. Allerdings hat er bei Übernahme einer Bestimmung des Verfassungskonvents in das Primärrecht auf die veröffentlichten Vorarbeiten zurückgegriffen. Auch im Sekundärrecht werden Dokumente zur Entstehungsgeschichte nicht berücksichtigt (auch wenn sie im Rat bei der Normfassung zu Protokoll gegeben wurden), sofern sie keinen Niederschlag in der Norm finden. Zudem werden Protokollerklärung der am Legislativprozess beteiligten Gemeinschaftsorgane (mit Ausnahme der Stellungnahme des Europäischen Parlaments) und der Mitgliedstaaten oftmals vertraulich behandelt.

d. Teleologische Auslegung

Der teleologischen Auslegung kommt in der Rechtsprechung des Europäischen Gerichtshofs eine **entscheidende Bedeutung** zu. Diese ermittelt den Sinn und Zweck der unionsrechtlichen Regelungen. Dabei sind die Erwägungsgründe in der Präambel des jeweiligen Rechtsakts zu berücksichtigen. Von zentraler Bedeutung für die Auslegung ist das Effektivitätsprinzip ***(effet utile)***, das in Art. 4 Abs. 3 EUV niedergelegt ist. Danach ist das Unionsrecht so auszulegen, dass ihm eine möglichst große Effizienz (**praktische Wirksamkeit**) zukommt und die Funktionsfähigkeit der Union gesichert ist. Dies führt zu einer dynamischen, **integrationsfreundlichen** Auslegung. Die unbestimmten und interpretationsbedürftigen Bestimmungen des Sekundärrechts werden im Lichte der Ziele des EUV und des AEUV vom Europäischen Gerichtshof ausgelegt. Dieser verwendet den *effet utile* zur Effektivitätssicherung des Unionsrechts, ordnet ihn aber nicht methodisch ein. In der Literatur wird der *effet utile* als eigenständige gemeinschaftsrechtliche Auslegungsmethode, Maxime in der teleologischen Auslegung oder richterliche Rechtsfortbildung betrachtet.

e. Rechtsvergleichende Auslegung

Bei der rechtsvergleichenden Auslegung einer europarechtlichen Norm vergleicht der EuGH ähnliche Regelung in den Mitgliedstaaten. Da die Rechtsordnungen der Mitgliedstaaten aber völlig unterschiedlich gewachsen sind und daher die Vergleichbarkeit eingeschränkt ist, führt der Gerichtshof ein wertendes Element in die Vergleichung ein. Danach muss sich die gefundene Lösung in das Gesamtsystem der Ziele und Strukturen des Europarechts einordnen lassen. Die rechtsvergleichende Auslegung wendet der EuGH insbesondere in Fällen an, für die es noch keine gemeinschaftsrechtliche Regelung gibt. Im Bereich der **außervertraglichen Amtshaftung** richtet sich der von der Union zu ersetzende Schaden nach den **allgemeinen Rechtsgrundsätzen**, die den Mitgliedstaaten gemeinsam sind (Art. 340 Abs. 2, vgl. auch Art. 188 Abs. 2 AEUV). In diesem Fall ist die rechtsvergleichende Auslegung der Norm bereits durch das Primärrecht als maßgebliche Methode und nicht lediglich subsidiäre Methode vorgegeben.

f. Autonome Auslegung

Die Rechtsbegriffe des Unionsrechts sind **eigenständig** und unabhängig vom nationalen Recht der Mitgliedstaaten und **einheitlich** auszulegen (**autonome Auslegung**). Dies soll die praktische Wirksamkeit des Unionsrechts sichern, die durch eine unterschiedliche Anwendung in den EU-Mitgliedstaaten nicht möglich wäre. Diese Auslegungsvorgaben sind vom Europäischen Gerichtshof wie auch von den Mitgliedstaaten einzuhalten, damit jede Bestimmung und jedes Konzept des Unionsrechts europaweit einheitlich angewendet wird.

g. Lückenausfüllung

Es ist primär die Aufgabe der an der Rechtsetzung beteiligten Unionsorgane, die Lücken im Unionsrecht zu schließen. Werden diese aber nicht tätig, sollen die europäischen Gerichte in ihrer Rechtsprechung die Lücken rechtsfortbildend füllen können (**Lückenausfüllung**). So enthalten insbesondere die Gründungsverträge in ihrer heutigen Fassung als Grundlage für eine Rechtsordnung der neu gegründeten Europäischen Union zwangsläufig Lücken, die aus rechtsstaatlichen Gründen zu füllen sind. Die **unmittelbare Anwendung von Richtlinien** in säumigen Mitgliedstaaten, die diese nicht rechtzeitig umgesetzt haben, ist vom EuGH unter engen Voraussetzungen im Wege der Rechtsfortbildung entwickelt worden. Dies erfordert die Wirksamkeit der Rechtsordnung der Union. Sonst hätte es für die jeweiligen säumigen Mitgliedstaaten keine Konsequenzen, wenn sie die mehrheitlich im Rat beschlossenen Richtlinien nicht rechtzeitig oder vollständig in nationales Recht umsetzen. Die Möglichkeit ein Vertragsverletzungsverfahren einzuleiten, ist zur Sicherung eines einheitlich geltenden Unionsrechts nicht ausreichend. Der Gerichtshof hatte den **unionsrechtlichen Staatshaftungsanspruch** des Bürgers gegen einen säumigen Mitgliedstaat nach nationalem Staatshaftungsrecht in der Francovich-Entscheidung (Rs. C-6/90 und C-9/90) entwickelt. Er hat ihn als **allgemeinen Grundsatz** des Unionsrechts bezeichnet, der auch bei anderen Verstößen geltend gemacht werden könne. Dieser allgemeine Staatshaftungsanspruch dient dem Zweck, die volle Wirksamkeit und die nützliche Wirkung des Unionsrechts zu sichern.

4. Rechtsprechung

a. Zuständigkeit und Verfahren

aa. Allgemeines

Die Gerichtsbarkeit (Judikative) wird durch die **Unionsgerichte** ausgeübt. Ihre Organisation regeln die Art. 19 EUV, Art. 251–257 AEUV, die Satzung des Gerichtshofs der Europäischen Union sowie die Verfahrensordnungen von EuGH, EuG und EuGD; die Verfahrensarten regeln Art. 258–280 AEUV. Der Gerichtshof der Europäischen Union besteht aus dem Gerichtshof (EuGH), dem Gericht (EuG) und dem Gericht für den öffentlichen Dienst (EuGD). Er sichert die Wahrung des Rechts bei der Auslegung und Anwendung der Verträge. Die Mitgliedstaaten schaffen dazu die erforderlichen Rechtsbehelfe, damit ein wirksamer Rechtsschutz in den vom Unionsrecht erfassten Bereichen gewährleistet ist (Art. 19 Abs. 1 EUV). Nach Rechtsprechung des Gerichtshofs (EuGH, C-268/06 Impact) sind sie bei Bestimmung der zuständigen Gerichte und Ausgestaltung des Verfahrens autonom (**Verfahrensautonomie**). Die **Rechtsweggarantie** gewährleistet Art. 47 der Charta der Grundrechte (GRC). Danach sind die staatlichen Gerichte verpflichtet, alle erforderlichen Maßnahmen zum Schutz der Rechte des Einzelnen, die durch das Unionsrecht gewährt werden, einschließlich einstweiliger Anordnungen, zu treffen (EuGH, C.213/89 Factortame). Auch müssen die Gerichte zwingende Vorschriften des Unionsrecht **von Amts wegen** prüfen (EuGH, C-430/93 van Schijndel).

Bei Verfahren vor dem Gerichtshof haben Klagen gegen Rechtsakte der Unionsorgane **keine aufschiebende Wirkung**. Der EuGH kann jedoch, wenn er dies den Umständen nach für nötig hält, die Durchführung der angeordneten Handlung **aussetzen** (Art. 278 AEUV). Die Urteile des Gerichtshofs der Union, die eine Zahlung auferlegen, sind **vollstreckbare Titel**. Dies gilt jedoch nicht gegenüber den Mitgliedstaaten. Die Zwangsvollstreckung erfolgt nach den Vorschriften des Mitgliedstaates, in dessen Hoheitsgebiet sie stattfindet (Art. 280, 299 AEUV).

Verfahrenssprachen sind **alle Amtssprachen** der Union (Art. 36–42 Verfahrensordnung des EuGH). Grundsätzlich kann der Kläger die Amtssprache wählen. Bei Klagen gegen einen EU-Mitgliedstaat ist dessen Amtssprache die Verfahrenssprache. Von dieser Grundregel können die Parteien jedoch gemeinsam Abweichungen beantragen. In Vorabentscheidungsverfahren ist die **Sprache** des **vorlegenden Gerichts** Verfahrenssprache. Urkunden, Aussagen von Zeugen und Sachverständigen in einer anderen Sprache sind in die Verfahrenssprache zu übersetzen. Die Rechtsprechung (Schlussanträge und Urteile) wird in den Amtssprachen der Union amtlich veröffentlicht, abrufbar auf der Website des Gerichtshofs unter www.curia.europa.eu.

bb. Europäischer Gerichtshof

Der Europäischer Gerichtshof (EuGH) ist ein **Einheitsgericht** ohne institutionelle Trennung der Gerichtszweige wie im nationalen Recht der Mitgliedstaaten. Er übernimmt im Rahmen der jeweiligen Zuständigkeiten die Funktionen eines Verfassungsgerichts, Verwaltungsgerichts, Zivilgerichts, Arbeits- und Sozialgerichts oder Strafgerichts. Von zentraler Bedeutung ist seine **alleinige Zuständigkeit** für Vorabentscheidungsverfahren (Art. 267 AEUV) wie für Vertragsverletzungsverfahren (Art. 258–260 AEUV). Zudem isst er für bestimmte Nichtigkeits- oder Untätigkeitsklagen zuständig (Art. 263–266 AEUV). Er hat **keine Zuständigkeit** für die Bestimmungen der Gemeinsamen Außen- und Sicherheitspolitik und für die auf der Grundlage dieser Bestimmungen erlassenen Rechtsakte (Art. 24 Abs. 1 UAbs. 2 EUV,

Art. 275 Abs. 1 AEUV). Davon **ausgenommen** sind Rechtsakte in Bezug auf die Verhütung und Bekämpfung von Terrorismus (Art. 75 Abs. 3 AEUV) und die Abgrenzung der Zuständigkeit in der GASP von den übrigen Zuständigkeiten. Auf dem Gebiet der inneren Sicherheit ist der EuGH nicht zuständig für die Überprüfung von Maßnahmen der Polizei oder anderer Strafverfolgungsbehörden eines Mitgliedstaats oder der Wahrnehmung der Zuständigkeiten der Mitgliedstaaten für die Aufrechterhaltung der öffentlichen Ordnung und den Schutz der inneren Sicherheit (Art. 276 AEUV).

cc. Europäisches Gericht

Das Europäisches Gericht (EuG) ist im **ersten Rechtszug** zuständig für alle von natürlichen und juristischen Personen sowie von Mitgliedstaaten gegen Unionsorgane (außer Rat und EP) erhobenen Nichtigkeits- und Untätigkeitsklagen (Art. 263–266 AEUV), alle Schadensersatzklagen (Art. 268 AEUV) und alle Klagen, die aufgrund von Schiedsklauseln anhängig gemacht werden (Art. 272 AEUV). Gegen die Entscheidungen des EuG kann beim EuGH ein auf Rechtsfragen **beschränktes Rechtsmittel** eingelegt werden (Art. 256 Abs. 1 UAbs. 2 AEUV). Im Gegensatz dazu sind die **Gerichte der Mitgliedstaaten** für die Rechtsstreitigkeiten zwischen Privaten und staatlichen Behörden sowie zwischen Privaten untereinander zuständig, in denen es um die **Durchsetzung des Unionsrechts** geht.

dd. Gericht für den öffentlichen Dienst

Das Gericht für den öffentlichen Dienst der Europäischen Union (EuGD) ist als **beigeordnetes Gericht** im ersten Rechtszug errichtet worden (Art. 257 AEUV). Es ist für alle Streitsachen zwischen der **Union** und deren **Bediensteten** zuständig, einschließlich der Streitsachen zwischen den Einrichtungen sowie Ämtern und Agenturen und deren Bediensteten. Das Verfahren vor dem EuGD bestimmt sich nach der Satzung des Europäischen Gerichtshofs und der Verfahrensordnung des EuGD.

b. Vorabentscheidung

aa. Gegenstand

Der EuGH entscheidet im Wege der Vorabentscheidung über die **Auslegung** der Verträge und die **Gültigkeit** und die Auslegung der Organe, Einrichtungen oder sonstigen Stellen der Union (**Vorabentscheidungsverfahren**). Wird eine derartige Frage einem Gericht des Mitgliedstaats gestellt und hält dieses Gericht eine Entscheidung darüber zum Erlass eines Urteils für erforderlich, so kann es diese Frage dem EuGH **zur Entscheidung vorlegen** (Art. 267 Abs. 1 AEUV). Dabei zu beachten, dass der EuGH bei der Auslegungsvorlage weder über die Anwendung des Unionsrechts noch über die Vereinbarkeit nationaler Vorschriften mit dem Unionsrecht entscheidet. Er kann jedoch dem vorlegenden Gericht alle Hinweise zur Auslegung des Unionsrechts geben, die es diesem ermöglichen, die Frage der Vereinbarkeit für die Entscheidung des bei ihm anhängigen Rechtsstreits zu beurteilen (EuGH, C-55/94 Gebhard). Bei der **Gültigkeitsvorlage** können alle Ungültigkeitsgründe des Unionsrechts (Art. 263 Abs. 2 AEUV) berücksichtigt werden (EuGH, C-21–24/72 International Fruit Company).

bb. Vorlagerecht

Das Vorlagerecht ist in Art. 267 Abs. 2 AEUV geregelt. Das Gericht eines Mitgliedstaats kann dem EuGH eine Frage über die Auslegung oder Gültigkeit zur Entscheidung vorlegen, wenn es diese zum **Erlass seines Urteils** für **erforderlich** hält. Dabei muss es sich um einen

Spruchkörper auf gesetzlicher Grundlage handeln, der aufgrund eines rechtsstaatlich geordneten Verfahrens in richterlicher Unabhängigkeit Rechtsstreitigkeiten entscheidet. Zur Abgrenzung von anderen Organen oder Einrichtungen stellt der EuGH auf eine Reihe von Gesichtspunkten wie den ständigen Charakter, die obligatorische Gerichtsbarkeit, die Durchführung eines streitigen Verfahrens, die Anwendung von Rechtsnormen sowie die Unabhängigkeit ab. Daran **fehlt** es bei **Wettbewerbsbehörden**, die der Weisungsbefugnis und Aufsicht einer übergeordneten Stelle unterliegen (EuGH, C-54/03 Syfait) und **Schiedsgerichten** nach §§ 1025 ZPO, da sie nicht der öffentlichen Gewalt zuzuordnen sind (EuGH, C-102/81 Nordsee). Auch ein Schiedsgericht, das in einem Investitionsschutzabkommen zwischen EU-Mitgliedstaaten durch eine Schiedsklausel festgelegt wird, ist kein Gericht eines Mitgliedstaats (Rs. C-284/16 Achmea).

cc. Vorlagepflicht

Die Vorlagepflicht ist in Art 267 Abs. 2 AEUV geregelt. Das Gericht eines Mitgliedstaates ist zur Anrufung des EuGH **verpflichtet**, wenn dessen Entscheidungen selbst nicht mehr mit Rechtsmitteln des innerstaatlichen Rechts angefochten werden können. Dies gilt nicht nur für die obersten Gerichte eines Gerichtszweigs (**abstrakte Theorie**), sondern auch dann, wenn im jeweiligen Einzelfall die Entscheidung des befassten Gerichts nicht mehr angefochten werden kann (**konkrete Theorie**). Damit soll eine einheitliche Rechtsanwendung des Unionsrechts wirksam erreicht werden (EuGH, C-99/00 Lyckeskog). Darüber hinaus besteht für die nationalen Gerichte der unteren Instanzen eine Vorlagepflicht, wenn sie einen entscheidungserheblichen Rechtsakt von Unionsorganen außer Acht lassen wollen, weil er nach Auffassung des Gerichts wegen eines Verstoßes gegen höherrangiges Sekundärrecht der Union ungültig ist. Der nationale Richter kann nicht von sich aus eine von ihm für ungültig gehaltene Norm des Sekundärrechts im konkreten Fall unangewendet lassen. Vielmehr muss er aufgrund des **Verwerfungsmonopols** bezüglich des Unionsrechts an den EuGH eine Vorlagefrage richten (EuGH, C-314/85 Foto-Frost).

Ausnahmen (Fallgruppen)

Allerdings besteht für bestimmte Fallgruppen nach der CILFIT-Entscheidung des EuGH (Rs. C-283/81) **keine Vorlagepflicht** für letztinstanzliche Gerichte. Die Vorlagefrage darf nach der Beurteilung des nationalen Gerichts **nicht entscheidungserheblich** *(acte clair)* sein oder sie ist **bereits entschieden** und es liegt hierzu eine **gesicherte EuGH-Rechtsprechung** *(acte éclairé)* vor. Auch bedarf es keiner Vorlage, wenn die zutreffende Auslegung des Unionsrechts derart offenkundig *(acte éclairé)* ist, dass keinerlei Raum für vernünftige Zweifel an der Entscheidung der gestellten Frage bleibt (**Acte-clair-Theorie**). Zudem besteht im Verfahren des vorläufigen Rechtsschutzes bei Auslegungsfragen für ein letztinstanzliches Gericht keine Vorlagepflicht, wenn in einem ordentlichen Verfahren zur Hauptsache eine erneute Prüfung zur vorläufigen Rechtsfrage möglich ist (EuGH, C-107/76 Hoffmann-La Roche).

Gerichte der unteren Instanzen dürfen einen entscheidungserheblichen Unionsakt nur dann im Eilverfahren nicht anwenden, wenn die Entscheidung dringlich ist und dem Antragsteller ein schwerer und nicht wiedergutzumachender Schaden droht. Dabei müssen sie das Interesse an einer effektiven Umsetzung des Unionsrechts angemessen berücksichtigen. Die Aussetzung der Vollziehung eines auf Unionsrecht beruhenden Verwaltungsakts oder der Erlass einer einstweiligen Anordnung darf nur bei erheblichen Zweifeln an der Gültigkeit des Unionsakts und vorläufig erfolgen, bis der EuGH über die Frage der Gültigkeit entschieden hat. Das Gericht muss diese dem EuGH vorlegen, sofern er damit noch nicht befasst ist (Rs. C-143/88 und C-92/89 Zuckerfabrik Süderdithmarschen).

Verletzung der Vorlagepflicht

Die Verletzung der Vorlagepflicht durch ein nationales Gericht ist ein **Vertragsverstoß**, der dem **Mitgliedstaat zuzurechnen** ist. Die Kommission und jeder andere Mitgliedstaat kann daher den EuGH im Wege des **Vertragsverletzungsverfahren** anrufen (Art. 258–260 AEUV). Auch kann ein **Staatshaftungsanspruch** des betroffenen Einzelnen gegen den Mitgliedstaat für judikatives Unrecht in Betracht kommen (EuGH, C-224/01 Köbler). Darüber hinaus kann ein willkürlicher Verstoß gegen die Vorlagepflicht mit der **Verfassungsbeschwerde** (Art 93 Abs. 1 Nr. 4a GG) gegen das betreffende Urteil gerügt werden, da der EuGH als gesetzlicher Richter i. S. v. Art. 101 Abs. 1 S. 2 GG anerkannt (BVerfGE 73, 339 – Solange II) ist. Dies ist etwa der Fall, wenn ein Gericht die unionsrechtlichen Bezüge des Falls oder die Vorlagepflicht verkennt, von der EuGH-Rechtsprechung bewusst ohne Vorlage abweicht oder bei Anwendung von Unionsrecht über vom EuGH noch nicht geklärte Auslegungsfragen selbst entscheidet.

dd. Entscheidung

Die **Vorabentscheidung** ist für das vorlegende Gericht **bindend** (EuGH, C-52/76 Benedetti). Sie bindet auch die weiteren Gerichte, die in dem Ausgangsrechtsstreit entscheiden (Berufung und Revision). Diese können zwar auch erneut vorlegen, wenn sie es für erforderlich halten. Mit einer solchen erneuten Vorlage kann jedoch die Gültigkeit des früheren Urteils nicht in Zweifel gezogen werden (EuGH, C-69/85 Wünsche III). Die Vorabentscheidung zu einer Auslegungsfrage hat faktisch eine **allgemeine Wirkung** auch für andere Gerichte. Deshalb muss ein letztinstanzliches Gericht dem EuGH vorlegen, wenn es von dessen Auslegung abweichen will. Sofern der EuGH sekundäres Unionsrecht für ungültig erklärt, können Unionsorgane und die Behörden und Gerichte der Mitgliedstaaten von der Ungültigkeit ausgehen (EuGH, C-66/80 International Chemical Corporation).

c. Vertragsverletzung

aa. Gegenstand

Das Verfahren der Vertragsverletzung ist in Art. 258–263 AEUV geregelt. Danach können die Kommission (**Aufsichtsklage**) wie auch einer der Mitgliedstaaten (**Staatenklage**) Verstöße eines Mitgliedstaats gegen Verpflichtungen aus den Verträgen geltend machen. Davon umfasst sind das primäre und sekundäre Unionsrecht. Dabei geht es allein um die **objektive Verletzung** des Unionsrechts. Die Umstände, die zu dem Verstoß geführt haben, wie z. B. Verschulden, Schaden, Irrtum (EuGH, C-385/02 Kommission/Italien) oder verfassungsrechtliche Gründe (EuGH, C-433/02 Kommission/Belgien), sind unbeachtlich. Dies gilt nach der EuGH-Rechtsprechung auch für Einwände der Mitgliedstaaten wie die Beachtung eines Vorrangs des Unionsrechts (Rs. C-46/93 Brasserie de Pecheur), die Verpflichtung zu unionsrechtskonformer Auslegung und Rechtsanwendung (Rs. 508/04 Kommission/Österreich), die Nichtbeachtung des Grundsatzes der Gegenseitigkeit bei Vertragsverletzung durch einen anderen Mitgliedstaat (Rs. C-266/03 Kommission/Luxemburg) sowie die Rechtswidrigkeit einer EU-Richtlinie (Rs. C-53/05 Portugal).

Dagegen kann sich ein EU-Mitgliedstaat im Rechtsstreit bei einer **Verordnung** auf deren **Rechtswidrigkeit** berufen, da es sich um einen Rechtsakt (vgl. Art. 288 Abs. 2 AEUV) handelt. Dieser Rechtsakt unterliegt der **inzidenten Normenkontrolle** (Art. 277 AEUV) im Rahmen einer Nichtigkeitsklage (Art. 263 AEUV). Ein EU-Mitgliedstaat kann die Einrede der Rechtswidrigkeit im Vertragsverletzungsverfahren auch dann geltend machen, wenn er gegen die Verordnung keine Nichtigkeitsklage vor Ablauf der dafür geltenden Frist erhoben hat. (EuGH, C-442/04 Spanien/Rat).

bb. Klageberechtigung

Das Vertragsverletzungsverfahren kann von der EU-**Kommission** gegen einen das Unionsrecht verletzenden Mitgliedstaat eingeleitet werden (Art. 258 AEUV). Sie handelt von Amts wegen und im allgemeinen Interesse (**„Hüterin der Verträge“**). Nach ständiger Rechtsprechung des Europäischen Gerichtshofs verfügt sie über ein **Ermessen** und kann nicht im Wege der Untätigkeitsklage zum Handeln verpflichtet werden (Rs. C-247/87 Star Fruit). Auch eine Schadensersatzklage Einzelner auf Haftung der Kommission scheidet aus, da sie nicht zur Einleitung eines Klageverfahrens verpflichtet ist (Rs. 72/90 Asia Motor France). Zudem kann jeder **Mitgliedstaat** den Europäischen Gerichtshof dann anrufen, wenn er der Auffassung ist, dass ein anderer Mitgliedstaat gegen eine Verpflichtung aus den Verträgen verstoßen hat (Art. 259 Abs. 1 AEUV). Eine **Klagefrist** gibt es nicht, sondern nur Fristen für die Durchführung des Vorverfahrens (Art. 258, 259 AEUV).

Nach ständiger Rechtsprechung des Europäischen Gerichtshofs ist **kein Rechtsschutzinteresse** der Kommission für die Zulässigkeit des Vertragsverletzungsverfahrens erforderlich (Rs., C-255/05). Sie muss aber von der Vertragsverletzung **überzeugt** sein. Der Gerichtshof beurteilt das Vorliegen einer Vertragsverletzung anhand der Situation, in der sich der betreffende Mitgliedstaat bei Ablauf der Frist befand, die in der mit Gründen versehenen Stellungnahme der Kommission gesetzt wurde. Nach Fristablauf eintretende Veränderungen werden vom EuGH nicht mehr berücksichtigt (Rs. C-221/04 Kommission/Spanien). Auch wenn die Vertragsverletzung nach Ablauf der Frist behoben worden wäre, ist für die Klage ein Rechtsschutzinteresse gegeben, das insbesondere darin bestehen kann, die Grundlage für eine eventuelle Haftung eines Mitgliedstaats gegen Dritten zu schaffen, die aus der fraglichen Vertragsverletzung Ansprüche ableiten (Rs. C-168/03 Kommission/Spanien).

cc. Vorverfahren

Das Vorverfahren ist eine unabdingbare **Klagevoraussetzung** (Art. 258 Abs. 1 AEUV). Dem betroffenen Mitgliedstaat muss die Möglichkeit gegeben werden, sich zu den Vorwürfen zu äußern. In Ausnahmefällen kann die Kommission den EuGH unmittelbar anrufen. Ziel des Vorverfahrens ist eine gütliche **Streitbeilegung** vor Anrufung des Gerichtshofs. Zunächst muss die Kommission an den Mitgliedstaat ein **erstes Mahnschreiben** unter Angabe der vermuteten Vertragsverletzung, der Mitteilung der Einleitung des Verfahrens und der Aufforderung, zu den Vorwürfen innerhalb einer bestimmten Frist Stellung zu nehmen, richten. Nach Fristablauf gibt die Kommission eine **begründete Stellungnahme** gegenüber dem Mitgliedstaat ab mit **erneuter Fristsetzung** zur Beseitigung der Vertragsverletzung. Sofern der Mitgliedstaat diese nicht in der gesetzten Frist abhilft, kann die Kommission den Gerichtshofs anrufen. Die **Klageerhebung** ist dann an **keine Frist** gebunden. Auch bei der Staatenklage ist die Durchführung des Vorfahrens zwingend. Die Kommission muss wegen der Vertragsverletzung eines anderen Mitgliedstaats befasst werden (Art. 259 Abs. 2 AEUV). Vor Erlass ihrer begründeten Stellungnahme gibt sie den beteiligten Mitgliedstaaten die Gelegenheit zur (schriftlichen oder mündlichen) Äußerung in einem **kontradiktorischen Verfahren**. Gibt sie innerhalb einer Frist von drei Monaten keine Stellungnahme ab, kann der klagende Mitgliedstaat den EuGH anrufen.

dd. Entscheidung

Der Gerichtshof stellt eine Vertragsverletzung durch den Mitgliedstaat im Urteil fest. Es handelt sich um ein **Feststellungsurteil**, das deshalb keine Verpflichtung zur Beseitigung der Verletzung enthält. Vielmehr ist der Mitgliedstaat aus dem Vertrag selbst verpflichtet, die Maßnahmen zu ergreifen, die sich aus dem Urteil ergeben (Art. 260 Abs. 1 AEUV). Kommt der verurteilte Staat seinen Verpflichtungen aus dem Urteil nach Auffassung der Kommission nicht nach, kann sie **erneut** ein **Vertragsverletzungsverfahren** einleiten und zugleich die Verurteilung zur Zahlung eines **Pauschalbetrags** oder **Zwangsgelds** beantragen. Bei nicht ordnungsgemäßer Umsetzung von Richtlinien kann die Kommission diese bereits mit Erhebung der ersten Klage beantragen (Art. 260 Abs. 3 AEUV). Sie werden vom EuGH nach freiem Ermessen bestimmt und können auch **kumulativ** verhängt werden (Rs. C-304/02 Fischerei). Die Zwangsgelder sind nach den Vorschriften des Zivilprozessrechts des Staates, in dem vollstreckt werden sollen, **vollstreckbar** (Art. 299 Abs. 2–4 AEUV).

d. Sonstige Verfahren

Sonstige Verfahren des Unionsrechts sind:

- die Nichtigkeitsklage (Art. 258–265 AEUV)
- die Untätigkeitsklage (Art. 265–266 AEUV)
- die Amtshaftungsklage (Art. 268, Art. 340 Abs. 2, 3 AEUV)
- die Dienst- und Disziplinarstreitsachen (Art. 270 AEUV)
- das schiedsgerichtliche Verfahren (Art. 273 AEUV)
- das inzidente Normenkontrollverfahren (Art. 277 AEUV)
- die einstweilige Anordnung (Art. 279 AEUV)
- die Aussetzung der Vollstreckung (Art. 299 Abs. 4 AEUV)
- Gutachten, Vorschläge und Stellungnahmen (Art. 218 AEUV)

Abb. 7: Europarecht

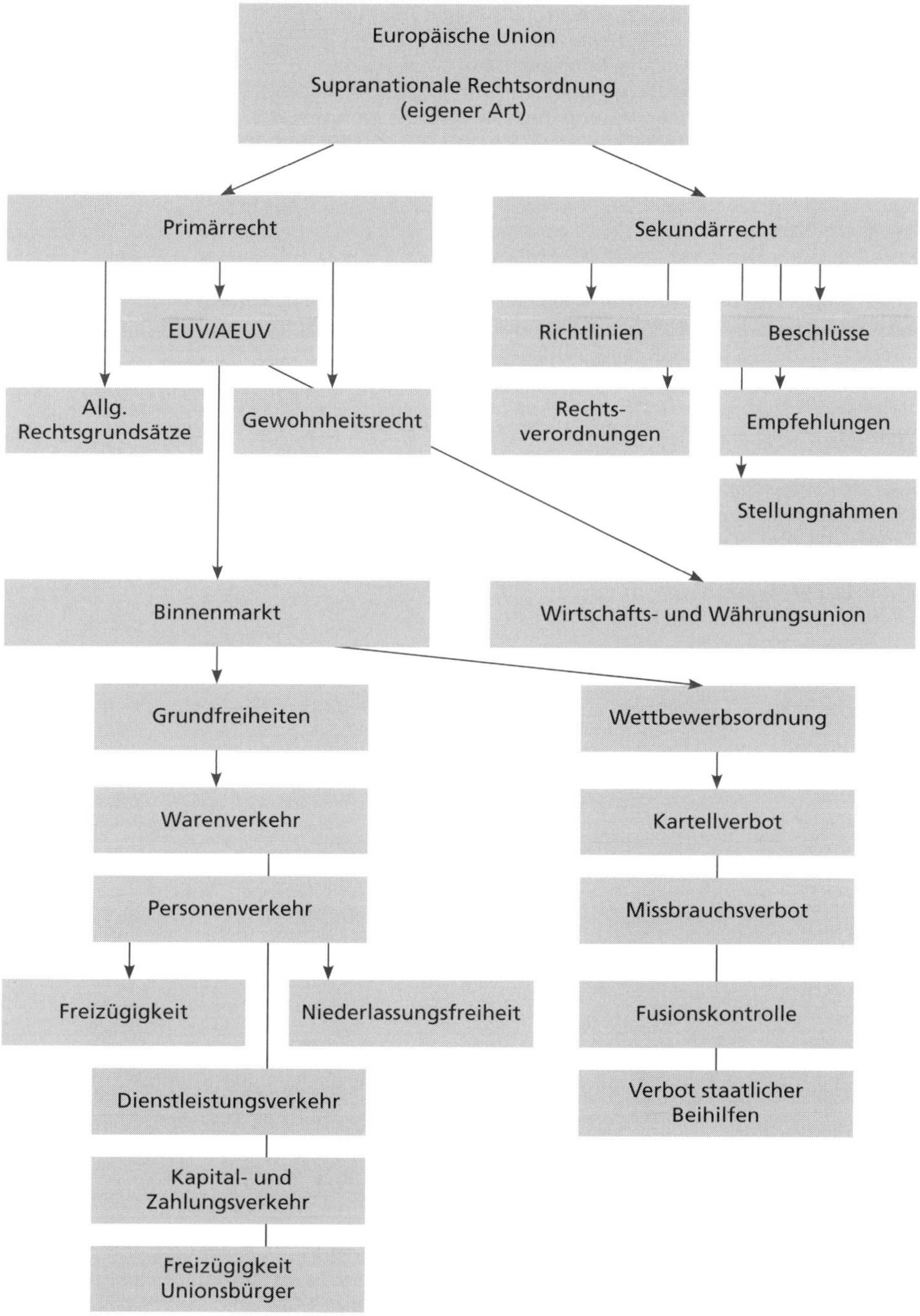

Lehrbücher:
Dittert, Europarecht, 5. Auflage, München 2017
Haratsch/König/Pechstein, Europarecht, 12 Auflage, Tübingen 2020
Herdegen, Europarecht, 23. Auflage, München 2022
Hobe, Europarecht, 10. Auflage, München 2020
Hufeld/Ohler, Europäische Wirtschafts- und Währungsunion, Baden-Baden 2021
Lecheler/Gundel/Germelmann, Europarecht, 3. Auflage, München 2022
Oppermann/Classen/Nettesheim, Europarecht, 9. Auflage, München 2021
Streinz, Europarecht, 11. Auflage, Heidelberg 2019

Kommentare:
Calliess/Ruffert, EUV/AEUV, Kommentar, 6. Auflage, München 2021
Geiger/Khan/Kotzur, EUV/AEUV, Kommentar, 6. Auflage, München 2017
Grabitz/Hilf/Nettesheim, EUV/AEUV, Kommentar, 72. Auflage, München 2021
Pechstein/Nowak/Häde, EUV/GRC/AEUV, Frankfurter Kommentar, Tübingen 2017
Streinz, EUV/AEUV, Kommentar, 3. Auflage, München 2018
Von der Groeben/Schwarze, EUV/AEUV/GRC, Kommentar, 7. Auflage, München 2015

Websites:
EU http://www.europa.eu
Rat http://www.consilium.europa.eu
Kommission http://www.ec.europa.eu
Parlament http://www.europarl.europa.eu
Gerichtshof http://www.curia.europa.eu
EGMR http://www.echr.coe.int
EFTA http://www.efta.int

2. Teil. Allgemeines Privatrecht

A. BGB Allgemeiner Teil

Das BGB regelt das Allgemeine Privatrecht in **fünf Büchern**. Der Allgemeine Teil (§§ 1–240 BGB) ist das **erste Buch** und den übrigen vier Büchern vorangestellt ist. Er enthält die „vor die Klammer" gezogenen allgemeinen zivilrechtlichen Vorschriften über Personen (§§ 1–89 BGB), Sachen und Tiere (§§ 90–103 BGB), Rechtsgeschäfte (§§ 104–185 BGB), Fristen und Termine (§§ 186–193 BGB), Verjährung (§§ 194–218 BGB), Ausübung der Rechte, Selbstverteidigung, Selbsthilfe (§§ 226–231 BGB) und Sicherheitsleistung (§§ 232–240 BGB). Diese Regeln haben grundsätzliche Bedeutung für das gesamte Privatrecht und gelten auch für alle weiteren Bücher des BGB (**Klammertechnik**), soweit sie nicht durch speziellere Regeln verdrängt werden. Das bedeutet, dass die Rechtsnormen im ersten Buch des BGB ohne weitere Verweisung auf die Rechtsnormen des zweiten bis fünften Buchs des BGB „in der Klammer" anzuwenden sind.

I. Rechtsfähigkeit

Rechtsfähigkeit ist die Fähigkeit einer Person, als Subjekt Träger von Rechten und Pflichten zu sein (**Rechtssubjekt**). Das BGB regelt natürliche und juristische Personen als Rechtssubjekte. Diese sind Adressaten der Rechtsnormen, durch die ihre Rechtsbeziehungen im Rechtsverkehr untereinander und ihre Rechtsverhältnisse zu einem Rechtsgegenstand (**Rechtsobjekt**) geregelt werden. Während die Rechtssubjekte handeln, ist das Rechtsobjekt, womit gehandelt wird.

Beispiel: Die Übertragung des Eigentums an einer beweglichen Sache (Rechtsobjekt) erfolgt gemäß § 929 S. 1 BGB (Rechtsnorm) indem der Eigentümer (Rechtssubjekt) sie dem Erwerber (Rechtssubjekt) übergibt und beide darüber einig sind, dass das Eigentum übergehen soll.

1. Personen

a. Natürliche Personen

Nach § 1 BGB beginnt die Rechtsfähigkeit natürlicher Personen mit der Vollendung der Geburt. Sie ist dem Gesetz unabhängig von Staatsangehörigkeit, Geschlecht oder Herkunft vorgegeben und kann weder durch behördliche oder gerichtliche Entscheidung aberkannt, noch durch eine Verzichtserklärung ihres Trägers aufgehoben oder beschränkt werden. Die erzeugte, aber noch ungeborene Leibesfrucht *(nasciturus)* ist nicht rechtsfähig, wird aber durch Sondervorschriften (z. B. § 844 Abs. 2 BGB) geschützt, die eine entsprechende Anwendung (Analogie) auf ähnliche Fälle finden können. Es handelt sich um eine beschränkte bzw. Teilrechtsfähigkeit (**partielle Rechtsfähigkeit**). Die Rechtsfähigkeit endet mit dem Tod der natürlichen Person. Diese wird mit dem Ausfall der Funktionen des Gehirns von der medizinischen Wissenschaft festgestellt (vgl. § 3 Abs. 2 Nr. 2 TPG). Durch eine Todeserklärung nach dem Verschollenheitsgesetz wird widerleglich vermutet, dass der Verschollene im festgestellten Zeitpunkt gestorben ist (§ 9 Abs. 1 VerschG). Nach dem Tod der natürlichen Person besteht keine Rechtsfähigkeit mehr, aber ein nachwirkendes Persönlichkeitsrecht. Dieses ergibt sich aus dem Schutz der Menschenwürde (Art. 1 GG) und ist auch in Spezialgesetzen (z. B. § 64 UrhG, § 22 KunstUrhG, § 189 StGB) geregelt (**postmortales Persönlichkeitsrecht**).

b. Verbraucher

Nach § 13 BGB ist ein Verbraucher jede natürliche Person, die ein Rechtsgeschäft zu Zwecken abschließt, die überwiegend weder ihrer gewerblichen noch ihrer selbstständigen beruflichen Tätigkeit zugerechnet werden können. Dies beurteilt sich grundsätzlich nach der **objektiv** zu bestimmenden **Zweckrichtung** des Rechtsgeschäfts. Dazu ist das Handeln des Unternehmers vom Handeln des Verbrauchers abzugrenzen. Das Handeln des Verbrauchers als natürliche Person darf nach dem objektiven Zweck nicht einer unternehmerischen Tätigkeit zugerechnet werden können. Vielmehr muss der Vertragsschluss zu **privaten Zwecken** der Person erfolgen. Nach der Rechtsprechung des Bundesgerichtshofs kommt es dabei auf die jeweiligen Umstände des Einzelfalles an, insbesondere das Verhalten der Parteien bei Vertragsschluss. Es ist **im Zweifel** von einem Verbraucherhandeln auszugehen, sofern für den Vertragspartner keine anderen Umstände erkennbar sind. Nur falls solche eindeutig und zweifelsfrei darauf hinweisen, dass die natürliche Person in Verfolgung ihrer gewerblichen oder selbstständigen beruflichen Tätigkeit handelt, kommt Unternehmerhandeln in Betracht.

Beispiel: Die Veräußerung eines Fahrzeugs, das ein Verkäufer privat genutzt hat, ist nicht als Unternehmergeschäft zu qualifizieren, wenn er neben dem veräußerten Fahrzeug zwei weitere PKWs im Internet zum Verkauf angeboten hat. Dies reicht für die Annahme einer gewerblichen Tätigkeit des Verkäufers nicht aus (BGH, v. 27.09.2017 – VIII ZR 271/16).

Es kann für eine unternehmerische Tätigkeit allerdings ausreichen, dass dem Käufer vor oder bei Vertragsschluss der Eindruck vermittelt wird, er erwerbe die Sache von einem Unternehmer. Auch wer wahrheitswidrig bei einem Rechtsgeschäft als Unternehmer auftritt, kann sich nicht darauf berufen, dass er dabei als Verbraucher gehandelt habe. Bei einem Vertrag mit privatem und unternehmerischem Doppelzweck („**Dual use**)“ kommt es für die Verbrauchereigenschaft natürlicher Personen darauf an, ob der Vertragsschluss überwiegend privat veranlasst ist. Die **Beweislast** für die Verbrauchereigenschaft trägt diejenige Vertragspartei, die sich vertraglich oder im Gerichtsprozess auf Verbraucherschutzvorschriften beruft. Beweislastveränderungen in Allgemeinen Geschäftsbedingungen über die Eigenschaft als Verbraucher oder Unternehmer sind unwirksam (§ 309 Nr. 12 BGB).

c. Unternehmer

§ 14 BGB definiert den Unternehmer als eine natürliche oder juristische Person oder eine rechtsfähige Personengesellschaft, die bei Abschluss eines Rechtsgeschäfts in Ausübung ihrer **gewerblichen** oder **selbstständigen beruflichen** Tätigkeit handelt (§ 14 Abs. 1 BGB). Dabei ist zu beachten, dass diese Definition nicht für das gesamte Privatrecht gilt, insbesondere nicht für den Unternehmerbegriff im Werkvertragsrecht (§§ 631 ff BGB) und im HGB. Darüber hinaus geht das Unionsrecht von einem funktionalen Unternehmerbegriff aus.

aa. Natürliche Personen

Der Unternehmerbegriff erfasst alle Dienstleistungen, die natürliche Personen erbringen.

Beispiele: Einzelhandelskaufleute, freie Berufe (Ärzte, Architekten, Rechtsanwälte, Notare, Wirtschaftsprüfer, Steuerberater), Wissenschaftler, Künstler, Landwirte, Bauunternehmer, Werbeagenturen, Autovermieter.

bb. Juristische Personen

Da juristische Personen **keinen privaten Zweck** haben, können sie nicht Verbraucher sein. Nur falls das Rechtsgeschäft ausnahmsweise keinen Bezug zum Betrieb der juristischen Person aufweist, kann für sie die Eigenschaft des Unternehmers entfallen. In diesem Fall ist ein von der juristischen Person abgeschlossener Vertrag auch kein Verbrauchervertrag. Als juristische Personen des Privatrechts gelten die Körperschaften, insbesondere die Kapitalgesellschaften.

Beispiele: eingetragener Verein (e.V.), GmbH, AG, eingetragene Genossenschaft (e.G.).

cc. Rechtsfähige Personengesellschaften

Auch die rechtsfähigen Personengesellschaften, bei denen es sich nicht um juristische Personen handelt, fallen unter den Unternehmerbegriff, sofern sie zu gewerblichen oder beruflichen Zwecken tätig werden (§ 14 Abs. 2 BGB).

Beispiele: Außen-GbR, OHG, KG, PartG, EWIV.

dd. Gewerbliche und selbstständige berufliche Tätigkeit

Der Unternehmerbegriff ist im Einklang mit dem europäischen Unionsrecht (konform) auszulegen. Danach ist weder die Rechtform der natürlichen oder juristischen Person, die gesellschaftsrechtliche Organisationsform, noch die Zuordnung zum Privatrecht oder öffentlichen Recht maßgeblich. Vielmehr kommt es auf das **Erscheinungsbild** der Tätigkeit zu **gewerblichen** oder **beruflichen Zwecken** an. Insoweit kann auf den handelsrechtlichen Gewerbebegriff abgestellt werden.

Gewerbe

Ein Gewerbe ist die erkennbare, planmäßige, auf gewisse Dauer angelegte, selbstständige Tätigkeit mit dem Zweck der **Gewinnerzielung** oder jedenfalls eines **wirtschaftlichen Ergebnisses**, die nach außen am Markt hervortritt. Dabei kommt es nach h. M. nicht darauf an, ob die Tätigkeit zulässig, wirksam oder einklagbar ist. Auch branchenfremde Nebengeschäfte und nebenberufliche Geschäfte können unternehmerische Tätigkeit i. S. v. § 14 BGB sein.

Beispiel: Tritt ein Verkäufer auf der Internet-Plattform eBay bei Online-Auktionen als **„e-bay-power-seller"** auf, muss er beweisen, dass er kein Unternehmer i. S. v. § 14 BGB ist, da die Besonderheiten derartiger Geschäfte eine Beweislastumkehr zu Gunsten des Verbrauchers rechtfertigen (OLG Frankfurt, NJW 2005, 1438; OLG Zweibrücken, MMR 2008, 135).

Beruf

Ein Beruf ist jede erlaubte, sinnvolle, auf Dauer angelegte Tätigkeit, die der Schaffung und Erhaltung der Lebensgrundlage dient. Davon erfasst wird sowohl die selbstständige wie auch die unselbständige Tätigkeit. Das Gesetz regelt in § 14 BGB **nur die selbstständige** berufliche Tätigkeit der **freien Berufe.** Nach überwiegender Meinung wird eine unselbständige Tätigkeit der Arbeitnehmer hiervon nicht erfasst. Eine Mindermeinung geht jedoch davon aus, dass auch der in Ausübung einer unselbstständigen beruflichen Tätigkeit Handelnde kein Verbraucher, sondern Unternehmer ist. Sie verweist auf das fehlende Merkmal der Selbstständigkeit in der EU-Verbraucherrichtlinie (2011/83/EU). Auch **Existenzgründer** gelten als Unternehmer bei **Geschäften zur Aufnahme** einer gewerblichen oder selbstständigen beruflichen Tätigkeit.

Beispiel: Rechtsgeschäfte im Zuge einer Existenzgründung, wie z. B. die Miete von Geschäftsräumen, der Abschluss eines Franchisevertrags oder der Kauf eines Anteils an einer freiberuflichen Gemeinschaftspraxis, sind nach den objektiven Umständen klar auf unternehmerisches Handeln ausgerichtet. Ein Existenzgründer agiert nicht mehr von seiner Rolle als Verbraucher her. Er gibt dem Rechtsverkehr zu erkennen, dass er sich nunmehr dem Recht für Unternehmer unterwerfen und dieses seinerseits auch in Anspruch nehmen will (BGH NJW 2005, 1273).

2. Juristische Personen

Juristische Personen sind auf Dauer angelegte Zusammenfassungen von Personen oder Sachen, der die Rechtsordnung Rechtsfähigkeit verleiht. Dadurch kann die juristische Person **Träger eigener Rechte und Pflichten** sein sowie **vor Gericht klagen und verklagt werden**. Zu unterscheiden sind die juristischen Personen des Privatrechts und des öffentlichen Rechts.

a. Juristische Personen des Privatrechts

Juristische Personen des Privatrechts sind Körperschaften und Stiftungen.

aa. Körperschaften

Die Körperschaft ist eine auf Dauer angelegte **Personenvereinigung** zur Errichtung eines gemeinsamen Zwecks, die in ihrem Bestand vom Wechsel ihrer **Mitglieder** unabhängig ist. Sie handelt und entscheidet durch ihre **Organe** und tritt nach innen und außen als von der Gesamtheit der Mitglieder **abstrahierte Einheit** auf. **Grundform** der Körperschaft ist der auf einen wechselnden Mitgliederbestand angelegte und körperschaftliche organisierte **Verein**. Das BGB unterscheidet zwischen nicht-wirtschaftlichem (§ 21 BGB) und wirtschaftlichem Verein (§ 22 BGB), sog. **„System der Vereinsklassenabgrenzung"**. Der nicht wirtschaftliche Verein wird mit der Eintragung in das Vereinsregister zur juristischen Person (**Normativsystem**). Im Unterschied dazu wird der wirtschaftliche Verein durch Regelungen in Bundesgesetzen oder durch staatliche Verleihung juristische Person (**Konzessionssystem**).

bb. Stiftungen

Die Stiftung hat im Unterschied zu den Körperschaften keine Mitglieder, sondern ein rechtlich selbstständiges **Zweckvermögen** (§§ 80 ff BGB).

cc. Gesamthand

Die Gesamthand ist eine Gemeinschaft von Personen (**Gesamthandsgemeinschaft**), denen ein Vermögen gemeinschaftlich zusteht (**Gesamthandsvermögen**). Sie ist keine selbstständige Trägerin von Rechten und Pflichten und keine juristische Person. Das Gesamthandsvermögen ist ein Sondervermögen der Gesamthänder. Wegen der **gesamthänderischen Bindung** können diese nicht über ihren Anteil an den einzelnen Vermögensgegenständen verfügen.

Beispiele: GbR (§§ 705 ff BGB) als Grundform der Personengesellschaften, OHG (§§ 105 ff HGB), KG (§§ 161 ff BGB), PartG (§§ 1 ff PartGG), EWIV (Art. 1 ff EWIV-VO, EWIV-AG), stille Gesellschaft (§§ 230 ff GHB) und nicht-rechtsfähiger Verein (§ 54 S. 1 BGB).

dd. Sonderfälle

Zu beachten ist, dass auch bestimmte Personengesellschaften **eigene Rechtsfähigkeit** haben. Das ist ausdrücklich gesetzlich angeordnet für OHG (§ 124 Abs. 1 HGB), KG (§§ 161 Abs. 2, 124 Abs. 1 HGB) und PartG (§§ 7 Abs. 2 PartG, 124 Abs. 1 HGB), obwohl es sich dabei nicht um juristische Personen handelt. Der Bundesgerichtshof hat die Rechts- und Parteifähigkeit der **Außen-GbR**, die am Rechtsverkehr teilnimmt, anerkannt (BGHZ 146, 341 „Weißes-Ross“). Nach einer im Schrifttum verbreiteten Meinung soll dies daher auch für den nicht rechtsfähigen Verein als teilrechtsfähige Personengruppe gelten.

b. Juristische Personen des öffentlichen Rechts

Juristische Personen des öffentlichen Rechts sind Körperschaften, Anstalten und Stiftungen. Sie beruhen auf einem **Hoheitsakt**. Dabei handelt es sich in der Regel um ein Gesetz, das Organisation und Aufgabe des Rechtsträgers festlegt. Dagegen beruhen juristische Personen des Privatrechts auf einem **privatrechtlichen Gründungsakt**. Sie können aber ausnahmsweise ebenfalls durch Gesetz gegründet werden.

aa. Körperschaften

Körperschaften des öffentlichen Rechts sind juristische Personen des öffentlichen Rechts, die mit **hoheitlichen Aufgaben** betraut sind. Diese Aufgaben sind ihnen durch Gesetz oder durch Satzung zugewiesen. Die Körperschaften bündeln sachliche Mittel (z. B. Gebäude, Einrichtung, Fahrzeuge) und Personal (z. B. Beamte, Arbeitnehmer) in einer **rechtlich selbstständigen Organisationseinheit** und unterliegen den Regelungen des **öffentlichen Rechts**. Sie sind im Unterschied zu Körperschaften des Privatrechts öffentlich-rechtlich organisiert und handeln hoheitlich. Aufgrund ihrer **Satzungshoheit** können sie Satzungen erlassen und Beiträge von ihren Mitgliedern erheben.

Beispiele:

- Gebietskörperschaften (Bund, Länder, Kreise, Gemeinden)
- Verbandskörperschaften (Kreis-, Gemeindeverbände)
- Realkörperschaften (IHK, Berufskammern, Universitäten)
- Religions- und Weltanschauungsgemeinschaften

bb. Anstalten

Anstalten des öffentlichen Rechts sind juristische Personen des öffentlichen Rechts, die mit **hoheitlichen Aufgaben** betraut sind, die ihnen gesetzlich oder satzungsmäßig zugewiesen sind. Ebenso wie öffentlich-rechtliche Körperschaften bündeln sie sachliche Mittel und Personal in einer Organisationseinheit. Die öffentlich-rechtlichen Anstalten sind allerdings im Unterschied zu Körperschaften **nicht mitgliedschaftlich** organisiert, sondern haben **Benutzer**. Dies können Bürger, Unternehmen und auch Behörden sein. Die Rechtsbeziehungen zwischen der Anstalt und ihren Benutzern werden durch eine **Benutzungsordnung** geregelt, die öffentlich-rechtlich oder privatrechtlich ausgestaltet sein kann. Zu beachten ist weiter, dass es sich auch dann um eine Körperschaft handeln kann, wenn diese als Anstalt bezeichnet wird. **Träger** der Anstalt kann der Bund (bundesunmittelbare Anstalt), ein Bundesland (landesunmittelbare Anstalt) oder eine Gemeinde (kommunale Anstalt) sein.

Beispiele:
- BaFin, Deutsche Bundesbank, KfW (bundesunmittelbare Anstalten)
- Rundfunkanstalten, Landesbanken (landesunmittelbare Anstalten)
- Daseinsvorsorgebetriebe, Sparkassen (kommunale Anstalten)

cc. Stiftungen

Als Stiftungen des öffentlichen Rechts gelten organisatorisch verselbstständigte rechtsfähige Institutionen mit dem Zweck der **Verwaltung** eines **Bestandes an Vermögen**, dass vom Staat bereitgestellt wird und einem **öffentlichen Zweck** dient. Sie haben anders als Körperschaften **keine Mitglieder**. Die Abgrenzung der Stiftungen öffentlichen Rechts zu öffentlich-rechtlichen Anstalten ist umstritten. Teilweise werden sie als Unterfall der Anstalten eingeordnet. **Träger** der Stiftung kann der Bund (bundeseigene Stiftung), ein Bundesland (landeseigene Stiftung) oder eine Gemeinde (kommunale Stiftung) sein.

Beispiele:
- Deutsche Stiftung Umwelt, Denkmalschutz (bundeseigene Stiftungen)
- Natur- und Kulturstiftungen der Länder (landeseigene Stiftungen)
- Örtliche Stiftungen der Gemeinden (kommunale Stiftungen)

3. Nicht wirtschaftlicher Verein

Der nicht wirtschaftliche Verein (**Idealverein**) erlangt Rechtsfähigkeit durch seine **Eintragung** in das Vereinsregister des zuständigen Amtsgerichts (§§ 21, 55 ff BGB). Der Idealverein ist vom wirtschaftlichen Verein im Bürgerlichen Gesetzbuch **abzugrenzen.** Maßgeblich für das Vorliegen eines wirtschaftlichen Vereins ist, dass er Leistungen am Markt anbietet, wie ein Unternehmer am Wirtschafts- und Rechtsverkehr teilnimmt und auf einen wirtschaftlichen Geschäftsbetrieb ausgerichtet ist. Auf die Absicht der Gewinnerzielung kommt es hierfür nicht an. Im Gegensatz dazu darf der Idealverein wirtschaftlichen Interessen der **Gewinnerzielung nicht** als **Hauptzweck** verfolgen. Er kann trotz eines wirtschaftlichen Geschäftsbetriebs einen nichtwirtschaftlichen Charakter haben, wenn er unternehmerische Tätigkeiten entfaltet, die dem nichtwirtschaftlichen Hauptzweck zu- und untergeordnet und Hilfsmittel zu dessen Erreichung sind (**Nebenzweckprivileg**). Dabei kommt der Anerkennung des Vereins als gemeinnützig im Sinne der §§ 51 ff AO eine Indizwirkung zu, da der Gesetzgeber den **gemeinnützigen Verein** als einen **Regelfall** eines Idealvereins angesehen hat (BGHZ 215, 69). Ein Idealverein mit einem nach Art und Umfang über den Nebenzweck hinausgehenden Geschäftsbetrieb kann seinen Status wahren, indem der den Geschäftsbetrieb an einen eigenständigen Zweckbetrieb auslagert.

4. Wirtschaftlicher Verein

Der wirtschaftliche Verein ist auf einen **wirtschaftlichen Geschäftsbetrieb** gerichtet und erlangt seine Rechtsfähig durch bundesgesetzliche Vorschriften (**Bundesgesetze**) oder durch **staatliche Verleihung** (§ 22 BGB). Die Bundesgesetze über die **Kapitalgesellschaften** (GmbHG, AktG) und die **Genossenschaften** (GenG) regeln die Erlangung der Rechtsfähigkeit dieser wirtschaftlichen Vereine. Dazu ist ihre Eintragung in das Handelsregister (§ 11 Abs. 1 GmbHG, § 41 Abs. 1 AktG) oder das Genossenschaftsregister (§ 13 GenG) erforderlich. Der im Versicherungsaufsichtsgesetz (§§ 171–210 VAG) geregelte Versicherungsverein auf Gegenseitigkeit (**VVaG**) ist ein wirtschaftlicher Spezialverein, der mit Erteilung der Erlaubnis zum Geschäftsbetrieb durch die Aufsichtsbehörde (§ 171 VAG) rechtsfähig wird.

5. Nicht rechtsfähiger Verein

Ein Verein hat **keine Rechtsfähigkeit** (nicht rechtsfähiger Verein), wenn er sie nicht durch Eintragung in das Vereinsregister (§ 21 BGB) oder durch Gesetz oder staatliche Verleihung (§ 22 BGB) erlangt hat. Er ist dann zwar eine **Körperschaft**, aber **keine juristische Person** und wird als nicht eingetragener Verein (**n. e. V.**) bezeichnet. Auf den nicht rechtsfähigen Verein sind die Regeln der Gesellschaft bürgerlichen Rechts (§§ 705 ff BGB) als Personengesellschaft anzuwenden (§ 54 S. 1 BGB). Diese Regeln sind aber nicht auf die körperschaftliche Struktur des nicht rechtsfähigen Vereins zugeschnitten. Deshalb finden weitgehend die §§ 21 ff BGB über rechtsfähige Vereine entsprechende Anwendung. Nach der Rechtsprechung des BGH gilt der Grundsatz, dass auf den nicht rechtsfähigen Idealverein Vereinsrecht anzuwenden ist, mit Ausnahme der Vorschriften, die die Rechtsfähigkeit voraussetzen (BGHZ 50, 325).

Beispiele: Gewerkschaften, politische Parteien und Religionsgemeinschaften.

6. Allgemeine Vereinsvorschriften

Das Gesetz enthält in §§ 21 bis 53 BGB allgemeine Vorschriften, die auf alle **rechtsfähigen Vereine** anwendbar sind und weitgehend auch für **nicht rechtsfähige Vereine** (§ 54 BGB) gelten. Für Kapitalgesellschaften, Genossenschaften und den VVaG sind die für sie speziell geltenden **Sondergesetze** maßgeblich (AktG, GmbHG, GenG, VAG). Soweit diese Lücken enthalten, sind die allgemeinen Vorschriften des Vereinsrechts anwendbar. Daher finden die Regelungen der § 29 BGB (Notvorstand), § 30 BGB (besonderer Vertreter), § 31 BGB (Haftung für Organe) und § 35 BGB (Sonderrechte) auf alle juristischen Personen des Privatrechts Anwendung. Der rechtsfähige Verein bestimmt seine Verfassung in der **Vereinssatzung** weitgehend selbst, soweit nicht zwingende Normen des Vereinsrechts (§ 40 BGB) gelten (**Vereinsautonomie**). Die Organe des Vereins (**zwingende Organe**) sind der **Vorstand** (§ 26 BGB) und die **Mitgliederversammlung** (§ 32 BGB). Weitere Organe wie Beirat, Aufsichtsrat oder Kuratorium können durch die Satzung bestimmt werden (**fakultative Organe**).

a. Vorstand

Der Verein muss einen Vorstand haben, der aus einer oder mehreren Personen bestehen kann. Der Vorstand ist das **Geschäftsführungs**- und **Vertretungsorgan** des Vereins (§§ 26 ff BGB).

aa. Geschäftsführung

Die Geschäftsführung beruht auf dem organschaftlichen Rechtsverhältnis des Vorstands zum Verein. Bei einem Vorstand, der aus mehreren Personen besteht, erfolgt die Geschäftsführung im Innenverhältnis durch **Mehrheitsbeschluss**, der grundsätzlich in einer Versammlung zu fassen ist (§§ 28, 32 Abs. 1 BGB). Geschäftsführung ist jede Tätigkeit zur Verfolgung des Vereinszwecks. Sie umfasst **tatsächliches** und **rechtsgeschäftliches** Handeln. Der Inhalt der Geschäftsführung richtet sich nach den Regelungen des Auftragsrechts (§ 27 Abs. 3 BGB). Hiervon kann jedoch in der Satzung eine abweichende Regelung getroffen werden (§ 40 BGB).

Grundlagengeschäfte

Von der Geschäftsführung des Vereins sind die Grundlagengeschäfte zu unterscheiden, welche die Verfassung des Vereins betreffen. Diese fallen in die **ausschließliche Zuständigkeit** der **Mitgliederversammlung**. Das gilt ebenso für alle sonstigen Angelegenheiten, die weder der Geschäftsführung noch den Grundlagengeschäften unterfallen.

Kompetenzverteilung

Auf die Geschäftsführung finden die Vorschriften der §§ 664 bis 670 BGB des **Auftragsrechts** Anwendung (§ 27 Abs. 3 S. 1 BGB). Der Vorstand unterliegt grundsätzlich den **Weisungen der Mitgliederversammlung** (§ 665 BGB) und ist verpflichtet ihre Beschlüsse nach Prüfung auf Wirksamkeit auszuführen. Sofern die Mitgliederversammlung nicht von ihrer Kompetenz zur Geschäftsführung Gebrauch macht, kann der Vorstand nach eigenem Ermessen tätig werden (**konkurrierende Zuständigkeit**). Für außergewöhnliche Maßnahmen der Geschäftsführung besteht eine **Vorlagepflicht** des Vorstands gegenüber der Mitgliederversammlung. Allerdings kann die Kompetenzverteilung durch die Satzung modifiziert werden (§§ 27 Abs. 3, 40 BGB). Sie kann die Geschäftsführung auch einem anderen Organ übertragen, ohne dass zwischen dem geschäftsführenden Vorstand und dem vertretenden Vorstand eine Identität bestehen muss.

Beispiele: Die Satzung des Vereins kann die interne Beschlussfassung unter Abweichung von § 28 Abs. 1 BGB auf das aus den beiden vertretungsberechtigen Vorstandsmitgliedern und drei weiteren Personen bestehende Schützenmeisteramt übertragen (BGHZ 69, 250).

Die Entscheidung über Angelegenheiten der rechtsgeschäftlichen Vertretung kann allerdings nicht entzogen werden. Soweit die Satzung nichts anderes bestimmt, entspricht der Umfang der Geschäftsführungsbefugnis grundsätzlich dem Umfang der Vertretungsmacht und umgekehrt (BGHZ 119, 379).

Geschäftsführungspflichten

Die Pflichten zur ordnungsgemäßen Geschäftsführung (**Geschäftsführungspflichten**) beinhalten die Beachtung der Satzung, der Vereins- und Geschäftsordnungen sowie der Beschlüsse der Mitgliederversammlung. Sie umfassen zudem die Einhaltung der Gesetze (**Legalitätspflicht**). Weiterhin obliegt dem Vorstand die Pflicht, die ihm übertragene Geschäftsführung mit Sorgfalt wahrzunehmen und Schaden von dem Verein abzuwenden (**Sorgfaltspflicht**). Außerdem trifft den Vorstand aufgrund seiner Organstellung die Pflicht, in Angelegenheiten des Vereins dessen Wohl über den persönlichen Vorteil, den Vorteil einzelner Mitglieder oder Dritter zu stellen (**Treuepflicht**). Auch ist er der Mitgliederversammlung und den Mitgliedern zu wesentlichen rechtlichen und tatsächlichen Verhältnisse auskunftspflichtig (**Auskunftspflicht**). Nach § 42 Abs. 3 BGB hat der Vorstand eine Verpflichtung, bei Zahlungsunfähigkeit oder Überschuldung des Vereins die Eröffnung des Insolvenzverfahrens zu beantragen (**Insolvenzantragspflicht**).

bb. Haftung im Innenverhältnis

Bei fahrlässiger Pflichtverletzung haftet der Vorstand dem Verein auf **Schadensersatz** aus §§ 280 Abs. 1, 611 BGB. In Betracht kommt die Verletzung von Geschäftsführungspflichten des Vorstands. Eine Pflichtverletzung scheidet aber entsprechend § 93 Abs. 1 S. 2 AktG aus, wenn der Vorstand bei einer unternehmerischen Entscheidung vernünftigerweise annehmen durfte, auf Grundlage angemessener Informationen zum Wohle des Vereins zu handeln (**Business Judgement Rule**). Ihm obliegt allerdings der Entlastungsbeweis bezüglich Pflichtverletzung und Verschulden (entsprechend §§ 93 Abs. 2 S. 2 AktG, 34 Abs. 2 S. 2 GenG). Besteht eine gemeinschaftliche Ersatzpflicht der Vorstandsmitglieder, so haften sie als Gesamtschuldner (§ 421 BGB). Die Ersatzansprüche des Vereins sind durch die Mitgliederversammlung geltend zu machen (§ 46 Nr. 8 GmbHG analog).

Die **Entlastung** am Ende der Amtszeit durch Beschluss der Mitgliederversammlung bewirkt das Erlöschen der allen Mitgliedern bekannten und nach dem Rechenschaftsbericht (§§ 27 Abs. 3, 666 BGB) erkennbaren Schadensersatz- und Bereicherungsansprüche des Vereins gegen den Vorstand. Bei einer Tätigkeit ohne Entgelt und einer Vergütung, die 720 Euro jährlich nicht überschreitet, ist die Haftung des Vorstands auf Vorsatz oder grobe Fahrlässigkeit beschränkt. Dies gilt auch für die Haftung gegenüber den Mitgliedern des Vereins. Die **Beweislast** trägt der Verein oder das Vereinsmitglied (§ 31 a Abs. 1 BGB). Ist ein Vorstandsmitglied einem Dritten zum Schadensersatz verpflichtet, hat es gegen den Verein einen **Anspruch auf Befreiung** von der Verbindlichkeit, ausgenommen bei Vorsatz oder grober Fahrlässigkeit (§ 31 a Abs. 2 BGB).

cc. Vertretung im Außenverhältnis

Im Außenverhältnis vertritt der **Vorstand** den Verein gerichtlich und außergerichtlich und hat die Stellung eines **gesetzlichen Vertreters** (§ 26 Abs. 1 S. 1 BGB). Dabei handelt es sich nach h. M. um eine eigenständige **organschaftliche Vertretung**, die von der Form der gewillkürten Stellvertretung und der gesetzlichen Vertretung zu unterscheiden ist. Auf die organschaftliche Vertretung finden aber die Zurechnungsvorschriften über die gesetzliche Stellvertretung (§§ 164 ff BGB) Anwendung.

Allein- und Mehrheitsvertretung

Besteht der Vorstand aus einer Person, so vertritt er den Verein allein (**Alleinvertretung**); bei mehreren Personen wird er durch die Mehrheit der Vorstandsmitglieder (§ 26 Abs. 2 S. 1 BGB) vertreten (**Mehrheitsvertretung**). Die Wirksamkeit der Vertretung im Außenverhältnis hängt nicht davon ab, ob ein gültiger Vorstandsbeschluss vorliegt. Auch ist nicht erforderlich, dass die Mitglieder des Vorstands als Vertreten handeln, die dem Beschluss zugestimmt haben. Fehlt ein Vorstandsbeschluss für die Vertretung, kann dies jedoch zu einer **Innenhaftung** führen.

Einzel- oder Gesamtvertretung

Die Satzung kann eine **Einzelvertretung** oder **Gesamtvertretung** der Vorstandsmitglieder **anstelle** der **Mehrheitsvertretung** festlegen. Bei einer Gesamtvertretung ist die Wirksamkeit des rechtsgeschäftlichen Handelns von der **Zustimmung aller Vorstandsmitglieder** abhängig.

Eine Gesamtvertretung mit einem nicht zum Vorstand gehörenden Geschäftsführer ist nicht zulässig (**unechte Gesamtvertretung**). Die Vertretungsmacht ist in ihrem Umfang nach dem Gesetz grundsätzlich unbeschränkt (**Grundsatz der umfassenden Vertretungsmacht**). Davon erfasst ist auch die Vertretung im Innenverhältnis gegenüber den Vereinsmitgliedern und den Mitgliedern anderer Vereinsorgane. Durch die Satzung kann der Umfang der Vertretungsmacht des Vorstands mit Wirkung gegen Dritte beschränkt werden (§ 26 Abs. 1 S. 3 BGB). Beim eingetragenen Verein wirkt dies aber nur, wenn die Beschränkung dem anderen Teil bekannt oder in das Vereinsregister eingetragen ist (§§ 70, 68 BGB). Die Vertretungsmacht gilt jedoch nicht für Rechtsgeschäfte, die in die Befugnis anderer Organe des Vereins eingreifen (**interne Zuständigkeitsordnung**).

Beispiele: Verpflichtung zur Namens- oder Satzungsänderung (BGH JZ 1953, 475), Abschluss und Lösung von Anstellungsverträgen mit Vorstandsmitgliedern (BGH NJW 1991, 1772).

Zu beachten ist auch das **Verbot des Insichgeschäfts**, wonach Vorstandsmitglieder den Verein nicht bei einem Rechtsgeschäft mit sich im eigenen Namen oder als Vertreter eines Dritten vertreten dürfen (§ 181 BGB). Hiervon kann jedoch durch die Satzung oder Beschluss des für die Bestellung oder Abberufung zuständigen Organs eine **Befreiung** erteilt werden. Auch durch einen Missbrauch der Vertretungsmacht wird diese begrenzt. Das Vertretergeschäft ist dann nichtig (§ 138 Abs. 1 BGB), wenn der Vorstand und ein Dritter einverständlich zum Schaden des Vereins zusammenwirken (**Kollusion**). Darüber hinaus kann sich ein Dritter nicht auf die Vertretungsmacht berufen (§ 242 BGB), wenn er deren Missbrauch kennt oder kennen muss (**Verbot unzulässiger Rechtsausübung**). Überschreitet der Vorstand seine Vertretungsmacht, gelten die gesetzlichen Vorschriften über den Vertreter ohne Vertretungsmacht (§§ 177 ff BGB), sofern nicht ausnahmsweise dem Verein das Vertreterhandeln nach den Grundsätzen über die Rechtsscheinvollmacht zugerechnet werden kann.

Für den Empfang von Willenserklärungen gegenüber dem Verein (**Passivvertretung**) hat jedes Mitglied des Vorstands zwingend Einzelvertretungsmacht (§ 26 Abs. 2 BGB).

b. Mitgliederversammlung

aa. Zuständigkeit

Die Mitgliederversammlung ist notwendiges Organ des Vereins. Sie kann nicht durch Satzung abbedungen werden, aber durch eine Delegiertenversammlung ersetzen werden (h. M.). Sie ist für alle Angelegenheiten des Vereins zuständig (**Allzuständigkeit**) soweit diese nicht von dem Vorstand oder einem anderen Vereinsorgan zu besorgen sind (§ 32 Abs. 1 S. 1 BGB). Bei **Grundlagengeschäften** des Vereins ist die Mitgliederversammlung **ausschließlich** zuständig. Dazu zählen die Satzungsänderung (§ 33 Abs. 1 BGB), Auflösung (§ 41 BGB), Bestimmung des Anfallberechtigten (§ 45 Abs. 2 S. 2 BGB) und Bestellung der Vorstandsmitglieder (§ 27 Abs. 1 BGB). Im Bereich der **Geschäftsführung** außerhalb der Grundlagengeschäfte besteht eine **konkurrierende Zuständigkeit**. Die Satzung kann jedoch vorbehaltlich der Auflösung und der Grenzen aus §§ 134, 138 BGB Zuständigkeiten verlagern.

bb. Beschlussfassung

Die Mitgliederversammlung nimmt ihre Zuständigkeiten durch Beschluss wahr. Dabei handelt es sich nach h. M. um einen Akt körperschaftlicher Willensbildung. Zur Stimmabgabe berechtigt ist grundsätzlich jedes Mitglied, dem eine Stimme zusteht. Es aber ist nicht stimmberechtigt, wenn die Beschlussfassung die Vornahme eines Rechtsgeschäfts mit ihm oder die Einleitung oder Erledigung eines Rechtsstreits zwischen ihm und dem Verein betrifft (§ 34 BGB). Das Stimmrecht kann nicht isoliert abgetreten werden (**Abspaltungsverbot**). Es kann aber einem anderen zur Ausübung (**Stimmrechtsvollmacht**) überlassen werden (§§ 38 S. 2, 40 BGB). Für den Idealverein ist dies jedoch umstritten. Durch Satzung kann das Stimmrecht an Bedingungen geknüpft und aus sachlichem Grund ausgeschlossen werden. Auch sind **Mehrstimmrechte** und **Stimmbindungsverträge** nach herrschender Meinung **zulässig**. Eine Stimmrechtsbündelung wird hingegen für unzulässig erachtet.

Stimmabgabe

Die Stimmabgabe bei der Beschlussfassung ist eine empfangsbedürftige Willenserklärung. Sie erfolgt gegenüber dem Verein, den der Versammlungsleiter in der Mitgliederversammlung und sonst der Vorstand vertritt. Es gelten die allgemeinen Vorschriften (§§ 104ff, 119ff BGB). Ein Formerfordernis besteht nicht, kann aber durch die Satzung festgelegt werden. §§ 164ff BGB gelten für die Vertretung bei der Stimmrechtsabgabe und allgemein die §§ 134, 138 BGB. Für die **Beschlussfähigkeit** gib es keine gesetzlichen Vorgaben. Die Satzung kann dies aber regeln und insbesondere ein Mindestquorum bestimmten. Bei der Beschlussfassung entscheidet die Mehrheit (**Mehrheitsprinzip**) der abgegebenen Stimmen (§ 32 Abs. 1 S. 3 BGB). Die Satzung kann davon abweichen und ein **Einstimmigkeitserfordernis** vorsehen.

Form der Abstimmung

Die Satzung kann die Form der Abstimmung regeln, die sonst der Versammlungsleiter festlegt.

Beispiele: Handzeichen, Aufstehen, Stimmzettel.

Satzungsänderung

Zu einem Beschluss, der eine Änderung der Satzung enthält, ist eine Mehrheit von drei Vierteln der abgegebenen Stimmen erforderlich (**qualifizierte Mehrheit**). Zur Änderung des Zwecks des Vereins ist die Zustimmung aller Mitglieder erforderlich (§ 33 Abs. 1 BGB).

Konstitutive Wirkung

Der **Beschluss** der Mitgliederversammlung wird nach der Rechtsprechung unmittelbar mit der Abstimmung wirksam (**konstitutive Wirkung**), da dieser nicht angefochten werden kann (BGH NJW 1975, 2101). Dagegen ist die **Feststellung** des Beschlussergebnisses durch den Versammlungsleiter rein bestätigend (**deklaratorische Wirkung**). Mängel der Stimmabgabe betreffen das Ergebnis des Beschlusses, aber nicht seine Wirksamkeit.

Mängel der Beschlussfassung

Davon zu unterscheiden sind Mängel der Beschlussfassung. Verstößt ein Beschluss gegen das Gesetz (§§ 134, 138 BGB) oder die Vereinssatzung ist er grundsätzlich **nichtig**. Bei einem Verstoß von **Verfahrensvorschriften**, die nicht von übergeordnetem Interesse sind, sondern dem Schutz einzelner Mitglieder dienen, tritt Nichtigkeit nur ein, wenn das in seinen Interessen verletzte Mitglied dem Beschluss in angemessener Frist **widerspricht**. Ein Beschluss kann trotz eines Satzungsverstoßes wirksam sein, wenn der Verfahrensfehler aus der Sicht eines objektiv urteilenden Vereinsmitglieds keine Relevanz für die Ausübung der Mitwirkungsrechte hatte (BGH NJW 2008, 69). Die Nichtigkeit des Beschlusses ist durch die **Feststellungsklage** (§ 256 ZPO) gegen den Verein gerichtlich geltend zu machen. Der Kläger muss sowohl im Zeitpunkt der Beschlussfassung als auch dem der Rechtshängigkeit **Vereinsmitglied** sein. Ein Beschluss ist auch ohne Mitgliederversammlung gültig, wenn alle Mitglieder ihre Zustimmung schriftlich erklären (§ 32 Abs. 2 BGB). Die Satzung kann hierfür aber das Mehrheitsprinzip vorsehen.

cc. Mitgliedschaft

Die Mitgliedschaft wird durch Mitgründung des Vereins, Antrag und Aufnahme als **Vertrag** mit dem Verein oder, sofern in der Satzung vorgesehen, **einseitige Beitrittserklärung** an den Verein begründet. Die Mitgliedschaft ist nicht übertragbar und kann nicht einem anderen zur Ausübung überlassen werden (§ 38 BGB). Die Satzung kann auch besondere Voraussetzungen für die Aufnahmen von Vereinsmitgliedern regeln (**Aufnahmevoraussetzungen**).

Aufnahmeanspruch

Ein Rechtsanspruch auf Aufnahme als Mitglied in einem Verein besteht selten kraft Satzung. Allerdings kann sich ein Aufnahmeanspruch bei Vereinen mit **überragender Machtstellung** im wirtschaftlichen oder sozialen Bereich ergeben.

Beispiele: Berufs- und Wirtschaftsverbände, Gewerkschaften, Sportverbände.

Dies bedingt nach der Rechtsprechung, dass an der Aufnahme ein **fundamentales Interesse** besteht, keine objektiv berechtigten Vereinsinteressen entgegenstehen und die Nichtaufnahme unbillig wäre (BGHZ 105, 312). Ein Aufnahmeanspruch kann sich für Mitgliedschaften in Vereinigungen auch aus den Regelungen über die Benachteiligungsverbote aufgrund § 18 AGG ergeben.

c. Haftung im Außenverhältnis

Nach § 31 BGB haftet der Verein mit seinem Vereinsvermögen für Schäden, die Mitglieder des Vorstands oder ein anderer verfassungsmäßig berufener Vertreter durch eine in Ausführung der ihm zustehenden Verrichtungen Dritten gegenüber begangen haben (**Haftung des Vereins im Außenverhältnis**).

aa. Anwendungsbereich

Juristische Personen des privaten und öffentlichen Rechts

Die Vorschrift des § 31 BGB findet auf alle juristischen Personen des Privatrechts und nach § 89 BGB auch auf juristische Personen des öffentlichen Rechts in privaten Rechtsverhältnissen Anwendung. Sie bezweckt, den eingetragenen Verein als juristische Person nicht schlechter, aber auch nicht besser zu stellen, als natürliche Personen, und weist ihm die Handlungen seiner Organe als eigene zu. Dieser Gedanke wird in § 86 S. 1 BGB auf selbstständige Stiftungen und in § 89 Abs. 1 BGB auf den Fiskus sowie auf die Körperschaften, Stiftungen und Anstalten des öffentlichen Rechts übertragen. Er gilt nach allgemeiner Meinung **für alle Körperschaften**, da sie ebenfalls nicht besserstehen sollen als eine natürliche Person.

Personenhandelsgesellschaften

Auf die Personenhandelsgesellschaften der OHG und KG wird § 31 BGB analog angewendet, (so bereits RG v. 05.02.1886, I. 390/85 für den Geschäftsführer einer OHG). Sie findet auch auf die Partnerschaftsgesellschaft (PartG) für Angehörige freier Berufe analoge Anwendung.

Gesellschaft bürgerlichen Rechts

Nach der Rechtsprechung ist § 31 BGB auf die Gesellschaft bürgerlichen Rechts anwendbar, die durch Teilnahme am Rechtsverkehr eigene Rechte und Pflichten begründet und somit als Außengesellschaft rechtsfähig ist (Außen-GbR).

Beispiel: Die Gesellschaft bürgerlichen Rechts muss sich zu Schadensersatz verpflichtendes deliktisches Handeln ihrer (geschäftsführenden) Gesellschafter als gesetzliche Verbindlichkeit entsprechend § 31 BGB zurechnen lassen (BGH NJW 2003, 1445).

Sonstige Sondervermögen

Der Anwendungsbereich des § 31 BGB gilt nach h. M. auch für den nicht eingetragenen Verein (§ 54 BGB), die Unternehmensform der Europäischen Wirtschaftlichen Interessenvereinigung (EWIV), die Wohnungseigentümergemeinschaft (vgl. § 10 Abs. 6 WEG) und das Vermögen des Insolvenzschuldners (Insolvenzmasse) unter Insolvenzverwaltung (BGH NZG 2006, 592).

bb. Repräsentanten

Vorstandsmitglieder

Der Verein haftet nach dem Wortlaut des § 31 BGB für den Vorstand und die Mitglieder des Vorstands (§ 26 Abs. 1 S. 2 BGB). Das gilt auch für bereits **ausgeschiedene**, aber noch im Vereinsregister **eingetragene** Vorstände. Für **faktische Vorstände**, deren Organbestellung nicht wirksam ist, haftet der Verein nach § 31 BGB analog. Zudem können auch juristische Personen Vorstand im Sinne der Vorschrift sein. Nicht darunter fallen Personen, die zwar für die interne Geschäftsführung zuständig sind, aber von jeder Vertretung ausgeschlossen sind.

Anderer Verfassungsmäßig berufene Vertreter

Der Verein haftet nach dem Wortlaut des § 31 BGB auch für andere verfassungsmäßig berufene Vertreter. Nach dem ursprünglichen Sinn der Vorschrift ist dies neben dem Vorstand nur, wer eine Stellung als besonderer Vertreter (§ 30) BGB innehat. Die Rechtsprechung hat indessen in analoger Anwendung des § 31 BGB die Haftung für das Handeln ihrer Organe **(Organhaftung)** auf eine Haftung für Repräsentanten ausgeweitet, die keine Organe der juristischen Person sind **(Repräsentantenhaftung)**. Der Grund dafür ist, dass sich die juristische Person auch für solche Personen nicht durch einen Beweis der Exkulpation aufgrund der Regelung des § 831 Abs. 1 S. 2 BGB von einer Haftung entlasten können soll. Im **Filialleiter-Urteil** (BGHZ 49, 21) sind die nicht-organschaftlichen Repräsentanten wie folgt definiert worden:

„Verfassungsmäßig berufene Vertreter sind nicht nur Personen, deren Tätigkeiten in der Satzung der juristischen Person vorgesehen sind; auch brauchen sie nicht mit rechtsgeschäftlicher Vertretungsmacht ausgestattet sein. Es braucht sich auch nicht um einen Aufgabenbereich innerhalb der geschäftsführenden Verwaltungstätigkeit der juristischen Person zu handeln. Vielmehr genügt es, dass dem Vertreter durch die allgemeine Betriebsregelung und Handhabung bedeutsame, wesensmäßige Funktionen der juristischen Person zur selbstständigen, eigenverantwortlichen Erfüllung zugewiesen sind, dass er also die juristische Person auf diese Weise repräsentiert. Bei einer solchen Sachlage wäre es unangemessen, der juristischen Person den Entlastungsbeweis nach § 831 BGB zu eröffnen.“

Die Rechtsprechung hat daran anschließend die Haftung des Vereins für seine Repräsentanten auf bestimmte Personenkreise ausgeweitet.

Beispiele:

Leitende Angestellte
Filialleiter von Warenhäusern, Banken, Kreditauskunfteien sowie Chefärzte und Oberärzte (in Vertretung des Chefarztes) von Krankenhäusern, Abteilungsleiter des Transportwesens und der Rechtsabteilung.

Selbstständige Handelsvertreter
Bei selbstständigen Handelsvertretern ist entscheidend, ob der Vertreter Abschlussvollmachten und Inkassobefugnisse besitzt oder ob dieser sonst eine in der Hierarchie des Unternehmens herausgehobene Position als Führungskraft innehat (BGH NJW 2013, 3366).

Personengesellschaften

Bei Personengesellschaften ist die Zurechnung des Verhaltens von Repräsentanten **umstritten**. Aufgrund der persönlichen Haftung der Gesellschafter würden diese mit dem Privatvermögen haften. Dagegen ist eine Anwendung des § 31 BGB bei **einzelkaufmännischen** Unternehmen **ausgeschlossen** ist. Deshalb wird vertreten, nur das Verhalten geschäftsführungsberechtigter Gesellschafter der Personengesellschaft zuzurechnen, nicht aber das Verhalten ihrer nicht-organschaftlichen Repräsentanten. Nach a. A. soll die Haftung nur auf das Sondervermögen der Organisation beschränkt sein, sofern nicht für das Handeln von Erfüllungsgehilfen (§ 278 BGB) oder Verrichtungsgehilfen (§ 831 BGB) der Gesellschafter persönlich haftet. Auf diese Weise soll eine haftungsrechtliche Gleichstellung mit juristischen Personen erreicht werden.

Innenorgane

Auch auf die Innenorgane des Vereins wie **Mitgliederversammlung** oder **Aufsichtsrat** ist die Vorschrift des § 31 BGB nach umstrittener Auffassung analog anzuwenden, wenn diese mit **Außenwirkung** tätig sind und einem Dritten Schaden zufügen. Dabei soll es nicht darauf ankommen, dass derartige Organe i. d. R. keine Vertreter des Vereins darstellen.

cc. Zum Schadensersatz verpflichtende Handlungen

Der Tatbestand des § 31 BGB setzt voraus, dass der Repräsentant einem Dritten einen Schaden durch eine zum Schadensersatz verpflichtende Handlung zugefügt hat (**haftungszuweisende Norm**). Ersatzansprüche aus der Verletzung von Pflichten zur ordnungsgemäßen Ausführung der Geschäfte treffen grundsätzlich nur die **juristische Person** als **Zurechnungsadressaten**.

Deliktische Haftung

Nach der Rechtsprechung soll der handelnde **Repräsentant** daneben aus **Delikt** haften, wenn Pflichten aus der Organstellung gegenüber der Gesellschaft nicht mehr nur für die Gesellschaft als deren Organ zu erfüllen sind, sondern diese den Repräsentanten aus besonderen Gründen **persönlich** gegenüber dem Dritten treffen. Dies ist im außervertraglichen deliktischen Bereich besonders dann möglich, wenn dem Geschäftsführer (Repräsentant) eine Garantenstellung (**Verkehrssicherungspflicht**) zum Schutz fremder Rechtsgüter im Sinne des § 823 Abs. 1 BGB zukommt. Dagegen soll nach Teilen der Literatur eine Eigenhaftung des Repräsentanten ausgeschlossen sein. Denn das Handeln des Repräsentanten sei wegen seiner Organeigenschaft oder wie bei einem Erfüllungsgehilfen (§ 278 BGB analog) allein der Gesellschaft zuzurechnen.

Gefährdungshaftung

Neben der Deliktshaftung kommt die **Gefährdungshaftung** für eine persönliche Haftung des Repräsentanten in Betracht, wenn die zum Schadensersatz verpflichtende Handlung auf seiner individuellen Handlung beruht. Ansonsten ist die juristische Person bei Gefährlichkeit der Einrichtung unmittelbar selbst aus der Haftungsnorm verpflichtet.

Beispiel: Haftung des Vereins als Halter eines Kraftfahrzeugs nach § 7 Abs. 1 StVG.

Weiterhin kann auch schuldloses, aber zum Schadensersatz verpflichtendes Handeln, zu einer Haftungszuweisung nach § 31 BGB führen, z. B. §§ 228, 231, 904 BGB.

Vertragliche Haftung

Die Schadensersatzpflicht kann sich auch aus der Verletzung einer rechtsgeschäftlichen oder (vor-)vertraglichen Pflicht ergeben, da nach h. M. das Verhalten des Repräsentanten dem Organ als eigenes Verhalten zugerechnet wird (**Organtheorie**). Nach anderer Auffassung ist im Rahmen vertraglicher oder vertragsähnlicher Sonderverbindungen dagegen nur § 278 BGB und im Bereich deliktischen Handelns § 31 BGB anzuwenden (**Vertretertheorie**).

dd. Ausführung der zustehenden Verrichtung

Die haftungsbegründende Handlung muss der Vorstand, ein Mitglied der juristischen Person oder des sonstigen Zurechnungsadressaten oder dessen Repräsentant in Ausführung der ihm zustehenden Verrichtung begangen haben. Dazu muss das Organ in **amtlicher Eigenschaft** und **nicht zu privaten Zwecken** gehandelt haben. Zudem muss zwischen dem Aufgabenkreis und der schädigenden Handlung auch ein **sachlicher** (nicht bloß zufällig zeitlich und örtlicher) **Zusammenhang** bestehen. Nicht erforderlich ist, dass sich das Handeln in den Grenzen der Vertretungsmacht hält. Das Reichsgericht (RGZ 162, 129) hat dazu bereits entschieden:

„An dieser Voraussetzung kann es allerdings dann fehlen, wenn das Vorstandsmitglied durch Überschreiten der ihm zustehenden Vertretungsmacht sein schadenstiftendes Verhalten so sehr außerhalb seines Aufgabenbereichs stellt, dass ein **innerer Zusammenhang** zwischen dem Handeln und dem allgemeinen Rahmen der ihm übertragenen Obliegenheiten nicht mehr erkennbar und daher der Schluss geboten ist, dass das Vorstandsmitglied **nur bei Gelegenheit, nicht aber in Ausführung** der ihm zustehenden Verrichtungen gehandelt hat.“

Beispiel: Entsendet eine juristische Person Vorstandsmitglieder in ein Organ einer anderen juristischen Person, sind die dort begangenen Pflichtverletzungen nicht der entsendenden juristischen Person zuzurechnen (BGH WM 1984, 1119).

ee. Schädigung eines Dritten

§ 31 BGB setzt die Schädigung eines Dritten voraus. Dies ist regelmäßig eine **außerhalb des Zurechnungsadressaten** stehende natürliche oder juristische Person oder ein sonstiger Träger von Rechten wie etwa die Außen-GbR. Dritter kann auch ein Mitglied des Vereins bzw. des Zurechnungsadressaten, ein Vorstandsmitglied oder anderer Vertreter sein. Allerdings ist ein Vorstandsmitglied nach der Rechtsprechung nicht als Dritter anzusehen, wenn er zu denjenigen gehört, die für die schadenstiftende Handlung oder das Unterlassen (mit)verantwortlich sind und die schädigende Handlung in den eigenen Verantwortungsbereich fällt. Dies kann sich aus der Satzung und Aufgabenverteilung ergeben.

ff. Rechtsfolge

Als Rechtsfolge ordnet § 31 BGB die Verantwortlichkeit der juristischen Person oder eines sonstigen Zurechnungsadressaten für die zum Schadensersatz verpflichtenden Handlung seines Repräsentanten an, ohne für sich die Haftung zu begründen. Die **Haftungszuweisung** umfasst die Zurechnung von **Verhalten, Wissen** und **Verschulden** des Repräsentanten. Dabei kommt es auf die Wissenszurechnung vor allem bei gesetzlichen Anspruchs- und Einwendungsnormen an, die auf eine Kenntnis oder arglistiges Verschweigen abstellen. Das gilt beispielsweise im Kaufrecht für die Mängelrechte, so etwa bei §§ 434 Abs. 1 S. 3, 438 Abs. 3, 442, 444 BGB.

gg. Wissenszurechnung

Nach der Rechtsprechung des Bundesgerichtshofs muss sich eine juristische Person das Wissen ihrer vertretungsberechtigten **Organwalter** zurechnen lassen (**Wissenszurechnung**). Das gilt auch für eine fiskalisch handelnde Gemeinde (BGHZ 109, 327) und zwar selbst dann, wenn das Organmitglied an dem betreffenden Rechtsgeschäft nicht selbst mitgewirkt oder von dem betreffenden Rechtsgeschäft nichts gewusst hat. Auch sein Ausscheiden aus dem Amt steht dem Fortdauern der Wissenszurechnung nicht entgegen.

Die Frage der Wissenszurechnung von Organvertretern lässt sich nach den Ausführungen in dem Urteil nicht mit logisch-begrifflicher Stringenz, sondern nur in **wertender Beurteilung** entscheiden. Für die Frage der Risikoverteilung bei **Grundstücksgeschäften** erscheine es im Interesse des Verkehrsschutzes geboten, der juristischen Person (Gemeinde), dass ihr durch Organvertreter einmal vermittelte **„typischerweise aktenmäßig festgehaltene"** Wissen auch weiterhin (bis zum Abschluss des zu beurteilenden Grundstückskaufvertrags) zuzurechnen. Nur so lasse sich die strukturelle Besonderheit der **organisatorischen Aufspaltung** gemeindlicher Funktionen in personeller und zeitlicher Hinsicht (Wechsel des Amtsträgers) **ausgleichen**. Der Bürger, der mit der Gemeinde einen wirtschaftlich bedeutsamen Vertrag schließe und ihr dabei im Zweifel sogar höheres Vertrauen entgegenbringe, dürfe im Prinzip nicht schlechter gestellt werden, als wenn er es mit einer einzigen natürlichen Person zu tun hätte (**Gleichstellung**).

Demzufolge ist „**Wissensvertreter**" i. S. v. § 166 BGB jeder, der nach der Arbeitsorganisation des Geschäftsherrn dazu berufen ist, im Rechtsverkehr als dessen Repräsentant bestimmte Aufgaben in eigener Verantwortung zu erledigen und die dabei angefallenen **Informationen zur Kenntnis zu nehmen** sowie gegebenenfalls weiterzuleiten. Dieser braucht von der juristischen Person weder zum rechtsgeschäftlichen Vertreter noch zum Wissensvertreter ausdrücklich bestellt zu sein. Die Wissenszurechnung gründet nicht in der Organstellung oder einer vergleichbaren Position des Wissensvermittlers, sondern im **Verkehrsschutz** und der daran geknüpften Pflicht zu ordnungsgemäßer **Organisation** der **gesellschaftsinternen Kommunikation**. Auch für eine GmbH & Co. KG kommt danach eine Wissenszurechnung grundsätzlich in Betracht. Für diese sind aber **persönliche** und **zeitliche Grenzen** zu ziehen.

hh. Vertreter ohne Vertretungsmacht

Handelt ein Repräsentant zugleich als Vertreter ohne Vertretungsmacht stellt sich die Frage, ob der juristischen Person eine Haftung nach §§ 179 Abs. 1, 31 BGB zugewiesen werden kann, da sie prinzipiell nur verpflichtet werden kann, wenn der Vertreter mit Vertretungsmacht gehandelt hat (§ 164 Abs. 1 BGB). Nach der Rechtsprechung erfolgt eine Haftungszuweisung für eine Schadensersatzpflicht des Vertreters aus Verschulden bei Vertragsschluss (§§ 280 Abs. 1, 241 Abs. 2, 311 Abs. 2) und unerlaubter Handlung (§§ 823 ff BGB), nicht aber soweit die Haftung des Repräsentanten allein auf dessen vollmachtlosen Handeln beruht. Das gilt auch, wenn das Vorhandensein der Vertretungsmacht vorgetäuscht ist.

ii. Organisationsmangel

Die Rechtsprechung hat den Anwendungsbereich der Zurechnungsnorm des § 31 BGB durch die **Lehre vom Organisationsmangel** weiter ausgedehnt. Danach ist die juristische Person verpflichtet, den Gesamtbereich ihrer Tätigkeit so zu organisieren, dass **für alle wichtigen Aufgabengebiete** ein verfassungsmäßiger Vertreter zuständig ist, welcher die wesentlichen Entscheidungen selbst trifft. Ergreift die juristische Person hierfür nicht die Maßnahmen, wird ihr die Schadensersatzhandlung des tatsächlich eingesetzten Verrichtungsgehilfen als Handlung eines verfassungsmäßigen Vertreters zugerechnet (§§ 823, 31 BGB). Damit soll verhindert werden, dass sie sich bei dem Organisationsmangel nach § 831 Abs. 1 S. 2 BGB exkulpieren kann. Sofern die juristische Person für einen wichtigen Aufgabenbereich einen verfassungsmäßigen Vertreter bestellt, erfolgt die Haftungszuweisung auch für Schadensersatzhandlungen der nicht-organschaftliche Repräsentanten (analog § 31 BGB).

jj. Persönliche Haftung

Neben der Haftung der juristischen Person für den Repräsentanten analog § 31 BGB kann auch eine persönliche Haftung bestehen, wenn der handelnde Repräsentant **in seiner Person** einen **Haftungstatbestand** verwirklicht. Dies setzt voraus, dass seine Schadensersatzhandlung ihn als natürliche Person haftbar macht. Bei unerlaubter Handlung (§§ 823 ff BGB) haften die juristische Person und der Repräsentant dann als **Gesamtschuldner** (§§ 840 Abs. 1, 421 ff BGB).

Innenverhältnis

Im Innenverhältnis hat der Repräsentant nach § 840 Abs. 2 BGB analog **allein** einzustehen. Der geschädigte Dritte kann die einmalige Schadensersatzforderung nach seinem Belieben von der juristischen Person oder dem handelnden Repräsentanten fordern (§ 421 BGB). Dagegen haftet der Repräsentant neben der juristischen Person bei **Vertragsverletzungen** i. d. R. **nicht**, da auch bei der Überschreitung satzungsmäßiger Befugnisse die juristische Person Vertragspartner ist. Nach § 31 a Abs. 2 BGB können ehrenamtlich oder mit einer Vergütung von weniger als 720 € tätige Organmitglieder und besondere Vertreter von der juristischen Person die Befreiung von der Verbindlichkeit verlangen, wenn sie dem Dritten den Schaden bei Wahrnehmung der ihnen übertragenen satzungsmäßigen Pflichten verursacht haben (**Freistellungsanspruch**).

kk. Sonstiges

Die Haftung der juristischen Person durch Zurechnung nach § 31 BGB kann durch die Satzung **nicht abbedungen** werden. Für den Haftungsausschluss durch Einzelvertrag gilt § 276 Abs. 3 BGB, so dass eine Haftung für vorsätzliches Handeln nicht im Voraus ausgeschlossen werden kann. Bei Haftungsausschluss durch AGB ist die Grenze des § 309 Nr. 7 BGB zu beachten. Ein **Mitverschulden** des geschädigten Dritten kommt in Betracht, wenn dieser die Gefahr hätte erkennen können. Dann kann die Schadensersatzpflicht nach § 254 BGB gemindert oder sogar aufgehoben werden. Handelt die Organperson vorsätzlich, wird ein fahrlässiges Verhalten des Geschädigten grundsätzlich nicht berücksichtigt.

7. Stiftungen

Die rechtsfähige Stiftung des bürgerlichen Rechts ist in den §§ 80 ff BGB und ergänzend in den Stiftungsgesetzen der Länder geregelt.

a. Entstehung und Verfassung

Zur Entstehung einer rechtsfähigen Stiftung sind das **Stiftungsgeschäft** und die **staatliche Anerkennung** der zuständigen Behörde des Landes erforderlich, in dem die Stiftung ihren Sitz haben soll (§ 80 BGB). Das Stiftungsgeschäft kann als einseitige Willenserklärung des Stifters unter Lebenden (§ 81 BGB) oder von Todes wegen (§ 83 BGB) erfolgen. Das Stiftungsgeschäft unter Lebenden bedarf der **schriftlichen Form**. Es muss die verbindliche Erklärung des Stifters enthalten, ein Vermögen zur Erfüllung eines von ihm vorgegebenen Zweckes zu widmen, dass auch zum Verbrauch bestimmt werden kann. Durch das Stiftungsgesetz muss die Stiftung eine **Satzung** erhalten mit Regelungen über den Namen, Sitz, Zweck und das Vermögen sowie die Bildung des **Vorstands** der Stiftung. Genügt das Stiftungsgeschäft diesen Erfordernissen nicht, wird der Stiftung durch die zuständige Behörde vor der Anerkennung eine Satzung gegeben oder eine unvollständige Satzung ergänzt, unter Berücksichtigung des Stifterwillens. Darüber hinaus muss die Satzung meist **weitere Angaben** zur Art der Zweckverwirklichung und zur Vermögensbindung für steuerbegünstigte Zwecke enthalten. Auch kann sie Regelungen zur Bildung von **weiteren Organen** wie Stiftungsrat, Aufsichtsrat, Verwaltungsrat, Kuratorium oder der Art der Vermögensverwaltung enthalten. Wird die Stiftung als rechtsfähig anerkannt, so ist der Stifter dazu verpflichtet, dass in dem Stiftungsgeschäft zugesicherte Vermögen auf die Stiftung zu **übertragen**. Rechte, zu deren Übertragung der Abtretungsvertrag genügt, gehen mit der Anerkennung auf die Stiftung über, sofern sich nicht aus dem Stiftungsgeschäft ein anderer Wille des Stifters ergibt (§ 82 BGB).

b. Reform des Stiftungsrechts

Das Stiftungszivilrecht beruht auf den Regelungen in den §§ 80ff BGB und unterschiedlich ausgeprägten Regelungen in den Stiftungsgesetzen der Länder. Dies führt zu Streitfragen und Rechtsunsicherheiten bei Stiftern und Stiftungen. Zudem gibt es für Stiftungen kein Register mit Publizitätswirkung wie für die meisten anderen juristischen Personen des Privatrechts. Mit dem Gesetz zur Vereinheitlichung des Stiftungsrechts vom 16.07.2021 (BGBl. 2021 I, S. 2947) wird das Stiftungszivilrecht deshalb abschließend neu geregelt. Das Gesetz enthält in Artikel 1 die Änderungen des Bürgerlichen Gesetzbuchs in Untertitel 1 Rechtsfähige Stiftungen (§§ 80–88 BGB n. F.), die am 01.07.2023 in Kraft treten (Art. 11 Abs. 2).

Einheitliches Stiftungsrecht

Die Neuregelungen betreffen die Ausgestaltung und Entstehung der Stiftung (§ 80 BGB n. F.), das Stiftungsgeschäft (§§ 81, 81a BGB n. F.), die Anerkennung der Stiftung (§ 82 BGB n. F.), die Übertragung und den Übergang des gewidmeten Vermögens (§ 82a BGB n. F.), die Stiftungsverfassung und den Stifterwillen (§ 83 BGB n. F.), den Verwaltungssitz (§ 83a BGB n. F.), das Stiftungsvermögen (§§ 83b, 83c BGB n. F.), die Stiftungsorgane (§ 84–84c BGB n. F.), die Satzungsänderungen (§§ 85, 85a BGB n. F.), die Zulegung und Zusammenlegung von Stiftungen jeweils durch schriftlichen Vertrag (§§ 86–86d BGB n. F.), die Genehmigung durch behördliche Zulegungsentscheidung und Zusammenlegungsentscheidung, ihre Wirkungen und die Bekanntmachung durch die übernehmende Stiftung (§§ 86e–86h BGB n. F.), die Auflösung oder Aufhebung und Liquidation der Stiftung (§§ 87–87c BGB n. F.).

Zentrales Stiftungsregister

Weiter Änderungen des Bürgerlichen Gesetzbuchs enthält Artikel 3 des Gesetzes (§§ 82b–82d, 84d, 85b, 86i, 87d BGB n. F.), die am 01.01.2026 in Kraft treten (Art. 11 Abs. 1 Nr. 1). Danach wird für die Stiftungen ein **zentrales Stiftungsregister** geführt, das im Stiftungsregistergesetz näher geregelt wird. Die Stiftungen sind zur Eintragung in das Stiftungsregister anzumelden. In der Anmeldung sind die Vorstandsmitglieder, die besonderen Vertreter, ihre Vertretungsmacht sowie etwaige Beschränkungen der Vertretungsmacht des Vorstands nach § 84 Abs. 3 BGB n. F. anzugeben (§ 82b BGB n. F.). Nach Eintragung in das Stiftungsregister hat die Stiftung ihren Namen mit dem Zusatz **„eingetragene Stiftung“** zu führen. Anstelle dessen kann dem Namen die Abkürzung **„e. S.“** angefügt werden. Die Verbrauchsstiftung hat mit der Eintragung den Zusatz **„eingetragene Verbrauchsstiftung“** oder die Abkürzung **„e. VS.“** zu führen (§ 82c BGB n. F.).

Durch das Stiftungsregister wird ein Vertrauensschutz kraft Gesetzes geschaffen (**Publizität des Stiftungsregisters**). Eine in das Register einzutragende Tatsache kann die Stiftung einem Dritten im Geschäftsverkehr nur entgegensetzen, wenn diese Tatsache eingetragen oder dem Dritten bekannt ist. Wurde eine einzutragende Tatsache eingetragen, so muss ein Dritter im Geschäftsverkehr diese Tatsache gegenüber der Stiftung gegen sich gelten lassen, es sei denn, dass er die Tatsache weder kannte noch kennen musste (§ 82d BGB n. F.). Geregelt werden auch die Anmeldung von Änderungen beim Vorstand oder bei besonderen Vertretern (§ 84d BGB n. F.), von Satzungsänderungen (§ 85b BGB n. F.), von Zulegung und Zusammenlegung (§ 86i BGB n. F.) sowie die Auflösung, Aufhebung und Liquidation der Stiftung (§ 87d BGB n. F.).

Stiftungsregistergesetz

Artikel 4 des Gesetzes enthält die Vorschriften zum Stiftungsregistergesetz (StiftRG). Dessen §§ 1–18 und 20 treten am 01.01.2026 in Kraft, § 19 (Verordnungsermächtigung) ist bereits am 23.07.2021 in Kraft getreten. Das Stiftungsregistergesetz hat drei Abschnitte. Abschnitt 1 regelt Aufbau und Führung des Stiftungsregisters (§§ 1–14), Abschnitt 2 die Einsicht in das Register (§§ 15–17), Abschnitt 3 den Verwaltungsrechtsweg, Ausschluss des Widerspruchsverfahrens, die Verordnungsermächtigung und Übergangsregelungen (§§ 18–20). **Registerbehörde** für das Stiftungsregister, in das sich die rechtsfähigen Stiftungen des bürgerlichen Rechts einzutragen haben, ist das Bundesamt für Justiz. Das **Stiftungsregister** wird **elektronisch** geführt und hat für jede Stiftung ein eigenes Registerblatt mit gesetzlichen Pflichtangaben (§§ 1, 2 StiftRG). Die **Anmeldungen** zum Stiftungsregister sind von den Mitgliedern des Vorstands der Stiftung oder den vertretungsberechtigten Liquidatoren unverzüglich vorzunehmen und ebenso wie eine Vollmacht öffentlich zu beglaubigen (§ 3 StiftRG).

Eine nach § 82b Abs. 2 BGB n. F. **angemeldete** Stiftung ist im Stiftungsregister **einzutragen**, wenn eine Anerkennungsentscheidung nach § 82 BGB n. F. erlassen wurde und die Mitglieder des Vorstands sowie die vertretungsberechtigten besonderen Vertreter ordnungsgemäß bestellt wurden. Bei Stiftungen, die durch Zusammenlegung errichtet wurden, erfolgt die Eintragung, wenn eine unanfechtbare Genehmigung des Zusammenlegungsvertrags oder der behördlichen Zusammenlegungsentscheidung vorliegt (§ 4 StiftRG). Die **Eintragungen** von **Änderungen** beim Vorstand oder bei besonderen Vertretern regelt § 5 StiftRG, von Satzungsänderungen § 6 StiftRG, bei Zulegungen und Zusammenlegungen § 7 StiftRG, bei Auflösung, Aufhebung und Liquidation § 8 StiftRG sowie bei Insolvenz der Stiftung § 9 StiftRG. Die **zuständige Behörde** für die Anerkennung einer Stiftung hat der **Registerbehörde** die Errichtung einer Stiftung mit Angaben über den Namen, Sitz und die ladungsfähige Anschrift der Stiftung **mitzuteilen** (§ 10 StiftRG). Die **Einsichtnahme** in das Stiftungsregister ist jedermann gestattet (§ 15 StiftRG).

Abb. 8: Juristische Personen

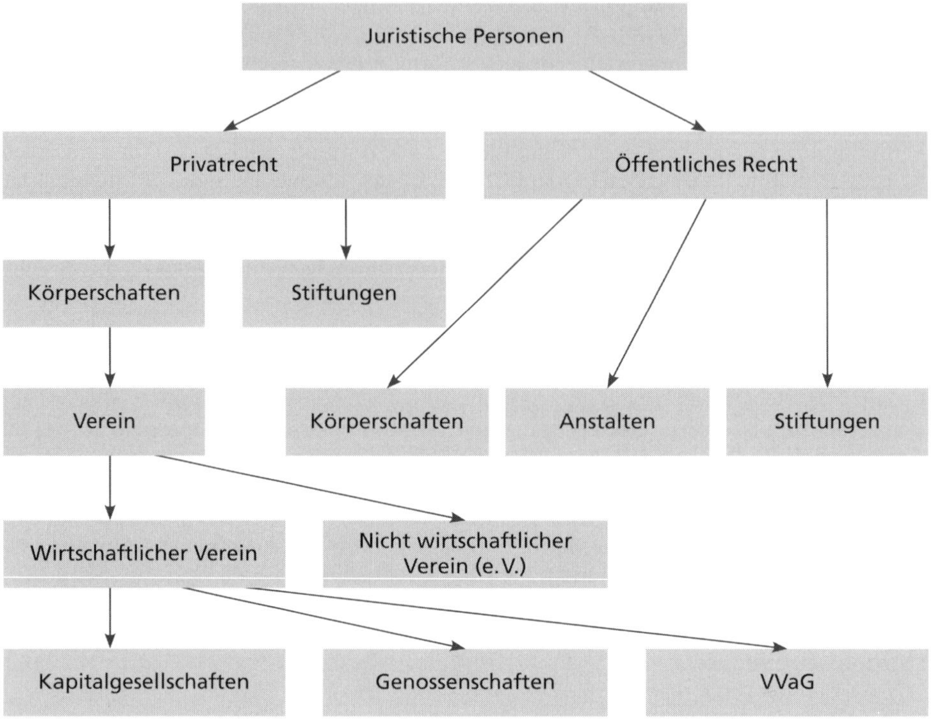

II. Geschäftsfähigkeit

Die Geschäftsfähigkeit im Bürgerlichen Recht ist die Fähigkeit einer natürlichen Person, selbst Rechtsgeschäfte vollwirksam vorzunehmen. Da das Gesetz grundsätzlich alle Menschen als geschäftsfähig ansieht, regeln die §§ 104ff BGB nicht die Geschäftsfähigkeit, sondern die Ausnahmefälle der beschränkten Geschäftsfähigkeit und der Geschäftsunfähigkeit. Letztere gilt bis zur Vollendung des siebten Lebensjahres (§ 104 BGB), von da an ist der Minderjährige **beschränkt geschäftsfähig** (§§ 107ff BGB). Die **unbeschränkte** Geschäftsfähigkeit tritt mit Vollendung des 18. Lebensjahres (§ 2 BGB) ein. Die Willenserklärung eines Minderjährigen bedarf der Einwilligung oder Genehmigung des gesetzlichen Vertreters (§§ 107–109 BGB) und ist solange schwebend unwirksam (§§ 177ff BGB). Liegt sie nicht vor, kann der Minderjährige nur Rechtsgeschäfte vornehmen, die ihm lediglich einen **rechtlichen Vorteil** erbringen (z. B. Schenkung) oder die er aus eigenen Mitteln (Taschengeld) bewirkt; außerdem Rechtsgeschäfte, die im Rahmen eines Erwerbsgeschäfts erfolgen, sofern er zu dessen Betrieb ermächtigt ist oder vom gesetzlichen Vertreter generell erlaubte Arbeitsverhältnisse betreffen (§§ 110–113 BGB).

III. Willenserklärung

1. Allgemeines

a. Abgrenzung

aa. Definition

Willenserklärung ist die Äußerung des Willens einer Person, die auf die Herbeiführung einer **Rechtsfolge** gerichtet ist. Dabei wird zwischen dem **objektiven** und **subjektiven Tatbestand** der Willenserklärung unterschieden. Der objektive Tatbestand der Willenserklärung beschreibt das nach außen hervortretende Erklärungsverhalten (das **Erklärte**). Der subjektive Tatbestand ist der hinter der konkreten Erklärung stehende Wille (das **Gewollte**). Das BGB unterscheidet zwischen der Wirksamkeit der **Willenserklärung** und des damit verfolgten **Rechtsgeschäfts**, das die gewollte Rechtsfolge der Willenserklärung herbeiführen soll.

Beispiele: Rücktritt (§§ 346ff BGB) und Kündigung (§§ 314, 622 BGB) sind Rechtsgeschäfte, aufgrund derer sich eine Partei durch Abgabe einer Willenserklärung (§§ 130ff BGB) einseitig von einem Vertrag lösen und somit die gewollte Rechtsfolge der Erklärung bewirken kann.

bb. Realakte

Die Willenserklärung ist von Realakten abzugrenzen. Diese sind auf einen tatsächlichen Erfolg gerichtet Willensbetätigungen, die **kraft Gesetzes** eine bestimmte **Rechtsfolge** auslösen. Da sie **Tathandlungen** und nicht Erklärungen darstellen, finden die für Willenserklärungen sowie die für Rechtsgeschäfte geltenden Vorschriften keine Anwendung. Realakte können allerdings Bestandteil von Rechtsgeschäften sein. Sie treten dann als weiteres Tatbestandsmerkmal neben die Willenserklärung.

Beispiele: Besitzerwerb (§ 854 BGB), Übergabe (§ 929 BGB), Verbindung, Vermischung und Verarbeitung (§§ 946ff BGB), Fund und Schatzfund (§§ 965ff, 984 BGB).

cc. Geschäftsähnliche Handlungen

Geschäftsähnliche Handlungen sind bestimmte **Erklärungen** einer Person, deren **Rechtsfolgen kraft Gesetzes** eintreten. Der Inhalt der Erklärung ist nicht die Anordnung einer Rechtsfolge, sondern ein rein tatsächlicher Erfolg. Da es sich nicht um Willenserklärungen handelt, sind die allgemeinen Vorschriften nur entsprechend anwendbar (z. B. §§ 104ff, 130ff, 164ff BGB).

Beispiele: Mahnung (§ 286 Abs. 1 BGB), Aufforderung (§ 177 Abs. 2 BGB), Fristsetzung (§ 281, 323 BGB), Schadensersatzverlangen (§ 281 Abs. 4 BGB), Anzeige (§ 409 Abs. 1 BGB).

b. Rechtsgeschäfte

Der Begriff der Rechtsgeschäfte wird gesetzlich nicht definiert, sondern vorausgesetzt. Ein Rechtsgeschäft ist jeder aus mindestens einer Willenserklärung und fakultativ einem sonstigen Verhalten bestehende Tatbestand, der eine Rechtsfolge herbeiführt, weil sie gewollt ist. Dabei gibt es **verschiedene Arten** von Rechtsgeschäften, einseitige und mehrseitige, Verpflichtungs- und Verfügungsgeschäfte. Diese sind in ihrem rechtlichen Bestand grundsätzlich voneinander unabhängig (**Trennungsprinzip**). Ist das Verpflichtungsgeschäft unwirksam, wirkt sich dies grundsätzlich nicht auf die Wirksamkeit des Verfügungsgeschäft aus (**Abstraktionsprinzip**). Mängel des Verpflichtungsgeschäfts wirken sich nur in bestimmten Ausnahmefällen auf das Verfügungsgeschäft aus (**Durchbrechung des Trennungs- und Abstraktionsprinzips**).

aa. Einseitige Rechtsgeschäfte

Einseitige Rechtsgeschäfte bestehen nur aus einer einzigen Willenserklärung und werden nach den **empfangsbedürftigen** und **nicht empfangsbedürftigen** Rechtsgeschäften unterschieden.

Empfangsbedürftige Rechtsgeschäfte

Bei empfangsbedürftigen Rechtsgeschäften muss die Willenserklärung einer anderen Person (**Empfänger**) zugehen, damit sie wirksam wird.

Beispiele: Anfechtungserklärung (§ 143 BGB), Vollmachtserteilung (§ 167 BGB), Erklärung von Rücktritt (§ 349 BGB) und Kündigung (§§ 314, 623, 671, 723 BGB).

Nicht empfangsbedürftige Rechtsgeschäfte

Bei nicht den empfangsbedürftigen Rechtsgeschäften ist zur Wirksamkeit der Willenserklärung kein Zugang der Erklärung bei einer anderen Person erforderlich.

Beispiel: Eigentumsaufgabe **(Dereliktion)** (§ 959 BGB) von beweglichen Sachen, etwa bei der Freigabe von Hausabfällen und Sperrmüll, Abgabe von Gegenständen bei Sicherheitskontrolle am Flughafen in Behälter mit der Aufschrift „Eigentumsaufgabe, § 959 BGB".

Dagegen erfolgt die Eigentumsaufgabe an einem Grundstück (unbewegliche Sache) nach § 928 BGB durch Erklärung gegenüber dem Grundbuchamt und Eintragung des Verzichts in das Grundbuch. Zu beachten ist, dass die Haftung als Zustandsstörer aus §§ 823, 1004 BGB auch nach einem Erlöschen des Eigentums aufgrund Dereliktion grundsätzlich bestehen bleibt.

bb. Mehrseitige Rechtsgeschäfte

Mehrseitige Rechtsgeschäfte bestehen aus übereinstimmenden Willenserklärungen mehrerer Personen, die durch mindestens zwei Personen erklärt werden. Sind diese wechselseitig, so liegt ein **Vertrag** vor. Gleichlautende parallele Willenserklärungen von mindestens zwei Personen bezeichnet man auch als **Gesamtakt**, z. B. gemeinsame Mietkündigung durch mehrere Mieter. Bei Verträgen sind die Willenserklärungen (Angebot und Annahme) stets empfangsbedürftig. Der Vertrag muss indessen nicht **zweiseitig**, z. B. Kauf (§ 433 BGB), Miete (§ 535 BGB), oder **mehrseitig verpflichtend** sein, z. B. Gesellschaftsvertrag (§ 705 BGB). Er kann auch **einseitig** verpflichten, wie z. B. Schenkung (§ 516 BGB) und Bürgschaft (§ 765 BGB). Bei den zweiseitig oder mehrseitig verpflichtenden Verträgen haben alle Parteien wechselseitige Pflichten. Diese Verträge werden deshalb als synallagmatische Austauschverträge (**funktionelles Synallagma**) von griechisch „Tausch, Handel" bezeichnet.

cc. Verpflichtungsgeschäfte

Verpflichtungsgeschäfte sind Rechtsgeschäfte, die eine Verpflichtung zur Leistung begründen (**Schuldverhältnis**). Die Verpflichtung kann in einem Tun oder **Unterlassen** bestehen (§ 241 Abs. 1 BGB). Die typischen Verträge werden als Verpflichtungsgeschäfte in den Vorschriften des Besonderen Schuldrechts (§§ 433–853 BGB) geregelt.

Beispiele: Kaufvertrag (§ 433 BGB), Darlehen (§§ 488, 607 BGB), Mietvertrag (§ 535 BGB), Dienstvertrag (§ 611 BGB), Werkvertrag (§ 631 BGB).

dd. Verfügungsgeschäfte

Das Gesetz unterscheidet die Verfügungsgeschäfte von den Verpflichtungsgeschäften. Sie sind sachenrechtliche (**dingliche**) **Rechtsgeschäfte**, durch die ein Recht übertragen, aufgehoben, belastet oder inhaltlich verändert wird. Ein Verfügungsgeschäft wird regelmäßig **zur Erfüllung eines Verpflichtungsgeschäfts** abgeschlossen.

Beispiel: Durch Übertragung des Eigentums an der (beweglichen) Kaufsache nach § 929 BGB (Verfügungsgeschäft) erfüllt der Verkäufer seine Verpflichtung aus dem zugrunde liegenden Kaufvertrag (Verpflichtungsgeschäft), dem Käufer die Sache zu übergeben und das Eigentum an der Sache zu verschaffen (§ 433 Abs. 1 S. 1 BGB).

Gestaltungsgeschäfte

Verfügungsgeschäfte, die eine **einseitige Veränderung** der Rechtslage bewirken, werden auch als Gestaltungsgeschäfte bezeichnet.

Beispiele: Anfechtung (§ 142 BGB), Rücktritt (§ 346 BGB), Kündigung (§§ 314, 622 BGB), Aufrechnung (§ 387 BGB), Minderung (§§ 441 und 638 BGB).

2. Objektiver Tatbestand

Der objektive Tatbestand der Willenserklärung enthält eine Erklärung, die aus dem objektiven Empfängerhorizont (§§ 133, 157 BGB) auf die Herbeiführung einer **bestimmten Rechtsfolge** gerichtet ist. Er besteht notwendig aus Handlungswille und Rechtsbindungswille. Davon ist der Geschäftswille zu unterscheiden.

a. Handlungswille

Der Handlungswille ist notwendiger Bestandteil einer Willenserklärung. Darunter versteht man das Bewusstsein, überhaupt zu handeln (**bewusster Willensakt**). Dieses Bewusstsein fehlt, wenn eine Person nicht weiß, dass sie gerade handelt.

Beispiele: Reflexbewegungen, Schlaf, Bewusstlosigkeit, Handeln in Hypnose.

In Fällen unmittelbaren körperlichen Zwangs ***(vis absoluta)*** wird der Erklärende gegen seinen Willen zu einer Handlung gezwungen. Diese Handlungen sind keine Willenserklärungen.

Beispiel: Das gewaltsame Führen der fremden Hand zur Unterschrift.

Wer durch Täuschung oder Drohung zur Abgabe einer Willenserklärung gebracht wird ***(vis compulsiva)*** handelt mit Handlungswillen, auch wenn seine Beweggründe nicht freiwillig sind. Die Willenserklärung ist aber wegen Täuschung oder Drohung (§§ 123, 142 BGB) anfechtbar.

b. Rechtsbindungswille

Rechtsbindungswille ist der Wille einer Person, sich mit ihrer Erklärung **rechtlich zu binden**. Dieser wird nach der Rechtsprechung durch Auslegung der Erklärung aus Sicht des objektiven Empfängers (**Empfängerhorizont**) unter Berücksichtigung der Verkehrssitte nach Treu und Glauben ermittelt (§§ 133, 157 BGB).

aa. Konkludente Willenserklärung

Soweit keine gesetzliche oder gewillkürte Schriftform gilt, ist eine Benutzung von Wort und Schrift für eine rechtsverbindliche Willenserklärung nicht erforderlich. Vielmehr kann sie auch stillschweigend durch ein schlüssiges Verhalten (konkludent) abgeben werden (**konkludente Willenserklärung**). Das **Schweigen** ist indessen grundsätzlich keine Willenserklärung, da dem Schweigen in der Regel kein Erklärungswert zu entnehmen ist. Etwas anderes kann nach der herrschenden Meinung nur angenommen werden, wenn der Rechtsverkehr im Verhalten des Erklärenden eine rechtlich verbindliche Erklärung sieht (**objektive Theorie**). Dagegen soll es nach der Mindermeinung darauf ankommen, ob die Erklärung dem tatsächlichen Willen des Erklärenden entspricht und ob er seinem Verhalten einen Erklärungsgehalt beimessen wollte (**subjektive Theorie**).

Beispiel: Bei einer Versteigerung hebt eine Person die Hand, um jemanden zu grüßen. Da sie bei Anwendung der im Verkehr erforderlichen Sorgfalt hätte erkennen können, dass man das Handheben in der Auktion als Gebot auffassen wird, handelt es sich um eine Willenserklärung (BGHZ 91, 324). Der Erklärende kann diese jedoch wegen Erklärungsirrtum nach §§ 119, 142 BGB analog anfechten und ist nach § 122 BGB zum Ersatz des Vertrauensschadens verpflichtet **(Trierer Weinversteigerungsfall)**.

bb. Aufforderung zur Abgabe eines Angebots

Von der Erklärung mit Rechtsbindungswillen ist die Aufforderung zur Abgabe eines Angebots *(invitatio ad offerendum)* abzugrenzen, bei der kein Rechtsbindungswille vorliegt. Die durch **Internet, E-Mail, Television** übermittelten Aufforderungen zur Bestellung von Waren oder Dienstleistung sind **im Zweifel** als Angebotsaufforderung zu verstehen. In der Regel ist erst die Bestellung des Kunden durch E-Mail, Telefax, Telefonanruf, SMS oder Brief das Angebot.

cc. Gefälligkeitsverhältnisse

Bei Abreden, die ausschließlich auf einem außerrechtlichen Geltungsgrund beruhen (wie z. B. Freundschaft, Kollegialität, Nachbarschaft), liegt in aller Regel **kein Rechtsbindungswille** des Erklärenden vor (**Gefälligkeitsverhältnisse**).

c. Geschäftswille

Geschäftswille ist das Bewusstsein, eine **bestimmte Rechtsfolge** herbeizuführen. Dieser muss sich auf die **wesentlichen Vertragsbestandteile** *(essentialia negotii)* beziehen.

Beispiel: Beim Kaufvertrag muss sich die Willenserklärung (Angebot) auf die **Kaufsache** und den **Kaufpreis** beziehen.

Der Geschäftswille ist allerdings **nicht notwendiger Bestandteil** für die Wirksamkeit der Willenserklärung. Diese wird als Angebot zu einem Vertragsschluss auch dann wirksam, wenn der Geschäftswille etwa fehlt oder anders gemeint war. Der Erklärende kann in diesem Fall die Willenserklärung nach § 119 Abs. 1 BGB **anfechten**. Er ist dem Empfänger dann jedoch zum Ersatz des Schadens verpflichtet (**Vertrauensschaden**), den dieser dadurch erleidet, dass er auf die Gültigkeit der Erklärung vertraut hat (§ 122 Abs. 1 BGB).

3. Subjektiver Tatbestand

Der subjektive Tatbestand der Willenserklärung beschreibt den hinter der Erklärung stehenden inneren Willen des Erklärenden (**innerer Willenstatbestand**) und betrifft die Frage, ob der äußeren Erklärung auch der innere Wille entspricht. Dieser besteht aus dem **Handlungswillen**, etwas bewusst zu tun oder zu unterlassen, dem **Erklärungsbewusstsein**, eine rechtserhebliche Erklärung abzugeben und dem **Geschäftswillen**, ein ganz bestimmtes Rechtsgeschäft abzuschließen. Bei Vorliegen eines **Willensmangels** stimmen der geäußerte Wille und der wirkliche Wille nicht überein. Ein **bewusster** Willensmangel liegt im Falle von Scheingeschäft, Scherzerklärung, Geheimem Vorbehalt nach §§ 116–118 BGB sowie Täuschung und Drohung nach § 123 BGB vor.

a. Handlungswille

Handlungswille ist die vom bewussten Willen gesteuerte Handlung, etwas zu tun oder zu unterlassen. Er fehlt bei unbewussten Handlungen (Beispiele: Reflex, Schlaf, Zwang) sowie bei **abhandengekommenen** Willenserklärungen. Bei diesen gelangt die Willenserklärung für den Empfänger nicht ersichtlich ohne Entäußerungswillen des Absenders in den Rechtsverkehr. Mangels Handlungswille liegt dann nach herrschender Meinung überhaupt keine wirksame Willenserklärung vor. Es können aber **Schadensersatzansprüche** des Erklärungsempfängers bestehen. Nach der Mindermeinung soll es auf den Handlungswillen in diesen Fällen hingegen nicht ankommen; zumindest solle dann eine Willenserklärung vorliegen, wenn der Erklärende fahrlässig handelte und damit rechnen musste, der Empfänger der Erklärung werde sie als ihm gegenüber verbindlich ansehen. Danach hat der Erklärende ein Anfechtungsrecht, ist aber dem Empfänger aber zum Schadensersatz (**Vertrauensschaden**) verpflichtet.

b. Erklärungsbewusstsein

Erklärungsbewusstsein ist das Bewusstsein, eine rechtserhebliche Erklärung abzugeben, sich also rechtsgeschäftlich zu verhalten. Nach der Rechtsprechung wird dem Erklärenden sein Verhalten auch bei fehlendem Erklärungsbewusstsein als Willenserklärung zugerechnet. Dies setzt voraus, dass der Erklärende bei Beachtung der im Verkehr erforderlichen Sorgfalt hätte erkennen können und müssen, dass sein Verhalten als Willenserklärung aufgefasst wird (Trierer Weinversteigerungsfall). Etwas anderes gilt nur dann, wenn der Erklärungsempfänger nicht schutzwürdig ist, weil er von dem fehlenden Erklärungsbewusstsein des Erklärenden in Kenntnis war (**Erklärungstheorie**). Nach der Mindermeinung ist das Erklärungsbewusstsein indessen ein notwendiger Bestandteil der Willenserklärung (**Willenstheorie**). Die Willenserklärung ist nichtig, wenn es fehlt, wobei der Erklärende aber schadensersatzpflichtig (§ 122 BGB) ist.

c. Geschäftswille

Geschäftswille ist der Wille einer Person, ein **konkretes Geschäft** abschließen zu wollen, also eine bestimmte Rechtsfolge herbeizuführen. Er ist für das Vorliegen einer Willenserklärung **nicht erforderlich**. Der Erklärende wird zwar rechtlich gebunden, kann seine Erklärung aber **anfechten** (§ 119 BGB). Er muss dem Erklärungsempfänger dann den **Vertrauensschaden** (§ 122 BGB) ersetzen.

Abb. 9: Willenserklärung

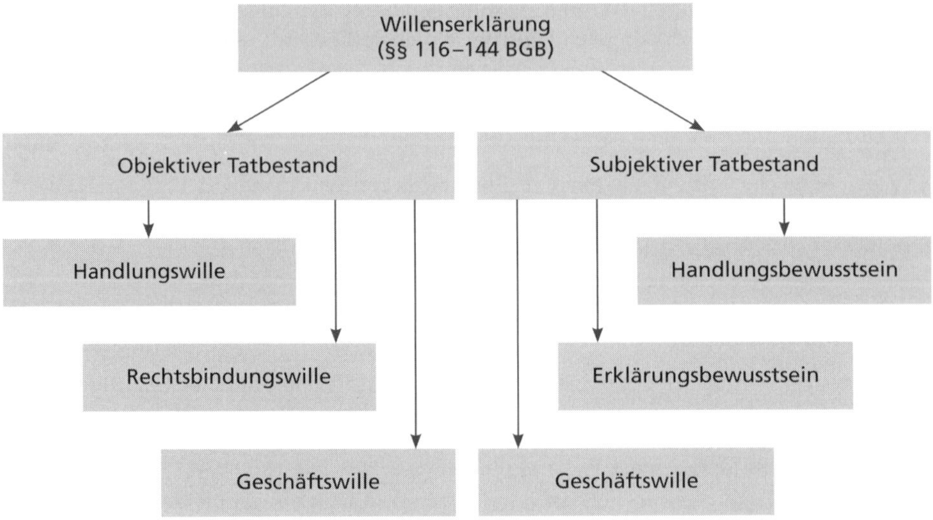

4. Abgabe

Die Abgabe der Willenserklärung ist dafür erforderlich, dass sie überhaupt **wirksam** wird.

Nicht empfangsbedürftige Willenserklärungen

Bei nicht empfangsbedürftigen Willenserklärungen liegt sie mit dem vollständigen Abschluss des Äußerungsvorgangs durch den Erklärenden vor.

Beispiel: Veröffentlichung einer Auslobung (§ 657 BGB).

Empfangsbedürftige Willenserklärungen

Bei empfangsbedürftigen Willenserklärungen wird zwischen körperlichen Erklärungen und nicht körperlichen Erklärungen unter Anwesenden und Abwesenden unterschieden.

a. Anwesende

aa. Nicht Verkörperte Willenserklärungen

Die Abgabe nicht verkörperter Willenserklärungen unter Anwesenden ist abgeschlossen, wenn der Erklärende die Worte so ausspricht, dass der Empfänger sie **akustisch wahrnehmen** kann.

Beispiele: mündliche Erklärung, Telefongespräch, elektronische Willenserklärungen, die im Internet zwischen zwei Personen interaktiv und in Realzeit übermitteltet werden, etwa bei Chat-Foren, Callcentern, Videokonferenzen.

bb. Verkörperte Willenserklärungen

Verkörperte Willenserklärungen unter Anwesenden gelten regelmäßig als abgegeben, wenn sie zur Entgegennahme an den Empfänger überreicht werden (**Aushändigung**).

Beispiel: Übergabe eines Briefs (Vertragsangebot, Kündigungsschreiben usw.)

b. Abwesende

aa. Nicht verkörperte Willenserklärungen

Nicht verkörperte Willenserklärungen unter Abwesenden liegen vor, wenn sie dem Empfänger durch dritte Personen übermittelt werden. Dritter kann ein Bote sein (**Erklärungsbote**). Der Erklärungsbote übermittelt die fremde Willenserklärung im Auftrag des Erklärenden an den Erklärungsempfänger, ohne selbst rechtsgeschäftlich zu handeln. Der Bote kann daher auch höchstpersönliche Erklärungen abgeben, vorausgesetzt, es existieren nicht andere Hindernisse, wie etwa ein Erfordernis der persönlichen Anwesenheit (BGH NJW 2008, 917). Die Erklärung ist abgegeben, wenn sie **dem Boten gegenüber abgeschlossen** ist und er die **Weisung** erhalten hat, die Erklärung an den Empfänger zu übermitteln.

bb. Verkörperte Willenserklärungen

Verkörperte Willenserklärungen unter Abwesenden sind erst dann abgegeben, wenn sie mit Willen des Erklärenden in Richtung auf den maßgeblichen Empfänger so in den Rechtsverkehr gelangen, dass unter normalen Umständen **mit dem Zugang beim Empfänger gerechnet werden kann**. Das ist der Fall, wenn der Erklärende bei Abgabe alles seinerseits Erforderliche getan hat, damit die Erklärung ohne sein weiteres Zutun im **Herrschaftsbereich des Empfängers** zugehen kann. Dieser umfasst die vom Empfänger zur Entgegennahme von Erklärungen bereit gehaltenen Einrichtungen.

Beispiele: Briefkasten, Postfach, E-Mail-Postfach (Mailbox), Anrufbeantworter.

Elektronische Willenserklärungen

Elektronische Willenserklärungen, sind solche, die **in einer Datei gespeichert** werden können, und gelten dann als verkörperte Willenserklärungen. Sie werden wirksam abgegeben, wenn sie wissentlich und willentlich in den Rechtsverkehr entäußert werden, so dass unter normalen Umständen mit einem Zugang beim Empfänger zu rechnen ist. Eine solche Entäußerung ist gegeben, sobald der Erklärende den **endgültigen Sendebefehl** erteilt hat, d. h. per **Mausklick** oder mit drücken der **Enter-Taste** auf der Tastatur seines Computers. Eine E-Mail darf also nicht mehr in einer Outbox zwischengelagert sein, da sie sich dort noch im Einflussbereich des Erklärenden befindet. Davon ist die Abgabe elektronischer Erklärungen zu unterscheiden, die auf der Internetseite des Betreibers eines **Webshops** abgeben werden. Bei der Nutzung eines **Online-Bestellformulars** oder einer **Anmeldemaske** erfolgt die Abgabe der Willenserklärung durch Mausklick oder Drücken der Eingabetaste auf der Tastatur des Kundencomputers.

Abhandengekommene Willenserklärungen

Die rechtliche Behandlung von Willenserklärungen, die ohne Abgabe durch den Verfasser der Willenserklärung in den Rechtsverkehr gelangen (**abhandengekommene Willenserklärung**)) ist umstritten.

Beispiel: Ein Schreiben wird auf dem Bürotisch abgelegt und soll noch nicht versandt werden. Die „**übereifrige Sekretärin**" nimmt es aber eigenmächtig vom Bürotisch und versendet das Schreiben ohne Rücksprache mit dem Verfasser der schriftlichen Erklärung.

Nach der **Rechtsprechung** wird eine schriftliche Willenserklärung **ohne Abgabe durch ihren Ersteller** in Richtung auf den Erklärungsempfänger **nicht wirksam**. Die Willenserklärung ist nicht existent, da sie überhaupt nicht abgegeben worden ist bzw. nach anderer Ansicht bereits der erforderliche Handlungswillen des Erklärenden fehlt. Das gilt demzufolge auch für eine dem Verfasser abhanden gekommene Willenserklärungen, wenn sie in den Rechtsverkehr gelangt. Der Erklärungsempfänger hat nach der Rechtsprechung aber einen Anspruch auf Ersatz seines **Vertrauensschadens** aus § 122 BGB analog oder aus Verschulden bei Vertragsschluss (§§ 280 Abs. 1, 241 Abs. 2, 311 Abs. 2 BGB).

Dagegen wird im **Schrifttum** die abhandengekommene Willenserklärung teils für **wirksam** erachtet, da es nicht auf den Abgabewillen des Verfassers der Erklärung ankomme. Teils soll dies aber nur dann gelten, wenn der Verfasser der Erklärung das Inverkehrbringen aus Gründen zu vertreten hat, die in seinem Herrschafts- und Organisationsbereich liegen.

5. Zugang

Auch beim Zugang empfangsbedürftiger Willenserklärungen ist zwischen **mündlichen** und **schriftlichen** Erklärungen unter **Anwesenden** und **Abwesenden** zu unterscheiden.

a. Anwesende

aa. Nicht verkörperte Willenserklärungen

Der Zugang nicht verkörperter Willenserklärungen unter Anwesenden ist gesetzlich nicht geregelt. Dazu gehören **mündliche** Erklärungen, die **telefonische** Übermittlung (vgl. § 147 Abs. 1 S. 2 BGB) sowie nicht gespeicherte **elektronische** Willenserklärungen, die im Internet interaktiv und in **Realzeit** übermittelt werden. Nach herrschender Meinung gehen sie zu, wenn der **Erklärende** nach den für ihn erkennbaren Umständen davon **ausgehen durfte** und konnte, dass der Empfänger die Erklärung auch richtig und vollständig verstanden hat (**eingeschränkte Vernehmungstheorie**). Bei Zweifeln am Verständnis seiner Erklärung hat der Erklärende diese zu wiederholen und dem Empfänger zu verdeutlichen. Nach der Mindermeinung kann nur dann von einem Zugang der mündlichen Erklärung beim Empfänger ausgegangen werden, wenn er die Erklärung auch richtig verstanden hat (**reinen Vernehmungstheorie**). Danach trägt stets der Erklärende das Risiko des Nichtverstehens durch den Empfänger. Für die h. M. spricht der Schutz des Rechtsverkehrs und die Risikoverteilung zwischen Erklärendem und Empfänger der Erklärung.

bb. Verkörperte Willenserklärungen

Verkörperte Willenserklärungen unter Anwesenden sind schriftliche Erklärungen. Diese gehen in der Regel mit Übergabe des Schriftstücks an den Empfänger zu (**Aushändigung**). Die bloße Kenntnisnahme des Inhalts der Erklärung durch den Empfänger genügt dafür nicht. Vielmehr muss der Empfänger auch die **Verfügungsgewalt** über das Schriftstück erlangt haben.

Erklärungsbote

Wird die Willenserklärung durch einen Erklärungsboten des Erklärenden übermittelt, müssen die Voraussetzungen für einen wirksamen Zugang beim Empfänger vorliegen.

Empfangspersonen

Die Willenserklärung kann auch gegenüber einem Vertreter (Empfangsvertreter) oder Boten (Empfangsbote) des Empfängers (**Empfangspersonen**) abgeben werden.

Empfangsvertreter

Empfangsvertreter ist eine Person, die eine Willenserklärung eines Dritten mit Wirkung für und gegen den Vertretenen entgegennimmt (**passive Stellvertretung**). Die Erteilung der Vollmacht zur Vornahme eines Rechtsgeschäfts (§§ 164 Abs. 1, 167 BGB) erfasst in der Regel auch die **Vollmacht zur Entgegennahme** der entsprechenden Erklärung der anderen Partei (§ 164 Abs. 3 BGB).

Beispiel: Der Prokurist ist zum Empfang von Willenserklärungen aufgrund der ihm erteilten Prokura ermächtigt (vgl. § 49 Abs. 1 HGB).

Es kann aber auch eine **Spezialvollmacht** für den Einzelfall vorliegen. Die **Voraussetzungen** für den Zugang der Willenserklärung müssen in der Person des **Empfangsvertreters** und **nicht** in der Person des **Vertretenen** vorliegen. Deshalb muss die verkörperte Willenserklärung so in den Machtbereich des Empfangsvertreters gelangen, dass mit seiner Kenntnisnahme zu rechnen ist. Auf die Weitergabe der Willenserklärung an den Vertretenen kommt es hingegen nicht an.

Empfangsbote

Empfangsbote ist, wer vom Empfänger zur Entgegennahme von Erklärungen bestellt worden ist oder nach der Verkehrsanschauung als bestellt anzusehen ist.

Beispiel: Kaufmännische Angestellte sind in den Räumen des Geschäftsbetriebs zum Empfang von (betriebsbezogenen) Willenserklärungen für den Geschäftsherrn ermächtigt.

Der Zugang eine Willenserklärung, die gegenüber einem Empfangsboten abgegeben worden ist, tritt nach der Rechtsprechung in dem Zeitpunkt ein, in dem nach dem regelmäßigen Verlauf der Dinge die Weiterleitung der Erklärung an den Geschäftsherrn zu erwarten ist. Übermittelt der Empfangsbote die Willenserklärung verspätet, falsch oder überhaupt nicht, so geht das zu Lasten des Empfängers (**Empfangstheorie**). Bei mündlicher Erklärung muss die Mittelsperson in der Lage sein, die Erklärung zuverlässig zu erfassen und weiterzugeben.

b. Abwesende

aa. Nicht verkörperte Willenserklärungen

Nicht verkörperte und nicht gespeicherte Willensklärungen unter Abwesenden können auch durch einen Empfangsvertreter oder Empfangsboten angenommen werden. Nach h. M. gilt für den Zugang der Willenserklärung beim Empfangsboten auch hier die Empfangstheorie.

bb. Verkörperte Willenserklärungen

Verkörperte Willenserklärungen unter Abwesenden werden wirksam, wenn sie dem Empfänger zugehen (§ 130 Abs. 1 BGB). Zugegangen ist eine Willenserklärung, sobald sie derart in den **Machtbereich des Empfängers** gelangt, dass bei Annahme gewöhnlicher Verhältnisse damit zu rechnen ist, er könne von ihr Kenntnis erlangen. Unter dem Machtbereich des Empfängers ist sein **räumlicher Herrschaftsbereich** zu verstehen. Es ist aber **nicht** erforderlich, dass der Empfänger von der Erklärung (die in seinen Machtbereich gelangt) auch **tatsächlich Kenntnis** nimmt. Ist dies jedoch der Fall, tritt der Zugang der Willenserklärung bereits im Zeitpunkt der tatsächlichen Kenntnisnahme des Empfängers ein. Auch kann sich der Erklärungsempfänger nicht auf **Hindernisse** aus seinem Machtbereich berufen; vielmehr muss er dagegen geeignete Vorkehrungen treffen. Sofern er wegen **Urlaub, Krankheit** oder sonstiger **Ortsabwesenheit** nicht in der Lage ist vom Inhalt der ihm übermittelten Erklärung Kenntnis zu nehmen, steht das dem Zugang nach der Rechtsprechung nicht entgegen.

Briefe

Briefe gehen mit der **Aushändigung** an den Empfänger zu. Der **Einwurf** in einen Briefkasten bewirkt den Zugang, sobald nach der Verkehrsanschauung mit der **nächsten Entnahme** zu rechnen ist. Dabei ist nicht auf das individuelle Verhalten des Empfängers abzustellen, sondern im Interesse der Rechtssicherheit zu generalisieren (BGH NJW 2004, 1320). Briefe, die nach Schluss der Geschäftszeiten und während der Nacht eingeworfen werden, gehen am nächsten Morgen bzw. mit Wiederbeginn der Geschäftsstunden zu. Sofern ein Briefkasten fehlt, genügt ein Einwurf in den **Briefschlitz** der Haustür. Auch eine Platzierung im **Hauseingangsbereich** kann ausreichend sein. Bei **Postfächern** und **postlagernden** Sendungen wird auf den üblichen Abholungstermin abgestellt. Bei einem **Nachsendeantrag** wegen Ortsabwesenheit bewirkt erst die Aushändigung am Aufenthaltsort den Zugang (BGH NJW 1996, 1967).

Einwurf-Einschreiben

Ein Einwurf-Einschreiben wird nicht übergeben, sondern in den Briefkasten des Empfängers eingeworfen. Das Schreiben geht also wie ein **normaler Brief** dem Empfänger zu. Der Einwurf in den Briefkasten wird vom Briefzusteller aber dokumentiert und der Absender bekommt in der Online-Sendungsverfolgung die „zugestellt“-Meldung angezeigt.

Übergabe-Einschreiben

Ein Übergabe-Einschreiben wird dem Empfänger gegen Empfangsbestätigung **ausgehändigt**. Der Absender kann die Unterschrift des Empfängers in der Online-Sendeverfolgung einsehen. Kann das Einschreiben wegen Abwesenheit des Empfängers nicht zugestellt werden, ist es auch nicht zugegangen, selbst wenn der Postbote einen Benachrichtigungszettel hinterlässt.

Einschreiben mit Rückschein

Beim Einschreiben mit Rückschein muss der Empfänger den Erhalt des Einschreibens mit einer digitalen Unterschrift **quittieren** und auf dem **Rückschein unterschreiben**. Der Absender erhält diesen anschließend postalisch zurück und bekommt die Originalunterschrift des Empfängers. Der Rückschein begründet nach § 175 ZPO die tatsächliche **Vermutung**, dass der Brief an dem im Rückschein genannten Datum zugegangen ist.

Telefax

Bei einem Telefax setzt der Zugang der Erklärung grundsätzlich voraus, dass der Empfänger diese auf seinem Empfangsgerät **ausdruckt**. Zudem kommt es darauf an, wann **üblicherweise** mit Kenntnisnahme beim Empfänger gerechnet werden kann.

Elektronische Erklärungen

Elektronische Erklärungen per **E-Mail** und **Internet** gelten als körperliche Willenserklärungen unter Abwesenden, da sie regelmäßig in eine Mailbox eingelegt werden. Bei einem Empfänger, der im Rechtsverkehr mit seiner E-Mail-Adresse auftritt, wird seine **Mailbox** als sein **Postfach** für den Zugang angesehen. Die E-Mail gelangt in den Machtbereich des Empfängers, wenn sie in seiner Mailbox oder der seines Providers **abrufbar gespeichert** ist. Erreicht eine E-Mail das Postfach oder den Server des Empfängers nicht, liegt das Risiko auf Seiten des Absenders. Bei einer **SMS** ist der Machtbereich des Empfängers dann erreicht, wenn die Nachricht auf dem **Mobiltelefon** zugestellt worden ist. Die gilt auch für Nachrichten über den Messenger-Dienst **WhatsApp** und wird bei diesem durch zwei graue Häkchen dokumentiert. Für den Fall, dass die elektronische Willenserklärung in den Machtbereich des Empfängers gelangt, ist für den wirksamen Zugang weiterhin erforderlich, dass der Empfänger davon **unter gewöhnlichen Umständen** davon Kenntnis nehmen kann.

Empfangspersonen

Verkörperte und gespeicherte Willenserklärungen unter Abwesenden können auch durch einen Empfangsvertreter oder Empfangsboten übermittelt werden. Nach h. M. gilt für den Zugang der Willenserklärung beim Empfangsboten auch hier die Empfangstheorie.

Form der Erklärung

Die Willenserklärung muss in der **Form** zugehen, die für ihre Abgabe vorgeschrieben ist.

Widerruf der Erklärung

Die Willenserklärung wird nicht wirksam, wenn dem Empfänger vorher oder gleichzeitig ein **Widerruf** zugeht (§ 130 Abs. 1 S. 2 BGB). Ein gleichzeitig zugegangener Widerruf wird auch dann noch als wirksam betrachtet, wenn der Empfänger von dem Widerruf vor der Erklärung Kenntnis erlangt. Die Parteien können individuelle abweichende Vereinbarungen treffen. Das Widerrufsrecht kann indessen **nicht** durch **AGB** nicht abbedungen werden (§ 307 Abs. 1, 2 Nr. 1 BGB). Bei **Verbraucherverträgen** (§ 355 BGB) ist es zudem zwingendes Recht.

Bestätigung der Bestellung

Der Unternehmer (§ 14 BGB) muss bei einem **Vertrag im elektronischen** Rechtsverkehr dem Kunden den Zugang von dessen Bestellung unverzüglich auf elektronischem Weg **bestätigen**.

Bestellung und Empfangsbestätigung gelten als **zugegangen**, wenn die Parteien, für welche sie bestimmt sind, diese unter gewöhnlichen Umständen abrufen können (§ 312i Abs. 1 S. 1 Nr. 3, S. 2 BGB). Auch eine Aufforderung zur Abgabe eines Angebots *(invitatio ad offerendum)* gilt als Bestellung. Bei Verletzung dieser Verpflichtung ist der Unternehmer aus Verschulden bei Vertragsschluss **schadensersatzpflichtig** (§§ 280 Abs. 1, 241 Abs. 2, 311 Abs. 2 BGB). Für die Wirksamkeit des Zugangs der Erklärung gilt im Übrigen § 130 BGB.

6. Auslegung

Durch die Auslegung der Willenserklärung wird ihr **rechtliche Sinngehalt** ermittelt.

a. Nicht empfangsbedürftige Willenserklärungen

Nicht empfangsbedürftige Willenserklärungen sind gemäß § 133 BGB grundsätzlich nach dem tatsächlichen Willen des Erklärenden auszulegen (**natürliche Auslegung**).

b. Empfangsbedürftige Willenserklärungen

Empfangsbedürftige Willenserklärungen sind gemäß §§ 133, 157 BGB so auszulegen, wie sie der Empfänger nach Treu und Glauben mit Rücksicht auf die Verkehrssitte verstehen durfte (**normative Auslegung nach dem Empfängerhorizont**). Diese Auslegungsregel gilt nicht nur für den Inhalt von **Verträgen**, sondern auch im Rahmen **einseitiger Rechtsgeschäfte** wie Anfechtung, Kündigung, Rücktritt oder Aufrechnung. Dabei ist von dem objektiven Inhalt der Erklärung auszugehen, die dem Empfänger zugegangen ist. Neben dem **Wortsinn** sind auch die **begleitenden Umstände** der Erklärung zu berücksichtigen. Dazu gehören insbesondere der mit der Erklärung verfolgte **Zweck** und die **Interessenlage** der Parteien. Im Zweifel gilt, was nach den Maßstäben der Rechtsordnung vernünftig ist und der erkennbaren Interessenlage des Erklärenden entspricht und die Nichtigkeit des Rechtsgeschäfts vermeidet. Fallen tatsächlicher Wille des Erklärenden und Auslegungsergebnis auseinander, ist der Erklärungsinhalt, wie er aus dem **Empfängerhorizont** ermittelt wird, **maßgeblich**. In diesem Fall kann der Erklärende die Willenserklärung nach §§ 119 Abs. 1, 121 BGB mit der Nichtigkeitsfolge des § 142 Abs. 1 BGB **anfechten**. Er ist dem Erklärungsempfänger aber zum Ersatz des **Vertrauensschadens** (§ 122 BGB) verpflichtet.

c. Formbedürftige Rechtsgeschäfte

Bei formbedürftigen Rechtsgeschäften sind nach der Rechtsprechung auch die **außerhalb der Urkunde** liegenden Umstände zu berücksichtigen. Der aufgrund solcher Umstände ermittelte rechtsgeschäftliche Wille muss allerding in der Urkunde einen, wenn auch unvollkommenen, Ausdruck gefunden haben (**Andeutungstheorie**). Für die ergänzende Vertragsauslegung zur Schließung von Vertragslücken gilt dies jedoch nicht. Auch tritt die Andeutungstheorie hinter den allgemeinen Grundsatz zurück, dass eine unbeabsichtigte Falschbezeichnung unschädlich ist *(falsa demonstratio non nocet)*.

IV. Vertragliche Einigung

Eine vertragliche Einigung zwischen zwei Rechtssubjekten erfolgt durch **übereinstimmende Willenserklärungen** in Form von **Angebot** (§§ 145 ff BGB) und **Annahme** (§§ 151 ff BGB). Das Angebot wird als Antrag bezeichnet (§ 145 BGB). Durch das Angebot wird einem anderen der Abschluss eines Vertrags angetragen. Der Vertrag kommt mit der Annahme des Angebots zustande. Er ist grundsätzlich formfrei (**Grundsatz der Formfreiheit**), sofern nicht gesetzliche Vorschriften eine bestimmte Form für den Vertragsschluss vorsehen.

Beispiel: Kaufverträge über bewegliche Sachen sind formfrei und können auch mündlich oder durch schlüssiges Verhalten (konkludent) abgeschlossen werden (§ 433 BGB). Kaufverträge über Grundstücken sind demgegenüber formbedürftig, müssen schriftlich abgeschlossen und notariell beurkundet werden (§ 311 b Abs. 1 BGB).

1. Angebot

a. Willenserklärung

Das Angebot ist eine einseitige, **empfangsbedürftige Willenserklärung**, die mit dem Zugang beim Empfänger (gegenüber Abwesenden nach § 130 BGB) wirksam wird. Die Erklärung muss mit **Rechtsbindungswillen** abgegeben werden.

aa. Aufforderung zur Abgabe eines Angebots

Vom Angebot mit Rechtsbindungswillen ist die Aufforderung zur Abgabe eines Angebots ***(invitatio ad offerendum)*** abzugrenzen, bei der sich der Erklärende **nicht rechtlich binden** will. Es ist durch **Auslegung** der Erklärung aus dem Empfängerhorizont nach der Verkehrssitte unter Berücksichtigung von Treu und Glauben (§§ 133, 157 BGB) zu ermitteln, ob diese mit Rechtsbindungswillen abgegeben wurde. Beim Anbieten von Waren und Dienstleistungen im Rechtsverkehr liegt in der Regel kein verbindliches Angebot zum Abschluss eines Vertrages vor. Dies kann aber nach den Umständen des Einzelfalles anders zu beurteilen sein.

Beispiele: Werbeanzeigen, Plakate, Schaufensterauslagen, ausgelegte Ware im Supermarkt, Listenpreise (Preislisten, Speisekarten, Kataloge) stellen keine Angebote dar, sondern lediglich die Aufforderung an den Kunden zur Abgabe eines Angebots zum Vertragsschluss.

Auch bei Produktangeboten im Internet (**Onlineshop**) und Fernsehen (**Teleshopping**) handelt es sich um **unverbindliche** Aufforderungen zur Abgabe eines Angebots. Allerdings sind nach der Rechtsprechung die Verkaufsofferten bei **eBay** unter Berücksichtigung der eBay-AGB bereits als Angebot anzusehen; dabei ist jedoch teilweise die Bindungswirkung des Angebots ausgeschlossen (BGH NJW 2014, 1292).

bb. Gefälligkeitsverhältnisse

Auch alltägliche Gefälligkeitshandlungen sind Handlungen und Erklärungen ohne den Willen zu einer vertraglichen Bindung (**Gefälligkeitsverhältnisse**). Nach der Rechtsprechung handelt es sich um rein gesellschaftliche Verpflichtungen ohne Rechtsbindungswillen der beteiligten Personen (vgl. BGHZ 21, 102 im Anschluss an RG JW 1915, 19). Davon zu unterscheiden sind **Gefälligkeitsverträge** mit Rechtsbindungswillen der Vertragsparteien, durch die rechtliche Verpflichtungen entstehen können.

Beispiele: Leihe (§ 598 BGB) und Auftrag (§ 662 BGB).

b. Bestimmtheit

Gegenstand und Inhalt des Vertrags müssen im Angebot so bestimmt oder bestimmbar (§§ 133, 157, 315ff BGB) angegeben werden, dass mit Zugang beim Empfänger dessen Annahme durch einfaches **„ja"** erfolgen kann (**hinreichende inhaltliche Bestimmtheit**). Ein wirksames und verbindliches Angebot muss jedenfalls die **wesentlichen Vertragsbestandteile** *(essentialia negotii)* als Mindestinhalt enthalten, damit ein Vertrag überhaupt geschlossen werden kann. Dazu gehören die Hauptleistungspflichten und die Vertragsparteien. **Hauptleistungspflichten** sind die gegenseitigen Vertragspflichten, welche nach dem Parteiwillen oder der gesetzlichen Regelung einen Vertragstyp kennzeichnen und die wesentlichen Vertragsleistungen betreffen. Die **Vertragsparteien** bestehen aus der Person des Antragstellers und des Vertragspartners. Ist dieser nicht bestimmt, liegt grundsätzlich kein wirksames Angebot vor.

aa. Angebot an einen unbestimmten Personenkreis

Ein Angebot an einen unbestimmten Personenkreis kann ausnahmsweise wirksam sein, wenn dieser **bestimmbar** ist *(offerta ad incertas personas)*. Dies setzt voraus, dass sich das Angebot an keine bestimmte Person richten soll. Vielmehr lässt es der Antragende **offenstehen**, wer das Angebot annimmt. Das kann insbesondere bei **Warenofferten** der Fall sein. Die Bindung an den Antrag (§ 145 BGB) ist dann aber i. d. R. dahingehend eingeschränkt, dass die angebotene Ware **vorrätig** ist. Denn der Anbietende möchte sich grundsätzlich nur dann an das Angebot binden, wenn er die Leistung (Erbringen der Ware) auch tatsächlich bewirken kann. Deshalb kann es sich auch um eine unverbindliche Aufforderung zur Angebotsabgabe handeln. Ob ein verbindliches Angebot zum Vertragsschluss vorliegt ist durch **Auslegung** der Offerte aus Sicht des objektiven Empfängerhorizonts nach der Verkehrssitte mit Rücksicht auf Treu und Glauben (§§ 133, 157 BGB) im Einzelfall zu ermitteln.

Beispiele: Warenautomaten, Zapfsäulen an der Tankstelle, öffentlichen Verkehrsmittel, eBay-Auktionen werden als verbindliche Angebote angesehen.

bb. Patronatserklärung an einen unbestimmten Personenkreis

Auch die Patronatserklärung ist an einen **unbestimmten Personenkreis** *(ad incertas personas)* gerichtet. In ihr verspricht der Patron gegenüber den (externen) Gläubigern des Schuldners ein bestimmtes Verhalten, dass die Aussicht auf Vertragserfüllung durch diesen verbessert und dadurch in der Regel dessen Kreditwürdigkeit erhöht.

Beispiel: Patronatserklärung der Konzernmutter in ihrem Geschäftsbericht zu Gunsten einer Tochtergesellschaft.

Dabei ist durch **Auslegung** (§§ 133, 157 BGB) der Patronatserklärung zu ermitteln, ob ein **Rechtsbindungswille** des Patrons vorliegt. Ist dies der Fall **(harte Patronatserklärung)**, so ist der Patron zum **Schadensersatz** verpflichtet, wenn er seiner Verpflichtung nicht nachkommt. Nach der Rechtsprechung haftet der Patron neben dem Schuldner als Gesamtschuldner (§§ 421 ff BGB). Im Gegensatz dazu lassen sich aus einer ohne Rechtsbindungswillen abgegebenen oder auf Umständen außerhalb der Verpflichtungserfüllung beruhenden Patronatserklärung **(weiche Patronatserklärung)** keine Ansprüche gegen den Patron herleiten.

c. Bindungswirkung

Der Antrag ist für den Antragenden bindend und kann daher grundsätzlich nicht widerrufen werden. Die **Bindungswirkung** beginnt mit dem Zugang der Willenserklärung und endet mit ihrem Erlöschen (§ 146 BGB).

Beispiel: Der Verkäufer kann den Kaufpreis im Kaufangebot während der Gebundenheit des Antrags nicht widerrufen und auch nicht ändern.

aa. Ausschluss, Widerruf

Während der Bindungszeit des Antrags kann der Empfänger den Antrag jederzeit annehmen. Der Antragende kann die Bindungswirkung des Antrags jedoch **ausschließen** (§ 145 BGB). Sofern das Angebot dabei mit einer **Freiklausel** versehen ist, die sich auf das Angebot im Ganzen bezieht („freibleibend", „unverbindlich") ist dies i. d. R. als **Angebotsaufforderung** zu verstehen. Es kann sich dabei aber auch um einen **Widerrufsvorbehalt** handeln. Dieser ist im Zweifel nur bis zum Zeitpunkt der Annahmeerklärung des Empfängers zulässig. Zudem kann die Freiklausel bedeuten, dass der Antrag mit **Fristablauf** erlischt.

bb. Befristung, Bedingung

Der Antrag kann auch **befristet** oder mit einer **auflösenden Bedingung** versehen werden (§§ 158, 163 BGB). Denn die Regelungen der §§ 145ff BGB schließen nach der Rechtsprechung **Modifikationen** der Wirksamkeit und Dauer eines Angebots nicht aus. Die Bindungszeit des Antrags deckt sich mit der Angebotszeit (§ 148 BGB), soweit der Antragende hierzu bei der Begrenzung der Bindungszeit nicht anderes äußert (Regelfall). Nach der Rechtsprechung sind Klauseln in **AGB**, nach denen das Angebot des anderen Teils unbefristet fortbesteht und von dem Verwender jederzeit angenommen werden kann, mit § 308 Nr. 1 BGB unvereinbar, auch wenn das Angebot nicht bindend, sondern widerruflich ist.

2. Annahme

a. Willenserklärung

Die Annahme des Antrags ist eine empfangsbedürftige Willenserklärung, die mit ihrem Zugang beim Antragenden wirksam wird. Durch die Annahme nimmt der Erklärende dessen Angebot zum Vertragsabschluss vorbehaltslos an. Der **Annahmewille** muss dabei erklärt werden, also nach **außen** durch diesen **wahrnehmbar** sein.

aa. Anwesende

Die Annahme eines Angebots unter Anwesenden (mündlich oder telefonisch) kann nur **sofort** erfolgen (§ 147 Abs. 1 BGB).

bb. Abwesende

Unter Abwesenden ist die Annahme des Antrags nur bis zu dem Zeitpunkt möglich, in welchem der Antragende den Eingang der Antwort unter regelmäßigen Umständen erwarten darf (§ 147 Abs. 2 BGB). Dafür ist nicht nur die für die Antwort erforderliche **Rücklaufzeit** (z. B. Brief), sondern auch eine gewisse **Überlegungszeit** für den Annehmenden zu berücksichtigen. Die unter Abwesenden erklärte Annahme muss dem Antragenden **zugehen** (§ 130 BGB). Sofern der Antragenden für die Annahme des Antrags eine **Frist** bestimmt hat, kann die Annahme nur innerhalb der Frist erfolgen (§ 148 BGB). Die **verspätete Annahme** eines befristeten Angebots gilt als neues Angebot (§ 150 Abs. 1 BGB). **Abweichungen** zwischen Angebot und Annahme gelten als Ablehnung des Angebots und als neuer Antrag (§ 150 Abs. 2 BGB).

b. Entbehrlichkeit des Zugangs

Ein Zugang der Annahme beim Antragenden ist entbehrlich, wenn eine Erklärung der Annahme nach der **Verkehrssitte nicht zu erwarten** ist oder wenn der Antragende auf sie **verzichtet** hat (§ 151 S. 1 BGB). Auch in diesem Fall ist eine eindeutige **Betätigung des Annahmewillens** nach außen erforderlich. Sie erfolgt i. d. R. durch schlüssiges Verhalten (konkludent).

Beispiele: Erfüllungs-, Zueignungs- und Gebrauchshandlungen.

Zugangsverzicht

Ein Verzicht auf den Zugang ist auch bei formbedürftiger Annahme des Angebots möglich. Der Zugangsverzicht kann auch konkludent erfolgen.

Beispiel: Die Aufforderung zur sofortigen Lieferung einer bestellten Ware ist zugleich Verzicht auf den Zugang der Annahme.

Eine Verkehrssitte dahingehend, dass der Zugang der Annahme entbehrlich ist, besteht v. a. im **Versandhandel** und bei für den Annehmenden **lediglich vorteilhaften** Geschäften.

Annahmefrist

Die Annahme des Antrags muss innerhalb einer **Frist** erfolgen, die sich aus dem Antrag oder den Umständen nach dem Willen des Antragenden ergibt (§ 151 S. 2 BGB).

Konkludente Annahme

Auch wenn der Zugang der Annahme beim Antragenden nicht i. S. v. § 151 BGB entbehrlich ist, kann die Annahme des Antrags konkludent erfolgen, soweit sie nicht formbedürftig ist.

Beispiel: Lieferung einer Ware auf Bestellung ohne, dass der Lieferant dem Besteller zuvor die Annahme erklärt hat (kein Fall der Aufforderung sofortiger Warenlieferung).

Lieferung unbestellter Leistungen an Verbraucher

Der Gebrauch oder Verbrauch von Waren ist **keine konkludente** Annahme durch schlüssiges Verhalten bei Lieferung unbestellter Leistungen durch einen Unternehmer (§ 14 BGB) an einen Verbraucher (§ 13 BGB) (§ 241 a BGB).

Antizipierte Annahme

Zudem kann eine Annahme auch antizipiert vor Abgabe des Angebots erklärt werden, wenn sie inhaltlich hinreichend bestimmt ist.

3. Schweigen

a. Bürgerliches Recht

Das bürgerliche Recht geht grundsätzlich davon aus, dass Schweigen keine Willenserklärung ist (**rechtliches Nullum**). Durch Schweigen wird kein Wille artikuliert und überhaupt keine Erklärung abgegeben. Schweigen bedeutet daher weder eine Zustimmung noch eine Ablehnung zu einem Rechtsgeschäft. Für den **Verbrauchsgüterkauf** ist dies ausdrücklich geregelt worden (§ 241 a BGB). Im **UN-Kaufrecht** stellt Schweigen oder Untätigkeit auch keine Annahme dar (Art. 18 Abs. 1 S. 2 CISG). Schweigen kann **ausnahmsweise** rechtserheblich sein, wenn dies durch das Gesetz bestimmt ist (**normiertes Schweigen**), von den Vertragsparteien vereinbart wurde (**beredtes Schweigen**) oder sich aus schlüssigem Verhalten (**konkludent**) ergibt. Wird die Zustimmung eines Verbrauchers in AGB-Klauseln fingiert, können diese unwirksam sein.

aa. Normiertes Schweigen

Gesetzliche Regelungen fingieren in bestimmten Fällen, dass ein Schweigen (ausnahmsweise) eine rechtliche Erklärungswirkung hat (**normiertes Schweigen**) weil es generell den Schluss auf den entsprechenden Geschäftswillen erlaubt (**fingierte Willenserklärung**). In diesen Fällen sind die Vorschriften über die Geschäftsfähigkeit (§§ 104 ff BGB), Mängel des Zugangs (§§ 130 ff BGB) und über die Anfechtbarkeit (§§ 116 ff BGB) analog anzuwenden. Das Schweigen kann kraft Gesetzes als Zustimmung oder Ablehnung zu einem Rechtsgeschäft gelten.

Zustimmung

Wird bei einem **Kauf auf Probe** die Sache dem Käufer zur Probe übergeben, so gilt sein Schweigen mit Ablauf der Billigungsfrist als **Billigung** und Vertragsschluss (§ 455 BGB). Bei der **Veräußerung eines Grundstücks** und der **Übernahme der Hypothekenschuld** durch den Erwerber gilt die **Genehmigung** des Gläubigers mit Ablauf von sechs Monaten nach Mitteilung des Veräußerers als erteilt (§ 416 Abs. 1 BGB).

Ablehnung

Bei Vertragsschluss durch einen Vertreter ohne Vertretungsmacht gilt die Genehmigung des Vertretenen als nicht erteilt (**Ablehnung**), wenn er diese nicht innerhalb von zwei Wochen nach Aufforderung des anderen Teils ihm gegenüber erklärt (§ 177 Abs. 2 S. 2 BGB). Bis zur Genehmigung des Vertrags ist der Vertragspartner zum Widerruf berechtigt, sofern er nicht den Mangel der Vertretungsmacht bei dem Abschluss des Vertrags gekannt hat. Der Widerruf kann auch dem Vertreter gegenüber erklärt werden (§ 178 BGB).

bb. Beredtes Schweigen

Das Schweigen des Empfängers einer Willenserklärung zum Vertragsschluss kann aufgrund **vertraglicher Abrede** oder des **Vorverhaltens der Parteien** einen rechtlichen Erklärungswert haben (**beredtes Schweigen**). Ist dies vertraglich vereinbart, tritt die Rechtsfolge bei Schweigen des Empfängers des Antrags zum Vertragsschluss als Annahme dessen **automatisch** ein. Auch wenn sich die Parteien nach den Vorverhandlungen über die wesentlichen Punkte des Vertrags *(essentialia negotii)* einig sind und fest mit einem Vertragsschluss gerechnet haben, kommt dieser mit dem Schweigen auf das Angebot zustande.

cc. Schlüssiges Verhalten

Das Verhalten einer Person kann im Rechtsverkehr als eine Willenserklärung zu verstehen sein, auch wenn diese nicht ausdrücklich erfolgt. In diesem Fall spricht man von einer **konkludenten** oder **stillschweigenden Willenserklärung** durch schlüssiges Verhalten. Das Schweigen einer Person kann als Abgabe einer Willenserklärung durch schlüssiges Verhalten angesehen werden, wenn **besondere Umstände** vorliegen, nach denen es die Erklärung eines **Geschäftswillens** darstellt. Dabei kommt es darauf an, ob sich vom Standpunkt eines unbeteiligten objektiven Dritten auf das Verhalten des Angebotsempfängers als Annahmewillen schließen lässt (§§ 133, 157 BGB). Das Gesetz stellt die **konkludente Willenserklärung** dann grundsätzlich mit der ausdrücklichen Willenserklärung gleich (vgl. § 164 Abs. 1 S. 2 BGB). Einige Vorschriften erfordern allerdings eine **ausdrückliche** Willenserklärung (vgl. § 244 Abs. 1, 700 Abs. 2 BGB).

Sofern das in Frage stehende Rechtsgeschäft einer gesetzlich oder vertraglich einer bestimmten **Form** bedarf, ist die Annahme einer konkludenten Willenserklärung **ausgeschlossen**.

Öffentliche Verkehrsmittel

Durch Benutzung von öffentlichen Verkehrsmitteln kommt ein Beförderungsvertrag mit dem Beförderungsunternehmen zustande. Das Leistungsangebot des Unternehmens ist eine sog. **Realofferte**, die durch **Gebrauchshandlung** konkludent angenommen wird. Dabei ist auch ein geheimer Vorbehalt, keinen Vertrag schließen zu wollen, nach § 116 BGB wirkungslos. Aus der Inanspruchnahme des öffentlichen Verkehrsmittels muss vielmehr auf einen bestimmten rechtsgeschäftlichen Willen der Person geschlossen werden. Zudem ist ein geheimer Vorbehalt des Benutzers aufgrund der tatsächlichen Nutzung des Verkehrsmittels als widersprüchliches Verhalten nach § 242 BGB treuwidrig.

Versorgungsleistungen

Das Leistungsangebot eines Versorgungsunternehmens ist grundsätzlich ein Vertragsangebot zum Abschluss eines Versorgungsvertrags in Form einer **Realofferte** Dabei wird das Angebot durch schlüssiges Verhalten **(konkludent)** von jedem angenommen, der aus dem Leitungsnetz des Versorgungsunternehmens Elektrizität, Gas, Wasser oder Fernwärme entnimmt.

Dauerschuldverhältnisse

Bei Dauerschuldverhältnissen ordnet das Gesetz in bestimmten Fällen eine **stillschweigende Verlängerung** der vertraglichen Laufzeit an. Das **Mietverhältnis** verlängert sich nach Ablauf der Mietzeit, wenn der Mieter den Gebrauch der Mietsache gegen Zahlung der Miete fortsetzt und der Vermieter dem nicht innerhalb von zwei Wochen widerspricht (§ 545 BGB). Das **Dienstverhältnis** verlängert sich nach Ablauf der Dienstzeit, wenn es vom Verpflichteten mit Wissen des anderen Teils fortgesetzt wird, sofern dieser nicht unverzüglich widerspricht (§ 625 BGB).

dd. AGB-Klauseln

AGB-Klauseln, die eine Zustimmung zum Vertragsschluss beim Schweigen des Verbrauchers fingieren, unterliegen der **Inhaltskontrolle** nach § 307 BGB. Das **Klauselverbot** des § 308 Nr. 5 BGB ist jedoch **nicht anwendbar**, da es eine bestimmte Handlung des „Vertragspartners" des Verwenders, also zeitlich nach dem Vertragsschluss voraussetzt. AGB-Klauseln mit einer **Zugangsfiktionen** für die Annahmeerklärung können nach § 308 Nr. 6 BGB unwirksam sein, soweit die AGB schon vor dem Vertragsschluss für das Verhältnis der Parteien und damit für diesen bedeutsam sind.

Beispiel: Eine Verlängerungsklausel in den Bahn-Card Bedingungen (Fan-Bahn Card 25) ist nicht nach §§ 309 Nr. 9, 308 Nr. 5 BGB unwirksam und benachteiligt den Verbraucher auch nicht entgegen dem Gebot von Treu und Glauben unangemessen (BGH NJW 2010, 2942).

b. Handelsrecht

Allgemein gelten im Handelsrecht und im Berufsverkehr strengere Anforderungen als für den bürgerlichen Rechtsverkehr. Nach der Rechtsprechung gilt Schweigen als **Zustimmung**, wo nach der Lage des Einzelfalls entsprechend der **Übung ordentlicher Kaufleute** bei Ablehnung ausdrücklicher Widerspruch zu erwarten ist (BGHZ 1, 355). Sofern kein Widerspruch erfolgt, wird dem Schweigenden der **objektive Erklärungswert** seines Verhaltens gemäß § 242 BGB (nach Treu und Glauben) **zugerechnet**. Eine Anfechtung wegen Irrtums über die rechtliche Bedeutung des Schweigens ist ausgeschlossen. Im Übrigen werden hierzu dieselben Ansichten wie zur Anfechtung beim Schweigen des Kaufmanns (§ 362 HGB) und dem kaufmännischen Bestätigungsschreiben vertreten.

aa. Schweigen des Kaufmanns

Im Handelsrecht statuiert § 362 HGB (Schweigen des Kaufmanns) eine **Ausnahme** von dem Grundsatz, dass Schweigen im rechtsgeschäftlichen Verkehr keine Willenserklärung und damit auch keine Annahme ist. Bei einem Kaufmann, dessen Gewerbebetrieb die Besorgung von Geschäften für andere mit sich bringt, gilt sein **Schweigen** über einen Antrag zur Besorgung solcher Geschäfte als **Annahme**, wenn er mit dem Antragenden in Geschäftsbeziehung steht und **nicht unverzüglich** antwortet. Das gleiche gilt, wenn einem Kaufmann ein Antrag über die Besorgung von Geschäften von jemanden zugeht, dem gegenüber er sich zur Besorgung solcher Geschäfte erboten hat. Liegen diese Voraussetzungen vor, kommt es (anders nach § 663 BGB) zu einem Vertragsschluss im Handels- und Berufsverkehr. Die Vorschrift des § 362 HGB gilt für Kaufleute und für selbständig am Markt tätige „**kaufmannsähnliche**" Nichtkaufleute, deren Gewerbebetrieb die Besorgung von Geschäften für andere mit sich bringt.

Antrag auf Geschäftsbesorgung

Dem Kaufmann muss ein Antrag auf Geschäftsbesorgung zugehen. Dieser muss **hinreichend bestimmt** sein und die **wesentlichen Vertragspunkte** *(essentialia negotii)* enthalten. Weiter ist erforderlich, dass eine Tätigkeit übertragen werden soll, die an sich dem **Geschäftskreis** des Kaufmanns zuzurechnen ist. Dafür genügt jede selbstständige wirtschaftliche Tätigkeit des Kaufmanns, die außerhalb eines dauernden Dienstverhältnisses im Interesse des Antragenden erbracht wird. Dabei kann es sich um eine **rechtsgeschäftliche** oder rein **tatsächliche** Tätigkeit handeln, die nicht zwingend entgeltlich sein muss.

Beispiele: Kommissionsgeschäfte, Transport- und Lagergeschäfte, Inkassogeschäfte, Makler- und Treuhandverträge, Bank- und Börsengeschäfte mit Geschäftsbesorgungscharakter.

Geschäftsbeziehung

Der Antragende muss mit dem Kaufmann in einer Geschäftsbeziehung stehen. Diese setzt eine auf eine **gewisse Dauer** angelegte Beziehung voraus, aufgrund derer in Zukunft wiederholte Geschäftsabschlüsse zu erwarten sind. Zudem muss der Antrag auf die Besorgung solcher Geschäfte gerichtet sein, die der **Gewerbebetrieb** des Kaufmanns mit sich bringt. Dies beurteilt sich nach der Verkehrsauffassung dahin, welche Geschäfte ein Gewerbebetrieb **typischerweise** besorgt. Eine Beschränkung der Rechtswirkung des § 362 HGB kann sich daraus ergeben, dass der Kaufmann innerhalb der Geschäftsbeziehung klarstellt, dass er nur ganz spezielle Geschäfte vornimmt oder verkehrsbekannte Spezialisierung bestehen. Das ist durch **Auslegung** aus dem objektiven Horizont des Antragenden gemäß §§ 133, 157 BGB analog zu ermitteln. Sofern der Antrag sich nicht auf die Geschäftstätigkeit des Kaufmanns bezieht, kann der Antragende nicht mit einer Vertragsschlusswirkung des Schweigens rechnen bzw. tatbestandlich liegt schon kein „solches Geschäft" im Sinne der Norm vor.

Erbieten der Geschäftsbesorgung

Dem Antrag an den Kaufmann in einer bestehenden Geschäftsbeziehung steht das Erbieten des Kaufmanns zur Geschäftsbesorgung gleich. Das Erbieten ist die Aufforderung zur Abgabe eines Angebots *(invitatio ad offerendum)* und muss spezifisch gegenüber dem Antragenden erfolgen. Werbesendungen, die nicht an den Antragenden adressiert sind, wie z. B. weiträumig verteilte Postwurfsendungen, und sonstige werbende Informationen über die eigene Geschäftstätigkeit an die Öffentlichkeit, erfüllen diese Voraussetzung nicht.

Beispiele: Werbungen auf Plakaten, in Zeitungsannoncen oder im Internet.

Sie führen lediglich zu einer **Anzeigepflicht** des Kaufmanns über die Ablehnung des Auftrags gegenüber dem Auftraggeber (§ 663 BGB). Die Geschäfte, für deren Besorgung sich der Kaufmann erboten hat, ergeben sich durch **Auslegung** seiner Antragsaufforderung aus dem Empfängerhorizont (§§ 133, 157 BGB analog). Dabei kann der Kaufmann auch die Rechtsfolge des Schweigens **ausschließen** und zugleich bestimmen, dass es einer rechtsgeschäftlichen Annahmeerklärung gegenüber dem Antragenden bedarf. Der Antragende kann außerhalb der festgestellten Geschäfte auch hier nicht mit der Wirkung des § 362 Abs. 1 HGB rechnen bzw. es fehlt schon tatbestandlich am „Erbieten" im Sinne der Norm.

Rechtserhebliches Schweigen

Die Rechtswirkung der Annahme nach § 362 Abs. 1 HGB tritt nur ein, wenn der Kaufmann den Antrag nicht unverzüglich beantwortet. Zu beachten ist, dass dem Geschäftsbesorger nach der Rechtsprechung **nur Schweigen schadet**. Antwortet er sofort, sei es auch nur in dem Sinne, dass die Vertragsverhandlungen in der Schwebe gehalten werden, ist für die Anwendung der Norm kein Raum (BGH NJW 1984, 866). Dies gilt auch für eine **unklare Antwort**, die nicht deutlich macht, ob angenommen oder abgelehnt wird. Liegt eindeutig eine Annahme vor, gelten hierfür die allgemeinen Regeln der §§ 145 ff BGB. Dabei kann der Vertrag auch ohne Zugang der Annahmeerklärung durch bloße Betätigung des Annahmewillens nach § 151 BGB zustande kommen. Die Ablehnungserklärung muss **unverzüglich**, also ohne schuldhaftes Zögern (§ 121 BGB), erfolgen. Dabei sind die Besonderheiten des Handelsverkehrs zu berücksichtigen. Für die Rechtzeitigkeit kommt es nur auf die ordnungsgemäße Absendung der Ablehnung an. Das Zugangsrisiko liegt hingegen in der Sphäre des Antragenden.

Unkenntnis des Antrags

Hat der Kaufmann vom Antrag keine Kenntnis entlastet ihn das nach h. M. nur, wenn er nicht schuldhaft gehandelt hat. Nach a. A. ist der Kaufmann in Bezug auf eine Unkenntnis für alle Umstände verantwortlich, die rein objektiv in seinem betrieblichen Organisationsrisiko liegen.

Rechtsfolge des Schweigens

Antwortet der Kaufmann nicht unverzüglich auf den **Antrag**, gilt dieser als **angenommen**. Es kommt ein Geschäftsbesorgungsvertrag (§ 675 BGB) nach den inhaltlichen Vorgaben des Antrags zustande. Dem Antragenden steht nach überwiegender Meinung **kein Wahlrecht** zu, ob er den Vertrag gegen sich gelten lassen will. Er kann infolgedessen auch nicht auf den Schadensersatzanspruch nach § 663 BGB zurückgreifen. Nach h. M. entfällt die Wirkung eines Vertragsschlusses aber für den Fall, dass der Antragende zuvor von Umständen erfahren hat, die gegen einen Vertragsschlusswillen des Kaufmanns sprechen. Die **Bösgläubigkeit** des Antragenden kann sich aus einer wenn auch rein zufälligen Spezialisierung des Kaufmanns auf Geschäfte jenseits des Antrags beziehen, daraus, dass dieser den Antrag nicht zur Kenntnis genommen hat oder keine Zustimmung signalisieren will. Teilweise soll dafür auch genügen, dass dies für den Antragenden objektiv evident war.

Rechtsfolgen der unverzüglichen Ablehnung

Bei Ablehnung des Antrags kommt zwar kein Vertrag zustande. Der Kaufmann muss nach § 362 Abs. 2 BGB jedoch die mitgesendeten Waren auf Kosten des Antragenden einstweilen vor Schaden bewahren **(Fürsorgepflicht)**, soweit er für diese Kosten gedeckt ist und dies ohne Nachteil für ihn möglich ist. Ansonsten macht sich der Kaufmann **schadensersatzpflichtig** (§§ 280 Abs. 1, 241 Abs. 2, 311 Abs. 2 BGB).

Anfechtung

Nach h. M. kann der Kaufmann einen wirksamen Vertragsschluss anfechten, wenn er dazu auch im Fall einer rechtsgeschäftlichen Annahmeerklärung berechtigt wäre. Er kann sich aber nicht auf fehlende Kenntnis über die rechtliche Wirkung des Schweigens als Zustimmung berufen (**Schlüssigkeitsirrtum**). Das widerspräche der gesetzlichen Regelung des § 362 HGB und würde dem Antragenden allenfalls auf seinen Vertrauensschaden (§ 122 BGB) verweisen. Umstritten ist, wie das Schweigen zu werten ist, wenn der Kaufmann das Angebot nicht oder nicht rechtzeitig zur Kenntnis bekommen hat (**Tatsachenunkenntnis**). Dies soll sich nach den hierzu vertretenen Meinungen anhand des **Verschuldens**, der Regelung des **§ 130 BGB** oder des **kaufmännischen Organisationsrisiko** beurteilen. Es gibt auch eine Ansicht, nach der in diesen Fällen wie auch bei Missverständnissen über den Antrag aufgrund mangelnder Sorgfalt des Kaufmanns eine Anfechtung grundsätzlich **ausgeschlossen** ist. Sie begründet dies mit der gesteigerten kaufmännischen Sorgfaltspflicht (§ 347 HGB) und dem damit untrennbar verbundenen erhöhten Verkehrsschutz bei Handelsgeschäften.

bb. Kaufmännisches Bestätigungsschreiben

Nach den Grundsätzen über ein **kaufmännisches Bestätigungsschreiben** muss ein Kaufmann unter bestimmten Voraussetzungen **unverzüglich widersprechen**, wenn er dessen Inhalt nicht gegen sich gelten lassen will. Dabei handelt es sich um einen gewohnheitsrechtlich anerkannten **Handelsbrauch**.

Bestätigungsschreiben

Ein Bestätigungsschreiben setzt voraus, dass zwischen den Parteien **Vertragsverhandlungen** stattgefunden haben, da der Absender ansonsten nicht damit rechnen kann, dass der Empfänger mit dem Inhalt des Schreibens einverstanden ist. Es muss nach der Art der Verhandlung ein **Klarstellungsbedürfnis** zwischen den Parteien bestehen. Das ist grundsätzlich bei mündlichen, telefonischen, telegraphischen Vorverhandlungen und Erklärungen per E-Mail oder Telefax der Fall. Bei schriftlichen Erklärungen kommt dies nur in Betracht, wenn eine Zusammenfassung des endgültigen Vertragstextes geboten ist oder von den Parteien missverständliche Ausdrücke oder Klauseln verwendet worden sind. Das Betätigungsschreiben muss jedenfalls zum **Inhalt** haben, dass ein behaupteter Vertrag als endgültig geschlossen bestätigt wird.

Abgrenzung zur Auftragsbestätigung

Das kaufmännische Bestätigungsschreiben ist von der Auftragsbestätigung abzugrenzen. Die Beteiligten, insbesondere der Verfasser der Auftragsbestätigung, gehen nicht davon aus, dass ein Vertragsschluss vorliegt (BGHZ 18, 212). Vielmehr schließt die Auftragsbestätigung erst **Vorverhandlungen** ab und ist die **Annahme** des Vertragsschlusses. Weicht sie vom Angebot inhaltlich ab, gilt sie als Ablehnung verbunden mit einem neuen Angebot i. S. v. § 150 Abs. 2 BGB (**modifizierte Auftragsbestätigung**). Durch Schweigen kann eine Auftragsbestätigung grundsätzlich nicht erfolgen. Die Auftragsbestätigung kann aber ausnahmsweise die Wirkung eines kaufmännischen Bestätigungsschreibens haben.

Empfänger

Der Empfänger des Bestätigungsschreibens kann ein **Kaufmann** oder ein **Nichtkaufmann** sein, der **ähnlich** einem **Kaufmann** am Geschäftsleben teilnimmt und von dem erwartet werden kann, dass er nach kaufmännischer Sitte verfährt, also wenn nötig widerspricht. Das

Geschäft muss zu den kaufmännischen bzw. Berufsgeschäften des Empfängers gehören, kann dann aber auch ein für den Empfänger unübliches Geschäft sein. Dies beurteilt sich nach den Umständen im Einzelfall. Empfänger können insbesondere auch **Freiberufler** sein.

Beispiele: Wirtschaftsprüfer, Rechtsanwälte, Steuerberater, Insolvenzverwalter, Architekten.

Empfänger kann nach der Rechtsprechung auch eine **Gemeinde** (Hochbauamt) sein, die mit einem Kaufmann im Rahmen ihrer fiskalischen Betätigung in Geschäftsverbindung steht (BGH NJW 1964, 1223).

Bei **Kleingewerbetreibenden** kommt es auf ihr tatsächliches Auftreten im Geschäftsverkehr an und nicht allein die Eintragung im Handelsregister (vgl. § 2 HGB).

Auf **Scheinkaufleute** finden die Grundsätze über das kaufmännische Bestätigungsschreiben ebenfalls Anwendung. Sie gelten aber nicht für Privatpersonen außerhalb des kaufmännischen Geschäftsverkehrs.

Absender

Für den Absender des kaufmännischen Bestätigungsschreibens gelten dieselben Anforderungen wie für den Empfänger. Der Absender muss **Kaufmann** sein oder **ähnlich** einem **Kaufmann** am Geschäftsverkehr teilnehmen. Nur dann muss der Empfänger nach der Verkehrserwartung unverzüglich antworten, um einen Vertragsschluss infolge seines Schweigens zu vermeiden.

Zeitmoment

Das Bestätigungsschreiben muss **unmittelbar** im Anschluss an die bestätigten Verhandlungen **abgesendet** werden, so dass der Empfänger auf das Eintreffen vorbereitet ist und noch damit rechnen kann, also nicht überrascht wird. Ansonsten gilt das Schweigen des Empfängers nicht als Zustimmung. Auch muss das Bestätigungsschreiben dem Empfänger **zugehen** (§ 130 BGB), damit er die Möglichkeit der Kenntnisnahme erhält.

Inhaltsmoment

Der Inhalt des Bestätigungsschreibens darf sich nicht soweit von dem Vereinbarten entfernen, dass der Bestätigende nach Treu und Glauben vernünftiger Weise selbst nicht mehr mit einem Einverständnis des Empfängers rechnen kann **(Redlichkeit des Absenders)**. Dabei kann auch darauf abgestellt werden, ob sich der Inhalt des Bestätigungsschreibens noch im Rahmen des gesetzlichen Leitbilds des Vertragsverhältnisses hält oder ob er der tatsächlichen Übung in der betreffenden Branche entspricht. In diesem Fall ist das Schweigen des Empfängers im Zweifel als seine Zustimmung zum Vertrag zu werten. Dies gilt auch dann, wenn das Schreiben nur Ergänzungen des Vertragsinhalts in Nebenpunkten und Richtigstellungen enthält.

Beispiel: Die Lieferungszeit für eine Ware wurde nur ungefähr besprochen und wird daraufhin vom Lieferanten präzisiert.

Wenn das Bestätigungsschreiben bewusst unrichtig oder entstellend formuliert ist, weil der Absender hofft, die vorgenommene Änderung werden übersehen **(Arglist)** ist der Absender nicht schutzwürdig. Das Schweigen des Empfängers bleibt dann **ohne Rechtswirkung**.

Sich kreuzenden Bestätigungsschreiben

Bei sich kreuzenden Bestätigungsschreiben mit unterschiedlichem Inhalt hat das Schweigen **keine Rechtswirkung**. Dies gilt jedenfalls, wenn sich der Inhalt der Schreiben hinsichtlich der wesentlichen Vertragsbestandteile *(essentialia negotii)* unterscheidet. In diesem Fall ist ein besonderer Widerspruch der Empfänger nicht erforderlich. Es kann aber zum Vertragsschluss kommen, wenn die sich kreuzenden Bestätigungsschreiben in Bezug auf **Nebenbestimmungen** *(accidentalia negotii)* voneinander abweichen und aus den Gesamtumständen erkennbar wird, dass die Parteien unabhängig von diesen Abweichungen gebunden sein wollen. Es ist dann ein Widerspruch erforderlich, um die Rechtsfolge zu verhindern.

Sich widersprechende AGB

Enthalten die Bestätigungsschreiben sich widersprechende Allgemeine Geschäftsbedingungen, werden diese nur Vertragsbestandteil, soweit sie miteinander vereinbar sind, im Übrigen liegt ein Einigungsmangel (§§ 154, 155 BGB) vor. Sofern sich eine Partei gegen die Geltung der AGB der anderen Partei verwehrt, werden diese nicht Vertragsbestandteil.

Beispiel: Abwehrklausel in den AGB einer oder beider Parteien.

Es ist im Zweifel anzunehmen, dass die Parteien auch ohne die nicht miteinander vereinbarten AGB-Klauseln am Vertrag festhalten wollen. Soweit diese Klauseln nicht Vertragsbestandteil werden, richtet sich der Inhalt des Vertrags stattdessen nach den gesetzlichen Vorschriften (§ 306 Abs. 2 BGB).

Widerspruch des Empfängers

Der Empfänger muss **unverzüglich**, also ohne schuldhaftes Zögern (§ 121 BGB), nach Zugang des Bestätigungsschreibens dagegen Widerspruch einlegen. Dieser ist nicht formbedürftig und kann auch durch **konkludente Erklärung** erfolgen. Die Erklärung muss erkennen lassen, dass der Empfänger den Vertrag nicht bzw. nicht mit dem bestätigten Inhalt als geschlossen ansieht. Der Widerspruch muss dem Empfänger auch gemäß § 130 BGB zugehen. Maßgeblich für die **Zugangsfrist** ist die Verkehrsanschauung aus Sicht des Absenders sowie die betriebliche Zurechnung im Lager des Empfängers. Berücksichtigt werden muss, dass der kaufmännische Verkehr in der Regel auf eine schnelle Abwicklung angelegt ist, die eine angemessene knappe Bedenkzeit nicht ausschließt. Der Absender trägt die **Darlegungs**- und **Beweislast** sowohl für die Voraussetzungen des Bestätigungsschreibens wie auch für dessen Zugang. Dagegen muss der Empfänger beweisen, dass er dem Schreiben unverzüglich widersprochen hat.

Rechtsfolge

Widerspricht der Empfänger dem kaufmännischen Bestätigungsschreiben nicht unverzüglich und schweigt, so gilt der Vertrag grundsätzlich als mit dem Inhalt des Bestätigungsschreibens zustande gekommen (**konstitutive Wirkung**). Das gilt auch dann, wenn der Vertrag objektiv noch nicht geschlossen war oder das kaufmännische Bestätigungsschreiben gegenüber dem mündlich Vereinbarten Ergänzungen oder Abänderungen enthält. Sofern das kaufmännische Bestätigungsschreiben inhaltlich dem entspricht, was zuvor zwischen den Parteien mündlich vereinbart wurde, wird das bestehende Rechtsverhältnis lediglich festgestellt (**deklaratorische Wirkung**).

Anfechtung

Nach allgemeiner Auffassung ist eine Anfechtung wegen Irrtums über die Bedeutung des Schweigens bzw. des Unterlassens eines Widerspruchs nicht zulässig (**Schlüssigkeitsirrtum**). Dies gilt auch für die Begründung, der Inhalt des Bestätigungsschreibens stimme nicht mit dem Ergebnis der Vertragsverhandlungen überein. Dagegen ist umstritten, ob der Empfänger zur Anfechtung berechtigt ist, wenn er aufgrund **mangelnder Sorgfalt** das Scheiben nicht gekannt oder missverstanden hat und wenn er es nicht oder nicht rechtzeitig zur Kenntnis bekommen hat (**Tatsachenunkenntnis**). Hierzu werden dieselben Lösungsansätze vertreten wie bei der entsprechenden Fragestellung zum Schweigen eines Kaufmanns. Teils wird auf **Verschulden**, die Regelung der **§ 130 BGB** oder das **kaufmännische Organisationsrisiko** abgestellt. Teils soll eine Anfechtung wegen der gesteigerten kaufmännischen Sorgfaltspflicht ausgeschlossen sein.

4. Versteigerung

Der Vertragsschluss bei Versteigerung ist in § 156 BGB geregelt. Die Vorschrift gilt sowohl für die **gesetzlich** geregelten, wie auch für die **freiwilligen** privatrechtlichen Versteigerungen.

Beispiele: Versteigerung bei hinterlegungsfähigen Sachen (§§ 383 ff BGB), Fund (§§ 966 Abs. 2, 975 S. 2, 979 BGB), Pfandrecht an beweglichen Sachen (§§ 1219 ff BGB).

§ 156 BGB gilt auch für die **handelsrechtlich** geregelten Versteigerungen.

Beispiele: Versteigerung der Ware im Handelskauf bei Annahmeverzug des Käufers (§§ 373, 376 HGB), Versteigerung beanstandeter Ware bei Recht zum Notverkauf (§ 979 HGB).

Dagegen gilt § 156 BGB **nicht** für Internetversteigerungen (**Online-Auktion**), da der Vertrag bei solchen Versteigerungen nicht durch den Zuschlag des Auktionators zustande kommt. Die Versteigerung von beweglichen Sachen (Mobilien) und Grundstücken (Immobilien) im Wege der Zwangsvollstreckung (**Zwangsversteigerung**) ist in ZPO und ZVG geregelt.

a. Privatrechtliche Versteigerung

Bei der privatrechtlichen Versteigerung kommt der Vertrag durch **Gebot** und **Zuschlag** zustande (§ 156 S. 1 BGB). Dabei handelt es sich um Willenserklärungen, die nach den allgemeinen Regeln zu behandeln sind (§§ 116 ff, 130 ff BGB). Die Veranstaltung der Versteigerung ist noch nicht als Gebot (Angebot) anzusehen (BGHZ 138, 339). Der Ausruf des Versteigerers ist lediglich eine Aufforderung an das Publikum, Gebote abzugeben *(invitatio ad offerendum)*.

aa. Gebot

Das Gebot ist ein **Antrag** des Bieters zum Abschluss eines Kaufvertrags. Der Antrag erfolgt durch das „**Hände heben**" des Bieters. Nach der Rechtsprechung ist ein schriftlicher Auftrag an den Versteigerer, als Vertreter des Käufers in der Versteigerung Gebote abzugeben, noch kein Gebot. Es handelt sich vielmehr um eine vom Verbot des Selbstkontrahierens (§ 181 BGB) freigestellte Vollmacht zur Abgabe eines Gebots. Die Bieter haben auch **keinen Anspruch** auf den Zuschlag. Ein Gebot (Handzeichen) **erlischt**, wenn ein **Übergebot** abgegeben oder die Versteigerung ohne Erteilung des Zuschlags **geschlossen** wird (§ 156 S. 2 BGB). Dabei kommt es nach h. M. nicht auf die Wirksamkeit des Übergebots, sondern den tatsächlichen Hergang an.

bb. Zuschlag

Durch den Zuschlag des Versteigerers kommt es zum **Vertragsschluss** mit dem Bieter. Da der Zuschlag eine nicht empfangsbedürftige Willenserklärung ist, gilt dies auch dann, wenn sich der Bieter vor Erteilung des Zuschlags entfernt (§ 15 S. 2 BeurkG). Der **Versteigerer** handelt i. d. R. als **offener Stellvertreter** (§ 164 Abs. 1 BGB) im Namen des Einlieferers, so dass dieser der Vertragspartner des Bieters wird, der den Zuschlag des Versteigerers erhält. Der Zuschlag entfaltet allerdings nur die **schuldrechtliche Wirkung** des Vertragsschlusses. Daher richtet sich die **dingliche Übertragung** nach den sachenrechtlichen Grundsätzen. Auch müssen bei einer freiwilligen Grundstücksversteigerung mit Vertragsschluss nach § 156 S. 1 BGB das Gebot und der Zuschlag nach den allgemeinen Regeln (§§ 6 ff BeurkG) **notariell beurkundet** werden (§ 311 b Abs. 1 S. 1 BGB). Allerdings kann der Versteigerer die Bedingungen der Versteigerungen ändern, da die Vorschrift des § 156 BGB dispositives Recht ist.

Beispiele: Zuschlag stellt noch keinen Vertragsschluss dar (OLGE 39, 128), wird erst später (KG MDR 2004, 1402) oder unter Vorbehalt (RGZ 96, 102) erteilt.

Das Widerrufsrecht des Verbrauchers ist bei Verträgen im Anwendungsbereich des § 156 BGB ausgeschlossen, soweit die Parteien nichts anderes vereinbaren (§ 312 g Abs. 2 Nr. 10 BGB).

b. Internet-Auktionen

Bei den Internet-Auktionen (**Online-Auktion**) stellt der Verkäufer über eine Auktionsplattform eine Angebotsseite über den Verkauf von Waren ins Internet.

Beispiel: Auktionen des Betreibers von Online-Marktplätzen eBay **(eBay-Versteigerung)**.

Der Auktionsablauf bestimmt sich nach den **AGB** der Plattformbetreiber. Einsteller und Bieter akzeptieren diese mit ihrer Anmeldung auf der Plattform zur Teilnahme an der Auktion.

aa. Angebot

Die bei Freischaltung abgegebene Erklärung des Verkäufers kann ein für den Zeitraum der Auktion bindendes **Angebot** (§ 145 BGB) unter der **Bedingung** (§ 158 Abs. 2 BGB) sein, dass der Vertrag mit dem Bieter zustande kommt, der bei Ablauf der Auktion das Höchstgebot abgegeben hat. Es kann sich aber auch um eine **vorweggenommen** erklärte **Annahme** des Höchstgebots handeln. Dies ist durch **Auslegung** der abgegebenen Erklärung zu ermitteln (§§ 133, 157 BGB). Ist sie nicht aus sich selbst heraus verständlich, können Verständnislücken unter Rückgriff auf die wechselseitigen Erwartungen der Auktionsteilnehmer und deren gemeinsames Verständnis der Funktionsweise der Online-Auktion geschlossen werden. Diese ergeben sich aus den akzeptierten **Teilnahmebedingungen**, die dazu als Auslegungsgrundlage herangezogen werden können. Die Auktionsbedingungen können auch eine **Rücknahme** oder den **Widerruf** eines Angebots vorsehen.

Beispiel: Nach den **eBay-AGB** ist der Anbieter zur Rücknahme wegen eines unter § 119 BGB fallenden Irrtums oder unverschuldeten Verlusts des Artikels berechtigt. Ein solcher Vorbehalt der Bindungswirkung des Angebots (§§ 145, 148 BGB) ist zulässig. Die Bindungswirkung des Angebots kann ausgeschlossen werden und durch den Vorbehalt eines Widerrufs eingeschränkt werden (BGH NJW 2011, 2643).

bb. Annahme

Teilnehmer können während der Laufzeit der Online-Auktion Gebote (**Annahmeerklärungen**) abgeben. Ein Gebot erlischt, wenn ein anderer Bieter ein höheres Gebot abgibt (§ 158

Abs. 2 BGB). Durch Abgabe des **Höchstgebots** kommt ein wirksamer **Kaufvertrag** zustande. Der Betreiber der Internetplattform ist **Empfangsvertreter** (§ 164 Abs. 3 BGB) sowohl in Bezug auf das Angebot des Verkäufers, als auch bezüglich der Annahme des Käufers. Auch bei einem Höchstgebot weit unter dem Marktpreis ist der Vertrag grundsätzlich wirksam.

Beispiel: Bei Einstellung eines PKW auf **eBay** zur Versteigerung mit einem Startpreis von 1 € nimmt der einzige Bieter das Angebot zu einem Maximalpreis von 555,55 € an. Kurz darauf bricht der Anbieter die Auktion ab und teilt dem Bieter mit, er haben einen Käufer außerhalb der Auktion gefunden. Der Kaufvertrag ist jedoch mit dem Gebot zustande gekommen. Dabei rechtfertigt auch ein grobes Missverhältnis zwischen dem Maximalgebot eines Bieters und dem (angenommenen) Wert des Versteigerungsobjekts nicht ohne Weiteres den Schluss auf eine verwerfliche Gesinnung. Das Rechtsgeschäft ist **nicht** als **wucherähnliches Geschäft** wegen Sittenwidrigkeit nach § 138 Abs. 1 BGB nichtig, wenn nicht zusätzlich Umstände vorliegen, aus denen auf eine verwerfliche Gesinnung des Bieters geschlossen werden kann. Vielmehr ist die beiderseitige Chance auf ein **„Schnäppchen"** gerade **typisch für eBay-Versteigerungen**. Zudem trägt der Verkäufer das Risiko eines ungünstigen Auktionsverlaufs durch die Wahl eines niedrigen Startpreises unterhalb des Marktwerts ohne Einrichtung eines Mindestpreises. Daher scheidet auch der Einwand eines Verstoßes gegen Treu und Glauben nach § 242 BGB wegen **unzulässiger Rechtsausübung** aus (BGH NJW 2015, 548).

cc. Widerrufsrecht

Der geschlossene Kaufvertrag ist ein **Fernabsatzvertrag** (§ 312c BGB), wenn der Anbieter ein Unternehmer (§ 14 BGB) und der Ersteigerer ein Verbraucher (§ 13 BGB) ist. In diesem Fall steht dem Verbraucher ein **Widerrufsrecht** zu (§ 312g Abs. 1 BGB). Dieses ist nicht durch § 312g Abs. 2 Nr. 10 BGB ausgeschlossen. Denn die Vorschrift gilt nur für den Ausschluss des Widerrufsrechts bei einer Versteigerung i. S. v. § 156 BGB. Da eine Internet-Auktion mangels Zuschlags keine Versteigerung ist, findet sie darauf keine Anwendung (BGH NJW 2005, 53).

dd. Anfechtung

Da es sich beim Einstellen von Auktionen und Geboten um Willenserklärungen handelt, sind diese nach den allgemeinen Regeln der §§ 142, 119ff BGB anfechtbar.

c. Öffentliche Versteigerung

Die öffentliche Versteigerung erfolgt zur Pfandverwertung bei einer **Zwangsvollstreckung** in **bewegliche Sachen**. Davon zu unterscheiden ist der Pfandverkauf zur Verwertung vertraglicher oder gesetzlicher Pfandrechte nach §§ 1223ff BGB. Die Zwangsvollstreckung beginnt mit der Pfändung der beweglichen Sache nach § 803 Abs. 1 S. 1 ZPO. Die gepfändete Sache ist dann nach § 814 ZPO vom Gerichtsvollzieher öffentlich zu versteigern und kann nach seiner Wahl als Versteigerung vor Ort oder als allgemein zugängliche Versteigerung im Internet erfolgen. Nach § 817 ZPO wird die gepfändete Sache durch Zuschlag und Ablieferung an den Bieter veräußert. § 156 BGB gilt nach § 817 Abs. 1 S. 3 ZPO entsprechend.

aa. Gebot

Das Gebot des Gerichtsvollziehers enthält das Angebot, die Pfandsache gegen Zahlung des genannten Betrags zu erwerben. Als **Prozesshandlung**, die bedingungsfeindlich ist, kann das Gebot nicht unter einer (außerprozessualen) Bedingung stehen. Auch der Gläubiger und der Schuldner dürfen Gebote abgeben (§ 817 Abs. 4 ZPO, § 95 Abs. 3 S. 1 GVGA). Das Gebot gibt dem Bieter **keinen Anspruch** auf den Zuschlag. Es erlischt, wenn ein Übergebot abgegeben, die Versteigerung ohne Erteilung des Zuschlags geschlossen wird (§ 156 S. 2 BGB) und es der Gerichtsvollzieher zurückweist (§ 146 BGB). Eine **Internetversteigerung** muss dazu nach § 814 Abs. 3 ZPO wirksam abgebrochen worden sein. Die Entfernung des Bieters ist bei einer Versteigerung vor Ort für die Wirksamkeit des Gebots unerheblich.

bb. Zuschlag

Der Zuschlag ist eine **hoheitliche Maßnahme** des öffentlichen Rechts. Der Gerichtsvollzieher muss bei einer Versteigerung vor Ort den Zuschlag, dem ein dreimaliger Aufruf vorausgehen soll, dem **Meistbietenden** erteilen. Bei einer Versteigerung im **Internet** ist der Zuschlag der Person erteilt, die am Ende der Versteigerung das höchste Gebot, wenigstens aber das **Mindestgebot** (§ 817 a ZPO) abgegeben hat; sie ist von dem Zuschlag zu benachrichtigen. Bleiben die Gebote unter dem Mindestgebot, wird der Zuschlag versagt, sofern nicht alle beteiligten Gläubiger und der Schuldner mit Erteilung des Zuschlags einverstanden sind oder die sofortige Versteigerung aus wirtschaftlichen Gründen geboten ist (§ 145 Nr. 2c GVGA). Durch den Zuschlag kommt ein **öffentlich-rechtlicher Vertrag** zwischen dem Ersteher und dem Staat, vertreten durch den Gerichtsvollzieher, zustande (**Erstehervertrag**). Dieser entspricht in seiner Wirkung dem Kaufvertrag (§ 433 BGB) und der Übereignung (§ 929 BGB) und gibt dem Ersteher einen Übereignungsanspruch auf Ablieferung der zugeschlagenen Sache.

cc. Ablieferung

Die zugeschlagene Sache darf nur abgeliefert werden, wenn das Kaufgeld gezahlt worden ist oder bei Ablieferung gezahlt wird (§ 817 Abs. 2 ZPO, § 95 Abs. 1 GVGA). Mit Ablieferung geht das Eigentum **kraft Hoheitsaktes** auf den Erwerber über. Dieser erlangt unabhängig von einem diesbezüglichen guten Glauben auch an schuldnerfremden Sachen **lastenfreies** neues **Eigentum**. Die öffentliche Versteigerung wird eingestellt, sobald der Erlös zur Befriedigung des Gläubigers und zur Deckung der Kosten der Zwangsvollstreckung ausreicht (§ 818 ZPO). Der Gerichtsvollzieher hat ein **Protokoll** über den Ablauf der Versteigerung aufzunehmen (§ 726 ZPO).

d. Zwangsversteigerung

Die Zwangsversteigerung von **Grundstücken** richtet sich nach §§ 71 ff ZVG. Die Vorschrift des § 156 BGB findet keine Anwendung. Nach § 81 Abs. 1 ZVG ist dem **Meistbietenden** der Zuschlag zu erteilen. Der Zuschlag wird durch einen **Beschluss** des Versteigerungsgerichts erteilt und verkündet (§ 87 Abs. 1 ZVG). Mit der Verkündung des Zuschlagsbeschlusses wird der Ersteher **Eigentümer** des Grundstücks (§ 90 Abs. 1 ZVG).

5. Einigungsmangel

Bei einem Einigungsmangel (**Dissens**) fehlen die übereinstimmenden Willenserklärungen zum Vertragsschluss. Das Gesetz unterscheidet zwischen dem **offenen Dissens** (§ 154 BGB) und dem **versteckten Dissens** (§ 155 BGB). Diese Vorschriften gelten aber nur für eine fehlende Einigung über vertragliche Nebenpunkte *(accidentalia negotii)*. Dies bedeutet, dass ein Vertrag im Zweifel nicht zustande kommt, wenn sich die Parteien nicht über die Nebenpunkte geeinigt haben (**negative Vertragsfreiheit**). Betrifft der Einigungsmangel bereits die wesentlichen Vertragsbestandteile *(essentialia negotii)*, ist schon nach allgemeinen Regeln kein Vertrag zustande gekommen. Dies ist der Fall, wenn eine Einigung über die Vertragsparteien oder den Vertragsgegenstand, wie zum Beispiel über den Vertragstyp oder über die Vergütung, nicht feststellbar ist (**Totaldissens**). Die Einigung kann sich bei Lücken des Vertrags aus ergänzender Vertragsauslegung, einseitigem Leistungsbestimmungsrecht oder bezüglich der Vergütung bei Dienst- und Werkverträgen aus §§ 612 Abs. 2, 632 Abs. 2, bei Maklerverträgen aus 653 Abs. 2 BGB und bei sonstigen Verträgen aus §§ 315 ff BGB ergeben. Sofern ein Lückenschluss nicht möglich ist, sind die §§ 154, 155 BGB nicht anwendbar, da über die Grundvereinbarung keine Einigung besteht.

Beispiel: Wird bei den Verhandlungen über den Abschluss eines Kaufvertrages keine Einigung über die Höhe des Kaufpreises erzielt und haben sich die Parteien nicht auf eine Methode zu seiner Berechnung geeinigt, fehlt es an einer Einigung über einen wesentlichen Bestandteil des Kaufvertrags. Somit kommt – vorbehaltlich eines einseitigen Leistungsbestimmungsrechts nach §§ 315 ff BGB – ein Kaufvertrag nicht wirksam zustande. Für eine Bestimmung des Kaufpreises durch ergänzende Vertragsauslegung ist dann kein Raum (BGH NJW-RR 2006, 1139).

a. Offener Einigungsmangel

aa. Offener Dissens

Solange die Parteien sich nicht über alle Punkte geeinigt haben, über die nach Erklärung auch nur einer Partei eine Vereinbarung getroffen werden sollte (vertragliche Nebenpunkte), ist der Vertrag **im Zweifel nicht** geschlossen (§ 154 Abs. 1 S. 1 BGB). Die letzte Willenserklärung einer Partei ist dann ein **neuer Antrag** (§ 150 Abs. 2 BGB). Dabei ist es gleichgültig, ob der noch ungeregelte Punkt objektiv wesentlich ist oder nicht. Vielmehr genügt, dass sich die Parteien bewusst sind, nicht über alle vertraglichen Punkte Einigung erzielt zu haben (**offener Dissens**). Dafür reicht aus, dass eine Partei erkennbar gemacht hat, sie halte eine Einigung für einen Punkt noch für erforderlich.

Beispiel: Anzahlung auf den Kaufpreis als Voraussetzung für den Vertragsschluss (BGH NJW 1998, 3196).

Auch ist ein offener Dissens nicht ausgeschlossen, wenn eine Teilvereinbarung über einzelne Punkte (**Punktation**) aufgezeichnet worden ist (§ 154 Abs. 1 S. 2 BGB).

Nach der **Auslegungsregel** des § 154 Abs. 1 BGB ist bei einem offenen Dissens im Zweifel der Vertrag insgesamt nicht zustande gekommen (**Nicht Rechtsgeschäft**). Daher ist zunächst durch Auslegung der Erklärungen der Parteien zu ermitteln, ob sie einen **Bindungswillen** haben und die offenen Punkte einer **späteren Abrede** vorbehalten sind. Dieser kann ausdrücklich oder konkludent vorliegen und sich auch aus einem **Handelsbrauch** ergeben. Ein Bindungswille ist regelmäßig anzunehmen, wenn die Parteien im beiderseitigen Einvernehmen mit Durchführung des unvollständigen Vertrags begonnen haben oder diese trotz erfolgter Änderungskündigung fortsetzen.

Beispiel: Kommt es beim Abschluss eines Gesellschaftsvertrages noch nicht zu einer Einigung über die Bewertung der von den Gesellschaftern einzubringenden Gegenstände, setzten diese aber gleichwohl in Kenntnis dessen ihre Gesellschaft im allseitigen Einverständnis in Vollzug, so findet die Vorschrift des § 154 Abs. 1 S. 1 BGB keine Anwendung (BGH NJW 1966, 430).

Das gilt auch, wenn die Parteien den Vertrag bei inhaltlich kollidierenden AGB beiderseits erfüllen. Sie geben dadurch zu erkennen, dass die Entscheidung dieser Frage den Bestand des Vertrages selbst nicht berühren sollte (BHGZ 61, 282).

Indiz für einen **Bindungswillen** der Parteien kann auch ein Vorvertrag, Kontrahierungszwang, die notarielle Beurkundung der Abrede oder die Vereinbarung salvatorischer Klauseln sein.

bb. Vereinbarte Beurkundung

Auch bei einer vereinbarten Beurkundung ist nach der Auslegungsregel des § 154 Abs. 2 BGB der Vertrag im Zweifel nicht geschlossen, bis die Beurkundung erfolgt ist. Dies setzt voraus, dass die Beurkundung auch einen rechtsbegründenden (**konstitutiven**) Charakter haben soll (**Abschlussvoraussetzung**). In diesem Fall ist der gesamte Vertrag erst mit Beurkundung auch der Nebenpunkte wirksam. Davon zu unterscheiden ist die nachrangige Frage, ob ein Vertrag bei bestehender Einigung der Parteien formwirksam nach § 125 S. 2 BGB geschlossen wurde. Beurkundungen sind neben der notariellen Beurkundung (§ 128 BGB) auch Vereinbarungen über Schriftform (§ 126 BGB), elektronische Form (§ 126a BGB) und Textform (§ 126b BGB). Die Formabrede kann auch durch schlüssiges Verhalten (**konkludent**) erfolgen oder sich aus einer **Verkehrssitte** ergeben. Bei wichtigen oder langfristigen Verträgen wird sie vermutet.

Beispiel: Ein Sicherungsvertrag ist im Zweifel erst mit der Beurkundung und nicht bereits durch vorherige konkludente Absprache geschlossen, wenn der Darlehensvertrag ausdrücklich die Begebung einer Grundschuld-Sicherheit „gemäß Zweckerklärung" vorsieht (Beurkundungsvereinbarung). Selbst eine Einigung über alle wesentlichen Punkte bedeutet noch keine Abstandnahme von der gerade bei Bankgeschäften üblichen konstitutiven Beurkundung (BGHZ 109, 197).

Nicht anwendbar ist § 154 Abs. 2 BGB auf **nachträgliche Beurkundungsvereinbarungen**, da sie einen neuen Vertrag darstellen. Dies gilt nach der Rechtsprechung auch für Beurkundungen, die nur Beweiszwecken dienen (BGH NJW 2000, 357).

b. Versteckter Einigungsmangel

Glauben die Parteien, sich bei einem Vertrag geeinigt zu haben, obwohl dies bei einem Punkt nicht zutrifft, so gilt das Vereinbarte, sofern anzunehmen ist, dass der Vertrag auch ohne eine Bestimmung über diesen Punkt geschlossen sein würde (§ 155 BGB). Die Parteien sind sich in diesem Fall über den Mangel der Einigung aber nicht bewusst (**versteckter Dissens**). Wille und Erklärung der jeweiligen Partei stimmen zwar überein, aber nicht der durch Auslegung (§§ 133, 157 BGB) zu ermittelnde Vertragswille. Angebot und Annahme decken sich ihrem Inhalt also nicht überein.

aa. Abgrenzung zum Erklärungsirrtum

Der versteckte Dissens ist vom Erklärungsirrtum abzugrenzen, bei der sich eine Partei über ihre **eigene Erklärung** im Irrtum befindet. Diesen Fall regelt das **Anfechtungsrecht** des § 119 Abs. 1 BGB. Stimmt der **innere Wille der Parteien überein**, besteht **kein Dissens**, auch wenn der objektive Inhalt der Erklärung voneinander abweicht. Das gilt auch für den Fall, dass eine Partei den abweichenden wirklichen Willen der anderen Partei erkannt hat (**erkannter Irrtum**). Maßgeblich ist dann das von der irrenden Partei wirklich Gewollte. Ein etwaiger Vorbehalt der Gegenpartei, an dem objektiven Erklärungsgehalt festzuhalten, ist als geheimer Vorbehalt (§ 116 S. 1 BGB) unbeachtlich.

bb. Beiderseitiger Erklärungsirrtum

Weicht der Wille beider Parteien jeweils von dem ab, was objektiv übereinstimmend erklärt wurde (**beiderseitiger Erklärungsirrtum**), so haben **beide Parteien** ein **Anfechtungsrecht** unter den Voraussetzungen des § 119 Abs. 1 BGB. Umstritten ist, ob die Vorschrift des § 155 BGB in diesem Fall analog angewendet werden kann.

cc. Abgrenzung zur Falschbezeichnung

Vom versteckten Dissens ist die Falschbezeichnung *(falsa demonstratio)* abzugrenzen. Bei dieser ergibt sich aus der Auslegung der Willenserklärungen, dass die Parteien übereinstimmend **dasselbe wollen**, es aber **falsch bezeichnen**, was unschädlich ist (**Falschbezeichnung**). Maßgeblich ist vielmehr der übereinstimmende innere Wille der Parteien, selbst wenn er im Inhalt der Erklärung keinen oder nur einen unvollkommenen Ausdruck gefunden hat (BGHZ 20, 110).

dd. Fallgruppen

Verdeckte oder verborgene Unvollständigkeit

Ein versteckter Einigungsmangel kann entstehen, wenn die Parteien meinen, sich über einen vertraglichen Nebenpunkt geeinigt zu haben, den sie tatsächlich bei Vertragsschluss vergessen oder übersehen haben (**verdeckte oder verborgene Unvollständigkeit**).

Erklärungsdissens

Ein Erklärungsdissens ist die Abgabe von **äußerlich abweichenden Erklärungen**, die auch dem Sinn nach auseinandergehen, von denen die Parteien aber annehmen, dass sie sich decken, wie etwa beim Verhören oder Verlesen.

Beispiel: Antrag: „Original IBM Druckkassetten" und Annahme: „IBM Druckkassetten" (OLG Hamm NJW-RR 1998, 1747).

Scheinkonsens

Ein Scheinkonsens liegt vor, wenn die Parteien denselben Begriff verwenden, dieser **Begriff** aber **mehrdeutig** ist und von ihnen unterschiedlich ausgelegt wird. Mehrdeutig ist ein Begriff, wenn die Auslegung ergibt, dass es eine eindeutige objektive Bedeutung des Begriffs nicht gibt. Dabei sind über den Wortlaut der Erklärung hinaus die Gesamtumstände, unter denen die Erklärung abgegeben wurde, zu berücksichtigen. Daraus kann sich trotz Mehrdeutigkeit der Erklärungen dennoch ein Konsens ergeben.

Beispiel: Ein Elsässer und ein Schweizer, die beide deutsch sprechen, schließen in der Schweiz einen Vertrag ab, in dem der Preis in „Franken" angegeben ist. Auch wenn der Elsässer (vor der Umstellung auf Euro) französische Francs versteht, der Schweizer aber Schweizer Franken, so kann man aufgrund der Umstände des Vertragsschlusses in der Schweiz davon ausgehen, dass der Vertrag über den Preis in Schweizer Franken zustande gekommen ist.

ee. Rechtsfolge

Bei einem versteckten Dissens, der sich auch durch Auslegung nicht beseitigen lässt, ist ein Vertrag grundsätzlich nicht zustande gekommen. Der Vertrag ist nur dann gültig, wenn er auch eine Einigung über die offenen Nebenpunkte getroffen worden wäre. Die richtet sich nach dem mutmaßlichen Parteiwillen (**hypothetischer Parteiwille**). Ein Vertragsschluss ist anzunehmen, wenn der Punkt von so untergeordneter Bedeutung ist, dass ein Scheitern des Vertrages für beide Seiten nicht interessengerecht wäre. Die aufgrund des versteckten Dissenses bestehende Vertragslücke ist unter Rückgriff auf dispositives Recht oder ersatzweise den Regeln über die ergänzende Vertragsauslegung zu schließen. Hat eine Partei den Dissens schuldhaft verursacht, ist sie wegen Verschulden bei Vertragsschluss (c. i. c.) zum Ersatz des Vertrauensschadens (§§ 280 Abs. 1, 241 Abs. 2, 311 Abs. 2 BGB) verpflichtet, wobei ein Mitverschulden der anderen Partei (§ 254 BGB) anzurechnen ist.

Abb. 10: Vertragsschluss

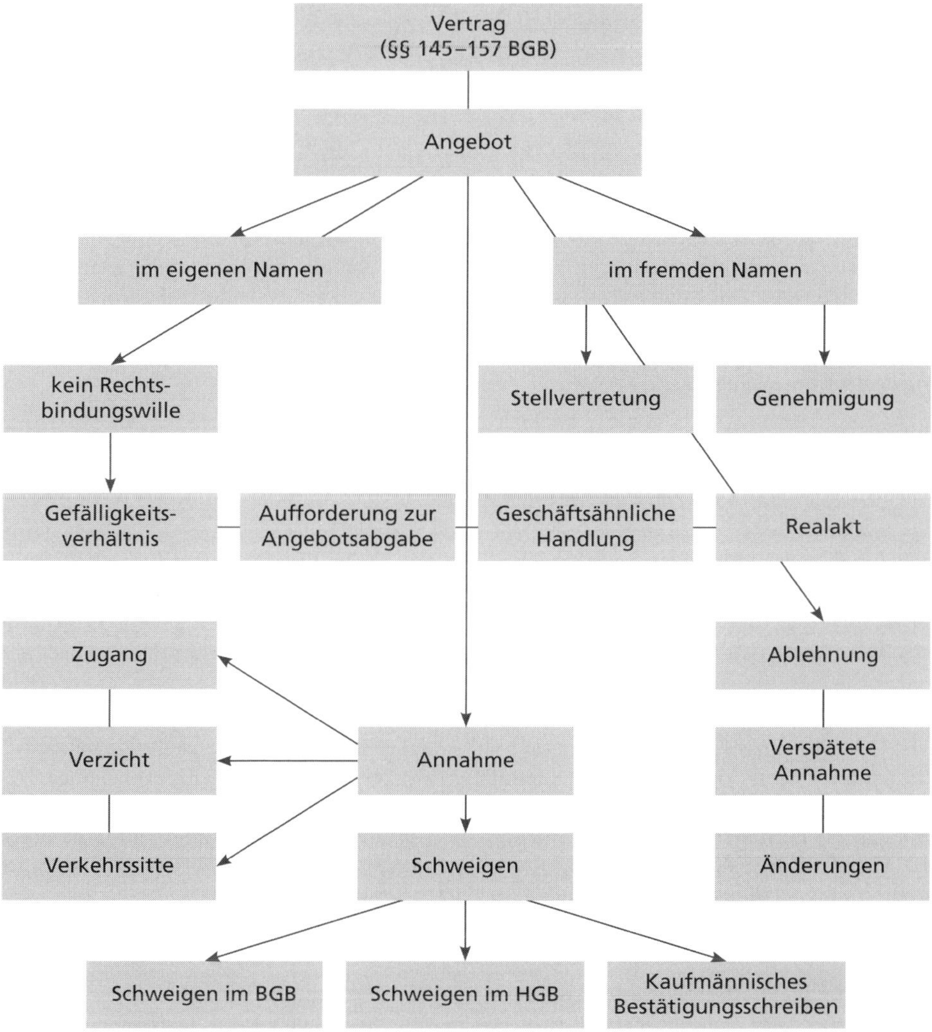

V. Formerfordernisse

Der Abschluss von Rechtsgeschäften durch Abgabe einer Willenserklärung ist grundsätzlich ohne Einhaltung einer Form wirksam **(Grundsatz der Formfreiheit)**, sofern nicht das Gesetz eine bestimmte Form vorschreibt **(gesetzliches Formerfordernis)** oder die Parteien eine solche vereinbaren **(gewillkürtes Formerfordernis)**. Die gesetzlichen Formvorschriften sind zwingendes Recht und können von den Parteien nicht abbedungen werden. Funktionen des Formzwangs sind die **Warnfunktion** (Übereilungsschutz) bei folgenreichen Rechtsgeschäften, z. B. Schenkung (§ 518 BGB), Bürgschaft (§ 766 BGB), Schuldanerkenntnis (§ 781 BGB), die **Klarstellungs**- und **Beweisfunktion**, z. B. bei Kündigung des Arbeitsverhältnisses (§ 623 BGB) sowie bei der notariellen Beurkundung die **Beratungs**- und **Belehrungsfunktion**, z. B. beim Grundstückskauf (§ 311b Abs. 1 BGB).

1. Schriftform

Die Schriftform wird in § 126 BGB geregelt und gilt für alle Rechtsnormen des Zivilrechts, die eine Schriftform vorschreiben. Das sind die Formvorschriften im Bürgerlichen Gesetzbuch sowie im sonstigen Privatrecht wie etwa im Handels- und Gesellschaftsrecht und Arbeitsrecht. Es ist umstritten, ob § 126 BGB nur auf Willenserklärungen bzw. **Rechtsgeschäfte** anwendbar ist oder auch auf **geschäftsähnliche Handlungen**. Dafür plädiert ein Teil der Literatur. Das Bundesarbeitsgericht lehnt eine direkte Anwendung der Vorschrift ab und wendet sie nach dem Zweck der Norm und der Interessenlage **analog** an. Danach kann auch die **Textform** des § 126b BGB für das Schriftformerfordernis einer Norm nach deren **Auslegung** ausreichend sein.

Beispiele: § 15 Abs. 1 S. 1 AGG (BAG NZA 2010, 1412) und § 70 S. 1 BAT (BAG ZIP 1010, 1618).

Die Schriftform kann durch die elektronische Form ersetzt werden, sofern dies nicht gesetzlich ausgeschlossen ist (§ 126 Abs. 3 BGB). Zudem wird die schriftliche Form durch die notarielle Beurkundung ersetzt (§ 126 Abs. 4 BGB). Die Einhaltung der Schriftform setzt nach § 126 Abs. 1 BGB voraus, dass die Urkunde von dem Aussteller **eigenhändig** durch **Namensunterschrift** oder mittels **notariell beglaubigten Handzeichens** unterzeichnet wird.

a. Schriftliche Urkunde

Die Urkunde muss **schriftlich abgefasst** sein, wobei gleichgültig ist, wie sie hergestellt wird. Sie kann von dem Erklärenden oder einem Dritten auf einer Schreibmaschine oder einem PC geschrieben, gedruckt, vervielfältigt oder fotokopiert sein und in jeder lebenden oder toten Sprache errichtet werden. Auch das Material der Urkunde ist gleichgültig, sofern es geeignet ist, **Schriftzeichen dauerhaft festzuhalten**. Die Angabe von Ort und Zeit der Abfassung ist keine Voraussetzung für die Wirksamkeit der Schriftform.

b. Urkundeninhalt

Die Urkunde muss grundsätzlich das **gesamte formbedürftige Rechtsgeschäft** einschließlich **Nebenabreden** enthalten Der Mindestinhalt der Urkunde ist den einzelnen privatrechtlichen Formvorschriften unter Berücksichtigung des Zwecks der Normen zu entnehmen. Teilweise verlangen diese Vorschriften nur für die Willenserklärung einer Partei des Rechtsgeschäfts die

Schriftform. Dies gilt zum Beispiel für die **Erteilung der Bürgschaftserklärung** nach § 766 S. 1 BGB. Dazu hat die Rechtsprechung (BGHZ 132, 119) ausgeführt:

„Die Bestimmung des § 766 BGB dient ausschließlich dem Schutzbedürfnis des Bürgen. Dieser soll damit zu größerer Vorsicht angehalten und vor nicht ausreichend überlegten Erklärungen gesichert werden. Weil die Vorschrift den Bürgen vor der mit seiner Erklärung verbundenen Haftung warnen soll, ist die Schriftform nur gewahrt, wenn die Urkunde außer dem Willen für fremde Schuld einzustehen, auch die Bezeichnung des Gläubigers, des Hauptschuldners und der verbürgten Forderung enthält."

Es gibt aber auch gesetzliche Vorschriften, die den Urkundeninhalt ausdrücklich festlegen. Dies gilt zum Beispiel für das Schriftformerfordernis des **Verbraucherdarlehens.** Nach § 492 Abs. 2 BGB muss der schriftlich abzuschließende Verbraucherdarlehensvertrag die Angaben nach Art. 247 §§ 6 bis 13 EGBGB enthalten.

c. Urkundeneinheit

Nach dem Grundsatz der Urkundeneinheit muss das formbedürftige Rechtsgeschäft **in einer Urkunde** enthalten sein. Besteht eine Urkunde aus mehreren Blättern oder Texten ist deren **feste körperliche Verbindung** nach der **Auflockerungsrechtsprechung** nicht erforderlich, wenn sich deren Einheitlichkeit aus anderen eindeutigen Merkmalen ergibt.

Beispiele: fortlaufende Paraphierung oder Nummerierung der Bestimmungen oder einheitliche graphische Gestaltung (BGH NJW 1998, 58).

Wird in einem von beiden Parteien unterzeichneten Vertrag auf andere nicht unterzeichnete Urkunden Bezug genommen (**Bezugsurkunde**), müssen diese Urkunden so genau bezeichnet werden, dass die Zusammengehörigkeit zweifelsfrei feststeht. Geringere Anforderungen gelten, wenn auch die Urkunde **unterzeichnet** worden ist, auf die Bezug genommen wird.

Beispiel: Enthält ein Mietverlängerungsvertrag die wesentlichen Vertragsbestandteile, ist das Schriftformerfordernis auch dann erfüllt, wenn hinsichtlich weiterer Einzelpunkte auf den Ursprungsvertrag ohne körperliche Beifügung verwiesen wird, selbst wenn ein Parteiwechsel stattgefunden hat (BGH NJW 1998, 62).

d. Unterschrift

Die Unterschrift muss den Urkundentext **räumlich abschließen.** Dafür ist eine Oberschrift oder eine Unterschrift auf dem Rand der Urkunde oder dem Briefumschlag nicht ausreichend. Indes kann die Unterschrift vor der Fertigstellung des Textes blanko erfolgen (**Blankett**) und dieser erst nachträglich durch den Aussteller oder einen Dritten eingefügt werden. Dabei kann die **Ermächtigung** zur Ausfüllung des Blanketts nach dem Schutzzweck der Formvorschriften aber ihrerseits die schriftliche Form erfordern.

Beispiele: Bürgschaft (§ 766 BGB), Verbraucherdarlehen (§ 491 BGB).

Hat der Unterzeichner das Blankett freiwillig aus der Hand gegeben und wird es darauf von einer anderen Person Abrede widrig ausgefüllt (**Abrede widriges Blankett**), haftet der Unterzeichner des Blanketts einem redlichen Dritten gegenüber nach den Grundsätzen der **Rechtscheinhaftung** analog § 172 BGB.

e. Aussteller

Der **Aussteller** muss die Urkunde eigenhändig **unterzeichnen**. Bei einem Vertrag müssen alle Parteien die Vertragsurkunde unterzeichnen. Dabei kann nach ständiger Rechtsprechung ein Vertreter mit dem **Namen des Vertretenen** unterschreiben, wobei ein Zusatz über das Handeln als Vertreter in der Urkunde nicht erforderlich sein soll (BGHZ 45, 193). Er kann aber auch mit dem **eigenen Namen** als Vertreter unterschreiben. Dies muss dann jedoch in der Urkunde durch einen das Vertretungsverhältnis anzeigenden Zusatz hinreichend klar zum Ausdruck kommen.

aa. GbR

Unterzeichnet für die Gesellschaft bürgerlichen Rechts ein Gesellschafter die Urkunde, so ist ein **Vertretungszusatz** erforderlich, weil sonst nicht ersichtlich ist, ob der Unterzeichnende nur für sich selbst oder aber zugleich in Vertretung der anderen Gesellschafter handelt. Ein auf die Vertretung hinweisender Zusatz ist nicht erforderlich, wenn der Unterschrift ein **Firmen**- oder **Betriebsstempel** hinzugefügt wird (BGH NJW 2013, 1082).

bb. AG

Bei Kapitalgesellschaften in Form der Aktiengesellschaft bedarf es eines **Vertretungszusatzes**, wenn nur ein Vorstandsmitglied unterzeichnet und im **Rubrum** des abzuschließenden Vertrags alle Vorstandsmitglieder aufgeführt sind. Sofern diese Angabe jedoch fehlt, ist die Schriftform des Vertrags auch ohne Vertretungszusatz gewahrt (BGH NJW 2015, 2034).

cc. GmbH

Bei einer GmbH ist es zur Wahrung der Schriftform nicht erforderlich, dass die auf deren Seite geleistete Unterschrift mit einem die Vertretung kennzeichnenden Zusatz versehen wird. Wird der Vertrag nicht von den satzungsmäßigen Geschäftsführern, sondern von einem Dritten mit dem **Zusatz „i. V.“** unterschrieben, ist die Schriftform gewahrt (BGH NJW 2007, 3346).

f. Eigenhändigkeit

Der Aussteller muss die Urkunde **eigenhändig** unterzeichnen. Eine **Schreibhilfe**, z. B. Führen der Hand, ist zulässig, wenn der Aussteller lediglich unterstützt und der Schriftzug von seinem Willen bestimmt wird. Eine **mechanische Vervielfältigung** der Unterschrift, wie z. B. durch Stempelaufdruck, Faksimile, Schreibmaschine, Fernschreiber oder Telefax, ist **nicht zulässig**. Das Gesetz erlaubt die vervielfältigte Unterschrift jedoch bei Inhaberschuldverschreibungen (§ 793 Abs. 2 S. 2 BGB) sowie Aktien und Zwischenscheinen (§ 13 AktG). Auch Erklärungen per **E-Mail** entsprechen als nur über das Internet übertragbare Nachrichten **nicht** der Schriftform. Gleiches gilt für die Unterschrift auf einem **Tablet-Computer** mit dem damit verbundenen auf dem Schreibtablett gespeicherten Dokument oder der Ausdruck in Papierform. Unzulässig ist überdies die **elektronische Signatur**. Sie kann aber die Unterschrift gem. § 126a BGB ersetzen, soweit die elektronische Form nach § 126 Abs. 3 BGB zulässig ist.

g. Namensunterschrift

Die Namensunterschrift soll die Person des Ausstellers erkennbar machen, um die **Echtheit des Inhalts** zu sichern. Dazu ist die Unterschrift mit dem **Familiennamen** erforderlich, nicht aber die Hinzufügung eines Vornamens (BGH NJW 2003, 1120). Ein Kaufmann kann mit seiner **Firma** (§ 17 HGB) unterzeichnen. Ein **Künstlername** oder **Pseudonym** ist zulässig, wenn dieser Name den Unterzeichner mit hinreichender Deutlichkeit kennzeichnet. Die Angabe eines Verwandtschaftsverhältnisses, eines Titels, einer Rechtstellung oder eines anderen Kürzels ist grundsätzlich keine Namensunterschrift. Auf die **Lesbarkeit** der Unterschrift kommt es nicht an, wobei aber der Schriftzug Andeutungen von Buchstaben erkennen lassen muss. Nach der Rechtsprechung ist ein die Identität des Unterschreibenden kennzeichnender **individueller Schriftzug** erforderlich, der einmalig, wenn auch nicht stets einheitlich ist, entsprechende charakteristische Merkmale aufweist und die **Absicht** einer vollen Unterschriftsleistung erkennen lässt. Ob ein Schriftzug eine Unterschrift darstellt, unterliegt der Beurteilung durch das Gericht. Dabei ist es nicht an einen (übereinstimmenden) Parteivortrag gebunden.

h. Zugangserfordernis

Empfangsbedürftige Willenserklärungen, die der Schriftform unterliegen, werden nur wirksam, wenn die formgerecht erstellte Erklärung dem Empfänger auch in der vorgeschriebenen Form zugeht (§ 130 BGB). Die Übermittlung einer **Telefaxkopie** der im Original unterschriebenen Urkunde (Kopiervorlage) genügt hierfür **nicht**.

Beispiel: Die Übermittlung des Urkundeninhalts durch Telefax ist als schriftliche Erteilung der Bürgschaftserklärung nicht anzusehen. Die Übermittlung einer Abschrift, ohne Entäußerung der Urschrift, reicht zugunsten des Gläubigers zur Erfüllung der Voraussetzungen des § 766 S. 1 BGB nicht aus (BGHZ 121, 224).

i. Vertrag

Bei einem Vertrag muss die Unterzeichnung der Parteien **auf derselben Urkunde** erfolgen. Werden über den Vertrag mehrere **gleichlautende** Urkunden aufgenommen, genügt, wenn jede Partei die für die andere Partei bestimmte Urkunde unterzeichnet (§ 126 Abs. 2 BGB). Dabei müssen die Unterschriften der Vertragspartner den **gesamten Vertragsinhalt** abdecken. Dafür ist die Unterzeichnung des Angebots durch eine Partei und die Annahme durch die andere Partei nicht genügend, wie z. B. Briefwechsel oder sonstiger Austausch einseitiger Erklärungen. Nach der Rechtsprechung ist das Schriftformerfordernis des § 550 BGB (Mietverträge für über ein Jahr) gewahrt, wenn eine Partei das von ihr unterschriebene Vertragsangebot der anderen Partei vorlegt, die das Angebot gegenzeichnet (BGH NJW 2004, 2962). Es reicht jedoch nicht, wenn das schriftliche Angebot mit **Änderungen** angenommen wird und der andere dem Erklärenden in einem gesonderten Schreiben zustimmt. Gleiches gilt, wenn eine Partei dem Vertrag eine Erklärung beigefügt hat, aus der nicht hervorgeht, dass die Gegenpartei sie akzeptiert hat oder die Annahmeerklärung verspätet zugeht (§ 147 Abs. 2 BGB).

2. Elektronische Form

§ 126a BGB regelt die elektronische Form. Soll die gesetzlich vorgeschriebene schriftliche Form durch die elektronische Form ersetzt werden, so muss der Aussteller der Erklärung dieser seinen Namen hinzufügen und das elektronische Dokument mit einer **qualifizierten Signatur** versehen. Bei einem Vertrag müssen die Parteien jeweils ein gleichlautendes Dokument in dieser Weise elektronisch signieren.

a. Anwendungsbereich

aa. Gesetzlicher Ausschluss

Die Schriftform kann durch die elektronische Form ersetzt werden, sofern dies nicht durch das Gesetz ausgeschlossen ist (§ 126 Abs. 3 BGB).

Beispiele (Ausschluss): Verbraucherdarlehensvertrag (§ 492 Abs. 1 BGB), Kündigung eines Arbeitsverhältnisses (§ 623 BGB), Leibrentenversprechen (§ 761 BGB), Bürgschaftserklärung (§ 766 S. 2 BGB), Schuldversprechen, Schuldanerkenntnis (§§ 780 S. 2, 781 S. 2 BGB), Berufsausbildungsvertrag (§ 11 Abs. 1 BBiG), Zeugniserteilung (§§ 630 S. 3 BGB, 16 Abs. 1 S. 2 BBiG), Nachweispflicht (§ 2 Abs. 2 S. 3 NachwG).

bb. Rechtsgeschäftlicher Ausschluss

Es ist umstritten, ob die elektronische Form **rechtsgeschäftlich** ausgeschlossen werden kann. Nach wohl überwiegender Auffassung kann die **Schriftform** durch die elektronische Form **nur ersetzt** werden, wenn der Erklärungsempfänger oder der Vertragspartner damit einverstanden ist **(Einverständnis)**. Sonst ist aufgrund des fehlenden Einverständnisses die elektronische Form rechtsgeschäftlich ausgeschlossen. Das Einverständnis kann formlos ausdrücklich oder schlüssig erklärt werden. Letzteres ist anzunehmen, wenn die Parteien ihren Geschäftsverkehr elektronisch abwickeln oder etwa dann, wenn der Empfänger die ihm zugegangene Erklärung als wirksam behandelt. Teilweise wird hingegen vertreten, dass es nicht auf ein Einverständnis der Parteien ankommt. Danach ist die Schriftform ohne weiteres durch die elektronische Form ersetzbar. Durch Vereinbarungen und Gepflogenheiten der Parteien soll die Ersetzbarkeit auch nicht ausgeschlossen werden können. Sofern die Parteien keine elektronische Form vereinbart haben und der Absender auch nicht aufgrund der bisherigen Geschäftsgepflogenheiten damit rechnen kann, dass der Adressat eine geeignete Vorrichtung für den Empfang elektronischer Willenserklärung hat, soll es am Zugang der elektronischen Erklärung beim Empfänger fehlen.

b. Elektronisches Dokument

Das elektronische Dokument muss das gesamte formbedürftige Rechtsgeschäft enthalten. Es gilt hier wie auch bei § 126 BGB der **Grundsatz der Urkundeneinheit**. Diese kann sich auch aus dem inhaltlichen Zusammenhang des Textes oder vergleichbaren Merkmalen ergeben. Unter einem elektronischen Dokument ist jede potenziell **dauerhafte Fixierung von Daten** auf einem Datenträger unter Einsatz elektronischer Signalverarbeitung zu verstehen. Die Daten müssen **in Schriftzeichen lesbar** sein und der Datenträger (**Speichermedium**) muss geeignet sein, diese dauerhaft festzuhalten. Es genügt, dass die Schriftzeichen des Speichermediums ohne Papierausdruck auf einem Bildschirm gelesen werden können.

Beispiele: Computer-Festplattenlaufwerk, Disketten, CD-Rom, USB-Sticks.

c. Namensangabe des Ausstellers

Der Aussteller muss der elektronischen Erklärung seinen Namen hinzufügen. Dies ist bei einem Erklärungsboten der **Geschäftsherr**, bei der Stellvertretung jedoch der **Vertreter** und nicht der Vertretene. Der Vertreter kann in dem qualifizierten Zertifikat für die elektronische Signatur **Angaben der Vertretungsmacht** für eine Dritte Person aufnehmen lassen (§ 12 Abs. 1 S. 1 Nr. 1 und S. 2 VDG). Zulässig sind auch **amts**- und **berufsbezogene** oder sonstiger Angaben zur Person des Antragstellers, wenn die zuständige Stelle die Angaben bestätigt hat

(§ 12 Abs. 1 S. 1 Nr. 1 und S. 3 VDG). Soll anstelle des Namens ein **Pseudonym** in das qualifizierte Zertifikat für die elektronische Signatur eingetragen werden, so sind die Angaben über eine Vertretungsmacht oder amts- und berufsbezogene oder sonstige Angaben nur zulässig, wenn eine Einwilligung der dritten Person oder der zuständigen Stelle zur Verwendung des Pseudonyms vorliegt (§ 12 Abs. 2 VDG). **Nicht erforderlich** ist, dass der Name des Ausstellers den Text des elektronischen Dokuments **räumlich abschließt.** Es reicht vielmehr aus, dass der Name an irgendeiner Stelle des Dokuments der elektronischen Erklärung hinzugefügt wird. Das kann etwa auch durch eine **Oberschrift** (statt Unterschrift) erfolgen.

d. Qualifizierte elektronische Signatur

Das elektronische Dokument ist mit der qualifizierten elektronischen Signatur des Ausstellers zu signieren. Eine qualifizierte elektronische Signatur ist eine **fortgeschrittene elektronische Signatur**, die von einer qualifizierten elektronischen Signaturerstellungseinheit erstellt wurde und auf einem **qualifizierten Zertifikat** für elektronische Signaturen beruht (§ 3 Nr. 12 eIDAS-VO). Qualifizierte Zertifikate dürfen nur für **natürliche Personen** ausgestellt werden (Art. 3 Nr. 9–12, 15 eIDAS-VO). Die Signierung erfolgt z. B. indem eine Chipkarte, die den privaten Schlüssel speichert, in ein Kartenlesegerät gesteckt und die Personenidentifikationsnummer (PIN) eingegeben wird. Nach § 371a ZPO haben private elektronische Dokumente mit einer qualifizierten elektronischen Signatur die **Beweiskraft** privater Urkunden (§ 416 ZPO).

e. Benutzung durch Dritte

Bei Benutzung der Signaturerstellungseinheit durch Dritte ohne Einverständnis des Inhabers des Signaturschlüssels sind die Voraussetzungen des § 126a BGB nicht erfüllt. Allerdings muss der Signaturschlüssel-Inhaber in diesem Fall die Vermutung des **Anscheinsbeweises** nach § 371a ZPO widerlegen, dass er nicht der Aussteller der Signatur ist. In diesem Fall kann er dem Erklärungsempfänger nach den Grundsätzen der **Rechtscheinhaftung** sowie wegen Verletzung vorvertraglicher oder vertraglicher Schutzpflichten zum **Schadensersatz** verpflichtet sein (§§ 280 Abs. 1, 241 Abs. 2, 311 Abs. 2 BGB). Der Zertifikatediensteinhaber haftet bei vorsätzlicher oder fahrlässiger Verletzung seiner Pflichten allen natürlichen oder juristischen Personen auf Schadensersatz (§ 13 eIDAS-VO).

f. Vertrag

Bei einem Vertrag müssen die Parteien jeweils ein **gleich lautendes Dokument** elektronisch signieren (§ 126a Abs. 2 BGB). Dazu genügt wie auch bei § 126 Abs. 2 BGB nicht, dass jede Partei nur ihre eigene Angebots- oder Annahmeerklärung mit ihrer qualifizierten elektronischen Signatur versieht. Sie muss vielmehr das **für die andere Partei** bestimmte Dokument signieren. Die Parteien können aber auch ein elektronisches Dokument mit dem gesamten Vertragstext erstellen und elektronisch signieren. Außerdem kann eine Partei ein elektronisches Dokument signieren und die andere Partei ein gleich lautendes Dokument in Schriftform gem. § 126 BGB unterzeichnen.

3. Textform

Die Textform ist die einfachste gesetzlich geregelte Form für Rechtsgeschäfte, Erklärungen und Informationen. Sie ist in § 126b BGB geregelt. Danach muss eine lesbare Erklärung, in der die Person des Erklärenden genannt ist, auf einem dauerhaften Datenträger abgegeben werden.

a. Dauerhafter Datenträger

Die Erklärung muss in einer zur **dauerhaften Wiedergabe** in Schriftzeichen geeigneten Weise auf einem dauerhaften Datenträger abgegeben werden.

Beispiele: maschinell erstellte Briefe, gespeicherte E-Mails, Computerfax, SMS, Telefax und elektronische Speichermedien wie USB-Sticks, CD-ROM, DVD, Diskette, Speicherkarte und Festplattenlaufwerk.

Dabei ist nicht erforderlich, dass tatsächlich ein Ausdruck erfolgt. Werden Texte in das Internet eingestellt (**Homepage**), aber dem Empfänger nicht übermittelt, ist die Textform nur eingehalten, wenn es tatsächlich zu einem **Download** (abspeichern oder ausdrucken) kommt, sonst nicht (BGH NJW 2010, 3566).

b. Lesbarkeit der Erklärung

Eine Erklärung ist lesbar, wenn der Empfänger sie auf Papier oder wie auf Papier lesen kann oder eine elektronische Erklärung über ein Anzeigeprogramm lesbar ist. Darüber hinaus muss eine empfangsbedürftige Willenserklärung auch **in der Textform zugehen** (§ 130 BGB). Eine **Internetseite**, die abgespeichert oder ausgedruckt werden kann, erfüllt diese Voraussetzung im Anwendungsbereich der verbraucherschutzrechtlichen Vorschriften des Privatrechts nicht.

Beispiel: Für die formgerechte Mitteilung der Widerrufsbelehrung an den Verbraucher nach § 355 Abs. 2 S. 1, Abs. 3, § 126b BGB reicht die bloße Abrufbarkeit auf einer gewöhnlichen Website des Unternehmers nicht aus (BGH NJW 2014, 2857).

Der Unternehmer muss dem Verbraucher die Informationen in dauerhaft gespeicherter Form zur Verfügung stellen.

Beispiele: CD-ROM, DVD oder Zugang einer Erklärung als (Computer-)Fax oder E-Mail im Postfach (Mailbox) des Empfängers.

Für die elektronische Übermittlung der Erklärung ist erforderlich, dass der Empfänger dazu sein **Einverständnis** ausdrücklich durch schlüssiges Verhalten (**konkludent**) erteilt hat, etwa durch Mitteilung seiner Fax-Nr. oder E-Mail-Adresse.

c. Person des Erklärenden

Die Textform verlangt die **Nennung** der Person des Erklärenden. Dabei ist gleichgültig, wo der Erklärende genannt wird. Eine mechanisch hergestellte Unterschrift, Angabe im Kopf oder Inhalt des Textes reicht aus. Der Nachname des Erklärenden muss nicht genannt werden. Es genügt vielmehr die Nennung eines **Vor-** oder **Spitznamens** oder auch eines **Pseudonyms.** Bei der Stellvertretung ist der **Vertreter** und nicht der Vertretene der Erklärende. Auch kann der Vertreter nach h. M. nur den Namen des Vertretenen ohne Hinweis auf die Vertretung benennen. Bei Erklärungsboten ist der **Geschäftsherr** und nicht der Bote als Erklärender anzusehen.

d. Abschluss der Erklärung

Der Abschluss der Erklärung muss durch **Nachbildung** der Namensunterschrift oder auf andere Weise **erkennbar** gemacht werden. Eine eigenhändige Unterschrift ist nicht erforderlich, kann aber als Abschluss verwendet werden und auch als **Faksimile** oder **eingescannte Unterschrift**. Die Kenntlichmachung des Abschlusses kann beispielsweise auch durch Nennung des Namens am Textende, Faksimile, eingescannte Unterschrift, Datierung oder Grußformel erfolgen.

4. Vereinbarte Form

a. Allgemeines

§ 127 BGB enthält eine **Auslegungsregel**, sofern kein gesetzliches Formerfordernis besteht und die Parteien die Einhaltung einer **bestimmten Form** privatautonom vereinbart haben. Dafür ist zumindest ein ausdrückliches oder konkludentes Einverständnis des anderen Teils erforderlich. Die einseitige Anordnung eines Formerfordernisses durch eine Vertragspartei ist nicht möglich. Die Parteien können **Anforderungen** an die **Schriftform** ohne Rückgriff auf die gesetzlichen Formvorschriften bestimmen und **Erleichterungen** oder **Erschwerungen** vorsehen. Sofern sie keine Regelung treffen und auch die Auslegung (§§ 133, 157 BGB) keine Anhaltspunkte ergibt, ist die Auslegungsregel des § 127 BGB anwendbar. Danach gelten die §§ 126, 126a, 126b BGB mit den Erleichterungen des § 127 Abs. 2 und 3 BGB auch für die rechtsgeschäftlich bestimmte (gewillkürte) Form bei Gestaltungserklärungen (z. B. Kündigung) wie auch bei Verträgen. Bei der **gewillkürten** Form ist zwischen **deklaratorischen** und **konstitutiven** Schriftformklauseln zu unterscheiden.

aa. Deklaratorische Schriftformklausel

Bei einer deklaratorischen Schriftformklausel dient die Einhaltung der Schriftform maßgeblich zu **Beweiszwecken** oder der **Klarstellung**. Eine mündliche Vereinbarung, die gegen eine solche Schriftformklausel verstößt, ist somit in der Regel nicht unwirksam.

bb. Konstitutive Schriftformklausel

Sofern die Einhaltung der Schriftform jedoch nicht nur zu Beweiszwecken dient, sondern eine **Wirksamkeitsvoraussetzung** der Willenserklärung bzw. des Rechtsgeschäfts sein soll, handelt es sich um eine konstitutive Schriftformklausel. Jegliche Änderungen oder Ergänzungen eines Vertrags ohne Einhaltung der Schriftform sind in diesem Fall unwirksam. Ob die Parteien die Schriftform lediglich zu Beweiszwecken oder aber als Wirksamkeitsvoraussetzung vereinbaren wollten, ist durch **Auslegung** (§§ 133, 157 BGB) der **vertraglichen Schriftformklausel** zu ermitteln. Führt die Auslegung zu keinem Ergebnis, ergibt sich aus der gesetzlichen Vermutung (§ 125 S. 2 BGB), dass die Einhaltung der vereinbarten Schriftform konstitutive Bedingung für die Wirksamkeit des Rechtsgeschäfts ist. Sofern die Parteien die Schriftform nicht einhalten, ist das Rechtsgeschäft folglich unwirksam und nichtig.

cc. Einfache Schriftformklausel

Eine einfache Schriftformklausel regelt, dass **Änderungen** und **Ergänzungen** des Vertrags zu ihrer Wirksamkeit der Schriftform bedürfen. Die Parteien können das Schriftformerfordernis aber nachträglich jederzeit formlos mündlich oder schlüssig durch individuelle Vereinbarung aufheben. Deshalb vereinbaren die Parteien häufig eine qualifizierte Schriftformklausel.

dd. Qualifizierte Schriftformklausel

Eine qualifizierte (doppelte) Schriftformklausel regelt, dass Änderungen und Ergänzungen des Vertrags zu ihrer Wirksamkeit der Schriftform bedürfen und **Änderungen der Schriftform** ihrerseits der **Schriftform bedürfen.** Dadurch soll verhindert werden, dass der vereinbarte Schriftformzwang nachträglich (nach Vertragsschluss) formlos geändert wird.

Beispiel: „Änderungen und Ergänzungen des Vertrages bedürfen zu ihrer Wirksamkeit der Schriftform. Dies gilt auch für eine Änderung dieser Schriftformklausel."

ee. Allgemeine Geschäftsbedingungen

Einseitigen vorformulierte Schriftformklauseln können Allgemeine Geschäftsbedingungen (AGB) sein und den Vorschriften des **AGB-Rechts** (§§ 305–310 BGB) unterliegen.

Beispiel: Bei einem **Formularmietvertrag** ist eine doppelte Schriftformklausel unwirksam, da vom schriftlichen Vertrag abweichende Individualabreden nach § 305b BGB Vorrang haben und diese auch mündlich geschlossen werden können (BGH NJW 2017, 1017).

Dieses Prinzip des **Vorrangs individueller Vertragsabreden** gilt auch im **Arbeitsrecht.**

Beispiel: Da eine vom Arbeitgeber im Arbeitsvertrag als Allgemeine Geschäftsbedingung (AGB) aufgestellte doppelte Schriftformklausel beim Arbeitnehmer den Eindruck erwecken kann, jede spätere vom Vertrag abweichende mündliche Abrede sei gemäß § 125 S. 2 BGB nichtig, benachteiligt sie den Arbeitnehmer unangemessen und ist deshalb gemäß § 307 Abs. 1 S. 1 BGB unwirksam (BAG NJW 2016, 316).

Bei Formbestimmungen in **Verbraucherverträgen** durch Allgemeine Geschäftsbedingungen (AGB) ist § 309 Nr. 13 BGB zu beachten. Danach darf für Anzeigen und Erklärungen keine strengere Form als die **Textform** verlangt werden. Zudem hat die Rechtsprechung entschieden, dass eine AGB-Klausel gegen § 307 Abs. 1 S. 1 BGB verstößt, die bei einem ausnahmslos **digital ausgestalteten Vertrag** für die Beendigung des Vertrags ausschließlich die Schriftform (mit eigenhändiger Unterschrift) und nicht die elektronische Form für die Kündigung (per E-Mail) zulässt (BGH NJW 2016, 2008).

b. Gewillkürte Schriftform

Bei einer durch Rechtsgeschäft bestimmten Schriftform **(gewillkürte Schriftform)** genügt die **telekommunikative Übermittlung**, soweit die Parteien nichts anderes vereinbart haben. (§ 127 Abs. 2 S. 1 Fall 1 BGB). Damit entfällt das Erfordernis der eigenhändigen Unterschrift. Aus der Erklärung muss sich aber ergeben, von wem sie abgegeben worden ist. Der Text muss so zugehen, dass er dauerhaft aufbewahrt oder der Empfänger einen Ausdruck anfertigen kann.

aa. Telekommunikative Übermittlung

Die sprachliche Übermittlung der Erklärung durch Telekommunikationsanlagen oder lediglich telefonische Durchsage eines Telegramms wahrt die Form nicht. Möglich ist eine Übermittlung etwa per Telegramm, Fernschreiben, Teletext (Videotext), E-Mail, Computerfax oder Telefax.

Beispiel: Die Übermittlung der Austrittserklärung aus einem Verein durch Fernkopie (Telefax) genügt der dafür in der Vereinssatzung vorgesehenen Schriftform. Diese ist grundsätzlich als gewillkürte Schriftform i. S. d. § 127 BGB und nicht wie eine gesetzliche Schriftform i. S. d. § 126 BGB zu behandeln (BGH NJW RR-1996, 866).

bb. Vertragsschluss durch Briefwechsel

Bei rechtsgeschäftlich vereinbarter Schriftform für Verträge ist abweichend von § 126 Abs. 2 BGB ein formgültiger Vertragsschluss durch Briefwechsel möglich (§ 127 Abs. 2 S. 1 Fall 2 BGB). **Angebot** und **Annahme** müssen nicht in derselben Urkunde stehen, sondern können in **unterschiedlichen Schreiben** erklärt werden. Umstritten ist allerdings, ob die Erklärungen auch zu unterschreiben sind, da bei der telekommunikativen Übermittlung der Erklärung auf die Unterschrift verzichtet wird. Entgegen der wohl noch h. M. soll dies nur erforderlich sein, wenn nach den Umständen des Falles zweifelhaft ist, ob es sich bei der brieflichen Erklärung lediglich um einen unverbindlichen Entwurf oder bereits um eine Willenserklärung handelt. Möglich ist jedenfalls eine Kombination der in § 127 Abs. 2 zulässigen Formen.

Beispiel: Brief des einen und Telegramm des anderen Teils oder Angebot und Annahme per Telefax oder E-Mail.

cc. Nachträgliche Beurkundung

Wird ein Rechtsgeschäft in der Form des § 127 Abs. 2 S. 1 BGB abgeschlossen, so kann jede Partei nachträglich eine dem § 126 BGB entsprechende Beurkundung verlangen (§ 127 Abs. 2 S. 2 BGB). Dies dient nur **Beweiszwecken** und ist für die Wirksamkeit des bereits formgültigen Rechtsgeschäfts nicht von Bedeutung. Daher kann eine nachträgliche Beurkundung auch nicht bei Ungültigkeit der Ursprungserklärung verlangt werden.

c. Gewillkürte elektronische Form

aa. Elektronische Signatur

Zur Wahrung der rechtsgeschäftlich vereinbarten elektronischen Form genügt auch eine andere als die in § 126a BGB bestimmte qualifizierte elektronische Signatur (§ 127 Abs. 3 S. 1 Fall 1 BGB). Ausreichend ist eine **einfache** oder **fortgeschrittene Signatur** i. S. v. Art. 3 Nr. 10 eIDAS-VO sowie eine Signatur, die nicht unter die Definition dieser Verordnung fällt. Da bei gewillkürter Schriftform telekommunikative Übermittlung ohne Unterschrift genügt, kann nach Meinung des Schrifttums im Zweifel auch bei der gewillkürten elektronischen Form ein Verzicht auf eine Signatur dem Willen der Parteien entsprechen.

bb. Nachträgliche Beurkundung

Bei einem Rechtsgeschäft in der erleichterten Form für die elektronische Signatur (§ 127 Abs. 3 S. 1 Fall 1 BGB) kann jede Partei die **Nachholung** des Rechtsgeschäfts in der Form des § 126a BGB verlangen. Sofern dies nicht möglich ist, weil der Erklärende nicht über eine qualifizierte elektronische Signatur verfügt, so kann eine Beurkundung in der Form des § 126 BGB verlangt werden (§ 127 Abs. 3 S. 2 BGB). Die Beurkundung dient allerdings nur **Beweiszwecken** und berührt nicht die Wirksamkeit des bereits formgültig geschlossen Rechtsgeschäfts.

cc. Austausch von Angebot und Annahmeerklärung

Bei rechtsgeschäftlich vereinbarter elektronischer Form ist ein formgültiger Vertragsschluss auch durch den Austausch von Angebots- und Annahmeerklärung möglich, wenn die jeweilige Erklärung mit einer elektronischen Signatur versehen wird (§ 127 Abs. 3 S. 1 Fall 2). Für diese Signierung ist jede Form der elektronischen Signatur ausreichend.

5. Gerichtlicher Vergleich

Für die Beurkundung sind grundsätzlich nur die Notare zuständig (§§ 1, 56 BeurkG). Nach § 127a BGB kann der ordnungsgemäß protokollierte gerichtliche Vergleich (**Prozessvergleich**) jedoch die notarielle Beurkundung und damit auch die öffentliche Beglaubigung, Schriftform, elektronische Form und Textform **ersetzen**. Der Prozessvergleich wird zur gütlichen Beilegung eines bei Gericht anhängigen Rechtsstreits geschlossen und hat eine rechtliche **Doppelnatur**. Er ist sowohl **Prozesshandlung**, weil er den Rechtstreit beendet, als auch privatrechtliches **Rechtsgeschäft**, weil er materiell-rechtlich die Ansprüche der Parteien regelt. Daher ist ein Prozessvergleich nur wirksam, wenn sowohl die materiell-rechtlichen und die prozessualen Anforderungen erfüllt sind.

a. Schuldrechtlicher Vertrag

Der Prozessvergleich ist schuldrechtlicher Vertrag, durch den der Streit der Parteien oder die Ungewissheit über ein Rechtsverhältnis im Wege gegenseitigen Nachgebens beseitigt wird. Der Ungewissheit über ein Rechtsverhältnis steht es gleich, wenn die Verwirklichung eines Anspruchs unsicher ist (§ 779 BGB). Ausreichend für einen Vergleich ist ein **Rechtsverhältnis jeglicher Art** zwischen den Parteien. Dabei ist gleichgültig, ob dieses tatsächlich besteht oder die Parteien nur von dessen Bestehen ausgehen und kann auch bedingte, künftige und betagte Ansprüche betreffen. Ausgeschlossen ist der Vergleich über streitige Sachverhalte, sofern sie aufgrund gesetzlicher Regelungen nicht der Dispositionsbefugnis der Parteien unterliegen

Beispiele: höchstpersönliche Ansprüche (§ 399 BGB), Verträge über künftiges Vermögen (§ 311 b Abs. 2 BGB).

b. Prozesshandlung

Der Prozessvergleich muss in einem Verfahren geschlossen werden, das bei einem deutschen Gericht **anhängig** und noch **nicht abgeschlossen** ist. Auf einen nach Rechtskraft geschlossenen Vergleich findet § 127a BGB keine Anwendung. Als **Gericht** gelten neben den ordentlichen Gerichten auch die Arbeits- und Sozialgerichte sowie die Verwaltungsgerichte. **Gerichtliches Verfahren** ist jedes Verfahren, bei denen eine mündliche Verhandlung stattfindet. Darunter fallen etwa auch das Arrest- und einstweiliges Verfügungsverfahren, Privatklageverfahren und Vollstreckungsverfahren. Der Vergleich muss nach den Vorschriften der ZPO ordnungsgemäß **protokolliert** werden (§§ 159ff ZPO) und beendet den Rechtsstreit. Er entfaltet zwar keine Rechtskraft, aus ihm kann aber die **Zwangsvollstreckung** betrieben werden (794 Abs. 1 Nr. 1 ZPO). Auch ein **Schiedsvergleich** ersetzt die notarielle Beurkundung, wenn er in der Form eines Schiedsspruchs mit vereinbartem Inhalt festgehalten wurde (§ 1053 Abs. 3 ZPO).

6. Notarielle Beurkundung

Ist durch Gesetz notarielle Beurkundung eines Vertrags vorgeschrieben, kann nach § 128 BGB zunächst der **Antrag** und dann die **Annahme** des Antrags vor einem Notar beurkundet werden.

a. Gesetzliche Form

§ 128 BGB findet Anwendung, wenn die notarielle Beurkundung kraft Gesetzes angeordnet ist.

Beispiele:

Bürgerliches Recht
Verträge über Grundstücke (§ 311b Abs. 1 BGB), Verträge über das gegenwärtige Vermögen (§ 311b Abs. 3 BGB), Einigung über Rechtsänderungen bei Grundstücken (§§ 873 Abs. 2 BGB, 877, 880 Abs. 2 BGB) sind notariell zu beurkunden.

Gesellschaftsrecht
Gesellschaftsvertrag der GmbH (§ 2 Abs. 1 GmbHG) und Abänderung (53 Abs. 2 GmbHG), Abtretung und Verpfändung von Gesellschaftsanteilen an einer GmbH (§ 15 Abs. 3 GmbHG) sowie die Vereinbarung, durch welche die Verpflichtung dazu begründet wird (§ 15 Abs. 4 GmbHG), Satzung (§ 23 Abs. 1 AktG) und Hauptversammlungsbeschlüsse der AG (§ 130 Abs. 1 AktG) sowie Verschmelzungsverträge (§ 6 UmwG) sind notariell zu beurkunden.

b. Rechtsgeschäftliche Form

Ist die notarielle Beurkundung von den Parteien rechtsgeschäftlich vereinbart worden, findet § 128 BGB **im Zweifel** entsprechende Anwendung.

c. Beurkundungsverfahren

Das Beurkundungsverfahren ist in §§ 6ff BeurkG geregelt. Sofern ein Vertrag zu beurkunden ist, müssen sowohl der Antrag als auch die Annahme notariell beurkundet werden. Soweit das Gesetz nicht ausdrücklich die gleichzeitige Anwesenheit der Parteien vorschreibt, z. B. bei der Auflassung (§ 925 BGB), ermöglicht § 128 BGB eine **sukzessive Beurkundung** von Angebot und Annahme und auch an **verschiedenen Orten** durch verschiedene Notare. Darüber hinaus ist es zulässig, dass der Notar die Erklärung der Parteien ohne gleichzeitige Anwesenheit **nacheinander** protokolliert und die Niederschrift nur einmal unterschreibt. Der Vertrag kommt im Zweifel bereits mit der Beurkundung der Annahmeerklärung zustande, ohne dass es eines Zugangs der Annahmeerklärung bedarf (§ 152 BGB). Die Beurkundung der Erklärungen hat die **Beweiskraft**, dass die **Erklärungen mit dem beurkundeten Inhalt** von den Parteien abgegeben worden sind (§ 415 ZPO).

7. Öffentliche Beglaubigung

§ 129 BGB regelt das gesetzliche Formerfordernis der öffentlichen Beglaubigung. Ist durch Gesetz für eine **Erklärung** öffentliche Beglaubigung vorgeschrieben, so muss die Erklärung schriftlich abgefasst und die **Unterschrift** des Erklärenden **von einem Notar** beglaubigt werden. Wird die Erklärung von dem Aussteller mittels Handzeichen unterzeichnet, so ist die im § 126 BGB vorgeschriebene Beglaubigung des Handzeichens erforderlich und genügend (§ 129 Abs. 1 BGB). Notarielle Beglaubigung ist das Zeugnis darüber, dass die Unterschrift oder das Handzeichen in Gegenwart eines Notars zum angegebenen Zeitpunkt von dem Erklärenden vollzogen oder anerkannt worden ist (§§ 39, 40 BeurkG). Dadurch wird auch bestätigt, dass die im Beglaubigungsvermerk namentlich aufgeführte Person und der Erklärende identisch sind. Die Beglaubigung bezieht sich jedoch nur auf die **Echtheit** der Unterschrift und auf etwaige Vertretungsberechtigungen, **nicht** jedoch auf den **Inhalt** der schriftlich abgefassten Erklärung. Daher ist die Beglaubigung einer Blankounterschrift zulässig (§ 40 Abs. 5 BeurkG). Öffentliche Urkunde ist nur der Beglaubigungsvermerk (§ 418 Abs. 1 ZPO). Dagegen ist die abgegebene Erklärung selbst eine Privaturkunde. Bei dieser wird aber die Echtheit der über der Unterschrift stehende Schrift vermutet (§ 440 Abs. 2 ZPO). Die öffentliche Beglaubigung ist insbesondere bei Eintragungen und Anmeldungen zu **öffentlichen Registern** erforderlich.

Beispiele: Anmeldung zum Vereinsregister (§ 77 BGB) zur Eintragung in das Handels-, Genossenschafts- und Partnerschaftsregister (§§ 12 HGB, 11 Abs. 4 GenG, 5 Abs. 2 PartGG), sowie zu Eintragungen in das Grundbuch (§ 29 Abs. 1 GBO).

Eine Pflicht zur Beglaubigung ist in einer Reihe weiterer gesetzlicher Vorschriften vorgesehen.

Beispiele: Abtretung der Forderung (§ 403 BGB) und der Hypothek (§§ 1154 Abs. 1, 1155 S. 2 BGB), vollstreckbare Ausfertigung für Rechtsnachfolger (§ 727 Abs. 1 ZPO), Vertretung beim Gebot (§ 71 Abs. 2 ZVG), Einigung über Erlösverteilung (§ 143 ZVG).

8. Rechtsfolge des Formmangels

a. Nichtigkeit

Nach § 125 BGB ist die Rechtsfolge der mangelnden Form eines Rechtsgeschäfts grundsätzlich die Nichtigkeit des Rechtsgeschäfts.

aa. Gesetzliche Form

Bei Nichteinhaltung einer durch Gesetz vorgeschriebenen Form ist das Rechtsgeschäft nach § 125 S. 1 BGB nichtig. Die Nichtigkeit hat zur Folge, dass ein Rechtsgeschäft die nach seinem Inhalt bezweckten Rechtswirkungen von Anfang an nicht hervorbringen kann. Es ist überhaupt nicht wirksam geworden und von Anfang an **rückwirkend unwirksam** *(ex tunc-Wirkung)*. Die Nichtigkeit wirkt gegen jedermann, bedarf keiner Geltendmachung und muss im Zivilprozess **von Amts wegen** berücksichtig werden. Auch nach Wegfall des Nichtigkeitsgrunds bleibt das Rechtsgeschäft unwirksam. Die Begriffe „**nichtig**" und „**unwirksam**" haben nach dem Gesetz zivilrechtlich die gleiche Bedeutung.

bb. Gewillkürte Form

Nach § 125 S. 2 BGB führt der Mangel der rechtsgeschäftlich bestimmten (gewillkürten) Form **im Zweifel** gleichfalls zur **Nichtigkeit** des Rechtsgeschäfts. Davon ist auszugehen, wenn sich durch Auslegung nicht ermitteln lässt, ob die Formabrede lediglich der Beweissicherung und Klarstellung dienen soll (deklaratorische Schriftformklausel) oder Wirksamkeitsvoraussetzung für das Rechtsgeschäft sein soll (konstitutive Schriftformklausel).

b. Heilung

Der Formmangel kann in den gesetzlich vorgesehenen Fällen geheilt werden. Dafür ist nach bestimmten Vorschriften die **Erfüllung** des Rechtsgeschäfts notwendig. Die Heilung macht das Rechtsgeschäft nicht rückwirkend wirksam, sondern wirkt grundsätzlich erst ab dem Zeitpunkt der Erfüllung für die Zukunft *(ex nunc)*. Auch lässt sich aus den unterschiedlichen gesetzlichen Heilungsvorschriften kein allgemeiner Grundsatz dahingehend ableiten, dass formungültige Rechtsgeschäfte stets durch Erfüllung geheilt werden.

Beispiele: Auflassung und Eintragung der Übertragung des Eigentums an einem Grundstück in das Grundbuch bei Verträgen über Grundstücke (§ 311b Abs. 1 S. 2 BGB), Empfang oder Inanspruchnahme des Darlehens bei Verbraucherdarlehensverträgen (§ 494 Abs. 2 S. 1 BGB), Bewirkung der versprochenen Leistung bei Schenkungsversprechen (§ 518 Abs. 2 BGB), Erfüllung der Hauptverbindlichkeit durch den Bürgen bei Bürgschaftserklärungen (§ 766 S. 3 BGB), Abtretung von Geschäftsanteilen bei GmbH (§ 15 Abs. 4 S. 2 GmbHG), Einlassung auf die schiedsgerichtliche Verhandlung zur Hauptsache bei Schiedsvereinbarungen (§ 1031 Abs. 6 ZPO).

Die Heilung des Formmangels kann nach **gesellschaftsrechtlichen** Vorschriften in bestimmten Fällen auch durch **Registereintragung** eintreten

Beispiele: §§ 242 Abs. 1 AktG, §§ 20 Abs. 1 Nr. 4, 131 Abs. 1 Nr. 4, 202 Abs. 1 Nr. 3 UmwG.

c. Ausnahmen

Die Vorschriften über Miet- und Pachtverträge sehen Ausnahmen von der gesetzlichen Folge der Nichtigkeit eines Rechtsgeschäfts wegen Formmangels vor. Zudem hat die Rechtsprechung abweichende Regeln für fehlerhafte Arbeitsverträge und Gesellschaftsverträge entwickelt.

aa. Miet- und Pachtverträge

Miet- und Pachtverträge über Grundstücke, Räume oder Wohnräume, die für eine **längere Zeit als ein Jahr** abgeschlossen werden, bedürfen der Schriftform. Wird diese nicht beachtet, so gilt der Vertrag als für unbestimmte Zeit geschlossen (§§ 550 S. 1, 578 Abs. 1, Abs. 2, 581 Abs. 2 BGB). Der Vertrag kann daher frühestens zum Ablauf eines Jahres nach Überlassung der Sache gekündigt werden (§§ 550 S. 2, 578 Abs. 1. 581 Abs. 2 BGB). Bei einem **Zeitmietvertrag** über Wohnraum gilt das Mietverhältnis als auf unbestimmte Zeit abgeschlossen, wenn der Vermieter dem Mieter den Grund der Befristung bei Vertragsschluss nicht schriftlich mitteilt (§ 575 Abs. 1 S. 2 BGB). Das Mietverhältnis kann vom Vermieter nur dann ordentlich oder außerordentlich mit gesetzlicher Frist gekündigt werden, wenn er an der Beendigung des Mietverhältnisses ein berechtigtes Interesse hat (§§ 573 Abs. 1 S. 1, 573d Abs. 1 BGB). Außerdem hat der Mieter ein Recht zum Widerspruch gegen die Kündigung gemäß § 574 BGB. Ein **Landpachtvertrag** gilt für unbestimmte Zeit, wenn er für längere Zeit als zwei Jahre nicht in schriftlicher Form geschlossen wird (§ 585a BGB). Eine ordentliche sowie eine außerordentliche Kündigung mit gesetzlicher Frist ist nur für den Schluss eines Pachtjahres zulässig (§§ 585 Abs. 2, 584 BGB).

bb. Fehlerhafte Arbeitsverträge

Nach der **Lehre vom fehlerhaften Arbeitsvertrag** sind die **Nichtigkeitsfolgen** eines bereits in Vollzug gesetzten Arbeitsvertrags auf die **Zukunft** beschränkt. Für die Vergangenheit kann die Nichtigkeit nicht geltend gemacht werden. Das Arbeitsverhältnis wird mit allen Rechten und Pflichten wie ein wirksames behandelt, kann aber für die Zukunft durch formlose Erklärung fristlos beendet werden (BAG 62, 555). Damit soll eine Rückabwicklung der aufgrund nichtiger Arbeitsverträge erbrachten Arbeitsleistung und des Arbeitslohns nach bereicherungsrechtlichen Regeln vermieden werden. Hiervon macht die Rechtsprechung **Ausnahmen**, wenn nach dem Sinn und Zweck eines Verbotsgesetzes (§§ 134, 138 BGB) nur die rückwirkende Nichtigkeit in Betracht kommt (BAG NZA 2005, 1409).

cc. Fehlerhafte Gesellschaftsverträge

Nach der **Lehre von der fehlerhaften Gesellschaft** wird eine Gesellschaft, die durch einen nichtigen oder wegen Willensmängeln anfechtbaren Gesellschaftsvertrag gegründet und durch Rechtsbeziehung zu Dritten in Vollzug gesetzt wurde, im Innen- und Außenverhältnis als wirksam behandelt und kann nur mit Wirkung für die Zukunft wieder aufgelöst und liquidiert werden. Dabei ist zu beachten, dass die Unwirksamkeit einer einzelnen Vertragsklausel aber nicht automatisch zur Nichtigkeit des gesamten Gesellschaftsvertrags führt (§ 139 BGB). Die Behandlung eines insgesamt nichtigen Gesellschaftsvertrags als für die Vergangenheit wirksam lieg v. a. in den mit einer Rückabwicklung der erbrachten Gesellschafterleistungen verbunden Schwierigkeiten (**Innenverhältnis**) und dem Schutz des Rechtsverkehrs in das Vertrauen auf den Bestand der Gesellschaft als Vertragspartner (**Außenverhältnis**).

Die Grundsätze über die fehlerhafte Gesellschaft gelten für die Personengesellschaften (GbR, OHG, KG) einschließlich der Vorgründungsgesellschaften wie auch die Vorgesellschaften, die bei der Gründung der Kapitalgesellschaften (GmbH, AG) bis zur Handelsregistereintragung bestehen. Danach gelten bei Satzungsmängeln der Kapitalgesellschaften grundsätzlich nur die jeweiligen gesetzlichen Regeln für die GmbH (§§ 75ff GmbHG) und die AG (§§ 275ff AktG).

Personengesellschaften

Bei den Personengesellschaften (GbR, OHG, KG) sowie Vorgründungs- und Vorgesellschaften der Kapitalgesellschaften vor ihrer Registereintragung (GmbH, AG) wird der **Bestandsschutz** im Innenverhältnis und der **Verkehrsschutz** im Außenverhältnis durch die Grundsätze über die fehlerhafte Gesellschaft gewährleistet, sofern die Gesellschaft bereits in Vollzug gesetzt wurde. Das geschieht durch die tatsächliche Aufnahme der Unternehmenstätigkeit nach innen und nach außen. Dazu reichen bereits **Vorbereitungsgeschäfte** wie die Anmietung von Geschäftsräumen oder die Einrichtung eines Geschäftskontos im Außenverhältnis aus. Ist noch keine Tätigkeit nach außen entfaltet worden, liegt ein Vollzug dennoch bereits vor, wenn die Gesellschafter ein **Gesellschaftsvermögen** gebildet haben. Dies geschieht insbesondere durch die **Leistung** ihrer **Einlagen** oder wenn sie bereits das **Organisationsgefüge** der **Gesellschaft in Gang gesetzt** haben, insbesondere bei Beschlussfassung der Gesellschafter aufgrund Gesellschaftsvertrages.

Auch auf die fehlerhafte **Beitrittserklärung** zu einer bestehenden Gesellschaft, fehlerhafte **Vertragsänderungen**, die fehlerhafte **Anteilsübertragung** und den fehlerhaften **Austritt** aus der Gesellschaft finden die Regeln über die fehlerhafte Gesellschaft Anwendung. Diese kann nur mit Wirkung für die Zukunft *(ex nunc)* beendet werden. Die Anwendung der Regeln über die fehlerhafte Gesellschaft ist **ausgeschlossen**, wenn vorrangige **gewichtige Interessen** der Allgemeinheit oder einzelner Personen einer rückbezogenen Anerkennung der Gesellschaft für die Vergangenheit *(ex tunc)* als wirksam entgegenstehen. Dies gilt insbesondere bei Verstößen gegen ein gesetzliches Verbot oder die guten Sitten (§§ 134, 138 BGB) und die fehlerhafte Mitwirkung besonders schutzwürdiger Personen (z. B. § 105 BGB).

Rechtsfolge bei der Gesellschaft bürgerlichen Rechts

Bei Vorliegen eines Nichtigkeitsgrunds kann jeder GbR-Gesellschafter und bei Vorliegen eines Anfechtungsgrunds der betroffene Gesellschafter durch **außerordentliche Kündigung** aus der Gesellschaft **ausscheiden** (§ 723 Abs. 1 S. 2 BGB). An die Stelle des diesem nach allgemeinen Grundsätzen zustehenden Anspruchs auf Rückzahlung der von ihm geleisteten Einlage tritt ein Abfindungsanspruch auf das ihm nach den Grundsätzen gesellschaftsrechtlicher Abwicklung zustehende Auseinandersetzungsguthaben (§ 738 Abs. 1 S. 2 BGB). Die Gesellschaft kann auch durch **Aufhebungsvertrag** oder **einstimmigen Aufhebungsbeschluss** aller Gesellschafter aufgehoben werden.

Rechtsfolge bei offener Handelsgesellschaft und Kommanditgesellschaft

Bei Vorliegen eines Nichtigkeitsgrunds kann jeder Gesellschafter der OHG bzw. KG und bei Vorliegen eines Anfechtungsgrunds der betroffene Gesellschafter durch eine **außerordentliche Kündigung** aus der Gesellschaft **ausscheiden** (§§ 105 Abs. 3, 161 Abs. 2 HGB, § 723 Abs. 1 S. 2 BGB). Zudem kann auf **Ausschließung** einzelner Gesellschafter geklagt werden, wenn der Mangel im Vertrag lediglich einzelne Gesellschafter betrifft (§§ 140, 161 Abs. 2 HGB). Die Gesellschaft selbst (OHG, KG) kann in diesen Fällen nur durch gerichtliche Entscheidung aufgrund einer **Auflösungsklage** aufgelöst werden (§§ 131 Abs. 1 Nr. 4, 133, 161 Abs. 2 HGB).

Kapitalgesellschaften

Bei den Kapitalgesellschaften in der Rechtsform der Gesellschaft mit beschränkter Haftung und die Aktiengesellschaft gilt nach der Registereintragung ein weitgehender **Bestandsschutz** (Innenverhältnis) und **Verkehrsschutz** (Außenverhältnis). Danach berechtigen **nur bestimmte Mängel** des Gesellschaftsvertrags (§ 75 GmbHG) oder der Satzung (§ 275 AktG) zur **Klage auf Nichtigerklärung** der Gesellschaft. Diese hat aber keine rückwirkende Nichtigkeit zur Folge, sondern nur die **Auflösung** der Gesellschaft für die Zukunft (§§ 77 GmbHG, § 277 AktG). Sonstige Mängel führen nicht zur Unwirksamkeit des gesamten Gesellschaftsvertrags bzw. der Satzung. Auch die Beitrittserklärung eines anfechtungsberechtigten Gesellschafters ist nach der Eintragung grundsätzlich nicht rückwirkend (§ 142 Abs. 1 BGB) anfechtbar, sofern nicht ein besonders schwerwiegender Mangel vorliegt.

Rechtsfolge bei Gesellschaft mit beschränkter Haftung

Bei der Gesellschaft mit beschränkter Haftung kann jeder Gesellschafter, Geschäftsführer oder Aufsichtsrat durch **Nichtigkeitsklage** beantragen, dass die Gesellschaft für nichtig erklärt wird (§ 75 GmbHG). Sie kann auch durch **Beschluss der Gesellschafter** mit einer Mehrheit von drei Vierteln der abgegebenen Stimmen (sofern im Gesellschaftsvertrag nichts anders bestimmt ist) **aufgelöst** werden (Auflösungsbeschluss) (§ 60 Abs. 1 Nr. 2 GmbHG). Die **ordentliche Kündigung** eines Gesellschafters setzt voraus, dass sie im Gesellschaftsvertrag zugelassen ist. Ein Mangel, der die Bestimmungen über den Gegenstand des Unternehmens betrifft, kann durch einstimmigen Beschluss der Gesellschafter geheilt werden (§ 76 GmbHG).

Rechtsfolge bei Aktiengesellschaft

Bei der Kapitalgesellschaft in Form der Aktiengesellschaft kann jeder Aktionär, jedes Mitglied des Vorstands und des Aufsichtsrats **Klage auf Nichtigerklärung** gemäß § 275 Abs. 1 S. 1 AktG erheben. Ein Mangel, der den Gegenstand des Unternehmens betrifft, kann gemäß § 276 AktG geheilt werden. In diesem Fall kann die Klage auf Nichtigerklärung erst erhoben werden, nachdem ein Klageberechtigter die Gesellschaft aufgefordert hat, den Mangel zu beseitigen und sie binnen drei Monaten dieser Aufforderung nicht nachgekommen ist (§ 275 Abs. 2 AktG).

dd. Treu und Glauben

Nach der Rechtsprechung dürfen Formvorschriften im Interesse der Rechtssicherheit nicht aus bloßen Billigkeitserwägungen außer Acht gelassen werden. Ausnahmen werden nur als zulässig erachtet, wenn es nach den Beziehungen der Parteien und den gesamten Umständen mit Treu und Glauben (§ 242 BGB) unvereinbar wäre, das Rechtsgeschäft am Formmangel scheitern zu lassen. Dafür reicht nicht aus, dass die Rechtsfolge der Nichtigkeit die Partei bloß hart trifft, sondern sie muss schlechthin untragbar sein (BGHZ 138, 339). Dies ist insbesondere bei einer **wirtschaftlichen Existenzgefährdung** anzunehmen. Danach ist ein Formmangel unbeachtlich, wenn die Rückabwicklung des Vertrages dazu führen würde, dass die wirtschaftliche Existenz einer Partei, die gutgläubig auf die Wirksamkeit des Rechtsgeschäfts vertraut hat, gefährdet oder vernichtet würde. Eine Berufung auf die Formnichtigkeit des Vertrags ist einer Partei auch bei einer **besonders schweren Treuepflichtverletzung** wegen widersprüchlichen Verhaltens und arglistiger Täuschung gemäß § 242 BGB verwehrt (BGHZ 85, 315).

VI. Stellvertretung

1. Allgemeines

a. Begrifflichkeit

Die Stellvertretung ist in §§ 164 ff BGB geregelt. Sie ist das rechtsgeschäftliche Handeln einer Person (**Vertreter**) für eine andere Person (**Vertretener**). Eine Willenserklärung, die der Vertreter im Rahmen seiner Vertretungsmacht im Namen des Vertretenen abgibt, wirkt nach § 164 Abs. 1 BGB unmittelbar für und gegen den Vertretenen (**Fremdwirkung**). Damit treten die Rechtsfolgen des rechtsgeschäftlichen Handelns unmittelbar in der Person des Vertretenen ein (**unmittelbare Stellvertretung**). Beim Vertragsschluss durch den Stellvertreter wird also der Vertretene unmittelbar Partei des Vertrages und aus diesem berechtigt und verpflichtet.

b. Grundprinzipien

aa. Repräsentationsprinzip

Das Repräsentationsprinzip ist ein Grundprinzip der Stellvertretung. Danach wird der für das Vertretergeschäft maßgebliche **rechtliche Wille** vom **Stellvertreter** gebildet. Die **Wirkungen** der Willenserklärung des Stellvertreters und seines rechtsgeschäftlichen Handelns treten jedoch beim **Vertretenen** ein. Der Stellvertreter gibt folglich eine fremdwirkende Willenserklärung für den Vertretenen ab, der selbst nicht am Rechtsverkehr (**Außenverhältnis**) teilnimmt. Dieser ist aber der Geschäftsherr des Stellvertreters (**Innenverhältnis**). Die BGB-Vorschriften stellen bei rechtsgeschäftlichen Handlungen dem Grunde nach allein auf das Handeln und Wissen des Stellvertreters ab, der den Geschäftsherrn sowohl im Willen wie in der Erklärung repräsentiert.

bb. Offenkundigkeitsprinzip

Das Vertretergeschäft hat nur dann unmittelbare Fremdwirkung, wenn der Vertreter erkennbar im Namen des Vertretenen auftritt (**Offenkundigkeitsprinzip**). Dadurch wird zum **Schutz des Erklärungsempfängers** sichergestellt, dass dieser erkennen kann, wer sein Vertragspartner ist. Dem Erklärungsempfänger ist es somit möglich zu entscheiden, ob er mit dem Vertretenen ein Geschäft abschließen möchte oder nicht. Darüber hinaus wird das Interesse des Rechtsverkehrs an **Rechtsklarheit** innerhalb der Vertragsverhältnisse geschützt.

cc. Abstraktionsprinzip

Die Vertretungsmacht i. S. v. § 164 Abs. 1 BGB kann auf Gesetz oder Rechtsgeschäft beruhen. Bei der rechtsgeschäftlichen Vertretungsmacht ist zwischen der Vollmacht (**Außenverhältnis**) und dem ihrer Erteilung zugrunde liegenden Rechtsverhältnis zwischen dem Vertretenen und dem Vertreter (**Innenverhältnis**) zu differenzieren.

Rechtsgeschäftliche Vollmacht

Die rechtsgeschäftliche Vollmacht (§§ 167–176 BGB) ist eine von dem ihr zugrundeliegenden (kausalen) Rechtsverhältnis in ihrer Wirksamkeit unabhängige (**abstrakte**) Rechtsmacht des Vertreters gegenüber dem Dritten. Aufgrund dieser kann der Stellvertreter Rechtsgeschäfte mit Wirkung für und gegen den Vertretenen vornehmen. Der Vollmachterteilung liegt i. d. R. ein Auftrag bzw. Geschäftsbesorgungsvertrag (§§ 662ff, 675 BGB), Dienst- oder Arbeitsvertrag (§§ 611ff BGB) zugrunde. Die Vollmacht bestimmt das **rechtliche Können** des Stellvertreters bei rechtsgeschäftlichem Handeln im Außenverhältnis.

Grundverhältnis

Das Grundverhältnis ist das für die Vollmacht kausale Rechtsverhältnis. Dadurch bestimmt der Geschäftsherr das **rechtliche Dürfen** des Vertreters im Innenverhältnis. Das Vertretergeschäft im Außenverhältnis ist grundsätzlich auch dann gegenüber dem Vertretenen wirksam, wenn der Vertreter im Rahmen der Vertretungsmacht, aber außerhalb der ihm vom Geschäftsherrn im Grundverhältnis erteilten Weisungen, handelt (**Missbrauch der Vertretungsmacht**). Dies ist jedoch nicht der Fall, wenn der Vertreter die Grenzen seiner Vollmacht im Außenverhältnis überschreitet (**Vertreter ohne Vertretungsmacht**). Es kann dann aber auch eine konkludente (Außen-)Vollmacht oder eine Rechtsscheinvollmacht vorliegen.

dd. Vertrauensschutz

Das Gesetz schützt den Vertragspartner, der auf die Vollmacht des Vertretenen bei Abschluss des Rechtsgeschäfts vertraut, gemäß den Vorschriften der §§ 177ff BGB (**Vertrauensschutz**). Bei einem Vertragsschluss durch einen Vertreter ohne Vertretungsmacht haftet der Vertreter dem Vertragspartner auf Erfüllung oder Schadensersatz, wenn der Vertretene die Genehmigung verweigert (§ 179 Abs. 1 BGB). Darüber hinaus wird der Rechtsverkehr nach den Grundsätzen über die Duldungs- und Anscheinsvollmacht geschützt (**Rechtsscheingrundsätze**), bei deren Vorliegen sich der Vertretene so behandeln lassen muss, als ob er eine Vollmacht erteilt habe.

c. Zulässigkeit

aa. Rechtsgeschäfte

Die Vorschriften der §§ 164ff BGB gelten für die Stellvertretung bei Rechtsgeschäften. Diese umfassen **Verpflichtungsgeschäfte** und **Verfügungsgeschäfte**. Der Vertreter kann eine eigene Willenserklärung (**Aktivvertreter**) im Namen des Vertretenen nach § 164 Abs. 1 BGB abgeben (**aktive Stellvertretung**) oder eine Willenserklärung für den Vertretenen (**Empfangsvertreter**) nach § 164 Abs. 3 BGB empfangen (**passive Stellvertretung**).

bb. Geschäftsähnliche Handlungen

Auf geschäftsähnliche Handlungen sind die Vorschriften der §§ 164ff BGB **analog** anwendbar.

Beispiele: Fristsetzungen, Mahnungen, Mitteilungen.

cc. Stimmrechtsvollmachten

Das Stellvertretungsrecht findet auch auf Stimmrechtsvollmachten im Vereinsrecht sowie im Personenhandels- und Kapitalgesellschaftsrecht Anwendung, soweit gesetzliche Vorgaben dem nicht entgegenstehen.

dd. Realakte

Von den rechtsgeschäftlichen sind die tatsächlichen Handlungen (**Realakte**) zu unterscheiden, die nicht in Stellvertretung vorgenommen werden. Als **Willensbetätigungen**, die sich auf einen tatsächlichen Erfolg richten, bringen sie **kraft Gesetzes** eine Rechtsfolge hervor.

Beispiele: Besitzdienerschaft und Besitzmittler (§§ 865, 868 BGB), Verbindung, Vermischung, Verarbeitung (§§ 946ff BGB), Fund (§ 956 BGB) und Aneignung (§ 958 BGB).

ee. Sonstiges

Des Weiteren ist das Stellvertretungsrecht **nicht anwendbar** bei Leistungsstörungen (§§ 280ff, 320ff BGB), Haftung für Verschulden bei Vertragsschluss (§§ 280 Abs. 1, 241 Abs. 2, 311 Abs. 2, 3 BGB), unerlaubten Handlungen (§§ 823ff BGB) und Gefährdungshaftung (z. B. § 1 ProdHaftG, § 7 Abs. 1 StVG).

d. Ausschluss

Die Stellvertretung kann durch gesetzliche Vertretungsverbote ausgeschlossen oder beschränkt sein. Bei **höchstpersönlichen** Rechtsgeschäften im Familien- und Erbrecht ist eine Vertretung ausgeschlossen. Für die Stellvertretung des Inhabers eines Handelsgeschäfts gelten gesetzliche Beschränkungen. Der **Prokurist** bei Handelsgeschäften ist zur Veräußerung und Belastung von Grundstücken nur aufgrund besonderer Ermächtigung befugt (§ 49 Abs. 2 HGB). Dies gilt auch für den **Handlungsbevollmächtigten**, der auch zur Eingehung von Wechselverbindlichkeiten, Aufnahme von Darlehen und Prozessführung besonders zu ermächtigen ist (§ 54 Abs. 2 HGB).

Die Stellvertretung ist durch Rechtsgeschäft abdingbar (**gewillkürte Höchstpersönlichkeit**) und kann auf bestimmte Personen beschränkt werden.

e. Abgrenzung

aa. Mittelbare Stellvertretung

Die Vornahme eines Rechtsgeschäfts im eigenen Namen, aber im Interesse und für Rechnung eines anderen, ist eine **mittelbare** (unechte, verdeckte, indirekte, stille) **Stellvertretung**. Darauf finden die Vorschriften der §§ 164ff BGB über die direkte Stellvertretung **keine Anwendung**. Der mittelbare Stellvertreter handelt rechtsgeschäftlich regelmäßig im **Auftrag** (§ 611 BGB) oder aufgrund einer **Geschäftsbesorgungsvertrags** (§ 675 BGB) des Geschäftsherrn. Durch das Rechtsgeschäft mit dem Dritten im Außenverhältnis wird allein der mittelbare Stellvertreter berechtigt und verpflichtet. Der Geschäftsherr steht in keinem Rechtsverhältnis zu dem Dritten. Es ergibt sich lediglich aus der Beauftragung des mittelbaren Stellvertreters, dass die Folgen des Rechtsgeschäfts beim Geschäftsherrn eintreten sollen.

Sonderformen der mittelbaren Stellvertretung sind:
- das Kommissionsgeschäft (§§ 383ff HGB)
- das Speditionsgeschäft (§§ 407 HGB)
- das Strohmanngeschäft

Kommissionsgeschäft

Der Hauptfall der mittelbaren Stellvertretung ist das im Handelsgesetzbuch geregelte Kommissionsgeschäft. **Kommissionär** ist eine Person, die es gewerbsmäßig übernimmt, im eigenen Namen Waren oder Wertpapiere für Rechnung eines anderen (**Kommittenten**) zu kaufen oder zu verkaufen (§ 383 Abs. 1 HGB).

Einkaufskommission

Bei der Einkaufskommission schließt der Kommissionär im eigenen Namen einen Kaufvertrag (§ 433 BGB) über den Kauf einer Sache mit einem Dritten als Verkäufer. Die sachenrechtliche Abwicklung erfolgt dadurch, dass der Kommissionär das durch Rechtsgeschäft von dem Dritten erworbene Eigentum an der Kaufsache an den Kommittenten **überträgt** (§§ 929ff BGB) oder diesem seine Forderung auf Lieferung der Kaufsache **abritt** (§ 398 BGB). Bei Erfüllung des Ausführungsgeschäfts durch den Dritten mit Lieferung der Kaufsache hat der Kommissionär gegen den Kommittenten den Anspruch auf die vereinbarte **Provision** und die **Vergütung** für Aufwendungen (§ 396 HGB).

Verkaufskommission

Bei der Verkaufskommission schließt der Kommissionär einen Kaufvertrag über den Verkauf einer Sache mit einem Dritten als Käufer. Die sachenrechtliche Abwicklung erfolgt dadurch, dass der Kommissionär die verkaufte Sache an den Dritten **übereignet** oder ihm den Anspruch auf Lieferung und Übereignung **abtritt**. Die Berechtigung zur Übereignung der Kaufsache an den Dritten erlangt der Kommissionär durch Ermächtigung des Kommittenten gem. § 185 Abs. 1 BGB. Den Anspruch auf Kaufpreiszahlung gegen den Dritten tritt er an den Kommittenten ab (§ 384 Abs. 2 HGB). Mit Abtretung kann der Kommittent die abgetretene Forderung gegen den Dritten durchsetzen (§ 392 Abs. 1 HGB). Der Kommittent zahlt die vereinbarte **Provision** und die **Vergütung** für Aufwendungen an den Kommissionär (§ 396 HGB).

Uneigentliche Kommission

Die Vorschriften der §§ 383ff HGB sind auch anwendbar, wenn ein Kommissionär im Betrieb seines Handelsgewerbes Geschäfte über **andere Gegenstände** als Waren- oder Wertpapier im Wege der Kommission übernimmt (uneigentliche Kommission) (§ 406 Abs. 1 S. 1 HGB).

Beispiel: Veräußerung einer fremden Beteiligung im eigenen Namen (BGH NJW 1960, 1852).

Gelegenheitskommission

Zudem sind die Vorschriften der §§ 383ff HGB anwendbar, wenn ein Kaufmann, der **nicht Kommissionär** ist, im Betrieb seines Handelsgewerbes ein Geschäft über Waren, Wertpapiere oder andere Gegenstände im Wege der Kommission übernimmt (**Gelegenheitskommission**) (§ 406 Abs. 1 S. 2 HGB). Die Regelung gilt auch für (nicht-eingetragene) Kleingewerbetreibende.

Drittschadensliquidation

Bei Pflichtverletzungen durch den Dritten, die zu einem **Schaden beim Kommittenten** führen, hat der Kommittent wegen der fehlenden Rechtsbeziehung zu dem Dritten gegen diesen i. d. R. **keinen eigenen Schadensersatzanspruch**. Der Kommissionär hat aus dem abgeschlossenen Rechtsgeschäft mit dem Dritten einen Schadensersatzanspruch, aber keinen Schaden, da er (bei der Einkaufskommission) dem Kommittenten nur das herausgeben muss, was er selbst erlangt hat, wie z. B. eine mangelhafte Sache, eine verspätete Leistung oder gar nichts im Falle der Unmöglichkeit. In solchen Fällen kann der der Kommissionär den Schaden des Kommittenten nach den Regeln der **Drittschadensliquidation** geltend machen.

Strohmanngeschäfte

Strohmann ist eine natürliche oder juristische Person, die bei Rechtsgeschäften oder sonstigen rechtlichen Handlungen für eine andere Person (**Hintermann**) auftritt. Der Hintermann ist am Rechtsgeschäft interessiert, tritt aber nicht in Erscheinung, weil er es selbst nicht abschließen will, dafür erforderliche Tatbestandsmerkmale nicht erfüllt oder gesetzliche oder vertragliche Hindernisse umgehen will. Der Strohmann wird vorgeschoben und tätigt die Rechtshandlung selbst (**Strohmanngeschäft**).

Beispiele: Erwerb eines Aktienpakets, von Geschäftsanteilen, im eigenen Namen für Rechnung und im wirtschaftlichen Interesse des Hintermanns.

Im **Gegensatz** zum **Scheingeschäft** (§ 117 BGB) ist beim Strohmanngeschäft die erklärte Rechtsfolge von den Beteiligten in aller Regel **ernsthaft gewollt**, weil andernfalls der erstrebte wirtschaftliche Zweck nicht oder nicht in rechtsbeständiger Weise erreicht würde. Deshalb ist das Strohmanngeschäft nach ständiger Rechtsprechung **verbindlich**. Das gilt selbst dann, wenn der Dritte die Strohmanneigenschaft kannte, aber die Rechtsfolgen des Rechtsgeschäfts gewollt sind (BGH NJW-RR 2013, 687).

Dagegen handelt es sich um ein Scheingeschäft (**Scheingeschäft des Strohmanns**), wenn nach übereinstimmenden Willen der Parteien die rechtlichen Folgen des Geschäfts nicht in der Person des zum Schein handelnden Strohmanns eintreten sollen (BGH NJW-RR 1997, 238).

Erfolgt ein Strohmanngeschäft zwecks **Umgehung** des gesetzlichen **Verbraucherschutzes**, ist dies zwar kein Scheingeschäft, aber auf das Umgehungsgeschäft kann sich der **Unternehmer nicht berufen** (BGHZ 170, 167). Das Innenverhältnis zwischen Strohmann und Hintermann ist i. d. R. eine **fiduziarische Treuhand**.

bb. Treuhand

Ein Treuhandverhältnis (**Treuhand**) zwischen zwei oder mehreren natürlichen oder juristischen Personen liegt vor, wenn vertraglich oder kraft Gesetzes Rechte oder Rechtsmacht von einem Treugeber „zu treuen Händen“ auf einen Treunehmer (**Treuhänder**) übertragen werden. Dabei ist das treuhänderische Rechtsverhältnis dadurch gekennzeichnet, dass es dem Treuhänder nach außen hin ein **Mehr an Rechten** überträgt, als er im Innenverhältnis nach der gleichzeitig mit dem Treugeber getroffenen schuldrechtlichen Abrede ausüben darf.

Eigennützige Treuhand

Das Treuhandverhältnis kann Interessen des Treuhänders dienen (**eigennützige Treuhand**).

Beispiel: Bei der Sicherungsabtretung von Forderungen und der Sicherungsübereignung von Sachen erhält der Treuhänder die volle Rechtsinhaberschaft. Er darf über die Forderungen oder die Sachen (Sicherheiten) aber nur nach Maßgabe des Sicherungsvertrags mit dem Treugeber (Innenverhältnis) verfügen **(Sicherungstreuhand)**. Dennoch kann er im Rechtsverkehr mit Dritten (Außenverhältnis) unbeschränkt über die Sicherheiten verfügen, da er vertraglich nicht in seiner Verfügungsmacht nach außen beschränkt werden kann und der Sicherungsvertrags deshalb keine dingliche (Sperr-)Wirkung hat (§ 137 BGB).

Fremdnützige Treuhand

Das Treuhandverhältnis kann aber auch den wirtschaftlichen Interessen des Treugebers dienen (**fremdnützige Treuhand**). Dabei erfolgt eine treuhänderische Übertragung des Eigentums oder anderer Rechte auf den Treuhänder, der sie im Interesse des Treugebers entsprechend der vereinbarten Zwecksetzung verwaltet (**Verwaltungstreuhand**).

Beispiel: Anderkonten (offene Treuhandkonten), die von zur Verschwiegenheit verpflichteten Berufsgruppen, wie z. B. Notaren, Rechtsanwälten Wirtschaftsprüfern oder Steuerberatern, zur Abwicklung eines Geschäfts oder zur Vertragsabwicklung zugunsten Dritter angelegt werden. Der Kontoinhaber handelt im eigenen Namen, aber für fremde Rechnung, was bei Eröffnung eines Anderkontos ausdrücklich erklärt wird. Hierfür gelten besondere Bedingungen, die von den Standesvertretungen und dem Kreditgewerbe ausgehandelt worden sind.

Vollrechtstreuhand

Das Treuhandverhältnis wird nach der Rechtsstellung des Treuhänders und der Einschränkung der wirtschaftlichen Verfügungsmacht des Treugebers über das Treugut unterschieden. Bei der **echten Treuhand** erhält der Treuhänder das Vollrecht am Treugut (**Vollrechtstreuhand**). Er handelt im Rechtsverkehr mit Dritten (Außenverhältnis) im eigenen Namen und ist nur durch die Treuhandabrede mit dem Treugeber (Innenverhältnis) in der Rechtsausübung beschränkt (auch **fiduziarische Treuhand**).

Ermächtigungstreuhand

Bei der Ermächtigungstreuhand bleibt der **Treugeber** der **Inhaber der Rechte** am Treugut. Er **ermächtigt** den Treuhänder, über das Treugut im eigenen Namen, aber für fremde Rechnung zu verfügen (§ 185 Abs. 1 BGB). In diesem Fall kann der Treugeber weiterhin über das Treugut verfügen, solange der Treuhänder von seiner Ermächtigung nicht Gebrauch macht.

cc. Amtsverwalter

Amtswalter sind Personen, die **kraft Gesetzes** für das von ihnen verwaltete Vermögen handeln. Die Verwaltung ist vom Vermögensinhaber und seinen Weisungen unabhängig. Auch erfolgt sie nicht nur im Interesse des Vermögensinhabers, sondern auch im Interesse Dritter.

Beispiele: Insolvenzverwalter (§ 80 InsO), Zwangsverwalter (§ 152 ZVG).

Der Amtswalter handelt im eigenen Namen und aus eigenem Recht. Im Gegensatz zu einem mittelbaren Stellvertreter oder Treuhänder treten die **Rechtswirkungen** seines Handelns in der **Person des Vermögensinhabers** und nicht in der eigenen Person ein. Anders als bei einer Verfügungsermächtigung nach § 185 Abs. 1 BGB ist der Amtswalter auch dazu ermächtigt,

Verpflichtungsgeschäfte einzugehen. Nach der Rechtsprechung ist der Amtswalter kein Stellvertreter, sondern ein Amtsträger und im Prozess Partei kraft Amtes (**Amtstheorie**). Die Vorschriften des Stellvertretungsrechts (§§ 164ff BGB) finden entsprechende Anwendung, soweit es keine Sonderregelungen gibt (BGHZ 113, 262). Ein Teil der Literatur qualifiziert den Amtswalter als gesetzlichen Vertreter, für den die §§ 164ff BGB direkt gelten. Dagegen spricht allerdings, dass der Amtswalter anders als der Stellvertreter auch im wirtschaftlichen Interesse Dritter, wie z. B. Gläubiger, tätig wird.

Gerichtsvollzieher

Der Gerichtsvollzieher handelt in der Zwangsvollstreckung nicht als Vertreter des Gläubigers und auch nicht als dessen Erfüllungsgehilfe, sondern als Amtswalter. Er ist **staatliches Organ** der Rechtspflege und **Vollstreckungsbeamte** (§ 154 GVG). Die Zwangsvollstreckung wird im Auftrag des Gläubigers bewirkt und führt zu einem öffentlich-rechtlichen Verhältnis zwischen Gläubiger und Gerichtsvollzieher (vgl. § 753 ZPO).

dd. Hilfspersonen

Hilfspersonen sind Personen, die im Zusammenhang mit Anbahnung, Vermittlung, Abschluss oder Erfüllung eines Rechtsgeschäfts betraut sind. Dabei kann zwischen Abschlussvermittler, Verhandlungsgehilfe, Erfüllungsgehilfe und Wissensvertreter unterschieden werden.

Abschlussvermittler

Abschlussvermittler sind der **Makler** (§ 652ff BGB), der **Handelsmakler** (§§ 93ff HGB) und der **Handelsvertreter** (§§ 84ff HGB). Solange sie nur eine Verhandlungsvollmacht, aber keine Vertretungsmacht haben, sind sie kein Stellvertreter i. S. v. § 164 BGB.

Verhandlungsgehilfen

Verhandlungsgehilfen sind Personen, die den Abschluss eines Rechtsgeschäfts nur vorbereiten, ohne bevollmächtigt zu sein oder dabei von der Vollmacht keinen Gebrauch machen.

Beispiele: Handlungsgehilfen (§§ 59ff HGB), Prokuristen (§§ 48ff HGB).

Das Stellvertretungsrecht der §§ 164ff BGB gilt für diese Hilfspersonen nicht unmittelbar. Bei Verhandlungsgehilfen mit **Verhandlungsvollmacht** wird ihr **Handeln** und **Wissen** indessen dem Geschäftsherrn **zugerechnet**. Dieser haftet für das Verschulden seiner Erfüllungsgehilfen bei Vertragsschluss wie für eigenes Verschulden (§§ 280 Abs. 1, 311 Abs. 2, 278 BGB). Zudem wird dem Geschäftsherrn das **Wissen** seiner Gehilfen **ohne Vertretungsmacht** analog § 166 Abs. 1 BGB **zugerechnet**. Die Vorschrift gilt direkt zwar nur für das Stellvertreterwissen. Sie wird aber entsprechend auf diejenigen Personen angewendet, die der Geschäftsherr mit der Erledigung bestimmter Aufgaben in eigener Verantwortung betraut hat (**Wissensvertreter**). Darauf kommt es bei Anspruchsnormen, Einwendungen oder Einreden an, die vom Wissen des Geschäftsherrn abhängen.

Beispiele: §§ 142 Abs. 2, 199, 442 Abs. 1, 819 Abs. 1, 932 BGB.

2. Eigene Willenserklärung

a. Aktive Stellvertretung

aa. Aktivvertreter

Bei der aktiven Stellvertretung gibt der Stellvertreter gemäß § 164 Abs. 1 BGB eine eigene Willenserklärung mit rechtlicher Wirkung für den Vertretenen ab (**Aktivvertreter**). Da er aus dem Vertretungsgeschäft grundsätzlich nicht haftet und die Wirkungen allein und unmittelbar den Vertretenen treffen, genügt die beschränkte Geschäftsfähigkeit des Vertreters (§ 165 BGB).

Die Stellvertretung ist von der **Botenschaft** abzugrenzen. Im Unterschied zum Stellvertreter gibt der Bote keine eigene Willenserklärung ab, sondern **übermittelt** eine fremde Erklärung (**Erklärungsbote**). Die Abgrenzung richtet sich nach dem **äußeren Auftreten** des Handelnden und dem **Erklärungswert** der Willenserklärung aufgrund **Auslegung** nach dem objektiven Empfängerhorizont (BGHZ 36, 30). Dabei sind gemäß §§ 133, 157 BGB die Gesamtumstände maßgeblich. Anhaltspunkt für eine Stellvertretung ist der eigene Entscheidungsspielraum über den Abschluss (das „**ob**") des Rechtsgeschäfts und die inhaltliche Gestaltung (das „**wie**") der Willenserklärung. Sofern der Geschäftspartner nach dem Auftreten der handelnden Person den Eindruck haben muss, dass er die Erklärung nur übermittelt, ist von einem Boten auszugehen.

Beispiel: Ist ein **Kündigungsschreiben** mit dem Zusatz **„i. A."** unterschrieben, kann das Indiz dafür sein, dass der Unterzeichner nicht selbst handelnd wie ein Vertreter die Verantwortung für den Inhalt des von ihm unterzeichneten Kündigungsschreibens übernehmen will, während der Zusatz **„i. V."** darauf hindeutet, dass der Erklärende selbst für den Vertretenen handelt. Da im Allgemeinen, nicht juristischen Sprachgebrauch nicht immer hinreichend zwischen Auftrag und Vertretung unterschieden wird, ist dies durch Auslegung der Erklärung (§§ 133, 157 BGB) nach den Gesamtumständen zu beurteilen. Ergeben diese, dass der Unterzeichner ersichtlich im Namen eines anderen die Kündigung erklärt, ist von einem Handeln als Vertreter auszugehen (BAG NJW 2008, 1243).

bb. Erklärungsbote

Der Erklärungsbote leitet eine fertige Willenserklärung weiter, die hinsichtlich aller Elemente vorformuliert ist und deren rechtlichen Gehalt er nicht beeinflussen darf. Da die Tätigkeit des Boten rein **tatsächlicher** Natur und nicht rechtsgeschäftlich ist, braucht er nicht geschäftsfähig zu sein („Ist das Kind auch noch so klein, kann es doch schon Bote sein."). Das Handeln des Boten im Außenverhältnis ist dem Geschäftsherrn zuzurechnen, wenn der Bote mit Vollmacht (**Botenmacht**) handelt. Die Botenmacht ist ebenso wie die Vollmacht des Stellvertreters unabhängig (**abstrakt**) vom zugrundeliegenden (**kausalen**) Rechtsgeschäft im Innenverhältnis mit dem Geschäftsherrn. Dieses kann Auftrag (§ 662 BGB), Geschäftsbesorgungsvertrag (§ 675 BGB) oder unverbindliches Gefälligkeitsverhältnis sein.

cc. Sonderfälle

Erklärungsbote tritt als Aktivvertreter auf

Tritt der Erklärungsbote unbewusst oder bewusst als Aktivvertreter für den Geschäftsherrn auf und gibt dessen Willenserklärung als eigene aus, so wirkt das Rechtsgeschäft gemäß § 164 Abs. 1 BGB für und gegen den Geschäftsherrn. Einer Genehmigung nach § 177 Abs. 1 BGB bedarf es nicht. Sofern der Erklärungsbote jedoch unbewusst oder bewusst als Vertreter auftritt und das Rechtsgeschäft mit einem anderen als dem vom Geschäftsherrn gewollten

Inhalt abschließt, handelt er wie ein Vertreter ohne Vertretungsmacht. Es gelten die §§ 177 ff BGB entsprechend. Das Rechtsgeschäft ist daher schwebend unwirksam und bedarf gemäß § 177 Abs. 1 BGB der Genehmigung des Geschäftsherrn.

Aktivvertreter tritt als Erklärungsbote auf

Tritt der Aktivvertreter als Erklärungsbote auf und handelt im Rahmen seiner Vollmacht ist die Erklärung dem Geschäftsherrn zuzurechnen. Dabei wird darauf abgestellt, dass die Vollmacht die Botenmacht beinhaltet und es dem Geschäftsherrn regelmäßig gleichgültig ist, wie sein Mittler auftritt. Es fehlt zwar an einer zu übermittelnden Willenserklärung des Geschäftsherrn. Denn der Vertreter hatte Vollmacht zur Abgabe einer eigenen Willenserklärung und nicht zur Weiterleitung einer Erklärung des Geschäftsherrn, die dieser deshalb auch nicht abgegeben hat. Die Erklärung kann dem Geschäftsherrn aber zugerechnet werden, wenn er den **Rechtsschein der Botenerklärung veranlasst** hat. Ist die Erklärung nicht von der Vertretungsmacht gedeckt, finden die bei Falschübermittlungen geltenden Regeln Anwendung.

Falschübermittlungen durch Erklärungsboten

Bei Falschübermittlungen durch den Erklärungsboten ist der Erklärende zur **Anfechtung** nach § 120 BGB berechtigt, wenn der Bote die Erklärung **unbewusst falsch** übermittelt hat. Dies gilt nach herrschender Meinung jedoch nicht, wenn die Erklärung bewusst falsch übermittelt wurde. Der vorsätzlich falsch übermittelnde Bote wird vielmehr nach den Regeln des **Boten ohne Botenmacht** als vollmachtlos handelnder Vertreter entsprechend § 177 ff BGB behandelt. Das Rechtsgeschäft ist schwebend unwirksam und bedarf zur Wirksamkeit der Genehmigung des Geschäftsherrn entsprechend § 177 Abs. 1 BGB. Der vorsätzlich falsch übermittelnde Bote haftet (§ 179 BGB analog), wenn der Vertretene die Genehmigung des Vertrags verweigert.

b. Passive Stellvertretung

aa. Empfangsvertreter

§ 164 Abs. 3 BGB regelt die passive Stellvertretung. Danach findet § 164 Abs. 1 BGB über die aktive Stellvertretung entsprechende Anwendung, wenn eine Willenserklärung gegenüber dem Vertretenen an den Vertreter erfolgt (**Empfangsvertreter**). Der Empfangsvertreter gibt anders als der Aktivvertreter **keine eigene Willenserklärung** ab. Er ist nur für die **Entgegennahme** der Willenserklärung des Geschäftspartners **bevollmächtigt**. Die Vertretungsmacht ergibt sich aus der **Vollmacht, kraft Gesetzes** oder der **Organstellung** des Vertreters. Eine Vollmacht zur aktiven Stellvertretung umfasst regelmäßig auch diejenige zur passiven Empfangsvertretung. Das Vorliegen einer passiven Stellvertretung kann anders als eine aktive Stellvertretung nicht danach beurteilt werden, ob der Vertreter im Sinne des Offenkundigkeitsprinzips nach außen erkennbar zu verstehen gibt, den Vertretenen und nicht sich selbst verpflichten zu wollen. Da es hierfür an einer Willenserklärung des Empfangsvertreters fehlt, wird auf den **Erklärenden** abgestellt. Dieser muss seinen Willen, den Vertretenen und nicht den Vertreter verpflichten zu wollen, eindeutig und nach außen erkennbar zum Ausdruck bringen. Der dahingehende Wille kann sich auch aus den Umständen ergeben, wenn er nicht ausdrücklich erklärt wird.

Abgrenzung Empfangsbote

Die passive Stellvertretung ist von der passiven Botenschaft abzugrenzen. Bei dieser nimmt ein Bote die Erklärung entgegen, um sie an seinen Geschäftsherrn weiterzuleiten (**Empfangs-**

bote). Die Abgrenzung zwischen Empfangsvertreter und Empfangsbote ist für den **Zugangszeitpunkt** der Willenserklärung beim Geschäftsherrn maßgeblich. Beim Empfangsvertreter geht die Erklärung bereits zu, wenn bei diesem mit gewöhnlicher Kenntnisnahme zu rechnen ist. Beim **Empfangsboten** geht sie erst zu, wenn unter normalen Umständen mit der **Weiterleitung an den Geschäftsherrn** zu rechnen ist. Mangels einer Willenserklärung der Empfangsperson wird in diesem Fall auf die gesamten Begleitumstände abgestellt. Dabei wird ermittelt, ob diese ein mit eigener **Empfangszuständigkeit** ausgestalteter Repräsentant und Vertreter oder nur eine unselbstständige Empfangseinrichtung und Empfangsbote ist.

Beispiel: Auch wenn keine ausdrückliche Bevollmächtigung vorliegt, folgt schlüssig aus der Art der Tätigkeit des Bezirksleiters eines Mineralölunternehmens, der regelmäßig bedeutsame rechtliche Erklärungen der Tankstellenhalter entgegennimmt, dessen Empfangsvollmacht zur Entgegennahme eines rechtlichen Anspruchsbegehrens (BGH NJW 2002, 1041).

bb. Empfangsbote

Empfangsbote ist eine Person, die ohne eigene Willensbildung eine Erklärung entgegennimmt um durch **Weiterleitung** den **Zugang beim Empfänger** herbeizuführen. Dazu bedarf es einer **Ermächtigung** des Empfängers. Sie liegt vor, wenn der Empfänger den Empfangsboten mit der tatsächlichen Weiterleitung ihn betreffender Erklärungen **beauftragt** hat. Aus Gründen des Verkehrsschutzes werden auch Personen dem Machtbereich des Empfängers zugerechnet, die zwar nicht als Boten bestellt wurden, aber nach der Verkehrsanschauung als bestellt anzusehen sind (**Hilfspersonen**). Auch ohne Botenmacht der Hilfsperson kann der Zugang der Erklärung eintreten, wenn sie aufgrund ihrer Tätigkeit als Empfangsbote anzusehen ist. Dabei sind Alter, soziale Stellung und Qualifikation sowie die Art der Erklärung zu berücksichtigen.

Beispiele: Familienangehörige sowie Hausangestellte bei Privatpersonen, (Firmen-) Angestellte bei Inhabern von Handelsgeschäften sind Empfangsboten.

cc. Sonderfälle

Falschübermittlungen durch den Empfangsboten

Bei Falschübermittlungen durch den Empfangsboten ist zu differenzieren. Sofern er eine nicht verkörperte Willenserklärung **akustisch nicht** richtig **verstanden** hat, ist diese dem Empfänger schon gar **nicht zugegangen**. Hat der Empfangsbote die Erklärung jedoch richtig verstanden, sie **nur nicht richtig übermittelt**, so liegt ein wirksamer **Zugang** vor, wenn er Botenmacht durch den Empfänger hat. Der Empfänger muss sich die Willenserklärung dann zurechnen lassen. In diesem Fall ist § 120 BGB nicht anwendbar, weil die Vorschrift eine den Erklärenden und nicht den Erklärungsempfänger bindende Falschübermittlung voraussetzt. Der **Empfänger** kann nur eine **eigene Willenserklärung** wegen Irrtums **anfechten**, die er selbst aufgrund der Falschübermittlung abgibt. **Fehlt** nach der Verkehrsanschauung eine **Botenmacht** durch den Empfänger, so ist der Mittler der Erklärung nicht als Empfangsbote, sondern als Erklärungsbote des Erklärenden anzusehen.

3. Im fremden Namen

a. Offenkundigkeitsprinzip

aa. Erkennbarkeit des Vertreters

Eine wirksame Stellvertretung setzt voraus, dass der Vertreter die Willenserklärung im fremden Namen abgibt (§ 164 Abs. 1 S. 1 BGB). Nach dem Offenkundigkeitsprinzip muss zum Schutz des Vertragspartners für diesen **erkennbar** sein, dass der Stellvertreter rechtsgeschäftlich nicht für sich selbst, sondern **für den Vertretenen** handeln und diesen verpflichten will. Dabei ist es unerheblich, ob die Erklärung ausdrücklich im Namen des Vertretenen erfolgt oder ob sich aus den Umständen ergibt, dass sie in dessen Namen erfolgen soll (§ 164 Abs. 1 S. 2 BGB). Dazu ist die Willenserklärung des Vertreters mit Rücksicht auf die Verkehrssitte aus dem objektiven Empfängerhorizont **auszulegen** (§§ 133, 157 BGB). Die Rechtsprechung berücksichtigt bei der Auslegung die gesamten Umstände des Einzelfalles. Dazu gehören die dem Rechtsverkehr zugrundeliegenden Rechtsverhältnisse, die Interessenlage und der Geschäftsbereich, dem der Erklärungsgegenstand zugehört, sowie die typischen Verhaltensweisen.

Beispiel: Die Vertretung des Vermieters bei einem **Mieterhöhungsverlangen** nach § 558a BGB durch die Hausverwaltung ergibt sich regelmäßig aus den Umständen, dass sie die Erklärung im Rahmen eines Mietverhältnisses gegenüber dem Mieter abgibt (BGH NJW 2014, 1803).

Handeln im fremden und im eigenen Namen

Der Vertreter kann sowohl bei der Abgabe von Willenserklärungen, wie auch bei der Erfüllung von Verbindlichkeiten zugleich im fremden und im eigenen Namen handeln.

Beispiel: Berät ein Makler oder sonstiger Vermittler den Käufer über die finanziellen Vorteile eine Immobilienkaufs, kann sich aus den Umständen ergeben, dass er zudem und zugleich im Namen des Verkäufers einen Beratungsvertrag abschließt, auch wenn er mit dem Käufer einen Vermittlungs- oder Beratungsvertrag geschlossen hat (BGH MDR 2013, 644).

Auslegungsregel des § 164 Abs. 2 BGB

Weiter zu beachten ist die Auslegungsregel des § 164 Abs. 2 BGB. Danach kommt der Mangel des Willens, im eigenen Namen zu handeln, nicht in Betracht, wenn der Wille, im fremden Namen zu handeln, nicht erkennbar hervortritt. Danach ist **im Zweifel** ein **Eigengeschäft des Vertreters** anzunehmen, aus dem er selbst verpflichtet wird, wenn er für den Empfänger nicht hinreichend erkennbar offenlegt, dass er für den Vertretenen handelt. Es besagt aber auch, dass der Vertreter sich **nicht** auf einen **Erklärungsirrtum** wegen unbewusstem Auseinanderfallen von objektiv Erklärtem und subjektiv Gewolltem berufen kann. Er kann die Willenserklärung also nicht gemäß § 119 Abs. 1 BGB anfechten, obwohl er keinen Willen hat, im eigenen Namen zu handeln und sich selbst rechtsgeschäftlich zu verpflichten. Dies gilt nach der Rechtsprechung in analoger Anwendung des § 164 Abs. 2 BGB auch **umgekehrt**, wenn der Vertreter im eigenen Namen handeln will, aber im fremden Namen auftritt (BGHZ 36, 30). Maßgeblich dafür ist nicht der innere, sondern der **im Rechtsverkehr erklärten Wille** des Vertreters.

bb. Erkennbarkeit des Vertretenen

Der Vertretene muss für den Vertragspartner erkennbar sein. Dies erfordert zwar nicht, dass der Vertretene namentlich genannt wird. Die Person des Vertretenen muss aber bei Vornahme des Vertretergeschäfts **bestimmt** oder **bestimmbar** sein. Dazu genügt auch eine erst nachträgliche Bestimmung, die dem Vertreter überlassen wird oder vereinbarungsgemäß aufgrund sonstiger Umstände erfolgen soll. Der Vertrag kommt aber erst zustande, wenn der Vertretene bestimmt ist, da es sich hierbei um eine nachträgliche Bevollmächtigung und nicht um eine rückwirkende Genehmigung nach §§ 177, 184 Abs. 1 BGB (analog) handelt. Sofern der Vertreter die Person des Vertretenen nicht bestimmt, haftet er dem Vertragspartner aus § 179 Abs. 1 BGB analog.

Beispiele: Der Bauherr einer noch zu bildenden Bauherrengemeinschaft ist als Vertragspartei eines Darlehensvertrags bereits bestimmbar, wenn er nach der vertraglichen Klausel mit Eintritt in die Bauherrengemeinschaft „automatisch" Darlehensnehmer wird (BGH NJW 1989, 164).

Bei Abschluss eines Maklervertrags kann der Vertreter einer Unternehmensgruppe das Angebot zum Erbringen der Maklerdienste auch einem erst danach gegründeten Unternehmen zuordnen. Da eine Rückwirkung nicht stattfindet, ist es unerheblich, ob die als Vertragspartner bestimmte Person im Zeitpunkt der Vornahme des Vertretergeschäfts bloß unbestimmt oder noch gar nicht existent war (BGH NJW 1998, 62).

b. Unternehmensbezogene Geschäfte

Bei Rechtsgeschäften mit Kaufleuten oder Freiberuflern (**unternehmensbezogene Geschäfte**) geht nach ständiger Rechtsprechung der wahre Wille der Beteiligten im Zweifel dahin, dass der Inhaber des Unternehmens, in dessen Tätigkeitsbereich das rechtsgeschäftliche Handeln fällt, und nicht der für das Unternehmen selbst Handelnde, Vertragspartner werden soll. Dazu muss das Unternehmen nach dem Offenkundigkeitsprinzip für den Geschäftspartner von vornherein eindeutig erkennbar sein. Dies ist nur dann der Fall, wenn das Geschäft mit einem bestimmten Handelsunternehmen abgeschlossen werden und ersichtlich der Inhaber dieses Unternehmens Vertragspartner werden sollte. Es handelt sich bei diesem Grundsatz nach der Rechtsprechung nicht um eine Beweis-, sondern um eine **Auslegungsregel**, die voraussetzt, dass der Handelnde sein Auftreten für ein Unternehmen hinreichend deutlich macht.

Beispiel: Auch ohne die Kundgabe des Vertreterwillens ist anzunehmen, dass der Inhaber der Firma Vertragspartei sein soll, wenn das Geschäft unternehmensbezogen ist und im Namen der Firma gehandelt wurde. Dies gilt auch dann, wenn der Geschäftspartner den Vertreter für den Betriebsinhaber hält oder sonst unrichtige Vorstellungen über die Person des Betriebsinhabers hat (BGHZ 62, 216).

Haftungszurechnung

Bei einem Unternehmen kommt eine Haftungszurechnung gemäß § 278 BGB für Verschulden bei Vertragsschluss des Vertreters ohne Vertretungsmacht in Betracht, wenn der Geschäftsherr ihn als Verhandlungsgehilfe zum Verhandeln mit dem Geschäftspartner bestellt hat und er dabei die ihm obliegenden Pflichten verletzt (BGH NJW-RR 1998, 1342).

c. Geschäft für den, den es angeht

Beim Geschäft für den, den es angeht, sind zwei Fallgestaltungen zu unterscheiden, in denen der Vertreter das Rechtsgeschäft für den Vertretenen abschließen will. Das **„offene Geschäft für den, den es angeht"** ist ein Fall, bei dem nur die Person des Vertretenen nicht erkennbar ist. Dagegen ist beim **„verdeckten Geschäft für den, den es angeht"** die Stellvertretung als solche für den Vertragspartner und damit die Fremdwirkung des Handelns nicht erkennbar.

aa. Offenes Geschäft für den, den es angeht

Beim offenen Geschäft für den, den es angeht, handelt der Vertreter für einen Dritten, dessen **Namen nicht genannt** wird oder **noch unbekannt** ist. Da der Vertreterwille erkennbar ist und der Vertragspartner folglich weiß, dass das Handeln des Vertreters Fremdwirkung entfalten soll, finden die §§ 164ff BGB Anwendung. Der Vertragspartner kann **entscheiden**, ob er ein solches Geschäft eingehen will oder nicht. Er kann das Geschäft abschließen und dem Vertreter die nachträgliche Nennung der Person des Vertretenen vorbehalten. Dies ist für die wesentlichen Vertragsbestandteile *(essentialia negotii)*, z. B. beim Kauf (§ 433 BGB) die Einigung über Ware und Preis, zwar nicht zwingend erforderlich. Allerdings haftet der Vertreter nach der Rechtsprechung gemäß § 179 Abs. 1 BGB (analog), wenn er sich weigert, den Vertretenen namhaft zu machen und die Durchführung des Geschäftes daran scheitert.

Beispiel: Bei Abstimmung in der Hauptversammlung einer Aktiengesellschaft für eine Vielzahl von Minderheitsaktionären haftet der bevollmächtigte Vertreter in entsprechender Anwendung des § 179 Abs. 1 BGB, wenn die Stimmabgabe treuepflichtwidrig ist und der Bevollmächtigte seine Vollmachtgeber nicht benennt (BGHZ 129, 136 „Girmes").

bb. Verdecktes Geschäft für den, den es angeht

Beim verdeckten Geschäft für den, den es angeht, will der handelnde Bevollmächtigte für einen anderen aufgrund einer erteilten Vollmacht handeln, die gewollte Stellvertretung ist für den Vertragspartner aber **nicht erkennbar** ist. Die Rechtsprechung reduziert in diesem Fall die Vorschrift des § 164 Abs. 2 BGB nach seinem Sinn und Zweck (teleologisch). Danach kann in Ausnahme vom Offenkundigkeitsprinzip eine **zulässige** Stellvertretung nach § 164ff BGB vorliegen. Dies setzt voraus, dass der Vertreter für einen anderen handeln will und der Gegenpartei die **Person des Kontrahenten gleichgültig** ist. Der Wille, für einen anderen zu handeln, muss nach außen sichtbar und zumindest für einen mit den Verhältnissen vertrauten Beobachter erkennbar sein und sich danach objektiv ermitteln lassen. Das ergibt sich v. a. aus dem Innenverhältnis zwischen Vertreter und Vertretenem. Danach muss ein unmittelbares Rechtsgeschäft gewollt sein. Ansonsten handelt es sich um eine mittelbare Stellvertretung mit einem Eigengeschäft des Vertreters, so z. B., wenn (nur) ein Handeln für fremde Rechnung gewollt ist. Verdeckte Geschäfte für den, den es angeht, sind insbesondere Bargeschäfte des täglichen Lebens.

Bargeschäfte des täglichen Lebens

Bei Bargeschäften des täglichen Lebens ist es für den Vertragspartner in der Regel **gleichgültig**, wer die Person seines **Geschäftsgegners** ist. Hier wird die Ausnahme von der Offenkundigkeit damit gerechtfertigt, dass es sich für den Dritten meist um ein **Bagatellgeschäft** handelt, bei dem die Leistung sofort bewirkt wird und er deshalb weniger schutzbedürftig ist. Das gilt vor allem bei Barkäufen des Alltagsbedarfs.

Beispiel: Brötchenkauf beim Bäcker für eine andere Person, ohne dies beim Kauf offenzulegen.

Massenhafte Handelsgeschäfte

Ein verdecktes Geschäft für den, den es angeht, kann auch bei massenhaften Handelsgeschäften wie **Effektenkommissionsgeschäften** und Stellung von **Akkreditiven** vorliegen. Dagegen ist der Geschäftsgegner dem Dritten bei wirtschaftlich bedeutenden Geschäften in der Regel nicht gleichgültig. In diesen Fällen kommt eine Ausnahme von der Offenkundigkeit nicht in Betracht.

Beispiel: Die Rücknahme von Anteilsscheinen und die Auszahlung des Rücknahmepreises von Investmentanteilen ist für die auszahlende Depotbank kein Geschäft für den, den es angeht, da ihr die Person des Inhabers der Investmentanteilsscheine als Geschäftspartner nicht gleichgültig ist (BGH NJW-RR 2003, 921).

Verpflichtungs- und Verfügungsgeschäft

Das verdeckte Geschäft für den, den es angeht, ist nach Verpflichtungs- und Verfügungsgeschäft zu differenzieren. Sofern ein schuldrechtliches Bargeschäft des täglichen Lebens anzunehmen ist, kommt der Vertrag unmittelbar zwischen Vertretenem und Geschäftsgegner zustande. Beim dinglichen Erwerb von Rechten (Verfügungsgeschäfte) tritt die Rechtsfolge unmittelbar in der Person des Vertretenen ein (**dingliches Geschäft für den, den es angeht**).

d. Handeln unter fremden Namen

Beim Handeln unter fremden Namen tritt der Handelnde beim Abschluss des Rechtsgeschäfts nicht mit seinem eigenen, sondern **mit einem fremden Namen** auf. Da er den Geschäftspartner dabei nicht darauf hinweist, erweckt er so den Eindruck, er sei die Person des Namensträgers. Maßgeblich ist, wie die Willenserklärung aus dem objektiven Empfängerhorizont nach §§ 133, 157 BGB zu verstehen ist. Danach beurteilt sich, ob der unter fremden Namen Handelnden oder der Namensträger bei dem Rechtsgeschäft der Vertragspartner sein soll. Zu unterscheiden sind die Fallkonstellationen der **Namenstäuschung** und der **Identitätstäuschung**.

aa. Namenstäuschung

Ruft die Benutzung des fremden Namens bei der anderen Vertragspartei keine Fehlvorstellung über die Identität des Handelnden hervor, will sie den Vertrag also (nur) mit dem Handelnden abschließen, ist das ein Eigengeschäft des Handelnden (**Eigengeschäft des Handelnden unter falscher Namensangabe**). Es liegt dann lediglich eine Namenstäuschung vor. Diese ist für das Zustandekommen des Vertrages mit dem Handelnden unschädlich, wie es vergleichbar auch die Falschbezeichnung *(falsa demonstratio)* ist. Der Namensträger kann das Geschäft in diesem Fall nicht gemäß § 177 BGB analog an sich ziehen. Ein Eigengeschäft des Handelnden unter falscher Namensangabe wird insbesondere angenommen bei **Bargeschäften**, die sofort abgewickelt werden

Beispiele: Hotelbuchungen, Tisch- und Taxireservierungen.

Zudem kommt ein Eigengeschäft des Handelnden bei Geschäften in Betracht, bei denen es aus Sicht des Vertragspartners nicht auf die Bonität des Handelnden ankommt.

Beispiele: Beim Gebrauchtwagenverkauf mit gefälschtem Fahrzeugbrief wird der unter dem Namen des Eigentümers handelnde Veräußerer (und nicht der tatsächliche Eigentümer) Vertragspartner des Erwerbers, sofern der Kauf sofort abgewickelt wird. Denn für den Erwerber ist grundsätzlich die Übereinstimmung der Namen des Veräußerers und des aus dem Fahrzeugbrief ersichtlichen Halters von Belang, nicht aber die hinter dem Namen stehende Person (BGH NJW 2013, 1946).

Bei einer Gewinnzusage nach § 661 a BGB können als „Sender" auch solche Unternehmer in Anspruch genommen werden, die Verbrauchern unter nicht existierendem oder falschen Namen, Firmen, Geschäftsbezeichnungen oder Anschriften Gewinnmitteilungen zukommen lassen. Als wahre „Sender" der Gewinnzusage müssen die Unternehmer für ihr „lautes Wort" durch die Leistung des Preises einstehen (BGH NJW 2004, 3556).

bb. Identitätstäuschung

Wenn der Handelnde durch sein Auftreten auf die Identität einer anderen Person hinweist und der Geschäftspartner der Ansicht sein durfte, der Vertrag komme mit dieser Person zustande, ist von einem Geschäft mit dem Namensträger auszugehen (**Geschäft des Namensträgers**). In diesem Fall liegt eine Identitätstäuschung über die Person des Namensträgers vor. Darauf sind die Grundsätze über die **Stellvertretung** (§§ 164ff BGB) entsprechend anzuwenden. Der Namensträger kann das Rechtsgeschäft folglich genehmigen und wird selbst Vertragspartner. Er kann die Genehmigung aber auch verweigern, so dass der Vertrag mit dem Geschäftspartner nicht wirksam ist (§ 177 Abs. 1 BGB). Der unter fremden Namen Handelnde haftet diesem dann entsprechend § 179 Abs. 1 BGB. Ein Geschäft des Namensträgers kann auch bei Verträgen im **elektronischen** Rechtsverkehr vorliegen, wie etwa beim **Warenverkauf im Internet**.

Beispiel: Bei Benutzung eines fremden eBay-Mitgliedskontos liegt ein Handeln unter fremden Namen vor, auf das die Regeln über die Stellvertretung sowie die Grundsätze der Anscheins- und Duldungsvollmacht entsprechend anzuwenden sind (BGHZ 189, 346).

4. Vertretungsmacht

Die Vertretungsmacht ist die rechtliche Befugnis, mit unmittelbarer Wirkung für einen anderen Willenserklärungen abzugeben oder zu empfangen. Sie ist notwendige Voraussetzung für die Stellvertretung und beruht auf gesetzlichen Regelungen (**gesetzliche Vertretungsmacht**) oder wird durch einseitiges Rechtsgeschäft erteilt (**rechtsgeschäftliche Vertretungsmacht**). Bei der rechtsgeschäftlichen Vertretungsmacht spricht das Gesetz von einer **Vollmacht** (§ 166 Abs. 2 S. 1 BGB).

Ein **Sonderfall** der gesetzlichen Vertretungsmacht ist die **organschaftliche Vertretung**, die auf einer gesetzlichen Anordnung (§ 31 BGB) und der rechtsgeschäftlichen Bestellung zum Organ einer juristischen Person beruht.

Beispiele: Verein (§ 26 Abs. 2 BGB), GmbH (§ 35 GmbHG), AG (§ 78 Abs. 1 AktG).

a. Erteilung der Vollmacht

Die Vollmacht wird als rechtsgeschäftliche Vertretungsmacht durch eine **einseitige nicht empfangsbedürftige Willenserklärung** erteilt. Hierfür gelten die allgemeinen Regeln über Willenserklärungen (§§ 130ff BGB). Danach ist eine Annahme durch den Bevollmächtigten oder eine andere Zustimmung für das Wirksamwerden der Vollmacht nicht erforderlich. Bei der Erteilung der Vollmacht ist zwischen der **Innenvollmacht** und der **Außenvollmacht** zu unterscheiden. Zudem kann die Vollmacht grundsätzlich durch ausdrückliche Erklärung wie auch durch schlüssiges Verhalten (**konkludente Vollmacht**) erteilt werden.

aa. Innen- und Außenvollmacht

Die Vollmacht kann durch Erklärung an den Bevollmächtigten selbst (**Innenvollmacht**) oder an den Dritten (**Außenvollmacht**) erteilt werden, mit dem das Rechtsgeschäft in Vertretung für den Vollmachtgeber abgeschlossen werden soll (§ 167 Abs. 1 BGB). Davon zu unterscheiden ist die Kundgabe der Vollmacht einer bereits intern bevollmächtigten Person durch besondere Mitteilung an einen Dritten oder öffentliche Bekanntmachung (**nach außen kundgemachte Innenvollmacht**). Diese hat zwar nur deklaratorische Bedeutung, wirkt aber wie eine wirksame Bevollmächtigung und muss bei der Vornahme des Rechtsgeschäfts bekannt sein (vgl. §§ 170, 171 BGB). Die Vollmacht kann grundsätzlich bedingt oder befristet werden. Bei der **Prokura** (§ 50 Abs. 1, 2 HGB) und der **Handlungsvollmacht** (§ 54 Abs. 3 HGB) ist dies allerdings nicht möglich, da deren Umfang gesetzlich verbindlich vorgegeben ist. Sie werden deshalb auch als bedingungs- und befristungsfeindlich bezeichnet.

bb. Konkludente Vollmacht

Eine besondere Form ist für die Vollmacht grundsätzlich nicht erforderlich (§ 167 Abs. 2 BGB). Sie kann daher sowohl ausdrücklich als auch durch schlüssiges Verhalten (**konkludente Vollmacht**) erteilt werden, sofern kein Formerfordernis für die Vollmachtserteilung besteht. Bei der konkludenten Vollmacht ist durch **Auslegung** der Erklärung aus dem objektiven Empfängerhorizont nach Treu und Glauben mit Rücksicht auf die Verkehrssitte (§§ 133, 157 BGB) zu ermitteln, ob diese den Umständen nach als **Bevollmächtigung** verstanden werden durfte. Eine solche konkludente Bevollmächtigung kommt vor allem bei der Innenvollmacht in Betracht, ist aber ebenfalls bei der Außenvollmacht möglich.

Konkludente Innenvollmacht

Anhaltspunkte für eine konkludente Innenvollmacht können sich insbesondere aus der Art der Aufgabe ergeben, die dem Bevollmächtigten für das Rechtsgeschäft von dem Vertretenen und Vollmachtgeber übertragen wurden, sowie aus seiner Stellung in einer Organisation oder einem Unternehmen und der Überlassung von Legitimationsmitteln (wie etwa Briefbögen mit dem Firmenaufdruck, Firmenstempel o. Ä.) an Angestellte oder Mitarbeiter.

Beispiel: Für die Gesellschaft bürgerlichen Rechts gilt der Grundsatz der Gesamtvertretung (§ 714 BGB). Ein Mitgesellschafter kann aber auch mit der alleinigen Vertretung der Gesellschaft ausdrücklich oder konkludent betraut werden. Er ist kraft einer konkludent erteilten Vollmacht zur Vertretung ermächtigt, wenn der andere Gesellschafter es ihm gestattet, nahezu sämtliche Verträge allein namens der Gesellschaft abzuschließen (BGH, Urteil v. 14.02.2005 – II ZR 11/03).

Konkludente Außenvollmacht

Eine konkludente Außenvollmacht ist von der **Rechtsscheinvollmacht** abzugrenzen. Nach der Rechtsprechung wird eine **konkludente Bevollmächtigung** angenommen, wenn das Handeln des Vertretenen nach Auslegung die Annahmen des äußeren Tatbestands der Bevollmächtigung erfüllt. Zudem muss der Vertretene mit (potenziellem) Erklärungsbewusstsein gehandelt haben, auch wenn es ihm am Geschäftswillen für die konkrete Bevollmächtigung fehlt. Dafür reicht es aus, dass der Vertretene bei Anwendung der im Verkehr erforderlichen Sorgfalt hätte erkennen und vermeiden können, dass seine Erklärung oder sein Verhalten vom Empfänger nach Treu und Glauben und mit Rücksicht auf die Verkehrssitte als Willenserklärung aufgefasst werden dürfte. In diesem Fall ist das Dulden des (unbefugt) Handelnden als Vollmachtserteilung durch den Vertretenen zu verstehen (BGHZ 91, 324).

cc. Isolierte Vollmacht

Liegt eine Vollmacht ohne ein (wirksames) kausales Grundverhältnis zwischen Vertretenem und Vertreter vor, wird sie als „**isolierte Vollmacht**" bezeichnet. Das Grundgeschäft kann etwa nach den allgemeinen Regeln von Anfang an nichtig sein (§§ 134, 138 BGB), was nicht automatisch zur Nichtigkeit der abstrakten Vollmacht führt. Dies ist nur dann der Fall, wenn das Grundgeschäft und die Vollmacht im Einzelfall ausnahmsweise eine Geschäftseinheit im Sinne des § 139 BGB bilden. Auch kann das Grundverhältnis eine rechtlich unverbindliche Gefälligkeit in Abgrenzung zum bindenden Gefälligkeitsvertrag darstellen. Grundsätzlich kann der Bevollmächtigte den Vollmachtgeber auch ohne wirksames Kausalverhältnis berechtigen und verpflichten. Problematisch ist dies jedoch, wenn die isolierte Vollmacht unter **Ausschluss eines Widerrufs** erteilt worden ist.

Beispiel: Eine unwiderruflich erteilte Vollmacht, der keine Kausalvereinbarung zugrunde liegt, ist nach der Rechtsprechung **frei widerruflich**. Denn ohne ein solches Kausalverhältnis gibt es keinen rechtfertigenden Grund, den Vollmachtgeber an den einseitig erklärten Ausschluss des Widerrufsrechts zu binden (BGH NJW 1988, 2603).

b. Form der Vollmacht

aa. Rechtsgeschäftliche Form

Das Formerfordernis einer Vollmacht kann sich abweichend von § 167 Abs. 2 BGB aus einer rechtsgeschäftlichen Abrede des Vertretenen mit dem Vertreter oder dem Geschäftspartner oder aus der Satzung einer juristischen Person ergeben. Dabei sind die Anforderungen an die Form, wie z. B. Erteilung der Vollmacht in Schriftform oder in Textform, und die Rechtsfolgen eines Formverstoßes durch Auslegung (§§ 133, 157 BGB) des Zwecks der Formabrede zu ermitteln. Sofern eine bestimmte Form nur zum Zweck der Dokumentation der Bevollmächtigung dienen soll, hat sie lediglich deklaratorischen Charakter (**deklaratorisches Schriftformerfordernis**). Die Vollmacht ist in diesem Fall formlos wirksam. Sofern der Form der Bevollmächtigung nach der Auslegung aber eine Warnfunktion zukommt, hat sie konstitutiven Charakter (**konstitutives Schriftformerfordernis**). Die formlose Vollmacht ist dann unwirksam. Dies gilt im Zweifel auch für den Fall, dass die Auslegung nicht zu einem eindeutigen Ergebnis führt (§ 125 S. 2 BGB).

bb. Gesetzliche Form

In bestimmten Fällen ordnet das Gesetz für die Vollmacht ein Formerfordernis an.

Verbrauchervollmacht

Die Vollmacht, die ein Darlehensnehmer zum Abschluss eines Verbraucherdarlehensvertrags erteilt (**Verbrauchervollmacht**) muss in **Schriftform** (§ 126 BGB) erteilt werden (§ 492 Abs. 1, 4 BGB). Diese kann durch die **elektronische Form** (§ 126a BGB) ersetzt werden (§ 126 Abs. 3 BGB). Zudem muss die Vollmacht die in Art. 247 §§ 6 bis 13 EGBGB aufgeführten Angaben enthalten (§ 492 Abs. 2, 4 BGB). Wenn die Schriftform insgesamt nicht eingehalten ist oder eine der in Art. 247 §§ 6 und 10 bis 13 EGBGB vorgeschriebene Angabe fehlt, ist die Verbrauchervollmacht nichtig. Das Erfordernis der Schriftform und der Pflichtangaben nach Art. 247 §§ 6 bis 13 EGBGB gilt nicht für die Prozessvollmacht und die notariell beurkundete (§ 492 Abs. 4 S. 2 BGB) Verbrauchervollmacht.

Gesellschaftsrecht

Das Gesellschaftsrecht enthält weitere gesetzliche Schriftformerfordernisse für die Vollmacht. Diese betreffen Regelungen in der **Satzung** und die **Stimmrechtsausübung** des Aktionärs in der Hauptversammlung der Aktiengesellschaft.

Beispiele: GmbH (§§ 2 Abs. 1, 47 Abs. 3 GmbHG), AG (§§ 23 Abs. 1, 134 Abs. 3, 135 AktG).

Gerichte und Register

Auch gibt es eine Reihe von Vorschriften, nach den die Vollmacht zum Nachweis bei Gerichten oder Registern formbedürftig ist, die indessen **keine Voraussetzung** für die **Wirksamkeit** der Vollmachtserteilung sind.

Beispiele: § 12 Abs. 1 S. 2 HGB, §§ 29, 30 GBO, § 80 ZPO, §§ 71 Abs. 2, 81 Abs. 3 ZVG.

cc. Zweck der Formvorschrift

Nach der Rechtsprechung ist die Vorschrift des § 167 Abs. 2 BGB in bestimmten Fällen wegen des Schutzzwecks der Formvorschrift zu beschränken (**teleologische Reduktion**). Demzufolge muss die Vollmacht die für das Rechtsgeschäft vorgeschriebene Form haben, wenn der **Schutz des Vollmachtgebers** dies erfordert. Das wird angenommen, wenn der Vertretene bereits durch die Vollmacht rechtlich oder tatsächlich (wirtschaftlich) in gleicher Weise gebunden wird wie durch die Vornahme des Rechtsgeschäfts selbst. Der Zweck der Formvorschriften kann neben dem Verpflichtungsgeschäft auch das Verfügungsgeschäft erfassen.

Beispiele: Eine Vollmacht zum **Grundstücksverkauf** oder -erwerb ist analog § 311b Abs. 1 S. 1 BGB notariell zu beurkunden, wenn sie unwiderruflich ist. Das gilt auch bei einer Befreiung des Bevollmächtigten vom Verbot des Selbstkontrahierens (§ 181 BGB), wenn sich nach den Umständen des Einzelfalls der Vollmachtgeber bereits soweit gebunden hat, dass dadurch der Grundstückskauf rechtlich oder tatsächlich vorweggenommen wurde (BGH NJW 1952, 1210).

Die **Auflassungsvollmacht** für den dinglichen Eigentumsübergang des Grundstücks nach §§ 873, 925 BGB kann formunwirksam sein, wenn sie in der gleichen Urkunde wie die Vollmacht zum Abschluss des schuldrechtlichen Grundstückvertrags enthalten ist (OLG Schleswig MDR 2000, 1125).

Das Schriftformerfordernis für die **Bürgschaft** gemäß §§ 766, 126 BGB erstreckt sich auch auf die Bevollmächtigung zur Erteilung einer Bürgschaft (BGH NJW 1996, 1467).

Die Vollmacht zur dinglichen **Abtretung** und **Verpfändung** von **GmbH-Anteilen** ist formfrei, auch wenn sie unwiderruflich und unter Aufhebung des Verbots von Insichgeschäften erfolgt. Denn die Formvorschriften des § 15 Abs. 3 und Abs. 4 S. 1 GmbHG dienen nicht dem Schutz des Verkäufers und Verfügenden (BGH NJW 1996, 3338).

dd. Rechtsfolgen

Eine formlose Bevollmächtigung ist gemäß § 125 BGB nichtig, wenn sie der Form bedarf, die für das Vertretergeschäft erforderlich ist. Das Geschäft ist dann schwebend unwirksam (§ 177 Abs. 1 BGB) und bedarf zu seiner Wirksamkeit der Genehmigung des Vertretenen (§ 179 Abs. 1 BGB). Die Genehmigung bedarf nach allgemeiner Meinung keiner Form (§ 182 Abs. 2 BGB). Allerdings kann der Formmangel in bestimmten Fällen nach der gesetzlichen Regelung durch Vollzug des formgerechten Vertretergeschäfts geheilt werden. Dabei ist zu beachten, dass nur der Vertretene selbst (und nicht der formlos Bevollmächtigte) das Geschäft vollziehen kann, so dass es wirksam wird.

Beispiele (Heilung): Grundstücksvertrag (§ 311b Abs. 1 S. 2 BGB), Verbraucherdarlehen (§ 492 Abs. 2 S. 1 BGB), Bürgschaft (766 S. 3 BGB) und Übertragung von GmbH-Anteilen (§ 15 Abs. 4 S. 2 GmbHG).

c. Umfang der Vollmacht

Der Umfang der Vollmacht ist durch Auslegung der Erklärung des Vollmachtgebers gem. §§ 133, 157 BGB zu ermitteln. Handelt es sich um eine **Innenvollmacht**, richtet sich ihr Umfang danach, wie der **Bevollmächtigte** als Empfänger der Erklärung diese bei objektiver Würdigung aller Umstände des Einzelfalls unter Berücksichtigung von Treu und Glauben verstehen musste. Dabei ist insbesondere der Zweck der Vollmacht und das zugrunde liegende Rechtsgeschäft zu berücksichtigen. Handelt es sich um eine **nach außen kundgemachte Innenvollmacht** ist auch die Verständnismöglichkeit des **Geschäftsgegners** bei der Auslegung zu berücksichtigen. Im Falle einer **Außenvollmacht** richtet sich ihr Umfang nach dem objektiven Empfängerhorizont des Geschäftsgegners. Dabei werden grundsätzlich nur Umstände herangezogen, die diesem bekannt oder erkennbar waren. Es gibt verschiedene Arten der Vollmacht, die aufgrund ihres unterschiedlichen Umfangs in der Rechtspraxis voneinander abgegrenzt werden.

aa. Spezialvollmacht

Die Spezialvollmacht wird zur Vornahme eines **einzelnen Rechtsgeschäfts** erteilt. Dabei kann es sich um ein einseitiges Rechtsgeschäft, wie eine Kündigung (§§ 622, 568 BGB) oder um ein zweiseitiges Rechtsgeschäft, wie den Abschluss eines Kaufvertrags (§ 433 BGB), handeln. Der Vollmachtgeber kann den Umfang der Spezialvollmacht nach verschiedenen Kriterien genauer bestimmen.

Beispiele: Vertragstyp, Preis, Vertragsgegenstand, Zeitraum, Abschlusszeitpunkt.

Die Spezialvollmacht **erlischt** mit Vornahme des dazu bestimmten Rechtsgeschäfts, ohne dass es dafür einer weiteren Erklärung bedarf.

bb. Gattungsvollmacht

Die Gattungsvollmacht ermächtigt den Bevollmächtigten zur Vornahme einer **bestimmten Art** von Rechtsgeschäften. Sie kann wiederkehrende gleichartige Geschäfte betreffen, wie bei der **Bank**- oder **Inkassovollmacht**, oder an eine bestimmte Funktion oder berufliche Stellung des Vertreters gebunden sein. Ist der Umfang der Vollmacht nicht eindeutig festgelegt, so ist der verkehrsübliche Umfang maßgeblich.

Beispiel: Die Vollmacht eines **Architekten** ist regelmäßig eng auszulegen und beschränkt sich auf die für den Bauherrn ausgeführten Geschäfte. Auch wenn die Vollmacht nicht ausdrücklich beschränkt ist, ergibt sich daraus keine unbeschränkte Vertretungsmacht in allen mit dem Bau zusammenhängenden Fragen (BGH NJW 1978, 995).

cc. Generalvollmacht

Die Generalvollmacht ist eine umfassende Vollmacht nach den allgemeinen Vorschriften des Stellvertretungsrechts (§§ 164ff BGB), die in verschiedenen Gesetzen erwähnt, dort aber nicht definiert wird (z. B. §§ 173 ZPO, 16 Abs. 4 Nr. 4 SGG, 5 Abs. 3 Nr. 2 Fall 1 BetrVG). Sie umfasst grundsätzlich **alle Rechtsgeschäfte**, für die eine rechtsgeschäftliche Stellvertretung zulässig ist. Die Grenzen der Generalvollmacht sind durch Auslegung (§§ 133, 157 BGB) zu ermitteln. Nach der Rechtsprechung sind außergewöhnliche Rechtsgeschäfte und solche, die eindeutig und erkennbar den Vertretenen schädigen, von der Generalvollmacht nicht gedeckt. Auch ist der Vertretene nicht an ein Rechtsgeschäft gebunden, dass im Rahmen der Vollmacht vom Bevollmächtigten abgeschlossen wird, soweit es sich dabei um einen **Missbrauch der Vertretungsmacht** handelt. Zudem unterscheidet sich der Umfang der Generalvollmacht danach, ob diese für Geschäfte im Handelsverkehr oder im privaten Rechtsverkehr erteilt wird.

Handelsverkehr

Der Umfang der Generalvollmacht ist weiter als der einer **Generalhandlungsvollmacht** i. S. v. § 54 HGB, die auf die gewöhnlichen Geschäfte des konkreten Handelsgeschäfts beschränkt ist, und der Prokura, da sie nicht den dispositiven Beschränkungen des § 49 Abs. 2 HGB unterliegt. Die Generalvollmacht kann auch einem Dritten erteilt werden, der nicht in das Handelsgeschäft integriert ist. Sie wird vor allem von großen Unternehmen für einen **Generalbevollmächtigten** verwendet. Dieser hat typischerweise eine Stellung direkt unterhalb der Geschäftsführer- oder Vorstandsebene. Durch Auslegung der bevollmächtigenden Erklärung ist der Umfang einer Generalvollmacht zu ermitteln (§§ 133, 157 BGB). Sie erstreckt sich typischerweise auf die **laufenden Geschäfte**, nicht aber auf **Grundlagenentscheidungen**.

Personenhandels- und Kapitalgesellschaften

Bei Personenhandels- und Kapitalgesellschaften ist eine Generalvollmacht nicht zulässig, soweit dadurch die organschaftlichen Vertretungsbefugnisse übertragen werden (**Verbot der Übertragung organschaftlicher Vertretungsmacht**). Denn der rechtsgeschäftliche Vertreter darf nicht im Ganzen die organschaftliche Vertretungsmacht übernehmen. Dies dient dem Schutz der Gesellschafter vor der Ausübung der Geschäftsführung durch Personen, die nicht ihr Vertrauen genießen. Auch würden sonst die gesetzlichen Pflichten des Geschäftsführers im Interesse der Gesellschaft und ihrer Gläubiger (z. B. § 15a Abs. 1 InsO) unterlaufen, da diese für den Generalbevollmächtigten nicht gelten. Die Rechtsprechung legt eine unzulässige Generalvollmacht aber regelmäßig als Generalhandlungsvollmacht i. S. v. § 54 HGB aus oder es erfolgt eine dahingehende Umdeutung (§ 140 BGB). Dies hat zur Folge, dass der Generalbevollmächtigte zumindest alle Geschäfte vornehmen kann, die sich im Rahmen des gewöhnlichen Betriebs des Handelsgeschäfts halten.

Beispiel: Durch eine notariell beurkundete Generalvollmacht kann ein GmbH-Geschäftsführer als Vollmachtgeber einen Bevollmächtigten nicht ermächtigen, für ihn sämtliche Erklärungen und Rechtshandlungen vorzunehmen, die ihn in seiner Eigenschaft als Geschäftsführer der von ihm vertretenen Unternehmungen zustehen. Die Erklärung des Vollmachtgebers kann aber nach dem Grundsatz der interessengerechten Auslegung als eine Generalhandlungsvollmacht nach § 54 HGB anzusehen sein. Diese erstreckt sich auf sämtliche Geschäfte, die in einem Betrieb, wie dem der GmbH üblich sind, und die nicht auf die unmittelbare Vertretung der GmbH, sondern lediglich auf ein Handeln in (Unter-) Vollmacht des Geschäftsführers gerichtet ist (BGH NJW 2002, 1325).

Ausdrückliche und konkludente Erteilung

Die Generalvollmacht kann als zivilrechtliche Vollmacht nach überwiegender Meinung nicht nur ausdrücklich, sondern auch konkludent erteilt werden. Ein Teil der Literatur befürwortet, das Erfordernis der ausdrücklichen Erteilung der Prokura nach § 48 Abs. 1 HGB analog auf die Erteilung der Generalvollmacht anzuwenden. Sie kann grundsätzlich nur durch den Inhaber des Handelsgeschäfts oder dessen gesetzlichen oder organschaftlichen Vertreter erteilt werden. Da sie eine **eigene Rechtsnatur** hat und keine erweiterte Prokura ist, kann sie **ohne Prokura** erteilt werden. Auch ist eine Eintragung in das Handelsregister gesetzlich nicht vorgesehen und wird von der herrschenden Meinung abgelehnt.

Privater Rechtsverkehr

Die Generalvollmacht im privaten Rechtsverkehr umfasst i. d. R. die **privaten** Rechtsgeschäfte des Vollmachtgerbers mit **Ausnahme** der **höchstpersönlichen** Rechtsgeschäfte des Familien- und Erbrechts. Sie berechtigt den Bevollmächtigten dazu, den Vollmachtgeber in rechtlichen Stellvertretungen umfassend zu vertreten. Sofern sie nicht an besondere Umstände geknüpft wird, etwa dass der Vollmachtgeber nicht mehr in der Lage ist, seinen Willen selbst mitzuteilen, ist sie auch dann sofort gültig, wenn dieser noch geschäftsfähig ist. Die Generalvollmacht für eine **Bank** erstreckt sich im Gegensatz zur Kontovollmacht, die nur für ein bestimmtes Konto gilt, auf **sämtliche Konten** des Vollmachtgebers. Sie reicht über das Recht zur Kontoführung hinaus und umfasst z. B. auch die Eröffnung und Schließung von Konten und den Abschluss von Kreditverträgen. Die Generalvollmacht kann auch ausdrücklich über den Tod hinaus erteilt werden, ist dann aber durch die Erben widerrufbar (**transmortale Vollmacht**).

dd. Prokura

Die Prokura ist eine **handelsrechtliche Vollmacht**, die von dem Inhaber des Handelsgeschäfts oder seinem gesetzlichen Vertreter mittels ausdrücklicher Erklärung mündlich oder schriftlich erteilt wird (§ 48 Abs. 1 HGB). Sie ist ohne Rücksicht auf das ihrer Erteilung zugrunde liegende Rechtsverhältnis (i. d. R. Dienst- oder Arbeitsvertrag) in allen Fällen jederzeit **widerruflich** (§ 52 Abs. 1 HGB). Die Erteilung der Prokura ist zur **Eintragung** im Handelsregister anzumelden (§ 53 Abs. 1 HGB). Diese hat lediglich deklaratorische Wirkung, da bereits die förmliche Ernennung zum Prokuristen die handelsrechtliche Prokura begründet. Prokurist kann nur eine **natürliche Person** sein, etwa auch ein Kommanditist oder stiller Gesellschafter. Die Prokura ermächtigt zu **allen Arten** von gerichtlichen und außergerichtlichen Geschäften, die der Betrieb eines Handelsgewerbes mit sich bringt (§ 49 Abs. 1 HGB). Anders als die Handlungsvollmacht (§ 54 HGB) ist die Prokura nicht auf das konkrete Gewerbe des Geschäftsinhabers bezogen. Vielmehr umfasst sie alle Geschäfte, die sich auch nur mittelbar auf irgendein Handelsgewerbe beziehen und schließt auch atypische und ungewöhnliche Geschäfte ein. Das Vorliegen eines Handelsgeschäfts wird nach § 344 HGB vermutet. Die Prokura umfasst daher alle betrieblichen Funktionen und auch Geschäfte, die außerhalb des Tätigkeitsbereichs des Unternehmens sind.

Beispiele: Geschäftsverkehr führen, Verträge schließen, Verbindlichkeiten eingehen, Personal anstellen, anderen Angestellten Handlungsvollmacht erteilen, Unternehmen und Beteiligungen erwerben, Tochtergesellschaften gründen, Grundstücke erwerben, vermieten und verpachten, Rechte des Geschäftsinhabers geltend machen und Gerichtsprozesse führen.

Gesetzliche Einschränkungen

Ausgenommen sind sog. **Grundlagengeschäfte**, die das Handelsgeschäft als solches betreffen. Dazu gehören die Belastung und Veräußerung von Grundstücken und grundstücksgleichen Rechten (§ 49 Abs. 2 HGB), sofern der Prokurist hierzu nicht ausdrücklich ermächtigt wird. Dies gilt auch für die Veräußerung des Unternehmens, die Aufnahme neuer Gesellschafter, den Insolvenzantrag, die Änderung der Rechtsform, die Abänderung des Unternehmenszwecks. Ausgenommen sind auch sog. **Prinzipalgeschäfte** als originäre Geschäfte des Kaufmanns.

Beispiele: Erstellung von Handelsbilanzen (§ 245 HGB), Anmeldungen zum Handelsregister, die nur der Kaufmann vornehmen kann (§§ 29, 31 HGB), sowie die Erteilung der Prokura („Unterprokura") selbst (§ 48 Abs. 1 HGB).

Darüber hinaus gelten die allgemeinen **Grenzen der Vertretungsmacht** wie das Verbot des Selbstkontrahierens (§ 181 BGB), der Kollusion (§ 138 BGB), und des sonstigen Missbrauchs der Vertretungsmacht (§ 242 BGB). Der Prokurist kann aber von den Beschränkungen der § 49 Abs. 2 HGB und § 181 BGB **befreit** werden. Dies ist allerdings beim Handelsregister zur deklaratorischen Eintragung anzumelden.

Beschränkungen im Außenverhältnis

Die Prokura ist eine **abstrakte** und unbeschränkte Vollmacht. Nach § 50 Abs. 1 HGB ist eine **Beschränkung** des Umfangs der Prokura im Innenverhältnis Dritten gegenüber **unwirksam**. Verstöße gegen rechtsgeschäftliche Einschränkungen zwischen dem Inhaber und Prokuristen (Innenverhältnis) führen daher grundsätzlich nicht zur Unwirksamkeit des Vertretergeschäfts im Außenverhältnis. Zulässig sind aber **Gesamtprokura** und **Gesamtvertretung** (§ 48 Abs. 2 HGB), da sie nicht den Umfang der Prokura nach außen beschränken. Beschränkungen auf gewisse Geschäfte, Arten von Geschäften, Umstände, Zeit oder einzelne Orte sind unzulässig (§ 50 Abs. 2 HGB). Allerdings kann der Geschäftsinhaber den Prokuristen durch vertragliche Vereinbarung, AGB oder durch Weisung **im Innenverhältnis binden**, so dass er die Vollmacht nicht entgegen den Weisungen des Geschäftsherrn (beliebig) ausüben darf. Bei Verletzung von Einschränkungen im Innenverhältnis ist der Prokurist **schadenersatzpflichtig** (§ 280 Abs. 1 BGB), soweit der Inhaber das rechtsgeschäftliche Handeln nicht genehmigt (§ 177 ff BGB).

Arten der Prokura

Einzelprokura

Die Einzelprokura wird einer einzelnen Person als Vollmacht erteilt und hat den Umfang der gesetzlichen Prokura nach § 49 HGB.

Filialprokura

Die Filialprokura ist eine Prokura, die auf den Betrieb einer von mehreren Niederlassungen des Geschäftsinhabers beschränkt ist. Dritten gegenüber ist die Filialprokura nur wirksam, wenn die Niederlassungen unter verschiedenen Firmen betrieben werden. Dafür genügt es, dass ein Firmenzusatz beigefügt wird, der die Zweigniederlassung der Firma bezeichnet (§ 50 Abs. 3 HGB).

Gesamtprokura

Bei Gesamtprokura sind nur zwei oder mehrere Prokuristen zum gemeinschaftlichen Handeln befugt (§ 48 Abs. 2 HGB). Die Prokuristen müssen dazu gemeinschaftlich handeln und sie unterschreiben regelmäßig gemeinsam. Auch hier gilt der gesetzliche Umfang des § 49 HGB.

ee. Handlungsvollmacht

Die Handlungsvollmacht ist eine auf das Handelsgeschäft begrenzte Vollmacht nach § 54 HGB. Ihr Umfang erstreckt sie sich auf alle Geschäfte und Rechtshandlungen, die der Betrieb eines Handelsgewerbes (**Generalhandlungsvollmacht**), die Vornahme einer bestimmten zu einem Handelsgewerbe gehörigen Art von Geschäften (**Arthandlungsvollmacht**) oder die Vornahme einzelner dazugehöriger Geschäfte (**Spezialhandlungsvollmacht**) mit sich bringt. Der Umfang der Vollmacht wird durch den Geschäftsinhaber bei ihrer Erteilung festgelegt. Das Gesetz regelt lediglich eine widerlegliche Vermutung und gibt den Vollmachtumfang anders als bei der Prokura nicht zwingend fest. **Handlungsbevollmächtigter** kann jede natürliche Person sein, die weder Prokurist, noch organschaftlicher Vertreter oder Aufsichtsrat (§§ 105 Abs. 1 AktG, 52 Abs. 1 GmbHG) ist. Sie muss Hilfsperson sein, die wie ein Angestellter oder Angehöriger des Kaufmanns in den Betrieb eingegliedert oder damit verbunden ist (**Innendienstmitarbeiter**).

Abschlussvollmacht

Eine Abschlussvollmacht nach § 55 HGB oder eine Vollmacht nach §§ 164ff BGB kann der Kaufmann nur einem **außenstehenden Dritten** erteilen. Außerdem kann der Gesellschaft bürgerlichen Rechts sowie den Personenhandels- und Kapitalgesellschaften nach h. M. eine Handlungsvollmacht erteilt werden. Dafür spricht, dass die Handlungsvollmacht nach § 58 HGB übertragbar ist, die Prokura dagegen nach § 52 HGB nicht. Die Vollmachterteilung kann durch eine ausdrückliche oder durch schlüssige Erklärung (**konkludent**) erfolgen.

Beispiel: Zuweisung eines bestimmten Arbeitsplatzes oder Aufgabenbereichs.

Die Handlungsvollmacht wird anders als die Prokura auch **nicht** (rein deklaratorisch) in das Handelsregister **eingetragen**. Es handelt sich aber auch um eine vom Innenverhältnis abstrakte Vollmacht. Der Bevollmächtigte ist regelmäßig ein **Handlungsgehilfe** (§ 59 HGB) mit einem Arbeitsverhältnis. Das Grundverhältnis kann auch ein Dienstvertrag (§ 611 BGB), Auftrag bzw. Geschäftsbesorgungsvertrag (§§ 662, 675 BGB) sein.

Gesetzliche Einschränkungen

Nach § 54 Abs. 2 HGB ist der Handlungsbevollmächtigte nur zur Veräußerung oder Belastung von Grundstücken, zur Eingehung von Wechselverbindlichkeiten, zur Annahme von Darlehen und zur Prozessführung ermächtigt, wenn ihm eine solche Befugnis besonders erteilt ist. Die Regelung ist **abschließend** und gilt für **Verpflichtungs**-, wie auch **Verfügungsgeschäfte**. Der Inhaber kann aber rechtsgeschäftlich die Handlungsvollmacht über § 54 Abs. 2 HGB hinaus beschränken. Sonstige Beschränkungen der Handlungsvollmacht braucht ein Dritter nur dann gegen sich gelten zu lassen, wenn er sie kannte oder kennen musste (§ 54 Abs. 3 HGB). Dies betrifft aber nur den guten Glauben, dass keine Einschränkungen des jeweiligen Vollmachttyps bestehen, nicht aber an deren Vorliegen. Besteht die Handlungsvollmacht nicht oder ist sie im Außenverhältnis wirksam beschränkt und wird vom Bevollmächtigten überschritten, handelt dieser als vollmachtloser Vertreter (§§ 177ff BGB). Bei Pflichtverletzungen im Innenverhältnis ist der Bevollmächtige gegenüber dem Geschäftsherrn zum Schadensersatz aus § 280 Abs. 1 BGB verpflichtet.

ff. Ladenvollmacht

Die Ladenvollmacht ist in § 56 HGB geregelt. Danach gelten Angestellte in Laden oder Warenlagern als ermächtigt zu Verkäufen und Empfangnahmen, die einem derartigen Laden oder Warenlager gewöhnlich geschehen. Es handelt sich nach der Rechtsprechung um eine

unwiderlegliche Vermutung. Dagegen wird in der Literatur vertreten, dass die Vorschrift wie die Prokura nach § 54 HGB zu behandeln ist, so dass bei einer tatsächlichen Vollmachterteilung die gesetzliche Vermutung widerlegbar ist. Sonst liegt eine Rechtsscheinvollmacht vor, deren Umfang nach § 56 HGB unwiderleglich vermutet wird.

gg. Untervollmacht

Eine Vollmacht kann den Stellvertreter dazu berechtigen, einer anderen Person im Namen des Vertretenen eine Untervollmacht zu erteilen (**unmittelbare Untervertretung**). Für zulässig erachtet wird auch, dass der Vertreter die Untervollmacht stattdessen im eigenen Namen erteilt und der Untervertreter sein (Unter-)Bevollmächtigter ist (**mittelbare Untervertretung**). Es ist durch **Auslegung** der Vollmacht des Stellvertreters zu ermitteln, ob eine Untervollmacht davon gedeckt ist, auf welche Weise sie erteilt werden kann, welchen Umfang sie hat und, ob neben der Untervollmacht die Hauptvollmacht weiterbestehen oder erlöschen soll. Die Vollmacht kann eine ausdrückliche Ermächtigung zur Erteilung einer Untervollmacht enthalten. Sonst kommt es nach der Rechtsprechung darauf an, ob der Vertretene erkennbar ein Interesse an der persönlichen Wahrnehmung der Vertretungsmacht (nur) durch den Bevollmächtigten hat. Im Zweifel wird eine Untervertretung vom Vertretenen nicht gewollt sein, da die Auswahl des Vertreters in der Regel auf einem Vertrauen in seine Person beruht (vgl. §§ 613, 664 BGB).

Umfang der Untervollmacht

Der Umfang der Untervollmacht ist durch **Auslegung** der Erklärung des Vollmachtgebers für die (**Haupt-)Vollmacht** zu ermitteln (§§ 133, 157 BGB). Dabei ist zu beachten, dass die Untervollmacht nicht weiter reichen kann als der Umfang der Hauptvollmacht, da der Hauptvertreter eine Untervollmacht nur in den Grenzen der eigenen Vertretungsmacht erteilen kann. Daher kann der Hauptvertreter den Untervertreter auch nur von dem **Verbot des Selbstkontrahierens** (§ 181 BGB) freistellen, wenn auch er von der Verbotsnorm in der Hauptvollmacht befreit ist. Nach der Rechtsprechung haftet der Untervertreter bei mittelbarer Untervertretung aus § 179 Abs. 1 BGB für den Mangel der Untervollmacht, nicht aber den Mangel der Hauptvollmacht, wenn er dem Geschäftsgegner die Untervertretung offenlegt. Der Hauptvertreter haftet für den Mangel der Hauptvollmacht und außerdem für das Fehlen der Untervollmacht, wenn er das Vertretergeschäft genehmigt hat.

hh. Prozessvollmacht

Die Prozessvollmacht ist eine durch Prozesshandlung erteilte Vollmacht für die Führung eines Prozesses (§§ 79ff ZPO). Sie wird gegenüber dem Prozessbevollmächtigten, dem Gericht oder dem Prozessgegner erklärt und mit Zugang (analog § 130 BGB) wirksam. Vollmachtgeber können Parteien, Nebenintervenienten und am Zwischenstreit Beteiligte Dritte sowie deren Vertreter sein, die im Namen des Vollmachtgebers die Prozessvollmacht erteilen.

Form

Die Erteilung der Prozessvollmacht ist **formlos** schriftlich oder mündlich und stillschweigend (konkludent) möglich (§ 89 Abs. 2 ZPO). Das Gericht prüft die Prozessvollmacht auf Rüge, wenn der Prozessbevollmächtigte Rechtsanwalt ist und von Amts wegen, wenn er das nicht ist (§ 88 ZPO). Zum Nachweis ist sie schriftlich zu den Gerichtsakten einzureichen (§ 80 ZPO). Die Parteien müssen sich vor den Landgerichten und Oberlandesgerichten (**Anwaltsprozess**) durch einen Rechtsanwalt vertreten lassen (§ 78 Abs. 1 S. 1 ZPO). Ist dies nicht erforderlich (**Parteiprozess**), können sich die Parteien den Rechtsstreit selbst führen (§ 79 Abs. 1 S. 1 ZPO).

Umfang

Die Prozessvollmacht ermächtigt zu allen **Prozesshandlungen**, die den Rechtsstreit betreffen, einschließlich Zwangsvollstreckung, Widerklage und Wiederaufnahme des Verfahrens (§ 81 ZPO). Eine **Beschränkung** im Außenverhältnis hat nur insoweit rechtliche Wirkung als sie die Beseitigung des Rechtsstreits durch Vergleich, Verzicht oder Anerkennung betrifft (§ 83 ZPO). Die Prozesshandlungen der Bevollmächtigten wirken für die Parteien in gleicher Art, als wenn sie von der Partei selbst vorgenommen wären und auch das Vertreterverschulden wird als Verschulden der Partei behandelt (85 ZPO).

Erlöschen

Die Prozessvollmacht erlischt durch **Widerruf** oder endgültige **Erledigung des Rechtsstreits.** Sie wirkt fort für eine Widerklage, Wiederaufnahme des Verfahrens, Rüge nach § 321 a ZPO und die Zwangsvollstreckung (§ 81 ZPO). Der Widerruf ist eine einseitige empfangsbedürftige und formlose Erklärung dem Gericht oder dem Prozessbevollmächtigten gegenüber. Er wird in Anwaltsprozessen erst mit Bestellung eines anderen Anwalts wirksam (§ 87 Abs. 1 ZPO).

d. Erlöschen der Vollmacht

Das Erlöschen der Vollmacht beurteilt sich in erster Linie nach ihrem Inhalt. Die Vollmacht kann **befristet** (§ 163 BGB), unter einer **auflösenden Bedingung** (§ 158 Abs. 2 BGB) oder für **bestimmte Geschäfte** erteilt werden. Letzteren falls erlischt sie mit Abschluss oder endgültigem Scheitern des Geschäfts. Der Bevollmächtigte kann auf die Vollmacht **verzichten** oder von ihr **keinen Gebrauch** machen. Sie muss in diesen Fällen nicht widerrufen werden, damit sie erlischt. Eine Vollmacht des Insolvenzschuldners erlischt durch die Öffnung des Insolvenzverfahrens. Sie gilt als fortbestehend, soweit ein Auftrag oder Geschäftsbesorgungsvertrag nach § 115 InsO fortbesteht (§ 117 Abs. 1, 2 InsO).

aa. Grundverhältnis

Das Erlöschen der Vollmacht kann sich aus dem ihrer Erteilung zugrunde liegenden rechtlichen Grundverhältnis, wie z. B. einem Auftrag (§ 662 BGB) oder Geschäftsbesorgungsvertrag (§ 675 BGB), zwischen Vertreter und Vollmachtgeber ergeben. Aus der Regelung des § 168 S. 1 BGB folgt, dass die Vollmacht im Zweifel **mit Beendigung des Grundverhältnisses** erlischt. Das ist grundsätzlich nach den gesetzlichen und vertraglichen Beendigungsgründen zu beurteilen. Der Auftrag oder Geschäftsbesorgungsvertrag kann von dem Auftraggeber jederzeit widerrufen und von dem Bevollmächtigten jederzeit gekündigt werden (§ 671 Abs. 1 BGB). Das Gesetz fingiert das **Fortbestehen** des Auftrags oder des Geschäftsbesorgungsvertrags beim **Tod des Auftraggebers** zugunsten des Beauftragten, bis dieser von dem Erlöschen Kenntnis erlangt oder das Erlöschen kennen muss, also fahrlässig nicht erlangt (§ 674 BGB). Diese Fiktion gilt auch für die Vollmacht, die ebenfalls fortbesteht (§§ 168, 169 BGB) und für die Prokura (§ 52 Abs. 3 HGB). Auch die Prozessvollmacht bleibt nach Kündigung des Vollmachtvertrages bis zur Anzeige des Erlöschens der Vollmacht und in Anwaltsprozessen der Anzeige der Bestellung eines anderen Anwalts dem Gegner und dem Gericht gegenüber wirksam (vgl. § 87 ZPO).

bb. Widerruf

Die Vollmacht ist unabhängig von dem Grundverhältnis **jederzeit widerruflich**, soweit nicht die Parteien etwas anderes vereinbart haben (§ 168 S. 2 BGB). Der Widerruf erfolgt gegenüber dem Bevollmächtigten (**Innenvollmacht**) oder dem Dritten (**Außenvollmacht**), demgegenüber die Vertretung stattfinden soll (§ 168 S. 3 BGB). Der Widerruf wirkt ab dem Zeitpunkt des Zugangs der empfangsbedürftigen Willenserklärung ohne rechtliche Rückwirkung *(ex nunc)*. Alle bis zu diesem Zeitpunkt abgeschlossenen Geschäfte des Vertreters bleiben für und gegen den Vollmachtgeber wirksam. Der Widerruf der Vollmacht kann durch Vertrag ausdrücklich oder stillschweigend (konkludent) **ausgeschlossen** werden. Nach der Rechtsprechung kommt ein stillschweigender Ausschluss des Widerrufs jedoch nicht in Betracht, wenn überwiegende Interessen des Vollmachtgebers entgegenstehen (§ 138 BGB). Unabhängig von der Bewertung der Interessen des Vertreters und des Vollmachtgebers ist der **Ausschluss** des **Widerrufs** bei der **Generalvollmacht** und der **isolierten Vollmacht** ohne Grundverhältnis **unzulässig**.

e. Rechtsscheinvollmacht

Die Rechtscheinvollmacht ist über die gesetzlichen Tatbestände der §§ 170–173 BGB (vgl. auch § 370 BGB, § 56 HGB) hinaus zum **Schutz des Rechtsgeschäftsverkehrs** nach gefestigter Rechtsprechung und als Gewohnheitsrecht anerkannt. Sie findet auch im nicht kaufmännischen Rechtsverkehr des Privatrechts Anwendung sowie gegenüber Körperschaften und Anstalten des öffentlichen Rechts, die privatrechtlich handeln. Sonderregeln gelten für die **Prozessvollmacht** (§§ 80, 81f ZPO). Bei einer Rechtsscheinvollmacht hat der Vollmachtgeber keine Vollmacht erteilt. Liegen die Voraussetzungen der **Duldungsvollmacht** oder **Anscheinsvollmacht** vor, muss sich der Vertretene aber so behandeln lassen, als hätte er eine Vollmacht entsprechend dem gesetzten Rechtsschein erteilt.

aa. Gesetzliche Tatbestände

Die §§ 170–173 BGB regeln Rechtsscheintatbestände zugunsten des Geschäftsgegners, der auf den **Bestand** einer nicht oder nicht mehr bestehenden Vollmacht **vertraut** hat.

Außenvollmacht

Die Außenvollmacht (die auch gegenüber dem Bevollmächtigten widerrufen werden kann) bleibt dem Dritten gegenüber solange in Kraft, bis ihm das Erlöschen von dem Vollmachtgeber angezeigt wird (§ 170 BGB). Da der Dritte nur im Vertrauen auf den Fortbestand der Vollmacht geschützt wird, setzt die Vorschrift aber voraus, dass eine wirksame Außenvollmacht erteilt wurde. Mit Zugang der Anzeige, die eine geschäftsähnliche Handlung ist, endet der Schutz des Dritten, selbst wenn er keine Kenntnis davon hat.

Vollmachtskundgabe

Die Vertretungsmacht bleibt bei Kundgebung der Bevollmächtigung (**Vollmachtskundgabe**) durch besondere Mitteilung an einen Dritten (z. B. Ankündigung des Besuchs eines Vertreters) oder durch öffentliche Bekanntmachung an einen bestimmten Personenkreis (z. B. Aushänge, Zeitungsanzeigen, Handelsregistereintragungen) bestehen, bis die Kundgebung in derselben Weise, wie sie erfolgt ist, widerrufen wird (§ 171 BGB).

Diese gesetzliche Rechtsscheinhaftung besteht auch, wenn eine Vollmacht **nicht** oder **nicht wirksam** erteilt wurde. Sie setzt allerdings voraus, dass der Geschäftsgegner **Kenntnis** von der Kundgabe hat. Mit Zugang der Mitteilung oder der öffentlichen Bekanntmachung des Widerrufs der Vertretungsmacht endet die Rechtsscheinhaftung, und zwar auch dann, wenn der Dritte gutgläubig (§ 171 Abs. 2 BGB) ist.

Vollmachtsurkunde

Wurde eine Vollmachtsurkunde an den Vertreter ausgehändigt und von diesem dem Dritten vorgelegt, bleibt die Vertretungsmacht diesem gegenüber bestehen, bis die Vollmachtsurkunde dem Vollmachtgeber **zurückgegeben** oder für **kraftlos erklärt** wird (§ 172 BGB). Als solche gilt ein unterschriebenes oder mit notariell beglaubigtem Handzeichen versehenes Schriftstück, das die Person des Bevollmächtigten und den Inhalt seiner Vollmacht bezeichnet. Die Urkunde muss echt sein und von der durch die Unterschrift ausgewiesene Person stammen. Sie muss willentlich ausgehändigt worden und darf nicht abhandengekommen sein. Der Vollmachtgeber muss die Urkunde dem Bevollmächtigten zum Zwecke des Gebrauchs **übergeben**. Zudem muss sie dem gutgläubigen Geschäftsgegner vor oder bei Abschluss des Vertretergeschäfts **vorgelegt** werden und **ursächlich** für sein Handeln sein. Eine Vorlage durch den Vertreter selbst ist allerdings nicht erforderlich. Es genügt, wenn ein Dritter mit dessen Wissen und Willen die Vollmachtsurkunde dem Geschäftsgegner vorgelegt hat. Die Vollmachtsurkunde muss in **Urschrift** oder einer **Ausfertigung** (§ 47 BeurkG) vorgelegt werden. Nicht ausreichend ist die Vorlage von Auszügen der Urkunde, beglaubigten Abschriften, Foto- oder Faxkopien.

§ 172 BGB gilt auch, wenn die Vollmacht **nicht** oder **nicht wirksam** erteilt wurde und für **Blankett-Urkunden** entsprechend. Wer ein Blankett mit einer Unterschrift freiwillig aus der Hand gibt muss den Abrede widrig ausgefüllten Inhalt gegenüber einem gutgläubigen Dritten analog § 173 BGB als seine Willenserklärung gegen sich gelten lassen. Zu beachten ist weiter, dass § 172 BGB für die gesetzliche Stellvertretung, Prozessvollmacht und die Vollmacht zur Unterwerfung unter die sofortige Zwangsvollstreckung nicht gilt.

Kenntnis des Dritten

Die Vorschriften der §§ 170, 171 Abs. 2, 172 Abs. 2 BGB sind **nicht anwendbar** (§ 173 BGB), wenn der Dritte das Erlöschen der Vertretungsmacht bei der Vornahme des Rechtsgeschäfts kennt oder kennen musste (**Kenntnis des Dritten**).

bb. Duldungsvollmacht

Eine Duldungsvollmacht liegt vor, wenn der vollmachtlose Vertreter (**Scheinvertreter**) wiederholt und über einen längeren Zeitraum im Namen des Vertretenen auftritt, der Vertretene Kenntnis von dem Verhalten des Vertreters hat und nicht dagegen einschreitet, obwohl er es verhindern kann. Im Unterschied zur konkludent erteilten Vollmacht **duldet** der Vertretene das **Auftreten** des Scheinvertreters, ohne rechtsgeschäftlichen Willen zu dessen Bevollmächtigung zu haben. Zudem muss der Geschäftsgegner das Verhalten des Vertreters und des Vertretenen gekannt haben und nach Treu und Glauben (§ 242 BGB) dahin verstehen dürfen, dass der als Vertreter Handelnde bevollmächtigt ist. Der Geschäftsgegner muss gutgläubig sein (§ 173 BGB) analog und das Vertrauen auf die Vollmacht für seinen Abschluss des Geschäfts ursächlich.

Umfang der Duldungsvollmacht

Der Umfang der Duldungsvollmacht bestimmt sich nach dem im Einzelfall geschaffenen **Rechtsscheintatbestand**, auf den der Geschäftsgegner vertraut hat. Die Duldungsvollmacht hat im Außenverhältnis die **gleichen Wirkungen** wie eine **rechtsgeschäftliche Vollmacht**. Dies führt zum Zustandekommen des Vertretergeschäfts, wenn die sonstigen Voraussetzungen dafür vorliegen. Handelt es sich bei dem abgeschlossenen Rechtsgeschäft um einen Vertrag, so hat der Geschäftsgegner einen **Erfüllungsanspruch** gegen den Vertretenen. Dieser kann gegen den Scheinvertreter Ansprüche auf **Schadensersatz** im Innenverhältnis haben.

Beispiel: Durch das Schweigen auf ein Schreiben der Bank und die anschließende Hinnahme von Darlehensverpflichtungen kann eine Duldungsvollmacht zugunsten eines Treuhänders des Darlehensnehmers, für den dieser das Konto bei der Bank eingerichtet hat, vorliegen. Denn sie setzt nur voraus, dass der Geschäftsherr das Verhalten des Vertreters kannte und nicht dagegen eingeschritten ist. Eine Willenserklärung oder gleich zu setzende Willensbetätigung ist dafür nicht erforderlich (BGH NJW 1997, 312).

cc. Anscheinsvollmacht

Auch bei der Anscheinsvollmacht tritt der Scheinvertreter wiederholt und über einen längeren Zeitraum im Namen des Vertretenen auf. Im Unterschied zur Duldungsvollmacht hat der **Vertretene** jedoch **keine Kenntnis** vom rechtsgeschäftlichen Auftreten des Scheinvertreters in seinem Namen. Bei Anwendung pflichtgemäßer Sorgfalt (Verschulden) hätte der Vertretene das Handeln des Vertreters aber **erkennen** und **verhindern können**. Hierbei ist bereits leichte Fahrlässigkeit (§ 276 Abs. 2 BGB) ausreichend. Es genügt, wenn der Vertretene dem angeblich Bevollmächtigten bewusst oder unbewusst eine Stellung eingeräumt hat, aus welcher ein Dritter schließen darf, dass der Vertreter tatsächlich zur Vornahme des Geschäfts bevollmächtigt war. Zudem muss der Geschäftsgegner das Verhalten des Vertreters nach Treu und Glauben (§ 242 BGB) dahin verstehen dürfen, dass der Vertretene es kenne und billige. Der Geschäftsgegner muss gutgläubig sein (§ 173 BGB analog) und darf beim Geschäftsschluss weder Kenntnis vom Fehlen der Vollmacht, noch Zweifel an der Vertretungsbefugnis des Scheinvertreters haben. Sein Vertrauen muss für den Geschäftsabschluss ursächlich sein.

Rechtsfolge ist nach der Rechtsprechung, dass der Vertretene sich so behandeln lassen muss, als ob er dem Scheinvertreter eine wirksame Vollmacht erteilt hätte. Demzufolge hat der Geschäftsgegner auch bei der Anscheinsvollmacht einen **Erfüllungsanspruch** aus einem vertraglichen Rechtsgeschäft. Teile des Schrifttums lehnen diese Rechtsprechung ab. Danach kann das Erfüllungsinteresse nicht aus einer schuldhaften Sorgfaltspflichtverletzung des Vertretenen, sondern allein aus seinem privatautonomen Handeln hergeleitet werden. Der Vertretene haftet dann nur auf das negative Interesse (**Vertrauensschaden**) aus Verschulden bei Vertragsschluss (§§ 280 Abs. 1 241 Abs. 2, 311 Abs. 3 BGB).

Beispiel: Der aus einer Sozietät ausgeschiedene Rechtsanwalt haftet neuen Mandanten nach den Grundsätzen der Anscheinsvollmacht, wenn sein Name weiterhin auf dem Praxisschild und den Briefbögen der Kanzlei erscheint und er nicht alle ihm zumutbare Maßnahmen zur Beseitigung des Rechtsscheins ergriffen hat (BGH NJW 1991, 1225).

5. Rechtsfolge

a. Allgemeines

aa. Unmittelbarkeitsprinzip

Nach § 164 Abs. 1 S. 1 BGB wirkt die Willenserklärung des Vertreters, die er innerhalb der ihm zustehenden Vertretungsmacht abgibt, unmittelbar für und gegen den Vertretenen (**Unmittelbarkeitsprinzip**). Das auf diese Weise abgeschlossen Geschäft (**Vertretergeschäft**) kommt originär mit dem Vertretenen zustande und entfaltet Rechtswirkungen für und gegen ihn. Er ist ausschließlich Partei des Rechtsgeschäfts mit dem Dritten (Geschäftsgegner) und daraus berechtigt und verpflichtet. Damit stehen ihm insbesondere die **Gestaltungsrechte** und **Leistungsstörungsrechte** und grundsätzlich auch die **Verbraucherwiderrufsrechte** zu. Insbesondere verdrängt die Vollmacht des Vertreters nicht die Rechts- und Geschäftsfähigkeit des Vertretenen. Es gibt **keine „verdrängende"** Vollmacht, so dass über denselben Gegenstand schuldrechtlich mehrere Rechtsgeschäfte geschlossen werden können. Dabei ändert das zeitliche spätere Geschäft im Zweifel das frühere Geschäft im Sinne eines schuldrechtlichen Änderungsvertrags. Sachenrechtlich gilt dann das Prioritätsprinzip, wonach (nur) die erste zeitliche Verfügung wirksam ist.

bb. Eigengeschäft des Vertreters

Der Vertreter wird aus dem Vertretergeschäft grundsätzlich nicht berechtigt oder verpflichtet. Gibt der Vertreter jedoch eine Willenserklärung im **eigenen und** eine im **fremden Namen** ab, wird er **neben** dem Vertretenen selbst **verpflichtet.** Dies ist durch Auslegung der Erklärungen im Einzelfall zu ermitteln (§§ 133, 157 BGB). Davon abzugrenzen ist ein **Eigengeschäft** des Vertreters, bei dem es an der Offenkundigkeit der Vertretung fehlt. Handelt der Vertreter ohne Vertretungsmacht, ist das Rechtsgeschäft für den Vertretenen schwebend unwirksam und kann von diesem genehmigt werden (§ 177 Abs. 1 BGB). Wird die Genehmigung verweigert, haftet der Vertreter gegenüber dem Geschäftsgegner (§ 179 Abs. 1 BGB). Eine Eigenhaftung aus Verschulden bei Vertragsschluss (§§ 280 Abs. 1, 241 Abs. 2, § 311 Abs. 3 BGB) kommt in Betracht, wenn der Vertreter ein starkes eigenes wirtschaftliches Interesse am Vertragsschluss hat oder wegen seiner Sachkunde in besonderem Maße Vertrauen in Anspruch nimmt und dadurch die Vertragsverhandlungen beeinflusst.

b. Repräsentationsprinzip

aa. Allgemeines

Der Stellvertreter handelt mit der Willenserklärung rechtsgeschäftlich für den Vertretenen und repräsentiert ihn (**Repräsentationsprinzip**). Die Rechtsfolgen bei **Willensmängel** sowie dem **Kennen** und **Kennenmüssen** von Umständen für das Rechtsgeschäft bestimmten sich deshalb danach, ob sie in der Person des **Stellvertreters** vorliegen. Es erfolgt eine **Zurechnung** beim **Vertretenen**, der sich nicht auf seine Unkenntnis berufen kann (§ 166 Abs. 1 BGB). Dies gilt für die gewillkürte, gesetzliche und organschaftliche Stellvertretung, Unterbevollmächtigte und für Vertreter ohne Vertretungsmacht nach Genehmigung durch den Vertretenen (§ 177 Abs. 1 BGB). Für Willensmängel gelten die allgemeinen Regeln der §§ 116–123 BGB. Auch **Irrtümer** des Stellvertreters im Sinne der §§ 119ff BGB werden dem Vertretenen zugerechnet. Bei Übermittlung einer Willenserklärung durch einen **(Erklärungs-)Boten** kommt es hinsichtlich etwaiger Willensmängel auf die Person des **Vertretenen** an.

bb. Wissenszurechnung

Das Kennen oder Kennenmüssen (vgl. § 122 BGB) ist ein subjektives Tatbestandsmerkmal, dass in verschiedenen Normen vorkommt (**Wissenszurechnung**).

Beispiele: §§ 134, 138, 142 Abs. 2, 173, 405–409, 442, 640 Abs. 2, 819, 892, 932, 990 BGB und § 366 HGB.

Dem Vertretenen ist neben dem **geschäftlichen** auch das **private Wissen** seines Stellvertreters zuzurechnen. Die Berufung des Geschäftsgegners auf die Kenntnis des Vertreters kann aber im Einzelfall **treu**- und **sittenwidrig** sein (§§ 242, 138 BGB). Dies ist der Fall, wenn die Kenntnis dem Vertretenen nicht mitgeteilt werden soll oder der Vertreter mit dem Geschäftsgegner bewusst zum Nachteil des Vertretenen zusammengewirkt hat (**Kollusion**).

c. Weisungen des Vollmachtgebers

aa. Allgemeines

Bei der **gewillkürten Stellvertretung** kann sich der Vollmachtgeber nicht auf die Unkenntnis gewisser Umstände des Vertreters berufen, wenn dieser nach seinen **Weisungen** gehandelt hat (§ 166 Abs. 2 BGB). Dann muss neben dem Vertreterwissen **auch das Wissen des Vertretenen** und Vollmachtgebers berücksichtigt werden. Die Vorschrift gilt zwar nicht unmittelbar für den nicht weisungsgebundenen gesetzliche Vertreter und Organe juristischer Personen. Sie findet nach der Rechtsprechung aber entsprechende Anwendung, wenn der gesetzliche Vertreter wie ein weisungsgebundener Bevollmächtigter handelt (BGHZ 38, 65) oder der Geschäftsführer oder Liquidator einer GmbH den Weisungen des Alleingesellschafters folgt (BGH WM 2004, 1037). Der Begriff der Weisung wird weit ausgelegt, um sicherzustellen, dass die gesetzliche Folge der Mangelhaftigkeit eines Rechtsakts nicht durch die Bevollmächtigung eines arglosen Dritten umgangen wird. Es reicht aus, dass der Bevollmächtigte im Rahmen der Vollmacht zu einem bestimmten Rechtsakt schreitet, zu dessen Vornahme ihn der Machtgeber **veranlassen** wollte. Der Weisung steht es gleich, wenn der Vertretene trotz Kenntnis **nicht eingreift**, obwohl er es könnte oder **nicht widerspricht.**

bb. Willensmängel

Nach der Rechtsprechung kommt eine **analoge** Anwendung des § 166 Abs. 2 BGB, der sich auf die Kenntnis und das Kennenmüssen gewisser Umstände beschränkt, für Willensmängel in Betracht.

Beispiel: Nimmt eine Partei selbst an gerichtlichen Vergleichshandlungen teil, so handelt deren Prozessbevollmächtigter unter Umständen bei Abschluss des Prozessvergleichs nach ihren Weisungen. Für die Anfechtung des Vergleichs komm es in diesem Fall darauf an, ob die Partei vom Prozessgegner getäuscht und dadurch bestimmt worden ist, die Weisung zum Abschluss des Vergleichs zu erteilen (BGHZ 51, 141).

d. Wissensvertreter

Dem Geschäftsherrn sind nach der Rechtsprechung **analog** § 166 Abs. 1 BGB auch Kenntnisse und Kennenmüssen von sog. **Wissensvertretern** zuzurechnen, die **ohne Vertretungsmacht** eigenverantwortlich für den Geschäftsherrn handeln. Wissensvertreter ist jeder, der nach der Arbeitsorganisation des Geschäftsherrn dazu berufen ist, im Rechtsverkehr als **Repräsentant** bestimmte Aufgaben in eigener Verantwortung zu erledigen und die dabei angefallenen Informationen zur Kenntnis zu nehmen und ggf. weiterzuleiten. Dabei ist wesentlich, dass die Erlangung der Tatsachenkenntnis, die dem Geschäftsherrn zugerechnet werden soll, zu dem Aufgabenkreis des Vertreters gehört, auch wenn dieser die Tatsachen nicht an den Vertretenen und Geschäftsherrn weitergibt. Berücksichtigt wird grundsätzlich nur **geschäftliches** Wissen. **Privates** Wissen soll dann zu berücksichtigen sein, wenn der Geschäftsherr **ausnahmsweise** aus Gründen des Verkehrsschutzes zur Organisation eines Informationsaustauschs verpflichtet ist, der auch dieses Wissen umfasst.

6. Anfechtbarkeit

a. Vollmacht

Beim **Irrtum des Bevollmächtigenden** gelten die allgemeinen Regeln der Nichtigkeit und der Anfechtung von Rechtsgeschäften auch für die Anfechtung der Vollmacht als einseitiges Rechtsgeschäft. Im Falle der Anfechtung ist auf den Zeitpunkt vor und nach der Ausübung der Vollmacht zur Vornahme des Rechtsgeschäfts abzustellen.

aa. Vor Ausübung

Die Vollmacht kann vor Ausübung unstreitig vom Vollmachtgeber wegen Irrtums, arglistiger Täuschung oder Drohung angefochten werden (§§ 119f, 123 Abs. 1, 142 Abs. 1 BGB). Die **Innenvollmacht** ist gegenüber dem bevollmächtigten Vertreter als Anfechtungsgegner, die **Außenvollmacht** gegenüber dem Geschäftsgegner als Anfechtungsgegner anzufechten (§ 143 Abs. 3 S. 1 BGB). Bei Vollmacht durch **öffentliche Bekanntmachung** (§ 171 Abs. 1 BGB) ist Anfechtungsgegner jeder, der aufgrund des Rechtsgeschäfts unmittelbar einen rechtlichen Vorteil erlangt hat (§ 143 Abs. 4 S. 1 BGB). Die Vollmacht kann stattdessen auch widerrufen werden, sofern der Widerruf nicht ausnahmsweise ausgeschlossen ist. Die **unwiderrufliche** Vollmacht kann aber jedenfalls vor Ausübung angefochten werden.

bb. Nach Ausübung

Die Vollmacht kann auch nach Ausübung durch den Vollmachtgeber angefochten werden. Dies hat zur Folge, dass die Vollmacht von Anfang an *(ex tunc)* wegfällt (§ 142 Abs. 1 BGB) und das **Vertretergeschäft** somit **schwebend unwirksam** ist (§ 177 Abs. 1 BGB). Infolgedessen hat der Geschäftsgegner einen Anspruch gegen den Vertreter ohne Vertretungsmacht aus § 179 Abs. 1 oder 2 BGB, wenn der Vertretene das Geschäft nicht genehmigt. Der Vertreter hat seinerseits gegen den anfechtenden Vollmachtgeber aus § 122 BGB Anspruch auf Vertrauensschaden. Ein **Teil** der **Literatur** hält die Anfechtung jedenfalls dann für **unzulässig**, wenn es sich um eine **ausgeübte Innenvollmacht** handelt. In diesem Fall liege eine unbillige Risikoverteilung zu Lasten des Geschäftsgegners vor, der somit das Risiko trage, dass der Vertreter zahlungsunfähig oder ein Schadensersatzanspruch gegen ihn wegen § 179 Abs. 3 S. 2 BGB ausgeschlossen ist. Dies widerspreche der Regelung des § 166 Abs. 1 BGB, wonach der Vertretene das Geschäft nur dann vernichten könne, wenn sich der Vertreter (und nicht der Vertretene) geirrt habe. Die Anfechtung solle (analog § 166 Abs. 2 BGB) nur zulässig sein, wenn der Willensmangel des Vertretenen auf das Vertretergeschäft durchschlägt. Demgegenüber verweist die herrschende Meinung darauf, dass Vollmacht und Vertretergeschäft grundsätzlich rechtlich getrennt und ihrer Wirksamkeit voneinander unabhängig seien. Dafür spricht, dass die Vollmacht anderen Willenserklärungen nach den allgemeinen Regeln der Anfechtung gleichzustellen ist.

b. Rechtsscheinvollmacht

Die Anfechtung der Rechtsscheinvollmacht ist **umstritten**. Duldungs- und Anscheinsvollmacht sind nach der Rechtsprechung keine konkludenten Willenserklärungen. Der Rechtsschein kann nach einer im Schrifttum vertretenen Auffassung jedoch keinem Willensmangel unterliegen und ist auch keine rechtsgeschäftliche Handlung, die mit einer anfechtbaren Willenserklärung vergleichbar wäre, die ohne Erklärungsbewusstsein erfolgte. Nach einer anderen Auffassung kann der Rechtsschein jedenfalls nicht stärker wirken, als die Erteilung der Vollmacht selbst. Denn ansonsten hätte der Rechtsschein eine stärkere Bindung für den Vertretenen als die Vollmachtserteilung. Danach kommt eine Anfechtung in Betracht, wenn sich der Vertretene über den konkludenten Erklärungswert seines Handelns geirrt hat. Das soll aber nur die Fälle betreffen, in denen sich aus dem Dulden eine rechtsgeschäftliche Vollmacht ergibt. Danach kann die Duldungs- und die Anscheinsvollmacht (nur) gem. §§ 119 Abs. 2, 123 Abs. 2 BGB angefochten werden. Dies soll ein gleicher Weise für die Rechtsscheinvollmacht nach §§ 171, 172 BGB möglich sein. Dagegen soll eine Anfechtung wegen Irrtums über die Rechtsfolgen des Rechtsscheins ausgeschlossen sein.

7. Vertreter ohne Vertretungsmacht

a. Anwendungsbereich

Der Vertragsschluss durch den Vertreter ohne Vertretungsmacht *(falsus procurator)* ist in §§ 177 ff BGB geregelt. Diese Regelungen gelten für gewillkürte, gesetzliche und organschaftliche Vertretungsmacht. Ein Handeln ohne Vertretungsmacht liegt vor, wenn sie nicht oder nicht wirksam erteilt ist, durch Anfechtung, Widerruf oder aus sonstigen Gründen erloschen ist, wenn der Vertreter seine Vertretungsmacht bewusst oder unbewusst überschreitet, sie missbraucht oder von ihr keinen Gebrauch machen will. §§ 177 ff BGB gelten analog, wenn der Vertreter für einen nicht benannten Vertretenen auftritt und diesen trotz Aufforderung nicht benennt oder für eine nicht existierende Person handelt. Sie gelten auch beim Handeln unter fremden Namen (Identitätstäuschung), wenn der Bote ohne Auftrag handelt oder bewusst eine andere als die aufgetragene Erklärung abgibt und wenn jemand unberechtigt als gesetzlicher Verwalter fremden Vermögens auftritt.

b. Rechtsfolgen

aa. Gegenseitiger Vertrag

Ein Vertrag, den ein Vertreter im Namen des Vertretenen abschließt, ohne dazu aufgrund einer ausreichenden (gewillkürten, gesetzlichen oder organschaftlichen) Vertretungsmacht oder kraft Rechtsscheins ermächtigt zu sein, ist **schwebend unwirksam**. Diese Rechtsfolge gilt auch für dingliche Verträge wie z. B. die Einigung (§ 929 BGB) oder die Auflassung (§ 925 BGB). Die Wirksamkeit des Vertrages für und gegen den Vertretenen hängt von dessen **Genehmigung** ab (§ 177 Abs. 1 BGB).

bb. Einseitiges Rechtsgeschäft

Bei einem einseitigen Rechtsgeschäft ist eine Vertretung ohne Vertretungsmacht **unzulässig**. Es kann nicht genehmigt werden und ist **nichtig** (§ 180 S. 1 BGB). Eine **Ausnahme** gilt jedoch für einseitige empfangsbedürftige Rechtsgeschäfte von oder gegenüber einem Vertreter ohne Vertretungsmacht. Diese können genehmigt werden (§ 177 Abs. 1 BGB), wenn die fehlende Vertretungsmacht nicht beanstandet wird oder der Erklärungsempfänger damit einverstanden gewesen ist (§ 180 S. 2, 3 BGB). Hat ein Bevollmächtigter das Geschäft vorgenommen, ist es unwirksam, wenn er eine Vollmachtsurkunde nicht vorlegt und der andere das Geschäft aus diesem Grunde unverzüglich zurückweist. Dies ist ausgeschlossen, wenn der Vollmachtgeber den anderen von der Bevollmächtigung in Kenntnis gesetzt hat (§ 174 BGB).

c. Genehmigung

aa. Erteilung

Die Genehmigung ist eine einseitige empfangsbedürftige Willenserklärung des Vertretenen (§§ 130, 182ff BGB). Sie kann auch durch schlüssiges Handeln (**konkludent**) erteilt werden. Dies setzt voraus, dass der Vertretene bei Anwendung pflichtgemäßer Sorgfalt hätte erkennen können, dass sein Verhalten aus Sicht eines Dritten als Genehmigung verstanden werden durfte. Die Erteilung der Genehmigung durch den Vertretenen kann gegenüber dem Geschäftsgegner, wie dem Vertreter erfolgen, sofern eine Aufforderung (§ 177 Abs. 2 S. 1 BGB) noch nicht vorliegt. Die Genehmigung ist auch **formfrei**, wenn das Rechtsgeschäft formbedürftig war oder ausnahmsweise auch die Vollmacht, so bei Grundstücksveräußerung oder -erwerb (311b Abs. 1 BGB). Mit der Genehmigung wird der Vertrag **rückwirkend vollwirksam** (§ 184 Abs. 1 BGB). Verweigert der Vertretene die Genehmigung wird der Vertrag endgültig **unwirksam**.

bb. Aufforderung

Fordert der Geschäftsgegner den Vertretenen zur Erklärung über die Genehmigung auf, so kann diese nur ihm gegenüber erfolgen. Die Aufforderung ist eine **formlose** rechtsgeschäftsähnliche Handlung, die empfangsbedürftig ist (§ 130 BGB analog). Sie muss nicht auf Erteilung der Genehmigung gerichtet, sondern kann ergebnisoffen sein. Mit Zugang der Aufforderung wird eine zuvor gegenüber dem Vertreter ohne Vertretungsmacht erklärte Genehmigung oder deren Verweigerung unwirksam. Die Genehmigung kann nur bis zum Ablauf von zwei Wochen nach dem Empfang der Aufforderung erklärt werden und gilt sonst als verweigert (§ 177 Abs. 2 BGB). Bis zur Genehmigung des Vertrags ist der Geschäftsgegner zum **Widerruf** berechtigt, es sei denn, dass er den Mangel der Vertretungsmacht bei dem Abschluss des Vertrags gekannt hat. Der Widerruf kann auch dem Vertreter gegenüber erklärt werden (§ 178 BGB).

d. Widerruf

Der Geschäftsgegner ist bis zur Genehmigung des schwebend unwirksamen Vertrags durch den Vertretenen zum Widerruf berechtigt. Mit Zugang der Widerrufserklärung ist der schwebend unwirksame Vertrag mit Rückwirkung von Anfang an *(ex tunc)* nichtig. Der Widerruf kann durch empfangsbedürftige Willenserklärung (§ 130 BGB) gegenüber dem Vertreter oder dem Vertretenen formfrei und auch schlüssig (**konkludent**) erfolgen (§ 178 S. 2 BGB). Dabei muss der Geschäftsgegner jedoch erkennen lassen, dass er den abgeschlossenen Vertrag aufgrund des Mangels der Vertretungsmacht nicht gelten lassen möchte. Sofern er jedoch beim Abschluss des Geschäfts von dem **Mangel** der Vertretungsmacht positive **Kenntnis** hat (§ 178 S. 1 BGB), ist der Widerruf **ausgeschlossen**. Grob fahrlässige Unkenntnis oder Kennenmüssen schließen den Widerruf nicht aus. Sowohl der Widerruf wie auch eine Aufforderung zur Genehmigung (§ 177 Abs. 2 BGB) sind darüber hinaus ausgeschlossen, wenn sich der Geschäftsgegner nach Treu und Glauben (§ 242 BGB) nicht auf den Vertretungsmangel berufen darf.

e. Haftung

aa. Allgemeines

Der Vertreter ohne Vertretungsmacht haftet gegenüber dem Geschäftsgegner nach dessen Wahl auf **Erfüllung** des Vertrags oder **Schadensersatz**, wenn er in fremdem Namen einen Vertrag schließt und der Vertretene die Genehmigung des Vertrags verweigert oder diese als verweigert gilt (§ 179 Abs. 1 BGB). Es handelt sich um eine gesetzliche Garantiehaftung, die unabhängig von einem schuldhaften Handeln (§ 276 BGB) des Vertreters eintritt (**Vertrauenshaftung**). Die Haftungsregelung gilt für die gewillkürte, gesetzliche und organschaftliche Vertretung und erfasst schuldrechtliche Verpflichtungsverträge, z. B. Kauf (§ 433 BGB) sowie sachenrechtliche Verfügungsverträge, z. B. Einigung (§ 929 BGB). Der Stellvertreter hat aber ein eigenes Anfechtungsrecht (§§ 119ff BGB), und Widerrufsrecht (§ 355 BGB) in Abwehr einer Haftung aus § 179 BGB an Stelle des Vertretenen. Der Anspruch aus § 179 BGB verjährt regelmäßig (§§ 195, 199 Abs. 1 BGB), aber nicht später als nach der für den vertraglichen Anspruch maßgeblichen Verjährungsfrist.

bb. Ausschluss

Der Anspruch aus § 179 BGB ist bei einem **Widerruf** des Vertrages durch den Geschäftsgegner (§ 178 BGB) ausgeschlossen da der Vertretene die Genehmigung des Vertrags danach nicht mehr erteilen oder verweigern kann. Zudem ist die Vertrauenshaftung ausgeschlossen, wenn der Vertrag aus anderen Gründen nach den allgemeinen Regeln der §§ 104ff, 116ff, 134, 138 BGB **nichtig** ist. Auch bei **Rechtsscheinvollmacht** scheidet die Vertrauenshaftung aus, da der Geschäftsgegner nicht auf die Durchführung des Vertrags verzichten kann (h. M.).

Kenntnis des Geschäftsgegners

Der Stellvertreter **haftet nicht**, wenn der Geschäftsgegner den Mangel der Vertretungsmacht **kannte** oder **kennen musste** (§ 179 Abs. 3 S. 1 BGB). Kennenmüssen bedeutet nach § 122 Abs. 2 BGB Unkenntnis infolge von Fahrlässigkeit, also dem Außerachtlassen der im Verkehr erforderlichen Sorgfalt (§ 276 Abs. 2 BGB). Die Haftung ist auch ausgeschlossen, wenn der Vertreter den Mangel der Vertretungsmacht kannte und dies dem Geschäftsgegner lediglich infolge von Fahrlässigkeit unbekannt geblieben ist. Der Geschäftsgegner darf grundsätzlich auf eine ausreichende Vertretungsmacht vertrauen und hat daher auch **keine Nachprüfungs-** und **Erkundungspflicht**. Es liegt aber fahrlässige Unkenntnis vor, wenn der Geschäftsgegner beim Vertragsschluss entweder tatsächlich Zweifel an dem Bestand oder dem notwendigen Umfang der erforderlichen Vertretungsmacht hatte oder es jedenfalls erkennbare Umstände gab, die ihn insoweit hätten zweifeln lassen müssen. Wenn der Vertreter bei Vertragsschluss ausdrücklich auf seine fehlende Vertretungsmacht hinweist, hat der Vertragspartner Kenntnis vom Mangel und eine Haftung aus § 179 BGB scheidet aus.

Beispiel: Wenn der Vertreter ausdrücklich oder schlüssig behauptet, die für die Vornahme des Rechtsgeschäfts erforderliche Vertretungsmacht zu haben, darf der Vertragspartner daran grundsätzlich glauben. Nur wenn die Umstände des Einzelfalls ihn hätten veranlassen müssen, sich danach zu erkundigen, ob der Vertreter die zumindest stillschweigend behauptete Vertretungsmacht tatsächlich hat, liegt eine Außerachtlassung der im Verkehr erforderlichen Sorgfalt vor (BGH NJW 2000, 1407).

Beschränkte Geschäftsfähigkeit

Die Haftung des Vertreters ist auch dann ausgeschlossen, wenn er in der Geschäftsfähigkeit beschränkt war, es sei denn, dass er mit Zustimmung (§§ 182–184 BGB) seines gesetzlichen Vertreters gehandelt hat (§ 179 Abs. 3 S. 2 BGB). Nach überwiegender Ansicht genügt es, wenn sich die Zustimmung auf den Vertragsschluss als Vertreter bezieht und nicht zugleich auf das Handeln ohne Vertretungsmacht.

cc. Umfang

Der Umfang der Haftung des Vertreters richtet sich danach, ob er den Mangel der eigenen Vertretungsmacht kannte (§ 179 Abs. 1 BGB) oder nicht (§ 179 Abs. 2 BGB). Bei **Kenntnis** umfasst die Haftung das **positive Interesse** auf Erfüllung oder Geldersatz. **Fehlt** die Kenntnis beschränkt sich die Haftung auf das **negative Interesse** (Vertrauensschaden).

Erfüllung

Wählt der Geschäftsgegner Erfüllung, wird der Vertreter nicht selbst zum Vertragspartner. Es handelt sich vielmehr um ein **gesetzliches Schuldverhältnis**. Bei dinglichen Verträgen scheidet eine Erfüllung aus, da sie kein darauf gerichtetes Schuldverhältnis begründen. Der Vertreter hat den Vertragspartner bei **schuldrechtlichen Verträgen** so zu stellen, wie er bei Wirksamkeit des Vertrags mit dem Vertretenen stünde. Dies bedeutet, dass der Vertragspartner den Vertrag nun mit dem Vertreter anstelle des Vertretenen durchführt. Dadurch soll der Vertragspartner jedoch nicht bessergestellt und darf auch nicht bereichert werden. Für den **Erfüllungsanspruch** gelten die allgemeinen Regeln (z. B. §§ 280ff, 320ff BGB). Der Vertreter hat seinerseits alle Gestaltungsrechte, Einwendungen und Einreden aus dem Vertretergeschäft.

Geldersatz

Wählt der Vertragspartner Schadensersatz, so tritt der Anspruch an die Stelle der Erfüllung und ist auf das Erfüllungsinteresse gerichtet. Der Vertragspartner hat gegen den Vertreter Anspruch auf Ersatz des Wertinteresses in Geld gemäß § 251 BGB (**Geldersatz**). Der Anspruch wird nach der Differenztheorie durch Saldo der wechselseitigen Positionen berechnet. Wegen der Erfüllungswahl scheidet ein Anspruch auf Naturalrestitution (§ 249 Abs. 1 BGB) hingegen aus.

Vertrauensschaden

Hat der Vertreter **keine Kenntnis** vom Mangel der Vertretungsmacht, ist er nur zum Ersatz des Schadens verpflichtet, den der Vertragspartner durch das Vertrauen auf die Vertretungsmacht erleidet (**Vertrauensschaden**), jedoch nicht über den Betrag des (positiven) Interesses, den er an der Wirksamkeit des Vertrags hat (§ 179 Abs. 2 BGB). Zu ersetzen sind die Nachteile, die durch das Vertrauen auf die Gültigkeit des Geschäfts entstanden sind (vgl. § 122 BGB).

dd. Konkurrenz

Neben der Haftung aus § 179 BGB soll nach umstrittener Ansicht eine zusätzliche Haftung (Konkurrenz) des Vertreters wegen Verschulden bei Vertragsschluss (§§ 280 Abs. 1, 241 Abs. 2, 311 Abs. 2 BGB) treten, da es sich um unterschiedliche Haftungstatbestände handle. Nach wohl überwiegender Meinung verdrängt § 179 BGB als **Spezialnorm** den Anspruch aus c. i. c. und erfasst (obwohl Garantiehaftung) auch den Fall, dass den Vertreter wegen des unwirksamen Vertragsschlusses ein Verschuldensvorwurf (§ 276 BGB) trifft. Unabhängig davon kann der Vertreter ohne Vertretungsmacht wegen **anderer** vorvertraglicher **Pflichtverletzungen** aus einem Verschulden bei Vertragsschluss dem Geschäftsgegner haftbar sein.

ee. Vertretener

In den Fällen des § 179 Abs. 1 BGB kann sich eine Haftung des Vertretenen gegenüber dem Vertragspartner aus Verschulden bei Vertragsschluss ergeben (§§ 280 Abs. 1, 241 Abs. 2, 311 Abs. 2 BGB). Diese lässt sich damit begründen, dass der Vertretenen für ein eigenes **Auswahl-** oder **Überwachungsverschulden** einstehen muss. Darüber hinaus haftet er für pflichtwidriges Verhalten des Vertreters, wenn er diesen vor Vertragsschluss zu seinem **Verhandlungsgehilfen** bestellt hat und der Vertreter dann seine Befugnis überschreitet gemäß § 278 BGB. Des Weiteren kommt ein Anspruch des Vertragspartners gegen den Vertretenen aus § 831 BGB in Betracht, wenn der Vertreter ohne Vertretungsmacht als dessen **Verrichtungsgehilfe** gehandelt und dabei den Vertragspartner deliktisch geschädigt hat.

f. Missbrauch

Beim Missbrauch der Vertretungsmacht **überschreitet** der Vertreter im Innenverhältnis die ihm erteilten **Weisungen** zur Ausübung der Rechtsmacht für das Vertretergeschäft. Dieses bleibt allerdings aufgrund der abstrakten Vertretungsmacht **im Außenverhältnis** zum Schutz des Geschäftsgegners grundsätzlich **wirksam.** Der Vertretene kann dann gegenüber dem Vertreter lediglich Anspruch auf Schadensersatz wegen Verletzung des Grundverhältnisses haben. Von diesem Grundsatz gelten **Ausnahmen**, wenn der Geschäftsgegner nicht schutzwürdig ist und die Interessen des Vertretenen vorrangig sind.

aa. Kollusion

Bei Kollusion wirken der Vertreter und der Geschäftsgegner vorsätzlich und einvernehmlich zum Nachteil des Vertretenen zusammen **(bewusstes Zusammenwirken)**. Das Rechtsgeschäft ist wegen Sittenwidrigkeit nichtig (§ 138 Abs. 1 BGB). Der Vertretene kann das Geschäft nicht entsprechend § 177 Abs. 1 BGB genehmigen und „an sich ziehen", da die hierfür erforderliche Regelungslücke der Norm fehlt. Er hat gegen die kollusiv Handelnden indessen Ansprüche auf Schadensersatz (§ 826 BGB) und Verschulden bei Vertragsschluss (§§ 280 Abs. 1, 241 Abs. 2, § 311 Abs. 3 BGB).

Beispiel: Ein Vertrag ist wegen sittenwidriger Kollusion nichtig, wenn ein vom Verbot des Insichgeschäfts befreiter Bevollmächtigter seine Vollmacht missbraucht, um mit sich als Geschäftsgegner ein Geschäft zum Nachteil des Vertretenen abzuschließen. Das ist auch dann der Fall, wenn der Vertreter einen arglosen Untervertreter einschaltet oder er aufgrund seiner Vertretungsmacht einen weiteren, arglosen (Mit-) Vertreter zu dem Geschäft veranlasst und so das Insichgeschäft verschleiert (BGH NZG 2014, 389).

bb. Evidenz

Wenn der Geschäftsgegner bei Abschluss des Vertrags mit dem Vertreter dessen Pflichtverstoß im Innenverhältnis zum Vertretenen kannte oder dieser evident war **(objektive Evidenz)** ist er nicht schutzwürdig. Dem Geschäftsgegner obliegt zwar keine Prüfungspflicht. Eine objektive Evidenz liegt aber vor, wenn sich ihm der Pflichtverstoß aufgrund massiver Verdachtsmomente aufdrängen musste und er den Missbrauch der Vertretungsmacht so zumindest grob fahrlässig verkannt hat. Ein Vorsatz des Vertreters ist nach herrschender Auffassung nicht erforderlich. Rechtsfolge ist, dass der Vertrag mit dem Geschäftsgegner keine unmittelbare Wirksamkeit für und gegen den Vertretenen hat. Der Geschäftsgegner kann sich nicht auf die Vertretungsmacht gegenüber dem Vertretenen wegen **rechtsmissbräuchlichen Verhaltens** unter Verstoß gegen Treu und Glauben (§ 242 BGB) berufen. Dies führt zur Anwendung der §§ 177ff BGB. Somit ist es dem Vertretenen dennoch möglich, den Vertrag noch zu genehmigen (§ 177 Abs. 1 BGB) und damit rückwirkend wirksam werden zu lassen (§ 184 Abs. 1 BGB). Die Rechtsprechung nimmt eine **Schadensverteilung** gemäß § 254 BGB (Mitverschulden) analog vor, wenn der Vertretene den Missbrauch der Vertretungsmacht durch eine sorgfältige Überwachung des Vertreters hätte verhindern können.

Beispiel: Ein Bauherr wird nicht durch angeblich erteilte Zusatzaufträge verpflichtet, wenn sich dem Geschäftsgegner hätte aufdrängen müssen, dass dieser unter den Bedingungen einer nur dem Bevollmächtigten und dem Geschäftsgegner verständlichen Schlussrechnung Zusatzaufträge nicht erteilt hätte. Ein Geschäftsgegner, der den Missbrauch der Vertretungsmacht kannte oder dem er sich aufdrängen musste, ist in seinem Vertrauen auf den Bestand der Vertretungsmacht nicht schutzwürdig (BGHZ 113, 315).

Abb. 11: Stellvertretung

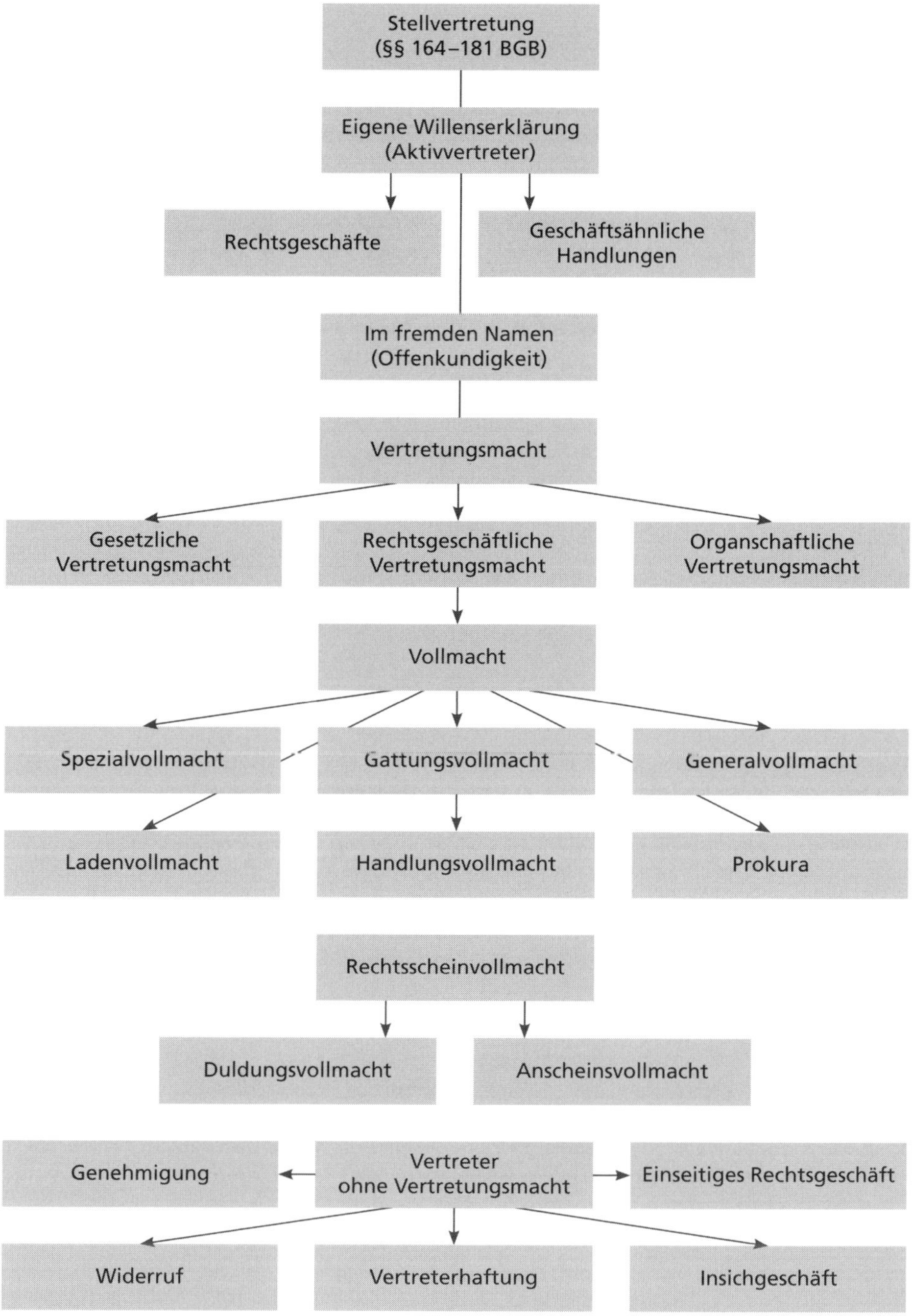

8. Insichgeschäft

a. Allgemeines

Nach § 181 BGB kann ein Vertreter, soweit nicht ein anderes ihm gestattet ist, im Namen des Vertretenen mit sich im eigenen Namen (**Selbstkontrahieren**) oder als Vertreter eines Dritten (**Doppelkontrahieren** oder **Mehrvertretung**) ein Rechtsgeschäft nicht vornehmen, es sei denn, es besteht ausschließlich in der Erfüllung einer Verbindlichkeit (**Verbot des Insichgeschäfts**). Ein solches Insichgeschäft ist schwebend unwirksam und kann nach §§ 179ff BGB genehmigt werden. Die Vorschrift gilt für die gewillkürte, gesetzliche und organschaftliche Stellvertretung juristischer Personen des Privatrechts und des öffentlichen Rechts. Sie gilt außerdem bei der Ein-Mann-GmbH für Verträge zwischen dem geschäftsführenden Alleingesellschafter und der Gesellschaft (§ 35 Abs. 3 GmbHG), nicht aber für Prozesshandlungen wie die Erteilung der Prozessvollmacht.

b. Rechtsgeschäfte

Als Rechtsgeschäfte werden sowohl schuldrechtliche und dingliche Verträge (**mehrseitige Rechtsgeschäfte**) als auch einseitige Gestaltungsrechte und geschäftsähnliche Handlungen (**einseitige Rechtsgeschäfte**) erfasst. Ausgenommen sind einseitige nicht empfangsbedürftige Rechtsgeschäfte, da der Vertreter bei diesen nicht auf beiden Seiten des Geschäfts stehen kann.

Beispiel: Ein Grundstückseigentümer, der dem Grundbuchamt gegenüber für sich und zugleich als Vertreter des Hypothekengläubigers die Löschung einer Hypothek beantragt und bewilligt, unterliegt den Beschränkungen des § 181 BGB (BGHZ 77, 7).

aa. Eine Vertragsseite

Der Vertreter muss **auf beiden Seiten** des Rechtsgeschäfts auftreten. Wenn jemand hingegen einen Vertrag zugleich im eigenen und fremden Namen oder für mehrere Vertreter mit einem Dritten abschließt ist § 181 BGB nicht anwendbar (**teleologische Reduktion**). Die Norm will verhindern, dass verschiedene und einander widerstreitende Interessen durch ein und dieselbe Person vertreten werden, soweit dies nicht durch Gesetz oder Vollmacht gestattet ist, weil ein solches Selbstkontrahieren die Gefahr eines Interessenkonflikts und damit einer Schädigung des einen oder anderen Vertragsteils mit sich bringt. Dieser Schutzzweck der Norm entfällt, wenn der Vertreter das Rechtsgeschäft lediglich auf einer Vertragsseite abschließt, da er somit keine gegenläufigen, sondern parallele Willenserklärungen abgibt (**kein Interessenkonflikt**).

bb. Rechtlicher Vorteil

§ 181 BGB findet auch dann keine Anwendung, wenn das Rechtsgeschäft für den Vertretenen lediglich **rechtlich vorteilhaft** (vgl. § 107 BGB) oder zumindest **neutral** ist. Nach dem Sinn und Zweck der Norm ist in diesen Fällen keine Beschränkung des Insichgeschäfts gerechtfertigt (**teleologische Reduktion**), da dem Vertretenen kein Nachteil droht, es zumindest weder einen rechtlichen Vorteil noch einen rechtlichen Nachteil mit sich bringt.

c. Gesellschaftsrecht

aa. Gesellschafterbeschlüsse

Bei Abschluss und Änderung eines Gesellschaftsvertrags (Personenhandelsgesellschaft) oder einer Satzung (Kapitalgesellschaft) unterliegen die **Gesellschafterbeschlüsse** dem Verbot des Insichgeschäfts nach § 181 BGB. Auch bei der Änderung des Gesellschaftsvertrags sind die Gesellschafter nach der Rechtsprechung insoweit Geschäftsgegner und schließen den Vertrag nicht in derselben Parteirolle ab. Maßnahmen der Geschäftsführung und sonstige gemeinsame Gesellschaftsangelegenheiten unterliegen nicht dem Schutzzweck der Norm. Dagegen erfasst sie **grundlegende Angelegenheiten** wie die Geschäftsführerwahl.

Beispiel: § 181 BGB findet Anwendung, wenn sich ein Gesellschafter, der von anderen zu ihrer Vertretung in **Gesellschafterversammlungen** bevollmächtigt ist, mit den Stimmen seiner Vollmachtgeber zum Geschäftsführer der Gesellschaft bestellt (BGH NJW 1991, 691).

bb. Stimmverbote

Bei Stimmrechtsvollmachten gelten aufgrund von Sondervorschriften Stimmverbote für den Verein (§ 34 BGB), die Kapitalgesellschaft (§§ 47 Abs. 4 GmbHG, 136 AktG), Genossenschaft (§ 43 Abs. 3 GenG) und die Wohnungseigentümergemeinschaft (§ 25 Abs. 4 WEG). Diese sind gegenüber der allgemeinen Verbotsvorschrift des § 181 BGB spezieller und verdrängen diese (**Spezialität**).

cc. Gesamtvertretung

Bei Gesamtvertretung liegt ein Insichgeschäft vor, wenn der Vertreter für den Vertretenen und für sich als Geschäftspartner handelt. Das gilt nach der Rechtsprechung jedoch nicht, wenn ein Gesamtvertreter den anderen ermächtigt und darauf mit ihm ein Rechtsgeschäft vornimmt.

Beispiel: Eine Alleinvertretung durch einen gesamtvertretungsberechtigten Geschäftsführer mit Ermächtigung des anderen gemäß § 125 Abs. 2 S. 2 HGB ist auch zulässig, wenn der andere Gesamtvertreter Vertragspartner der Gesellschaft ist. Durch die Ermächtigung erstarkt die von vornherein bestehende gesetzliche Vertretungsmacht für den bestimmten Geschäftsbereich zur Alleinvertretungsmacht. Der Gesamtvertreter handelt insoweit als Gesellschaftsorgan und nicht als Bevollmächtigter. Damit liegt kein Verstoß gegen § 181 BGB vor, da die Gesellschaft beim Vertragsschluss allein durch den Gesamtvertreter vertreten ist und der andere Gesamtvertreter im eigenen Namen den Vertrag mit der Gesellschaft schließt. Auch ist kein Interessenkonflikt gegeben, da der für die Gesellschaft handelnde Gesamtvertreter das abgeschlossene Geschäft im gesellschaftlichen Innenverhältnis aufgrund der Ermächtigung nach § 125 Abs. 2 S. 2 HGB voll zu vertreten hat (BGHZ 64, 72).

d. Analogie

aa. Untervertretung

Bestellt der Vertreter einen Untervertreter und schließt das Rechtsgeschäft mit diesem ab (**Untervertretung**), ist das Verbot des Insichgeschäfts nicht nach dem Wortlaut des § 181 BGB, aber nach dem Normzweck **analog** anwendbar.

bb. Mehrvertretung

Das Verbot des Insichgeschäfts gilt analog § 181 BGB darüber hinaus, wenn der Vertreter für den Vertretenen handelt und für sich einen Vertreter auftreten lässt (**Mehrvertretung**) Der Vertreter kann auf den Untervertreter oder den für sich bestellten Vertreter Einfluss nehmen und auf der anderen Seite des Vertretergeschäfts mitwirken (**Interessenkonflikt**). Dagegen scheidet die Analogie aus, wenn das Rechtsgeschäft zwischen mehreren Vertretern einer Person geschlossen wird, wobei einer davon zugleich der Vertreter einer anderen Person ist und im konkreten Rechtsgeschäft für diese handelt.

Beispiel: Bei einem Kaufvertrag zwischen einer GmbH, vertreten durch ihren Prokuristen, und einem e.V., vertreten durch das alleinvertretungsberechtigte Vorstandsmitglied, das zugleich alleiniger Geschäftsführer und Gesellschafter der GmbH ist, findet § 181 BGB keine analoge Anwendung. Die Prokuristen sind nicht Unterbevollmächtigte des Geschäftsführers, sondern erfüllen ihre Vertretungsaufgabe in eigener Verantwortung gegenüber der Gesellschaft (BGH NJW 1991, 334).

e. Zulässigkeit

aa. Gesetzliche Gestattung

Dient das Rechtsgeschäft lediglich der **Erfüllung einer Verbindlichkeit**, gilt das Verbot des Insichgeschäfts nach § 181 Hs. 2 BGB nicht (**gesetzliche Gestattung**). Denn durch die Erfüllung droht dem Vertretenen i. d. R. keine zusätzliche wirtschaftliche Gefahr mehr, da es lediglich um den Vollzug dessen gilt, was bereits verbindlich geregelt ist. Der Vertretene war bereits mit der Verbindlichkeit belastet und muss die Erfüllung bewirken. Das setzt voraus, dass die Verbindlichkeit auch **tatsächlich** besteht, **fällig** und **einredefrei** ist. **Erfüllungssurrogate** werden ebenso erfasst wie die Erfüllung, wenn dadurch keine neuen Vereinbarungen mit Pflichten oder sonstigen rechtlichen Nachteilen für den Vertretenen entstehen. Außerhalb des § 181 BGB gestattet das Gesetz bestimmte weitere Insichgeschäfte, etwa in § 1009 Abs. 2 BGB, § 10 Abs. 3 BBiG.

bb. Rechtsgeschäftliche Gestattung

Bereits aus dem Wortlaut des § 181 BGB ergibt sich, dass das Insichgeschäft nur verboten ist, soweit nicht ein anderes dem Vertreter gestattet ist (**rechtsgeschäftliche Gestattung**). Damit ist eine **Einwilligung** als vorherige Zustimmung (§ 182f BGB) gemeint, da es dem Vertretenen freisteht, auf die Schutzfunktion des § 181 BGB zu verzichten. Die Einwilligung ist ein einseitiges Rechtsgeschäft, das durch empfangsbedürftige Willenserklärung gegenüber dem Vertreter vorgenommen wird (§ 182 Abs. 1 BGB). Bei Mehrvertretung ist auch eine Erklärung gegenüber dem anderen Vertretenen möglich. Die Gestattung ist **formfrei** möglich (§ 182 Abs. 2 BGB) und kann auch konkludent oder mit der Vollmachtserteilung verbunden werden. Bis zur Vornahme des Insichgeschäfts ist die Gestattung grundsätzlich **widerruflich** (§ 183 S. 1 BGB). Die Gestattung kann auch durch die Organvertreter im **Gesellschaftsvertrag** einer GbR oder Personenhandelsgesellschaft sowie der **Satzung** einer Kapitalgesellschaft als Befreiung vom Verbot des Insichgeschäfts nach § 181 BGB vorgesehen werden. Es kann auch bestimmt werden, dass die Gestattung durch einfachen **Gesellschafterbeschluss** erfolgen kann.

VII. Anfechtung

Die Anfechtung einer Willenserklärung wird in §§ 119ff BGB geregelt. Dabei handelt es sich um eine **rechtsvernichtende Einwendung**. Sind ihre Voraussetzungen gegeben, führt dies zur **Nichtigkeit** der angefochtenen Willenserklärung und des mit ihr verbundenen Rechtsgeschäfts, rückwirkend **(ex tunc-Wirkung)** auf den Zeitpunkt des Vertragsschlusses (§ 142 Abs. 1 BGB). Dazu bedarf es einer Anfechtungserklärung gegenüber dem Anfechtungsgegner (§ 143 BGB), innerhalb der Anfechtungsfrist (§§ 121, 124 BGB) und das Vorliegen eines Anfechtungsgrunds (§§ 119, 120, 123 Abs. 1 BGB).

1. Anwendungsbereich

a. Willenserklärungen

Die §§ 119ff BGB sind grundsätzlich auf alle Willenserklärungen anwendbar, sofern keine **Sonderregeln** vorgehen (z. B. §§ 19ff VVG). Empfangsbedürftige, nicht- empfangsbedürftige, schriftliche, mündliche und schlüssige (konkludente) Willenserklärungen sind anfechtbar. Es können sowohl schuldrechtliche als auch dingliche Rechtsgeschäfte angefochten werden (z. B. die Einigung i. S. v. § 929 BGB). Auch die Tilgungsbestimmung (§ 366 Abs. 1 BGB) ist nach herrschender Auffassung eine Willenserklärung, die angefochten werden kann. Ein **Schweigen** kann grundsätzlich **nicht** angefochten werden, da es als rechtliches Nullum keine Wirkung (vgl. § 241a BGB) entfaltet, sofern diesem nicht ausnahmsweise ein Erklärungsgehalt nach Treu und Glauben (§ 242 BGB) oder aufgrund gesetzlicher Regelung (z. B. § 362 Abs. 1 HGB) zukommt. Auch wenn das Gesetz dem Schweigen eine Ablehnungswirkung beimisst (z. B. § 177 Abs. 2 S. 2 BGB), ist es nicht anfechtbar.

b. Nichtige Rechtsgeschäfte

Die Anfechtung ist nach der herrschenden Meinung auch zulässig, wenn die Willenserklärung **bereits** aus einem anderen Rechtsgrund **unwirksam** ist, da sich der Anfechtende in eine für ihn vorteilhafte Situation bringen kann (Kipp'sche Lehre der **Doppelwirkung**). So kann etwa bei einem nach § 138 Abs. 2 BGB (Wucher) nichtigen Darlehensvertrag aufgrund einer Anfechtung Schadensersatz gem. § 122 BGB **(Vertrauensschaden)** verlangt werden. Nach anderer Ansicht ist es indes nur möglich, ein Rechtsgeschäft anzufechten, wenn dieses wirksam besteht. Danach scheidet eine Anfechtung bei einem nichtigen Rechtsgeschäft aus, da es nicht erneut vernichtet werden kann.

c. Sonstige Handlungen

Auf **geschäftsähnliche Handlungen** wie die Mahnung für den Schuldnerverzug (§ 286 Abs. 1 S. 1 BGB) finden die Anfechtungsregeln der §§ 119ff BGB analoge Anwendung. Dagegen sind **Realakte nicht** anfechtbar (z. B. die Übergabe i. S. v. § 929 BGB).

2. Anfechtungserklärung

a. Rechtsgeschäft

Die Anfechtungserklärung ist ein einseitiges empfangsbedürftiges Rechtsgeschäft. Sie erfolgt durch **formfreie** empfangsbedürftige Willenserklärung gegenüber dem **Anfechtungsgegner**. Mit Zugang beim Empfänger wird die Erklärung (unter Abwesenden) wirksam (§ 130 BGB).

Die Anfechtungserklärung ist ein Gestaltungsrecht und kann weder unter einer Bedingung oder Befristung (§ 158 ff BGB) abgegeben, noch durch einseitigen Widerruf beseitigt werden. Sie kann aber selbst Gegenstand einer Anfechtungserklärung sein. Eine **Eventualanfechtung** ist hingegen als unbedingte Anfechtung der rechtsgeschäftlichen Willenserklärung zulässig. Sie wird in der Regel von einer Partei hilfsweise für den Fall in einen Prozess eingeführt, dass das Rechtsgeschäft nicht den in erster Linie behaupteten Inhalt hat oder nicht ohnehin nichtig ist. Die Wirkung der Anfechtung ergibt sich aus der künftigen gerichtlichen Klarstellung eines zuvor nur für die Parteien ungewissen, aber objektiv bereits bestehenden Rechtszustandes.

Da **Prozesshandlungen** keine Willenserklärungen (§§ 116 ff BGB) sind, können sie **nicht** nach §§ 119 ff BGB angefochten werden. Etwas anderes gilt für den **Prozessvergleich** (§ 794 Abs. 1 Nr. 1 ZPO). Dieser ist Prozesshandlung und als zivilrechtlicher Vergleich (§ 779 BGB) auch materielles Rechtsgeschäft **(Doppelnatur)**, das wegen Willensmängeln anfechtbar ist.

aa. Inhalt der Erklärung

Der Inhalt der Anfechtungserklärung ist nach den allgemeinen Auslegungsregeln (§§ 133, 157 BGB) aus dem objektiven Empfängerhorizont zu bestimmen. Nach der Rechtsprechung liegt eine Anfechtungserklärung vor, wenn die Erklärung **unzweideutig** erkennen lässt, dass das Rechtsgeschäft rückwirkend beseitigt werden soll. Dazu bedarf es nicht des ausdrücklichen Gebrauchs des Wortes „anfechten". Es kann vielmehr nach den Umständen genügen, wenn eine übernommene Verpflichtung bestritten oder nicht anerkannt oder ihr sonst widersprochen wird. In jedem Fall ist erforderlich, dass sich unzweideutig der Wille ergibt, dass Geschäft gerade wegen des Willensmangels nicht bestehenlassen zu wollen.

Beispiel: Ein Käufer betätigt auf der eBay-Internetplattform den Button „Sofort-Kaufen" um ein E-Bike zu erwerben, das der Verkäufer nach der Artikelbeschreibung zum Kaufpreis von 2.600 € angeboten hat. Der Käufer beruft sich auf den von ihm eingegebenen und ihm auch in der Kaufbestätigung von eBay angezeigten Kaufpreis von 139,90 €. Durch die vorbehaltlose Betätigung des Sofortkauf-Buttons ist zwar die Annahme des Angebots zum Kaufpreis von 2.600 € uneingeschränkt angenommen worden. Der Kaufvertrag ist jedoch erloschen, weil der Käufer seine auf diesen Kaufpreis lautende Annahmeerklärung wirksam wegen Inhaltsirrtums angefochten hat (§§ 119 Abs. 1, 121 Abs. 1, 143 Abs. 1, 2 BGB). Denn der Käufer hat bereits am Tage des Kaufs mittels E-Mail den vom Verkäufer verlangten Kaufpreis nicht gelten lassen wollen und seinerseits die Erfüllung des Kaufvertrags zum Kaufpreis von 139,90 € anwaltlich eingefordert (BGH NJW 2017, 1660).

bb. Anfechtungsgrund

Die Rechtsprechung kann dahin verstanden werden, dass die Anfechtungserklärung insoweit auch die Angabe eines Anfechtungsgrunds enthalten muss. Dann ist ein **Nachschieben** von Anfechtungsgründen **unzulässig**. Nach überwiegender Meinung im Schrifttum bedarf es deren Angabe nicht, wenn sie dem Anfechtungsgegner bekannt oder erkennbar sind. Sonst soll eine Anfechtungserklärung nur als Irrtumsanfechtung gelten, ohne dass ein schärfer wirkender Anfechtungsgrund nachgeschoben werden kann. Zudem ist durch Auslegung zu ermitteln, ob eine Anfechtung wegen arglistiger Täuschung zugleich eine Irrtumsanfechtung beinhaltet. Ist ein Nachschieben von Anfechtungsgründen unzulässig, kann eine solche Erklärung aber als eine weitere Anfechtung (mit eigener Anfechtungsfrist) zu verstehen sein.

b. Teilanfechtung

Eine Teilanfechtung ist grundsätzlich möglich, wenn es sich um ein einheitliches, aber teilbares Rechtsgeschäft handelt (§ 139 BGB). Dann ist prüfen ist, ob sich aus dem Parteiwillen ergibt, dass die übrigen rechtsgeschäftlichen Regelungen aufrechterhalten werden sollen.

Beispiel: Die Anfechtung der Mitveräußerung eines Wiesengrundstücks zusammen mit einem Hausgrundstück wegen widerrechtlicher Drohung (§ 123 BGB) erstreckt sich nicht auf den ganzen Vertrag (§ 139 BGB). Denn da der Anfechtenden nur das Hausgrundstück und nicht das Wiesengrundstück verkaufen wollte war dieses nicht von Verkaufsverhandlungen und -abrede umfasst (BGH NJW 1969, 1759).

c. Anfechtungsgegner

Anfechtungsgegner bei Verträgen ist der andere Teil als **Vertragspartner** (§ 143 Abs. 2 BGB). Bei Stellvertretung (§ 164 BGB) ist dies der **Vertretene** und nicht der Vertreter. Allerdings ist Anfechtungsgegner einer Vollmacht nach abgeschlossenem Geschäft nur der Geschäftspartner. Beim Vertrag zugunsten Dritter (§ 328 BGB) ist der Vertragspartner (nicht der Begünstigte) Anfechtungsgegner. Im Falle der arglistigen Täuschung ist Anfechtungsgegner, wer aus dem Vertrag unmittelbar ein Recht erworben hat, wenn er die Täuschung kannte oder kennen musste (§§ 143 Abs. 2, 123 Abs. 2 S. 2 BGB). Beim einseitigen empfangsbedürftigen Rechtsgeschäft, muss die Anfechtung gegenüber dem Empfänger der Willenserklärung abgegeben werden (§ 143 Abs. 3 S. 1 BGB). Bei einem einseitigen nicht-empfangsbedürftigen Rechtsgeschäft (§§ 675, 959 BGB) ist Anfechtungsgegner, wer aufgrund des Rechtsgeschäfts unmittelbar einen rechtlichen Vorteil erlangt hat (§ 143 Abs. 4 S. 1 BGB).

3. Anfechtungsgrund

Ein Anfechtungsgrund setzt das Vorliegen eines **Irrtums** über die Willenserklärung voraus. Dabei fallen Wille und Erklärung des Erklärenden auseinander, ohne dass ihm dies bewusst ist. Der Erklärende hat also eine **falsche Vorstellung** von der Wirklichkeit. Eine Willenserklärung kann nur wegen Inhaltsirrtum oder Erklärungsirrtum (§ 119 Abs. 1 BGB), Eigenschaftsirrtums (§ 119 Abs. 2 BGB), falscher Übermittlung (§ 120 BGB) oder wegen arglistiger Täuschung oder Drohung (§ 123 BGB) angefochten werden. Eine Anfechtung der Willenserklärung kommt nur dann in Betracht, wenn das Erklärte und Gewollte sich nicht decken und dies durch Auslegung der Willenserklärung aus dem objektiven Empfängerhorizont (§§ 133, 157 BGB) im Vorfeld ermittelt wurde **(Auslegung vor Anfechtung)**. Wenn der Erklärungsgegner den wahren Willen des Erklärenden erkannt hat, ist der Irrtum des Erklärenden unerheblich. Dann gilt die Erklärung so wie sie gewollt ist, da beide Parteien im Willen übereinstimmen. Es gilt der Grundsatz, dass eine falsche Bezeichnung des Erklärenden für das Zustandekommen des Rechtsgeschäfts nicht schädlich ist ***(falsa demonstrio non nocet)***. Beim Vertrag ist zunächst zu prüfen, ob die Vertragserklärungen übereinstimmen. Ist dies nicht der Fall, handelt es sich um einen versteckten Einigungsmangel nach § 155 BGB (**verdeckter Dissens**) mit der Folge, der dieser mangels übereinstimmender Willenserklärung nicht zustande gekommen ist.

a. Erklärungsirrtum

Eine Willenserklärung ist wegen Erklärungsirrtum anfechtbar, wenn der Erklärende bei Abgabe der Willenserklärung eine Erklärung dieses Inhalts nicht abgeben wollte und anzunehmen ist, dass er sie bei Kenntnis der Sachlage und verständiger Würdigung des Falles nicht abgegeben haben würde (§ 119 Abs. 1 Fall 2 BGB). Dies bedeutet, dass die **äußere objektive Erklärung nicht dem subjektiven Willen des Erklärenden entspricht**. Er gibt andere Erklärungszeichen ab, als er tatsächlich will. Es handelt sich um einen **Irrtum über die Erklärungshandlung** und **nicht** über die **Rechtsfolge** der Willenserklärung. Der Erklärungsempfänger muss sich die Willenserklärung so zurechnen lassen, wie sie aus Sicht des objektiven Empfängers, der auf die Richtigkeit der Erklärung vertrauen darf, verstanden werden (§§ 133, 157 BGB).

Beispiele: Verschreiben, Versprechens oder Vergreifen.

aa. Computerfehler

Bei automatisierten Computerklärungen, insbesondere beim Warenkauf im Internet, ist in der Regel erst die Bestätigungs-E-Mail und nicht bereits die Ausweisung einer Ware im Internet mit einem bestimmten Preis Gegenstand der Anfechtung. Bei dieser handelt es sich lediglich um eine Aufforderung zur Abgabe eines Angebots *(invitatio ad offerendum)*. Ein Fehler bei der Dateneinspeisung oder Programmierung kann aber nach den Regeln über die Irrtumsanfechtung von Willenserklärungen anfechtbar sein, wenn sich der Fehler unmittelbar auf den Inhalt der automatisierten Erklärung auswirkt (**Computerfehler**) Auch das Vertippen bei der Eingabe ins Computersystem oder die Verwendung eines falschen Textbausteins berechtigt zur Anfechtung wegen eines Erklärungsirrtums.

Beispiel: Der Käufer bestellte auf der Internetseite der Verkäuferin ein Notebook zu dem dort angegebenen Kaufpreis in Höhe von 450 €. Die Verkäuferin bestätigte die Bestellung mittels automatisch verfasster E-Mail und lieferte das Notebook zum Verkaufspreis an den Käufer. Der bei der Verkäuferin intern eingegebene Kaufpreis in Höhe von 2.650 € wurde aufgrund eines Fehlers im Datentransfer im Internet aber falsch ausgezeichnet und entsprach daher nicht ihrem Erklärungswillen. Die Verfälschung des ursprünglich (intern) richtig Erklärten auf dem Weg zum Empfänger durch eine unerkannt fehlerhafte Software ist Irrtum der Erklärungshandlung gem. § 119 Abs. 1 Fall 2 BGB. Denn es besteht kein Unterschied, ob sich der Erklärende selbst verschreibt bzw. vertippt oder die Abweichung vom gewollten Erklärungstatbestand auf dem weiteren Weg zum Empfänger eintritt (BGH NJW 2005, 976).

Dagegen berechtigt ein interner **einseitiger Kalkulationsirrtum** nicht zur Anfechtung. Denn hierbei handelt es sich um einen bereits im Stadium der Willensbildung unterlaufenden Irrtum im Beweggrund (**Motivirrtum**), der von den gesetzlichen Anfechtungsgründe nicht erfasst ist. Wer aufgrund einer für richtig gehaltenen Bemessungsgrundlage, die unzutreffend ist, einen bestimmten Preis oder eine Vergütungsforderung ermittelt und seinem Angebot zugrunde legt, trägt auch das Risiko dafür, dass seine Kalkulation zutrifft. Dabei macht es keinen Unterschied, wenn die falsche Berechnung auf Fehlern einer vom Erklärenden verwendeten Software beruht.

Beispiel: Wer Emissionsdaten über das Bezugsverhältnis von Goldoptionen statt das von Silberoptionen in das EDV-System einer Bank eingibt und dabei nicht an das Bezugsverhältnis gedacht hat, ist insoweit keinem Irrtum unterlegen und hat auch keine Erklärung abgegeben. Die Verwechslung von Goldoptionen mit Silberoptionen ist weder ein Erklärungs- noch ein Inhaltsirrtum, sondern ein unbeachtlicher Motivirrtum (BGH WM 2009, 1500).

bb. Vertragsurkunden

Beim Unterschreiben von Vertragsurkunden ist danach zu unterscheiden, ob die Person dabei keine oder unrichtige Vorstellungen des Inhalts hat oder eine Urkunde blanko unterschreibt.

Keine Vorstellungen

Nach der Rechtsprechung erklärt sich derjenige, der eine Urkunde unterschreibt, ohne sich über ihren Inhalt Gewissheit verschafft zu haben, aus der maßgeblichen Sicht des Vertragsgegners mit dem Inhalt einverstanden. Wer also eine Urkunde **blind unterschreibt**, ohne von deren Inhalt irgendeine Vorstellung zu haben, **irrt nicht** und kann folglich nicht anfechten. Es fehlt an einem zur Anfechtung berechtigenden Irrtum über die Erklärung.

Beispiel: Wer bei der Einrichtung einer Angebotsseite im Internet versehentlich einen falschen Verkaufspreis angibt und vor der Freischaltung seine Eingaben zwecks Zeitersparnis nicht überprüft, hat keine Fehlvorstellung von seiner Erklärung (OLG Hamm NJW 2001, 1142).

Fehlvorstellungen

Sofern sich indessen jemand von dem Inhalt eines Schriftstücks, das er ungelesen unterschreibt, eine bestimmte, allerdings **unrichtige Vorstellung**, macht, liegt nach der Rechtsprechung ein zur Anfechtung berechtigender Erklärungsirrtum vor. Dies kommt etwa bei der Unterzeichnung einer **Ausgleichsquittung** durch den Arbeitnehmer bei Beendigung des Arbeitsverhältnisses in Betracht.

Beispiele: Wer eine Bestätigung über die Beendigung des Arbeitsverhältnisses unterschreibt in der Annahme, es handle sich dabei um eine Quittung über den Empfang des Restlohns und der Arbeitspapiere, ist zur Anfechtung seiner Willenserklärung wegen eines Erklärungsirrtums berechtigt (BAG 1971, 639).

Ein Notar nimmt zusätzlich eine nicht verabredete Klausel in die Vertragsurkunde. Eine Partei überhört es beim Verlesen der Urkunde, genehmigt und unterschreibt diese in der Annahme, die Urkunde enthalte lediglich den zur Kenntnis genommenen Teil der Vereinbarung. Sie kann das objektiv Erklärte wegen Irrtums anfechten (BGHZ 71, 260).

Blankounterschrift

Wer eine Blankounterschrift auf einer Urkunde leistet und das **Blankett aus der Hand gibt**, schafft damit die Möglichkeit, dass dieses entgegen oder abweichend von seinem Willen in den Rechtsverkehr gebracht wird. Er muss dann auch bei einer seinem Willen nicht entsprechenden Ausfüllung des Blanketts den dadurch geschaffenen Inhalt der Urkunde einem redlichen Dritten gegenüber, dem die Urkunde vorgelegt wird, gegen sich gelten lassen, unabhängig davon, ob der vervollständigte Text seinem Willen entspricht oder nicht Die Blankounterschrift begründet einen **Rechtsschein**, aufgrund der er dem Vertrauenden analog § 172 Abs. 2 BGB haftet (BGH NJW 1996, 1467).

b. Inhaltsirrtum

Die Willenserklärung kann wegen eines Irrtums über den Inhalt der Erklärung (**Inhaltsirrtum**) angefochten werden, wenn anzunehmen ist, dass der Erklärende sie bei Kenntnis der Sachlage und bei verständiger Würdigung des Falles nicht abgegeben haben würde (§ 119

Abs. 1 Fall 1 BGB). Beim Inhaltsirrtum irrt der Erklärende über den **objektiven, rechtlich wirksamen Gehalt** seiner Willenserklärung („Er weiß, was er sagt, nicht aber, was er damit sagt.“).

aa. Verlautbarkeitsirrtum

Beim Verlautbarkeitsirrtum irrt sich der Erklärende über den objektiven Sinn des verwendeten **Erklärungsmittels**. Er verwendet falsche Fachausdrücke, Fremdwörter, Rechtsbegriffe, o. Ä.

Beispiele: Ein Händler bestellt „214 Fass Haaksjöringköd aus Norwegen zu einem Preis von 4,30 Mark pro Kilogramm". Beide Parteien gehen davon aus, dass Haaksjöringköd Walfleisch bedeutet, was aber tatsächlich die norwegische Bezeichnung für Haifischfleisch ist. Es liegt kein Irrtum vor, da sie subjektiv etwas anderes gewollt, als sie objektiv erklärt haben. Deshalb kommt ein Vertrag entsprechend dem gemeinsamen Willen der Parteien zustande. Nach dem Grundsatz *falsa demonstratio non nocet* ist die falsche Bezeichnung dafür unschädlich (RGZ 99, 147).

Bei der Bestellung von „25 Gros Rollen“ Toilettenpapier geht die Käuferin davon aus, lediglich 25 Doppelpack Toilettenpapier bestellt zu haben. Das Erklärungszeichen „Gros“ ist nach dem Bestellschein die Mengenangabe für „12 × 12“ Rollen. Die Käuferin wollte keinesfalls 3.600 (25 × 12 × 12) Rollen Toilettenpapier kaufen. Sie kann ihre Erklärung gem. § 119 Abs. 1 BGB wirksam anfechten, weil von ihr nicht verlangt werden kann, dass sie die völlig unübliche und veraltete Mengenbezeichnung „Gros“ kennt (LG Hanau NJW 1979, 721).

bb. Identitätsirrtum

Beim Identitätsirrtum irrt der Erklärende über die **Merkmale**, die für die Individualisierung und Konkretisierung des Rechtsgeschäfts notwendig sind.

Irrtum über den Geschäftstyp

Beim Irrtum über den Geschäftstyp ***(error in negotio)*** hat der Erklärende eine bestimmte, aber falsche Vorstellung von der **rechtlichen Einordnung** des Geschäftstyps als Bestandteil seines rechtsgeschäftlichen Willens („Er verwechselt das Geschäft.“).

Beispiele: Der Erklärende gibt ein Angebot für einen Leihvertrag ab, in der Annahme es handle sich um einen Mietvertrag, für einen Leasingvertrag, will aber einen Ratenvertrag abschließen, sich verbürgen, erklärt aber einen Schuldbeitritt.

Der Erklärende will als Mitglied eines Sozialversicherungsträgers im Krankenhaus behandelt werden, unterschreibt aber einen Vertrag über eine private Behandlung (LG Köln NJW 1988, 1518).

Irrtum über die Person des Geschäftspartners

Ein Irrtum über die Peron des Geschäftspartners ***(error in persona)*** liegt vor, wenn sich der Erklärende über die **Identität** der **Person** irrt, die auch zum Inhalt der Erklärung gehört. Er hält etwa den Erklärungsempfänger für eine ihm bekannte Person gleichen Namens, mit der er den Vertrag abschließen wollte. Ist die Person jedoch hinreichend identifiziert, scheidet ein Irrtum aus, etwa wenn jemand mit einer vor ihm stehenden Person kontrahiert.

Beispiel: Der Erklärende verwechselt die Telefonnummer und richtet seine Vertragserklärung an die falsche Person gleichen Namens, mit der er keinen Vertrag schließen will (RGZ 90, 168).

Irrtum über den Geschäftsgegenstand

Ein Irrtum über den Geschäftsgegenstand ***(error in objecto)*** betrifft **Identität** und **Umfang** eines bestimmten **Geschäfts.** Dieser gehört zu den wesentlichen Bestandteilen des Rechtsgeschäfts *(essentialia negotii)* und somit immer zum Inhalt der Willenserklärung. Es handelt sich um Irrtümer über die Identität des gekauften Grundstücks, Fahrzeugs, Rechts, o. Ä.

Beispiel: Der Eigentümer eines in zwei Parzellen geteilten Grundstücks veräußert die falsche Parzelle, weil er mit der Nummer des Katasteramtes die andere Parzelle gedanklich verbunden hat. Er kann den Vertrag wegen eines Irrtums über den Geschäftsgegenstand anfechten.

cc. Rechtsfolgenirrtum

Beim Rechtsfolgenirrtum gilt nach der Rechtsprechung ein **weiter Begriff** des **Inhaltsirrtums.** Danach ist der Rechtsfolgenirrtum dann ein zur Anfechtung berechtigender Inhaltsirrtum, wenn „infolge Verkennung oder Unkenntnis seiner rechtlichen Bedeutung ein Rechtsgeschäft erklärt ist, das nicht die mit seiner Vornahme erstrebte, sondern eine davon wesentlich verschiedene Rechtswirkung, die nicht gewollt ist, hervorbringt. Hingegen liegt ein unbeachtlicher Irrtum vor (**Motivirrtum über „Nebenwirkungen"**), wenn das Geschäft außer der erstrebten Wirkung noch andere nicht erkannte und nicht gewollte Nebenwirkungen hat." (RGZ 88, 278)

Dagegen wird im Schrifttum teils eine **engere Auffassung** vom Inhaltsirrtum vertreten. Dieser kommt nach einer gebräuchlichen Abgrenzung in Betracht, wenn sich der Irrtum auf gerade die Rechtsfolgen bezieht, auf deren Herbeiführung die Erklärung nach ihrem Inhalt unmittelbar gerichtet ist. Wenn sich der Irrtum indessen auf **„entferntere"** Rechtsfolgen, die unabhängig vom Willen des Erklärenden von der Rechtsordnung an die Willenserklärung geknüpft werden, bezieht, ist der Irrtum unbeachtlich.

Beispiele:

Rechtsfolgenirrtum
Ein Kraftfahrzeughalter schließt mit seinem Haftpflichtversicherer einen Vergleich in der Annahme, weitere Ansprüche des Geschädigten seien ausgeschlossen. Tatsächlich können erhebliche weitere Ansprüche gegen den Versicherungsnehmer geltend gemacht werden und werden auch geltend gemacht (OLG Zweibrücken VersR 1977, 806).

Motivirrtum über Nebenwirkungen
Tritt jemand in das Handelsgeschäft eines Kaufmanns, so kann er seine Haftung für bereits bestehende Altverbindlichkeiten gemäß § 28 HGB nicht mit der Begründung anfechten, er habe diese Regelung nicht gekannt. Die Annahme, er hafte nur für Neuschulden, betrifft lediglich die gesetzliche Rechtsfolge, aber nicht den Inhalt des Rechtsgeschäfts (RGZ 76, 439).

Der Bieter kann bei einer Zwangsversteigerung sein Gebot nicht wegen einer Fehlvorstellung über den Umfang der nach § 52 Abs. 1 ZVG bestehen bleibenden Rechte anfechten, da sie sich auf eine kraft Gesetzes eintretende Nebenfolge bezieht. Die vom Bieter gewollte Rechtsfolge ist darauf gerichtet, Meistbietender zu werden und den Zuschlag zu erhalten (BGHZ 177, 62).

dd. Kalkulationsirrtum

Beim Kalkulationsirrtum irrt sich der Erklärende bei der Berechnung eines Wertes oder Preises für eine Leistung. Der Kalkulationsirrtum kann entweder darauf beruhen, dass der Erklärende die wertbildenden Faktoren falsch berechnet hat (**Irrtum in der Kalkulationsgrundlage**) oder richtig berechnet, aber bei der Addition der Gesamtsumme einen Rechenfehler gemacht hat (**Rechenfehler**). Die Kalkulation kann in der internen Sphäre des Erklärenden geblieben sein (**verdeckter Kalkulationsirrtum**) oder dem Vertragspartner mitgeteilt oder jedenfalls deutlich gemacht worden sein (**offener Kalkulationsirrtum**).

Verdeckter Kalkulationsirrtum

Beim verdeckten Kalkulationsirrtum teilt der Erklärende dem Erklärungsempfänger lediglich das Ergebnis seiner **intern durchgeführten Berechnung** mit, nicht aber die dafür maßgebliche Kalkulation. Da der Erklärende aufgrund der für richtig gehaltenen Berechnungsgrundlage einen bestimmten Wert (bzw. Preis) ermittelt und seinem Angebot zugrunde gelegt hat, trägt er auch das Risiko dafür, dass seine Kalkulation zutrifft. Deshalb liegt nach der Rechtsprechung und herrschenden Meinung kein Inhaltsirrtum, sondern ein **unbeachtlicher Motivirrtum** vor, der bereits im Willensbildungsprozess und nicht erst bei Äußerung der Erklärung auftritt. Dies gilt selbst dann, wenn der Erklärungsempfänger den Irrtum erkannt hat. Ein Teil der Literatur hält den Vertragspartner aufgrund seiner Kenntnis in diesem Fall nicht für schutzwürdig und eine Anfechtung gem. § 119 Abs. 1 BGB (analog) wegen Inhaltsirrtums deshalb für zulässig. Nach der Rechtsprechung kann der Erklärende gegenüber dem Vertragspartner den Einwand der **unzulässigen Rechtsausübung** (§ 242 BGB) erheben, wenn dieser den Irrtum erkannt hat oder sich der Kenntnis treuwidrig entzieht, obwohl er bereits bei Vertragsschluss erkannt hat, dass die Erfüllung des Vertrages für den Erklärenden schlechthin unzumutbar ist.

Beispiel: Wer im Rahmen einer Onlinebuchung die auf einem Irrtum beruhende falsche Angabe des Preises für einen Flug offensichtlich ausnutzt, um den Anbieter wegen seines Fehlens zur Zahlung einer „Vergleichssumme" zu veranlassen, handelt rechtsmissbräuchlich. Eine gegen Treu und Glauben (§ 242 BGB) verstoßende Rechtsausübung ist unzulässig (OLG München NJW 2003, 267).

Bei einem sich aufdrängenden schweren Kalkulationsfehler besteht nach der Rechtsprechung zudem eine **Prüfungs-** und **Hinweispflicht** des Erklärungsempfängers. Die Verletzung dieser Pflicht begründet aber nur dann einen Anspruch des Erklärenden gegen den Vertragspartner auf Schadensersatz aus Verschulden bei Vertragsschluss (§§ 280 Abs. 1, 241 Abs. 2, 311 Abs. 2 BGB), wenn wegen der unzumutbaren Folgen des Fehlers nach Treu und Glauben (§ 242 BGB) ohnehin ein Lösungsrecht vom Vertrag besteht.

Offener Kalkulationsirrtum

Das Reichsgericht hat den Kalkulationsirrtum als erweiterten Inhaltsirrtum angesehen, wenn die fehlerhafte Berechnung oder Berechnungsgrundlage dem Vertragspartner mitgeteilt oder ihm bei den Vertragsverhandlungen deutlich gemacht wurde (**offener Kalkulationsirrtum**). In diesen Fällen handle es sich nicht bloß um innere Erwägungen, die der Erklärung vorangingen, sondern um einen Teil der Erklärung. Diese Grundsätze wurden nicht nur bei **Rechenfehlern** („Silberfall"), sondern auch bei Zugrundelegung von unrichtigen Devisenkursen („Rubelfall") oder Börsenkursen („Börsenkursfall") (**Kurswertirrtum**) angewandt.

Beispiele:

Silberfall
V hatte Silber „800 fein" zu 320 RM/Kilo angeboten. Da K Silber „1000 fein" haben wollte, rechnete V in Gegenwart des K den Preis um. Durch einen Rechenfehler kam er zu einem Preis von 360/Kilo (anstatt von 400/Kilo). Da die Kalkulation zum Gegenstand der ent-

scheidenden Vertragsverhandlungen gemacht wurde und der Kaufpreis erkennbar darauf beruhte, umfasste der Inhalt der Erklärung auch die Preisberechnung. V kann die Erklärung und damit den Vertrag auf Grund von § 119 Abs. 1 BGB wegen Irrtums anfechten (RGZ 101, 107).

Rubelfall
K hatte B in Moskau für die Heimreise 30.000 Sowjetrubel vorgestreckt. B stellte dafür einen Schuldschein in Höhe von 7.500 RM aus, da beide davon ausgingen, der Kurswert des Rubel betrage 0,25 RM. Tatsächlich betrug der Kurswert 0,01 RM. Der Irrtum bezieht sich auf die Grundlagen des Rechtsgeschäfts und hat somit als Irrtum über den Inhalt der Erklärung zu gelten, der die Anfechtung aus § 119 Abs. 1 BGB rechtfertigt (RGZ 105, 406).

Börsenkursfall
B hatte K beauftragt, Pfandbriefe zu einem bestimmten Börsenkurs einzukaufen. Aufgrund eines Druckfehlers im amtlichen Kurszettel ging K bei Ausführung des Auftrags davon aus, der Kurs betrage einige Milliarden, während er in Wahrheit einige Tausend Milliarden betrug. Die B übersandte Abrechnung enthielt ebenfalls nur den tausendsten Teil des richtigen Kurses. Da dieser Kurs somit für beide Teile erkennbar zum Bestandteil des Auftrags geworden ist, kann B den Auftrag gem. § 119 Abs. 1 BGB aufgrund Inhaltsirrtums anfechten (RGZ 116, 15).

Diese Rechtsprechung wird vom Schrifttum und wohl auch Bundesgerichtshof abgelehnt. Der offengelegte Kalkulationsirrtum ist danach ein **unbeachtlicher Motivirrtum** und begründet kein Anfechtungsrecht. Es handelt sich lediglich um die Mitteilung eines Motivs, dass allein dadurch nicht zum Erklärungsinhalt wird. Daher liegt der Irrtum nicht in der Erklärung, sondern bei der Willensbildung. Der fehlerhaft gebildete Wille und die Erklärung stimmen also überein. Weil der **Irrtum in der Willensbildung** nicht von § 119 Abs. 1 BGB erfasst wird, hat der Erklärende, ebenso wie bei dem vom Erklärungsgegner erkannten Berechnungsfehler, kein Anfechtungsrecht wegen eines (erweiterten) Inhaltsirrtums.

Beispiel: Ein Fehler bei der Kalkulation eines Angebots in einem Ausschreibungsverfahren zu einem Einheitspreis, bei dem Transport- und Montagekosten wegen einer Umstellung der EDV-Anlage nicht eingerechnet wurden (Kalkulationsirrtum) berechtigt selbst dann nicht zu einer Anfechtung, wenn der Erklärungsempfänger diesen erkannt oder die Kenntnisnahme treuwidrig vereitelt hat. Der Erklärungsempfänger kann aber aus Verschulden bei Vertragsverhandlungen oder wegen einer unzulässigen Rechtsausübung verpflichtet sein, den Erklärenden auf seinen Kalkulationsirrtum hinzuweisen (BGH NJW 1998, 3192).

Auslegung der Erklärungen

Im Fall eines offenen Kalkulationsirrtums sind zunächst die beiderseitigen Willenserklärungen auszulegen (§§ 133, 157 BGB). Die Auslegung kann ergeben, dass die Parteien als Wert oder Preis nicht den ziffernmäßig genannten Endbetrag, sondern die falsch addierten Einzelbeträge vereinbart haben. Liegt im Einzelfall der **Schwerpunkt** auf dem **Rechenweg**, sind die Parteien gemeinsam von einer bestimmten Preisgestaltung ausgegangen und haben sich letztlich nur im Ergebnis beim Endbetrag verrechnet. Dann ist der wirkliche Wille der Parteien maßgeblich und der fehlerhafte Preis lediglich eine unbeachtliche **Falschbezeichnung**. Der Vertrag ist dann zu dem richtig kalkulierten Preis wirksam geschlossen worden. Nach h. M. liegt im Rubelfall eine solche unschädliche beiderseitige Falschbezeichnung vor.

Versteckter Dissens

Die Auslegung der Willenserklärung des Erklärenden kann auch ergeben, dass der ziffernmäßig festgelegte Betrag und die Grundlage seiner Bemessung den gleichen Stellenwert haben. Die Mehrdeutigkeit der Erklärung führt dann zu einem **versteckten Dissens** (§ 155 BGB). Ein Teil der Literatur kommt im „Silberfall" zu diesem Ergebnis, wohingegen überwiegend wegen des Rechenfehlers ein unbeachtlichen Motivirrtum angenommen wird.

Störung der Geschäftsgrundlage

Wenn beide Parteien einem Irrtum über den angegebenen Preis unterliegen, etwa, dass dieser dem tatsächlichen Börsenkurs entspreche (so im „Börsenkursfall"), handelt es sich um einen subjektiven **Irrtum über die Geschäftsgrundlage**. Es liegt weder eine Falschbezeichnung vor, da sich die Einigung auf den angegebenen und nicht den tatsächlichen Preis (Kurs) bezieht. Auch scheidet ein versteckter Dissens aus, da beide Parteien übereinstimmend das wollten, was sie erklärt haben. Stattdessen sind die Grundsätze über das Fehlen der Geschäftsgrundlage (§ 313 BGB) anzuwenden. Als Rechtsfolge kommt eine Vertragsanpassung (§ 313 Abs. 1, 2 BGB) oder ein Rücktritt vom Vertrag in Betracht (§ 313 Abs. 3 BGB).

Rechtsmissbrauch

Der Kalkulationsirrtum kann ausnahmsweise den Einwand des Rechtsmissbrauchs wegen eines Verstoßes gegen den Grundsatz von Treu und Glauben (§ 242 BGB) rechtfertigen. Hat der Vertragspartner Kenntnis vom Kalkulationsirrtum oder entzieht er sich dieser treuwidrig, so handelt er gegenüber dem Erklärenden rechtsmissbräuchlich, wenn er auf die Vertragserfüllung besteht, obwohl er bereits bei Vertragsschluss erkannt hat, dass die Vertragsdurchführung für den Erklärenden schlechthin unzumutbar ist.

c. Motivirrtum

Beim Motivirrtum irrt der Erklärende nicht darüber, was er sagt oder was er mit der Erklärung zum Ausdruck bringt, sondern über Umstände, die ihn zu der Erklärung gebracht hatten, aber nicht selbst Bestandteil des Rechtsgeschäfts werden sollten (**Irrtum im Beweggrund**). Er hat also bei Abgabe der Erklärung eine Fehlvorstellung über den dafür maßgeblichen Beweggrund, etwa bei irrtümlicher Vorstellung über die von der Zweckerklärung erfassten Darlehen (OLG Bamberg, MDR 2003, 80). Der Irrtum über das Motiv der Erklärung begründet grundsätzlich kein Anfechtungsrecht (**unerheblicher Motivirrtum**). Eine **Ausnahme** von diesem Grundsatz ist die Anfechtbarkeit wegen Eigenschaftsirrtum gem. § 119 Abs. 2 BGB und wegen arglistiger Täuschung oder widerrechtlicher Drohung gem. § 123 Abs. 1 BGB, bei denen es sich um vom Gesetz geregelte Fälle des Motivirrtums handelt.

d. Eigenschaftsirrtum

Der Eigenschaftsirrtum ist als Anfechtungsgrund in § 119 Abs. 2 BGB geregelt. Dabei irrt der Erklärende bei Abgabe der Willenserklärung über solche Eigenschaften der Person oder Sache, die im Verkehr als wesentlich angesehen werden (**verkehrswesentliche Eigenschaften**). Der Irrtum entsteht im Vorfeld der Erklärung bereits bei der Willensbildung und ist das Motiv zur Abgabe der Willenserklärung. Wille und Erklärung stimmen in diesem Fall überein. Es handelt sich nach überwiegender Meinung um einen ausnahmsweise **beachtlichen Motivirrtum**, nach anderer Auffassung um einen Sonderfall des Erklärungsirrtums.

aa. Verkehrswesentliche Eigenschaften

Eigenschaften

Eigenschaften einer Person oder Sache sind neben den auf der **natürlichen Beschaffenheiten** beruhenden Merkmalen auch **tatsächliche** oder **rechtliche** Verhältnisse und Beziehungen zur Umwelt, soweit sie nach der Verkehrsanschauung für die Wertschätzung und Verwendbarkeit von Bedeutung sind und der Person oder Sache nicht nur vorübergehend anhaften. Dabei muss es sich um solche gegenwärtigen Umstände handeln, die in der Person oder Sache selbst ihren Grund haben, von ihr ausgehen und sie kennzeichnen oder näher beschreiben. Dagegen sind nur **mittelbar** die Bewertung der Person oder Sache beeinflussende Umstände und der **Wert** selbst **keine** Eigenschaften. Der Wert oder Preis einer Sache ist keine Eigenschaft, da er durch Veränderungen auf dem Markt schwanken kann und somit der Sache nicht dauerhaft anhaftet. Eine **Person** als Bezug für Eigenschaften ist nicht nur der Erklärungsempfänger (wie etwa der Vertragspartner), sondern jede Person, auf die sich das Rechtsgeschäft bezieht. **Sachen** sind nicht nur körperliche Gegenstände (§§ 90, 90a BGB), sondern auch alle nichtkörperlichen Gegenstände, wie Forderungen und Rechte, also alle Rechtsobjekte.

Beispiele:

Keine Eigenschaft der Person
Die Schwangerschaft ist nach herrschender Auffassung bei der Beendigung ebenso wie bei der Begründung des Arbeitsverhältnisses wegen ihres vorübergehenden Zustandes grundsätzlich keine Eigenschaft der Person im Sinne des § 119 Abs. 2 BGB (BAG NJW 1992, 2174).

Keine Eigenschaft der Sache
Die Ertragsfähigkeit des belasteten Grundstücks ist beim Kauf einer hypothekengesicherten Forderung keine Eigenschaft des gekauften Rechts, sondern eine Eigenschaft des Grundstücks selbst. Für das Recht am Grundstück ist sie nur eine mittelbare Eigenschaft (RGZ 149, 235).

Das Eigentum an einem Grundstück ist keine (verkehrswesentliche) Eigenschaft der Sache für den Fall, dass der Irrtum auf Seiten des Verkäufers liegt, da nicht ersichtlich ist, inwiefern dieses auf die Brauchbarkeit und den Wert der Sache Einfluss haben kann (BGHZ 34, 32).

Verkehrswesentlich

Nach der Rechtsprechung sind Eigenschaften nur dann verkehrswesentlich, wenn sie von dem Erklärenden in irgendeiner Weise **erkennbar** dem Vertrag **zugrunde gelegt** worden sind, ohne dass dieser sie gerade zum Inhalt seiner Erklärung gemacht haben muss. Dabei soll eine ausdrückliche Bezugnahme nur dann nötig sein, wenn es sich nicht um eine typischerweise für das konkrete Rechtsgeschäft relevante Eigenschaft handelt. Entgegen dieser generalisierenden Betrachtung stellt ein Teil des Schrifttums darauf ab, ob der Gegenstand oder die Person, auf die sich das Rechtsgeschäft bezieht, nicht der vertraglichen Vereinbarung entspricht. Danach muss die Eigenschaft für das Geschäft wesentlich und daher ausdrücklich oder konkludent vereinbart sein (**geschäftlicher Eigenschaftsirrtum**), sonst liegt lediglich ein Motivirrtum vor.

Beispiele:

Typische Eigenschaft
Das Alter eines Gebrauchtwagens ist eine vom Verkehr als wesentlich angesehene Eigenschaft (§ 119 Abs. 2 BGB) Die Wertschätzung eines Gebrauchtwagens hängt wesentlich von seinem Alter ab. Der Käufer braucht seine Vorstellung vom Alter des Wagens deshalb

nicht zum Inhalt seiner Erklärung zu machen. Es versteht sich von selbst, dass das Alter des Gebrauchtwagens von entscheidender Bedeutung für den Kaufentschluss ist (BGHZ 72, 252).

Nicht-typische Eigenschaft
Die berufliche Qualifikation des Vertragspartners, die zur Eintragung in die Handwerksrolle erforderlich ist, kann eine verkehrswesentliche Eigenschaft der Person sein. Der Auftraggeber hat bei Abschluss des Bauvertrags aber nicht zum Ausdruck gebracht, dass die Eintragung in die Handwerksrolle für die Auftragserteilung von Bedeutung sein sollte. Eine Anfechtung wegen Irrtums über den handwerksrechtlichen Status des Bauhandwerkers scheidet deshalb aus (BGHZ 88, 240).

bb. Eigenschaften einer Person

Verkehrswesentliche Eigenschaften einer Person sind in erster Linie diejenigen Eigenschaften des **Erklärungsempfängers**. Nach dem Sinn und Zweck eines Geschäftes können aber auch die Eigenschaften eines **Dritten**, z. B. beim Vertrag zugunsten Dritter (§ 328 BGB), oder die des **Erklärenden** wesentlich sein und somit eine Anfechtung nach § 119 Abs. 2 BGB begründen.

Beispiele: Alter, Sachkunde, fachliche Eignung, Vertrauenswürdigkeit und Zuverlässigkeit bei Verträgen, die auf eine vertrauensvolle Zusammenarbeit der Parteien angelegt sind (so etwa bei Bauerrichtungsverträgen, Miet- und Pachtverträgen, Maklerverträgen), Zahlungsfähigkeit und Kreditwürdigkeit (bei Kreditgeschäften und Bürgschaft).

cc. Eigenschaften einer Sache

Zu den Eigenschaften einer Sache gehören nicht nur ihre **natürliche Beschaffenheit**, sondern auch solche **tatsächlichen** oder **rechtlichen Verhältnisse**, die infolge ihrer Beschaffenheit und Dauer die Brauchbarkeit und den Wert beeinflussen.

Beispiele: Material, Herstellungsverfahren, Anzahl der Vorbesitzer, Abnutzung, Herkunft und Echtheit eines Kunstwerks, Größe, Lage und Bebaubarkeit eines Grundstücks, Bestehen eines Lizenzvertrages, Baujahr, Kraftstoffverbrauch und Fahrleistung eines Kraftfahrzeugs.

dd. Mängelhaftung

Mängelrechte beim Kaufvertrag

Das **Anfechtungsrecht** wegen **Eigenschaftsirrtum** nach § 119 Abs. 2 BGB (nicht aber eine Anfechtung nach § 119 Abs. 1 und § 123 BGB) wird durch die Mängelrechte beim Kaufvertrag (§ 437 BGB) nach h. M. für die Zeit nach Gefahrübergang **ausgeschlossen.** Die Zulassung einer Anfechtung würde dem Käufer eine mit § 439 BGB unvereinbare sofortige Lösung vom Kaufvertrag ermöglichen. Der Vorrang der Nacherfüllung mit Fristsetzungserfordernis (§§ 437 Nr. 1, 2, § 323 Abs. 1 und §§ 437 Nr. 3, 281 Abs. 1 BGB) würde dadurch umgangen und die Verjährungsregelung des § 438 BGB (2 bzw. 5 Jahre) aufgrund der längeren Verjährung des § 122 Abs. 2 BGB (10 Jahre) unterlaufen. Zudem sind die Mängelrechte nach § 442 Abs. 1 S. 2 BGB bei grob fahrlässiger Unkenntnis des Mangels seitens des Käufers ausgeschlossen, es sei denn, der Verkäufer hat den Mangel arglistig verschwiegen oder eine Beschaffenheitsgarantie übernommen. Auch diese Regelung würde bei Anfechtungsmöglichkeit leerlaufen.

Mängelrechte beim Werkvertrag

Bei Vorliegen eines Werkvertrags (§ 631 BGB) ist die **Anfechtung** wegen **Eigenschaftsirrtum** nach § 119 Abs. 2 BGB wegen des Vorrangs der Mängelrechte auf Nacherfüllung (§§ 634 Nr. 1, 2–4, 323 Abs. 1 BGB) sowie der abweichenden Regel der Verjährung (§ 634a Abs. 1, 3 BGB) nach Gefahrübergang ebenfalls **ausgeschlossen**.

e. Übermittlungsirrtum

Eine Willenserklärung, welche durch die zur Übermittlung verwendete Person oder Einrichtung unrichtig übermittelt worden ist (**Übermittlungsirrtum**) kann angefochten werden, wie nach § 119 BGB eine irrtümlich abgegebene Willenserklärung (§ 120 BGB).

aa. Übermittlungsperson

Die Übermittlungsperson ist ein **Erklärungsbote**, der eine **fremde Willenserklärung** an einen Empfänger übermittelt, die der Erklärende selbst abgegeben hat. Die Übermittlungsperson muss vom Erklärenden dazu (mit Botenmacht) eingeschaltet worden sein und die Erklärung irrtümlich unrichtig übermittelt haben („so etwas wollte der Erklärende der anderen Person nicht erklären"). § 120 BGB ist nicht anzuwenden, wenn der dem Boten erteilte Auftrag vor Übermittlung der Erklärung an den Empfänger wirksam widerrufen wurde.

Beispiele *(Übermittlungspersonen):* Bote, Dolmetscher, Postdienstleister (Briefe), Telekom-Anbieter (Fax, SMS), Internet-Provider (E-Mail).

Stellvertreter

Ein Stellvertreter im Sinne des § 164 Abs. 1 BGB scheidet als Übermittlungsperson aus, da er nicht eine fremde Erklärung überbringt, sondern eine eigene Willenserklärung abgibt.

Empfangsbote

Der Empfangsbote, der für den Erklärungsempfänger die Erklärung entgegennimmt, fällt **nicht** unter § 120 BGB. Hat er die Erklärung falsch verstanden, so fehlt in der Regel der Zugang der Erklärung beim Empfänger (§ 130 Abs. 1 S. 1 BGB). Versteht der Empfangsbote die Erklärung richtig, so trägt ab diesem Zeitpunkt der Empfänger das Risiko, das sein Bote die Erklärung unrichtig übermittelt. Die unrichtig überbrachte Erklärung kann er nicht anfechten, nur seine eigene gem. § 119 Abs. 1 Fall 1 BGB, die er daraufhin abgibt.

Pseudobote

Keine Übermittlung liegt vor, wenn der Übermittler **bewusst** eine **andere** als die aufgetragene Erklärung abgibt, so dass die Erklärung (ohne Anfechtung) unverbindlich ist. Der vorsätzlich falsch übermittelnde Bote (**„Pseudobote"**) ist nach herrschender Auffassung wie ein Vertreter ohne Vertretungsmacht zu behandeln (§ 177 ff BGB analog).

Bote ohne Botenmacht

Gleiches gilt, wenn jemand als „**Bote ohne Botenmacht**" auftritt. Der Auftraggeber kann dem anderen Teil wegen Verschulden beim Vertragsschluss aus §§ 280 Abs. 1, 241 Abs. 2, 311 Abs. 2 BGB sowie aus § 831 BGB zum Schadensersatz verpflichtet sein.

bb. Unrichtige Übermittlung

Die Erklärungsbote muss die Erklärung **unbewusst** unrichtig übermitteln. Das ist nach dem Gedanken des Verkehrsschutzes auch dann der Fall, wenn er die Erklärung völlig **verfälscht** oder **anders übermittelt**, als sie vom Erklärenden beauftragt wurde. Dies gilt ebenso, wenn die Erklärung irrtümlich einem falschen Empfänger zugeleitet wird, sofern sich nicht aus ihrem Inhalt ergibt, dass sie für eine andere Person bestimmt war.

f. Arglistige Täuschung

Der Erklärende hat auch dann ein Anfechtungsrecht, wenn er zur Abgabe der Erklärung durch arglistige Täuschung oder widerrechtliche Drohung bestimmt worden ist (§ 123 BGB). Damit wird die Anfechtbarkeit von Willenserklärungen, die nicht Ausdruck freier rechtsgeschäftlicher Selbstbestimmung sind, gewährleistet und somit die **privatautonome Entschließungsfreiheit** des Erklärenden geschützt. Der Irrtum des Erklärenden beruht hier auf einem Fehler bei der Motivation (**Motivirrtum**), der von außen (**fremdverschuldet**) veranlasst wurde. Anders als bei der Irrtumsanfechtung ist es **nicht** erforderlich, dass der Irrtum bei verständiger Würdigung des Falles objektiv **erheblich** sein muss. 123 BGB ist **zwingendes Recht** und kann weder durch Individualvereinbarung noch durch AGB abbedungen werden.

aa. Täuschung

Eine Täuschung liegt vor, wenn der Täuschende vorsätzlich einen Irrtum durch **Vorspiegelung falscher** oder die **Unterdrückung wahrer Tatsachen** erwecken oder aufrechterhalten möchte. Es muss sich um objektiv nachprüfbare Umstände über gegenwärtige oder zukünftige Tatsachen handeln. Die Angaben müssen nicht objektiv falsch sein, vielmehr genügt, dass sie irreführend sind (**Verletzung der vertraglichen Wahrheitspflicht**). Keine Tatsachen sind bloß subjektive **Werturteile** und marktschreierische **Anpreisungen** sowie **Meinungsäußerungen**. Eine solche Äußerung kann im Kern jedoch eine Behauptung tatsächlicher Art enthalten. Das ist jeweils im Einzelfall zu prüfen. Die Täuschung kann durch positives Tun und bei Vorliegen bestimmter Voraussetzungen auch durch Unterlassen begangen werden und setzt bedingten Vorsatz *(dolus eventualis)* im Sinne von § 276 Abs. 1 BGB voraus. Ein Vorsatz zur Schädigung und der Eintritt eines Vermögensschadens ist nicht erforderlich, da § 123 BGB die Willensfreiheit und nicht das Vermögen schützt. Auch ist ein Verschulden des Getäuschten unerheblich.

Vorspiegelung oder Entstellung von Tatsachen

Die Vorspiegelung oder Entstellung von Tatsachen ist eine Täuschung durch positives Tun. Sie muss sich grundsätzlich **nicht** auf Umstände beziehen, die **vertragswesentlich** sind. Es muss sich aber um Erklärungen über **wertbildende Merkmale** des Vertragsgegenstandes handeln.

Verschweigen von Tatsachen

Das Verschweigen von Tatsachen ist eine Täuschung durch Unterlassen, die beim Erklärenden einen Irrtum erregt, den der Täuschende wissentlich und stillschweigend duldet, obwohl er eine Pflicht zur Offenlegung hat (**Aufklärungspflicht**). Eine Pflicht, sich über Umstände Kenntnis zu verschaffen, die für den Vertragspartner wesentlich sind (**Untersuchungsobliegenheit**) wird aufgrund der Risikoverteilung beim gegenseitigen Vertrag regelmäßig nicht angenommen. Die Aufklärungspflicht besteht nach Treu und Glauben in Bezug auf solche Umstände, die für die Willensentscheidung des anderen Teils **erkennbar von Bedeutung** sind und über die nach der Verkehrsanschauung Aufklärung auch **ohne besondere Frage** erwartet wird sowie über solche Umstände, die den **Vertragszweck vereiteln** oder **erheblich gefährden** können. Fallgruppen:

Kaufverträge

Bei Kaufverträgen (§ 433 BGB) trifft den Verkäufer grundsätzlich **keine Rechtspflicht**, den Käufer über alle Umstände von sich aus **umfassend aufzuklären**, die für den Vertragsschluss von Bedeutung sein können. Es liegt in der Verantwortungs- und Risikosphäre jeder Partei, sich selbst über die für seine Willensentscheidung maßgeblichen Tatsachen zu informieren. Deshalb braucht nicht auf Umstände hingewiesen zu werden, von denen angenommen werden darf, der Vertragspartner werde nach ihnen fragen, falls er auf sie Wert legt. Nach der Rechtsprechung besteht allerdings eine Aufklärungspflicht bei **Vertragsverhandlungen**, in denen die Parteien entgegengesetzte Interessen verfolgen. In diesen Fällen muss nach Treu und Glauben (§ 242 BGB) hinsichtlich solcher (nur dem Verkäufer bekannten) wesentliche Umstände aufgeklärt werden, die den Vertragszweck (des Käufers) vereiteln oder erheblich gefährden können und daher für seinen Entschluss von entscheidender Bedeutung sind, sofern er die Mitteilung nach der Verkehrsauffassung erwarten darf (BGH NJW 2010, 3362).

Dies ist insbesondere anzunehmen, wenn der Vertragspartner geschäftlich unerfahren ist, auf die Fachkunde des Verkäufers vertraut oder dieser wegen seiner überlegenen Fachkenntnisse geradezu als Berater des Käufers hervortritt und sich so zum Sachwalter von dessen Interessen macht (**besondere Fachkunde**). Des Weiteren kann sich eine Aufklärungspflicht aus der durch besonderes Vertrauen geprägten Beziehung der Parteien ergeben. Das gilt v. a. für familiäre oder persönliche Verbundenheit, langjährige Geschäftsverbindungen und Dauerschuldverhältnisse mit engem persönlichem Kontakt (**besondere Vertrauensverhältnisse**).

Beispiele:

Gebrauchtwagenverkauf
Beim Verkauf eines Gebrauchtwagens hat der Verkäufer dem Käufer die Unfallfreiheit ohne Untersuchung des Fahrzeugs zugesichert. Tatsächlich hatte es einen erheblichen und nicht fachgerecht reparierten Unfallschaden. Der Verkäufer hat zwar ohne besondere Anhaltspunkte für einen Unfallschaden nicht die Obliegenheit, das zum Verkauf angebotene Fahrzeug darauf zu untersuchen. Jedoch hätte er darauf hinweisen müssen, dass er über die Unfallfreiheit keine Erkenntnis hatte. Damit hat er die Unfallfreiheit ohne hinreichende Erkenntnisgrundlage somit ins Blaue hinein zugesichert und den Käufer arglistig getäuscht (BGH NJW 2006, 2839).

Grundstücksverkauf
Beim Verkauf eines bebauten Grundstücks mit Genehmigung zur gewerblichen Nutzung hat der Verkäufer nicht auf das baurechtliche Verbot einer vorübergehend gestatteten Nutzung zu Wohnzwecken hingewiesen. Er hatte aber die (Offenbarungs-)Pflicht den Käufer darauf bei den Kaufvertragsverhandlungen hinzuweisen (BGH NJW-RR 1988, 1290).

Gesellschaftsanteil

Bei Übertragung des Geschäftsanteils an den Mitgesellschafter durch einen Vergleich hat der ausscheidende Gesellschafter ohne dessen Kenntnis während der Vergleichsverhandlungen eine Urkunde über einen Lizenzvertrag an einen Wettbewerber ausgehändigt. Die Urkunde konnte für rechtskräftige Ansprüche des Mitgesellschafters nachteilig sein und die Gesellschaft ihre Vertragserklärung wegen arglistiger Täuschung gemäß § 123 BGB anfechten (BGH NZG 2005, 809).

Arbeitsvertrag

Bei Anbahnung des Arbeitsvertrags ist der **Arbeitssuchende** grundsätzlich **nicht verpflichtet**, ungünstige Umstände ungefragt zu offenbaren. Eine Aufklärungspflicht besteht nur, wenn die betreffenden Umstände die Erfüllung der Vertragsverpflichtungen von vornherein unmöglich machen oder für den Arbeitsplatz von ausschlaggebender Bedeutung sind. Umgekehrt hat der Arbeitgeber die Pflicht, den Bewerber in den Vertragsverhandlungen darauf hinzuweisen, wenn der Lohnanspruch durch wirtschaftliche Schwierigkeiten oder der zu besetzende Arbeitsplatz durch einen drohenden Stellenabbau konkret gefährdet ist.

Fragen des Arbeitgebers muss der Bewerber grundsätzlich **wahrheitsgemäß beantworten**. Er muss zutreffende Angaben über seine fachlichen Qualifikationen machen. Bei **unzulässigen** Fragen darf der Bewerber die Antwort nach der Rechtsprechung nicht nur verweigern, sondern auch eine unrichtige Antwort geben (**„Recht zur Lüge“**). Insbesondere dürfen Fragen nicht gegen das Benachteiligungsverbot des AGG verstoßen (§§ 2 Abs. 1 Nr. 1, 7 Abs. 1 AGG), wenn kein Rechtfertigungsgrund (§§ 8–10 AGG) eingreift. Weitere Einschränkungen des Fragerechts können sich im Einzelfall aus dem allgemeinen Persönlichkeitsrecht, dem Datenschutzrecht, den Wertentscheidungen der § 53 BZRG, § 242 BGB und dem Unionsrecht ergeben.

bb. Kausalität

Der täuschungsbedingte Irrtum muss für die Willenserklärung **ursächlich** geworden sein. Das ist der Fall, wenn der Getäuschte die Erklärung ohne die Täuschung überhaupt nicht, mit einem anderen Inhalt oder zu einem anderen Zeitpunkt abgegeben hätte. Dabei ist ausreichend, dass die Täuschungshandlung eine von mehreren Ursachen ist und die Entschließung mit beeinflusst hat. **Mitursächlichkeit** kann auch vorliegen, wenn der Erklärende die Täuschung erkannt, sich aber über ihr Ausmaß geirrt hat. Erfolgt die Willenserklärung des Getäuschten aufgrund eigener selbstständiger Überlegungen unabhängig von der Täuschung, fehlt die Kausalität.

cc. Rechtswidrigkeit

Die Rechtswidrigkeit ergibt sich regelmäßig aus der Täuschung selbst *(ipso facto)*. Die falsche Antwort oder das Verschweigen von Tatsachen führt bei einer unzulässigen Frage nicht zu einer Rechtswidrigkeit der Täuschung.

dd. Arglist

Der Täuschende muss mit Arglist gehandelt haben. Da die Norm des § 123 BGB das Vermögen nicht schützt, muss auch keine Absicht vorliegen, dass Vermögen des Getäuschten zu schädigen und auch keine verwerfliche Gesinnung. Vielmehr genügt **bedingter Vorsatz** des Täuschenden bezüglich der Täuschungshandlung, Irrtumserregung und Willenserklärung. Der Täuschende muss lediglich wissen und wollen, dass der Erklärende durch die Täuschung zur Abgabe der Willenserklärung bestimmt wird, die er ohne die Täuschung möglicherweise nicht oder nicht so abgeben würde. Bedingter Vorsatz ist demzufolge gegeben, wenn der Handelnde unrichtige Angaben **ins Blaue hinein**“ aufstellt, obwohl er mit der möglichen Unrichtigkeit der Angaben rechnet. Die Kenntnis der Unrichtigkeit ist indessen nicht notwendig.

Kaufverträge

Bei Kaufverträgen ist ein arglistiges Verschweigen nur gegeben, wenn der Verkäufer den **Mangel** der **Kaufsache kennt** oder ihn zumindest für möglich hält und zugleich weiß oder doch damit rechnet und **billigend in Kauf** nimmt, dass der Käufer ihn nicht kennt und bei Offenbarung den Vertrag nicht oder nicht mit dem vereinbarten Inhalt geschlossen hätte. Es genügt nicht, wenn sich dem Verkäufer das Vorliegen aufklärungspflichtiger Tatsachen hätte aufdrängen müssen. Der Käufer trägt die Beweislast dafür, dass die Aufklärung nicht erfolgt ist.

ee. Dritter

Täuscht ein Dritter, ist eine Erklärung, die einem anderen gegenüber abzugeben war, nur dann anfechtbar, wenn dieser die Täuschung **kannte** oder **kennen musste** (§ 123 Abs. 2 S. 1 BGB). Die Regelung betrifft nur empfangsbedürftige Erklärungen, da bei nicht-empfangsbedürftigen gleichgültig ist, wen der Erklärungsempfänger getäuscht hat. **Dritter** ist nur eine Person, die am Rechtsgeschäft nicht beteiligt ist und dem Kreis des Erklärungsempfängers unter keinem rechtlichen Gesichtspunkt zuzurechnen ist (§ 166 BGB). Nach der Rechtsprechung ist kein Dritter, wer im Lager des Vertretungsempfängers steht und maßgeblich am Zustandekommen des Vertrags mitgewirkt hat **(Hilfspersonen)**. Der Vertreter des Empfängers (§§ 164ff BGB), sein Verhandlungsgehilfe (§ 278 BGB), sein Repräsentant oder sonstige Vertrauensperson sind demnach **kein Dritter** i. S. v. § 123 Abs. 2 BGB. Begründet die Willenserklärung unmittelbar ein Recht für einen Dritten gemäß § 328 Abs. 1 BGB **(echter Vertrag zugunsten Dritter)**, so kann durch Erklärung gegenüber dem Dritten angefochten werden (vgl. § 143 Abs. 2 BGB), wenn der Dritte getäuscht hat oder die Täuschung kannte oder kennen musste (§ 123 Abs. 2 S. 2 BGB).

g. Widerrechtliche Drohung

Wer zur Abgabe einer Willenserklarung durch widerrechtliche Drohung bestimmt worden ist, kann die Erklärung nach § 123 Abs. 1 Fall 2 BGB anfechten. Für die Anfechtbarkeit muss eine Drohung vorliegen, die für die Willenserklärung kausal ist, widerrechtlich und den subjektiven Tatbestand erfüllt.

aa. Drohung

Die Anfechtung wegen Drohung gemäß § 123 Abs. 1 Fall 2 BGB erfasst nur den **psychischen Zwang** als zwingende Gewalt *(vis compulsiva)*. Die Anwendung unmittelbarer körperlicher Gewalt als willensbrechende Gewalt *(vis absoluta)* fällt nicht unter die Regelung. Denn diese schließt eine Selbstbestimmung des Erklärenden aus, so dass ihm die Erklärung nicht zugerechnet werden kann. Eine Drohung erfordert das vorsätzliche **Inaussichtstellen** eines **künftigen Übels**, auf dessen Eintritt der Drohende Einfluss zu haben vorgibt, um auf die Willensentscheidung des Bedrohten einzuwirken und ihn zu einem Rechtsgeschäft zu bestimmen. Übel ist **jeder Nachteil** materieller oder ideeller Natur, der sich auf den Bedrohten, aber auch auf eine andere Person beziehen kann.

Die Drohung muss nicht ausdrücklich ausgesprochen werden. Vielmehr kann sie auch versteckt oder durch schlüssiges Verhalten (konkludent) erfolgen. Sie muss den Erklärenden aber in eine **psychische Zwangslage** versetzen. Maßgeblich ist nicht die Meinung des Drohenden, sondern stets die Sicht des Bedrohten. Es reicht, dass der Bedrohte die Drohung für **ernst gehalten** hat. Beim Bedrohten muss der Eindruck entstehen, dass der Eintritt des Übels vom Willen des Bedrohten abhängt. Eine nicht ernst gemeinte Drohung genügt, wenn sie vom Bedrohten für ernst gehalten wird und werden soll. Auch muss das angedrohte Übel nicht den Bedrohten persönlich betreffen. Der bloße Hinweis auf eine schon bestehende und vom Bedrohenden nicht beeinflussbare Zwangslage, deren Ausnutzung sowie die Mitteilung einer bereits vollzogenen Maßnahme, ist keine Drohung. Auf die Person des Drohenden kommt es nicht an, d. h. die Drohung kann auch von einem Dritten ausgehen.

bb. Kausalität

Zwischen der Abgabe der Willenserklärung und der Drohung muss ein Kausalzusammenhang bestehen. Für diesen gelten dieselben Anforderungen wie für die Kausalität der Täuschung. Die Drohung muss zumindest **mitursächlich** für die Abgabe der Willenserklärung sein.

cc. Widerrechtlichkeit

Die Widerrechtlichkeit der Drohung kann sich aus dem angedrohten Mittel, dem erstrebten Zweck oder der Mittel-Zweck-Relation ergeben.

Widerrechtlichkeit des Mittels

Die Widerrechtlichkeit der Drohung kann sich zunächst daraus ergeben, dass das zur Drohung **eingesetzte Mittel** als solches rechtswidrig ist. Dies ist bei Drohung mit einem strafbaren oder sittenwidrigen Verhalten stets der Fall. Es gilt auch für die Drohung mit einem Vertragsbruch oder einem sonstigen rechtswidrigen Verhalten.

Widerrechtlichkeit des Zwecks

Die Widerrechtlichkeit kann sich aber auch aus der Rechtswidrigkeit des mit der Drohung **erstrebten Zwecks** ergeben. Das ist immer dann der Fall, wenn der erstrebte Erfolg verboten oder sittenwidrig ist. Dann ist die Erklärung zwar ohnehin nichtig, kann nach der herrschenden Auffassung aber dennoch angefochten werden.

Widerrechtlichkeit der Mittel-Zweck-Relation

Auch für den Fall, dass Mittel und Zweck für sich betrachtet nicht rechtswidrig sind, kann die Willensbeeinflussung durch Drohung widerrechtlich sein. Dazu muss ihre Verbindung, also der Einsatz dieses Mittels zu diesem Zweck (**Mittel-Zweck-Relation**), kein angemessenes Mittel zur Erreichung des erstrebten Erfolgs sein (Inadäquanz von Mittel und Zweck). Dies bedarf einer umfassenden Würdigung aller Umstände des Einzelfalls aus der Sicht des Drohenden. Entscheidend ist, ob er an der Erreichung des verfolgten Zwecks ein **berechtigtes Interesse** hat und die Drohung nach Treu und Glauben (§ 242 BGB) noch als ein **angemessenes Mittel** zur Erreichung dieses Zwecks anzusehen ist. Nimmt der Drohende in vertretbarer Beurteilung der Lage an, dass sein Vorgehen rechtmäßig ist, entfällt die Widerrechtlichkeit: „Wer glaubt, dass er gegen den anderen einen Anspruch auf Schadensersatz hat, darf mit Klage bzw. Strafanzeige drohen."

dd. Subjektiver Tatbestand

Der Drohende muss den Willen haben, den anderen Teil zur **Abgabe der Erklärung** durch die Drohung zu **bestimmen**. Er muss sich bewusst gewesen sein, dass sein Verhalten die Erklärung des anderen Teils beeinflussen kann und den Zweck verfolgen, eine Willenserklärung mit etwa dem Inhalt herbeizuführen, wie sie tatsächlich abgegeben wird. Nicht erforderlich ist der Wille, die Drohung wahr zu machen. Es genügt, dass der Drohende so tut, als könne und wolle er sie wahr machen, und den Bedrohten derart einschüchtert, dass er die Drohung ernst nimmt. Auch ist unerheblich, ob der Drohende seine Drohung für rechtmäßig oder rechtswidrig hält. Nimmt er jedoch irrig einen Sachverhalt an, der, wenn er zuträfe, die Drohung rechtfertigen würde, ist diese nach der Rechtsprechung nicht widerrechtlich. Ein **Schädigungsvorsatz** des Drohenden ist **nicht** erforderlich.

h. Konkurrenzen

aa. Sittenwidrigkeit

Nach der Rechtsprechung wird ein durch Täuschung bewirkter Vertragsschluss nicht als von vornherein sittenwidrig nach § 138 BGB behandelt, sondern durch die **Sonderregelung** des § 123 BGB lediglich dessen Anfechtbarkeit bestimmt. Es ist der Entscheidung des Getäuschten überlassen, ob er nachträglich die Nichtigkeit des Rechtsgeschäfts herbeiführen will. Sofern ein Rechtsgeschäft durch arglistige Täuschung oder widerrechtliche Drohung zustande gekommen ist, kann § 138 BGB daher neben § 123 BGB nur anwendbar sein, wenn **weitere Umstände** als die unzulässige Willensbeeinflussung hinzutreten, die das Geschäft seinem Gesamtcharakter nach als sittenwidrig erscheinen lassen.

bb. Rücktritt oder Kündigung

Neben der Anfechtung aus § 123 BGB kann auch ein Rücktrittsrecht oder ein Kündigungsrecht bei Dauerschuldverhältnissen bestehen. Das Recht zur (außerordentlichen) Kündigung und das Anfechtungsrecht stehen **wahlweise** nebeneinander und können auch **zugleich** erklärt werden. Die Anfechtung kann auch noch nach erfolgtem Rücktritt erklärt werden. Dagegen kommt ein Rücktritt nach erfolgter Anfechtung nicht mehr in Betracht, da aufgrund der Nichtigkeitsfolge der Anfechtung für den Rücktritt ein wirksamer Vertrag fehlt. Eine Umdeutung (§ 140 BGB) in eine Anfechtungserklärung soll in diesem Fall nicht möglich sein, da es dafür aufgrund der weitergehenden rückwirkenden Rechtswirkungen einer Anfechtung fur den nur auf die Zukunft bezogenen Rucktritt an den erforderlichen gleichen Merkmalen des umzudeutenden Geschäfts mangelt. Indessen kann eine (erfolglose) Anfechtung in eine Rücktrittserklärung umgedeutet werden, da ihre (geringeren) Rechtswirkungen in der Anfechtung enthalten sind.

cc. Bereicherungsansprüche

Infolge einer wirksamen Anfechtung entfällt die Wirksamkeit des Rechtsgeschäfts rückwirkend (§ 142 Abs. 1 BGB), so dass die Parteien jeweilige Bereicherungsansprüche (§§ 812 ff BGB) auf Rückforderung der ausgetauschten Leistungen haben. Im Falle einer Anfechtung aus § 123 BGB kann sich der Täuschende oder Drohende nicht auf einen Wegfall der Bereicherung (§ 818 Abs. 3 BGB) berufen, weil er durch den Empfang der Leistung gegen die guten Sitten verstößt (§§ 819 Abs. 2 BGB). Umgekehrt beschränkt sich sein Bereicherungsanspruch auf die Höhe der vertraglich vereinbarten Leistung, da er aus dem Verhalten keinen Vorteil ziehen soll.

dd. Schadensersatzansprüche

Neben der Anfechtung aus § 123 BGB kann ein Schadensersatzanspruch wegen Betrugs aus § 823 Abs. 2 BGB in Verbindung mit § 263 StGB als Schutzgesetz sowie wegen sittenwidriger Schädigung aus § 826 BGB bestehen. In Konkurrenz dazu steht ein Schadensersatzanspruch aus Verschulden bei Vertragsschluss (§§ (§§ 280 Abs. 1, 241 Abs. 2, 311 Abs. 2 BGB). Dieser ist nach der Rechtsprechung auf Vertragsaufhebung bzw. Befreiung von der Vertragspflicht gerichtet (§ 249 S. 1 BGB) und setzt einen schuldhaft verursachten Vermögensschaden voraus. Ein solcher kann schon dann vorliegen, wenn der Geschädigte in seiner Vermögensdisposition beeinträchtigt ist, Leistung und Gegenleistung aus dem geschlossenen Vertrag gleichwertig, aber die Gegenleistung für die Zwecke des Geschädigten nicht voll brauchbar ist. Der Anspruch unterliegt der Regelverjährung (§ 195 BGB). Dagegen wollen Teile des Schrifttums diesen bei Vorsatz auf die Jahresfrist des § 123 BGB und bei Fahrlässigkeit auf die Frist des § 121 BGB (unverzüglich) begrenzen.

4. Ausschluss

a. Bestätigung

aa. Erklärung

Durch Bestätigung des Rechtsgeschäfts seitens des Anfechtungsberechtigen ist die Anfechtung ausgeschlossen (§ 144 Abs. 1 BGB). Die Bestätigung bedarf nicht der für das Rechtsgeschäft erforderlichen Form (§ 144 Abs. 2 BGB). Sie ist nicht empfangsbedürftige Willenserklärung und kann durch schlüssiges Handeln **(konkludent)** erfolgen. Das Verhalten des Bestätigenden muss in Kenntnis oder im Bewusstsein der Möglichkeit eines Anfechtungsrechts vorgenommen werden und den Willen offenbaren, an dem Rechtsgeschäft trotzdem festzuhalten. Jede andere nach den Umständen einigermaßen verständliche Bedeutung des Verhaltens muss ausscheiden. Im Fall der widerrechtlichen Drohung muss die Zwangslage weggefallen sein. Die **Beweislast** für die Bestätigung trägt der Anfechtungsgegner.

bb. Wirkung

Die Bestätigung wirkt wie ein Verzicht auf das Anfechtungsrecht, das erlischt. Sonstige Rechte wie Schadensersatzansprüche aus Verschulden bei Vertragsschluss (§ 280 Abs. 1, 241 Abs. 2, 311 Abs. 2 BGB), aus Mängelgewährleistung (§ 437 Nr. 3 BGB) oder Delikt (§§ 823, 826 BGB) bleiben jedoch grundsätzlich bestehen. Die Bestätigung kann allerdings als Angebot zum Abschluss eines Erlassvertrags (§ 397 Abs. 1 BGB) in Bezug auf Schadensersatzansprüche auszulegen sein, das durch die Untätigkeit des Erklärungsempfängers angenommen wird (§ 151 S. 1 BGB).

b. Treu und Glauben

aa. Grundsatz

Die Anfechtung unterliegt dem Grundsatz von Treu und Glauben nach § 242 BGB. Das Gesetz gestattet die Anfechtung der nicht gewollten Erklärung, es trifft aber keine Aussage darüber, ob sich der Anfechtende an dem ursprünglich Gewollten festhalten lassen muss. Nach h. M. soll die Anfechtung wegen Inhalts- oder Erklärungsirrtums (§ 119 BGB) dem Anfechtenden nicht die Möglichkeit geben, sich aus Motiven, die nichts mit dem Anfechtungsgrund zu tun haben, von dem ursprünglich Gewollten zu lösen. Im Übrigen ist die Anfechtung des Rechtsgeschäfts nicht erforderlich, wenn sich der Anfechtungsgegner auf das vom Anfechtenden ursprünglich Gewollte einlässt.

Beispiel: Der Verkäufer erklärt einen Kaufpreis von € 100, will aber € 1.000. Darauf akzeptiert der Käufer den gewollten Kaufpreis. Ein Anfechtungsrecht scheidet aus.

bb. Rechtsmissbrauch

Der Anfechtende verhält sich rechtsmissbräuchlich und treuwidrig (§ 242 BGB), wenn er das Rechtsgeschäft nicht mit dem von ihm gewollten Inhalt gelten lässt (**Rechtsmissbrauch der Anfechtung**). Auch aus Gründen der Rechtssicherheit hat der Erklärende nach dem Prinzip der Vertragstreue *(pacta sunt servanda)* nicht das Recht, sich von dem bereuten Vertrag loszulösen (**„Das Anfechtungsrecht ist kein Reuerecht“**). Dafür spricht, dass der Anfechtende nach den Regeln einer unschädlichen Falschbezeichnung *(falsa demonstratio non nocet)* ebenso an den Vertrag mit dem gewollten Inhalt gebunden wäre. Teilweise wird argumentiert, dass nach Treu und Glauben ein neuer Vertrag oder eine Änderungsvertrag mit dem Inhalt des ursprünglich Gewollten abgeschlossen werden müsse. Zudem wird vertreten, an dem geschlossenen Vertrag festzuhalten und durch Auslegung der Willenserklärung (§§ 133, 157 BGB) oder Umdeutung (§ 140 BGB) den Inhalt des wirklich Gewollten zu ermitteln.

5. Anfechtungsfrist

a. § 121 BGB

Die Anfechtung einer Willenserklärung kann nur innerhalb bestimmter Fristen erfolgen. Für die Anfechtung wegen Irrtums (§ 119 BGB) und falscher Übermittlung (§ 120 BGB) wird die Anfechtungsfrist in § 121 Abs. 1 BGB geregelt. In diesen Fällen muss sie ohne schuldhaftes Zögern (**unverzüglich**) erfolgen, nachdem der Anfechtungsberechtigte vom Anfechtungsgrund Kenntnis erlangt hat.

aa. Fristbeginn

Die Frist beginnt mit **Kenntnis** des **Anfechtungsgrundes**, also des Irrtums bzw. der falschen Übermittlung. Nicht ausreichend ist das bloße Kennenmüssen, ebenso wenig das Bestehen von Verdachtsmomenten. Die volle Überzeugung vom Bestehen des Anfechtungsrechts ist aber nicht erforderlich. Die Kenntnis des Berechtigten vom Anfechtungsgrund ist für den Beginn des Fristlaufs ausreichend, auch wenn er von der Notwendigkeit der Anfechtung und dem Anfechtungsgrund als solchem nichts weiß. Liegen mehrere Anfechtungsgründe vor, beginnt die Frist jeweils mit Kenntnis des einzelnen Anfechtungsgrundes.

bb. Unverzüglich

Nach § 121 Abs. 1 S. 1 BGB muss die Anfechtung **ohne schuldhaftes Zögern** (unverzüglich) erfolgen. Die Legaldefinition des Begriffs „unverzüglich“ gilt für das gesamte Privatrecht.

Beispiele: Rügepflicht des Käufers beim Handelskauf (§ 377 Abs. 1, 3 HGB), Vorstandpflicht zur unverzüglichen Einberufung einer Hauptversammlung bei Verlust (§ 92 Abs. 1 AktG).

Nach der Rechtsprechung ist nicht erforderlich, dass die Anfechtung sofort mit Kenntnis des Anfechtungsgrunds erfolgt. Sie muss aber innerhalb einer nach den Umständen des Einzelfalles zu bemessenden **Prüfungs- und Überlegungsfrist** erklärt werden (BGH NJW 2005, 1869). Als Obergrenze gilt i. d. R. eine Frist von zwei Wochen, z. B. Anfechtung eines Arbeitsvertrags entsprechend § 626 Abs. 2 BGB (BAG NJW 1991, 2726).

cc. Abwesende

Die Anfechtungserklärung gegenüber einem Abwesenden gilt nach § 121 Abs. 1 S. 2 BGB als rechtzeitig, wenn die Anfechtungserklärung **unverzüglich abgesendet** worden ist. Es kommt also in diesem Fall für die Fristwahrung nicht auf einen späteren Zugang der Erklärung an. Das Risiko einer bei der Übermittlung eintretenden Verzögerung hat der Anfechtungsgegner zu tragen.

Dem Erklärenden ist aber nicht eine Übermittlungsart gestattet, bei der ein unmittelbarer und umgehender Zugang an den Anfechtungsgegner überhaupt nicht in Betracht kommt. Deshalb reicht es nicht aus, wenn die Anfechtung in einer Klageschrift erklärt wird, die erst durch das Gericht dem Anfechtungsgegner zugestellt wird (§§ 253, 261 ZPO) und nicht unmittelbar an den Anfechtungsgegner abgesendet wird (BGH NJW 1975, 39). Wirksam wird die Anfechtung aber erst mit Zugang der Anfechtungserklärung (§ 130 Abs. 1 S. 1 BGB).

dd. Ausschluss

Sind seit der Abgabe der Willenserklärung **zehn Jahre** verstrichen, ist die Anfechtung gemäß § 121 Abs. 2 BGB ausgeschlossen. Dies gilt auch bei Unkenntnis vom Anfechtungsgrund. Die Anfechtungserklärung muss innerhalb der Frist zugehen. Für die Rechtzeitigkeit ist nicht auf die Abgabe der Erklärung gemäß § 121 Abs. 1 S. 2 BGB abzustellen, da diese Regelung auf die Ausschlussfrist des § 121 Abs. 2 BGB keine Anwendung findet.

b. § 124 BGB

Die Anfechtung nach § 123 BGB wegen arglistiger Täuschung oder widerrechtlicher Drohung anfechtbaren Willenserklärung kann nur binnen **Jahresfrist** erfolgen (§ 124 Abs. 1 BGB).

aa. Fristbeginn

Die Jahresfrist beginnt im Falle der arglistigen Täuschung mit dem Zeitpunkt, in welchem der Anfechtungsberechtigte die Täuschung entdeckt hat (§ 124 Abs. 2 S. 1 Fall 1 BGB). Es kommt darauf an, wann der Anfechtungsberechtigte vom Irrtum und vom arglistigen Verhalten des anderen Teils Kenntnis erlangt hat. Ein bloßer Verdacht oder Kennenmüssen genügt nicht. Der Anfechtende muss aber nicht alle Einzelheiten der Täuschung kennen, vielmehr entscheidet der Gesamteindruck. Im Falle der widerrechtlichen Drohung beginnt die Frist in dem Zeitpunkt, in welchem die Zwangslage aufhört (§ 124 Abs. 2 S. 1 Fall 2 BGB). Diese endet mit dem Eintritt des angedrohten Übels oder dadurch, dass mit dem Eintritt des Übels nicht mehr ernsthaft zu rechnen ist. Auszugehen ist vom subjektiven Standpunkt des Bedrohten.

bb. Ausschluss

Die Anfechtungsfrist kann in den Fällen der §§ 206, 210f BGB gehemmt sein (§ 124 Abs. 2 S. 2 BGB). Sie ist bei Unkenntnis vom Anfechtungsgrund ausgeschlossen, wenn seit der Abgabe der Willenserklärung zehn Jahre verstrichen sind (§§ 121 Abs. 2, 124 Abs. 3 BGB).

6. Rechtsfolgen

a. Nichtigkeit

aa. Grundsatz

Nach § 142 Abs. 1 BGB führt die Anfechtung zur Nichtigkeit des Rechtsgeschäfts mit Wirkung von Anfang **(ex tunc-Wirkung)** (rechtsvernichtende Einwendung). Durch Anfechtung des schuldrechtlichen Verpflichtungsgeschäfts erlöschen alle Vertragsansprüche auf Erfüllung und auf Schadensersatz wegen Nichterfüllung. Für bereits erbrachte vertragliche Leistungen besteht ein Anspruch auf Kondiktion (Rückgewährung) wegen Wegfalls des Rechtsgrunds aus § 812 Abs. 1 S. 1 Fall 1 BGB. Die Anfechtung des Verpflichtungsgeschäfts erfasst grundsätzlich nicht das Verfügungsgeschäft, sofern nicht ausnahmsweise etwas anderes gilt.

bb. Kenntnis

Wer die Anfechtbarkeit eines Rechtsgeschäfts kannte oder kennen musste, wird nach § 142 Abs. 2 BGB so behandelt, wie wenn er die Nichtigkeit des Rechtsgeschäfts gekannt hätte oder hätte kennen müssen. Diese Regel findet in Verbindung mit anderen Vorschriften Anwendung, die an eine Kenntnis oder grobfahrlässige Unkenntnis der Nichtigkeit des der Anfechtbarkeit des Rechtsgeschäfts anknüpfen.

Beispiele: Ansprüche des Geschäftsherrn bei unechter Geschäftsführung (§§ 687 Abs. 2 S. 1 BGB), verschärfte Haftung des Bereicherungsschuldners (§ 819 Abs. 1 BGB), kein gutgläubiger Erwerb (§§ 892 Abs. 1 S. 1, Abs. 2, 932 Abs. 2 BGB), Haftung des bösgläubigen Besitzers (990 Abs. 1 BGB).

cc. Fehleridentität

Die Anfechtung des Verfügungsgeschäfts hat zur Folge, dass der **Rechtserwerb** rückwirkend als **nichtig** gilt. Der Verfügungsempfänger, z. B. Zessionar (§ 398 BGB), Eigentumserwerber (§ 929 BGB), wird ab dem Zeitpunkt der Anfechtung rückwirkend zum Nichtberechtigten. Eine Weiterverfügung des Empfängers ist daher bei Forderungen und den unter § 413 BGB fallenden Rechten wirkungslos. Bei Verfügungen über bewegliche Sachen und Grundstücke gelten die Vorschriften über den gutgläubigen Erwerb (§§ 892f, 932ff BGB, § 366 HGB). In bestimmten Ausnahmefällen kann der Grund, der das Verpflichtungsgeschäft anfechtbar macht, auch das Verfügungsgeschäft umfassen **(Fehleridentität)**.

Anfechtung eines Kaufvertrags

Bei Anfechtung eines Kaufvertrags nach § 123 BGB ist regelmäßig von einer **Fehleridentität** auszugehen, weil und soweit die der Übereignung zugrundeliegende dingliche Einigung an **demselben Mangel** leidet wie das schuldrechtliche Verpflichtungsgeschäft. Die Einigung zur Übereignung wurde auch aufgrund der Täuschung oder Drohung abgegeben. Bei Anfechtung eines Kaufvertrags wegen Irrtums nach § 119 BGB ist das Verfügungsgeschäft ausnahmsweise unwirksam, wenn die Verfügung ohne den Irrtum anders ausgefallen wäre. Des Weiteren kann in Ausnahmefällen eine **Gesamtnichtigkeit** des Geschäfts nach § 139 BGB vorliegen, wenn besondere Anhaltspunkte vorliegen, aus denen sich ergibt, dass nach dem Parteiwillen **Grund**- und **Erfüllungsgeschäft** eine **Einheit** bilden sollen (z. B. Sicherungsabtretung der Forderung und kausale Sicherungsabrede). Ist auch das Erfüllungsgeschäft nach § 142 Abs. 1 BGB nichtig, können die Parteien ihre Leistungen mit dem Herausgabeanspruch des Eigentümers aus § 985 BGB (Vindikationsklage) herausverlangen.

dd. Sicherheiten

Akzessorische Sicherheiten

Aufgrund wirksamer Anfechtung der Hauptverbindlichkeit ist diese rückwirkend unwirksam. Damit erlöschen die von deren Bestand abhängigen **akzessorischen Sicherheiten** Bürgschaft (§ 765 BGB), Pfandrecht (§ 1204 BGB) und Hypothek (§ 1113 BGB) ebenfalls rückwirkend (§ 142 Abs. 1 BGB). Der für die Hauptschuld akzessorisch haftende Sicherungsgeber kann ein dem Gläubiger zustehendes Anfechtungsrecht (Einrede) diesem entgegenhalten (§ 768 S. 1 BGB) und seine Befriedigung verweigern (§§ 770 Abs. 1, 1137 Abs. 1, 1211 Abs. 1 BGB).

Nicht akzessorische Sicherheiten

Die Anfechtung der Hauptverbindlichkeit führt nicht zum Erlöschen der **nicht akzessorischen Sicherheiten** (Sicherungsabtretung, Sicherungsübereignung, Sicherungsgrundschuld), da ihr Bestand von der Existenz eines gesicherten Anspruchs unabhängig ist. Rückgewähransprüche können sich aber aus dem Sicherungsvertrag und Kondiktionsrecht ergeben.

ee. Fehlerhafter Arbeitsvertrag

Bei fehlerhaften Arbeitsverträgen gilt eine Ausnahme von der Anfechtung mit Rückwirkung (teleologische Reduktion), wenn das **Arbeitsverhältnis** bereits **in Vollzug** gesetzt wurde. Dies setzt voraus, dass die Parteien schon vertragstypische Leistungen ausgetauscht haben und der Arbeitnehmer auch tatsächlich gearbeitet hat. Dann ist die Nichtigkeitsfolge des § 142 Abs. 1 BGB dahin eingeschränkt, dass die Anfechtung erst ab Zugang der Anfechtungserklärung für die Zukunft *(ex nunc)* wirkt, um Rückabwicklungsschwierigkeiten zu vermeiden (**Lehre vom fehlerhaften Arbeitsvertrag**). Der Arbeitgeber müsste anderenfalls den gezahlten Arbeitslohn zurückfordern (§§ 812 ff BGB). Dabei bestünde für ihn das Risiko, dass sich der Arbeitnehmer auf die Entreicherung (§ 818 Abs. 3 BGB) des Arbeitslohns beruft. Der Arbeitnehmer müsste seine erbrachte Arbeitsleistung beim Arbeitgeber kondizieren, was erhebliche Schwierigkeiten bei der Berechnung des Nutzungsersatzes (§ 818 Abs. 1 BGB) mit sich brächte.

Daher kann der Arbeitgeber sich nicht auf die Nichtigkeit für die Vergangenheit berufen und das Arbeitsverhältnis wird als wirksam behandelt, sofern nicht **Interessen** des Einzelnen (§ 105 BGB) oder der Allgemeinheit (§§ 134, 138, 242 BGB) entgegenstehen. Für die Zukunft können die Parteien das fehlerhafte Arbeitsverhältnis durch „**Lossagung**“ beenden. Dabei handelt es sich nicht um eine Kündigung. Die Lossagung erfordert nicht die Einhaltung einer bestimmten Form oder Frist. Sie kann durch eine einseitige Erklärung der lossagenden Partei gegenüber der anderen Partei erklärt werden, ohne Anforderungen aus dem Kündigungsschutzrecht und ohne Beteiligung des Betriebsrats, um das fehlerhafte Arbeitsverhältnis zu beenden.

Täuschung oder Drohung

Dies gilt aber nur für die Irrtumsanfechtung nach §§ 119, 120 BGB, die auch möglich ist, ohne dass ein wichtiger Grund im Sinne von § 626 BGB vorliegen müsste. Für Arbeitsverträge, bei denen der Vertragsschluss durch eine arglistige Täuschung oder widerrechtliche Drohung (§ 123 BGB) des Arbeitnehmers zugrunde liegt, gilt eine **(Rück-)Ausnahme** von der nur für die Zukunft möglichen Lossagung des bereits in Vollzug gesetzten Arbeitsverhältnisses. In diesem Fall wird der Arbeitnehmer nicht für schutzwürdig betrachtet. Die Anfechtungserklärung des Arbeitgebers führt zur Nichtigkeit des Arbeitsvertrags von Anfang an

(§ 142 Abs. 1 BGB) und der Arbeitnehmer ist auf die Bereicherungsansprüche (§§ 812ff BGB) verwiesen.

ff. Fehlerhafter Gesellschaftsvertrag

Bei fehlerhaft **gegründeten Personengesellschaften**, die schon **in Vollzug gesetzt** wurden, ist eine Anfechtung (§§ 119, 123 BGB) ebenfalls ausgeschlossen, um eine Rückabwicklung der in Vollzug gesetzten Gesellschaft zu vermeiden (**Lehre von der fehlerhaften Gesellschaft**). Mit Aufnahme der Geschäfte im Außenverhältnis, z. B. Vorbereitungsgeschäfte (Anmietung von Geschäftsräumen oder die Einrichtung eines Geschäftskontos), ist die Gesellschaft in Vollzug gesetzt. Ist noch keine Tätigkeit nach außen entfaltet worden, liegt ein Vollzug bereits vor, wenn die Gesellschafter ein Gesamthandsvermögen gebildet haben. Dies geschieht vor allem durch Leistung ihrer Einlagen oder wenn sie das Organisationsgefüge der Gesellschaft in Gang gesetzt haben, so bei Beschlussfassung der Gesellschafter aufgrund Gesellschaftsvertrages. Auch auf die fehlerhafte Beitrittserklärung zu einer bereits bestehenden Gesellschaft finden die Regeln über die fehlerhafte Gesellschaft Anwendung. Diese kann nur mit Wirkung für die Zukunft durch Kündigung mit der Folge einer Auflösung oder des Ausscheidens (§ 723 BGB, §§ 133, 140 HGB analog) beendet werden.

b. Vertrauensschaden

Im Falle der Irrtumsanfechtung (§§ 119, 120 BGB) muss der Erklärende den Vertrauensschaden ersetzen (§ 122 Abs. 1 BGB). Ersatzberechtigter ist bei empfangsbedürftigen Erklärungen der Erklärungsempfänger. Bei amtsempfangsbedürftigen Erklärungen (Gebot bei der gerichtlichen Zwangsversteigerung) und nicht-empfangsbedürftigen Willenserklärungen ist nach dem Gesetz jeder Dritte anspruchsberechtigt, der im Vertrauen auf die Gültigkeit der Erklärung geschädigt worden ist. Ersatzverpflichteter ist derjenige dessen Erklärung aufgrund der Anfechtung nichtig ist. Das ist im Falle der Stellvertretung der Vertretene (§ 164 Abs. 1 BGB).

aa. Umfang

Der Umfang des Anspruchs ist auf den Ersatz des Vertrauensschadens beschränkt. Zu ersetzen sind alle Vermögensnachteile, die der Geschädigte durch das Vertrauen auf die Gültigkeit der Erklärung erlitten hat (**negatives Interesse**). Er ist so zu stellen, als wäre die nichtige Erklärung nicht abgegeben worden. Umfasst ist insbesondere der **Ersatz** von nutzlosen **Aufwendungen** anlässlich des Vertragsschlusses oder begonnener Vertragsausführung und der **Nachteile** durch das Nichtzustandekommen eines möglichen Geschäfts. Hat der Ersatzberechtigte selbst bereits an den Anfechtenden **Leistungen** erbracht, so kann er diese **zurückfordern**. Der Anfechtende kann sich im Rahmen des § 122 BGB nicht auf den Wegfall der Bereicherung (§ 818 Abs. 3 BGB) berufen. Die Höhe des Vertrauensschaden ist durch das Erfüllungsinteresse (positives Interesse) des Anfechtungsgegners begrenzt. (Mit-)Verschulden des Anfechtungsberechtigten ist nicht relevant. Hat dieser seinen Irrtum schuldhaft verursacht, haftet er neben § 122 BGB aus Verschulden bei Vertragsschluss gem. §§ 280 Abs. 1, 241 Abs. 2, 311 Abs. 2 BGB. Der Schadensersatzanspruch ist nicht auf das Erfüllungsinteresse begrenzt und **verjährt** erst nach **drei Jahren** (§ 195 BGB).

bb. Ausschluss

Wenn der Anfechtungsgegner den Irrtum des Erklärenden schuldhaft (§ 276 BGB) verursacht, kann der Erklärende aus Verschulden bei Vertragsschluss gem. § 280 Abs. 1, 241 Abs. 2, 311 Abs. 2 BGB in Verbindung mit § 249 Abs. 1 BGB als Naturalrestitution die **Auf-**

hebung des Vertrags verlangen, ohne den Vertrauensschaden des anderen nach § 122 BGB ersetzen zu müssen. Bei einer Anfechtung nach § 123 BGB können zudem Ansprüche aus § 823 Abs. 2 BGB in Verbindung mit einem Schutzgesetz (§§ 240, 253, 260 StGB) und § 826 BGB bestehen. Die Ersatzpflicht des Anfechtenden ist nach § 122 Abs. 2 BGB **ausgeschlossen**, wenn der Anfechtungsgegner dessen Irrtum **kannte** oder infolge von Fahrlässigkeit nicht kannte (**kennen musste**). Nach herrschender Auffassung muss sich der Erklärungsempfänger analog § 254 BGB eine Mitverursachung des Irrtums bei der Schadensberechnung anspruchsmindernd anrechnen lassen, auch unverschuldet.

Abb. 12: Anfechtung

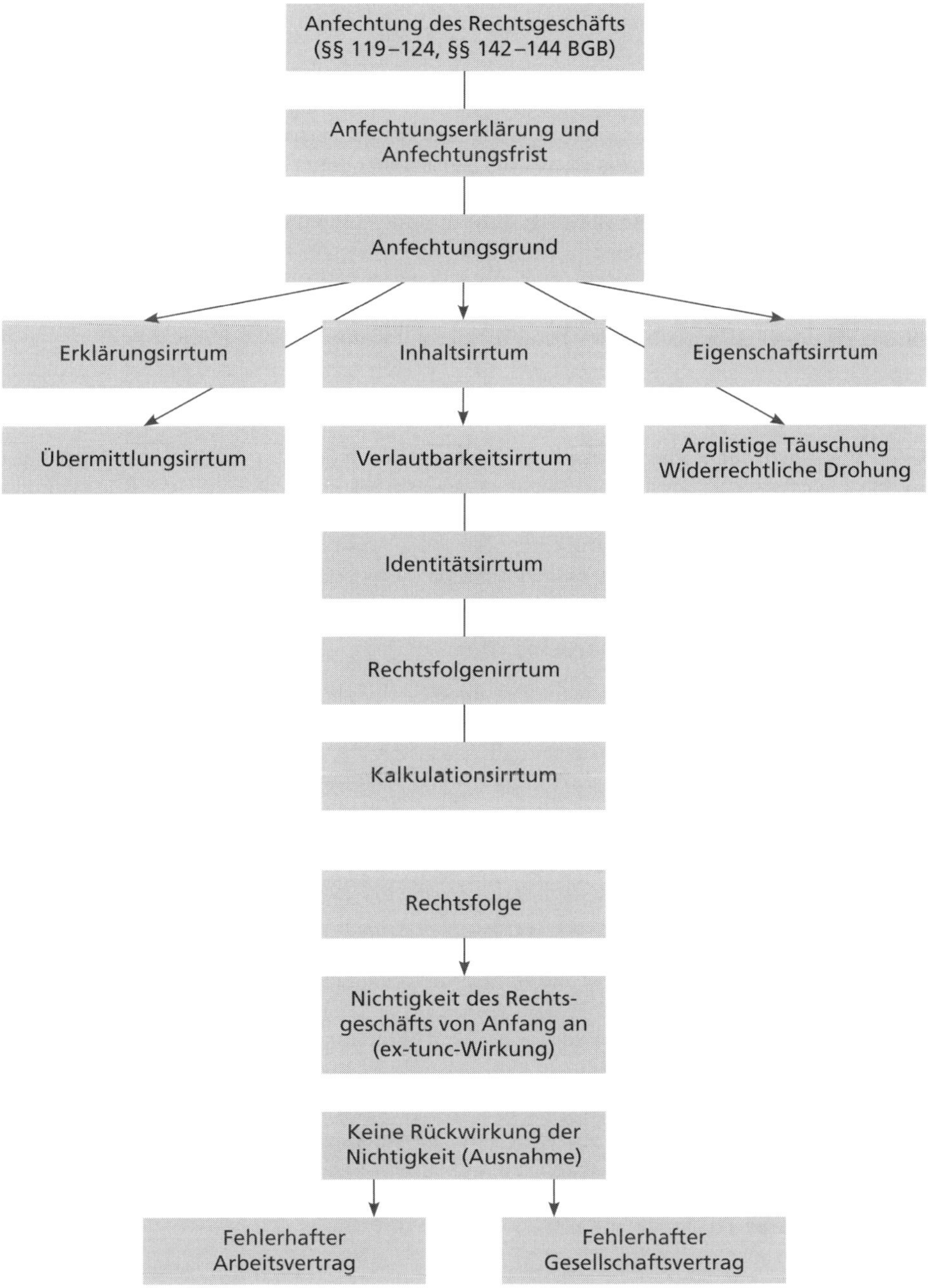

VIII. Zustimmung

1. Einwilligung

Hängt die Wirksamkeit eines Vertrages oder eines einseitigen Rechtsgeschäfts mit einem Geschäftsgegner von der Zustimmung eines Dritten ab, so kann die Erteilung sowie die Verweigerung der Zustimmung sowohl gegenüber der Person abgegeben werden, deren Willenserklärung zustimmungsbedürftig ist, wie auch gegenüber dem Geschäftsgegner (§ 182 Abs. 1 BGB). Die Zustimmung ist **formfrei** und bedarf nicht der für das Hauptgeschäft bestimmten Form (§ 182 Abs. 2 BGB). Die vorherige Zustimmung (**Einwilligung**) ist bis zur Vornahme des Rechtsgeschäfts grundsätzlich widerruflich. Der Widerruf kann gegenüber dem Adressaten der Einwilligung erfolgen, wie auch gegenüber dem Geschäftsgegner (§ 183 BGB). Die Einwilligung kann auch aus anderen Gründen erlöschen, etwa wenn sie befristet ist (§ 163 BGB) oder unter einer auflösenden Bedingung erteilt worden ist (§ 158 Abs. 2 BGB).

2. Genehmigung

Genehmigung ist die **nachträgliche Zustimmung**, die auf den Zeitpunkt der Vornahme des Rechtsgeschäfts zurückwirkt, soweit nicht ein anderes bestimmt ist. Durch die Rückwirkung werden Verfügungen nicht unwirksam, die vor der Genehmigung über den Gegenstand des Rechtsgeschäfts von dem Genehmigenden getroffen worden oder durch Maßnahmen der Zwangsvollstreckung oder durch den Insolvenzverwalter erfolgt sind (§ 184 BGB).

3. Verfügung eines Nichtberechtigten

Eine Verfügung, die ein Nichtberechtigter über einen Gegenstand trifft (**Verfügung eines Nichtberechtigten**) ist nach § 185 Abs. 1 BGB wirksam, wenn sie mit Einwilligung des Berechtigten erfolgt. Als Verfügung gelten Rechtsgeschäfte, die unmittelbar darauf gerichtet sind, auf ein bestehendes Recht einzuwirken, es zu verändern, zu übertragen oder aufzuheben. Die Übertragung oder Belastung eines dinglichen Rechts wie etwa die Übereignung oder Verpfändung einer Sache wird davon ebenso erfasst wie die Übertragung einer Forderung durch Abtretung. Nach § 185 Abs. 2 S. 1 Fall 1 BGB wird die Verfügung rückwirkend, d. h. von Anfang an *(ex tunc)*, wirksam, wenn der Berechtigte sie genehmigt. Nach § 185 Abs. 2 S. 1 Fall 2 bzw. 3 BGB wird die Verfügung nur mit Wirkung für die Zukunft *(ex nunc)* wirksam, sofern der Nichtberechtigte den veräußerten Gegenstand später erwirbt oder den Berechtigten beerbt.

IX. Anspruch

Ein Anspruch (§ 194 Abs. 1 BGB) besteht, wenn alle Tatbestandsmerkmale eines Rechtssatzes (Rechtsnorm), die einem Rechtsträger ein **subjektives Recht** gewährt (Rechtsfolge), erfüllt sind. Als Anspruchsgrundlage wird der gesamte Rechtssatz bezeichnet, der dem Tatbestand als Rechtsfolge den Anspruch zuweist.

1. Anspruchsgrundlagen

a. Allgemeines

Die juristische Prüfung beginnt mit der Vorüberlegung, worum es im konkreten Fall überhaupt geht (was ist gewollt?). Dazu ist zunächst der Lebenssachverhalt genau zu klären. Danach kann der Lebenssachverhalt rechtlich beurteilt werden (**Sachverhaltsermittlung vor Anspruchsprüfung**). Nach Klärung des Lebenssachverhalts folgt die Suche der rechtlichen Anspruchsgrundlagen, aus denen sich das Anspruchsbegehren ergeben könnte. Dabei wird von den Rechtsfolgen her eine Vorauswahl der in Betracht kommenden rechtlichen Normen getroffen. So wird z. B. bei Beschädigung einer Sache nach Normen gesucht, die dem Geschädigten einen Anspruch auf Ersatz des entstandenen Schadens gewähren. Im nächsten Schritt wird der Sachverhalt unter die möglichen Anspruchsgrundlagen subsumiert. Dafür ist folgender Merksatz hilfreich:

Wer will **was** von **wem woraus?**

Beispiel: Schädiger (S) hat bei einem Verkehrsunfall vorsätzlich das Auto des Eigentümers (E) beschädigt.

Wer: Eigentümer (E) könnte einen Anspruch haben.

Auf was: Auf Schadensersatz für das beschädigte Auto.

Von wem: Von dem Schädiger (S).

Woraus: Aus Gefährdungshaftung gem. §§ 7 Abs. 1, 18 Abs. 1 S. 1 StVG und unerlaubter Handlung gem. §§ 823 Abs. 1, 276 BGB, § 823 Abs. 2 BGB i. V. m. §§ 303 Abs. 1, 15 StGB.

b. Prüfungsreihenfolge

Aufgrund gesetzlicher Konkurrenzen der verschiedenen zivilrechtlichen Anspruchsgrundlagen ist bei ihrer Prüfung eine bestimmte Reihenfolge einzuhalten bzw. systematisch sinnvoll.

Abb. 13: Anspruchsprüfung

Anspruchsprüfung

I. Vertragliche Ansprüche
1. Primäransprüche auf Vertragserfüllung (z. B. §§ 433, 488, 535, 611, 631, 662, 675 BGB)
2. Sekundäransprüche wegen Leitungsstörungen (§§ 280ff, 320ff, 327c, 327i; 327r Abs. 3; §§ 437, 634 BGB; §§ 536ff; 651i BGB)

II. Vertragsähnliche Ansprüche (quasi-vertragliche Ansprüche)
1. Vorvertragliche Haftung (§§ 280 Abs. 1, 241 Abs. 2, 311 Abs. 2, 3 BGB)
2. Vertrauensschaden (z. B. §§ 122 Abs. 1, 179 Abs. 1, 2 BGB)
3. Geschäftsführung ohne Auftrag (§§ 683f, 670, 687 BGB)

III. Sachenrechtliche Ansprüche
1. Herausgabe- und Sekundäransprüche (z. B. §§ 985, 987ff BGB)
2. Beseitigungs- und Unterlassungsansprüche (z. B. §§ 861 Abs. 1, 862 Abs. 1, 1004 Abs. 1, 1007 Abs. 1, 2 BGB)

IV. Deliktische Ansprüche
1. Unerlaubte Handlung (z. B. §§ 823 Abs. 1, 2, 824–826, 830, 839 BGB)
2. Gefährdungshaftung (z. B. §§ 7 Abs. 1, 18 StVG, § 1 ProduktHG, § 1 UmweltHG)

V. Bereicherungsrecht
1. Leistungskondiktion (§§ 812 Abs. 1 S. 1 Fall 1, Abs. 2, 813, 817 S. 1 BGB)
2. Nichtleistungskondiktion (§§ 812 Abs. 1 S. 1 Fall 2, 816, 822 BGB)

2. Einwendungen

a. Materielles Recht

Ein Anspruch entsteht grundsätzlich dann, wenn alle Tatbestandsmerkmale einer Rechtsnorm, die einem Rechtsträger ein subjektives Recht gewährt, erfüllt sind. **Einwendungen** sind zivilrechtliche Regelungen in Normen, deren Rechtsfolge bei Vorliegen ihrer tatbestandlichen Voraussetzungen dazu führen, dass der Anspruch trotz Vorliegen der Tatbestandsmerkmale der Anspruchsgrundlage nicht entsteht (**rechtshindernde** Einwendungen, z. B. Anfechtung nach § 142 Abs. 1 BGB), wieder erlischt (**rechtsvernichtende** Einwendungen, z. B. Erfüllung nach § 362 Abs. 1 BGB) oder nicht durchgesetzt werden kann (**rechtshemmende** Einwendungen). Rechtshemmenden Einwendungen (**Einreden**) können die Durchsetzbarkeit eines Anspruchs auf Dauer ausschließen (**peremptorische** Einreden, z. B. Verjährung nach § 214 BGB) oder lediglich zeitweise aufschieben (**dilatorische** Einreden, z. B. Zurückbehaltungsrecht nach § 273 BGB). Auf Einreden muss sich der Schuldner **berufen**, wogegen Einwendungen vom Gericht **von Amts wegen** zu berücksichtigen sind.

b. Prozessrecht

Von den Einwendungen im materiellen Zivilrecht sind die Einreden im Zivilprozessrecht zu unterscheiden. Eine zivilprozessuale Einrede ist jedes gegen den Klageanspruch gerichtete **Tatsachenvorbringen** des Beklagten, dass nicht im bloßen Bestreiten besteht („ja, aber"). Dies umfasst sowohl die Einwendungen aus dem **materiellen Privatrecht** (BGB, HGB usw.), als auch aus dem **Zivilprozessrecht** (z. B. §§ 261, 1032 Abs. 1 ZPO). Zu beachten ist ferner, dass der Begriff der zivilrechtlichen Einrede wie er v. a. im BGB verwendet wird, lediglich die rechtshemmenden Einwendungen des materiellen Rechts betrifft.

3. Prüfungsschema

Abb. 14: Prüfungsschema

I. Ist der **Anspruch entstanden**?
  1. Vorliegen aller **Tatbestandsmerkmale** der Anspruchsgrundlage
  2. Dem Anspruch dürfen keine **rechtshindernden Einwendungen** entgegenstehen, z. B.
     a. Mangelnde Geschäftsfähigkeit (§§ 104ff BGB)
     b. Geheimer Vorbehalt (§ 116 S. 2 BGB)
     c. Scheingeschäft (§ 117 Abs. 1 BGB)
     d. Formnichtigkeit (§ 125 BGB)
     e. Verbotsgesetz (§ 134 BGB)
     f. Sittenwidrigkeit, Wucher (§ 138 BGB)
     g. Anfechtung (§ 142 Abs. 1 BGB)
     h. Anfängliche Unmöglichkeit (§ 275 Abs. 1 BGB)
     i. Verbot unzulässiger Rechtsausübung (§ 242 BGB)

II. Ist der **Anspruch erloschen**?
  – Dem Anspruch dürfen keine **rechtsvernichtenden Einwendungen** entgegenstehen, z. B.
     a. Erfüllung (§ 362 BGB)
     b. Hinterlegung (§ 372 BGB)
     c. Rechtsgestaltende Erklärungen, z. B.
        aa. Aufrechnung (§§ 387ff BGB)
        bb. Rücktritt (§§ 313 Abs. 3 S. 1; 346; 323f; 437 Nr. 2; 634 Nr. 4 BGB)
        cc. Minderung (§§ 327i Nr. 2; 437 Nr. 2; 441; 634 Nr. 3; 638 BGB)
        dd. Kündigung (z. B. §§ 313 Abs. 3 S. 2; 314; 327c; 327i Nr. 2; 327r Abs. 3; 489f; 500; 542f; 568f; 573ff; 620ff; 626 BGB)
        ee. Widerruf (§§ 312g; 495; 355 BGB)
     d. Parteivereinbarungen, z. B.
        aa. Erlassvertrag (§ 397 Abs. 1 BGB)
        bb. Negatives Schuldanerkenntnis (§ 397 Abs. 2 BGB)
        cc. Abtretungsvertrag (§ 398 BGB)
        dd. Aufhebungsvertrag (§ 311 Abs. 1 BGB)
        ee. Abänderungsvertrag (§ 311 Abs. 1 BGB)
        ff. Befreiende Schuldübernahme (§§ 414f BGB)
        gg. Vertragsübernahme (§§ 311 Abs. 1, 414f BGB)
        ee. Schuldersetzungsvertrag/Novation (§ 311 Abs. 1 BGB)
     e. Vereinigung von Gläubiger und Schuldner (Konfusion)
     f. Nachträgliche Unmöglichkeit (§ 275 Abs. 1 BGB)

III. Ist der **Anspruch durchsetzbar**?
  – Dem Anspruch dürfen keine rechtshemmenden Einwendungen entgegenstehen, z. B.
  1. Dauerende/**peremptorische Einreden**
     a. Verjährung (§§ 194ff, 214 Abs. 1 BGB)
     b. Mängeleinrede (§§ 438 Abs. 4 S. 2; 634a Abs. 4 S. 2 BGB)
  2. Vorübergehende/**dilatorische Einreden**
     a. Nachträgliche Unmöglichkeit (§ 275 Abs. 2, 3 BGB)
     b. Einrede des nicht erfüllten Vertrags (§ 320 Abs. 1 BGB)
     c. Zurückbehaltungsrechte (§§ 273 Abs. 1, 2; 1000 BGB)

Lehrbücher:

Brox/Walker, Allgemeiner Teil des BGB, 45. Auflage, München 2021
Köhler, BGB Allgemeiner Teil, 45. Auflage, München 2021
Medicus/Petersen, Allgemeiner Teil des BGB, 11. Auflage, Heidelberg 2016
Medicus/Petersen, Grundwissen zum Bürgerlichen Recht, 12 Auflage, München 2021
Musielak/Hau, Grundkurs BGB, 17. Auflage, München 2021
Neuner, Allgemeiner Teil des Bürgerlichen Rechts, 12. Auflage, München 2020
Stadler, Allgemeiner Teil des BGB, 20. Auflage, München 2020

B. BGB Allgemeines Schuldrecht

Das Recht der Schuldverhältnisse ist im **zweiten Buch** des BGB (§§ 241–853 BGB) geregelt. Es besteht aus den Vorschriften des Allgemeinen Schuldrechts (§§ 241–432 BGB) und des Besonderen Schuldrechts (§§ 433–853 BGB). Das Allgemeine Schuldrecht enthält Regelungen, die denen des Besonderen Schuldrecht vorangestellt sind und für alle Schuldverhältnisse gelten (**Klammertechnik**). Geregelt werden der Inhalt der Schuldverhältnisse (§§ 241–304 BGB), die Gestaltung rechtsgeschäftlicher Schuldverhältnisse durch Allgemeines Geschäftsbedingungen (§§ 305–310 BGB), die Schuldverhältnisse aus Verträgen (§§ 311–360 BGB), das Erlöschen der Schuldverhältnisse (§§ 362–397 BGB), die Übertragung einer Forderung (§§ 398–413 BGB), die Schuldübernahme (§§ 414–418 BGB) sowie die Mehrheit von Schuldnern und Gläubigern (§§ 420–432 BGB).

Schuldrechtsreform 2002

Der Bundesgesetzgeber hat das Schuldrecht bereits durch das Gesetz zur Modernisierung des Schuldrechts (BGBl. 2001 I, S. 3138) zum 01.01.2002 grundlegend reformiert. Dabei wurden die unionsrechtlichen Vorgaben der Verbrauchsgüterkaufrichtlinie, Zahlungsverzugsrichtlinie sowie Teile der E-Commerce-Richtlinie umgesetzt. Die Reform beschränkte sich aber nicht auf die Richtlinienumsetzung (**„kleine Lösung“**), sondern integrierte auch Nebengesetze wie das Verbraucherkreditgesetz, AGB-Gesetz, Fernabsatzgesetz, Teilzeitwohnrechtegesetz und das Haustürwiderrufsgesetz im Bürgerlichen Gesetzbuch (**„große Lösung“**).

Schuldrechtsreform 2022

Das Schuldrecht wird im Allgemeinen und im Besonderen Teil durch Neuregelungen aufgrund europäischer Richtlinien wesentlich geändert. Die Richtlinie über bestimmte vertragsrechtliche Aspekte der Bereitstellung digitaler Inhalte und digitaler Dienstleistungen (**Digitale-Inhalte-Richtlinie**, DIRL) harmonisiert das Vertragsrecht, um Hindernisse für die Entwicklung eines grenzübergreifenden elektronischen Handels im EU-Binnenmarkt (**digitaler Binnenmarkt**) zu beseitigen. Sie bezweckt, den **Verbraucherschutz** zu stärken und die **Transaktionskosten** für kleinere und mittlere Unternehmen zu senken. Die Richtlinie zur besseren Durchsetzung und Modernisierung der Verbraucherschutzvorschriften (**Modernisierungsrichtlinie**) bildet mit der Richtlinie über Verbandsklagen zum Schutz der Kollektivinteressen der Verbraucher (**Kollektivrechtsschutzrichtlinie**) ein Paket (Paket-Richtlinien). Dies beruht auf den „Neuen Rahmenbedingungen für Verbraucher“ (**New Deal for Consumers**) der EU-Kommission. Die Modernisierungsrichtlinie („Omnibusrichtlinie“) ändert vier Verbraucherschutzrichtlinien. Das Richtlinienpakt ist Teil des Programms der EU-Kommission zur Gewährleistung der Effizienz und Leistungsfähigkeit der Rechtsetzung (**REFIT-Programm**). Außerdem erfolgen Änderungen im Allgemeinen Schuldrecht aufgrund des Gesetzes über faire Verbraucherverträge.

Digitale-Inhalte-Richtlinie

Durch das Gesetz zur Umsetzung der Digitale-Inhalte-Richtlinie vom 25.06.2021 (BGBl. 2021 I, S. 2123) werden die **Verträge über digitale Produkte** im Allgemeinen Schuldrecht erstmals in einem neuen Abschnitt 3, Titel 2a in den §§ 327–327u BGB geregelt. Diese Neuregelungen sind mit Wirkung zum 01.01.2022 in Kraft getreten. Sie betreffen Verbraucherverträge über digitale Produkte (§§ 327–327s BGB) und enthalten besondere Bestimmungen für Verträge über digitale Produkte zwischen Unternehmen (§§ 327t–327u BGB). Die Neuregelungen über Verbraucherverträge (§§ 327–327s BGB) gelten (ausgenommen § 327r BGB) auch für Verträge über die Bereitstellung eines digitalen Produkts, die bereits vor dem 01.01.2022 abgeschlossen wurden. Dazu muss die vertragsgegenständliche Bereitstellung ab dem 01.01.2022 erfolgt sein (Art. 229 § 57 Abs. 1–3 EGBGB). Die besonderen Bestimmungen für Verträge über digitale Produkte zwischen Unternehmen (§§ 327t und 327u BGB) sind auf Verträge über digitale anzuwenden, die ab dem 01.01.2022 abgeschlossen wurden (Art. 229 § 57 Abs. 4 EGBGB).

Modernisierungsrichtlinie

Das Gesetz zur Änderung des BGB und EGBGB in Umsetzung der Modernisierungsrichtlinie vom 10.08.2021 (BGBl. 2021 I, S. 3483) tritt mit Wirkung zum 28.05.2022 in Kraft. Es regelt im Allgemeinen Schuldrecht insbesondere allgemeine **Informationspflichten** u. a. für Betreiber von **Online-Marktplätzen** (§ 312l BGB n. F., Art. 246d EGBGB n. F.) und Änderungen beim Widerruf von Fernabsatzverträgen (§ 357f BGB n. F.).

Gesetz für faire Verbraucherverträge

Das Gesetz für faire Verbraucherverträge vom 10.08.2021 (BGBl. 2021 I, S. 3433) ändert und ergänzt im Allgemeinen Schuldrecht Vorschriften über **Allgemeine Geschäftsbedingungen** bei den **Klauselverboten** ohne und mit Wertungsmöglichkeit. Bereits zum 01.10.2021 ist das **Verbot des Abtretungsausschlusses** von Geldansprüchen und sonstigen Verbraucherrechten gegen den Unternehmer (§ 308 Nr. 9 BGB) in Kraft getreten. Eine weitere **Einschränkung automatischer Vertragsverlängerungen** bei Dauerschuldverhältnissen über die Lieferung von Waren oder die Erbringung von Werk- oder Dienstleistungen gegenüber Verbrauchern (§ 309 Nr. 9 BGB n. F.) tritt am 01.03.2022 in Kraft. Eine weitere Neuregelung gilt für Verträge, die auf die Begründung eines Dauerschuldverhältnisses im elektronischen Geschäftsverkehr über eine Website gerichtet sind und die einen Unternehmer zu einer entgeltlichen Leistung gegenüber einem Verbraucher verpflichten. Danach muss der Unternehmer auf der Website dem Verbraucher ab 01.07.2022 für die Kündigungserklärung einen **Kündigungsbutton** und eine automatische Eingangsbestätigung einrichten. Dies gilt aber nicht, wenn für die Kündigung gesetzlich ausschließlich eine strengere Form als die Textform vorgesehen ist (§ 312k n. F. BGB).

I. Inhalt des Schuldverhältnisses

1. Allgemeines

a. Begriff des Schuldverhältnisses

Das Schuldverhältnis ist in § 241 BGB geregelt. Danach ist der Gläubiger berechtigt, von dem Schuldner eine Leistung zu fordern (**Forderung**). Die Leistung kann auch in einem Unterlassen bestehen (§ 241 Abs. 1 BGB). Der Gläubiger des Forderungsrechts und der Schuldner der Leistungspflicht können jeweils eine oder mehrere natürliche oder juristische Personen sein. Das Schuldverhältnis kann nach seinem Inhalt jeden Teil zur Rücksichtnahme auf die Rechte, Rechtsgüter und Interessen des anderen Teils verpflichten (§ 241 Abs. 2 BGB). Dabei handelt es sich um Verhaltens- und Schutzpflichten (**Nebenpflichten**), deren Verletzung ebenso wie die Verletzung einer (**Haupt-)Leistungspflicht** einen Schadensersatzanspruch aus §§ 280ff BGB begründen kann.

b. Schuldverhältnis als relatives Recht

Das Schuldverhältnis begründet ein **relatives Recht** zwischen Gläubiger und Schuldner, jedoch kein absolutes Recht, wie z. B. das Eigentum, das gegenüber jedermann gilt. Es berechtigt und verpflichtet grundsätzlich nur die am Schuldverhältnis beteiligten Personen *(inter partes)*. Ein Schuldverhältnis im engeren Sinne beschreibt die **einzelne Leistungsbeziehung** zwischen Gläubiger und Schuldner als Zustand, in dem sich ein Anspruch und eine entsprechende Schuld gegenüberstehen.

Beispiel: Beim Kaufvertrag (§ 433 BGB) sind der Anspruch des Käufers gegen den Verkäufer auf Übereignung (§ 433 Abs. 1 BGB) sowie der Anspruch des Verkäufers auf Kaufpreiszahlung und Abnahme der Kaufsache (§ 433 Abs. 2 BGB) jeweils eigene Schuldverhältnisse im engeren Sinne.

Ein Schuldverhältnis im weiteren Sinne bezeichnet die **Gesamtheit** der zusammenhängenden (konnexen) Leistungsbeziehungen zwischen Gläubiger und Schuldner.

Beispiel: Der Kaufvertrag gem. § 433 BGB ist das Schuldverhältnis im weiteren Sinne, welcher die einzelnen Ansprüche, also die Schuldverhältnisse im engeren Sinne, als Ganzes umfasst.

c. Einheit von Gläubiger und Schuldner

Eine **anfängliche** Einheit von Gläubiger und Schuldner in einer Person ist **ausgeschlossen**. Dies ist nicht ausdrücklich gesetzlich geregelt, da ein Schuldverhältnis begrifflich voraussetzt, dass Gläubiger und Schuldner (mindestens zwei) **verschiedene Personen** sind, so dass es zwischen denselben Personen nicht entstehen kann. Das Schuldverhältnis erlischt grundsätzlich durch **Konfusion**, wenn sich Gläubiger und Schuldner einer Forderung **nachträglich** in einer Person vereinigen. Dies kann sich aus rechtsgeschäftlicher Handlung etwa durch Abtretung einer Forderung vom Gläubiger an den Schuldner (§ 398 BGB) oder kraft Gesetzes etwa infolge der gesetzlichen Gesamtrechtsnachfolge (§ 1922 BGB) ergeben, wenn der Schuldner zugleich Erbe des Gläubigers ist, weil mit dem Erbfall auch die Forderung auf den Erben übergeht.

Beispiel: Ein Mietverhältnis kann nicht wirksam entstehen, wenn auf Gebrauchsnutzerseite eine Person beteiligt ist, die zugleich eine Vermieterstellung einnimmt, und es erlischt durch Konfusion, wenn der Mieter nachträglich das mit dem Recht zur Gebrauchsnutzung verbundene Eigentum an der Mietsache erwirbt (BGH v. 27.04.2016 – VIII ZR 323/14).

d. Entstehung des Schuldverhältnisses

Ein Schuldverhältnis entsteht in der Regel durch **rechtsgeschäftliches** Handeln. Es kann durch zweiseitiges Rechtsgeschäft als Vertrag (§ 311 Abs. 1 BGB), unvollkommen zweiseitiges Rechtsgeschäft, z. B. Leihe (§§ 598 BGB), einseitiges Rechtsgeschäft, z. B. Auslobung (§§ 657 ff BGB), aufgrund **geschäftsähnlicher** Handlungen (§ 311 Abs. 2 und 3 BGB) oder **kraft Gesetzes**, z. B. GoA (§§ 677), Bereicherung (§§ 812 ff BGB) oder Delikt (§§ 823 ff BGB), entstehen.

e. Grundsatz von Treu und Glauben

aa. Allgemeines

§ 242 BGB verpflichtet den Schuldner, die Leistungen so zu erbringen, wie Treu und Glauben mit Rücksicht auf die Verkehrssitte es erfordern (**Grundsatz von Treu und Glauben**). Der Grundsatz von Treu und Glauben ergänzt die in §§ 243 ff BGB enthaltenen Einzelvorschriften über die Verpflichtung zur Leistung. Es handelt sich zudem um einen das gesamte Rechtsleben beherrschenden Grundsatz, dass jedermann in Ausübung seiner Rechte und Erfüllung seiner Pflichten nach Treu und Glauben zu handeln hat. Als **Generalklausel** enthält § 242 BGB keinen Rechtssatz, aus dem durch Subsumtion bestimmte Rechtsfolgen abgeleitet werden können. Der Inhalt der Generalklausel ist aber von Rechtsprechung und Lehre durch **Funktionskreise** und **Fallgruppen** präzisiert worden. Dadurch wird der Rechtsausübung dort eine Schranke gesetzt, wo sie zu untragbaren, mit Recht und Gerechtigkeit offensichtlich unvereinbaren Ergebnissen führt. Dagegen enthält § 242 BGB keine generelle Ermächtigung zur Rechtsfortbildung nach Billigkeitsgrundsätzen. Die Anwendbarkeit des § 242 BGB setzt nach überwiegender Meinung eine rechtliche **Sonderverbindung** voraus. Dafür ausreichend ist ein **qualifizierter sozialer Kontakt**. Erfasst werden neben vertraglichen und gesetzlichen Schuldverhältnissen v. a. auch durch ein nichtiges Rechtsgeschäft (§ 125 BGB) oder einen Wettbewerbsverstoß entstandene Rechtsbeziehungen, vorvertragliche Vertragsverhandlungen (§ 311 Abs. 2 BGB) sowie dauernde Geschäftsverbindungen und Nachwirkungen eines Vertrags.

bb. Art und Weise der Leistung

§ 242 BGB regelt nach seinem Wortlaut die Art und Weise der Leistung. Der Schuldner hat seine Verbindlichkeit so zu erfüllen, wie es dem Sinn und Zweck des Schuldverhältnisses entspricht. Eine Leistung zur Unzeit ist unzulässig, ebenso eine Leistung am unpassenden Ort. Ist die Erfüllung am vertraglichen oder gesetzlichen Erfüllungsort unmöglich oder unzumutbar, tritt an die Stelle ein angemessener Ort. Auch der Gläubiger muss auf schutzwürdige Interessen des Schuldners Rücksicht nehmen. Er kann zur Annahme von Teilleistungen (§ 266 BGB) oder Ratenzahlungen (§ 507 BGB) verpflichtet sein. Unerhebliche Abweichungen der Leistungen vom vertraglichen oder gesetzlichen Leistungsprogramm sind unschädlich, wenn der gleiche wirtschaftliche Erfolg herbeigeführt wird.

cc. Pflichten im Schuldverhältnis

Nebenpflichten

Die **Hauptleistungspflichten** im Schuldverhältnis werden durch **Nebenpflichten ergänzt**. Diese können sich aus vertraglicher Vereinbarung oder besonderen gesetzlichen Vorschriften (z. B. §§ 404, 618, 666 BGB) ergeben. Die Auslegung von Verträgen muss so erfolgen, wie Treu und Glauben mit Rücksicht auf die Verkehrssitte es erfordern (§§ 133, 157 BGB). Danach sind die Parteien gehalten, eine sinnvolle Durchführung des Vertrags zu ermöglichen und den anderen Teil vor Schädigungen zu bewahren. Die ergänzende Vertragsauslegung führt regelmäßig zur Begründung vertraglicher **Nebenleistungspflichten** und **Rücksichtspflichten** (§ 241 Abs. 2 BGB). Die Rücksichtspflichten umfassen insbesondere Aufklärungs-, Beratungs-, Auskunfts-, Anzeige-, Mitwirkungs-, Unterlassung-, Fürsorgepflichten, Obhuts- und Schutzpflichten.

Im **Gesellschaftsrecht** und **Arbeitsrecht** folgt aus § 242 BGB eine umfassende **Treuepflicht**. Auch die Begründung **vorvertraglicher Pflichten** i. S. v. § 311 Abs. 2 und 3 BGB kann sich aus dem Grundsatz von Treu und Glauben ergeben. Nach Beendigung eines Vertragsverhältnisses gelten **nachwirkende Treuepflichten** *(culpa post contractum finitum).*

dd. Unzulässige Rechtsausübung

Nach der Rechtsprechung bilden Treu und Glauben eine allen Rechten, Rechtslagen und Rechtsnormen immanente Inhaltsbegrenzung (**Innentheorie**). Danach ist die gegen § 242 BGB verstoßende Rechtsausübung oder Ausnutzung einer Rechtslage als Rechtsüberschreitung rechtsmissbräuchlich und daher unzulässig (**Verbot unzulässiger Rechtsausübung**). Nach der Gegenmeinung berührt die unzulässige Rechtsausübung den Bestand des Rechts nicht, sondern ist eine von außen an das Recht herantretende Ausübungsschranke (**Außentheorie**). Die sich aus Treu und Glauben ergebenden Anforderungen für eine unzulässige Rechtsausübung sind unter Berücksichtigung der **Umstände des Einzelfalles** zu entscheiden.

Die Ausübung eines individuellen Rechts ist unredlich und damit unzulässig, wenn mit ihr nicht die durch Vertrag oder Gesetz geschützten Interessen verwirklicht werden, sondern das Recht zweckwidrig verwendet wird (**individueller Rechtsmissbrauch**).

Darüber hinaus müssen die sich aus einem Rechtsinstitut oder einer Rechtsnorm ergebenden Rechtsfolgen u. U. dann zurücktreten, wenn sie zu einem mit Treu und Glauben unvereinbaren, schlechthin untragbaren Ergebnis führen (**institutioneller Rechtsmissbrauch**). Er kann sich auf den Missbrauch der Vertragsfreiheit (Inhaltskontrolle von AGB-Klauseln), der Rechtsform der juristischen Person (Durchgriffshaftung), der Gestaltungsformen (Einwendungsdurchgriff), vgl. § 359 BGB, der Formnichtigkeit (§ 125 BGB) und der Nichtigkeit gem. §§ 134, 138 BGB beziehen.

Einwendung

Der Rechtsmissbrauch (§ 242 BGB) begründet eine den Rechtserwerb (rechts)hindernde oder sonst eine rechtsvernichtende Einwendung. Für das Verbot der unzulässigen Rechtsausübung haben sich typische Fallgruppen herausgebildet.

Unredlicher Erwerb der eigenen Rechtstellung

Die Ausübung eines Rechts ist rechtsmissbräuchlich, wenn der Berechtigte es gerade durch ein **gesetzes-, sitten**- oder **vertragswidriges** Verhalten erworben hat. Dafür genügt ein objektiv unredliches Verhalten, ohne dass Arglist oder Verschulden erforderlich sind. Es bedarf aber einer umfassenden Abwägung aller Umstände des Einzelfalls, wenn das treuwidrige Verhalten nicht zielgerichtet war.

Verletzung eigener Pflichten

Die Rechtsausübung kann ausnahmsweise dann unzulässig sein, wenn dem Berechtigten eine Verletzung eigener Pflichten zur Last fällt. Es gibt aber **keinen allgemeinen Grundsatz**, dass nur derjenige Rechte geltend machen kann, der sich selbst rechtstreu verhalten hat.

Fehlen eines schutzwürdigen Eigeninteresses

Die Rechtsausübung ist unzulässig, wenn ihr **kein schutzwürdiges Eigeninteresse** zugrunde liegt. Dieser Fallgruppen zugeordnet werden die nutzlose Rechtsausübung, die Ausübung eines Rechts als Vorwand für die Erreichung vertragsfremder oder unlauterer Zwecke und die Fälle des § 226 BGB. Ein schutzwürdiges Interesse fehlt auch, wenn eine Leistung gefordert wird, die alsbald zurückzugewähren wäre *(dolo agit, qui petit, quod statim redditurus est).*

Geringfügige Interessenverletzung

Auch geringfügige Interessenverletzungen bleiben grundsätzlich nicht ohne Rechtsfolgen. Ein Rechtsmissbrauch liegt nur dann vor, wenn an einem geringfügigen, im Ergebnis folgenlos gebliebenen Verstoß, weitreichende eindeutig **unangemessene Rechtsfolgen** geknüpft werden oder wenn der Gläubiger wiederholte Verstöße toleriert hat und dadurch für den Schuldner ein **Vertrauenstatbestand** entstanden ist.

Unverhältnismäßigkeit

Die Rechtsfolgen einer Pflichtverletzung müssen nicht grundsätzlich in einem angemessenen Verhältnis zu deren Schwere stehen. Sind aber bei Pflichtverletzungen mehrere Reaktionen möglich, kann jedoch § 242 BGB, vor allem bei Dauerschuldverhältnissen oder einer besonders engen Bindung, dazu verpflichten, die **mildere Reaktion** zu wählen. So ist z. B. der Ausschluss aus einer Gesellschaft oder die Entziehung der Geschäftsführung missbräuchlich, wenn eine weniger weitreichende Maßnahme möglich und zumutbar ist.

Widersprüchliches Verhalten

Die Rechtsordnung lässt widersprüchliches Verhalten **grundsätzlich zu**. Eine Partei darf ihre Rechtsmeinung ändern, sich auf die Nichtigkeit einer abgegebenen Erklärung berufen oder ein unter ihrer Beteiligung zustande gekommenes Rechtsgeschäft angreifen. Missbräuchlich ist ein widersprüchliches Verhalten, wenn für den anderen Teil ein **Vertrauenstatbestand** entstanden ist oder **andere besondere Umstände** die Rechtsausübung als treuwidrig erscheinen lassen würden. Dazu muss das objektive Gesamtbild eines widersprüchlichen Verhaltens vorliegen, weil das frühere Verhalten mit dem späteren unvereinbar ist und die Interessen der Gegenpartei im Hinblick hierauf vorrangig schutzwürdig sind *(venire contra factum proprium)*. Ein Verschulden ist dabei nicht erforderlich.

Verwirkung

Die Verwirkung ist ein Sonderfall der unzulässigen Rechtsausübung wegen widersprüchlichen Verhaltens, bei welcher der Verstoß gegen Treu und Glauben in der illoyalen Verspätung der Rechtsausübung liegt. Sie setzt voraus, dass seit der Möglichkeit, das Recht geltend zu machen, eine längere Zeit verstrichen ist (**Zeitmoment**), was sich nach den Umständen des Einzelfalles richtet. Zusätzlich ist erforderlich, dass sich der Verpflichtete aufgrund des Verhaltens des Berechtigten darauf eingerichtet hat, dieser werde sein vermeintliches Recht nicht mehr geltend machen. Weiter muss sich der Verpflichtete aufgrund des geschaffenen Vertrauenstatbestandes in seinen Maßnahmen so eingerichtet haben, dass ihm durch die verspätete Geltendmachung des Rechts ein unzumutbarer Nachteil entstünde (**Umstandsmoment**). Dies kann insbesondere dann der Fall sein, wenn der Schuldner im Hinblick auf die Nichtgeltendmachung des Rechts Vermögensdispositionen getroffen hat.

2. Leistungspflicht

a. Allgemeines

Die Leistungspflicht bestimmt die **Art und Weise** der **Bewirkung** der geschuldeten Leistung. Nur wenn die geschuldete Leistung bewirkt wird, erlischt das Schuldverhältnis durch Erfüllung (§ 362 Abs. 1 BGB) gegenüber dem Gläubiger. Die Leistung ist nicht bereits mit der Vornahme der Leistungshandlung, sondern erst mit dem **Eintritt des Leistungserfolgs** bewirkt. Welcher Leistungserfolg geschuldet wird, ist abhängig vom Inhalt des Schuldverhältnisses.

Beispiele:

Dienstvertrag/Arbeitsvertrag
Bei Dienstvertrag (§ 611 BGB) und Arbeitsvertrag (§ 611 a BGB) tritt Erfüllung mit Leistung der versprochenen Dienste oder Arbeitsleistung ein. Die geschuldete Leistung ist lediglich das Tätigwerden für den Dienstherrn oder den Arbeitgeber. Mit Vornahme der Leistungshandlung tritt deshalb zugleich der Leistungserfolg ein und damit Erfüllung (§ 362 Abs. 1 BGB).

Werkvertrag
Beim Werkvertrag (§ 631 BGB) tritt die Erfüllung erst mit Herstellung und Beschaffung des versprochenen Werks ein. Die Leistungshandlung als Prozess der Herstellung des Werks führt noch nicht zum Eintritt des Leistungserfolgs. Erst mit Herstellung und Verschaffung des Werks durch den Unternehmer an den Besteller tritt der Leistungserfolg ein und damit Erfüllung (§ 362 Abs. 1 BGB).

Der Leistungserfolg ist das **Ergebnis der Leistungshandlung.** Diese muss am richtigen Ort und zur richtigen Zeit vorgenommen werden. Die Vornahme der Leistungshandlung am Leistungsort zur Leistungszeit ist nicht nur für die Erfüllung (§ 362 BGB) und die Vermeidung des Schuldnerverzugs (§ 286 BGB), sondern auch für die Begründung des Gläubigerverzugs (§§ 293 ff BGB) und die Konkretisierung bei der Gattungsschuld (§ 243 BGB) maßgeblich. Für den Leistungsort gelten §§ 269 f BGB und für die Leistungszeit § 271 BGB.

b. Leistungsort

Der Leistungsort ist der Ort, an dem der Schuldner die Leistungshandlung vorzunehmen hat. Nach § 269 Abs. 1 BGB entscheidet in erster Linie die **Parteivereinbarung** über den Leistungsort. Sie kann sich durch ausdrückliche oder stillschweigende Vereinbarung ergeben, bei Alltagsgeschäften durch die Verkehrssitte. Eine einseitige Erklärung nach Vertragsschluss genügt dafür allerdings nicht. Es handelt sich dann vielmehr um ein zustimmungsbedürftiges Angebot zur Änderung des Vertrages. Ansonsten ist der Leistungsort aus den **Umständen**, insbesondere der Natur des Schuldverhältnisses zu entnehmen, sofern nicht gesetzliche Vorschriften **Sonderregeln** für den Leistungsort enthalten.

Beispiel: Bei der Verwahrung hat die Rückgabe der hinterlegten Sache an dem Ort zu erfolgen, an welchem die Sache aufzubewahren war; der Verwahrer ist nicht verpflichtet, die Sache dem Hinterleger zu bringen (§ 697 BGB).

Bei **gegenseitigen Verträgen** ist der Leistungsort für die beiderseitigen Leistungen einzeln zu bestimmen und nicht einheitlich. Bei **Kaufverträgen** (§ 433 BGB) sind in der Regel getrennte Leistungsorte anzunehmen. Sofern der Leistungsaustausch nach ausdrücklicher vertraglicher Abrede Zug um Zug in der gewerblichen Niederlassung des Verkäufers erfolgen soll oder das CISG anzuwenden ist, wird von der Rechtsprechung der Ort der Niederlassung als einheitlicher Leistungsort angenommen. Getrennte Leistungsorte sind bei **Werkverträgen** (§ 631 BGB) die Regel.

Ist der Leistungsort von den Parteien nicht bestimmt und auch nicht aus den Umständen zu entnehmen oder in einer Sonderregelung enthalten, hat die Leistung an dem Ort zu erfolgen, an dem der Schuldner zur Zeit der Entstehung des Schuldverhältnisses seinen **Wohnsitz** hatte. Ist die Forderung im Gewerbebetrieb des Schuldners entstanden, so tritt, wenn der Schuldner seine gewerbliche Niederlassung an einem anderen Ort hat, der **Ort der Niederlassung** an die Stelle des Wohnsitzes (§ 269 Abs. 2 BGB).

Der Leistungsort als Ort der Leistungshandlung ist von dem Ort zu unterscheiden, an dem der Leistungserfolg eintritt (**Erfolgsort**). Beide Orte können zusammenfallen, was aber nicht zwingend ist. Die Bestimmung des Leistungsortes bei gegenseitigen Verträgen hängt immer auch davon ab, um welche Art von Schuld es sich handelt, was also genau geschuldet wird. Es gibt **drei verschiedene Arten** von Schulden: Holschuld, Bringschuld und Schickschuld.

aa. Holschuld

Eine Holschuld besteht, wenn Leistungsort und Erfolgsort am **Wohnsitz des Schuldners** sind. Dieser schuldet die Bereitstellung der Leistung zur Abholung. Dafür muss der Schuldner den Leistungsgegenstand aussondern und bereitstellen und den Gläubiger darüber unterrichten, falls ein Abholtermin nicht vereinbart wurde. Der Gläubiger muss die Leistung, z. B. die Kaufsache, beim Schuldner holen. Der Schuldner muss diese dann dem Gläubiger für die Übertragung des Eigentums übergeben und die Willenserklärung zur dinglichen Übereignung der Kaufsache dem Gläubiger gegenüber abgeben (§ 929 BGB). Im Zweifel folgt aus § 269 BGB, dass nicht nur der **Leistungsort**, sondern auch der **Erfolgsort** am Ort des Schuldners ist. Am Leistungsort tritt dann auch der Leistungserfolg ein, so dass Leistungsort und Erfolgsort identisch sind.

bb. Bringschuld

Bei der Bringschuld hat der Schuldner dem Gläubiger die Leistung an seinem Wohnsitz oder Ort seiner gewerblichen Niederlassung zu erbringen. **Leistungsort** und **Erfolgsort** liegen also **beim Gläubiger**. Dort muss der Schuldner seine Schuld erfüllen. Der Schuldner muss also z. B. die Kaufsache aussondern, den Transport zum Gläubiger übernehmen und dort alles tun, was zur Herbeiführung des Leistungserfolgs notwendig ist. Folglich trägt der Schuldner zwischen dem Vertragsschluss und der Erfüllung beim Gläubiger die Gefahr des zufälligen Untergangs der Kaufsache (**Leistungsgefahr**) und die Gefahr, die Gegenleistung (Preis) nicht zu erhalten (**Gegenleistungsgefahr** oder **Preisgefahr**). Dies ist der Regelfall etwa bei Kauf (§ 433 BGB) und Darlehen (§ 488 BGB). Zu beachten ist aber, dass nach der Regelung des § 269 Abs. 3 BGB die Übernahmen von Versendungskosten durch den Schuldner nicht allein dazu führt, dass der Ort der Versendung auch der Leistungsort sein soll. Durch eine solche Absprache wird also ohne weitere Umstände noch keine Bringschuld begründet.

cc. Schickschuld

Bei der Schickschuld liegt der **Leistungsort** beim **Schuldner** und der **Erfolgsort** beim **Gläubiger**. Leistungsort und Erfolgsort fallen also **auseinander**. Das gilt z. B. für den **Versendungskauf** (§ 447 BGB), bei denen die Parteien nicht persönlich aufeinandertreffen, wie etwa für den Fernabsatzvertrag (§§ 312c ff BGB) im E-Commerce Handel (**Online Shopping**). Die **Leistungshandlung** des Verkäufers und Schuldners ist auf die Übergabe der Kaufsache an eine ordnungsgemäß ausgewählte Transportperson beschränkt. Der **Leistungserfolg** tritt erst mit der Übergabe der Sache am Wohnsitz oder Ort der gewerblichen Niederlassung des Käufers und Gläubigers ein. Mit Übergabe der Sache an die Transportperson erfolgt aber ein Übergang der Leistungsgefahr (**Gefahrübergang**). Eine gemäß § 243 Abs. 1 BGB (nur) der Gattung nach bestimmte Sache (**Gattungsschuld**) wird durch Konkretisierung zur **Stückschuld** (§§ 447 Abs. 1, 243 Abs. 2 BGB). Bei Untergang der Sache nach Gefahrübergang wird der Schuldner von seiner primären Leistungspflicht wegen Unmöglichkeit nach § 275 BGB frei. Allerdings gilt dies beim **Verbrauchgüterkauf** nur dann, wenn der Käufer die Transportperson mit der Ausführung beauftragt hat und der Verkäufer dem Käufer diese nicht zuvor benannt hat (§ 475 Abs. 2 BGB). Die Transportperson ist kein Erfüllungsgehilfe (§ 278 BGB) des Schuldners, da der Transport nicht mehr Teil der Leistungshandlung des Schuldners ist.

dd. Geldschuld

Leistungsort für Geldschulden ist in der Regel der Wohnsitz des Schuldners zum Zeitpunkt der Entstehung des Schuldverhältnisses (§§ 270 Abs. 4, 269 Abs. 1 BGB). Ist die Forderung im Gewerbebetrieb des Schuldners entstanden, tritt, wenn der Gläubiger seine gewerbliche Niederlassung an einem anderen Ort hat, der Ort der Niederlassung an die Stelle des Wohnsitzes (§ 270 Abs. 2 BGB). Der Schuldner ist verpflichtet, das Geld auf seine Gefahr und Kosten an den Wohnsitz des Gläubigers zu übermitteln (§ 270 Abs. 1 BGB). Nach bisherigem Verständnis des § 270 BGB ist die Geldschuld aufgrund der gesetzlichen Regelung als **qualifizierte Schickschuld** einzuordnen. Danach trägt der Schuldner nur die **Gefahr der Übermittlung**, nicht jedoch die Gefahr der Verzögerung.

Zahlungsverkehrsrichtlinie

Die Geldschuld ist bei richtlinienkonformer Auslegung des § 270 BGB im Anwendungsbereich der EU-Zahlungsverkehrsrichtlinie (2011/7/EU) indes eine **Bringschuld**. Insoweit trägt der Schuldner auch die **Gefahr der Verzögerung**. Die Richtlinie gilt für Geldschulden zwischen Unternehmen oder Unternehmen und öffentlichen Auftraggebern sowie für die Verpflichtung zur Zahlung von Verzugszinsen. Nach der Rechtsprechung des Europäischen Gerichtshofs ist die Zahlung von Verzugszinsen nur rechtzeitig, wenn der Gläubiger den Geldbetrag innerhalb der Zahlungsfrist erhalten hat (EuGH NJW 2005, 1935 „Telekom") Das gilt aber nicht nur für Banküberweisungen, sondern für alle Arten der Geldübermittlung. Bei **Banküberweisungen** muss der Schuldner den Überweisungsauftrag (vgl. § 675f BGB) so rechtzeitig vornehmen, dass der Geldbetrag bei üblicher Abwicklung dem Gläubigerkonto innerhalb der Zahlungsfrist gutgeschrieben werden kann. Außerhalb der EU-Zahlungsverkehrsrichtlinie, also insbesondere gegenüber Verbrauchern, genügt für die Rechtzeitigkeit der Leistung dagegen die rechtzeitige Veranlassung des Zahlungsauftrags wie z. B. der Banküberweisung.

c. Leistungszeit

aa. Allgemeines

Die Leistungszeit legt die Fälligkeit und Erfüllbarkeit der Leistung fest und kann durch Vertrag oder gesetzliche Regelung bestimmt sein. Ist eine Zeit für die Leistung weder bestimmt noch aus den Umständen zu entnehmen, so kann der Gläubiger die Leistung sofort verlangen (**Fälligkeit**), der Schuldner sie sofort bewirken (**Erfüllbarkeit**). Ist eine Zeit bestimmt, so ist im Zweifel anzunehmen, dass der Gläubiger die Leistung nicht vor dieser Zeit verlangen, der Schuldner sie aber vorher bewirken kann (§ 271 BGB).

Bei **Handelsgeschäften** kann die Leistung nur während der gewöhnlichen Geschäftszeit bewirkt und gefordert werden (§ 358 HGB). Ist als Zeit der Leistung das Frühjahr oder der Herbst oder ein in ähnlicher Weise bestimmter Zeitpunkt vereinbart, so entscheidet im Zweifel der Handelsbrauch des Ortes der Leistung (§ 359 Abs. 1 HGB).

Die Nichteinhaltung der geschuldeten Leistungszeit ist eine **Pflichtverletzung** des Schuldners, die den Gläubiger berechtigen kann, nach § 281 BGB Schadensersatz statt der Leistung zu verlangen, nach § 323 BGB vom gegenseitigen Vertrag zurückzutreten sowie ggf. nach §§ 280 Abs. 1 und 2, 286 BGB Schadensersatz wegen Verzögerung der Leistung zu verlangen.

bb. Stundung

Die Fälligkeit der Forderung kann bei Bestehenbleiben der Erfüllbarkeit durch eine Stundung (**Stundungsvereinbarung**) hinausgeschoben werden. Diese kann bereits bei Vertragsschluss vereinbart werden (**anfängliche Stundung**), z. B. Zahlungsaufschub (§ 506 BGB). Bei einer **nachträglichen** Stundung handelt es sich um einen **Schuldänderungsvertrag** (§ 311 Abs. 1 BGB), der bei formbedürftigen Verträgen dem Formzwang unterliegt (z. B. § 311b Abs. 1 BGB). Eine stillschweigende (**konkludente**) Stundung kommt beim Stillhalten des Gläubigers in Betracht, der insbesondere keine Mahnung vornimmt. Nach Ansicht der Rechtsprechung kann sich eine nachträgliche Stundung aber auch aus einer ergänzenden Vertragsauslegung ergeben (BGHZ 86, 102).

In der Praxis enthält die Stundungsvereinbarung i. d. R. eine bestimmte **Frist** mit der Änderung der Leistungszeit. Wird jedoch auf eine **unbestimmte Zeit** gestundet, so hat der Gläubiger dennoch die Möglichkeit, gem. §§ 315, 316 BGB die Leistungszeit nach billigem Ermessen festzusetzen. Im Übrigen endet die Stundung mit der **Besserung**, also sobald und soweit der Schuldner in der Lage ist, die Leistung zu erbringen. Er muss dann unaufgefordert zahlen.

Rechtsfolgen der Stundung

Die Stundung **verhindert** den Beginn des **Schuldnerverzugs** (§ 286 BGB) und begründet eine materiell-rechtliche **Einrede** des Schuldners gegen das Anspruchsbegehren des Gläubigers. Diesem obliegt am Bilanzstichtag nach § 252 Abs. 1 Nr. 4 HGB die Pflicht, auch diejenigen Forderungen in seiner Bilanz zu bewerten, bei denen eine Stundung ausgesprochen ist. Die anfängliche Stundung fällt nicht unter die Vorschrift des § 205 BGB über die Hemmung der Verjährung, weil sie die Fälligkeit und damit den Verjährungsbeginn hinausschiebt (§ 199 Abs. 1 Nr. 1 BGB). Die nachträgliche Stundung nach Entstehung des Anspruchs begründet in der Regel einen Neubeginn der Verjährung (§ 212 Abs. 1 Nr. 1 BGB) und fällt unter § 205 BGB.

Abgrenzung zum Stillhalteabkommen

Im Unterschied zur Stundungsvereinbarung ist das Stillhalteabkommen *(pactum de non petendo)* eine Vereinbarung zwischen Gläubiger und Schuldner, einen Anspruch, gleichgültig aus welchem Grund, zeitweilig nicht geltend zu machen. Damit hat der Schuldner i. d. R. ein vorübergehendes **Leistungsverweigerungsrecht**, das ihm eine Einrede gegen die prozessuale Geltendmachung des ursprünglichen Anspruchs gibt. Das Stillhalteabkommen kann außerdem eine materiell-rechtliche Einrede gegen die Fälligkeit der Leistung enthalten, dass ebenso wie die Stundung den Eintritt des Verzugs hindern soll, was durch Auslegung der Vereinbarung (§§ 133, 157 BGB) zu ermitteln ist. Solange der Schuldner aufgrund des Stillhalteabkommens die Leistung verweigern kann, tritt nach § 205 BGB eine **Hemmung der Verjährung** ein.

cc. Kaufverträge

Bei Kaufverträgen (§ 433 BGB) ergibt sich die Leistungszeit im Regelfall aus den Lieferungs- und Zahlungsbedingungen (**AGB**). Ansonsten sind gemäß § 271 Abs. 1 BGB die Leistungen sofort zu erbringen, und zwar Zug um Zug (§ 320 Abs. 1 BGB). Beim **Verbrauchsgüterkauf** gilt eine abweichende Regelung der Leistungszeit. Verbrauchsgüterkäufe sind Verträge, durch die ein Verbraucher (§ 13 BGB) von einem Unternehmer (§ 14 BGB) eine Ware kauft (§ 474 Abs. 1 S. 1 BGB). Ist eine Zeit für die nach § 433 BGB zu erbringenden Leistungen weder bestimmt noch aus den Umständen zu entnehmen, so kann der Verbraucher (Gläubiger) diese Leistungen abweichend von § 271 Abs. 1 BGB nur **unverzüglich** verlangen. Darauf muss der Unternehmer die Sache spätestens 30 Tage nach Vertragsschluss übergeben. Die Parteien können die Leistungen sofort bewirken (§ 475 Abs. 1 BGB).

dd. Sonstige Verträge

Bei bestimmten Vertragstypen regelt das BGB die **Vorleistungspflicht** einer Vertragspartei. Nach § 556b Abs. 1 BGB ist die **Miete** zu Beginn, spätestens bis zum dritten Werktag der einzelnen Zeitabschnitte, zu entrichten, nach denen sie bemessen ist. Beim **Dienstvertrag** ist die Vergütung der Leistung gemäß § 614 S. 1 BGB erst nach der Dienstleistung zu erbringen. Beim **Werkvertrag** ist die Vergütung des Werkunternehmers gemäß § 641 Abs. 1 S. 1 BGB erst bei der Abnahme des Werkes zu entrichten.

3. Ausschluss der Leistungspflicht

a. Allgemeines

Das Gesetz unterscheidet zwischen der primären Leistung und den Sekundäransprüchen, die sich aus einer Pflichtverletzung des Schuldners ergeben. § 275 BGB regelt das Risiko des Untergangs der primären Leistung zwischen Abschluss und Erfüllung eines gegenseitigen Vertrages (**Leistungsgefahr**) bei Vorliegen eines Leistungshindernisses (**Unmöglichkeit**). Die Sekundäransprüche des Gläubigers auf Schadensersatz, Herausgabe eines Surrogats oder das Recht zum Rücktritt bei Unmöglichkeit der Leistung nach § 275 BGB ergeben sich aus §§ 280, 283–285, 311 a, 326 Abs. 5 BGB. Die Behandlung der Gegenleistung beim gegenseitigen Vertrag bestimmt sich nach § 326 Abs. 1 und 2 BGB.

Nach § 275 BGB gibt es **drei Grundtatbestände**, die den Leistungsanspruch des Gläubigers ausschließen. § 275 Abs. 1 BGB bestimmt, dass die Leistungspflicht entfällt, wenn die Leistung für den Schuldner oder für jedermann unmöglich wird. Die Befreiung von der Leistungspflicht tritt somit kraft Gesetzes ein. Die Tatbestände des § 275 Abs. 2 und Abs. 3 BGB begründen lediglich ein Leistungsverweigerungsrecht des Schuldners. Er wird von der Leistungspflicht nicht kraft Gesetzes frei, sondern nur dann, wenn er die ihm zustehende Einrede erhebt. Das Bestehen der Einrede schließt aber bereits den Verzug des Schuldners aus. § 275 Abs. 2 BGB regelt den Ausschluss der Leistungspflicht bei grob unverhältnismäßigem Aufwand und § 275 Abs. 3 BGB bei Unzumutbarkeit höchstpersönlicher Leistungen.

aa. Anwendungsbereich

§ 275 BGB gilt grundsätzlich für alle vertraglichen und gesetzlichen Schuldverhältnisse. Erfasst werden alle **primären Leistungsansprüche**, Hauptleistungen und Gegenleistungen, sowie auch modifizierte Primäransprüche, z. B. der Anspruch auf Nacherfüllung (§ 439 BGB). Dagegen findet § 275 BGB **keine** Anwendung auf die vertraglichen **Nebenpflichten** nach §§ 241 Abs. 2, 242 BGB und auf **Geldschulden**, für die unbeschränkt gehaftet wird („Geld hat man zu haben"). Sofern der Schuldner eine Geldschuld oder eine andere Leistungsverpflichtung wegen finanzieller Leistungsunfähigkeit nicht erfüllen kann, hat er die Nichterfüllung zugleich auch unabhängig von einem Verschulden zu vertreten. Das ergibt sich aus dem der Rechts- und Wirtschaftsordnung zugrundeliegenden **Prinzip unbeschränkter Vermögenshaftung**. Dies hat zur Folge, dass sich die Grenzen für die Durchsetzbarkeit der Geldschuld allein aus dem Vollstreckungs- und Insolvenzrecht ergeben.

bb. Anfängliche und nachträgliche Unmöglichkeit

§ 275 BGB gilt für die anfängliche und nachträgliche Unmöglichkeit, was aus dem Wortlaut („unmöglich ist“ statt „unmöglich wird“) folgt. **Anfängliche Unmöglichkeit** liegt vor, wenn die Unmöglichkeit schon bei der Entstehung des Schuldverhältnisses gegeben ist. Durch diese wird aber keine Nichtigkeit des Vertrages begründet, sondern es entsteht ein **wirksamer Vertrag ohne primäre Leistungspflicht** (§ 311a Abs. 1 BGB). Der Schuldner braucht die unmögliche Leistung zwar nicht zu erbringen, verliert aber den Anspruch auf die Gegenleistung (§ 326 Abs. 1, 2 BGB). Der Gläubiger des wirksamen Vertrags kann nach seiner Wahl Schadensersatz statt der Leistung (§§ 280 Abs. 1, 3, 281 BGB) oder Ersatz seiner Aufwendungen (§ 284 BGB) verlangen (§ 311a Abs. 2 S. 1 BGB). Dies gilt nicht, wenn der Schuldner das Leistungshindernis bei Vertragsschluss kannte und seine Unkenntnis auch nicht zu vertreten hat (§ 311a Abs. 2 S. 2 BGB). Eine **nachträgliche Unmöglichkeit** liegt vor, wenn die Unmöglichkeit erst nach der Entstehung des Schuldverhältnisses eingetreten ist.

cc. Nicht zu vertretende und zu vertretende Unmöglichkeit

Der Ausschluss von der Leistungspflicht nach § 275 BGB ist unabhängig davon, ob der Schuldner die Unmöglichkeit zu vertreten hat (§§ 276ff BGB). Die Vorschrift erfasst sowohl die vom Schuldner nicht zu vertretende wie auch die von ihm zu vertretende Unmöglichkeit der Primärleistung.

b. Echte Unmöglichkeit

aa. Objektive und subjektive Unmöglichkeit

§ 275 Abs. 1 BGB regelt sowohl die objektive Unmöglichkeit („für jedermann“) als auch die subjektive Unmöglichkeit („für den Schuldner“). Die **anfängliche** objektive und subjektive Unmöglichkeit hat zur Folge, dass die Primärleistungspflicht nicht entsteht. Es handelt sich um eine **rechtshindernde Einwendung**, die vom Gericht von Amts wegen zu berücksichtigen ist. Die **nachträgliche** objektive und subjektive Unmöglichkeit lässt die Primärleistungspflicht erlöschen. Damit besteht eine **rechtsvernichtende Einwendung**, die auch von Amts wegen zu berücksichtigen ist.

Objektive Unmöglichkeit

Eine objektive Unmöglichkeit liegt vor, wenn die Leistung für jedermann unmöglich ist, d. h. die Leistung weder vom Schuldner noch von einem Dritten erbracht werden kann. Dies ist nach der Rechtsprechung etwa beim Versprechen des Einsatzes übernatürlicher „magischer“ oder parapsychologischer Kräfte und Fähigkeiten der Fall. Davon abzugrenzen sind Fälle, in denen es allein um die Erbringung allgemeiner Lebensberatung geht oder tatsächlich nicht den Einsatz magischer Kräfte und Fähigkeiten, sondern nur eine jahrmarktähnliche Unterhaltung erwartet und geschuldet wird. Maßgeblich ist die Auslegung der Vereinbarung unter Berücksichtigung aller Umstände des Einzelfalls, insbesondere auch die Höhe der verabredeten Vergütung, und wie sich hiernach der jeweilige konkrete Inhalt der versprochenen Leistung darstellt.

Beispiel: Das Versprechen der Klägerin, den Beklagten gestützt auf Erkenntnisse über die Zukunft, die sie beim Kartenlegen gewinnt, in Lebensfragen privater oder beruflicher Art zu beraten, und ihm durch Einsatz magischer Kräfte zu helfen, ist eine Verpflichtung zur objektiv unmöglichen Leistung. Aus dem Umstand, dass die versprochene Leistung wegen objektiver Unmöglichkeit ausgeschlossen wäre (§ 275 Abs. 1 BGB), folgt jedoch nicht zwingend, dass der Vergütungsanspruch der Klägerin für die von ihr vorgenommene Tätigkeit nach § 326 Abs. 1 BGB entfällt (BGH NJW 2011, 756).

Subjektive Unmöglichkeit

Dagegen setzt eine subjektive Unmöglichkeit (**Unvermögen**) voraus, dass die Leistung zwar von einem Dritten, aber nicht vom Schuldner erbracht werden kann und dieser auch zur Beschaffung oder Wiederbeschaffung des Geschuldeten nicht in der Lage ist. Bei Geldschulden führt eine Zahlungsunfähigkeit des Schuldners allerdings nie zum Unvermögen.

Beispiel: Kaufvertrag über eine fremde Sache, die der Eigentümer dem Verkäufer nicht zum Zwecke der Eigentumsverschaffung an den Käufer herausgibt.

Stück- und Gattungsschuld

Bei einer Stückschuld (**Speziesschuld**) ist die Leistung des Schuldners von vornherein durch die Parteien individuell bestimmt. Sie haben sich schon bei Vertragsschluss darauf geeinigt, dass nur ein ganz **bestimmter Gegenstand** vom Schuldner geliefert werden soll. Mit dem Untergang der Sache, auf die sich das Schuldverhältnis bezieht, tritt die Unmöglichkeit ein.

Bei einer **Gattungsschuld** bestimmten die Parteien den geschuldeten Leistungsgegenstand bei Vertragsschluss nach bestimmten **Gattungsmerkmalen**, insbesondere nach seinen natürlichen, wirtschaftlichen oder technischen Eigenschaften. Es bleibt dem Schuldner dann überlassen, mit welchem bestimmten einzelnen Gegenstand aus der umschriebenen Gattung er später erfüllen soll. Nach § 243 Abs. 1 BGB hat er nur eine Sache von **mittlerer Art und Güte** zu leisten. Unmöglichkeit ist erst dann gegeben, wenn die gesamte Gattung untergeht oder der Schuldner die Sache konkretisiert hat (vgl. § 243 Abs. 2 BGB) und diese dann untergeht.

Sofern der Schuldner das Beschaffungsrisiko bei der Gattungsschuld mindern will, muss er zum Ausdruck bringen, dass er die Leistungspflicht auf den Vorrat beschränken will. Er ist dann nur verpflichtet die Leistung durch Lieferung aus seinem vorhandenen Vorrat zu erbringen. Man spricht dann von einer beschränkten Gattungsschuld bzw. **Vorratsschuld**. Wenn der ganze Vorrat untergeht (z. B. Warenlager wird vernichtet), liegt Unmöglichkeit der Leistung aus dem Vorrat vor und der Schuldner wird von seiner Leistungspflicht befreit (§ 275 Abs. 1 BGB).

Tatsächliche und rechtliche Unmöglichkeit

Der vom Schuldner zu erbringende Leistungserfolg kann aus tatsächlichen Gründen unmöglich sein (tatsächliche Unmöglichkeit) oder aus rechtlichen Gründen (rechtliche Unmöglichkeit).

Tatsächliche Unmöglichkeit liegt vor, wenn die Leistung aus **naturgesetzlichen Gründen** oder nach dem Stand von **Wissenschaft und Technik** nicht möglich ist. Das ist der Fall, wenn das Leistungsobjekt nicht oder nicht mehr existiert oder die Erbringung des Leistungserfolgs von der Natur des Vertrags schon nicht möglich ist.

Beispiel: Kaufvertrag über ein KfZ, welches nach Vertragsschluss aufgrund eines Unfalls einen Totalschaden erleidet. Der Anspruch auf Übereignung ist wegen Unmöglichkeit erloschen, da sich das Schuldverhältnis nur auf diese Sache bezogen hat, die wegen Zerstörung nicht mehr übereignet werden kann.

Sonderfälle der tatsächlichen Unmöglichkeit sind die Zweckerreichung und der Zweckfortfall. Bei der **Zweckerreichung** tritt der vom Schuldner zu erbringende Leistungserfolg bereits ohne das Zutun des Schuldners ein. **Zweckfortfall** ist gegeben, wenn der Leistungserfolg deshalb nicht eintreten kann, weil das Leistungssubstrat weggefallen oder untauglich geworden ist oder die Leistung aus Gründen unmöglich wird, die in der Person des Gläubigers liegen. Dagegen ist die **Zweckstörung** nicht von der Unmöglichkeit erfasst. Dabei hat der Gläubiger für die Leistung keine Verwendung, seine Motivation ist für die Erbringbarkeit des Leistungserfolgs jedoch unbeachtlich.

Rechtliche Unmöglichkeit ist gegeben, wenn zu erbringender Erfolg aus Rechtsgründen nicht eintreten kann.

Beispiel: Kaufvertrag über eine fremde Sache, die dem Eigentümer abhandengekommen ist, da das Eigentum an dieser aufgrund § 935 BGB nicht verschafft werden kann.

bb. Vollständige und teilweise Unmöglichkeit

Nach § 275 Abs. 1 BGB ist die Primärleistungspflicht ausgeschlossen „soweit“ die Leistung unmöglich ist. Damit wird sowohl die vollständige Unmöglichkeit erfasst als auch die teilweise Unmöglichkeit, sofern die Leistung teilbar ist. Der Schuldner wird hinsichtlich des unmöglichen Leistungsteils der teilbaren Primärleistung von der Leistungspflicht befreit. Die teilweise Unmöglichkeit wird der vollständigen Unmöglichkeit ausnahmsweise gleichgestellt, wenn nur die vollständige Leistung dem Vertragszweck entspricht und eine Teilleistung für den Gläubiger sinnlos ist (**qualitative Unmöglichkeit**).

Beispiel: Erfüllt ein Verkäufer nicht die Pflicht, das Eigentum an dem gekauften Gegenstand frei von Rechten Dritter zu übertragen, so liegt kein Fall der Teilerfüllung vor, sondern ein Fall der vollständigen Nichterfüllung (BGH NJW 2000, 1256).

cc. Absolutes Fixgeschäft

Die zeitweilige Nichterbringung der Leistung führt grundsätzlich nicht zum Ausschluss der Leistungspflicht. Nur sofern ausnahmsweise ein absolutes Fixgeschäft vorliegt, begründet die Nichteinhaltung der Leistungszeit die Unmöglichkeit der Leistung. Das ist der Fall, wenn die Rechtzeitigkeit der Leistung **so wesentlich** ist, dass eine Leistung nach dem entsprechenden Termin **nicht mehr nachholbar** ist und daher aus Sicht des Gläubigers eine verspätete Leistung **keine Erfüllung** mehr darstellt. Der Schuldner ist dann wegen Unmöglichkeit der Leistung von seiner Leistungspflicht befreit (§ 275 Abs. 1 BGB) und verliert den Anspruch auf die Gegenleistung (§ 326 Abs. 1 BGB). Zugleich kann der Gläubiger ohne vorherige Fristsetzung vom Vertrag zurücktreten (§ 326 Abs. 5) und Schadensersatz verlangen (§§ 280 Abs. 1, 3, 283 BGB). Nach der Rechtsprechung erfordert ein absolutes Fixgeschäft nicht nur die Festlegung einer genauen Leistungszeit, sondern darüber hinaus Einigkeit der Parteien darüber, dass der **Vertrag** mit der Einhaltung oder Nichteinhaltung der Leistungszeit **„stehen oder fallen solle“**. Ob die Parteien der vereinbarten Leistungszeit eine so weitgehende Bedeutung beimessen wollten, ist – wenn der Vertragstext eine ausdrückliche Regelung nicht enthält – unter Berücksichtigung aller Umstände durch Auslegung (§§ 133, 157 BGB) zu ermitteln, wobei sich jeder Zweifel gegen die Annahme eines Fixgeschäfts auswirkt.

Beispiel: Der Reisevertrag ist bei einer Reise, die auf einen ganz bestimmten Zeitraum festgelegt ist, ein absolutes Fixgeschäft, bei dem die Leistungszeit so wesentlich ist, dass ihre Verfehlung die Leistung dauernd unmöglich macht. Ist die Reise nach Vertragsschluss nicht durchführbar, weil einer der Teilnehmer die plötzlich durch eine behördliche Anordnung verschärften Gesundheitsbestimmungen schuldlos nicht erfüllen kann, handelt es sich um eine nachträgliche Unmöglichkeit (BGHZ 60, 14). Nach der heutigen Regelung des § 651h BGB kann der Reisende bei Pauschalreisen jederzeit vor Reisebeginn vom Vertrag zurücktreten.

dd. Relatives Fixgeschäft

Beim **relativen Fixgeschäft** ist die Leistungszeit nach dem Vertragszweck so wesentlich, dass eine verspätete Leistung zwar noch nachgeholt werden kann, aber für den Gläubiger wirtschaftlich wenig sinnvoll ist. Allein aus der Vereinbarung einer fest bestimmten Leistungszeit oder -frist folgt noch nicht, dass der Vertrag damit stehen oder fallen soll. Sofern der Gläubiger nach Ablauf der Frist noch die Möglichkeit haben soll, Erfüllung zu verlangen, liegt ein relatives Fixgeschäft vor. Davon ist im Zweifel auszugehen, wenn die Leistung noch aufschiebbar oder nachholbar ist. Die Versäumung der Frist zur Leistung führt dann nicht zur Unmöglichkeit wegen Zeitablaufs, sondern lediglich zum Verzug des Schuldners (§§ 280 Abs. 2, 286 BGB). Der Gläubiger kann ohne Fristsetzung vom Vertrag zurücktreten (§ 323 Abs. 2 Nr. 2 BGB) oder Schadensersatz statt der Leistung verlangen (§§ 280 Abs. 3, 281 BGB).

Beispiel: Der Flugbeförderungsvertrag ist kein absolutes Rechtsgeschäft, da der Vertragszweck (Beförderung des Fahrgasts) auch durch eine verspätete Beförderung noch erreicht werden kann. Das Interesse des Fluggasts, sein Ziel möglichst schnell zu erreichen, entfällt bei einer Verspätung des Fluges regelmäßig nicht (BGH NJW 2009, 2743).

ee. Just-in-time-Vertrag

Ein Just-in-time-Vertrag ist eine Vereinbarung der Leistungszeit und der Rechtsfolgen ihrer Nichteinhaltung. Dieser ist in der Regel ein **relatives Fixgeschäft**. Dabei hat der Schuldner die Leistung zu einem genau bestimmten Zeitpunkt zu erbringen und ist bei Nichteinhaltung dem Gläubiger ohne Nachfristsetzung zum Schadensersatz statt der Leistung verpflichtet (§§ 280 Abs. 3, 281 Abs. 2 Fall 2 BGB). Dies gilt etwa bei Terminabsprachen von Herstellern, die sich die Einzelteile für ihre Produkte von ihren Zulieferern ohne Zwischenlagerung direkt in die Produktion liefern lassen (**Just-in-time-Produktion**).

ff. Fixhandelskauf

Der Fixhandelskauf ist in § 376 HGB geregelt. Es handelt sich um ein **relatives Fixgeschäft**, das zugleich als Handelskauf angesehen werden kann. Als Rechtsfolge der nicht fristgerechten Leistung kann der Gläubiger vom Vertrag zurücktreten oder, falls der Schuldner im Verzug ist, Schadensersatz wegen Nichterfüllung verlangen. Dabei ist umstritten, ob das Rücktrittsrecht des § 323 Abs. 2 Nr. 2 BGB dadurch verdrängt wird oder die Parteien zwischen den Normen mit den jeweiligen Rechtsfolgen wählen können.

c. Praktische Unmöglichkeit

Nach § 275 Abs. 2 S. 1 BGB kann der Schuldner die Leistung verweigern, soweit diese einen Aufwand erfordert, der unter Beachtung des Inhalts des Schuldverhältnisses und der Gebote von Treu und Glauben (§ 242 BGB) in einem groben Missverhältnis zu dem Leistungsinteresse des Gläubigers steht (**praktische Unmöglichkeit**). Bei der Bestimmung der dem Schuldner zuzumutenden Anstrengungen ist nach § 275 Abs. 1 S. 2 BGB auch zu berücksichtigen, ob der Schuldner das Leistungshindernis zu vertreten hat.

Wirtschaftliche Unmöglichkeit

Die praktische Unmöglichkeit ist von der **wirtschaftlichen Unmöglichkeit** abzugrenzen. Bei dieser Art der Unmöglichkeit ist das Äquivalenzverhältnis des Vertrags durch unerwartete Leistungshindernisse schwerwiegend gestört. Infolge dessen ist dem Schuldner ein Festhalten am Vertrag nicht mehr zumutbar. In diesem Fall ist als speziellere Norm § 313 BGB wegen Störung der Geschäftsgrundlage anzuwenden.

Die Befreiung von der Leistungspflicht nach § 275 Abs. 2 BGB erfordert, dass der Schuldner die ihm zustehende Einrede der Leistungsverweigerung gegenüber dem Gläubiger geltend macht (**rechtshemmende Einwendung**).

d. Persönliche Unmöglichkeit

Nach § 275 Abs. 3 BGB kann der Schuldner die Leistung ferner verweigern, wenn er die Leistung persönlich zu erbringen hat und sie ihm unter Abwägung des seiner Leistung entgegenstehenden Hindernisses mit dem Leistungsinteresse des Gläubigers nicht zugemutet werden kann (**persönliche Unmöglichkeit**). Eine Pflicht zur persönlichen Leistungserbringung besteht nach § 613 S. 1 BGB bei **Dienst**- und **Arbeitsverträgen**. Die Leistung ist dem Schuldner zwar subjektiv möglich, aber aufgrund der individuellen Umstände nicht zumutbar. Die Leistungspflicht entfällt aber nur, wenn der Schuldner die ihm zustehende Einrede der Leistungsverweigerung erhebt (**rechtshemmende Einwendung**).

4. Schadensersatz neben der Leistung

a. Einheitlicher Haftungstatbestand

Das BGB-Schuldrecht regelt die Schadensersatzhaftung des Schuldners aus bereits bestehenden **vertraglichen** und **gesetzlichen** Schuldverhältnissen in den Vorschriften der §§ 280ff BGB. Nach dem einheitlichen Haftungstatbestand des § 280 Abs. 1 BGB ist die Verletzung einer Pflicht aus dem Schuldverhältnis (**Pflichtverletzung**) durch den Schuldner Grundvoraussetzung für die Verpflichtung zum Schadensersatz und die **zentrale Kategorie des Leistungsstörungsrechts**. Das Gesetz unterscheidet zwischen dem Schadensersatz neben der Leistung (§ 280 Abs. 1 BGB), dem Schadensersatz wegen Verzögerung der Leistung (§§ 280 Abs. 2, 286 BGB) und dem Schadensersatz statt der Leistung (§§ 280 Abs. 3, 281 bis 283 BGB). Für **anfängliche**, nicht behebbare **Leistungshindernisse**, die bereits bei Abschluss des Vertrags vorliegen, ist der Schadensersatz statt der Leistung in § 311a Abs. 2 BGB **speziell** geregelt.

aa. Abgrenzung zum besonderen Gewährleistungsrecht

Die Vorschriften der §§ 280ff BGB regeln das **allgemeine Leistungsstörungsrecht**. Sie gelten grundsätzlich für die Verletzung vertraglicher Pflichten. Soweit diese beim **Kaufvertrag** und **Werkvertrag** auf einem Sach- oder Rechtsmangel **nach Gefahrübergang** beruhen, werden sie durch die Vorschriften des besonderen Gewährleistungsrechts **modifiziert** (§§ 437, 634 BGB). Beim **Mietvertrag** ist die Haftung für Sach- und Rechtsmängel nicht in das allgemeine Leistungsstörungsrecht integriert, sondern folgt einem eigenen Haftungssystem nach §§ 536ff BGB. Beim **Pauschalreisevertrag** gelten bei Reisemängeln spezielle Gewährleistungsrechte nach §§ 651 i ff BGB.

bb. Abgrenzung zum Schadensersatz statt der Leistung

Der Anspruch auf Schadensersatz neben der Leistung aus § 280 Abs. 1 BGB knüpft an das gewohnheitsrechtlich anerkannte Institut der **positiven Vertragsverletzung** (pVV) an, welches vor der Schuldrechtsreform 2002 eine Haftung für die Verletzung von vertraglichen Nebenpflichten vorsah, die von den BGB-Regelungen zur Nicht- und Schlechterfüllung nicht erfasst waren. Dieser Schadensersatzanspruch tritt **neben den Primäranspruch**, wobei die ursprünglich geschuldete Leistung bestehen bleibt, Dagegen tritt der Schadensersatzanspruch statt der Leistung aus §§ 280 Abs. 1 und 3, 281 bis 283 BGB **an die Stelle der Leistung** und bezieht sich auf die aus dem **endgültigen Ausbleiben** der Leistung folgenden Schäden. Er erfasst nur solche Schäden, die durch die Leistung oder Nacherfüllung noch abgewendet werden können und ist auf das Erfüllungsinteresse gerichtet.

Im Unterschied dazu erfasst der Schadensersatz neben der Leistung alle Schäden, die durch eine Pflichtverletzung vor Ausbleiben der Primärleistung **endgültig eingetreten** sind, durch eine Nacherfüllung des Schuldners **nicht mehr beseitigt werden können** und nicht allein auf einer Verzögerung der Leistung beruhen. Das kommt in Betracht bei Schäden aufgrund der Verletzung vertraglicher **Nebenpflichten** sowie **Mangelfolge- und Begleitschäden** aufgrund der Schlechterfüllung der primären Leistungspflicht. Zu prüfen ist, ob der Schaden bei einer hypothetisch gedachten Nacherfüllung noch beseitigt werden könnte. Würde diese den Schaden entfallen lassen, handelt es sich um einen Fall des Schadensersatzes statt der Leistung. Sofern der Schaden bei Nacherfüllung jedoch fortbestehen würde, liegt ein Schadensersatz neben der Leistung vor. Der Schadensersatz wegen Pflichtverletzung neben der Leistung kann immer neben der Erfüllung des Primäranspruchs verlangt werden.

Beispiele:

Mangelhafte Leistung beim Kaufvertrag
Den Nutzungsausfallschaden (auch als **Betriebsausfallschaden** bezeichnet) infolge Lieferung einer mangelbehafteten Sache kann der am Vertrag festhaltende Käufer – unabhängig von einem Verzug des Verkäufers – nach §§ 437 Nr. 3, 280 Abs. 1 BGB ersetzt verlangen (BGH NJW 2009, 2674).

Mangelhafte Leistung beim Werkvertrag
Mit dem Schadensersatzanspruch neben der Leistung gem. §§ 634 Nr. 4, 280 Abs. 1 BGB kann Ersatz für Schäden verlangt werden, die aufgrund eines Werkmangels entstanden sind und durch eine Nacherfüllung der geschuldeten Werkleistung nicht beseitigt werden können. Hiervon erfasst sind mangelbedingte Folgeschäden **(Mangelfolgeschäden)**, die an sonstigen Rechten, Rechtsgütern oder Interessen einschließlich des Vermögens des Bestellers eintreten.
Der Schadensersatz statt der Leistung gemäß § 634 Nr. 4, §§ 280, 281 BGB tritt an die Stelle der geschuldeten Werkleistung. Sein Anwendungsbereich bestimmt sich nach der Reichweite der Nacherfüllung, die auf Herstellung des geschuldeten Werks gerichtet ist. Die geschuldete Werkleistung ist dabei im Wege der Vertragsauslegung gemäß §§ 133, 157 BGB zu ermitteln. Die Nacherfüllung erfasst danach die Beseitigung der Mängel des geschuldeten Werkes, die auf einer im Zeitpunkt der Abnahme vorhandenen vertragswidrigen Beschaffenheit des Werks beruhen (BGH, Urteil v. 07.02.2019 – VII ZR 63/18).
Die **Kosten für ein Gutachten** über Ursache und Ausmaß der eingetretenen und vielleicht noch zu erwartenden Mängel sind Mangelfolgeschäden, die neben dem Anspruch auf Nachbesserung entstehen (BGH NJW 2002, 141).

Mangelhafte Leistung beim Mietvertrag
Schäden an der **Sachsubstanz** der **Mietsache**, die durch eine Verletzung von Obhutspflichten des Mieters entstanden sind, hat dieser nach §§ 280 Abs. 1, 241 Abs. 2 BGB als Scha-

densersatz neben der Leistung zu ersetzen. Einer vorherigen Fristsetzung des Vermieters bedarf es dazu nicht (BGH NJW 2018, 1746).

cc. Abgrenzung zum Schadensersatz wegen Verzögerung der Leistung

Schäden, die allein durch die Verzögerung der Leistung entstehen und auch mit der späteren Erfüllung nicht mehr verhindert werden können (**Verzögerungsschaden/Verzugsschaden**), kann der Gläubiger nach § 280 Abs. 1 und 2 BGB unter den zusätzlichen Voraussetzungen des § 286 BGB als **weiteren Schadensersatz** neben der Leistung verlangen. Sofern der Verzug zu einer **endgültigen** Nichtleistung des Schuldners führt, ist zwischen dem Verzugsschaden und dem Schadensersatz statt der Leistung zu differenzieren. Bis zum Zeitpunkt der endgültigen Nichterfüllung liegt ein Verzugsschaden vor. Schäden danach sind Nichterfüllungsschäden, die als Schadensersatz statt der Leistung gelten.

Beispiel: Mehrkosten eines eigenen Deckungskaufs (Lieferung von Biodiesel) des Käufers sind nicht als Verzögerungsschaden nach §§ 280 Abs. 1, 2, 286 BGB ersatzfähig. Es handelt sich um einen an die Stelle der Leistung tretenden Schaden, den der Gläubiger nur unter den Voraussetzungen von §§ 280 Abs. 1, 3, 281 BGB (Schadensersatz statt der Leistung) und somit nicht neben der Vertragserfüllung beanspruchen kann (BGH, Urteil v. 03.07.2020 – VIII ZR 169/12).

b. Pflichtverletzung

Eine Pflichtverletzung setzt das Vorliegen von Pflichten aus dem Schuldverhältnis im Sinne des § 241 Abs. 2 BGB voraus. Diese umfassen **Leistungs-**, **Nebenleistungs-** und **Verhaltenspflichten**. Pflichtverletzung ist jede Abweichung einer Partei vom geschuldeten Pflichtenprogramm. Das ergibt sich aus den für das jeweilige Schuldverhältnis maßgebenden Normen. Nach der Art der Leistungsstörung lassen sich Pflichtverletzungen unterscheiden in (i) die **Nichterfüllung** einer gesetzlichen oder vertraglichen Leistungspflicht, (ii) die **Schlechterfüllung** und (iii) die **Verletzung** einer **Nebenpflicht**.

Nichterfüllung

Die Nichterfüllung einer Leistungspflicht begründet unter den weiteren Voraussetzungen des § 286 BGB einen Anspruch auf den Verzögerungsschaden (§ 280 Abs. 2 BGB) und unter denen der §§ 281 ff BGB auf den Schadensersatz statt der Leistung (§ 280 Abs. 3 BGB).

Schlechterfüllung

Für die vertragliche Schlechterfüllung bestehen **Sondervorschriften** bei Kauf-, Miet-, Werk- und Pauschalreisevertrag zur Mängelhaftung. Bei allen anderen Verträgen wie etwa bei Dienst- und Geschäftsbesorgungsverträgen ohne eine besondere Mängelhaftungsregelung richtet sich die Schadensersatzpflicht für eine vom Schuldner zu vertretende Schlechtleistung nach § 280 Abs. 1 BGB. Die §§ 281, 284 BGB geltend nur ergänzend, soweit der Gläubiger bei einer **teilweisen Schlechtleistung** wegen des noch ausstehenden Leistungsteils vom Schuldner Schadensersatz statt der Leistung oder Aufwendungsersatz verlangt.

Verletzung einer Nebenpflicht

Bei der Verletzung einer Nebenpflicht wird zwischen den **leistungsbezogene** und den **nicht leistungsbezogene Nebenpflichten** (**Rücksichtspflichten**) unterschieden, wobei diese nach

§ 280 Abs. 1 gleichbehandelt werden. Die nicht leistungsbezogenen Nebenpflichten richten sich nach dem jeweiligen Vertragsinhalt.

aa. Leistungsbezogene Nebenpflichten

Bei leistungsbezogenen Nebenpflichten erfüllt der Schuldner die Hauptleistungspflicht zwar mangelfrei. Der Gläubiger erleidet aber einen Schaden, weil der Schuldner seine Pflicht zur Aufklärung, Beratung, Verpackung, ordnungsgemäßen Anlieferung oder Auslieferung verletzt. Da in der Regel kein Nacherfüllungsanspruch (§ 281 BGB) besteht, ergibt sich der Anspruch unmittelbar aus § 280 Abs. 1 BGB. Die leistungsbezogene Nebenpflichten sind nicht auf das primäre Vertragsziel (Primärpflichten) gerichtet, sondern darauf, die Güter- und Interessenlage der Vertragspartner im Übrigen nicht zu schädigen (**Integritätsinteresse**). Sie bestehen auch ohne ausdrückliche vertragliche Vereinbarung der Parteien und ergeben sich aus der allgemein geschuldeten Sorgfaltspflicht. Die Parteien gehen davon aus, dass die jeweils andere Partei bei der Vertragserfüllung, alles Erforderliche tun wird, keine **Begleitschäden** an Rechtsgütern des Vertragspartners entstehen zu lassen (z. B. Beschädigung eines Gegenstands oder Verletzung einer Person).

Beispiel: Das Unterlassen eines Hinweises bei Änderung von Beschaffenheitsmerkmalen einer in langjähriger Geschäftsbeziehung vom Verkäufer regelmäßig bezogenen gleichartigen mangelfreien Ware kann zum Schadensersatzanspruch des Käufers aus pVV führen, wenn die Ware infolge der geänderten Beschaffenheit einen Mangel aufweist. Für diesen Anspruch gilt § 377 Abs. 3 HGB entsprechend (BGHZ 132, 175).

bb. Leistungstreuepflichten

Zu den nichtleistungsbezogenen Nebenpflichten gehört die Pflicht der Parteien, den Vertrag nicht zu beeinträchtigen oder zu gefährden (**Leistungstreuepflichten**). Die Parteien dürfen die Leistung nicht ernsthaft und endgültig verweigern (**Erfüllungsverweigerung**). Sonst wird ohne Fristsetzung ein Schadensersatzanspruch statt der Leistung nach § 281 Abs. 2 BGB begründet.

Dabei sind Schäden, die nicht unter § 281 Abs. 1 BGB fallen (z. B. Beratungskosten) nach § 280 Abs. 1 BGB zu ersetzen. Darüber hinaus ist die **unberechtigte Kündigungs- oder Rücktrittserklärung** eine Verletzung der Leistungstreuepflicht (z. B. Mietkündigung bei nicht bestehendem Eigenbedarf, unberechtigte Kündigung eines Handelsvertretervertrags). Zudem kann die **Geltendmachung unbegründeter Ansprüche** eine Pflichtverletzung darstellen, wenn zwischen den Parteien ein Vertragsverhältnis oder eine Sonderbeziehung besteht.

cc. Schutzpflichten

Schutzpflichten sind nicht leistungsbezogene Nebenpflichten, nach Treu und Glauben Schäden von Körper, Leben, Eigentum und sonstige Rechtsgüter des Vertragspartners zu vermeiden, die sich aus ihren besonderen Einwirkungsmöglichkeiten bei der Durchführung des Vertrags ergeben können (**Schutz-**, **Fürsorge**- und **Obhutspflichten**). Diese Pflichten treten neben die entsprechenden Pflichten aus dem Deliktsrecht (§§ 823 ff BGB) und können als **nachwirkende Treuepflichten** *(culpa post contractum finitum)* nach beiderseitiger Erfüllung des Vertrages bestehen. Selbst bei Nichtigkeit des Vertrags können die Parteien wegen Verletzung einer Schutzpflicht haftbar sein. **Verkehrssicherungspflichten** als Verhaltenspflichten zur Abwehr von Gefahrenquellen sind wichtige Schutzpflichten.

dd. Verschwiegenheitspflichten

Verschwiegenheitspflichten sind nicht leistungsbezogene Nebenpflichten und ergeben sich aus Verträgen, die durch besondere Treuepflichten zwischen den Parteien gekennzeichnet oder auf eine vertrauensvolle Zusammenarbeit der Parteien angelegt sind (vgl. § 90 HGB). Sie können sich somit durch Auslegung (§§ 133, 157, 242 BGB) des Vertrags ergeben. Darüber hinaus können sie als Geheimhaltungspflichten durch AGB in den Vertrag einbezogen werden (z. B. das **Bankgeheimnis** nach den AGB-Banken) oder einzelvertraglich (**Geheimhaltungsklausel**) von den Parteien ausgehandelt und vereinbart werden. Geheimhaltungsklauseln enthalten als Sanktion neben der Schadensersatzpflicht häufig zusätzlich die Zahlung einer Geldsumme als Vertragsstrafe, die verschuldensunabhängig ist.

ee. Unterlassungspflichten

Zu den Unterlassungspflichten als nicht leistungsbezogenen Nebenpflichten gehören vor allem die **Wettbewerbsverbote** zum Schutz des anderen Vertragsteils. Diese können auf dem **Gesetz** beruhen, z. B. Wettbewerbsverbot des Handlungsgehilfen (§§ 60f HGB) oder Gesellschafters der OHG und KG (§§ 112f, 161 Abs. 2 HGB). Sie gelten aber auch aufgrund **ergänzender Vertragsauslegung**. So ist im Arbeitsrecht während des Bestehens eines Arbeitsverhältnisses dem Arbeitnehmer untersagt, seinem Arbeitgeber ohne dessen Einverständnis Konkurrenz zu machen. Grundsätzlich endet das Wettbewerbsverbot nach Vertragsbeendigung und es besteht freier Wettbewerb. Das Wettbewerbsverbot kann für maximal zwei Jahre danach (§ 74a Abs. 1 S. 3 HGB) gegen eine Karenzentschädigung (§ 74 Abs. 2 HGB) des Arbeitgebers vereinbart werden (**nachvertragliches Wettbewerbsverbot**).

ff. Mitwirkungspflichten

Nicht leistungsbezogene Pflichten können auch im Zusammenwirken des anderen Teils zur Schaffung der Voraussetzungen des Vertrages und Beseitigung von Erfüllungshindernissen bestehen (**Mitwirkungspflichten**). Das gilt beispielsweise für das Erfordernis der Einholung von Genehmigungen und Mitwirkungspflichten (§ 642 BGB) des Bestellers beim Werkvertrag.

gg. Aufklärungspflichten

Aufklärungspflichten sind nicht leistungsbezogene Nebenpflichten, den anderen Vertragsteil **unaufgefordert** über **entscheidungserhebliche** Umstände zu informieren. Diese verpflichten den Schuldner, insbesondere den Fachmann zur Aufklärung, wenn Gefahren für das Leistungs- oder Integritätsinteresse des Gläubigers bestehen, von denen dieser keine Kenntnis hat.

Beispiele: Der Unternehmer muss den Handelsvertreter über mögliche Lieferschwierigkeiten (BGH DB 1988, 2402) und eine beabsichtigte Betriebsstillegung rechtzeitig informieren (BGH NJW 1974, 795), der Vertreter den Unternehmer über die Kreditwürdigkeit des Kunden (BGH BB 1969, 1196). Der Schuldner muss dem Gläubiger zumindest auf ausdrückliches Befragen den wirklichen Grund für das Ausbleiben seiner Leistung mitteilen (BGH WM 1995, 441), die Werbeagentur auf rechtliche Bedenken gegen die geplante Werbeaktion hinweisen (BGHZ 61, 120).

hh. Nachwirkende Treuepflichten

Nachwirkende Treuepflichten *(culpa post contractum finitum)* sind Pflichten, die den Parteien nach Beendigung des Vertrags im Abwicklungsstadium obliegen. Sie ergeben sich durch eine

Auslegung (§§ 133, 157, 242 BGB, § 347 HGB) des Vertrages. Davon zu unterscheiden sind Abreden der Parteien für die Zeit nach Erfüllung der beiderseitigen Leistungspflichten oder bei Dauerschuldverhältnissen für die Zeit nach Vertragsende (**Vertragsfortwirkungen**). Bei den nachwirkenden Treuepflichten kann es sich um Unterlassungs-, Anzeige-, Aufklärungs- und ggf. Mitwirkungspflichten handeln. Außerdem besteht die Pflicht, nach Treu und Glauben zumindest für die Übergangszeit alles zu unterlassen, was den Vertragszweck des anderen Teils nachträglich vereiteln oder ernsthaft gefährden könnte. Insbesondere dürfen der anderen Vertragspartei die ihr durch den Vertrag gewährten Vorteile nicht wieder entzogen oder wesentlich geschmälert werden. Darüber hinaus gibt es nachwirkende Schutz-, Fürsorge- und Obhutspflichten, die so lange fortbestehen, wie der geschäftliche Kontakt der Parteien andauert.

c. Vertretenmüssen

Der Schuldner haftet dem Gläubiger auf Schadensersatz, wenn er die Pflichtverletzung aus dem Schuldverhältnis zu vertreten hat. Dafür trägt er nach § 280 Abs. 1 S. 2 BGB die Beweislast. Das Vertreten des Schuldners beurteilt sich nach §§ 276 bis 278 BGB. Nach § 276 Abs. 1 S. 1 BGB hat der Schuldner **Vorsatz** und **Fahrlässigkeit** zu vertreten, wenn eine strengere oder mildere Haftung nicht gesetzlich oder vertraglich bestimmt ist und auch nicht aus dem sonstigen Inhalt des Schuldverhältnisses, insbesondere einer Garantie oder eines Beschaffenheitsrisikos, zu entnehmen ist. Eine **Haftungserweiterung** kann innerhalb bestehender Schuldverhältnisse angeordnet sein, z. B. Schuldnerverzug (§ 287 S. 2 BGB) oder außerhalb insbesondere aufgrund Gefährdungshaftung, z. B. Produkthaftung (§ 1 ProdHaftG). In bestimmten Fällen gibt es eine gesetzliche **Haftungsbeschränkung** auf Vorsatz und grobe Fahrlässigkeit (z. B. §§ 300 Abs. 1, 521, 599, 680, 968 BGB) oder eigenübliche Sorgfalt (z. B. §§ 690, 708 BGB).

aa. Vorsatz

Das Gesetz definiert den Vorsatz nicht. Nach der Rechtsprechung (BGH NJW 2017, 2463) ist der Vorsatz das **Wissen und Wollen** des pflichtwidrigen Erfolgs im Bewusstsein der Rechts- bzw. Pflichtwidrigkeit (**Vorsatztheorie**). Sind Schutzgesetze (§ 823 Abs. 2 BGB) Strafnormen, muss der Vorsatz nach strafrechtlichen Maßstäben beurteilt werden. Danach ist das Fehlen des Unrechtsbewusstseins ein selbstständiges Schuldmoment (**Schuldtheorie**). Der unvermeidbare Verbotsirrtum führt zur Schuldlosigkeit, lässt den Vorsatz aber bestehen (§ 17 S. 1 StGB). Im Strafrecht ist aber nur vorsätzliches Handeln strafbar, sofern gesetzlich nicht ausdrücklich ein fahrlässiges Handeln strafbedroht ist (§ 15 StGB). Im Zivilrecht hat der Schuldner dahingegen grundsätzlich Vorsatz und Fahrlässigkeit zu vertreten (§ 276 BGB). Es werden drei Stufen des Vorsatzes (**Vorsatzformen**) unterschieden.

Absicht (dolus directus 1. Grades)

Bei der Absicht ist die Verwirklichung des Tatbestandes einer Rechtsnorm das Ziel bzw. Motiv des Handelnden (**Handlungsmotiv**). Sein Wille ist auf die Herbeiführung des Erfolgs gerichtet.

Direkter Vorsatz (dolus directus 2. Grades)

Beim direkten Vorsatz sieht der Handelnde den Erfolg als **notwendige Folge** seines Handelns voraus. Der Erfolgseintritt ist nach seinem Wissen sicher oder zumindest höchstwahrscheinlich.

Bedingter Vorsatz (dolus eventualis)

Beim bedingten Vorsatz sieht der Handelnde den Erfolg als **mögliche Folge** seines Handelns voraus und nimmt ihn für den Fall seines Eintritts billigend in Kauf nimmt („Na wenn schon.").

bb. Fahrlässigkeit

Die Fahrlässigkeit wird in § 276 Abs. 2 BGB definiert. Fahrlässig handelt, wer die im Verkehr erforderliche Sorgfalt außer Acht lässt. Dies setzt voraus, dass der rechtlich missbilligte Erfolg bei Anwendung der gebotenen Sorgfalt **voraussehbar** und **vermeidbar** war. Zur Beurteilung dessen gilt kein individueller, sondern ein objektiv-abstrakter Sorgfaltsmaßstab.

Bewusste Fahrlässigkeit

Bei bewusster Fahrlässigkeit **rechnet** der Handelnde zwar mit dem möglichen Erfolgseintritt, **vertraut** aber unter Außerachtlassung der gebotenen Sorgfalt darauf, dass der Schaden nicht eintreten wird. Im Unterschied zum Handeln mit bedingtem Vorsatz nimmt der Handelnde bei bewusster Fahrlässigkeit den pflichtwidrigen Erfolg nicht billigend in Kauf („Es wird schon gutgehen.").

Unbewusste Fahrlässigkeit

Bei unbewusster Fahrlässigkeit **erkennt** der Handelnde den Erfolgseintritt **nicht**, hätte ihn aber bei Anwendung der gehörigen Sorgfalt voraussehen und vermeiden können.

Grobe Fahrlässigkeit

Die grobe Fahrlässigkeit ist eine **besonders schwere Verletzung** der im Verkehr erforderlichen Sorgfalt, bei der ganz naheliegende Überlegungen nicht angestellt werden („Das darf nicht passieren."). Das Gesetz enthält Haftungsbeschränkungen auf Vorsatz und grobe Fahrlässigkeit (z. B. §§ 300 Abs. 1, 521, 599, 680, 968 BGB).

Einfache Fahrlässigkeit

Die einfache Fahrlässigkeit (**leichte Fahrlässigkeit**) ist Fahrlässigkeit im Sinne des § 276 Abs. 2 BGB. Sie liegt vor, wenn die im Verkehr erforderliche Sorgfalt außer Acht gelassen wird. Es handelt sich dabei um eine kurze, spontane Unachtsamkeit („Das kann ja mal passieren.").

cc. Sorgfalt in eigenen Angelegenheiten

Das Gesetz sieht in bestimmten Fällen eine Haftungsbeschränkung auf die Sorgfalt in eigenen Angelegenheiten *(diligentia quam in suis rebus)* vor (z. B. §§ 346 Abs. 3 Nr. 3, 690, 708 BGB).

Dafür gilt kein objektiver, sondern ein **subjektiver Maßstab**, der auf die Veranlagung und das übliche Verhalten des Handelnden abstellt. Der Schuldner muss beweisen, dass er in eigenen Angelegenheiten nicht sorgfältiger zu verfahren pflegt, als bei seinem Handeln in Bezug auf die Rechtsgüter Dritter (**eigenübliche Sorgfalt**). Wer nur für die Sorgfalt einzustehen hat, die er in eigenen Angelegenheiten anwendet, ist nach § 277 BGB von der Haftung wegen grober Fahrlässigkeit nicht befreit.

dd. Verantwortlichkeit für Dritte

Nach § 278 S. 1 BGB hat der Schuldner ein Verschulden seines gesetzlichen Vertreters und der Personen, deren er sich zur Erfüllung seiner Verbindlichkeit bedient (**Erfüllungsgehilfen**), in gleichem Umfang zu vertreten, wie eigenes Verschulden. Erfüllungsgehilfe des Schuldners ist jede Person, die nach den tatsächlichen Gegebenheiten mit dem Willen des Schuldners bei der Erfüllung seiner Verbindlichkeit als seine Hilfsperson tätig wird. Davon abzugrenzen ist die deliktische Haftung für den **Verrichtungsgehilfen** nach § 831 BGB. Der Verrichtungsgehilfe ist dem Geschäftsherrn weisungsgebunden, der sich exkulpieren kann (§ 831 Abs. 1 S. 2 BGB).

d. Rechtsfolge

Der Anspruch auf Schadensersatz neben der Leistung aus § 280 Abs. 1 BGB tritt **neben den Erfüllungsanspruch**. Die Ersatzpflicht des Schuldners betrifft die durch seine Pflichtverletzung verursachten Schäden, die nicht als Schadensersatz statt der Leistung ersetzt werden können und bei denen es sich um keinen Verzögerungsschaden handelt. Der Anspruch erstreckt sich auf alle unmittelbaren und mittelbaren Nachteile des schädigenden Verhaltens und erfasst auch Prozesskosten. **Ausgenommen** sind jedoch **Folgeschäden**, die außerhalb des Schutzzwecks der verletzten Pflicht liegen. Es ist allerdings nicht erforderlich, dass der Schaden für den Schuldner vorhersehbar war. Sofern die Pflichtverletzung des Schuldners zu einer Verletzung des Körpers oder der Gesundheit führt, kann wegen des Schadens, der nicht Vermögensschaden ist, gem. § 253 Abs. 2 BGB eine billige Entschädigung in Geld (**Schmerzensgeld**) verlangt werden.

Beispiel: Nach dem in § 249 Abs. 1 BGB festgelegten Grundsatz der Naturalrestitution kann der bei Erwerb einer Kapitalanlage fehlerhaft oder unzureichend beratene Anleger verlangen, so gestellt zu werden, als habe er diese Kapitalanlage nicht erworben. Der Anspruch ist dabei nicht auf den Ausgleich eines Minderwertes der Kapitalanlage gerichtet, sondern auf den Ersatz für die durch den Erwerb der Kapitalanlage eingetretenen Einbußen. Soweit diese unmittelbar das Vermögen des Anlegers betreffen, erfolgt die Naturalherstellung durch Zahlung von Geld (BGH NJW 2013, 450)

5. Schadensersatz wegen Verzögerung der Leistung

Der Gläubiger kann nach § 280 Abs. 2 BGB unter den zusätzlichen Voraussetzungen des § 286 BGB Schadensersatz wegen Verzögerung der Leistung verlangen. Der Schuldner muss mit der Leistung im Verzug sein (**Schuldnerverzug**). Der Schuldner kommt in Verzug, wenn er auf die **Mahnung** des Gläubigers nach dem Eintritt der Fälligkeit der Leistung nicht leistet (§ 286 Abs. 1 BGB).

a. Allgemeine Voraussetzungen

aa. Vollwirksamer Anspruch

Allgemeine Voraussetzung des Leistungsverzugs ist, dass dem Gläubiger ein durchsetzbarer Anspruch gegen den Schuldner zusteht. Das Bestehen einer **dauernden** oder **aufschiebenden Einrede** schließ den Verzug aus und zwar auch dann, wenn der Schuldner die Einrede zunächst nicht erhebt. Das Zurückbehaltungsrecht schließt den Verzug erst aus, wenn es vor oder bei Eintritt des Verzugs ausgeübt wird (BGH NJW 1971, 421). Bis dahin soll dem Gläubiger nicht die Möglichkeit genommen werden, die Einrede des Schuldners durch Sicherheitsleistung noch abzuwenden (§ 273 Abs. 3 BGB). Das Zurückbehaltungsrecht beseitigt den Verzug auch nicht rückwirkend, sondern erst im Zeitpunkt der Ausübung. Der Schuldner muss dem Gläubiger die bereits entstandenen Verzugszinsen und Verzugsschäden daher ersetzen.

bb. Leistungsvermögen

Der Schuldnerverzug setzt weiter voraus, dass die Leistung noch möglich, d. h. nachholbar ist. Bei einem **dauernden Leistungshindernis** ist der Schuldnerverzug **ausgeschlossen**. Dies gilt für die echte Unmöglichkeit (§ 275 Abs. 1 BGB) sowie das Recht der Leistungsverweigerung bei praktischer und persönlicher Unmöglichkeit (§ 275 Abs. 2, 3 BGB). Dabei ist im Einzelfall unter Berücksichtigung des Vertragszwecks und der Parteibelange nach Treu und Glauben zu beurteilen, ob ein dauerndes oder lediglich ein vorübergehendes Leistungshindernis vorliegt.

cc. Fälligkeit

Die Forderung des Gläubigers muss bei Nichtleistung des Schuldners fällig sein (**Fälligkeit**). Das ist der Zeitpunkt (**Leistungszeit**), ab dem der Gläubiger die Leistung verlangen kann. Die Leistungszeit wird entweder durch vertragliche Abrede oder durch Gesetz festgelegt. Fehlen solche Sonderregelungen, kann der Gläubiger die Leistung sofort verlangen und der Schuldner sie sofort bewirken (§ 271 BGB).

dd. Mitwirkung des Gläubigers

Wenn eine Mitwirkung des Gläubigers zur Vornahme der Leistung des Schuldners erforderlich ist (z. B. bei Holschulden), kommt dieser nur in Verzug, wenn der Gläubiger die erforderliche Handlung vornimmt oder anbietet. Bei einer vertraglichen Forderung muss der Gläubiger mit der Mahnung die Gegenleistung in einer den Schuldnerverzug begründenden Weise anbieten. Die bloße Bereitschaft zur Erbringung der Leistung reicht hingegen nicht aus.

ee. Nichtleistung

Der Schuldner darf die Leistung nicht oder nicht rechtzeitig erbracht haben. Dies beurteilt sich nach dem Inhalt der jeweiligen Leistungspflicht (Holschuld, Bringschuld, Schickschuld).

b. Mahnung des Gläubigers

Die Mahnung ist die an den Schuldner gerichtete Aufforderung des Gläubigers, die geschuldete Leistung zu erbringen. Es handelt sich um eine nicht formbedürftige einseitige Erklärung, die eine **geschäftsähnliche Handlung** ist. Auf sie finden die Vorschriften über Willenserklärungen und Rechtsgeschäfte (§§ 116ff, 145ff BGB) entsprechend Anwendung. Sie kann **ausdrücklich** oder durch schlüssiges Verhalten (**konkludent**) erklärt werden. Voraussetzung der Mahnung ist die **Fälligkeit** der Forderung. Allerdings ist es möglich, die Mahnung mit der die Fälligkeit begründenden Handlung zu verbinden.

aa. Eindeutigkeit

Die in der Mahnung enthaltene **Aufforderung** an den Schuldner zur **Leistung** muss eindeutig sein. Sie bedarf nicht der Fristsetzung, der Androhung von Folgen oder dem Hinweis auf die Rechtsfolgen. Es genügt, wenn der Gläubiger zum **Ausdruck** bringt, dass er die geschuldete Leistung verlangt. Die Verwendung der Worte „Mahnung" oder „mahnen" ist nicht notwendig. Allerdings ist die erstmalige Zusendung einer Rechnung grundsätzlich keine Mahnung, da dem Schuldner damit lediglich der Betrag der Forderung mitgeteilt wird und es üblich ist, erst nach Erhalt der Rechnung zu bezahlen.

Beispiel: In der einseitigen Bestimmung eines Zahlungsziels durch den Gläubiger liegt eine Mahnung, wenn der Gläubiger den Schuldner auffordert, die Rechnung bis zu einem bestimmten Zeitpunkt zu begleichen (BGH BB 2006, 1819).

bb. Bestimmtheit

Bestehen mehrere Forderungen des Gläubigers gegen den Schuldner, muss **erkennbar** sein, auf **welche** Forderung sich die Mahnung bezieht. Bei betragsmäßig unbezifferten Ansprüchen kann eine Bezifferung entbehrlich sein. Beim Anspruch auf Schmerzensgeld genügt es, dass ausreichend konkrete Tatsachen zur Höhe vorgetragen werden.

cc. Falscher Betrag

Die Forderung eines zu **geringen** Betrags begründet nur hinsichtlich des angemahnten Teils des Forderungsbetrags den Verzug. Die Forderung eines zu **hohen** Betrags ist eine wirksame Mahnung, wenn der Schuldner die Erklärung des Gläubigers nach den Umständen des Falls als Aufforderung zur Bewirkung der tatsächlich geschuldeten Leistung verstehen muss und der Gläubiger zur Annahme der geringeren Leistung bereit ist. Das gilt entsprechend, wenn der Gläubiger eine Leistung zu Bedingungen verlangt, die vom Vertrag **abweichen**.

c. Klage, Mahnbescheid

Nach § 286 Abs. 1 S. 2 BGB stehen die Erhebung der **Leistungsklage** (§ 261 ZPO) sowie die Zustellung eines Mahnbescheids im **Mahnverfahren** (§§ 688ff ZPO) der Mahnung gleich. Die Verzugsfolgen treten wie bei der Mahnung nur ein, wenn die Forderung hinreichend bestimmt ist. Klageerhebung liegt auch vor, wenn der Gläubiger das Leistungsbegehren im Prozess mit einem Hilfsantrag geltend macht, eine Widerklage (§ 33 ZPO) erhebt, Antrag auf Erlass einer einstweiligen Anordnung (§§ 935ff ZPO) stellt oder die Klage erweitert (§§ 263f ZPO). Auch die Erhebung einer Stufenklage (§ 254 ZPO) genügt, nicht aber die Feststellungsklage (§ 256 ZPO) oder Klage auf künftige Leistung (§ 257 ZPO).

d. Verzug ohne Mahnung

aa. § 286 Abs. 2 BGB

Der Verzug tritt gem. § 286 Abs. 2 BGB **ohne Mahnung** ein, wenn für die Leistung eine Zeit nach dem Kalender bestimmt ist (Nr. 1), der Leistung ein Ereignis vorauszugehen hat und eine angemessene Zeit für die Leistung in der Weise bestimmt ist, dass sie sich von dem Ereignis an in dem Kalender berechnen lässt (Nr. 2), der Schuldner die Leistung ernsthaft und endgültig verweigert (Nr. 3) oder aus besonderen Gründen unter Abwägung der beiderseitigen Interessen der sofortige Eintritt des Verzugs gerechtfertigt ist (Nr. 4).

bb. § 286 Abs. 3 BGB

Nach § 286 Abs. 3 BGB kommt der Schuldner einer **Entgeltforderung** spätestens in Verzug, wenn er nicht innerhalb von **30 Tagen** nach Fälligkeit und Zugang einer Rechnung oder gleichwertigen Zahlungsaufstellung leistet. Ein **Verbraucher** (§ 13 BGB) ist auf diese Folgen darin besonders **hinzuweisen**.

cc. § 286 Abs. 4 BGB

Nach § 286 Abs. 4 BGB kommt der Schuldner nicht in Verzug, solange die Leistung infolge eines Umstandes unterbleibt, den er nicht zu vertreten hat. Dabei handelt es sich um tatsächliche und rechtliche **Entschuldigungsgründe**, die einen Einwendungstatbestand gegen den Verzug begründen. Was der Schuldner zu vertreten hat (**Verschulden**), beurteilt sich nach §§ 276–278 BGB. Der Schuldner ist für die Verzögerung der Leistung auch dann verantwortlich, wenn sie auf mangelnder finanzieller Leistungsfähigkeit, Fehlern bei geschäftlichen Dispositionen oder auf anderen Gründen beruht, die in seinen Risikobereich fallen. Hat der Schuldner den Verzug nicht zu vertreten, muss er dem Gläubiger unverzüglich das Leistungshindernis mitteilen. Er trägt die Beweislast dafür, dass es im Zeitpunkt des Vorliegens der Verzugsvoraussetzungen vorgelegen hat.

e. Rechtsfolge

aa. Verzögerungsschaden

Bei Vorliegen der Voraussetzungen des Schuldnerverzugs nach §§ 280 Abs. 1, 2, 286 BGB hat der Gläubiger einen Anspruch auf Ersatz des Verzögerungsschadens. Der Anspruch tritt neben den Erfüllungsanspruch und bleibt bestehen, wenn sich dieser in einen Schadensersatzanspruch statt der Leistung umwandelt oder der Gläubiger vom Vertrag zurücktritt. Inhalt und Umfang des Schadensersatzanspruchs richten sich nach §§ 249ff BGB. Danach ist der Gläubiger so zu stellen, wie er ohne die Pflichtverletzung bei rechtzeitiger Vertragserfüllung stehen würde. Der Schuldner hat also den Schaden zu ersetzen, der durch die Verzögerung bis zur nachträglichen Bewirkung der Leistung entstanden ist (**Verzugsschaden**). Geschuldet ist das positive Interesse des Gläubigers an der Erfüllung des Schuldverhältnisses (**Erfüllungsinteresse**). Grundsätzlich geht der Anspruch auf Naturalrestitution (§ 249 Abs. 1 BGB), ist i. d. R. aber in Geld zu ersetzen nach (§ 251 BGB). Er umfasst v. a. die Kosten der Rechtsverfolgung wie **Mahnkosten** und **Inkassokosten** nach Verzugseintritt.

Beispiel: Der Anspruch auf den Ersatz von verzugsbedingten Anwaltskosten (§ 286 Abs. 1 BGB) ist anders als die Verzinsungspflicht (§ 288 Abs. 1 BGB) von weiteren Voraussetzungen abhängig. Ein Schädiger muss nur Rechtsverfolgungskosten ersetzen, die auf Maßnahmen beruhen, die aus der ex-ante-Sicht einer vernünftigen, wirtschaftlich denkenden Person in der Situation des Geschädigten nach den Umständen des Falles zur Wahrung und Durchsetzung seiner Rechte erforderlich und zweckmäßig gewesen sind (BGH NJW-RR 2016, 511).

bb. Geldschulden

Eine Geldschuld ist während des Verzugs zu **verzinsen** (§ 288 Abs. 1 S. 1 BGB). Nach § 288 Abs. 1 S. 2 BGB beträgt der Zinssatz für das Jahr **fünf** Prozentpunkte über dem Basiszinssatz (§ 247 BGB). Nach § 288 Abs. 2 BGB beträgt der Zinssatz bei Rechtsgeschäften, an denen ein Verbraucher nicht beteiligt ist, **neun** Prozentpunkte über dem Basiszinssatz. Der Gläubiger kann aus einem anderen Rechtsgrund höhere Zinsen verlangen (§ 288 Abs. 3 BGB). Eine im Voraus getroffene Vereinbarung, die den Anspruch des Gläubigers der Entgeltforderung auf Verzugszinsen ausschließt, ist unwirksam (§ 288 Abs. 6 S. 1 BGB).

6. Schadensersatz statt der Leistung

Der Schadensersatz statt der Leistung nach §§ 280 Abs. 1 und 3, 281 bis 283 BGB tritt an die Stelle der Leistung und bezieht sich auf den aus dem **endgültigen Ausbleiben** der Leistung folgenden Schaden. Der Anspruch soll den durch die Nichterfüllung entstandenen Schaden ausgleichen und ist auf das positive Interesse (**Erfüllungsinteresse**) gerichtet. Nach § 281 Abs. 1 BGB kann der Gläubiger Schadensersatz verlangen, soweit der Schuldner die fällige Leistung nicht oder nicht wie geschuldet erbringt, die Pflichtverletzung zu vertreten hat (§ 280 Abs. 1 S. 2 BGB) und der Gläubiger dem Schuldner erfolglos eine **angemessene Frist** zur **Leistung oder Nacherfüllung** bestimmt hat. Hat der Schuldner eine **Teilleistung** bewirkt, so kann der Gläubiger Schadensersatz statt der ganzen Leistung nur verlangen, wenn er an der Teilleistung kein Interesse hat. Hat der Schuldner die Leistung nicht wie geschuldet bewirkt, so kann der Gläubiger Schadensersatz statt der ganzen Leistung nicht verlangen, wenn die Pflichtverletzung unerheblich ist.

a. Nichterfüllung oder Schlechterfüllung

Die Pflichtverletzung des Schuldners besteht in einer Nichterfüllung oder Schlechterfüllung aus einem bestehenden vertraglichen oder gesetzlichen **Schuldverhältnis.** Die Leistungsforderung des Gläubigers muss fällig i. S. v. § 271 BGB und durchsetzbar sein; ein Verzug des Schuldners wird nicht vorausgesetzt. Die Forderung ist nicht fällig, wenn sie bei Fristablauf erloschen (z. B. durch Aufrechnung) oder nicht mehr fällig (z. B. gestundet) ist oder ihr eine vorübergehende oder dauerhafte Einrede entgegensteht. Die Leistungsforderung muss ausnahmsweise nicht fällig sein, wenn der Schuldner die Leistung vor Fälligkeit ernsthaft und endgültig verweigert. Auch kann der Gläubiger der Forderung vor Eintritt der Fälligkeit analog § 323 Abs. 4 BGB Schadensersatz statt der Leistung verlangen, wenn offensichtlich ist, dass die Voraussetzungen des § 281 BGB im Zeitpunkt der Fälligkeit vorliegen werden.

b. Bewirken einer Teilleistung

aa. Annahme der Teilleistung

Das Bewirken der Teilleistung i. S. v. § 281 Abs. 1 S. 2 BGB setzt voraus, dass der Gläubiger die Teilleistung überhaupt angenommen hat. Denn er kann diese nach § 266 BGB ablehnen, ohne selbst in Annahmeverzug zu geraten. Zur **Annahme** der Teilleistung ist er nur verpflichtet, sofern sich dies aus dem Gebot von Treu und Glauben (§ 242 BGB) ergibt. Auch kann der Gläubiger nach Annahme der Teilleistung die **Restleistung ablehnen**, wenn der Schuldner diese verzögert und stattdessen Schadensersatz statt der Leistung verlangen. Hat die bewirkte Teilleistung für den Gläubiger Interesse, zerfällt der Vertrag in zwei selbstständige Teile. Dies setzt voraus, dass der **Vertrag teilbar** ist und sich die teilbaren Leistungen den verschiedenen Leistungsteilen zuordnen lassen. Ansonsten liegt nach der vertraglichen Vereinbarung meistens eine unteilbare Leistung vor.

bb. Erbringung der Gegenleistung

Für die bewirkte Teilleistung hat der Gläubiger einen entsprechenden Teil der Gegenleistung zu erbringen. Der Schadensersatzanspruch des Gläubigers beschränkt sich bei Annahme der Teilleistung grundsätzlich auf die nicht erbrachte Teilleistung (**kleiner Schadensersatz**). Der Gläubiger kann jedoch nach seiner Wahl die Gegenleistung noch erbringen und statt der ausgebliebenen Leistung als Surrogat dafür Wertersatz verlangen (**Surrogationsmethode**) oder stattdessen die offenen Leistungsteile verrechnen (**Differenzmethode**). Hat der Gläubiger an der bewirkten Teilleistung wegen des Ausbleibens der noch geschuldeten Restleistung kein Interesse mehr, kann er stattdessen Schadensersatz für die Nichterfüllung des ganzen Vertrags verlangen (**großer Schadensersatz**). Das bedingt, dass das Leistungsinteresse des Gläubigers durch die bewirkte Teilleistung zusammen mit dem für die fehlende Teilleistung geschuldeten kleinen Schadensersatz nicht vollkommen befriedigt wird. So ist es beispielsweise, wenn die bewirkte Teilleistung für den Gläubiger ohne die ausstehende Restleistung für seine Zwecke wertlos ist oder es für ihn günstiger ist, den Vertrag im Ganzen neu abzuschließen. Wegen der erhaltenen Teilleistung ist der Gläubiger dem Schuldner gegenüber zur Rückgewähr und/oder zum Schadensersatz verpflichtet (§§ 281 Abs. 5, 346 ff BGB). Der Schuldner kann seinerseits die Schadensersatzzahlung bis zur Herausgabe der erhaltenen Teilleistung nach §§ 281 Abs. 5, 348, 320 BGB verweigern.

c. Unerhebliche Pflichtverletzung

Der Gläubiger kann keinen großen Schadensersatz verlangen, wenn der Schuldner die Leistung nicht wie geschuldet bewirkt und die Pflichtverletzung unerheblich ist (§ 281 Abs. 1 S. 3 BGB). Als „nicht wie geschuldet erbrachten Leistungen“ gelten Schlechtleistungen, v. a. bei Fristablauf mangelhaft erbrachte Sachleistungen (**mangelhafte Leistungen**). Bei Ablehnung der Annahme der Leistung durch den Gläubiger, gilt § 281 Abs. 1 S. 1 BGB. Ob die Pflichtverletzung des Schuldners hinsichtlich der erbrachten Schlechtleistung **unerheblich** ist, beurteilt sich aufgrund einer umfassenden Interessenabwägung. Dabei sind die Intensität des Mangels und der für die Mängelbeseitigung erforderliche Aufwand zu berücksichtigen (BGH NJW 2006, 1960). Nach der Rechtsprechung kommt eine unerhebliche Pflichtverletzung nur bei behebbarem Mangel in Betracht. Die Kosten für die Mangelbeseitigung dürfen einen Betrag von 5% des Kaufpreises nicht übersteigen (BGH NJW 2014, 3229). Liegt eine erhebliche Pflichtverletzung vor, so kann der Gläubiger anstelle des kleinen Schadensersatzes auch den großen Schadensersatz geltend machen (**Wahlrecht**).

d. Erfolglose Fristsetzung oder Entbehrlichkeit

aa. Fristsetzung

Der Gläubiger muss dem Schuldner nach Eintritt der Leistungsverzögerung eine angemessene Frist (**Nachfrist**) zur Leistung oder Nacherfüllung setzen (§ 281 Abs. 1 S. 1 Hs. 2 BGB). Die Fristsetzung ist eine **geschäftsähnliche Handlung**, worauf die Regeln über die Wirksamkeit von Willenserklärungen und Rechtsgeschäften Anwendung finden. Diese kann grundsätzlich erst **nach Eintritt der Fälligkeit** erfolgen und nicht vorsorglich im Voraus erklärt werden. Der Schuldner soll so in die Lage versetzt werden, die bereits begonnene Leistung zu vollenden. Inhaltlich muss die Fristsetzung eine **bestimmte** und **eindeutige** Aufforderung zur Leistung durch den Gläubiger enthalten. Sie muss jedoch keinen kalendermäßig bestimmten Endtermin oder eine kalendermäßig bestimmte Zeitspanne angeben. Es genügt nach der Rechtsprechung (BGH NJW 2010, 2200; 2016, 3654), wenn der Gläubiger durch das Verlangen nach sofortiger, unverzüglicher oder umgehender Leistung oder vergleichbare Formulierungen deutlich macht, dass dem Schuldner für die Erfüllung nur ein begrenzter Zeitraum zur Verfügung steht. Mit der Aufforderung, die Leistung oder die Nacherfüllung „in angemessener Zeit“, „umgehend“ oder „so schnell wie möglich“ zu bewirken, wird eine zeitliche Grenze gesetzt, die aufgrund der jeweiligen Umstände des Einzelfalls durch Auslegung bestimmbar ist.

bb. Angemessenheit

Die Frist muss angemessen sein, d. h. sie ist so zu bemessen, dass der Schuldner eine **bereits begonnene** Leistungshandlung **vollenden** kann. Der Schuldner muss aber nicht in die Lage versetzt werden, eine noch gar nicht erfolgte Leistungshandlung beginnen und fertigstellen zu können. Sofern der Gläubiger keine ausdrückliche Frist bestimmt oder diese zu kurz bemisst, wird eine angemessene Frist in Lauf gesetzt. Setzt der Gläubiger missbräuchlich eine zu kurze Frist und macht deutlich, er werde die Leistung nach Ablauf der Frist nicht mehr akzeptieren, wird gar keine Frist wirksam gesetzt. Es reicht aus, dass der Schuldner die **Leistungshandlung innerhalb der Frist** erbringt und der **Leistungserfolg** erst **danach** eintritt. Ist die Mitwirkung des Gläubigers erforderlich, muss er diese vornehmen. Bei einem gegenseitigen Vertrag muss der Gläubiger seine Gegenleistung in einer den Gläubigerverzug begründenden Weise anbieten.

cc. Entbehrlichkeit

Die Fristsetzung ist nach § 281 Abs. 2 BGB entbehrlich, wenn der Schuldner die Leistung ernsthaft und **endgültig verweigert** oder besondere Umstände vorliegen, die unter Abwägung der beiderseitigen Interessen die **sofortige** Geltendmachung des Anspruchs **rechtfertigen.**

Endgültige Erfüllungsverweigerung

Eine Nachfristsetzung ist bei endgültiger Erfüllungsverweigerung des Schuldners sinnlos und wäre einer überflüssige Formalanforderung. Die Rechtsprechung stellt strenge Anforderungen an die Voraussetzungen der Erfüllungsverweigerung (BGH NJW 2014, 1521). Die Weigerung des Schuldners zur Leistung muss sein **„letztes Wort"** sein. Die Äußerung rechtlicher Zweifel oder, der Fälligkeitstermin könne nicht eingehalten werden, reichen beispielsweise nicht aus. Anders hingegen die Erklärung, die Leistung könne erst zu einem Zeitpunkt erbracht werden, der nach Ablauf der angemessenen Frist liegt. Durch die Erfüllungsverweigerung werden die erforderlichen Mitwirkungshandlungen des Gläubigers entbehrlich.

Besondere Umstände

Besondere Umstände, die eine sofortige Geltendmachung des Anspruchs rechtfertigen, werden von der Rechtsprechung (BGH NJW RR 2012, 268; NJW 2007, 835) angenommen, wenn der eingetretene **Schaden** durch eine Nachbeseitigung **nicht mehr beseitigt werden kann** oder etwa der Käufer dem Verkäufer einen **Mangel arglistig verschwiegen** hat. Beim relativen Fixgeschäft sieht § 323 Abs. 2 Nr. 2 BGB ein sofortiges Rücktrittsrecht ohne Nachfristsetzung vor. Diese Regelung fehlt hingegen in § 281 Abs. 1 BGB, so dass der Gläubiger allein wegen der Verzögerung noch keinen sofortigen Anspruch auf Schadensersatz statt der Leistung hat.

e. Abmahnung

Kommt nach der Art der Pflichtverletzung eine **Fristsetzung nicht** in Betracht, so tritt an ihre Stelle die **Abmahnung** (§ 281 Abs. 3 BGB). Diese ist geschäftsähnliche Handlung, auf welche die Regeln über Willenserklärungen und Rechtsgeschäfte (§§ 116 ff, 145 ff BGB) Anwendung finden. Sofern die Leistungspflicht in einem pflichtwidrigen **Unterlassen** besteht, macht eine Fristsetzung keinen Sinn. Denn diese soll ja gerade nicht nachgeholt werden. Vielmehr geht es dann darum, weitere Zuwiderhandlungen dauerhaft zu unterlassen. In diesem Fall tritt an die Stelle der Fristsetzung die Obliegenheit des Gläubigers zur Abmahnung. Der Gläubiger muss den Schuldner dazu **ernsthaft auffordern**, weitere Zuwiderhandlungen zu unterlassen. Die Abmahnung ist nur wirksam, wenn der Schuldner bereits eine Zuwiderhandlung begangen hat und der Gläubiger diese nachweist.

f. Erlöschen des Leistungsanspruchs

Nach Ablauf der Nachfrist und bei deren Entbehrlichkeit nach § 281 Abs. 2 BGB bestehen der Leistungsanspruch und der Schadensersatzanspruch nebeneinander. Der Gläubiger kann weiter Erfüllung verlangen und der Schuldner die geschuldete Leistung noch erbringen. Mit Leistung des Schuldners erlischt der Schadensersatzanspruch. Nach § 281 Abs. 4 BGB ist der Anspruch auf die Leistung erst ausgeschlossen, sobald der Gläubiger statt der Leistung den Anspruch auf Schadensersatz verlangt. Ist kein Schaden entstanden, besteht der Leistungsanspruch weiter. Die Erklärung des Gläubigers muss eindeutig sein und erkennen lassen, dass der Gläubiger die Erfüllung ablehnt und stattdessen vom Schuldner Schadensersatz verlangt. Der Schuldner ist gemäß § 281 Abs. 5 BGB zur Rückforderung des Geleisteten nach §§ 281 Abs. 5, 346 bis 348 BGB berechtigt, wenn der Gläubiger Schadensersatz statt der ganzen Leistung verlangt.

g. Vertretenmüssen

Der Schuldner muss die Pflichtverletzung nach §§ 276 bis 278 BGB zu vertreten haben. § 280 Abs. 1 S. 2 BGB gilt auch für den Schadensersatzanspruch statt der Leistung aus § 281 BGB. Danach ist der Anspruch ausgeschlossen, wenn der Schuldner die Pflichtverletzung nicht zu vertreten hat, wofür er beweispflichtig ist.

Umstritten ist der **Zeitpunkt** für das Vertretenmüssen des Schuldners. Nach überwiegender Meinung ist nicht auf die Pflichtverletzung bei Fälligkeit der Leistung abzustellen, sondern auf das **Ausbleiben der Leistung bei Ablauf der Nachfrist**. Dafür spricht, dass der Tatbestand der Pflichtverletzung, die den Anspruch aus § 281 BGB begründet, erst mit dem erfolglosen Ablauf der Nachfrist vollendet ist. Sofern eine Fristsetzung entbehrlich ist (§ 281 Abs. 2 BGB), wird stattdessen auf das Ereignis abgestellt, das an die Stelle des Fristablaufs tritt (z. B. die Erfüllungsverweigerung des Schuldners). Nach der Mindermeinung ist das **Ausbleiben der Leistung bei Fälligkeit** maßgeblich. Denn die Nachfrist diene lediglich der Abwehr der bereits angelegten Schadensersatzansprüche und deshalb beziehe sich das Vertreten des Schuldners grundsätzlich auf den Zeitpunkt der Fälligkeit. Könne der Schuldner seine Verzögerung zum Zeitpunkt der Fälligkeit entschuldigen, soll er es aber dennoch zu vertreten haben, wenn er für das Ausbleiben der Leistung bei Fristablauf nicht mehr entschuldigt ist.

h. Rechtsfolge

aa. Allgemeines

Die Geltendmachung des Anspruchs auf Schadensersatz statt der Leistung führt zum **Erlöschen** des **primären Leistungsanspruchs** (§ 281 Abs. 4 BGB). Der Anspruch ist auf das positive Interesse (**Erfüllungsinteresse**) gerichtet und soll den durch die Nichterfüllung entstandenen Schaden ausgleichen. Der Gläubiger ist wirtschaftlich so zu stellen, wie er bei vertragsgemäßer Erfüllung der Leistung des Schuldners stehen würde (**Ersatz der Mangelschäden**). Behält der Gläubiger eine bewirkte Teilleistung (§ 281 Abs. 1 S. 2 BGB) oder mangelhafte Sache (§§ 281 Abs. 1 S. 3 BGB), hat er Anspruch auf Zahlung der Differenz zwischen dem Wert der teilweise bewirkten Leistung oder der mangelhaften Sache und dem Wert der vollständigen Leistung oder mangelfreien Sache (**kleine Schadensersatz**). Hat der

Gläubiger an der Teilleistung kein Interesse oder ist die Schlechterfüllung erheblich, kann er Schadensersatz statt der ganzen Leistung verlangen (**großer Schadensersatz**). Er kann die Teilleistung oder mangelhafte Sache an den Schuldner zurückgeben und von diesem stattdessen Ersatz des Schadens verlangen, der ihm durch die Nichterfüllung des Vertrags entstanden ist. Der Schuldner ist in diesem Fall zur Rückforderung des Geleisteten nach §§ 346 bis 348 BGB berechtigt (§ 281 Abs. 5 BGB).

bb. Konkrete Schadensberechnung

Grundsätzlich ist der Schaden konkret zu berechnen (**konkrete Schadensberechnung**). Dabei ist gem. §§ 249 ff BGB zu ermitteln, in welchem Umfang das Vermögen des Gläubigers im Zeitpunkt der Geltendmachung des Ersatzanspruchs hinter dem Vermögen zurückbleibt, dass dieser bei ordnungsgemäßer Erfüllung durch den Schuldner gehabt hätte. Im Rahmen eines Gesamtvermögensvergleichs sind sämtliche Vor- und Nachteile des nicht erfüllten Vertrags zu saldieren (**Differenzhypothese**). Zu berücksichtigen sind etwa Gebrauchsvorteile aufgrund der vorübergehenden Nutzung des Vertragsgegenstandes sowie ein etwaiger Mehrerlös bei der Durchführung eines Deckungsgeschäfts. Nicht zur berücksichtigen sind Ersatzansprüche gegen Dritte, deren Durchsetzung noch aussteht. Als Schadensposten des Gläubigers kommen i. d. R. **entgangener Gewinn** (§ 252 BGB) sowie **nutzlose Aufwendungen** und die **Belastung mit Verbindlichkeiten** (z. B. Schadensersatzpflicht oder Vertragsstrafen gegenüber Abnehmern) in Betracht. Der Schadensersatz ist der Höhe nach nicht durch den Wert der gegenüberstehenden Leistungen begrenzt, z. B. bei einem dem Käufer aufgrund besonderer Umstände entgangenen besonders hohen Gewinn.

Deckungsgeschäft des Käufers

Deckungsgeschäft ist für den Käufer, der nicht beliefert wird, der **Deckungskauf am Markt**. Er kann die Differenz zwischen dem Kaufpreis und dem Marktwert der nicht gelieferten Sache verlangen. Den **Gewinn** aus dem Weiterverkauf braucht er sich **nicht anrechnen** zu lassen, da dieser auch bei ordnungsgemäßer Erfüllung erzielt worden wäre. Er muss ein Deckungsgeschäft vornehmen, wenn dies zur Schadensminderung geboten ist und darf es nicht fahrlässig (§ 276 Abs. 2 BGB) verzögern.

Deckungsgeschäft des Verkäufers

Deckungsgeschäft ist für den Verkäufer, bei dem der Käufer die Ware nicht abnimmt oder nicht bezahlt, der **Deckungsverkauf am Markt**. Beim Handelskauf hat der Verkäufer vor allem die Wahl zwischen dem Selbsthilfeverkauf für Rechnung des Käufers (§ 373 Abs. 2 und 3 HGB) und dem Deckungsverkauf für Rechnung des Verkäufers (§ 376 Abs. 3 HGB, Art 75 CISG). Der beim Verkauf erzielte Erlös wird der Schadensberechnung zugrunde gelegt. Einen etwaigen **Mindererlös** sowie **zusätzliche Kosten** muss der Käufer dem Verkäufer erstatten (§ 252 BGB). Dagegen muss sich der Verkäufer einen etwaigen **Mehrerlös** auf seinen Schaden anrechnen lassen, sofern dieser auf einer zwischenzeitlich eingetretenen Steigerung des Verkehrswertes beruht. Beruht der Mehrerlös auf den besonderen Verkaufsbemühungen des Verkäufers, steht ihm dieser beim Deckungskauf (auf eigene Rechnung), aber nicht beim Selbsthilfeverkauf (auf Rechnung des Käufers) zu. Der Verkäufer muss ein Deckungsgeschäft vornehmen, wenn dies zur Schadensminderung (§ 254 Abs. 2) erforderlich ist.

cc. Abstrakte Schadensberechnung

Die abstrakte Schadensberechnung kommt in Betracht, wenn sich Beweisschwierigkeiten bei der konkreten Schadensberechnung ergeben. Auch hat diese den Nachteil, dass der geschädigte Gläubiger bei der Schadensberechnung Geschäftsinterna (Kalkulation, Abnehmer, Lieferanten) offenlegen muss. Daher kann der Gläubiger den Schaden auf der Grundlage des § 252 BGB auch abstrakt berechnen. Es handelt sich um eine **Beweiserleichterung**, die auf der Vermutung beruht, dass der Gläubiger bei Vertragsdurchführung den in seiner Branche üblichen Gewinn gemacht hätte. Sie gilt nach der Rechtsprechung (BHGZ 62, 103) aber nur für **Kaufleute** und **Gewerbetreibende**, nicht aber für Private und den Fiskus. Der Vertragsgegenstand muss eine **marktgängige** Ware oder Dienstleistung sein, mit der an liquiden Märkten ein hypothetisches Deckungsgeschäft getätigt werden kann. Daher ist der Handelskauf mit marktgängiger Ware der wichtigste Anwendungsfall der abstrakten Schadensberechnung. Sie ist etwa bei Verträgen über Immobilien nicht möglich, da hier keine liquiden Märkte als Grundlage für ein hypothetisches Deckungsgeschäft bestehen.

Beispiel: Der Käufer einer Eigentumswohnung kann gegenüber dem Verkäufer, der mit der Rückzahlung des Kaufpreises in Verzug ist, seinen Schaden regelmäßig nicht (abstrakt) durch einen Teuerungsaufschlag zum Kaufpreis berechnen. Eine konkrete Schadensberechnung ist in diesem Fall auch ohne Deckungskauf durch Angabe eines bestimmten Kaufangebots möglich (BGH NJW 1995, 587).

7. Schadensersatz wegen Verletzung einer Nebenpflicht

Verletzt der Schuldner Nebenpflichten aus einem Schuldverhältnis (§ 241 Abs. 2 BGB), kann der Gläubiger gem. §§ 280 Abs. 2, 282 BGB unter den Voraussetzungen des § 280 Abs. 1 BGB **Schadensersatz statt der Leistung** verlangen, wenn ihm die Leistung durch den Schuldner nicht mehr zuzumuten ist.

a. Anwendungsbereich

Die Regelung ist anwendbar, wenn der Schuldner seine Primärleistung ordnungsgemäß erbringt oder noch erbringen kann, dem Gläubiger indessen die weitere Vertragsdurchführung wegen erheblicher leistungsbegleitender Pflichtverletzungen **nicht mehr zumutbar** ist. Der Gläubiger kann in diesem Fall Schadensersatz statt der Primärleistung verlangen, wenn der Schuldner die Pflichtverletzung zu vertreten hat. Der **Anspruch auf Leistung** ist mit der Geltendmachung des Schadensersatzes statt der Leistung aus § 282 BGB **ausgeschlossen** (§ 281 Abs. 4 BGB) und die Primärleistung erloschen. Dagegen bleibt der Anspruch auf die Primärleistung weiter bestehen, wenn der Gläubiger Schadensersatz wegen Nebenpflichtverletzung aus § 280 Abs. 1 BGB verlangt. Bei Verletzung **vorvertraglicher** Nebenpflichten (§§ 241 Abs. 2, 311 Abs. 2, 3 BGB) ergibt sich der Anspruch auf Schadensersatz grundsätzlich auch aus § 280 Abs. 1 BGB. Den Schadensersatz statt der Leistung aus § 281 BGB kann der Gläubiger verlangen, wenn der Schuldner die fällige Primärleistung nicht oder nicht ordnungsgemäß erbringt und die weiteren Voraussetzungen der Anspruchsnorm vorliegen. Der Schadensersatz wegen Verletzung einer Nebenpflicht aus § 282 BGB **ergänzt** das **Recht zum Rücktritt** vom Vertrag nach § 324 BGB. Beim Rücktritt vom Vertrag kann der Gläubiger dann zugleich statt der vertraglichen Leistung das Erfüllungsinteresse als Schadensersatz verlangen.

b. Verletzung von Nebenpflichten

Der Schuldner muss eine leistungsbezogene Nebenpflicht oder eine nicht leistungsbezogene Nebenpflicht im Sinne des § 241 Abs. 2 BGB verletzt haben. Die nicht leistungsbezogenen

Nebenpflichten umfassen v. a. Leistungstreue-, Schutz-, Verschwiegenheits-, Unterlassungs-, Mitwirkungs- und Aufklärungspflichten.

c. Unzumutbarkeit

Unzumutbarkeit bedeutet, dass die Leistung durch den pflichtwidrigen Schuldner in Bezug auf den **Gesamtvertrag** für den Gläubiger nicht mehr zumutbar ist. Das ist nach einer Abwägung der beiderseitigen Interessen zu beurteilen. Dabei ist umstritten ist, ob die Unzumutbarkeit eine **Abmahnung** des Schuldners voraussetzt (analog § 314 Abs. 2 BGB) und auf eine solche nur bei besonders schwerwiegenden Verstößen verzichtet werden kann. Nach der Gegenmeinung besteht ein solches Erfordernis nach dem Wortlaut des § 282 BGB nicht. Danach kann jedoch bei einer zumutbaren Nebenpflichtverletzung die Abmahnung eine Unzumutbarkeit begründen, wenn der Schuldner den Pflichtverstoß dann wiederholt.

d. Vertretenmüssen

Nach § 280 Abs. 1 S. 2 BGB gilt die Vermutung, dass der Schuldner die Pflichtverletzung zu vertreten hat (§§ 276ff BGB). Um diese zu widerlegen, muss er dazu beweisen, dass er die Pflichtverletzung nicht zu vertreten hat.

e. Rechtsfolge

Der Gläubiger hat das Recht, Schadensersatz statt der Primärleistung zu verlangen. Inhalt und Umfang des Schadensersatzes richten sich nach den Grundsätzen des § 281 BGB. Geschuldet ist Schadensersatz statt der noch ausstehenden Leistung als Ersatz des Erfüllungsinteresses. Ist eine Teilleistung bewirkt, kann der Gläubiger Schadensersatz wegen der ganzen Leistung nur verlangen, wenn er an der Teilleistung kein Interesse hat (§ 281 Abs. 1 S. 2 BGB). Hat der Schuldner die Leistung nicht wie geschuldet bewirkt, kann der Gläubiger Schadensersatz statt der ganzen Leistung nicht verlangen, wenn die Pflichtverletzung unerheblich ist (§ 281 Abs. 1 S. 3 BGB).

8. Schadensersatz wegen Unmöglichkeit der Leistung

Der Gläubiger kann unter den Voraussetzungen des § 280 Abs. 1 BGB Schadensersatz statt der Leistung verlangen, wenn der Schuldner nach § 275 Abs. 1 bis 3 BGB nicht zu leisten braucht (**Schadensersatz wegen Unmöglichkeit der Leistung**) (§ 283 S. 1 BGB). Bei Teilleistung und mangelhafter Leistung findet § 281 Abs. 1 S. 2 und 3 und Abs. 5 BGB entsprechende Anwendung (§ 283 S. 2 BGB).

a. Anwendungsbereich

§ 283 BGB findet auf gesetzliche und vertragliche Schuldverhältnisse Anwendung, wenn der Schuldner von seiner Leistungspflicht wegen (echter, praktischer oder persönlicher) Unmöglichkeit frei wird und das Leistungshindernis zu vertreten hat. Das Leistungshindernis muss nach der Begründung des Schuldverhältnisses entstanden sein (**nachträgliche Leistungshindernisse**). Besteht es von Anfang an (**anfängliche Leistungshindernisse**), gilt § 311a Abs. 2 BGB. Die Norm ist allerdings nur auf vertragliche Schuldverhältnisse anwendbar, da es kein gesetzliches Schuldverhältnis gibt, das auf eine anfänglich unmögliche Leistung gerichtet ist.

b. Pflichtverletzung

Die Pflichtverletzung besteht nach h. M. im **Ausbleiben der Primärleistung** aufgrund der Unmöglichkeit der Leistung. Nach einer Mindermeinung ist die Pflichtverletzung nicht bereits der Einritt der Unmöglichkeit, sondern eine davon zu unterscheidende Pflichtverletzung als Sorgfaltsverstoß gegen ein durch das Schuldverhältnis begründetes Verhaltensgebot.

c. Vertretenmüssen

Nach § 280 Abs. 1 S. 2 BGB gilt die Vermutung, dass der Schuldner die Pflichtverletzung zu vertreten hat (§§ 276ff BGB). Er muss diese deshalb widerlegen und beweisen, dass er die Pflichtverletzung nicht zu vertreten hat.

d. Rechtsfolge

Der Gläubiger kann Schadensersatz statt der Leistung verlangen, der sich inhaltlich nach den Grundsätzen des Schadensersatzes aus § 281 BGB richtet. Für eine teilweise oder mangelhafte Leistung gilt der Verweis auf § 281 Abs. 1 S. 2 und 3 BGB sowie § 281 Abs. 5 BGB. Danach kann der Gläubiger bei einer **Teilleistung** jedenfalls den kleinen Schadensersatz verlangen. Hat er an der Teilleistung kein Interesse, kann er den großen Schadensersatz verlangen. Ist durch die Lieferung einer mangelhaften Sache (**qualitative Unmöglichkeit**) ein durch Nachbesserung nicht zu beseitigender Nutzungsausfallschaden (**Betriebsausfallschaden**) entstanden, hat der Gläubiger daneben den Anspruch aus § 280 Abs. 1 BGB. Außerdem verliert der Schuldner beim gegenseitigen Vertrag den Anspruch auf die Gegenleistung, wenn seine Leistungspflicht nach § 275 BGB entfällt. Der Gläubiger kann dann nach § 326 Abs. 5 BGB vom Vertrag zurücktreten, auch wenn der Schuldner die Unmöglichkeit der Leistung nicht zu vertreten hat.

9. Ersatz vergeblicher Aufwendungen

Nach § 284 BGB kann der Gläubiger anstelle des Schadensersatzes statt der Leistung Ersatz der Aufwendungen verlangen, die er im Vertrauen auf den Erhalt der Leistung gemacht hat und billigerweise machen durfte, es sei denn, deren Zweck wäre auch ohne die Pflichtverletzung des Schuldners nicht erreicht worden.

a. Anwendungsbereich

Die Vorschrift gilt für vertragliche und gesetzliche Schuldverhältnisse sowohl bei Nichtleistung wie auch bei Schlechtleistung des Schuldners. Der Gläubiger eines Schadensersatzanspruchs wegen Nichterfüllung kann den Ersatz vergeblicher Aufwendung nur verlangen, soweit er bei Abwicklung des Vertrages vermögensmäßige Vorteile erlangt hätte, die seine Aufwendungen ausgeglichen hätten (**Rentabilitätsvermutung**). § 284 BGB berechtigt ausnahmsweise (vgl. § 253 Abs. 1 BGB) auch den Gläubiger, der einen Vertrag zu **ideellen** Zwecken geschlossen hat und die geschuldete Leistung nicht mit der Absicht der Gewinnerzielung weiterverwenden wollte, zum Ersatz der nutzlos gewordenen Aufwendungen (**frustrierte Aufwendungen**) als **Nichtvermögensschaden**. Zudem werden Aufwendungen zu **kommerziellen** Zwecken erfasst. Dadurch ist die nach dem auf der Rentabilitätsvermutung begründeten Schadensersatz nach der Rechtslage vor der Schuldrechtsreform 2002 erforderliche Unterscheidung zwischen ersatzfähigen Aufwendungen für kommerzielle und jenen für ideelle Zwecke obsolet. Des Weiteren wird der Anspruch auf Schadensersatz wegen Verzögerung der

Leistung aus §§ 280 Abs. 1, 2, 286 BGB nicht durch die Wahl des Anspruchs auf Aufwendungsersatz aus § 284 BGB ausgeschlossen.

b. Schadensersatzanspruch

Der Gläubiger muss berechtigt sein, Schadensersatz statt der Leistung verlangen zu können (§§ 281–283, 311 a Abs. 2 BGB). Dazu müssen alle Voraussetzungen des § 281 BGB vorliegen, insbesondere muss die zugrunde liegende Störung des Schuldverhältnisses vom Schuldner zu vertreten sein (§§ 276ff BGB). Auch bei Wahl des „kleinen Schadensersatzes", bei dem der Vertrag bestehen bleibt, ist § 284 BGB anwendbar. Dies wird nach überwiegender Meinung damit begründet, dass die Vorschrift das positive Interesse (**Erfüllungsinteresse**) und nicht das negative Interesse (**Vertrauensschaden**) regelt. Letzteres würde nur zum Ersatz berechtigten, wenn der Vertrag, auf dessen Gültigkeit der Geschädigte vertraute, nicht bestünde.

c. Aufwendungen

Aufwendungen sind **freiwillige Vermögensopfer**, die der Gläubiger im Hinblick auf den Erhalt der Leistung tätigt. Dabei kann es sich um ideelle sowie kommerzielle Aufwendungen handeln, die durch Nichtleistung oder Schlechtleistung vereitelt worden sind. Es kann sich sowohl um Aufwendungen zum Erwerb (**Erwerbsaufwendungen**), wie auch für den späteren Einsatz des Vertragsobjekts handeln (**Verwendungsinvestitionen**). Erfasst werden darüber hinaus auch die **Vertragskosten** wie z. B. Makler-, Einbau-, Montage-, Untersuchungs- und Transportkosten, Überführungs- und Zulassungskosten, Fracht, Zölle usw. Nicht erfasst werden die Kosten der Vertragsverhandlung und -vorbereitung. Frustrierte Aufwendungen können des Weiteren auch die Eingehung von **Verbindlichkeiten**, Darlehenskosten sowie Kosten zur Absicherung einer Geldschuld gegen Kursschwankungen (**Hedging-Kosten**) sein. Ihr Ersatz wird auch nicht bei Ausübung des Rücktrittsrechts durch § 347 BGB gesperrt. Die erbrachte Gegenleistung fällt aber nicht unter § 284 BGB, sondern wird nach den Vorschriften über den Rücktritt zurück gewährt (§§ 346ff BGB).

Beispiel: Der Käufer einer mangelhaften Sache hat auch dann gemäß § 284 BGB Anspruch auf Ersatz vergeblicher Aufwendungen, wenn er wegen des Mangels vom Kaufvertrag zurücktritt. Der Anspruch ist nicht gemäß § 347 Abs. 2 BGB auf den Ersatz notwendiger Verwendungen oder solcher Aufwendungen beschränkt, durch die der Verkäufer bereichert wird (BGH NJW 2005, 2848).

d. Vertrauen

Die Aufwendungen müssen im Vertrauen auf den Erhalt der Leistung gemacht worden sein. Es werden daher nur die Aufwendungen nach wirksamer Begründung des Schuldverhältnisses geschützt oder soweit sie dadurch entstanden sind. Umfasst werden aber auch Aufwendungen auf einen schwebend unwirksamen Vertrag, der nachträglich genehmigt wird (§ 177 BGB). Die Aufwendungen des Gläubigers müssen der **Billigkeit** entsprechen. Sie dürfen nicht außer Wert zum Verhältnis der Leistung stehen, gänzlich unüblich sein oder zu einem Zeitpunkt getätigt werden, an dem die Leistungsstörung bereits absehbar ist. Ansonsten ist der Anspruch nach § 254 BGB zu beschränken oder auszuschließen.

e. Ausschluss

Der Anspruch nach § 284 BGB ist in jedem Fall ausgeschlossen, wenn der von dem Gläubiger mit dem Schuldverhältnis verfolgte Zweck aus anderen Gründen als der Pflichtverletzung nicht erreicht worden wäre. Handelt der Gläubiger mit dem Zweck der Gewinnerzielung, entfällt der Anspruch, wenn das Geschäft ohnehin ein **Verlustgeschäft** war, da der erstrebte Gewinn auch ohne die Pflichtverletzung nicht erreicht worden wäre. Er kann sich in diesem Fall nicht auf die Rentabilitätsvermutung berufen, weil sie widerlegt ist. Weiter ist der Anspruch ausgeschlossen, wenn der erstrebte Zweck der Gewinnerzielung auch ohne die Pflichtverletzung nicht erreicht worden wäre (**Zweckverfehlung**).

Beispiel: Die Kläger machen Aufwendungen in Form von Erwerbskosten sowie Investitions- und Planungskosten für ein Gebäude geltend, dass sie nach dem Erwerb wegen einer fehlenden (Teil-)Baugenehmigung abgerissen hatten. Dadurch hatten sie die Nutzung und Veränderung des Gebäudes selbst unmöglich gemacht, so dass die Aufwendungen nicht wegen des Mangels der fehlenden Baugenehmigung vergeblich waren (BGH NJW 2011, 142).

f. Rechtsfolge

Der Anspruch auf Aufwendungsersatz ist ein **Geldanspruch** und der Höhe nach nicht durch das positive Interesse (Erfüllungsinteresse) begrenzt. Es besteht aber kein Anspruch auf den Ersatz des negativen Interesses (Vertrauensschaden). Demnach ist der entgangene Gewinn aus einem Alternativgeschäft keine ersatzfähige Aufwendung. Der Ersatzanspruch aus § 284 BGB besteht **wahlweise** zu dem Schadensersatzanspruch statt der Leistung aus § 281 Abs. 1 S. 1 BGB und neben dem Anspruch auf „kleinen Schadensersatz" aus § 281 Abs. 1 S. 2 BGB.

10. Herausgabe des Ersatzes

Erlangt der Schuldner infolge des Umstandes, aufgrund dessen er die Leistung nach § 275 Abs. 1 bis 3 BGB nicht zu erbringen braucht, für den geschuldeten Gegenstand einen **Ersatz** oder **Ersatzanspruch**, kann der Gläubiger Herausgabe des als Ersatz Empfangenen oder Abtretung des Ersatzanspruchs verlangen (§ 285 Abs. 1 BGB). Kann der Gläubiger statt der Leistung Schadensersatz verlangen, so mindert sich dieser, wenn er von diesem Recht Gebrauch macht, um den Wert des erlangten Ersatzes oder Ersatzanspruchs (§ 285 Abs. 2 BGB).

a. Anwendungsbereich

§ 285 BGB ist auf alle schuldrechtlichen Ansprüche anzuwenden. Die Vorschrift gilt auch für Ansprüche aus unerlaubter Handlung (§§ 823 ff BGB), GoA (§§ 677 ff BGB) oder Rücktritt (§§ 346 ff BGB). Sie beschränkt sich auf Fälle des Freiwerdens des Schuldners aus § 275 BGB, die auf die Leistung eines Gegenstands gerichtet sind. Dabei ist unerheblich, ob der Schuldner die Leistungsstörung zu vertreten hat. Auf den Vindikationsanspruch des Eigentümers gegen den Besitzer (§ 985 BGB) findet § 285 BGB keine Anwendung. Sondervorschriften enthalten auch §§ 687 Abs. 2, 681, 667, § 816 Abs. 1 BGB, § 384 Abs. 2 HGB. Der Anspruch nach § 285 BGB und der Schadensersatzanspruch statt der Leistung gemäß §§ 281–283, 311a Abs. 2 BGB schließen sich nicht aus. Der Wert des herausgegebenen Ersatzes wird nach § 285 Abs. 2 BGB jedoch auf den Schadensersatz angerechnet.

b. Leistung eines Gegenstands

Der Schuldner muss für einen Gegenstand, von dessen Leistung er frei wurde, einen Ersatz oder Ersatzanspruch erlangt haben. Der Begriff „Gegenstand" wird weit ausgelegt. Er umfasst **Sachen** und **Rechte**, einschließlich **Immaterialgüterrechte**. Handlungen und Unterlassungen fallen indessen nicht darunter. Daher findet § 285 BGB keine Anwendung auf **Dienst-** und **Werkverträge**, sofern sich nicht aus ergänzender Vertragsauslegung anderes ergibt. Teilweise wird dies in der neueren Literatur unter Hinweis auf die Vorteilsausgleichung als Grundgedanke des § 285 BGB befürwortet. Darauf kommt es bei einem **Arbeitsvertrag** nicht an, wenn der Arbeitnehmer infolge der Verletzung durch einen Dritten arbeitsunfähig wird. Dann erwirbt der zur Entgeltfortzahlung verpflichtete Arbeitgeber die Ersatzansprüche des Arbeitnehmers gegen den Dritten in Höhe seiner Entgeltfortzahlung kraft Gesetzes (§ 6 EFZG). Zudem findet die Vorschrift des § 285 BGB auf **Gattungsschulden** keine Anwendung, solange diese nicht durch Konkretisierung (§ 243 Abs. 2 BGB) zu Stückschulden geworden sind.

c. Wegfall der Leistungspflicht

Der Schuldner muss von seiner Leistungspflicht nach § 275 BGB vollständig (z. B. Verlust des geschuldeten Gegenstands) oder teilweise (z. B. Beschädigung der Sache) frei geworden sein. § 285 BGB ist auch dann anwendbar, wenn das Leistungshindernis schon bei Begründung des Schuldverhältnisses bestand. Gleichgültig ist, ob der Schuldner, der Gläubiger oder ein Dritter das Leistungshindernis zu vertreten hat.

d. Erlangung eines Surrogats

Der Schuldner muss aufgrund des Umstands, der zum Wegfall seiner Leistungspflicht geführt hat, ein **Surrogat der Leistung** als Ersatz für den geschuldeten Gegenstand oder für den Ersatzanspruch erlangt haben *(stellvertretendes commodum)*. Ein solches Surrogat ist jeder **Vermögenswert**, den der Schuldner kraft Vertrages oder Gesetzes für den geschuldeten Gegenstand tatsächlich erlangt. Dabei kann es sich um **Ersatzansprüche** und **Ersatzleistungen** handeln, die der Schuldner für den geschuldeten Gegenstand von Dritten erlangt *(commodum ex re)*, unabhängig von der Anspruchsgrundlage (Vertrag, Delikt, Gefährdungshaftung). Auch der Anspruch auf die Versicherungssumme, den Versteigerungserlös, die Entschädigung wegen Beschlagnahme, Enteignungsentschädigung und der Restitutionsanspruch nach dem VermG gelten als Surrogat. Darüber hinaus muss zwischen dem Umstand, der zur Unmöglichkeit der Leistung geführt hat, und der Erlangung des Surrogats durch den Schuldner ein adäquater Ursachenzusammenhang bestehen; Mitursächlichkeit reicht aus. Nach überwiegender Meinung ist Surrogat auch der **Erlös**, den der Schuldner bei Veräußerung des geschuldeten Gegenstands erzielt *(commodum ex negotiatione)*. Die Gegenmeinung verneint hier die Kausalität, weil der Erlös nicht durch die Unmöglichkeit der Leistung, sondern durch das zugrunde liegende Kausalgeschäft (Veräußerung) bedingt sei.

e. Identität der Gegenstände

Zwischen dem Gegenstand, der nicht mehr geleistet wird, und dem Gegenstand, für den der Schuldner Ersatz oder einen Ersatzanspruch erlangt hat, muss Identität (**Kongruenz**) bestehen. Dies beurteilt sich nach einer **wirtschaftlichen** Betrachtungsweise. Dabei ist die **funktionelle Vergleichbarkeit** des geschuldeten Gegenstands und des Surrogats der Leistung aus der Sicht des Gläubigers maßgeblich. Daran fehlt es nach überwiegender Meinung bei

Zerstörung oder Enteignung einer vermieteten oder verpachteten Sache, weil das Eigentum des Schuldners am Surrogat nicht mit der von ihm geschuldeten Gebrauchsüberlassung identisch ist. Nach der Rechtsprechung (BGH NJW 2006, 2323) gilt dies auch bei der **Doppelmiete** (Vermietung einer Grundfläche als Parkplatz und dann zur Aufstellung von Marktständen), weil die beiden vom Vermieter geschuldeten Formen der Gebrauchsüberlassung nicht identisch sind. Es handelt sich aber um ein kausales Surrogat, wenn der Ersatz an den Vermieter auch für die dem Mieter geschuldete Gebrauchsmöglichkeit geleistet wird. Wird die Verpflichtung zur Bestellung eines dinglichen Rechts dadurch unmöglich, dass der Grundstückseigentümer dieses veräußert, ist zwischen dem dinglichen Recht und dem Gegenstand, den der Eigentümer bei der Veräußerung erhält, keine Identität gegeben (BGHZ 46, 260).

f. Rechtsfolge

Der Gläubiger kann vom Schuldner das Surrogat herausverlangen. Dies mindert einen etwaigen Schadensersatzanspruch statt der Leistung um den Wert des Surrogats. Nach § 326 Abs. 3 BGB bleibt der Gläubiger dann in Höhe des Minderwerts zur Gegenleistung verpflichtet. Selbst wenn das Surrogat einen höheren Wert hat, als die nicht erbrachte Leistung, kann der Gläubiger es nach § 285 BGB herausverlangen. Es handelt sich weder um einen Schadensersatz- noch um einen Bereicherungsanspruch, sondern um einen Anspruch eigener Art *(sui generis)*. Er entsteht nur, wenn der Gläubiger den Ausgleich verlangt (**verhaltener Anspruch**). Der Schuldner muss das Surrogat auch tatsächlich erlangt haben. Der Anspruch des Gläubigers bezieht sich dann aber auch auf die gezogenen Nutzungen aus dem Surrogat.

Abb. 15: Pflichtverletzungen

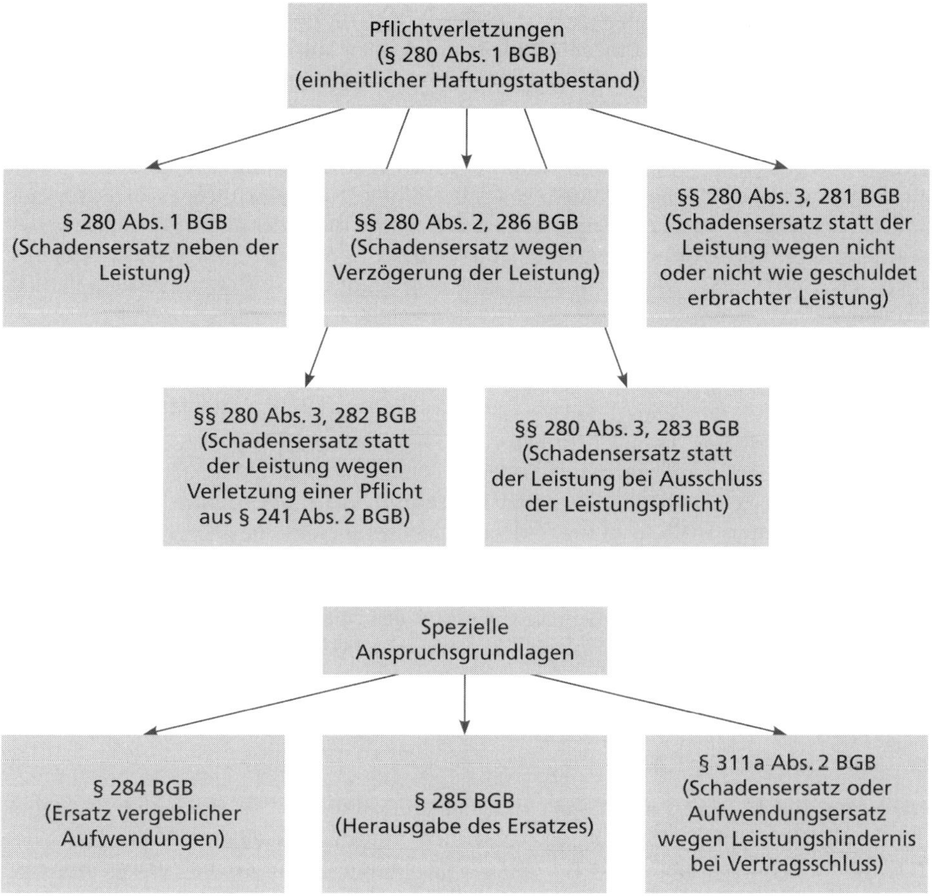

11. Haftungsausfüllende Kausalität

Die haftungsausfüllende Kausalität bestimmt den Schaden, der aufgrund der Pflichtverletzung beim Gläubiger eingetreten und vom Schuldner zu ersetzen ist. Sie wird unter drei Aspekten geprüft. Die Ursache im Sinne der Pflichtverletzung muss erstens äquivalent kausal sein für den eingetretenen Schaden (**Ursachenzusammenhang**). Zwischen der Pflichtverletzung und dem eingetretenen Schaden muss ein adäquater Zusammenhang (**Zurechnungszusammenhang**) bestehen. Schließlich muss sich der festgestellte Zusammenhang zwischen Pflichtverletzung und Schaden noch im Rahmen des **Schutzzwecks der Norm** bewegen. Dazu ist ein **innerer Zusammenhang** zwischen der vom Schädiger geschaffenen Gefahrenlage und dem Schaden erforderlich.

a. Aquivalenztheorie

aa. Grundsatz

Nach der Aquivalenztheorie ist jede Bedingung ursächlich, die nicht hinweggedacht werden kann, ohne dass der Erfolg entfiele (conditio-sine-qua-non-Formel). Es kommt nicht darauf an, ob der Eintritt des Erfolgs auf keinem atypischen Kausalverlauf oder auf sonstigen atypischen Gegebenheiten beruht. Maßgebend ist ausschließlich die **ursächliche Verbindung** zwischen dem Geschehensablauf im Sinne der **Pflichtverletzung** und dem konkreten Erfolg als dem eingetretenen **Schaden**. Auch wenn der Erfolg (Schadenseintritt) später aufgrund anderer Ereignisse oder anders eingetreten wäre, würde dies nicht die Ursächlichkeit zwischen der tatsächlichen Handlung und dem konkreten Erfolg beseitigen. Solche Ersatzursachen oder Reserveursachen im Sinne hypothetischer Kausalverläufe werden nicht berücksichtigt.

bb. Alternative Kausalität

Bei der alternativen Kausalität oder Doppelkausalität erfährt die conditio-sine-qua-non-Formel eine Modifizierung. Dies betrifft Fälle, bei denen der Schaden teilweise durch das eine oder andere Ereignis (z. B. mehrere Schädiger) verursacht wird, wobei jedes für sich allein den Erfolg herbeigeführt hätte (**alternative Kausalität**). Es fehlt jedoch der Beweis der Kausalität und es steht deshalb nicht fest, welcher Schädiger die Ursache gesetzt hat. Dies würde zu untragbaren Ergebnissen führen, da ohne die erste Handlung (des ersten Schädigers) abermals zumindest die zweite Handlung (des zweiten Schädigers) den Erfolgseintritt herbeiführen würde. Deshalb ist bei mehreren Bedingungen, die zwar alternativ hinweggedacht werden können, ohne dass der Erfolg in seiner konkreten Gestalt entfiele, jede für den Erfolg (Schadenseintritt) ursächlich. Die Teilverantwortlichkeit ist in diesen Fällen gem. § 287 ZPO voneinander abzugrenzen.

cc. Kumulative Kausalität

Die kumulative Kausalität meint Fälle, in denen ähnlich wie bei der alternativen Kausalität der Erfolg (Schadenseintritt) auf eine Mehrheit zeitlich ineinandergreifender Ursachen zurückgeht, die diesen nicht jede für sich allein, sondern nur durch ihr Zusammenwirken herbeigeführt haben. Jede der Handlungen ist für den Erfolg kausal, da keine hinweggedacht werden kann, ohne dass der Erfolg in seiner konkreten Gestalt entfiele (**kumulative Kausalität**). Deshalb ist jeder Verursacher für den ganzen Erfolg verantwortlich.

b. Adäquanztheorie

aa. Grundsatz

Nach der Adäquanztheorie muss zwischen dem Verhalten des Schädigers und dem Erfolg (Schadenseintritt) ein adäquater Zusammenhang bestehen. Eine Handlung ist dann adäquate Bedingung, wenn sie die objektive Möglichkeit des Erfolgs nach allgemeiner Lebenserfahrung in nicht unerheblicher Weise erhöht hat. Der Erfolg darf mit anderen Worten **nicht außerhalb aller Wahrscheinlichkeit** liegen. Bei der Würdigung sind nur Umstände zu berücksichtigen, die zur Zeit des Erfolgseintritts dem optimalen Beobachter erkennbar oder dem Urheber der Bedingung noch darüber hinaus bekannt waren.

bb. Atypische Kausalverläufe

Diejenigen Kausalverläufe, die außerhalb des allgemeinen Lebensrisikos liegen (**atypische Kausalverläufe**) werden nicht einbezogen, ebenso wie den Erfolg nur **zufällig auslösende Handlungen**. Eine adäquate, dem Schadenseintritt angemessene, Handlung ist jedenfalls dann zu bejahen, soweit eine gewisse Wahrscheinlichkeit besteht, dass der Erfolg eintritt. Die Adäquanztheorie unterscheidet nicht zwischen Erfolgsverursachung und -zurechnung, sondern stellt für diese die Frage der **objektiven Zurechenbarkeit**. Daher handelt es sich nicht um eine alternative Kausalitätslehre, sondern um eine Zurechnungslehre, welche die vorab festgestellte Kausalität ergänzt.

c. Schutzzweck der Norm

Die Frage des Ursachen- und Zurechnungszusammenhangs wird weiter ergänzt durch eine **Auslegung** der haftungsbegründenden Norm. Nach dem Schutzzweck der Norm muss stets geprüft werden, ob die fragliche Vorschrift nach ihrer Art und Entstehungsgeschichte gerade eine Person wie den Verletzten (**persönlicher Schutzbereich**) vor einer Verletzung wie der erlittenen (**sachlicher Schutzbereich**) schützen soll. Dies lässt sich nur aus einer am Normzweck und den Umständen des Einzelfalls ausgerichteten **wertenden Betrachtung** entscheiden. Nach der Rechtsprechung muss es sich um Nachteile handeln, die aus dem Bereich der Gefahren stammen, zu deren Abwendung die Norm erlassen oder die verletzte vertragliche oder vorvertragliche Pflicht übernommen worden ist. Der Nachteil muss zu der vom Schädiger geschaffenen Gefahrenlage in einem **inneren Zusammenhang** stehen. Eine bloß zufällige äußere Verbindung genügt nicht. Der Schaden muss auch gerade durch die Pflichtwidrigkeit der Handlung verursacht worden sein (auch Rechtswidrigkeitszusammenhang).

12. Art, Inhalt und Umfang des Schadensersatzes

a. Geschützte Interessen

aa. Anwendungsbereich

§§ 249 ff BGB regeln grundlegend die Rechtsfolge aller zivilrechtlichen Vorschriften, die einen Schadensersatzanspruch begründen, nach Art, Inhalt und Umfang. Es handelt sich nicht um zwingendes, sondern um **dispositives Recht**. Die Parteien können sowohl vor als auch nach dem Schadensereignis den zu leistenden Schadensersatz selbst regeln. Dem Grunde nach kann sich der Anspruch auf Schadensersatz aus (vor-)vertraglichen (§§ 280 Abs. 1, 241 Abs. 2, 311 Abs. 2, 3 BGB) oder gesetzlichen Schuldverhältnissen (§§ 677 ff, 812 ff, 823 ff BGB), sachenrechtlichen Normen (z. B. §§ 989, 990 BGB) sowie Vorschriften außerhalb des BGB (z. B. § 1 Abs. 1 ProdHaftG, §§ 7 Abs. 1, 18 Abs. 1 StVG) ergeben.

bb. Totalreparation

Dem Geschädigten ist grundsätzlich der gesamte entstandene Schaden unabhängig von der wirtschaftlichen Leistungsfähigkeit des Schädigers zu ersetzen (**Prinzip der Totalreparation**) Einschränkungen hierzu können sich aus gesetzlichen Grenzen wie z. B. § 10 Abs. 1 ProdHaftG, § 12 StVG, dem Schutzzweck der Norm bzw. der verletzten Pflichten sowie aus dem Grundsatz von Treu und Glauben gemäß § 242 BGB ergeben. Im Unterschied zum angloamerikanischen Recht gibt es in den zivilrechtlichen Haftungsnormen des deutschen Rechts auch **keinen** über den tatsächlichen Schaden hinausgehenden sog. **Strafschadensersatz** *(punitive damages)*.

cc. Schadensarten

Das Schadensersatzrecht bezweckt den Ausgleich entstandener Schäden auf individueller Basis durch den Schädiger gegenüber dem Geschädigten (**Ausgleichsfunktion**). Der Schaden kann an materiellen Vermögenswerten (**Vermögensschaden**), rechtlich geschützten Lebensgütern und immateriellen Rechtsgütern (**Nichtvermögensschaden**) entstehen. Das BGB unterscheidet zudem Ansprüche auf Ersatz des positiven Interesses (**Erfüllungsinteresse**) und des negativen Interesses (**Vertrauensinteresse**). Das positive Interesse (auch **Äquivalenzinteresse**) ist auf die Erfüllung einer Verbindlichkeit des Schädigers im Ausgleich zur Gegenleistung des Geschädigten gerichtet (**Nichterfüllungsschaden**). Danach ist der Geschädigte so zu stellen, wie er bei ordnungsgemäßer Erfüllung stünde (z. B. §§ 179 Abs. 1, §§ 280 Abs. 1 und 3, 281 bis 283 BGB). Das negative Interesse (Vertrauensinteresse) ist zu ersetzen, wenn die zum Schadensersatz verpflichtende Handlung darin bestand, dass der Schädiger das Vertrauen auf das Zustandekommen des Vertrages enttäuscht hat (**Vertrauensschaden**). Es ist darauf gerichtet, den Geschädigten so zu stellen, wie dieser wirtschaftlich stehen würde, wenn er nicht auf die Wirksamkeit der geschäftlichen Erklärung bzw. des Rechtsgeschäfts vertraut hätte (z. B. §§ 122 Abs. 1, 179 Abs. 2 BGB). Das **Integritätsinteresse** bezeichnet das Interesse am Ersatz des durch die Rechtsgutsverletzung entstandenen Schadens (z. B. § 249 BGB).

b. Naturalrestitution

aa. Differenzhypothese

Nach § 249 Abs. 1 BGB gilt der Grundsatz der Naturalrestitution. Wer zum Schadensersatz verpflichtet ist, hat den Zustand herzustellen, der bestehen würde, wenn der zum Ersatz verpflichtende Umstand nicht eingetreten wäre. Es ist also nicht der Zustand herzustellen, der tatsächlich vor dem schädigenden Ereignis bestand *(status quo ante)*. Vielmehr ergibt sich der Schadensumfang aus dem **Wertvergleich** des hypothetischen Güterstandes des Geschädigten ohne Eintritt des schädigenden Ereignisses mit dem tatsächlich geschädigten Güterstand nach Eintritt des schädigenden Ereignisses (**Differenzhypothese**).

bb. Konkreter Schaden

Der eingetretene Schaden ist grundsätzlich konkret zu berechnen. Dazu wird die Differenz des Vermögens nach dem Schadenseintritt zu dem hypothetischen Vermögen ermittelt, dass der Gläubiger bei ordnungsgemäßer Erfüllung des Schuldners gehabt hätte (**konkreter Schaden**). Zu ersetzen ist das volle wirtschaftliche Interesse des Geschädigten, was dieser darzulegen und zu beweisen hat. Das Gericht kann im Streitfalle der Parteien den eingetretenen Schaden unter Würdigung aller Umstände nach freier Überzeugung selbst schätzen (§ 287 ZPO).

cc. Abstrakter Schaden

Die abstrakte Schadensberechnung ist für Gewerbetreibende und Kaufleute zur Berechnung des entgangenen Gewinns gemäß § 252 Satz 2 BGB als Beweiserleichterung zulässig (**abstrakter Schaden**).

dd. Unterlassung

Schadensersatz in Form der Naturalrestitution (§ 249 S. 1 BGB) kann auch auf Unterlassung der Verletzung von Vertragsverhältnissen im Sinne von § 280 Abs. 1 BGB gerichtet sein. Ein solcher **Unterlassungsanspruch** kommt nach der Rechtsprechung nur dann in Betracht, wenn die Verletzungshandlung noch **andauert** bzw. der daraus resultierende Schaden noch **nicht irreparabel** ist. Ein Anspruch auf Unterlassung einer Verletzung von zukünftigen Verträgen (vorbeugender Unterlassungsanspruch) besteht indessen nicht, da § 280 Abs. 1 BGB ein bestehendes Schuldverhältnis voraussetzt.

c. Geldersatz

aa. Grundsatz

Bei Verletzung einer Person oder Beschädigung einer Sache kann der Geschädigte gemäß § 249 Abs. 2 S. 1 BGB statt der Wiederherstellung den zur Restitution erforderlichen Geldbetrag verlangen (**Geldersatz**). Zur dieser Ersetzungsbefugnis ist der Gläubiger nur berechtigt, wenn die Herstellung eines schadensfreien Zustandes **noch möglich** ist und für den Schuldner keinen unverhältnismäßigen Aufwand erfordert. Ansonsten kann der Geschädigte nur den Wertersatz verlangen (§ 251 Abs. 1, Abs. 2 S. 1 BGB). Als erforderlicher Geldbetrag zu ersetzen sind diejenigen Aufwendungen, die ein verständiger, wirtschaftlich denkender Mensch in der Lage des Geschädigten für zweckmäßig und notwendig halten darf. Die Hauptanwendungsfälle des Geldersatzes sind **Personenschäden** sowie **Unfallschäden** an Kraftfahrzeugen.

bb. Personenschäden

Der zur Wiederherstellung der verletzten Gesundheit einer Person erforderliche Betrag umfasst alle Aufwendungen, die der Verletzte für erforderlich halten durfte (vgl. § 116 SGB X, § 86 VVG zum Übergang von Ersatzansprüchen). Das sind die Kosten für die **Heilbehandlung**, vor allem die Arzt-, Krankenhaus- und Arzneikosten. Dazu kommen auch **Besuchskosten** naher Angehöriger, Kosten für eine **Haushaltshilfe** sowie Kosten zur Sicherung des Heilungserfolgs oder Milderung von unbehebbaren Dauerfolgen wie **Kur-/Pflegekosten**.

cc. Unfallschäden

Bei Unfallschäden kann der Geschädigte für die Herstellung eines schadenfreien Zustandes entweder die Kosten für eine Reparatur des beschädigten Kfz oder für die Beschaffung eines gleichwertigen Ersatzfahrzeugs verlangen. Das Wahlrecht des Geschädigten wird durch seine Schadensminderungspflicht nach §§ 251 Abs. 2 S. 1, 254 Abs. 2 BGB eingeschränkt, um wirtschaftlich keinen unverhältnismäßigen Aufwand zu betreiben (**Wirtschaftlichkeitsgebot**). Nach der Rechtsprechung des BGH werden die voraussichtlichen Reparaturkosten auf Basis des Gutachtens eines Kfz-Sachverständigen samt dem entstandenen merkantilen Minderwert (**Reparaturaufwand**) mit den Wiederbeschaffungskosten für ein wirtschaftlich gleichwertiges Kfz (**Wiederbeschaffungswert**) abzüglich eines Restwerts (**Wiederbeschaffungsaufwand**) verglichen.

Übersteigt der Reparaturaufwand den Wiederbeschaffungswert voraussichtlich um mehr als 30%, hat der Geschadigte nur Anspruch auf Ersatz der Wiederbeschaffungskosten unter Abzug des geschätzten Restwerts des Unfallfahrzeugs (**130%-Grenze**). Liegen die Reparaturkosten zwischen 100% des Wiederbeschaffungswertes und weiteren 30% (**Integritätszuschlag**), sind diese Kosten zu ersetzen, wenn der Geschädigte die Reparatur **tatsächlich** und **fachgerecht** durchführen lässt und das Unfallfahrzeug **mindestens sechs Monate** weiter gebraucht. Der Integritätszuschlag ist ohne Restwertabzug nach dem vollen Wiederbeschaffungswert zu bemessen. Für den Fall, dass der Reparaturaufwand zwischen Wiederbeschaffungsaufwand und Wiederbeschaffungswert liegt (**100%-Bereich,**) sind die Reparaturkosten bis zur Höhe des Wiederbeschaffungswertes ohne Abzug eines Restwertes zu ersetzen, wenn die Reparatur des Unfallwagens **tatsächlich** und **fachgerecht** ausgeführt wird. Macht der Geschädigte die **fiktiven Reparaturkosten** auf Basis eines Sachverständigengutachtens geltend, muss er das Fahrzeug mindestens sechs Monate weiterfahren und sich den Restwert anrechnen lassen. Sofern der Reparaturaufwand geringer ist als der Wiederbeschaffungsaufwand, kann der Geschädigte stets die fiktiven oder tatsächlichen Kosten für die Reparatur verlangen und dieser Betrag ist nicht zweckgebunden.

Darüber hinaus erstattungsfähig sind Kosten für einen **gleichwertigen Mietwagen** während der Dauer der Reparatur oder Ersatzbeschaffung oder für **Nutzungsausfall**, wenn tatsächlich kein Mietwagen genommen wird. Die Höhe der Nutzungsentschädigung richtet sich nach Art und Größe des Unfallfahrzeugs. Auch die **Kreditkosten** für die Finanzierung der Reparatur oder Wiederbeschaffung sind als Folgeschäden ersetzbar. Zudem kommen die erforderlichen Kosten für die Rechtsverfolgung durch einen Rechtsanwalt (**Rechtsverfolgungskosten**) sowie für ein Sachverständigengutachten zur Schadensermittlung (**Sachverständigenkosten**). Auch höhere **Versicherungsprämien** können als unfallbedingter Folgeschaden erstattungsfähig sein.

d. Schadensersatz in Geld

aa. Unmöglichkeit oder Unvermögen der Herstellung

Soweit die Naturalrestitution nach § 249 BGB nicht möglich (Fall 1) oder zur Entschädigung des Gläubigers nicht genügend (Fall 2) ist, hat der Ersatzpflichtige den Geschädigten gemäß § 251 Abs. 1 BGB in Geld zu entschädigen. Daraus folgt zunächst, dass die **Naturalrestitution** grundsätzlich gegenüber der Schadenskompensation **vorrangig** ist. Der Schädiger muss die Ausnahme von § 249 BGB deshalb beweisen. Auch kann die Regelung teilweise neben der Naturalrestitution („soweit") zur Anwendung kommen. Zu ersetzen ist nicht der Aufwand, den die Herstellung eines schadensfreien Zustandes kostet, sondern der **Wertverlust** für eine zerstörte Sache oder die **Wertminderung** für eine beschädigte Sache. Die Unmöglichkeit nach Fall 1 erfasst den Anwendungsbereich des § 275 Abs. 1 BGB. Sie kann auf tatsächlichen (z. B. Zerstörung einer nicht vertretbaren Sache) und rechtlichen Gründen (z. B. Schadensersatz statt der Leistung, §§ 281 ff BGB) beruhen. Fall 2 ist anwendbar, wenn die Wiederherstellung einer beschädigten Sache nicht genügend, eine Reparatur für den Geschädigten unzumutbar ist oder die beschädigte Sache nicht voll repariert werden kann und ein technischer bzw. merkantiler Minderwert verbleibt.

bb. Unverhältnismäßigkeit der Herstellung

Nach § 251 Abs. 2 S. 1 BGB kann der Ersatzpflichtige den Gläubiger **in Geld entschädigen**, wenn die Herstellung nur mit unverhältnismäßigem Aufwand möglich ist. Es handelt sich hier um eine **Ersetzungsbefugnis** des Schuldners, für die er die Darlegungs- und Beweislast trägt. Die Unverhältnismäßigkeitsgrenze ist durch eine Güter- und Interessenabwägung zu ermitteln, bei der auch der Grad des Verschuldens und immaterielle Interessen zu berücksichtigen sind. Für Unfallschäden bei Kfz gelten die von der Rechtsprechung entwickelten Grundsätze für die Anwendbarkeit des § 251 Abs. 2 BGB (insbesondere die 130 %-Grenze).

cc. Rechtsfolge

Die Entschädigung nach § 251 BGB richtet sich auf den Ersatz des **Wertinteresses** und nicht des Integritätsinteresses wie der Geldersatz nach §§ 249 Abs. 2, 250 BGB. Der Wertersatz folgt aus der Differenz zwischen dem hypothetischen Wert des Vermögens ohne das schädigende

Ereignis und dem dadurch verminderten Wert. Bei Verlust von nicht wieder zu beschaffenden Sachen (Kunstwerken, Unikaten) bemisst sich der Vermögensschaden nach dem **erzielbaren Verkaufswert**. Bei wieder zu beschaffenden Sachen erfolgt die Geldentschädigung in Höhe des **Wiederbeschaffungswerts**. Dieser bemisst sich nach dem Betrag, der zum Ankauf einer gleichwertigen Sache bei einem seriösen Händler erforderlich ist. Der Liebhaberwert einer Sache (**Affektionsinteresse**) wird nicht ersetzt, ausgenommen es besteht dafür ein Markt, wie etwa bei Oldtimer-Fahrzeugen.

e. Entgangener Gewinn

Nach § 252 S. 1 BGB umfasst der zu ersetzende Schaden auch den entgangenen Gewinn. Das sind alle Vermögensvorteile, die im Zeitpunkt des schädigenden Ereignisses noch nicht zum Vermögen des Geschädigten gehörten, die ihm ohne dieses Ereignis aber zugeflossen wären. Ein Rechtsanspruch des Geschädigten auf Gewinn ist nicht erforderlich. § 252 S. 2 BGB enthält eine Beweiserleichterung (**gesetzliche Vermutung**). Danach gilt der Gewinn als entgangen, welcher nach dem gewöhnlichen Verlauf der Dinge oder nach den besonderen Umständen, insbesondere nach den getroffenen Anstalten und Vorkehrungen, mit Wahrscheinlichkeit erwartet werden konnte. Der Geschädigte kann somit den entgangenen Gewinn im Wege der **abstrakten Schadensberechnung** vom Schädiger fordern. Er muss in diesem Fall nicht den Gewinnausfall selbst, sondern nur die gewinnträchtigen Vorkehrungen beweisen. Das Gericht schätzt dann die Höhe des entgangenen Gewinns nach § 287 Abs. 1 ZPO. Der Schädiger muss die gesetzliche Vermutung widerlegen und beweisen, dass der erwartete Gewinn entgegen den Vorkehrungen ausgeblieben ist. Die abstrakte Schadensberechnung des entgangenen Gewinns ist grundsätzlich nur für **Kaufleute** und **Gewerbetreibende** zulässig.

f. Immaterieller Schaden

Wegen eines Schadens, der nicht Vermögensschaden ist (**immaterieller Schaden**), kann der Geschädigte eine Entschädigung in Geld nur in den durch Gesetz bestimmten Fällen einfordern (§ 253 Abs. 1 BGB). Diese finden sich etwa in §§ 253 Abs. 2 BGB (Schmerzensgeld), 651 n Abs. 2 BGB (Reisemangel), §§ 15, 21 AGG, § 97 Abs. 2 UrhG (Verletzung des Urheberrechts), Art. 1 und 2 GG (Verletzungen des Persönlichkeitsrechts) sowie in Art. 3 und 5 Abs. 5 EMRK (Verletzung bestimmter Menschenrechte).

g. Mitverschulden

aa. Grundsatz

Die Ersatzpflicht des Schädigers wird durch das Mitverschulden des Geschädigten bei der Entstehung des Schadens beschränkt. Nach § 254 Abs. 1 BGB hängt die Verpflichtung zum Ersatz sowie der Umfang des zu leistenden Ersatzes von den **Umständen**, insbesondere davon ab, inwieweit der Schaden vorwiegend von dem einen oder dem anderen Teil verursacht worden ist. Dies gilt nach § 254 Abs. 2 BGB auch dann, wenn sich das Verschulden des Geschädigten darauf beschränkt, dass er es unterlassen hat, den Schuldner auf die Gefahr eines ungewöhnlich hohen Schadens aufmerksam zu machen, die der Schuldner weder kannte noch kennen musste, oder unterlassen hat, den Schaden abzuwenden oder zu mindern. Das **Mitverschulden Dritter** ist nach § 278 BGB zu berücksichtigen.

bb. Maßstab

Das Verschulden des Geschädigten ist das außer Acht lassen einer Sorgfalt gegen sich selbst (**Verschulden gegen sich selbst**). Bei der Entstehung des Schadens muss das Verschulden adäquat kausal und nach dem Schutzzweck der Norm zurechenbar sein. Ist dem Geschädigten durch den Schaden zugleich ein Vorteil ursächlich zugeflossen, kann dieser unter bestimmten Umständen vom Schaden abzuziehen sein (**Vorteilsanrechnung**). Der Geschädigte darf nicht unzumutbar belastet und der Schädiger nicht unbillig begünstigt werden (vgl. § 843 Abs. 4 BGB). Der Schädigende ist zwar zu Maßnahmen der **Schadensminderung**, jedoch nicht zu überobligationsmäßigen Anstrengungen, verpflichtet. Bei der Abtretung von Ansprüchen kraft Gesetzes *(cessio legis)* entfällt der Anspruch des Geschädigten nicht aufgrund von Leistungen des Forderungserwerbers bzw. Zessionars (vgl. § 67 VVG).

13. Allgemeine Geschäftsbedingungen

a. Allgemeines

Das Recht der Allgemeinen Geschäftsbedingungen (AGB) regeln die §§ 305 ff BGB. Nach der gesetzlichen Definition handelt es sich bei diesen um vorformulierte Vertragsklauseln, die eine Partei (**Verwender**) für eine Vielzahl von Verträgen einer anderen Partei bei Vertragsschluss stellt. Soweit die Vertragsbedingungen zwischen den Parteien im Einzelnen ausgehandelt sind (**Individualabreden**), liegen jedoch keine Allgemeinen Geschäftsbedingungen vor (§ 305 Abs. 1 BGB). Unternehmen rationalisieren den Abschluss und die Erfüllung von Verträgen durch die Verwendung von Musterverträgen bzw. Formularverträgen und beschränken dadurch ihre Haftung und Gewährleistung. Dies darf nach dem Gesetz nicht zum Nachteil des Kunden unter **Missbrauch der Vertragsfreiheit** führen. Deshalb werden AGB nur Vertragsbestandteil, wenn der Verwender ausdrücklich (oder falls dies unverhältnismäßig ist, durch deutlich sichtbaren Aushang am Ort des Vertragsschlusses) auf sie hinweist und die andere Partei zumutbar davon Kenntnis nehmen kann und mit ihrer Geltung einverstanden ist (vgl. § 305 Abs. 2 BGB).

Individualabreden haben Vorrang vor AGB (**Vorrang der Individualabrede**) (§ 305b BGB). Nicht Vertragsbestandteil werden **überraschende** und **mehrdeutige** Klauseln, die nach den Umständen, insbesondere dem äußeren Erscheinungsbild des Vertrags, so ungewöhnlich sind, dass der Vertragspartner des Verwenders nicht mit ihnen zu rechnen braucht (§ 305c BGB). Sind AGB ganz oder teilweise nicht Vertragsbestandteil geworden, so bleibt der Vertrag im Übrigen wirksam (§ 306 Abs. 1 BGB). Soweit dies der Fall ist, richtet sich der Vertragsinhalt nach den gesetzlichen Vorschriften (§ 306 Abs. 2 BGB). Das AGB-Recht ist auch anwendbar, wenn es durch anderweitige Gestaltungen umgangen wird (**Umgehungsverbot**) (§ 306a BGB).

b. Inhaltskontrolle

Allgemeine Geschäftsbedingungen (AGB) unterliegen einer dreiteiligen Inhaltskontrolle nach §§ 307 ff BGB. Dabei gilt die Prüfungsfolge von den speziellen zu den allgemeinen Regeln.

aa. Klauselverbote ohne Wertungsmöglichkeit

Die Klauselverbote ohne Wertungsmöglichkeit regelt § 309 Nr. 1–15 BGB. Sie sind zwingendes Recht und können nicht individualvertraglich abbedungen werden. AGB-Klauseln, die gegen eines der Klauselverbote verstoßen, sind aufgrund ihrer besonders benachteiligenden

Wirkung grundsätzlich immer unwirksam. Der Regelungskatalog des § 309 BGB enthält keine (bzw. kaum) unbestimmten Rechtsbegriffe. Infolgedessen ist eine richterliche Wertung bei Vorliegen des Tatbestandes der Verbotsnorm im Einzelfall grundsätzlich nicht möglich. Da es sich aber nicht um eine abschließende Regelung handelt, kann eine einzelne AGB-Klausel aufgrund einer Inhaltskontrolle gegen das Benachteiligungsverbot (§ 307 BGB) verstoßen und infolgedessen unwirksam sein, wenn sie nicht gegen ein Klauselverbot ohne Wertungsmöglichkeit verstößt.

Katalog der Klauselverbote

Es gelten folgende Klauselverbote (§ 309 BGB):
- kurzfristige Preiserhöhungen (Nr. 1)
- Leistungsverweigerungsrechte (Nr. 2)
- Aufrechnungsverbot (Nr. 3)
- Mahnung, Fristsetzung (Nr. 4)
- Pauschalierung von Schadensersatzansprüchen (Nr. 5)
- Vertragsstrafe (Nr. 6)
- Haftungsausschluss bei der Verletzung von Leben, Körper und Gesundheit und bei grobem Verschulden (Nr. 7)
- Sonstige Haftungsausschlüsse bei Pflichtverletzungen (Nr. 8)
- Laufzeit bei Dauerschuldverhältnissen (Nr. 9)
- Wechsel des Vertragspartners (Nr. 10)
- Haftung des Abschlussvertreters (Nr. 11)
- Beweislast (Nr. 12)
- Form von Anzeigen und Erklärungen (Nr. 13)
- Klageverzicht (Nr. 14)
- Abschlagszahlung und Sicherheitsleistung (Nr. 15)

Gesetz für faire Verbraucherverträge

Durch das Gesetz für faire Verbraucherverträge wird das Klauselverbot in § 309 Nr. 9 BGB geändert und ein neues Klauselverbot in § 308 Nr. 9 BGB eingeführt. Die Änderung in § 309 Nr. 9 BGB tritt am 01.03.2022 in Kraft und soll die Möglichkeit der Vereinbarung von festen Vertragslaufzeiten und Verlängerungsklauseln in AGB für solche Vertragsverhältnisse weiter einschränken, die eine regelmäßige Lieferung von Waren oder eine regelmäßige Erbringung von Dienst- oder Werkleistungen durch den Verwender zum Gegenstand haben (**Laufzeit bei Dauerschuldverhältnissen**).

Beispiele: Verträge mit Gas- und Stromlieferanten (Energielieferungsverträge), Fitnessstudios, Mobilfunkanbietern (Handyverträge), Streamingdienste, Zeitschriften- Abonnements, Online-Partnerbörsen.

Der Anwendungsbereich der Neuregelung erfasst nicht **einmalige** Leistungserbringungen, wie etwa eine Werkleistung über die Herstellung beim Hausanschluss für Telefon und Internet. Zudem gilt sie nicht für Verträge über die Lieferung **zusammengehörig verkaufter** Sachen sowie für **Versicherungsverträge** (§ 309 Nr. 9 Hs. 2 BGB n. F.). Zudem gilt das Klauselverbot weiterhin nicht für Verträge zwischen **Unternehmen** und diesen gleichgestellten staatlichen Stellen (§ 310 Abs. 1 S. 1 BGB).

Automatische Vertragsverlängerung

Nach der Neuregelung ist eine den Verbraucher bindende stillschweigende Verlängerung des Vertragsverhältnisses (**automatische Vertragsverlängerung**) unwirksam. Dies gilt aber nicht, wenn das Vertragsverhältnis nur auf unbestimmte Zeit verlängert und dem Verbraucher das Recht eingeräumt wird, das verlängerte Vertragsverhältnis jederzeit mit einer Frist von einem Monat (**einmonatige Kündigungsfrist**) zu kündigen (§ 309b) BGB n. F.). Dadurch soll dieser davor geschützt werden, einen Erstvertrag mit einer Laufzeit über einem Jahr bis zwei Jahren (unter Ausschöpfung der Grenze des § 309a) BGB) mit einer AGB-Klausel zu vereinbaren, wonach sich der Vertrag um jeweils ein Jahr verlängert (**Verlängerungsklausel**), wenn er nicht kündigt und dies unbewusst versäumt. Für Altverträge, die vor dem 01.03.2022 abgeschlossen wurden, gilt noch die bisherige Regelung (**keine Rückwirkung**), wonach eine stillschweigende Vertragsverlängerung bis zu einem Jahr zulässig ist.

Kündigungsfrist bei Vertragsablauf

Unwirksam ist auch eine Klausel, die eine zu Lasten des Verbrauchers längere Kündigungsfrist als einen Monat vor Ablauf der zunächst vorgesehenen Vertragsdauer vorsieht (§ 309c) BGB n. F.). Damit wird die bislang mögliche Kündigungsfrist von drei Monaten (§ 309c) BGB a. F.) zu Gunsten des Verbrauchers auf eine Kündigungsfrist von maximal einem Monat vor Ablauf der Laufzeit des Erstvertrags verkürzt (**verkürzte Kündigungsfristen**). Dies dient dazu, dass der Verbraucher eine automatische Vertragsverlängerung durch eine kurzfristige Kündigung verhindern kann.

bb. Klauselverbote mit Wertungsmöglichkeit

AGB-Klauseln unter Klauselverboten mit Wertungsmöglichkeit sind nur aufgrund einer **Abwägung im Einzelfall** unwirksam (§ 308 BGB). Die Regelungen enthalten **unbestimmte Rechtsbegriffe** aufgrund derer ihre Verwendung in einem bestimmten Vertragstyp etwa als unangemessen oder sachlich nicht gerechtfertigt zu beurteilen ist.

Katalog der Klauselverbote

Es gelten folgende Klauselverbote (§ 308 BGB)

- Annahme- und Leistungsfrist (Nr. 1)
- Zahlungsfrist (Nr. 2)
- Überprüfungs- und Abnahmefrist (Nr. 3)
- Nachfrist (Nr. 4)
- Rücktrittsvorbehalt (Nr. 5)
- Änderungsvorbehalt (Nr. 6)
- Fingierte Erklärungen (Nr. 7)
- Fiktion des Zugangs (Nr. 8)
- Abwicklung von Verträgen (Nr. 9)
- Nichtverfügbarkeit der Leistung (Nr. 10)

Gesetz für faire Verbraucherverträge

Durch das Gesetz für faire Verbraucherverträge wird auch ein neues Klauselverbot in § 308 Nr. 9 BGB eingeführt. Die Regelung des § 308 Nr. 9 BGB ist am 01.10.2021 in Kraft getreten. Es gilt ein neues Klauselverbot für Abtretungsausschlüsse bei Geldansprüchen des Verbrauchers. Diese konnten außerhalb des Anwendungsbereichs des § 354 HGB abgetreten werden (§ 399 BGB). Sie unterlagen aber einer Inhaltskontrolle und waren unwirksam, wenn ein berechtigtes Interesse des Verwenders am Ausschluss der Abtretbarkeit fehlte oder berechtigte Belange des Verbrauchers an der Abtretbarkeit des Rechts das schützenswerte Interesse des Verwenders an dem Abtretungsausschluss überwogen (BGH NJW 2012, 2107). Durch die Neuregelung wird dies nun gesetzlich nachvollzogen und gewährleistet, dass Verbraucher die Geldansprüche zum Zweck der Durchsetzung an Dritte abtreten können (**Abtretungsverbote**). Zudem wird für alle anderen Rechte und Ansprüche des Verbrauchers die anhand der Generalklausel entwickelte Rechtsprechung festgeschrieben. Das neue Klauselverbot gilt aber nicht für Verträge zwischen Unternehmen und diesen gleichgestellten staatlichen Stellen (§ 310 Abs. 1 S. 1 BGB).

Abtretungsverbote für Geldansprüche

Unwirksam ist eine AGB-Bestimmung, durch die die Abtretbarkeit ausgeschlossen wird, für einen auf Geld gerichteten Anspruch des Verbrauchers gegen den Verwender (§ 308 Nr. 9a) BGB). Dass gilt für alle Klauseln, mit denen eine Abtretung des Anspruchs nur an bestimmte Personen zugelassen, beschränkt, an bestimmte Voraussetzungen gebunden oder von einer Zustimmung des Schuldners abhängig gemacht wird. Hiervon ausgenommen sind Ansprüche aus **Zahlungsdiensterahmenverträgen** (§ 308 Nr. 9a) Hs. 2 BGB).

Abtretungsverbote für andere Rechte

Unwirksam ist eine AGB-Bestimmung auch für ein anderes Recht des Verbrauchers gegen den Verwender, wenn beim Verwender ein schützenswertes Interesse an dem Abtretungsausschluss nicht besteht oder berechtigte Belange des Verbrauchers an der Abtretbarkeit des Rechts das schützenswerte Interesse des Verwenders an dem Abtretungsausschluss überwiegen (§ 308 Nr. 9b) aa) und bb) BGB). Dies gilt aber nicht für Ansprüche auf Versorgungsleistungen im Sinne des Betriebsrentengesetzes (§ 308 Nr. 9b) Hs. 2 BGB).

cc. Generalklausel für die Inhaltskontrolle

Die Generalklausel für die Inhaltskontrolle von AGB-Klauseln regelt § 307 Abs. 1 und 2 BGB. Danach sind Bestimmungen in Allgemeinen Geschäftsbedingungen unwirksam, wenn sie den Vertragspartner des Verwenders entgegen den Geboten von Treu und Glauben (§ 242 BGB) unangemessen benachteiligen (**Verbot unangemessener Benachteiligung**) (§ 307 Abs. 1 S. 1 BGB). Eine unangemessene Benachteiligung kann sich auch daraus ergeben, dass eine Klausel nicht klar und verständlich ist (**Transparenzgebot**) (§ 307 Abs. 1 S. 2 BGB). Das Gesetz führt Regelbeispiele (gesetzliche Vermutung) einer unangemessenen Benachteiligung auf. Diese ist im Zweifel anzunehmen, wenn eine Bestimmung mit **wesentlichen Grundgedanken** der gesetzlichen Regelung, von der abgewichen wird, nicht zu vereinbaren ist oder **wesentliche Rechte oder Pflichten**, die sich aus der Natur des Vertrags ergeben, so einschränkt, dass die Erreichung des Vertragszwecks gefährdet erscheint (§ 307 Abs. 2 Nr. 2 und 3 BGB). Dagegen unterliegen AGB-Klauseln, die gesetzliche Bestimmungen oder einen Rechtsgrundsatz aus dem Gebot von Treu und Glauben (§ 242 BGB) lediglich wiederholen (BGHZ 150, 272), nicht der Inhaltskontrolle sowie den Klauselverboten (§ 307 Abs. 3 BGB).

c. Rechtsfolgen

aa. Wirksamkeit des Vertrages

Nach § 306 Abs. 1 BGB bleibt der Vertrag grundsätzlich wirksam, wenn AGB-Klauseln ganz oder teilweise nicht Vertragsbestandteil geworden oder unwirksam sind. Es gilt hier nicht

§ 139 BGB, wonach die Nichtigkeit des Teils eines Rechtsgeschäfts im Zweifel zur Nichtigkeit des gesamten Rechtsgeschäfts führt. Nach der Rechtsprechung des EuGH (NJW 2019, 3133) und des BGH (NJW 2013, 991) ist allerdings die betreffende AGB-Klausel grundsätzlich auch dann im Ganzen unwirksam, wenn der Inhalt der Klausel nur teilweise unzulässig ist (**Verbot der geltungserhaltenden Reduktion**). Dagegen bleiben Teile der Klausel mit unbedenklichen, sprachlich und inhaltlich abtrennbaren Bestimmungen (**teilbare Klauseln**) wirksam, wenn sie den gleichen Sachkomplex betreffen (BGH NJW 2014, 141). Die Teilregelung muss aus sich heraus verständlich und somit möglicher Gegenstand einer gesonderten Wirksamkeitsprüfung sein (**Blue Pencil Test**). Nur wenn der als wirksam anzusehende Teil im Gesamtgefüge des Vertrags nicht mehr sinnvoll ist, ergreift die Unwirksamkeit der Teilklausel die Gesamtklausel. Dies gilt besonders bei einem unwirksamen Teil, der von so einschneidender Bedeutung ist, dass von einer gänzlich neuen, von der bisherigen völlig abweichenden, Vertragsgestaltung gesprochen werden muss.

Beispiele: Vollmacht zur Abgabe und Entgegennahme von Willenserklärung (BGH NJW 1997, 3437) sowie salvatorische Erhaltungsklausel und Ersetzungsklausel in Formularmietverträgen (BGH NJW 2005, 2225); Festlegung von Fristlänge und Fristbeginn bei Darlehensantrag (BGH NJW 1988, 2106).

AGB-Klauseln, die Bestimmungen auf den wirksamen Teil reduzieren wollen (**salvatorische Klauseln**) (z. B.: „soweit gesetzlich zulässig“) sind wegen Verstoß gegen das Transparenzgebot (§ 305 Abs. 2 BGB) unwirksam. Die Gesamtnichtigkeit der verbotswidrigen Klausel ändert sich daher durch salvatorische Klauseln nicht.

bb. Ergänzung des Vertragsinhalts

Nach § 306 Abs. 2 BGB richtet sich der Vertrag nach den gesetzlichen Vorschriften, soweit die AGB-Bestimmungen nicht Vertragsbestandteil geworden sind. Dies gilt aber nur für den Fall, dass der Vertrag ohne die Klausel eine ausfüllungsbedürftige Lücke aufweist. Sonst gilt das Verbot der geltungserhaltenden Reduktion. Als gesetzliche Vorschriften sind auch die von der Rechtsprechung und Lehre herausgebildeten ungeschriebenen Rechtssätze zu verstehen. Sofern diese fehlen und auch eine Streichung der Klausel insbesondere für Verbraucher keine interessengerechte Lösung darstellt, ist die Lücke durch eine ergänzende Vertragsauslegung zu schließen (BGHZ 137, 153).

cc. Gesamtnichtigkeit des Vertrags

Der Vertrag ist insgesamt unwirksam (**Gesamtnichtigkeit**), wenn das Festhalten an ihm auch unter Berücksichtigung der nach § 306 Abs. 2 BGB vorgesehenen Änderung eine unzumutbare Härte für eine Vertragspartei darstellen würde (§ 306 Abs. 3 BGB). Nach der Rechtsprechung des EuGH (NJW 2012, 1781) ist die Regelung richtlinienkonform eng auszulegen. Seitens des Verwenders kann eine unbillige Härte nur angenommen werden, wenn durch den Wegfall der AGB das Vertragsgleichgewicht grundlegend gestört wird (BGH NJW-RR 1996, 1009). Für den Verbraucher kann sich ggf. daraus ergeben, dass der nach Wegfall der AGB maßgebliche Vertragsinhalt für ihn negative Rechtsfolgen hat (EuGH NZM 2018, 1029).

dd. Weitere Rechtsfolgen

Die Verwendung oder Empfehlung von Klauseln, die gegen das AGB-Recht verstoßen, führt zu Unterlassungs- und Widerrufsansprüchen (§ 1 UKlaG, §§ 3, 8 UWG). Auch kann dies gegen das kartellrechtliche Missbrauchsverbot verstoßen (§ 18 GWB). Zudem verstößt dies gegen die Pflicht zur gegenseitigen Rücksichtnahme und begründet einen Schadensersatzanspruch wegen Verschulden bei Vertragsschluss (§§ 280 Abs. 1, 241 Abs. 2, 311 Abs. 2 BGB).

d. Anwendungsbereich

Der Anwendungsbereich des AGB-Rechts folgt aus der gesetzlichen AGB-Definition (§ 305 Abs. 1 BGB). Bestimmte Ausnahmen regelt § 310 Abs. 1, 2 und 4 BGB, eine Erweiterung § 310 Abs. 3 BGB. Für AGB-Klauseln gegenüber einem **Unternehmer**, einer juristischen Person des öffentlichen Rechts oder einem öffentlich-rechtlichen Sondervermögen gelten die Regeln der §§ 305 Abs. 2, 3 und §§ 308 Nr. 1, 2–8, 309 BGB grundsätzlich nicht (§ 310 Abs. 1 S. 1 BGB). Die Generalklausel der **Inhaltskontrolle** (§ 307 BGB) gilt aber nicht nur allgemein für die Adressaten der Ausnahmeregelung, sondern auch für Klauseln nach §§ 308 Nr. 1, 2–8, 309 BGB, wenn diese gegenüber einem Verbraucher unwirksam wären. Bei der Inhaltskontrolle ist auf die im Handelsverkehr geltenden Gewohnheiten und Gebräuche angemessen Rücksicht zu nehmen (§ 310 Abs. 1 S. 2 BGB). Die Klauselverbote ohne Wertungsmöglichkeit (§ 309 BGB) gelten auch für den Geschäftsverkehr unter Kaufleuten als Prüfungsmaßstab (BGHZ 93, 29) und können dazu führen **(Indizwirkung)**, dass Klauseln als unangemessene Benachteiligung unwirksam sind. Dies gilt auch im Bereich der Ausnahme von Verträgen über Bauleistungen unter Einbeziehung der VOB/B (§ 310 Abs. 1 S. 3 BGB). Weitere Ausnahmen gelten für die Verträge der Versorgungswirtschaft (§ 310 Abs. 2 BGB). Die Anwendung des AGB-Rechts ist ausgeschlossen **(Bereichsausnahme)** für Verträge des Erb-, Familien- und Gesellschaftsrechts sowie Tarifverträge, Betriebs- und Dienstvereinbarungen. Bei Arbeitsverträgen ist es indessen grundsätzlich anwendbar (§ 310 Abs. 4 BGB). Eine Erweiterung des Anwendungsbereichs des AGB-Rechts gilt für **Verbraucherverträge** (§ 310 Abs. 3 BGB).

14. Verbraucherverträge und besondere Vertriebsformen

a. Allgemeines

Die **Verbraucherverträge** und **besondere Vertriebsformen** sind im Recht der Schuldverhältnisse bei den Schuldverhältnissen aus Verträgen (Abschnitt 3) in §§ 312–312k BGB (Untertitel 2) geregelt. Sie gliedern sich in die **Grundsätze** bei Verbraucherverträgen nach §§ 312, 312a BGB (Kapitel 1), die **außerhalb von Geschäftsräumen geschlossene Verträge** und **Fernabsatzverträge** nach §§ 312b–312h BGB (Kapitel 2), die **Verträge im elektronischen Rechtsverkehr** (Kapitel 3) und die abweichenden Vereinbarungen und Beweislast (Kapitel 4). Durch die Regelungen ist die EU-Verbraucherrechterichtlinie im Wege der vollständigen Harmonisierung der nationalen Vorschriften umgesetzt worden. Nach der Rechtsprechung des Gerichtshofs (EuGH WM 2012, 2049) verbietet dies aber nicht, weitere Vertragstypen in den Anwendungsbereich der §§ 312ff BGB einzubeziehen. Dies ist für den Wohnraummietvertrag in § 312 Abs. 4 BGB erfolgt.

Neuregelungen im Verbraucherschutzrecht

Die Verbraucherschutzvorschriften der §§ 312ff BGB werden aufgrund der unionsrechtlichen Vorgaben durch das Gesetz zur Umsetzung der **Digitale-Inhalte-Richtlinie** und das Gesetz zur Änderung des BGB und EGBGB in Umsetzung der **EU-Richtlinie** zur besseren Durchsetzung und **Modernisierung** der **Verbraucherschutzvorschriften** der Union im Anwendungsbereich der Richtlinien vollständig harmonisiert. Das DIRL-Umsetzungsgesetz ist bereits mit Wirkung zum 01.01.2022 in Kraft getreten. Die Regelungen des BGB-/EGBGB-Änderungsgesetzes treten am 28.05.2022 in Kraft. Sie führen allgemeine Informationspflichten ein, die u. a. für die Betreiber von Online-Marktplätzen gelten (§ 312l BGB n. F., Art. 246d EGBGB n. F.) und Änderungen beim Widerruf von Fernabsatzverträgen (§ 357f BGB n. F.). Zudem wird durch das Gesetz für faire Verbraucherverträge als nationales Verbraucherschutzrecht mit Wirkung zum 01.07.2022 die Kündigung von Verbraucherverträgen im elektronischen Geschäftsverkehr geregelt mit der Verpflichtung zur Einrichtung eines „**Kündigungsbuttons**“ auf der Website des Unternehmers.

b. Verbraucherverträge

aa. Zahlung eines Preises

Nach § 312 Abs. 1 BGB sind die Vorschriften der Kapitel 1 (§§ 312, 312a BGB) und Kapitel 2 (§§ 312b–312h BGB) nur auf Verbraucherverträge i. S. v. § 310 Abs. 3 BGB anzuwenden, bei denen sich der Verbraucher zu der Zahlung eines Preises verpflichtet. **Verbraucherverträge** sind Verträge zwischen einem Unternehmer (§ 14 BGB) und einem Verbraucher (§ 13 BGB). Die Verpflichtung zur Zahlung eines Preises meint **Geld** als gesetzliches Zahlungsmittel, das **im Austausch** für eine Leistung geschuldet wird. Zudem ist bei Verbraucherverträgen über digitale Produkte der Preis auch die **digitale Darstellung** eines **Wertes** (§ 327 Abs. 1 BGB). Nach der Gesetzesbegründung dürfte dies auch die Anwendbarkeit der §§ 312ff BGB auslösen.

bb. Bezahlen mit Daten

Die Regelung in § 312 Abs. 1a BGB ist durch das DIRL-Umsetzungsgesetz eingefügt worden. Danach sind die Vorschriften der Kapitel 1 (§§ 312, 312a BGB) und 2 (§§ 312b–312h BGB) auch auf Verbraucherverträge anzuwenden, bei denen der Verbraucher dem Unternehmer personenbezogene Daten bereitstellt oder sich hierzu verpflichtet (§ 312 Abs. 1a S. 1 BGB). Es handelt sich nach der Gesetzesbegründung um eine klarstellende Änderung über das „**Bezahlen mit Daten**“ oder „**Daten als Gegenleistung**“. Diese Regelung findet sich auch in den ebenfalls bereits in Kraft getretenen Vorschriften der Verbraucherverträge über digitale Produkte in § 327 Abs. 3 BGB. Der Begriff der **personenbezogenen Daten** wird nicht gesetzlich definiert und entspricht der Definition in Art. 4 Nr. 1 EU-DSGVO. Die Rechtmäßigkeit der Verarbeitung der Daten ist nicht relevant, da ansonsten die verbraucherschützenden Vorschriften nicht zur Anwendung kämen, wenn sich der Unternehmer rechtswidrig verhält und der Verbraucher das nicht beeinflussen kann. Ein Verstoß gegen die EU-Datenschutzgrundverordnung berührt die Wirksamkeit des Verbrauchervertrags mit Blick auf § 134 BGB deshalb nach der Gesetzesbegründung nicht.

Die **Bereitstellung** personenbezogener Daten umfasst alle Verarbeitungen personenbezogenen Daten des Verbrauchers durch den Unternehmer und ist unabhängig von der Art und Weise der Verarbeitung und deren datenschutzrechtlichen Einordnung. Es kommt nicht darauf an, dass der Verbraucher dem Unternehmer seinen Daten aktiv übermittelt, sondern reicht aus, dass der Verbraucher die Datenverarbeitung durch den Unternehmer zulässt **(Einwilligung)**. Dies kann bei Abschluss des Vertrags oder im weiteren Verlauf des Vertrags erfolgen. Als Beispiele für die Bereitstellung nennt die Gesetzesbegründung, wenn der Unternehmer **Cookies** setzt oder **Metadaten** wie Informationen zum Gerät des Verbrauchers oder zum Brauserverlauf erhebt, soweit der betreffende Sachverhalt als Vertrag anzusehen ist (ErwGr 25 DIRL).

Die **Verpflichtung** des Verbrauchers, die personenbezogenen Daten bereitzustellen bedingt, dass der Verbraucher sich dem Unternehmer gegenüber nach Auslegung der Erklärung (§§ 133, 157 BGB) mit **Rechtsbindungswille** zur Datenbereitstellung verpflichtet hat, folglich auch in diesem Fall ein rechtswirksamer Verbrauchervertrag vorliegt.

Die §§ 312–312h BGB finden auf die Bereitstellung personenbezogener Daten jedoch **keine Anwendung**, wenn der Unternehmer die vom Verbraucher bereitgestellten personenbezogenen Daten ausschließlich verarbeitet, um seine **Leistungspflicht** oder an ihn gestellte **rechtliche Anforderungen** zu erfüllen und sie zu keinem anderen Zweck verarbeitet (§ 312 Abs. 1a S. 2 BGB). Der Umfang der für die Vertragserfüllung erforderlichen Datenverarbeitung unterliegt dabei datenschutzrechtlichen Beschränkungen, die für die Auslegung der Ausnahmeregelung herangezogen werden können. Dazu verweist die Gesetzesbegründung auf die EDSA Leitlinien 02/2019.

c. Bereichsausnahmen

aa. Katalogausnahmen

Das Gesetz regelt enumerativ und **abschließend** eine Reihe von Verträgen (**Katalogausnahmen**), für welche nur § 312a Abs. 1, 3, 4 und 6 BGB anwendbar ist (§ 312 Abs. 2 BGB):

- Notariell beurkundete Verträge (Nr. 1)
  a) über Finanzdienstleistungen, die außerhalb von Geschäftsräumen abgeschlossen werden,
  b) die keine Verträge über Finanzdienstleistungen sind; für Verträge für die das Gesetz die notarielle Beurkundung des Vertrags oder einer Vertragserklärung nicht vorschreibt, gilt dies nur, wenn der Notar darüber belehrt, dass die Informationspflichten nach § 312d Abs. 1 BGB und das Widerrufsrecht nach § 312g Abs. 1 BGB entfallen.
- Verträge über die Begründung, den Erwerb oder die Übertragung von Eigentum oder anderen Rechten an Grundstücken (Nr. 2),
- Verbraucherverträge nach § 650i Abs. 1 BGB (Nr. 3),
- Verträge über Teilzeit-Wohnrechte, langfristige Urlaubsprodukte, Vermittlungen und Tauschsysteme nach §§ 481–481b BGB (Nr. 6),
- Behandlungsverträge nach § 630a BGB (Nr. 7),
- Verträge über die Lieferung von Lebensmitteln, Getränken oder sonstigen Haushaltsgegenständen des täglichen Lebens, die am Wohnsitz, am Aufenthaltsort oder am Arbeitsplatz eines Verbrauchers von einem Unternehmer im Rahmen häufiger und regelmäßiger Fahrten geliefert werden (Nr. 8),
- Verträge, die unter Verwendung von Warenautomaten und automatisierten Geschäftsräumen geschlossen werden (Nr. 9),
- Verträge, die mit Betreibern von Telekommunikationsmitteln mit Hilfe öffentlicher Münz- und Kartentelefone zu deren Nutzung geschlossen werden (Nr. 10),
- Verträge zur Nutzung einer einzelnen von einem Verbraucher hergestellten Telefon-, Internet- oder Telefaxverbindung (Nr. 11),
- Außerhalb von Geschäftsräumen geschlossene Verträge, bei denen die Leistung bei Abschluss der Verhandlung sofort erbracht und bezahlt wird und das vom Verbraucher zu zahlende Entgelt 40 Euro nicht überschreitet (Nr. 12),
- Verträge über den Verkauf beweglicher Sachen auf Grund von Maßnahmen der Zwangsvollstreckung oder anderen gerichtlichen Maßnahmen (Nr. 13).

bb. Verträge über soziale Dienstleistungen

Die Vorschriften der §§ 312ff BGB finden auf Verträge über soziale Dienstleistungen nur eingeschränkt Anwendung (§ 312 Abs. 3 BGB), da sie besonderen rechtlichen Anforderungen außerhalb des BGB unterliegen. Beispielhaft nennt das Gesetz hierfür die Kinderbetreuung oder Unterstützung von dauerhaft oder vorübergehend hilfsbedürftigen Familien, einschließlich Langzeitpflege.

cc. Wohnraummietverträge

Für Verträge über die Vermietung von Wohnraum finden nur die in § 312 Abs. 1 Nr. 1–7 BGB genannten Bestimmungen Anwendung, nicht jedoch die in § 312 Abs. 1 Nr. 1, 6 und 7 BGB auf die Begründung eines Mietverhältnisses über Wohnraum, wenn der Mieter die Wohnung zuvor besichtigt hat (§ 312 Abs. 4 BGB).

dd. Finanzdienstleistungen

Eine Bereichsausnahme gilt auch für Vertragsverhältnisse über Bankdienstleistungen sowie Dienstleistungen im Zusammenhang mit einer Kreditgewährung, Versicherung, Altersvorsorge von Einzelpersonen, Geldanlage oder Zahlung (**Verträge über Finanzdienstleistungen**), die eine erstmalige Vereinbarung mit daran anschließenden aufeinanderfolgenden Vorgängen umfassen oder eine daran anschließende Reihe getrennter, in einem zeitlichen Zusammenhang stehender Vorgänge gleicher Art umfassen. Bei diesen Verträgen sind §§ 312ff BGB nur auf die erste Vereinbarung anzuwenden. § 312a Abs. 1, 3, 4 und 6 BGB ist daneben auf jeden Vorgang anzuwenden. Wenn die genannten Vorgänge ohne eine solche Vereinbarung aufeinanderfolgen, gelten die §§ 312ff BGB hinsichtlich der Informationspflichten des Unternehmers nur für den ersten Vorgang. Findet jedoch länger als ein Jahr kein Vorgang der gleichen Art mehr statt, so gilt der nächste Vorgang als der erste Vorgang einer neuen Reihe (§ 312 Abs. 5 BGB).

ee. Versicherungsverträge

Auf Verträge über Versicherungen sowie Verträge über deren Vermittlung ist nur § 312a Abs. 3, 4 und 6 BGB anzuwenden (§ 312 Abs. 6 BGB).

ff. Pauschalreiseverträge

Für Pauschalreiseverträge nach den §§ 651a und 651c BGB gilt die Bereichsausnahme von den §§ 312ff BGB mit den anwendbaren Vorschriften nach Maßgabe des § 312 Abs. 7 BGB.

gg. Personenbeförderungsverträge

Auf Verträge über die Beförderung von Personen findet nach der **Neuregelung** des § 312 Abs. 8 BGB n. F. (ab 28.05.2022) nur § 312a Abs. 1 und 3–6 Anwendung.

d. Allgemeine Pflichten und Grundsätze

Die Vorschrift des § 312a BGB regelt die Informationspflichten bei **Telefonaten** (§ 312a Abs. 1 BGB), im **stationären Handel** (§ 312a Abs. 2 BGB) und bei **Extrazahlungen** (§ 312 Abs. 3 BGB). Die Vereinbarung von Entgelten für die Verwendung bestimmter **Zahlungsmittel** regelt § 312a Abs. 4 BGB und von Entgelten für **telefonische Auskünfte** zur Vertragsabwicklung § 312a Abs. 5 BGB. Ist eine Vereinbarung nach § 312 Abs. 3–5 BGB nicht Vertragsbestandteil geworden oder ist sie unwirksam, bleibt der Vertrag im Übrigen wirksam (§ 312a Abs. 6 BGB).

e. Haustürgeschäfte und Fernabsatzverträge

Die Vorschriften der §§ 312b–312j BGB regeln außerhalb von Geschäftsräumen geschlossene Verträge und Fernabsatzverträge, für die besondere **Informationspflichten** (§ 312d, 312e BGB) und **Dokumentationspflichten** (§ 312f BGB) des Unternehmers gelten und ein **Widerrufsrecht** des Verbrauchers (§ 312g BGB). Die außerhalb von Geschäftsräumen geschlossene Verträge **(Haustürgeschäfte)** werden in § 312b BGB gesetzlich definiert und die **Fernabsatzverträge** in § 312c BGB.

aa. Informationspflichten

Bei Haustürgeschäften und Fernabsatzverträgen ist der Unternehmer verpflichtet, gemäß **Art. 246a EGBGB** zu informieren. Diese Vorschrift unterscheidet zwischen Informationspflichten (§ 1), erleichterten Informationspflichten bei Reparatur- und Instandhaltungsarbeiten (§ 2), bei begrenzter Darstellungsmöglichkeit (§ 3) und formalen Anforderungen an die Erfüllung von Informationspflichten (§ 4). Die in Erfüllung dieser Informationspflichten gemachten Angaben des Unternehmers werden Vertragsinhalt, es sei denn, die Vertragsparteien haben ausdrücklich etwas anderes vereinbart (§ 312d Abs. 1 BGB)

Bei Haustürgeschäften und Fernabsatzverträgen über **Finanzdienstleistungen** regelt **Art. 246b EGBGB** die Informationspflicht des Unternehmers gegenüber dem Verbraucher. Danach wird zwischen Informationspflichten (§ 1), und weiteren Informationspflichten (§ 2) unterschieden. Durch das Gesetz zur Anpassung des Finanzdienstleistungsrechts v. 09.06.2021 (BGBl. 2021 I, S. 1666) erfolgten Änderungen in Art. 246b EGBGB § 1 Abs. 1 und § 2 Abs. 3 sowie der **Muster-Widerrufsbelehrung** bei Haustürgeschäften und Fernabsatzverträgen über Finanzdienstleistungen (Anlagen 3, 3a dazu) durch Aufhebung des Kaskadenverweises (Art. 2) mit Wirkung zum 15.06.2021.

Die **Widerrufsfrist** beginnt nicht, bevor der Unternehmer den Verbraucher entsprechend den Anforderungen des Art 246a oder des Art. 246b EGBGB unterrichtet hat (§ 356 Abs. 3 BGB). Eine Verletzung der Informationspflicht, die der Unternehmer zu vertreten hat, begründet einen **Schadensersatzanspruch** des Verbrauchers wegen Nebenpflichtverletzung aus §§ 280 Abs. 1, 241 Abs. 2 BGB und wegen Verschulden bei Vertragsschluss in Verbindung mit § 311 Abs. 2 BGB. Zudem können **Unterlassungsansprüche** aus § 2 UKlaG oder § 8 UWG bestehen. Des Weiteren kann der Unternehmer von dem Verbraucher Kosten nur verlangen, soweit er ihn über diese entsprechend den Anforderungen des § 312d Abs. 1 BGB informiert hat (§ 312e BGB).

bb. Dokumentationspflichten

§ 312f BGB regelt die Dokumentationspflichten des Unternehmers bei Haustürgeschäften (§ 312f Abs. 1 BGB), Fernabsatzverträgen (§ 312f Abs. 2 BGB) und Verträgen über die Lieferung von nicht auf einem körperlichen Datenträger befindlichen Daten, die in digitaler Form hergestellt und bereitgestellt werden **(digitale Inhalte)** (§ 312f Abs. 3 BGB). Die Vorschrift ist jedoch nicht anwendbar auf Verträge über Finanzdienstleistungen (§ 312f Abs. 4 BGB). Eine Verletzung der Dokumentationspflicht, die der Unternehmer zu vertreten hat, begründet einen **Schadensersatzanspruch** des Verbrauchers aus §§ 280 Abs. 1, 241 Abs. 2 BGB.

cc. Widerrufsrecht

Der Verbraucher hat bei **Haustürgeschäften** und bei **Fernabsatzverträgen** ein Widerrufsrecht gemäß § 355 BGB (§ 312g Abs. 1 BGB). Das Widerrufsrecht besteht, soweit die Parteien nichts anders vereinbart haben, nicht für die Liste der Verträge des § 312g Abs. 2 BGB. Ferner besteht es nicht bei Verträgen, bei denen dem Verbraucher bereits aufgrund §§ 495, 506–513 BGB ein Widerrufsrecht nach § 355 BGB zusteht. Es besteht auch nicht bei Haustürgeschäften, bei denen dem Verbraucher bereits nach § 305 Abs. 1–6 KAGB ein Widerrufsrecht zusteht (§ 312g Abs. 3 BGB).

Neuregelungen durch das BGB-/EGBGB-Änderungsgesetz

Das BGB-/EGBGB-Änderungsgesetzes führt Neuregelungen über das Widerrufsrecht ein, die am 28.05.2022 in Kraft treten. Das **Erlöschen** des Widerrufsrechts wird für Verträge über die Erbringung von **Dienstleistungen** (§ 356 Abs. 4 Nr. 1–4 BGB n. F.) und für Verträge über die **Bereitstellung** von nicht auf einem körperlichen Datenträger befindlichen **digitalen Inhalten** (§ 356 Abs. 5 BGB n. F.) ergänzt. Darüber hinaus werden die **Rechtsfolgen** des Widerrufs von Haustürgeschäften und Fernabsatzverträgen (§ 357 Abs. 5–9 BGB n. F.) ergänzt. Neu eingeführt wird die Verpflichtung des Verbrauchers **Wertersatz** für einen Wertverlust der Ware zu leisten als Rechtsfolge des Widerrufs von Haustürgeschäften und Fernabsatzverträgen mit Ausnahme von Verträgen über Finanzdienstleistungen (§ 357a BGB n. F.).

f. Verträge im elektronischen Geschäftsverkehr

Für Verträge im elektronischen Geschäftsverkehr gelten **allgemeine Pflichten** (§ 312i BGB) und **besondere Pflichten** gegenüber Verbrauchern (§ 312j BGB). Es handelt sich um Verträge über die Lieferung von Waren oder die Erbringung von Dienstleistungen, zu deren Abschluss sich der Verbraucher der **Telemedien** (§ 1 Abs. 1 TMG) bedient. Das BGB-/EGBGB-Umsetzungsgesetz führt mit Wirkung zum 28.05.2022 eine neue Regelung über allgemeine Informationspflichten für **Betreiber von Online-Marktplätzen** ein (§ 312k BGB n. F.). Zudem wird durch das Gesetz über faire Verbraucherverträge in § 312k BGB n. F. (§ 312k BGB wird dann zu § 312l BGB) die Kündigung von Verbraucherverträgen im elektronischen Geschäftsverkehr auf der Website des Unternehmers durch einen **Kündigungsbutton** mit Wirkung zum 01.07.2022 eingeführt.

aa. Online-Marktplätze

Der Betreiber eines Online-Marktplatzes ist verpflichtet, den Verbraucher nach Maßgabe des **Art. 246d EGBGB** n. F. zu informieren (§ 312l BGB n. F.). Diese Verpflichtung **gilt** aber **nicht**, soweit auf dem Online-Marktplatz Verträge über **Finanzdienstleistungen** angeboten werden (§ 312l BGB n. F.).

Online-Marktplatz

Der Online-Marktplatz wird in § 312k Abs. 3 BGB n. F. definiert. Danach ist er ein Dienst, der es Verbrauchern ermöglicht, durch die **Verwendung** von **Software**, die vom Unternehmer oder im Namen des Unternehmers betrieben wird, einschließlich einer Webseite, eines Teils einer Webseite oder einer Anwendung, **Fernabsatzverträge** mit anderen Unternehmern oder Verbrauchern abzuschließen. **Betreiber** eines Online-Marktplatzes ist der Unternehmer, der einen Online-Marktplatz für Verbraucher zur Verfügung stellt (§ 312k Abs. 4 BGB n. F.). Nach der Gesetzesbegründung liegt ein Online-Marktplatz auch vor, wenn sowohl eigene Produkte des Marktplatz-Betreibers als auch Produkte anderer Unternehmen darauf angeboten werden. Bei einer **Vermittlungs**- oder **Vergleichswebsite** soll ein Online-Marktplatz danach vorliegen, wenn der Fernabsatzvertrag durch die Verwendung von Software des Marktplatz-Betreibers geschlossen wird, also zum Beispiel auf einem Teil der Website des Betreibers. Auch kommt es nicht darauf an, welche Art von Fernabsatzverträgen geschlossen wird. Dagegen handelt es sich **nicht** um einen Online-Marktplatz, soweit auf Plattformen im Internet Verträge über den Verkauf beweglicher Sachen aufgrund von **Zwangsvollstreckungsmaßnahmen** oder aufgrund **anderer gerichtlicher Maßnahmen** angeboten werden. Da die Anbieter im Rahmen ihrer hoheitlichen Befugnisse handeln, wird kein Abschluss von Fernabsatzverträgen ermöglicht.

bb. Kündigungsbutton

Nach § 312k Abs. 1 BGB n. F. gelten für den Unternehmer die in der Vorschrift neu geregelten Pflichten, wenn es Verbrauchern über eine Webseite ermöglicht wird, mit einem Unternehmer einen **Vertrag im elektronischen Geschäftsverkehr** zu schließen. Der Vertrag muss auf die Begründung eines **Dauerschuldverhältnisses** gerichtet sein, dass den Unternehmer zu einer **entgeltlichen Leistung** verpflichtet. Dies gilt nicht

- für Verträge, für deren Kündigung gesetzlich ausschließliche eine **strengere Form als** die **Textform** (§ 126b BGB) vorgesehen ist (Nr. 1); und
- in Bezug auf Webseiten, die **Finanzdienstleistungen** betreffen oder für **Verträge über Finanzdienstleistungen.**

Einrichtung des Kündigungsbuttons

Nach § 312k Abs. 2 BGB n. F. hat der Unternehmer **sicherzustellen**, dass der Verbraucher auf der Webseite eine Erklärung zur ordentlichen und außerordentlichen Kündigung eines auf der Website abschließbaren Vertrags über ein Dauerschuldverhältnis i. S. v. § 312k Abs. 1 BGB n. F. über eine Kündigungsschaltfläche **(Kündigungsbutton)** abgeben kann. Diese muss gut lesbar mit nichts anderem als den Wörtern „**Verträge hier kündigen**" oder mit einer entsprechenden eindeutigen Formulierung beschriftet sein. Diese muss den Verbraucher unmittelbar zu einer **Bestätigungsschnittstelle** führen, die

- den Verbraucher auffordert und ihm ermöglicht **Angaben** zu machen (Nr. 1)
  zur Art der Kündigung, sowie im Falle der außerordentlichen Kündigung zum Kündigungsgrund (a)),
  zu seiner eindeutigen Identifizierbarkeit (b)),
  zur eindeutigen Bezeichnung des Vertrags (c)),
  zum Zeitpunkt, zu dem die Kündigung das Vertragsverhältnis beenden soll (d)),
  zur schnellen elektronischen Übermittlung der Kündigungsbestätigung an ihn (e)) und
- eine **Bestätigungsschaltfläche** enthält, über deren **Bestätigung** der Verbraucher die **Kündigungserklärung** abgeben kann und die gut lesbar mit nichts anderen als den Wörtern „**jetzt kündigen**" oder mit einer entsprechenden eindeutigen Formulierung beschriftet ist.

Die Schaltflächen und die Bestätigungsseite müssen **ständig verfügbar** sein sowie unmittelbar und **leicht zugänglich** sein (§ 312k Abs. 2 BGB n. F.).

Speicherung der Kündigungserklärung

Der Verbraucher muss seine durch das Bestätigen der Bestätigungsschaltfläche abgegebene Kündigungserklärung mit dem Datum und der Uhrzeit der Abgabe auf einem **dauerhaften Datenträger** so **speichern** können, dass erkennbar ist, dass die Kündigungserklärung durch das Bestätigen der Bestätigungsschaltfläche abgegeben wurde (§ 312k Abs. 3 BGB n. F.).

Kündigungsbestätigung in Textform

Der Unternehmer hat dem Verbraucher den Inhalt sowie Datum und Uhrzeit des Zugangs der Kündigungserklärung sowie den Zeitpunkt, zu dem das Vertragsverhältnis durch die Kündigung beendigt werden soll, sofort **auf elektronischem Weg** in **Textform** (§ 126b BGB) **zu bestätigen.** Es wird vermutet **(Zugangsvermutung)**, dass eine durch das Betätigen der Bestätigungsschaltfläche abgegebene Kündigungserklärung dem Unternehmer unmittelbar nach ihrer Abgabe zugegangen ist (§ 312k Abs. 4 BGB n. F.).

Wirkung der Kündigungserklärung

Wenn der Verbraucher bei der Abgabe der Kündigungserklärung keinen Zeitpunkt angibt, zu dem die Kündigung das Vertragsverhältnis beenden soll, wirkt die Kündigung **im Zweifel** zum frühesten möglichen Zeitpunkt (§ 312k Abs. 5 BGB n. F.).

Pflichtverletzung des Unternehmers

Werden die Schaltflächen und die Bestätigungsseite nicht entsprechend § 312k Abs. 1 und 2 BGB n. F. zur Verfügung gestellt, kann ein Verbraucher einen Vertrag, für dessen Kündigung die Schaltflächen und die Bestätigungsseite zur Verfügung zu stellen sind, **jederzeit** und ohne Einhaltung einer Kündigungsfrist **kündigen**. Hiervon unberührt bleibt die Möglichkeit des Verbrauchers zur außerordentlichen Kündigung (§ 312k Abs. 6 BGB n. F.).

II. Vertragliches Schuldverhältnis

1. Vertrag

Die Begründung eines Schuldverhältnisses durch Rechtsgeschäft sowie eine Änderung seines Inhalts erfordert grundsätzlich einen Vertrag (**vertragliches Schuldverhältnis**) zwischen den Beteiligten (§ 311 Abs. 1 BGB). Fehlt es am Rechtsbindungswillen der Beteiligten, liegt kein vertragliches Schuldverhältnis, sondern ein rechtlich unverbindliches **Gefälligkeitsverhältnis** vor. Dieses ist von einem rechtsverbindlichen **Gefälligkeitsvertrag** abzugrenzen, bei dem es sich um ein **unentgeltliches** rechtsverbindliches Rechtsgeschäft handelt. Beim Gefälligkeitsverhältnis scheidet eine vertragliche Haftung aus, da diese ein zwischen den Beteiligten wirksames vertragliches Schuldverhältnis voraussetzt. Eine Haftung aus Delikt (§§ 823 ff BGB) als gesetzlichem Schuldverhältnis bleibt davon freilich unberührt.

a. Gefälligkeit

aa. Gefälligkeitsverhältnisse

Als Gefälligkeitsverhältnisse werden **tatsächliche Handlungen** im **gesellschaftlichen Bereich** verstanden, die kein Rechtsverhältnis begründen. Dabei fehlt es am Willen, rechtsgeschäftliche Verpflichtungen einzugehen und entgegenzunehmen. Die Frage, ob ein **Rechtsbindungswille** vorhanden ist, beurteilt sich nicht nach dem inneren Vorstellungsbild der Personen, sondern danach, ob der Leistungsempfänger unter den gegebenen Umständen nach Treu und Glauben (§ 242 BGB) mit Rücksicht auf die Verkehrssitte auf einen solchen Willen schließen musste. Nach der Rechtsprechung (BGHZ 21, 102) ist eine vertragliche Bindung dann zu bejahen, wenn erkennbar ist, dass für den **Leistungsempfänger** wesentliche **Interessen wirtschaftlicher Art** auf dem Spiel stehen und er sich auf die Zusage verlässt oder wenn der **Leistende** an der Angelegenheit ein **rechtliches** oder **wirtschaftliches Interesse** hat. Ist das indessen nicht der Fall, kann dem Handeln der Beteiligten nur unter besonderen Umständen ein Rechtsbindungswille zugrunde gelegt werden. Die Annahme einer Rechtspflicht und des sich daraus ergebenden Schadensersatzrisikos muss zudem für den Handelnden **zumutbar** sein. Danach liegt in der Regel ein unverbindliches Gefälligkeitsverhältnis bei **alltäglichen Hilfen** gegenüber Nachbarn, Freunden und Kollegen vor.

Beispiel: Wird eine Arbeitnehmerin, die sich nicht arbeitsfähig fühlt, von ihrer Arbeitskollegin während der Arbeitszeit mit dem Kfz nach Hause gebracht, handelt es sich in der Regel um eine Gefälligkeit ohne rechtlichen Bindungswillen der Beteiligten. Dies gilt mangels besonderer Anhaltspunkte auch dann, wenn die betreffende Arbeitskollegin im Rahmen einer sog. Fahrgemeinschaft – gegen eine Unkostenbeteiligung – die andere morgens im Kfz in die gemeinsame Arbeitsstätte mitnimmt und sie nach Dienstende zurückbringt (BGH NJW 1992, 498).

bb. Gefälligkeitsverträge

Von den Gefälligkeitsverhältnissen sind die unentgeltlichen Verträge (**Gefälligkeitsverträge**) zu unterscheiden, die ein **Schuldverhältnis** zwischen den Parteien mit Rechten und Pflichten begründen. Solche Schuldverhältnisse sind die Schenkung (§ 516 BGB), Leihe (§ 598 BGB), unentgeltliche Verwahrung (§§ 688, 690 BGB) und der Auftrag (§ 662 BGB). Voraussetzung für das Vorliegen eines Gefälligkeitsvertrags ist, dass die Parteien mit **Rechtsbindungswillen** gehandelt haben. Dazu ist durch Auslegung (§§ 133, 157 BGB) der Erklärungen der Parteien aus der Sicht des Leistungsempfängers nach Treu und Glauben (§ 242 BGB) mit Rücksicht auf die Verkehrssitte zu ermitteln, ob diese sich rechtlich binden wollten. Da sich die Parteien einig sind, dass der geschuldeten Leistung keine Gegenleistung (z. B. Geldleistung) gegenübersteht, sind unentgeltliche Gefälligkeitsverträge **einseitige Verträge**. Damit besteht im Unterschied zu Gefälligkeitsverhältnissen ein Anspruch auf die Ausführung der Gefälligkeit als vertraglich vereinbarte Leistungspflicht.

cc. Entgeltliche Verträge

Gefälligkeitsverträge sind von entgeltlichen Verträgen abzugrenzen. Im Gegensatz zu einem **Leihvertrag**, der eine unentgeltliche Gebrauchsüberlassung beinhaltet (§ 598 BGB), liegt ein **Mietvertrag** bei entgeltlicher Gebrauchsüberlassung einer Sache vor (§ 535 Abs. 2 BGB). Auch das **Sachdarlehen** ist grundsätzlich entgeltlich. Dabei ist der Darlehensnehmer nur zur Rückerstattung von Sachen gleicher Art, Güte und Menge verpflichtet (§ 607 Abs. 1 BGB). Dagegen ist der Entleiher zur Rückgabe der geliehenen Sache verpflichtet (§ 604 Abs. 1 BGB). In Abgrenzung zum unentgeltlichen **Auftrag** (§ 662 BGB) liegt gem. § 612 BGB stets ein **Dienstvertrag** vor, wenn nach den Umständen die Leistung nur gegen eine Vergütung zu erwarten ist. Eine entgeltliche **Verwahrung** gilt als stillschweigend vereinbart, wenn die Verwahrung den Umständen nach nur gegen eine Vergütung zu erwarten ist (§ 689 BGB).

Beispiel: Ob eine entgeltliche Gewährung des Gebrauchs und damit ein Mietvertrag oder eine unentgeltliche Gestattung des Gebrauchs und damit eine Leihe, eine sonstige schuldrechtliche Nutzungsvereinbarung oder ein Gefälligkeitsverhältnis ohne Rechtsbindungswille vorliegt, ist nach objektiven Kriterien aufgrund der Erklärung und des Verhaltens der Parteien zu beurteilen. Dabei ist v. a. die wirtschaftliche und rechtliche Bedeutung der Angelegenheit heranzuziehen (BGH NJW-RR 2017, 1479).

dd. Gefälligkeitshaftung

Eine Gefälligkeitshaftung aus einem Schuldverhältnis ohne primäre Leistungspflichten wegen der Verletzung einer Schutzpflicht (§ 241 Abs. 2 BGB) ist umstritten. Diese soll sich ergeben, wenn das Gefälligkeitsverhältnis einen rechtsgeschäftsähnlichen Charakter hat. Dagegen wird angeführt, dass die Vorschrift des § 311 Abs. 2 Nr. 3 BGB den vertragsähnlichen Schutz auf „geschäftliche Kontakte" beschränkt. Nach derzeitigem Stand der Rechtsprechung besteht eine Gefälligkeitshaftung grundsätzlich nur nach allgemeinem Deliktsrecht (§§ 823 ff BGB). Es besteht dabei **keine Haftungsbeschränkung** auf Vorsatz und grobe Fahrlässigkeit und auch keine Haftungsmilderung (BGH NJW 1992, 2475). Die Annahme einer Haftungsbeschränkung stelle eine künstliche Rechtskonstruktion dar. Denn sie gehe von einem Haftungsverzicht aus, an den bei Abschluss der Vereinbarung niemand gedacht hätte und der infolgedessen auf einer Willensfiktion beruhe. Eine Haftungsbeschränkung komme nur beim Hinzutreten besonderer Umstände in Betracht. Nach der Gegenansicht soll ein **milderer Haftungsmaßstab** anwendbar sein, wenn er für das Rechtsgeschäft bei Vorliegen eines Rechtsbindungswillen der Parteien im Gesetz geregelt sei (§§ 521, 599, 690 BGB). Ist etwa die Gefälligkeit verwahrungsähnlich, so wird die Haftung des unentgeltlichen Verwahrers demzufolge gem. § 690 BGB analog auf die Sorgfalt beschränkt, welcher er in eigenen Angelegenheiten anzuwenden pflegt (§ 277 BGB). Da beim unentgeltlichen Auftrag (§ 662 BGB) eine gesetzliche Haftungsbeschränkung fehlt, soll im Falle eines auftragsähnlichen Gefälligkeitsverhältnisses der normale Haftungsmaßstab von Vorsatz und Fahrlässigkeit (§ 276 Abs. 1 S. 1 BGB) gelten.

b. Typenfreiheit

Beim Abschluss von Schuldverhältnissen sind die Parteien im Schuldrecht nicht auf bestimmte Vertragstypen beschränkt. Aus dem Grundsatz der Vertragsfreiheit (Art. 2 Abs. 1 GG), der den rechtsgeschäftlichen Schuldverhältnissen (§ 311 Abs. 1 BGB) zugrunde liegt, folgt, dass die Parteien die inhaltliche Ausgestaltung des Schuldvertrags grundsätzlich frei bestimmen können (**Typenfreiheit**). Freilich sind bei Vertragsgestaltung die **gesetzlichen Verbote** (§ 134 BGB) und das **zwingende Recht** (z. B. §§ 305ff BGB) einzuhalten.

aa. Typische Verträge

Das Gesetz regelt im Schuldrecht besonders wichtige erscheinende Vertragstypen wie etwa Kauf (§§ 433ff BGB), Miete (§§ 535ff BGB), Dienstvertrag (§§ 611ff BGB), Werkvertrag (§§ 631ff BGB) und Darlehen (§§ 488ff, 607ff BGB) (**typische Verträge**). Aufgrund der dispositiven gesetzlichen Regelungen können die gesetzlichen Vertragstypen miteinander kombiniert (**Typenkombination**) oder verschmolzen (**Typenverschmelzung**) werden (**gemischte Verträge**).

bb. Typenkombination

Bei der Typenkombination werden die charakteristischen Leistungen mehrerer Vertragstypen miteinander kombiniert, wie z. B. beim **Beherbergungsvertrag** mit Elementen von Miete, Dienstvertrag sowie Kauf- oder Werkvertrag.

cc. Gemischte Verträge

In der Vertragspraxis haben sich typisierte gemischte Verträge herausgebildet, wie Factoring, Leasingvertrag und Franchising (**verkehrstypischen Verträge**). Nach herrschender Meinung ist bei gemischten Verträgen jede Leistung nach den Regeln des jeweils einschlägigen gesetzlichen Vertragstyps zu beurteilen. (**Trennungs**- und **Kombinationstheorie**). Bei Verschmelzung der charakteristischen Leistungen der gesetzlichen Vertragstypen, wie z. B. gemischte Schenkung mit entgeltlichem Kauf, sind die Vorschriften über den dominierenden Vertragstyp maßgeblich und die übrigen Typen werden absorbiert (**Einheits- und Absorptionstheorie**).

dd. Atypische Verträge

Sofern Verträge keinem gesetzlichen Vertragstyp oder verkehrstypischen Vertrag zugeordnet werden können (**atypische Verträge**), gelten die allgemeinen Regeln des Schuldrechts, ggf. ergänzend die gesetzlichen Regeln über vergleichbare Vertragstypen. Dabei sind die Umstände des Einzelfalls, insbesondere die Bezeichnung des Vertrags, der Parteiwille (§§ 133, 157 BGB), der Vertragszweck und die Verkehrsgewohnheiten zu berücksichtigen.

c. Erscheinungsformen

Verträge können im Hinblick auf bestimmte Erscheinungsformen unterschieden werden.

aa. Verpflichtungs- und Verfügungsverträge

Von den schuldrechtlichen Verträgen (**Verpflichtungsverträge**), wie z. B. Kaufvertrag (§ 433 BGB) sind dingliche Verträge (**Verfügungsverträge**), wie z. B. Einigung zur Übereignung (§ 929 BGB) abzugrenzen, die auf den Bestand eines Rechts durch Übertragung, Inhaltsänderung, Belastung oder Aufhebung unmittelbar einwirken.

bb. Kausale und abstrakte Verträge

Verträge enthalten außer der Einigung über das Leistungsversprechen regelmäßig die Einigung über den **Rechtsgrund** der geschuldeten Leistung **(kausale Verträge)**. Bei kausalen Verträgen ist die Kausalvereinbarung Bestandteil des Zuwendungsgeschäfts. Im Unterschied dazu sind **abstrakte Verträge** vom Rechtsgrund eines zugrundeliegenden Kausalvertrages **losgelöst**, z. B. das abstrakte Schuldversprechen (§ 780 BGB). Die Kausalvereinbarung gehört hier nicht zum Geschäftsinhalt des Zuwendungsgeschäfts. Der abstrakte Vertrag ist jedoch kondizierbar, wenn der Rechtsgrund fehlt. Erfolgt eine Zuwendung ohne kausalen Grund (rechtsgrundlos), ist sie rechtswirksam, aber das Erlangte wegen ungerechtfertigter Bereicherung gemäß § 812 BGB wieder zurückzugeben.

cc. Einseitige und zweiseitige Verträge

Einseitige Verträge verpflichten nur eine der beiden Vertragsparteien, so z. B. Schenkung (§ 516 BGB) und Bürgschaft (§ 766 BGB). **Zweiseitige Verträge** werden nach unvollkommenen und vollkommenen Verträgen unterschieden. Bei **unvollkommenen** zweiseitigen Verträgen ist eine Partei notwendig zur Leistung verpflichtet. Zwar kann unter Umständen auch der anderen Partei eine Leistungspflicht obliegen. Im Gegensatz zu einem gegenseitigen Vertrag i. S. v. § 320 BGB stehen sich Leistung und Gegenleistung dann aber nicht gegenüber, z. B. Leihe (598 BGB), Auftrag (§ 662 BGB) und unentgeltliche Verwahrung (§ 690 BGB). Bei **vollkommen** zweiseitigen Verträgen ist jede Partei zu einer Hauptleistung verpflichtet. Diese wird von der jeweiligen Partei als Entgelt oder Gegenleistung für die Leistung der jeweils anderen Partei erbracht *(do ut des)*. Die Leistungen der Parteien stehen in einem **Gegenseitigkeitsverhältnis**. Dies gilt aber nur für die Hauptleistungspflichten, nicht jedoch die Nebenleistungspflichten. Das Gegenseitigkeitsverhältnis wird als **Synallgma** (Abhängigkeits- oder Austauschverhältnis) bezeichnet, mit den Rechtsfolgen in den Regelungen der §§ 320 ff BGB.

dd. Dauerschuldverhältnisse

Verträge können auf eine **einmalige Leistung** gerichtet sein, z. B. Werkvertrag (§ 631 BGB). Sie können aber auch eine wiederkehrende oder dauernde Leistung **(Dauerschuldverhältnisse)** beinhalten, beispielsweise:

- Dienstleistungsverträge (Dienstvertrag, Arbeitsvertrag)
- Gebrauchsüberlassungsverträge (Miete, Pacht, Leihe, Leasing)
- Bankrechtliche Verträge (Darlehen, Depotvertrag, Dauerauftrag)

- Versicherungsverträge (Haftpflicht-, Hausrats-, Lebensversicherung)
- Sachleistungsverträge (Versorgungsvertrag, Bierlieferungsvertrag)

ee. Abänderungsverträge

Die Abänderung eines Vertrags erfolgt durch eine weitere vertragliche Vereinbarung zwischen den Beteiligten nach § 311 Abs. 1 BGB (**Vertragsprinzip**). Sie können den Inhalt des Vertrages in jeder beliebigen Hinsicht abändern, vorausgesetzt, dass die Änderung noch während der ursprünglich vereinbarten Laufzeit des Vertrags wirksam werden soll (**Abänderungsvertrag**). Da die Identität des Schuldverhältnisses bei Änderung bestehen bleibt, gilt das auch für die **akzessorischen Sicherheiten** (Bürgschaft, Pfandrecht, Hypothek).

ff. Aufhebungsverträge

Die Vertragsparteien können eine Aufhebung des Vertrags rückwirkend *(ex tunc)*, oder für die Zukunft *(ex nunc)* vereinbaren (§ 311 Abs. 1 BGB) (**Aufhebungsvertrag**). Damit kann zugleich der Abschluss eines neuen Vertrages mit neuem Inhalt als Abänderungsvertrag verbunden sein.

gg. Schuldersetzung

Bei Vertragsänderung durch Schuldumschaffung oder Schuldersetzung (**Novation**) ändert sich die Identität des Schuldverhältnisses. Damit erlöschen akzessorische Sicherheiten und müssen ggf. erneut vertraglich bestellt werden. Lediglich in der Kontokorrentabrede (§ 355 HGB) beim **Saldoanerkenntnis**, das die bisherigen einzelnen Schuldverhältnisse ersetzt, bleiben die für die Einzelansprüche bestellten Sicherheiten bestehen (§ 356 HGB). Bei der **kausalen** Novation ist die Entstehung des neuen vom Bestehen des alten Schuldverhältnisses abhängig. Im Falle des Nichtbestehens kann sich der Schuldner bei Inanspruchnahme aus dem neuen Schuldverhältnis darauf berufen. Bei der **abstrakten** Novation hat der Schuldner diesen Einwand nicht, kann aber sein Anerkenntnis nach § 812 Abs. 2 BGB kondizieren. Die Übernahme einer abstrakten Verpflichtung des Gläubigers, z. B. Schuldanerkenntnis (§ 781 BGB), zu der Befriedigung des Gläubigers, ist im Zweifel nicht als eine Novation (Leistung an Erfüllung statt, vgl. § 364 Abs. 1 BGB)), sondern nur als Erfüllung einer neuen Forderung neben der alten Forderung (Leistung erfüllungshalber, vgl. § 364 Abs. 2 BGB) anzusehen.

hh. Vorverträge

Der Vorvertrag ist ein schuldrechtlicher Vertrag, in dem sich die Parteien verpflichten, einen weiteren Vertrag (**Hauptvertrag**) abzuschließen. Der Vorvertrag kann unter die **Bedingung** gestellt werden, dass ein bestimmtes Ereignis eintritt oder ein Hindernis fortfällt (§§ 158 ff BGB). Er kann aber auch **einseitig** ausgestaltet sein, so dass nur eine Vertragspartei gebunden ist, die andere indessen keine Pflicht zum Vertragsschluss übernimmt. Jedenfalls muss er die Hauptpflichten des Hauptvertrags bestimmbar festlegen, da er zum Abschluss dieses Vertrags verpflichten soll. Die Parteien können sich aber vorbehalten, einzelne Punkte später zu regeln. Da sie sich im Zweifel erst binden wollen, wenn sie über alle Einzelheiten des Hauptvertrages eine endgültige Einigung erzielt haben (vgl. § 154 Abs. 1 S. 1 BGB), ist im Einzelfall durch Auslegung (§§ 133, 157 BGB) zu prüfen, ob eine rechtliche Bindung gewollt ist oder ob nur eine unverbindliche **Absichtserklärung** vorliegt.

Beispiel: Eine Erklärung, in der sich der Bauherr formularmäßig verpflichtet, dem Architekten Architektenleistungen für das näher bezeichnete Bauvorhaben auf der Grundlage des „noch abzuschließenden Architektenvertrages" zu übertragen, ist ein **typischer Vor-**

vertrag, der die Grundlage für den noch abzuschließenden **Architektenhauptvertrag** bilden soll (BGHZ 102, 384).

Da der Vorvertrag ein Schuldverhältnis durch Anbahnung eines Vertrags begründet (§ 311 Abs. 2 Nr. 2 BGB), führt eine schuldhafte Verletzung von Nebenpflichten (§ 241 Abs. 2 BGB) zum Anspruch auf Schadensersatz aus § 280 Abs. 1 BGB. Der Vorvertrag unterliegt grundsätzlich denselben **Formerfordernissen** wie der Hauptvertrag.

Beispiel: Ein Vorvertrag über den Kauf eines Grundstücks bedarf ebenso wie der Kaufvertrag selbst (§ 311 b Abs. 1 BGB), der notariellen Beurkundung (BGHZ 82, 398).

ii. Optionsverträge

Der Optionsvertrag begründet das Recht (**Optionsrecht**), durch einseitige Erklärung einen Vertrag, z. B. Kaufvertrag (§ 433 BGB), zum Abschluss zu bringen. Er unterscheidet sich vom Vorvertrag, da er keinen schuldrechtlichen Anspruch auf Abschluss des Hauptvertrags, sondern ein Gestaltungsrecht begründet. Das Optionsrecht ist i. d. R. eine aufschiebende **Bedingung** (§ 158 Abs. 1 BGB), die durch Ausübung der Optionserklärung eintritt. **Formvorschriften** gelten wie beim Vorvertrag auch für den Optionsvertrag (z. B. § 311 b Abs. 1 BGB), nicht aber für die Optionserklärung. Ist das Optionsrecht ein langfristig bindendes Vertragsangebot, so gelten etwaige Formvorschriften allerdings auch für die Optionserklärung.

jj. Letter of Intent

Weicher LoI

Bei dem im Vorfeld von Großprojekten vielfach übersandten Letter of Intent (**LoI**) liegt in der Regel eine rechtlich nicht verbindliche Festlegung der Verhandlungsposition einer Partei oder beider Parteien vor (**weicher LoI**). Einzelne Regelungen können aber dennoch verbindlich sein, insbesondere **Geheimhaltungsklauseln** und **Exklusivitätsklauseln**. Zudem kann der weiche LoI aufgrund geschäftsähnlicher Kontakte ein vorvertragliches Schuldverhältnis der Beteiligten begründen (§ 311 Abs. 2 Nr. 3 BGB). Bei schuldhafter Verletzung von Schutzpflichten (§ 241 Abs. 2 BGB) besteht dann ein Schadensersatzanspruch aus § 280 Abs. 1 BGB.

Harter LoI

Der Letter of Intent kann rechtsbindend sein, wenn er konkret gefasst ist und rechtlich bindende Erklärungen enthält, die sich auf wesentliche Vertragsbestandteile (wie z. B. Kaufpreis und Kaufgegenstand) beziehen (**harter LoI**). Ein harter LoI ist zwar kein Vorvertrag, die Parteien haben jedoch aufgrund von Vertragsverhandlungen (§§ 311 Abs. 2 Nr. 1 BGB) **vorvertragliche Pflichten** (§ 241 Abs. 2 BGB). Bei schuldhafter Pflichtverletzung des Schuldverhältnisses hat die geschädigte Partei Anspruch auf Schadensersatz aus § 280 Abs. 1 BGB.

kk. Memorandum of Understanding

Das Memorandum of Understanding (**MoU**) ist eine **Absichtserklärung** zwischen zwei oder mehreren Parteien, die im US-Recht synonym zum Letter of Intent (LoI) verwendet wird. Es ist ebenso eine Grundsatzvereinbarung der Parteien, die regelmäßig nicht rechtsverbindlich ist.

ll. Gentlemen's Agreement

Die Absprache unter Ehrenleuten (**Gentlemen's Agreement**) wird ohne Rechtsbindungswille von den Parteien vereinbart. Das Vereinbarte soll vielmehr im Vertrauen auf das Wort des Partners oder mithilfe einer Bindung an den Anstand erreicht werden. Der Begriff bezeichnet im Kartellrecht abgestimmte Verhaltensweisen von Unternehmen (**Kartellabsprachen**).

mm. Rahmenverträge

Der Rahmenvertrag ist ein Vertrag über den künftigen Abschluss einer Mehrzahl untereinander gleichartiger **Einzelverträge**, die sich auf den Rahmenvertrag beziehen. Er regelt inhaltliche Rahmenbedingungen des vertraglichen Rechtsverhältnisses, die für die Einzelverträge gelten und in einzelnen Punkten durch diese konkretisiert werden. Die Präambel legt Grundfragen und gegenseitige Interessenlagen fest. Der Vertragsinhalt des Rahmenvertrags regelt Lieferungs- und Zahlungsbedingungen, Qualitätsanforderungen, Vertragslaufzeit, Kündigungsfrist, Preise oder Preisgleitklauseln. Im **Bankenbereich** gibt es eine Vielzahl von Rahmenverträgen etwa zur Ausgestaltung von Rahmenkrediten und dem Abschluss von Finanztermingeschäften.

nn. Service-Level-Agreements

Das Service-Level-Agreement (**SLA**) ist regelmäßig ein Rahmenvertrag über **wiederkehrende Dienstleistungen**. Er bezweckt, Kontrollmöglichkeiten für den Auftraggeber transparent zu machen, indem zugesicherte Leistungseigenschaften, wie Leistungsumfang, Reaktionszeit und Schnelligkeit der Bearbeitung genau zu beschrieben. Dabei ist das sog. **Service Level** wichtiger Bestandteil. Es beschreibt die Leistungsqualität und Angaben zum Leistungsspektrum (z. B. Zeit, Umfang) sowie die Verfügbarkeit und Reaktionszeit des Anbieters. Die Dienstleistung wird in verschiedene Stufen eingeteilt, die vom Leistungsersteller angeboten werden, um die Güte der Leistung zu objektivieren.

Beispiele: Outsourcing, IT-Dienstleistungen, Finanzmanagement, Buchhaltung.

2. Vorvertragliches Schuldverhältnis

Ein Schuldverhältnis mit Pflichten nach § 241 Abs. 2 BGB kann bereits vor Zustandekommen eines Vertrages begründet werden (**vorvertragliches Schuldverhältnis**). Bei einer schuldhaften Pflichtverletzung ist der Schädiger zum Ersatz des **Vertrauensschadens** aus Verschulden bei Vertragsschluss *(culpa in contrahendo)* nach §§ 280 Abs. 1, 241 Abs. 2, 311 Abs. 2, 3 BGB verpflichtet. Das Gesetz unterscheidet zwischen dem vorvertraglichen Schuldverhältnis der Parteien vor Vertragsschluss nach § 311 Abs. 2 BGB und dem vorvertraglichen Schuldverhältnis mit Dritten, die nicht Vertragspartei werden sollen, nach § 311 Abs. 3 BGB. Die Gesetzesvorschrift ist mit der Schuldrechtsreform 2002 in das BGB eingefügt worden.

a. Schuldverhältnis der Parteien

Nach § 311 Abs. 2 BGB entsteht ein vorvertragliches Schuldverhältnis mit Pflichten nach § 241 Abs. 2 BGB durch

- die Aufnahme von Vertragsverhandlungen (Nr. 1),

- die Anbahnung eines Vertrags, bei welcher der eine Teil im Hinblick auf eine etwaige rechtsgeschäftliche Beziehung dem anderen Teil die Möglichkeit zur Einwirkung auf seine Rechte, Rechtsgüter und Interessen gewährt oder ihm diese anvertraut (Nr. 2), oder
- ähnliche geschäftliche Kontakte (Nr. 3).

aa. Aufnahme von Vertragsverhandlungen

Bei der Aufnahme von Vertragsverhandlungen handelt es sich um einen **zweiseitigen Vorgang** zwischen den Parteien eines möglichen zukünftigen Vertrages. Einseitige Maßnahmen einer Partei wie Werbemaßnahmen einschließlich der Zusendung von Prospekten fallen nicht unter § 311 Abs. 2 Nr. 1 BGB. Die Verhandlungen sind ein **tatsächlicher Vorgang**, bei dem es noch nicht notwendig um die Abgabe eines Angebots zum Vertragsschluss nach § 145 BGB geht. Erfasst werden alle Formen von rechtsgeschäftlichen Kontakten, einschließlich Vorgespräche zu einem beabsichtigten Vertragsschluss. Unverbindliche Gespräche und lose Kontakte über eine geschäftliche Zusammenarbeit stellen noch keine Aufnahme von Vertragsverhandlungen mit vorvertraglichen Pflichten nach § 241 Abs. 2 BGB dar.

Beispiel: Der allgemein gehaltene Vortrag des Klägers, über einen bestimmten Zeitraum hätten auf Initiative der Beklagten konstruktive Gespräche über ihre Beteiligung als Investmentbank an allen Transaktionen der Kirch-Gruppe stattgefunden, hat der beweisbelastete Kläger nicht unter Beweis gestellt. Auch lässt sich dem Vorbringen nicht entnehmen, wer Vertragspartner hätte werden sollen. Eine Verletzung einer vorvertraglichen Verpflichtung der Beklagten, die Kreditwürdigkeit des Klägers nicht zu gefährden, kann danach nicht als gegeben angesehen werden (BGH NJW 2006, 830).

bb. Anbahnung eines Vertrages

Die Anbahnung eines Vertrages (Nr. 2) ist der **Grundtatbestand** der gesetzlichen Regelung des § 311 Abs. 2 BGB. Dieser wird durch die Regeln der Nr. 1 und 3 **ergänzt** und ist deshalb weit auszulegen ist. Er regelt die Eröffnung eines Verkehrs zur Ermöglichung rechtsgeschäftlicher Kontakte, v. a. die **Verkehrseröffnung** in Geschäftsräumen. Dafür genügt es grundsätzlich, wenn ein potenzieller Kunde ein Geschäftslokal ohne konkrete Kaufabsichten aufsucht. Es kommt nicht darauf an, wer Mieter der Räume ist, sondern mit wem nach den gesamten Umständen ein etwaiger geschäftlicher Kontakt in den Räumen zustande kommt. Begleiter des potenziellen Kunden wie vor allem Kinder in Begleitung von Erwachsenen sind in den Schutz einbezogen. Erfasst werden (im Unterschied zu Nr. 1) auch die Fälle, in denen Maßnahmen zur Aufnahme von Vertragsverhandlungen einseitig bleiben, wie etwa Werbemaßnahmen oder die Zusendung unbestellter Ware, sofern diese nicht an Verbraucher erfolgt (vgl. § 241 a BGB).

cc. Ähnliche geschäftliche Kontakte

Ähnliche geschäftliche Kontakte (Nr. 3) bilden den **Auffangtatbestand.** Dieser stellt klar, dass die in Nr. 1 und 2 beschriebenen Situationen nicht abschließend sind. Dabei handelt es sich um Sonderverbindungen, die keine Leistungspflicht, aber **Schutz-** und **Treuepflichten** begründen, wie etwa beim **gemeinsamen Kauf einer Sache** von mehreren Personen, zwischen denen kein besonderes Rechtsverhältnis besteht. Auch besteht bei **Ausschreibungen für Bauleistungen** für beide Seiten nach Treu und Glauben unter Berucksichtigung der Verkehrssitte (§ 242 BGB) die Rechtspflicht zu redlichem Verhalten. Der Auftraggeber, der einen Kalkulationsirrtum des Anbieters vor Vertragsschluss erkennt, muss den Anbieter darauf hinweisen. Zudem kann ein vertragsähnliches Vertrauensverhältnis bei **Irrtum über die Person** des Gläubigers oder des Schuldners eintreten.

Beispiel: Die Beklagte erweckt beim Auftreten im Geschäftsverkehr den Eindruck, dass sie mit dem am selben Ort ansässigen Unternehmen ihres Geschäftsführers als wahrem Schuldner rechtlich oder wirtschaftlich identisch ist, so dass sie allein oder neben diesem Unternehmen für die Gewährleistungsansprüche des Gläubigers eintrete (BGH NJW 2001, 2716).

b. Verletzung vorvertraglicher Pflichten

Für die Verletzung vorvertraglicher Pflichten (***culpa in contrahendo***, c. i. c.) haben sich unterschiedliche Fallgruppen in der Rechtsprechung herausgebildet.

aa. Schutzpflichten gegenüber gefährdeten Rechtsgütern

Eine Fallgruppe der vorvertraglichen Pflichten sind die Schutzpflichten gegenüber gefährdeten Rechtsgütern, wie insbesondere Personen und Sachen. Bei einer schuldhaften Pflichtverletzung wird neben deliktischen Ansprüchen (§§ 823 ff BGB) ein Schadensersatzanspruch (§ 280 Abs. 1 BGB) begründet. Dabei hat der Schädiger, anders als bei deliktischer Haftung (§ 831 BGB), **keine Exkulpationsmöglichkeit** für das Fehlverhalten seiner Angestellten. Auch gilt für den Ersatzanspruchs die gesetzliche Vermutung, dass der Schuldner die Pflichtverletzung auch zu vertreten hat (280 Abs. 1 S. 2 BGB), was er widerlegen muss (**Beweislastumkehr**). Außerdem können Dritte von den vorvertraglichen Schutzpflichten erfasst werden (§ 311 Abs. 3 BGB).

Schutzpflichten gegenüber Personen

Beispiel: Begleitet ein Kind seine Mutter zum Einkauf im Selbstbedienungsladen, so können ihm, wenn es dort mit der Behauptung, es sei auf einem **Gemüseblatt** ausgerutscht, zu Fall kommt, wegen Vertrages mit Schutzwirkung zugunsten Dritter Schadensersatzansprüche aus Verschulden bei Vertragsschluss zustehen (BGHZ 66, 51).

Schutzpflichten gegenüber Sachen

Beispiel: Der Werkunternehmer haftet aus c. i. c. wegen Verletzung der **Obhutspflichten** für ihm zur Untersuchung oder auch nur zur vorläufigen Lagerung bzw. Verwahrung anvertrauter Sachen, z. B. Fahrzeuge, Maschinen, Geräte oder hier Motoryacht, schon vor Abschluss des Reparaturvertrags (BGH NJW 1977, 376).

bb. Abbruch von Vertragsverhandlungen

Die Parteien können die Vertragsverhandlungen im Rahmen der Vertragsabschlussfreiheit in der Regel jederzeit beliebig abbrechen. (**Freiheit der Vertragsverweigerung**). Aufwendungen während dieser Zeit sind daher grundsätzlich von den Verhandlungspartnern selbst zu tragen. Sie können aber wegen Verschulden bei Vertragsverhandlungen zu erstatten sein, wenn die Verweigerung des Vertragsschlusses ausnahmsweise eine vorvertragliche Pflichtverletzung darstellt. Das kommt dann in Betracht, wenn eine Partei von Anfang an **ohne Abschlusswillen** verhandelt oder in einem Zeitpunkt weiterverhandelt, in welchem sie ihren Abschlusswillen bereits **aufgegeben** hat.

Zudem kann im **Abbruch von Vertragsverhandlungen** eine Pflichtverletzung liegen, wenn besonderes Vertrauen auf das Zustandekommen des Vertrages erweckt worden ist und der Abbruch dann ohne **triftigen Grund** erfolgt. Gehaftet wird dann auf den Vertrauensschaden.

Dies bedeutet zugleich einen indirekten Zwang zum Vertragsschluss. Nach der Rechtsprechung läuft dieser Zwang bei **Grundstücksgeschäften** der Formvorschrift des § 311b Abs. 1 BGB zuwider, durch die eine rechtliche Bindung ohne Einhaltung der Form verhindert werden soll. Daher löst bei Rechtsgeschäften, die nach § 311b Abs. 1 BGB notariell zu beurkundenden sind, der Abbruch von Vertragsverhandlungen, deren Erfolg als sicher anzunehmen war, durch den Vertragspartner auch dann keine Schadensersatzansprüche aus, wenn es an einem triftigen Grund für den Abbruch fehlt. Die Nichtigkeitsfolge eines Verstoßes gegen diese Formvorschrift soll jedoch zurücktreten, wenn sie nach den gesamten Umständen mit Treu und Glauben (§ 242 BGB) nicht zu vereinbaren ist. Dies gilt etwa, wenn die Existenz des anderen Vertragsteils gefährdet oder ihre Geltendmachung eine besonders schwerwiegende Treuepflichtverletzung bedeutet.

Beispiel: Wird der Abschluss eines formbedürftigen Vertrags über Teileigentum an einem Grundstück als sicher dargestellt, kann der Abbruch der Verhandlungen durch einen Partner grundsätzlich nur dann einen Schadensersatzanspruch des anderen begründen, wenn das Verhalten des Abbrechenden einen **schweren Verstoß** gegen die Verpflichtung zu redlichem Verhalten bei den Vertragsverhandlungen bedeutet. Dies erfordert in der Regel die Feststellung vorsätzlichen pflichtwidrigen Verhaltens (BGH NJW 1996, 1884).

cc. Verhinderung wirksamer Verträge

Bei unwirksamen Verträgen kann die Partei schadensersatzpflichtig sein, die den Grund der Unwirksamkeit zu vertreten hat (§§ 280 Abs. 1, 241 Abs. 2, 311 Abs. 2 BGB).

Beispiele: Unterlassene Aufklärung über das Fehlen einer nach dem Gemeinderecht gültigen Vollmacht (BGHZ 6,330), die devisenrechtliche Genehmigungsbedürftigkeit eines Geschäfts (BGHZ 18, 248), die gesetzliche oder vertragliche Formbedürftigkeit eines Vertrages (BGH NJW 1965, 812), die Nichtigkeit eines Geschäfts wegen Sittenwidrigkeit (OLG Düsseldorf BB 1975, 201), schuldhafte Herbeiführung eines versteckten Dissenses (RGZ 104, 265).

Im **AGB-Recht** kann der Verwender unwirksamer Geschäftsbedingungen sich bei Verschulden seinem Vertragspartner gegenüber schadensersatzpflichtig machen, wenn dieser im Vertrauen auf die Wirksamkeit der Klausel oder des ganzen Vertrages **nutzlose Aufwendungen** tätigt. Dies gilt ebenso bei der schuldhaften Verwendung eines wegen Benachteiligung des anderen Teils **sittenwidrigen Vertrages** (§ 138 Abs. 1 BGB). Dabei besteht der Haftungsgrund in der Verletzung der vorvertraglichen Pflicht zur Rücksichtnahme gegenüber dem andern Teil, in dem Vertrauen auf das Bestehen eines Vertragsverhältnisses erweckt wird. Die Haftung setzt Verschulden, nicht aber einen auf sittenwidrige Schadenszufügung gerichteten Vorsatz voraus.

dd. Verletzung von Aufklärungspflichten

Bei wirksamen, aber inhaltlich **nachteiligen Verträgen**, können Ansprüche aus Verschulden bei Vertragsschluss bestehen, wenn der Vertrag durch eine pflichtwidrige Einwirkung auf die Willensbildung des Geschädigten zustande gekommen ist und die verletzte Pflicht gerade vor diesen Nachteilen bewahren soll. Das ist meist der Fall, wenn der Schädiger dem Geschädigten **in Verletzung von Aufklärungspflichten unrichtige** oder **unvollständige Informationen** gegeben hat. Die Information kann unter Umständen auch durch die Übergabe von Unterlagen erfolgen. Das Verschweigen von Tatsachen begründet nur dann eine Haftung, wenn der andere Teil nach Treu und Glauben unter Berücksichtigung der Verkehrsanschauung redlicherweise Aufklärung erwarten durfte. Wer den anderen Teil fahrlässig oder vorsätzlich täuscht, muss ihn über seinen Irrtum aufklären, wenn er erkennt oder erkennen muss, dass der andere Teil unter dem Einfluss des Irrtums den Vertrag abschließt.

Beim **Kaufvertrag** muss der Verkäufer den Käufer vor Abschluss des Vertrages über solche Umstände aufklären, die dieser nicht kennt, die aber – für den Verkäufer erkennbar – für seinen Vertragsschluss von wesentlicher Bedeutung sind. Dies setzt voraus, dass dem Verkäufer die nötige Information des Käufers ohne weiteres möglich und nach der Verkehrsauffassung zumutbar ist. Darüber hinaus muss der Verkäufer auf die Fragen des Käufers wahrheitsgemäß antworten. Für Eigenschaften oder Beschaffenheiten der Kaufsache gilt nach Rechtsprechung und h. L. für die Zeit nach Gefahrübergang der **Vorrang der Gewährleistungsregeln**, so dass ein Anspruch aus Verschulden vor Vertragsschluss insoweit ausscheidet. Allerdings kommt bei anderen wertbildenden Merkmalen, die nicht Gegenstand einer Beschaffenheitsvereinbarung werden können, eine vorvertragliche Haftung wegen Verletzung von Aufklärungspflichten in Betracht. Zudem gilt eine **Ausnahme** vom Vorrang der Mängelrechte bei **arglistigem** Verhalten des Verkäufers, weil dieser dann nicht mehr schutzwürdig ist.

c. Schuldverhältnis mit Dritten

Parteien des vorvertraglichen Schuldverhältnisses sind grundsätzlich die Partner des möglichen Vertrags. Deshalb treffen die Pflichten aus dem vorvertraglichen Schuldverhältnis regelmäßig den Vertretenen und nicht den Vertreter. Die Zurechnung des schuldhaften Verhaltens eines Vertreters im Stadium der Vertragsanbahnung (**Verhandlungsgehilfe**) beim Vertretenen als Schuldner richtet sich dann nach § 278 BGB. Von diesem Grundsatz macht § 311 Abs. 3 BGB eine **Ausnahme**. Danach kann ein vorvertragliches Schuldverhältnis mit Pflichten nach § 241 Abs. 2 BGB auch zu Personen entstehen, die nicht selbst Vertragspartei werden sollen. Das Gesetz nennt dafür beispielhaft die Voraussetzung, dass der Dritte in **besonderem Maße Vertrauen** für sich in Anspruch nimmt und dadurch die Vertragsverhandlungen oder den Vertragsschluss erheblich beeinflusst. Da die Regelung nicht abschließend ist, sind die von der Rechtsprechung und Literatur für die c. i. c. entwickelten Grundsätze zur Haftung von Dritten (**Eigenhaftung Dritter**) weiterhin zu beachten.

aa. Eigenes wirtschaftliches Interesse

Die Eigenhaftung eines Dritten tritt dann ein, wenn dieser als Vertreter, Verhandlungsgehilfe oder Vermittler wirtschaftlich betrachtet gleichsam in eigener Sache tätig wird *(procurator in rem suam)*. Er muss nach der Rechtsprechung als **Quasipartei**, als **wirtschaftlicher Herr** des Geschäfts oder eigener **wirtschaftlicher Interessenträger** anzusehen sein. Dagegen reicht ein lediglich mittelbares wirtschaftliches Interesse an dem Geschäft, wie etwa Provisionen oder Gewinne des Vertretenen, dafür nicht aus.

Beispiele: Der Umstand, dass die Beklagte (als Geschäftskoordinatorin) in den Konzern der US-amerikanischen Franchisegeberin eingebunden ist und durch ihre Vertragsverhandlungen mit der Klägerin den Konzerninteressen nutzte, begründet kein Eigeninteresse der Beklagten am Zustandekommen des Franchisevertrages (BGH NJW-RR 2006, 993). Auch Angestellte des Vertretenen oder auf Provisionsbasis arbeitende Vertreter trifft keine Eigenhaftung (BGHZ 88, 67). Das gilt auch für ein Reisebüro als Handelsvertreter eines Reiseveranstalters (BGH NJW 2006, 2321) und für den Stimmrechtsvertreter von Aktionären, selbst wenn dieser den Einfluss zahlreicher Aktionäre in seiner Person bündelt (BGHZ 129, 136).

bb. Besonderes persönliches Vertrauen

Wer im Rahmen von Verhandlung anderer Personen über wirtschaftlich bedeutsame Geschäfte auf der einen Seite der Parteien in besonderem Maße Vertrauen für sich persönlich in Anspruch nimmt (**Sachwalter**) und dadurch der anderen Partei eine zusätzliche persönliche Gewähr für das Zustandekommen und die Erfüllung des Vertrages bietet (§ 311 Abs. 3 S. 2 BGB), haftet dieser für sein Verhandlungsverschulden (**Sachwalterhaftung**). Dazu muss er unmittelbar oder mittelbar an den Verhandlungen teilgenommen haben. Das kann gegeben sein, wenn ein dritter Vertragsvermittler den Verhandlungspartner auf seine außergewöhnliche Sachkunde oder eine besondere persönliche Zuverlässigkeit hinweist. Infolge dessen sieht der den Vermittler als den **Garanten der Vertragsdurchführung** selbst für den Fall, dass der Vertragspartner selbst sich nicht als vertrauenswürdig erweist. Das Vertrauen des Sachwalters muss über das normale Verhandlungsvertrauen hinausgehen, dass bei Anbahnung von Geschäftsbeziehungen immer gegeben ist oder doch gegeben sein sollte. Nicht ausreichend sind etwa private Kontakte oder eine langjährige Geschäftsbeziehung, das Auftreten als Wortführer, ausgewiesener Fachmann sowie das Inaussichtstellen eines Vertragsabschlusses.

Gebrauchtwagenhändler

Wenn der Gebrauchtwagenhändler oder eine Werksvertretung beim Kfz-Verkauf als Vermittler und Abschlussvertreter eine uneingeschränkte Sachwalterstellung für den Verkäufer einnimmt, haftet er dem Vertragspartner für Pflichtverletzungen auf Ersatz des Vertrauensschadens. Die Haftung geht allerdings nicht weiter, als diejenige des Verkäufers aus dem Vertrag, so dass ein Haftungsausschluss auch zugunsten des Gebrauchtwagenhändlers als Sachwalter gilt. Sofern Mängel jedoch arglistig oder vorsätzlich verschwiegen werden, ist der Haftungsausschluss aber analog § 444 BGB nichtig.

Beispiele: Verneint der Vertreter die Frage des Käufers, ob der Wagen ein Unfallwagen sei, obwohl für ihn als Fachmann das Gegenteil unverkennbar war, haftet er wegen Verletzung einer Offenbarungspflicht aus Verschulden bei Vertragsschluss auf Ersatz des Vertrauensschadens (BGHZ 63, 382). Der Verkäufer eines Gebrauchtwagens muss den Käufer darüber aufklären, dass er das Fahrzeug kurze Zeit vor dem Weiterverkauf von einem nicht im Kraftfahrzeugbrief eingetragenen „fliegenden Zwischenhändler" erworben hat (BGH NJW 2010, 858).

Geschäftsführer/Gesellschafter

Das allgemeine Interesse des GmbH-Geschäftsführers oder Gesellschafters am Erfolg seines Unternehmens begründet **keine Eigenhaftung**. Tritt er für die Gesellschaft auf, nimmt er in der Regel nur ein normales Verhandlungsvertrauen in Anspruch, dass bei der Anbahnung von Geschäftsbeziehungen immer gegeben ist oder vorhanden sein sollte. Wenn er es unterlässt, als Vertretungsorgan der Gesellschaft die für die Entscheidung des Vertragspartners maßgebenden Erklärungen abzugeben, verletzt er eine **Pflicht der Gesellschaft**, für die allein die Gesellschaft einzustehen hat. Es ist dann das Verhandlungsvertrauen enttäuscht worden, das im Verhältnis zwischen Vertragspartner und Gesellschaft besteht. Ein persönliches Vertrauen nimmt der Geschäftsführer nur in Anspruch, wenn er dem Verhandlungsgegner eine zusätzliche, von ihm persönlich ausgehende Gewähr für die Richtigkeit und Vollständigkeit seiner Erklärungen geboten hat, die für den Willensentschluss des anderen Teils bedeutsam gewesen sind.

Beispiel: Der Mehrheitsgesellschafter und alleinige Geschäftsführer einer GmbH, dessen Unternehmen in laufender Geschäftsbeziehung von einem Lieferanten Warenkredit in

Anspruch nimmt, ist auf Anfrage des Lieferanten und dessen Bitte um persönliche Aufklärung verpflichtet, die wirtschaftliche Lage seines Unternehmens zu offenbaren. Bei schuldhafter Pflichtverletzung kann der Lieferant Ersatzanspruch gegen den alleinigen Geschäftsführer der GmbH haben, wenn er im Konkurs der GmbH mit Forderungen aus Warenlieferungen ausfällt (BGHZ 87, 27).

3. Störung der Geschäftsgrundlage

a. Anwendungsbereich

§ 313 BGB regelt die Störung der Geschäftsgrundlage. Die Regelung ist Ausdruck der Lehre von der Geschäftsgrundlage *(clausula rebus sic stantibus)* und schränkt den Grundsatz der Vertragstreue *(pacta sunt servanda)* ein. Sie gilt für alle **Verpflichtungsverträge**, kommt aber nur zur Anwendung, wenn keine **spezielleren Regelungen** greifen. Diese können sich aus vertraglichen Vereinbarungen, gesetzlichen Sonderregelungen (z. B. §§ 530f BGB), Rücktritts- oder Kündigungsvorschriften (z. B. §§ 314, 490 BGB), Vorschriften über die Mängelhaftung (z. B. §§ 434ff BGB), die wirtschaftliche Unmöglichkeit (§ 275 BGB) und die Anfechtung wegen Irrtums (§§ 119f BGB) ergeben. Gegenüber dem Bereicherungsrecht (§§ 812ff BGB) ist § 313 BGB vorrangig anzuwenden. Planwidrigen Vertragslücken sind durch **ergänzende Vertragsauslegung** auszufüllen.

b. Wegfall der Geschäftsgrundlage

313 Abs. 1 BGB regelt den Wegfall der Geschäftsgrundlage. Die Umstände, die Grundlage des Vertrags (**objektive Geschäftsgrundlage**), aber nicht sein Inhalt geworden sind, müssen sich nach Vertragsschluss (**reales Element**) schwerwiegend (**hypothetisches Element**) verändert haben. Die Parteien hätten den Vertrag nicht oder mit anderem Inhalt geschlossen, wenn sie diese Veränderung vorausgesehen hätten (**normatives Element**). Das typische Geschäftsrisiko fällt in den Risikobereich einer Partei und berührt die Geschäftsgrundlage des Vertrags nicht.

aa. Große Geschäftsgrundlage

Die große Geschäftsgrundlage ist die von den Parteien dem Vertrag zugrunde liegende Erwartung, dass sich die Rahmenbedingen nicht grundlegend verändern. Dabei handelt es sich um die wirtschaftlichen (**Währungsverfall**), politischen (**Krieg**) und sozialen (**Naturkatastrophen**) Rahmenbedingungen.

bb. Kleine Geschäftsgrundlage

Die kleine Geschäftsgrundlage umfasst **alle übrigen** sich v. a. auf Verträge auswirkenden **Drittereignisse**. Für die Störung der objektiven Geschäftsgrundlage hat die Rechtsprechung Grundsätze entwickelt, die sich in typische nicht abschließende Fallgruppen einordnen lassen. Die nachträgliche Veränderung kann das Verhältnis von Leistung und Gegenleistung erheblich und unvorhersehbar stören (**Äquivalenzstörung**). Auch können nachträgliche Erschwerungen des Schuldners aufgrund unerwartet hoher Kosten zu einem unzumutbar hohen Aufwand für ihn führen (**wirtschaftliche Unmöglichkeit**). Die Herbeiführung des Leistungserfolgs kann noch möglich sein, der Gläubiger kann aber aufgrund erheblich veränderter Bedingungen kein Interesse mehr an der Leistung haben (**Zweckstörung**). Änderungen der Gesetzeslage und der Rechtsprechung und Eingriffe von hoher Hand (z.B. Corona-Lockdown) können auch das Äquivalenzverhältnis stören (**Rechtsänderungen**).

c. Fehlen der Geschäftsgrundlage

§ 313 Abs. 2 BGB regelt das Fehlen der Geschäftsgrundlage. Einer Veränderung der Umstände steht es gleich, wenn wesentliche Vorstellungen, die zur Grundlage des Vertrags geworden sind (**subjektive Geschäftsgrundlage**) sich als falsch herausstellen. Dabei handelt es sich um einen Irrtum beider Vertragsparteien über eine wesentliche Voraussetzung des Rechtsgeschäfts oder um einen gemeinschaftlichen Motivirrtum und um falsche Vorstellungen einer Partei, der die andere nicht widersprochen hat.

d. Rechtsfolgen

Die Rechtsfolgen der Störung der Geschäftsgrundlage regelt § 313 Abs. 3 BGB. Danach sind die Vertragsparteien zur **Anpassung des Vertrags** an die geänderten Verhältnisse verpflichtet. Ist eine Anpassung des Vertrags nicht moglich oder einem Teil nicht zumutbar, so kann der benachteiligte Teil vom Vertrag **zurücktreten**. An die Stelle des Rücktrittsrechts tritt das Recht zur **Kündigung** bei Dauerschuldverhältnissen.

4. Kündigung von Dauerschuldverhältnissen

a. Anwendungsbereich

Dauerschuldverhältnisse kann jeder Vertragsteil aus **wichtigem Grund** ohne Einhaltung einer Kündigungsfrist gemäß § 314 BGB kündigen. Die Vorschrift ist zwingendes Recht und kann lediglich in einer Individualvereinbarung beschränkt, aber nicht abbedungen werden. Das Kündigungsrecht aus wichtigem Grund ist auch in **Sondervorschriften** geregelt (z. B. §§ 490, 543, 569, 626, 648 a, 723 BGB, § 89 a HGB). Diese speziellen gesetzlichen Kündigungsrechte gehen der allgemeinen Kündigungsregelung des § 314 BGB vor (**Spezialität**).

b. Dauerschuldverhältnisse

aa. Allgemeines

Bei Dauerschuldverhältnissen entstehen im Gegensatz zu den auf eine einmalige Leistung gerichteten Schuldverhältnissen während der Leistungszeit wiederholt **neue Leistungs**- und **Nebenleistungspflichten**, insbesondere Schutzpflichten.

bb. Gesetzlich normierte Verträge

Gesetzlich normierte Verträge, die ein Dauerschuldverhältnis begründen, sind:

- Miete (§ 535 BGB),
- Pacht (§ 581 BGB),
- Leihe (§ 598 BGB),
- Darlehen (§§ 488, 607 BGB)
- Dienstvertrag (§ 611 BGB)
- Verwahrung (§ 688 BGB)
- Depotvertrag (§ 1 DepotG)
- BGB-Gesellschaft (§ 705 BGB)
- Versicherungsvertrag (§ 1 VVG).

Kaufvertrag (§ 433 BGB) Werklieferungsvertrag (§ 650 BGB), Bürgschaft (§ 765 BGB) und Maklervertrag (§ 652 BGB) können nach der Ausgestaltung Dauerschuldverhältnisse mit wiederkehrenden Leistungen darstellen.

cc. Sukzessivlieferungsverträge

Sukzessivlieferungsverträge sind in aller Regel Kauf- oder Werklieferungsverträge, bei denen die Leistungen zeitlich aufeinander erfolgen. Steht die zu leistende Menge von Anfang an fest, wird jedoch in Raten geliefert (**Ratenlieferungsvertrag**), liegt ein gestreckter Kaufvertrag vor. Dieser stellt kein Dauerschuldverhältnis dar (**echter Sukzessivlieferungsvertrag**). Dagegen ist ein meist auf unbestimmte Zeit abgeschlossene Vertrag ohne Vereinbarung fester Liefermenge (**Bezugsvertrag**) ein echtes Dauerschuldverhältnis (**unechter Sukzessivlieferungsvertrag**).

Beispiele: Versorgungsverträge über Strom, Wasser, Gas, Getränkelieferungsverträge.

c. Wichtiger Grund

Nach § 314 Abs. 1 BGB liegt ein wichtiger Grund vor, wenn dem kündigenden Teil unter Berücksichtigung aller Umstände des Einzelfalls und unter Abwägung der beiderseitigen Interessen die Fortsetzung des Vertragsverhältnisses bis zur vereinbarten Beendigung oder bis zum Ablauf einer Kündigungsfrist **nicht zugemutet** werden kann. Der wichtige Grund kann vor allem in einer vertraglichen **Pflichtverletzung** liegen. Dabei sind die Besonderheiten des jeweiligen Vertragstyps zu berücksichtigen. Der Kündigungsgrund muss im **Risikobereich** des **Kündigungsgegners** liegen. Eine schuldhafte Pflichtverletzung ist nicht maßgeblich. Auch vor Beginn des Dauerschuldverhältnisses liegende Gründe können zur Kündigung berechtigen.

d. Abmahnung

Ist der wichtige Grund eine vertragliche Pflichtverletzung, ist die Kündigung grundsätzlich erst nach **erfolglosem Ablauf** einer zur Abhilfe bestimmten **Nachfrist** oder nach einer erfolglosen **Abmahnung** zulässig (§ 314 Abs. 2 S. 1 BGB). Der Berechtigte kann nur innerhalb einer angemessenen Frist kündigen, nachdem er vom Kündigungsgrund Kenntnis erlangt hat (§ 314 Abs. 3 BGB). Die Berechtigung, Schadensersatz zu verlangen, wird durch die Kündigung nicht ausgeschlossen (§ 314 Abs. 4 BGB). Der Anspruch auf Schadensersatz ergibt sich aus §§ 280, 281 BGB. Die Ersatzpflicht beschränkt sich i. d. R. auf die Zeit bis zum nächsten ordentlichen Kündigungstermin.

5. Einseitige Leistungsbestimmungsrechte

a. Allgemeines

Die Bestimmung der vertraglichen Leistung kann auch dem Vertragspartner oder einem Dritten vorbehalten sein (**einseitige Leistungsbestimmungsrechte**). Sie muss gemäß §§ 315 bis 317 BGB im Zweifel nach **billigem Ermessen** erfolgen. Diese Vorschriften sind nicht anwendbar, soweit die nicht abschließend festgelegte Leistung durch ergänzende Vertragsauslegung nach §§ 133, 157 BGB bestimmt werden kann.

b. Inhaltskontrolle

Nach der Rechtsprechung bestehen einseitige Leistungsbestimmungsrechte nur dann, wenn sie individualvertraglich vereinbart wurden. Formularmäßige Vereinbarungen in **AGB** unterliegen indessen der **Inhaltskontrolle**. Das gilt etwa für AGB-Klauseln, die in Abweichung der Regel des § 316 BGB einer Vertragspartei das Recht zur Bestimmung der von ihr zu erbringenden Gegenleistung übertragen. Die durch die unwirksame Klausel entstandene Vertragslücke ist dann durch eine ergänzende Vertragsauslegung nach §§ 133, 157 BGB zu schließen.

Beispiel: Eine formularmäßige Zinsänderungsklausel, die dem Kreditinstitut eine inhaltlich unbegrenzte Zinsänderungsbefugnis einräumt, ist bei langfristig angelegten Sparverträgen nach § 308 Nr. 4 BGB unwirksam (BGH NJW 2004, 1588).

III. Gegenseitiger Vertrag

1. Einrede des nicht erfüllten Vertrags

a. Allgemeines

Die Einrede des nicht erfüllten Vertrags regelt § 320 Abs. 1 S. 1 BGB. Danach kann derjenige die ihm obliegende Leistung bis zur Bewirkung der Gegenleistung verweigern, der aus einem gegenseitigen Vertrag verpflichtet ist, es sei denn, dass er zur Vorleistung verpflichtet ist. Die Regelung begründet ein **Leistungsverweigerungsrecht** und ist auf alle gegenseitigen Verträge anwendbar. Die Vertragsparteien können sie jedoch individualvertraglich **abbedingen** und etwa **Vorleistungspflicht** vereinbaren, da es sich nicht um zwingendes Recht handelt.

b. Gegenseitigkeitsverhältnis

Die Forderung, mit der die Einrede des § 320 BGB erhoben wird, muss auf einem **gegenseitigen Vertrag** beruhen und mit der Hauptleistungspflicht in einem Gegenseitigkeitsverhältnis stehen. Beim gegenseitigen Vertrag stehen die Hauptleistungspflichten der Vertragsparteien in einem Austauschverhältnis (***funktionelles Synallagma***) und sind voneinander abhängig. Jede Partei erbringt ihre Leistung nur deshalb, weil sie die Gegenleistung erhalten will *(do ut des)*. Das Austauschverhältnis erstreckt sich auch auf alle sonstigen vertraglichen Pflichten, die nach dem Vertragszweck von wesentlicher Bedeutung sind.

Beispiele: Kaufvertrag, Miete, Pacht, verzinsliches Darlehen, Werkvertrag und Gesellschaftsvertrag sind gegenseitige Verträge, bei denen die Leistung und die Vergütung Hauptleistungspflichten sind.

Maklervertrag, Bürgschaft und Schuldversprechen sind einseitige Verträge ohne gegenseitige Leistungspflichten. Beim Sukzessiv- und Dauerlieferungsvertrag besteht über die einzelnen zu erbringenden Leistungen hinaus ein einheitliches gegenseitiges Schuldverhältnis. Dieses kann auch bei Unterlassungsansprüchen bestehen, die nicht durch Zuwiderhandlungen endgültig vereitelt werden (§ 242 BGB). Darüber hinaus muss das Austauschverhältnis nicht zwischen den Vertragsparteien, sondern kann auch zu Dritten bestehen, z. B. Vereinbarung eines echten Vertrags zugunsten Dritter (§ 328 Abs. 1 BGB).

c. Fälligkeit der Gegenforderung

Die Gegenforderung des Schuldners muss gemäß § 271 BGB **fällig** und **wirksam** sein. Es darf ihr **keine Einrede** entgegenstehen und sie muss **gerichtlich durchsetzbar** sein. Die Berufung auf § 320 BGB ist jedoch nicht ausgeschlossen, selbst wenn die Gegenforderung bereits verjährt ist, sofern die Verjährung bei Entstehung des Anspruchs noch nicht eingetreten war. Dies ergibt sich aus § 215 BGB, der über seinen Wortlaut hinaus neben dem Zurückbehaltungsrecht auch die Einrede des nicht erfüllten Vertrags erfasst.

d. Eigene Vertragstreue

Der Schuldner der Gegenforderung muss sich selbst vertragstreu verhalten und darf die eigene Leistung nicht grundlos ablehnen oder sich im Schuldnerverzug befinden. Er darf die Einrede des nicht erfüllten Vertrags nach der Rechtsprechung nur erheben, wenn er selbst am Vertrag festhält. Sofern er sich endgültig vom Vertrag lösen will, muss er die dafür in Frage kommenden Rechtsbehelfe (§§ 281 f, 323 f BGB) geltend machen. Der Annahmeverzug des Schuldners in Bezug auf die ihm geschuldete Leistung schließt die Einrede hingegen nicht aus.

e. Nichterfüllung des Gläubigers

aa. Nichtleistung

Der Gläubiger darf die Gegenleistung noch nicht oder nicht vollständig erbracht haben und auch nicht gleichzeitig erbringen. Eine Ausnahme gilt, wenn die Leistungsverweigerung des Schuldners wegen des relativ geringfügigen noch ausstehenden Teils nach § 320 Abs. 2 BGB gegen Treu und Glauben verstoßen würde. Worauf die Nichterfüllung beruht, insbesondere, ob der Gläubiger diese zu vertreten hat, ist unerheblich. Hat die Leistung anteilig an mehrere Gläubiger zu erfolgen (§ 420 BGB), so kann der Schuldner jedem Gläubiger seine anteilige Leistung verweigern, bis ihm die ganze Gegenleistung bewirkt ist. Die Erbringung der Teilleistung ist also nicht ausreichend, um die Teilforderung geltend zu machen.

bb. Mangelhafte Leistung

Der Schuldner kann bei mangelhafter Leistung des Gläubigers die Einrede des nicht erfüllten Vertrags nach § 320 BGB erheben und sie nach § 266 BGB zurückweisen. Dazu ist er nach der Rechtsprechung sogar dann berechtigt, wenn er die mangelhafte Leistung angenommen hat, vorausgesetzt der Mangel ist behebbar und der Erfüllungsanspruch besteht weiter. Bei **Kauf-** und **Werkvertrag** begründet der Anspruch auf Nacherfüllung (§§ 439, 635 BGB) die Einrede des nicht erfüllten Vertrags, die nicht auf die Zeit bis zum Gefahrübergang beschränkt ist. Auch beim **Mietvertrag** behält der Mieter neben den Gewährleistungsrechten (§§ 536 ff BGB) die Erfüllungsansprüche und damit die Einrede des nicht erfüllten Vertrags aus § 320 BGB. Beim **Dienstvertrag** begründet eine mangelhafte Leistung kein Minderungsrecht und daher auch kein Leistungsverweigerungsrecht des Dienstberechtigten aus § 320 BGB.

f. Rechtsfolgen

Das Bestehen des Leistungsverweigerungsrechts **hindert** den **Eintritt des Schuldnerverzugs**. Es bedarf dazu anders als beim Zurückhaltungsrecht (§ 273 BGB) keiner Geltendmachung der Einrede des nicht erfüllten Vertrags. Der Schuldner kommt nur in Verzug, wenn der Gläubiger bei der Mahnung die **Gegenleistung anbietet**. Mit Eintritt des Leistungserfolges entfällt das Leistungsverweigerungsrecht und es tritt Fälligkeit ein. Erhebt der Gläubiger Klage auf die geschuldete Leistung, hat die Geltendmachung der Einrede des nicht erfüllten Vertrags durch den Schuldner nach § 322 Abs. 1 BGB zur Folge, dass dieser zur Erfüllung **Zug um Zug** zu verurteilen ist. Wenn der Schuldner in Unkenntnis des § 320 BGB bereits geleistet hat, so kann er seine Leistung nicht nach Bereicherungsrecht zurückverlangen. Ein Anspruch auf Erfüllung trotz Einrede aus § 813 BGB scheidet aus, da es sich bei § 320 BGB nicht um eine dauernde Einrede handelt. Wurde der gegenseitige Vertrag durch Kündigung, Ablauf der Vertragszeit, aus Nichtigkeitsgründen oder Anfechtung unwirksam, so gilt die Rückabwicklung nach § 346 BGB. Im Falle des Rücktritts gilt für das Rückgewährschuldverhältnis nach § 348 BGB jedoch weiterhin § 320 BGB. Die **Verjährung** des Anspruchs, demgegenüber die Einrede des nicht erfüllten Vertrags besteht oder erhoben wird, ist **nicht gehemmt**. Durch Sicherheitsleistung kann das Leistungsverweigerungsrecht (anders beim Zurückbehaltungsrecht) nicht abgewendet werden, da § 273 Abs. 3 BGB keine Anwendung findet (§ 320 Abs. 1 S. 3 BGB).

g. Vorleistungspflicht

aa. Entstehung

Eine Vorleistungspflicht kann sich aus **Vertrag** oder **Gesetz** ergeben. Nach den gesetzlichen Bestimmungen gilt dies für den Mieter (§ 556b BGB), Landverpächter (§ 587 Abs. 1 BGB), Dienstverpflichteten (§ 614 BGB), Werkunternehmer (§ 641 BGB) und den Verwahrer (§ 699 BGB). Der Unternehmer ist nach der Rechtsprechung aber nur hinsichtlich der Herstellung des Werks und der Nacherfüllung bis zur Abnahme vorleistungspflichtig. Nach der Abnahme ist die Beseitigung von Mängeln und die Zahlung des Werklohns Zug um Zug abzuwickeln. Die Vorleistungspflicht kann ausdrücklich und stillschweigend (**konkludent**) vereinbart werden. Für eine formularmäßige Vereinbarung durch AGB gelten die Beschränkungen des § 309 Nr. 8b dd) BGB.

bb. Rechtsfolgen

Für den Vorleistungspflichtigen entfällt das Leistungsverweigerungsrecht des § 320 BGB. Er kann den anderen Teil nur in Verzug setzen, wenn er seine Leistung bereits angeboten hat oder seine Leistung zumindest anbietet.

cc. Schranken

Schranken der Gegenleistungspflicht folgen aus §§ 321, 242 BGB. Verschlechtern sich nach Vertragsschluss die **Vermögensverhältnisse** der Gegenpartei so stark, dass der Anspruch des Schuldners auf seine Gegenleistung in Gefahr gerät, **entfällt** die **Vorleistungspflicht** des Schuldners (§ 321 Abs. 1 S. 1 BGB). Dies gilt auch, wenn die Gegenseite ausdrücklich erklärt hat, dass sie den Vertrag nicht erfüllen werde. Der Schuldner kann dann entweder am Vertrag festhalten und auf Erfüllung klagen oder sich gemäß § 323 BGB vom Vertrag trennen, ohne dass man ihm die Vorleistungspflicht entgegenhalten kann. Die Vorleistungspflicht entfällt nach Treu und Glauben (§ 242 BGB) insbesondere dann, wenn der andere Teil ernsthaft erklärt hat, er könne oder wolle nicht erfüllen, der Gläubiger die ihm obliegende Mitwirkungspflicht unterlassen hat oder eine frühere Vorleistung bei einem Sukzessivlieferungsvertrag noch nicht bezahlt hat.

2. Unsicherheitseinrede

a. Allgemeines

§ 321 BGB regelt die Unsicherheitseinrede. Danach kann die Vorleistungspflicht aus einem gegenseitigen Vertrag verweigert werden, wenn nach Abschluss des Vertrags erkennbar wird, dass der Anspruch des vorleistungspflichtigen Schuldners auf die Gegenleistung durch mangelnde Leistungsfähigkeit des Gläubigers gefährdet wird. Die Regelung begründet für den Schuldner ein Leistungsverweigerungsrecht, das **einzelvertraglich abbedungen** werden kann. Dagegen widersprechen AGB-Klauseln, durch welche der Kunde zur Vorleistung aufgefordert wird (**Vorleistungsklauseln**), nach der Rechtsprechung der gesetzlichen Regelung des § 320 BGB, da sie dies nicht vorsieht. Vielmehr gehört der Grundsatz der Leistung Zug um Zug zu den wesentlichen Grundgedanken der gesetzlichen Regelung (§ 307 Abs. 2 Nr. 1 BGB), weil er eine gleichmäßige Sicherheit für beide Vertragsparteien gewährleistet. Vorleistungsklauseln sind deshalb nach § 305c Abs. 2 BGB nur wirksam, wenn für sie ein **sachlicher Grund** besteht und **keine überwiegenden Belange** des Vertragspartners des Verwenders entgegenstehen.

b. Vorleistungspflicht

Die Vorleistungspflicht des Schuldners kann sich aus einer vertraglichen Vereinbarung mit dem Gläubiger oder dem Gesetz (z. B. §§ 579, 614, 641 Abs. 1, 2, 699 BGB, § 16 VOB/B) ergeben. Die Vorleistung muss mit der Gegenleistung im Austauschverhältnis aus einem gegenseitigen Vertrag stehen (**funktionelles Synallagma**).

c. Mangelnde Leistungsfähigkeit

Die Unsicherheitseinrede setzt die mangelnde Leistungsfähigkeit des vorleistungsberechtigten Gläubigers voraus. Diese kann sich aus einer Verschlechterung der Vermögensverhältnisse sowie auch aus sonstigen drohenden Leistungshindernissen ergeben.

aa. Verschlechterung der Vermögensverhältnisse

Die Verschlechterung der Vermögensverhältnisse ist nach **wirtschaftlichen Gesichtspunkten objektiv** und nicht aufgrund übertriebener Besorgnis des Vorleistungspflichtigen zu beurteilen. Dafür ist der Zeitpunkt der Fälligkeit der Vorleistungspflicht maßgeblich. Nicht erforderlich ist der Eintritt einer Vermögensminderung beim Gläubiger, vielmehr ist eine **Überschuldung** (§ 19 InsO) oder **Zahlungsunfähigkeit** (§ 17 InsO) ausreichend. Dagegen ist § 321 BGB bei der Eröffnung des Insolvenzverfahrens nur dann anwendbar, wenn der Verwalter des Gläubigers die Erfüllung wählt (§ 103 InsO) und die Erfüllung der Gegenleistung aus der Masse gefährdet erscheint.

bb. Sonstige Leistungshindernisse

Auch sonstige Leistungshindernisse begründen die Unsicherheitseinrede, wenn sie geeignet sind, die Erbringung der Gegenleistung zu verhindern oder vertragswidrig zu verzögern, oder wenn eine vertragswidrige Beschaffenheit der Gegenleistung von einigem Gewicht zu erwarten ist. Der Gesetzgeber hat mit Neufassung des § 321 BGB durch die Schuldrechtsreform 2002 dafür besonders nachfolgende Umstände aufgeführt.

Beispiele: Export- Importverbote, Kriegsereignisse, Zusammenbrüche von Zulieferern sowie Risiken aufgrund Krankheit des Vorleistungsberechtigten oder seiner Mitarbeiter (BT-Drucks. 14/6040, S. 179).

cc. Vorübergehende Leistungshindernisse

Nach der Rechtsprechung können auch vorübergehende Leistungshindernisse die Anwendung des § 321 BGB rechtfertigen. Das wird aus der Regelung des § 321 Abs. 2 BGB geschlossen, die dem vorleistungspflichtigen Schuldner ein Rücktrittsrecht einräumt, wenn der andere Teil nicht innerhalb einer ihm gesetzten angemessenen Frist Zug um Zug gegen die Leistung nach seiner Wahl die Gegenleistung bewirkt oder Sicherheit geleistet hat. Der Schuldner muss keinen den vertraglichen Vereinbarungen widersprechenden Schwebezustand hinnehmen.

Daher ist der Anspruch des Schuldners auch dann gefährdet, wenn infolge des Leistungshindernisses zu befürchten steht, dass die Gegenleistung nicht rechtzeitig erbracht werden wird.

dd. Erkennbarkeit

Die mangelnde Leistungsfähigkeit des Gläubigers muss nach Abschluss des Vertrags erkennbar werden. Sie kann bereits bei Vertragsschluss bestehen oder nachträglich eintreten. Allerdings werden anfängliche Risiken nur erfasst, wenn sie der vorleistungspflichtige Schuldner auch bei der gebotenen sorgfältigen Überprüfung nicht erkennen konnte. Ansonsten ist anzunehmen, dass er diese Risiken bei Abschluss des Vertrags freiwillig übernommen hat. Der Umfang der einzuhaltenden Sorgfalt hängt von den Umständen ab (§ 276 Abs. 1 S. 1 BGB). Dabei gelten für Kaufleute andere Maßstäbe als für Privatleute.

d. Gefährdung der Gegenleistung

Die mangelnde Leistungsfähigkeit des Gläubigers muss eine Gefährdung der Gegenleistung bei Fälligkeit zur Folge haben. Das hängt sowohl von der Art der geschuldeten Gegenleistung ab sowie davon, worauf die mangelnde Leistungsfähigkeit des Vorleistungspflichtigen beruht. **Zahlungsansprüche** sind vor allem durch eine Verschlechterung der Vermögensverhältnisse gefährdet. Ansprüche aus **Dienst**- oder **Werkleistungen** sind durch eine schwere Erkrankung des Schuldners oder durch eine offenkundig mangelhafte Vorbereitung der Leistung gefährdet, so dass eine vertragswidrige Beschaffenheit der Gegenleistung von einigem Gewicht zu besorgen ist. Dies beurteilt sich nach objektiven Maßstäben aus Sicht der Verkehrsauffassung.

e. Kein Ausschluss

Die Anwendung des § 321 BGB ist ausgeschlossen, wenn der vorleistungspflichtige Schuldner die Gefährdung seiner Gegenleistung überwiegend selbst zu verantworten hat (§§ 323 Abs. 6, 326 Abs. 2 BGB analog). Das gilt auch, wenn das Ausbleiben der Gegenleistung feststeht. Dann sind die Regelungen über Rücktritt, Kündigung und Schadensersatz anzuwenden. Sofern der Schuldner sich bereits im **Leistungsverzug** befindet, **bevor** der Mangel der Leistungsfähigkeit des Gläubigers eintritt, ist die Unsicherheitseinrede ebenfalls ausgeschlossen, weil im Zweifel bei rechtzeitiger Leistung ein Sicherungsbedürfnis nicht entstanden wäre.

f. Rechtsfolge

aa. Leistungsverweigerungsrecht

Der vorleistungspflichtige Schuldner erwirbt ein **Leistungsverweigerungsecht** aus § 321 Abs. 1 S. 1 BGB. Er muss dieses nicht durch Erhebung einer Einrede geltend machen, sondern es entsteht automatisch bei Vorliegen der tatbestandlichen Voraussetzungen. Es entfällt, wenn die Gegenleistung bewirkt oder Sicherheit für sie geleistet wird (§ 321 Abs. 1 S. 2 BGB).

bb. Anhalterecht

Beim Versendungskauf (§ 447 BGB) ist der Verkäufer ebenso wie das von ihm angewiesene Transportunternehmen berechtigt, die Lieferung der Ware an den Käufer zu unterbrechen, anzuhalten und rückgängig zu machen, solange der Leistungserfolg noch nicht eingetreten ist (**Anhalterecht**). Dieser tritt erst mit Übergabe der Kaufsache vom Transportunternehmen an den Käufer ein. Daher endet das Anhalterecht erst, wenn der Käufer die Ware empfangen hat oder bei Aushändigung des Konnossements darüber verfügen kann (vgl. Art. 71 Abs. 2 CISG).

cc. Beständige Vorleistungspflicht

Ist der Schuldner zur Gegenleistung erst dann berechtigt, wenn er seine Leistung erbracht hat (**beständige Vorleistungspflicht**), kann er den Gläubiger nicht in Verzug setzen, bevor er seine Leistung erbracht oder in Annahmeverzug begründender Weise angeboten hat. Die Fälligkeit der Gegenleistung ist durch die Erbringung der Vorleistung bedingt. Der Schuldner kann mangels fälligen Anspruchs auf die Gegenleistung nicht die Leistungsklage erheben (§§ 320, 322 BGB) und auch nicht die Rechte aus §§ 281, 323 BGB geltend machen, bevor er seine Vorleistung erbracht hat (z. B. Kaufpreis fällig „vier Wochen nach Lieferung der Ware.“).

dd. Verhaltene Vorleistungspflicht

Die Fälligkeit der Gegenleistung kann auch unabhängig von der Erbringung der Vorleistung zu einem bestimmten Datum, eintreten (**verhaltene Vorleistungspflicht**). In diesem Fall endet die Fälligkeit der nach dem Kalender bestimmten Vorleistungspflicht mit der früheren Fälligkeit der Gegenleistung (z. B. „Vergütung fällig vor Herstellung des Werks“). Dann steht dem Schuldner ab Fälligkeit der eigenen Leistung die Einrede des nicht erfüllten Vertrags zu (§§ 320, 322 BGB) und er hat die Rechte aus §§ 281, 323 BGB.

ee. Schuldnerverzug

Nach der Rechtsprechung schließt der bloße Bestand des Leistungsverweigerungsrechts nach § 321 BGB den Schuldnerverzug aus. Das setzt aber voraus, dass er auf Nachfrage des Gläubigers oder auf die Aufforderung zur Leistung hin den Grund für sein Leistungsverweigerungsrecht nennt. Sofern er sich nicht äußert, kann der Gläubiger immer noch nach § 323 BGB vorgehen. Befindet sich der Schuldner bei Eintritt der Voraussetzungen des § 321 BGB bereits in Verzug, kann er diesen heilen, wenn er seine Leistung in Annahmeverzug begründender Weise anbietet.

ff. Rücktrittsrecht

Das Rücktrittsrecht des Schuldners ist in § 321 Abs. 2 BGB geregelt. Er kann eine angemessene Frist bestimmen und den Gläubiger dazu auffordern, die Gegenleistung zu bewirken oder eine Sicherheit zu leisten. Nach erfolglosem Ablauf der Frist kann er entsprechend § 323 BGB vom Vertrag zurücktreten. Eine Fristsetzung kann gemäß § 323 Abs. 2 BGB entbehrlich sein. Das Rücktrittsrecht steht dem Schuldner auch zu, wenn er bereits ganz oder teilweise geleistet hat.

3. Verurteilung zur Leistung Zug-um-Zug

a. Allgemeines

§ 322 BGB regelt die Verurteilung zur Leistung Zug-um-Zug. Bei Klage auf die geschuldete Leistung hat die Einrede des nicht erfüllten Vertrags (§ 320 BGB) durch den Beklagten nur die Wirkung, dass er zur Erfüllung Zug um Zug zu verurteilen ist. Es erfolgt keine Klageabweisung. Dies gilt gleichermaßen für die Erhebung der Unsicherheitseinrede (§ 321 BGB) im Prozess.

b. Erhebung der Einrede

Der Beklagte muss die Einreden nach §§ 320, 321 BGB im Prozess geltend machen; sie werden gerichtlich nicht von Amts wegen berücksichtigt. Ein **formeller Antrag** ist **nicht** erforderlich. Vielmehr genügt es, wenn sich aus der Gesamtheit des Vorbringens des Beklagten **konkludent** ergibt (§§ 133, 157 BGB), dass er sein Leistungsverweigerungsrecht geltend machen will.

c. Vorleistungspflicht

Bei Bestehen einer Vorleistungspflicht des Klägers kann dieser auf Leistung nach Empfang der Gegenleistung klagen, wenn der Vorleistungsberechtigte mit der Annahme der Leistung im Verzug ist (§ 322 Abs. 2 BGB). Selbst wenn er einen unbedingten Klageantrag stellt, ist der Klage nach der Rechtsprechung gleichwohl mit der genannten Einschränkung stattzugeben, da der Klageantrag nach § 322 Abs. 2 BGB gegenüber dem unbedingten Klageantrag ein Minus darstellt. Klagt der Vorleistungspflichtige, ohne die Vorleistung bereits bewirkt oder angeboten zu haben, ist die Klage mangels Fälligkeit des Anspruchs abzuweisen.

Beispiel: Scheitert die Fertigstellung des Werks bei einem Werkvertrag nur daran, dass die vom Unternehmer angebotene Mängelbeseitigung nicht angenommen wird, kann der Unternehmer auf Werklohn nach Empfang der Gegenleistung durch den Besteller klagen (BGHZ 149, 289).

d. Zwangsvollstreckung

Auf die Zwangsvollstreckung findet § 274 Abs. 2 BGB Anwendung (§ 322 Abs. 3 BGB). Der Vorleistungspflichtige kann danach aufgrund einer Verurteilung des Vorleistungsberechtigten, der sich im Annahmeverzug befindet, auch ohne Bewirkung der Vorleistung seinen Anspruch auf die Gegenleistung im Wege der Zwangsvollstreckung verfolgen. In allen anderen Fällen richtet sich die Zwangsvollstreckung nach §§ 726 Abs. 2, 756, 765 ZPO.

4. Rücktritt wegen Nicht- oder Schlechtleistung

a. Allgemeines

Die Vorschriften der **§§ 323 bis 326 BGB ergänzen** die schadensersatzrechtlichen Regelungen der §§ 280ff, 311a BGB für den gegenseitigen Vertrag. § 323 BGB ist die **zentrale Vorschrift** bei Pflichtverletzungen im gegenseitigen Vertrag. Sie räumt dem Gläubiger aufgrund der durch die Pflichtverletzung gestörten Leistungspflicht die **Beendigung des Leistungsaustauschs durch Rücktritt** ein, da diesem nicht zuzumuten ist, die eigene Leistung auf unbestimmte Zeit bereitzuhalten § 324 BGB regelt ergänzend den Rücktritt wegen Verletzung einer vertraglichen Nebenpflicht i. S. v. 241 Abs. 2 BGB. § 325 BGB stellt klar, dass der Rücktritt das Recht auf Schadensersatz bei einem gegenseitigen Vertrag nicht ausschließt. Die Befreiung von der Gegenleistungspflicht und der Rücktritt beim Ausschluss der Leistungspflicht wird in § 326 BGB geregelt.

b. Sondervorschriften

Sondervorschriften gelten u. a. für **Mietvertrag** (§ 572 BGB), und **Reisevertrag** (§ 651i BGB). Die Voraussetzungen der §§ 323, 326 BGB werden durch die Gewährleistungsvorschriften über die Mängelrechte bei **Kauf** (§§ 434ff BGB) und **Werkvertrag** (§§ 633ff BGB) als vorrangige Spezialnormen ab Gefahrübergang modifiziert. Bei vollzogenen Dauerschuldverhältnissen tritt an die Stelle des Rücktrittsrechts das Recht auf Kündigung aus wichtigem Grund (§ 314 BGB).

c. Nicht oder nicht vertragsgemäß erbrachte Leistungen

Nach § 323 Abs. 1 BGB kann der Gläubiger vom gegenseitigen Vertrag zurücktreten, wenn der Schuldner eine fällige Leistung nicht oder nicht vertragsgemäß erbringt und eine angemessen bestimmte Frist zur Leistung oder Nacherfüllung erfolglos war (**Rücktritt wegen Nicht- oder Schlechtleistung**).

aa. Pflichtverletzung

Das Rücktrittsrecht setzt einen gegenseitigen Vertrag voraus; nicht erforderlich ist, dass die verletzte Pflicht synallagmatisch ist. Pflichtverletzung ist die **Nicht**- oder **Schlechtleistung** einer Leistungspflicht. Der Anspruch des Gläubigers auf die Nacherfüllung muss vollwirksam entstanden und durchsetzbar sein, d. h. ihm darf keine dauernde oder aufschiebende Einrede entgegenstehen.

bb. Fristsetzung

Die Fristsetzung muss **nach Fälligkeit** und **vor Durchsetzbarkeit** des Anspruchs erfolgen. Das gilt auch dann, wenn bereits vor Fälligkeit ernsthafte Zweifel an der Leistungsfähigkeit oder der Leistungswilligkeit des Schuldners bestehen. Die Frist muss eine bestimmte und eindeutige **Aufforderung zur Leistung** enthalten und **angemessen** sein. Eine zu kurz bemessene Frist ist nicht wirkungslos, sondern setzt eine angemessene Frist in Lauf. Eine Erfüllung innerhalb einer gesetzten Frist schließt das Rücktrittsrecht aus. Gleiches gilt auch, wenn die Leistungspflicht innerhalb der Frist aus anderen Gründen erlischt.

cc. Entbehrliche Fristsetzung

Erfüllungsverweigerung

Die Fristsetzung ist nach § 323 Abs. 2 Nr. 1 BGB entbehrlich, wenn der Schuldner die Leistung nach Fälligkeit **ernsthaft und endgültig verweigert**. Der Ausnahmetatbestand ist sehr eng auszulegen. Eine ernsthafte Weigerung vor Fälligkeit genügt, wenn es das „**letzte Wort**" des Schuldners zu seiner Leistungsbereitschaft war. Allein die Erklärung des Schuldners, er werde zum Fälligkeitszeitpunkt nicht leisten können, reicht dafür nicht aus. Auch bloßes Bestreiten eines Mangels genügt nicht. Eine **Sonderregelung** trifft § 440 BGB beim **Kauf**. Danach bedarf es der Fristsetzung auch dann nicht, wenn der Verkäufer beide Arten der Nacherfüllung (nach seiner Wahl) durch Beseitigung eines Mangels oder Lieferung einer mangelfreien Sache (§ 439 Abs. 1, 4 BGB) verweigert oder wenn die dem Käufer zustehende Art der Nacherfüllung fehlgeschlagen oder ihm unzumutbar ist.

Relatives Fixgeschäft

Die Fristsetzung ist nach § 323 Abs. 2 Nr. 2 BGB entbehrlich, wenn der Schuldner die Leistung bis zu einem im Vertrag bestimmten Termin oder innerhalb einer bestimmten Frist nicht bewirkt, obwohl die termin- oder fristgerechte Leistung nach einer Mitteilung des Gläubigers an den Schuldner vor Vertragsschluss oder aufgrund anderer den Vertragsschluss begleitenden Umstände für den Gläubiger wesentlich ist. Dabei handelt es sich um **relative Fixgeschäfte**, bei denen die Einhaltung des vertraglich vereinbarten Termins für den Gläubiger nach dem Vertragsinhalt so wesentlich ist, das mit der zeitgerechten Leistung das Geschäft „stehen und fallen soll". Über die Vereinbarung eines bestimmten Leistungstermins hinaus, muss von den Parteien eine spezifische Fixschuldabrede ausdrücklich oder stillschweigend vereinbart sein. Anders als beim **absoluten Fixgeschäft** ist auch eine verspätete Leistung nach der für beide Teile erkennbaren Interessenlage für den Gläubiger noch erfüllungstauglich. Folglich tritt durch eine Terminüberschreitung als solche noch keine Unmöglichkeit ein. Ein Verzug kann gem. § 286 Abs. 2 Nr. 1 BGB in diesen Fällen auch ohne Mahnung eintreten.

Besondere Umstände

Nach § 323 Abs. 2 Nr. 3 BGB bedarf es im Falle einer nicht vertragsgemäß erbrachten Leistung einer Fristsetzung dann nicht, wenn besondere Umstände vorliegen, die unter Abwägung der beiderseitigen Interessen den sofortigen Rücktritt rechtfertigen. Wird die fällige Leistung gar nicht erbracht, ist eine Nachfristsetzung vorbehaltlich § 323 Abs. 2 Nr. 1, 2 BGB grundsätzlich erforderlich. Die Entbehrlichkeit der Fristsetzung kann sich beim Kauf aus § 440 Abs. 1 BGB bzw. beim Werkvertrag aus § 636 BGB ergeben. Hat der Gläubiger dem Schuldner in Kenntnis der besonderen Umstände dennoch eine Frist gesetzt und damit zu erkennen gegeben, er wolle am Vertrag festhalten, besteht keine Rücktrittsmöglichkeit mehr vor Ablauf der gesetzten Frist.

dd. Abmahnung

Kommt nach der Art der Pflichtverletzung eine Fristsetzung nicht in Betracht, so tritt an deren Stelle die Abmahnung (§ 323 Abs. 3 BGB). Verletzt der Schuldner eine **Unterlassungspflicht** und ist die Zuwiderhandlung nicht nachholbar, ist eine Fristsetzung nicht praktikabel. An die Stelle der Fristsetzung tritt die Abmahnung als **ernsthafte Aufforderung** an den Schuldner, weitere Zuwiderhandlungen zu unterlassen.

ee. Rücktritt vor Fälligkeit

Ein Rücktritt ist bereits vor Fälligkeit der Leistung zulässig, wenn offensichtlich ist, dass die Voraussetzungen des Rücktrittsrechts eintreten werden (§ 323 Abs. 4 BGB). Eine Nachfrist ist dann sinnlos und deshalb nicht erforderlich. Dies gilt für die **ernsthafte** und **endgültige Erfüllungsverweigerung** vor Fälligkeit, wenn das Vertrauen in die Leistungsfähigkeit des Schuldners entfallen ist oder bereits vor Fälligkeit sicher feststeht, dass der Schuldner zu pünktlicher Leistung nicht in der Lage sein wird.

ff. Teilleistung

Nach § 323 Abs. 5 S. 1 BGB kann der Gläubiger bei Bewirken einer Teilleistung vom ganzen Vertrag zurücktreten, wenn er an dieser kein Interesse hat. Leistung und Gegenleistung müssen zunächst **teilbar** sein (z. B. lastenfreie Eigentumsverschaffung und Übergabe beim Kauf). Dann muss der **Gläubiger** den Interessenfortfall **darlegen** und **beweisen**. Dieser liegt nur vor, wenn der Teilaustausch von Leistung und Gegenleistung den ursprünglichen vertraglichen Zweck des Gläubigers auch nicht mehr teilweise erreichen kann.

Beispiel: Die Lieferung von Hardware und Standardsoftware sowie von Spezialsoftware einer EDV-Anlage sind teilbare Leistungen. Das Ausbleiben der Lieferung der Spezialsoftware, die auch anderweitig beschafft werden kann, berechtigt nicht zum Rücktritt vom ganzen Vertrag, da im konkreten Fall ein Wegfall des Interesses an der teilweisen Erfüllung des Vertrags weder ersichtlich noch bewiesen ist (BGH NJW 1990, 3011).

Anderenfalls ist der Gläubiger nur zum **Teilrücktritt** berechtigt, der zur Trennung des Vertrags in zwei selbstständige Teile führt. Der Gläubiger muss für die bewirkte Teilleistung den dieser entsprechenden Teil der Gegenleistung erbringen. Für den nicht erbrachten Teil erlischt der Vertrag. Der Gläubiger kann dann auch nur Schadensersatz in Bezug auf die ausgebliebene Leistung und nicht statt der ganzen Leistung verlangen (vgl. § 281 Abs. 1 S. 2 BGB). Er kann aber die Teilleistung nach § 266 BGB ablehnen und dann nach Fristsetzung insgesamt vom Vertrag zurücktreten. Denn § 323 Abs. 5 S. 1 BGB gilt erst, wenn eine Teilleistung **tatsächlich erbracht** wurde. Sind Leistung und Gegenleistung jedoch **nicht teilbar**, kann der Gläubiger bei bewirkter Teilleistung vom ganzen Vertrag **zurücktreten**, wenn er **kein Interesse** an der Leistung hat. Selbst wenn sein Interesse an der bewirkten Teilleistung des Schuldners nicht entfallen ist, erstreckt sich der Rücktritt auf den ganzen Vertrag (BGH NJW 2010, 146).

gg. Nicht ordnungsgemäße Leistung

Nach § 323 Abs. 5 S. 2 BGB ist der Rücktritt ausgeschlossen, wenn der Schuldner die Leistung nicht vertragsgemäß bewirkt und die Pflichtverletzung **unerheblich** ist. Die Vorschrift gilt für die Schlechterfüllung und die Nichterfüllung sowohl von Hauptleistungspflichten wie von leistungsbezogenen Nebenpflichten. Die Darlegungs- und Beweislast für die Unerheblichkeit der Pflichtverletzung trägt der Schuldner. Dabei ist nach der Rechtsprechung eine umfassende **Interessenabwägung** auf der Grundlage der Umstände des Einzelfalls im Zeitpunkt des Zugangs der Rücktrittserklärung vorzunehmen. Danach liegt beim **unbehebbarem Mangel** grundsätzlich eine Pflichtverletzung vor. Beim **behebbaren Mangeln** beurteilt sich dies nach dem Verhältnis der Beseitigungskosten zum Kaufpreis (**Mangelbeseitigungsaufwand**). Bei einem behebbaren Mangel ist im Rahmen dieser Interessenabwägung von einer Geringfügigkeit des Mangels und damit einer Unerheblichkeit der Pflichtverletzung jedenfalls i. d. R. nicht mehr auszugehen, wenn der Mangelbeseitigungsaufwand einen Betrag von 5% des Kaufpreises beim Kauf eines Neuwagens übersteigt (BGH NJW 2014, 3229).

d. Ausschluss des Rücktrittsrechts

Nach § 323 Abs. 6 BGB ist der Rücktritt ausgeschlossen, wenn der **Gläubiger** für den Umstand, der ihn zum Rücktritt berechtigen würde, allein oder weit überwiegend **verantwortlich** ist oder wenn der vom Schuldner nicht zu vertretende Umstand zu einer Zeit eintritt, zu welcher der Gläubiger im **Annahmeverzug** ist.

aa. Verantwortlichkeit des Gläubigers

Die Verantwortlichkeit des Gläubigers kann sich aus einem Verstoß gegen eine vertragliche Haupt- oder Nebenpflicht ergeben (z. B. verursacht der Gläubiger den Mangel selbst oder er verweigert die notwendige Mitwirkung für die Leistungserbringung oder ist selbst nicht vertragstreu), aber auch aus der Übernahme der Gefahr für ein Leistungshindernis aufgrund der vertraglich vereinbarten Risikoverteilung. Die Verantwortlichkeit muss grundsätzlich so sehr überwiegen, dass § 254 BGB den Anspruch des Gläubigers auf Schadensersatz wegen eigenen Mitverschuldens ausschließen würde.

bb. Annahmeverzug des Gläubigers

Es muss Annahmeverzug des Gläubigers nach §§ 293 ff BGB bestehen und sich die Leistung des Schuldners während dessen verschlechtern (z. B. nachträgliches Entstehen eines Mangels). Zudem darf der Schuldner die **Pflichtverletzung nicht zu vertreten** haben und muss den **Entlastungsbeweis** führen. Bei einer nur leichten Fahrlässigkeit entfällt das Rücktrittsrecht des Gläubigers, da der Schuldner während des Annahmeverzugs gemäß § 300 Abs. 1 BGB nur Vorsatz und grobe Fahrlässigkeit zu vertreten hat. Sofern der Schuldner die Pflichtverletzung zu vertreten hat, kann der Gläubiger vom Vertrag zurücktreten (§ 323 Abs. 1 BGB). Ansonsten behält der Schuldner den Anspruch auf die Gegenleistung und die Preisgefahr geht auf den Gläubiger über. Der Schuldner muss etwa einen behebbaren Sach- oder Rechtsmangel bei Kauf (§ 446 S. 3 BGB) oder Werkvertrag (§ 644 Abs. 1 S. 2 BGB) nicht beseitigen. Der Gläubiger hat dann kein Rücktrittsrecht und muss die mangelhafte Sache abnehmen und den vereinbarten Kaufpreis bezahlen (§ 433 Abs. 2 BGB) bzw. die Vergütung entrichten (§§ 631, 640 BGB).

cc. Sonstige Gründe

Ein Rücktritt des Gläubigers kann auch ausgeschlossen sein, wenn die Voraussetzungen des § 323 BGB vorliegen. Sein Anspruch auf die Leistung oder der Nacherfüllungsanspruch muss dazu **verjährt** sein und der Schuldner muss sich auf die Verjährung berufen (§ 218 Abs. 1 S. 1 BGB). Das Rücktrittsrecht unterliegt als Gestaltungsrecht indessen nicht der Verjährung. Dies folgt aus § 194 Abs. 1 BGB, wonach nur Ansprüche verjähren können. Dem Rücktrittsrecht kann allerdings die Einrede des **Rechtsmissbrauchs** aus § 242 BGB entgegenstehen. Zudem ist der Rücktritt wegen Nichterfüllung (sowie wegen mangelhafter und verspäteter Erfüllung) einer Verbindlichkeit unwirksam, wenn der Schuldner sich von seiner Pflicht durch **Aufrechnung** befreien konnte und unverzüglich nach dem Rücktritt die Aufrechnung erklärt (§ 352 BGB). Der Vertrag wird dadurch geheilt und lebt dann mit seinen bisherigen Pflichten wieder auf.

e. Rechtsfolgen

aa. Rückabwicklung

Der Rücktritt erfolgt nach § 349 BGB durch Erklärung gegenüber dem anderen Teil. Dadurch wird der Vertrag in ein **Rückabwicklungsschuldverhältnis** umgestaltet. Das Schuldverhältnis ist Rechtsgrund im Sinne der bereicherungsrechtlichen Vorschriften (§§ 812ff BGB). Diese werden daher verdrängt. Die vertraglichen Leistungspflichten werden durch den Rücktritt in vertragliche **Rückgewähransprüche** umgewandelt. Das Schuldverhältnis erlischt nicht wie bei der Anfechtung von Anfang an, sondern erst ab wirksamem Zugang der Erklärung *(ex nunc)* und besteht in abgewandelter Form fort. Nach § 346 Abs. 1 BGB sind im Falle des Rücktritts die **empfangenen Leistungen zurückzugewähren** und die **gezogenen Nutzungen herauszugeben**. Der Schuldner der empfangenen Leistung muss dem Gläubiger im Hinblick auf die geleistete Sache seine frühere Rechtsposition wieder verschaffen (z. B. das Eigentum an der Sache) und der Gläubiger sie entsprechend abnehmen. Bei Geldleistungen ist der Geldwert als Geldsumme zurück zu leisten. Herauszugeben sind nur die die **tatsächlich** gezogenen Nutzungen. Dies sind die **Früchte** und **Gebrauchsvorteile** (§§ 99, 100 BGB). Zieht der Schuldner Nutzungen entgegen den Regeln einer ordnungsgemäßen Wirtschaft nicht, obwohl ihm das möglich gewesen wäre, so ist er dem Gläubiger zum Wertersatz verpflichtet (§ 347 Abs. 1 S. 1 BGB). Die sich aus dem Rücktritt ergebenden Verpflichtungen der Parteien sind gem. § 348 BGB nur **Zug um Zug** zur erfüllen.

bb. Wertersatz

Der Schuldner hat **statt** der Rückgewähr oder Herausgabe **Wertersatz** zu leisten (§ 346 Abs. 2 S. 1 BGB). Er ist zum Wertersatz verpflichtet, soweit eine Rückgewähr oder Herausgabe nach der Natur des Erlangten ausgeschlossen ist (Nr. 1), er den empfangenen Gegenstand verbraucht, veräußert, belastet, verarbeitet oder umgestaltet hat (Nr. 2) oder der empfangene Gegenstand sich verschlechtert hat oder untergegangen ist. Eine Verschlechterung bleibt außer Betracht, die durch bestimmungsgemäße Ingebrauchnahme entstanden ist (Nr. 3). Die Unmöglichkeit der Rückgewähr wird vorausgesetzt. Die gesetzliche Aufzählung ist **nicht abschließend** und z. B. auch Wertersatz für die Befreiung von einer Verbindlichkeit zu leisten. Der Schuldner kann sich **nicht** auf eine **Entreicherung** berufen und trägt die **Gefahr** für eine **Wertverschlechterung** vor Rückgewähr. Der Anspruch auf Wertersatz geht grundsätzlich auf Zahlung von Geld.

Bei der **Berechnung** des Wertersatzes ist die Gegenleistung zugrunde zu legen, sofern sie im Vertrag bestimmt ist. War die Leistung mangelhaft, so ist der Mangel beim Kauf (analog § 441 Abs. 3 BGB) und beim Werkvertrag (analog § 638 Abs. 3 BGB) zu berücksichtigen und die Gegenleistung entsprechend zu kürzen. Ist Wertersatz für den Gebrauchsvorteil eines Darlehens zu leisten, kann nachgewiesen werden, dass der Wert des Gebrauchsvorteils niedriger war (§ 346 Abs. 2 S. 2 HS. 2 BGB).

Die Pflicht zum **Wertersatz entfällt** gemäß § 346 Abs. 3 BGB. Dies ist der Fall, wenn sich der zum Rücktritt berechtigende Mangel erst während der Verarbeitung oder Umgestaltung des Gegenstandes gezeigt hat (Nr. 1), soweit der Gläubiger die Verschlechterung oder den Untergang zu vertreten hat oder der Schaden bei ihm gleichfalls eingetreten wäre (Nr. 2), sowie wenn im Falle eines gesetzlichen Rücktrittsrechts die Verschlechterung oder der Untergang beim Berechtigten eingetreten ist, obwohl dieser diejenige Sorgfalt beobachtet hat, die er in eigenen Angelegenheiten anzuwenden pflegt (Nr. 3). Allerdings ist der Schuldner verpflichtet, den **Leistungsgegenstand**, soweit noch vorhanden, in dem Zustand, in dem er sich befindet, sowie die **gezogenen Nutzungen** nach § 346 Abs. 1 BGB **herausgeben**.

Der Gläubiger kann wegen Verletzung einer Pflicht zur Rückgewähr aus § 346 Abs. 1 BGB nach Maßgabe der §§ 280 bis 283 BGB Schadensersatz verlangen (§ 346 Abs. 4 BGB). Beim **gesetzlichen Rücktrittsrecht** ist der Schuldner von dem Zeitpunkt an zum sorgfältigen Umgang mit dem Leistungsgegenstand verpflichtet, zu dem er weiß oder wissen muss, dass die Rücktrittsvoraussetzungen vorliegen. Ist eine Rückgewähr des Gegenstandes unmöglich, kann der Gläubiger Herausgabe des als Ersatz Empfangenen oder Abtretung des Ersatzanspruchs (**Surrogat**) verlangen (§ 285 Abs. 1 BGB). Beim **vertraglichen Rücktrittsrecht** muss der der Leistungsempfänger von Anfang an mit einer möglichen Rückgewährpflicht des empfangenen Leistungsgegenstandes rechnen und mit dem Leistungsgegenstand sorgfältig umgehen. Es ist daher für die Haftung des Schuldners wegen Verschlechterung der Sache oder Unmöglichkeit der Herausgabe unerheblich, ob er vor oder nach Erklärung des Rücktritts (schuldhaft) gegen die ihm obliegende Sorgfaltspflicht verstößt.

5. Rücktritt wegen Verletzung einer Nebenpflicht

Der Gläubiger kann gem. § 324 BGB vom Vertrag zurücktreten, wenn der Schuldner bei einem gegenseitigen Vertrag eine Pflicht nach § 241 Abs. 2 BGB (**Nebenpflicht**) verletzt und dem Gläubiger ein Festhalten am Vertrag nicht mehr zuzumuten ist. (**Rücktritt wegen Verletzung einer Nebenpflicht**).

a. Verletzung einer Nebenpflicht

Die Pflichtverletzung ist auf die **nicht leistungsbezogenen Nebenpflichten** gerichtet, die das Integritätsinteresse des Gläubigers personen- und vermögensrechtlich schützen. In diesem

Fall ist das Leistungsinteresse des Gläubigers nicht beeinträchtigt, so dass § 323 BGB unanwendbar ist. Das Rücktrittsrecht besteht anders als der Schadensersatz nach § 282 BGB auch, wenn der Schuldner die Pflichtverletzung nicht zu vertreten hat. Es genügt die rein **objektive Verletzung** von Verhaltenspflichten.

b. Unzumutbarkeit

Die Unzumutbarkeit eines Festhaltens am Vertrag setzt nach der Rechtsprechung regelmäßig eine **erfolglose Abmahnung** und eine **Interessenabwägung** voraus. Wichtige Anhaltspunkte dafür sind die Schwere des Verschuldens, die Häufigkeit und Intensität der Pflichtverletzungen und der mögliche Eintritt weiterer Schäden. Eine einmalige Pflichtverletzung ohne Abmahnung reicht nur dann aus, wenn sie so schwerwiegend ist, dass die Vertrauensgrundlage zwischen den Parteien dadurch zerstört wird (z. B. Straftaten, Vorsatz). Das Mitverschulden oder der Annahmeverzug des Gläubigers sind ebenso zu berücksichtigen. Nimmt der Gläubiger nach der Pflichtverletzung weitere Leistungen entgegen, kann dies dazu führen, dass er sein Rücktrittsrecht nach § 242 BGB verwirkt. Bei **Dauerschuldverhältnissen** tritt an die Stelle des Rücktritts die **Kündigung** aus wichtigem Grund nach § 314 BGB. Zu beachten ist, dass sich die Voraussetzungen eines vertraglichen Rücktrittsrechts **(Rücktrittsvorbehalt)** nach der von den Parteien vereinbarten Regelung richten.

6. Schadensersatz neben Rücktritt

a. Allgemeines

aa. Keine Alternativität

Nach § 325 BGB ist das Recht, bei einem gegenseitigen Vertrag **Schadensersatz** zu verlangen, durch den Rücktritt **nicht ausgeschlossen.** Die Vorschrift ist durch die Schuldrechtsreform 2002 eingeführt worden. Es besteht keine Alternativität mehr zwischen dem Recht zum Rücktritt und dem Schadensersatz statt der Leistung (§ 281 BGB). Selbst wenn der Gläubiger vom Vertrag zurücktritt und von der Gegenleistungspflicht befreit wird (§ 323 BGB) behält er das Recht, Ersatz für das positive Vertragsinteresse **(Erfüllungsinteresse)** zu erhalten. Sofern das Recht zum Schadensersatz statt der Leistung (§ 281 BGB) und das Rücktrittsrecht (§ 323 BGB) vorliegen, bestehen beide Ansprüche dem Grunde nach unabhängig voneinander. Das gilt aber nicht für den Umfang des Schadensersatzes bei Ausübung des Rücktrittsrechts, da dieser nicht Gegenstand der gesetzlichen Regelung ist. Die Befreiung von der Gegenleistungspflicht ist bei der Berechnung des Schadensersatzes daher zu berücksichtigen.

bb. Schadensersatz und Rücktritt

Der Gläubiger kann jedoch dem Grunde nach vom Vertrag **zurücktreten** und Schadensersatz verlangen, also **beide Rechte kombinieren** oder entweder nur das Recht auf Schadensersatz oder nur das Rücktrittsrecht beanspruchen.

cc. Schadensersatz und Minderung

Eine **Kombination** von Schadensersatz statt der ganzen Leistung und **Minderung** wegen desselben Mangels ist indes **ausgeschlossen.** Nach der Rechtsprechung (BGH NJW 2018, 2863) kann der Käufer bzw. der Werkunternehmer von einer wirksamen Minderung nicht mehr zu einem Anspruch auf großen Schadensersatz wechseln, da mit der wirksamen Ausübung der

Minderung das ihm vom Gesetz eingeräumte Wahlrecht zwischen dem Festhalten am Vertrag und der Loslösung ausgeübt und verbraucht ist. Im Schrifttum wird dies indessen teilweise für zulässig erachtet.

b. Schadensberechnung

Macht der Gläubiger neben dem Rücktrittrecht (§ 323 BGB) den Schadensersatzanspruch statt der Leistung (§ 281 BGB) geltend, ist zu unterscheiden, ob er seine Gegenleistung erbracht hat.

aa. Gegenleistung nicht erbracht

Hat der Gläubiger die Gegenleistung noch nicht erbracht, so **mindert** sich sein Schaden um den **Wert der Gegenleistung**, die ihm durch den Rücktritt erspart bleibt. Der Schaden ist im Wege der Differenzmethode zu berechnen und dabei der Wert der noch nicht erbrachten oder nicht erstatteten Gegenleistung als Rechnungsposten in Ansatz zu bringen. Es besteht ein Anspruch in Höhe der Differenz zwischen dem Erfüllungsinteresse und dem Wert der Gegenleistung (**Differenzschaden**). Der Gläubiger kann den Differenzschaden nach herrschender Meinung auch als Schadensersatz statt der Leistung (§ 281 BGB) verlangen, ohne das Rücktrittsrecht auszuüben. Dadurch wird er von der Gegenleistungspflicht befreit, was teilweise für unzulässig gehalten wird. Nur durch den Rücktritt könne das Erlöschen der Gegenleistungspflicht erfolgen („Exklusivität des Rücktritts"), nicht dagegen durch ein Wahlrecht nach § 281 BGB. Das lässt sich dahin auflösen, indem man das Gläubigerverlangen nach Schadensersatz als konkludente Rücktrittserklärung auslegt.

bb. Gegenleistung erbracht

Hat der Gläubiger seine Gegenleistung bereits erbracht, kann er den Schadensersatz nach der Differenzmethode berechnen, wenn er das Recht zum Rücktritt des Vertrags ausübt (§§ 323, 346ff BGB) und zugleich den Schadensersatz statt der Leistung (§§ 281, 325 BGB) verlangt. Er kann dann die gelieferte Sache vom Schuldner herausverlangen und Schadensersatz nach der Differenzmethode fordern, muss sich aber den Wert der zurückerlangten Sache anrechnen lassen. Auch kann er nach der Rechtsprechung bei einem Verzicht auf die Rückforderung der Gegenleistung im Wege der Surrogationsmethode den Wert der von ihm geschuldeten, aber ausgebliebenen Leistung zuzüglich aller Folgeschäden ersetzt verlangen.

c. Rücktrittsfolgen

Im Schrifttum wird die Frage gestellt, ob die Rücktrittsfolgen für den Gläubiger, dem zugleich ein Schadensersatzanspruch zusteht, modifiziert werden sollten. Hat er ein Interesse an einer Rückgewähr seiner erbrachten Gegenleistung, erhält aber stattdessen nur Wertersatz nach § 346 Abs. 2 BGB, kann er einen Verlust erleiden, der dadurch nicht vollständig gedeckt wird. Es ist umgekehrt fraglich, ob er nach §§ 346 Abs. 1, 347 Abs. 1 BGB Ersatz von Nutzungen verlangen kann, die er selbst nicht gezogen hätte und deshalb nicht nach § 249 BGB ersatzfähig sind. Die Rechtsfolgen des Rücktritts sind nicht abänderbar, wenn die § 346ff BGB eine abschließende Regelung für die Haftung der Parteien darstellen. Unstreitig ist, dass der Gläubiger für den Fall eines schadensrechtlichen Verlusts diesen ersetzt verlangen kann, was die Rücktrittsfolgen also modifiziert. Umstritten und nicht abschließend geklärt ist, ob dies auch für den Fall der vom Gläubiger nicht gezogener Nutzungen gelten soll. Die wohl überwiegende Meinung spricht sich auch in diesem Fall für eine schadensrechtliche Korrektur der Rücktrittsfolgen aus.

d. Sonstige Ersatzansprüche

Der Gläubiger kann außer dem Schadensersatz statt der Leistung Ersatz von **Begleitschäden** (§ 280 Abs. 1 BGB) geltend machen. Auch besteht Anspruch auf **Verzögerungsschäden** (§§ 280 Abs. 2, 286 BGB) oder aufgelaufene **Verzugszinsen** (§ 288 BGB), soweit sie bis zum Rücktritt entstanden sind. Nach der Rechtsprechung kann der Gläubiger anstelle des Schadensersatzes statt der Leistung (§ 281 BGB) den Anspruch auf Aufwendungsersatz (§ 284 BGB) geltend machen und ebenso mit dem Rücktritt kombinieren.

7. Befreiung von der Gegenleistung

a. Allgemeines

§ 326 BGB regelt die Frage, ob der Gläubiger die Gefahr für die Gegenleistung trägt und diese erbringen muss, wenn der Schuldner nicht zu leisten braucht (**Gegenleistungsgefahr**). Unter Gegenleistung ist jede Leistung zu verstehen, die der Gläubiger im Rahmen des gegenseitigen Vertrags als Entgelt für die nach § 275 BGB ausgeschlossene Sachleistung schuldet. In der Regel ist die Geldleistung auf Zahlung einer bestimmten Geldsumme gerichtet. Beim Tausch besteht das Entgelt ausnahmsweise in einer Sachleistung.

b. Unmöglichkeit

Braucht der Schuldner wegen Unmöglichkeit nach § § 275 Abs. 1 bis 3 BGB nicht zu leisten, entfällt der Anspruch auf die Gegenleistung des Gläubigers (§ 326 Abs. 1 Hs. 1 BGB). Damit trägt der Schuldner der wegen Unmöglichkeit nicht zu erbringenden Sachleistung die Gefahr, dafür kein Entgelt als Gegenleistung zu erhalten (**Preis**- oder **Vergütungsgefahr**). Es gilt der Grundsatz, dass keinen Anspruch auf die Gegenleistung hat, wer die unmögliche Leistung nicht erbringen muss. Der Schuldner hat auch keinen Anspruch auf Ersatz für Aufwendungen zur Vorbereitung der Leistung. Außerdem trägt er das **Investitionsrisiko**. Im Gegensatz dazu trägt der Gläubiger die **Leistungsgefahr**, da er seinen Leistungsanspruch gem. § 275 BGB verliert.

Die **Rechtsfolge** der Regelung ist ein Wegfall der Gegenleistung (**Einwendung**) und Ausdruck des funktionellen Synallagmas. Sie betrifft aber nur die Leistungsbeziehungen und führt nicht zum Erlöschen des vertraglichen Schuldverhältnisses im weiteren Sinne. Bei der nachträglichen Unmöglichkeit (§ 275 Abs. 1 BGB) besteht die Leistung nicht und die Rechtsfolge tritt deshalb mit dem Eintritt der Unmöglichkeit ein. Bei der praktischen Unmöglichkeit (§ 275 Abs. 2 BGB) und der persönlichen Unmöglichkeit (§ 275 Abs. 3 BGB) muss sich der Schuldner darauf erst berufen. Der Gläubiger ist deshalb bis zu diesem Zeitpunkt zur Gegenleistung verpflichtet. Hat der Schuldner die Unmöglichkeit zu vertreten kann der Gläubiger, der selbst eine Sachleistung schuldet, nach allgemeiner Meinung diese erbringen (**Wahlrecht**) und Schadensersatz (**großer Schadensersatz**) verlangen.

c. Teilunmöglichkeit

Bei Unmöglichkeit wegen einer Teilleistung (**Teilunmöglichkeit**) findet die Regelung über die Minderung nach § 441 Abs. 3 BGB entsprechende Anwendung (§ 326 Abs. 1 S. 1 Hs. 2 BGB). Eine Teilleistung setzt voraus, dass es sich bei der Gesamtleistung um eine **teilbare Leistung** handelt. In diesem Fall kann die teilweise der vollständigen Unmöglichkeit gleichstehen. Das kommt in Betracht, wenn nur die vollständige Leistung dem Vertragszweck entspricht und eine Teilleistung für den Gläubiger sinnlos ist. Dann entfällt der Anspruch im

Ganzen. Wenn eine Teilunmöglichkeit nach dem Vertragszweck nicht der vollständigen Unmöglichkeit gleichsteht, **mindert** sich das Recht auf die Gegenleistung **verhältnismäßig**, d. h. im Verhältnis des Wertes der vollständigen Leistung zum Wert der noch möglichen Teilleistung. Das gilt insbesondere, wenn bei Dauerschuldverhältnissen mit Fixcharakter die Leistung vorübergehend oder für die Zukunft unmöglich wird.

Beispiel: Der Nachunternehmer erbringt noch ausstehende Teile seiner Leistung, die er dem Hauptunternehmer schuldet, aufgrund gesonderten Vertrags direkt für dessen Auftraggeber. Die Leistungserbringung gegenüber dem Hauptunternehmer wird ihm damit unmöglich. Sein Vergütungsanspruch ist entsprechend § 441 Abs. 3 BGB in gleicher Weise zu berechnen, wie der Anspruch auf Vergütung aus einem gekündigten Werkvertrag (BGH NJW 2010, 1282).

Als **Rechtsfolge** der Teilunmöglichkeit **mindert** sich das Recht des Schuldners der unmöglichen Leistung auf die **Gegenleistung** im Verhältnis des Wertes der vollständigen Leistung zum Wert der noch möglichen Teilleistung im Zeitpunkt des Vertragsschlusses. Diese tritt aber nur bei der nachträglichen Teilunmöglichkeit automatisch ein, da sich der Schuldner auf die praktische und persönliche Unmöglichkeit berufen muss. Hat der Schuldner die Teilunmöglichkeit nicht zu vertreten und der Gläubiger kein Interesse an der Gegenleistung, kann er auch (**Wahlrecht**) vom Vertrag zurücktreten (§§ 326 Abs. 5, 323 Abs. 5 S. 1, Abs. 6 BGB; vgl. Art. 51 CISG). Hat der Schuldner die Teilunmöglichkeit zu vertreten, muss er dem Gläubiger Schadensersatz (**kleiner Schadensersatz**) leisten (§§ 283 S. 2, 281 Abs. 1 S. 2 BGB).

d. Qualitative Unmöglichkeit

Die Gegenleistungspflicht des Gläubigers entfällt nicht, wenn der Schuldner im Falle der nicht vertragsgemäßen Leistung (**Schlechterfüllung**) die Nacherfüllung nach § 275 Abs. 1 bis 3 BGB nicht zu erbringen braucht (§ 326 Abs. 1 S. 2 BGB). Die Nacherfüllung ist bei unbehebbaren Mängeln einer gelieferten Sache ausgeschlossen, die durch eine Reparatur nicht mehr beseitigt werden können (**qualitative Unmöglichkeit**). Die Gegenleistungspflicht des Gläubigers bleibt bestehen, sofern er sich davon nicht durch Rücktritt nach § 326 Abs. 5 BGB befreit. Die Rechte des Gläubigers sind den Gewährleistungen im besonderen Schuldrecht vorbehalten. Er kann selbst entscheiden, ob er (nur) mindert oder ganz vom Vertrag zurücktritt (§§ 437 Nr. 2, 634 Nr. 3 BGB).

e. Gegenleistungspflicht

Der Schuldner behält gemäß § 326 Abs. 1 S. 2 BGB den Anspruch auf die Gegenleistung, wenn der Gläubiger für den Umstand, aufgrund dessen der Schuldner nach § 275 Abs. 1 bis 3 BGB nicht zu leisten braucht, **allein** oder **weit überwiegend** verantwortlich ist oder dieser vom Schuldner nicht zu vertretende Umstand zu einer Zeit eintritt, zu welcher der Gläubiger im **Annahmeverzug** ist.

aa. Verantwortlichkeit des Gläubigers

Die Verantwortlichkeit des Gläubigers kann sich aus einem **Verstoß** gegen **vertragliche Haupt-** oder **Nebenpflichten** ergeben. Die Vorschriften der § 276, 278 BGB über die Verantwortlichkeit des Schuldners für sich selbst und Dritte sind nach herrschender Meinung analog anwendbar. Ergänzend wird von der Rechtsprechung auch auf die vertragliche Risikoverteilung abgestellt. Danach ist der Gläubiger verantwortlich, wenn er in dem Vertrag ausdrücklich oder konkludent das Risiko des betreffenden Leistungshindernisses übernommen hat, was durch Auslegung des Vertrags zu ermitteln ist.

Beispiele: Risikoübernahme des Käufers für die Erteilung einer Auflassungsgenehmigung und der Bauerlaubnis beim Grundstückskauf (BGH NJW 1980, 700), des Scheiterns einer Tournee durch die Konzertveranstalterin als Gläubigerin des Dienstvertrags mit Beleuchtungstechniker (BGH NJW 2002, 595).

bb. Beiderseitige Verantwortlichkeit

Der Schuldner behält den Gegenanspruch auch dann, wenn der Gläubiger zwar nicht allein, aber **weit überwiegend** für den Umstand verantwortlich ist, aufgrund dessen der Schuldner nicht leisten muss (**beiderseitige Verantwortlichkeit**). Nach der Gesetzesbegründung soll dies ein so hoher Grad von Mitverantwortung sein, dass nach § 254 BGB ein Schadensersatzanspruch gegen den Schuldner ganz ausgeschlossen wäre. Der Schuldner behält infolge dessen seinen Anspruch auf die Gegenleistung nicht, ist jedoch einem Schadensersatzanspruch des Gläubigers ausgesetzt. Zur Lösung des Problems werden unterschiedliche Auffassungen vertreten. So soll der Schadensersatzanspruch des Gläubigers entsprechend § 254 BGB gekürzt werden. Dabei wird teils vertreten, dass auch seine Gegenleistung zu kürzen ist oder aber nicht. Demgegenüber wird vertreten, dass der Anspruch des Schuldners bei nicht überwiegender Verantwortlichkeit des Gläubigers entfällt. Dabei gewährt die h. M. dem Schuldner einen Schadensersatzanspruch gegen den Gläubiger (§§ 280 Abs. 1 BGB), wenn die Befreiung von der Leistungspflicht auch auf der Verletzung einer Schutzpflicht (§ 241 Abs. 2 BGB) des Gläubigers beruht. Der Schaden des Schuldners liegt dann in der entfallenen Vergütung und mindert sich (§ 254 Abs. 1 BGB) in Höhe seiner Mitverschuldensquote. Dem steht ein Schadensersatzanspruch des Gläubigers der unmöglich gewordenen Leistung gegenüber (§§ 280 Abs. 1, 3, 283 BGB). Dieser wird um seinen Mitverschuldensanteil ebenfalls gekürzt (§ 254 Abs. 1 BGB) und kann sowohl nach der Differenzmethode wie auch nach der Surrogationsmethode berechnet werden.

cc. Annahmeverzug des Gläubigers

Die **Vergütungsgefahr** geht mit dem Annahmeverzug vorzeitig auf den Gläubiger über, wenn der Schuldner das Leistungshindernis nicht zu vertreten hat. Während des Annahmeverzugs (§§ 293 ff BGB) hat der Schuldner nur **Vorsatz** und **grobe Fahrlässigkeit** zu vertreten (§ 300 Abs. 1 BGB). Der Schuldner muss den Entlastungsbeweis führen, dass er das Leistungshindernis nicht zu vertreten hat. Gelingt ihm dies, behält er den Anspruch auf die Gegenleistung.

dd. Anrechnungspflicht

Der Schuldner muss sich auf seinen Gegenleistungsanspruch anrechnen lassen, was er infolge der Befreiung von der Leistung erspart oder was er durch anderweitige Verwendung seiner Arbeitskraft erwirbt oder zu erwerben böswillig unterlässt (§ 326 Abs. 2 S. 2 BGB). Dies muss der Gläubiger darlegen und beweisen. Als **ersparte Aufwendungen** kommen etwa in Betracht Reise-, Transportkosten, Arbeitslöhne für Lieferanten und Subunternehmer. Eine Anrechnung ist **ausgeschlossen**, wenn der Schuldner den Mangel durch Selbstvornahme ohne Fristsetzung beseitigt. Das böswillige Unterlassen von Erwerbsmöglichkeiten durch den Schuldner erfordert keine Schädigungsabsicht. Es genügt, dass der Schuldner eine zumutbare Erwerbsmöglichkeit kennt und vorsätzlich oder durch treuwidriges Verhalten unterlässt.

f. Herausgabe des Ersatzes

Verlangt der Gläubiger Herausgabe des für den geschuldeten Gegenstand erlangten Ersatzes (**Surrogat**) oder Abtretung des Ersatzanspruchs (**Stellvertretendes Commodum**) aus § 285 BGB, bleibt er zur Gegenleistung verpflichtet (§ 326 Abs. 3 BGB). Diese **mindert** sich jedoch nach Maßgabe des § 441 Abs. 3 BGB insoweit, als der Wert des Ersatzes oder Ersatzanspruchs hinter dem Wert der geschuldeten Leistung zurückbleibt (§ 326 Abs. 3 BGB). Zweck der Vorschrift ist es, die Gegenleistungspflicht aufrechtzuerhalten, wenn der Gläubiger über § 285 BGB einen Ersatz für die geschuldete Leistung erhält. Er kann das Surrogat auch dann verlangen, wenn es wertvoller ist als der ursprüngliche Leistungsgegenstand. Bei einem **geringeren Wert** bleibt er zur Gegenleistung entsprechend dem Verhältnis zwischen der unmöglich gewordenen Leistung und dem Surrogat verpflichtet. Bei Mitverschulden mindert sich sein Anspruch auf das Surrogat quotal entsprechend § 254 BGB.

g. Erbrachte Gegenleistung

Soweit die nicht geschuldete Gegenleistung bewirkt ist kann das Geleistete gemäß §§ 346 bis 348 BGB zurückgefordert werden (§ 326 Abs. 4 BGB). Der Gläubiger hat einen eigenständigen Anspruch auf Rückgewähr des Geleisteten. Dieser entsteht ohne Rücktrittserklärung, da auf das Erklärungserfordernis (§ 349 BGB) nicht verwiesen wird. Er kann sowohl die zu viel erbrachte **Gegenleistung** wie auch die **Nutzungen** (§ 346 Abs. 1 BGB) verlangen und **Wertersatz** statt der Rückgewähr unter den Voraussetzungen des §§ 346 Abs. 2, 347 Abs. 1 BGB.

h. Rücktritt

Der Gläubiger kann zurücktreten, wenn der Schuldner nach § 275 Abs. 1 bis 3 BGB nicht zu leisten braucht; auf den Rücktritt findet § 323 BGB entsprechende Anwendung, wobei aber die Fristsetzung entbehrlich ist (§ 326 Abs. 5 BGB). Bei einer **Teilunmöglichkeit** der Leistung des Schuldners, kann der Gläubiger vom ganzen Vertrag zurücktreten, wenn er an der Restleistung berechtigterweise kein Interesse hat (§§ 326 Abs. 5, 323 Abs. 5 S. 1, Abs. 6 BGB). Allerdings muss sich der Schuldner anders als bei der nachträglichen Unmöglichkeit (§ 275 Abs. 1 BGB) bei der praktischen (§ 275 Abs. 2 BGB) und persönlichen (§ 275 Abs. 3 BGB) Unmöglichkeit auf die Einrede der Leistungsverweigerung berufen. Der Gläubiger soll nicht verhindern, dass der Schuldner die Leistung noch erbringt und den Anspruch auf die Gegenleistung behält. Eine **Fristsetzung** für den Rücktritt ist nach der gesetzlichen Klarstellung indessen **nicht** notwendig. Auch stellt das Rücktrittsrecht nicht darauf ab, ob der Schuldner die objektiven Gründe für die Leistungsbefreiung zu vertreten hat. Falls jedoch der Gläubiger das Leistungshindernis (§ 275 Abs. 1 bis 3 BGB) ganz oder weit überwiegend zu **verantworten** hat oder sich bei Eintreten der Unmöglichkeit im **Annahmeverzug** (§§ 293 ff BGB) befindet, ist das Rücktrittsrecht **ausgeschlossen** (§§ 323 Abs. 5, 323 Abs. 6 BGB).

Abb. 16: Leistungsstörungsrechte

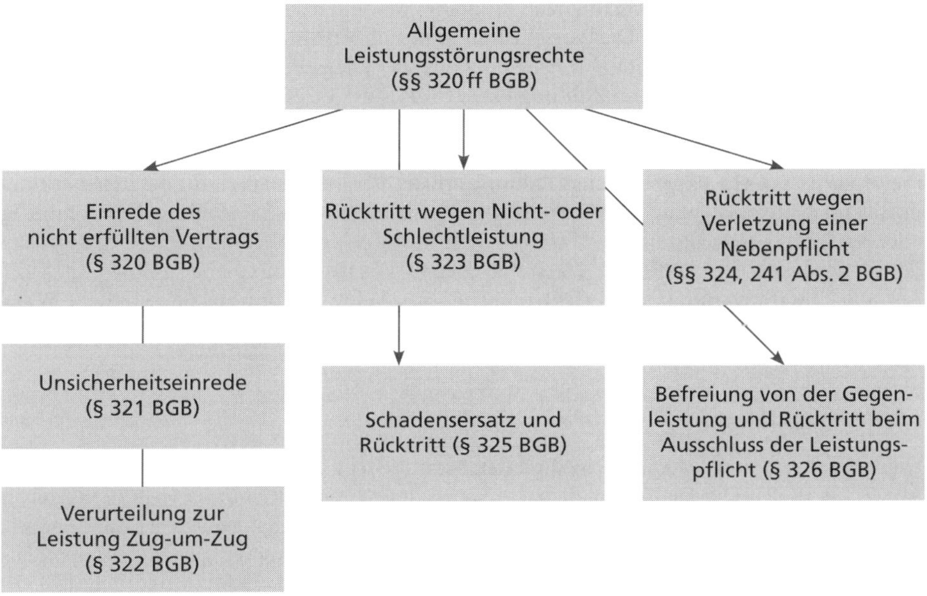

8. Verträge über digitale Produkte

a. Allgemeines

Die Verträge über digitale Produkte werden in den Vorschriften des Allgemeinen Schuldrechts im Abschnitt 3 (Schuldverhältnisse aus Verträgen) in einem neuen Titel 2a in §§ 327–327u BGB geregelt. Es handelt sich um allgemeine Regelungen für **Verbraucherverträge** über **digitale Produkte** in Untertitel 1 (§§ 327–327s BGB) und ergänzend um besondere Bestimmungen für **Verträge** über **digitale Produkte** zwischen **Unternehmern** in Untertitel 2 (§§ 327t und 327u BGB). Diese Neuregelungen begründen keinen neuen Vertragstyp, sondern gelten „vor der Klammer" für die Verträge im Besonderen Schuldrecht, soweit sie danach Anwendung finden (**Klammertechnik**). Zur Anwendung der §§ 327ff BGB auf diese Verträge hat der Gesetzgeber folgende Vorschriften (**Kollisionsnormen**) im Besonderen Schuldrecht eingefügt:

- Rückgriff bei Verträgen über digitale Produkte (§ 445c BGB)
- Verbrauchervertrag über den Verkauf digitaler Inhalte durch einen Unternehmer (§ 453 Abs. 1 S. 2 und 3 BGB)
- Verbrauchsgütervertrag über digitale Produkte (§ 475a BGB)
- Verbrauchervertrag über die Schenkung digitaler Produkte (§ 516a BGB),
- Verträge über die Miete digitaler Produkte (§§ 548a, 578b, 580a Abs. 3 BGB)
- Verbrauchervertrag über eine digitale Dienstleistung (§ 620 Abs. 4 BGB)
- Verbrauchervertrag über die Herstellung digitaler Produkte (§ 650 BGB).

Diese Kollisionsnormen bestimmen, ob und in welchem Ausmaß die Regelungen der Verträge über digitale Produkte im Allgemeinen Schuldrecht auf die typischen Schuldrechtsverträge des Besonderen Schuldrechts im Einzelfall durch konkrete Subsumtion anzuwenden sind.

b. Verbraucherverträge über digitale Produkte

Die Verbraucherverträge über digitale Produkte werden in Titel 2a Untertitel 1 in den §§ 327–327s BGB geregelt. Die Vorschriften sind auf **Verbraucherverträge** anzuwenden, welche die Bereitstellung digitaler Inhalte oder digitaler Dienstleistungen (**digitale Produkte**) durch den Unternehmer gegen **Zahlung eines Preises** zum Gegenstand haben (§ 327 Abs. 1 S. 1 BGB). Verbraucherverträge sind nach der Definition des § 310 Abs. 3 BGB Verträge zwischen einem Unternehmer (§ 14 BGB) und einem Verbraucher (§ 13 BGB). Zahlung eines Preises umfasst **Geld** als **gesetzliches Zahlungsmittel**, das im Austausch für die Bereitstellung digitaler Inhalte oder digitaler Dienstleistungen geschuldet wird. Die Zahlung kann einmalig oder regelmäßig sowie kombiniert erfolgen und muss noch nicht erbracht sein. Die Regelung bestimmt, dass auch die **digitale Darstellung** eines **Wertes** Zahlung eines Preises ist (§ 327 Abs. 1 S. 2 BGB). Darunter fallen **elektronische Gutscheine, E-Coupons** und **virtuelle Währungen**, soweit sie nach nationalem Recht als Zahlungsmittel anerkannt sind. Die Begriffe digitale Inhalte und Dienstleistungen werden in § 327 Abs. 2 BGB definiert.

aa. Digitale Inhalte

Digitale Inhalte sind Daten, die in **digitaler Form** erstellt und bereitgestellt werden (§ 327 Abs. 2 S. 1 BGB). Die Definition ist nach der Digitale-Inhalte-Richtlinie weit zu verstehen und soll **technologieneutral** und **zukunftssicher** sein. Nicht maßgeblich ist die konkrete Ausgestaltung des für die Datenübermittlung oder die Gewährung des Zugangs zu den digitalen Inhalten oder Dienstleistungen verwendeten Datenträgers (ErwGr 10, 19 DIRL). Es kommt auch nicht darauf an, ob und welchen Inhalt die Daten haben, sondern dass sie vorhanden sind. Dafür maßgeblich ist, dass sie **reproduzierbar** bzw. **wiedergabefähig** (in digitaler Form) festgehalten wurden. Zu der Erstellung ist auch die Bereitstellung der digitalen Daten erforderlich, die aber künftigen technologischen Entwicklungen Rechnung tragen soll. Zur **Bereitstellung** digitaler Inhalte gibt es zahlreiche Möglichkeiten, wie etwa die Übermittlung auf einen körperlichen Datenträger, das Herunterladen auf Geräte des Verbrauchers (**Download**), **Streaming** oder die Ermöglichung des **Zugangs** zu **Speicherkapazitäten** für digitale Inhalte oder zur **Nutzung** von **sozialen Medien** (ErwGr 19 DIRL).

Beispiele: Datenbanken (Cloud-Services), Computerprogramme, Webanwendungen (Apps), Videodateien, Audio-, Musikdateien, digitale Spiele, elektronische Bücher/Publikationen.

bb. Digitale Dienstleistungen

Digitale Dienstleistungen sind Dienstleistungen, die dem Verbraucher

- die Erstellung, die Verarbeitung oder die Speicherung von Daten in digitaler Form oder den Zugang zu solchen Daten ermöglichen (§ 327 Abs. 2 S. 2 Nr. 1 BGB), oder
- die gemeinsame Nutzung der vom Verbraucher oder von anderen Nutzern der entsprechenden Dienstleistung in digitaler Form hochgeladenen oder erstellten Daten oder sonstige Interaktionen mit diesen Daten ermöglichen (§ 327 Abs. 2 S. 2 Nr. 2 BGB).

Der **Begriff** digitale **Dienstleistungen** wird nicht von dem der digitalen **Inhalte** abgegrenzt, sondern beide Begriffe werden in der Digitale-Inhalte-Richtlinie als eine **Einheit** verwendet. Dies soll einen möglichst weiten Anwendungsbereich der DIRL eröffnen, damit Umgehungen durch eine Produktgestaltung vermieden werden können und ist bei der (richtlinienkonformen) Auslegung dieser Begriffe in § 327 BGB zu berücksichtigen. Erfasst werden Dienste, welche die Erstellung, Verarbeitung oder Speicherung von Daten in digitaler Form sowie Zugriff auf sie ermöglichen, insbesondere:

Beispiele: Software-as-a-Service, gemeinsame Nutzung von Video- oder Audiodateien, andere Formen des Datei-Hosting, Textverarbeitung oder Spiele, die in Cloud-Computing-Umgebung und in sozialen Netzwerken angeboten werden, Messenger-Dienste wie WhatsApp.

Die Regelung in § 327 Abs. 1 Nr. 1 BGB stellt auf die **alleinige** Nutzung durch den Verbraucher ab, während der Schwerpunkt in § 327 Abs. 2 Nr. 2 BGB bei der **gemeinsamen** Nutzung durch mehrere Personen liegt. Diese Nutzer können auch andere Personen als Verbraucher sein. Die gemeinsame Nutzung umfasst Dienstleistungen und Anwendungsangebote (**Apps**), bei denen der Nutzer Inhalte einstellen oder mit anderen Nutzern interagieren muss, wie bei **sozialen Netzwerken** und bei **sozialen Medien**. Sie umfasst auch Verkaufs-, Buchungs-, Vergleichs-, Vermittlungs- oder **Bewertungsplattformen** und andere Angebote mit entsprechenden Funktionen sowie eine gemeinsam genutzte **cloudbasierte Textverarbeitung**. Dagegen sind Internetzugangsdienste und die Ausnahmen nach § 327 Abs. 6 BGB ausgeschlossen.

cc. Bereitstellung personenbezogener Daten

Die Vorschriften über die Verbraucherverträge über digitale Produkte (§§ 327–327s BGB) sind auch auf Verbraucherverträge über die Bereitstellung digitaler Produkte anzuwenden, bei denen der Verbraucher dem Unternehmer **personenbezogene Daten bereitstellt** oder sich zu deren Bereitstellung **verpflichtet**. Dies gilt aber nicht, wenn der Unternehmer die vom Verbraucher bereitgestellten personenbezogenen Daten ausschließlich verarbeitet, um seine Leistungspflicht oder an ihn gestellte rechtliche Anforderungen zu erfüllten, und sie zu keinem anderen Zweck verarbeitet (§§ 327 Abs. 3, 312 Abs. 1 a S. 2 BGB). Durch die Regelung wird das „**Bezahlen mit Daten**“ oder „**Daten als Gegenleistung**“ erfasst. Dabei ist nach den allgemeinen Regeln durch Auslegung des Parteiwillens (§§ 133, 157 BGB) zu beurteilen, ob ein rechtsverbindlicher **Vertrag** oder eine unverbindliche **Gefälligkeit** vorliegt.

Die Rechtsprechung (BGH NJW 1956, 1313) berücksichtigt die Art der Gefälligkeit, den Grund und Zweck, die wirtschaftliche und rechtliche Bedeutung (v. a. für den Empfänger) und die Umstände unter denen sie erbracht wird. Auch die Gefahr, in die der Begünstigte durch eine fehlerhafte Leistung geraten kann, sowie ein eigenes Interesse des Leistenden an der erbrachten Leistung, kann maßgeblich sein. Da bei der Nutzung von **Diensten** und **Webseiten** sowie der Inanspruchnahme von Leistungen im **Internet** und auf **Smartphones** kein individueller Parteikontakt stattfindet, kann die Auslegung typisiert erfolgen. Denn der Verbraucher vertraut typischerweise auf die Richtigkeit der Annahmen des Unternehmers und macht sie häufig zur Grundlage eigener Annahmen und Dispositionen. Nach der Gesetzesbegründung kann deshalb zum Beispiel für die Annahme eines Vertragsschlusses sprechen, dass der Unternehmer den Dienst oder die Leistung erbringt, weil er den Verbraucher motivieren will, weitere Webseitenaufrufe zu tätigen oder Dienste oder Leistungen in Anspruch zu nehmen, weil er Einnahmen für darauf zur Verfügung gestellte Werbung erzielen will.

Bereitstellung der personenbezogenen Daten

Die Bereitstellung personenbezogener Daten umfasst **alle Verarbeitungen** personenbezogenen Daten des Verbrauchers durch den Unternehmer und ist **unabhängig** von der Art und Weise der Verarbeitung und deren datenschutzrechtlichen Einordnung. Es kommt nicht darauf an, dass der Verbraucher dem Unternehmer seinen Daten aktiv übermittelt, sondern reicht aus, dass der Verbraucher die Datenverarbeitung durch den Unternehmer zulässt (**Einwilligung**). Dies kann bei Abschluss des Vertrags oder im weiteren Verlauf des

Vertrags erfolgen. Als Beispiele für die Bereitstellung nennt die Gesetzesbegründung, wenn der Unternehmer **Cookies** setzt oder **Metadaten** wie Informationen zum Gerät des Verbrauchers oder zum Brauserverlauf erhebt, soweit der betreffende Sachverhalt als Vertrag anzusehen ist. Die vertragsrechtlichen Folgen datenschutzrechtlicher Erklärungen des Verbrauchers regelt § 327q BGB. Der Begriff der **personenbezogenen Daten** wird nicht gesetzlich definiert und entspricht der Definition in Art. 4 Nr. 1 EU-DSGVO. Dabei kommt es nicht darauf an, ob die Datenverarbeitung durch den Unternehmer datenschutzrechtlich rechtmäßig erfolgt ist.

Verpflichtung zur Bereitstellung der personenbezogenen Daten

Die Verpflichtung des Verbrauchers, die personenbezogenen Daten zu übermitteln, ist für die Anwendung der §§ 327–327s BGB auf Verbraucherverträge bereits **ausreichend**. Dies bedingt freilich, dass der Verbraucher sich dem Unternehmer gegenüber nach Auslegung der Erklärung (§§ 133, 157 BGB) mit **Rechtsbindungswille** zur Datenbereitstellung verpflichtet hat, folglich auch in diesem Fall ein rechtswirksamer Verbrauchervertrag vorliegt.

Leistungspflicht des Unternehmers und rechtliche Anforderungen

Die §§ 327–327s BGB finden auf die Bereitstellung personenbezogener Daten jedoch keine Anwendung, wenn der Unternehmer die vom Verbraucher bereitgestellten personenbezogenen Daten **ausschließlich** verarbeitet, um seine **Leistungspflicht** oder an ihn gestellte **rechtliche Anforderungen** zu erfüllen und sie zu keinem anderen Zweck verarbeitet (§§ 327 Abs. 3 Hs. 2, 312 Abs. 1a S. 2 BGB). Der Umfang der erforderlichen Datenverarbeitung unterliegt dabei datenschutzrechtlichen Beschränkungen, die für die Auslegung der Ausnahme herangezogen werden können. Dazu verweist die Gesetzesbegründung auf die **EDSA Leitlinien** 02/2019.

dd. Spezifikationen des Verbrauchers

§§ 327–327s BGB sind auch auf Verbraucherverträge anzuwenden, die digitale Produkte zum Gegenstand haben, welche nach den **Spezifikationen des Verbrauchers** entwickelt werden (§ 327 Abs. 4 BGB). Dies gilt sowohl für die Erstellung digitaler Inhalte als auch die Konzeption digitaler Dienstleistungen. Erfasst werden Verträge über die Entwicklung **maßgeschneiderter** digitaler Inhalte gemäß den Anforderungen des Verbrauchers, maßgeschneiderte **Software** und die **Bereitstellung elektronischer Daten** im Rahmen des **3-D-Drucks** von Waren, soweit sie unter die Begriffsbestimmung der digitalen Inhalte oder Dienstleistungen fallen. Nicht erfasst werden Rechte und Verpflichtungen im Zusammenhang mit Waren, die unter Verwendung der **3-D-Technologie** hergestellt wurden (ErwGr 26 DIRL).

ee. Bereitstellung körperlicher Datenträger

§§ 327–327s BGB sind mit Ausnahme der §§ 327b und 327c auch auf Verbraucherverträge anzuwenden, welche die Bereitstellung von **körperlichen** Datenträgern, die **ausschließlich** als **Träger** digitaler Inhalte dienen, zum Gegenstand haben (§ 327 Abs. 5 BGB). Die Datenträger müssen als Träger digitaler Inhalte dienen und nicht nur dienen können, so dass **Leermedien** wie etwa **CD-Rohlinge nicht** erfasst werden. Zudem müssen sie ausschließlich als Träger der vertragsgegenständlichen digitalen Inhalte dienen und dürfen nicht weitere Funktionen erfüllen. Der körperliche Datenträger muss auch selbst der Träger digitaler Inhalte sein und darf **nicht** lediglich den **Zugang** zu oder die **Bedienung** von an anderen Speicherorten befindlichen digitalen Inhalten ermöglichen (ErwGr 20 DIRL). Die Vorschriften über die Lieferpflicht des Unternehmers (§ 327b BGB) sowie über Abhilfen bei nicht erfolgter Lieferung (§ 327c BGB) sind auf die Bereitstellung körperlicher Datenträger nicht anzuwenden. Stattdessen sollen die Vorschriften über den **Verbrauchsgüterkauf**, insbesondere § 475 Absatz 1 und 2 BGB, Anwendung finden.

Beispiele (körperliche Datenträger): DVDs, CDs, USB-Sticks, Speicherkarten.

ff. Gesetzliche Ausnahmen

Der Anwendungsbereich der Vorschriften über Verbraucherverträge über digitale Produkte (§§ 327–327s BGB) ist für bestimmte Verträge gesetzlich ausgeschlossen. Nach § 327 Abs. 6 BGB sind sie nicht anzuwenden auf

- Verträge über andere Dienstleistungen, unabhängig davon, ob der Unternehmer digitale Formen oder Mittel einsetzt, um das Ergebnis der Dienstleistung zu generieren oder es dem Verbraucher zu liefern oder zu übermitteln. Hauptgegenstand dieser Verträge ist die Erbringung von **freiberuflichen Dienstleistungen** wie von Architekten, Juristen, Übersetzern und sonstigen fachlichen Beratern, die ihre Dienstleistung als Unternehmer häufig persönlich erbringen (Nr. 1).
- Verträge über **Telekommunikationsdienste** i. S. v. § 3 Nr. 61 TKG mit Ausnahme von nummernunabhängigen interpersonellen Telekommunikationsdiensten i. S. v. § 3 Nr. 40 TKG (Nr. 2).
- **Behandlungsverträge** nach § 630a BGB (Nr. 3).
- Verträge über **Glücksspieldienstleistungen**, die einen geldwerten Einsatz erfordern und unter Zuhilfenahme elektronischer oder anderer Kommunikationstechnologien auf individuellen Abruf eines Empfängers erbracht werden (Nr. 4).
- Verträge über **Finanzdienstleistungen** (Nr. 5).
- Verträge über die Bereitstellung von **Software**, für die der Verbraucher **keinen Preis** zahlt und die der Unternehmer im Rahmen einer **freien** und **quellenoffenen Lizenz** anbietet, sofern die vom Verbraucher bereitgestellten personenbezogenen Daten durch den Unternehmer ausschließlich zur Verbesserung der Sicherheit, der Kompatibilität oder der Interoperabilität der vom Unternehmer angebotenen Software verarbeitet werden (Nr. 6).
- Verträge über die Bereitstellung digitaler Inhalte, wenn die Inhalte der **Öffentlichkeit** auf eine andere Weise als durch Signalübermittlung als Teil einer **Darbietung** oder **Veranstaltung** zugänglich gemacht werden, etwa bei digitaler Kinovorführung (Nr. 7).
- Verträge über die Bereitstellung von **Informationen** im Sinne des IWG (Nr. 8).

c. Paketverträge und Verträge über Sachen mit digitalen Elementen

aa. Paketverträge mit anderen Produkten

Die Vorschriften für Verbraucherverträge über digitale Produkte (§§ 327–327s BGB) sind auch auf Verbraucherverträge anzuwenden, die in einem Vertrag zwischen denselben Parteien neben der Bereitstellung digitaler Produkte die Bereitstellung anderer Sachen oder Dienstleistungen zum Gegenstand haben **(Paketvertrag)**. Soweit in den Vorschriften nicht anders bestimmt, sind die §§ 327–327s BGB jedoch nur auf diejenigen **Bestandteile** des Paketvertrags anzuwenden, welche die **digitalen Produkte** betreffen (§ 327a Abs. 1 BGB). Der Begriff „Paket“ setzt **keine** inhaltliche **Verbundenheit** oder wirtschaftliche **Abhängigkeit** der Leistungspflichten voraus, wie dies etwa bei verbundenen Verträgen (§ 358 BGB) oder zusammenhängenden Verträgen (§ 360 BGB) der Fall ist. Die **Kombination** der unterschiedlichen Elemente in einem einzigen Vertrag ist erforderlich und **ausreichend**. Die Person des Unternehmers und des Verbrauchers muss für alle im Paket enthaltenen Vertragsbestandteile identisch sein **(Personenidentität)**. Die Einschaltung Dritter im Rahmen der Erfüllung, bei der ein Element des Paketvertrags durch einen anderen Unternehmer erfolgt oder der Verbraucher noch unmittelbar mit einem anderen Unternehmer eine Vereinbarung (z. B. Endnutzer-Lizenzvereinbarung) abschließen muss, ist hingegen unschädlich. **Elemente** des Paketvertrags über **andere** Sachen oder Dienstleistungen sind grundsätzlich von der Anwendung der §§ 327–327s BGB **ausgenommen**. Allerdings gilt dies nicht für den Fall einer Beendigung wegen einer unterbliebenen Bereitstellung oder eines Mangels betreffend das digitale Produkt. Die Bedingungen, unter welchen sich die Beendigung auf die anderen Elemente des Paketvertrags auswirkt, regeln §§ 327c Abs. 6, 327m Abs. 4 BGB.

Beispiel (Paketvertrag): Vereinbarung über die Bereitstellung eines Videostreaming-Dienstes, die gemeinsam mit dem Kaufvertrag über ein Elektronikprodukt abgeschlossen wird, dass zur Wiedergabe dieses Produkts geeignet ist (ErwGr 33 DIRL).

bb. Verbraucherverträge über Sachen

Die Vorschriften für Verbraucherverträge über digitale Produkte (§§ 327–327s BGB) sind auch auf Verbraucherverträge über Sachen anzuwenden, die digitale Produkte enthalten oder mit ihnen verbunden sind. Soweit in den nachfolgenden Vorschriften nicht anders bestimmt, sind sie aber nur auf diejenigen **Bestandteile** des Vertrags anzuwenden, die die **digitalen Produkte betreffen** (§ 327a Abs. 2 BGB). Dies ist unabhängig davon, ob es sich um zwei Verträge oder um zwei Vertragspartner handelt. Die Vorschriften gelten jedoch nur in Bezug auf den **digitalen Vertragsanteil**. Daher können für eine Sache unterschiedliche **gesetzliche Anforderungen** an die Art und Weise der Bereitstellung, der Mängelfreiheit, der Gewährleistungsansprüche oder der Vertragsbeendigung gelten. Durch die Regelung sollen die Verbraucherrechte in **allen Konstellationen** des **Vertriebs** von digitalen Produkten gesichert werden, unabhängig davon, ob der Verbraucher einen Kauf- Miet- oder Dienstvertrag über ein digitales Produkt abschließt. Zugleich soll der Unternehmer damit nicht durch besondere vertragliche Konstruktionen die Verbraucherrechte umgehen können. Im Hinblick auf den digitalen Anteil der Sache steht dem Verbraucher gemäß §§ 327c Abs. 7, 327m Abs. 5 BGB auch das Recht auf Lösung von anderen Vertragsbestandteilen zu.

cc. Kaufverträge über Waren mit digitalen Elementen

Die Regelungen der Verbraucherverträge über digitale Produkte (§§ 327–327s BGB) finden **keine Anwendung** auf Kaufverträge über Waren, die in einer Weise digitale Produkte enthalten oder mit ihnen verbunden sind, dass die Waren ihre Funktionen ohne die digitalen Produkte nicht erfüllen können (**Waren mit digitalen Elementen**). Beim Kauf einer Ware mit digitalen Elementen ist nach der gesetzlichen Regelung **im Zweifel** anzunehmen, dass die **Verpflichtung** des Verkäufers (auch) die Bereitstellung der digitalen Inhalte oder digitalen Dienstleistungen **umfasst** (§ 327a Abs. 3 BGB). Für den Kaufvertrag von Waren mit digitalen Elementen gelten die durch Umsetzung der Warenkaufrichtlinie eingeführten bzw. geänderten Regelungen über den Verbrauchsgüterkauf von Waren mit digitalen Elementen der §§ 475b–475e, 476ff BGB.

Dafür ist Voraussetzung, dass die Sache gemäß dem Kaufvertrag geschuldet ist (**vertragliches Kriterium**). Das ergibt sich aus dem Inhalt des Kaufvertrags und ist durch Auslegung (§§ 133, 157 BGB) zu ermitteln. Dabei ist unerheblich, wer das digitale Element tatsächlich bereitstellt. Des Weiteren muss die Sache ihre Funktion ohne das digitale Element nicht erfüllen können (**funktionales Element**). Ansonsten ist der Vertragsbestandteil mit dem digitalen Element als eigenständig anzusehen und unterfällt den Bestimmungen der Verbraucherverträge über digitale Produkte (§§ 327–327s BGB). Das gilt gleichfalls, wenn ein Verbraucher einen Vertrag über die Bereitstellung digitaler Produkte abschließt, die nicht Bestandteil des Vertrags über den Kauf der Sache sind (ErwGr 22 DIRL).

Nach diesen Kriterien ist ein Kaufvertrag über ein **Smartphone**, eine **Smartwatch** oder einen **Smart TV** ein Verbrauchsgüterkauf einer Ware mit digitalen Elementen (§ 327a Abs. 3 S. 1 BGB), da diese Waren ihre Grundfunktion ohne ein funktionierendes Betriebssystem oder eine Internetanbindung nicht ausüben können. Für den Kaufvertrag gelten die Vorschriften über den Verbrauchsgüterkauf einer Ware mit digitalen Elementen (§§ 475b–475e, 476ff BGB), wenn sich der Unternehmer verpflichtet, dass er oder ein Dritter die digitalen Elemente bereitstellt (§ 475b Abs. 1 S. 1 BGB). Dies gilt etwa auch dann, wenn in der Werbung eine bestimmte **Video-Anwendung** für ein Smart-TV angegeben wird, da diese Anwendung dann als Bestandteil des Kaufvertrags angesehen wird. Gleiches gilt für standardisierte vorinstallierte Anwendungen auf einem Smartphone, wie eine **Alarmfunktion** oder eine **Kameraanwendung**, bei der die Ware ihre Funktion nur mittels einer Anwendung erfüllen kann, die gemäß Kaufvertrag bereitgestellt wird, aber vom Verbraucher auf das Smartphone heruntergeladen werden muss. Dabei ist die Anwendung das digitale Element. Auch soll der Umstand, dass der Verbraucher einer **Lizenzvereinbarung** mit einem Dritten zustimmen muss, nicht gegen diese Annahme sprechen.

Dagegen kann das Smartphone seine Funktion unabhängig von einer **Spielanwendung** erfüllen, die der Verbraucher beispielsweise aus einem App-Store auf ein Smartphone herunterlädt. Hier ist der Vertrag über die Bereitstellung der Spielanwendung unabhängig vom Kaufvertrag über das Smartphone. Deshalb ist nur der Kaufvertrag über das Smartphone ein Verbrauchsgüterkauf einer Ware mit digitalen Elementen, während die Bereitstellung der Spielanwendung nach den Regelungen der Verbraucherverträge über digitale Produkte zu beurteilen ist (ErwGr 22 DIRL).

d. Bereitstellung digitaler Produkte

Die **Leistungszeit** und die **Art** und **Weise** der Bereitstellung digitaler Produkte bestimmt § 327b BGB. Dazu muss sich der Unternehmer durch einen Verbrauchervertrag gem. § 327 BGB oder § 327a BGB dazu verpflichten, dem Verbraucher ein digitales Produkt bereitzustellen (§ 327b Abs. 1 BGB). Haben die Vertragsparteien keine Leistungszeit vereinbart, so kann der Verbraucher die Bereitstellung unverzüglich nach Vertragsschluss verlangen, der Unternehmer sie sofort bewirken (§ 327b Abs. 2 BGB). Geregelt wird auch, wann ein digitaler Inhalt (§ 327b Abs. 3 BGB) und eine digitale Dienstleistung (§ 327b Abs. 4 BGB) bereitgestellt ist.

e. Reche bei unterbliebener Bereitstellung

Die Rechte des Verbrauchers bei unterbliebener Bereitstellung regelt § 327c BGB. Dieser kann den **Vertrag beenden**, wenn der Unternehmer seiner fälligen Verpflichtung zur Bereitstellung des digitalen Produkts auf **Aufforderung** des Verbrauchers nicht unverzüglich nachkommt (§ 327c Abs. 1 BGB). In diesem Fall kann der Verbraucher auch gemäß §§ 280 und 281 Abs. 1 S. 1 BGB **Schadensersatz** oder nach § 284 BGB Ersatz vergeblicher **Aufwendungen** verlangen. Ansprüche auf Schadensersatz nach §§ 283 und 311a BGB bleiben unberührt (§ 327c Abs. 2 BGB). Wann die Aufforderung des Verbrauchers **entbehrlich**, ist regelt § 327c Abs. 3 BGB. Für die Beendigung des Vertrags und deren Rechtsfolgen gelten §§ 327o und 327p BGB, die insbesondere eine Anwendung der §§ 346ff BGB ausschließen; sie gelten ebenfalls, wenn der Verbraucher Schadensersatz statt der ganzen Leistung verlangt.

Der Verbraucher kann auch **neben** der **Vertragsbeendigung** Schadensersatzansprüche (§ 325 BGB) geltend machen (§ 327c Abs. 4 BGB). Sofern der Verbraucher den Vertrag beendigen kann, kann er sich auch im Hinblick auf alle **Bestandteile** des **Paketvertrags** vom Vertrag lösen, wenn er an dem anderen Teil des Paketvertrags **ohne** das nicht bereitgestellte digitale Produkt **kein Interesse** hat. Dies gilt nicht, wenn der andere Bestandteil des Paketvertrags ein Telekommunikationsdienst i. S. v. § 3 Nr. 61 TKG ist (§ 327c Abs. 6 BGB). Er kann sich auch im Hinblick auf alle Bestandteile eines Vertrages bei einer möglichen Beendigung nach § 327a Abs. 2 BGB vom Vertrag lösen. Dies bedingt, dass aufgrund des nicht bereitgestellten digitalen Produkts die Sache sich nicht zur gewöhnlichen Verwendung eignet (§ 327c Abs. 7 BGB).

f. Gewährleistung

aa. Allgemeines

§§ 327d–n BGB regeln die Gewährleistung. § 327d konkretisiert die Pflicht des Unternehmers, das digitale Produkt **mangelfrei** bereitzustellen und modifiziert die Differenzierung zwischen Sach- und Rechtsmängeln aus dem Kaufrecht. Die **Vertragsmäßigkeit** ist bis auf die Pflicht zur Aktualisierung des digitalen Produkts als **Sekundärpflicht** (§ 327f BGB) in § 327e BGB geregelt. Vorschriften über den Rechtsmangel enthält § 327g BGB. Nach § 327d BGB hat der Unternehmer das digitale Produkt **frei von Produkt**- und **Rechtsmängeln** i. S. v. §§ 327e–327g BGB bereitzustellen, wenn er durch einen Verbrauchervertrag gemäß § 327 oder § 327a BGB zur Bereitstellung eines digitalen Produkts verpflichtet ist.

bb. Produktmangel

Der Regelung des Produktmangels in § 327e BGB liegt das Konzept der **Gleichrangigkeit** von **subjektiven** und **objektiven** Anforderungen an die **Vertragsmäßigkeit** zu Grunde und ändert damit auch die bisher geltenden Regelungen zum Verbrauchsgüterkauf. Nach der Neuregelung ist das Produkt frei von Produktmängeln, wenn es zur maßgeblichen Zeit nach den Vorschriften der §§ 327–327s BGB den **subjektiven Anforderungen**, den **objektiven Anforderungen** und den **Anforderungen** an die **Integration** entspricht. Soweit nicht anders bestimmt, ist die maßgebliche Zeit die Zeit der Bereitstellung nach § 327B BGB. Bei Verpflichtung zu einer fortlaufenden Bereitstellung über einen längeren Zeitraum (**dauerhafte Bereitstellung)** ist der maßgebliche Zeitpunkt der gesamte vereinbarte Zeitraum der Bereitstellung (**Bereitstellungszeitraum**) (§ 327e Abs. 1 BGB). § 327e Abs. 2 BGB enthält eine Aufzählung subjektiver Anforderungen an die Vertragsmäßigkeit des digitalen Produkts. Die objektiven Produktanforderungen beschreibt § 327e Abs. 3 BGB und die Anforderungen an die Integration § 327e Abs. 4 BGB.

cc. Aktualisierungen

Die Verpflichtung des Unternehmers zu Aktualisierungen (**Updates**) von digitalen Produkten (**Aktualisierungspflicht** bzw. **Update-Pflicht**) regelt § 327f BGB. Dabei handelt es sich um eine neuartige schuldrechtliche Leistungsverpflichtung. Der Unternehmer hat sicherzustellen, dass dem Verbraucher während des maßgeblichen Zeitraums Aktualisierungen, die für den Erhalt der **Vertragsmäßigkeit** des digitalen Produkts erforderlich sind, bereitgestellt werden und der Verbraucher über diese Aktualisierungen informiert wird (§ 327f Abs. 1 S. 1 BGB).

Der **maßgebliche Zeitraum** (§ 327f Abs. 1 S. 2 BGB) ist

- bei einem Vertrag über die dauerhafte Bereitstellung eines digitalen Produkts der **Bereitstellungszeitraum** (Nr. 1),

- in allen anderen Fällen der **Zeitraum**, den der Verbraucher aufgrund der Art und des Zwecks des digitalen Produkts und unter Berücksichtigung der Umstände und der Art des Vertrags **erwarten kann** (Nr. 2).

Sofern es der Verbraucher **unterlässt**, eine Aktualisierung, die ihm gemäß § 327f Abs. 1 BGB bereitgestellt worden ist, innerhalb einer angemessenen Frist zu **installieren**, ist die **Haftung** des Unternehmers für einen Produktmangel **ausgeschlossen**, der allein auf das Fehlen der Aktualisierung zurückzuführen ist (§ 327f Abs. 2 BGB), sofern

- der Unternehmer den Verbraucher über die Verfügbarkeit der Aktualisierung und die Folgen einer unterlassenen Installation **informiert** hat (Nr. 1) und
- die Tatsache, dass der Verbraucher die Aktualisierung nicht oder unsachgemäß installiert hat, **nicht** auf eine dem Verbraucher bereitgestellte **mangelhafte Installationsanleitung** zurückzuführen ist (Nr. 2).

dd. Rechtsmangel

Den Rechtsmangel regelt § 327g BGB. Danach ist das digitale Produkt frei von Rechtsmängeln, wenn der Verbraucher es gemäß den **subjektiven** oder **objektiven Anforderungen** nach § 327e Abs. 2 und 3 BGB nutzen kann, ohne Recht Dritter zu verletzen.

ee. Abweichende Vereinbarungen

Abweichende Vereinbarungen über Produktmerkmale regelt § 327h BGB. Danach kann von den objektiven Anforderungen nach § 327e Abs. 3 S. 1 Nr. 1–5 und Satz 2 BGB, § 327f Abs. 1 BGB und von § 327g BGB nur abgewichen werden, wenn der Verbraucher **vor Abgabe** seiner **Vertragserklärung** eigens davon **in Kenntnis** gesetzt wurde, dass ein bestimmtes Merkmal des digitalen Produkts von diesen objektiven Anforderungen abweicht, und diese Abweichung im Vertrag **ausdrücklich** und **gesondert vereinbart** wurde.

ff. Mängelrechte des Verbrauchers

§ 327i regelt die Mängelrechte bei digitalen Produkten. Ist das digitale Produkt mangelhaft hat der Verbraucher bei Vorliegen der Voraussetzungen die folgenden Mängelrechte und kann

- nach § 327l BGB **Nacherfüllung** verlangen (Nr. 1),
- nach § 327m Abs. 1, 2, 4 und 5 BGB den **Vertrag beenden** oder nach § 327n BGB den **Preis mindern** (Nr. 2) und
- nach § 280 Abs. 1 BGB oder § 327m Abs. 3 BGB **Schadensersatz** oder nach § 284 Ersatz vergeblicher **Aufwendungen** verlangen (Nr. 3).

Die Verjährung der Mängelrechte ist in § 327j BGB, die Beweislastumkehr in § 327k BGB, die Nacherfüllung in § 327l BGB, die Vertragsbeendigung und der Schadensersatz in § 327m BGB und die Minderung in § 327n BGB geregelt.

g. Weitere Regelungen

Regelungen für die Erklärung und Rechtsfolgen der Vertragsbeendigung enthält § 327o BGB, für die weitere Nutzung nach Vertragsbeendigung § 327p BGB. Die vertragsrechtlichen Folgen datenschutzrechtliche Erklärungen bestimmt § 327q BGB, Änderungen des Unternehmers an digitalen Produkten § 327r BGB, abweichende Vereinbarungen § 327s BGB.

h. Verträge über digitale Produkte zwischen Unternehmern

Besondere Bestimmungen für Verträge über digitale Produkte zwischen Unternehmern enthält Titel 1 a Untertitel 2 (§§ 327 s und 327 t BGB). Danach gelten ergänzend die Vorschriften dieses Untertitels. Die Vorschriften in § 327 t BGB regeln den **Rückgriff** des Unternehmers **in der Vertriebskette** nach § 327 u BGB, wenn die Bereitstellung einem Verbrauchervertrag dient, der nach §§ 327 und 327 a BGB in den Anwendungsbereich der §§ 327 ff BGB fällt (§ 327 t BGB).

Rückgriff des Unternehmers

Der Unternehmer hat ein Rückgriffsrecht gegen den Unternehmer, der sich ihm gegenüber zur Bereitstellung eines digitalen Produkts verpflichtet hat (**Vertriebspartner**). Dieses beinhaltet einen Anspruch auf **Ersatz** von **Aufwendungen**, die dem Unternehmer im Verhältnis zu einem Verbraucher aufgrund dessen **Vertragsbeendigung** wegen einer unterbliebenen Bereitstellung des digitalen Produkts nach § 327 c Abs. 1 S. 1 BGB entstanden sind und die der Vertriebspartner verursacht hat (§ 327 u Abs. 1 S. 1 BGB). Der Ersatzanspruch gilt auch für die Aufwendungen, die dem Unternehmer wegen eines **Nacherfüllungsverlangens** des Verbrauchers nach § 327 l Abs. 1 BGB entstanden sind, wenn der vom Verbraucher gegenüber dem Unternehmer geltend gemachte Mangel **bereits bei** der **Bereitstellung** durch den Vertriebspartner vorhanden war oder in einer durch den Vertriebspartner **verursachten Verletzung** der **Update-Pflicht** des Unternehmers nach § 327 f Abs. 1 BGB besteht (§ 327 u Abs. 1 S. 2 BGB). Vertriebspartner ist (anders als der insoweit missverständliche Begriff) nicht, wer den Hersteller oder einen Zwischenhändler beim Vertrieb einer Ware unterstützt oder den Vertrieb für ihn übernimmt, sondern der **Lieferant des digitalen Produkts** als vorhergehendes Glied in der Vertragskette. Der Rückgriff in der **Vertriebskette** ist vom Rückgriff beim Verbrauchsgüterkauf in der **Lieferkette** (§§ 445 a, 445 b, 478 BGB) zu **unterscheiden**, bei dem der Verkäufer einen Anspruch auf Ersatz von Aufwendungen gegen den Warenlieferanten als vorhergehendes Glied der Lieferkette hat.

Verjährung und Beweislastumkehr

Der Aufwendungsersatzansprüche **verjähren** in **sechs Monaten** (§ 327 u Abs. 2 BGB). Für die **Beweislastumkehr** gilt § 327 k Abs. 1 und 2 BGB entsprechend mit der Maßgabe, dass die Frist mit der Bereitstellung an den Verbraucher beginnt (§ 327 u Abs. 3 BGB).

Abweichende Vereinbarungen

Der Vertriebspartner des Unternehmers kann sich **nicht** auf eine **Vereinbarung** berufen, die er mit diesem vor Geltendmachung des Rückgriffanspruchs getroffen hat und die zum Nachteil des Unternehmers von § 327 Abs. 1–3 BGB **abweicht**. Dies gilt auch, wenn diese Regelungen durch anderweitige Gestaltungen umgangen werden (**Umgehungsverbot**) (§ 327 u Abs. 4 BGB).

Untersuchungs- und Rügepflicht

Die Vorschrift des § 377 HGB über die Untersuchungs- und Rügepflicht bleibt unberührt (§ 327 u Abs. 5 BGB).

Ansprüche der Vertriebspartner

Die Regelungen des § 327 u Abs. 1–5 BGB sind auf die Ansprüche des Vertriebspartners und der übrigen Vertriebspartner **in der Vertriebskette** gegen ihre jeweiligen Vertragspartner, die zur Bereitstellung der digitalen Produkte verpflichtetet sind, entsprechend anzuwenden. Der **Schuldner** muss dann jeweils **Unternehmer** sein (§ 327 u Abs. 6 BGB).

Abb. 17: Verträge über digitale Produkte

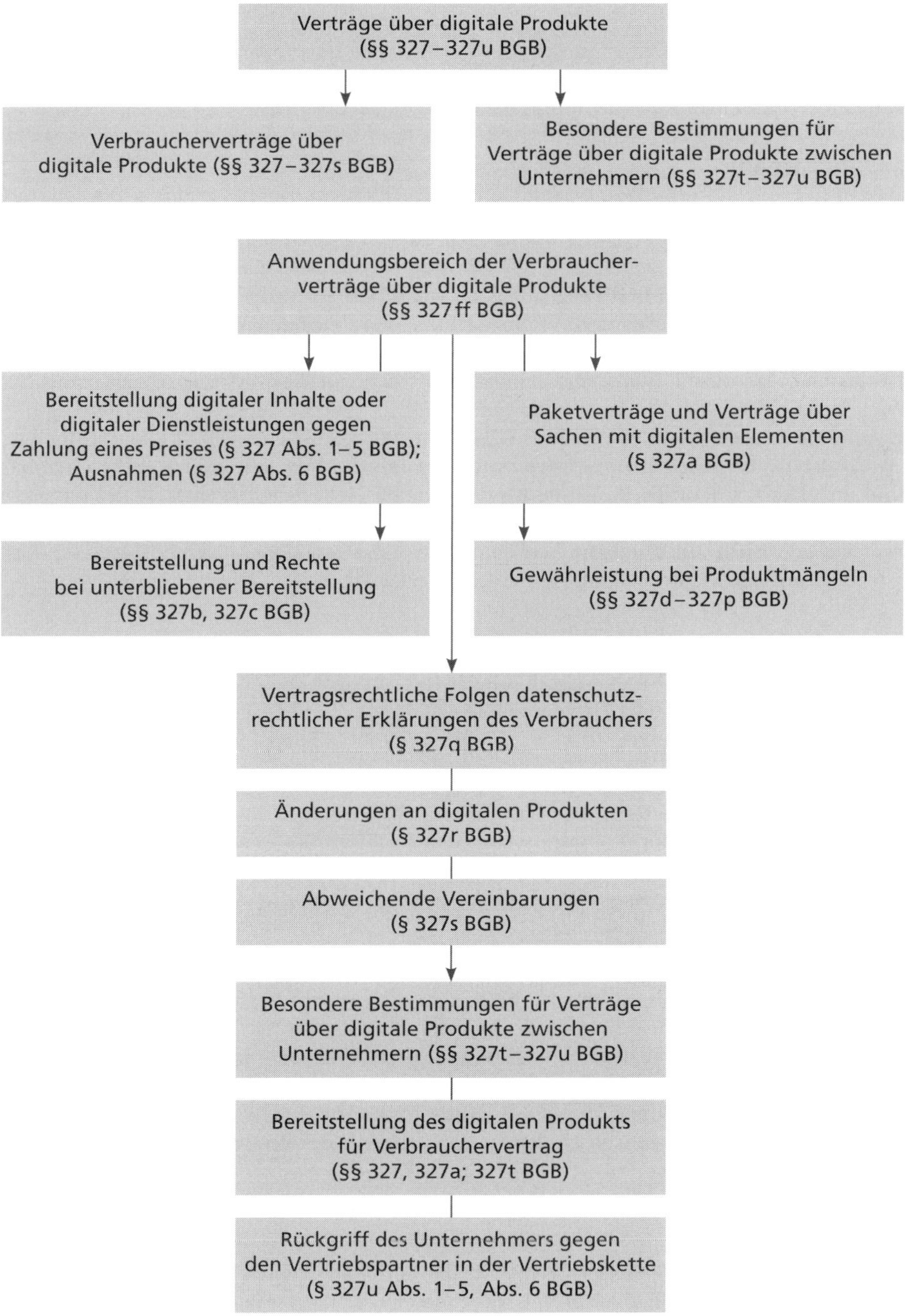

9. Vertrag zugunsten Dritter

a. Rechtsinstitut

Der Vertrag zugunsten Dritter ist kein besonderer Vertragstyp, sondern ein **Rechtsinstitut** des allgemeinen Schuldrechts. Jeder Verpflichtungsvertrag wie Kauf, Miete oder Werkvertrag kann durch eine entsprechende Abrede derart ausgestaltet werden.

aa. Rechtsnatur

Nach § 328 Abs. 1 BGB kann durch Vertrag eine Leistung an einen Dritten mit der Wirkung bedungen werden, dass der Dritte unmittelbar das Recht erwirbt, die Leistung zu fordern. Der **Versprechende** (vgl. §§ 332, 333, 334 BGB) verpflichtet sich dem **Versprechensempfänger** (vgl. §§ 331, 332, 335 BGB) gegenüber, an einen **Dritten** (vgl. § 328 Abs. 1 BGB) zu leisten. Der Dritte wird durch den Vertragsschluss ohne weiteren rechtsgeschäftlichen Akt unmittelbar Gläubiger. Dies ändert die Rechtsnatur des zweiseitigen *(inter partes)* Schuldverhältnisses (§ 241 Abs. 1 BGB), aus dem grundsätzlich nur die Vertragsparteien berechtigt oder verpflichtet werden können *(alteri nemo stipulari potest)*. Allerdings muss der begünstigte Dritte aus dem Vertrag Vorteile erwirken. Ein Vertrag, welcher den Dritten rechtlich zu etwas verpflichtet (Vertrag zu Lasten Dritter), ist mit der Privatautonomie nicht vereinbar und unzulässig, soweit die Belastung für den Dritten nicht lediglich einen Reflex darstellt. Zu beachten ist auch, dass sich § 328 Abs. 1 BGB **nur** auf **schuldrechtliche** Verpflichtungsverträge und **nicht** auf **dingliche** Verfügungsverträge anwendbar ist. Eine Abtretung oder Übereignung von Rechten zugunsten Dritter scheidet daher aus.

bb. Dreipersonenverhältnis

Der Vertrag zugunsten Dritter weist drei Rechtsbeziehungen zwischen den daran beteiligten Personen aus (Dreiecks- oder **Dreipersonenverhältnis**).

Deckungsverhältnis

Das Deckungsverhältnis (**Grundverhältnis**) besteht zwischen dem Versprechendem und dem Versprechensempfänger. Dieses schafft den Rechtsgrund für die zu erbringende Leistung und bestimmt die Person des Dritten. Als Schuldner erhält der Versprechensempfänger daraus die finanzielle Deckung als Gegenwert für seine Leistung.

Valutaverhältnis

Das Valutaverhältnis (**Zuwendungsverhältnis**) zwischen dem Versprechensempfänger und dem Drittem ist der Rechtsgrund für die Zuwendung an den Dritten. Damit wird das endgültige Behalten des Wertes (**Valuta**) des Leistungsgegenstandes begründet. Es handelt sich dabei meist um eine Schuldtilgung oder eine Schenkung. Mängel des Valutaverhältnisses wie eine Nichtigkeit lassen den Vertrag zugunsten Dritter unberührt. Eine Rückabwicklung der Leistung durch Bereicherungsausgleich erfolgt im Verhältnis des Versprechensempfängers zum Dritten.

Vollzugsverhältnis

Das Vollzugsverhältnis (**Drittverhältnis**) ist die Beziehung zwischen dem Versprechenden und dem Dritten. Dabei handelt es sich nicht um ein Vertragsverhältnis mit dem Dritten, da der Vertragsschluss (des Vertrags zugunsten des Dritten) eben ohne diesen erfolgt. Für den Dritten besteht lediglich ein aus dem Vertrag zugunsten Dritter gem. § 328 Abs. 1 BGB

abgespaltenes Forderungsrecht, das mit der Leistungsverpflichtung des Versprechenden korrespondiert. Nach der Rechtsprechung kommt allerdings ein **vertragsähnliches Vertrauensverhältnis** mit wechselseitigen Rücksichtspflichten nach § 241 Abs. 2 BGB zustande.

cc. Abgrenzung

Hinsichtlich der Rechtsstellung des Dritten ist zwischen dem **echten** Vertrag zugunsten Dritter und dem **unechten** Vertrag zugunsten Dritter zu unterscheiden. Der echte Vertrag zugunsten Dritter ist in § 328 Abs. 1 BGB geregelt. Danach hat der Dritte einen **eigenen** Anspruch, die Leistung zu fordern. Beim unechten Vertrag zugunsten Dritter erwirbt der Dritte hingegen kein eigenständiges Forderungsrecht. Nach der Parteivereinbarung soll **allein der Gläubiger** des Vertrags zur Forderung der Leistung berechtigt sein. Allerdings wird der Schuldner gem. § 185 BGB ermächtigt, mit schuldbefreiender Wirkung (§ 362 BGB) an den Dritten zu leisten. Welcher Vertrag individuell vorliegt, richtet sich vorrangig nach der Parteivereinbarung. Liegt eine solche nicht vor, ist der mutmaßliche Wille der Parteien durch Auslegung gemäß §§ 133, 157 BGB zu bestimmen (vgl. § 328 Abs. 2 BGB). Dabei sind die Auslegungsregeln der §§ 329, 330 BGB zu beachten.

b. Rechtsfolgen

Auch hinsichtlich der Rechtsfolgen muss beim echten Vertrag zugunsten Dritter neben den Rechtsbeziehungen zwischen den Vertragspartnern auch der Dritte berücksichtigt werden. Es kommt darauf an, wer welche Rechte hat und wie Leistungsstörungen im jeweiligen Verhältnis der drei Personen zu behandeln sind.

aa. Dritter

Der Anspruch des Dritten auf Primärleistung entsteht originär in seiner Person. Er erwirbt ihn direkt aus dem Vermögen des Versprechenden, **ohne** dass ein **Durchgangserwerb** über das Vermögen des Versprechensempfängers stattfindet. Dieser kann gemäß § 335 BGB nur einen Anspruch auf Leistung an den Dritten, aber nicht auf Leistung an sich, verlangen. Da der Dritte seinerseits nicht Vertragspartei wird, kann er nicht anfechten, kündigen oder zurücktreten. Er ist aber nach § 333 BGB berechtigt, das aus dem Vertrag erworbene Recht dem Versprechenden gegenüber **zurückzuweisen**. Dies ist erst nach Anfall des Rechts möglich und bewirkt, dass das Recht rückwirkend als nicht erworben gilt. Bei **Wegfall der Geschäftsgrundlage** kann der Dritte verlangen, dass die Leistung gem. § 313 BGB den veränderten Verhältnissen angepasst wird. Verletzt der Versprechende eine Pflicht aus dem Deckungsverhältnis, kann der Dritte Ansprüche auf **Schadensersatz neben der Leistung** (§§ 280 Abs. 1, 2, 286 BGB) geltend machen. Umstritten ist, ob ihm auch der Anspruch auf Schadensersatz statt der Leistung (§§ 281 ff BGB) und das Rücktrittsrecht des § 323 BGB zusteht. Nach h. M. wird dies verneint, da der Dritte eben nicht Vertragspartner ist. Er muss einer Ausübung dieser Rechte durch den Versprechensempfänger aber dann zustimmen, wenn die Rechtsposition nach § 328 Abs. 2 BGB unentziehbar ist.

bb. Versprechensempfänger

Nach § 335 BGB kann der Versprechensempfänger, sofern nicht ein anderer Wille der Vertragsschließenden anzunehmen ist, die Leistung an den Dritten auch dann fordern, wenn diesem das Recht auf die Leistung zusteht. Das nach dieser Vorschrift bestehende Recht des Versprechensempfängers ist unabhängig von dem Recht des begünstigten Dritten auf Leistung. Es ist ein **selbstständiges Forderungsrecht** und keine bloße Einziehungsermächtigung.

Dem Versprechensempfänger stehen alle das Vertragsverhältnis betreffenden **Gestaltungsrechte** wie Anfechtung, Rücktritt, Widerruf und Kündigung zu. Er kann sein Forderungsrecht auch durch Eintragung einer Vormerkung im Grundbuch gemäß § 883 Abs. 1 BGB sichern. Es besteht aber keine Gesamtgläubigerschaft i. S. d. § 428 BGB mit dem Dritten. Vielmehr handelt es sich nach h. M. um eine besondere Form der Forderungsmehrheit.

cc. Versprechender

Bei einer Pflichtverletzung des Versprechensempfängers gegenüber dem Versprechenden im Deckungsverhältnis stehen dem Versprechenden Ansprüche auf Schadensersatz gem. §§ 280 ff BGB zu. Auch kann er von dem Vertrag zugunsten Dritter gem. §§ 323 ff BGB zurücktreten. Diese Rechte kann er auch dem Dritten entgegenhalten. Denn Einwendungen aus dem Vertrag stehen dem Versprechenden nach § 334 BGB auch gegenüber dem Dritten zu. Die Vorschrift ist allerdings (auch stillschweigend) abdingbar. Auch sind Einwendungen ausgeschlossen, die nach Entstehen des Rechts besonders vereinbart wurden, sofern kein Fall des § 328 Abs. 2 BGB vorliegt. Verletzt der Dritte eine Pflicht etwa zur Abnahme (§§ 433 Abs. 2, 640 BGB) oder verschuldet er die Unmöglichkeit gegenüber dem Versprechenden aus dem Vollzugsverhältnis, wird dem Versprechensempfänger das Verhalten des Dritten gemäß § 278 BGB zugerechnet. Verletzt der Dritte im Valutaverhältnis eine Pflicht gegenüber dem Versprechensempfänger, wirkt sich das nicht auf das Deckungsverhältnis aus.

10. Vertrag mit Schutzwirkung zugunsten Dritter

a. Rechtsinstitut

Der Vertrag mit Schutzwirkung zugunsten Dritter ist ein **Sonderfall** des Vertrags zugunsten Dritter. Er ist von der Rechtsprechung im Wege der ergänzenden Vertragsauslegung (§§ 133, 157, 328 Abs. 2 BGB) zur **Verbesserung** der **Rechtsstellung** nicht am Vertragsschluss beteiligter Dritter entwickelt worden (BGH NJW 1978, 883). Die Ausweitung der vertraglichen Haftung ist eine Ausnahme von der Wirkung eines Vertrages nur zwischen den vertragsschließenden Parteien. Teile der Literatur begründen das **Rechtsinstitut** mit einer gesetzlichen Ausgestaltung oder Erweiterung des Schuldverhältnisses aus § 242 BGB oder sogar gewohnheitsrechtlicher Haftung. Gegen die auch vertretene Auffassung, dass sich dies nach der **Schuldrechtsreform 2002** mit § 311 Abs. 3 S. 1 BGB begründen lässt (vgl. Wortlaut), spricht nach h. M., dass dort ein explizierter Fall normiert wurde und auf andere Fallgestaltungen, vor allem c. i. c., abstellt (so auch die Gesetzesbegründung). Zwar erhält der Dritte keinen eigenen Leistungsanspruch wie bei § 328 Abs. 1 BGB. Er kann aber einen Schadensersatzanspruch wegen Verletzung von Nebenpflichten aus einem Vertrag oder vorvertraglichen gesetzlichen Schuldverhältnis (§ 241 Abs. 2 BGB) haben. Dieser Anspruch des objektiv geschützten Dritten ist vom Willen der Parteien unabhängig.

b. Voraussetzungen

An die Voraussetzungen eines Vertrages mit Schutzwirkung zugunsten Dritter werden **strenge Anforderungen** zur Vermeidung einer unkalkulierbaren Ausdehnung der Haftung des Schuldners gestellt. Vertraut der Dritte auf eine Leistung des Schuldners, kann er vertragliche Schadensersatzansprüche geltend machen, wenn er in den Schutzbereich des Vertrages mit einbezogen worden ist.

aa. Leistungsnähe

Das Kriterium der Leistungsnähe erfordert, dass der Dritte mit der Leistung des Schuldners **bestimmungsgemäß in Berührung** kommt und in gleichem Maße wie der Gläubiger dem Risiko einer Pflichtverletzung ausgesetzt ist. Folglich muss der Dritte **ähnlichen Gefahren** einer Verletzung von Schutzpflichten ausgesetzt sein wie der direkte Vertragspartner. Es genügt nicht, wenn der Dritte nur zufällig mit den Gefahren oder der Leistung in Kontakt kommt. Das Näheverhältnis des Dritten zum Gläubiger besteht i. d. R. bei **personenrechtlichem Einschlag** (z. B. §§ 618, 619, 705 BGB, 105, 161 HGB). Bei reinen Austauschgeschäften wie Kauf (§ 433 BGB) oder Werklieferungsvertrag (§ 650 BGB) oder etwa der SEPA-Lastschrift (§§ 675c ff) fehlt es an einem Näheverhältnis.

bb. Gläubigerinteresse

Seitens des Gläubigers muss ein **persönliches Schutzinteresse** an der Einbeziehung des Dritten in den Vertrag bestehen (Gläubigerinteresse). Der Gläubiger braucht nicht, wie früher gefordert, für das Wohl und Wehe des Dritten verantwortlich sein. Vielmehr genügt, dass die **Leistung bestimmungsgemäß dem Dritten zugutekommen** soll und der Gläubiger ein **besonderes Interesse** an der Einbeziehung hat. Nach der Rechtsprechung gilt dies beispielsweise für die zur Hausgemeinschaft des Mieters gehörenden Familienangehörigen bei Mietverträgen über Wohnraum (BGHZ 49, 350), nicht aber für den Gesellschafter beim Darlehensvertrag zwischen Bank und GmbH (BGH NJW 2006, 830).

cc. Schutzpflicht

Weiter muss eine Schutzpflicht des Gläubigers gegenüber dem Dritten bestehen. Er muss ein **berechtigtes Interesse** am Schutz des Dritten haben. An dessen Schutzbedürftigkeit fehlt es, wenn er einen eigenen vertraglichen Anspruch gegen den Gläubiger geltend machen kann. Der Anspruch des Dritten muss denselben oder zumindest einen **gleichwertigen Inhalt** haben mit demselben Tatbestand und derselben Rechtsfolge. Ob der Anspruch finanziell durchsetzbar ist, ist unerheblich. Nicht gleichwertig sind Schadensersatzansprüche aus unerlaubter Handlung, da sie insbesondere wegen der Exkulpationsregelung bei der Gehilfenhaftung nach § 831 Abs. 1 S. 2 BGB und des Fehlens eines umfassenden Vermögensschutzes den geschädigten Dritten nicht immer zureichend absichern.

dd. Erkennbarkeit

Zudem müssen Leistungsnähe und Schutzinteresse für den Schuldner beim Vertragsschluss subjektiv erkennbar sein. Das Risiko soll übersehbar, kalkulierbar und ggf. versicherbar sein. Das Haftungsrisiko kann dem Schuldner nur zugemutet werden, wenn er das **Risiko kennt** und die möglichen **Haftungsnehmer eingrenzen** kann. Deren Anzahl und Namen muss er zwar nicht kennen, sie müssen aber aus einem absehbaren Personenkreis stammen.

c. Rechtsfolge

Rechtsfolge des Vertrags mit Schutzwirkung zugunsten Dritter ist, dass dieser einen eigenen vertraglichen Schadensersatzanspruch gegen den Schuldner hat. Der Anspruch erfasst **alle Rechtsgüter** des Dritten (Personen-, Sach- und Vermögensschäden) und setzt voraus, dass das Integritätsinteresse des Dritten verletzt ist. Eigenes **Mitverschulden** muss sich der Dritte gem. § 254 BGB anrechnen lassen. Ein **Verschulden des Gläubigers** hinsichtlich des Schadens muss sich der Dritte gem. §§ 334, 253 Abs. 2, 254 BGB analog entgegenhalten lassen, da er nicht besser stehen soll, als bei einem Vertrag zugunsten Dritter (§ 328 BGB). Andere argumentieren, dass sich der Dritte ein Verschulden des Gläubigers hinsichtlich eines Schadens gem. §§ 254 Abs. 2 S. 2, 278 BGB als eigenes Mitverschulden anrechnen lassen muss, wenn zwischen ihm und dem Gläubiger eine Sonderbeziehung besteht. Dies wird damit begründet, dass es sich bei § 254 Abs. 2 S. 2 BGB um eine Rechtsgrundverweisung handle. Die Vorschrift des § 334 BGB findet beim Vertrag mit Schutzwirkung zugunsten Dritter Anwendung, so dass der Schuldner dem Dritten Einwendungen aus dem Vertrag mit dem Gläubiger entgegenhalten kann. Gesetzliche **Haftungsbeschränkungen** wirken zu Lasten des Dritten. Dies gilt auch für vertragliche Haftungsfreizeichnungen. Dem Dritten sollen nicht mehr Rechte zustehen als den Vertragsparteien (Rechtsgedanke des § 334 BGB). Die **Verjährung** richtet sich nach §§ 195, 199 BGB, soweit nicht eine kürzere vertragliche Verjährung greift.

11. Drittschadensliquidation

a. Rechtsinstitut

Bei der Drittschadensliquidation erfolgt die Geltendmachung eines Anspruchs aufgrund einer meist vertraglichen Pflichtverletzung für einen Schaden, der nicht dem Ersatzberechtigten als Gläubiger (**Regelfall**), sondern einem Dritten (**Schadensverlagerung**) entstanden ist. Dies ist eine Ausnahme vom zivilrechtlichen Grundsatz, dass ein Schädiger keinen Ersatz leisten muss, wenn der Anspruchsberechtigte und der Schädiger verschiedene Personen sind. Nach dem im deutschen Haftungsrecht geltenden **Tatbestandsprinzip** ist nur derjenige zum Schadensersatz berechtigt, der selbst Verletzter im Sinne einer Anspruchsgrundlage ist. Weiter besagt das Dogma vom sog. **Gläubigerinteresse**, dass der aus einer Anspruchsgrundlage berechtigte nur den Schaden ersetzt verlangen kann, den er selbst erlitten hat. Danach ist der Schädiger weder dem Anspruchsinhaber noch dem Geschädigten ersatzpflichtig, wenn der Anspruchsinhaber keinen Schaden und der Geschädigte keinen Anspruch gegen den Schädiger hat. Um dieses als **unbillig** empfundene **Ergebnis** zu vermeiden, erfolgt eine **Korrektur** durch das Rechtsinstitut der Drittschadensliquidation. Dieses bezweckt den **Ausgleich** einer aus Sicht des Schädigers rein **zufälligen Schadensverlagerung** auf einen Dritten. Da der Schädiger damit nicht rechnen kann, erhöht sich sein kalkulierbares Risiko nicht. Er haftet, wo eine Haftung zu erwarten hat. Daher soll der ersatzberechtigte Anspruchsinhaber den Schaden des Dritten ersetzt verlangen bzw. liquidieren können, wenn die Voraussetzungen der Drittschadensliquidation erfüllt sind. Der **Schaden** wird in diesem Fall **zum Anspruch** gezogen. Der Vertragspartner kann den Anspruch gegenüber dem Schädiger geltend machen. Er ist im Innenverhältnis aber dazu verpflichtet, den Schadensersatz an den Dritten gem. § 285 BGB **herauszugeben** oder den Anspruch an ihn gem. § 281 BGB **abzutreten**.

b. Fallgruppen

Die Voraussetzungen der Drittschadensliquidation sind folglich, dass der Anspruchsinhaber keinen Schaden hat (**Anspruch ohne Schaden**), der Geschädigte keinen Anspruch hat (**Schaden ohne Anspruch**) und eine zufällige Schadensverlagerung vom Anspruchsinhaber auf den Geschädigten vorliegt. Allerdings ist die Drittschadensliquidation immer die Ausnahme und beschränkt sich im Wesentlichen auf drei anerkannte Fallgruppen. Im Einzelfall kann auch ein ähnlich wirkender Vertrag mit Schutzwirkung zugunsten Dritter in Betracht kommen.

aa. Mittelbare Stellvertretung

Bei der mittelbaren Stellvertretung handelt der Stellvertreter nicht im Namen eines anderen, sondern im eigenen Namen, jedoch für Rechnung eines anderen (z. B. der Kommissionär gem. § 383 Abs. 1 HGB). Die Wirkung des Rechtsgeschäfts trifft nur den mittelbaren Stellvertreter. Die Risiken bzw. wirtschaftlichen Folgen trägt indessen der Geschäftsherr oder Auftraggeber. Verletzt der Vertragspartner des mittelbaren Stellvertreters seine vertraglichen Pflichten, steht dem mittelbaren Stellvertreter ein Schadensersatzanspruch gegen seinen Vertragspartner zu (da nur er Vertragspartei ist). Der **Schaden** trifft im Innenverhältnis der mittelbaren Stellvertretung aber nur den **Geschäftsherrn**. Dies ist für den Vertragspartner regelmäßig nicht erkennbar und deshalb zufällig. Dieser Zufall soll den Schädiger nicht entlasten. Nach der Rechtsprechung ist es in diesem Fall Gewohnheitsrecht, dass der mittelbare Stellvertreter den Schaden des hinter ihm stehenden Geschäftsherrn im Wege der Drittschadensliquidation einfordern kann (BGH NJW 1989, 3099). Für die Schadensbemessung ist nach h. M. die Person des geschädigten Dritten maßgeblich. Es wird der tatsächliche Schaden des Dritten (Geschäftsherr) liquidiert und nicht ein hypothetischer eigener Schaden des Anspruchsinhabers (Kommissionär).

bb. Obligatorische Gefahrentlastung

Eine obligatorische Gefahrentlastung ist gegeben, wenn der Anspruch und der Schaden wegen einer vertraglichen oder gesetzlichen Regel der Gefahrtragung auseinanderfallen. So wird der schuldrechtlich verpflichtete von der Pflicht zur Eigentumsübertragung durch Enthaftung von der Leistung frei, wenn die Sache vor Erfüllung untergeht (vgl. §§ 447, 644 BGB). Der klassische Fall ist die bei einem Versendungskauf durch Zerstörung untergegangene Sache.

Sachuntergang beim Versendungskauf

Sofern die Kaufsache auf dem Weg zum Käufer durch das Verschulden der Transportperson oder eines Dritten zerstört wird, bleibt der Anspruch des Verkäufers auf den Kaufpreis wegen § 447 BGB unberührt. Infolge der Zerstörung ist tatsächliche Unmöglichkeit eingetreten und der **Anspruch des Käufers** (§ 433 Abs. 1 BGB) daher nach § 275 Abs. 1 BGB **erloschen**. Dies gilt unabhängig davon, ob es sich um eine Stück- oder Gattungsschuld handelt. Denn beim Versendungskauf hat der Verkäufer einer Gattung alles seinerseits Erforderliche getan (§ 243 Abs. 2 BGB), sobald er die Kaufsache an die Transportperson übergibt. Eine Gattungsschuld ist also zu diesem Zeitpunkt konkretisiert. Abweichend von § 326 Abs. 1 BGB **erlischt** hier der **Anspruch des Verkäufers nicht**. Mit Auslieferung der Sache an die Transportperson geht die Preisgefahr auf den Käufer über, da der Verkäufer seine letzte geschuldete Leistungshandlung vorgenommen hat (§ 447 BGB). Somit verlagert sich der Schaden vom Verkäufer auf den Käufer, der den Kaufpreis weiter schuldet (§ 433 Abs. 2 BGB), aber die Kaufsache nicht erhält. Folglich erleidet er einen **Vermögensverlust**. Die Transportperson wiederum schuldet dem Käufer keinen Ersatz für seinen Schaden. Für vertragliche Ansprüche aus §§ 280ff BGB fehlt es an einem Schuldverhältnis. Ein deliktischer Anspruch aus 823 Abs. 1 BGB scheidet aus, da die Sache zur Zeit ihrer Zerstörung noch Eigentum des Verkäufers ist. Der Verkäufer hat zwar gegen die Transportperson als Vertragspartner und Eigentümer Schadensersatzansprüche aus §§ 280ff, 823 Abs. 1 BGB. Er hat aber keinen Schaden gem. § 249 Abs. 1 BGB. Denn er erhält vom Käufer aufgrund seines Zahlungsanspruchs den Kaufpreis. In diesem Fall soll der **Käufer** nicht auf seinem **Schaden** sitzenbleiben, während die schuldhaft handelnde **Transportperson** von jeder **Haftung frei** wird. Deshalb kann der Verkäufer nach Rechtsprechung (BGH VersR 1972, 1138) und h. M. den Schaden des Käufers im Wege der Drittschadensliquidation gegenüber der Transportperson geltend machen, die den **Untergang der Sache zu vertreten** hat. Diese kann nicht damit rechnen, dass sich die Folgen ihrer Pflichtverletzung zufällig vom Auftraggeber auf den Empfänger der Sendung verlagern. Sie kann nicht wissen, ob dem Auftrag eine Schickschuld oder Bringschuld im Innenverhältnis (zwischen Absender und Empfänger) zugrunde liegt.

Zu beachten ist, dass die gesetzliche Regel des § 447 BGB im **Verbrauchgüterkauf** gem. § 475 Abs. 2 BGB nur mit der Maßgabe gilt, dass der Käufer die Transportperson beauftragt und der Unternehmer diese nicht zuvor benannt hat. Ist die Transportperson gewerblich tätig, so ist sie dem Geschädigten gem. § 421 Abs. 1 S. 2 HGB direkt zum Schadensersatz verpflichtet.

cc. Obhut für fremde Sachen

Der Besitzer einer Sache, die er vertraglich einem Dritten zur Obhut anvertraut, kann im Falle einer Verletzung der Obhutspflicht den **Schaden des Eigentümers** geltend machen (vgl. § 701 BGB für die **Gastwirthaftung**). In diesem Fall hat der Besitzer einen Schadensersatzanspruch gegen den Dritten aus §§ 280 Abs. 1, 3, 283 BGB. Er hat aber keinen Schaden, da er von der Rückgabe des Gegenstandes (vgl. §§ 604, 695 BGB) gegenüber dem Eigentümer als dem Geschädigten nach § 275 Abs. 1 BGB frei geworden ist. Wenn der zur Obhut verpflichtete Besitzer die Beschädigung des Schädigers nicht zu vertreten hat, steht dem Eigentümer auch kein Schadensersatzanspruch gegen den Besitzer zu. Allerdings hat der Eigentümer dann einen Anspruch gegen den Schädiger aus § 823 Abs. 1 BGB, so dass die Voraussetzungen für eine Drittschadensliquidation eigentlich nicht bestehen. Die Rechtsprechung (BGH NJW 1985, 2411) hat jedoch entschieden, dass der **deliktische Anspruch** dem nicht entgegensteht, sondern damit **konkurriert**.

c. Rechtsfolge

Die Rechtsfolge der Drittschadensliquidation ist, dass der Schuldner den Schaden des Dritten zu tragen hat. Dies kann in verschiedener Weise geschehen. Der Anspruchsinhaber kann zunächst den **Schaden des Dritten liquidieren**. Dann muss er das Surrogat nach § 285 BGB an den Dritten herausgeben. Sofern diese Vorschrift nicht anwendbar ist, soll dafür das Vertragsverhältnis zwischen dem Vertragspartner und dem Geschädigten als Grundlage dienen. Der Dritte kann aber auch die **Abtretung** dieses Anspruchs verlangen und selbst gegen den Dritten vorgehen. Davor kann der sich Dritte vom Anspruchsinhaber zur Geltendmachung des Ersatzanspruchs nach § 185 BGB **ermächtigen** lassen, und zwar auch prozessual, das fremde Recht vor Gericht als Partei im eigenen Namen einzuklagen (gewillkürte Prozessstandschaft).

d. Abgrenzung

Der wesentliche Unterschied zwischen dem Vertrag mit Schutzwirkung zugunsten Dritter und der Drittschadensliquidation liegt im **Risiko der Haftung**. Dieses **erhöht** sich beim **Vertrag mit Schutzwirkung zugunsten Dritter**. Das liegt daran, dass der Schädiger sowohl in die Sphäre der Person eingreift, mit der er kontrahieren will, als auch in diejenige der Person, die mit den Gefahren des Schuldverhältnisses ebenso in Kontakt kommt, wie der Vertragspartner selbst. Bei der **Drittschadensliquidation** bleibt das Risiko der **Haftungshöhe konstant**. Sie bewirkt nur, dass der Schaden von einer Person auf eine andere verlagert wird. Das hat zur Folge, dass **nur ein Anspruch** gegenüber dem Schädiger durch eine Partei geltend gemacht werden kann. Die Haftung des Schädigers bleibt hier konstant, da er nur das Recht oder Rechtsgut einer Person verletzt hat. Auch kann die Abgrenzung dahingehend erfolgen, dass dem Vertrag mit Schutzwirkung für Dritte die **zufällige Schadensverlagerung** fehlt. Sofern ein solcher Vertrag vorliegt, hat die geschädigte Person bereits einen Schadensersatzanspruch gegen den Schädiger, so dass die Drittschadensliquidation ausscheidet.

12. Erlöschen der Schuldverhältnisse

a. Allgemeines

aa. Erlöschensgründe

Das Erlöschen der Schuldverhältnisse durch **Befriedigung des Leistungsinteresses** ist in §§ 362–397 BGB geregelt. Danach erlischt das Schuldverhältnis durch **Erfüllung** (§ 362 BGB) oder Rechtsgeschäfte, die an Stelle der Erfüllung vorgenommen werden (**Erfüllungssurogate**). Das Schuldverhältnis kann aber auch ohne eine Befriedigung des Leistungsinteresses des Gläubigers aus anderen Gründen als Erfüllung oder Erfüllungssurrogat erlöschen (**andere Erlöschensgründe**).

Erfüllung

Erfüllung ist das zum-Erlöschen-Bringen einer Schuld durch **Bewirkung der geschuldeten Leistung.** Nach herrschender Meinung ist der Tatbestand der Erfüllung im Wortlaut des § 362 BGB abschließend als Herbeiführung des Leistungserfolgs festgelegt. Die Erfüllungswirkung tritt als objektive Folge der Leistungsbewirkung in Form einer geschäftsähnlichen Handlung ein (**Theorie der realen Leistungsbewirkung**). Ein subjektives Tatbestandsmerkmal ist danach grundsätzlich nicht erforderlich. Nach früher vertretener Auffassung muss zusätzlich zur tatsächlichen Vornahme der Leistung auch eine vertragliche Einigung (Erfüllungsvertrag) zwischen Gläubiger und Schuldner darüber hinzutreten, dass mit Bewirkung der geschuldeten Leistung das Schuldverhältnis getilgt wird (**Allgemeine Vertragstheorie**). Zumindest soll nach einer weiteren Auffassung ein Erfüllungsvertrag vorliegen, wenn für die Herbeiführung des Leistungserfolgs ein Verfügungsgeschäft erforderlich ist (**Modifizierte Vertragstheorie**). Das gilt etwa beim Kaufvertrag (§ 433 BGB) für die Übereignung (§ 929 BGB), nicht aber bei Miete (§ 535 BGB) und Werkvertrag (§ 631 BGB). Teilweise wird neben dem Bewirken der Leistung eine rechtsgeschäftliche Einigung als einvernehmliche Zuordnung der Leistung zu einem Schuldverhältnis postuliert (**Zweckvereinbarungstheorie**) oder eine Tilgungsbestimmung des Schuldners (**Theorie der finalen Leistungsbewirkung**).

Erfüllungssurrogate

Als Erfüllungssurrogate bezeichnet die Literatur Rechtsgeschäfte, die **anstelle der** eigentlichen **Leistung** vorgenommen werden. Sie verschaffen dem Gläubiger einen **äquivalenten Ersatz** für die geschuldete Leistung und führen ebenso wie die Erfüllung zum Erlöschen der Schuld. Erfüllungssurrogate sind:

- Leistung an Erfüllungs statt (§ 364 Abs. 1 BGB),
- Leistung erfüllungshalber (§ 364 Abs. 2 BGB),
- Hinterlegung (§§ 372 ff BGB),
- Selbsthilfeverkauf (§§ 383 f BGB),
- Aufrechnung (§§ 387 ff BGB),
- Erlass (§ 397 BGB).

Andere Erlöschensgründe

Das Schuldverhältnis kann auch ohne Erfüllung oder Erfüllungssurrogat aus anderen Gründen erlöschen.

Beispiele:

- Anfechtung (§ 142 Abs. 1 BGB),
- Eintritt einer Bedingung (§ 158 BGB),
- Ablauf einer Befristung (§ 163 BGB),
- Echte Unmöglichkeit (§ 275 Abs. 1 BGB),
- Wegfall der Gegenleistungspflicht (§ 326 Abs. 1 BGB),
- Konfusion (von Schuldner/Gläubiger),
- Novation (§ 311 Abs. 1 BGB),
- Vertragsaufhebung (§ 311 Abs. 1 BGB),
- Rücktritt (§§ 346ff BGB),
- Störung der Geschäftsgrundlage (§ 313 Abs. 3 BGB),
- Widerruf (§ 355 Abs. 1 BGB).

Im Gegensatz dazu erlischt das Schuldverhältnis **nicht** durch rechtshemmende Einwendungen. Diese verhindern nur, dass der Anspruch dauerhaft (**peremptorische Einreden**, z. B. praktische oder persönliche Unmöglichkeit (§ 275 Abs. 2, 3 BGB) oder vorübergehend (**dilatorische Einreden**, z. B. Einrede des nicht erfüllten Vertrags (§ 320 BGB)) durchsetzbar ist.

bb. Schuldverhältnis im engeren Sinne

Als Schuldverhältnis im Sinne der gesetzlichen Regelung des § 362 Abs. 1 BGB ist die einzelne Leistungsbeziehung zu verstehen (**Schuldverhältnis im engeren Sinn**). Diese besteht aus der Forderung des Gläubigers und der Leistungspflicht des Schuldners:

Beispiel: Der Kaufvertrag verpflichtet den Käufer zur Zahlung des Kaufpreises und Übernahme der Sache (§ 433 Abs. 2 BGB) und den Verkäufer zur Verschaffung der verkauften Sache in mangelfreiem Zustand (§ 433 Abs. 1 BGB). Die Zahlungspflicht korrespondiert mit der Zahlungsforderung und die Verschaffungspflicht mit der Lieferungsforderung.

cc. Schuldverhältnis im weiteren Sinne

Dagegen ist die Gesamtheit des Rechtsverhältnisses das **Schuldverhältnis im weiteren Sinne**.

Beispiel: Der Kaufvertrag (§ 433 BGB) als Schuldverhältnis beinhaltet Leistungspflichten und leistungsbezogene sowie nicht leistungsbezogene Nebenpflichten. Die Abnahme der Kaufsache ist eine leistungsbezogene Nebenpflicht des Käufers. Die Pflicht zur Rechnungsstellung oder Erteilung einer Quittung (§ 368 BGB) sind leistungsbezogene Nebenpflichten des Verkäufers. Die Rücksichtspflichten (§ 241 Abs. 2 BGB) sind nicht leistungsbezogene Nebenpflichten.

Das Schuldverhältnis im weiteren Sinne kann auch fortbestehen, wenn einzelne Forderungen erloschen sind, sofern es nicht insgesamt beendet wird (z. B. durch Kündigung, Rücktritt oder Aufhebung). Das Gesetz stellt darauf ab, dass der Anspruch des Gläubigers durch Leistung des Schuldners vollständig erfüllt wird und das Schuldverhältnis im engeren Sinn somit erlischt.

b. Erlöschen durch Leistung

Nach § 362 Abs. 1 BGB erlischt das Schuldverhältnis, wenn die geschuldete Leistung an den Gläubiger bewirkt wird. Es handelt sich um eine **rechtsvernichtende Einwendung**, die nicht gerichtlich geltend gemacht werden muss, sondern von Amts wegen zu berücksichtigen ist.

aa. Gläubiger

Gläubiger ist derjenige, zu dessen Gunsten der Anspruch bei Bewirken der Leistung besteht. Bei einem vertraglichen Schuldverhältnis ist es i. d. R. der **Vertragspartner**, beim gesetzlichen Schuldverhältnis die Person, welche nach dem gesetzlichen Tatbestand die **Leistung verlangen** kann. Im Falle einer Abtretung oder Legalzession tritt eine andere Person (Zessionar) an die Stelle des Gläubigers (Zedent). Ist der zu erfüllende Anspruch nach seiner Entstehung bereits auf einen Dritten übergegangen, tritt bei einer Leistung an den bisherigen Gläubiger keine Erfüllung nach § 362 Abs. 1 BGB ein (vgl. aber § 407 BGB). Beim echten Vertrag zugunsten Dritter ist dieser Gläubiger der versprochenen Leistung. Erfüllung nach § 362 Abs. 1 BGB kann daher nur eintreten, wenn die Leistung an den Dritten bewirkt wird. Dies gilt auch für den Fall, dass der Versprechensempfänger ein eigenes Forderungsrecht hat, da er nach § 335 BGB nur Leistung an den Dritten und nicht an sich selbst verlangen kann.

Empfangsbote

Dem Gläubiger steht sein Empfangsbote gleich. Dieser nimmt eine Willenserklärung für den Gläubiger in Empfang und leitet sie an ihn weiter, ohne Vertreter zu sein. Der Gläubiger muss für die Annahme der Leistung **empfangszuständig** sein, da diese eine verfügungsähnliche Wirkung hat. Dies folgt daraus, dass der Forderungsbestand durch das Erlöschen der Forderung infolge der Erfüllung gem. § 362 Abs. 1 BGB unmittelbar verändert wird. Empfangszuständig ist, wer die **Verfügungsmacht** über die Forderung hat. Das ist in der Regel der **Rechtsinhaber**, also der Gläubiger selbst. Sofern die Verfügungsmacht dem Gläubiger entzogen ist, fehlt ihm auch die Empfangszuständigkeit (z. B. § 829 ZPO). Sie kann aber auch aufgrund Gesetzes fehlen, ohne dass der Gläubiger seine Verfügungsmacht verliert (z. B. § 1282 BGB).

Dritter

Das Gesetz ordnet die Empfangszuständigkeit in bestimmten Fällen einem Dritten zu, damit überhaupt Erfüllung eintreten kann (z. B. §§ 1282 Abs. 1 S. 1 BGB, §§ 835 Abs. 1 Fall 1, 836 Abs. 1 ZPO, §§ 80 ff InsO). Der empfangszuständige Gläubiger kann aber seinerseits einen Dritten ermächtigen, die Leistung als Erfüllung an seiner Stelle anzunehmen, wie sich aus §§ 362 Abs. 2, 185 BGB ergibt. Die Ermächtigung zum Leistungsempfang kann der Gläubiger gegenüber dem Dritten oder dem Schuldner erklären.

bb. Bewirken der geschuldeten Leistung

Unter „Bewirken" der geschuldeten Leistung ist die Herbeiführung des **Leistungserfolges** durch Vornahme der Leistungshandlung zu verstehen. Der Leistungserfolg tritt ein, wenn der Schuldner die **Leistungspflicht** aus dem Schuldverhältnis obligationsgemäß erbringt. Zudem ist erforderlich, dass die „geschuldete" Leistung das Schuldverhältnis zum **Erlöschen** bringt.

Vertragliche Schuldverhältnisse

Bei vertraglichen Schuldverhältnissen ergeben sich die Anforderungen an den Erfolg in erster Linie aus der vertraglichen Vereinbarung, ggf. dispositivem Gesetzesrecht sowie ergänzender Vertragsauslegung (§§ 133, 157 BGB).

Beispiele:

Mietvertrag
Hauptleistungspflicht des Vermieters ist, dem Mieter den Gebrauch der Mietsache während der Mietzeit zu gewähren (§ 535 Abs. 1 S. 1 BGB). Leistungsbezogene Nebenpflicht ist, dem Mieter die Mietsache in einem zum vertragsmäßigen Gebrauch geeigneten Zustand zu überlassen und sie während der Mietzeit in diesem Zustand zu erhalten (§ 535 Abs. 1 S. 2 BGB). Hauptleistungspflicht des Mieters ist, dem Vermieter die vereinbarte Miete zu entrichten (§ 535 Abs. 2 BGB).

Werkvertrag
Hauptleistungspflicht des Unternehmers ist die Herstellung des versprochenen Werks (§ 631 BGB). Dies hat frei von Sach- und Rechtsmängeln zu sein (§ 633 BGB). Hauptleistungspflicht des Bestellers ist die Entrichtung der vereinbarten Vergütung (§ 631 Abs. 1 BGB). Auch die Abnahme des hergestellten Werks (§ 640 BGB) ist Hauptleistungspflicht des Bestellers.

Geldschulden

Geldschulden können anstatt durch **Barzahlung** auch durch **Überweisung** erfüllt werden, wenn die Parteien dies ausdrücklich oder stillschweigend vereinbart haben. Die Überweisung ist ein Zahlungsauftrag des Schuldners an sein kontoführendes Kreditinstitut (§ 675f Abs. 3 S. 2 BGB) und zugleich die Autorisierung des von diesem auszuführenden Zahlungsvorgangs (§§ 675j, 675f Abs. 3 S. 1 BGB). Der Zahlungsauftrag erfolgt als Weisung (§§ 675c Abs. 1, 665 BGB) im Rahmen eines Zahlungsdiensterahmenvertrags (§ 675f Abs. 2 BGB) oder aus einem Zahlungsdiensteeinzelvertrag (§ 675f Abs. 1 BGB). Die Überweisung des geschuldeten Betrags auf das vereinbarte Konto ist als Unterart der Zahlung Erfüllung und nicht Leistung an Erfüllungs statt. Die Wirkung der Erfüllung als Leistungserfolg tritt erst ein, wenn der Betrag dem Konto des Gläubigers gutgeschrieben wird (Gutschrift) und ihm endgültig zur freien Verfügung steht.

Bei bestimmten Schuldverhältnissen erfordert die Leistungshandlung zur Herbeiführung des Leistungserfolgs den Vollzug eines dinglichen Rechtsgeschäfts (**Verfügungsgeschäft**). Das geschieht durch Abtretung von Forderungen (§§ 398ff BGB), Übereignung von beweglichen Sachen (§§ 929ff BGB) oder unbeweglichen Sachen (§§ 873, 925 BGB).

Beispiel: Pflicht des Verkäufers, dem Käufer die Sache zu übergeben und das Eigentum an der Sache zu verschaffen (§ 433 Abs. 1 S. 1 BGB) durch Übereignung (§§ 929ff BGB).

Gesetzliche Schuldverhältnisse

Bei gesetzlichen Schuldverhältnissen wird deren Inhalt durch das Gesetz festgelegt. Folglich richtet sich der herbeizuführende Leistungserfolg nach der Leistung, die der Gläubiger nach der gesetzlichen Regelung fordern kann. Die Geschäftsführung ohne Auftrag (§§ 677ff BGB), die ungerechtfertigte Bereicherung (§§ 812ff BGB) und die unerlaubte Handlung (§§ 823ff BGB) sind gesetzliche Schuldverhältnisse Auch die Einbringung von Sachen bei Gastwirten (§§ 701–704) begründet, obwohl im Anschluss an den Verwahrungsvertrag geregelt, ebenfalls ein gesetzliches Schuldverhältnis.

Beispiel: Beschädigt jemand vorsätzlich oder fahrlässig das Eigentum einer anderen Person, ist der gesetzliche Tatbestand der unerlaubten Handlung verwirklicht (§§ 823 Abs. 1, 276 BGB). Es entsteht ein gesetzliches Schuldverhältnis zwischen Schädiger und Geschädigtem, aus dem dieser Schadensersatz vom Schädiger verlangen kann (§§ 249ff BGB).

Leistungsort und Leistungszeit

Die geschuldete Leistung muss am richtigen Ort (§ 269 BGB) erbracht werden. Erfüllung i. S. v. § 362 Abs. 1 BGB kann nur am **Erfolgsort** eintreten. Zudem muss der Schuldner die Leistung zur richtigen Zeit erbringen (§ 271 BGB). Ist die **Leistungszeit** vertraglich bestimmt, ist nach der Auslegungsregel des § 271 Abs. 2 BGB im Zweifel anzunehmen, dass der Gläubiger die Leistung nicht vor dieser Zeit verlangen, der Schuldner sie aber vorher bewirken kann.

Teilleistungen und andere Leistungen

Zur Teilleistung ist der Schuldner nur berechtigt, wenn dies besonders vereinbart wurde (vgl. § 266 BGB) oder wenn er von der restlichen Leistung aus anderen Gründen (z. B. §§ 275, 242 BGB) befreit ist. Das Bewirken einer anderen Leistung als der geschuldeten Leistung führt nur bei Annahme durch den Gläubiger als Leistung an Erfüllungs statt zur Erfüllung (§ 364 Abs. 1 BGB).

cc. Leistender

Die Regelung des § 362 Abs. 1 BGB enthält keine Bestimmung darüber, wer die Leistung zu bewirken hat.

Leistung durch den Schuldner

Grundsätzlich ist aber der **Schuldner** als Partei des Schuldverhältnisses zu dessen Erfüllung verpflichtet und muss dafür einstehen. Die Person des Schuldners kann sich sowohl durch eine Schuldübernahme (§§ 414ff BGB) wie auch durch eine Vertragsübernahme *(sui generis)* (§ 311 Abs. 1 BGB) ändern.

Leistung durch einen Dritten

Nach § 267 Abs. 1 BGB kann auch ein Dritter die Leistung bewirken, wenn der Schuldner nicht in Person zu leisten hat (**Leistung durch einen Dritten**). Die Einwilligung des Schuldners ist dafür nicht erforderlich. Die Vorschrift ist auf alle Arten von Schuldverhältnissen anwendbar und dispositiv. Das Interesse des Gläubigers besteht primär an der Leistung und nicht an der Person des Leistenden. Aus der Parteivereinbarung und der Natur des Schuldverhältnisses kann sich aber ergeben, dass die Leistung **höchstpersönlich** zu erbringen ist (z. B. §§ 613 S. 1, 691 S. 1, 713 BGB). Dritte sind ausschließlich Personen, die aus eigenem Willen an den Gläubiger leisten, um zumindest auch eine fremde Schuld zu erfüllen (**Fremdtilgungswille**). Maßgeblich ist nicht der innere Wille des Leistenden. Vielmehr ist der Fremdtilgungswille nach §§ 133, 157 BGB aus dem objektiven Empfängerhorizont des Gläubigers zu ermitteln. Dritter ist u. a. nicht, wer **im Namen des Schuldners** oder als seine **Hilfsperson** (§ 278 BGB) leistet, ausschließlich zur Erfüllung einer **eigenen Verbindlichkeit** (z. B. §§ 426, 774 BGB, §§ 829, 835 ZPO) sowie derjenige, welcher vermeintlich eine eigene Schuld tilgen will (**Putativschuldner**). Nach der Rechtsprechung ist eine nachträgliche Änderung der Tilgungsbestimmung in den Grenzen des § 242 BGB auch rückwirkend möglich. Erfüllungssurrogate wie die Leistung an Erfüllung statt, Aufrechnung oder Hinterlegung kann der

Dritte nicht bewirken. Nach § 267 Abs. 2 BGB kann der Gläubiger die Leistung ablehnen, wenn der Schuldner widerspricht. Der Gläubiger kann die Leistung aber nur vom Schuldner und nicht vom Dritten einfordern.

dd. Beweislastumkehr

Der Schuldner trägt grundsätzlich die **Beweislast** für die tatsächliche und obligationsmäßige Leistungsbewirkung. Nach § 363 BGB tritt eine **Beweislastumkehr** ein, wenn der Gläubiger eine ihm als Erfüllung angebotene Leistung als Erfüllung angenommen hat. Der Schuldner muss dann gerichtlich nicht mehr beweisen, dass er die Leistung wie geschuldet erbracht hat. Vielmehr muss der Gläubiger vollumfänglich beweisen (§ 292 ZPO), dass der Schuldner die geschuldete Leistung nicht vertragsgemäß oder nur unvollständig erbracht hat. Die Annahme der Leistung führt aber grundsätzlich nicht zu einem Verlust materieller Rechte. Daher bleibt der Gläubiger berechtigt, selbst Ansprüche wegen Unvollständigkeit oder Fehlerhaftigkeit der Leistung geltend zu machen. Eine Annahme der Leistung als Erfüllung liegt vor, wenn das Verhalten des Gläubigers bei und nach Entgegennahme der Leistung erkennen lässt, dass er sie als eine im Wesentlichen ordnungsgemäße Erfüllung gelten lassen will. Es handelt sich dabei um einen tatsächlichen Vorgang und nicht um ein Rechtsgeschäft. Der Gläubiger muss die Leistung als nicht vertragsgemäß zurückweisen, um die Beweislastumkehr zu verhindern. Dazu reicht ein allgemeiner Vorbehalt nach der Rechtsprechung nicht aus, vielmehr ist die Rüge einzelner Mängel erforderlich.

ee. Quittung und Schuldschein

Anspruch auf Erteilung einer Quittung

Nach § 368 S. 1 BGB hat der Schuldner mit Erfüllung der Leistungspflicht gegen den Gläubiger auf Verlangen einen Anspruch auf Erteilung eines schriftlichen Empfangsbekenntnisses (**Quittung**). Die Quittung ist das Bekenntnis einer Tatsache und als solche eine **Wissenserklärung** und kein Rechtsgeschäft. Mit der Quittung kann allerdings zugleich eine rechtsgeschäftliche Abrede erfolgen, insbesondere ein Erlass (§ 397 Abs. 1 BGB) oder ein Schuldanerkenntnis (§ 781 BGB). Die **Ausgleichsquittung** kann nach entsprechender Auslegung (§§ 133, 157 BGB) zugleich einen rechtsgeschäftlichen Verzicht in Form eines deklaratorischen negativen Schuldanerkenntnisses (§ 397 Abs. 2 BGB) enthalten.

Die Quittung ist in **schriftlicher Form** (§ 126 BGB) oder **elektronischer Form** (§ 126a BGB) zu erteilen. Hat der Schuldner ein rechtliches Interesse, dass die Quittung in anderer Form erteilt wird, so kann er die Erteilung in dieser Form erlangen (§ 368 S. 2 BGB). Der Gläubiger braucht die Quittung nur auf Verlangen zu erteilen (**verhaltener Anspruch**). Aus der Quittung muss hervorgehen, auf welche Schuld sie sich bezieht. Kommt der Gläubiger dem Verlangen des Schuldners auf Erteilung der Quittung nicht nach, so steht diesem wegen seiner eigenen Leistung ein Zurückbehaltungsrecht zu (§ 273 BGB) und zwar auch dann, wenn er selbst vorleistungspflichtig ist. Der Anspruch auf Erteilung einer Quittung kann auch noch nach der Leistung geltend gemacht und eingeklagt werden. Der Anspruch verjährt mit dem Anspruch auf die Leistung, deren Empfang bestätigt werden soll.

Die **Kosten** der Quittung hat der **Schuldner** zu tragen und vorzuschießen, sofern sich nicht aus dem Rechtsverhältnis mit dem Gläubiger etwas anderes ergibt (§ 369 Abs. 1 BGB). Das gilt deshalb nur für Rechtsverhältnisse, die im ausschließlichen Interesse des Gläubigers begründet worden sind, wie etwa unentgeltliche Verwahrung (§ 690 BGB) oder Auftrag (§ 662 BGB). Der Anspruch des Gläubigers beschränkt sich auf die Beglaubigungskosten und die Kosten der Übersendung. Mehrkosten, die durch eine Vervielfältigung der Gläubigerzahl entstehen (§ 369 Abs. 2 BGB) sowie solche, die ihre Ursache in der Sphäre des Gläubigers haben, sind von ihm zu tragen.

Leistung an den Überbringer der Quittung

Die Vorschrift des § 370 BGB stellt die Leistung an den Überbringer einer Quittung (§ 368 BGB) der Leistung an einen empfangsermächtigten Dritten gleich. Danach gilt der Überbringer einer Quittung als ermächtigt, die Leistung zu empfangen, sofern nicht die dem Leistenden bekannten Umstände der Annahme einer solchen Ermächtigung entgegenstehen. Der Gläubiger ist nach dem gesetzlichen Zweck nicht schutzwürdig, wenn er ohne Empfang der Leistung eine Quittung ausstellt und aus der Hand gibt. Geht der Schuldner gutgläubig davon aus, dass der Dritte empfangsermächtigt ist, kann er auf den durch die Ausstellung der Quittung geschaffenen **Rechtschein** vertrauen. Dann wird er auch durch Leistung an einen Nichtberechtigten von der Leistungspflicht frei. Auf **gefälschte** Quittungen ist § 370 BGB **nicht** anwendbar. Es kann aber Anspruch auf Schadensersatzanspruch (§§ 280 Abs. 1, 826 BGB) bestehen.

Rückgabe des Schuldscheins

Der Schuldner kann neben der Quittung Rückgabe des Schuldscheins verlangen, wenn über die Forderung ein Schuldschein ausgestellt worden ist (§ 371 S. 1 BGB) Der Schuldschein ist eine die Schuld begründende (**konstitutive**) oder bestätigende (**deklaratorische**) Urkunde, die zum Beweis für das Bestehen der Schuld vom Schuldner ausgestellt wird.

Beispiele: Bürgschaftsurkunde, Urkunde über Sicherungsabtretung oder Sicherungsübereignung, Schuldscheindarlehen.

Das **Eigentum** am Schuldschein steht dem Gläubiger zu (§ 952 BGB) und folgt dem Recht an der Forderung. Besitzt der Gläubiger den Schuldschein, ist das ein Indiz für das Bestehen der Schuld. Umgekehrt ist der Besitz des Schuldners Indiz für das Erlöschen der Schuld. Sofern der Schuldschein zugleich ein kausales oder abstraktes **Schuldanerkenntnis** (§ 781 BGB) enthält, trägt der Schuldner die Beweislast dafür, dass die Verpflichtung nicht entstanden ist.

Der Rückgabeanspruch besteht in allen Fällen des Erlöschens der Schuld, rechtshindernden und rechtsvernichtenden Einwendungen. **Anspruchsberechtigt** ist grundsätzlich der Schuldner, bei Rückgabe der Bürgschaftsurkunde der Bürge. Bei Leistung durch einen Dritten (§ 267 BGB) steht diesem der Anspruch nur im Falle eines gesetzlichen Forderungsübergangs (§ 268 Abs. 3 BGB) zu. **Anspruchsgegner** ist der Gläubiger. Behauptet dieser, zur Rückgabe außerstande zu sein, kann der Schuldner das öffentlich beglaubigte Anerkenntnis verlangen, dass die Schuld erloschen sei (§ 371 S. 2 BGB). Dabei handelt es sich um ein negatives Schuldanerkenntnis (§ 397 Abs. 2 BGB), Für dieses hat der Gläubiger die Kosten zu tragen. Sofern ein Dritter den Schuldschein besitzt, ist dieser dem Schuldner zur Herausgabe verpflichtet.

ff. Akzessorische Sicherheiten

Akzessorische Sicherheiten sind in Entstehung, Umfang, Fortbestand und Durchsetzbarkeit vom Bestand einer zu sichernden Forderung abhängig. Mit Tilgung der Forderung erlischt die **Bürgschaft** (§ 767 Abs. 1 BGB) und das **Pfandrecht** (§ 1210 Abs. 1 BGB). Bei der **Hypothek** kommt es darauf an, ob der Eigentümerschuldner oder der mit dem Eigentümer nicht identische Schuldner auf die Forderung oder die Hypothek zahlt. Bei Zahlung des Eigentümerschuldners auf die Forderung erlischt diese und die Hypothek wird zur Eigentümergrundschuld (§§ 1163 Abs. 1 S. 2, 1177 Abs. 1 BGB). Der mit dem Eigentümer nicht identischen Schuldner zahlt auf die Forderung, die dadurch erlischt. Die Hypothek wird zur Eigentümergrundschuld, wenn der Schuldner gegen den Eigentümer keinen Ersatzanspruch hat (§§ 1163 Abs. 1 S. 2, 1177 Abs. 1 BGB). Soweit der Schuldner vom Eigentümer Ersatz verlangen kann, geht die Hypothek kraft Gesetzes auf den Schuldner über und sichert durch gesetzliche Forderungsauswechslung seinen Ersatzanspruch ab (§§ 1164 BGB).

gg. Nicht akzessorische Sicherheiten

Nicht akzessorischen Sicherheiten sind in ihrem Rechtsbestand grundsätzlich von der Existenz eines gesicherten Anspruchs unabhängig ist. Dabei handelt es sich um Sicherungsübereignung, Sicherungsabtretung, Sicherungsgrundschuld und Eigentumsvorbehalt. Freigabe- und Rückgewähransprüche folgen aber regelmäßig aus dem Sicherungsvertrag (§ 311 Abs. 1 BGB) oder den Vorschriften des Bereicherungsrechts (§§ 812ff BGB), wobei für die Sicherungsgrundschuld die gesetzlichen Rechtsfolgen und beim Eigentumsvorbehalt der Anspruch aus § 985 BGB zu beachten sind.

c. Annahme an Erfüllungs statt

aa. Rechtsnatur

Wird eine andere als die geschuldete Leistung bewirkt, so liegt darin an sich keine Erfüllung. Allerdings kann der Schuldner die Leistung als Leistung an Erfüllungs statt anbieten. Sofern der Gläubiger dieses Angebot annimmt, erlischt das Schuldverhältnis i. e. S. gem. § 364 Abs. 1 BGB (Annahme an Erfüllungs statt). Dies setzt voraus, dass der Schuldner mit der anderen Leistung seine Leistungspflicht erfüllen und seine Schuld tilgen will.

Beispiel: Der Gläubiger nimmt vom Schuldner eine Sachleistung an, die ihm dieser anstelle des geschuldeten Geldes zur Tilgung angeboten hat.

Bei Annahme der Leistung an Erfüllungs statt wird ein **Erfüllungsvertrag** vereinbart, der darauf gerichtet ist, die bestehende Forderung zum Erlöschen zu bringen. Ein Teil der Literatur sieht die Vereinbarung als **Schuldänderungsvertrag**, der sofort erfüllt wird, und somit nicht als Erfüllungssurrogat. Die Zahlung einer geschuldeten Geldleistung durch Banküberweisung auf das Girokonto des Gläubigers ist nach umstrittener Meinung eine Leistungs an Erfüllungs statt, in die der Vertragspartner durch die Kontoangabe im Voraus einwilligt. Bei dieser tritt die Erfüllungswirkung mit der Gutschrift des Betrags auf dem angegebenen Girokonto ein. Die Annahme an Erfüllungs statt ist nicht möglich, wenn die Leistung nicht für den Gläubiger bestimmt ist und der Gläubiger den Irrtum des Schuldners erkennt.

bb. Ersetzungsbefugnis

Der Schuldner kann berechtigt sein, sich von der von Anfang an bestehenden Schuld durch eine andere als die geschuldete Leistung im Wege der Ersetzungsbefugnis *(facultas alternativa)* zu befreien. Diese nimmt die Vereinbarung über die Leistung an Erfüllungs statt vorweg und überlässt es der Wahl des Schuldners, ob er sein Ersetzungsrecht ausübt. Leistet der Schuldner aufgrund seiner Ersetzungsbefugnis, so führt dies zum Erlöschen des Schuldverhältnisses i. e. S. gem. § 364 Abs. 1 BGB. Der Gläubiger, der eine Ersatzleistung annimmt, wird von § 365 BGB so gestellt, als hätte er die Ersatzleistung vom Schuldner gekauft. Die Gewährleistungsrechte gem. §§ 434, 435, 437ff BGB für Sach- und Rechtsmängel gelten nach § 365 BGB auch im vollen Umfang für den Gläubiger der Ersatzleistung.

Beispiel: Nimmt der Verkäufer anstelle des Kaufpreises, den ihm der Käufer nach § 433 Abs. 2 BGB zahlen muss, von diesem stattdessen einen Gebrauchtwagen mit einem Mangel an, kann er die kaufrechtlichen Gewährleistungsrechte geltend machen (BGHZ 89, 128).

d. Leistung erfüllungshalber

aa. Rechtsnatur

Von der Annahme an Erfüllungs statt ist die Leistung erfüllungshalber zu unterscheiden. Der Gläubiger nimmt entsprechend vertraglicher Vereinbarung eine **andere als die geschuldete Leistung** entgegen und erklärt sich bereit, diese Leistung zu verwerten und daraus Befriedigung zu erzielen. Dabei hat er auf die Interessen des Schuldners Rücksicht zu nehmen und kann sich sonst schadensersatzpflichtig machen (§§ 280, 241 Abs. 2 BGB). Die ursprüngliche Forderung wird entweder **gestundet** (oder *pactum de non petendo* vereinbart), bis Erfüllung eintritt oder der Versuch einer anderweitigen Befriedigung misslingt. Das Gesetz beschreibt in § 364 Abs. 2 BGB den Hauptfall der Leistung erfüllungshalber. Danach übernimmt der Schuldner zum Zwecke der Befriedigung des Gläubigers gegenüber diesem eine neue Verbindlichkeit. Das betrifft in erster Linie die Begleichung einer Geldschuld durch Zahlung per Kreditkarte, Scheck oder Wechsel. Erlangt der Gläubiger durch die Hingabe der Ersatzsache keine Befriedigung (z. B., weil der Wechsel platzt), kann der Gläubiger die ursprüngliche Leistung einfordern.

bb. Abgrenzung zur Leistung an Erfüllungs statt

Bei fehlender ausdrücklicher Parteivereinbarung ist durch Auslegung (§§ 133, 157 BGB) zu ermitteln, ob eine Leistung an Erfüllungs statt oder erfüllungshalber vorliegt. Für den Fall, dass der Schuldner zum Zwecke der Befriedigung des Gläubigers gegenüber diesem eine neue Verbindlichkeit übernimmt, ist nach der Auslegungsregel des § 364 Abs. 2 BGB **im Zweifel** nicht anzunehmen, dass er die Verbindlichkeit an Erfüllungs statt annimmt.

cc. Abgrenzung zur Wahlschuld

Im Fall der Wahlschuld sind mehrere verschiedene Leistungen in der Weise geschuldet, dass nach späterer Wahl nur eine von ihnen zu erbringen ist (§ 262 BGB).

e. Anrechnung der Leistung auf mehrere Forderungen

Sofern der Schuldner bei mehreren bestehenden Forderungen aus verschiedenen oder auch nur einem Schuldverhältnis nicht bestimmt, welche Schuld er durch seine Leistung tilgen will, gilt eine **gesetzliche Tilgungsreihenfolge**. Nach § 366 Abs. 2 BGB wird zunächst (i) die fällige Schuld, (ii) unter mehreren fälligen die geringere Sicherheit bietende Schuld, (iii) bei gleich sicheren die lästigere Schuld (z. B. höher verzinsliche), (iv) bei gleich lästigen die nach ihrer Entstehung ältere Schuld und (v) bei gleich alten jede Schuld verhältnismäßig getilgt.

Abb. 18: Erlöschen der Schuldverhältnisse

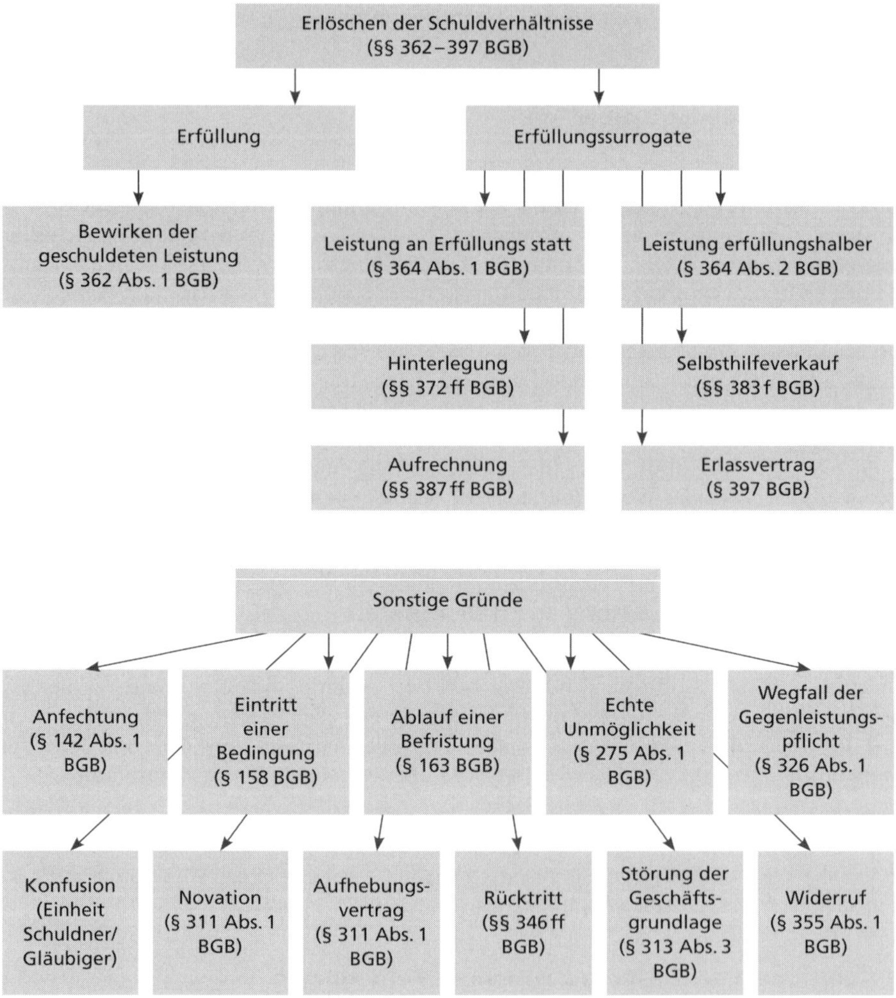

13. Aufrechnung

a. Allgemeines

Die Aufrechnung ist in §§ 387 ff BGB geregelt. Durch sie kann der Schuldner mit einer eigenen Forderung (**Gegenforderung**) gegen die seines Gläubigers (**Hauptforderung**) aufrechnen.

aa. Funktionen

Es handelt sich um einseitiges Gestaltungsrecht und Erfüllungssurrogat, dass die Tilgung der Hauptforderung bewirkt (**Tilgungsfunktion**). Der Schuldner kann auf diese Weise seine der Hauptforderung gegenüberstehende Gegenforderung durch private Selbsthilfe ohne Klage,

Urteil und staatliche Zwangsvollstreckung durchsetzen (**Vollstreckungsfunktion**). Es erfolgt kein Leistungsaustausch, vielmehr werden die Leistungswege der gegenseitigen Forderungen abgekürzt (**Abkürzungsfunktion**). Besonders bedeutsam ist die Aufrechnung im Rahmen der Insolvenz des Schuldners, da die §§ 94ff InsO dem Gläubiger die Möglichkeit der Aufrechnung sichern (**Sicherungsfunktion**).

bb. Aufrechnungsvertrag

Die Aufrechnung kann auch durch vertragliche Verrechnung erfolgen (**Aufrechnungsvertrag**). Dieser Vertrag bringt sich gegenüberstehende Forderungen zum Erlöschen, ohne dass es der Voraussetzungen der §§ 387ff BGB bedarf. Die **Prozessaufrechnung** kann zur Verteidigung im Prozess erfolgen und den Rechtsstreit erledigen (§ 91a ZPO). Sie ist sowohl materielles Rechtsgeschäft wie auch Prozesshandlung (**Doppelnatur**). Das **Konzernclearing** dient zur Verrechnung interner Forderungen und Verbindlichkeiten zwischen einem Mutterunternehmen (Holding) und ihren Tochtergesellschaften. Mit einer **Konzernverrechnungsklausel** können Forderungen aller Konzernunternehmen mit der Forderung des Gläubigers eines Unternehmens verrechnet werden. In einer **Kontokorrentabrede** vereinbaren Parteien, dass sie wechselseitige Forderungen und Leistungen, die aus einer Geschäftsverbindung (Konto) geführt werden, zu bestimmten Zeitpunkten zukünftig in regelmäßigen Abständen verrechnen, z. B. Ziff. 7 Abs. 1 AGB-Banken (Ende Kalenderquartal). Die **Verrechnung** ist eine Verfügung, mit der die Parteien ihre Befugnis hinsichtlich der erfassten Forderungen verlieren und diese nicht mehr einzeln geltend machen können. Durch die rein rechnerische **Saldierung** sämtlicher Ansprüche wird die Höhe einer einzigen Überschussforderung zugunsten einer Partei ermittelt. Nach § 355 HGB kann ein Kontokorrent nur eröffnet werden, wenn zumindest ein Kaufmann beteiligt ist.

cc. Netting

Das Netting ist eine Verrechnungsmethode im **Finanzsektor** und dient zur Verminderung von Zahlungs-, Fremdwährungs-, Kredit- oder Liquiditätsrisiken. Dabei handelt entweder um eine Vereinbarung zwischen zwei Vertragsparteien (**bilaterales Netting**) oder zwischen mehreren Parteien (**multilaterales Netting**) innerhalb eines institutionalisierten Abrechnungssystems. Im Bankaufsichtsrecht bezweckt das Netting die Verringerung des Adressenausfallrisikos eines Kreditinstituts gegenüber einem Geschäftspartner aufgrund gesetzlicher Vorschriften nach dem Kreditwesengesetz (§§ 10ff KWG) und der Kapitaladäquanzverordnung (CRR) oder aufgrund vertraglicher Verpflichtungen.

Close-out Netting

Beim Close-out-Netting werden alle laufenden Geschäfte der Vertragsparteien unter einem Rahmenvertrag (z. B. DRV, ISDA) eine juristische Sekunde vor dem Eintritt der vertraglich in einer speziellen Klausel (**Close-out Netting-Klausel**) dafür definierten insolvenzbezogenen Kreditereignisse (**Credit Events**) beendet. Darauf sind die gegenseitigen offenen Positionen unverzüglich abzurechnen und ein abschließender Saldoausgleich ist zu erstellen. So kann das Close-out Netting bei einer vorhandenen Aufrechnungslage die Aufrechnung im Rahmen der Insolvenz nach §§ 94ff InsO sichern.

Novationsnetting

Beim Novationsnetting werden einzelne Kontrakte über derivative Finanzgeschäfte durch einen bilateralen **Schuldumwandlungsvertrag** in Höhe des jeweiligen alten Saldos fortlaufend in ein neues Schuldverhältnis überführt.

Zahlungsverkehr-Netting

Das Zahlungsverkehr-Netting *(Payment Netting)* beinhaltet eine Verrechnung von laufenden Interbanken-Zahlungen, um das Vorleistungsrisiko zu reduzieren.

b. Aufrechnungserklärung

Die Aufrechnung erfolgt nach § 388 S. 1 BGB durch empfangsbedürftige Willenserklärung (§§ 130ff BGB) gegenüber dem anderen Teil **(Aufrechnungserklärung)**. Aus der Erklärung muss sich zumindest aufgrund der Umstände die Absicht der Aufrechnung ergeben (§§ 133, 157 BGB). Die Erklärung ist jedoch unwirksam, wenn sie unter einer Bedingung (§ 158 BGB) steht (**Bedingungsfeindlichkeit**) oder einer Zeitbestimmung (§ 161 BGB) abgegeben wird (§ 388 S. 2 BGB). Potestativbedingungen, deren Eintritt allein vom Willen des Aufrechnungsgegners abhängt (z. B. §§ 449, 158 BGB) und prozessuale Eventualaufrechnungen (vgl. § 322 Abs. 2 ZPO, § 19 Abs. 3 GKG), sind hingegen unschädlich, da bei diesen keine Unsicherheit für den Anfechtungsgegner geschaffen wird.

c. Aufrechnungslage

Die Voraussetzungen für eine wirksame Aufrechnung nach § 387ff BGB (**Aufrechnungslage**) müssen im Zeitpunkt des Zugangs der Aufrechnungserklärung vorliegen.

aa. Gegenseitigkeit der Forderungen

An der Aufrechnung dürfen nur **zwei Personen** beteiligt sein, ansonsten ist diese unzulässig. Dem Aufrechnungsgegner muss die Hauptforderung gegenüber dem Aufrechnenden zustehen und diesem die Gegenforderung gegenüber Ersterem. Eine Ausnahme liegt jedoch vor, wenn ein Dritter durch das Rechtsverhältnis der Aufrechnungsparteien betroffen ist. In diesem Fall kann ein **ablösungsberechtigter Dritter** mit einer ihm zustehenden Forderung aufrechnen (§§ 268 Abs. 2, 406, 1142 Abs. 2, 1150, 1249 S. 2 BGB). Die Gegenforderung muss jedoch dem Aufrechnenden zustehen. Mit der Forderung eines Dritten kann nicht aufgerechnet werden, auch wenn dessen Einwilligung vorliegt. Grundsätzlich muss sich die Gegenforderung auch gegen den Aufrechnungsgegner richten und nicht gegen einen Dritten. Allerdings kann hiervon durch vertragliche Vereinbarung abgewichen werden. Des Weiteren gibt es **Durchbrechungen** des Gegenseitigkeitserfordernisses (z. B. §§ 406, 409, 566d BGB); in besonders gelagerten Ausnahmefällen werden diese mit § 242 BGB gerechtfertigt. Anders als bei § 320 BGB bezieht sich die Gegenseitigkeit bei der Aufrechnung auf gleichartige Leistungen aus verschiedenen Verträgen und nicht auf verschiedenartige Leistungen aus einem abgeschlossenen Vertrag.

bb. Gleichartigkeit der Forderungen

Die geschuldeten Leistungen müssen ihrem **Gegenstand nach** gleichartig sein (§ 387 BGB). Es kommt nicht darauf an, auf welchem Rechtsgrund die miteinander verrechneten Forderungen beruhen. Ansprüche aus einem gesetzlichem und einem vertraglichen Schuldverhältnis können folglich miteinander aufgerechnet werden. Gleichartigkeit des Gegenstandes liegt vor zwischen **Geldschulden** oder **Gattungsschulden** gleicher Art. Auch die Verschiedenheit der Leistungs- und Ablieferungsorte der Forderungen (§ 391 Abs. 1 BGB) und des Forderungsumfangs (§ 389 BGB) führt nicht zur Ungleichartigkeit der geschuldeten Leistungen. Eine solche besteht jedoch bei Geldschulden in verschiedenen Währungen, falls die Parteien die Währung ausdrücklich festgelegt haben (**echte Valutaschuld**). Ansonsten kann nach

§ 244 Abs. 1 BGB auch in Euro geleistet werden, wenn die Leistung nach der Vereinbarung in Deutschland zu erbringen ist (**unechte Valutaschuld**).

cc. Fälligkeit und Durchsetzbarkeit der Gegenforderung

Die Gegenforderung muss fällig (§ 271 Abs. 1 BGB) und durchsetzbar, also einredefrei (§ 390 BGB) sein. Eine Stundung der fälligen Gegenforderung hindert folglich die Aufrechnung. Nicht durchsetzbar sind **unvollkommene Verbindlichkeiten**, die materiell-rechtlich unverbindlich und nicht prozessual einklagbar sind (z. B. § 762 Abs. 1 BGB). Die Einrede der **Verjährung** der Gegenforderung hindert die Aufrechnung nach § 215 BGB ausnahmsweise nicht, sofern diese Forderung beim Eintritt der Aufrechnungslage noch nicht verjährt war. Die **Anfechtung** der Gegenforderung nach Aufrechnung beseitigt die Gegenforderung rückwirkend (§ 142 Abs. 1 BGB). Gegen eine **auflösend bedingte** Forderung (§ 158 Abs. 2 BGB) kann aufgerechnet werden, da die Forderung bis zum auflösenden Zeitpunkt besteht. Die Aufrechnung gegen eine **aufschiebend bedingte** Forderung (§ 158 Abs. 1 BGB) ist nicht möglich, da diese erst mit dem Eintritt der Bestimmung zum Vollrecht des Forderungsanwärters erstarkt.

dd. Erfüllbarkeit der Hauptforderung

Die Hauptforderung muss bestehen und erfüllbar (§ 271 BGB) sein. Nicht erforderlich ist, dass sie auch einklagbar, fällig und einredefrei ist. Denn der Schuldner kann auch eine noch nicht fällige Forderung erfüllen oder auf die Geltendmachung einer Einrede verzichten. Zu beachten ist, dass derjenige, der in Unkenntnis einer dauerhaften Einrede aufrechnet, das Geleistete zurückfordern kann, sofern es sich nicht um eine Verjährungseinrede handelt (§§ 813 Abs. 1 S. 2, 214 Abs. 2 BGB).

d. Kein Ausschluss der Aufrechnung

aa. Vertragliche Vereinbarungen

Die Aufrechnung kann durch Vertrag ausdrücklich oder konkludent ausgeschlossen werden. Ein Ausschluss der Aufrechnung ist nach § 391 Abs. 2 BGB **im Zweifel** anzunehmen, wenn der Leistungszeitpunkt und der Leistungsort für die Hauptforderung vereinbart wurden und die Gegenforderung an einem anderen Leistungsort zu erfüllen ist. Bei **Verbrauchern** lässt sich die Aufrechnung nicht in einer AGB-Klausel ausschließen (§ 309 Nr. 3 BGB). Im Einzelfall kann sich ein Ausschluss der Aufrechnung aus § 242 BGB ergeben, wenn die Aufrechnung mit dem Gebot von Treu und Glauben unvereinbar erscheint. Dies kommt vor allem bei einer bewussten Herbeiführung der Aufrechnungslage zum Nachteil des Gläubigers oder bei einer Aufrechnung durch den Treuhänder in Frage.

bb. Gesetzliche Ausschlüsse

Durch Gesetz ausgeschlossen ist die Aufrechnung mit einer einredebehafteten Forderung (§ 390 BGB), bei Verschiedenheit der Leistungsorte (§ 391 BGB), gegen eine beschlagnahmte Forderung (§ 392 BGB), gegen eine Forderung aus unerlaubter Handlung (§ 393 BGB) und gegen eine unpfändbare Forderung (§ 394 BGB). Gegen Forderungen öffentlich-rechtlicher Körperschaften ist eine Aufrechnung nur zulässig, wenn die Leistung an dieselbe Kasse zu erfolgen hat, aus der die Forderung des Aufrechnenden zu berichtigen ist (§ 395 BGB). Das Gebot von Treu und Glauben (§ 242 BGB) begründet ein **Aufrechnungshindernis**, wenn die Aufrechnung mit der Rechtsbeziehung der Parteien nicht zu vereinbaren wäre. Das ist etwa dann der Fall, sofern der gemeinsame Vertragszweck nicht erreicht werden kann oder in einem unerträglichen Maße eingeschränkt wird.

e. Rechtsfolge

Die Aufrechnung führt dazu, dass **Hauptforderung** und **Gegenforderung erlöschen**, soweit sie sich decken (§ 389 BGB). Dabei wirkt sie auf den Zeitpunkt zurück (**ex tunc-Wirkung**), in welchem die Forderungen als zur Aufrechnung geeignet einander gegenübergetreten sind und die Aufrechnungslage (§ 387 BGB) erstmals bestand. Zinsforderungen und Verzugsschäden (§§ 280, 286, 288 BGB) die danach entstanden sind, erlöschen ebenfalls. Da ein **Widerruf** der Aufrechnung **nicht** möglich ist, kann sie grundsätzlich nicht mehr rückgängig gemacht werden. Dazu ist eine Anfechtung (§ 142 Abs. 1 BGB) der Aufrechnungserklärung oder der Forderung erforderlich. Sofern beide Parteien mehrere Forderungen haben (**Mehrheit von Forderungen**) oder der Aufrechnende außer der Hauptleistung noch Zinsen und Kosten schuldet, gelten die Tilgungsregeln der §§ 366, 367 BGB für die Aufrechnung (§ 396 Abs. 1, 2 BGB).

14. Abtretung

a. Allgemeines

aa. Rechtsgeschäft

Die Abtretung ist in §§ 398–411 BGB als Rechtsgeschäft über den Austausch des Gläubigers geregelt. Nach § 398 Abs. 1 BGB kann eine Forderung von dem Gläubiger (**Zessionar**) durch Vertrag mit einer anderen Person (**Zedent**) auf diese übertragen werden (**Zession**). Der neue Gläubiger tritt mit dem Abschluss des Vertrags an die Stelle des bisherigen Gläubigers, ohne Änderung des Schuldners oder des Inhalts der Forderung. Eine Anzeige der Abtretung an den Schuldner ist nicht erforderlich (**stille Zession**). Sie kann aber gemäß § 409 BGB erfolgen (**offene Zession**). Außerdem kann der Gläubiger den Zedenten bei Abtretung mittels Urkunde (§ 410 BGB) dazu ermächtigten, sich selbst oder einen Dritten als Zessionar zu bestimmen (**Blankozession**). Die Abtretung ist grundsätzlich formfrei und konkludent möglich, sofern kein gesetzliches (z. B. notarielle Form bei der GmbH-Anteilsübertragung nach § 15 Abs. 3 GmbHG) oder gewillkürtes Formerfordernis besteht. Sie kann auch aufschiebend oder auflösend bedingt (§ 158 BGB) erfolgen.

Abtretung als Verfügungsgeschäft

Die Abtretung ist ein dingliches Verfügungsgeschäft. Sie ist aber nicht im Sachenrecht, sondern im Schuldrecht geregelt, weil sie die Verfügung über einen Anspruch (§ 195 BGB) aus einem Schuldverhältnis (§ 241 BGB) und nicht über eine Sache betrifft.

Kein gutgläubiger Erwerb von Forderungen

Ein gutgläubiger Erwerb der Forderung ist um Unterschied zu beweglichen und unbeweglichen Sachen (vgl. §§ 892f, 932ff BGB) grundsätzlich ausgeschlossen. Denn die Forderung ist kein Rechtsscheinträger (vgl. aber § 405 BGB). Ein GmbH-Geschäftsanteil oder Recht daran kann jedoch gutgläubig erworben werden (§ 16 Abs. 3 GmbHG). Eine Forderung kann nur einmal abgetreten werden, so dass bei mehrfacher Abtretung nur die zeitlich erste Forderung wirksam ist (**Prioritätsprinzip**). Rechtsgrund der Abtretung ist regelmäßig ein Verpflichtungsgeschäft (z. B. Forderungskauf, Sicherungsabrede). Durch dieses Geschäft wird die Wirksamkeit der Abtretung nicht berührt (**Abstraktionsprinzip**); die Forderung kann aber kondizierbar (§§ 812 ff BGB) sein. Sofern beide Rechtsgeschäfte eine Einheit in einer Urkunde bilden, kann sich die Nichtigkeit des Kausalgeschäfts ausnahmsweise auf die Abtretung erstrecken (§ 139 BGB).

Übergang der Nebenrechte

Mit der Abtretung gehen kraft Gesetzes die Hypotheken, Schiffshypotheken oder Pfandrechte, die für sie bestehen, sowie die Rechte aus einer für sie bestellten Bürgschaft (**akzessorische Sicherungsrechte**) auf den neuen Gläubiger über (§ 401 Abs. 1 BGB). Entsprechend gehen auch die **unselbstständigen Sicherungsrechte** auf den Zessionar über (§ 401 Abs. 1 BGB analog), z. B. die Rechte aus Vormerkung, Schuldübernahme oder Erfüllungsübernahme, Ansprüche auf Bestellung von akzessorischen Sicherungsrechten (z. B. § 650 e BGB). Das gilt auch für **sonstige Hilfsrechte**, die zur Durchsetzung der Forderung erforderlich sind. Dazu gehören insbesondere Ansprüche auf Auskunft und Rechnungslegung, (z. B. § 87 c Abs. 2 HGB) und auf Vorlage von Urkunden und Erteilung einer Quittung. Erfasst wird auch der Anspruch des Verkäufers gegen den Notar oder Treuhänder auf Auszahlung des hinterlegten Kaufpreises und der Anspruch auf den Versteigerungserlös aus einer Hypothek.

Übergang der Vorzugsrechte

Ein mit der Forderung für den Fall der Zwangsvollstreckung (z. B. § 804 Abs. 3 ZPO) oder des Insolvenzverfahrens (§§ 49 ff InsO) verbundenes **Vorzugsrecht** kann auch der neue Gläubiger geltend machen (§ 401 Abs. 2 BGB).

Unselbstständige Gestaltungsrechte

Auch die unselbstständigen Gestaltungsrechte, die **nicht selbstständig abtretbar** sind, gehen mit der Abtretung der Forderung von dem Zedenten auf den Zessionar über, so beispielsweise Fälligkeitskündigung, Leistungsbestimmungsrechte, Mängelgewährleistung und Wahlrecht des Gläubigers. Dagegen stehen Rechte, deren Ausübung das gesamte Schuldverhältnis zwischen dem Zedenten und dem Schuldner umgestaltet (**vertragsbezogenen Gestaltungsrechte**), wie das Anfechtungs-, Rücktritts-, Widerrufs- oder Kündigungsrecht weiterhin dem Zedenten zu. Sie gehen nicht automatisch mit der abgetretenen Forderung über, sofern ihre Übertragung nicht vereinbart wurde. Dem Zedenten verbleibt auch das Recht zur Verweigerung der Gegenleistung (§ 320 BGB) und das Zurückbehaltungsrecht (§ 273 BGB).

Selbstständige Sicherungsrechte

Selbstständige Sicherungsrechte (Sicherungsabtretung und -übereignung, Sicherungsgrundschuld, Eigentumsvorbehalt) (**nicht akzessorische Sicherungsrechte**) sind keine Nebenrechte i. S. v. § 401 Abs. 1 BGB. Sie gehen nicht automatisch mit der Forderung auf den Zessionar über. Nach der Rechtsprechung ist der Zedent allerdings nach dem Rechtsgedanken des § 401 BGB im Zweifel schuldrechtlich verpflichtet, die nicht-akzessorischen Sicherungsrechte auf den Zessionar zu übertragen, sofern nicht die Abrede mit dem Sicherungsgeber dem entgegensteht (BGH NJW 1981, 1554). Nach § 401 Abs. 2 BGB kann der Zessionar die Vorzugsrechte in Zwangsvollstreckung (§§ 804 f, 850 d ZPO) und Insolvenz (§§ 47 ff InsO) geltend machen.

Auskunftspflicht und Urkundenlieferung

Nach § 402 BGB ist der Zedent dem Zessionar zur Auskunftspflicht und Urkundenauslieferung verpflichtet. Er hat auf Verlangen außerdem eine öffentlich beglaubigte Urkunde über die Abtretung auszustellen (§ 403 BGB).

bb. Legalzession

Der Gläubigerwechsel kann auch durch **Legalzession** *(cessio legis)* kraft Gesetzes stattfinden, ohne dass es hierzu eines Rechtsgeschäfts bedarf (z. B. § 268 Abs. 3, §§ 426 Abs., 774 Abs. 1, §§ 67 VVG, 116 SGB X). Die Vorschriften der §§ 399–404, 406–410 BGB finden auf die Legalzession entsprechende Anwendung (§ 412 BGB). Die Person des Gläubigers kann zudem durch **staatlichen Hoheitsakt** ausgewechselt werden. In der Zwangsvollstreckung kann eine gepfändete Forderung des Vollstreckungsschuldners dem Vollstreckungsgläubiger übertragen werden (§§ 829, 835 ZPO).

cc. Teilabtretung

Nach herrschender Meinung kann ein Teil einer Forderung abgetreten werden (**Teilabtretung**), wenn die Forderung teilbar und der abgetretene Teil bestimmt genug ist. Die Teilabtretung darf nicht durch eine Vereinbarung (§ 399 BGB) ausgeschlossen sein. Die Teilforderungen sind **selbständige** Forderungen und haben den **gleichen Rang**, sofern nichts anderes vereinbart ist. Bei Teilzahlungen auf die (Teil-)Forderungen trifft der Schuldner die Bestimmung, auf welche zu zahlen ist. Die Verjährung beider Teilforderungen läuft getrennt und wird getrennt gehemmt und erneuert. Bestehen mehrere Ansprüche nebeneinander (Anspruchskonkurrenz), kann der Gläubiger einzelne Ansprüche nur mit Zustimmung des Schuldners abtreten, da sonst ohne sein Zutun eine Gesamtgläubigerschaft (§ 428 BGB) entstehen würde.

dd. Vorausabtretung

Eine künftige Forderung kann abgetreten werden (**Vorausabtretung**), wenn sie bestimmbar ist. Sie wird aber entsprechend § 185 Abs. 2 S. 1 Fall 2 BGB erst in dem Zeitpunkt wirksam, in dem der Zedent die Forderung erwirbt. Der Zedent nimmt für eine juristische Sekunde selbst die Gläubigerstellung ein, um die Forderung abtreten zu können und sofort darauf geht sie auf den Zessionar über (**Durchgangserwerb**). Sofern mit der Abtretung bereits eine bestehende Rechtsposition übertragen werden konnte (**Anwartschaft**), entsteht die abgetretene Forderung nach herrschender Meinung direkt in der Person des Zessionars (**Direkterwerb**) und §§ 399 ff BGB gelten entsprechend. Der Rang der Forderung richtet sich dabei nach dem Zeitpunkt der Vorausabtretung und nicht demjenigen ihres Entstehens.

b. Abgrenzungen

aa. Schuldübernahme

Die vertragliche Übertragung einer Schuld von einem Schuldner auf einen neuen Schuldner (**Schuldübernahme**) ist in §§ 414 BGB geregelt. Sie führt zu einem Schuldnerwechsel. Bei der befreienden Schuldübernahme wird der alte Schuldner von seiner Schuld befreit und der Übernehmer der Schuld tritt mit allen bisherigen Rechten und Pflichten an seine Stelle. Die Schuldübernahme kann durch Vertrag zwischen Gläubiger und Übernehmer (§ 414 BGB) oder Schuldner und Übernehmer mit Genehmigung des Gläubigers (§ 415 BGB) erfolgen. Infolge der Schuldübernahme **erlöschen** die für die Schuld bestellten **Bürgschaften** und **Pfandrechte** (§ 418 Abs. 1 S. 1 BGB). Dies gilt entsprechend für die nicht akzessorische

Grundschuld sowie Sicherungsabtretung/-übereignung (BGH WM 1992, 1315). Die (akzessorische) Hypothek erlischt hingegen nicht, sondern geht auf den Eigentümer über (§§ 418 Abs. 1 S. 2, 1168 Abs. 1, 1177 Abs. 1 BGB).

bb. Schuldbeitritt

Die kumulative Schuldübernahme durch ein Rechtsgeschäft ist nicht gesetzlich geregelt, aber aufgrund § 311 Abs. 1 BGB **(Vertragsfreiheit)** als freiwillige Gesamtschuldnerschaft zulässig. Dabei tritt eine weitere Person als Mitübernehmer durch Verpflichtungsvertrag neben dem bisherigen Schuldner in das Schuldverhältnis ein **(Schuldbeitritt)**, so dass eine Gesamtschuld (§§ 421, 427 BGB) entsteht. Der Schuldbeitritt kann durch formfreien Vertrag zwischen dem Beitretenden und dem Gläubiger (analog § 414 BGB) sowie zwischen dem Beitretenden und dem bisherigen Schuldner vereinbart werden. Letzteren Falls bedarf es anders als nach § 415 BGB nicht der Zustimmung des Gläubigers, da dieser nur einen rechtlichen Vorteil erlangt. Dieser hat aber ein Zurückweisungsrecht (analog § 333 BGB), weil es sich im weiteren Sinn um einen Vertrag zugunsten Dritter handelt (vgl. auch § 329 BGB). Der Schuldbeitritt begründet im Gegensatz zur akzessorischen und formbedürftigen Bürgschaft auf eine fremde Schuld (§§ 765, 766 BGB) eine **selbstständige Verpflichtung** auf eine bislang fremde Schuld als eigene. Indiz dafür ist (§§ 133, 157 BGB), dass der Erklärende ein eigenes wirtschaftliches oder rechtliches Interesse hat. Anders als bei der befreienden Schuldübernahme, haftet auch der ursprüngliche Schuldner neben dem Beitretenden in **Gesamtschuld** weiter. Das Gesetz sieht in bestimmten Fällen eine Schuldübernahme durch **gesetzlichen** Schuldbeitritt vor (z. B. §§ 546 Abs. 2, 604 Abs. 4 BGB, §§ 25, 28, 130 HGB).

cc. Universalsukzession

Der Übergang eines Vermögens mit allen Rechten und Pflichten von einer Person auf eine andere erfolgt durch Gesamtrechtsnachfolge (**Universalsukzession**). Der Rechtsnachfolger tritt dabei völlig in die Stellung seines Rechtsvorgängers ein. Im Gegensatz dazu werden bei der Einzelrechtsnachfolge **(Singularsukzession)** einzelne Rechte oder Pflichten auf eine andere Person übertragen werden. Die Gesamtrechtsnachfolge kann durch vertragliche Vereinbarung **(gewillkürte Gesamtrechtsnachfolge)** oder kraft Gesetzes erfolgen. Durch Vertrag können allerdings keine höchstpersönliche Rechte (z. B. §§ 12, 38, 664, 717 BGB, § 29 Abs. 1 UrhG) und Pflichten (z. B. §§ 613, 691, 713 BGB) übertragen werden. Außerdem ist die Haftung ausscheidender Gesellschafter für Altverbindlichkeiten gem. §§ 128 S. 1, 160 HGB zu beachten **(Nachhaftung)**. Wichtigste Fälle der gesetzlichen Gesamtrechtsnachfolgen sind der Übergang des Vermögens **(Erbschaft)** als Ganzes auf einen oder mehrere andere Personen (Erben) gem. § 1922 BGB und die **Umwandlung** einer Kapitalgesellschaft etwa durch Verschmelzung (§ 2 UmwG) oder Vermögensübertragung (§§ 174 ff UmwG).

dd. Inkassozession

Bei der Inkassozession überträgt der Zedent die volle **Gläubigerposition** und damit auch die Prozessführungsbefugnis (vgl. § 51 ZPO), d. h. die Befugnis die Forderung im eigenen Namen geltend zu machen und vor Gericht einzuklagen, auf den Zessionar. Dieser verpflichtet sich gegenüber dem Zedenten im Innenverhältnis (§§ 662, 675 BGB), die Forderung lediglich einzuziehen und den Erlös an diesen herauszugeben. Es handelt sich um ein **Treuhandgeschäft** mit Übertragung voller Rechtsmacht „zu treuen Händen". Im Außenverhältnis erhält der Zessionar damit durch die Abtretung mehr Rechte, als ihm schuldrechtlich zustehen. Die geschäftsmäßige Inkassozession bedarf der **Registrierung** (§§ 2 Abs. 2, 10 Abs. 1 Nr. 1 RDG), ansonsten ist die Zession nichtig (§ 134 BGB).

ee. Einziehungsermächtigung

Die Einziehungsermächtigung führt nicht zur Übertragung der Forderung auf den Zessionar. Der Zessionar wird widerruflich zur Einziehung der Forderung im eigenen Namen und Leistung an den Gläubiger oder sich ermächtigt (§§ 185, 362 Abs. 2 BGB).

ff. Vertragsübernahme

Die Vertragsübernahme ist die rechtsgeschäftliche Übertragung eines **Schuldverhältnisses im Ganzen**. Das BGB regelt nur die Abtretung einzelner Forderungen, die Übernahme einzelner Schulden (§§ 414ff) und die Vertragsübernahme als Folge eines Rechtsgeschäfts (z. B. § 566 „Kauf bricht nicht Miete", § 613a „Betriebsübergang"). Dennoch wird die Vertragsübernahme als einheitliches Rechtsgeschäft eigener Art *(sui generis)* (§ 311 Abs. 1 BGB) allgemein für zulässig erachtet, dass der Zustimmung aller Parteien bedarf. Sie kann als **dreiseitiger** Vertrag zwischen den bisherigen Vertragsparteien und der eintretenden Partei vereinbart werden, welche die gesamte vertragliche Rechtsstellung der austretenden Partei übernimmt. Möglich ist auch der Abschluss eines **zweiseitigen** Vertrags zwischen ausscheidender und eintretender Partei mit Zustimmung des verbleibenden Teils (§ 182 BGB).

Die Vertragsübernahme gewährt anders als die Abtretung oder Schuldübernahme alle Rechte und Pflichten der ausscheidenden Partei bei Wahrung der Vertragsidentität. Die Vereinbarung über die Vertragsübernahme (**Übernahmevertrag**) bedarf der für den zu übernehmenden Vertrag vorgesehenen Form, z. B. der Beurkundung beim Grundstückskauf (§ 313 S. 1 BGB). Die Zustimmung der nicht an dem Übernahmevertrag beteiligten Partei ist jedoch formfrei möglich und kann auch im Voraus erteilt werden. Sofern die Übernahme einen Vertrag betrifft, der **verbraucherschützenden Vorschriften** unterliegt (z. B. §§ 491ff BGB), können diese auch auf den Übernahmevertrag anwendbar sein. Für diesen gelten jedenfalls die §§ 398ff BGB und 414ff BGB. Indessen kann sich der Übernehmer nur auf Mängel des Übernahmevertrags, nicht aber des Grundgeschäfts, berufen, da die Vertragsübernahme als Verfügung abstrakt ist.

gg. Schuldersetzung

Eine Schuldersetzung ist die rechtsgeschäftliche Aufhebung eines Schuldverhältnisses durch Schaffung eines neuen Schuldverhältnisses, auch Schuldumschaffung (**Novation**). Sie ist im Gesetz nicht geregelt, kann aber wegen des fehlenden Typenzwangs im Schuldrecht (anders im Sachenrecht) als Vertrag sui generis (§ 311 Abs. 1 BGB) zwischen Gläubiger und Schuldner für jedes beliebige Schuldverhältnis vereinbart werden. Das **Schuldverhältnis** mit den bisherigen Forderungen und Nebenrechten **erlischt** und ist zugleich Rechtsgrund für das neue Schuldverhältnis. Die akzessorischen Sicherheiten sowie Einreden und Einwendungen erlöschen ebenfalls. Eine Ausnahme gilt allerdings für die **Kontokorrentabrede** (§ 355 HGB). Bei dieser werden die Einzelansprüche mit dem Rechnungsabschluss unter Anrechnung der in der Periode erbrachten Leistungen durch den Saldoanspruch aus einem Schuldanerkenntnis (§ 781 BGB) ersetzt. Nach § 356 HGB bleiben die für die Einzelansprüche bestellten Sicherheiten beim Saldoanerkenntnis bestehen. Von der Schuldersetzung ist die **Vertragsänderung** zu unterscheiden. Diese ändert das Schuldverhältnis nur, ohne dass es mitsamt Forderungen und Verbindlichkeiten erlischt. Daher kommt es darauf an, den Vertragsinhalt und den Parteiwillen durch Auslegung der Erklärungen zu ermitteln. Im Zweifel ist von den Parteien ein Erlöschen des Rechtsverhältnisses und infolgedessen auch der akzessorischen Sicherheiten nicht gewollt, sondern eine Vertragsänderung unter Fortbestand des Schuldverhältnisses. Dies ist vor allem bei der Verlängerung und Umschuldung besicherter

Kredite wie auch ihrer Syndizierung durch Konsortialbanken im (internationalen) Finanzmarkt zu berücksichtigen.

c. Abtretungsverbote

Die Abtretung einer Forderung kann aufgrund besonderer gesetzlicher Vorschriften sowie nach § 399 BGB aufgrund Leistungsinhalts oder Vereinbarung mit dem Schuldner ausgeschlossen und somit unwirksam sein (**Abtretungsverbote**).

aa. Gesetzliche Verbote

Ein Abtretungsverbot kann sich aus Sondervorschriften (z. B. §§ 613 S. 2, 664, Abs. 2 BGB), wegen Verstoß gegen ein Verbotsgesetz (§ 134 BGB), Sittenwidrigkeit (§ 138 BGB) oder aus Treu und Glauben (§ 242 BGB) ergeben Ausnahmsweise kann auch ein Formverstoß gegen § 125 S. 1 BGB vorliegen (z. B. §§ 717 S. 1, 792 Abs. 1, 1154 Abs. 1 BGB). Nicht übertragbare Forderungen sind grundsätzlich nicht pfändbar (§ 851 ZPO) und fallen insoweit nicht in die Insolvenzmasse (§ 36 InsO).

bb. Sonstige Verbote

Nach § 399 BGB kann eine Forderung nicht abgetreten werden, wenn die Leistung an einen anderen als den ursprünglichen Gläubiger nicht ohne Veränderung ihres Inhalts erfolgen kann oder von den Parteien vertraglich ausgeschlossen wurde.

Höchstpersönliche Ansprüche

Eine Inhaltsänderung der Forderung liegt insbesondere bei **höchstpersönlichen Ansprüchen**, die ausschließlich einer bestimmten Person zustehen, vor. Dies gilt für Dienstleistungen (§ 613 BGB) und Geschäftsbesorgung (§ 675 BGB), Gesellschafterrechte (z. B. § 714 BGB) wie auch den Anspruch auf Befreiung von einer Verbindlichkeit (z. B. § 257 BGB) und den Urlaubsanspruch (§ 1 BUrlG).

Vertraglicher Abtretungsausschluss

Schuldner und Gläubiger können vereinbaren *(pactum de non cedendo)*, dass eine Forderung nicht abtretbar sein soll **(vertraglicher Abtretungsausschluss)** Die Vereinbarung kann auch konkludent erfolgen (z. B. Kontokorrentabrede) und hat nach herrschender Meinung absolute Wirkung auch im Verhältnis zu Dritten.

Der Abtretungsausschluss umfasst auch **Abtretungsbeschränkungen** wie etwa das Erfordernis der Zustimmung des Schuldners zur Abtretung oder das Erfordernis zur schriftlichen Anzeige der Abtretung an den Schuldner. Auf einen vertraglich vereinbartes Abtretungsverbot kann sich der Schuldner nur bei Kenntnis des Zessionars berufen (§ 405 BGB).

Geldforderungen aus beiderseitigen Handelsgeschäften

Die Abtretung ist auch bei Vorliegen eines vertraglichen Abtretungsausschlusses wirksam, wenn es sich um **Geldforderungen** aus einem **beiderseitigen Handelsgeschäft** handelt oder der Schuldner eine juristische Person des öffentlichen Rechts oder ein öffentlich-rechtliches Sondervermögen ist. Der Schuldner kann jedoch mit befreiender Wirkung an den bisherigen Gläubiger leisten. Abweichende Vereinbarungen sind unwirksam (§ 354 a Abs. 1 BGB). Diese Regelung gilt aber **nicht** für Forderungen aus einem **Darlehensvertrag**, deren Gläubiger ein Kreditinstitut ist (§ 354 a Abs. 2 HGB).

Verbot des Abtretungsausschlusses in AGB-Klauseln

Der Abtretungsausschluss von Geldforderungen und anderen Rechten des Verbrauchers durch AGB-Klauseln des Unternehmers ist nach Maßgabe des § 308 Nr. 9 BGB, der durch das Gesetz für faire Verbraucherverträge mit Wirkung zum 01.10.2021 eingefügt wurde, unwirksam.

cc. Unpfändbare Forderungen

Soweit eine Forderung der Pfändung nicht unterworfen ist (§§ 850 ff ZPO), kann sie gem. § 400 BGB nicht abgetreten werden. Dies soll das Existenzminimum des Gläubigers sichern und die Allgemeinheit vor Sozialhilfeansprüchen schützen. Daher ist die Vorschrift **zwingend** und der Schuldner kann auf seinen Schutz nicht verzichten.

d. Schuldnerschutz

Der Schuldnerschutz ist Regelungsgegenstand der § 404, 406–408 BGB. Der Schuldner wirkt nicht an der Abtretung mit und soll deshalb dadurch nicht benachteiligt werden.

aa. § 404 BGB

Nach § 404 BGB kann der Schuldner dem Zessionar die **Einwendungen** entgegensetzen, die zur Zeit der Abtretung ihrem Rechtsgrund nach im ursprünglichen Schuldverhältnis angelegt waren, selbst wenn sie erst nach der Abtretung vorliegen. Erfasst werden rechtshindernde und rechtsvernichtende Einwendungen. Bei mehrfacher Abtretung der Forderung vom ersten auf den nächsten Zessionar kann der Schuldner dem zweiten Zessionar auch die Einwendungen aus dem Schuldverhältnis mit dem ersten Zessionar entgegenhalten.

bb. § 406 BGB

Nach § 406 BGB kann der Schuldner eine ihm gegen den Zedenten bestehende Forderung auch dem Zessionar gegenüber **aufrechnen**, obwohl die beiden Forderungen nicht gegenseitig sind. Dies gilt nicht, wenn der Schuldner beim Forderungserwerb von der Abtretung Kenntnis hatte oder die Forderung nach seiner Kenntnis und später als die abgetreten Forderung fällig wird. Die rechtliche Grundlage für den Forderungserwerb muss im Zeitpunkt der Kenntniserlangung bestehen (z. B. bedingter oder befristeter Erwerb). Wird die Aufrechnung vor Abtretung erklärt, ist § 404 BGB anzuwenden. Für Aufrechnungen in Unkenntnis der Abtretung gilt § 407 BGB.

cc. § 407 BGB

Nach § 407 Abs. 1 BGB muss der Zessionar eine **Leistung des Schuldners** (z. B. Erfüllung) an den Zedenten oder ein Rechtsgeschäft (wie Stundung oder Erlass der Forderung), dass nach der Abtretung erfolgt ist, gegen sich gelten lassen. Dies gilt nicht, wenn der Schuldner von der Abtretung Kenntnis hatte. Der Schuldner kann seine Leistung aber wahlweise beim Zessionar kondizieren (§ 812 BGB), statt sich auf § 407 Abs. 1 BGB zu berufen. Ist nach Abtretung, aber vor Kenntnis des Schuldners ein Rechtsstreit zwischen diesem und dem Zedenten anhängig (§ 253 Abs. 5 ZPO), muss der Zessionar gem. § 407 Abs. 2 BGB ein rechtskräftiges Urteil (§ 322 ZPO) gegen sich gelten lassen. Dies gilt nicht, wenn der Schuldner die Abtretung beim Eintritt der Rechtshängigkeit (§ 261 Abs. 1 ZPO) gekannt hat. Der Zessionar hat die Beweislast für die Kenntnis des Schuldners, eine fahrlässige Unkenntnis (Kennenmüssen) reicht nicht aus.

dd. § 408 BGB

Nach § 408 BGB findet bei **mehrfacher Abtretung** oder **gerichtlicher Überweisung** einer bereits abgetretenen Forderung (§§ 829, 835 ZPO) an einen Dritten **(Scheingläubiger)** § 407 BGB zugunsten des Schuldners entsprechende Anwendung, wenn dieser keine Kenntnis vom zeitlich früheren Forderungsübergang hat. Nach der Rechtsprechung schützt § 408 BGB bei bloßer Unkenntnis über die tatsächliche Reihenfolge der Abtretungen den guten Glauben des Schuldners jedoch nicht (BGH NJW 1987, 1703).

ee. § 409 BGB

Nach § 409 Abs. 1 BGB muss der Zedent eine **Abtretungsanzeige** gegen sich gelten lassen, die er dem Schuldner mündlich macht sowie eine **Urkunde**, die er dem Zedenten über die Abtretung ausstellt und dieser dem Schuldner vorlegt. Die gilt auch, wenn die Abtretung nicht erfolgt oder nicht wirksam ist. Der Schuldner darf also auch bei falscher Anzeige oder Urkunde an die Person leisten, die ihm als Zessionar benannt wurde. Nach der Rechtsprechung wird der Schuldner auch bei positiver Kenntnis von der Unwirksamkeit der Abtretung durch § 409 BGB geschützt (BGH NJW 1959, 431). Der Zedent kann Leistung an sich selbst nur verlangen, wenn die Anzeige mit der Zustimmung desjenigen zurückgenommen wird, der in der Anzeige als Zessionar bezeichnet worden ist (§ 409 Abs. 2 BGB).

ff. § 410 BGB

Nach § 410 BGB ist der Schuldner dem Zessionar nur gegen **Aushändigung** einer von dem Zedenten ausgestellten **Abtretungsurkunde** zur Leistung verpflichtet. Bis dahin hat er ein Leistungsverweigerungsrecht und kann Mahnung und Kündigung gegenüber dem Zedenten zurückweisen (§ 410 Abs. 1 BGB). Das gilt aber nicht, wenn der Zedent dem Schuldner die Abtretung schriftlich angezeigt hat (§ 410 Abs. 2 BGB); dann schützt ihn § 409 BGB.

e. Sicherungsabtretung

Die Sicherungsabtretung von Forderungen ist eine weit verbreitete Form der Kreditsicherheit. Sie dient zur Besicherung von Warenkrediten eines Lieferanten sowie Geldkrediten einer Bank. Auch beim **unechten Factoring** liegt nach herrschender Meinung eine (atypischer) Kredit mit Sicherungsabtretung vor. Da die Sicherungsabtretung im Gegensatz zur Verpfändung einer Forderung (§ 1280 BGB) keine Anzeige an den Schuldner erfordert, werden die Forderungen in der Praxis ohne Schuldneranzeige **(stille Zession)** abgetreten und dies wird dem Schuldner erst im Sicherungsfall angezeigt. Deshalb wird die Sicherungsabtretung als Kreditsicherheit einer Verpfändung von Forderungen vorgezogen. Sie ist ein dingliches Rechtsgeschäft, das in seiner Entstehung und seinem Fortbestand grundsätzlich nicht von der Existenz der gesicherten Kreditforderung abhängt **(nichtakzessorische Sicherheit)**. Ihr liegt allerdings regelmäßig eine treuhänderische schuldrechtliche Abrede über den Sicherungszweck der Forderungsabtretung zugrunde. Erscheinungsformen sind die **Einzelabtretung, Globalzession** und **Mantelzession**.

aa. Sicherungsvertrag

Der Sicherungsvertrag ist eine Vereinbarung zwischen dem Zedenten (**Sicherungsgeber**) und dem Zessionar (**Sicherungsnehmer**), die ein dingliches und kausales Rechtsgeschäft enthält. Das dingliche Rechtsgeschäft ist die Abtretung gem. § 398 BGB, durch die der Sicherungsgeber dem Sicherungsnehmer Forderungen überträgt, die er gegenüber dritten Schuldnern hat. Dabei tritt der Sicherungsnehmer in die volle Gläubigerstellung des Sicherungsgebers gegen diese ein. Zugleich enthält der Sicherungsvertrag eine schuldrechtliche Abrede (§§ 241, 311 Abs. 1 BGB) zwischen Sicherungsgeber und Sicherungsnehmer (**Sicherungsabrede**) die ein Treuhandverhältnis begründet (**fiduziarische Sicherungstreuhand**). Danach erfolgt die Forderungsabtretung an den Sicherungsnehmer sicherungshalber zu dem Zweck (**Sicherungszweck**), dass der über die Forderungen als Gläubiger verfügen und sie verwerten darf, wenn der Sicherungsgeber seine dem Sicherungsnehmer gegenüber bestehenden Verbindlichkeiten (Kreditschulden) nicht tilgt.

Einziehungsermächtigung des Sicherungsgebers

Zur Sicherung abgetreten werden können sämtliche Forderungen und sonstigen Rechte, die nach den §§ 398, 413 BGB abtretbar sind. Der Sicherungsgeber ist auch nach der Abtretung weiterhin (widerruflich) zum Forderungseinzug berechtigt (§§ 362 Abs. 2, 185 Abs. 1 BGB). Die Schuldner zahlen weiterhin auf das Bankkonto des Sicherungsgebers, der die Forderungen auch prozessual geltend machen kann. Die Sicherungsabrede begründet selbst das konkrete Besitzkonstitut (§§ 930, 870 BGB), wenn sich durch Auslegung der Parteiabrede ergibt, dass der Sicherungsgeber so lange im Besitz des Sicherungsguts bleiben darf, bis es zur Befriedigung der besicherten Kreditforderung vom Sicherungsnehmer herausverlangt wird.

Verwertungsreife und Rückgewähranspruch

Der Sicherungsnehmer darf die Sicherungsabtretung der Forderungen den dritten Schuldnern erst offenlegen und sie einziehen, wenn diese bei Fälligkeit die Kreditschulden nicht tilgen und **Verwertungsreife** (§§ 1282, 1228 BGB analog) eintritt. Bei Verstoß gegen die Abrede hat der Sicherungsgeber Anspruch auf Schadensersatz wegen vertraglicher Pflichtverletzung unter den Voraussetzungen des § 280 Abs. 1 BGB. Nach dem Wegfall des Sicherungszweck ohne den Eintritt der Verwertungsreife hat der Sicherungsgeber aus der Sicherungsabrede Anspruch auf Rückabtretung der sicherungshalber abgetretenen Forderungen (**Rückgewähranspruch**). Im Zweifel besteht nach der Rechtsprechung keine durch den Sicherungszweck auflösend bedingte Rückabtretung der Forderung (§ 158 Abs. 2 BGB). Haben die Parteien jedoch ausdrücklich eine auflösende Bedingung für den Wegfall des Sicherungszwecks vereinbart, hat dies zur Folge, dass die Forderungen mit Bedingungseintritt automatisch an den Sicherungsgeber zurückfallen. Die Vereinbarung des Bedingungseintritts in der Sicherungsabrede mit dem Sicherungsnehmer begründet für den Sicherungsgeber ein **Anwartschaftsrecht**, in das Drittgläubiger vollstrecken können (§§ 857, 828 ff ZPO). Ist die Sicherungsabrede unwirksam, hat der Sicherungsnehmer einen bereicherungsrechtlichen Anspruch gegen den Sicherungsnehmer auf Rückabtretung der Forderungen aus Leistungskondiktion gem. § 812 Abs. 1 BGB.

bb. Mantelzession

Bei der Mantelzession werden bestehende Kundenforderungen **revolvierend** zur Sicherung eines langfristigen Bankkredits abgetreten. Die Abtretung muss jeweils erneut vorgenommen werden, da die abgetretenen Forderungen i. d. R. kurzfristig von den Kunden bezahlt werden und somit nicht mehr bestehen. Dabei wird als „Mantel" eine Rahmenvereinbarung laufend ergänzt durch **aktuelle Listen** der abgetretenen Forderungen. Die Abtretung wird erst mit Einreichung der Listen wirksam, die eine konstitutive Wirkung für den Übergang der Forderungen auf die Bank als Sicherungsnehmer haben. In der Sicherungsabrede ist der Sicherungsgeber lediglich schuldrechtlich zur Übertragung der künftig entstehenden Forderungen verpflichtet.

cc. Globalzession

Bei der Globalzession werden sämtliche im Geschäftsbetrieb des Unternehmens begründeten, **gegenwärtigen** und **künftigen** Forderungen an eine Bank als Kreditsicherheit abgetreten. Es handelt sich regelmäßig um eine **stille Zession** mit widerruflicher Einziehungsermächtigung des Sicherungsnehmers. In der Rahmenvereinbarung werden die Forderungen individualisiert bezeichnet, damit sie zur Übertragbarkeit bestimmbar sind (z. B. „aus Warenlieferungen und Leistungen gegen Kunden mit den Anfangsbuchstaben A bis Z"). Daher hat die Einreichung der Forderungslisten für den wirksamen Übergang der Forderungen auf die Bank zur Zeit ihres Entstehens nur deklaratorische Bedeutung.

dd. Globalzession und verlängerter Eigentumsvorbehalt

Beim verlängerten Eigentumsvorbehalt erfolgt der Kauf einer Ware unter Eigentumsvorbehalt (§ 459 BGB). Der Käufer verkauft die Ware unter Eigentumsvorbehalt des Verkäufers an seine Anschlusskunden und tritt die Forderungen aus den Veräußerungsgeschäften im Voraus an den Verkäufer der Vorbehaltsware ab. Die abgetretenen Forderungen sollen regelmäßig zugleich aufgrund einer Abtretungsklausel der kreditgebenden Bank des Vorbehaltskäufers im Wege der Sicherungsabtretung an diese übertragen werden. Dadurch kommt es bei der Abtretung zu einer **Kollision** zwischen dem verlängerten Eigentumsvorbehalt des **Warenkreditgebers** und der Globalzession des **Geldkreditgebers**. Nach dem sachenrechtlichen Prioritätsprinzip ist nur die zeitlich frühere Abtretung wirksam, während die nachfolgende unwirksam ist, da die bereits abgetretene Forderung nicht mehr besteht und folglich nicht erneut abgetreten werden kann. Bezieht sich der verlängerte Eigentumsvorbehalt des Warenkreditgebers auf Forderungen, die der Vorbehaltskäufer bereits zeitlich zuvor seiner Bank im Voraus abgetreten hat, können diese nachfolgend nicht mehr auf den Warenlieferanten und Vorbehaltsverkäufer übertragen werden.

Nach ständiger Rechtsprechung (BGHZ 30, 149) ist die zur Sicherung eines Kredits vereinbarte Globalzession künftiger Kundenforderungen an eine Bank in der Regel sittenwidrig und nichtig (§ 138 BGB), soweit sie nach dem Willen der Vertragspartner auch Forderungen umfassen soll, die der Schuldner seinen Warenlieferanten aufgrund verlängerten Eigentumsvorbehalts künftig abtreten muss und abtritt (**Vertragsbruchtheorie**). Die Kenntnis der Vertragsparteien von den die Sittenwidrigkeit begründenden Umständen wird bei **Branchenüblichkeit** des verlängerten Eigentumsvorbehalts in der betreffenden Wirtschaftsbranche regelmäßig vermutet. Dies gilt auch bei einer Klausel, die den Kreditnehmer (nur) formularmäßig verpflichtet, den Kredit zur Bezahlung der Lieferantenschulden zu verwenden (**schuldrechtliche Teilverzichtsklausel**)). Wirksam ist die Globalzession hingegen, wenn sie die vom verlängerten Eigentumsvorbehalt erfassten Forderungen von vornherein nicht umfasst oder wenn sie erst nach dem Erlöschen des verlängerten Eigentumsvorbehalts wirksam werden soll (**dingliche Teilverzichtsklausel**).

ee. Factoring und verlängerter Eigentumsvorbehalt

Beim Factoring wird die Vertragsbruchtheorie von der Rechtsprechung (BGHZ 82, 50) auch angewendet, wenn die im Rahmen des Factoringvertrags vorgenommene Globalzession der künftigen Forderungen gegen Warenlieferanten an den Factor als besicherter Kredit zu werten ist (**unechtes Factoring**). Danach ist die Globalzession wegen Sittenwidrigkeit nichtig (§ 138 BGB), wenn sie mit einem zeitlich späteren verlängerten Eigentumsvorbehalt des Verkäufers und Warenlieferanten des Zedenten kollidiert. Das gilt nicht (BGHZ 72, 15), wenn im Rahmen des Factoring-Vertrags der Vorbehaltskäufer vom Factor den Ankaufspreis zum endgültigen Verbleib behält (**echtes Factoring**). Dabei findet ein Vermögenstausch der Forderungen gegen Bargeld statt und es erfolgt keine weitere Inanspruchnahme eines Geldkredits. Nach Ansicht im Schrifttum soll das Prioritätsprinzip auch beim unechten Factoring gelten, da es nicht auf die rechtliche Einordnung des Factorings als Kredit oder Kauf ankomme, sondern nur darauf, ob der Vorbehaltsverkäufer unangemessen benachteiligt werde. Das sei weder beim unechten, noch beim echten Factoring der Fall, da der Vorbehaltskäufer einen Geldbetrag etwa in Höhe seiner Kundenforderung erhalte. Damit habe der Vorbehaltsverkäufer die Chance, dass der Vorbehaltskäufer den erhaltenen Betrag zu seinen Gunsten verwende. Das Risiko, dass dieser Betrag (etwa wegen dessen Insolvenz) nicht an ihn fließe, trage er im selben Maße.

ff. Anfängliche Übersicherung

Die schuldrechtliche **Sicherungsabrede** und die sachenrechtliche **Sicherungsabtretung** sind bei anfänglicher Übersicherung sittenwidrig und nichtig (§ 138 Abs. 1 BGB). Diese liegt nach der Rechtsprechung (BGH NJW 1998, 2047) vor, wenn bei Vertragsschluss feststeht, dass im noch ungewissen Verwertungsfall ein auffälliges Missverhältnis zwischen dem realisierbaren Wert der Sicherheit und der gesicherten Forderung besteht. Darüber hinaus ist eine verwerfliche Gesinnung des Sicherungsnehmers erforderlich, für die es keine tatsächliche Vermutung gibt. Entscheidend ist vielmehr der realisierbare Wert der Sicherheit nach den Marktverhältnissen im Falle einer Insolvenz des Schuldners unter Berücksichtigung des Sicherungsmittels und des Rangs der Rechte im späteren Verwertungsfall, der anhand der Besonderheiten des Einzelfalls zu bestimmen ist. Bei revolvierenden Sicherheiten wie der Globalzession ist i. d. R. ein Bruchteil des Schätzwertes (**Zerschlagungswert**) anzusetzen oder ein **Abschlag** von einem Drittel auf den Nennwert der abgetretenen Forderung vorzunehmen. Nach der Rechtsprechung ist sodann auf Grund der Gesamtumstände in tatrichterlichem Ermessen zu ermitteln, ob eine Übersicherung vorliegt (§ 286 ZPO).

gg. Nachträgliche Übersicherung

Die schuldrechtliche **Sicherungsabrede** und die sachenrechtliche **Sicherungsabtretung** sind bei nachträglicher Übersicherung wirksam. Diese liegt vor, wenn ein Missverhältnis zwischen dem Wert der bestellten Sicherheiten und der gesicherten Forderung erst nachträglich eintritt, durch neu eingebrachte revolvierende Sicherheiten oder durch Tilgung des Kredits. Der BGH hatte zur Vermeidung einer Sittenwidrigkeit zunächst verlangt, dass sich der Sicherungsgeber in der Sicherungsabrede zur ermessensunabhängigen Freigabe der Sicherheiten bei Übersteigen einer billigerweise festgelegten Deckungsgrenze verpflichtet (**qualifizierte Freigabeklausel**). Mit der Grundsatzentscheidung des Großen Senats vom 27.11.1997 (BGHZ 137, 212) hält der Bundesgerichtshof eine Regelung zur Freigabe der Sicherheiten in der Sicherungsabrede nicht mehr für erforderlich. Vielmehr folgt aus der fiduziarischen Rechtsnatur des Sicherungsabrede ein gesetzlicher Anspruch auf Freigabe von Sicherheiten, die zu einer Überdeckung führen. Die Deckungsgrenze des durch die abgetretene Forderung besicherten Kredits ist anhand ihres im Sicherungsfalls realisierbaren Wertes zu bestimmten und beträgt danach 110% der gesicherten Forderung. Der pauschale Aufschlag von 10% berücksichtigt den Abzug der Verwalterkosten in Höhe von neun Prozent (§ 170 InsO) sowie Rechtsverfolgungskosten vom Verwertungserlös. Unter Hinzurechnung etwaiger Kosten für die Umsatzsteuer von 19% bei der Verwertung des Verkaufserlöses beträgt die Deckungsgrenze insgesamt 129% des realisierbaren Wertes. Aus Gründen einer einfachen und praktikablen Bewertung erlaubt der BGH im Regelfall, den Wert abgetretener Forderungen mit 2/3 des Nominalwerts anzusetzen (§ 237 S. 1 BGB). Daher beträgt die Deckungsgrenze 150% des Nominalwerts der gesicherten Forderung.

hh. Zwangsvollstreckung

Gläubiger des Sicherungsgebers

Bei der Zwangsvollstreckung eines Gläubigers des Sicherungsgebers in dessen zur Sicherheit abgetretene Forderungen kann der Sicherungsnehmer dagegen die Drittwiderspruchsklage (§ 771 ZPO) geltend machen, da er auch als Sicherungsgläubiger Inhaber der Forderungen ist (h. M.). Teilweise wird vertreten, dass er nur zur Klage auf vorzeitige Befriedigung (§ 805 ZPO) wie ein besitzloser Pfandgläubiger berechtigt sei, da die Sicherungsabtretung die Funktion eines besitzlosen Pfandrechts ersetze.

Gläubiger des Sicherungsnehmers

Bei der Zwangsvollstreckung eines Gläubigers des Sicherungsnehmers in die zur Sicherheit an ihn abgetretenen Forderungen hat der Sicherungsgeber dagegen aufgrund der wirtschaftlichen Zugehörigkeit der Forderungen zu seinem Vermögen bis zum Eintritt der Verwertungsreife die Drittwiderspruchsklage (§ 771 ZPO). Danach entfallen die Verwertungsbeschränkung und damit das Drittwiderspruchsrecht des Sicherungsgebers. Er kann aber als unmittelbarer Besitzer die Vollstreckungserinnerung geltend machen (§§ 766, 809 ZPO).

ii. Insolvenz

Insolvenz des Sicherungsgebers

In der Insolvenz des Sicherungsgebers hat der Sicherungsnehmer kein Recht auf Aussonderung (§ 47 InsO) als Eigentümer, sondern nur auf Absonderung als Pfandgläubiger (§§ 51 Nr. 1, 55, 160 Abs. 2 InsO). Der Insolvenzverwalter ist daher berechtigt, die Forderung einzuziehen oder in anderer Weise zu verwerten und darf aus dem Verwertungserlös vorweg seine Kosten für Feststellung und Verwertung (pauschal 9%) entnehmen (§§ 170 Abs. 1, 171 InsO).

Insolvenz des Sicherungsnehmers

In der Insolvenz des Sicherungsnehmers hat der Sicherungsgeber ein Aussonderungsrecht (§ 47 InsO), wenn er den Sicherungsnehmer befriedigt hat.

15. Gesamtschuldner

a. Allgemeines

Das Gesetz regelt die Gesamtschuld als eine Form der **Schuldnermehrheit** in §§ 421 ff BGB. Davon zu unterscheiden ist die in der Praxis weniger relevante **Gläubigermehrheit** (§§ 428 ff BGB). Gesamtschuldner sind mehrere Personen, die eine Leistung in der Weise schulden, dass jeder die ganze Leistung zu bewirken verpflichtet ist, der Gläubiger die Leistung aber nur einmal zu fordern berechtigt ist (§ 421 BGB). Der Vorteil für den Gläubiger ist also, dass er nach seinem Belieben von jedem der Schuldner die Leistung ganz oder zum Teil fordern kann. Bis zur Bewirkung der Gesamtleistung bleiben sämtliche Schuldner verpflichtet. Die §§ 421 ff BGB setzen das Vorliegen einer **Gesamtschuldnerschaft** voraus. Ein einheitlicher Schuldgrund ist nicht erforderlich, dieser kann auch unterschiedlich sein. Es darf aber keine Teilschuld oder Gemeinschaftsschuld vorliegen.

b. Keine Teilschuld

aa. Rechtsnatur

Als Teilschuld ist eine **teilbare Leistung** i. S. d. § 420 BGB zu verstehen, bei der jeder Schuldner nur seinen Anteil der gesamten Verbindlichkeit zu bewirken verpflichtet ist und der Gläubiger von jedem Schuldner nur dessen anteilige Leistung fordern kann. Die Verpflichtungen der einzelnen Schuldner gegenüber dem Gläubiger sind rechtlich **selbständig**. Daher muss der Gläubiger jeden Schuldner separat verklagen und trägt das jeweilige Insolvenzrisiko. Die Schulden beruhen aber auf einem einheitlichen Schuldverhältnis. Hieraus folgt, dass die Teilschuldner die Gestaltungsrechte (z. B. Rücktritt, Kündigung) nur gemeinsam und einheitlich ausüben können. Teilbar ist eine Leistung dann, wenn sie ohne Wertveränderungen und ohne Beeinträchtigung des Leistungszwecks erbracht werden kann (bei Geldsummen und Mengen vertretbarer Sachen). Hierfür gilt die (doppelte) gesetzliche Vermutung der Teilung des Schuldverhältnisses und der gleichen Anteile aller Schuldner an der teilbaren Gesamtforderung.

bb. Auslegungsregel

Teilschulden sind die Ausnahme. Verpflichten sich mehrere durch Vertrag gemeinschaftlich zu einer teilbaren Leistung, so haften sie gemäß § 427 BGB **im Zweifel** als Gesamtschuldner (Auslegungsregel). Auch das Gesetz ordnet bei Schuldnermehrheit i. d. R. die Gesamtschuld an (z. B. §§ 830, 840 BGB, vgl. aber § 10 Abs. 8 WEG). Nach § 431 BGB haften mehrere als Gesamtschuldner, wenn sie eine unteilbare Leistung schulden (**zwingendes Recht**). Wenn die Leistung nach dem Inhalt des Schuldverhältnisses nur gemeinschaftlich zu erbringen ist und erbracht werden kann, spricht man auch von einer **Schuldnergemeinschaft**. Eine solche besteht bei der **Gesamthandschuld** nach den Regeln der Gesamthandsgemeinschaft. Bei dieser können die Schuldner nur gemeinsam mit dem gesamthänderisch gebundenen Vermögen in Anspruch genommen werden und darüber nur gemeinsam verfügen (z. B. § 719 BGB). Daneben gibt es Fälle, in denen mehrere Schuldner zu einer Leistung verpflichtet sind, die sie nur gemeinsam erbringen können ohne eine Gesamthandsgemeinschaft zu bilden (**gemeinschaftliche Schuld**).

c. Schuldnermehrheit

Die Gesamtschuld setzt eine Schuldnermehrheit voraus. Nach § 421 BGB müssen **mindestens zwei** Schuldner demselben Gläubiger eine Leistung schulden. Die Schuldnermehrheit besteht immer dann, wenn das **Gesetz** eine Gesamtschuld anordnet (z. B. §§ 427, 431, 613a Abs. 2, 769 BGB; §§ 25 Abs. 1, 128 S. 1 HGB; § 43 Abs. 2 GmbHG; § 93 Abs. 2 AktG; § 8 Abs. 1 PartGG; 115 Abs. 1 S. 4 VVG). Sie kann sich auch aus der **Vereinbarung** der Parteien ergeben. Ist dies nicht ausdrücklich geschehen, muss durch Auslegung (§§ 133, 157 BGB) ermittelt werden, ob die charakteristischen Wirkungen einer Gesamtschuld vorliegen (vgl. § 427 BGB).

d. Schulden einer Leistung

Mehrere schulden dann eine Leistung, wenn ihre Leistungen auf **dasselbe Leistungsinteresse** gerichtet sind. Dies ist der Fall, wenn die Leitung des einen Schuldners auch dem anderen zugutekommt. Es ist jedoch nicht erforderlich, dass Inhalt und Umfang der Leistung völlig identisch sind. So kann eine Forderung bedingt oder befristet sein, die andere hingegen nicht. Die eine Schuld kann auf Schadensersatz, die andere auf Nacherfüllung gerichtet sein.

Beispiel: Der Architekt und der Bauunternehmer sind hinsichtlich der von ihnen wechselseitig zu verantwortenden Baumängel Gesamtschuldner, und zwar auch dann, wenn der Architekt auf Schadensersatz und der Bauunternehmer auf Nachbesserung oder Rückabwicklung haftet (BGH NJW 1956, 1175).

e. Einmaliges Forderungsrecht

Der Gläubiger muss die Leistung nur einmal fordern dürfen. Dabei muss auch jeder Schuldner zur Bewirkung der ganzen Leistung gegenüber dem Gläubiger verpflichtet sein. Das ist bei der Teilschuld nicht der Fall, da der Gläubiger nur einen Anteil von jedem Schuldner fordern kann. Dagegen besteht bei einer bloßen Kumulation von Verbindlichkeiten verschiedener Schuldner kein gemeinsames Schuldverhältnis. Der Gläubiger hat gegen diese voneinander unabhängige Ansprüche auf dieselbe Leistung.

f. Gleichstufigkeit

Nach h. M. ist neben den gesetzlichen Tatbestandsmerkmalen erforderlich, dass die Schuldner gegenüber dem Gläubiger auf derselben Stufe stehen (**Stufenverhältnis**). Das Erfordernis der Gleichstufigkeit ersetzt den früher geforderten inneren Zusammenhang der Verpflichtungen im Sinne einer rechtlichen Zweckgemeinschaft zwischen den Schuldnern. Die Gleichstufigkeit der Haftung ist gegeben, wenn jeder Schuldner die Leistung endgültig und nicht nur vorläufig zu erbringen hat und jeder Schuldner auch nicht von vornherein als Letztverantwortlicher haftet. Denn sonst wäre ein Rückgriff im Innenverhältnis nicht möglich. Dies ist grundsätzlich der Fall, wenn das Gesetz die Gesamtschuld anordnet (z. B. §§ 830, 840 BGB). Darüber hinaus sind bei einer unerlaubten Handlung Gesamtschuldner auch alle anderen Mitverursacher desselben Schadens, egal ob sie aus Vertrag, Delikt oder Gefährdung haften. Auch Verbindlichkeiten aus verschiedenen Verträgen können gleichstufig und damit eine Gesamtschuld sein.

Beispiele: Zwischen mehreren gleichzeitig Beschenkten besteht hinsichtlich des Anspruchs auf Rückgewähr nach § 528 Abs. 1 BGB eine gesamtschuldnerische Beziehung (BGH NJW 1998, 537). Bei Auftrag und Geschäftsführung ohne Auftrag schulden die Verpflichteten die gleiche Leistung (BGH NJW 1992, 2817). Gibt der organschaftliche Vertreter einer Gesellschaft zu Sicherungszwecken ein konstitutives Schuldanerkenntnis ab, haften die Gesellschaft und der organschaftliche Vertreter als Gesamtschuldner i. S. v. § 421 BGB (BGH NJW-RR 2007, 1407).

Keine Gesamtschuld besteht zwischen Hauptschuldner und Bürge (BGH NJW 55, 1398), OHG oder rechtsfähiger GbR und Gesellschafter, weil letzterer nach § 129 HGB wie ein Bürge haftet (BGH NJW 1988, 1976). Der leistungspflichtige Schuldner aus sozialen oder versicherungsbedingten Gründen (vgl. §§ 86 VVG, 116 SGB X) und der eigentliche Schädiger als endgültig Ersatzpflichtiger sind auch keine Gesamtschuldner (BGH NJW 2009, 1030).

g. Ausgleichungspflicht

aa. Außenverhältnis

Im Außenverhältnis kann der Gläubiger die Leistung von jedem Gesamtschuldner nach seinem Belieben gemäß § 421 BGB ganz oder teilweise fordern (**„Paschastellung“**). Er kann folglich den Schuldner, der ihm am solventesten erscheint, in voller Höhe in Anspruch nehmen sowie mehrere oder alle Gesamtschuldner anteilig oder in unterschiedlicher Höhe. Umgekehrt ist der Gläubiger auch im Insolvenzverfahren jedes Gesamtschuldners berechtigt, die ganze Forderung bis zur vollen Befriedigung geltend zu machen. Das Wahlrecht des Gläubigers findet lediglich wegen Rechtsmissbrauchs in § 242 BGB ausnahmsweise seine Grenze. Da im Prozess keine Rechtskrafterstreckung stattfindet (vgl. § 425 Abs. 2 BGB), sind beklagte Gesamtschuldner nur **einfache Streitgenossen** (§ 59 ZPO). Sie stehen dem klagenden Gläubiger dergestalt einzeln gegenüber, dass die Handlungen des einen Streitgenossen dem anderen weder zum Vorteil noch zum Nachteil gereichen (§ 61 ZPO).

Wirkung der Erfüllung

Die Erfüllung der Schuld durch einen Gesamtschuldner bewirkt, dass die übrigen Schuldner von der Verpflichtung zur Leistung gegenüber dem Gläubiger frei werden (§ 422 Abs. 1 S. 1 BGB). Dies kann von den übrigen Schuldnern als rechtsvernichtende Einwendung gegenüber dem Gläubiger geltend gemacht werden. Trotzdem besteht der gegen sie gerichtete Anspruch fort. Dies gilt dann nicht, wenn mangels Anspruchs auf Ausgleich (§ 426 Abs. 1 BGB) ein Übergang des Anspruchs (§ 426 Abs. 2 BGB) nicht stattfindet. Der Gläubiger ist aber mit Wirkung der Erfüllung nicht mehr aktivlegitimiert. Das gleiche gilt nach § 422 Abs. 1 S. 2 für die Leistung an Erfüllungs statt, Hinterlegung und Aufrechnung. Freilich kann jeder Schuldner nur mit einer Forderung aufrechnen, die ihm selbst zusteht (§ 422 Abs. 2 BGB). Ein Dritter kann die Leistung für den Schuldner gemäß § 267 BGB ebenso erbringen, nicht aber die Erfüllungssurrogate.

Wirkung von Erlass und Vergleich

Ein zwischen dem Gläubiger und einem Gesamtschuldner vereinbarter **Erlass** wirkt auch für die übrigen Schuldner, wenn die Vertragsschließenden das gesamte Schuldverhältnis aufheben wollten (§ 423 BGB). Dabei ist durch Auslegung zu ermitteln, ob der Gläubiger die Schuld allen Gesamtschuldnern **(Gesamtwirkung)** oder nur einen von ihnen **(Einzelwirkung)** erlassen wollte. Es kann aber auch gewollt sein, dass mit dem Erlass zugleich die Schuld der übrigen Gesamtschuldner in Höhe des Anteils des befreiten Schuldners gekürzt wird **(beschränkte Gesamtwirkung)**. Damit scheidet auch ein Regress im Innenverhältnis aus. Dies kommt vor allem bei einem Vergleich mit einem Gesamtschuldner in Betracht, der dessen Verpflichtung endgültig erledigen soll. Ein Erlass zugunsten einer OHG oder GbR ist nur zulässig, wenn der Gesellschafter zustimmt oder auch befreit wird (BGH WM 1975, 947). Es ist aber möglich, dass diesem die Schuld erlassen wird und sie der Gesellschaft gegenüber fortbesteht (BGH BB 1971, 975). Der Verzug des Gläubigers gegenüber einem Gesamtschuldner wirkt auch für die übrigen Schuldner (§ 424 BGB).

Grundsatz der Einzelwirkung

§ 425 Abs. 1 BGB legt für andere als die in den §§ 422 bis 424 bezeichneten Tatsachen den Grundsatz der Einzelwirkung fest. Diese wirken nur für und gegen den Gesamtschuldner, in dessen Person sie eintreten, soweit sich nicht aus dem Schuldverhältnis ein anderes ergibt **(Auslegungsregel)**. Die Forderungen gegen die einzelnen Gesamtschuldner können demnach ein verschiedenes rechtliches Schicksal haben. § 425 Abs. 2 BGB nennt als derartige Tatsachen nicht abschließend Kündigung, Verzug, Verschulden, Unmöglichkeit der Leistung, Verjährung, Vereinigung der Forderung mit der Schuld (Konfusion) und das rechtskräftige Urteil. Die Einzelwirkung gilt auch für die Verjährung, deren Neubeginn, Hemmung und Ablaufhemmung (§ 425 Abs. 2 BGB). Durch Konfusion erlischt nach der Rechtsprechung nur die Verpflichtung des Gläubigers, der auch Gesamtschuldner wird (BAG 1986, 3104). Die Rechtskraft des Urteils im Prozess des Gläubigers gegen einen Gesamtschuldner wirkt weder für noch gegen andere Schuldner. Das rechtskräftige Urteil gegen die OHG wirkt indessen auch gegenüber dem nicht ausgetretenen Gesellschafter (BGH NJW 1975, 1280).

Wirkung von Kündigung, Verzug, Rücktritt

Kündigung, Verzug und Rücktritt haben nur **Einzelwirkung**. Unter der Kündigung ist nach der gesetzlichen Regelung die Fälligkeitskündigung, nicht jedoch die Kündigung zur Beendigung eines Dauerschuldverhältnisses zu verstehen. Denn ein solches kann nur von allen und gegen alle Vertragspartner einheitlich gekündigt werden kann (z. B. Miete, Darlehen). Der Verzug (§ 286 Abs. 1 BGB) tritt nur bei dem Gesamtschuldner ein, der gemahnt oder verklagt wird. Auch einen Rücktritt vom Vertrag muss der Gläubiger gegenüber allen Schuldnern erklären, da das Rücktrittsrecht unteilbar ist (§§ 351, 323 BGB).

Schadensersatzanspruch

Ein Schadensersatzanspruch besteht nur gegen den Gesamtschuldner, der die Pflichtverletzung zu vertreten hat. Das Vertreten der Pflichtverletzung eines Gesamtschuldners kann den anderen nur zugerechnet werden, wenn nach dem zu Grunde liegenden Vertrag jeder Schuldner für das Verschulden des anderen einstehen soll. Ein Mitverschulden des Gläubigers nach § 254 BGB wirkt nach der Rechtsprechung (BGH NJW 1984, 2087) zugunsten aller Gesamtschuldner.

bb. Innenverhältnis

Haftung zu gleich Anteilen

Die Gesamtschuldner sind im Innenverhältnis zueinander zu gleichen Anteilen verpflichtet, soweit nicht ein anderes bestimmt ist (§ 426 Abs. 1 BGB). Kann von einem Gesamtschuldner der auf ihn entfallende Beitrag nicht erlangt werden, so ist der Ausfall von den übrigen zur Ausgleichung verpflichteten Schuldnern zu tragen. Die Regelung begründet ein **gesetzliches Schuldverhältnis** aus dessen Verletzung sich Schadensersatzansprüche (§ 280 BGB) ergeben können. Sie wird analog auch auf mehrere Sicherungsgeber angewandt, die auf gleicher Stufe stehen, so etwa auf Bürgen und Grundschuldbesteller, wenn §§ 774 Abs. 2, 1225 BGB nicht einschlägig sind.

Befreiungsanspruch

Die Regelung des § 426 Abs. 1 BGB begründet einen **selbstständigen** Anspruch, der bereits mit der Begründung der Gesamtschuld und nicht erst bei Befriedigung des Gläubigers entsteht. Jeder Gesamtschuldner kann danach vor seiner eigenen Leistung an den Gläubiger von den Mitschuldnern eine anteilige Mitwirkung dahin verlangen, dass an den Gläubiger bei Fälligkeit zu leisten ist (**Befreiungsanspruch**). Der Befreiungsanspruch auf eine anteilige Freistellung kann durch Klage und Zwangsvollstreckung durchgesetzt werden; eine Pflicht zur Vorleistung besteht jedoch nicht.

Ausgleichsanspruch

Der Befreiungsanspruch wandelt sich inhaltlich nach Leistung eines Gesamtschuldners an den Gläubiger auf anteilsmäßige Erstattung der Leistung (**Ausgleichungsanspruch**). Die Leistung eines Dritten (§ 267 BGB) begründet keine Ausgleichungspflicht. Der Ausgleichungsanspruch geht gemäß § 425 Abs. 2 BGB auf den Gesamtschuldner über, der geleistet hat (regelmäßig Zahlung). Falls die Leistung an den Gläubiger keine Geldleistung war, ist Wertersatz zu leisten.

Ansprüche außerhalb der Gesamtschuld

Dem leistenden Gesamtschuldner können auch außerhalb der Gesamtschuldregeln stehende Ansprüche gegen die anderen Schuldner zustehen, wie etwa aus **Vertrag, Geschäftsführung ohne Auftrag** oder **Kondiktion**. Diese Ansprüche stehen mit dem Ausgleichungsanspruch und der übergegangenen Gläubigerforderung in Anspruchskonkurrenz. Hinsichtlich des Regresses sind die Gesamtschuldner nur noch Teilschuldner (§ 420 BGB) und haften nur in Höhe ihrer jeweiligen Quote. Bei Ausfall eines Schuldners (z. B. Zahlungsunfähigkeit) erhöht sich die Quote aller übrigen Gesamtschuldner entsprechend anteilig.

Abweichende Haftungsquoten

Die Haftung der Gesamtschuldner (§ 426 Abs. 1 BGB) zu gleichen Anteilen (**Kopfsteilregel**) ist zwar die Grundregel, aber praktisch die Ausnahme und eine bloße Hilfsregel. Anderweitige Haftungsquoten können sich sowohl aus abweichenden gesetzlichen Bestimmungen wie rechtsgeschäftlichen Vereinbarungen ergeben, die prozessual darzulegen und zu beweisen sind. Die Haftungsquote der Gesellschafter einer rechtsfähigen Personengesellschaft (§ 128 HGB) bestimmt sich im Zweifel nach der im Gesellschaftsvertrag vereinbarten Verlustbeteiligung. Bei Ansprüchen auf Schadensersatz bemisst sich die Quote gem. § 254 BGB nach dem Maß der Verursachung und auch des Verschuldens.

Haftungseinheit der Gesamtschuldner

Auch können mehrere Gesamtschuldner aus rechtlichen oder tatsächlichen Gründen wie ein einziger Beteiligter zu behandeln sein (**Haftungseinheit**). Dies gilt etwa für den Geschäftsherrn und den Erfüllungs- bzw. Verrichtungsgehilfen, den Halter und Fahrer des gleichen Fahrzeugs sowie sonstige Schädiger, sofern sich ihr Verhalten in demselben Verursachungsbeitrag ausgewirkt hat. Auch außerhalb des Schadensersatzrechts kann eine Haftungseinheit bestehen.

Beispiel: Schiedskläger und Schiedsbeklagte aufgrund Schiedsvertrags für den Vorschuss und die Vergütung des Schiedsrichters (BGH NJW 1971, 888).

h. Forderungsübergang

Soweit ein Gesamtschuldner den Gläubiger befriedigt und von den übrigen Schuldnern Ausgleichung verlangen kann, geht die Forderung des Gläubigers gegen die übrigen Schuldner auf ihn über (§ 426 Abs. 2 BGB). Die im Außenverhältnis bestehende Forderung des Gläubigers geht **in Höhe seiner Ausgleichsquote** auf den leistenden Gesamtschuldner durch gesetzlichen Forderungsübergang *(cessio legis)* über. Die übergegangene Forderung besteht selbstständig neben dem Ausgleichungsanspruch. Der Gesamtschuldner kann zwischen beiden Ansprüchen wählen. Der Ausgleichungsanspruch des Gesamtschuldners verjährt selbstständig in drei Jahren (§ 195 BGB). Akzessorische Sicherheiten gehen mit der übergegangenen Forderung auf den neuen Gläubiger über (§§ 412, 401 BGB). Das gilt nach der Rechtsprechung (BGH WM 1995, 523) auch für selbständige Sicherungsrechte. Für Einwendungen und Aufrechnung gelten die §§ 412, 404, 406 BGB.

i. Gestörte Gesamtschuld

Die Gesamtschuld kann aufgrund einer im Außenverhältnis bestehenden vertraglichen oder gesetzlichen Haftungsprivilegierung zugunsten eines der Gesamtschuldner gestört werden (**gestörte Gesamtschuld**) In diesen Fällen haften die nicht privilegierten Schuldner, ohne dass ihnen die Ansprüche auf Befreiung (§ 426 Abs. 1 BGB) und Ausgleich (§ 426 Abs. 2 BGB) gegen den von der Haftung befreiten Gesamtschuldner zustehen. Dieser Konflikt kann auf drei unterschiedliche Weisen gelöst werden.

aa. Fiktive Gesamtschuld

Ein Lösungsansatz wird allgemein für die vertragliche Haftungsfreistellung vertreten, sofern diese nach **nach Entstehen** der Gesamtschuld vereinbart wurde (BGH NJW 1992, 2287). Dann hat die **Freistellung keine Wirkung** zwischen den Gesamtschuldnern und der Ausgleichungsanspruch besteht. Für den Fall, dass die vertragliche Haftungsfreistellung **vor Entstehen** der Gesamtschuld vereinbart wurde (BGH NJW 1989, 2387), fingiert die Rechtsprechung die Gesamtschuld. Dies hat im Innenverhältnis zwischen den Schuldnern zur Folge, dass die Regressansprüche der nicht privilegierten Schuldner gegen den freigestellten Schuldner bestehen bleiben (**fiktive Gesamtschuld**).

bb. Regresskreisel

Gegen die fiktive Gesamtschuld wird im Schrifttum angeführt, dass der Innenregress den Haftungsausschluss bedeutungslos mache, da der privilegierte Schädiger somit doch seinen Anteil am Schaden zu tragen hätte. Außerdem stünde der privilegierte Schädiger bei Alleinverursachung des Schadens besser als bei bloßer Mitverursachung. Denn wenn er den Schaden alleine verursacht hätte, würde ihm das Haftungsprivileg zugutekommen. Dieses Ergebnis könne nur verhindert werden, wenn dem privilegierten Schädiger seinerseits ein Rückgriff beim geschädigten Gläubiger möglich sei (**Regresskreisel**).

cc. Beschränkte Gesamtwirkung

Die h. M. will bei vertraglichen Haftungsfreistellungen vor Entstehen der Gesamtschuld den Anspruch des Geschädigten gegen die übrigen nicht privilegierten Gesamtschuldner in Höhe des Haftungsanteils des freigestellten Schädigers kürzen (**beschränkte Gesamtwirkung**). Ein **Innenausgleich** zwischen den Schuldnern findet **nicht** statt, da der freigestellte Schuldner nicht schlechter stehen soll, als bei alleiniger Verantwortung. Somit wirkt der Haftungsausschluss zu Lasten des geschädigten Gläubigers. Dagegen wird eingewandt, dass der Geschädigte durch seinen Haftungsverzicht den Rückgriff des Drittschädigers vereitelt habe und folglich sein Ersatzanspruch verwirkt sei. Zudem wird die Lösung nicht für interessengerecht erachtet, da der Haftungsausschluss auch bei einer Schädigung nur durch den privilegierten Schuldner zu Lasten des geschädigten Gläubigers wirken würde.

Die beschränkte Gesamtwirkung wird von Rechtsprechung und Lehre auch bei bestimmten **gesetzlichen** Haftungsfreistellungen angenommen (z. B. §§ 104 SGB VII, 86 Abs. 3 VVG, 116 Abs. 6 SGB X, 46 Abs. 2 BeamtVG). Die ältere Rechtsprechung hat der Haftungsfreistellungen nach § 1664 Abs. 1 BGB keine Rechtswirkungen im Innenverhältnis zuerkannt. Der im Außenverhältnis privilegierte Schädiger war (nur) deshalb nicht regresspflichtig, weil er die geringere Sorgfalt in eigenen Angelegenheiten angewandt hat. Diese Lösung geht zu Lasten des nicht privilegierten Schuldners, der dem geschädigten Gläubiger voll haftet. Das Haftungsprivileg zwischen Schädiger und Gläubiger hätte somit die Wirkung eines Vertrages zu Lasten Dritter. Einigkeit besteht darüber, dass die zivilrechtlichen Haftungsbeschränkungen (§§ 690, 708, 1359, 1664 BGB) auf Unfälle im Straßenverkehr nicht anwendbar sind, so dass in diesen Fällen ein ungestörter Gesamtschuldnerausgleich jedenfalls stattfinden kann (BGH NJW 1986, 1861).

Lehrbücher

Brox/Walker, Allgemeines Schuldrecht, 45. Auflage, München 2021
Dauner-Lieb/Langen, BGB, Band 2: Schuldrecht, 4. Auflage, Baden-Baden 2021
Lange, Schuldrecht AT, 6. Auflage, München 2021
Looschelders, Schuldrecht, Allgemeiner Teil, 19. Auflage, München 2021
Medicus/Lorenz, Schuldrecht I, 22. Auflage, München 2021

C. BGB Besonderes Schuldrecht

Das Besondere Schuldrecht ist in §§ 433–853 BGB geregelt. Die gesetzlichen Vorschriften sind grundsätzlich **dispositiv** und durch Parteivereinbarung abdingbar. Das Gesetz unterscheidet die Schuldverhältnisse nach ihrem **Entstehungsgrund** durch Rechtsgeschäft, für den ein Vertrag erforderlich ist (**vertragliche Schuldverhältnisse**) und durch bestimmte Verhaltensweisen, die keine Willenserklärung oder geschäftsähnliche Handlung für die daraus folgende Verpflichtung voraussetzen (**gesetzliche Schuldverhältnisse**).

Vertragliche Schuldverhältnisse

Vertragliche Schuldverhältnisse lassen sich nach der **Art der Leistung**, die für das durch einen Vertrag jeweils begründete Schuldverhältnis charakteristisch ist, wie folgt unterscheiden.

- **Veräußerungsverträge:** Kaufvertrag (§§ 433–479 BGB), Tausch (§ 480 BGB), Schenkung (§§ 516–534 BGB)
- **Kreditverträge:** Gelddarlehens-, Verbraucherdarlehensvertrag (§§ 488–505 e BGB), entgeltliche Finanzierungshilfen (§§ 506–508 BGB), Ratenlieferungsverträge (§ 510 BGB), unentgeltliche Darlehensverträge und Finanzierungshilfen (§§ 514, 515 BGB), Existenzgründer (§ 513 BGB), Sachdarlehensvertrag (§§ 607–609 BGB)
- **Überlassungsverträge:** Mietvertrag (§§ 535–580 a BGB), Pachtvertrag (§§ 581–597 BGB), Leihe (§§ 598–606 BGB)
- **Tätigkeitsverträge:** Dienstvertrag (§§ 611–630 BGB), Behandlungsvertrag (§§ 630 a–630 h BGB), Werkvertrag (§§ 631–650, 650 o BGB), Bauvertrag (§§ 650 a–650 h BGB), Verbraucherbauvertrag (§§ 650 i–n BGB), Architekten- und Ingenieurvertrag (§§ 650 p–650 t BGB), Bauträgervertrag (§§ 650 u, 650 v BGB), (Pauschal-)Reisevertrag (§§ 651 a ff BGB), Maklervertrag (§§ 652–656 BGB), Auslobung (§§ 657–661 a BGB), Auftrag und Geschäftsbesorgung (§§ 662–676 h BGB), Verwahrung (§§ 688–700 BGB)
- **Leistung von Beiträgen:** Gesellschaft bürgerlichen Rechts (§§ 705–740 BGB)
- **Verträge über ein Risiko:** Leibrente (§§ 759–761 BGB), Spiel, Wette (§ 762 BGB), Lotterie- und Ausspielvertrag (§ 763 BGB)
- **Sicherung und Feststellung von Forderungen:** Bürgschaft (§§ 765–778 BGB), Vergleich (§ 779 BGB), Schuldversprechen, Schuldanerkenntnis (§§ 780-782 BGB)
- **Wertpapiere:** Anweisung (§§ 783–792 BGB), Inhaberschuldverschreibung (§§ 793–808 BGB)

Das Gesetz hat die vertraglichen Schuldverhältnisse nicht abschließend als **typische Verträge** geregelt. Daneben haben sich in der Vertragspraxis bestimmte **verkehrstypische Verträge** wie Factoring, Leasing und Franchising als **gemischte Verträge** herausgebildet. Außerdem können die Parteien nach dem Grundsatz der Vertragsfreiheit unter Beachtung der gesetzlichen Verbote und des zwingend Rechts (z. B. Verbraucherschutzrecht) auch **atypische Verträge**, die keinem typischen oder verkehrstypischen Vertrag zugeordnet werden können, vereinbaren.

Gesetzliche Schuldverhältnisse

Gesetzliche Schuldverhältnisse zwischen Schuldner und Gläubiger entstehen dadurch, dass der Schuldner durch ein bestimmtes Verhalten die Voraussetzungen eines gesetzlichen Tatbestands erfüllt. Daraus folgt die Verpflichtung zur Leistung gegenüber dem Gläubiger **kraft**

Gesetzes sowie die Anwendung bestimmter Rechtsvorschriften. Das Besondere Schuldrecht regelt als gesetzliche Schuldverhältnisse die **Geschäftsführung ohne Auftrag** (§§ 677–687 BGB), die **ungerechtfertigte Bereicherung** (§§ 812–822) und die **unerlaubte Handlung** (§§ 823–853 BGB). Die **Einbringung von Sachen bei Gastwirten** (§§ 701–704) begründet, obwohl systematisch im Anschluss an den Verwahrungsvertrag geregelt, ebenfalls ein gesetzliches Schuldverhältnis.

Schuldrechtsreform 2022

Die Vorschriften des Besonderen Schuldrechts werden aufgrund der **Digitale-Inhalte-Richtlinie** und der **Warenkaufrichtlinie** des EU-Gesetzgebers durch das DIRL-Umsetzungsgesetz und das Gesetz zur Regelung des Verkaufs von Sachen mit digitalen Elementen und anderer Aspekte im Bereich des Kaufrechts und insbesondere des Verbrauchsgüterkaufs wesentlich geändert. Durch eine weitgehende Vereinheitlichung des kaufrechtlichen Gewährleistungsrechts soll der grenzüberschreitende elektronische Handel gefördert und das Wachstumspotenzial des Online-Handels ausgenutzt werden. Davon sollen besonders kleine und mittelständische Unternehmen (KMU) profitieren, weil die Kosten für die Anpassung der Verträge prohibitiv sein können. Die im Kaufrecht erfolgten Änderungen sind mit Wirkung zum 01.01.2022 in Kraft getreten.

I. Kaufvertrag

1. Allgemeines

a. Kaufrecht

Die Vorschriften über den Kauf (§§ 433–479 BGB) sind im Recht der Schuldverhältnisse im Abschnitt 8 Titel 1. im Untertitel 1. Allgemeine Vorschriften (§§ 433–453 BGB), Untertitel 2. Besondere Arten des Kaufs (§§ 454–473 BGB) mit dem Kauf auf Probe (§§ 454–455 BGB), dem Wiederkauf (§§ 456–462 BGB), dem Vorkauf (§§ 463–473 BGB) und dem Untertitel 3. Verbrauchsgüterkauf (§§ 474–479 BGB) geregelt. Der Kauf ist ein typischer schuldrechtlicher Vertrag, der eine Leistungspflicht zur Übertragung einer Sache, eines Rechts oder eines sonstigen Gegenstands begründet (§§ 433, 453 BGB). Die Gegenleistung besteht in der Zahlung des Kaufpreises, der beim Verbrauchsgüterkauf über digitale Produkte auch die digitale Darstellung eines Werts oder die Bereitstellung von personenbezogenen Daten sein kann (§§ 327, 475a BGB). Dabei ist das dingliche Erfüllungsgeschäft zur Übertragung des Kaufgegenstandes und der Zahlung des Kaufpreises von dem kausalen Verpflichtungsgeschäft zu unterscheiden. Beide können nach dem Trennungs- und Abstraktionsprinzip unabhängig voneinander rechtlich wirksam sein.

b. Abgrenzungen

Der Kaufvertrag ist von anderen schuldrechtlichen Verträgen hinsichtlich der zwischen den Parteien vereinbarten Leistungspflichten abzugrenzen. Die vertragstypischen Hauptpflichten des Kaufvertrags regelt § 433 BGB. Danach wird der Verkäufer einer Sache verpflichtet, dem Käufer die Sache zu übergeben und das Eigentum an der Sache zu verschaffen (§ 433 Abs. 1 BGB). Der Käufer ist verpflichtet, dem Verkäufer den vereinbarten Kaufpreis zu zahlen und die gekaufte Sache abzunehmen (§ 433 Abs. 2 BGB).

aa. Tausch

Beim Tausch ist anders als beim Kauf kein Kaufpreis zu zahlen. Die Parteien verpflichten sich stattdessen im schuldrechtlichen Vertrag **(Tauschvertrag)** zur gegenseitigen Übertragung von Sachen **(Sachtausch)** oder Rechten **(Rechtstausch)**. Auf den Tausch finden die Vorschriften über den Kauf entsprechende Anwendung (§ 480 BGB).

bb. Schenkung

Die Schenkung ist eine Zuwendung, durch die jemand aus seinem Vermögen einen anderen bereichert, wenn beide Teile darüber einig sind, dass die Zuwendung unentgeltlich erfolgt (§ 516 Abs. 1 BGB). Wird durch die Schenkung eine Leistung versprochen, ist das Versprechen ein einseitig verpflichtender Vertrag **(Schenkungsvertrag)**. Das Schenkungsversprechen bedarf als Willenserklärung der Form der notariellen Beurkundung (§ 518 Abs. 1 BGB). Wird diese Form nicht eingehalten, kann der Formmangel durch die spätere Bewirkung der versprochenen Leistung **(Schenkungsvollzug)** geheilt werden (§ 518 Abs. 2 BGB).

cc. Werkvertrag

Der Werkvertrag wird anders als der Kaufvertrag nicht zwischen einem Verkäufer und einem Käufer, sondern zwischen dem Werkunternehmer und dem Besteller abgeschlossen. Durch den Werkvertrag wird der Unternehmer zur Herstellung des versprochenen Werkes und der Besteller zur Verrichtung der vereinbarten Vergütung verpflichtet (§ 631 Abs. 1 BGB). Dabei ist Vertragsgegenstand die **Herstellung eines Werkes**, während beim Kaufvertrag die fertige Sache Gegenstand der vertraglichen Leistungspflichten ist. Bei Verträgen über die **Lieferung herzustellender** oder **zu erzeugender** beweglicher Sachen finden die Vorschriften über den Kauf Anwendung (§ 650 Abs. 1 S. 1 BGB). Lediglich in Fällen nicht vertretbarer Sachen finden auch einige Regeln des Werkvertrags Anwendung. Dabei treten für den Gefahrübergang an die Stelle der Abnahme die Vorschriften des Kaufrechts (§ 650 Abs. 1 S. 3 BGB).

Verträge über den Erwerb von Software

Bei Verträgen über den Erwerb von Software können die Vorschriften des Kaufrechts oder des Werkvertragsrechts anwendbar sein. Nach der Rechtsprechung (BGHZ 102, 135) wird die auf einem Datenträger verkörperte Standardsoftware als bewegliche Sache angesehen. Sofern es sich um bereits fertig entwickelte **Standardsoftware** zur dauerhaften Benutzung handelt und diese im Wege eines einmaligen Erwerbsakts gegen einmaliges Entgelt geliefert wird, finden die Kaufrechtsregeln (§§ 433 ff BGB, § 377 HGB) Anwendung. Dagegen werden Verträge über die Entwicklung von **Individualsoftware**, die Umarbeitung von Standardprogrammen sowie die Integration von Individualsoftware den Vorschriften des Werkvertragsrechts (§§ 631 ff BGB) zugeordnet. Dabei ist umstritten, ob in diesen Fällen über § 650 BGB doch weitgehend Kaufrecht anzuwenden ist, wenn die Software auf einem Datenträger verkörpert ist.

dd. Miete

Die Miete ist ein gegenseitiger schuldrechtlicher Vertrag zur zeitweisen Gebrauchsüberlassung gegen Entgelt **(Mietvertrag)**. Der Vermieter verpflichtet sich, dem Mieter den Gebrauch einer Sache für einen bestimmten Zeitraum im Rahmen eines Dauerschuldverhältnisses zu gewähren. Der Mieter verpflichtet sich zur Zahlung der Miete an den Vermieter und Rückgabe der Sache nach Ablauf der Mietzeit (§ 535 BGB). Beim Kauf erfolgt die Überlassung der Sache dagegen durch einmaligen Erwerbsakt endgültig (§ 433 BGB).

Miete von Software

Die Überlassung von **Standardsoftware** auf bestimmte Zeit oder mit Kündigungsrecht ist ein Mietvertrag. Das gilt nach der Rechtsprechung (BGH MMR 2007, 243) auch für einen Vertrag über die Bereitstellung von Softwareanwendungen und damit verbundener Dienstleistungen (**ASP-Vertrag**), da die Gewährung der Onlinenutzung von Software für eine begrenzte Zeit im Mittelpunkt der vertraglichen Pflichten steht. Gegenstand des ASP-Vertrags ist die verkörperte Leistung des geschuldeten Softwareprogramms auf einem Datenträger. Der Datenträger kann ein Wechselspeichermedium (z. B. Disketten, CDs, USB-Sticks), eine Festplatte oder auch nur ein flüchtiges (stromabhängiges) Speichermedium sein. Dabei ist es ohne Bedeutung, auf welchem Informationsträger das Computerprogramm verkörpert ist. Entscheidend ist vielmehr nur, dass es verkörpert und nutzbar ist.

Mietkauf

Beim Mietkauf handelt es sich um einen Vertrag, der Elemente eines Mietvertrags (§ 535 BGB) mit denen eines Kaufvertrags (§ 535 BGB) verbindet. Dabei räumt der Vermieter dem Mieter typischerweise in einem Mietvertrag das Recht (**Optionsrecht**) ein, innerhalb einer bestimmten Frist, die in der Regel neue Sache zu einem vorher bestimmten Preis durch einseitige Erklärung zu kaufen. Auf diesen Vertrag findet vor der Erklärung das Mietrecht Anwendung, danach liegt ein Kaufvertrag vor, für den die Vorschriften des Kaufrechts gelten. Beim Kauf wird die bereits gezahlte Miete ganz oder zum Teil auf den Kaufpreis angerechnet. Der Mietkauf kann aber auch ohne Optionsrecht so ausgestaltet sein, dass von Anfang an der Eigentumsübergang mit der Zahlung der letzten Rate als aufschiebende Bedingung vereinbart wird.

ee. Pacht

Die Pacht ist ein gegenseitiger schuldrechtlicher Vertrag (**Pachtvertrag**) über den Gebrauch von Sachen (**Sachpachtvertrag**) oder Rechten (**Rechtspachtvertrag**). Der Verpächter gewährt dem Pächter anders als bei der Miete zugleich den Genuss der Früchte (**Fruchtziehung**), soweit sie nach den Regeln einer ordnungsgemäßen Wirtschaft als Ertrag anzusehen sind. Der Pächter ist verpflichtet, dem Verpächter die vereinbarte Pacht zu entrichten. Auf den Pachtvertrag (mit Ausnahme der Landpacht) sind, soweit sich nicht aus §§ 582–584b BGB etwas anderes ergibt, die Vorschriften über das Mietrecht (§§ 535ff BGB) anzuwenden (§ 581 Abs. 2 BGB).

ff. Leasing

Das Leasing ist ein gesetzlich nicht geregelter verkehrstypischer Vertrag (**Leasingvertrag**). Bei diesem verpflichtet sich eine Partei (**Leasingnehmer**) zur Zahlung von Mietzins (**Leasingrate**) und die andere Partei (**Leasinggeber**) zur Gewährung des Nutzungsrechts an einer Mietsache (**Leasinggegenstand**) für einen vertraglich festgelegten Zeitraum. Eine Übertragung von Eigentum findet weder bei der Miete noch beim Leasing statt. Der Leasinggeber schließt regelmäßig gegenüber dem Leasingnehmer die mietrechtlichen Gewährleistungsrechte (§§ 536ff BGB) aus und tritt ihm stattdessen seine kaufrechtlichen Gewährleistungsrechte (§§ 434ff BGB) gegen den Lieferanten der Leasingsache ab. Der Leasingvertrag kann vorsehen, dass dem Leasingnehmer das Recht eingeräumt wird, die Leasingsache nach einer bestimmten Zeit unter Anrechnung der gezahlten Entgelte käuflich zu erwerben (**Kaufoption**). Es handelt sich dann um einen Mietkauf, bei dem das Mietverhältnis mit der Ausübung der Kaufoption durch einen Kauf abgelöst wird, auf den Kaufrecht (§§ 433ff BGB) anwendbar ist.

gg. Lizenzvertrag

Der Lizenzvertrag ist ein gesetzlich nicht geregelter Vertrag eigener Art *(sui generis)* (§ 311 Abs. 1 BGB), auf den die allgemeinen Regeln und die Bestimmungen über die Rechtspacht (§§ 581, 535 ff BGB) Anwendung finden. Durch den Lizenzvertrag erteilt der Rechteinhaber eines geschützten Rechts (**Schutzrecht**) dem Lizenznehmer ein entgeltliches Nutzungsrecht, z. B. für Patente, Gebrauchsmuster, Marken, Know-how, Software. Der Lizenzgeber (**Rechtsinhaber**) ist zur Überlassung durch Einräumung des Nutzungsrechts verpflichtet und der Lizenznehmer zur Zahlung der vereinbarten Lizenzgebühren. Die Inhaberschaft des gegenständlichen Rechts verbleibt beim Lizenzgeber, während der Lizenznehmer für den vereinbarten Zeitraum ein mit der Pacht vergleichbares Nutzungsrecht erhält.

hh. Franchising

Das Franchising ist ein verkehrstypischer gemischter Vertrag (**Franchisevertrag**). Der Vertrag enthält Elemente der typischen Verträge Pacht (§ 581 BGB), Kauf (§ 433 BGB), Miete (§ 535 BGB) und Geschäftsbesorgungsvertrag (§ 675 BGB). Beim Franchising stellt ein Unternehmen (**Franchisegeber**) einem anderen Unternehmen (**Franchisenehmer**) zur Betriebsführung die Nutzung eines Geschäftskonzepts im Rahmen seines Absatzsystems zur Verfügung. Der Franchisenehmer zahlt dem Franchisegeber ein Entgelt und übernimmt vertragliche Pflichten. Das vertragliche Nutzungsrecht umfasst Waren, Dienstleistungen, Marken, Vertriebsmethoden, Erfahrungswissen (**Know-how**) und beinhaltet diesbezügliche Vertriebsrechte.

ii. Factoring

Das Factoring ist ein verkehrstypischer Vertrag (**Factoringvertrag**), bei dem ein Unternehmen Geldforderungen gegen seine Kunden (**Debitoren**) aufgrund einer Rahmenvereinbarung an ein Kreditinstitut oder Finanzunternehmen (**Factor**) revolvierend durch Abtretungen im Wege der Globalzession überträgt. Der Factor zahlt für die abgetretenen Forderungen einen Betrag unter dem Nennbetrag. Der Abzug vom Nennbetrag beinhaltet Kosten für die Forderungsverwaltung, Provisionsgebühren und einen Einbehalt für das Risiko des Zahlungsausfalls der Debitoren.

Beim **echten Factoring** behält der Verkäufer den Gegenwert für die angekauften Forderungen ohne mögliche Rückbuchung von Forderungen beim Zahlungsausfall der Debitoren endgültig. Es handelt sich daher in diesem Fall um einen gemischten Vertrag, bei dem die Elemente des Forderungskaufs (§ 453 BGB) überwiegen (BGHZ 72, 15). Dagegen übernimmt der Verkäufer beim **unechten Factoring** das Bonitätsrisiko der Forderungen, die bei Zahlungsausfall eines Kunden an ihn rückgebucht werden. Nach der Rechtsprechung (BGHZ 82, 50) ist das unechte Factoring den Kreditgeschäften zuzuordnen. Da die Zahlung des Kaufpreises dabei lediglich eine bloße Vorfinanzierung der Forderungen darstellt, deren Abtretung nur erfüllungshalber (§ 364 Abs. 2 BGB) erfolgt, liegt in diesem Fall ein Darlehensverhältnis vor. Die Abgrenzung ist im jeweiligen Einzelfall aufgrund einer Gesamtbetrachtung der vertraglichen Bestimmungen vorzunehmen. So ist auch bei **ABS-Strukturen** maßgeblich, ob mit der Forderungsveräußerung auch das Bonitätsrisiko im Wege des True Sale auf die Ankaufgesellschaft übergeht (IDW RS HFA 8). Unschädlich ist die Übernahme der Veritätshaftung durch den Forderungsverkäufer für den Bestand und die Abtretbarkeit der angekauften Forderungen.

2. Vertragsschluss

Der Abschluss des Kaufvertrags als gegenseitiger Vertrag erfolgt durch Angebot und Annahme nach den allgemeinen Regeln (§§ 145ff BGB). Durch den Vertragsschluss wird zwischen dem Verkäufer und dem Käufer als Vertragsparteien ein schuldrechtliches **Verpflichtungsgeschäft** begründet. Dieses ändert nicht die sachenrechtliche Zuordnung des Kaufgegenstandes. In dem Kaufvertrag verpflichtet sich der Verkäufer zur Veräußerung des Kaufgegenstandes und der Käufer zur Zahlung des vereinbarten Kaufpreises und Abnahme des Kaufgegenstandes (§ 433 BGB). Soweit die Vertragsbestimmungen oder die kaufrechtlichen Vorschriften nichts anderes bestimmen, finden die Vorschriften des allgemeinen Schuldrechts Anwendung. Verkäufer und Käufer müssen sich mindestens über den Kaufgegenstand und den Kaufpreis als wesentliche Vertragsbestandteile *(essentialia negotii)* einig sein.

a. Kaufgegenstand

Kaufgegenstand können **Sachen, Rechte** und **sonstige Gegenstände** sein (§§ 433 Abs. 1, 453 BGB).

aa. Sachen

Der Kauf einer Sache im Sinne von § 433 Abs. 1 BGB (**Sachkauf**) umfasst über den Begriff der körperlichen Gegenstände nach § 90 BGB hinaus alle verkehrsfähigen, auch unkörperlichen Vermögensgegenstände und Sachgesamtheiten. Dazu gehören bewegliche Sachen (**Mobilien**) und unbewegliche Sachen (**Grundstücke**), flüssige (**Wasser**) und gasförmige (**Gas**) Sachen. Für Grundstücke gelten Sondervorschriften (§§ 435 S. 2, 436, 438 Nr. 1b, Abs. 2, 448 Abs. 2 BGB), die auf den Kauf von eingetragenen Schiffen und Schiffsbauwerken eine entsprechende Anwendung finden (§ 452 BGB). Für den Kauf von Tieren sind die für den Kauf von Sachen geltenden Vorschriften (§§ 433ff BGB) entsprechend anzuwenden (§ 90a BGB). Mit der Sache sind ihre wesentlichen Bestandteile verbunden, die nach § 93 BGB nicht Gegenstand besonderer Rechte sein können. Auch das Zubehör der Kaufsache (§ 97 BGB) wird nach § 311c BGB im Zweifel vom Vertrag mit umfasst.

bb. Rechte

Die Vorschriften über den Kauf von Sachen finden auf den Kauf von Rechten (**Rechtskauf**) entsprechende Anwendung (§ 453 Abs. 1 Fall 1 BGB). Gegenstand eines Kaufs kann ein Recht nur sein, wenn es als solches wirksam übertragen und so dem Käufer verschafft werden kann. Erfasst werden alle Arten von obligatorischen oder dinglichen Rechten, unabhängig von der Art der zu fordernden Leistung oder ihrer Nutzung, auch bedingte und künftige Rechte sowie solche, die erst durch den Erfüllungsakt des Verkäufers begründet werden.

Beispiele: Ansprüche und Forderungen (z. B. Factoring), Miteigentumsanteile an einer Sache, Anwartschaftsrechte, Grundschulden, Gesellschaftsanteile, gewerbliche Schutzrechte (z. B. Patente, Design, Marken), Software und Lizenzen, Nutzungsrechte an Urheberrechten sowie subjektiv öffentliche Rechte (z. B. Konzessionen, Umweltemissionsrechte).

Höchstpersönliche Rechte, die einer bestimmten Person zustehen und an sie gebunden sind, können nicht übertragen werden und nicht Gegenstand eines Kaufs von Rechten sein.

Beispiele: Namensrechte (mit Ausnahme der Firma), Mitgliedschaftsrechte bei Vereinen (§ 38 BGB), Gesellschafterrechte (§ 717 BGB), Urheberrecht (§ 29 Abs. 1 UrhG), Urlaubsanspruch (§§ 1, 3 BurlG).

cc. Sonstige Gegenstände

Die Vorschriften über den Kauf von Sachen finden auf den Kauf von sonstigen Gegenständen entsprechende Anwendung (§ 453 Abs. 1 Fall 2 BGB). Dem **Auffangtatbestand** zugerechnet werden z. B. Energie (Elektrizität, Fernwärme), Immaterialgüterrechte (Know-how, Goodwill, Domainadresse, Design, Patente vor der Anmeldung), Kauf von Software ohne Datenträger, Download digitaler Inhalte (Musik-, Audio-, Videodateien).

Unternehmenskauf

Beim Unternehmenskauf können die Parteien schuldrechtlich den Kauf des Unternehmens im Ganzen als sonstigen Unternehmensgegenstand vereinbaren. Dabei erfolgt die Übertragung der Wirtschaftsgüter nach sachenrechtlichen Regeln (**Asset Deal**). Es können alternativ aber auch die Gesellschaftsanteile im Wege eines Rechtskaufs veräußert werden. Dazu werden sie durch Abtretung (z. B. §§ 15 Abs. 3, 4 GmbHG) übertragen (**Share Deal**).

Asset Deal

In Abgrenzung zu einem gewöhnlichen Sach- oder Rechtskauf. liegt nach der Rechtsprechung beim Unternehmenskauf ein Kauf von sonstigen Gegenständen i. S. v. § 453 Abs. 1 Fall 2 BGB vor, wenn nicht nur einzelne Wirtschaftsgüter, sondern ein Inbegriff von Sachen, Rechten und sonstigen Vermögenswerten übertragen wird (**Sach- und Rechtsgesamtheit**) und der Erwerber dadurch in die Lage versetzt wird, das Unternehmen als solches weiterzuführen. Dabei wird es als unschädlich erachtet, wenn einzelne Wirtschaftsgüter von der Übertragung ausgeschlossen werden. Dies beurteilt sich nicht abstrakt-formelhaft, sondern aufgrund einer wirtschaftlichen Gesamtbetrachtung des Einzelfalles.

Share Deal

Der Share Deal ist nach der Rechtsprechung grundsätzlich ein **Rechtskauf** (§ 453 Abs. 1 Fall 1 BGB). Danach erwirbt der Anteilskäufer an dem von der Gesellschaft (GmbH) betriebenen Unternehmen und den von diesem gehaltenen Sachwerten kein unmittelbares Recht. Vielmehr kann er auf dieses nur im Rahmen der ihm durch Gesetz und Satzung eingeräumten Befugnisse als Gesellschafter Einfluss nehmen kann. Das hat der BGH (NJW 2019, 145) jüngst hinsichtlich der Frage, ob auf den Rechtskauf die Gewährleistungsrechte über Rechtsmängel (§ 435 BGB) oder Sachmängel (§ 434 BGB) anwendbar sind, bestätigt. Den Verkäufer eines Rechts treffe kraft Gesetzes auch nach der Schuldrechtsreform 2002 nach allgemeiner Auffassung weiterhin nur eine Gewährleistung für den Bestand des Rechts (Verität), nicht aber für die Einbringlichkeit der Forderung (Bonität) und dementsprechend ebenso wenig für die Güte des Gegenstands, auf welches sich das Recht beziehe. Eine solche Bonitätshaftung bestehe nur, wenn sie vertraglich besonders übernommen sei. Auch bestehe kein praktisches Bedürfnis für eine Ausweitung der Gewährleistung beim Anteilskauf, da die Parteien Garantieabreden treffen könnten. Außerdem komme eine Haftung des Verkäufers aus c. i. c. und eine Vertragsanpassung wegen Störung der Geschäftsgrundlage in Betracht.

Überschuldung einer Gesellschaft oder Insolvenzreife begründen danach keinen Rechtsmangel, da sie sich allein auf die Gesellschaft bzw. das von dieser betriebene Unternehmen beziehen, dass als solches aber gerade nicht Vertragsgegenstand ist. Als **Ausnahme** sind beim Kauf von Mitgliedschaftsrechten an einer GmbH im Falle von Mängeln des von der GmbH betriebenen Unternehmens die Gewährleistungsrechte über **Sachmängel** nach §§ 434 ff BGB anzuwenden, wenn Gegenstand des Kaufvertrags der Erwerb sämtlicher oder nahezu sämtlicher Anteile an dem Unternehmen ist. Der Anteilskauf muss sich nach Vorstellung der Vertragsparteien und objektiv bei wirtschaftlicher Betrachtungsweise als Kauf des Unternehmens selbst und damit als Sachkauf darstellten Ein solcher Erwerb sämtlicher Anteile liegt nicht vor, wenn ein Käufer, der bereits 50% der Mitgliedschaftsrechte hält, weitere 50% der Gesellschaftsanteile an dieser Gesellschaft hinzuerwirbt.

Im Schrifttum wird vertreten, dass bei einem Beteiligungserwerb an der Gesellschaft von 75% ein Sachkauf vorliegen dürfte, unabhängig davon, ob der Erwerber bereits Anteile besitzt, da es nur auf den Anteilserwerb ankomme. Teils wird auf den Erwerb einer satzungsändernden Mehrheit abgestellt oder darauf verwiesen, dass nur eine Betrachtung sämtlicher rechtlicher und wirtschaftlicher Umstände entscheidend sein könne.

Computerkauf

Beim Computerkauf sind Rechner, Bildschirm, Drucker, Scanner (**Hardware**) samt Handbuch Sachen i. S. v. § 433 Abs. 1 BGB. Die die nicht auf einem Datenträger (CDs, DVDs, USB-Sticks) verkörperten digitalen Inhalte (**Software**) sind sonstige Gegenstände i. S. v. § 453 As. 1 BGB. Bei dauerhafter Überlassung einer Standardsoftware auf einem Datenträger lieg ein Kauf vor. Wenn die Software mit dem Computer bzw. der Hardware verkauft wird, liegt ein einheitlicher Kaufvertrag vor. Davon zu unterscheiden sind die **Nutzungsrechte** an der gekauften Software. Beim Computerkauf mit Lieferung eines Computerprogramms ist der Käufer einer Software vom Fachhändler bereits ohne zusätzlichen Vertrag mit dem Hersteller (**Lizenzvertrag**) zum bestimmungsmäßigen Gebrauch der Software berechtigt (§ 69d UrhG).

Zukünftige Sachen

Kaufgegenstand können auch zukünftige Sachen sein, die noch nicht entstanden sind, etwa beim Kauf von Früchten (§ 99 BGB), künftigen Erzeugnissen oder Bestandteilen (§ 953 BGB) einer Sache. Dies gilt nach der Rechtsprechung selbst dann, wenn die Sache noch wesentlicher Bestandteil (§ 93 BGB) einer anderen Sache ist und ihre rechtliche Selbstständigkeit erst in der Zukunft erlangt. Zu liefern ist nach Entstehung der Sache oder bei wesentlichen Bestandteilen nach Erlangung ihrer rechtlichen Selbstständigkeit.

Beispiele: Kauf einer Ernte, Kauf von Holz auf dem Stamm, Erz oder Kohle aus einer Grube, der Ausbeute eines Steinbruchs, eines Hauses auf Abbruch, eines Buchs auf Lieferung bei Erscheinen, Verkauf eines (noch) wesentlichen Anteils eines nicht verkauften Grundstücks.

Die zukünftige Sache muss im Vertrag **hinreichend bestimmt** werden und ihre Entstehung **objektiv möglich** sein.

Beispiel: Wird von den Parteien in die Formularverträge über die Lieferung eines Porsche „Typ 911 Gruppe Homologationsmodell" die Klausel „nach Liefermöglichkeit der Porsche AG" aufgenommen, ist der Kaufgegenstand ausreichend bestimmbar und der Vertrag nicht wegen objektiv unmöglicher Leistung nichtig (BGH NJW 1994, 515).

b. Kaufpreis

Die Parteien des Kaufvertrags müssen sich über den Kaufpreis einigen, den der Käufer an den Verkäufer für die Kaufsache zu zahlen hat (§ 433 Abs. 2 BGB). Der Kaufpreis muss in Geld bestehen, kann aber Geldschuld in fremder Währung sein (§ 244 BGB). **Bitcoins** sind **anders** als **elektronisches Geld** oder **Buchgeld kein Geld**, da sie nicht währungsbezogen sind. Wird als Gegenleistung eine Sache oder ein Recht geschuldet, liegt Tausch (§ 480 BGB) vor. Sind neben dem Kaufpreis noch andere Leistungen vom Käufer zu erbringen, bleibt dies ein

Kauf. Die Fälligkeit des Kaufpreises richtet sich nach der Parteiabrede, ansonsten gilt § 271 BGB. Da der Käufer nicht vorleistungspflichtig ist, hat er gegen den Zahlungsanspruch des Verkäufers die Einrede des nicht erfüllten Vertrags aus § 320 BGB. Preisveränderungsvorbehalte in AGB dürfen nicht gegen § 309 Nr. 1 BGB verstoßen.

c. Form

Der Kaufvertrag kann grundsätzlich **formlos** mündlich, schriftlich oder durch stillschweigendes Handeln **(konkludent)** abgeschlossen werden. Für bestimmte Arten von Kaufverträgen verlangt das Gesetz die Einhaltung einer Form, deren Verletzung zur Nichtigkeit des Vertrags führt (§ 125 S. 1 BGB). Der **Grundstückskauf** erfordert die **Beurkundung** des Kaufvertrags durch einen Notar (§ 311 b Abs. 1 S. 1 BGB). Ist der Kaufvertrag nicht beurkundet, wird er seinem ganzen Inhalt nach mit Auflassung (§ 925 Abs. 2 BGB) und Eintragung in das Grundbuch (§ 311 b Abs. 1 S. 2 BGB) gültig. Gehört das Grundstück zu einem veräußernden Unternehmen, ist der Unternehmenskaufvertrag **(Asset Deal)** formbedürftig. Die notarielle Beurkundung ist auch für einen Vertrag erforderlich, durch den sich eine Partei verpflichtet, sein **gegenwärtiges Vermögen** oder einen **Bruchteil** seines **künftigen** Vermögens zu übertragen oder es mit einem Nießbrauch zu belasten (§ 313 Abs. 3 BGB). Das gilt auch, wenn der Unternehmenskaufvertrag pauschal das gegenwärtige Vermögen des Unternehmens zum Gegenstand hat. In diesem Fall kann die gesetzliche Pflicht zur Beurkundung des Kaufvertrags nur vermieden werden, wenn die einzelnen Vermögensbestandteile konkret benannt und komplett aufgelistet werden. Zudem ist der Kaufvertrag über die Verpflichtung des Gesellschafters der **GmbH** zur Abtretung eines **Geschäftsanteils** notariell zu beurkunden (§ 15 Abs. 4 S. 1 BGB). Der Formmangel wird zwar durch die Anteilsabtretung geheilt (§ 15 Abs. 4 S. 2 GmbHG). Diese ist aber selbst notariell zu beurkunden (§ 15 Abs. 3 GmbHG).

3. Hauptpflichten

a. Kauf von Sachen

Durch den Kaufvertrag wird der Verkäufer einer Sache verpflichtet, dem Käufer die Sache zu übergeben und das **Eigentum** an der Sache zu **verschaffen**. Der Verkäufer hat dem Käufer die Sache **frei von Sachmängeln** und **Rechtsmängeln** zu verkaufen (§ 433 Abs. 1 BGB). Der Käufer ist verpflichtet, dem Verkäufer den vereinbarten **Kaufpreis** zu zahlen und die gekaufte Sache **abzunehmen** (§ 433 Abs. 2 BGB). Die Verschaffung des Eigentums erfolgt bei beweglichen Sachen durch Übereignung gem. §§ 929 ff BGB und bei unbeweglichen Sachen (Grundstücken) durch Einigung (Auflassung) und Eintragung der Rechtsänderung in das Grundbuch gem. §§ 873, 925 BGB.

b. Kauf von Rechten

Beim Rechtskauf ist der Verkäufer verpflichtet, das Recht **mangelfrei** zu **verschaffen** (§§ 453 Abs. 1 Fall 1, 433 Abs. 1 S. 2 BGB) und, wenn das Recht zum Besitz einer Sache berechtigt, die Sache frei von Sach- und Rechtsmängeln zu **übergeben** (§ 453 Abs. 3 BGB). Die Pflicht zur Verschaffung des Rechts bedeutet, dass der Verkäufer den Käufer zum Inhaber des Rechts machen muss. Der Käufer ist verpflichtet, dem Verkäufer den vereinbarten Kaufpreis zu zahlen und an für den dinglichen Vollzug der Rechtsübertragung notwendigen Akten mitzuwirken (§ 433 Abs. 2 BGB). Die Verschaffung des Rechts richtet sich nach der Art des zu übertragenden Rechts. Eine Forderung wird durch Abtretungsvertrag gemäß §§ 398 ff BGB übertragen. Auf die Übertragung von anderen Rechten finden diese Vorschriften entsprechende Anwendung (§ 413 BGB), sofern keine besonderen Regelungen gelten. Dies gilt etwa bei der Übertragung von GmbH-Geschäftsanteilen am Träger der Gesellschaft (**Share Deal**) gemäß §§ 15 Abs. 3 und 4 GmbHG. Die Kosten der Begründung und Übertragung des Rechts fallen dem Verkäufer zur Last (§ 453 Abs. 2 BGB).

c. Kauf von sonstigen Gegenständen

aa. Allgemeines

Beim Kauf von sonstigen Gegenständen (§ 453 Abs. 1 Fall 2, 433 Abs. 1 S. 2 BGB) richten sich die Hauptleistungspflichten der Parteien nach dem Gegenstand des Vertrags. Wichtiger Anwendungsfall ist der Unternehmenskauf, bei dem das Unternehmen im Ganzen als Sach- und Rechtsgesamtheit (**Asset Deal**) gekauft wird.

bb. Verbrauchervertrag über den Verkauf digitaler Inhalte durch einen Unternehmer

Das DIRL-Umsetzungsgesetz hat in § 453 Abs. 1 BGB eine **Kernregelung** für das Verhältnis der Regelung über die Bereitstellung **digitaler Produkte** zum Kaufvertragsrecht angefügt. Nach der Gesetzesbegründung ist **Software** als digitales Produkt ein „**sonstiger Gegenstand**" im Sinne der Vorschrift. Nach § 453 Abs. 1 S. 2 BGB sind auf einen **Verbrauchervertrag** über den Verkauf digitaler Inhalte durch einen Unternehmer nicht anzuwenden:

- § 433 Abs. 1 S. 1 und § 475 Abs. 1 BGB über die Übergabe der Kaufsache und die Leistungszeit (Nr. 1) sowie
- § 433 Abs. 1 S. 2, die §§ 434–442, § 475 Abs. 3 S. 1, Abs. 4–6 und die §§ 476 und 477 BGB über die Rechte bei Mängeln.

An Stelle dieser Vorschriften treten die Vorschriften der Verbraucherverträge über digitale Produkte in §§ 327–327s BGB (§ 453 Abs. 1 S. 3 BGB).

d. Haftung bei Pflichtverletzung

aa. Verkäufer

Übertragung der Kaufsache

Die Haftung des Verkäufers bei Verletzung seiner Pflicht zur Übertragung der Kaufsache aus § 433 Abs. 1 S. 1 BGB richtet sich nach den Regeln des **allgemeinen Leistungsstörungsrechts**. Bei Unmöglichkeit der Leistung (§ 275 BGB) entfällt die Leistungspflicht des Verkäufers und der Käufer muss grundsätzlich keinen Kaufpreis zahlen (§ 326 Abs. 1 S. 1 BGB). Im Falle einer Pflichtverletzung, die der Verkäufer zu vertreten hat, steht dem Käufer ein Schadensersatz statt der Leistung (§§ 280 Abs. 1, 3, 281 BGB) und bei Verzögerung auf Ersatz des Verzugsschadens (§§ 280 Abs. 1, 2, 286 BGB) zu. Daneben kann er auch vom Vertrag zurücktreten (§§ 323, 325 BGB). Bei Verletzung leistungsbezogener Nebenpflichten gelten §§ 280 Abs. 1, 3, 281 und 323 BGB und bei Verletzung vertraglicher Schutzpflichten §§ 280 Abs. 1 und 324 BGB.

Mängelfreiheit der Kaufsache

Verletzt der Verkäufer seine Pflicht, die Kaufsache frei von **Sach-** und **Rechtsmängeln** an den Käufer zu übertragen (§ 433 Abs. 1 BGB), gilt das allgemeinen Leistungsstörungsrecht

(§§ 320ff BGB), soweit dieses nicht durch die Vorschriften der **kaufrechtlichen Gewährleistung** modifiziert wird (§ 437 BGB).

bb. Käufer

Zahlung des Kaufpreises

Verletzt der Käufer seine Pflicht, den vereinbarten Kaufpreis zu zahlen (§ 433 Abs. 2 BGB), so richten sich die Ansprüche des Verkäufers nach den Regeln über die Verzögerung der Leistung, da die Vorschrift über die Unmöglichkeit der Leistung (§ 275 BGB) auf Geldschulden nicht anwendbar ist. Deshalb hat der Verkäufer Anspruch auf Ersatz des Verzugsschadens (§§ 280 Abs. 1, 2, 286 BGB), Schadensersatz statt der Leistung (§§ 280 Abs. 1, 3, 281 BGB) und kann vom Vertrag zurücktreten (§§ 323, 325 BGB).

Abnahme der Kaufsache

Das gilt auch, wenn der Käufer seine Pflicht zur Abnahme der Kaufsache bzw. Mitwirkung zur Übertragung des Rechts oder sonstigen Gegenstands aus § 433 Abs. 2 BGB verletzt. In diesem Fall kommt der Käufer auch in Annahmeverzug (§§ 293ff BGB). Damit geht die Gefahr eines zufälligen Untergangs und der zufälligen Verschlechterung des Kaufgegenstandes auf ihn über, da der Übergabe der Sache der Annahmeverzug gleichgestellt wird (§ 446 S. 3 BGB). Zudem hat der Verkäufer dann nur Vorsatz und grobe Fahrlässigkeit zu vertreten (§ 300 Abs. 1 BGB).

4. Mängel der Kaufsache

Der Verkäufer hat dem Käufer die Sache **frei von Sach- und Rechtsmängeln** zu verschaffen (§ 433 Abs. 1 S. 2 BGB). Die Regelung ist durch die Schuldrechtsreform 2002 eingefügt worden, um klarzustellen, dass die Lieferung einer mangelhaften Kaufsache keine Erfüllungswirkung hat. Die Verpflichtung des Verkäufers zur mangelfreien Verschaffung der Kaufsache ist daher eine Erfüllungspflicht (**Hauptleistungspflicht**). Sachmängel und Rechtsmängel sind dabei rechtlich gleichgestellt und unabhängig davon, ob der Verkäufer diese zu vertreten hat.

a. Sachmängel

Den Begriff des Sachmangels ist durch das Gesetz zur Regelung des Verkaufs von Sachen mit digitalen Elementen und anderer Aspekte des Kaufvertrags in § 434 BGB neu geregelt worden. Dadurch wird die **EU-Warenkaufrichtlinie** im Kaufrecht umgesetzt. Nach der Neuregelung des Sachmangelbegriffs ist die Sache ist frei von Sachmängeln, wenn sie bei Gefahrübergang den **subjektiven** Anforderungen, den **objektiven** Anforderungen und den **Montageanforderungen** entspricht (§ 434 Abs. 1 BGB). Damit gilt nicht mehr der bisherige Vorrang der vereinbarten Beschaffenheit, sondern ein **Gleichrang** der gesetzlich vorgenannten Anforderungen. Nach der Gesetzesbegründung hat dies jedoch keine systematischen Auswirkungen auf Kaufverträge zwischen Unternehmen und Kaufverträge zwischen Verbrauchern. Denn die Parteien sind weiterhin frei, ausdrücklich oder konkludent eine Beschaffenheit der Kaufsache abweichend von den objektiven Anforderungen zu vereinbaren. Für **Verbrauchsgüterkaufverträge** ist die Gleichrangigkeit der Anforderungen grundsätzlich **zwingend**. Dies gilt ausnahmsweise dann nicht, wenn vor Mitteilung des Mangels der Unternehmer den Verbraucher in Kenntnis setzt, dass ein bestimmtes Merkmal der Ware von den objektiven Anforderungen abweicht und diese Abweichung ausdrücklich und gesondert vereinbart wurde (§ 476 Abs. 1 BGB).

aa. Subjektive Anforderungen

Die Sache entspricht den subjektiven Anforderungen, wenn sie nach § 434 Abs. 2 S. 1 BGB

- die vereinbarte Beschaffenheit hat (Nr. 1),
- sich für die nach dem Vertrag vorausgesetzte Verwendung eignet (Nr. 2) und
- mit dem vereinbarten Zubehör und den vereinbarten Anleitungen, einschließlich Montageanleitungen und Installationsanleitungen, übergeben wird (Nr. 3).

Vereinbarte Beschaffenheit (Nr. 1)

Die Beschaffenheit meint jegliche Merkmale einer Sache, die dieser selbst **anhaften** oder sich aus ihrer **Beziehung** zur **Umwelt** ergeben. Dazu gehören Art, Menge, Qualität, Funktionalität, Kompatibilität, Interoperabilität und sonstige Merkmale der Sache, für welche die Parteien Anforderungen vereinbart haben (§ 434 Abs. 2 S. 2 BGB).

Funktionalität

Funktionalität ist die Fähigkeit der Waren, ihre Funktionen ihrem Zweck entsprechend zu erfüllen (Art. 2 Nr. 9 WKRL).

Kompatibilität

Kompatibilität ist die Fähigkeit der Waren, mit der Hardware und der Software zu funktionieren, mit der Waren derselben Art in aller Regel benutzt werden, ohne dass die Hardware oder die Software verändert werden müssen (Art. 2 Nr. 8 WKRL).

Interoperabilität

Interoperabilität ist die Fähigkeit der Waren, mit einer anderen Hardware oder Software zu funktionieren als derjenigen, mit den Waren derselben Art in der Regel benutzt werden (Art. 2 Nr. 10 WKRL).

Vereinbarung der Parteien

Die Vereinbarung der Parteien über die Beschaffenheit der Sache kann sowohl ausdrücklich als auch konkludent erfolgen. Dabei ergibt sich **kein Unterschied** zum **subjektiven Fehlerbegriff** nach alter Rechtslage. Danach ist in erster Linie auf den Inhalt der getroffenen Vereinbarung abzustellen, wonach ein Fehler jede für den Käufer nachteilige Abweichung der tatsächlichen Beschaffenheit (**Ist-Beschaffenheit**) von der vertraglich geschuldeten Beschaffenheit (**Soll-Beschaffenheit**) ist. Einseitige Äußerungen des Verkäufers über die Eigenschaft der Kaufsache reichen für sich genommen nicht aus. Der Verkäufer muss **vertraglich** bindend die **Gewähr** für eine Sacheigenschaft übernehmen und damit zu erkennen geben, für alle Folgen des Fehlens der Eigenschaft einzustehen. Eine solche Vereinbarung kommt nach der Rechtsprechung nur in eindeutigen Fällen in Betracht. Sie kann sich etwa aus der Beschreibung der Eigenschaft des Gegenstands bei Vertragsschluss durch den Verkäufer, aus den Anforderungen des Käufers an den Gegenständen, denen der Verkäufer zustimmt, der Verkehrsübung und dem Handelsbrauch ergeben.

Beispiele: Größe und Wohnfläche (BGH NJW 1991, 912) und Mietererträge eines Grundstücks (BGH NJW 1993, 1385), Baujahr des Gebäudes (BGH NJW 2017, 150), Ertragsfähigkeit eines Unternehmens (BGH NJW 1995, 1547), Alter, Baujahr (BGHZ 78, 221), Unfallfreiheit (BGH NJW 2008, 1517), Laufleistung (BGH NJW 1981, 1268), typengerechter Motor (BGH NJW 1983, 1424), Angabe „werkstattgeprüft" (BGHZ 87, 203) oder „TÜV abgenommen" (BGH NJW 2015, 1669) beim Gebrauchtwagen, Echtheit eines Gemäldes (BGH NJW 1993, 2103) sowie eines Marken-Geräts (BGH NJW 2013, 2723).

Beim **Grundstückskauf** (§ 311 b Abs. 1 BGB) muss die Beschaffenheitsvereinbarung **notariell beurkundet** werden. Eine Beschreibung von Eigenschaften eines Grundstücks oder Gebäudes vor Vertragsschluss durch den Verkäufer, die in der notariellen Urkunde keinen Niederschlag findet, genügt in aller Regel nicht zu einer Beschaffenheitsvereinbarung nach § 434 Abs. 1 S. 1 BGB (BGH NJW 2016, 1815).

Minderlieferung

Die Kaufsache entspricht nicht der vereinbarten Beschaffenheit, wenn eine zu geringe Menge geliefert wird (**Minderlieferung**). Das ist der Fall, wenn der Verkäufer aus Sicht des Käufers mit der Lieferung seine ganze Verbindlichkeit erfüllen wollte (**verdeckte Minderlieferung**). Hat der Käufer die Minderlieferung indessen erkannt (**offene Minderlieferung**), so gelten die Vorschriften des allgemeinen Leistungsstörungsrechts (§§ 320 ff BGB). Weist der Käufer eine unzulässige Teilleistung zurück (§ 266 BGB), liegt Nichterfüllung der Gesamtleistung vor. Bei Annahme einer Teilleistung tritt eine teilweise Erfüllung ein, sofern nicht der Käufer diese als Erfüllung der Gesamtleistung annimmt (§ 363 BGB).

Vorliegen bei Gefahrübergang

Die Beschaffenheitsabweichung muss bei Gefahrübergang (§§ 446, 447 BGB) vorliegen. Das ist der Zeitpunkt der **Übergabe** der Sache (§ 446 S. 1 BGB). Der Übergabe steht es gleich, wenn der Käufer (zuvor) im Annahmeverzug ist (§ 446 S. 3 BGB). Beim Versendungskauf erfolgt der Gefahrübergang mit **Auslieferung** der konkretisierten Sache an die Transportperson (§§ 476, 243 Abs. 2 BGB). Sofern der Mangel bei Gefahrübergang noch nicht aufgetreten ist, aber die Ursache schon bestand, ist die Sache aus diesem Grund mangelhaft. Ein Sachmangel liegt auch vor, wenn er erst nach Vertragsschluss entstanden ist und bei Gefahrübergang noch besteht. Wird er bis zum Gefahrübergang beseitigt, scheidet ein Gewährleistungsanspruch aus. Vor Gefahrübergang kann der Käufer die Annahme einer mangelhaften Sache verweigern, ohne in Annahmeverzug zu sein. Bis Gefahrübergang gilt das **allgemeine Leistungsstörungsrecht** gemäß §§ 320 ff BGB.

Eignung zur vertraglich vorausgesetzten Verwendung (Nr. 2)

Die vertraglich vorausgesetzte Verwendung erfordert keine rechtsgeschäftliche Vereinbarung. Der Käufer muss die Verwendung spätestens **bei Abschluss** des Kaufvertrags dem Verkäufer zur Kenntnis gebracht und dieser der Verwendung zugestimmt haben (Art. 6 b) WKRL). Es ist keine ausdrückliche Zustimmung des Verkäufers erforderlich. Es genügt, wenn der Verkäufer **in Kenntnis** der vom Käufer angestrebten Verwendung den Kaufvertrag **abschließt, ohne** dem Käufer **mitzuteilen**, dass die Kaufsache sich nicht für diese Verwendung eignet. Der Verkäufer gibt damit zu erkennen, dass er der ihm zur Kenntnis gebrachten Verwendung zustimmt. Wie bislang wird auf die vereinbarte Beschaffenheit abzustellen sein, wenn die Parteien Merkmale vereinbart haben, um den Verwendungszweck lediglich zu konkretisieren. Da die Sache zur vorausgesetzten Verwendung geeignet sein muss, darf die Eignung infolge ihrer tatsächlichen Beschaffenheit nicht beseitigt oder vermindert sein. Das kann auf dem tatsächlichen Zustand der Sache beruhen, auch auf den in ihrem Zustand begründeten tatsächlichen oder rechtlichen Beziehungen zu Umständen, die außerhalb der Sache liegen. Die Eignung ist grundsätzlich gemindert, wenn mit der Verwendung erhebliche Gesundheitsgefahren oder das Risiko eines großen wirtschaftlichen Schadens verbunden sind.

Vereinbartes Zubehör und vereinbarte Anleitungen

Auch das Fehlen von vertraglich vereinbartem Zubehör oder vereinbarten Anleitungen führt zu einem Sachmangel der Kaufsache. Zu den Anleitungen gehören insbesondere **Montage-** oder **Installationsanleitungen**.

bb. Objektiven Anforderungen

Soweit nicht wirksam etwas anderes vereinbart wurde, entspricht die Sache den objektiven Anforderungen nach § 434 Abs. 3 S. 1 BGB, wenn sie

- sich für die gewöhnliche Verwendung eignet (Nr. 1),
- eine Beschaffenheit aufweist, die bei Sachen derselben Art üblich ist und die der Käufer erwarten kann unter Berücksichtigung (Nr. 2)
  a) der Art der Sache und
  b) der öffentlichen Äußerungen, die von dem Verkäufer oder einem anderen Glied der Vertragskette oder in deren Auftrag, insbesondere in der Werbung oder auf dem Etikett, abgegeben wurden,
- der Beschaffenheit einer Probe oder eines Musters entspricht, die oder das der Verkäufer dem Käufer vor Vertragsschluss zur Verfügung gestellt hat (Nr. 3), und
- mit dem Zubehör einschließlich der Verpackung, der Montage- oder Installationsanleitung sowie anderen Anleitungen übergeben wird, deren Inhalt der Käufer erwarten kann (Nr. 4).

Eignung zur gewöhnlichen Verwendung (Nr. 1)

Für die Eignung zur gewöhnlichen Verwendung sind das bestehende Unionsrecht, das nationale Recht, technische Normen oder ansonsten anwendbare sektorspezifische Verhaltenskodizes zu berücksichtigen (Art. 7 Abs. 1 a) WKRL). Dabei ist nach der bisherigen Rechtsprechung für die gewöhnliche Verwendung der Kaufsache objektiv auf die Art der Sache abzustellen und sie aus den Verkehrskreisen, denen der Käufer angehört, abzuleiten. Zu berücksichtigen ist auch, ob der Käufer erkennbar als Verbraucher (§ 13 BGB) oder Unternehmer (§ 14 BGB) für einen gewerblichen, besonders für einen beruflichen Zweck kauft.

Beispiele: Gefährdung der Bausubstanz durch Asbest im Wohnhaus (BGH NJW 2009, 2120), Schimmel im Keller eines alten Hauses (BGH NJW 2012, 2793), Altlast auf Wohngrundstück (BGH NJW 2013, 1671), Kraftstoffverbrauch höher als Werksangabe beim Neuwagen (BGHZ 132, 55), nicht funktionierende Standardsoftware (BGHZ 102, 135), Augenentzündung beim Reitpferd (2006, 988).

Übliche Beschaffenheit nach der Art der Sache (Nr. 2a))

Zu der üblichen Beschaffenheit gehören Menge, Qualität und sonstige Merkmale der Sache, einschließlich ihrer Haltbarkeit, Funktionalität, Kompatibilität und Sicherheit (§ 434 Abs. 3 S. 2 BGB). Für Funktionalität (Art. 2 Nr. 9 WKRL) und Kompatibilität (Art. 2 Nr. 8 WKRL) gilt dieselbe Definition wie bei den subjektiven Anforderungen gemäß § 434 Abs. 2 S. 2 BGB.

Haltbarkeit der Sache

Haltbarkeit ist die Fähigkeit der Waren, ihre ordentlichen Funktionen und ihre Leistung bei normaler Verwendung zu behalten (Art. 2 Nr. 13 WKRL). Der Verkäufer hat dafür einzustehen, dass die Ware zum Zeitpunkt des **Gefahrübergangs** diese Fähigkeit hat. Dadurch wird aber keine gesetzliche Haltbarkeitsgarantie begründet. Der Verkäufer haftet nicht dafür, dass die Ware tatsächlich ihre erforderlichen Funktionen und ihre Leistung bei normaler Verwendung behält. Die Ware soll eine Haltbarkeit haben, die für Waren **derselben Art üblich** ist und die der Verbraucher in Bezug auf die spezifische Ware und einer ggf. notwendigen Wartung wie beispielsweise der technischen Inspektion oder des Austauschs von Filtern in einem Auto unter Berücksichtigung öffentlicher Erklärungen **vernünftigerweise erwartet werden kann**. Bei der Beurteilung sollen auch alle anderen maßgeblichen Umstände berücksichtigt werden, wie der Preis der Sache und die Intensität oder Häufigkeit der Verwendung seitens des Verbrauchers (ErwGr 32 WKRL).

Nach der Rechtsprechung zum **objektiven Fehlerbegriff** der alten Rechtslage muss die übliche Beschaffenheit der Kaufsache objektiv berechtigt sein. Entsprechend den Erwägungsgründen der Warenkaufrichtlinie orientiert sie sich an der üblichen Beschaffenheit gleichartiger Sachen. Abzustellen ist auf den Durchschnittskäufer und nicht auf die tatsächliche oder im Einzelfall überzogene Erwartung des jeweiligen Käufers. Dies gilt auch dann, wenn sie vor Kaufabschluss für den Verkäufer erkennbar war. Die Kaufsache muss dem **„Stand der Technik"** vergleichbarer Sachen entsprechen. Sie ist jedoch nicht deshalb mangelhaft, weil der hinter der tatsächlichen oder durchschnittlichen Käufererwartung zurückbleibt.

Beispiele: Kfz darf nicht technische Mängel aufweisen, die die Zulassung zum Straßenverkehr hindern oder die die Gebrauchsfähigkeit aufheben oder beeinträchtigen (BGH NJW 2019, 292).

Kfz-Teile müssen sich bei Gebrauchtwagen nicht alle im Originalzustand befinden, wenn sie technisch und optisch wieder in tadellosen Zustand versetzt werden (BGH NJW 2009, 2807); der Käufer eines Gebrauchtwagens kann erwarten, dass dieser keinen Unfall erlitten hat, bei dem es zu mehr als Bagatellschäden gekommen ist (BGH NJW 2008, 53).

Übliche Beschaffenheit nach den öffentlichen Äußerungen (Nr. 2b))

Öffentliche Äußerungen über die Beschaffenheit der Sache können **in jeder Form**, mündlich, schriftlich, durch gedruckte oder elektronische Medien erfolgen und müssen dem Verkäufer **zurechenbar** sein. Die Verwendung der Sache darf nicht auf Umständen beruhen, die der Käufer zu verantworten hat. Öffentlich sind Äußerungen, wenn sie auch durch unbeteiligte Dritte wahrnehmbar und an einen nicht definierten Personenkreis gerichtet sind.

Beispiele: Angaben in Druckschriften, im Internet, durch Verteilung in Massendrucksachen, im Verkaufsexposé etwa über ein Gebäude oder Grundstück (BGH NJW-RR 2018, 752).

Öffentliche Äußerung in der Werbung

Öffentliche Äußerungen in der Werbung sind beispielsweise Zeitungsanzeigen, Werbespots, Verkaufsprospekte, mündliche Erklärungen in einer Verkaufsveranstaltung. Hat der Verkäufer im Verkaufsgespräch auf die Werbung Bezug genommen und dadurch die Ware entsprechend beschrieben, so liegt darin bereits eine Beschaffenheitsvereinbarung i. S. v. § 434 Abs. 2 S. 1 Nr. 1 BGB. Weicht die Kaufsache davon ab, ist sie mangelhaft.

Öffentliche Äußerungen auf dem Etikett

Öffentlichen Äußerungen auf dem Etikett liegen beispielsweise durch Aufdruck oder allgemein beigegebene Warenbeschreibung vor. Die Äußerung muss sich auf bestimmte Eigenschaften zur Beschaffenheit der Sache beziehen.

Beispiele: Angaben der Hersteller und Händler von neuen PKW über Verbrauch, notwendige Art des Kraftstoffs und CO_2-Emissionen nach EnVKV.

Urheber der Äußerungen

Urheber der öffentlichen Äußerungen muss der Verkäufer, ein anderes **Glied** der **Vertragskette** oder eine Person in deren Auftrag sein. Davon umfasst sind jeder Verkäufer und seine Gehilfen vom Hersteller bis zum letzten Verkäufer in der Vertragskette an den Endabnehmer. Dabei ist es unerheblich, ob der Hersteller den Verkäufer direkt oder über andere Personen beliefert, wie insbesondere über Zwischenhändler. Gehilfen sind alle Hilfspersonen, die von jedem Verkäufer in der Vertragskette oder vom Hersteller damit betraut sind, öffentliche Äußerungen über die Sacheigenschaft abzugeben (**Erklärungsgehilfen**). Diese Personen müssen nicht Vertreter oder Erfüllungsgehilfen sein. Es sind nicht nur Mitarbeiter des Verkäufers oder Herstellers, sondern auch beauftragte Dritte, wie etwa eine Werbeagentur oder ein Verlag. Der Hersteller bestimmt sich nach § 4 Abs. 1 und 2 ProdHaftG. Erfasst werden damit der **Hersteller** des Endprodukts, eines Grundstoffs oder Teilprodukts, der **Importeur** sowie der sog. **Quasi-Hersteller**, der sich durch das Anbringen seines Namens, seiner Marke oder eines anderen Etiketts als Hersteller ausgibt. Die öffentliche Äußerung über die Sacheigenschaft muss zur Folge haben, dass der Käufer bestimmte Beschaffenheitsmerkmale der Kaufsache erwarten kann. Dabei ist nicht die individuelle Erwartung maßgeblich, sondern der durchschnittlichen Käufer als Adressat der öffentlichen Äußerung.

Ausschlussgründe

Die öffentliche Äußerung begründet allerdings keinen Sachmangel und damit keine Haftung, wenn der Verkäufer sie nicht kannte und auch nicht kennen konnte, wenn sie im Zeitpunkt des Vertragsschlusses in derselben oder in gleichwertiger Weise berichtigt war oder wenn sie die Kaufentscheidung nicht beeinflussen konnte (§ 434 Abs. 3 S. 3 BGB). Die Beweislast für diese Ausschlussgründe trägt der Verkäufer.

Unkenntnis des Verkäufers

Die Unkenntnis des Verkäufers darf nicht auf (einfacher) Fahrlässigkeit beruhen (vgl. § 122 Abs. 2, 276 Abs. 2 BGB). Dies beurteilt sich danach, welche Sorgfalt im Verkehr erforderlich ist. Der Verkäufer hat eine **begrenzte Beobachtungspflicht** und muss Darstellungen der von ihm verkauften Produkte in den Massenmedien kennen. Besonders strenge Anforderungen gelten für **Vertragshändler**, die in ihrer Werbung die Werbung und die Qualitätsbeschreibung des Herstellers berücksichtigen müssen und sich nicht auf einen geringeren Informationsstand als den des Käufers berufen können. Im **Fachhandel** gilt ein strengerer Standard als bei anderen gewerblichen Verkäufern und Privatleute haben keine Kenntnisverschaffungspflichten.

Berichtigung der öffentlichen Äußerung

Die Berichtigung einer inhaltlich falschen öffentlichen Äußerung muss schon im Zeitpunkt des Vertragsschlusses stattgefunden haben. Sie erfolgt nur dann in gleichwertiger Weise wie die öffentliche Äußerung, wenn sie in **derselben** oder einer **vergleichbar** wirksamen Aufmachung vorgenommen wird. Zudem muss die Kenntnisnahme der Berichtigung durch denselben Kreis durchschnittlicher Kaufinteressenten möglich sein. Die Berichtigung muss eine vergleichbare Intensität und Verbreitung wie die öffentliche Äußerung haben. Die Berichtigung der Werbung muss auf die Werbung Bezug nehmen. Dafür reicht eine lediglich dieselbe Kaufsache richtig darstellende Werbung nicht aus.

Kein Einfluss auf die Kaufentscheidung

Schließlich bleiben Äußerungen außer Betracht, die keinen Einfluss auf die Entscheidung des Käufers haben konnten. Maßgeblich ist, ob eine Beeinflussung **objektiv ausgeschlossen** war. Das kann etwa der Fall sein, wenn die Äußerung vor einer (auch ausländischen) Öffentlichkeit fiel, welcher der Käufer nicht angehört und aus der er auch keine Informationen erlangen konnte oder wenn der Käufer die Unrichtigkeit oder Überzogenheit der Werbung kannte.

cc. Montageanforderungen

Soweit eine Montage durchzuführen ist, entspricht die Sache den Montageanforderungen, wenn die Montage nach § 434 Abs. 4 BGB

- sachgemäß durchgeführt worden ist (Nr. 1) oder
- zwar unsachgemäß durchgeführt worden ist, dies jedoch weder auf einer unsachgemäßen Montage durch den Verkäufer noch auf einem Mangel in der dem Verkäufer übergebenen Anleitung beruht (Nr. 2).

Sachmangel beruht auf fehlerhafter Montage

Ein Sachmangel liegt vor, wenn die Sache unsachgemäß montiert worden ist und die Montage Teil des Kaufvertrags ist und vom Verkäufer oder unter seiner Verantwortung durchgeführt wurde (**Montagefehler**). Der Verkäufer ist bereits nach allgemeinen Rechtsgrundsätzen auch für eine Montage verantwortlich, die ein Erfüllungsgehilfe (§ 278 BGB) unsachgemäß durchgeführt hat. Es muss ein Kaufvertrag (§ 433 BGB) mit **Montageverpflichtung** vorliegen. Diese darf aber nicht der Schwerpunkt der geschuldeten Leistung sein, da es sich sonst um einen Werkvertrag (§ 631 BGB) handelt. Zur Montage gehören alle zum vertraglich vorausgesetzten Gebrauch der Sache notwendigen Handlungen. Montagefehler sind alle Fehler der Montage selbst, aber auch die Fälle, in denen die gelieferte Sache durch fehlerhafte Montage unbrauchbar wird, wie z. B. durch einen falschen Anschluss, der Teile eines technischen Geräts beschädigt.

Sachmangel beruht nicht auf fehlerhafter Montage und fehlerhafter Montageanleitung

Eine Sache entspricht den Montageanforderungen und hat keinen Mangel, wenn sie weder auf einer fehlerhaften Montage durch den Verkäufer noch auf einer fehlerhaften Montageanleitung beruht. Die Montageanleitung ist nicht fehlerhaft, wenn sie den Käufer in die Lage versetzt, die Kaufsache ohne größere Schwierigkeiten zusammen zu bauen. Das Maß der Verständlichkeit der Montageanleitung bestimmt sich nach den berechtigten Erwartungen des durchschnittlichen Kunden. Eine Montageanleitung ist jedenfalls fehlerhaft, wenn sie in einer fremden Sprache abgefasst, missverständlich oder inhaltlich falsch ist oder wenn sie sich auf ein anderes Modell bezieht. Erfasst werden indessen **nicht** Fehler von **Bedienungs**- und **Gebrauchsanleitungen**. Eine Analogie zu Montageanleitungen wird überwiegend abgelehnt, da die Bedienungs- und Gebrauchsanleitungen meist schon eine Beschaffenheitsabweichung darstellen.

dd. Falschlieferung

Einem Sachmangel steht nach § 434 Abs. 5 BGB gleich, wenn der Verkäufer eine andere Sache als die vertraglich geschuldete Sache (Identitätsaliud) liefert (**Falschlieferung**). Die Lieferung einer zu geringen Menge (**Quantitätsmangel**) ist anders als in § 434 Abs. 3 BGB

a. F. nicht mehr geregelt, da sie ein Anwendungsfall der subjektiven Anforderungen (§§ 434 Abs. 2 S. 2, Abs. 3 S. 2 BGB) ist. Folglich ist sie Sachmangel und steht nicht nur einem Sachmangel gleich. Ausweislich der Gesetzesbegründung ändert sich der Umfang der Mängelverantwortung des Verkäufers dadurch nicht. In Bezug auf die Regelung in § 434 BGB a. F. war umstritten, wann beim Gattungskauf und beim Stückkauf eine Falschlieferung vorliegt. Dies dürfte auch weiter relevant sein, da sich die Regelung der Falschlieferung in § 434 Abs. 5 BGB nicht geändert hat.

Falschlieferung beim Gattungskauf

Nach herrschender Meinung erfasst der Gattungskauf die Lieferung einer nicht der vereinbarten Gattung angehörigen Sache wie einer Sache, die nach Konkretisierung beim Spezieskauf (§ 243 Abs. 2 BGB) nicht die Eigenschaften der vereinbarten Gattung von mittlerer Art und Güte (§ 243 Abs. 1 BGB) hat **(Qualifikationsaliud)**. Nach der Gegenansicht ist die Regelung bei krassen Abweichungen der gelieferten Sache von der vereinbarten Gattung dem Sinn und Zweck nach (teleologische Reduktion) nicht anzuwenden.

Falschlieferung beim Stückkauf

Auch beim Stückkauf liegt nach herrschender Meinung eine Falschlieferung vor, wenn dabei eine andere als die gekaufte Sache **(Identitätsaliud)** geliefert wird. Der Käufer hat dann auch einen Anspruch auf Nacherfüllung des Kaufvertrags (§ 439 BGB). Teilweise wird auch hier die Regelung der Falschlieferung als Sachmangel für nicht anwendbar betrachtet. Dies wird damit begründet, dass neben dem Erfüllungsanspruch auf Lieferung der gekauften Sache ein davon verschiedener Nacherfüllungsanspruch nicht in Betracht komme.

Die Gleichstellung von Falschlieferung und Lieferung einer mangelhaften Sache setzt nach der herrschenden Meinung voraus, dass der Verkäufer die Sache für den Verkäufer erkennbar als Erfüllung seiner Pflicht **(Tilgungsbestimmung)** geliefert hat. Im Übrigen kann der Käufer die Falschlieferung zurückweisen, so dass der Erfüllungsanspruch aus § 433 Abs. 1 BGB bestehen bleibt. In diesem Fall tritt kein Gefahrübergang ein und das allgemeine Leistungsstörungsrecht bei Nichterfüllung des Primäranspruchs (§§ 320ff BGB) findet Anwendung.

Lieferung einer wertvolleren Sache

Macht der Käufer bei Lieferung einer wertvolleren Sache keinen Nacherfüllungsanspruch auf Lieferung der (weniger wertvollen) gekauften Sache geltend, ist fraglich, ob der Verkäufer den höheren Kaufpreis verlangen oder die wertvollere Sache zurückverlangen kann. Eine Zahlung des höheren Kaufpreises scheidet aus, sofern die Parteien den Kaufvertrag nicht dahingehend ausdrücklich oder konkludent abgeändert haben. Teilweise wird vertreten, dass der Verkäufer Anspruch auf Herausgabe der wertvolleren Sache aus Bereicherungsrecht (§ 812 Abs. 1 S. 1 Fall 1 BGB) hat, da der Kaufvertrag nicht Rechtsgrund für den ungerechtfertigten Vorteil des Käufers sein soll. Nach der Gegenansicht ist der Kaufvertrag Rechtsgrund für den Erwerb der wertvolleren Sache. Diese kann aber vom Verkäufer nach Anfechtung wegen Irrtums (§ 119 BGB) ebenfalls aus Bereicherungsrecht (§ 812 Abs. 1 S. 1 Fall 1 BGB) zurückverlangt werden.

b. Rechtsmängel

Der Verkäufer muss dem Käufer die Kaufsache **frei von Rechtsmängeln** verschaffen (§ 433 Abs. 1 S. 2 BGB). Die Kaufsache frei von Rechtsmängeln, wenn Dritte in Bezug auf die Sache keine oder nur die im Kaufvertrag übernommenen Rechte gegen den Käufer geltend machen können (§ 435 S. 1 BGB). Einem Rechtsmangel steht es gleich, wenn im Grundbuch ein Recht eingetragen ist, das nicht besteht (§ 435 S. 2 BGB).

aa. Allgemeines

Ein Rechtsmangel liegt vor, wenn ein Dritter aufgrund eines privaten oder öffentlichen Rechts das Eigentum, den Besitz oder den Gebrauch der Kaufsache beeinträchtigen und der Käufer mit der Sache nicht nach Belieben verfahren und andere von jeder Einwirkung ausschließen kann (vgl. § 903 BGB). Die Beeinträchtigung der Kaufsache folgt anders als beim Sachmangel nicht aus der Beschaffenheit der Kaufsache selbst, sondern aus dem Recht einer anderen Person an der Kaufsache. Maßgeblicher Zeitpunkt für die Beurteilung eines Rechtsmangels ist nicht der Abschluss des Kaufvertrags und nicht, wann das den Mangel begründete Recht geltend gemacht werden kann, sondern der Zeitpunkt, an dem der **Erwerb der Kaufsache** durch den Käufer vollzogen werden soll. Bei **beweglichen Sachen** ist dies der Eigentumsübergang und nicht die Besitzverschaffung. Bei **Grundstücken** ist es die Vollendung des Erwerbs infolge Auflassung (§ 925 BGB) und Eintragung (§ 873 BGB) und bei **sonstigen Gegenständen** ist es der Vollzug der Übertragung nach den dafür geltenden Regeln. Wenn der Tatbestand für die Entstehung des Rechts eines Dritten beim Erwerb der Kaufsache vorhanden ist, so liegt ein Rechtsmangel auch vor, wenn dieses Recht erst später entsteht oder es der Dritte erst später ausüben kann. Dagegen hat der Käufer eine spätere Verschlechterung der Rechtslage durch Änderungen der Gesetze hinzunehmen. Bei Kauf unter **Eigentumsvorbehalt** (§ 449 BGB) ist der **Bedingungseintritt** maßgeblich, sofern nicht das Anwartschaftsrecht auf den Eigentumserwerb beeinträchtigt wird.

bb. Absolute Rechte

Rechte Dritter in Bezug auf die Sache (§ 435 S. 1 BGB) sind die ausschließlichen Rechte, die gegenüber jedem Dritten wirken (**absolute Rechte**). Dazu gehören die dingliche Rechte am Eigentum (beschränkt dingliche Rechte) und die sonstigen Rechte. Beschränkt dingliche Rechte sind z. B. Pfandrecht (§§ 1204ff, 1273 BGB), Nießbrauch (§ 1030 BGB), Hypothek (§ 1113ff BGB) und Grunddienstbarkeit (§§ 1018ff BGB). Nach der Rechtsprechung (BGHZ 174, 61) ist das **fehlende Eigentum** indes kein Rechtsmangel, sondern eine Nichterfüllung der Pflicht zur Übereignung der verkauften Sache nach § 433 Abs. 1 S. 1 BGB. Nach der Gegenmeinung wird das Eigentum als das stärkste Recht eines Dritten von § 435 BGB bereits dem Wortlaut nach erfasst. **Sonstige Rechte** sind vor allem die Immaterialgüterrechte (Patent-, Urheberrecht, gewerbliche Schutzrechte), der Unterlassungsanspruch (§§ 823 Abs. 1, 1004 Abs. 1 BGB) aus dem allgemeinen Persönlichkeitsrecht (Art. 1, 2 Abs. 1 GG), Veräußerungsverbote (§ 135f BGB) sowie durch eine Vormerkung (§ 883 Abs. 1 S. 1 BGB) gesicherte Rechtspositionen Dritter.

cc. Obligatorische Rechte

Obligatorische Rechte sind schuldrechtliche Rechte eines Dritten, die dieser gegenüber dem Käufer geltend machen kann. Das sind z. B. das Miet- und Pachtrecht, weil der Erwerber nach § 566 BGB in den Miet- bzw. Pachtvertrag eintritt (**„Kauf bricht nicht Miete“**) und deshalb das Nutzungsrecht des Mieters oder Pächters gegen sich gelten lassen muss. Das gilt nach der aktuellen Rechtsprechung (BGH ZMR 2017, 968) auch dann, wenn Veräußerer und Vermieter nicht identisch sind. Dies setzt weiter voraus, dass die Vermietung mit Zustimmung sowie im wirtschaftlichen Interesse des Eigentümers erfolgt ist und der Vermieter kein eigenes Interesse am Fortbestand des Mietverhältnisses nach Veräußerung der Mietsache hat.

dd. Öffentliche Rechte

Öffentliche Rechte können eine Rechtsmangel begründen, wenn es sich **nicht** um **öffentliche Abgaben** und **öffentliche Lasten** beim Kauf von Grundstücken handelt (§ 436 Abs. 2 BGB). Es muss sich um Befugnisse einer Person des öffentlichen Rechts zu öffentlichen Eingriffen, Bindungen und Beschränkungen handeln, welche die Nutzung der Kaufsache beeinträchtigen, mit Ausnahme solcher Befugnisse, die auf Gründen des öffentlichen Gemeinwohls beruhen. **Öffentlich-rechtliche Beschränkungen** sind nach der Rechtsprechung z. B. die Sozialbindung einer Wohnung (WoBindG), die Pflicht zur Veräußerung der Gemeinde als Straßengrund, die Widmung eines Grundstücksteils als öffentliche Straße sowie das behördliche Bauverbot bei einem Erbbaurecht.

ee. Grundbuchrechte

Einem Rechtsmangel steht es gleich, wenn im Grundbuch ein Recht eingetragen ist, dass nicht besteht (§ 435 S. 2 BGB). Es wird gesetzlich vermutet, dass dem Dritten, für den das Recht im Grundbuch eingetragen ist, dieses Recht auch tatsächlich zusteht (§ 891 BGB). Ein Dritter kann das nicht bestehende Recht gutgläubig erwerben (§ 892 BGB). Das Grundbuch kann von der Eintragung an oder später durch Wegfall des Rechts unrichtig geworden sein. Dem entspricht, wenn ein Recht zwar besteht, aber im Rangverhältnis (§ 879 BGB) zu Lasten des Käufers falsch eingetragen ist. Der Verkäufer schuldet dem Käufer „**Buchreinheit**" und muss im Rahmen der Nacherfüllung auf seine Kosten das Recht durch Grundbuchberichtigung (§ 894 BGB) löschen lassen. Sofern der Käufer bereits Eigentümer ist, kann er den Verkäufer dazu ermächtigen, den Berichtigungsanspruch für ihn geltend zu machen. Ein eigener Anspruch des Käufers gegen den Buchberechtigten steht der Löschungspflicht des Verkäufers nicht entgegen.

5. Mängelrechte des Käufers

a. Allgemeines

Die Gewährleistungsansprüche des Käufers bei einem Sach- oder Rechtsmangel der Kaufsache (**Mängelrechte**) sind in §§ 437 ff BGB geregelt. Sie sind anwendbar, wenn im maßgeblichen Zeitpunkt, grundsätzlich bei Gefahrübergang (§§ 446, 447 BGB), ein Sach- oder Rechtsmangel vorliegt. Nach der gesetzlichen Systematik aufgrund der Schuldrechtsreform 2002 besteht vorrangig ein Anspruch des Käufers auf Nacherfüllung in Form von Nachbesserung oder Ersatzlieferung (§§ 437 Nr. 1, 439 BGB). Anspruch auf Rücktritt, Minderung und Schadensersatz statt der Leistung hat der Käufer grundsätzlich erst nach fruchtlosem Ablauf einer von ihm gesetzten Frist zur Nacherfüllung (§§ 437 Nr. 2 und 3 BGB). Der **Vorrang der Nacherfüllung** ist zwar nicht ausdrücklich geregelt, ergibt sich aber aus den Regeln des allgemeinen Schuldrechts über die Schlechterfüllung, auf die § 437 Nr. 2 und 3 BGB verweist. Dem Gesetz liegt der Gedanke zugrunde, dass dem Verkäufer ein **Recht zur zweiten Andienung** zusteht. Ihm soll eine letzte Chance eingeräumt werden, den wirtschaftlichen Nachteil, der mit der Rückabwicklung des Vertrags verbundenen ist, abzuwenden. Durch die besonderen Voraussetzungen des § 439 BGB wird der originäre Erfüllungsanspruch des Käufers auf Lieferung einer mangelfreien Sache aus § 433 Abs. 1 S. 2 BGB zu einem Nacherfüllungsanspruch modifiziert.

b. Nacherfüllung

aa. Nachbesserung, Ersatzlieferung

Die Nacherfüllung ist in § 439 BGB geregelt. Danach kann der Käufer als Nacherfüllung nach seiner Wahl die Beseitigung des Mangels (**Nachbesserung**) oder Lieferung einer mangelfreien Sache (**Ersatzlieferung**) verlangen (§ 439 Abs. 1 BGB). Der Anspruch auf Nacherfüllung setzt nicht voraus, dass der Verkäufer den Sach- oder Rechtsmangel zu vertreten hat. Die Ausübung des Anspruchs ist anders als bei Rücktritt und Minderung keine bindende Gestaltungserklärung. Es besteht eine elektive Konkurrenz zwischen beiden Arten der Nacherfüllung (**Wahlrecht**) und nicht eine Wahlschuld (§§ 262–265 BGB). Der Käufer ist nicht an die getroffene Wahl der Art der Nacherfüllung (gemäß § 263 Abs. 2 BGB) gebunden und kann bis zur Vornahme der Nacherfüllung zur anderen Art der Nacherfüllung wechseln. Er kann aber im Einzelfall nach Treu und Glauben (§ 242 BGB) gehindert sein, von seinem Nachbesserungsverlangen Abstand zu nehmen und Ersatzlieferung zu verlangen. Dies ist jedoch nicht anzunehmen, wenn der Verkäufer die vom Käufer gewählte Nachbesserung nicht innerhalb einer angemessenen Frist bewirkt oder fachgerecht durchgeführt hat, so dass im Zeitpunkt der Geltendmachung des Anspruchs auf Ersatzlieferung weiter ein Mangel vorliegt.

Ausübung des Wahlrechts

Das Wahlrecht wird mit dem Verlangen der Nacherfüllung gegenüber dem Verkäufer durch empfangsbedürftige Willenserklärung ausgeübt, die **formfrei** ist. Dafür genügt zunächst die Aufforderung an den Verkäufer zur Behebung des Mangels. Der Käufer muss den Mangel nicht konkret benennen, ausreichend ist ein Hinweis auf die Mangelerscheinungen. Erforderlich ist aber die Bereitschaft, dem Verkäufer die Kaufsache am Erfüllungsort der Nacherfüllung zur Überprüfung der Mängelrügen für eine entsprechende Untersuchung zur Verfügung zu stellen. Das Verlangen der Nacherfüllung ist neben der Verjährung (§ 438 BGB) grundsätzlich an keine Frist gebunden. Das Wahlrecht des Käufers erlischt nach einer wirksamen Ausübung erst, wenn der Verkäufer die verlangte Nacherfüllung vorgenommen hat.

Fristsetzung

Der Käufer kann dem Verkäufer eine Frist zur Nacherfüllung setzen. Die **Angemessenheit** der Frist beurteilt sich in erster Linie nach der **Parteivereinbarung**. Sofern der Verkäufer die Frist selbst setzt, darf der Käufer sie nach der Rechtsprechung als angemessen sehen, auch wenn sie objektiv zu kurz ist. Haben die Parteien keine Frist gesetzt, genügt es zur Nacherfüllung, wenn der Käufer durch sein Verlangen nach sofortiger, unverzüglicher oder umgehender Leistung deutlich macht, dass dem Verkäufer für die Nacherfüllung nur ein begrenzter bestimmbarer Zeitraum zur Verfügung steht.

Nachbesserung

Bei Wahl der Nachbesserung ist der Verkäufer grundsätzlich verpflichtet, den Mangel selbst oder durch einen Dritten zu beseitigen. Dabei obliegt die konkrete Art der Nachbesserung der Entscheidung des Verkäufers. Nach **zwei Nachbesserungsversuchen** (z. B. Reparaturen) gilt die Nachbesserung als **fehlgeschlagen**, wenn sich nicht insbesondere aus der Art der Sache oder des Mangels oder aus sonstigen Umständen etwas anderes ergibt (§ 440 S. 2 BGB). Mehr als zwei Nachbesserungsversuche kommen bei **technischer Komplexität** der Sache, schwer zu behebenden Mängeln oder ungewöhnlich widrigen Umständen nach erfolgten Versuchen einer Nachbesserung in Betracht. Sofern der Käufer die Kaufsache nach erfolgter Nachbesserung des Verkäufers wieder entgegengenommen hat und ein Fehler erneut auftritt, trägt der Käufer die Beweislast (§ 363 BGB) für das Fehlschlagen der Nachbesserung.

Nachlieferung

Wählt der Käufer als Nacherfüllung die Ersatzlieferung, so ist der Verkäufer dazu verpflichtet, anstelle der ursprünglich gelieferten mangelhaften Kaufsache eine **mangelfreie**, im Übrigen aber gleichartige und funktionell sowie vertragsmäßig gleichwertige Sache zu liefern. Beim **Gattungskauf** muss der Verkäufer eine andere Sache aus der vereinbarten Gattung liefern. Beim **Stückkauf** ist eine Nachlieferung möglich, wenn die mangelhafte Sache durch eine gleichartige und gleichwertige Sache ersetzt werden kann. Dabei kommt es darauf an, ob die Vertragsbeteiligten die konkrete Leistung nach dem Vertragszweck und ihrem erkennbaren Willen als **austauschbar** angesehen haben. In den Fällen des Diesel-Abgasskandals hat der BGH (NJW 2019, 133) die Austauschbarkeit der Leistung nach einem Modellwechsel bejaht, sofern ein Neufahrzeug der alten Modellreihe nicht mehr zu beschaffen ist. Die Beurteilung, ob die **Kosten** der **Ersatzbeschaffung** unverhältnismäßig sind, richtet sich dabei nicht nach § 275 Abs. 1 BGB (Unmöglichkeit), sondern § 439 Abs. 4 BGB.

bb. Kosten der Nacherfüllung

Der Verkäufer hat nach § 439 Abs. 2 BGB die zum Zwecke der Nacherfüllung **erforderlichen Aufwendungen**, insbesondere Transport-, Wege-, Arbeits- und Materialkosten zu tragen. Dabei handelt es sich um eine Anspruchsgrundlage und nicht um eine Kostenregelung. Ob die Aufwendungen erforderlich sind, beurteilt sich nach objektiven Maßstäben. Sie müssen dabei angemessen sein. Die Pflicht zum Aufwendungsersatz umfasst grundsätzlich die Kosten der Nachbesserung oder der Nachlieferung einer neuen Sache und Rückgewährt der mangelhaften Sache. Dazu gehören nach der Rechtsprechung (BGHZ 201, 83; 220, 134) auch der Aufwand zum Auffinden der Ursache, Kosten für Sachverständigen und Rechtsanwalt und Vorschuss für Transportkosten, auch wenn der Mangel noch nicht feststeht.

cc. Einbau mangelhafter Sache

Die Kostenerstattung beim Aus- und Einbau der mangelhaften Sache regelt § 439 Abs. 3 BGB. Die Vorschrift ist durch das WKRL-Umsetzungsgesetz dahin geändert worden, dass die Sache angebracht sein muss, bevor der Mangel offenbar wurde. Hat der Käufer die mangelhafte Sache gemäß ihrer Art und ihrem Verwendungszweck in eine andere Sache eingebaut oder an eine andere Sache angebracht, bevor der Mangel offenbar wurde, ist der Verkäufer im Rahmen der Nacherfüllung verpflichtet, dem Käufer die erforderlichen **Aufwendungen** für das Entfernen der mangelhaften und den Einbau oder das Anbringen der nachgebesserten oder gelieferten mangelfreien Sache zu **ersetzen** (§ 439 Abs. 3 BGB). Die Anwendung des § 442 Abs. 1 BGB ist gestrichen worden, da die WKRL keine Beschränkung der Käuferrechte vorsieht, wenn der Mangel aufgrund grober Fahrlässigkeit dem Käufer vor dem Einbau unbekannt geblieben ist. Der Käufer hat einen unmittelbaren Anspruch auf **Ersatz** der **Aus-** und **Einbaukosten**, ohne dass der Verkäufer oder dessen Lieferanten Gelegenheit bekommen, den Aus- und Einbau in Natur vorzunehmen. Der Anspruch kann in AGB nicht ausgeschlossen oder beschränkt werden (§§ 309 Nr. 8b) cc)). Beim **Verbrauchsgüterkauf** folgt dies bereits aus § 476 Abs. 1 S. 1 BGB. Es kann aber auch bei Verträgen mit Unternehmern eine unangemessene Benachteiligung sein (§§ 307, 310 Abs. 1 S. 2 BGB).

dd. Unverhältnismäßige Kosten

Der Verkäufer kann die vom Käufer gewählte Art der Nacherfüllung unbeschadet des § 275 Abs. 2 und 3 BGB verweigern, wenn sie nur mit unverhältnismäßigen Kosten möglich ist (§ 439 Abs. 4 BGB). Dabei handelt es sich um eine Einrede (**Leistungsverweigerungsrecht**), die der Verkäufer geltend machen muss. Zu berücksichtigen ist insbesondere der Wert der Sache in mangelfreiem Zustand und die Bedeutung des Mangels (**absolute Unverhältnismäßigkeit**) sowie die Frage, ob auf die andere Art der Nacherfüllung ohne erhebliche Nachteile für den Käufer zurückgegriffen werden könnte (**relative Unverhältnismäßigkeit**). Sofern dies der Fall ist, beschränkt sich der Anspruch des Käufers auf die andere Art der Nacherfüllung. Das Recht des Käufers, auch diese gemäß § 439 Abs. 4 BGB zu verweigern, bleibt bestehen. Er kann sich jedoch nicht auf die relative Unverhältnismäßigkeit berufen, wenn ansonsten der Mangel nicht vollständig, nachhaltig und fachgerecht beseitigt werden kann. Maßgeblicher Zeitpunkt für die Beurteilung ist der Zugang des Nacherfüllungsverlangens.

ee. Zurverfügungstellung

Nach § 439 Abs. 5 BGB, der durch das WKRL-Umsetzungsgesetz neu eingefügt worden ist, hat der Käufer dem Verkäufer die Sache zum Zweck der Nacherfüllung zur Verfügung zu stellen. Die Neuregelung entspricht der bisherigen Rechtsprechung, wonach eine Obliegenheit des Käufers dahin besteht, die mangelhafte Sache am Ort der Nacherfüllungsverpflichtung dem Verkäufer zur Untersuchung zur Verfügung zu stellen. Nach der Gesetzesbegründung deuten Systematik und Vorgaben der Neuregelung jedoch darauf hin, dass es sich um eine **erzwingbare Pflicht** handeln. Die Rechtsfolgen bei Verletzung dieser Pflicht sollen sich aus den allgemeinen Vorschriften, insbesondere den §§ 273 ff BGB ergeben. Dagegen wird in der Literatur vertreten, dass diese weiterhin als **Obliegenheit** zu qualifizieren sei. Werde diese nicht eingehalten, liege weiterhin kein ordnungsgemäßes Nacherfüllungsverlangen vor. Rücktritt, Schadensersatz statt der Leistung und wegen Verspätung der Nacherfüllung seien damit ausgeschlossen. Die **Kosten** für die Zurverfügungstellung trägt der **Verkäufer** (§ 439 Abs. 2 BGB).

ff. Rückgewähr

Die Vorschrift über die Rückgewähr ist nun im § 439 Abs. 6 BGB geregelt und um die Pflicht des Verkäufers ergänzt. Liefert der Verkäufer zum Zwecke der Nacherfüllung eine mangelfreie Sache, so kann er vom Käufer Rückgewähr der mangelhaften Sache gemäß §§ 346 bis 348 BGB verlangen. Der **Verkäufer** hat die ersetzte Sache auf **seine Kosten** zurückzunehmen. Die Pflicht des Käufers bezieht sich auf beide Arten der Nacherfüllung, die Pflicht des Verkäufers nur auf die Ersatzlieferung. Der Verkäufer hat einen eigenen Anspruch auf Rückgewähr. Dieser bedarf keiner Willenserklärung des Verkäufers, da § 349 BGB nicht gilt. Die mangelfreie Sache ist nur Zug um Zug gegen Rückgewähr der mangelhaften Sache zu liefern. Der Käufer muss die gezogenen Nutzungen, insbesondere die Gebrauchsvorteile (§ 100 BGB) herausgeben bzw. deren Wert ersetzen (§ 346 Abs. 1, 2 BGB).

c. Rücktritt

aa. Voraussetzungen

Ist die Sache mangelhaft, kann der Käufer vom Vertrag nach §§ 440, 323 und 326 Abs. 5 BGB zurücktreten (§ 437 Nr. 2 Fall 1 BGB). Er muss dem Verkäufer zuvor eine **angemessene Frist** zur Nacherfüllung gesetzt haben (§ 323 Abs. 1 BGB). Diese ist im Falle des § 323 Abs. 2 BGB

entbehrlich sowie, wenn der Verkäufer beide Arten der Nacherfüllung verweigert oder wenn die dem Käufer zustehende Art der Nacherfüllung fehlgeschlagen oder ihm unzumutbar ist (§ 440 S. 1 BGB).

Nacherfüllung fehlgeschlagen

Eine Nachbesserung gilt nach dem **erfolglosen zweiten Versuch** als fehlgeschlagen, wenn sich nicht insbesondere aus der Art der Sache oder des Mangels oder den sonstigen Umständen etwas anderes ergibt (§ 440 S. 2 BGB). Dies gilt auch für die gesetzlich nicht geregelte **Ersatzlieferung**. Der Käufer muss sich aber nicht auf einen zweiten Nachbesserungsversuch verweisen lassen, wenn die ersatzweise gelieferte Sache denselben oder einen anderen, neuen Mangel aufweist und zu befürchten ist, dass die zweite Ersatzlieferung auch mangelhaft sein werde.

Nacherfüllung unzumutbar

Eine Nacherfüllung ist insbesondere dann unzumutbar, wenn eine Abhilfe des Mangels mit **erheblichen Unannehmlichkeiten** für den Käufer verbunden ist. Dabei ist die Art der Sache und der Zweck zu berücksichtigen, für den der Käufer die Sache benötigt. Als **Beispielsfall** gilt das mangelhafte Neufahrzeug, bei dem eine weitere Nacherfüllung für den Käufer unzumutbar ist (**Montagsauto**). Ein solcher Fall liegt vor, wenn der bisherige Geschehensablauf aus Sicht eines verständigen Käufers die Befürchtung rechtfertigt, das Fahrzeug werde wegen seiner Fehleranfälligkeit auch künftig niemals über längere Zeit frei von herstellungsbedingten Mängeln sein. Nach der Rechtsprechung (BGH NJW 2013, 1523) bedarf es dazu aber konkreter Anhaltspunkte, dass die Nachbesserung zu neuen Sachmängeln führen werde.

Unmöglichkeit der Nacherfüllung

Bei Unmöglichkeit der Nacherfüllung (§ 275 BGB) kann der Käufer ohne Fristsetzung vom Vertrag zurücktreten (§ 326 Abs. 5 BGB). Bei unerheblichen Mängeln der Kaufsache (§ 323 Abs. 5 S. 2 BGB), alleiniger oder überwiegender Verantwortlichkeit des Käufers sowie bei Annahmeverzug (§ 323 Abs. 6 BGB), ist das Rücktrittsrecht ausgeschlossen.

bb. Rechtsfolge

Der Rücktritt wird als Gestaltungsrecht durch einseitige Erklärung des Käufers gegenüber dem Verkäufer ausgeübt. Dadurch erlöschen die Leistungspflichten der Parteien und der Vertrag wird in ein **Rückgewährschuldverhältnis** umgewandelt (§§ 346 ff BGB). Nach Ausübung des Rücktrittsrechts ist das Minderungsrecht ausgeschlossen (**Sperrwirkung**). Dagegen bleiben die Ansprüche auf Schadenersatz und Aufwendungsersatz grundsätzlich bestehen (§ 325 BGB).

d. Minderung

aa. Voraussetzungen

Ist die Sache mangelhaft, kann der Verkäufer nach § 441 BGB den Kaufpreis mindern (§ 437 Nr. 2 Fall 1 BGB). Das Recht zur Minderung ist ein Gestaltungsrecht, dass durch einseitige Erklärung gegenüber dem Verkäufer ausgeübt wird. Es erfordert, dass die Voraussetzungen des Rücktritts gemäß § 323 BGB vorliegen. Daher muss der Käufer dem Verkäufer grundsätzlich erfolglos eine **Nachfrist** setzten (§ 323 Abs. 1, 2 BGB). Das Minderungsrecht besteht auch dann, wenn es sich um unerhebliche Mängel handelt, da § 323 Abs. 5 S. 2 BGB ausgeschlossen ist (§§ 441 Abs. 1 S. 2 BGB).

bb. Berechnung

Die Minderung (§ 441 Abs. 3 S. 1 BGB) erfolgt dadurch, den Kaufpreis in dem Verhältnis herabzusetzen, in welchem zur Zeit des Vertragsschlusses der Wert der Sache in mangelfreiem Zustand zu dem wirklichen Wert gestanden haben würde (**relative Berechnungsmethode**). Es gilt die Gleichung: geminderter Kaufpreis/vereinbartem Kaufpreis = Wert mit Mangel/Wert ohne Mangel. Der zu zahlende geminderte Kaufpreis = Wert mit Mangel/Wert ohne Mangel. Die Minderung ist, soweit erforderlich, durch **Schätzung** zu ermitteln (§ 441 Abs. 3 S. 2 BGB). Sofern der Käufer mehr als den geminderten Kaufpreis gezahlt hat, muss der Verkäufer ihm den Mehrbetrag erstatten (§§ 441 Abs. 4, 346 Abs. 1, 347 Abs. 1 BGB).

cc. Rechtsfolge

Die Ausübung der Minderungsrechts führt zum **Erlöschen des Nacherfüllungsanspruch** und aufgrund der Alternativität (vgl. § 439 Nr. 2 BGB) dem **Ausschluss des Rücktrittsrechts**. Der Kaufvertrag besteht jedoch mit allen Rechten und Pflichten fort, nur der Kaufpreis ist um den zu mindernden Betrag herabgesetzt. Deshalb ist ein Schadensersatz statt der Leistung (großer Schadensersatz) ausgeschlossen Es kann aber Schadensersatz neben der Leistung geltend gemacht werden, insbesondere für Mangelfolge- und Begleitschäden (BGH NJW 2018, 2863).

e. Schadensersatz

Ist die Sache mangelhaft, kann der Verkäufer nach den §§ 440, 280, 281, 283 und 311a BGB Schadensersatz verlangen (§ 437 Nr. 3 Fall 1 BGB).

aa. Schadensersatz neben der Leistung

Der Anspruch auf Schadensersatz neben der Leistung setzt voraus, dass durch den Mangel der Sache ein Schaden an sonstigen Rechten, Rechtsgütern oder Interessen des Bestellers entsteht (**Mangelfolgeschäden**) und der Verkäufer die Pflichtverletzung zu vertreten hat (§ 280 Abs. 1 BGB). Der Schadensersatz kann neben der Nacherfüllung verlangt werden, da es allein um den Ersatz des Integritätsinteresses geht. Der Anspruch erfasst unabhängig vom Verzug auch den Nutzungsausfallschaden (**Betriebsausfallschaden**), den der Käufer infolge der mangelhaften Kaufsache erleidet. Dagegen sind Schäden, die das Erfüllungsinteresse des Käufers betreffen nur im Rahmen des Schadensersatzes statt der Leistung (§ 281 BGB) ersatzfähig.

bb. Schadensersatz statt der Leistung

Der Käufer kann Schadensersatz statt der Leistung unter den Voraussetzungen der §§ 280 Abs. 1, 3, 281 bzw. 283 BGB verlangen. Bei einem behebbaren Mangel wird der Verkäufer nicht von seiner Nacherfüllungspflicht befreit. Der Verkäufer muss den Mangel zu vertreten haben und der Käufer diesem erfolglos eine angemessene Nachfrist zur Mangelbeseitigung gesetzt haben, wenn diese nicht ausnahmsweise entbehrlich ist (§§ 281 Abs. 2, 440 S. 1 BGB). Der Käufer kann die mangelhafte Kaufsache behalten und die durch die Mangelhaftigkeit ihm entstandenen Schäden (**Mangelschäden**) ersetzt verlangen (**kleiner Schadensersatz**). Er kann bei erheblichen Mängeln der Kaufsache diese aber auch zurückgeben und den Schaden vom Verkäufer ersetzt verlangen, der ihm aufgrund der Nichterfüllung des Vertrags entstanden ist (**großer Schadensersatz**). Bei anfänglichen unbehebbaren Mängeln gilt § 311a Abs. 2 BGB.

f. Ersatz vergeblicher Aufwendungen

Ist die Sache mangelhaft, kann der Verkäufer anstelle des Schadensersatzes statt der Leistung nach § 284 Ersatz vergeblicher Aufwendungen verlangen (§§ 437 Nr. 3 Fall 2 BGB). Dabei sind diejenigen Aufwendungen zu ersetzen, die der Käufer **im Vertrauen** auf den Erhalt einer mangelfreien Kaufsache gemacht hat und **billigerweise** machen durfte.

g. Ausschluss der Mängelrechte

aa. Kenntnis des Käufers

Den Ausschluss der Mängelrechte regelt § 442 BGB. Die Rechte des Käufers wegen eines Mangels sind ausgeschlossen, wenn er bei Vertragsschluss den Mangel kennt (**Kenntnis des Käufers**). Ist ihm ein Mangel infolge grob fahrlässiger Unkenntnis unbekannt, kann er Rechte wegen dieses Mangels nur geltend machen, wenn der Verkäufer den Mangel arglistig verschwiegen oder eine Garantie für die Beschaffenheit der Sache übernommen hat (§ 442 Abs. 1 BGB).

Grobe Fahrlässigkeit

Grobe Fahrlässigkeit erfordert Unkenntnis des Verkäufers, die auf einer **besonders schweren Vernachlässigung** der im Verkehr erforderlichen Sorgfalt beruht.

Arglistiges Verschweigen

Arglistiges Verschweigen setzt voraus, dass der Käufer den Mangel kenn oder zumindest für möglich hält. Das **Schweigen** muss sich auf Tatsachen beziehen, aus denen sich der Sach- oder Rechtsmangel ergibt und setzt eine **Aufklärungspflicht** voraus, die der Verkäufer aufgrund der Verkehrsanschauung nach Treu und Glauben (§ 242 BGB) erwarten durfte. Dem steht gleich das Vortäuschen der Mangelfreiheit, bei dem aber keine Aufklärungspflicht verletzt sein muss. Arglist liegt vor, wenn der Käufer weiß oder doch damit rechnet und billigend in Kauf nimmt (**bedingter Vorsatz**), dass der Käufer den Mangel nicht kennt und bei der Aufklärung den Vertrag nicht oder mit anderem Inhalt geschlossen hätte.

Beschaffenheitsgarantie

Unter einer Garantie für die Beschaffenheit der Kaufsache (**Beschaffenheitsgarantie**) ist eine Garantie nach § 443 BGB zu verstehen. Diese kann sich allgemein auf die Mangelfreiheit der Sache oder auf einzelne oder mehrere bestimmte Eigenschaften, welche die Beschaffenheit der Sache ausmachen, beziehen. Die Garantie muss Vertragsbestandteil sein und insbesondere im Vertragsangebot enthalten oder bei Vertragsabschluss darin enthalten sein.

Ausschluss bei Grundbuchrecht

Der Ausschluss der Mängelrechte nach § 441 Abs. 1 BGB gilt nicht, wenn der Mangel in einem Recht besteht, dass im Grundbuch eingetragen ist. Der **Verkäufer muss** das eingetragene Recht **beseitigen**, auch wenn es der Käufer kennt (§ 442 Abs. 1 BGB).

bb. Vertraglicher Ausschluss

Die Gewährleistungsrechte für Sach- und Rechtsmängel nach § 437 BGB können grundsätzlich vertraglich ausgeschlossen oder beschränkt werden. Nach § 444 BGB kann sich der Verkäufer auf eine solche Vereinbarung nicht berufen, soweit er den Mangel **arglistig verschwiegen** hat oder eine **Beschaffenheitsgarantie** für die Kaufsache übernommen hat. Es gelten dieselben Voraussetzungen wie bei § 442 BGB. Er kann sich auch nicht darauf berufen, wenn der arglistig verschwiegene Mangel für die Willenserklärung des Käufers **nicht ursächlich** war. § 444 BGB ist bei einer **Beschaffenheitsvereinbarung** (§ 434 Abs. 2 S. 1 Nr. 1 BGB) nicht anwendbar. Haben die Parteien eine bestimmte Beschaffenheit und einen pauschalen Haftungsausschluss vereinbart, erfasst dieser regelmäßig nicht das Fehlen der vereinbarten Beschaffenheit, sondern nur Mängel i. S. v. § 434 Abs. 1 S. 2 und 3 BGB. Ist neben dem Gewährleistungsausschluss die Rechtsmangelfreiheit vereinbart worden, ist nur die Haftung für Sachmängel ausgeschlossen. Der Ausschluss der Mängelrechte **in AGB-Klauseln** kann bei neu hergestellten Sachen gegen § 309 Nr. 8b BGB verstoßen. Beim **Verbrauchsgüterkauf** ist der Haftungsausschluss zum Nachteil des kaufenden Verbrauchers unzulässig (§ 476 Abs. 1 BGB). Nur bei Ausschluss oder Beschränkung des Schadensersatzanspruchs erfolgt eine Inhaltskontrolle (§ 476 Abs. 3 BGB).

cc. Pfandversteigerung

Bei Versteigerung einer Sache aufgrund eines Pfandrechts in einer öffentlichen Versteigerung (Pfandversteigerung), hat der Verkäufer die Mängelrecht nur, wenn der Verkäufer den Mangel **arglistig verschwiegen** oder eine **Beschaffenheitsgarantie** (§ 443 BGB) übernommen hat (§ 445 BGB). Es gelten Hierfür dieselben Voraussetzungen wie bei § 442 BGB.

h. Verjährung der Mängelrechte

aa. Verjährungsfristen

§ 438 BGB regelt die Verjährung der Mängelrechte. Sofern keine besondere Regelung eingreift, verjähren die Ansprüche auf Nacherfüllung, Schadensersatz und Aufwendungsersatz (§ 437 Nr. 1 und 3 BGB) in **zwei Jahren** (§ 438 Abs. 1 Nr. 3 BGB). Bei einem Bauwerk verjähren die Ansprüche grundsätzlich in **fünf Jahren**. Dieselbe Verjährungsfrist gilt auch bei einer Sache, die entsprechend ihrer üblichen Verwendungsweise für ein Bauwerk verwendet worden ist, und dessen Mangelhaftigkeit verursacht hat (§ 438 Abs. 1 Nr. 2a und b) BGB). Besteht der Mangel in einem dinglichen Recht eines Dritten, aufgrund dessen die Herausgabe der Kaufsache verlangt werden kann, oder in einem sonstigen Recht, das im Grundbuch eingetragen ist, verjähren die Ansprüche in **30 Jahren** (§ 437 Abs. 1 Nr. 1 a) und b) BGB). Wenn der Verkäufer den Mangel arglistig verschwiegen hat, verjähren die Ansprüche mit Ausnahme von § 438 Abs. 1 Nr. 1 BGB in der regelmäßigen Verjährungsfrist (§ 195 BGB) nach **drei Jahren** (§ 438 Abs. 3 S. 1 BGB). Die Verjährung tritt bei einem Mangel nach § 438 Nr. 2 BGB jedoch nicht vor Ablauf der Frist von fünf Jahren ein (§ 438 Abs. 3 S. 2 BGB).

bb. Verjährungsbeginn

Die Verjährung beginnt **bei Grundstücken** mit der **Übergabe**, im Übrigen mit der **Ablieferung** der Sache (§ 438 Abs. 2 BGB). Übergabe ist im Regelfall die Übertragung des unmittelbaren Besitzes. Bei Ablieferung muss die Ware so in den Machtbereich des Käufers gebracht werden, dass dieser sie untersuchen kann. Die bei arglistigem Verschweigen eines mangels geltende regelmäßige dreijährige Verjährungsfrist (§ 195 BGB) beginnt erst mit dem Schluss des Jahres, in dem der Käufer von dem Mangel Kenntnis erlangt oder ohne grobe Fahrlässigkeit erlangen musste (§§ 438 Abs. 3 S. 1, 199 Abs. 1 Nr. 2 BGB).

cc. Rücktritt und Minderung

Rücktritt und Minderung können nicht verjähren, da sie Gestaltungsrechte sind und § 194 BGB nur Ansprüche betrifft. Sie sind aber nach § 438 Abs. 4 und 5 BGB **unwirksam**, wenn der Anspruch auf Leistung oder Nacherfüllung verjährt ist und der Verkäufer sich darauf beruft. Bei Unwirksamkeit des Rücktritts nach § 218 Abs. 1 BGB kann der Käufer die Zahlung des Kaufpreises insoweit verweigern, als er aufgrund des Rücktritts dazu berechtigt sein würde (§ 438 Abs. 4 S. 2 BGB). Der Verkäufer hat in diesem Fall ein eigenes Rücktrittsrecht (§ 438 Abs. 4 S. 3 BGB). Bei Unwirksamkeit der Minderung kann der Käufer die Kaufpreiszahlung verweigern, wenn er aufgrund der Minderung dazu berechtigt wäre (§ 438 Abs. 5 BGB).

i. Konkurrenzen

Die Gewährleistungsrechte des Käufers gemäß §§ 434ff BGB sind eine Sonderregelung bei Vorliegen eines Sach- und Rechtsmangels. Daher stellt sich die Frage nach der Anwendbarkeit der allgemeinen Regeln im Verhältnis (Konkurrenz) zu den kaufrechtlichen Mängelrechten.

aa. Anfechtung

Die Anfechtung des Kaufvertrags durch den **Käufer** wegen Erklärungs- oder Inhaltsirrtums (§ 119 Abs. 1 BGB) wird durch seine Mängelrechte nicht ausgeschlossen. Die Anfechtung beim Eigenschaftsirrtum (§ 119 Abs. 2 BGB) wird indes für die Zeit ab Gefahrübergang durch die besonderen Mängelrechte verdrängt, wenn die verkehrswesentliche Eigenschaft zugleich einen Mangel der Kaufsache darstellt (h. M.). Diese sollen nicht durch die Anfechtung unterlaufen werden. Für die Zeit vor Gefahrübergang ist die Anfechtung wegen Eigenschaftsirrtum jedoch zulässig, da die Mängelrechte des Käufers grundsätzlich erst ab diesem Zeitpunkt gelten. Das Anfechtungsrecht wegen arglistiger Täuschung (§ 123 BGB) wird nach h. M. nicht durch die Mängelrechte verdrängt, da der Käufer hier besonders schutzwürdig ist.

Der **Verkäufer** hat zwar keine Mängelrechte, handelt aber rechtsmissbräuchlich (§ 242 BGB), wenn er den Kaufvertrag anficht, um sich der Mängelhaftung zu entziehen. Er kann aber wegen Eigenschaftsirrtum (§ 119 Abs. 2 BGB) anfechten, wenn sich die Eigenschaften der Sache nicht auf einen Mangel beziehen Zudem kann er anfechten, wenn sicher ist, dass der Käufer keine Mängelrechte geltend machen wird, diese ausgeschlossen (§ 442 BGB) oder verjährt (§ 438 BGB) sind.

bb. Störung der Geschäftsgrundlage

Die Gewährleistungsrechte des Käufers (§§ 434ff BGB) verdrängen die Vorschrift des § 313 BGB über die Störung der Geschäftsgrundlage, wenn beide Parteien eine gemeinschaftliche Fehlvorstellung über Umstände haben, die einen Mangel der Kaufsache begründen (wie z. B. die Bebaubarkeit eines Grundstücks). Betreffen die Fehlvorstellungen eine verkehrswesentliche Eigenschaft, die keinen Mangel darstellt, ist § 313 Abs. 2 BGB gegenüber der Anfechtung wegen Eigenschaftsirrtum (§ 119 Abs. 2 BGB) vorrangig (h. M.).

cc. Verschulden bei Vertragsschluss

Die Haftung des Verkäufers wegen Verschuldens bei Vertragsschluss (§§ 280 Abs. 1, 241 Abs. 2, 311 Abs. 2 BGB) ist ausgeschlossen, wenn sich die Pflichtverletzung auf einen Mangel der Kaufsache bezieht, da auch hier ansonsten die besonderen Mängelrechte unterlaufen würden. Die gilt aber nicht bei **Arglist** oder **Vorsatz** des Verkäufers, auch wenn sich Täuschung auf die Beschaffenheit der Kaufsache bezieht (h. M.).

dd. Unerlaubte Handlung

Die Ansprüche des Käufers aus unerlaubter Handlung (§§ 823 ff BGB) können grundsätzlich neben den Mängelrechten geltend gemacht werden (**Anspruchskonkurrenz**). Der Mangel an der Sache ist aber grundsätzlich keine Eigentumsverletzung (§ 823 Abs. 1 BGB). Umstritten ist dies bei Schäden, die durch einen Sachmangel entstehen, der nach Gefahrübergang auf die ganze Kaufsache übergreift und diese beschädigt oder zerstört (**weiterfressender Mangel**), z. B. bei erheblicher Beschädigung eines gebrauchten Sportwagens, der mit vorschriftswidriger Bereifung verkauft wurde. Nach Ansicht der Rechtsprechung (BGH NJW 2004, 1032) besteht ein Schadensersatzanspruch aus Eigentumsverletzung (§ 823 Abs. 1 BGB), da der Käufer bereits teilweise mangelfreies Eigentum erworben habe, der deliktsrechtlich geschützt werde.

Abb. 19: Gewährleistungsrechte beim Kaufvertrag

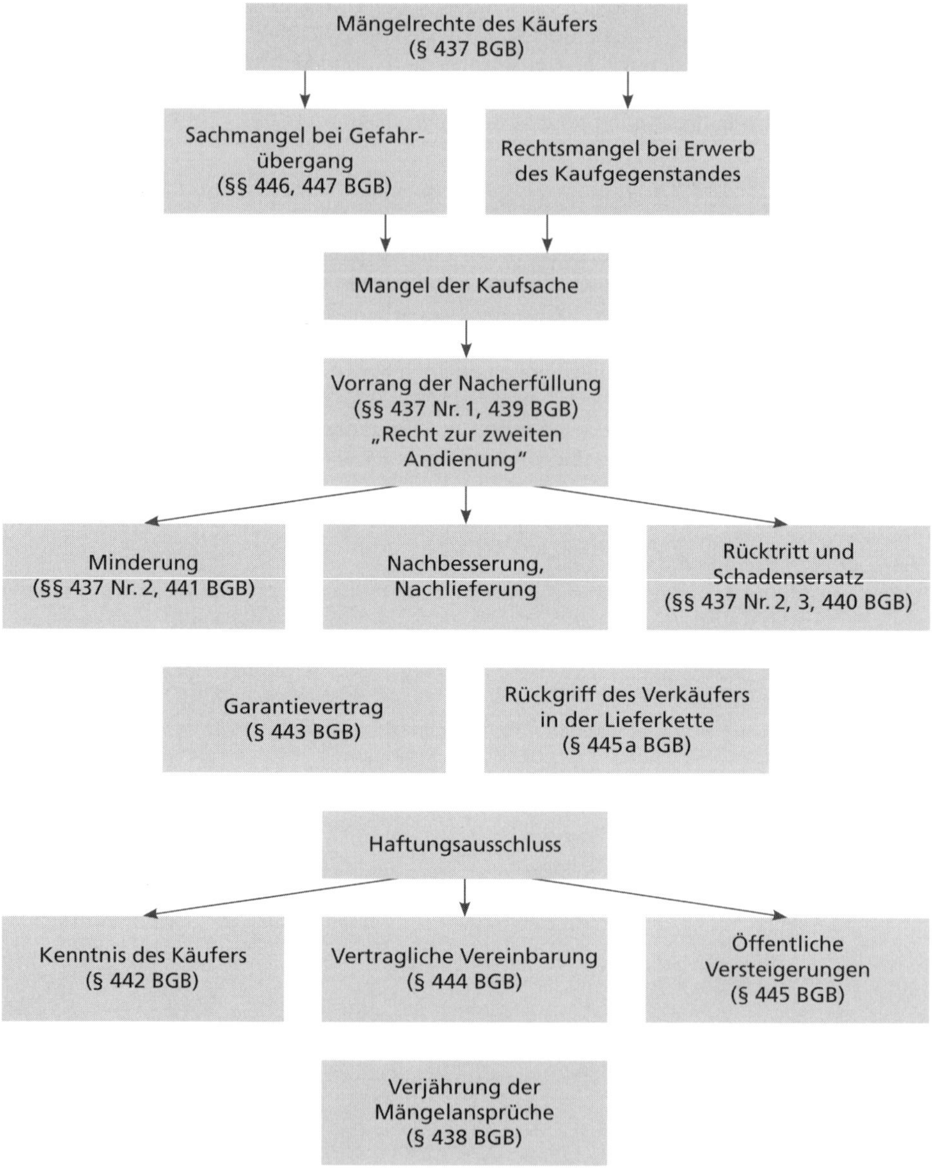

6. Garantie

Nach der Regelung des § 443 BGB können die Mängelrechte des Käufers (**Garantienehmer**) durch Vereinbarung einer Garantie (**Garantievertrag**) mit dem Verkäufer, Hersteller oder sonstigen Dritten (**Garantiegeber**) erweitert werden (**unselbstständige Garantie**). Es kann sich um eine Beschaffenheits- oder Haltbarkeitsgarantie oder eine Garantie für andere als die Mängelfreiheit betreffende Anforderungen handeln. Im Garantiefall hat der Käufer ein

Wahlrecht zwischen den Ansprüchen aus der Garantie und den Mängelansprüchen. Davon zu unterscheiden ist eine Garantie, die dem Gläubiger bei Nichteintritt des garantierten Erfolgs einen selbstständigen, von der gesicherten Schuld unabhängigen Anspruch gegen den Garanten gibt (**selbstständige Garantie**).

a. Garantievertrag

Der Garantievertrag kommt i. d. R. dadurch zustande, dass der Käufer mit dem Kaufvertrag zugleich die **Garantieerklärung** konkludent annimmt. Ist Garantiegeber der Hersteller oder ein sonstiger Dritter, handelt der Verkäufer als Vertreter oder Bote. Nach § 151 S. 1 BGB muss die Annahmeerklärung des Käufers nicht zugehen. Die Garantieerklärung bestimmt den **Inhalt** der Garantie, der durch **Auslegung** (§§ 133, 157 BGB) zu ermitteln ist. Sie muss jedenfalls über die gesetzlichen Mängelrechte hinausgehen. Diese schuldet allerdings nur der Verkäufer, nicht aber der Hersteller oder sonstige Dritte. Bei der Auslegung der Erklärung ist nach § 443 Abs. 1 BGB auch die **einschlägige Werbung** zu berücksichtigen.

b. Beschaffenheitsgarantie

Die Beschaffenheitsgarantie bezieht sich darauf, dass die Kaufsache **bei Gefahrübergang** eine **bestimmte Beschaffenheit** aufweist. Der Garantiegeber verpflichtet sich, für bestimmte Folgen des Fehlens dieser Beschaffenheit einzustehen, wie z. B. den Kaufpreis zu erstatten, die Sache auszutauschen, nachzubessern oder in ihrem Zusammenhang Dienstleistungen zu erbringen (§ 443 Abs. 1 BGB). Im Einzelfall ist hiervon die **Beschaffenheitsvereinbarung** (§ 434 Abs. 2 S. 1 Nr. 1 BGB) durch Auslegung ohne Übernahme einer Garantie abzugrenzen.

Beispiel: Beim Gebrauchtwagenverkauf wird die Angabe des Verkäufers zur km-Leistung im Falle eines Privatverkaufs als Beschaffenheitsvereinbarung ausgelegt, beim Händlerverkauf als Garantiezusage (BGH NJW 2007, 1346).

c. Haltbarkeitsgarantie

Bei der Haltbarkeitsgarantie übernimmt der Garantiegeber die Garantie, dass die Kaufsache für eine bestimmte Dauer (**Garantiefrist**) eine bestimmte Beschaffenheit behält. Die Garantie gilt nur, wenn der Mangel während der Garantiefrist auftritt. Nach § 443 Abs. 2 BGB besteht die **Vermutung**, dass ein während der Garantiefrist auftretender Sachmangel die Rechte aus der Garantie begründet. Der Verkäufer muss daher beweisen, dass der Mangel durch einen von der Garantie nicht erfassten Umstand verursacht wurde. Die Verjährung des Anspruchs beginnt mit Ablauf des Jahres, in dem der Käufer den Mangel entdeckt (§ 199 Abs. 1 Nr. 2 BGB). Wann der Käufer den Mangel geltend machen muss, ist hingegen durch Auslegung der Garantie zu beurteilen.

Beispiel: Beim Gebrauchtwagenverkauf wird durch die Angabe „fahrbereit" die Gewähr für die Verkehrssicherheit übernommen, nicht aber eine Haltbarkeitsgarantie, wonach das Kfz über einen längeren Zeitraum fahrbereit bleibt (BGH NJW 2007, 759).

d. Garantie sonstiger Anforderungen

Die Garantie kann auch andere als die Mängelfreiheit der Kaufsache betreffende Umstände zum Inhalt haben. Das sind Umstände, die nicht in der Beschaffenheit der Kaufsache begründet sind und deren Fehlen deshalb keinen Mangel darstellt.

Beispiel: Zusage des künftigen Erlasses eines Bebauungsplans durch den Grundstückverkäufer.

7. Rückgriff des Verkäufers

a. Rückgriffsanspruch

Der Rückgriff des Verkäufers in der Lieferkette ist in §§ 445a und 445b BGB geregelt. Die Vorschriften wurden durch das WKRL-Umsetzungsgesetz geändert. Der Verkäufer hat einen Anspruch auf Rückgriff aus § 445a BGB (**Regressanspruch**). Danach kann der Verkäufer beim Verkauf einer neu hergestellten Sache von dem Verkäufer, der ihm die Sache verkauft hatte (**Lieferant**), Ersatz seiner **Aufwendungen** verlangen, die er im Verhältnis zum Käufer nach § 439 Abs. 2, 3, und 6 Satz 2 sowie nach 475 Abs. 4 BGB zu tragen hatte. Dies setzt voraus, dass der von dem Käufer geltend gemachte Mangel bereits beim Übergang der Gefahr auf den Verkäufer vorhanden war oder auf einer Verletzung der Aktualisierungspflicht gemäß § 475b BGB beruht. Für die Mängelrechte (§ 437 BGB) des Verkäufers gegen seinen Lieferanten, bedarf es keiner Fristsetzung, wenn der Verkäufer die verkaufte oder neu hergestellte Sache als Folge ihrer Mangelhaftigkeit zurücknehmen musste oder der Käufer den Kaufpreis gemindert hat (§ 445a Abs. 2 BGB). Diese Regelungen finden auf die Ansprüche des Lieferanten und der übrigen Käufer in der Lieferkette gegen die jeweiligen Käufer entsprechende Anwendung, wenn die Schuldner **Unternehmer** sind (§ 445a Abs. 3 BGB).

Der Regressanspruch erstreckt sich auf die **gesamte Lieferkette** vom Hersteller über den Großhändler und Einzelhändler bis zum Endabnehmer als letzter Käufer. Es besteht aber **kein Direktanspruch** außerhalb der Lieferkette gegen den Hersteller. Jeder Lieferant kann nur seinen Lieferanten in Regress nehmen, bis letztlich der Hersteller erreicht ist. Hinsichtlich der **Aktualisierungsverpflichtung** (§ 475b BGB) haftet der Lieferant nach der Gesetzesbegründung nicht für Zusagen aufgrund einer Vereinbarung zwischen Verkäufer und Käufer, weil ihm ein solches Versprechen nicht zugerechnet werden kann. Der Regressanspruch soll sicherstellen, dass die Pflicht zu Aktualisierungen durch die Lieferkette bis zum Hersteller weitergereicht wird, da nur der Hersteller technisch und rechtlich dazu in der Lage sei. Nach Ansicht in der Literatur soll der Regressanspruch ausgeschlossen sein (teleologische Reduktion), wenn das Unterlassen von Aktualisierungen beim Verbraucher als letzter Käufer allein aus der Sphäre des Verkäufers selbst herrührt und nicht auf den Lieferanten oder einen Dritten zurückzuführen ist. Die Vorschrift des § 445a BGB gilt grundsätzlich für alle Kaufverträge. Beim **Handelskauf** bleiben die Untersuchungs- und Rügeobliegenheiten (§ 377 HGB) unberührt (§ 445a Abs. 4 BGB). Beim **Verbrauchsgüterkauf** enthält § 478 BGB noch ergänzende Sonderbestimmungen.

b. Anspruchsverjährung

Die Vorschrift über die Verjährung des Regressanspruchs (§ 445b BGB) ist dahin geändert worden, dass die Begrenzung der Ablaufhemmung auf einen Zeitraum von fünf Jahren (§ 445b Abs. 2 S. 2 BGB) aufgehoben wurde. Der Anspruch verjährt in **zwei Jahren** ab Ablieferung (§ 445b Abs. 1 BGB). Die Verjährung der Ansprüche des Käufers gegen seinen Lieferanten wegen des Mangels einer verkauften neu hergestellten Sache tritt zwei Monate nach dem Zeitpunkt ein, in dem der Verkäufer die Ansprüche des Käufers erfüllt hat. Diese Ablaufhemmung endet jedoch spätestens **fünf Jahre** nach Ablieferung der Sache an den Unternehmer (§ 445b Abs. 2 BGB). Die Regelungen finden auf die Ansprüche des Lieferanten und der übrigen Käufer in der Lieferkette gegen die jeweiligen Verkäufer entsprechende Anwendung, wenn die Schuldner Unternehmer sind (§ 445b Abs. 3 BGB).

8. Verbrauchsgüterkauf

Die §§ 474–479 BGB gelten **ergänzend** zu den Vorschriften des allgemeinen Kaufrechts (§§ 433 ff BGB) für den Verbrauchsgüterkauf. Sie sind aufgrund der Gesetze zur Umsetzung der **Warenkaufrichtlinie** und **Digitale-Inhalte-Richtlinie** umfassend novelliert worden.

a. Verbrauchsgüterverträge

Verbrauchsgüterverträge sind Verträge, durch die ein **Verbraucher** von einem **Unternehmer** eine **Ware** (§ 241 a Abs. 1 BGB) kauft. Um einen Verbrauchsgüterkauf handelt es sich auch bei einem Vertrag, der **neben** dem Verkauf einer Ware die Erbringung einer **Dienstleistung** zum Gegenstand hat (§ 474 Abs. 1 BGB). Es gelten ergänzend die §§ 474–479 BGB. Für gebrauchte Waren, die in einer öffentlich zugänglichen Versteigerung (§ 312 g Abs. 2 Nr. 10 BGB) verkauft werden, gilt dies nicht, wenn dem Verbraucher klare und umfassende Informationen darüber, dass die §§ 474–479 BGB nicht gelten, leicht verfügbar gemacht wurden (§ 474 Abs. 2 BGB).

b. Anwendbare Vorschriften

Durch § 475 BGB werden die allgemeinen kaufrechtlichen Vorschriften wie folgt modifiziert:

- Unverzügliche Fälligkeit der Leistungen; sofortige Bewirkung (§ 475 Abs. 1 BGB)
- Gefahrübergang (§§ 446, 447 BGB) beim Versendungskauf (§ 475 Abs. 2 BGB)
- Keine Nutzungsherausgabe oder Wertersatz bei Rückgewähr (§ 475 Abs. 3 BGB)
- Vorschussanspruch für Aufwendungen bei der Nacherfüllung (§ 475 Abs. 4 BGB)
- Unverzügliche Nacherfüllung nach Unterrichtung über den Mangel (§ 475 Abs. 5 BGB)
- Kostentragung der Warenrückgabe bei Rücktritt oder Schadensersatz statt der ganzen Leistung; Rücksendungsnachweis steht Warenrückgewähr gleich (§ 475 Abs. 6 BGB)

c. Verbrauchsgüterkaufvertrag über digitale Produkte

Verbrauchsgüterkaufvertrag über körperliche Datenträger mit digitalen Inhalten

Auf einen Verbrauchsgüterkaufvertrag, der einen körperlichen Datenträger zum Gegenstand hat, der ausschließlich als **Träger digitaler Inhalte** dient, sind § 433 Abs. 1 S. 2, die §§ 434–442, 475 Abs. 3 S. 1, Abs. 4–6, die §§ 475 b–475 e und die §§ 476 und 477 BGB über die Rechte bei Mängeln **nicht anzuwenden**. An die Stelle dieser Vorschriften treten die §§ 327–327 s BGB (§ 475 a Abs. 1 BGB).

Verbrauchsgüterkaufvertrag über eine Ware mit Funktion ohne digitales Produkt

Auf einen Verbrauchsgüterkaufvertrag über eine **Ware**, die in einer Weise **digitale Produkte** enthält oder mit digitalen Produkten verbunden ist, dass die Ware ihre **Funktionen auch ohne** diese digitalen Produkte **erfüllen** kann, sind im Hinblick auf die Bestandteile des Vertrags, welche die digitalen Produkte betreffen, nach § 475 a Abs. 2 BGB **nicht anzuwenden:**

- § 433 Abs. 1 S. 1 und § 475 Abs. 1 BGB über die Übergabe der Kaufsache und die Leistungszeit (Nr. 1) sowie
- § 433 Abs. 1 S. 2, die §§ 434–442, 475 Abs. 3 S. 1, Abs. 4–6, die §§ 475 b–475 e und die §§ 476 und 477 über die Rechte bei Mängeln (Nr. 2).

An die Stelle dieser Vorschriften treten die Vorschriften der Verbraucherverträge über digitale Produkte der §§ 327–327 s BGB.

d. Sachmangel einer Ware mit digitalen Elementen

Den Sachmangel einer Ware mit digitalen Elementen regeln **ergänzend** §§ 475b–475e BGB. Für den Kauf einer Ware mit digitalen Elementen (§ 327a Abs. 3 S. 1 BGB), bei dem sich der Unternehmer verpflichtet, dass er oder ein Dritter die digitalen Elemente bereitstellt, gelten die Regelungen des § 475b BGB (§ 475b Abs. 1 S. 1 BGB). In diesem Fall sind die Vorschriften der **Verbraucherverträge** über **digitale Produkte** (§§ 327ff BGB) **nicht anwendbar**. Hinsichtlich der Frage, ob die Verpflichtung des Unternehmers die Bereitstellung der digitalen Inhalte oder digitalen Dienstleistungen umfasst, gilt § 327a Abs. 3 S. 2 BGB (§ 475b Abs. 1 S. 2 BGB). Beim Kauf einer Ware mit digitalen Elementen ist danach im Zweifel anzunehmen, dass die Verpflichtung des Verkäufers die Bereitstellung der digitalen Inhalte oder Dienstleistungen umfasst.

e. Weitere Regelungen

Beim Sachmangel einer Ware mit digitalen Elementen bei **dauerhafter Bereitstellung** der digitalen Elemente gelten ergänzend die Regelungen des § 475c BGB. Für **Rücktritt** und **Schadensersatz** gelten ergänzend die Regelungen des § 475d BGB. Sonderbestimmungen für die **Verjährung** regelt § 475e BGB.

f. Abweichende Vereinbarungen

Abweichungen vom allgemeinen Kaufrecht

Auf eine vor Mitteilung eines Mangels an den Unternehmer getroffene Vereinbarung, die **zum Nachteil** des Verbrauchers von den §§ 433–435, 437, 439–441 und 443 BGB sowie von den §§ 474–479 BGB abweicht, **kann** sich der Unternehmer **nicht berufen** (§ 476 Abs. 1 S. 1 BGB). Von den Anforderungen nach § 434 Abs. 3 BGB oder § 475b Abs. 4 BGB kann vor Mitteilung eines Mangels an den Unternehmer **abgewichen** werden, wenn der Verbraucher vor Abgabe seiner Willenserklärung eigens davon in Kenntnis gesetzt wurde, dass ein bestimmtes Merkmal der Ware von den objektiven Anforderungen abweicht und die Abweichungen im Vertrag ausdrücklich und gesondert vereinbart wurden (§ 476 Abs. 1 Nr. 1 und 2 BGB). Dies bedeutet, dass die Ware beim Kaufvertrag zwischen Unternehmer und Verbraucher nach dem Grundsatz der **Gleichrangigkeit** neben den subjektiven Anforderungen und den Montageanforderungen auch die objektiven Anforderungen bei Gefahrübergang erfüllen muss (§ 434 Abs. 1 BGB), um frei von Sachmängeln zu sein. Eine Vereinbarung i. S. v. § 434 Abs. 2 Nr. 1 BGB, die von den objektiven Anforderungen abweicht **(negative Beschaffenheitsvereinbarung)** ist deshalb nur unter den Voraussetzungen des § 476 Abs. 1 BGB wirksam.

Verjährung der Mängelrechte

Die Verjährung der Mängelrechte des § 437 BGB kann vor Mitteilung eines Mangels an den Unternehmer **nicht** durch Rechtsgeschäft **erleichtert** werden, wenn die Vereinbarung zu einer Verjährungsfrist ab dem gesetzlichen Verjährungsbeginn von **weniger als zwei Jahren**, bei gebrauchten Waren von **weniger als einem Jahr**, führt. Der Verbraucher ist vor Abgabe seiner Vertragserklärung von der Verkürzung der Verjährungsfrist eigens in Kenntnis zu setzen und diese ist im Vertrag ausdrücklich und gesondert zu vereinbaren (§ 476 Abs. 2 Nr. 1, 2 BGB).

Ausschluss oder Beschränkung des Schadensersatzanspruchs

§ 476 Abs. 1 und 2 BGB gelten nicht für den Ausschluss oder die Beschränkung des Anspruchs auf Schadensersatz. Davon unberührt sind die §§ 307–309 BGB über die Inhaltskontrolle bei AGB (§ 476 Abs. 3 BGB).

Umgehungsverbot

§ 476 Abs. 1 und 2 BGB sind auch anzuwenden, wenn sie durch anderweitige Gestaltungen umgangen werden (**Umgehungsverbot**) (§ 476 Abs. 4 BGB).

g. Beweislastumkehr

Zeigt sich innerhalb eines Jahres seit Gefahrübergang ein von den Anforderungen nach § 434 BGB oder § 475b BGB **abweichender Zustand** der Ware, so wird **vermutet**, dass die Ware bereits bei Gefahrübergang mangelhaft war. Dies gilt nicht, wenn diese Vermutung mit der Art der Ware oder des mangelhaften Zustands unvereinbar ist (§ 477 Abs. 1 BGB). Ist bei Waren mit **digitalen Elementen** die dauerhafte Bereitstellung der digitalen Elemente im Kaufvertrag vereinbart und zeigt sich ein von den vertraglichen Anforderungen nach § 434 BGB oder § 475b BGB abweichender Zustand der digitalen Elemente während der Dauer der Bereitstellung oder innerhalb von zwei Jahren seit Gefahrübergang, wird vermutet, dass die digitalen Elemente während der bisherigen Dauer der Bereitstellung mangelhaft waren (§ 477 Abs. 2 BGB).

h. Sonderbestimmungen für den Rückgriff des Unternehmers

Ist der letzte Vertrag in der Lieferkette ein Verbrauchsgüterkauf (§ 474 BGB), findet § 477 BGB (Beweislastumkehr) in den Fällen des § 445a Abs. 1 und 2 BGB über den **Rückgriff in der Lieferkette** mit der Maßgabe Anwendung, dass die **Frist** mit dem Übergang der Gefahr auf den Verbraucher beginnt (§ 478 Abs. 1 BGB). Auf eine vor Mitteilung eines Mangels an den Lieferanten getroffene **Vereinbarung**, die zum **Nachteil** des **Unternehmers** von § 478 Abs. 1 sowie von §§ 433–435, 437, 439.443, 445a Abs. 1 und 2 sowie den §§ 445b, 475b und 475c BGB abweicht, kann sich der **Lieferant nicht berufen**, wenn dem Rückgriffgläubiger kein gleichwertiger Ausgleich eingeräumt wird (§ 478 Abs. 2 S. 1 BGB)

Ausschluss oder Beschränkung des Schadensersatzanspruchs

§ 478 Abs. 2 S. 1 BGB gilt unbeschadet des § 307 BGB (Inhaltskontrolle bei AGB) nicht für den Ausschluss oder die Beschränkung des Anspruchs auf Schadensersatz (§ 478 Abs. 2 S. 2 BGB).

Umgehungsverbot

Die in § 478 Abs. 2 S. 1 BGB bezeichneten Vorschriften finden auch Anwendung, wenn sie durch anderweitige Gestaltungen umgangen werden (**Umgehungsverbot**) (§ 478 Abs. 2 S. 3 BGB).

Ansprüche in der Lieferkette

§ 478 Abs. 1 und 2 BGB finden auf die Ansprüche der Lieferanten und die übrigen Käufer in der Lieferkette gegen die jeweiligen Verkäufer entsprechende Anwendung, wenn die Schuldner **Unternehmer** sind (§ 478 Abs. 3 BGB).

i. Rückgriff bei Verträgen über digitale Produkte

Ist der letzte Vertrag in der Lieferkette ein **Verbrauchervertrag** über die Bereitstellung digitaler Produkte nach den § 327 BGB und § 327a BGB, so sind die §§ 445a, 445b und 478 BGB nicht anzuwenden. An die Stelle dieser Vorschriften treten die Vorschriften der §§ 327t und 327u BGB (Rückgriff des Unternehmers in der Vertriebskette) (§ 445c BGB).

j. Sonderbedingungen für Garantien

Eine **Garantieerklärung** (§ 443 BGB) muss einfach und verständlich abgefasst sein (§ 479 Abs. 1 S. 1 BGB). Sie muss die Angaben gemäß § 479 Abs. 1 S. 2 Nr. 1–5 BGB enthalten. Sie ist dem Verbraucher spätestens zum Zeitpunkt der Lieferung der Ware auf einem **dauerhaften Datenträger** zur Verfügung zu stellen (§ 479 Abs. 2 BGB). Hat der Hersteller gegenüber dem Verbraucher eine **Haltbarkeitsgarantie** übernommen, so hat der Verbraucher gegen den Hersteller während des Zeitraums der Garantie mindestens einen Anspruch auf Nacherfüllung gemäß § 439 Abs. 2, 3, 5 und 6 S. 2 BGB und § 475 Abs. 3 S. 1 und Abs. 5 BGB (§ 479 Abs. 3 BGB). Die **Wirksamkeit** der **Garantieverpflichtung** wird dadurch nicht berührt, dass eine der vorstehenden Anforderungen nicht erfüllt wird (§ 479 Abs. 4 BGB).

9. Internationales Kaufrecht

a. Auslandsbezug

Hat der Kaufvertrag eine Verbindung zum Recht eines anderen Staates (**Auslandsbezug**), ist das anwendbare nationale materielle Recht nach den Regeln des Internationalen Privatrechts zu bestimmen. Nach Art. 3 Rom-I-VO können die Vertragsparteien das anzuwendende Recht frei wählen (**Grundsatz der freien Rechtswahl**). Wird eine Rechtswahl nicht getroffen, bestimmt sich das anzuwendende Recht nach Art. 4ff Rom-I-VO. Für Kaufverträge über bewegliche Sachen gilt das Recht des Staates, in dem der Verkäufer seinen gewöhnlichen Aufenthalt hat, es sei denn, dass sich aus den Umständen eine offensichtlich engere Verbindung zum Recht eines anderen Staates ergibt (Art. 4 Abs. 1a), Abs. 3 Rom-I-VO). Für **Verbraucherverträge** wird stattdessen unter bestimmten Voraussetzungen auf den gewöhnlichen Aufenthalt des Verbrauchers abgestellt (Art. 6 Rom-I-VO). Für Kaufverträge über unbewegliche Sachen (**Grundstücke**) gilt gem. Art. 4 Abs. 1c) Rom-I-VO das Recht am Lageort *(lex rei sitae)*. Das dingliche Verfügungsgeschäft unterliegt gem. Art 43 Abs. 1 EGBGB ebenfalls dem Recht am Lageort. Verträge über den Kauf beweglicher Sachen durch Versteigerungen unterliegen dem Recht am Ort der Versteigerung (Art. 4g) Rom-I-VO).

b. UN-Kaufrecht

Das UN-Kaufrecht (CISG) ist ein verbindlicher völkerrechtlicher Vertrag, der für Kaufverträge und Werklieferungsverträge über bewegliche Sachen gilt. Die Vertragsparteien müssen ihre **Niederlassung** in **verschiedenen Staaten** haben, die Vertragsstaaten sind oder wenn die IPR-Regeln zur Anwendung des Rechts eines Vertragsstaats führen (Art. 1 Abs. 1 CISG). Dabei muss sich diese Tatsache aus dem Vertrag, aus früheren Geschäftsbeziehungen, Verhandlungen oder Auskünften ergeben, die vor oder bei Vertragsschluss zwischen den Parteien geführt oder von ihnen erteilt worden sind (Art. 1 Abs. 2 CISG). Das CISG findet keine Anwendung auf den Kauf u. a. von Waren für den persönlichen oder familiären Gebrauch (**Verbraucherverträge**), von Wertpapieren oder Zahlungsmitteln und von elektrischer Energie (vgl. Art. 2 CISG). Es regelt ausschließlich den Kaufvertrag und die aus ihm erwachsenden Rechte und Pflichten des Verkäufers und Käufers (Art. 4 CISG). Die Vertragsparteien können die Anwendung des CISG in der **Rechtswahlklausel** wählen. Sie können die Anwendung des CISG auch ausschließen, oder vorbehaltlich des Art. 12 CISG (Schriftform bei Kaufverträgen) von seinen Bestimmungen abweichen oder deren Wirkungen ändern (Art. 6 CISG). Das CISG ist in vier Teile gegliedert über den Anwendungsbereich und allgemeine Bestimmungen (Art. 1–13), den Abschluss des Vertrages (Art. 14–24), den Warenkauf (Art. 25–88) und Schlussbestimmungen (Art. 89–101).

c. UNIDROIT Grundregeln

Die UNIDROIT-Grundregeln für internationale Handelsverträge (UNIDROIT-Grundregeln) enthalten eine Zusammenfassung und Ordnung des internationalen Vertragsrechts. Es handelt sich nicht um einen bindenden völkerrechtlichen Vertrag, sondern um unverbindliche Regeln für den internationalen Handel. Die Grundregeln können nach den Schiedsrechten (vgl. § 1051 ZPO) und nach den Schiedsregeln institutioneller Schiedsgerichte in einer **Schiedsklausel** in Verbindung mit einer **Rechtswahlklausel** als „Rechtsegeln" alternativ zum nationalen Recht von den Vertragsparteien gewählt werden. Die UNIDROIT-Grundregeln gliedern sich in neun Kapitel über Allgemeine Bestimmungen (Art. 1.), Vertragsschluss und Vertretungsmacht (Art. 2.), Gültigkeit (Art. 3), Auslegung (Art. 4), Inhalt und Rechte Dritter (Art. 5.), Erfüllung im Allgemeinen (Art. 6.), Nichterfüllung (Art. 7.), Aufrechnung (Art. 8.), Abtretung von Rechten, Übertragung von Verpflichtungen, Abtretung von Verträgen (Art. 9.).

10. Europäisches Kaufrecht

Das Gemeinsame Europäische Kaufrecht (GEK) ist ein Vorschlag der EU-Kommission vom 11.10.2011 (KOM (2011, 635). Es handelt sich um ein einheitliches autonomes Regelwerk (**Einheitskaufrecht**), das auf Grundlage der Vorarbeiten zur Harmonisierung des europäischen Vertragsrechts (PECL, DCFR) entwickelt wurde. Danach können die Parteien das GEK für ihre grenzübergreifenden Verträge über den Kauf von Waren oder die Bereitstellung digitaler Inhalte sowie die Erbringung verbundener Dienstleistungen innerhalb der in Artikel 4–7 GEK abgesteckten räumlichen, sachlichen und persönlichen Geltungsbereichs wählen (Art. 3 GEK). Es enthält vertragsrechtliche sowie Verbraucherschutzvorschriften und ist für das Verhältnis zwischen Groß- und Kleinunternehmen sowie von Unternehmen zu Verbrauchern wählbar (Art. 7 Abs. 1 GEK). Der Europäische Gesetzgeber hat den Vorschlag der GEK-Verordnung jedoch nicht umgesetzt, sondern die Warenkaufrichtlinie und die Digitale-Inhalte-Richtlinie erlassen.

II. Darlehensvertrag

1. Allgemeines

Der Darlehensvertrag ist ein typischer schuldrechtlicher Vertrag. Er kann die Überlassung von Geld (**Gelddarlehen**) oder einer vertretbaren Sache (**Sachdarlehen**) auf Zeit zum Gegenstand haben. Die allgemeinen Vorschriften der §§ 488–490 BGB sind auf alle Arten von Gelddarlehen anzuwenden. Zudem sind auf Gelddarlehen, die zwischen einem Unternehmer (§ 14 BGB) als Darlehensgeber und einem Verbraucher (§ 13 BGB) als Darlehensnehmer vereinbart werden (**Verbraucherdarlehensvertrag**), die zwingenden Verbrauchervorschriften der §§ 491–505e BGB anzuwenden. Das Sachdarlehen ist in §§ 607–609 BGB geregelt. Der Darlehensvertrag begründet ein **Dauerschuldverhältnis** zwischen Darlehensgeber und Darlehensnehmer, da das Darlehen immer für einen bestimmten oder unbestimmten Zeitraum gewährt wird.

2. Gelddarlehen

a. Vertragsschluss

aa. Konsensualvertrag

Nach § 488 Abs. 1 BGB komm der Darlehensvertrag nach den allgemeinen Regeln (§§ 130 ff, 145 ff BGB) durch zwei übereinstimmende Willenserklärung zustande. Dies ergibt sich aus dem Wortlaut der im Zuge der Schuldrechtsreform 2002 neu gefassten Norm. Demzufolge entsteht der Darlehensvertrag bereits durch Einigung der Parteien (**Konsensualvertrag**) und nicht erst mit der Überlassung der Darlehensvaluta (**Realvertrag**), was umstritten war. Die Einigung ist darauf gerichtet, dass der Darlehensgeber dem Darlehensnehmer den vereinbarten Geldbetrag zur Verfügung stellt und dieser bei Fälligkeit vom Darlehensnehmer an den Darlehensgeber zurückgezahlt wird (§ 488 Abs. 1 BGB). Die Parteien müssen außerdem vereinbaren, ob der Darlehensnehmer verpflichtet ist, dem Darlehensgeber einen geschuldeten Zins zu zahlen. Der Abschluss des Vertrags bedarf keiner Form und kann auch mündlich oder konkludent erfolgen. Dagegen bedarf der **Verbraucherkreditvertrag** der **Schriftform** (§ 492 BGB).

bb. Vereinbarungsdarlehen

Die Parteien können im Rahmen der Vertragsfreiheit (§ 311 Abs. 1 BGB) auch vereinbaren, dass aus einem anderen Grund geschuldetes Geld, z. B. der Kaufpreis aus einem Kaufvertrag, als Darlehen geschuldet werden soll (**Vereinbarungsdarlehen**). Dabei ist durch Auslegung zu ermitteln, ob die Vereinbarung eine Schuldabänderung, Schuldumschaffung (Novation) oder der Schriftform bedürftiges konstitutives Schuldanerkenntnis (§ 781 BGB) darstellt.

cc. Wirksamkeit

Der Darlehensvertrag kann insbesondere wegen **Sittenwidrigkeit** oder **Wucher** nach § 138 BGB nichtig sein. Die Vorschrift über die Nichtigkeit des Wuchers (§ 138 Abs. 2 BGB) ist gegenüber derjenigen über die Sittenwidrigkeit (§ 138 Abs. 1 BGB) die speziellere Regelung und daher vorrangig zu prüfen.

Wuchergeschäft (§ 138 Abs. 2 BGB)

Nach § 138 Abs. 2 BGB ist ein Rechtsgeschäft nichtig (**Wuchergeschäft**), durch das jemand unter Ausnutzung der Zwangslage, der Unerfahrenheit, des Mangels an Urteilsvermögen oder der erheblichen Willensschwäche eines anderen (**subjektiver Tatbestand**) sich oder einem Dritten für eine Leistung Vermögensvorteile versprechen oder gewähren lässt, die in einem auffälligen Missverhältnis zur Leistung stehen (**objektiver Tatbestand**). Ein auffälliges Missverhältnis zwischen Leistung und Gegenleistung besteht nach der Rechtsprechung (BGH NJW-RR 1989, 1068), wenn der effektive Vertragszins im Verhältnis zum marktüblichen Zins doppelt so hoch ist (**Grenze des Doppelten**) und diesen (relativ) um 100 % übersteigt. Es liegt auch dann vor, wenn der effektive Vertragszins den marktüblichen Zins absolut um 12 % übersteigt. Zudem muss der subjektive Tatbestand erfüllt sein, was schwer nachzuweisen ist.

Wucherähnliches Geschäft (§ 138 Abs. 1 BGB)

Nach § 138 Abs. 1 BGB ist ein Rechtsgeschäft, das gegen die guten Sitten verstößt, nichtig (**Sittenwidrigkeit**). Dazu muss die Leistung objektiv in einem auffälligen Missverhältnis zur Gegenleistung stehen (**objektiver Tatbestand**). Dafür gelten die hierzu entwickelten Kriterien der Rechtsprechung ebenso wie für das Wuchergeschäft nach § 138 Abs. 2 BGB. Das Darlehen kann aber auch nichtig sein, weil es zu einem sittenwidrigen Zweck abgeschlossen wurde. Der Darlehensgeber muss darüber hinaus die wirtschaftliche Unterlegenheit des Darlehensnehmers vorsätzlich oder grob fahrlässig ausgenutzt haben (**subjektiver Tatbestand**). Bei Verträgen zwischen einem gewerblichen Kreditgeber und einem Verbraucher wird i. d. R. vermutet, dass der subjektive Tatbestand erfüllt ist. Das gilt indessen nicht, wenn der Kreditnehmer Kaufmann oder Freiberufler ist.

b. Arten

aa. Verzinsliches Darlehen

Das verzinsliche Darlehen ist der gesetzliche Regelfall (§ 488 Abs. 1 BGB). Dabei handelt es sich um einen **gegenseitigen Vertrag**. Der Darlehensgeber überlässt dem Darlehensnehmer einen Geldbetrag auf Zeit und dieser ist seinerseits zur Zahlung des Zinses verpflichtet, so dass beide Leistungen im (synallagmatischen) **Austauschverhältnis** stehen. Dafür gelten die Regeln des allgemeinen Leistungsstörungsrechts (§§ 280 ff, 320 ff BGB). Die Parteien des Darlehensvertrags können anstelle der oder neben den Zinsen andere Leistungen vereinbaren. So wird beim **partiarischen Darlehen** kein fester Zins gezahlt, sondern eine etwa vom Gewinn oder Umsatz eines Unternehmens abhängige Vergütung. Dabei wird in der Regel ein vorher festgelegter Prozentsatz der vereinbarten Erfolgsgröße als Vergütung für die Überlassung des Kapitals auf Zeit gezahlt. Davon abzugrenzen ist eine **stille Beteiligung** nach §§ 230 ff HGB. Beim **Disagio** wird der Darlehensbetrag nicht in voller Höhe ausgezahlt, sondern mit Abschlag vom Nennwert. Dafür wird ein niedrigerer Nominalzinssatz für die Darlehensraten vereinbart. Insoweit ist das Disagio ein vorausbezahlter Zins. Bei Rückzahlung ist der Darlehensbetrag in voller Höhe ohne den Abschlag des Disagios an den Darlehensgeber zurückzuzahlen.

bb. Zinsloses Darlehen

Das Gesetz sieht als Ausnahmefall auch die Form des zinslosen Darlehens vor. Bei diesem ist der Darlehensnehmer auch ohne Kündigung zur Rückerstattung des Darlehens berechtigt (§ 488 Abs. 3 S. 3 BGB). Das zinslose Darlehen ist von der **Schenkung** (§ 516 BGB) abzugrenzen, die grundsätzlich notariell zu beurkunden ist (§ 518 BGB). Anders als der Darlehensnehmer ist der Beschenkte nicht zur Rückerstattung verpflichtet. Die **Verwahrung** (§§ 688 ff BGB) kann dadurch vom (unverzinslichen) Darlehen unterschieden werden, dass der Verwahrer lediglich den Besitz an der hinterlegten Sache, aber nicht wie der Darlehensnehmer Eigentum erhält. Die **Leihe** (§ 598 ff BGB) wie auch die **Miete** (§§ 535 ff BGB) verpflichtet zum Vertragsende zur Rückgabe derselben geliehenen oder gemieteten Sache. Dagegen ist beim Gelddarlehen nur ein bestimmter Geldbetrag zurückzuzahlen und beim Sachdarlehen (§§ 607 ff BGB) sind lediglich Sachen gleicher Art, Güte und Menge zurückzuerstatten.

c. Hauptpflichten

aa. Darlehensgeber

Nach § 488 Abs. 1 S. 1 BGB ist der Darlehensgeber verpflichtet, dem Darlehensnehmer einen Geldbetrag in der vereinbarten Höhe zur Verfügung zu stellen. Dies erfolgt in aller Regel durch Barzahlung oder Banküberweisung mit Gutschrift zur freien Verfügung auf dem Konto des Darlehensnehmers. Die Parteien können aber auch die Auszahlung des Geldbetrags an einen Dritten vereinbaren. Beim **finanzierten Kauf** wird der Geldbetrag meist unmittelbar an den Verkäufer ausgezahlt. Dadurch wird die Pflicht des Darlehensnehmers zur Zahlung des Kaufpreises aus dem Kauf erfüllt, zu dessen Finanzierung das Darlehen gewährt wurde. Bei **besicherten Darlehen** wird der Darlehensbetrag regelmäßig auf das Treuhandkonto eines Rechtsanwalts oder Notars gezahlt und erst mit wirksamer Bestellung der Sicherheiten dem Darlehensnehmer zur Verfügung gestellt.

bb. Darlehensnehmer

Nach § 488 Abs. 1 S. 2 BGB ist der Darlehensnehmer verpflichtet, den geschuldeten Zins und bei Fälligkeit das zur Verfügung gestellte Gelddarlehen zurückzuzahlen. Anders als die Pflicht zur Zahlung der Zinsen steht die Pflicht zur Rückzahlung des überlassenen Geldbetrags jedoch nicht im (synallagmatischen) Austauschverhältnis. Es handelt sich aber um eine Hauptpflicht. Die Rückzahlung ist fällig mit Ende der vereinbarten Laufzeit, Kündigung oder Aufhebung des Darlehensvertrags. Nach § 488 Abs. 2 BGB sind die Zinsen, soweit nichts anderes vereinbart ist, nach Ablauf eines Jahres zu entrichten oder bei vorher fälliger Rückzahlung. Zudem ist die Annahme des vom Darlehensgeber überlassenen Geldbetrags beim verzinslichen Darlehen eine Hauptpflicht des Darlehensnehmers. Die Zahlung der Zinsen und Rückzahlung des Geldbetrags erfolgt in aller Regel durch **Barzahlung** oder **Banküberweisung** mit Gutschrift zur freien Verfügung auf dem Konto des Darlehensgebers. Die Rückzahlung des Darlehensbetrags kann grundsätzlich auch **durch** einen **Dritten** erfolgen (§ 267 BGB).

d. Ordentliche Kündigung

aa. Beiderseitiges Kündigungsrecht

Der Darlehensvertrag kann von beiden Parteien mit einer Frist von **drei Monaten** gekündigt werden, wenn kein bestimmter Zeitpunkt für die Rückzahlung des Darlehens vereinbart ist (§ 488 Abs. 3 S. 1, 2 BGB). Die ordentliche Kündigung setzt **keinen Kündigungsgrund** voraus. Rechtsfolge der Kündigung ist die Verpflichtung des Darlehensnehmers zur Rückzahlung und Zahlung etwaiger noch ausstehender Zinsen. Das verzinsliche Darlehen darf ohne Kündigung nicht vorzeitig zurückgefordert oder zurückgezahlt werden.

bb. Kündigungsrecht des Darlehensnehmers

§ 489 BGB regelt das ordentliche Kündigungsrecht des Darlehensnehmers beim entgeltlichen Darlehen mit einem gebundenen Sollzinssatz (§ 489 Abs. 5 BGB) und veränderlichem Zinssatz.

Darlehen mit gebundenem Sollzinssatz

Das Darlehen mit gebundenem Sollzinssatz kann gekündigt werden, wenn die Zinsbindung vor der für die Rückzahlung bestimmten Zeit endet und darüber keine neue Vereinbarung getroffen wurde. Die Kündigung kann frühestens zum Ende der Sollzinsbindung mit Kündigungsfrist von **einem Monat** erfolgen (§ 489 Abs. 1 Nr. 1 BGB). Die Kündigung kann in jedem Fall mit einer Frist von **sechs Monaten** nach Ablauf von zehn Jahren nach dem **vollständigen Empfang** des Darlehens erfolgen (§ 489 Abs. 1 Nr. 2 BGB).

Darlehen mit veränderlichem Zinssatz

Ein Darlehen mit veränderlichem Zinssatz kann der Darlehensnehmer jederzeit mit einer Kündigungsfrist von **drei Monaten** kündigen (§ 489 Abs. 2 BGB). Die Kündigung gilt als nicht erfolgt, wenn der Darlehensnehmer den geschuldeten Betrag nicht innerhalb von zwei Wochen nach wirksamer Kündigung zurückzahlt (§ 489 Abs. 3 BGB).

e. Außerordentliche Kündigung

aa. Darlehensgeber

Der Darlehensgeber kann den Darlehensvertrag kündigen, wenn die Darlehensrückzahlung dadurch gefährdet wird, dass in den **Vermögensverhältnissen** des Darlehensgebers oder in der **Werthaltigkeit** einer von ihm gestellten **Sicherheit** auch bei deren Verwertung eine **wesentliche Verschlechterung eintritt** oder **einzutreten droht** (§ 490 Abs. 1 BGB). Die wesentliche Verschlechterung der Vermögenslage muss im Zeitpunkt der Kündigung noch nicht eingetreten sein. Sie muss sich aber in Form einer Verschuldungssituation nach Vertragsschluss aufgrund objektiv verifizierbarer Indizien konkret und somit sichtbar abzeichnen. Dass erfordert eine Gesamtschau aller **wirtschaftlichen Umstände** des Einzelfalls aus objektiver Sicht. Umstände, die bei Vertragsschluss vorliegen können nur eine Anfechtung (§§ 119, 123 BGB) begründen. Der Darlehensgeber kann das Darlehen vor Auszahlung im Zweifel stets fristlos kündigen, wenn sich nicht aus der vertraglichen Vereinbarung der Parteien oder der Interessenlage eine abweichende Regelung ergibt. Nach der Auszahlung besteht das Kündigungsrecht nur „in der Regel“. Erforderlich ist eine umfassende Gesamtwürdigung der wirtschaftlichen Lage unter Einbeziehung der Belange des Darlehensnehmers im Zeitpunkt der Kündigung. Rechtsfolge des außerordentlichen Kündigungsrechts ist die **fristlose Kündigung**, wenn die Parteien nicht einen Fristablauf vereinbart haben.

bb. Darlehensnehmer

Der Darlehensnehmer kann ein Darlehensvertrag mit gebundenem Sollzinssatz, das durch ein **Grund**- oder **Schiffspfandrecht** gesichert ist vorzeitig kündigen, wenn seine berechtigten Interessen dies gebieten. Die Kündigungsfrist beträgt **drei Monate** seit dem vollständigen Empfang des Darlehens. Ein **berechtigtes Interesse** des Darlehensnehmers liegt insbesondere vor, wenn er ein Bedürfnis nach einer anderweitigen Verwertung der zur Darlehenssicherung beliehenen Sache hat. Der Darlehensnehmer muss dem Darlehensgeber bei außerordentlicher Kündigung den ihm aus der vorzeitigen Kündigung entstehenden Schaden nach § 490 Abs. 2 BGB ersetzen (**Vorfälligkeitsentschädigung**).

cc. Beidseitiges Kündigungsrecht

Der Darlehensvertrag kann von beiden Parteien wegen Störung der Geschäftsgrundlage (§ 313 BGB) oder Kündigung eines Dauerschuldverhältnisses aus wichtigem Grund (§ 314 BGB) ohne Einhaltung einer Kündigungsfrist gekündigt werden.

f. Verbraucherdarlehen

Der **Verbraucherdarlehensvertrag** ist in den §§ 491–505e BGB als **zwingendes Recht** (§ 512 BGB) ergänzend zu den allgemeinen Vorschriften über das Gelddarlehen (§§ 488–490 BGB) zum **Schutz des Verbrauchers** als Darlehensnehmer geregelt.

Wichtige Besonderheiten der speziellen gesetzlichen Regelungen betreffen:
- Allgemeine und Immobiliar-Verbraucherdarlehensverträge (§ 491 Abs. 2, 3 BGB)
- Vorvertragliche Informationspflichten des Darlehensgebers (§ 491a BGB)
- Schriftform und Mindestvertragsinhalt (§ 492 Abs. 1, 2 BGB, Art. 247 §§ 6ff EGBGB)
- Schriftform für Abschlussvollmacht durch Darlehensnehmer (§ 492 Abs. 4, 1 BGB)
- Kopplungsverbot bei Immobiliar-Verbraucherdarlehensverträgen (§§ 492a, b BGB)
- Unterrichtungspflichten bei Ende der Sollzinsbindung vor Rückzahlung (§ 493 BGB)
- Nichtigkeit bei Formmängeln mit Heilungsmöglichkeit (§ 494 Abs. 1, 2 BGB)
- Sonderregeln bei Verzug des Darlehensnehmers (§ 497 BGB)
- Sonderregeln bei Kündigung des Darlehensgebers (§§ 498f BGB)
- Sonderregeln bei Kündigung des Darlehensnehmers (§§ 500–502 BGB)
- Kreditwürdigkeitsprüfung vor Vertragsschluss (§§ 505a–c BGB)
- Rechtsfolgen bei Verstoß gegen die Prüfungspflicht (§ 505d BGB)
- Widerrufsrecht des Darlehensnehmers (§§ 355, 356b, 356d, 495 Abs. 1 BGB)
- Bedenkzeit bei Immobiliar-Verbraucherdarlehensverträgen (§ 495 Abs. 3 BGB)
- Unwirksamkeit des Einwendungsverzichts (§ 496 Abs. 1, 2 BGB)
- Wechsel- und Scheckverbot (§ 496 Abs. 3 BGB)
- Existenzgründerdarlehen (§§ 513, 491ff BGB)

g. Sonderformen

aa. Bauspardarlehen

Das Bauspardarlehen ist im Bausparkassengesetz geregelt. Der Bausparer schließt danach einen Vertrag mit der Bausparkasse (**Bausparvertrag**), durch den er nach der Leistung von Einlagen (**Bauspareinlagen**) einen Rechtsanspruch auf Gewährung eines Bauspardarlehens erwirbt (§ 1 Abs. 2 S. 1 BauSparkG). Der Bausparvertrag ist ein **einheitlicher Gelddarlehensvertrag**, der einen Darlehensvertrag mit einem Sparvertrag kombiniert. Mit Abschluss des Bausparvertrags bindet sich die Bausparkasse zur Gewährung eines günstigen Zinssatzes, der für die gesamte Laufzeit des Bauspardarlehens unabhängig vom aktuellen Kapitalmarktzins festgeschrieben ist. Die Bausparkasse darf sich vor Zuteilung des Bausparvertrags jedoch nicht verpflichten, die Bausparsumme zu einem bestimmten Zeitpunkt auszuzahlen (§ 4 Abs. 5 BauSparkG). Auch darf das Bauspardarlehen nur für wohnungswirtschaftliche Maßnahmen verwendet werden (§ 1 Abs. 3 BauSparkG). Zudem sind die Forderungen aus dem Bauspardarlehen durch Bestellung von Grundpfandrechten zu sichern (§ 7 BauSparkG).

bb. Brauereidarlehen

Das Brauereidarlehen ist ein einheitlicher typengemischter Vertrag, der aus **Darlehensvertrag** und **Bierlieferungsvertrag** besteht. Das Darlehen wird von der Brauerei als Darlehensgeber an den Gastwirt als Darlehensnehmer zu Konditionen unter marktüblichen Zinsen vergeben und ist meist durch einen Aufschlag auf den vereinbarten Bierpreis zurückzuzahlen. Dadurch soll der Erwerb, die Pacht, der Ausbau oder der Kauf eines Gaststätteninventars finanziert werden (**Investitionsdarlehen**). Der Bierlieferungsvertrag verpflichtet den Gastwirt, ausschließlich von der Brauerei eine bestimmte Mindestmenge abzunehmen (**Sukzes-**

sivlieferungsvertrag). Er bezweckt die langfristige Produktions- und Absatzstrategie der Brauerei abzusichern. Der Gastwirt ist während der Laufzeit des Vertrags nicht berechtigt, sich durch Kündigung oder Rückzahlung des Darlehens von der **Alleinbezugsverpflichtung** zu lösen. Der Gastwirt kann sich aber von dem Bierlieferungsvertrag als **Dauerschuldverhältnis** durch eine Kündigung aus wichtigem Grund gemäß § 314 BGB lösen. Außerdem ist eine Alleinbezugsverpflichtung von über 20 Jahren nach der Rechtsprechung gemäß § 138 Abs. 1 BGB sittenwidrig und wird in entsprechender Anwendung des § 139 BGB mit verkürzter Laufzeit aufrechterhalten (BGH NJW 1992, 2145).

cc. Nachrangdarlehen

Das Nachrangdarlehen ist ein Darlehen (§§ 488 ff BGB), dass der Unternehmensfinanzierung dient und eine Nachrangabrede enthält (**Rangrücktrittsklausel**). Der Darlehensgeber tritt in der Rangrücktrittsklausel hinter die Forderungen aller vorrangigen Gläubiger (§ 39 Abs. 2 InsO) zurück, steht aber vorrangig oder gleichrangig mit den Ansprüchen der Gesellschafter auf Einlagenrückgewähr (§ 199 Abs. 2 InsO). Dies wird für den Fall aufschiebend bedingt vereinbart, dass die Vermögenswerte des Unternehmens nicht ausreichen, um alle Forderungen zu bedienen. Dadurch soll die Forderung des Darlehensgebers im Überschuldungsstatus des Unternehmens unberücksichtigt bleiben und eine Unternehmensinsolvenz verhindert werden.

dd. Kontokorrentkredit

Der Kontokorrentkredit ist ein Darlehen (§§ 488 ff BGB), dass ein Kreditinstitut dem Kunden als Überziehungskredit in Form eines Dispositionskredits oder Betriebsmittelkredits einräumt.

Dispositionskredit

Der Dispositionskredit ist ein Darlehen (§§ 488 BGB) an eine **Privatperson**. Es ermöglicht dieser Verfügungen über ihr Girokonto im Rahmen des Zahlungsverkehrs, wenn darauf kein Guthaben vorhanden ist oder eine ausdrücklich eingeräumte Kreditlinie ausgeschöpft ist.

Betriebsmittelkredit

Der Betriebsmittelkredit ist ein Darlehen (§§ 488 ff BGB) an ein **Unternehmen**. Das wird dem befristet und betragsmäßig begrenzt zur Überbrückung von kurzfristigen Liquiditätsengpässen eingeräumt. Dabei kann der Kredit jederzeit abgerufen und zurückgezahlt werden.

ee. Konsortialkredit

Der Konsortialkredit ist ein Darlehen (§§ 488 ff BGB), dass durch mehrere Kreditinstitute an ein Unternehmen ausgereicht wird. Die darlehensgebenden Banken sind in einem Konsortium zusammengefasst (**Konsortialbanken**), dass als Gesellschaft bürgerlichen Rechts (§ 705 BGB) einzuordnen ist. Das Bankenkonsortium kann als Innen- oder Außenkonsortium bestehen.

Innenkonsortium

Beim Innenkonsortium handelt die konsortialführende Bank (**Konsortialführer**) im eigenen Namen, aber für Rechnung aller Konsortialbanken. Diese werden dem Kreditnehmer nur beim offenen Innenkonsortium bekannt gegeben.

Außenkonsortium

Beim Außenkonsortium handelt der Konsortialführer (abweichend von § 709 Abs. 1 BGB) im Namen der Konsortialbanken (§§ 164, 714 BGB). Der Kreditvertrag besteht entweder mit dem Konsortialführer oder mit dem Außenkonsortium als rechtsfähige GbR (Außen-GbR).

Unechtes Konsortium

Beim unechten Konsortium besteht der Darlehensvertrag mit jeder Konsortialbank. Dabei kann das Bankenkonsortium von vorneherein feststehen (**Club Deal**) oder durch die **Syndizierung** des Kredits zustande kommen.

Syndizierung

Bei der Syndizierung übernehmen die dem Konsortium beitretenden Konsortialbanken i. d. R. durch Vertragsübernahme (§ 311 Abs. 1 BGB) bestimmte Kreditanteile (**Konsortialanteile**). Dies ermöglicht die Verteilung der Kreditrisiken auf die einzelnen Konsortialbanken und die Reduzierung der Pflicht zur Kapitalunterlegung der Kreditausfallrisiken durch die Institute. Die rechtliche Dokumentation folgt dem internationalen Standard der in London ansässigen *Loan Market Association* (**LMA**), abrufbar unter www.lma.eu.com.

III. Miete, Pacht, Leasing

1. Mietvertrag

a. Allgemeines

aa. Reform des Mietrechts

§§ 535–580a BGB regeln den Mietvertrag als typischen schuldrechtlichen Vertrag, der die Überlassung einer Sache zum entgeltlichen Gebrauch während der Mietzeit zum Gegenstand hat. Der Mietvertrag begründet ein Mietverhältnis zwischen Vermieter und Mieter. Dieses ist ein **Dauerschuldverhältnis** auf bestimmte oder unbestimmte Zeit. Das Mietrecht ist durch das Mietrechtsreformgesetz v. 19.06.2001 (BGBl. 2001 I, S. 1149) grundlegend reformiert worden (**Mietrechtsreform**). Das Mietrechtsänderungsgesetz v. 11.03.2013 (BGBl. 2013 I, S. 434) hat die Duldungspflicht des Mieters bei Erhaltungs- und Modernisierungsmaßnahmen sowie das Recht des Vermieters zur Mieterhöhung nach einer Modernisierung eingeführt. Zudem sind die Landesregierungen zur Festlegung von Gebieten ermächtigt worden, in denen die ausreichende Versorgung der Bevölkerung mit Mietwohnungen zu angemessenen Bedingungen besonders gefährdet ist. In diesen Gebieten können Mieterhöhungen bis zur ortsüblichen Vergleichsmiete (**allgemeine Kappungsgrenze**) stärker eingeschränkt werden (§ 558 Abs. 3 BGB).

Das Mietrechtsnovellierungsgesetz v. 21.04.2015 (BGBl. 2015 I, S. 610) hat in Gebieten mit angespannten Wohnungsmärkten bei einer Wiedervermietung die mögliche Begrenzung der zulässigen Miete auf die ortsübliche Miete zuzüglich 10 % (**Mietpreisbremse**) eingeführt (§§ 556d–556g BGB). Außerdem ist der Zahlungsanspruch des Maklers bei der Vermittlung von Mietverträgen über Wohnraum neu geregelt worden. Danach besteht ein Anspruch gegenüber dem Wohnungssuchenden nur dann, wenn der Makler mit diesem einen Vertrag in Textform geschlossen hat und ausschließlich in dessen Interesse tätig geworden ist (§ 2 Abs. 2 Nr. 2 WoVermG). Der Wohnungsvermittler darf vom Wohnungssuchenden für die Vermittlung oder den Nachweis der Gelegenheit zum Abschluss von Mietverträgen kein Entgelt fordern, sich versprechen lassen oder annehmen, dass zwei Monatsmieten zuzüglich der gesetzlichen Umsatzsteuer (19%) übersteigt (§ 3 Abs. 2 S. 1 WoVermG).

Das Mietrechtsanpassungsgesetz v. 18.12.2018 (BGBl. 2018 I, S. 2648) hat Regelungen über eine Verschärfung der Mietpreisbremse, Modernisierungsmieterhöhungen sowie über die Folgen missbräuchlicher Modernisierungen mit dem Ziel der Beendigung des Mietverhältnisses in den mietrechtlichen Vorschriften eingeführt.

Durch das Gesetz zur Verlängerung und Verbesserung der Regelungen über die zulässige Höhe bei Mietbeginn v. 19.3.2020 (BGBl. 2020 I, S. 540) wurden §§ 556d, 556g BGB zum 01.4.2020 geändert (Art. 3). Das Gesetz zur Reform des Mietspiegelrechts v. 10.8.2021 (BGBl. 2021 I, S. 3515) ändert mit Wirkung ab 01.07.2022 §§ 558c, 558d BGB (Art. 5).

bb. Gesetzliche Regelung

Die gesetzliche Regelung des Mietrechts gliedert sich in **allgemeine Vorschriften**, die für alle Mietverhältnisse gelten (§§ 535–548 BGB), Vorschriften für die **Wohnraummiete** (§§ 549–577a BGB) sowie Sondervorschriften für Mietverhältnisse über **andere Sachen** (§§ 578–580a BGB). Die allgemeinen Vorschriften für Mietverhältnisse regeln die vertraglichen Rechte und Pflichte von Vermieter und Mieter, die Mängelrechte bei Sach- und Rechtsmängeln der Mietsache und die Beendigung von Mietverhältnissen durch Fristablauf oder Kündigung. Die Vorschriften für die Wohnraummiete gliedern sich in allgemeine Vorschriften (§§ 549–561 BGB), Vorschriften über das Pfandrecht des Vermieters (§§ 562–562d BGB), über den Wechsel der Vertragspartner (§§ 563–567b BGB) und über Besonderheiten bei der Bildung von Wohnungseigentum an vermieteten Wohnungen (§§ 577–577a BGB). Die Sondervorschriften für Mietverhältnisse über andere Sachen gelten für Grundstücke, andere Räume als Wohnräume und eingetragene Schiffe.

cc. Miete digitaler Produkte

Die Regelungen über die Miete digitaler Produkte (§§ 548a, 578b, 580a Abs. 3 S. 1 Fall 2, S. 2 BGB) sind durch das DIRL-Umsetzungsgesetz in den mietrechtlichen Vorschriften neu eingefügt worden. Die Vorschriften über die Miete von Sachen sind auf die Miete digitaler Produkte entsprechend anzuwenden (§ 548a BGB). Die Vorschriften zu Mietverhältnissen über andere Sachen und digitale Produkte enthalten die **Verträge über die Miete digitaler Produkte** (§ 578b BGB). Auf einen **Verbrauchervertrag**, bei dem der Unternehmer sich verpflichtet, dem Verbraucher digitale Produkte zu vermieten, sind nicht anzuwenden:

- § 535 Abs. 1 S. 2 und die §§ 536–536d BGB über die Rechte bei Mängeln (Nr. 1) und
- § 543 Abs. 2 S. 1 Nr. 1 und Abs. 4 BGB über die Rechte bei unterbliebener Bereitstellung (Nr. 2).

An ihre Stelle treten Vorschriften zu **Verbraucherverträgen über digitale Produkte** (§§ 327–327s BGB). Der Anwendungsausschluss nach Nr. 2 gilt nicht, wenn der Vertrag die Bereitstellung eines körperlichen Datenträgers zum Gegenstand hat, der ausschließlich als Träger digitaler Inhalte dient (§ 578b Abs. 1 BGB).

Die Regelung über die Kündigungsfristen für die ordentliche Kündigung bei einem Mietverhältnis über bewegliche Sachen gilt alternativ auch bei einem Mietverhältnis über digitale Produkte (§ 580a Abs. 3 S. 1 Fall 2 BGB). Die Vorschriften über die Beendigung von Verbraucherverträgen über digitale Produkte bleiben unberührt (§ 580a Abs. 3 S. 2 BGB).

Vertragsbeendigung durch Verbraucher

Wenn der Verbraucher einen Vertrag über die Miete digitaler Produkte wegen unterbliebener Bereitstellung (§ 327c BGB), Mangelhaftigkeit (§ 327m BGB) oder Änderung (§ 327r Abs. 3 und 4 BGB) des digitalen Produkts beendet, sind die §§ 546–548 BGB nicht anzuwenden. An ihre Stelle treten die §§ 327–327s BGB.

Mietsache mit digitalem Produkt

Für einen Verbrauchervertrag, bei dem der Unternehmer sich verpflichtet, dem Verbraucher eine Sache zu vermieten, die ein digitales Produkt enthält oder mit ihm verbunden ist, gelten die Anwendungsausschlüsse nach § 578b Abs. 1 und 2 BGB entsprechend für die Bestandteile des Vertrags, die das digitale Produkt betreffen (§ 578b Abs. 3 BGB).

Vertrag zwischen Unternehmern

Auf einen Vertrag zwischen Unternehmern, der der Bereitstellung digitaler Produkte gemäß eines Verbrauchervertrags nach § 578b Abs. 1 oder 3 BGB dient, ist § 536a Abs. 2 BGB über den Anspruch des Unternehmers gegen den Vertriebspartner auf Ersatz von den Aufwendungen nicht anzuwenden, die er im Verhältnis zum Verbraucher nach § 327t BGB zu tragen hatte. An die Stelle des § 536a Abs. 2 BGB treten die §§ 327t, 327u BGB (§ 578b Abs. 4 BGB).

b. Hauptpflichten

aa. Vermieter

Der Vermieter wird durch den Mietvertrag dazu verpflichtet, dem Mieter den Gebrauch der Mietsache während der Mietzeit zu gewähren (§ 535 Abs. 1 S. 1 BGB). Bei der Mietsache muss es sich um einen körperlichen Gegenstand (§ 90 BGB) als bewegliche Sache (**Fahrnismiete**) oder unbewegliche Sache (**Grundstücks- und Raummiete**) handeln. Es ist nicht erforderlich, dass der Vermieter auch der Eigentümer der Mietsache ist, da der Mietvertrag als gegenseitiger Vertrag nur schuldrechtliche Pflichten begründet. Der Vermieter hat die Pflicht, die Mietsache dem Mieter in einem zum vertragsmäßigen Gebrauch geeigneten Zustand zu überlassen (**Pflicht zur Gebrauchsüberlassung**) und sie während der Mietzeit in diesem Zustand (**Pflicht zur Instandhaltung**) zu erhalten (§ 535 Abs. 1 S. 2 BGB). Es ist dem Vermieter verboten, den Gebrauch der Mietsache durch eigene Handlungen zu stören (**Unterlassungspflicht**). Darüber hinaus muss er Störungen durch Dritte abwehren (**Abwehrpflicht**). Die Instandhaltungspflicht des Vermieters wird in der Praxis durch eine formularmäßige Pflicht des Mieters eingeschränkt, Schönheitsreparaturen selbst vorzunehmen (**Abwälzung der Schönheitsreparaturen**). Nach der Rechtsprechung sind solche AGB-Klauseln wegen einer unangemessenen Benachteiligung des Mieters unwirksam (§ 307 BGB), wenn die Wohnung dem Mieter bei Vertragsbeginn ohne angemessenen Ausgleich unrenoviert oder renovierungsbedürftig überlassen wird. Unzulässig sind auch AGB-Klauseln, durch die dem Mieter die Ausführung von Schönheitsreparaturen in Eigenleistung untersagt wird (**Fachhandwerkerklausel**). Das gilt auch für AGB-Klauseln, die den Mieter unabhängig vom Zeitpunkt der letzten Schönheitsreparatur zur Endrenovierung verpflichten (**isolierte Endrenovierungsklausel**).

bb. Mieter

Nach § 535 Abs. 2 BGB ist der Mieter verpflichtet, dem Mieter die vereinbarte Miete zu zahlen (**Pflicht zur Mietzahlung**). Anstelle der Pflicht zur Mietzahlung kann auch die Erbringung von Sachleistungen oder Dienstleistungen (z. B. Naturalien, Hausmeisterdienste) vereinbart werden. Bei Mietverhältnissen über Wohnräume oder über andere Räume ist die Miete spätestens bis zum dritten Werktag der einzelnen Zeitabschnitte zu entrichten, nach denen sie bemessen ist (§ 556b BGB), soweit nicht etwas anderes vereinbart ist (**Fälligkeit der Miete**). Bei Grundstücken und beweglichen Sachen ist die Miete am Ende der Mietzeit bzw. nach Ablauf der einzelnen Zeitabschnitte zu entrichten (§ 579 Abs. 1 BGB). Die Parteien können die **Höhe der Miete** grundsätzlich frei vereinbaren. Bei der Wohnraummiete gelten Sonderregelungen (§§ 549ff BGB), insbesondere über die Fälligkeit der Miete, die spätestens bis zum dritten Werktag der einzelnen Zeitabschnitte (meist Monate), nach denen sie bemessen ist, zu entrichten ist (§ 556b Abs. 1 BGB) und über die **Mietpreisbremse** (§ 556d Abs. 1 BGB).

Zudem ist für Mietverhältnisse über nicht preisgebundenen Wohnraum eine Mieterhöhung nur nach Maßgabe der §§ 557ff BGB zulässig. Der Vermieter kann die Zustimmung des Mieters zur Mieterhöhung bis zur ortsüblichen Vergleichsmiete verlangen. Dies setzt voraus, dass die Miete im Zeitpunkt der Erhöhung seit 15 Monaten unverändert ist (§ 558 Abs. 1 BGB). Nach § 546 Abs. 1 BGB hat der Mieter die Mietsache nach Beendigung des Mietverhältnisses an den Vermieter zurückzugeben (**Rückgabepflicht**). Ist der Vermieter zugleich Eigentümer, hat er daneben den Anspruch aus § 985 BGB. Die Pflicht des Mieters zur Rückgabe der Mietsache steht nicht im Gegenseitigkeitsverhältnis zu den Hauptpflichten des Vermieters, so dass die §§ 320ff BGB nicht anwendbar sind. Wenn der Mieter die Rückgabepflicht nicht freiwillig erfüllt, muss der Vermieter auf Räumung klagen (**Räumungsklage**) und diese vollstrecken (§§ 885, 885a, 940a ZPO).

c. Haftung des Vermieters

aa. Allgemeines

Die Haftung des Vermieters bei Nicht- oder Schlechterfüllung seiner vertraglichen Pflichten richtet sich grundsätzlich nach den Vorschriften des allgemeinen Leistungsstörungsrechts (§§ 280ff, 320ff BGB). Bei Vorliegen eines Sach- oder Rechtsmangels oder einer zugesicherten Eigenschaft gelten grundsätzlich **ab Überlassung** der Mietsache die **Sonderregeln** der §§ 536ff BGB. Sie sind anders als die Mängelrechte im Kauf- und Werkvertragsrecht (§§ 437, 634 BGB) nicht in das allgemeine Leistungsstörungsrecht integriert worden, sondern bilden ein **eigenständiges System** der gewährleistungsrechtlichen **Mängelhaftung** im Mietrecht.

bb. Sachmangel

Die Haftung für einen Sachmangel setzt voraus, dass die Mietsache bei Gebrauchsüberlassung mit einem Mangel behaftet ist, der ihre Tauglichkeit zum vertragsgemäßen Gebrauch aufhebt oder dass ein solcher Mangel während der Mietzeit entsteht. Der Mangel muss die Tauglichkeit der Mietsache zu dem vertragsgemäßen Gebrauch nicht unerheblich mindern (§ 536 Abs. 1 BGB). Ein Sachmangel der Mietsache ist dann gegeben, wenn die tatsächliche Beschaffenheit der Mietsache (**Ist-Beschaffenheit**) von der vertraglich geschuldeten Beschaffenheit (**Soll-Beschaffenheit**) abweicht (**subjektiver Fehlerbegriff**). Das beurteilt sich in erster Linie nach der Vereinbarung der Parteien, die auch konkludent erfolgen kann. Sofern keine Vereinbarung über die Beschaffenheit der Mietsache getroffen wurde, ist der zum vertragsgemäßen Gebrauch geeignete Zustand der Mietsache nach der Verkehrsanschauung unter Berücksichtigung des vereinbarten Nutzungszwecks und des Grundsatzes von Treu und Glauben (§ 242 BGB) zu bestimmen. Der Mangel kann der Mietsache physisch anhaften. Er kann sich aber auch aus den tatsächlichen und rechtlichen Beziehungen der Mietsache zur

Umwelt ergeben. Erforderlich ist stets eine unmittelbare Einwirkung auf die Gebrauchstauglichkeit, z. B. **Umweltimmissionen**, denen die Mietsache ausgesetzt ist. Dagegen sind Umstände, die die Eignung der Mietsache zum vertragsgemäßen Gebrauch nur mittelbar berühren, nicht als Mängel zu qualifizieren.

Beispiel: Nachträglich erhöhte Geräuschimmissionen begründen bei Fehlen anderslautender Beschaffenheitsvereinbarungen grundsätzlich keinen Mangel der Mietwohnung, wenn auch der Vermieter die Immissionen ohne eigene Abwehr- oder Entschädigungsmöglichkeit nach § 906 BGB als unwesentlich oder ortsüblich hinnehmen muss (BGH NJW 2015, 2177).

Bei der Vermietung von Geschäfts- oder Gewerberäumen ist der Vermieter dazu verpflichtet, den Mieter davor zu schützen, dass die Mietsache der Konkurrenz durch andere Unternehmen ausgesetzt ist. Der Vermieter darf deshalb nicht im selben Gebäude oder in unmittelbarer Nähe der Mietsache ein Konkurrenzunternehmen eröffnen oder an ein solches Unternehmen Räume oder ein Gebäude vermieten (**vertragsimmanenter Konkurrenzschutz**). Ein Verstoß gegen diese Verpflichtung sowie gegen eine vertragliche **Konkurrenzschutzklausel** beeinträchtigt unmittelbar die Gebrauchstauglichkeit der Mietsache und stellt einen Sachmangel dar.

Bei **öffentlich-rechtlichen Gebrauchsbeschränkungen** besteht nach der Rechtsprechung ein Verwendungsrisiko der Miet- oder Pachtsache, dass der Mieter oder Pächter zu tragen hat.

Beispiel: Das Rauchverbot in Gaststätten aufgrund Landesgesetz stellt keinen Mangel einer verpachteten Gaststätte dar. Der Verpächter ist aufgrund dessen nicht verpflichtet, durch bauliche Maßnahmen die Voraussetzungen zu schaffen, die dem Pächter die Einrichtung eines gesetzlich vorgesehenen Raucherbereich ermöglichen (BGH NJW 2011, 3151).

cc. Rechtsmangel

Ein Rechtsmangel ist gegeben, wenn dem Mieter der vertragsgemäße Gebrauch der Mietsache durch das Recht eines Dritten ganz oder zum Teil entzogen wird (§ 536 Abs. 3 BGB). Der bloße Bestand von Rechten Dritter stellt noch keinen Mangel dar. Der Dritte muss sein Recht geltend gemacht haben, so dass der Vermieter seiner Verpflichtung zur Überlassung der Mietsache in dem geschuldeten Zustand ganz oder teilweise nicht mehr nachkommen kann. Die Rechte eines Dritten sind nur schuldrechtliche oder dingliche **Privatrechte**. Ein schuldrechtlicher Anspruch Dritter besteht beispielsweise, wenn der Vermieter zwei Mietverträge über dieselbe Wohnung schließt (**Doppelvermietung**). Dies gilt ebenso bei der **Untervermietung** (§§ 540, 553 BGB) für den Anspruch des Hauptvermieters, der nach Beendigung des Hauptmietverhältnisses die Mietsache vom Untermieter herausverlangt (§ 546 Abs. 2 BGB). Dingliche Rechte Dritter sind z. B. die **Grunddienstbarkeit** (§ 1018 BGB), der **Nießbrauch** (§ 1030 BGB) und das **dingliche Wohnungsrecht** (§ 1093 BGB).

dd. Zugesicherte Eigenschaft

Das Fehlen oder der spätere Wegfall einer zugesicherten Eigenschaft steht dem Mangel der Mietsache gleich und zwar auch dann, wenn ihre Tauglichkeit zum vertragsgemäßen Verbrauch nur unerheblich gemindert wird (§ 536 Abs. 2 BGB). Eine Zusicherung liegt vor, wenn der Vermieter durch eine Erklärung, die Vertragsinhalt geworden ist, dem Mieter zu erkennen gibt, dass er für den Bestand der betreffenden Eigenschaft und alle Folgen ihres Fehlens einstehen will. Die bloße **Beschreibung der Sache** und die **Angabe des Verwendungszwecks** sind keine Zusicherungen (BGH NJW 2000, 1714).

ee. Maßgeblicher Zeitpunkt

Maßgeblicher Zeitpunkt für die Anwendung der mietrechtlichen Gewährleistungsrechte ist das Vorliegen eines Sachmangels **bei Überlassung** der Mietsache an den Mieter oder das Entstehen **während der Mietdauer** (§ 535 Abs. 1 S. 1 BGB). Dieser Zeitpunkt gilt auch für zugesicherte Eigenschaften (§ 535 Abs. 2 BGB). Bei Rechtsmängeln sollen die §§ 536ff BGB bereits dann gelten, wenn diese bereits bei Vertragsschluss vorliegen oder danach entstehen sowie, wenn sie erst nach Überlassung der Mietsache an den Mieter entstehen.

d. Ansprüche des Mieters

aa. Erfüllungsanspruch

Der Mieter hat Anspruch darauf, dass ihm die Mietsache vom Vermieter mangelfrei überlassen und während der Mietzeit in diesem Zustand erhalten wird (§ 535 Abs. 1 S. 2 BGB). Dies ist ein Erfüllungsanspruch auf **Nachbesserung** und **Beseitigung** von Mängeln, die bei Übergabe der Mietsache vorhanden sind oder während der Mietzeit entstehen. Der Mieter kann die Miete über den Betrag der Minderung nach § 320 BGB zurückbehalten, wenn der Vermieter diese Ansprüche nicht erfüllt und vorhandene Sach- oder Rechtsmängel nicht beseitigt. Außerdem ist der Mieter nach der Rechtsprechung nicht dazu verpflichtet, eine Mietsache mit erheblichen Mängeln zu übernehmen (BGH NJW-RR 2007, 884).

bb. Mietminderung

Nach § 536 Abs. 1 BGB ist der Mieter kraft Gesetzes ganz oder teilweise von der Entrichtung der Miete befreit, wenn die Mietsache einen Sach- oder Rechtsmangel hat, der ihre Tauglichkeit zum vertragsgemäßen Gebrauch aufhebt oder mindert (**Minderung**). Nach § 536 Abs. 1a BGB bleibt eine Minderung der Tauglichkeit für die Dauer von drei Monaten außer Betracht, soweit sie aufgrund einer Maßnahme eintritt, die einer energetischen Modernisierung nach § 555b Nr. 1 BGB dient.

cc. Schadensersatz

Ist ein Mangel bei Vertragsschluss vorhanden oder entsteht der Mangel später wegen eines Umstandes, den der Vermieter zu vertreten hat oder kommt der Vermieter mit der Beseitigung eines Mangels in Verzug, kann der Mieter Schadensersatz verlangen (§ 536a Abs. 1 BGB). Für **anfängliche Mängel** bei Vertragsschluss haftet der Vermieter verschuldensunabhängig. Bei **nachträglichen Mängeln** nach Vertragsschluss muss der Vermieter den Schaden des Mieters zu vertreten haben. Die gilt auch, wenn der Vermieter mit der Mangelbeseitigung im Verzug ist (§ 286 Abs. 4 BGB). Der Schadensersatzanspruch des Mieters aus § 536a Abs. 1 BGB umfasst **Mangelschäden** sowie auch **Mangelfolgeschäden**, die der Mieter infolge des Mangels erlitten hat, z. B. Körper-, Sach- oder Vermögensschäden, Fortzugsschaden (Umzugskosten).

dd. Aufwendungsersatz

Der Mieter kann den Mangel **selbst beseitigen** und **Ersatz der erforderlichen Aufwendungen** verlangen, wenn der Vermieter mit der Mangelbeseitigung in Verzug oder ist die umgehende Beseitigung des Mangels zur Erhaltung oder Wiederherstellung des Bestands der Mietsache notwendig ist (§ 536a Abs. 2 BGB). Daneben scheidet ein Aufwendungsersatzanspruch aus §§ 539 Abs. 1, 677ff BGB aus, da der Anspruch aus § 563a Abs. 2 BGB für Aufwendungen zur Mängelbeseitigung nach der Rechtsprechung eine abschließende Regelung ist.

ee. Fristlose Kündigung

Beim Vorliegen eines Sach- oder Rechtsmangels kommt auch eine außerordentliche fristlose Kündigung des Mietverhältnisses aus **wichtigem Grund** nach § 543 Abs. 1 BGB in Betracht. Ein wichtiger Grund liegt insbesondere vor, wenn dem Mieter der vertragsgemäße Gebrauch der Mietsache ganz oder zum Teil **nicht** rechtzeitig **gewährt** oder wieder **entzogen** wird (§ 543 Abs. 2 Nr. 1 BGB). Da der wichtige Grund bei Vorliegen eines Sach- oder Rechtsmangels in der Verletzung einer Pflicht aus dem Mietvertrag besteht, ist die Kündigung grundsätzlich erst nach erfolglosem Ablauf einer zur Beseitigung des Mangels bestimmten **angemessenen Frist** oder nach erfolgloser **Abmahnung** zulässig (§ 543 Abs. 3 S. 1 BGB). Der Mieter kann neben der Kündigung auch Schadensersatz aus § 536a BGB verlangen. Zudem kann kraft Gesetzes eine Mietminderung § 536 BGB eintreten.

ff. Ausschluss der Haftung

Gesetzlicher Ausschluss

Die Haftung des Vermieters für Mängel der Mietsache (§§ 536, 536a BGB) ist ausgeschlossen, wenn der Mieter den Mangel der Mietsache bei Vertragsschluss kennt **(Kenntnis)**. Bei grob fahrlässiger Unkenntnis stehen ihm die Rechte nur zu, wenn der Vermieter den Mangel arglistig verschwiegen hat **(Arglist)**. Bei Annahme der mangelhaften Mietsache in Kenntnis des Mangels kann der Mieter die Rechte aus den §§ 536 und 536a BGB nur geltend machen, wenn er sich seine Rechte bei der Annahme der mangelhaften Sache vorbehält (§ 536b BGB). Beim **Unterlassen der Mängelanzeige** sind die Mängelrechte des Mieters ausgeschlossen, soweit der Vermieter infolge dessen nicht Abhilfe schaffen konnte (§ 536c Abs. 2 BGB).

Vertraglicher Ausschluss

Ein vertraglicher Ausschluss oder eine Beschränkung der Mängelhaftung ist unzulässig, wenn der Vermieter den Mangel **arglistig verschwiegen** hat (§ 536d BGB). Bei Mietverträgen über Wohnraum gilt dies für das Minderungsrecht (§ 536 Abs. 4 BGB) und das Kündigungsrecht (§ 569 Abs. 5 BGB). Handelt es sich um Formularverträge (AGB), ist die Haftung des Vermieters für anfängliche Mängel, nicht aber die nachträgliche Haftung für zu vertretende Schäden nach der Rechtsprechung (BGH ZMR 2011, 360) abdingbar.

gg. Verjährung

Der Schadensersatzanspruch des Mieters aus § 536a Abs. 1 BGB verjährt nach den allgemeinen Regeln der §§ 195, 199 BGB. Die kurze Verjährungsfrist des § 548 BGB gilt hierfür nicht.

Abb. 20: Gewährleistungsrechte beim Mietvertrag

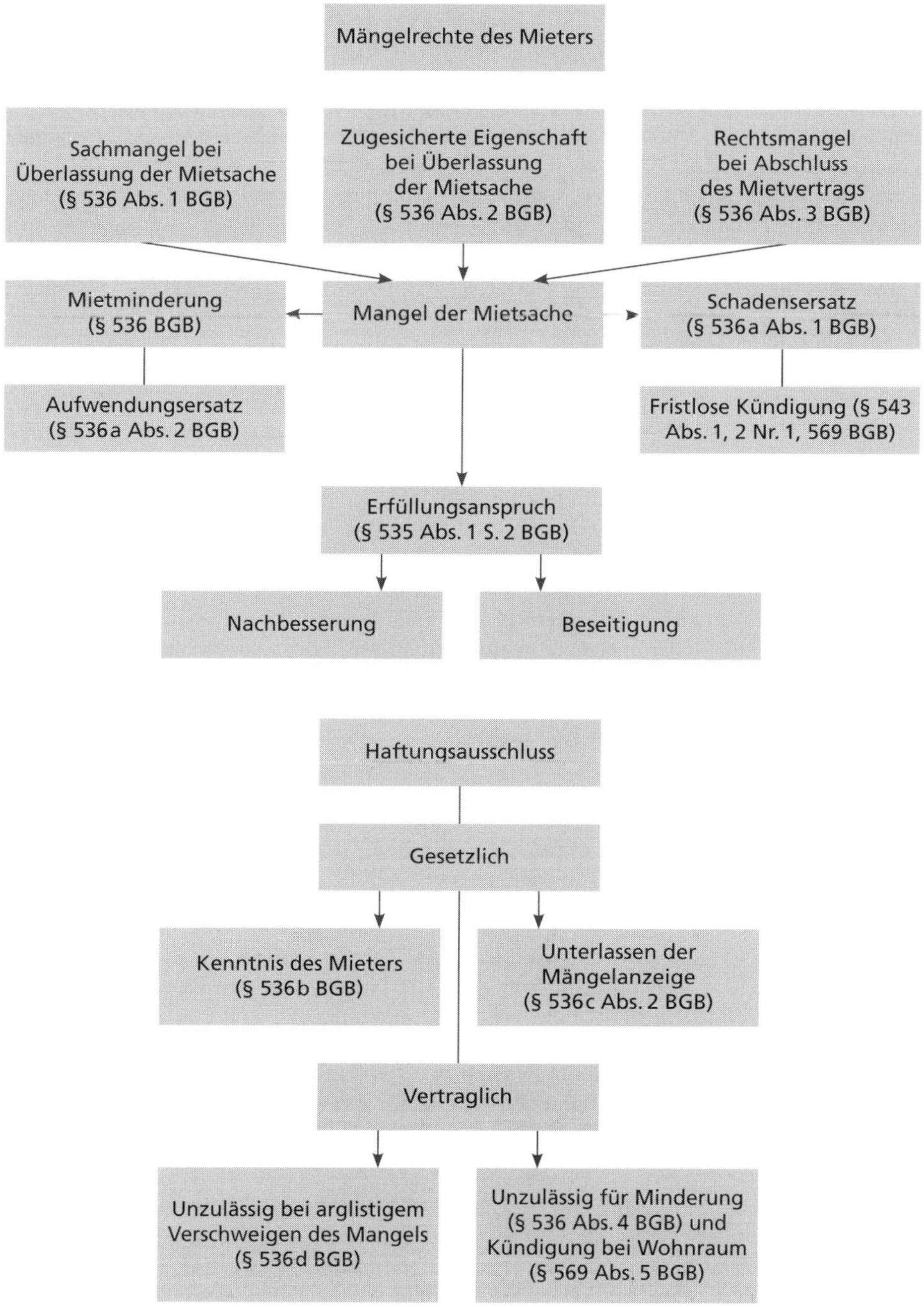

e. Ordentliche Kündigung

aa. Unbefristetes Mietverhältnis

Die Vertragsparteien können ein unbefristetes Mietverhältnis durch ordentliche Kündigung unter Einhaltung bestimmter Fristen kündigen. Für Mietverhältnisse über Wohnraum gelten die Fristen gemäß § 573c BGB, für Mietverhältnisse über Grundstücke und Räume diejenigen des § 580a Abs. 1, 2 BGB und für Mietverhältnisse über bewegliche Sachen oder digitale Produkte diejenigen des § 580a Abs. 3 BGB. Bei **Wohnräumen** kann der Vermieter das Mietverhältnis nur ordentlich kündigen, wenn er ein berechtigtes Interesse an der Beendigung des Mietverhältnisses hat. Die Kündigung zum Zwecke der **Mieterhöhung** ist **ausgeschlossen** (§ 573 Abs. 1 BGB). Einzelne Tatbestände, die ein berechtigtes Interesse begründen, regelt § 573 Abs. 2 BGB. Die Gründe für ein berechtigtes Interesse des Vermieters sind in dem Kündigungsschreiben anzugeben. Andere Gründe werden nur berücksichtigt, soweit sie nachträglich entstanden sind (§ 573 Abs. 3 BGB). Eine zum Nachteil des Mieters abweichende Vereinbarung ist unwirksam (§ 573 Abs. 4 BGB). Das **Widerspruchsrecht** des Mieters gegen die Kündigung ist in §§ 574–574c BGB geregelt. Die Kündigung des Mietverhältnisses durch den Vermieter oder den Mieter bedarf der **Schriftform**, sonst ist die Kündigung nicht wirksam (§§ 568 Abs. 1, 125 BGB). Kündigt der Vermieter, soll er den Mieter auf die Möglichkeit, die Form und Frist des Widerspruchs rechtzeitig hinweisen (§ 568 Abs. 2 BGB).

bb. Befristetes Mietverhältnis

Ein Mietverhältnis, das auf bestimmte Zeit eingegangen ist (**befristetes Mietverhältnis**), endet mit dem Ablauf dieser Zeit, sofern es nicht in den gesetzlich zugelassenen Fällen außerordentlich gekündigt oder verlängert wird (§ 542 BGB). Bei **Zeitmietverträgen** ist eine ordentliche Kündigung deshalb vor Ablauf der vereinbarten Frist grundsätzlich nicht zulässig. Ein Mietverhältnis über Wohnraum kann aber nur unter den Voraussetzungen des § 575 BGB auf bestimmte Zeit eingegangen werden.

f. Außerordentliche Kündigung

aa. Fristlose Kündigung

Jede Vertragspartei kann das Mietverhältnis aus **wichtigem Grund** außerordentlich fristlos kündigen. Ein wichtiger Grund liegt vor, wenn dem Kündigenden unter Berücksichtigung aller Umstände des Einzelfalls, insbesondere eines Verschuldens der Vertragsparteien und unter Abwägung der beiderseitigen Interessen die **Fortsetzung** des Mietverhältnisses bis zum Ablauf der Kündigungsfrist oder bis zur sonstigen Beendigung des Mietverhältnisses **nicht zugemutet werden kann** (§ 543 Abs. 1 BGB). Die Regelung enthält definierte Beispiele des wichtigen Grundes (§ 543 Abs. 2 BGB). § 569 BGB enthält weitere Tatbestände, die bei Mietverhältnissen über Wohnraum einen wichtigen Kündigungsgrund darstellen. Dies gilt nach § 578 Abs. 2 S. 3 BGB auch für andere Räume, die zum Aufenthalt von Menschen bestimmt sind, z. B. Büros, Ladenlokale, Gaststätten.

bb. Kündigung mit gesetzlicher Frist

Bei Mietverhältnissen über Wohnräume auf unbestimmte Zeit (§§ 540 Abs. 1 S. 2, 563a Abs. 2, 564 S. 2 BGB) kann der Vermieter gem. § 573d Abs. 1 BGB das Recht zur außerordentlichen Kündigung mit gesetzlicher Frist nur ausüben, wenn er ein berechtigtes Interesse hat (§ 573 BGB) oder die Voraussetzungen des § 573a BGB für eine erleichterte Kündigung vorliegen. Bei Wohnraumverträgen gilt dies nach § 575a BGB entsprechend.

2. Pachtvertrag

a. Allgemeines

Der Pachtvertrag wird in §§ 581–596 BGB geregelt. Dabei wird zwischen der entgeltlichen Verpachtung von **Gegenständen** (§§ 581–584b BGB) oder landwirtschaftlichen Betrieben oder Grundstücken (**Landpachtvertrag**) unterschieden (§§ 585–597 BGB). Der Pachtvertrag hat die entgeltliche Gebrauchsüberlassung und den Genuss der Früchte während der Pachtzeit zum Gegenstand (§ 581 Abs. 1 BGB). Es handelt sich um einen gegenseitigen schuldrechtlichen Vertrag, der ein **Dauerschuldverhältnis** begründet. Der Verpächter schuldet anders als der Vermieter nicht nur die Gebrauchsüberlassung, sondern auch den **Genuss der Früchte**. Neben Sachen (**Sachpachtvertrag**) können auch Rechte (**Rechtspachtvertrag**) verpachtet werden sowie Sach- und Rechtsgesamtheiten, z. B. ein Unternehmensbetrieb (**Betriebspachtvertrag**). Beim Betriebspachtvertrag ist der Pächter zur Abschöpfung des Betriebsgewinns als Genuss der Früchte (§ 99 Abs. 2 BGB) berechtigt. Beim **Franchisevertrag** wird dem Franchisenehmer eine Stellung im Absatzsystem des Franchisegebers eingeräumt. Dabei handelt es sich um einen verkehrstypischen gemischten Vertrag aus Pacht, Kauf, Miete und Geschäftsbesorgung. Er wird teilweise auch als Pachtvertrag oder pachtähnliches Überlassungsverhältnis qualifiziert. Auf den Pachtvertrag sind die Vorschriften über den Mietvertrag (§§ 535ff BGB) entsprechend anzuwenden, soweit nicht die Vorschriften der §§ 582–584b abweichendes regeln.

b. Hauptpflichten

aa. Verpächter

Der Verpächter ist verpflichtet, dem Pächter den Gebrauch des verpachteten Gegenstands und den Genuss der Früchte, soweit sie nach den Regeln einer ordnungsgemäßen Wirtschaft als Ertrag anzusehen sind, während der Pachtzeit zu gewähren (§ 581 Abs. 1 S. 1 BGB). Zur Gebrauchsüberlassung muss der Pächter den **Pachtgegenstand** dem Pächter in einem zum vertragsgemäßen Gebrauch geeigneten Zustand **übergeben** und ihn während der Pachtzeit in einem solchen Zustand **erhalten** (§§ 581 Abs. 2, 535 Abs. 1 S. 2 BGB). Darüber hinaus muss der Verpächter dem Pächter die Möglichkeit verschaffen, die **Früchte** des Pachtgegenstandes zu Eigentum **zu erwerben**. Er ist aber nicht verpflichtet, dem Pächter die Früchte zu liefern und dieser trägt das Risiko der Fruchtziehung. Verletzt der Verpächter diese Pflichten, kann der Pächter die Gewährleistungsrechte nach §§ 536ff BGB (**Mängelrechte**) geltend machen § 581 Abs. 2 BGB. Wird ein Grundstück mit **Inventar** (§ 98 BGB) verpachtet, muss der Verpächter den zufälligen Untergang oder Verlust der einzelnen Inventarstücke ersetzen (§ 582 Abs. 2 S. 1 BGB).

bb. Pächter

Der Pächter ist verpflichtet, dem Verpächter die vereinbarte Pacht zu entrichten. Es besteht grundsätzlich keine Verpflichtung zur Nutzung des Pachtgegenstands (§ 581 Abs. 1 S. 2 BGB).

Nach h. M. kann dagegen bei der Vereinbarung einer **umsatz**- oder **gewinnabhängigen** Pacht neben der Verpflichtung zur Pachtzahlung auch eine Verpflichtung zu Nutzung und Gebrauch des Pachtgegenstandes (**Betriebspflicht**) vereinbart werden. Bei der Landpacht ist der Pächter zur ordnungsgemäßen Bewirtschaftung der Pachtsache verpflichtet (§ 586 Abs. 1 S. 2 BGB). Bei Verpachtung eines Grundstücks mit Inventar ist der Pächter zur **Erhaltung** der einzelnen **Inventarstücke** verpflichtet (§ 582 Abs. 1 BGB). Übernimmt der Pächter das

Grundstück mit Inventar zum Schätzwert mit der Verpflichtung, es bei Beendigung des Pachtverhältnisses zum Schätzwert zurückzugewähren, trägt er die Gefahr des zufälligen Untergangs und der zufälligen Verschlechterung des Inventars. Innerhalb der Grenzen einer ordnungsmäßigen Wirtschaft kann er über die einzelnen Inventarstücke verfügen (§ 582a BGB). Diese werden mit Einfügung in das Inventar Eigentum des Verpächters (§ 582a Abs. 2 S. 2 BGB).

c. Kündigung

Für die Kündigung des Pachtvertrags gelten die Vorschriften über den **Mietvertrag entsprechend** (§ 581 Abs. 2 BGB). Die Kündigung ist grundsätzlich formfrei möglich. Der **Landpachtvertrag** bedarf jedoch der **Schriftform** (§§ 594f, 125 BGB). Die **Fristen** für eine Kündigung bei unbefristeten Pachtverhältnissen sind in § 584 BGB und für Landpachtverträge in § 594a BGB besonders geregelt. Zudem hat der Pächter nicht das in § 540 Abs. 1 BGB bestimmte Kündigungsrecht (§ 584a Abs. 1 BGB). Der Verpächter ist nicht berechtigt, das Pachtverhältnis nach § 580 BGB zu kündigen (§ 584a Abs. 2 BGB).

3. Leasingvertrag

a. Allgemeines

Der Leasingvertrag ist ein gesetzlich nicht geregelter **mietähnlicher** verkehrstypischer Vertrag zwischen Leasinggeber und Leasingnehmer über den **Gebrauch** der Leasingsache gegen die Zahlung einer Leasingrate. Daneben besteht typischerweise ein Vertrag zwischen Leasinggeber und Hersteller oder Lieferant über den Kauf der Leasingsache (**Dreipersonenverhältnis**). Der Leasinggeber kann aber auch selbst Hersteller oder Lieferant sein (**Zweipersonenverhältnis**). Der Leasingvertrag begründet wie der Miet- und Pachtvertrag ein **Dauerschuldverhältnis**. Im Dreipersonenverhältnis sieht der Leasingvertrag vor, dass die mietrechtlichen Mängelrechte (§§ 536ff BGB) des Leasingnehmers ausgeschlossen werden und der Leasinggeber ihm stattdessen seine kaufrechtlichen Mängelrechte (§§ 434ff BGB) aus dem Kaufvertrag gegen den Hersteller oder Lieferanten abtritt (**Abtretungskonstruktion**). In der kautelarjuristischen Praxis haben sich typische Leasingarten wie Operating-Leasing, Finanzierungs-Leasing, Hersteller Leasing sowie Sale-and-Lease-Back herausgebildet.

b. Operating-Leasing

Beim Operating-Leasing überlässt der Leasinggeber dem Leasingnehmer die Leasingsache zum **kurzfristigen Gebrauch**. Der Leasingvertrag enthält entweder eine kurze Laufzeit oder ein Recht zur kurzfristigen Kündigung durch den Leasingnehmer. Der Leasinggeber kalkuliert von vornherein die wiederholte Überlassung der Leasingsache an verschiedene Leasingnehmer, um seine Investitionskosten zu tilgen (**Amortisation**). Nach der Rechtsprechung (BGH NJW 2003, 505) finden auf diesen Vertragstyp die **Mietvorschriften** (§§ 535ff BGB) Anwendung, soweit von den Parteien nichts anderes vereinbart worden ist. Das Operating-Leasing ist **keine sonstige Finanzierungshilfe** (§ 506 Abs. 2 BGB) und unterliegt daher nicht den auf diese anwendbaren Schutzvorschriften für Verbraucherdarlehen (§ 506 Abs. 1 BGB).

c. Finanzierungs-Leasing

aa. Leasingvertrag

Beim Finanzierungs-Leasing enthält der Leasingvertrag eine **längere Laufzeit** und ist während der **Grundlaufzeit unkündbar**. Die Leasingraten, die der Leasingnehmer an den Leasinggeber in der Grundlaufzeit zahlt, tilgen entweder die gesamten (**Vollamortisation**) oder teilweisen Anschaffungs- und Finanzierungskosten (**Teilamortisation**). Dabei wird abweichend von der mietrechtlichen Regelung, wonach der Vermieter die Sache in einem mangelfreien Zustand zu halten hat (§ 536 Abs. 1 S. 2 BGB), kaufrechtlich vereinbart, dass die Gefahr des zufälligen Untergangs und der Verschlechterung mit Übergang der Leasingsache auf den Leasingnehmer übergeht (§ 446 BGB). Außerdem wird die mietrechtliche Erhaltungspflicht des Leasinggebers (§ 535 Abs. 1 S. 2 BGB) dadurch abbedungen, dass der Leasingnehmer die Kosten der Wartung und Instandhaltung der Leasingsache trägt. Damit erfolgt eine **Abwälzung** der Sach- und Gegenleistungsgefahr (**Preisgefahr**) auf den Leasingnehmer. Bei Teilamortisation bietet der Leasinggeber dem Leasingnehmer entweder den Abschluss eines Verlängerungsvertrags oder eines Kaufvertrags über die Leasingsache (**Andienungsrecht**) an. Dem Leasingnehmer kann auch ein Optionsrecht zum Abschluss eines Kaufvertrags, eingeräumt werden (**Kaufoption**). Der Kaufvertrag entsteht auflösend bedingt (§ 158 Abs. 1 BGB) mit Ausübung der Kaufoption. Die Vollamortisation tritt dabei durch Zahlung des Kaufpreises als kalkulierter Restwert ein. Da der Leasingnehmer die Kaufoption nicht ausüben muss, wird die Vollamortisation i. d. R. durch eine **Abschlusszahlung** des Leasingnehmers in einer vertraglichen Klausel (**Abrechnungsklausel**) abgesichert. Selbst wenn eine Abrechnungsklausel nicht vereinbart ist, ergibt sich der Anspruch des Leasinggebers auf eine Abschlusszahlung aus der kreditvertraglichen Prägung des Leasings, da es zum Wesen der Finanzierung gehört, dass die eingesetzten Mittel an den Kapitalgeber zurückfließen.

bb. Rechtliche Einordnung

Nach der Rechtsprechung (BGH NJW 1998, 1637) ist der Finanzierungs-Leasingvertrag ein **atypischer Mietvertrag**. Er beinhaltet sowohl eine entgeltliche Gebrauchsüberlassung wie auch eine Finanzierungsfunktion mit dem sich daraus ergebenden Amortisationsprinzip. Auf den Finanzierungs-Leasingvertrag ist in erster Linie **Mietrecht** (§§ 535ff BGB) anzuwenden. Die Rechtsprechung berücksichtigt darüber hinaus das Eigengepräge des Leasingvertrags bei der **Inhaltskontrolle** der AGB-Klauseln.

cc. Haftungsfreizeichnung

Nach der Rechtsprechung (BGH NJW 2007, 290) ist die vertragliche Haftungsfreizeichnung des Leasinggebers von der mietrechtlichen Mängelhaftung (§§ 536ff BGB) gegenüber dem Leasingnehmers, dem die kaufrechtlichen Mängelrechte (§§ 434ff BGB) des Leasinggebers abgetreten werden, in Formularverträgen (**AGB**) grundsätzlich nicht unangemessen und daher nicht nach § 307 BGB unwirksam. Die Abtretungskonstruktion ist jedoch **unangemessen**, wenn die abgetretenen **Mängelrechte** im Verhältnis zwischen **Leasinggeber** und **Lieferant** wirksam **ausgeschlossen** sind. Nicht entschieden wurde, ob der formularmäßige Ausschluss der Haftung des Leasinggebers auch unangemessen (§ 307 BGB) ist, wenn der Leasingnehmer als Verbraucher (§ 13 BGB) nicht die kaufrechtlichen **Mängelrechte** des **Verbrauchers** (z. B. § 477 BGB) erhält. Denn diese gelten nicht für den Leasinggeber als Unternehmer (§ 14 BGB) und Käufer im Verhältnis zum Hersteller oder Lieferanten als Verkäufer (§ 433 BGB). Damit kann der Leasinggeber diese Mängelrechte auch nicht an den Leasinggeber im Leasingvertrag abtreten. Dagegen wird vorgebracht, dass der Leasingnehmer durch die mietrechtlichen Mängelrechte nicht schlechter gestellt werde, als ein gewöhnlicher Mieter und somit nicht unangemessen benachteiligt werde. Auch die Verlagerung der Sach- und Preisgefahr auf den Leasingnehmer und die Abdingbarkeit der Erhaltungspflicht (§ 535 Abs. 1 S. 2 BGB) durch AGB-Klauseln verstoßen nicht gegen §§ 305 ff BGB.

dd. Abrechnungsklausel

Die Abrechnungsklausel unterliegt nach der Rechtsprechung (BGH NJW 2014, 2940), einer strengen Inhaltskontrolle (§§ 307 ff BGB). Aufgrund des **Transparenzgebots** (§ 307 Abs. 1 S. 2 BGB) müssen sich aus ihr mit dem übrigen Vertragsinhalt **alle Angaben** ergeben, denen es zur Berechnung des geschuldeten Betrags bedarf. Die Kalkulation des vom Leasingnehmer garantierten Restwerts der Leasingsache muss nicht offengelegt werden. Der Klausel müssen sich aber die Gesamtkosten des Leasinggebers einschließlich seiner Gewinnerwartungen, die Amortisationsdauer bei Zahlung der vereinbarten Leasingraten, die Abzinsungsmodalitäten sowie die Höhe der Anrechnung des Verwertungserlöses entnehmen lassen. Eine Klausel ist materiell **unangemessen**, wenn sie den Leasinggeber **ungerechtfertigt bereichert**. Das ist der Fall, wenn sie ihn besserstellen würde, als bei kündigungsfreiem Ablauf des Leasingvertrags. Zu berücksichtigen sind insbesondere die vorzeitige Rückführung des eingesetzten Kapitals und die dadurch eingesparten Vertragskosten. Eine Unwirksamkeit der Verrechnungsklausel befreit den Leasingnehmer aber nicht von der Verpflichtung zur **Abschlusszahlung**. Vielmehr ist der Ausgleichsanspruch des Leasinggebers in diesem Fall konkret zu berechnen.

ee. Sonstige Finanzierungshilfe

Für Finanzierungs-Leasingverträge gelten zusätzlich die besonderen verbraucherrechtlichen Schutzvorschriften für Verbraucherdarlehen (§ 506 Abs. 1 BGB), wenn es sich um eine **sonstige Finanzierungshilfe** handelt. Das ist der Fall, wenn der Leasingnehmer als Verbraucher (§ 13 BGB) zum Erwerb der Leasingsache verpflichtet ist, der Leasinggeber als Unternehmer (§ 14 BGB) von diesem den Erwerb verlangen kann oder der Leasingnehmer bei Beendigung des Vertrags für einen bestimmten Wert der Leasingsache einzustehen hat (§ 506 Abs. 2 BGB). Dem Leasingnehmer steht dann insbesondere das **Verbraucher-Widerrufsrecht** (§§ 506 Abs. 1, 495 Abs. 1 BGB) zu. Die Vorschriften für **Teilzahlungsgeschäfte** (§§ 507 f BGB) sind hingegen **nicht** anwendbar. Denn der Leasinggeber ist grundsätzlich nicht vertraglich dazu verpflichtet, dem Leasingnehmer Eigentum an der Leasingsache zu verschaffen. Damit fehlt die Verpflichtung zur Lieferung einer bestimmten Sache zur Teilzahlung, die Voraussetzung für den Teilzahlungskauf als Teilzahlungsgeschäft ist.

ff. Einwendungsdurchgriff

Beim Darlehensvertrag, der mit einem Vertrag des Verbrauchers über die Lieferung einer Ware durch einen Unternehmer verbunden ist (**verbundener Vertrag**), kann der Verbraucher dem Darlehensgeber auch Einwendungen aus dem verbundenen Vertrag (**Einwendungsdurchgriff**) entgegenhalten (§§ 359 Abs. 1, 358 Abs. 1 BGB). Ein verbundener Vertrag liegt vor, wenn das Darlehen ganz oder teilweise der Finanzierung des Vertrags über die Lieferung der Ware dient und beide Verträge eine **wirtschaftliche Einheit** bilden (§ 358 Abs. 3 S. 1 BGB). Nacht § 506 Abs. 1 BGB sind die Vorschriften der §§ 358 ff BGB für **Finanzierungshilfen** entsprechend **anzuwenden**. Nach der Rechtsprechung erfüllt das **Finanzierungs-Leasing** allerdings **nicht** die Voraussetzungen eines verbundenen Vertrags nach § 358 Abs. 3 BGB, weil es hierbei an dem von dieser Vorschrift vorausgesetzten Erfordernis einer Bindung des Verbrauchers an zwei rechtlich selbständige Verträge fehlt, von denen einer der Finanzierung des anderen dient. Es handelt sich nicht um eine Vertragsgestaltung, die es dem Verbraucher ermöglichen soll, seine durch den Liefervertrag begründete Schuld mittels des zu diesem Zweck eingegangenen Finanzierungsgeschäfts gegenüber dem Lieferanten zu begleichen. Der Leasingvertrag dient nicht der Finanzierung des Kaufvertrags durch den Käufer. Der Kaufvertrag dient vielmehr dem Leasinggeber zur Beschaffung des Leasinggegenstandes, den er benötigt, um seine Pflicht zur Gebrauchsüberlassung aus dem Leasingvertrag erfüllen zu können. Dies gilt auch für den Fall, dass der Leasinggeber in den Kaufvertrag eintritt (**Eintrittsmodell**), den der Leasingnehmer zunächst selbst mit dem Lieferanten abschließt (BGH NJW 2014, 1519). Dagegen wird in der Literatur eingewandt, dass sich der Gesetzgeber mit der Verweisung umfassend, zumindest aber für das Eintrittsmodell, zugunsten des Verbraucher-Leasingnehmers entschieden habe. Dieser solle in den Genuss der Verbraucherrechte beim finanzierten Kauf kommen.

d. Hersteller-Leasing

aa. Leasingvertrag

Beim Hersteller-Leasing schließt der Hersteller der Leasingsache den Leasingvertrag selbst (**direktes Herstellerleasing**) bzw. durch eine Tochtergesellschaft oder einen an seine Marke gebundenen Absatzmittler (**indirektes Herstellerleasing**) mit dem Leasingnehmer ab. Es kann aber auch ein nicht an eine bestimmte Marke gebundener Händler Leasinggeber sein (**Händler-Leasing**). Der Hersteller oder Händler bezweckt damit besonders die Förderung des Absatzes seiner Produkte. Da beim Hersteller- bzw. Händlerleasing aufgrund der Identität von Hersteller bzw. Händler und Leasingeber mit dem Leasingnehmer ein Zweipersonenverhältnis besteht, fehlen das leasingtypische Dreipersonenverhältnis und die Abtretungskonstruktion. Teile der Literatur behandeln den Leasingvertrag deshalb nach mietrechtlichen Vorschriften (§§ 535 ff BGB) oder als Mietkauf, wenn der Vertrag einen Eigentumsübergang auf den Leasingnehmer am Ende der Laufzeit vorsieht. Nach der Rechtsprechung (BGH NJW 2003, 505) wird das Hersteller-Leasing wegen der Finanzierungsfunktion und Verpflichtung des Leasingnehmers zur vollen Amortisation der Aufwendungen des Leasinggebers **wie** das **Finanzierungs-Leasing** behandelt. Dabei hat der Leasinggeber jedoch die mietrechtliche Einstandspflicht, da er mit dem Hersteller bzw. Händler identisch ist.

bb. Teilzahlungsgeschäfte

Das Hersteller-/Händler-Leasing ist von den **Teilzahlungsgeschäften** (§§ 506 Abs. 3, 507 f BGB) abzugrenzen. Diese haben die Lieferung einer bestimmten Sache oder Erbringung einer bestimmten anderen Leistung gegen Teilzahlungen zum Gegenstand. Maßgeblich für die Annahme eines Teilzahlungsgeschäfts in Form eines Kaufvertrags über die Lieferung einer bestimmten Sache (**Teilzahlungskauf**) und nicht eines Leasingvertrags soll sein, ob der Kunde im Hinblick auf die Vertragsgestaltung im Einzelfall erwarten durfte, das Eigentum werde am Ende einer störungsfreien Vertragsabwicklung beim ihm verbleiben. Es soll dafür allerdings die bloße Verkaufsverpflichtung des Herstellers oder Händlers nicht ausreichen.

e. Sale-and-Lease-Back

Beim Sale-and-Lease-Back kauf der Leasinggeber die Leasingsache nicht von einem Dritten, sondern vom künftigen Leasinggeber, und überlässt sie ihm anschließend zum entgeltlichen Gebrauch. Dadurch erzielt der Leasingnehmer einen kurzfristigen Liquiditätszufluss. Aufgrund seiner Finanzierungsfunktion handelt es sich um ein **Finanzierungs-Leasing**, auch wenn es an dem typischen Dreipersonenverhältnis fehlt. Der **Leasingnehmer haftet** jedoch, anders als beim Finanzierungs-Leasingvertrag, unabhängig von einer etwaigen Haftungsfreizeichnung des Leasinggebers, **für Mängel**, die der Leasingsache bereits im Zeitpunkt der Gebrauchsüberlassung anhafteten. Dies soll auch für Mängel der Leasingsache gelten, die nach Gebrauchsüberlassung entstehen, da sich der Leasingnehmer zu keiner Zeit der Verfügungsgewalt der Sache begeben hat. Der Ausschluss der mietrechtlichen Mängelrechte bedarf danach aber einer ausdrücklichen vertraglichen Haftungsfreizeichnung.

IV. Dienstvertrag

1. Allgemeines

§§ 611–630 BGB regeln den Dienstvertrag als typischen schuldrechtlichen Vertrag, der die entgeltliche Leistung von Diensten (**Dienstleistung**) zum Gegenstand hat. Der Dienstvertrag begründet ein Dienstverhältnis zwischen dem Gläubiger (**Dienstberechtigter**) und dem Schuldner (**Dienstverpflichteter**) der Dienstleistung (§ 611 Abs. 1 BGB). Gegenstand des Dienstvertrags können Dienste jeder Art sein (§ 611 Abs. 2 BGB). Es kann sich um eine einmalige oder auf Dauer angelegte (**Dauerschuldverhältnis**) tatsächliche oder rechtliche Tätigkeiten handeln. Darunter fallen selbstständige und nicht selbständige, abhängige, eigen- und fremdbestimmte Dienstleistungen. Das Dienstvertragsrecht enthält keine speziellen Regelungen für mangelhafte Dienstleistungen. Daher gelten die Vorschriften des allgemeinen Leistungsstörungsrechts (§§ 280ff, 320ff BGB).

2. Abgrenzung

a. Werkvertrag

Der Dienstvertrag ist vom Werkvertrag abzugrenzen. Die Leistungspflicht beim Dienstvertrag ist die Erbringung einer **Tätigkeit** (Dienstleistung). Beim Werkvertrag ist die Leistungspflicht ein durch Arbeit oder Dienstleistung herbeizuführenden **Erfolg**. Deshalb schuldet der Besteller die Vergütung nur bei erfolgreicher Herstellung des Werks. Der Dienstberechtigte schuldet die Vergütung dagegen unabhängig davon, ob der mit seiner Tätigkeit bezweckte Erfolg eintritt. Die Rechtsprechung (BGH K&R 2005, 326) qualifiziert Verträge über die Verschaffung des Zugangs zum Telefonnetz, Mobilfunknetz und Internet (**Access-Provider Vertrag**) als Dienstverträge (§ 611 BGB). Die Abgrenzung zwischen Dienstvertrag und Werkvertrag kann im Einzelfall schwierig sein und erfolgt dann durch Auslegung des Parteiwillens unter Berücksichtigung der Verkehrssitte (§§ 133, 157 BGB).

Beispiel: Forschungs- und Entwicklungsleistungen können Gegenstand eines Dienstvertrags wie auch eines Werkvertrags sein. Es kommt darauf an, ob der Auftragnehmer nach dem Willen der Parteien auf Grundlage des Vertrages für den Eintritt eines Erfolgs einstehen will und das Erfolgsrisiko übernehmen will. Da die vertragliche Beschreibung eines Ziels allein kein Indiz für einen Werkvertrag ist, muss die Bedeutung der Aufgabenbeschreibung im Vertrag hierfür ermittelt werden (BGH NJW 2002, 3323).

b. Arbeitsvertrag

Der Arbeitsvertrag ist eine in § 611 a BGB besonders geregelte Form des Dienstvertrages, die von sonstigen Dienstverträgen (**freier Dienstvertrag**) abzugrenzen ist (vgl. § 621 S. 1 BGB). Er verpflichtet den Arbeitnehmer im Dienst eines anderen zur Leistung **weisungsgebundener** fremdbestimmter Arbeit in persönlicher **Abhängigkeit** und den Arbeitgeber zur Zahlung der **Vergütung**. Das Weisungsrecht des Arbeitgebers betrifft Inhalt, Durchführung, Zeit und Ort der Tätigkeit. Weisungsgebunden ist, wer nicht im Wesentlichen frei seine Tätigkeit gestalten und seine Arbeitszeit bestimmen kann. Der Grad der persönlichen Abhängigkeit hängt auch von der Eigenart der jeweiligen Tätigkeit ab. Um festzustellen, ob ein Arbeitsvertrag vorliegt, ist eine Gesamtbetrachtung aller Umstände vorzunehmen. Zeigt die tatsächliche Durchführung des Vertragsverhältnisses, dass es sich um ein Arbeitsverhältnis handelt, ist die Bezeichnung im Vertrag nicht entscheidend (§ 611a Abs. 1 BGB). Liegen die Voraussetzungen nicht vor, sondern ist die Tätigkeit selbstständig und eigenverantwortlich auszuführen, handelt es sich um einen freien Dienstvertrag (**selbstständiges Dienstverhältnis**). Dies ist insbesondere der Fall, wenn der Dienstverpflichtete selbstständiger Unternehmer ist oder einen freien Beruf (§ 1 Abs. 2 PartGG) ausübt.

c. Behandlungsvertrag

Der Behandlungsvertrag in §§ 630a–630h BGB geregelt. Die Vorschriften gelten für Verträge mit Ärzten (**Arztvertrag**) sowie Verträge über die medizinische Behandlung von Menschen durch Angehörige anderer Heilberufe wie z. B. Hebammen, Masseure, Physiotherapeuten und Heilpraktiker. Dagegen unterliegen Verträge über die Behandlungen von Tieren (§ 90a BGB) dem Dienstvertragsrecht (§§ 611ff BGB). Durch den Behandlungsvertrag wird derjenige, der die medizinische Behandlung eines Patienten zusagt (**Behandelnder**), zur Leistung der versprochenen Behandlung, der andere Teil (**Patient**) zur Gewährung der Vergütung, soweit nicht ein Dritter zur Zahlung verpflichtet ist (§ 630a Abs. 1 BGB). Die Behandlung hat nach den zum Zeitpunkt der Behandlung allgemein anerkannten fachlichen Standards zu erfolgen, soweit nicht etwas anderes vereinbart ist (§ 630a Abs. 2 BGB). Da folglich eine kunstgerechte ***(lege artis)*** medizinische Behandlung, aber **kein Heilerfolg** geschuldet ist, handelt es sich um einen freien Dienstvertrag, auf den die Vorschriften der §§ 611–630 BGB Anwendung finden (§ 630b BGB).

d. Architekten- und Ingenieurvertrag

Der Architekten- und Ingenieurvertrag ist in §§ 650p–f BGB als **Unterfall des Werkvertrags** geregelt. Sofern sich die Aufgabe des Architekten, Ingenieurs oder anderer Baufachleute auf eine bauleitende, überwachende oder beratende Tätigkeit beschränkt und nicht die Bauführung umfasst, handelt es sich jedoch um einen freien Dienstvertrag.

e. Organe juristischer Personen

Bei Organen juristischer Personen ist zwischen der **Organstellung** und dem zugrundeliegenden **Anstellungsverhältnis** zu unterscheiden. Bei der Bestellung und Abberufung als Organ der juristischen Person handelt es sich um **körperschaftliche Rechtsakte**. Der Anstellungsvertrag über die Tätigkeit als Vertretungsorgan ist ein Dienstvertrag (§ 611 BGB). Dabei ist umstritten, ob es sich zugleich um einen Arbeitsvertrag (§ 611a BGB) handelt. Die Rechtsprechung (BAG NJW 2019, 1627) nimmt an, dass der Anstellungsvertrag des GmbH-Geschäftsführers auch nach Abberufung und dem Erlöschen der gesetzlichen Vertretung **kein Arbeits**-, sondern ein **freier Dienstvertrag** ist.

f. Geschäftsbesorgungsvertrag

Der Geschäftsbesorgungsvertrag ist in §§ 675–675b BGB geregelt. Er ist **Dienstvertrag** oder **Werkvertrag**, der eine Geschäftsbesorgung zum Gegenstand hat. Auf diesen finden ergänzend zum Dienst- oder Werkvertragsrecht wichtige Vorschriften über den Auftrag Anwendung (§ 675 Abs. 1 BGB). Voraussetzung dafür ist, dass eine **entgeltliche** Geschäftsbesorgung vorliegt, die sich nach h. M. von der unentgeltlichen Geschäftsbesorgung bei Auftrag (§§ 662ff BGB) und GoA (§§ 677ff BGB) unterscheidet und deshalb davon zu trennen ist (**Trennungstheorie**). Nach der Gegenmeinung (**Einheitstheorie**) ist der Begriff Geschäftsbesorgung einheitlich zu verstehen und nach der Interessenlage zu beurteilen. Danach kann er auch unselbstständige Tätigkeiten wie das Arbeitsverhältnis erfassen. Nach der vorherrschenden Trennungstheorie ist für die entgeltliche Geschäftsbesorgung kennzeichnend, dass sich der Geschäftsbesorger gegenüber dem Geschäftsherrn dazu verpflichtet, eine selbstständige wirtschaftliche Tätigkeit wirtschaftlichen Charakters im Interesse einer anderen Person und innerhalb einer fremden wirtschaftlichen Interessensphäre vorzunehmen (**Geschäftsbesorgungsformel**). Deshalb ist das Auftragsrecht, soweit darauf verwiesen wird, nur bei Angelegenheiten anwendbar, deren Wahrnehmung grundsätzlich Sache des Vermögensinhabers ist. Das ist in erster Linie bei Verträgen mit starkem Bezug zu wirtschaftlichen Interessen wie der **Vermögensverwaltung**, Besorgung von **Steuer**- und **Rechtsangelegenheiten** sowie **Bankgeschäften** der Fall.

3. Vertragsschluss

a. Vertragsfreiheit

Der Abschluss von Dienstverträgen unterliegt im Rahmen der Vertragsfreiheit grundsätzlich keinen Einschränkungen. Es gelten die allgemeinen Vorschriften, nach denen der Vertrag durch Antrag und Annahme zustande kommt. Der Vertragsschluss bedarf i. d. R. **keiner Form**. Sofern in einem **Tarifvertrag** Schriftform bestimmt ist, soll sie für die Wirksamkeit des Arbeitsvertrags nicht begründend (konstitutiv) sein, so dass ein Verstoß gegen die Schriftform keine Nichtigkeit (§ 125 BGB) zur Folge hat. Ist der Dienstvertrag zwischen Unternehmer und Verbraucher unter ausschließlicher Verwendung von Fernkommunikationsmitteln zustande gekommen, handelt es sich um einen **Fernabsatzvertrag** (§ 312c). Der Unternehmer hat dann nach § 312d BGB, Art. 246a §§ 1–4 EGBGB umfassende **Informationspflichten** gegenüber dem Verbraucher. Dieser hat ein **Widerrufsrecht** nach §§ 312g, 355f BGB.

b. Einschränkungen

Bei **Arbeitsverträgen** gelten **zwingende** gesetzliche Regelungen für Abschluss und Inhalt des Arbeitsvertrags. Es gibt gesetzliche **Abschlussverbote** für die Beschäftigung von Kindern nach dem Jugendarbeitsschutzgesetz (§ 5 JArbSchG) und Mütter innerhalb der Schutzfrist nach dem Mutterschutzgesetz (§ 3 Abs. 1 MuSchG) und gesetzliche **Abschlussgebote**, insbesondere für die Beschäftigung Schwerbehinderter nach dem Sozialgesetzbuch (§ 154 SGB IX). Darüber hinaus ist die Vertragsfreiheit durch das Allgemeine Gleichbehandlungsgesetz eingeschränkt. Danach ist es dem Arbeitgeber verboten, Beschäftigte aus Gründen der Rasse oder wegen der ethnischen Herkunft, des Geschlechts, der Religion oder Weltanschauung, einer Behinderung, des Alters oder der sexuellen Identität zu benachteiligen (**Benachteiligungsverbot**) (§§ 1, 7 Abs. 1 AGG). Das gilt auch bei der **Bewerbung** für ein Beschäftigungsverhältnis (§ 6 Abs. 1 S. 2 AGG). Bei einem Verstoß hat der benachteiligten Bewerber keinen Anspruch auf Begründung eines Beschäftigungsverhältnisses (§ 15 Abs. 6 AGG). Er kann vom Arbeitgeber aber **Ersatz** des entstandenen **Schadens** (§ 15 Abs. 1 AGG) und Entschädigung in **Geld** für immateriellen Schaden verlangen. Der Schadensersatz darf bei Nichteinstellung des Bewerbers **drei Monatsgehälter** nicht überschreiten (§ 15 Abs. 2 AGG). Der

Anspruch setzt nicht voraus, dass der Arbeitgeber die Verletzung des Benachteiligungsverbots zu vertreten hat.

c. Abschlussmängel

aa. Fehlerhafter Dienstvertrag

Ein Dienstvertrag kann nach den allgemeinen Regeln anfechtbar oder nichtig sein (**fehlerhafter Dienstvertrag**). Sind die vereinbarten Dienste noch nicht geleistet, kommt der nichtige Vertrag gar nicht zustande und der anfechtbare Vertrag ist mit Ausübung der Anfechtung rückwirkend nichtig (§ 142 Abs. 1 BGB). Sind die Dienstleistungen vom Dienstverpflichteten schon erbracht worden, gelten auch für den fehlerhaften Dienstvertrag nach der Rechtsprechung die **Regeln** über den **fehlerhaften Arbeitsvertrag**. Nichtigkeit und Anfechtung des Dienstvertrags wirken dann grundsätzlich nur für die Zukunft *(ex nunc)*, beseitigen den Vertrag aber nicht von Anfang an *(ex tunc)*.

bb. Fehlerhafter Arbeitsvertrag

Ist der Arbeitsvertrag nichtig oder anfechtbar, gelten die allgemeinen Regeln (§§ 125, 142 Abs. 1 BGB), wenn die Arbeitstätigkeit noch nicht aufgenommen wurde. Ist das Arbeitsverhältnis bereits **in Vollzug** gesetzt worden, wirkt die Nichtigkeit oder Anfechtbarkeit grundsätzlich nur für die Zukunft *(ex nunc)*, aber nicht von Anfang an *(ex tunc)*. Die mit der Rückabwicklung des fehlerhaften Vertragsverhältnisses verbundenen Schwierigkeiten sollen so vermieden werden (**Lehre vom fehlerhaften Arbeitsvertrag**). Ausnahmen hiervon gelten allerdings, wenn der Vertrag auf die Ausführung einer gesetzeswidrigen (§ 134 BGB) oder sittenwidrigen Handlung (§ 138 BGB) gerichtet ist; dann soll dieser ausnahmsweise von Anfang an nichtig sein.

4. Hauptpflichten

a. Dienstverpflichteter

aa. Dienstleistung

Der Dienstverpflichtete ist zur Leistung der versprochenen Dienste verpflichtet (§ 611 Abs. 1 BGB). Beim **freien Dienstvertrag** bestimmt sich der Inhalt der Dienstpflicht primär nach der vertraglichen Vereinbarung. Die Ausführungen der vereinbarten Dienstleistungen dürfen durch den Dienstberechtigten konkretisiert werden. Sofern die Vereinbarung nicht eindeutig ist, muss der Parteiwille durch Auslegung nach Treu und Glauben mit Rücksicht auf die Verkehrssitte ermittelt werden (§§ 133, 157 BGB). Beim **Arbeitsvertrag** hat der Arbeitgeber ein **Weisungsrecht** bzw. **Direktionsrecht** (§ 611 a Abs. 1 S. 1, 2 BGB) zur Konkretisierung der Arbeitsleistung des Arbeitnehmers. Er kann Inhalt, Ort und Zeit der Arbeitsleistung nach billigem Ermessen (§ 315 BGB) näher bestimmen. Er muss dabei die vertraglich vereinbarten Arbeitsbedingungen und kollektivrechtlichen Bestimmungen einer Betriebsvereinbarung, eines anwendbaren Tarifvertrags oder gesetzlicher Vorschriften einhalten (§ 106 GewO).

bb. Persönliche Erbringung

Der zur Dienstleistung Verpflichtete hat die Dienste im Zweifel in Person zu leisten (§ 613 S. 1 BGB). Soweit nicht anders vereinbart, darf die geschuldete Dienstleistung deshalb nicht durch einen Dritten vorgenommen werden (**Auslegungsregel**). Es ist dabei nach dem Inhalt des Dienstvertrags zu bestimmen, ob die Dienstleistung persönlich erfolgen muss. Sofern keine ausdrückliche Regelung vorliegt, ist dies durch Auslegung auch unter Berücksichtigung der Art und Umstände des Dienstverhältnisses zu ermitteln. Bei **freien Dienstverträgen** ist keine vollständige Übertragung der geschuldeten Dienste zulässig, aber der Einsatz von Gehilfen, um Nebenpflichten zu erfüllen oder die Dienstleistung vorzubereiten. Bei **Arbeitsverträgen** darf sich der Arbeitnehmer aufgrund des persönlichen Charakters der Dienstleistungspflicht nicht durch einen betriebsfremden Dritten vertreten lassen. Auch ist der Anspruch auf die Dienste im Zweifel nicht übertragbar (§ 613 S. 2 BGB). Daher darf der Arbeitgeber den Arbeitnehmer nicht ohne dessen Zustimmung an einen Dritten verleihen (**Leiharbeitsverhältnis**). Eine vertragswidrige Ausführung der Dienste durch dritte Personen ist eine Nichterfüllung des Dienstverpflichteten (§§ 280 ff, 320 ff BGB).

cc. Betriebsübergang

Bei einem Betriebsübergang durch Rechtsgeschäft auf einen anderen Inhaber tritt dieser in die Rechte und Pflichten aus den im Zeitpunkt des Übergangs bestehenden Arbeitsverhältnissen ein (§ 613 a Abs. 1 S. 1 BGB). Es handelt sich um einen **gesetzlichen Vertragsübergang**. Nach § 613 a Abs. 6 BGB kann der Arbeitnehmer dem Übergang des Arbeitsverhältnisses **innerhalb eines Monats** nach Zugang der Unterrichtung durch den bisherigen Arbeitgeber oder neuen Inhaber (§ 613 a Abs. 5 BGB) schriftlich widersprechen Der Widerspruch kann gegenüber dem bisherigen Arbeitgeber oder dem neuen Inhaber erklärt werden (**Widerspruchsrecht**).

b. Dienstberechtigter

aa. Vergütungspflicht

Nach § 611 Abs. 1 BGB ist der Dienstberechtigte zur Gewährung der vereinbarten Vergütung verpflichtet. Art und Umfang der Vergütung ergeben sich aus der getroffenen Vereinbarung. Fehlt eine solche Vereinbarung, ist der Vertrag nicht wegen Dissens nichtig (§§ 154, 155 BGB). Bei **freien Dienstverträgen** gilt vielmehr eine Vergütung als stillschweigend vereinbart, wenn die Dienstleistung nur gegen eine Vergütung zu erwarten ist (§ 612 BGB). Hierbei handelt es sich nach wohl überwiegender Auffassung um eine unwiderlegbare gesetzliche Vermutung, teils wird auch eine Auslegungsregel oder Fiktion angenommen. Der Dienstverpflichtete kann den Vertrag nicht nach § 119 Abs. 1 BGB wegen Irrtums über die Vergütungspflicht anfechten. Beim **Arbeitsvertrag** ist der Arbeitgeber zur Zahlung der vereinbarten **Vergütung** verpflichtet (§ 611 a Abs. 2 BGB). Das Arbeitsentgelt ist **in Euro** zu berechnen und auszuzahlen (§ 107 Abs. 1 GewO). Arbeitgeber und Arbeitnehmer können **Sachbezüge** als Teil des Arbeitsentgelts vereinbaren, wenn dies dem Interesse des Arbeitnehmers entspricht oder der Eigenart des Arbeitsverhältnisses (§ 107 Abs. 2 GewO).

bb. Höhe der Vergütung

Bei Dienstverträgen ergibt sich die Höhe der Vergütung aus der Parteivereinbarung. Dies gilt grundsätzlich auch für Arbeitsverträge. Einen Grundsatz „gleicher Lohn für gleiche Arbeit“ gibt es nicht. Dem Arbeitgeber darf aber aufgrund des Benachteiligungsverbots (§§ 1, 7 Abs. 1 AGG) für gleiche oder gleichwertige Arbeit nicht unterschiedlichen Lohn bezahlen. Zudem ist bei gleicher oder gleichwertiger Arbeit eine unmittelbare oder mittelbare Benachteiligung wegen des Geschlechts im Hinblick auf sämtliche Entgeltbestandteile und Entgeltbedingungen verboten (**Verbot der geschlechtsbedingten Diskriminierung**) (§ 3 Abs. 1 EntGTranspG). Ist beim Dienstvertrag die Höhe der Vergütung nicht bestimmt, gilt bei dem

Bestehen einer **Taxe** die taxmäßige Vergütung, sonst gilt die **übliche Vergütung** als vereinbart. Als taxmäßige Vergütung gelten nur staatlich festgesetzte Vergütungssätze, die in den Gebührenordnungen der freien Berufe enthalten sind. Sofern sich die übliche Vergütung nicht ermitteln lässt, wird sie nach billigem Ermessen durch den Dienstverpflichteten bestimmt (§§ 315, 316 BGB).

cc. Fälligkeit der Vergütung

Die Fälligkeit der Vergütung ist für den freien Dienstvertrag und den Arbeitsvertrag in § 614 BGB geregelt. Danach ist die Vergütung erst nach der Leistung der Dienste zu entrichten (**„ohne Arbeit kein Lohn"**). Daher ist der Dienstverpflichtete **vorleistungspflichtig.** Das gilt grundsätzlich ebenso für den Arbeitnehmer, sofern kollektivrechtliche Vereinbarungen keine andere Fälligkeit regeln. Ist die Vergütung nach Zeitabschnitten bemessen, ist sie nach Ablauf der einzelnen Zeitabschnitte zu entrichten (§ 614 S. 2 BGB). **Ausnahmsweise** besteht **Anspruch** auf Vergütung **ohne** Dienstleistung, wenn der Dienstberechtigte in Annahmeverzug ist (§ 615 S. 1 BGB), bei einer von keiner Seite zu vertretenden Betriebsstörung (§ 615 S.3 BGB) und bei persönlicher Verhinderung und Krankheit (§ 616 BGB). Bei Krankheit des Arbeitnehmers hat dieser für die Zeit der Arbeitsunfähigkeit bis zur Dauer von sechs Wochen Anspruch auf eine Fortzahlung des Arbeitsentgelts (§ 3 EFZG). Dies gilt auch bei einer Kündigung (§ 8 EFZG).

5. Beendigung

a. Zeitablauf

Wird ein Dienstverhältnis für eine bestimmte Zeit eingegangen (**befristetes Dienstverhältnis**), so endet es mit Ablauf der vereinbarten Zeit (§ 620 Abs. 1 BGB) oder Erledigung des zugrunde liegenden Zwecks (§ 620 Abs. 2 BGB). Beim **Arbeitsvertrag** muss eine Befristung **schriftlich** vereinbart werden (§ 623, § 14 Abs. 4 TzBfG) und ein **sachlicher Grund** bestehen (§ 14 Abs. 1 TzBfG). Das Dienstverhältnis gilt auf unbestimmte Zeit verlängert, wenn es nach Ablauf der Dienstzeit vom Dienstverpflichteten mit Wissen des Dienstberechtigten fortgesetzt wird und dieser nicht unverzüglich widerspricht (§ 625 BGB). Wird das Arbeitsverhältnis nach Ablauf der vereinbarten Zeit oder nach Zweckerreichung mit Wissen des Arbeitgebers fortgesetzt, gilt es auf unbestimmte Zeit verlängert, wenn der Arbeitgeber nicht unverzüglich widerspricht oder dem Arbeitnehmer die Zweckerreichung nicht unverzüglich mitteilt (§ 15 Abs. 5 TzBfG).

b. Digitale Dienstleistung

Durch das DIRL-Umsetzungsgesetz ist die neue Regelung des § 620 Abs. 4 BGB über digitale Dienstleistungen eingefügt worden. Danach kann ein **Verbrauchervertrag über digitale Dienstleistungen** auch nach Maßgabe der §§ 327c, 327m und 327r BGB beendet werden.

c. Kündigung

aa. Ordentliche Kündigung

Ein **unbefristetes Dienstverhältnis** kann von beiden Parteien durch ordentliche Kündigung beendet werden (§ 620 Abs. 2 BGB). Das **Arbeitsverhältnis** muss **schriftlich** gekündigt werden (§ 623 BGB). Bei **freien Dienstverhältnissen** bestimmt sich die Kündigungsfrist nach der Bemessung der Vergütung (§ 621 BGB). Arbeitsverhältnisse können von Arbeitnehmern mit einer Frist von vier Wochen zum 15. oder zum Ende eines Kalendermonats gekündigt werden. Für Arbeitsverhältnisse, die länger als mindestens zwei Jahre bestanden haben, gelten längere Kündigungsfristen (§ 622 Abs. 2 BGB). Während einer vereinbarten **Probezeit**, längstens für die Dauer von sechs Monaten, kann das Arbeitsverhältnis mit einer Frist von zwei Wochen gekündigt werden (§ 622 Abs. 3 BGB). Durch **Tarifvertrag** können abweichende Regelungen vereinbart werden (§ 622 Abs. 4 BGB). **Einzelvertraglich** kann eine kürzere Frist als nach § 622 Abs. 1 BGB vereinbart werden (§ 622 Abs. 5 BGB). Die Kündigungsfrist für den Arbeitnehmer darf nicht länger sein als für den Arbeitgeber (§ 622 Abs. 6 BGB). Das Kündigungsrecht des Arbeitgebers wird durch das **Kündigungsschutzgesetz** und §§ 138 Abs. 1, 242 BGB besonders eingeschränkt. Die Kündigung des Arbeitsverhältnisses gegenüber einem Arbeitnehmer, dessen Arbeitsverhältnis in demselben Betrieb oder Unternehmen ohne Unterbrechung länger als **sechs Monate** bestanden hat, ist rechtsunwirksam, wenn sie **sozial ungerechtfertigt** ist (§ 1 KSchG). Das AGG gilt für Kündigungen nicht (§ 2 Abs. 4 AGG), wird bei Prüfung der Sozialwidrigkeit der Kündigung aber von der Rechtsprechung berücksichtigt (BAGE 128, 238).

bb. Außerordentliche Kündigung

Die außerordentliche Kündigung ist in §§ 626, 627 BGB geregelt und vorrangig gegenüber der allgemeinen Regelung des § 314 BGB über die Kündigung von Dauerschuldverhältnissen.

Kündigung aus wichtigem Grund (§ 626 BGB)

Nach § 626 Abs. 1 BGB kann das Dienstverhältnis von jedem Vertragsteil aus wichtigem Grund **ohne** Einhaltung einer **Kündigungsfrist** gekündigt werden. Dazu müssen nach der gesetzlichen Regelung Tatsachen vorliegen, aufgrund derer dem Kündigenden unter Berücksichtigung aller Umstände des Einzelfalls und unter Abwägung der Interessen beider Vertragsteile die Fortsetzung des Dienstverhältnisses bis zum Ablauf der Kündigungsfrist oder bis zu der vereinbarten Beendigung des Dienstverhältnisses nicht zugemutet werden kann. Allgemein gilt, dass der **Verhältnismäßigkeitsgrundsatz** einzuhalten ist und die Kündigung nur als letztes Mittel ***(ultima ratio)*** in Betracht kommt. Dem Kündigenden muss **unzumutbar** sein, bis zum Ablauf der ordentlichen Kündigungsfrist zu warten oder das unbefristete Dienstverhältnis bis zum vereinbarten Ende fortzusetzen. Dies kann vor allem bei einer **groben Pflichtverletzung** der anderen Vertragspartei der Fall sein. Beim Arbeitsverhältnis muss der Arbeitgeber vor der außerordentlichen Kündigung den **Arbeitnehmer** in aller Regel erfolglos **abgemahnt** haben. Die Kündigung muss innerhalb von **zwei Wochen** erklärt werden, nachdem der Kündigende von den für die Kündigung maßgebenden Tatsachen erfahren hat. Bei Nichteinhaltung der Frist kann die Kündigung nicht mehr auf die Tatsachen für den wichtigen Grund gestützt werden. Die Kündigung muss auf Verlangen der anderen Partei **schriftlich begründet** werden, wobei ein Verstoß gegen diese Pflicht die fristgemäße Kündigung nicht unwirksam macht.

Kündigung von Diensten höherer Art (§ 627 BGB)

Ein Dienstverhältnis über Dienste höherer Art, die aufgrund **besonderen Vertrauens** übertragen werden (z. B. Ärzte, Rechtsanwälte, Steuerberater, Wirtschaftsprüfer) können beide Parteien außerordentlich ohne Frist kündigen (§ 627 Abs. 1 BGB). Das Kündigungsrecht gilt nach der gesetzlichen Regelung nur für Dienstverhältnisse, die keine Arbeitsverhältnisse im Sinne des § 622 BGB sind.

Rechtsfolge

Wird das Dienstverhältnis nach dem Beginn der Dienstleistung aufgrund der §§ 626, 627 BGB gekündigt, kann der Verpflichtete einen seinen bisherigen Leistungen entsprechenden **Teil** der **Vergütung** verlangen. Hat eine Partei die Kündigung der anderen Partei durch vertragswidriges Verhalten veranlasst, ist sie dieser zum Ersatz des durch die Aufhebung des Dienstverhältnisses entstandenen **Schaden** verpflichtet (§ 627 Abs. 2 BGB).

d. Aufhebung

Das Dienstverhältnis kann von den Parteien jederzeit durch einen **Aufhebungsvertrag** beendet werden (§ 311 Abs. 1 BGB). Beim **Arbeitsverhältnis** muss der Aufhebungsvertrag **schriftlich** vereinbart werden (§ 623 BGB). Nach der Rechtsprechung besteht kein Widerrufsrecht des Arbeitnehmers nach § 312g BGB, da auf arbeitsrechtliche Aufhebungsverträge die Vorschriften der §§ 312ff BGB nicht anwendbar sind. Der Aufhebungsvertrag ist aber bei einem schuldhaften Verstoß gegen das Gebot fairen Verhandelns (§ 241 Abs. 2 BGB) unwirksam.

e. Sonstiges

Das Dienstverhältnis endet mit dem **Tod des Dienstverpflichteten**, da die Dienste persönlich zu erbringen sind (§ 613 S. 1 BGB). Dagegen führt der Tod des **Dienstberechtigten** allein **nicht** zur Beendigung des Dienstverhältnisses. Die Rechtsstellung geht vielmehr auf seine Erben über. Dies gilt nicht, wenn die Dienstleistung auf die Person des Dienstberechtigten bezogen ist, wie etwa bei einer Pflegeleistung. In diesem Fall wird die Leistung unmöglich (§ 275 BGB).

V. Werkvertrag

1. Allgemeines

Der Werkvertrag ist allgemein in § 631–650 BGB geregelt. Die Vorschriften sind grundsätzlich auf alle Arten von Werkverträgen anwendbar. Der Werkvertrag ist typischer schuldrechtlicher Vertrag. Der Werksunternehmer (**Unternehmer**) verpflichtet sich zur Herstellung eines Werks an den Besteller des Werks (**Besteller**), der dafür die Vergütung (**Werklohn**) an ihn zahlt.

a. Unternehmerbegriff

Der Begriff des Unternehmers im Werkvertragsrecht ist nicht mit demjenigen in § 14 BGB identisch. Der Werkunternehmer übt seine Tätigkeit in **eigener Verantwortung** und unter Einsatz eigener Arbeitsmittel oder Fachkenntnisse aus und trägt das **Unternehmerrisiko** für das geschuldete Arbeitsergebnis. Das Vorliegen dieser Kriterien ergibt sich aus dem Inhalt der vertraglich übernommenen Leistungspflichten. Werkunternehmer kann danach im Einzelfall auch ein Verbraucher (§ 13 BGB) sein.

b. Vertragsgegenstand

Gegenstand des Werkvertrags kann sowohl die Herstellung oder Veränderung einer Sache als auch ein anderer durch Arbeit oder Dienstleistung herbeizuführender Erfolg sein (§ 631 BGB). Wesentliches Merkmal des Werkvertrags ist die **Herbeiführung** eines bestimmten **Erfolges**, der sich auf das unmittelbar durch die Tätigkeit des Unternehmers herbeizuführende Ergebnis bezieht. Der werkvertraglich geschuldete Erfolg kann ein **körperliches Arbeitsprodukt** sein.

Beispiele: Errichtung von Anlagen, Bauwerken auf Grundstück des Bestellers, Herstellung von Fahrzeugen, Maschinen, Kunstwerken, Filmen (Produktion), Werbeanzeigen, Veranstaltungen, Aufführungen, Kfz-Wartung (Inspektion), Reparaturvertrag, Abschleppvertrag, Abnahme des TÜV, Autowäsche, Abfallentsorgung, Gebäudereinigung, Friseurvertrag, Winterdienst.

Es kann sich aber auch um ein **unkörperliches Arbeitsergebnis** handeln.

Beispiele: Beförderungsleistungen, Gutachten, Bescheinigungen, Zertifikate, Bilanzprüfung, Erstellung und Betreuung einer Internet-Präsentation (Internet-System-Vertrag), Erstellung von Individualsoftware (Softwareentwicklungsvertrag).

Der werkvertraglich herbeizuführende Erfolg ist nur das durch die Tätigkeit des Unternehmers herbeizuführende Ergebnis. Dieser erstreckt sich aber **nicht** auf den nach dem wirtschaftlichen Zweck erhofften **endgültigen** Erfolg, z. B. nicht auf die Vermietbarkeit des zu erstellenden Bauwerks.

2. Abgrenzung

a. Kaufvertrag

Beim Kaufvertrag ist die Lieferung eines **vorhandenen Gegenstandes** die Leistungspflicht. Beim Werkvertrag ist der Werkunternehmer verpflichtet, das bestellte Werk erst **herzustellen**. Die Fälligkeit der Vergütung tritt mit Abnahme des hergestellten Werks ein (§ 641 BGB). Der Unternehmer ist daher **vorleistungspflichtig**, soweit nichts anderes vereinbart wurde. Dagegen ist der Verkäufer nur zur Lieferung der Kaufsache Zug um Zug gegen Zahlung des Kaufpreises durch den Käufer verpflichtet (§§ 320, 322 BGB). Tritt jemand aus der maßgeblichen Sicht des Kunden als Zwischenhändler und nicht als Hersteller angebotener Standardprodukte auf, liegt nach der Rechtsprechung ein Kaufvertrag vor. Bei diesem ist der Hersteller und Lieferant des Verkäufers nicht dessen Erfüllungsgehilfe (§ 278 BGB).

b. Werklieferungsvertrag

Verpflichtete sich der Unternehmer, bewegliche Sachen selbst herzustellen oder zu erzeugen und dem Besteller zu liefern (**Werklieferungsvertrag**), finden die Vorschriften über den **Kauf** Anwendung (§ 650 Abs. 1 BGB). Das gilt auch dann, wenn der Stoff für das Werk vom Besteller geliefert wird oder die bewegliche Sache dazu bestimmt ist, in eine unbewegliche Sache eingebaut zu werden. Soweit die bewegliche Sache eine **nicht vertretbare Sachen** ist, z. B. bei Herstellung eines Maßanzugs, gelten ergänzend einige teils modifizierte Vorschriften des Kaufrechts.

c. Verbrauchervertrag über die Herstellung digitaler Produkte

Durch das DIRL-Umsetzungsgesetz ist § 650 Abs. 2–4 BGB zum **Verbrauchervertrag** über die **Herstellung digitaler Produkte** neu eingefügt worden. Auf einen Verbrauchervertrag, bei dem der Unternehmer sich verpflichtet,

- digitale Inhalte herzustellen (Nr. 1).
- einen Erfolg durch eine digitale Dienstleistung herbeizuführen (Nr. 2) oder
- einen körperlichen Datenträger herzustellen, der ausschließlich als Träger digitaler Inhalte dient (Nr. 3),

sind die §§ 633–639 BGB über die **Rechte bei Mängeln** sowie § 640 BGB über die **Abnahme nicht** anzuwenden. An die Stelle dieser Vorschriften treten die §§ 327–327u BGB. Die §§ 641, 644 und 645 BGB sind mit der Maßgabe anzuwenden, dass an die Stelle der Abnahme die Bereitstellung des digitalen Produkts (§ 327b Abs. 3–5 BGB) tritt (§ 650 Abs. 2 BGB).

Lieferung eines herzustellenden körperlichen Datenträgers

Auf einen Verbrauchervertrag, bei dem der Unternehmer sich verpflichtet, einen herzustellenden körperlichen Datenträger zu liefern, der **ausschließlich** als **Träger** digitaler Inhalte dient, sind abweichend von § 650 Abs. 1 S. 1 und S. 2 BGB § 433 Abs. 1 S. 2, die §§ 434–442, 475 Abs. 3 S. 1, Abs. 4–6 und die §§ 476 und 477 BGB über die **Rechte bei Mängeln nicht** anzuwenden. An die Stelle dieser Vorschriften treten die §§ 327–327u BGB (§ 650 Abs. 3 BGB).

Herstellung einer Sache mit digitalem Produkt

Für einen Verbrauchervertrag, bei dem der Unternehmer sich verpflichtet, eine Sache herzustellen, die ein **digitales Produkt enthält** oder mit digitalen Produkten **verbunden** ist, gilt der Anwendungsausschluss nach § 650 Abs. 2 BGB entsprechend für diejenigen Bestandteile des Vertrags, welche die digitalen Produkte betreffen. Für einen Verbrauchervertrag, bei dem der Unternehmer sich verpflichtet, eine herzustellende Sache zu liefern, die ein digitales Produkt enthält oder mit digitalen Produkten verbunden ist, gilt der Anwendungsausschluss nach § 650 Abs. 3 BGB entsprechend für diejenigen Bestandteile des Vertrags, welche die digitalen Produkte betreffen (§ 650 Abs. 4 BGB).

d. Bauvertrag

aa. Allgemeines

Der Bauvertrag ist als besonderer Werkvertrag in §§ 650a–650h BGB geregelt. Die Vorschriften gelten **ergänzend** zu den allgemeinen Vorschriften für Werkverträge (§§ 630–650 BGB). Nach § 650a Abs. 1 S. 1 BGB ist der Bauvertrag ein Vertrag über die Herstellung, Wiederherstellung, die Beseitigung oder den Umbau eines Bauwerks, einer Außenanlage oder eines Teils davon. Ein **Bauwerk** ist eine unbewegliche Sache, die durch Verwendung von Arbeit und Material in Verbindung mit dem Erdboden hergestellt wird.

Beispiele: Gebäude, Brücken, Tunnel, Straßen, Container, technische Anlagen.

Die Regelung erfasst auch die Herstellung einzelner Bauteile und Bauglieder eines Bauwerks. **Außenanlagen** sind Grundstücksflächen wie etwa Zugangswege, Parkplätze, Grünflächen und Sportplätze. Ein Vertrag über die **Instandhaltung** eines Bauwerks ist ein Bauvertrag, wenn das Werk für die Konstruktion, den Bestand oder den bestimmungsgemäßen Gebrauch von wesentlicher Bedeutung ist (§ 650 Abs. 2 BGB).

bb. VOB-Bauvertrag

Die Parteien können die Geltung der in Teil B der Verdingungsordnung für Bauleistungen (VOB) geregelten Bedingungen für die Ausführung von Bauleistungen vereinbaren (**VOB-Bauvertrag**). Dadurch werden bestimmte Regelungen des Werkvertragsrechts modifiziert, z. B. Leistungsverzögerungen (§ 5 Abs. 4), Schadensersatz (§ 6 Abs. 6), Mängelansprüche (§ 4 Abs. 7, 13), Fälligkeit (§ 14), Verzinsung (§ 16 Abs. 5 Nr. 3, 4). Die VOB Teil B muss nach §§ 305 BGB wirksam in den Bauvertrag einbezogen werden, da es sich um **AGB-Klauseln** handelt. Bei Unternehmen sowie bei juristischen Personen des öffentlichen Rechts und öffentlichrechtlichen Sondervermögen sind §§ 307 und 308 Nr. 1a und 1b BGB auf die VOB (als Ganzes) ohne inhaltliche Abweichungen in Bezug auf eine Inhaltskontrolle einzelner Bestimmungen nicht anwendbar (§ 310 Abs. 1 S. 3 BGB). Der VOB-Vertrag bei **Verbrauchern** unterliegt dagegen der vollen Inhaltskontrolle (§§ 307 ff BGB).

e. Verbraucherbauvertrag

§§ 650i–650n BGB regeln den Verbraucherbauvertrag **ergänzend** (§ 650i Abs. 3 BGB) zu den allgemeinen Vorschriften für Werkverträge (§§ 631–650 BGB) und für Bauverträge (§§ 650a–650i BGB). Die §§ 640 Abs. 2 S. 2, 650i–650l und 650n BGB sind **zwingend** (§ 650o S. 1 BGB) und finden auch Anwendung, wenn sie durch anderweitige Vertragsgestaltungen umgangen werden **(Umgehungsverbot)** (§ 650o S. 2 BGB). Der Verbraucherbauvertrag ist ein Vertrag, durch den der Unternehmer von einem Verbrauche zum Bau eines neuen Gebäudes oder zu erheblichen Umbaumaßnahmen an einem bestehenden Gebäude verpflichtet wird (§ 650i BGB). Der Bau eines neuen Gebäudes ist eine Maßnahme, die das Grundstück durch Errichtung eines zuvor nicht bestehenden Gebäudes wesentlich umgestaltet.

Beispiele: Errichtung von Einfamilienhäusern, Garagen, Hofgebäuden, Wirtschaftsgebäuden, nicht aber von Carports und Gartenlauben.

Erhebliche Umbaumaßnahmen sind nur Maßnahmen, die dem Bau eines neuen Gebäudes vergleichbar sind, z. B. Errichtung eines Gebäudes hinter der Fassade eines alten Gebäudes. Der Verbraucherbauvertrag bedarf der **Textform** (§ 650i Abs. 2 BGB). Die **Sonderregeln** betreffen die Baubeschreibung (§ 650j BGB), den Inhalt des Vertrags (§ 650k BGB), das Widerrufsrecht (§ 650l BGB), Abschlagszahlungen und die Absicherung des Vergütungsanspruchs (§ 650m BGB) sowie die Erstellung und Herausgabe von Unterlagen (§ 650g BGB).

f. Architekten- und Ingenieurvertrag

Der Architekten- und Ingenieurvertrag ist in §§ 650p–650t BGB als Unterfall des Werkvertrags (**werkvertragsähnlich**) geregelt. Soweit sich aus diesen Regeln nichts anderes ergibt, gelten die allgemeinen Vorschriften über den **Werkvertrag** (§§ 631–650 BGB) sowie Vorschriften über den **Bauvertrag** (§§ 650b, 650e–650h BGB). Dadurch wird der Unternehmer verpflichtet, die Leistungen zu erbringen, die nach dem jeweiligen Stand der Planung und Ausführung des Bauwerks oder der Außenanlage erforderlich sind, um die zwischen den Parteien vereinbarten **Planungs-** und **Überwachungsziele** zu erreichen. Sofern sie noch nicht vereinbart sind, hat der Unternehmer zunächst eine Planungsgrundlage zu ihrer Ermittlung zu erstellen und sie dem Besteller mit einer Kostenschätzung zur Zustimmung des Vorhabens vorzulegen (§ 650p BGB). Nach Vorlage kann der Besteller den Vertrag gem. § 650r Abs. 1 BGB innerhalb von zwei Wochen kündigen (**Sonderkündigungsrecht**). Das gilt bei einem **Verbraucher** nur, wenn der Unternehmer ihn bei der Vorlage in **Textform** über das Kündigungsrecht, die Ausübungsfrist und die Rechtsfolgen unterrichtet hat. Der Unternehmer kann dem Besteller eine angemessene Frist für die Zustimmung setzen. Er kann den Vertrag kündigen (**Sonderkündigungsrecht**), wenn der Besteller diese verweigert oder innerhalb der gesetzten Frist keine Erklärungen zu den Unterlagen abgibt (§ 650r Abs. 2 BGB). Sofern eine Partei den Vertrag aufgrund des Sonderkündigungsrechts kündigt, kann der Unternehmer nur für die bis zur Kündigung erbrachten Leistungen eine **Vergütung** verlangen (§ 650r Abs. 3 BGB). Der Architekt oder der Ingenieur kann die Leistung verweigern, wenn er wegen eines Überwachungsfehlers für einen Mangel in Anspruch genommen wird, für den auch der Bauunternehmer haftet. Dies gilt solange der Besteller dem Bauunternehmer noch nicht erfolglos eine angemessene Frist zur Nacherfüllung bestimmt hat (§ 650t BGB).

g. Bauträgervertrag

Für den Bauträgervertrag gelten die Sonderregeln der §§ 650u, 650v BGB. Er hat die Errichtung oder den Umbau eines Hauses oder eines vergleichbaren Bauwerks zum Gegenstand. Zugleich enthält er die Verpflichtung, dem Besteller das **Eigentum** an dem Grundstück zu übertragen oder ein **Erbbaurecht** zu bestellen oder zu übertragen. Hinsichtlich der Errichtung oder des Umbaus des Hauses oder Bauwerks findet grundsätzlich (vgl. § 650u Abs. 2 BGB) Werkvertragsrecht (§§ 631–631o BGB) Anwendung, soweit sich aus den Sonderregeln nichts anderes ergibt. Für den Anspruch auf Übertragung des Eigentums an dem Grundstück bzw. auf Übertragung oder Bestellung des Erbbaurechts finden die Vorschriften über den Kauf (§§ 433ff BGB) Anwendung.

h. Pauschalreisevertrag

aa. Allgemeines

Der Pauschalreisevertrag ist in §§ 651a–651y BGB mit der **Reisevermittlung** (§ 651v BGB) und der Vermittlung **verbundener Reiseleistungen** (§ 675w BGB) geregelt. Die Vorschriften dienen nicht nur dem Verbraucherschutz, sondern finden auch Anwendung, wenn die Reisen zu geschäftlichen Zwecken organisiert werden. Der Reisende kann Verbraucher (§ 13 BGB) oder Unternehmer (§ 14 BGB) sein. Der Pauschalreisevertrag muss kein Verbrauchervertrag sein. Er verpflichtet den Unternehmer (**Reiseveranstalter**), dem Reisenden eine Pauschalreise zu verschaffen und den Reisenden, dem Reiseveranstalter den vereinbarten Reisepreis zu zahlen (§ 651a Abs. 1 BGB).

Pauschalreise

Pauschalreise ist eine Gesamtheit **mindestens zwei verschiedener** Arten von Reiseleistungen für den Zweck derselben Reise. Sie liegt auch dann vor, wenn die von dem Vertrag umfassten Reiseleistungen **auf Wunsch** des Reisenden **zusammengestellt** wurden. Zudem liegt sie vor, wenn der Reiseveranstalter dem Reisenden in dem Vertrag das Recht einräumt, die **Auswahl** der Reiseleistungen aus seinem Angebot nach Vertragsschluss zu treffen (§ 651a Abs. 2 S. 1 BGB).

Reiseleistungen

Reiseleistungen sind die Personenbeförderung, die Beherbergung (außer zu Wohnzwecken), die Vermietung von Kraftfahrzeugen und Krafträdern oder jede andere touristische Leistung, nicht aber solche Reiseleistungen, die wesensmäßig Bestandteil einer anderen Reiseleistung sind (§ 651a Abs. 3 BGB).

Keine Pauschalreise

Nach § 651 a Abs. 4 BGB liegt keine Pauschalreise vor, wenn nur **eine Art von Reiseleistung mit** einer oder mehreren **touristischen Leistungen** zusammengestellt wird. Dies bedingt, dass die touristischen Leistungen keinen erheblichen Anteil am Gesamtwert der Zusammenstellung ausmachen und weder ein wesentliches Merkmal der Zusammenstellung darstellen noch als solches beworben werden (Nr. 1) oder erst nach Beginn der Erbringung einer Reiseleistung ausgewählt und vereinbart werden (Nr. 2).

Ausgeschlossene Verträge

Die Vorschriften über den Pauschalreisevertrag (§§ 651 a ff BGB) gelten nach § 651 a Abs. 5 BGB nicht für Verträge, die nur **gelegentlich** ohne Gewinnerzielungsabsicht und nur einem begrenzten Personenkreis angeboten werden (Nr. 1), für **Tagesreisen**, wenn der Reisepreis 500 Euro nicht übersteigt (Nr. 2) und für **Geschäftsreisen**, die ein Unternehmer aufgrund eines Rahmenvertrags abschließt (Nr. 3).

Online- Buchungsverfahren

Ein Unternehmer, der mittels eines Online-Buchungsverfahrens mit dem Reisenden einen Vertrag über eine Reiseleistung geschlossen hat oder ihm auf demselben Weg einen solchen Vertrag vermittelt hat, ist als **Reiseveranstalter** nach § 651 c Abs. 1 BGB anzusehen, wenn

- er dem Reisenden mindestens einen Vertrag über eine andere Art von Reiseleistung vermittelt, indem er den Zugriff auf das Online-Buchungsverfahren eines anderen Unternehmens ermöglicht (Nr. 1),
- er den Namen, die Zahlungsdaten und die E-Mail-Adresse des Reisenden an den anderen Unternehmer übermittelt (Nr. 2) und
- der weitere Vertrag spätestens 24 Stunden nach der Bestätigung des Vertragsschlusses über die erste Reiseleistung geschlossen wird **(Click-Through-Buchung)** (Nr. 3).

Kommen danach ein Vertrag über eine andere Art von Reiseleistung oder mehrere Verträge über mindestens eine Art von Reiseleistung zustande, gelten die vom Reisenden geschlossenen Verträge zusammen als **ein Pauschalreisevertrag**.

bb. Rechte und Pflichten

Die Vorschriften über den Pauschalreisevertrag regeln in erster Linie Rechte des Reisenden und Pflichten des Veranstalters:

- Informationspflichten des Reiseveranstalters vor Vertragsschluss (§ 651 d BGB)
- Recht des Reisenden zur Vertragsübertragung vor Reisebeginn (§ 651 e BGB)
- Preiserhöhung unter Vorbehalt bis 20 Tage vor Reisebeginn (§ 651 f Abs. 1 BGB)
- Preissenkungsrecht des Reisenden vor Reisebeginn (§ 651 f Abs. 4 BGB)
- Keine einseitige Preiserhöhung um über 8 % des Reisepreises (§ 651 g BGB)
- Jederzeitiges Rücktrittsrecht des Reisenden vor Reisebeginn (§ 651 h BGB)
- Rechte des Reisenden bei Reisemängeln (§ 651 i BGB)
- Abhilfeanspruch, Recht zur Selbstabhilfe/Aufwendungsersatz (§ 651 k BGB)
- Kostentragung für eine notwendige Beherbergung (§ 651 k Abs. 4, 5 BGB)
- Recht zur Kündigung des Pauschalreisevertrags (§ 651 l BGB)
- Recht zur Minderung des Reisepreises (§ 651 m BGB)
- Schadensersatzanspruch wegen Nichterfüllung (§ 651 n BGB)
- Ersatzanspruch wegen vergeblicher Aufwendungen (§ 284 BGB)

3. Hauptpflichten

a. Unternehmer

aa. Herstellung des Werks

Der Unternehmer ist dem Besteller zur Herstellung des versprochenen Werks verpflichtet (§ 631 Abs. 1 BGB). Er muss ihm das **mangelfreie Werk** verschaffen und abliefern, sofern die Beschaffenheit des Werks dies zulässt (§ 640 Abs. 1 S. 1 BGB), so bei körperlichen Werken. Bei unkörperlichen Werken ist der Unternehmer zur Zugänglichmachung verpflichtet. Anders als im Dienstvertragsrecht (§ 613 S. 1 BGB) muss der Unternehmer zur Herstellung des Werks grundsätzlich nicht in Person leisten. Vielmehr kann er sich zur Erfüllung seiner Verpflichtung Dritter als **Erfüllungsgehilfen** (§ 278 BGB) bedienen. Bei Bauprojekten ist es üblich, dass der Werkunternehmer selbstständige **Subunternehmer** einschaltet. Es kann auch ausdrücklich vereinbart sein oder sich aus der Art der vereinbarten Tätigkeit durch Auslegung (§§ 133, 157 BGB) ergeben, dass eine **persönliche Leistung** des Werkunternehmers geschuldet wird. Dies ist dann der Fall, wenn die Herstellung maßgeblich von den Fähigkeiten und Kenntnissen des Unternehmers abhängt.

bb. Leistungsgegenstand

Der Leistungsgegenstand kann bei **technisch komplizierten** Werken im Werkvertrag ohne die einzelnen Leistungsschritte abstrakt umschreiben werden. Das genügt für die Festlegung der wesentlichen Vertragsbestandteile *(essentialia negotii)* als notwendiger Mindestinhalt dafür, dass der Werkvertrag zustande kommt. Der Besteller hat aber ein **Anweisungsrecht** nach Vertragsschluss zur Konkretisierung des bereits (abstrakt) vereinbarten Inhalts, auch wenn der Unternehmer anders als der Dienstverpflichtete **nicht weisungsgebunden** ist. Außerdem liegen dem Vertragsschluss in solchen Fällen regelmäßig **Leistungsverzeichnisse** zugrunde, die den geschuldeten Erfolg konkretisieren. Sofern sie nicht vorliegen und auch keine Einzelheiten zur weiteren Ausführung vereinbart wurden, besteht eine weitgehende **Gestaltungsfreiheit** bei der Werkserstellung, vor allem bei geistigen Leistungen mit künstlerischen Arbeitsergebnissen.

b. Besteller

aa. Vergütung

Der Besteller eines Werks ist zur Entrichtung der vereinbarten **Vergütung** verpflichtet (§ 631 Abs. 1 BGB). Diese steht im Austauschverhältnis **(Synallagma)** mit der **Ablieferungspflicht** des Unternehmers. Art und Umfang der Vergütung bestimmen sich nach der getroffenen Abrede. Fehlt diese, gilt eine Vergütung als stillschweigend vereinbart, wenn die Herstellung des Werks den Umständen nach nur gegen eine Vergütung zu erwarten ist (§ 632 Abs. 2 BGB). Wie auch bei der Vergütung im Dienstvertragsrecht (§ 612 Abs. 1 BGB) handelt es sich hierbei nicht um eine bloße Auslegungsregel, sondern um eine **unwiderlegbare Vermutung** kraft Gesetzes.

Höhe der Vergütung

Ist die Höhe der Vergütung von den Parteien im Vertrag nicht bestimmt, gilt beim Bestehen einer **Taxe** die taxmäßige Vergütung, z. B. die HOAI bei Architekten-/Ingenieurvertrag, sonst die **übliche Vergütung** als vereinbart (§ 632 Abs. 2 BGB).

Fälligkeit der Vergütung

Die Vergütung wird grundsätzlich erst **bei Abnahme** des Werks durch den Besteller fällig. Ist das Werk in **Teilen** abzunehmen und die Vergütung für die einzelnen Teile bestimmt, so ist die Vergütung für jeden Teil bei dessen Abnahme zu entrichten (§ 641 Abs. 1 BGB). Der Besteller kann nach Fälligkeit einen angemessenen Teil der Vergütung **verweigern**, wenn er gegen den Unternehmer Anspruch auf Beseitigung eines **Mangels** hat (§ 641 Abs. 3 BGB). Eine in Geld festgesetzte Vergütung muss der Besteller von der Abnahme des Werks an verzinsen, sofern die Vergütung nicht gestundet ist (§ 641 Abs. 4 BGB).

Kostenvoranschlag

Ein Kostenvoranschlag ist im Zweifel **nicht zu vergüten** (§ 632 Abs. 3 BGB). Nach dieser Auslegungsregel bedarf die Vergütungspflicht für einen Kostenvoranschlag einer eindeutigen Vereinbarung.

Vorarbeiten

Vorarbeiten des Werkunternehmers sind nur dann zu vergüten, wenn sie Gegenstand eines selbstständigen Werkvertrags sind oder so umfangreich, dass ihre Unentgeltlichkeit nach Treu und Glauben (§ 242 BGB) oder § 632 Abs. 1 BGB nicht erwartet werden kann.

Abschlagszahlungen

§ 632a BGB regelt das Recht des Unternehmers auf Abschlagszahlungen. Der Unternehmer kann von dem Besteller eine Abschlagszahlung in Höhe des Werts der von ihm erbrachten und nach dem Vertrag geschuldeten Leistungen verlangen. Dies gilt auch für angelieferte oder bereitgestellte Stoffe oder Bauteile, wenn dem Besteller nach seiner Wahl Eigentum an den Bauteilen übertragen (§§ 929ff BGB) oder entsprechende Sicherheit hierfür geleistet wird (§ 232 BGB). Sind die Leistungen nicht vertragsgemäß, kann der Besteller die Zahlung eines angemessenen Teils des Abschlags **verweigern**, i. d. R. das Doppelte der für die Beseitigung des Mangels erforderlichen Kosten (§ 641 Abs. 3 BGB). Die Beweislast für die vertragsgemäße Leistung verbleibt bis zur Abnahme beim Unternehmer. **Sonderregeln** für Abschlagszahlungen bestehen beim **Verbraucherbauvertrag** (§ 650m BGB) und **Bauträgervertrag** (§ 650v BGB).

bb. Abnahme

Der Besteller ist verpflichtet, das vertragsgemäße Werk abzunehmen, sofern nicht nach der Beschaffenheit des Werks die Abnahme ausgeschlossen ist. Wegen unwesentlicher Mängel kann die Abnahme nicht verweigert werden (§ 640 Abs. 1 BGB). Die Abnahmepflicht des Bestellers ist eine **Hauptleistungspflicht**. Sie besteht aus der **Entgegennahme** des Werks und dessen **Anerkennung** als zumindest in der Hauptsache vertragsmäßige Leistung. Sofern eine körperliche Entgegennahme nicht möglich ist, genügt die ausdrückliche oder stillschweigende (**konkludente**) Anerkennung etwa durch vorbehaltlose Ingebrauchnahme des Werks. Ist auch diese nach der Beschaffenheit des Werks ausgeschlossen, z. B. Aufführungen, Veranstaltungen, Beförderungsleistungen, tritt die Vollendung des Werks an die Stelle der Abnahme.

Abnahmefiktion

Ein Werk gilt auch als abgenommen (**Abnahmefiktion**), wenn der Unternehmer dem Besteller nach Fertigstellung des Werks eine angemessene Frist zur Abnahme gesetzt hat und der

Besteller die Abnahme nicht innerhalb dieser Frist unter Angabe mindestens eines Mangels verweigert hat (§ 640 Abs. 2 S. 1 BGB). Dabei kommt es weder darauf an, ob der angegebene Mangel wesentlich ist, noch darauf, ob sich später herausstellt, dass dieser tatsächlich gar nicht vorliegt, sofern die Angabe nicht offensichtlich rechtsmissbräuchlich erfolgt ist. Es genügt auch die Umschreibung des Mangels durch Symptome, aus der sich eine mangelhafte Leistung des Unternehmers schließen lässt. Bei einer **Teilabnahme** muss sich die Angabe des Mangels auf den dieser unterliegenden Werkteil beziehen. Nimmt der Besteller ein mangelhaftes Werk ab, obwohl er den Mangel kennt (**Kenntnis**), stehen ihm die Mängelrechte nach § 634 Abs. 1 Nr. 1–3 BGB nur zu, wenn er sich seine Rechte bei Abnahme des Mangels vorbehält (**Abnahme unter Vorbehalt**).

cc. Mitwirkung

Der Besteller hat bei der Herstellung eines Werks mitzuwirken, sofern dies nach der Art und Beschaffenheit des Werks und dem Inhalt des Vertrags erforderlich ist (§ 642 Abs. 1 BGB).

Beispiele: Beschreibung des Werks durch Vorgaben/Unterlagen für Planung des Architekten (BGH NJW 2016, 3022), Lieferung von Vorgaben und Daten (Pflichtenheft) bei der Bestellung von EDV-Anlagen oder Software (BGH NJW 2001, 1718).

Bei der Mitwirkung des Bestellers handelt es sich nicht um eine Rechtspflicht, sondern um eine bloße **Obliegenheit** des Gläubigers, die nicht eigenständig einklagbar ist. Der Besteller kommt jedoch in Annahmeverzug (§ 295 S. 1 BGB), wenn er die erforderliche Mitwirkung verweigert, so dass der Unternehmer den Ersatz von Mehraufwendungen verlangen kann (§ 304 BGB). Der Unternehmer einen Anspruch auf angemessene **Entschädigung** (§ 642 Abs. 1 BGB). Dieser bestimmt sich nach der Dauer des Verzugs und der Höhe der vereinbarten Vergütung. Dabei sind die infolge des Verzugs ersparten Aufwendungen des Unternehmers zu berücksichtigen sowie, was er durch anderweitige Verwendung Arbeitskraft erwerben kann (§ 642 Abs. 2 BGB). Zudem kann der Unternehmer denn Werkvertrag nach fristlosem Ablauf einer angemessenen Nachfrist **kündigen** (§ 643 BGB) und **teilweise Vergütung** sowie **Auslagenersatz** verlangen (§ 645 Abs. 1 S. 2 BGB). Mit dem Annahmeverzug geht die Preisgefahr auf den Besteller über. Damit hat der Unternehmer Anspruch auf die vereinbarte Vergütung, wenn die Fertigstellung des Werks unmöglich wird (§§ 326 Abs. 2, 644 Abs. 1 S. 2 BGB). Außerdem wird durch das Unterlassen der Mitwirkung der Schuldnerverzug des Unternehmers ausgeschlossen.

c. Sicherungsrechte

Der **Unternehmer** ist **vorleistungspflichtig** und wird deshalb durch Sicherungsrechte in seinem Anspruch auf Vergütung gegen den Besteller gesetzlich geschützt.

aa. Unternehmerpfandrecht

Der Unternehmer hat nach § 647 BGB für seine Forderungen aus dem Werkvertrag ein **gesetzliches Pfandrecht** an den von ihm hergestellten oder ausgebesserten beweglichen Sachen des Bestellers, wenn sie bei der Herstellung oder zum Zweck der Ausbesserung in seinen Besitz gelangt sind (**Unternehmerpfandrecht**). Auf das gesetzliche Pfandrecht finden die Vorschriften über das rechtsgeschäftliche Pfandrecht (§§ 1204 ff BGB) Anwendung (§ 1257 BGB). Danach kann sich der Unternehmer durch **Verwertung** des Pfandes nach §§ 1228 ff BGB befriedigen. Das Unternehmerpfandrecht entsteht nur, wenn der Besteller der Eigentümer und die Sache im Besitz des Unternehmers ist. Damit scheidet zugleich ein gutgläubiger Erwerb des Pfandrechts (§ 1257 BGB) durch den Unternehmer aus, wenn die Sache in seinem Besitz das Eigentum eines Dritten ist, z. B. Mietwagen in Reparatur. Denn die Vorschrift kommt durch Verweisung nach § 1257 BGB nur zur Anwendung, wenn das Unternehmerpfandrecht bereits nach § 647 BGB kraft Gesetzes entstanden ist.

bb. Sicherungshypothek

Der Inhaber einer Schiffswerft kann für seine Forderungen aus dem Bau oder der Ausbesserung eines Schiffes die Einräumung einer **Schiffshypothek** an dem Schiffsbauwerk oder dem Schiff des Bestellers verlangen (§ 647a BGB). Ist das Werk noch nicht vollendet, kann dieser die Einräumung der Schiffshypothek für einen der geleisteten Arbeit entsprechenden Teil der Vergütung und für die darin nicht inbegriffenen Auslagen verlangen. Ein Schiffsbauwerk ist das noch im Bau befindliche Schiff. Das Schiff muss im Schiffregister und das Schiffsbauwerk im Register der Schiffsbauwerke (§§ 9ff, 65ff SchRegO) eingetragen sein.

4. Mängel des Werks

Der Unternehmer hat dem Besteller das Werk frei von Sach- und Rechtsmängeln zu beschaffen (§ 633 Abs. 1 BGB). Die Pflicht des Unternehmers zur **mangelfreien Beschaffung** ist eine **Hauptleistungspflicht.** Das Vorliegen von Sach- und Rechtsmängeln beurteilt sich in erster Linie nach der Vereinbarung der Vertragsparteien (**subjektiver Mangelbegriff**), so dass objektive Kriterien nur subsidiär in Betracht kommen.

a. Sachmängel

Das Werk ist frei von Sachmängeln, wenn es die vereinbarte Beschaffenheit hat (§ 633 Abs. 2 S. 1 BGB). Die Vereinbarung (**Beschaffenheitsvereinbarung**) kann ausdrücklich oder durch schlüssiges Verhalten (**konkludent**) erfolgen. Fehlt es an einer eindeutigen Vereinbarung, ist die vertragliche Beschaffenheit durch Auslegung des Parteiwillens zu ermitteln (§§ 133, 157 BGB). Ein Sachmangel liegt vor, wenn die Ist-Beschaffenheit des Werks von der vereinbarten Soll-Beschaffenheit zum Zeitpunkt des Gefahrübergangs abweicht. Dies ist grundsätzlich der Zeitpunkt der **Abnahme** des Werks (§ 644 Abs. 1 S. 1 BGB). Als Beschaffenheit des Werks gelten alle dem Werk unmittelbar und jedenfalls für eine gewisse Zeit anhaftenden **physischen Merkmale** oder **geistigen Wesenszüge**. Zudem gelten als solche auch Umweltbeziehungen, die sich auf die Verwendbarkeit des Werks auswirkten, soweit sie nach der Verkehrsauffassung Einfluss auf die Wertschätzung und Brauchbarkeit des Werks haben können (**wertbildende Faktoren**).

Zur vereinbarten Beschaffenheit gehören grundsätzlich alle Eigenschaften des Werks, die nach der Vereinbarung der Parteien den vertraglich geschuldeten **Erfolg herbeiführen** sollen. Dieser bestimmt sich nicht allein nach der dazu vereinbarten Leistung oder Ausführungsart, sondern auch danach, welche Funktion das Werk nach dem Willen der Parteien erfüllen soll. Dies gilt unabhängig davon, ob die Parteien eine bestimmte Ausführungsart vereinbart haben, oder die anerkannten Regeln der Technik eingehalten worden sind. Der Unternehmer schuldet auch dann die vereinbarte **Funktionstauglichkeit**, wenn diese mit der vertraglich vereinbarten Leistung oder Ausführungsart oder den anerkannten Regeln der Technik nicht zu erreichen ist.

Beispiele: Schall- und Brandschutz bei Sanierung von Mietshäusern (BGH NJW 1998, 3703), Baugenehmigung bei Bauvorhaben (BGH NJW 2001, 1642), Wohnflächen beim Erwerb des vom Bauträger geschuldeten Objekts (BGH NJW 2004, 2156), Bruchsicherheit der Glasfassade (BGH NJW 2014, 3365).

Fehlt eine Beschaffenheitsvereinbarung, ist das Werk frei von Sachmängeln, wenn es sich für die nach dem Vertrag **vorausgesetzte Verwendung** eignet (§ 633 Abs. 2 Nr. 1 BGB).

Beispiele: Nutzlast einer Betondecke (BGH NJW 2003, 1188), Grundwasservorkehrungen bei Planung des Architekten (BGHZ 147, 1), Standfestigkeit des Gebäudes bei Erstellung der Statik durch Tragwerkplaner (BGH NJW 2013, 2268), Planung der Trennwände bei Reihenhäusern (BGH NJW 2013, 684).

Setzt der Vertrag keine besondere Verwendung voraus, liegt kein Sachmangel vor, wenn sich das Werk für die **gewöhnliche Verwendung** eignet und eine Beschaffenheit aufweist, die Werken der gleichen Art üblich ist und die der Besteller nach der Art des Werks erwarten kann (§ 633 Abs. 2 Nr. 2 BGB). Dabei wird anders als im Kaufrecht (§ 434 Abs. 1 S. 3 BGB) nicht geregelt, dass sich die Erwartung einer solchen Sachbeschaffenheit auch aus Werbeaussagen ergeben kann. Da der Unternehmer im Unterschied zum Verkäufer selbst der Hersteller des Werks ist, führen Werbeaussagen des Herstellers i. d. R. zu einer Beschaffenheitsvereinbarung.

b. Falsch- und Minderlieferung

Einem Sachmangel steht es gleich, wenn der Unternehmer ein anderes als das bestellte Werk (**Falschlieferung**) oder das Werk in zu geringer Menge (**Minderlieferung**) herstellt (§ 633 Abs. 2 S. 3 BGB).

aa. Falschlieferung

Der Anwendungsbereich der gesetzlichen Regelung wird für die Falschlieferung als gering erachtet, da bei Verträgen über die Herstellung und Lieferung beweglicher Sachen nach § 650 BGB die kaufrechtlichen Vorschriften anwendbar sind. Eine Falschlieferung kann aber bei der Verwendung anderer als der vereinbarten Materialien vorliegen.

bb. Minderlieferung

Eine Minderlieferung setzt voraus, dass die Leistung als vollständige Erfüllung erbracht werden sollte. Bei **Teilleistungen** (§ 266 BGB) findet die Regelung des § 633 Abs. 2 S. 3 BGB keine Anwendung. Vielmehr gelten die Vorschriften des allgemeinen Leistungsstörungsrechts (§§ 280 ff, 320 ff BGB).

c. Rechtsmängel

Das Werk ist frei von Rechtsmängeln, wenn Dritte in Bezug auf das Werk **keine** oder **nur** die im Vertrag **übernommenen Rechte** gegen den Besteller geltend machen können (§ 633 Abs. 3 BGB). Rechte Dritter, die einen Rechtsmangel darstellen, können z. B. gewerbliche Schutzrechte, Urheberrechte sowie öffentlich-rechtliche Beschränkungen sein.

d. Gefahrübergang

Der Gefahrübergang ist in §§ 644, 645 BGB geregelt. Der Unternehmer trägt die Gefahr bis zur **Abnahme des Werks** (§ 644 Abs. 1 BGB). Liegt bei Abnahme ein Sach- oder Rechtsmangel des Werks vor, gelten ab diesem Zeitpunkt die **besonderen Mängelrechte** des Bestellers nach § 634 BGB. Ist nach der Beschaffenheit des Werks die Abnahme ausgeschlossen, tritt an die Stelle der Abnahme die **Vollendung des Werks**. Versendet der Unternehmer das Werk auf Verlangen des Bestellers nach einem anderen Ort als dem Erfüllungsort, findet die Vorschrift des § 447 BGB (**Versendungskauf**) entsprechende Anwendung (§ 646 BGB). Ist das Werk **vor** Abnahme untergegangen, verschlechtert oder unausführbar geworden und beruht dies auf einem Mangel des von dem Besteller gelieferten Stoffes oder auf von ihm für die Ausführung des Werks erteilten Anweisungen, hat der Unternehmer Anspruch auf teilweise Vergütung sowie Auslagenersatz (§ 645 Abs. 1 S. 1 BGB). Zudem haftet der Unternehmer für Verschulden nach den allgemeinen Vorschriften (§§ 280ff, 326 Abs. 2 BGB).

5. Mängelrechte des Bestellers

a. Allgemeines

Die Mängelrechte des Bestellers sind in §§ 634ff BGB geregelt. Sie finden Anwendung, wenn das hergestellte Werk im Zeitpunkt der Abnahme des Werks (**Gefahrübergang**) einen Sach- oder Rechtsmangel aufweist und **modifizieren** das allgemeinen Leistungsstörungsrechts. Bis zum Gefahrübergang hat der Besteller seinen **primären Erfüllungsanspruch** auf mangelfreie Herstellung des Werks aus § 631 Abs. 1 BGB. Nach der Rechtsprechung sind die Mängelrechte vor Abnahme anwendbar, wenn der Besteller nicht mehr die Erfüllung des Vertrags verlangen kann und das Vertragsverhältnis in ein **Abrechnungsverhältnis** übergegangen ist. Das sei der Fall, wenn der Besteller zu einem Schadensersatzanspruch statt der Leistung übergehe oder im Wege der Minderung eine Herabsetzung des Werklohns fordere. Er bringe in beiden Fällen zum Ausdruck, dass er seinen Erfüllungsanspruch nicht mehr verfolgen, sondern das mangelhafte Werk behalten wolle (BGH NJW 2017, 1607). Die Mängelrechte des Bestellers richten sich nach § 634 BGB, der strukturell § 437 BGB über die Mängelrechte beim Kauf entspricht. Der Besteller kann vorrangig (**Recht zur zweiten Andienung**) die Nacherfüllung verlangen (§ 634 Nr. 1 BGB). Erst nach erfolglosem Ablauf der Nacherfüllungsfrist kann der Besteller die anderen Mängelrechte auf Selbstvornahme, Rücktritt, Minderung, Schadensersatz und Ersatz vergeblicher Aufwendungen (§ 634 Nr. 2–4 BGB) verlangen.

b. Nacherfüllung

Der Besteller hat gegen den Unternehmer einen Anspruch auf Nacherfüllung, wenn das Werk im Zeitpunkt des **Gefahrübergangs** einen **Sach-** oder **Rechtsmangel** aufweist (§§ 634 Nr. 1, 635 BGB). Der Anspruch des Bestellers auf Nacherfüllung tritt **an die Stelle** des ursprünglichen **Erfüllungsanspruchs**. Im Unterschied zum Kaufrecht kann der Unternehmer nach seiner Wahl den Mangel beseitigen oder ein neues Werk herstellen (**Wahlrecht**), weil dieser wegen größerer Sachkunde besser als der Besteller beurteilen kann, wie der Mangel des Werks beseitigt werden kann. Die zum Zweck der Nacherfüllung erforderlichen Aufwendungen (Transport-, Wege-, Arbeits- und Materialkosten) trägt der Unternehmer (§ 635 Abs. 2 BGB). Stellt er ein neues Werk her, kann er vom Besteller Rückgewähr des mangelhaften Werks gemäß §§ 346–348 BGB verlangen (§§ 635 Abs. 4 BGB). Der Anspruch auf Nacherfüllung ist ausgeschlossen, wenn diese dem Unternehmer unmöglich ist (§ 275 BGB). Darüber hinaus kann der Unternehmer die Nacherfüllung verweigern, wenn sie nur mit unverhältnismäßigen Kosten möglich ist (§ 635 Abs. 3 BGB).

c. Selbstvornahme/Aufwendungsersatz

aa. Voraussetzungen

Der Besteller kann nach erfolglosem Ablauf einer angemessenen Frist zur Nacherfüllung den Mangel selbst beseitigen (**Selbstvornahme**) und Ersatz der erforderlichen Aufwendungen (**Aufwendungsersatz**) verlangen, wenn nicht der Unternehmer die Nacherfüllung zu Recht verweigert (§§ 634 Nr. 2, 637 Abs. 1 BGB). Der Anspruch darf nicht wegen Unmöglichkeit (§ 275 BGB) ausgeschlossen sein. Einer **Frist** bedarf es **nicht**, wenn diese nach § 323 Abs. 2 BGB entbehrlich ist sowie dann nicht, wenn die Nacherfüllung fehlgeschlagen oder dem Besteller unzumutbar ist (§ 637 Abs. 2 BGB). Wann die Nacherfüllung fehlgeschlagen ist, wird anders als beim Kaufvertrag gesetzlich nicht vorgegeben. Für den Regelfall bietet § 440 S. 2 BGB einen Anhaltspunkt. Danach gilt eine Nachbesserung **nach** dem **erfolglosen zweiten Versuch** als **fehlgeschlagen**, wenn sich nicht insbesondere aus der Art der Sache oder des Mangels oder den sonstigen Umständen etwas anderes ergibt.

bb. Rechtsfolge

Der Besteller hat das Recht, den vorliegenden Mangel des Werks **selbst zu beseitigen** oder durch einen von ihm ausgesuchten **Dritten beseitigen** zu lassen. Der Unternehmer ist nicht mehr zur Nacherfüllung berechtigt, da die Selbstvornahme den anderen Mängelrechten nach § 634 Nr. 2 BGB gleichsteht. Der Besteller kann indessen auch nach Fristablauf die verspätete Nacherfüllung gestatten. Sofern er den Mangel selbst beseitigt hat, kann er die **erforderlichen Aufwendungen** ersetzt verlangen. Dabei handelt es sich um Aufwendungen, die ein vernünftig und wirtschaftlich denkender Besteller zur Beseitigung des Mangels tätigen würde (**freiwillige Vermögensopfer**). Dazu gehören insbesondere die Kosten aller Arbeiten und Maßnahmen im Zusammenhang mit der Mängelbeseitigung. Erfasst werden davon auch die Kosten der eigenen Arbeitsleistungen des Bestellers bzw. der Vergütung für die Mangelbeseitigung durch einen anderen Unternehmer. Der Bestellte kann für die Selbstvornahme durch sich oder einen Dritten **Vorschuss** von dem Werkunternehmer verlangen (§ 637 Abs. 3 BGB).

d. Rücktritt

aa. Voraussetzungen

Der Besteller kann bei Vorliegen eines Mangels des Werks vom Vertrag zurücktreten (§§ 634 Nr. 3 Fall 1, 636, 323, 326 Abs. 5 BGB). Er muss dem Unternehmer zuvor grundsätzlich eine angemessene Frist zur Nacherfüllung (**Nacherfüllungsfrist**) gesetzt haben (§ 323 Abs. 1 BGB). Die Fristsetzung ist im Falle des § 323 Abs. 2 BGB entbehrlich, sowie wenn der Unternehmer die Nacherfüllung gemäß § 635 BGB verweigert oder sie fehlgeschlagen oder dem Besteller unzumutbar ist (§ 636 BGB). Bei Unmöglichkeit der Nacherfüllung (§ 275 BGB) kann der Besteller ohne Fristsetzung vom Vertrag zurücktreten (§ 326 Abs. 5 BGB). Ausgeschlossen ist das Rücktrittsrecht bei unerheblichen Mängeln des Werks (§ 323 Abs. 5 S. 2 BGB), alleiniger oder weit überwiegender Verantwortlichkeit des Bestellers sowie bei Annahmeverzug (§ 323 Abs. 6 BGB).

bb. Rechtsfolge

Der Rücktritt ist ein Gestaltungsrecht, das durch einseitige Willenserklärung des Bestellers gegenüber dem Unternehmer ausgeübt wird. Dadurch erlöschen die Leistungspflichten der Parteien und der Vertrag wird in ein **Rückabwicklungsschuldverhältnis** umgewandelt (§§ 346 ff BGB). Mit Ausübung des Rücktritts ist der Besteller an seine Wahl gebunden. Infolgedessen sind Selbstvornahme (§ 637 BGB) und Minderung (§ 638 BGB) ausgeschlossen. Der Besteller hat aber weiterhin Anspruch auf Schadensersatz (§ 325 BGB), insbesondere auf Schadensersatz statt der Leistung (§§ 280, 281, 311 a BGB).

e. Minderung

aa. Voraussetzungen

Der Besteller kann **wahlweise** statt vom Vertrag zurückzutreten die Vergütung durch Erklärung gegenüber dem Unternehmer mindern (**Minderung**) (§§ 634 Nr. 3 Fall 2, 638 BGB). Dafür müssen die Voraussetzungen für den Rücktritt vom Werkvertrag (§§ 634 Nr. 3 Fall 1, 636, 323, 326 Abs. 5 BGB) gegeben sein. Der Besteller muss bei Vorliegen eines Mangels grundsätzlich erfolglos eine angemessene **Nacherfüllungsfrist** gesetzt haben. Sie ist im Falle des § 323 Abs. 2 BGB entbehrlich (§ 636 BGB). Die Minderung ist nicht wegen der Unerheblichkeit eines Mangels ausgeschlossen, da die Vorschrift des § 323 Abs. 5 S. 2 BGB nicht gilt (§ 638 Abs. 1 S. 2 BGB). Die Ausübung des Minderungsrechts durch den Besteller führt zum **Erlöschen des Nacherfüllungsanspruch** und dem **Ausschluss des Rücktrittsrechts**.

bb. Rechtsfolge

Der Besteller kann die **Vergütung mindern**. Die Minderung ist ein Gestaltungsrecht, das durch einseitige Willenserklärung des Bestellers gegenüber dem Unternehmer ausgeübt wird (§ 638 Abs. 1 BGB). Bei Minderung ist die Vergütung in dem Verhältnis herabzusetzen, in welchem zur Zeit des Vertragsschlusses der Wert des Werks in mangelfreiem Zustand zu dem wirklichen Wert gestanden haben würde (**relative Berechnungsmethode**). Für die Berechnung gilt die Gleichung geminderte Vergütung/vereinbarte Vergütung = Wert mit Mangel/ Wert ohne Mangel. Soweit erforderlich, ist die Minderung durch Schätzung zu ermitteln (§ 638 Abs. 2 BGB). Hat der Besteller mehr als die geminderte Vergütung gezahlt, ist der Mehrbetrag vom Unternehmer mit Zinsen zu erstatten (§§ 638 Abs. 4, 346 Abs. 1, 347 Abs. 1 BGB).

f. Schadensersatz

Der Besteller kann bei Vorliegen eines Mangels des Werks vom Unternehmer Schadensersatz gem. §§ 636, 280, 281, 283, 311 a BGB verlangen (§ 634 Nr. 4 Fall 1 BGB).

aa. Schadensersatz neben der Leistung

Der Anspruch auf Schadensersatz neben der Leistung setzt voraus, dass durch den Mangel des Werks ein Schaden an sonstigen Rechten, Rechtsgütern oder Interessen des Bestellers entsteht (**Mangelfolgeschäden**) und der Unternehmer die Pflichtverletzung zu vertreten hat (§ 280 Abs. 1 BGB). Der Schadensersatz kann neben der Nacherfüllung verlangt werden, da es allein um den Ersatz des Integritätsinteresses geht. Nach der Rechtsprechung erfasst dieser unabhängig vom Verzug des Unternehmers auch den Nutzungsausfallschaden (**Betriebsausfallschaden**), den der Besteller infolge der Mangelhaftigkeit des Werks erleidet. Dagegen sind Schäden, die das Erfüllungsinteresse des Bestellers betreffen (z. B. Minderwert, entgangener Gewinn) nur im Rahmen des Schadensersatzes statt der Leistung ersatzfähig.

bb. Schadensersatz statt der Leistung

Der Besteller kann Schadensersatz statt der Leistung unter den Voraussetzungen der §§ 280 Abs. 1, 3, 281 bzw. 283 BGB verlangen. Bei einem **behebbaren Mangel** wird der Unternehmer nicht von seiner Nacherfüllungspflicht befreit. Der Unternehmer muss den Mangel zu vertreten haben und der Besteller diesem erfolglos eine angemessene Nachfrist zur Mangelbeseitigung gesetzt haben, wenn diese nicht ausnahmsweise entbehrlich ist (§§ 281 Abs. 2, 635 Abs. 3, 636 BGB). Der Besteller kann das mangelhafte Werk behalten und die durch die Mangelhaftigkeit ihm entstandenen Schäden (**Mangelschäden**) ersetzt verlangen (**kleiner Schadensersatz**). Er kann bei erheblichen Mängeln das mangelhafte Werk aber auch zurückgeben und den Schaden vom Unternehmer ersetzt verlangen, der ihm aufgrund der Nichterfüllung des Vertrags entstanden ist (**großer Schadensersatz**). Bei anfänglichen unbehebbaren Mängeln richtet sich der Schadensersatzanspruch nach § 311 a Abs. 2 BGB.

g. Ersatz vergeblicher Aufwendungen

Der Besteller kann anstelle des Schadensersatzes statt der Leistung vom Unternehmer Ersatz vergeblicher Aufwendungen verlangen (§§ 634 Nr. 4 Fall 2, 284 BGB). Dabei sind diejenigen Aufwendungen zu ersetzen, die der Besteller im Vertrauen auf den Erhalt eines mangelfreien Werks gemacht hat und billigerweise machen durfte.

h. Ausschluss

Die Mängelrechte des Bestellers können vertraglich oder gesetzlich ausgeschlossen sein. Ein Ausschluss in Formularverträgen (**AGB**) unterliegt der Inhaltskontrolle (§§ 307 ff BGB), bei der insbesondere § 309 Nr. 8 b) BGB zu beachten ist. Nimmt der Besteller das mangelhafte Werk ab, obwohl er den Mangel kennt (**Kenntnis**), stehen im die Mängelrechte nach § 634 Nr. 1.3 BGB nur zu, wenn er sich diese bei der Abnahme vorbehält (§ 640 Abs. 3 BGB). Grob fahrlässige Unkenntnis des Bestellers ist nicht beachtlich. Auch gilt der gesetzliche Ausschluss der Mängelrechte nicht für Schadensersatzansprüche und Ansprüche auf Ersatz vergeblicher Aufwendungen (§ 634 Nr. 4 BGB).

i. Verjährung

aa. Verjährungsfristen

Die Verjährung der Mängelrechte ist in § 634 a BGB geregelt. Ansprüche wegen Mängeln für Arbeiten an einer Sache verjähren in **zwei Jahren**, für Bauwerke in **fünf Jahren** einschließlich der Erbringung von Planungs- und Überwachungsleistungen (§ 634 a Abs. Nr. 1, 2 BGB). Ansprüche wegen sonstiger Mängel eines Werks unterliegen der regelmäßigen Verjährung von **drei Jahren** (§ 634 a Abs. 1 Nr. 3 BGB). Das Recht zur Selbstvornahme (§ 637 BGB) ist kein Anspruch und kann deshalb nicht verjähren, sondern nur der Aufwendungsersatzanspruch.

bb. Verjährungsbeginn

Die Verjährung bei Mängelansprüchen für Arbeiten an Sachen oder Bauwerken beginnt mit der **Abnahme** (§ 634 a Abs. 2 BGB). Die bei arglistigem Verschweigen eines Mangels geltende regelmäßige dreijährige Verjährungsfrist (§ 195 BGB) beginnt erst mit dem Schluss des Jahres, in dem der Besteller von dem Mangel **Kenntnis** erlangt oder **ohne grobe Fahrlässigkeit** erlangen musste (§§ 634 a Abs. 3, 199 Abs. 1 Nr. 2 BGB). Die Verjährung tritt bei einem Mangel nach § 634 a Abs. 1 Nr. 2 BGB jedoch nicht vor Ablauf der Frist von **fünf Jahren** ein (§ 634 a Abs. 3 S. 2 BGB).

cc. Rücktritt und Minderung

Da Rücktritt und Minderung Gestaltungsrechte und nicht Ansprüche sind, können sie ebenfalls nicht verjähren. Vielmehr sind sie kraft Gesetzes unwirksam, wenn der Anspruch des Bestellers auf Nacherfüllung verjährt wäre und der Unternehmer sich darauf beruft (§§ 634a Abs. 4 S. 1, Abs. 5 Fall 1, 218 BGB). Bei der Unwirksamkeit des Rücktritts nach § 218 Abs. 1 BGB kann der Besteller die Zahlung der Vergütung insoweit verweigern, als er aufgrund des Rücktritts dazu berechtigt sein würde (§ 634a Abs. 4 S. 2 BGB). Der Unternehmer hat in diesem Fall ein eigenes Rücktrittsrecht (§ 634a Abs. 4 S. 3 BGB). Bei Unwirksamkeit der Minderung kann der Besteller die Zahlung der Vergütung verweigern, wenn er aufgrund einer Minderung dazu berechtigt wäre (§ 634a Abs. 5 BGB).

Abb. 21: Gewährleistungsrechte beim Werkvertrag

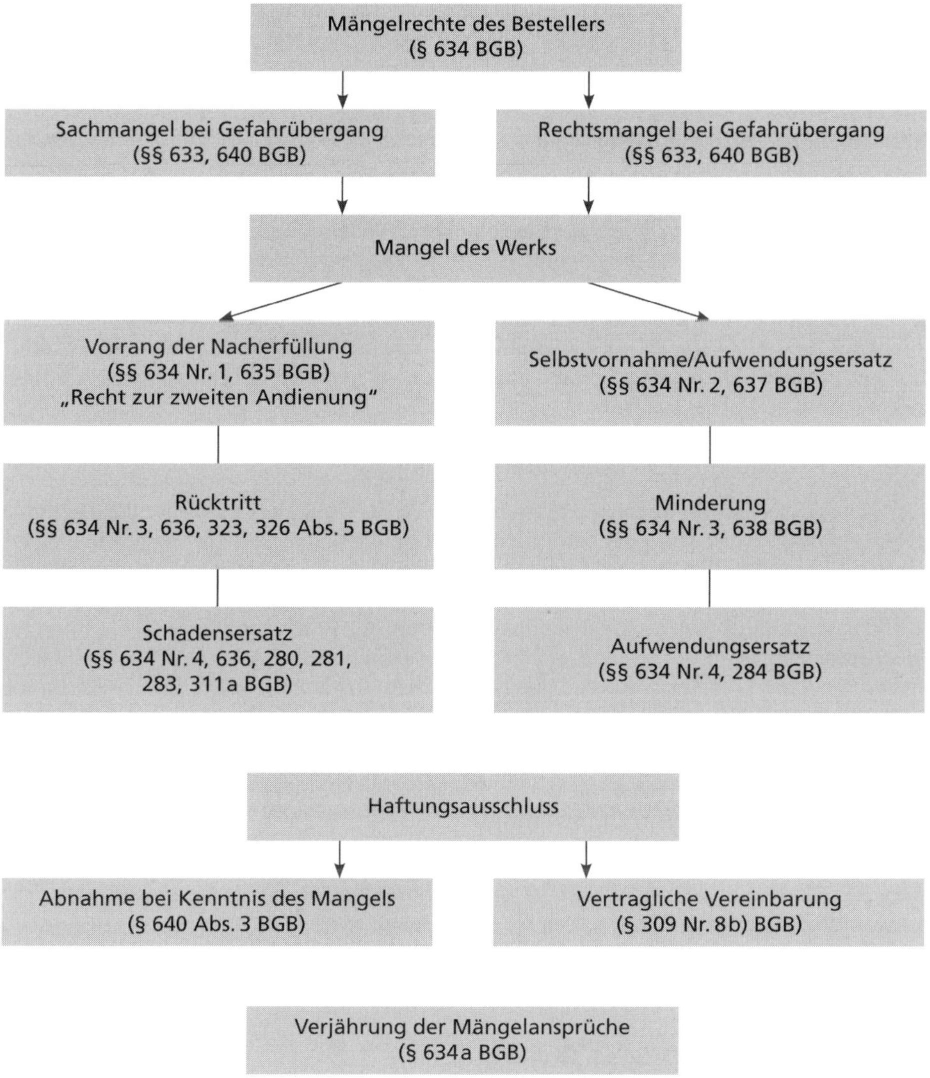

6. Beendigung

Die Parteien können den Werkvertrag jederzeit durch eine **Aufhebungsvereinbarung** (§ 311 Abs. 1 BGB) beenden. Darüber hinaus bestehen besondere **gesetzliche Kündigungsrechte** zur Vertragsbeendigung.

a. Kündigung durch den Besteller

aa. Jederzeitiges Kündigungsrecht

Der Besteller kann den Werkvertrag jederzeit **bis** zur **Vollendung** des Werks **ohne** besonderen **Grund** mit Wirkung für die Zukunft kündigen (§ 648 BGB). Kündigt der Besteller, so hat der Unternehmer Anspruch auf die volle **Vergütung**, muss sich jedoch **ersparte Aufwendungen** und sonstige **Vorteile** anrechnen lassen. Der Unternehmer trägt die Beweislast für den Anspruch auf Vergütung. Es wird aber gesetzlich vermutet, dass ihm 5% der auf den noch nicht erbrachten Teil der Werkleistung entfallenden vereinbarten Vergütung (ohne Umsatzsteuer) (§ 648 S. 3 BGB) zustehen.

bb. Überschreitung des Kostenvoranschlags

Der Besteller hat ein Kündigungsrecht, wenn dem Werkvertrag ein Kostenanschlag zugrunde gelegt worden ist, ohne dass der Unternehmer für dessen Richtigkeit die Gewähr übernommen hat (**unverbindlicher Kostenvoranschlag**) (§ 649 Abs. 1 BGB). Dabei muss sich aber ergeben, dass das Werk nicht ohne eine wesentliche Überschreitung des Kostenvoranschlags ausführbar ist. Dem Unternehmer steht dann nur ein Anspruch auf teilweise Vergütung für die geleistete Arbeit und Ersatz darin nicht enthaltener Auslagen zu (§ 645 Abs. 1 BGB). Dagegen hat der Besteller kein Kündigungsrecht, wenn der Unternehmer die Gewähr für die Einhaltung des Kostenvoranschlags übernommen hat (**verbindlicher Kostenvoranschlag**). Er kann jedoch die die Ausführung des Werks zu den veranschlagten Kosten verlangen.

b. Kündigung durch den Unternehmer

Der Unternehmer kann den Vertrag kündigen, wenn der Besteller eine erforderliche Handlung zur Mitwirkung unterlässt und der Unternehmer ihm erfolglos eine angemessene Frist zur Nachholung der Handlung gesetzt hat (§§ 643, 642 BGB). Der Werkvertrag gilt dann als aufgehoben, wenn nicht die Nachholung bis zum Ablauf der Frist erfolgt. Der Unternehmer hat in diesem Fall einen Teilvergütungsanspruch gegen den Besteller (§ 645 Abs. 1 S. 2 BGB).

c. Kündigung aus wichtigem Grund

Beide Vertragsparteien können den Werkvertrag aus wichtigem Grund ohne Einhaltung einer Kündigungsfrist kündigen (§ 648a Abs. 1 BGB). Ein wichtiger Grund liegt nach dem Gesetz vor, wenn dem kündigenden Teil unter Berücksichtigung aller Umstände des Einzelfalls und unter Abwägung der beiderseitigen Interessen die **Fortsetzung** des **Vertragsverhältnisses** bis zur Fertigstellung des Werks **nicht zugemutet** werden kann. Eine **Teilkündigung** ist möglich, wenn sie sich auf einen abgrenzbaren Teil der geschuldeten Leistung bezieht (§ 648a Abs. 2 BGB). Besteht der wichtige Grund in einer Pflichtverletzung, ist die Kündigung erst nach erfolglosem Ablauf einer Abhilfefrist oder erfolgloser Abmahnung zulässig, sofern sie nicht ausnahmsweise entbehrlich ist (§§ 648a Abs. 3, 314 Abs. 2, 3 BGB). Jede Vertragspartei kann von der anderen nach der Kündigung die Mitwirkung an einer gemeinsamen Feststellung des Leistungsstandes verlangen (§ 648a Abs. 4 BGB). Kündigt eine Partei, ist der Unternehmer nur berechtigt, die Vergütung zu verlangen, die auf den bis zur Kündigung erbrachten Teil des Werks entfällt (§ 648a Abs. 5 BGB). Das Recht beider Parteien, **Schadensersatz** zu verlangen, wird durch eine Kündigung nicht ausgeschlossen (§ 648a Abs. 6 BGB).

VI. Auftrag

1. Allgemeines

Der Auftrag ist in §§ 662–674 BGB geregelt. Durch ihn verpflichtet sich der Beauftragte, ein ihm von dem Auftraggeber übertragenes Geschäft für diesen **unentgeltlich** zu besorgen (§ 662 Abs. 1 BGB). Es handelt sich um einen unvollkommen zweiseitig verpflichtenden Vertrag, da der Auftraggeber keine synallagmatische Gegenpflicht hat. Daher sind die Vorschriften über das allgemeine Leistungsstörungsrecht (§§ 320 ff BGB) nicht anwendbar. Der Auftrag ist wie Schenkung (§ 516 BGB) und Leihe (§ 598 BGB) ein unentgeltlicher **Gefälligkeitsvertrag.** Im Unterschied zum ebenfalls fremdnützigen Gefälligkeitsverhältnis handeln die Parteien mit **Rechtsbindungswillen.** Anhaltspunkte sind die Art der Tätigkeit, ihr Grund und Zweck, ihre wirtschaftliche und rechtliche Bedeutung für den Geschäftsherrn, die Umstände, unter denen sich erbracht wird und die dabei entstehenden Interessenlagen der Parteien. Sind erkennbar **wirtschaftliche Interessen** des Auftraggebers betroffen, liegt i. d. R. Rechtsbindungswille vor. Die Erteilung von Rat, Auskunft oder Empfehlung ist indes nach der gesetzlichen Vermutung weder Willenserklärung noch Rechtsgeschäft, da ein Rechtsbindungswille regelmäßig fehlt (§ 675 Abs. 2 BGB). Die Vorschriften des Auftragsrechts finden vor allem durch Verweisung bei der Geschäftsführung ohne Auftrag (§ 687 BGB) und beim Geschäftsbesorgungsvertrag (§ 675 Abs. 1 BGB) Anwendung. Bei der **Stellvertretung** (§§ 164 ff BGB) ist der Auftrag von der Vollmacht zu unterscheiden. Der Auftrag bestimmt das zugrunde liegende Rechtsverhältnis zwischen Auftraggeber und Bevollmächtigtem (**Innenverhältnis**), wohingegen die Vollmacht dessen rechtsgeschäftliche Befugnis gegenüber Dritten (**Außenverhältnis**) festlegt.

2. Hauptpflichten

a. Beauftragter

aa. Geschäftsbesorgung

Der Beauftragte ist zur Besorgung des Geschäfts für den Auftraggeber verpflichtet (§ 662 Abs. 1 BGB). Die Geschäftsbesorgung kann eine rechtliche oder tatsächliche Handlung sein, die im fremden Interesse erfolgen muss (**Fremdnützigkeit**). Die Tätigkeit muss die Interessen des Auftraggebers oder (auch) eines Dritten fördern. Dies wird nicht dadurch ausgeschlossen, dass der Beauftragte zugleich eigene Interessen mitverfolgt. Zudem müssen die Interessen nicht wirtschaftlicher, sondern können auch nichtvermögensrechtlicher Art sein. Der Beauftragte hat die Geschäftsbesorgung im Zweifel **persönlich** vorzunehmen (§ 664 Abs. 1 S. 1 BGB), darf sich hierbei aber eines **Gehilfen** bedienen (§§ 664 Abs. 1 S. 3, 278 BGB). Es kann sich jedoch aus dem Auftragsvertrag oder durch Auslegung ergeben, dass der Beauftragte berechtigt ist, einen Dritten mit der eigenverantwortlichen Geschäftsbesorgung zu betrauen (**Substitution**). Ist die Übertragung gestattet (**Gestattung**), hat der Beauftragte (nur) ein ihm dabei zu Last fallendes Verschulden zu vertreten, das sich auf die sachgemäße Auswahl und Anweisung des Dritten beschränkt (§ 664 Abs. 1 S. 2 BGB). Der Auftraggeber ist dazu berechtigt, den Inhalt des Auftrags durch Einzelweisungen gegenüber dem Beauftragten näher zu bestimmen. Dieser darf davon abweichen, wenn er den Umständen nach annehmen darf, dass der Auftraggeber bei Kenntnis der Sachlage die Abweichung billigen würde. Der Beauftragte hat dem Auftraggeber zuvor davon Anzeige zu machen und muss dessen Entscheidung abwarten, wenn nicht mit dem Aufschub Gefahr verbunden ist (§ 665 BGB).

bb. Auskunfts-/Rechenschaftspflicht

Der Beauftragte ist verpflichtet, dem Auftraggeber die erforderlichen Nachrichten zu geben (**Auskunftspflicht**), auf Verlangen über den Stand des Geschäfts Auskunft zu erteilen und nach der Ausführung des Auftrags Rechenschaft (§ 259 BGB) abzulegen (**Rechenschaftspflicht**) (§ 666 BGB). Die Informationspflichten sind i. d. R. unselbstständige Nebenpflichten. Daher sind sie vom Bestand und Inhalt des Auftrags abhängig und **nicht übertragbar** oder **pfändbar**. Sie setzen aber nicht voraus, dass mit der Information ein anderer Anspruch durchgesetzt werden soll und ein besonderes Informationsinteresse besteht. Inhalt und Grenzen der Pflichten ergeben sich aus dem Zweck des konkreten Auftrags (§§ 226, 242 BGB) unter Berücksichtigung der Erforderlichkeit und Zumutbarkeit der Informationsgewährung. Die Erfüllung der Auskunfts- und Rechenschaftspflicht ist geschäftsähnliche Handlung. Der Beauftragte hat wegen eigener Gegenansprüche kein Zurückbehaltungsrecht (§ 273 BGB), da er vorleistungspflichtig ist. Die Vorschrift des § 666 BGB ist dispositiv und kann von den Parteien vertraglich abbedungen oder anders gestaltet werden.

cc. Herausgabepflicht

Der Beauftragte ist verpflichtet, dem Auftraggeber alles, was er zur Ausführung des Auftrags erhält und was er aus der Geschäftsbesorgung erlangt, herauszugeben (**Herausgabepflicht**) (§ 677 BGB). Erhalten ist alles, was dem Beauftragten zum Zwecke der Auftragsausführung vom Auftraggeber oder einem Dritten zur Verfügung gestellt wird. Aus der Geschäftsbesorgung erlangt sind alle Sachen, Rechte und Rechtspositionen, die dem Beauftragten vom Auftraggeber oder einem Dritten zur Verfügung gestellt wurden. Dies gilt nur soweit es dem Beauftragten tatsächlich zugeflossen, nicht verabredungsgemäß verwendet oder zurückgeflossen ist. **Rechte** muss der Beauftragte dem Auftraggeber nach den dafür geltenden Vorschriften übertragen. Verwendet der Beauftragte **Geld** für sich, das er dem Auftraggeber herauszugeben oder für ihn zu verwenden hat, muss er es von der Zeit der Verwendung an **verzinsen** (§ 668 BGB). Nach herrschender Meinung trägt der Auftraggeber die Gefahr des zufälligen Untergangs (§ 275 Abs. 1 BGB) sowie die Versendungsgefahr bei Übermittlung von erlangtem Geld. Der Beauftragte hat ein **Zurückbehaltungsrecht** (§ 273 BGB), dass ausgeschlossen sein kann. Der Herausgabeanspruch ist **abtretbar** und **pfändbar**.

dd. Pflichtverletzungen

Bei Pflichtverletzungen gelten die Vorschriften über **Leistungsstörungen** nach §§ 280 ff BGB. Der Beauftragte haftet für Vorsatz und Fahrlässigkeit (§ 276 BGB). Eine **Haftungsminderung** wie in anderen Fällen (§§ 521, 599, 690 BGB) sieht das Gesetz **nicht** vor. Ist die Übertragung der Geschäftsbesorgung auf einen Dritten gestattet, haftet der Beauftragte nur für ein ihm dabei zur Last fallendes Verschulden (§ 664 Abs. 1 S. 2 BGB). Bei unerlaubter Übertragung haftet er für jeden Schaden, der ohne die Übertragung nicht eingetreten wäre. Dies gilt ebenso, wenn er einen Gehilfen unerlaubt eingeschaltet hat, sonst haftet er nur für dessen Verschulden (§§ 664 Abs. 1, 278 BGB). Auch haftet er für pflichtwidrige Abweichung von Weisungen, die er zu vertreten hat aus § 280 Abs. 1 BGB auf Schadensersatz.

b. Auftraggeber

aa. Ersatz von Aufwendungen

Macht der Beauftragte zum Zwecke der Ausführung des Auftrags Aufwendungen, die er den Umständen nach für erforderlich halten darf, ist der Auftraggeber zum Ersatz verpflichtet (§ 670 BGB). Aufwendungen sind **freiwillige Vermögensopfer** des Beauftragten, die dieser zur Erreichung des Auftragszwecks oder für die Interessen eines anderen auf sich nimmt. Die Aufwendungen müssen nachweisbar für den konkreten Einzelfall entstanden sein. Bei einer Pflichtverletzung, die der Auftraggeber zu vertreten hat (§ 276 BGB), ist er dem Beauftragten zum **Schadensersatz** aus § 280 Abs. 1 BGB verpflichtet. Hat der Auftraggeber die Verletzung der Pflicht nicht zu vertreten, scheidet eine unmittelbare Anwendung des § 670 BGB aus, da der Beauftragte die Schäden nicht freiwillig übernommen hat (**Zufallsschäden**). Nach h. M. besteht jedoch Anspruch für adäquat kausale Schäden, in denen sich das **typische Risiko** der Geschäftsbesorgung und nicht nur das allgemeine Lebensrisiko des Beauftragten verwirklicht (§ 670 BGB analog). Eine andere Ansicht wendet den Grundsatz der Risikozurechnung bei Tätigkeit in fremdem Interesse an, wie er sich im Arbeitsrecht entwickelt hat und auch in § 110 Abs. 1 HGB zum Ausdruck kommt. Danach ist dem Beauftragten der Schaden zu ersetzen, den er bei der Ausführung des Auftrags durch Verwirklichung einer eigentümlichen erhöhten Gefahr erleidet (**spezifisches Schadensrisiko**). Auf Verlangen des Beauftragten besteht eine Pflicht des Auftraggebers, für die zur Ausführung des Auftrags erforderlichen Aufwendungen **Vorschuss** zu leisten (§ 669 BGB). Der Beauftragte kann dagegen für die eigene Arbeit **keine Vergütung** verlangen, da dies der Unentgeltlichkeit des Auftrags widerspricht.

bb. Sonstige Pflichten

Der Auftraggeber hat die vertraglichen Rücksichts- und Schutzpflichten (§ 241 Abs. 2 BGB) einzuhalten. Er muss den Beauftragten besonders über alle Gefahren im Zusammenhang mit der Geschäftsbesorgung informieren und ihn vor vermeidbaren Schäden schützen.

cc. Pflichtverletzungen

Bei Pflichtverletzungen gelten die Vorschriften über Leistungsstörungen nach §§ 280 ff BGB. Hat der Auftraggeber die Verletzung einer Rücksichts- oder Schutzpflicht zu vertreten (§ 276 BGB), muss er dem Beauftragten aus § 280 Abs. 1 BGB Schadensersatz leisten. Bei Verzug mit der Zahlung des Aufwendungsersatzes nach § 670 BGB besteht Anspruch aus § 280 Abs. 1, 2, 286 BGB auf den Verzugsschaden.

3. Beendigung

a. Widerruf

Der Auftrag kann vom **Auftraggeber** jederzeit **widerrufen** werden (§ 671 Abs. 1 Fall 1 BGB). Der Widerruf ist ein einseitiges Rechtsgeschäft, das mit Zugang der Willenserklärung des Auftraggebers beim Beauftragten das Vertragsverhältnis für die Zukunft *(ex nunc)* aufhebt. Dieser kann auch konkludent abgegeben werden und unterliegt keinem Formerfordernis. Ein **Verzicht** auf das Widerrufsrecht ist **nicht zulässig**, wenn der Auftrag **ausschließlich** Interessen des Auftraggebers dient, weil er sich sonst ganz dem Beauftragten ausliefern würde. Etwas anderes gilt, wenn der Auftrag auch im Interesse des Beauftragten erteilt und sein Interesse demjenigen des Auftraggebers mindestens gleichwertig ist.

b. Kündigung

Der Auftrag kann von dem **Beauftragten** jederzeit **gekündigt** werden (§ 671 Abs. 1 Fall 2 BGB). Die Kündigung ist ein einseitiges Rechtsgeschäft. Mit Zugang der Erklärung des Beauftragten beim Auftraggeber wird das Vertragsverhältnis für die Zukunft *(ex nunc)* aufgehoben. Sie ist **formfrei** möglich und kann auch konkludent abgegeben werden. Die Kündigung erfolgt zur Unzeit, wenn sie dem Auftraggeber nicht die Möglichkeit anderweitiger Fürsorge lässt, es sei denn, dass ein wichtiger Grund für die Unzeit vorliegt. Erfolgt die Kündigung ohne wichtigen Grund, hat der Beauftragte dem Auftraggeber den daraus entstehenden Schaden zu ersetzen (§ 671 Abs. 2 BGB). Liegt ein wichtiger Grund vor, ist der Beauftragte zur Kündigung auch dann berechtigt, wenn er auf das Kündigungsrecht verzichtet hat (§ 671 Abs. 3 BGB).

c. Sonstiges

Der Auftrag erlischt im Zweifel durch den Tod des Beauftragten (§ 673 BGB). Der Erbe hat dies dem Auftraggeber unverzüglich anzuzeigen und die Geschäftsbesorgung fortzusetzen, wenn mit dem Aufschub Gefahr verbunden ist, bis der Auftraggeber anderweitig Fürsorge treffen kann. Dagegen erlischt der Auftrag im Zweifel nicht durch den Tod des Auftraggebers (§ 672 BGB). Sonst muss der Beauftragte die Geschäftsbesorgung fortführen, wenn mit dem Aufschub eine Gefahr verbunden ist, bis der Erbe anderweitig Fürsorge treffen kann. Der Auftrag gilt dann jeweils als fortbestehend.

VII. Geschäftsbesorgung ohne Auftrag

1. Allgemeines

a. Rechtsnatur

Die Geschäftsführung ohne Auftrag (GoA) ist in §§ 677–687 BGB geregelt. Sie ist ebenso wie Kondiktion (§§ 812ff BGB) und Delikt (§§ 823ff BGB) ein **gesetzliches Schuldverhältnis**, das ohne Willenserklärung oder geschäftsähnliche Handlung entsteht. Die Vorschriften über Willenserklärungen und Rechtsgeschäfte sind dafür nicht anwendbar. Sie gelten aber für die Genehmigung einer unberechtigten Geschäftsführung durch den Geschäftsherrn (§§ 684 S. 2, 184 BGB) und die Absicht des Geschäftsführers, auf die Ansprüche aus §§ 683, 684 BGB zu verzichten (§ 685 BGB). Die GoA setzt voraus, dass jemand **(Geschäftsführer)** das Geschäft eines anderen **(Geschäftsherr)** besorgt, ohne von ihm beauftragt oder im gegenüber sonst dazu berechtigt zu sein (§ 677 BGB). Zu ihrer Begründung genügt der Wille des Geschäftsführers, für den Geschäftsherrn dessen Geschäft zu besorgen **(Fremdgeschäftsführungswille)** Besteht der Fremdgeschäftsführungswille des Geschäftsführers im Zeitpunkt der Geschäftsübernahme, ist er gesetzlich zur Geschäftsführung im Interesse des Geschäftsherrn verpflichtet. Die GoA ist ein unvollkommen zweiseitiges Rechtsverhältnis, da der Geschäftsführungspflicht keine synallagmatischen Pflichten des Geschäftsherrn gegenüberstehen. Davon zu unterscheiden ist ein bloßes **Gefälligkeitsverhältnis**, bei dem der rechtsverbindliche Geschäftsübernahmewille fehlt. Die GoA erfasst altruistische Hilfeleistungen, Erfüllung fremder Pflichten, Selbsthilfe und Verwendungen auf fremde Sachen. Außerdem wird in anderen Normen (z. B. §§ 539 Abs. 1, 601 Abs. 2 S. 1 BGB) auf GoA-Vorschriften verwiesen.

b. Echte und unechte GoA

Das Gesetz unterscheidet die **echte** GoA (§§ 677–686 BGB) und die **unechte** GoA (§ 687 BGB). Eine echte GoA liegt unter den Voraussetzungen des § 677 BGB vor, d. h. wenn jemand ein fremdes Geschäft für einen anderen mit Fremdgeschäftsführungswillen besorgt. Innerhalb der echten GoA wird weiter zwischen der **berechtigten** GoA (§§ 677, 679–683, 685 f BGB) und der **unberechtigten** GoA (§§ 678, 684 BGB) unterschieden. Nach herrschender Meinung ist nur die berechtigte GoA ein gesetzliches Schuldverhältnis, da das Gesetz bei der unberechtigten GoA auf die Vorschriften des Bereicherungsrechts verweist (§ 684 S. 1 BGB). Eine unechte GoA ist die Eigengeschäftsführung eines objektiv fremden Geschäfts. Das Gesetz unterscheidet dabei die irrtümliche (§ 687 Abs. 1 BGB) und **angemaßte Eigengeschäftsführung** (§ 687 Abs. 2 BGB).

2. Berechtigte GoA

Bei der berechtigten GoA i. S. v. § 677 BGB besorgt der Geschäftsführer ein fremdes Geschäft des Geschäftsherrn **mit Fremdgeschäftsführungswillen**, ohne rechtsgeschäftlich beauftragt oder sonst dazu berechtigt zu sein.

a. Geschäftsbesorgung

Geschäftsbesorgung ist jede Tätigkeit **rechtsgeschäftlicher** oder **tatsächlicher** Art, nicht aber ein bloßes Dulden oder Unterlassen. Dabei kann es sich sowohl um einzelne Tätigkeiten wie Angelegenheiten von gewisser Dauer handeln. Der Geschäftsführer muss die Geschäfte nicht in eigener Person besorgen, sondern kann sich auch der Hilfe Dritter bedienen. Dagegen ist bei **höchstpersönlichen Handlungen** eine Anwendung der GoA-Vorschriften **ausgeschlossen**.

Beispiele: Ausweichmanöver im Straßenverkehr (BGHZ 38, 270), Anhalten eines Kfz, um auf dessen verkehrsgefährdenden Zustand aufmerksam zu machen (BGHZ 43, 188), Abwehr einer rechtswidrigen Einwirkung auf fremdes Grundeigentum (BGH NJW 1966, 1366), Abmahnung wegen wettbewerbswidrigen Verhaltens (BGH GRUR 2012, 756).

b. Fremdes Geschäft

Das Geschäft muss für einen andern besorgt werden (**fremdes Geschäft**).

aa. Objektiv fremdes Geschäft

Ein fremdes Geschäft liegt vor, wenn das Geschäft bereits dem äußeren Anschein nach in einen fremden Rechts- und Interessenkreis fällt und von dem Inhaber besorgt werden sollte (**objektiv fremdes Geschäft**).

Beispiele: Hilfeleistung für Dritte (BGHZ 33, 251), Stellung einer Sicherheit für fremde Schuld (BGH NJW 2007, 63), Tilgung fremder Schuld (BGH NJW 2014, 1095).

bb. Auch-fremdes-Geschäft

Ein Geschäft kann sowohl dem Interessenkreis des Geschäftsführers wie des Geschäftsherrn zuzuordnen sein. Nach der Rechtsprechung schließt die Wahrung (auch) eigener Interessen des Geschäftsführers die Besorgung fremder Geschäfte (**auch-fremde-Geschäfte**) nicht aus.

Beispiele: Entfernung unbefugt parkenden Kfz von Privatgrundstück (BGH NJW 2016, 2407), Beseitigung von Bodenkontamination, die von Nachbargrundstück ausgehen (BGH NJW 2005, 1366).

Tätigkeiten in Erfüllung eigener **öffentlich-rechtlicher Pflichten** des Geschäftsführers können nach der Rechtsprechung ein auch-fremdes-Geschäft darstellen, bei dem dieser gleichzeitig das Geschäft für einen anderen besorgt. Dies wird im Schrifttum abgelehnt, da der Hoheitsträger keinen Fremdgeschäftsführungswillen habe, aufgrund eigener Dienstpflichten tätig werde und die Kostenerstattung in den öffentlich-rechtlichen Vorschriften (Verwaltungsvollstreckungs- und Kostengesetze) abschließend geregelt sei.

Beispiel: Die eine Feuerwehr unterhaltende Gemeinde kann von der Bundesbahn, deren Lokomotiven durch Funkenflug einen Waldbrand verursacht haben, Ersatz ihrer Löschaufwendungen nach den Grundsätzen über die GoA verlangen (BGHZ 40, 28).

cc. Subjektiv-fremdes Geschäft

Ein fremdes Geschäft kann auch dann vorliegen, wenn es sich um ein objektiv eigenes oder neutrales Geschäft handelt. Das ist der Fall, wenn der Fremdgeschäftsführungswille äußerlich erkennbar in Erscheinung getreten ist (**subjektiv fremdes Geschäft**).

Beispiel: Notstromlieferung durch Energieversorger (BGH NJW 2005, 1712).

c. Fremdgeschäftsführungswille

Der Geschäftsführer muss das Geschäft mit dem Bewusstsein und Willen (vgl. § 687 BGB) führen, dass es sich bei dem Geschäft um ein fremdes handelt (**Fremdgeschäftsführungswille**). Ist er über die Person des Geschäftsherrn im Irrtum, so wird der wirkliche Geschäftsherr aus der Geschäftsführung berechtigt und verpflichtet (§ 686 BGB). Betrifft die Geschäftsbesorgung den eigenen Rechts- und Interessenkreis, ist der Fremdgeschäftsführungswille ausgeschlossen. Bei objektiv fremden Geschäften wird der Fremdgeschäftsführungswille insoweit vermutet. Bei auch-fremden Geschäften wird er nach h. M. ebenso vermutet. Dies gilt selbst dann, wenn der Geschäftsführer mit der Tätigkeit für den Geschäftsherrn zugleich eine eigene Verpflichtung gegenüber einem Dritten erfüllt. Dagegen kann dies nicht angenommen werden, wenn der Vertrag zwischen Geschäftsführer und Drittem die Rechte und Pflichten des Geschäftsführers umfassend und abschließend regelt.

Bei **Gesamtschuld** (§ 426 BGB) ist die Erfüllung der Schuld durch einen Gesamtschuldner ein auch-fremdes-Geschäft. Da dieser aber regelmäßig nur die eigene Schuld tilgen will, fehlt ein Fremdgeschäftsführungswille. Außerdem schließt § 426 BGB als Spezialvorschrift die GoA-Regeln aus. Bei Leistung aufgrund **nichtigen** Vertrags sind die §§ 677ff BGB anwendbar. Bei **Selbstaufopferung** im Straßenverkehr wird der Fremdgeschäftsführungswille nur vermutet, wenn der Kraftfahrer bei dem Unfall nicht haftbar gewesen wäre. Ansonsten wird bei einem Ausweichmanöver davon ausgegangen, dass es allein im eigenen Interesse zur Vermeidung der Haftung erfolgt sei.

d. Ohne Auftrag oder sonstige Berechtigung

§ 677 BGB bedingt, dass die Geschäftsbesorgung ohne Auftrag oder sonstige Berechtigung gegenüber dem Geschäftsherrn erfolgt. Auftrag ist jeder verpflichtende Vertrag und sonstige Berechtigung, jede gesetzlich eingeräumte Befugnis, die Geschäfte eines anderen zu besorgen. Keine Berechtigung ergibt sich aus nur im **Allgemeininteresse** bestehenden Pflichten, z. B.

zur Hilfeleistung (§ 323c StGB) oder Pflichten zum Abschluss eines Versorgungsvertrags. Sie fehlt i. d. R. auch dann, wenn der Geschäftsführer außerhalb einer Befugnis tätig wird, die ihm nach Gesetz oder Rechtsgeschäft zusteht. Nach der Rechtsprechung (BGH WM 1988, 968) handelt der **Geschäftsführer** einer Gesellschaft jedoch nicht ohne Auftrag, wenn er seine Befugnis überschreitet, sondern verletzt seine Pflicht, die gesellschaftsvertraglichen Grenzen der Geschäftsführungsbefugnis zu beachten bzw. vertragswidrige Handlungen zu unterlassen. Das gilt grundsätzlich auch für die Mitglieder einer **Gemeinschaft** (z. B. bei Wohnungseigentum). GoA kommt aber in Betracht, wenn auch ein Dritter für die Gesellschaft bzw. Gemeinschaft tätig werden dürfte oder wenn ein Gemeinschaftsmitglied irrtümlich von notwendigen Erhaltungsmaßnahmen ausgeht. Eine Anwendung der GoA ist bei **gesetzlichen Spezialregeln** (z. B. §§ 536a Abs. 2, 63 965ff, 987ff BGB, §§ 576ff HGB) ausgeschlossen.

e. Berechtigung zur Geschäftsbesorgung

Der Geschäftsführer muss zur Geschäftsbesorgung berechtigt sein (§ 683 BGB). Die GoA ist berechtigt, wenn die Übernahme der Geschäftsführung dem **Interesse** und dem **wirklichen** oder **mutmaßlichen Willen** des Geschäftsherrn entspricht.

aa. Interesse des Geschäftsherrn

Das Interesse des Geschäftsherrn ist **objektiv** aus der Sicht eines verständigen Dritten nach der konkreten Sachlage im Einzelfall und der Nützlichkeit für diesen zu bestimmen. Der Wille des Geschäftsherrn muss im Zeitpunkt der Übernahme vorliegen.

bb. Wirklicher und mutmaßlicher Wille

Wirklicher Wille ist nur der **tatsächlich** zum Ausdruck gebrachte Wille des Geschäftsherrn. Kann der wirkliche Wille des Geschäftsherrn nicht festgestellt werden, ist sein **mutmaßlicher** Wille im Zeitpunkt der Übernahme durch den Geschäftsführer nach objektiven Kriterien unter Berücksichtigung aller Umstände im Einzelfall zu ermitteln. Nach dem Wortlaut des § 683 S. 1 BGB ist die Geschäftsbesorgung nur berechtigt, wenn die Übernahme sowohl dem Interesse wie dem tatsächlichen oder mutmaßlichen Willen des Geschäftsherrn entsprechen. Sofern der Geschäftsherr seinen tatsächlichen Willen geäußert hat, ist das für die Geschäftsführung auch dann vorrangig maßgeblich, wenn dies nicht dem Interesse des Geschäftsherrn entspricht, es unvernünftig oder interessenwidrig ist. Wenn die Übernahme der Geschäftsführung durch den Geschäftsführer dem Willen des Geschäftsherrn widerspricht, ist sie berechtigt, wenn sie der Erfüllung einer im (gesteigerten) **öffentlichen Interesse** liegenden Pflicht dient (z. B. Erfüllung einer Verkehrssicherungspflicht, Gefahrenabwehr für hochwertige Rechtsgüter). Das gilt auch für den Fall der rechtzeitigen Erfüllung einer gesetzlichen Unterhaltspflicht des Geschäftsherrn (§§ 683 S. 2, 679 BGB).

cc. Genehmigung des Geschäftsherrn

Genehmigt der Geschäftsherr die unberechtigte GoA, hat der Geschäftsführer den in § 683 BGB bestimmten **Aufwendungsersatzanspruch** (§ 684 S. 2 BGB). Die Genehmigung ist einseitige empfangsbedürftige Willenserklärung, die konkludent erfolgen kann und die Geschäftsführung rückwirkend berechtigt (§ 184 BGB). Eine konkludente Genehmigung liegt vor allem dann vor, wenn der Geschäftsherr das aus der Geschäftsbesorgung Erlangte herausverlangt.

f. Pflichten des Geschäftsführers

aa. Hauptpflicht des Geschäftsführers

Der Geschäftsführer hat die Geschäfte so zu führen, wie das Interesse des Geschäftsherrn mit Rücksicht auf dessen wirklichen oder mutmaßlichen Willen es erfordert (§ 677 BGB). Interesse und mutmaßlicher Wille entsprechen Kriterien für § 683 BGB, wobei das Interesse aufgrund des Wortlauts der Norm (vgl. § 677 BGB) hier Vorrang hat. Der Geschäftsführer hat keine Pflicht zur Fortführung der übernommenen Geschäftsbesorgung, sofern sich dies nicht im Einzelfall aus Treu und Glauben (§ 242 BGB) ergibt. Bei Verletzung der Pflicht aus § 677 BGB, die der Geschäftsführer zu vertreten hat, besteht ein **Schadensersatzanspruch** des Geschäftsherrn aus § 280 Abs. 1 BGB. Der Geschäftsführer hat nur Vorsatz und grobe Fahrlässigkeit zu vertreten **(Haftungsprivileg)**, wenn die Geschäftsführung die Abwendung einer dem Geschäftsherrn drohenden dringenden Gefahr bezweckt (§ 680 BGB). Das Haftungsprivileg gilt auch für die Fälle erfolgloser Rettungshandlungen, da es genügt, dass die Abwendung der Gefahr bezweckt wird. Nach der Rechtsprechung (BGH NJW 20018, 2723) gilt das jedoch nicht für die Haftung von Amtsträgern nach § 839 BGB, Art 34 S. 1 GG, da es an einer vergleichbaren Interessenlage fehlt. In der Literatur wird dies teils auf andere professionelle Nothelfer übertragen.

bb. Nebenpflichten des Geschäftsführers

Der Geschäftsführer hat die Übernahme der Geschäftsführung dem Geschäftsherrn, sobald es tunlich ist, anzuzeigen **(Anzeigepflicht)** und dessen Entschließung abzuwarten, wenn nicht mit dem Aufschub Gefahr verbunden ist (§ 681 S. 1 BGB). Der Geschäftsführer hat Nachricht zu geben, Auskunft zu erteilen und Rechenschaft abzulegen (§§ 681 S. 2, 666 BGB). Er muss das aus der Geschäftsbesorgung Erlangte herausgeben (§§ 681 S. 2, 667 BGB) und das für sich verwendete Geld zu verzinsen (§ 681 S. 2, 668 BGB).

g. Haftung des Geschäftsführers

Der Geschäftsführer haftet bei Pflichtverletzungen, die er zu vertreten hat (§§ 276, 680 BGB) auf Schadensersatz (§ 280 Abs. 1 BGB). Die berechtigte GoA schließt alle Ansprüche aus ungerechtfertigter Bereicherung (§§ 812 ff BGB) aus, da sie einen Rechtsgrund darstellt. Bei Ansprüchen aus Delikt (§§ 823 ff BGB) berücksichtigt die Rechtsprechung (BGH NJW 1972, 475) das Haftungsprivileg des § 680 BGB im Rahmen des Verschuldens. Nach Ansicht im Schrifttum stellt die berechtigte GoA jedenfalls dann einen Rechtfertigungsgrund dar, wenn die Rechtsgutsverletzung notwendigerweise im Zusammenhang mit der Geschäftsübernahme steht.

h. Pflichten des Geschäftsherrn

aa. Ersatz von Aufwendungen

Der Geschäftsführer hat bei der berechtigten GoA Anspruch auf Ersatz seiner Aufwendungen (§§ 683 S. 1, 670 BGB). Ersatzfähig sind sämtliche freiwilligen Vermögensopfer, die dieser den Umständen nach für erforderlich halten durfte. Dazu gehört auch die **Befreiung von einer Verbindlichkeit**, wenn der Geschäftsführer einen Vertrag mit einem Dritten geschlossen hat (§§ 670, 677. 683 S. 1, 257 BGB). Erfasst werden auch **Zufallsschäden**, in denen sich das typische Risiko der Geschäftsführung verwirklicht und nicht nur das allgemeine Lebensrisiko des Geschäftsführers. Ein **Mitverschulden** des Geschäftsführers kann zu einer Minderung des Ersatzanspruchs führen (§ 254 BGB). Das gilt aber nicht für leichte Fahrlässigkeit, wenn die Geschäftsführung der Abwehr einer dringenden Gefahr für den Geschäftsherrn diente (§ 680 BGB). Der Anspruch auf Aufwendungsersatz kann entfallen, wenn der Geschäftsführer nicht die Absicht hatte, von dem Geschäftsherrn Ersatz zu verlangen (§ 685 BGB).

bb. Erstattung von Vergütung

Nach der Rechtsprechung schließt der Aufwendungsersatzanspruch (§§ 683 S. 1, 670 BGB) bei auftragsloser Besorgung eines fremden Geschäfts im Rahmen des Berufs oder des Gewerbes des Geschäftsführers auch die **übliche Vergütung** mit ein (BGH NJW 2015, 1020). Anders als beim Auftrag (§ 662 BGB), bei dem eine Vergütung des Beauftragten ausgeschlossen ist, gibt es bei der (berechtigten) GoA keine Vereinbarung des Beauftragten mit dem Geschäftsherrn über die Unentgeltlichkeit der Geschäftsführung.

3. Unberechtigte GoA

a. Voraussetzungen

Die unberechtigte GoA liegt vor, wenn die **Geschäftsübernahme nicht** dem **Interesse** und **Willen** des Geschäftsherrn entspricht, von diesem nicht nach § 684 S. 2 BGB genehmigt wurde und der entgegenstehende Wille des Geschäftsherrn nicht nach § 679 BGB unbeachtlich ist.

b. Haftung des Geschäftsführers

Der Geschäftsführer ist gegenüber dem Geschäftsherrn zum **Schadensersatz** verpflichtet, wenn die Übernahme der Geschäftsführung mit dem wirklichen oder dem mutmaßlichen Willen des des Geschäftsherrn in **Widerspruch** steht (§ 678 BGB). Der Widerspruch zum Willen des Geschäftsherrn kann sich auf die Übernahme der Geschäftsbesorgung als solche, Zeitpunkt, Umfang, Art und Weise und die Person des Geschäftsführers beziehen. Dabei muss der Wille des Geschäftsherrn **beachtlich** sein. Zudem muss der Geschäftsführer den entgegenstehenden Willen des Geschäftsherrn bei Geschäftsübernahme erkannt oder infolge grober Fahrlässigkeit (§§ 276, 122 Abs. 2 BGB) nicht erkannt haben **(subjektive Voraussetzung)**. Bezweckte die Geschäftsübernahme die Abwehr einer dem Geschäftsherrn drohenden dringenden Gefahr, so muss der Geschäftsführer grob fahrlässig oder vorsätzlich gehandelt haben (§ 680 BGB). Es kommt nicht darauf an, ob dem Geschäftsführer eigenes Verschulden zur Last fällt (§ 678 a. E. BGB). Er haftet für bloßes **Übernahmeverschulden** und hat dem Geschäftsherrn alle Schäden zu ersetzen, die durch Übernahme der Geschäftsführung adäquat kausal entstanden sind.

c. Pflichten des Geschäftsherrn

Bei der unberechtigten GoA ist der Geschäftsherr dem Geschäftsführer nicht zum Ersatz von Aufwendungen aus §§ 683 S. 1, 670 BGB verpflichtet. Es wäre daher unbillig, wenn er die Vorteile der Geschäftsführung behalten dürfte. Er ist deshalb verpflichtet, dem Geschäftsführer alles, was er durch die Geschäftsführung erlangt, nach den Vorschriften über die **Herausgabe** einer **ungerechtfertigten Bereicherung** herauszugeben (§ 684 S. 1 BGB). Nach herrschender Meinung sind die Voraussetzungen für das Vorliegen eines Bereicherungsanspruchs nach §§ 812 ff BGB nicht zusätzlich zu prüfen. Danach ist die GoA-Vorschrift Teil eines eigenen Rechtsinstituts, dass nur in den Rechtsfolgen auf die Vorschriften des Bereicherungsrechts (§ 818 BGB) verweist **(Rechtsfolgenverweis)**. Dabei wird vertreten, dass es um einen Anspruch auf Ersatz der dem Geschäftsführer entstandenen Aufwendungen geht, welcher seiner Höhe nach durch die Bereicherung des Geschäftsherrn (§ 818 Abs. 3 BGB) begrenzt ist. Teils soll es sich um einen speziellen bereicherungsrechtlichen Anspruch handeln. Danach kommt es nicht auf die vom Geschäftsführer tatsächlich getätigten Aufwendungen an, sondern darauf, in welcher Höhe der Geschäftsherr noch bereichert und zur Herausgabe dessen verpflichtet ist. Der Geschäftsherr kann sich jedenfalls auf einen Wegfall der Bereicherung **(Entreicherung)** gemäß § 818 Abs. 3 BGB berufen.

4. Unechte GoA

a. Irrtümliche Eigengeschäftsführung

aa. Voraussetzungen

Eine irrtümliche Eigengeschäftsführung liegt vor, wenn jemand ein **objektiv fremdes** Geschäft als eigenes behandelt. Dabei fehlt dem Geschäftsführer das Bewusstsein, das Geschäft für einen anderen zu besorgen und damit der Fremdgeschäftsführungswille. Es ist unerheblich, ob der Irrtum des Geschäftsführers auf Fahrlässigkeit beruht. In diesem Fall finden die Vorschriften der **GoA** (§§ 677–686 BGB) **keine Anwendung** (§ 687 Abs. 1 BGB). Daher entsteht auch kein gesetzliches Schuldverhältnis. Die Eigengeschäftsführung kann auch nicht nach § 684 S. 2 BGB genehmigt werden, da die Norm das Handeln für einen anderen voraussetzt.

bb. Rechtsfolgen

Die Rechtsfolgen der irrtümlichen Eigengeschäftsführung richten sich nach den Vorschriften von Kondiktion (§§ 812 ff BGB), Delikt (§§ 823 ff BGB) und EBV (§§ 987 ff BGB).

b. Angemaßte Eigengeschäftsführung

aa. Voraussetzungen

Bei der angemaßten Eigengeschäftsführung behandelt jemand ein anderes Geschäft als eigenes, obwohl er weiß, dass er dazu nicht berechtigt ist. Dabei muss es sich um ein **objektiv fremdes** Geschäft handeln. Da der Geschäftsherr in diesem Fall besonders schutzwürdig ist, kann er gegen den Geschäftsführer die Ansprüche aus §§ 677, 678, 681, 682 BGB geltend machen. Macht er sie geltend, ist er dem Geschäftsführer nach § 684 S. 1 BGB verpflichtet (§ 687 BGB).

bb. Rechtsfolgen

Nach § 687 Abs. 2 S. 1 BGB kann der Geschäftsherr das fremde Geschäft an sich ziehen, indem er die Ansprüche der GoA (§§ 677, 678, 681, 682 BGB) geltend macht. Er hat insbesondere den Schadensersatzanspruch aus § 678 BGB sowie den Anspruch auf Herausgabe des aus der angemaßten Eigengeschäftsführung Erlangten (§§ 681 S. 2, 667 BGB). Zudem bestehen auch die Ansprüche aus Kondiktion (§§ 812 ff BGB), Delikt (§§ 823 ff BGB) und EBV (§§ 987 ff BGB). Der Geschäftsführer hat Anspruch auf Herausgabe des durch die Geschäftsführung Erlangten nach Bereicherungsrecht (§§ 812 ff BGB), wenn der Geschäftsherr die GoA-Ansprüche gegen ihn geltend macht (§§ 684 Abs. 2 S. 1, 684 S. 1, 818 BGB).

Abb. 22: Geschäftsführung ohne Auftrag

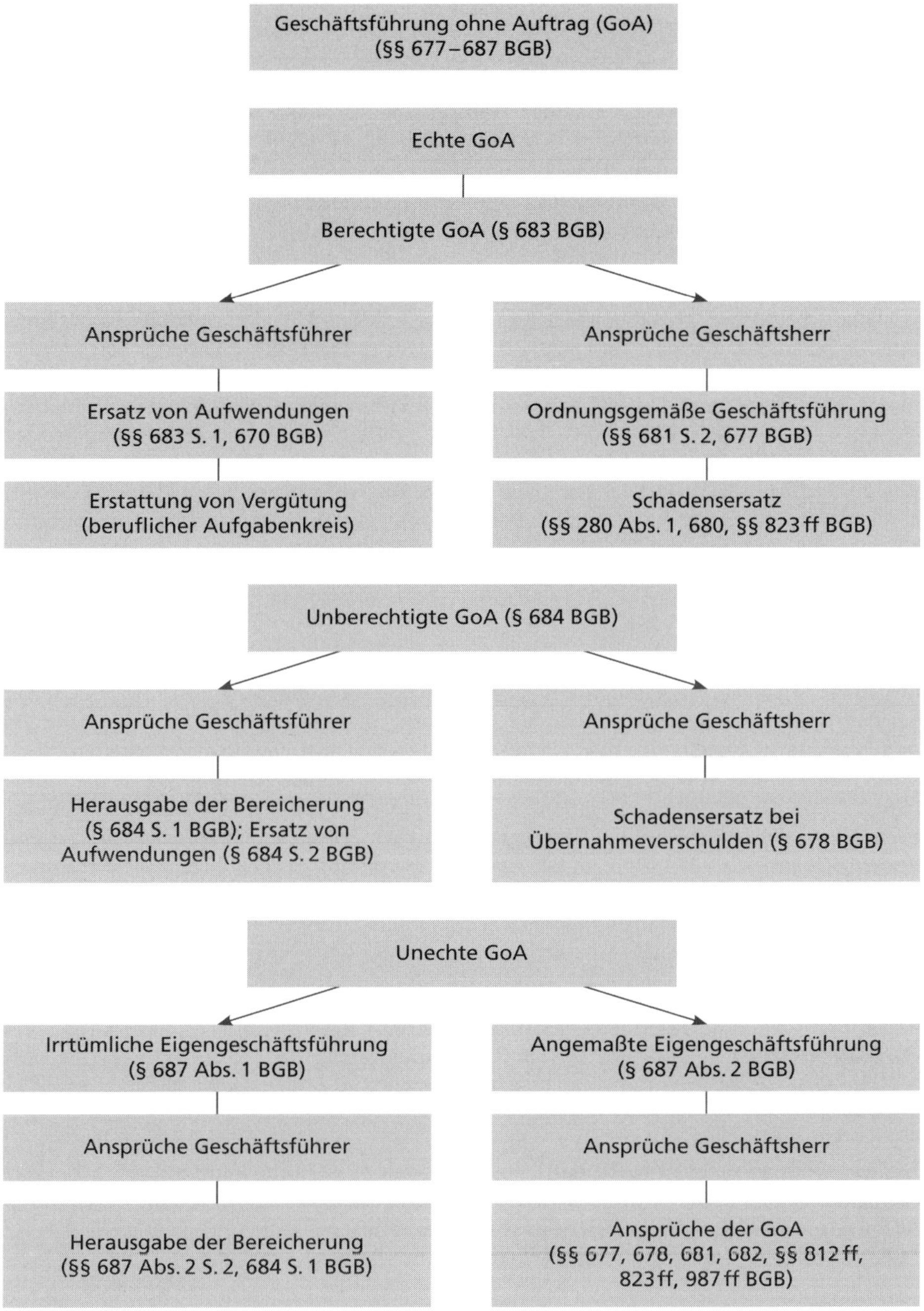

VIII. Bürgschaft

1. Allgemeines

a. Akzessorische Sicherheit

Der Bürgschaftsvertrag ist in §§ 765–778 BGB geregelt. Durch ihn verpflichtet sich der Bürge gegenüber dem Gläubiger eines Dritten, für die Erfüllung der Verbindlichkeit des Dritten einzustehen (§ 765 Abs. 1 BGB). Die Bürgschaft kann auch für eine künftige oder eine bedingte Verbindlichkeit (**Hauptschuld**) übernommen werden (§ 765 Abs. 2 BGB). Es handelt sich um einen regelmäßig einseitig verpflichtenden Vertrag, in dem der Bürge eine von der Hauptschuld verschiedene einseitige Leistungspflicht übernimmt, ohne dass dem eine Verpflichtung des Gläubigers gegenübersteht. Die Bürgschaft ist eine vom Bestand und Umfang der gesicherten Hauptforderung abhängige Sicherheit (**akzessorische Sicherheit**). Der Bürge haftet nur soweit die Hauptschuld besteht (§ 767 BGB). Die Bürgschaft geht bei Abtretung der Hauptforderung durch gesetzlichen Forderungsübergang *(cessio legis)* auf den neuen Gläubiger über (§ 401 Abs. 1 BGB). Auch ist ihre Durchsetzbarkeit von der Hauptforderung abhängig (§§ 768, 770 BGB). Zudem ist die Bürgschaft grundsätzlich **subsidiär**, weil der Gläubiger sich zunächst beim Hauptschuldner Befriedigung verschaffen muss (§§ 770 Abs. 2, 772 Abs. 2 BGB) und der Bürge die **Einrede der Vorausklage** hat (§ 771 BGB), sofern er nicht darauf verzichtet hat (**selbstschuldnerische Bürgschaft**) oder diese aus anderen Gründen ausgeschlossen ist (§ 773 BGB).

b. Personalsicherheit

Die Bürgschaft dient der Kreditsicherung und ist eine Sicherheit, bei der eine natürliche oder juristische Person als Bürge mit ihrem Vermögen haftet (**Personalsicherheit**). Dagegen haftet bei den Kreditsicherheiten in Form von Hypothek, Sicherungsgrundschuld, Verpfändung und Eigentumsvorbehalt eine bewegliche oder unbewegliche Sache (**Realsicherheiten**). Zwischen Bürgen und Hauptschuldner besteht meist ein Schuldverhältnis wie z. B. Auftrag (§ 662 BGB), Geschäftsbesorgung (§ 675 BGB) oder GoA (§ 677 BGB) wonach der Bürge bei Zahlung der Hauptschuld ein **Rückgriffsanspruch** gegen den Hauptschuldner zusteht. Zudem erfolgt nach § 774 BGB ein Übergang der Forderung des Gläubigers auf den Bürgen kraft Gesetzes, soweit dieser den Gläubiger befriedigt (**gesetzlicher Forderungsübergang**). Die Bürgschaft ist eine Haftung des Sicherungsgebers (Bürgen) für die Verbindlichkeiten eines Dritten (**Interzession**). Als solche ist sie von sonstigen Formen der Interzession, auf die das Bürgschaftsrecht (§§ 765 ff) grundsätzlich nicht anwendbar ist, abzugrenzen.

2. Abgrenzung

a. Schuldübernahme

Bei der Schuldübernahme wird eine Schuld durch Vertrag (**Übernahmevertrag**) von einem Dritten übernommen (§§ 414 ff BGB). Im Unterschied zur Bürgschaft wird der Schuldner von seiner Schuld befreit und der Dritte tritt in die Rechtsstellung des Schuldners mit allen Rechten und Pflichten ein (**befreiende Schuldübernahme**).

b. Schuldbeitritt

aa. Selbstständige Verpflichtung

Beim gesetzlich nicht geregelten Schuldbeitritt übernimmt der Beitretende eine selbstständige Verpflichtung auf eine bisher fremde Schuld des Schuldners neben diesem als eigene Schuld (**kumulative Schuldübernahme**). Der Bürge haftet dagegen für eine fremde Schuld und seine Haftung ist außer in den Fällen des §§ 422–424 BGB nicht vom Fortbestand der Haftung des Schuldners abhängig (§ 425 Abs. 1 BGB). Zwischen Beitretendem und Schuldner besteht bei der kumulativen Schuldübernahme anders als bei der Bürgschaft zwischen Bürgen und Hauptschuldner eine **Gesamtschuld** (§§ 421 ff BGB). Die Haftung des Beitretenden ist als Gesamtschuldner nicht subsidiär, da der Gläubiger die Leistung nach seinem Belieben von jedem Schuldner ganz oder zum Teil fordern kann. Bis zum Bewirken der ganzen Leistung bleiben sämtliche Schuldner verpflichtet (§ 421 BGB). Auf den Schuldbeitritt findet das Schriftformerfordernis der Bürgschaft (§ 766 BGB) nicht Anwendung. Der **Schuldbeitritt des Verbrauchers** zum **Kreditvertrag** bedarf jedoch der **Schriftform** (§ 492 Abs. 1 BGB analog), unabhängig davon ob es sich um einen Verbraucherkredit oder gewerblichen Kredit handelt.

bb. Auslegung des Parteiwillens

Das Vorliegen einer Bürgschaft oder eines Schuldbeitritts ist durch **Auslegung** (§§ 133, 157 BGB) zu ermitteln. Maßgeblich ist, ob nach dem objektiven Willen der Vertragsparteien eine selbstständige oder nur eine angelehnte Schuld begründet werden soll. Bei **Zweifeln** über den rechtlichen Charakter des Vertrags ist nach der Rechtsprechung (BGH NJW 1996, 249) von einer **Bürgschaft** auszugehen. Das wirtschaftliche oder rechtliche Interesse an der Tilgung der Hauptschuld kann ein wichtiges Indiz für den Schuldbeitritt sein (BGH NJW 1986, 580).

c. Garantie

aa. Selbstständige Verpflichtung

Der Garantievertrag ist ein gesetzlich nicht geregelter **verkehrstypischer** Vertrag eigener Art *(sui generis)*, der im Rahmen der allgemeinen Vertragsfreiheit formlos abgeschlossen werden kann (§ 311 Abs. 1 BGB). Dadurch verpflichtet sich jemand (**Garant**) für den Eintritt eines bestimmten Erfolgs einzustehen oder die Gefahr eines künftigen Schadens zu übernehmen, wobei er auch für alle nicht typischen Zufälle haftet Es kann jeder Erfolg garantiert werden, insbesondere die Tauglichkeit einer Ware oder eines Werks (**Eigenschaftsgarantie**) oder die Sicherung einer Leistung auch eines Dritten (**Leistungsgarantie**). Die Einstandspflicht kann vereinbart werden, ohne dass der Garant eine entsprechende Leistung schuldet oder sie kann zu einer solchen Leistungspflicht hinzutreten (**selbstständiges Garantieversprechen**). Dabei muss der Garant für seine eigenen Leistungen eine Garantie übernehmen, die über die bloße Vertragsmäßigkeit der Leistung hinausgeht.

Beispiele: Verpflichtung zur Ablösung eines Altkredits einer Gesellschaft in einem Kaufvertrag (BGH NJW 1999, 1542), Garantie des Mietausfalls als Mietgarantie oder Vermietungsgarantie (BGH NJW 2003, 2235), Garantie für Mindestausschüttungen aus einem Gesellschaftsanteil (BGH NJW 1996, 2569).

Im Unterschied zur Bürgschaft haftet der Garant für die durch den Garantievertrag begründete **eigene Schuld**. Diese ist vom Fortbestand und ggf. auch von der Entstehung der gesicherten Schuld **unabhängig**.

bb. Auslegung des Parteiwillens

Es ist durch **Auslegung** des Parteiwillens (§§ 133, 157 BGB) in unklaren Fällen zu ermitteln, ob eine eigenständige Einstandspflicht (Garantievertrag) oder nur eine abhängige Schuld des Bürgen (Bürgschaft) oder beitretenden Schuldners (Schuldbeitritt) begründet werden sollte (BGH NJW 2000, 1581). Die Vorschriften des Bürgschaftsrechts (§§ 765 ff BGB) finden weder auf den Garantievertrag, noch auf den Schuldbeitritt Anwendung. Verbleiben **Zweifel** über den rechtlichen Charakter des Vertrags ist deshalb nach der Rechtsprechung (BGH ZIP 1984, 33) eine **Bürgschaft** anzunehmen. Anhaltspunkt für einen Garantievertrag ist ein wirtschaftliches Eigeninteresse des Garanten an der Erfüllung der Hauptverpflichtung (BGH WM 2001, 1567). Der Garant haftet verschuldensunabhängig für die Einstandspflicht.

d. Kreditauftrag

Der Kreditauftrag ist in § 778 BGB geregelt. Es handelt sich um einen Auftragsvertrag, i. d. R. einen Geschäftsbesorgungsvertrag (§ 675 BGB), bei dem sich der Beauftragte gegenüber dem Auftraggeber verpflichtet, im eigenen Namen und auf eigene Rechnung einem Dritten ein Darlehen oder eine Finanzierungshilfe zu gewähren (**Kreditgewährung an Dritten**). Bis zur Ausführung kann der Beauftragte den Auftrag widerrufen (§ 671 BGB). Sofern der Beauftragte den Kredit gewährt, haftet der Auftraggeber dem Beauftragten für die aus dem Darlehen oder der Finanzierungshilfe entstehenden Verbindlichkeiten des Dritten **als Bürge** (§§ 765 ff BGB) kraft Gesetzes. Das bedingt einen **Verpflichtungswille** des Auftraggebers, für den das eigene **wirtschaftliche Interesse** an der Kreditgewährung ein wesentliches Indiz ist. Im Unterschied zur Bürgschaft ist der Kreditauftrag formlos gültig (BGH WM 1960, 880).

e. Patronatserklärung

Bei der Patronatserklärung verspricht im Konzern (§ 18 AktG) meist ein Mutterunternehmen (**Patron**), gegenüber dem Kreditgeber als (externem) Gläubiger, die Tochtergesellschaft (§ 290 HGB) als Kreditnehmer bei der Erfüllung ihrer Verbindlichkeiten zu unterstützen. Dabei ist durch Auslegung der Patronatserklärung zu ermitteln (§§ 133, 157 BGB), ob der Patron eine rechtliche Verpflichtung begründen will (**harte Patronatserklärung**) oder, ob es ihm an einem Rechtsbindungswillen fehlt (**weiche Patronatserklärung**). Bei der harten Patronatserklärung übernimmt der Patron keine direkte Zahlungspflicht gegenüber dem Kreditgeber. Durch diese verpflichtet er sich aber dazu, das Tochterunternehmen mit den nötigen Mitteln zur Erfüllung der Verbindlichkeiten auszustatten (**Ausstattungspflicht**). Es bleibt ihm dabei überlassen, mit welchen Mitteln er für die finanzielle Ausstattung des Kreditnehmers sorgen will. Der Patron macht sich gegenüber dem Kreditgeber **schadensersatzpflichtig**, wenn er dieser Verpflichtung nicht nachkommt. Im Unterschied zur Bürgschaft (§ 251 HGB) muss die Patronatserklärung nicht unter der Jahresbilanz des Patrons vermerkt werden.

3. Bürgschaftsvertrag

a. Schriftform

aa. Bürgschaftserteilung

Der Bürgschaftsvertrag kommt nach den allgemeinen Vorschriften über Willenserklärungen und Rechtsgeschäfte zustande. Für die Bürgschaftserteilung ist die Schriftform gem. § 766 BGB erforderlich. Danach muss die **Erklärung** der Bürgschaft in **schriftlicher** Form (§ 126

BGB) unter Ausschluss der elektronischen Form (§ 126a BGB) erfolgen. Nicht ausreichend ist eine Erklärung durch Telefax. Zur Bürgschaftserteilung muss die Bürgschaftsurkunde zudem an den Gläubiger übergeben werden. Der Formmangel macht die Bürgschaftserklärung grundsätzlich nichtig (§ 125 S. 1 BGB). Die schriftliche Bürgschaftserklärung muss das ganze formbedürftige Rechtsgeschäft enthalten. Das umfasst außer dem Willen für die fremde Schuld einzustehen (**Verbürgungswillen**) die Bezeichnung der Person des Gläubigers und des Hauptschuldners und die Umschreibung der gesicherten Hauptschuld wenigstens in hinlänglich klaren Umrissen.

bb. Nebenabreden

Nebenabreden und Änderungsvereinbarungen der Bürgschaft sind formbedürftig, wenn sie den Bürgen belasten. Bezugnahmen auf andere Schriftstücke sind zulässig, solange nicht eine in der schriftlichen Bürgschaftserklärung fehlende wesentliche Angabe ausschließlich anhand von Umständen außerhalb der Urkunde ermittelt werden muss.

cc. Blankobürgschaft

Eine Bürgschaftsurkunde, in der die Person des Gläubigers oder die zu sichernde Hauptschuld zunächst nicht bestimmt ist (**Blankobürgschaft**) und dem Gläubiger, Schuldner oder einem Dritten ausgehändigt wird, ist unwirksam. Dies ist nicht der Fall, wenn die Ermächtigung zur Vervollständigung der Urkunde, Weitergabe oder Änderung ihres Inhalts der Schriftform (§§ 766, 126 BGB) entspricht.

dd. Heilung

Soweit der Bürge die Hauptverbindlichkeit des Schuldners erfüllt, wird der Mangel der Form geheilt (§ 766 S. 3 BGB). Ist die Bürgschaft auf der Seite des Bürgen ein Handelsgeschäft, gilt das Schriftformerfordernis nicht (§ 350 HGB). Eine Berufung auf den Formmangel kann ausnahmsweise wegen unzulässiger Rechtsausübung gegen Treu und Glauben (§ 242 BGB) verstoßen.

b. Sittenwidrigkeit

Bürgschaftsverträge sind nach der Entscheidung des Bundesverfassungsgerichts (BVerfGE 89, 214) wegen Verstoß gegen §§ 138 Abs. 1, 242 BGB unwirksam, wenn sie erkennbar Ausdruck einer **strukturellen Unterlegenheit** des Bürgen sind und für ihn eine nicht hinnehmbare, mit seinen Einkommens- und Vermögensverhältnissen **unvereinbare Belastung** begründen. Dies gilt grundsätzlich für die Bürgschaft von **nahen Angehörigen**. Dabei wird vermutet, dass der Gläubiger die psychische Zwangslage des Bürgen in sittenwidriger Weise ausgenutzt hat, wenn zwischen dem Hauptschuldner und dem Bürgen ein besonderes Näheverhältnis besteht und der Bürge durch die übernommenen Verpflichtungen finanziell erheblich überfordert wird. Eine **erhebliche finanzielle Überforderung** liegt dann vor, wenn zwischen dem Umfang der Verpflichtung und der Leistungsfähigkeit des Bürgen ein **grobes Missverhältnis** besteht. Dies wird insbesondere für den Fall angenommen, dass der Bürge aus seinem pfändbaren Vermögen oder Einkommen (§§ 850ff ZPO) voraussichtlich nicht einmal die laufenden Zinsen zahlen kann. Daran ändert auch die Möglichkeit einer **Restschuldbefreiung** (§§ 286ff InsO) nichts. Dagegen ist die Vermutung der Sittenwidrigkeit in den Fällen widerlegt, in denen der Bürge ein eigenes wirtschaftliches Interesse an der Bürgschaft hat. Es genügt auch, dass der Bürge zusammen mit dem Hauptschuldner ein gemeinsames Interesse an einer Darlehensgewährung hat (BGH NJW-RR 2004, 337). Die Vermutung der Sittenwidrigkeit gilt nicht, wenn sich etwa ein Mehrheitsgesellschafter oder Geschäftsführer für Gesellschaftsschulden verbürgt (BGH NJW 2002, 1337).

c. Globalbürgschaft

Bürgschaften im Rahmen von vorformulierten Vertragsbedingungen (AGB) unterfallen den §§ 305 ff BGB. Dies gilt insbesondere für Bürgschaften in den AGB von Banken, wonach der Bürge für alle gegenwärtigen und zukünftigen Verbindlichkeiten aus der Geschäftsbeziehung mit der Bank haften soll (**Globalbürgschaft**).

aa. Verbot überraschender Klauseln

Eine Globalbürgschaft ist bei formularmäßiger Vereinbarung nach der Rechtsprechung (BGHZ 137, 152) nicht insgesamt wirkungslos. Die Haftung beschränkt sich aber auf den Anlass für die Übernahme der Bürgschaft. Übernimmt der Sicherungsgeber aus Anlass eines Darlehens eine Bürgschaft (**Anlassverbindlichkeit**), muss er nicht mit der Haftung für alle zukünftigen Verbindlichkeiten des Hauptschuldners rechnen. Die Übernahme einer Globalbürgschaft für Verbindlichkeiten über die Anlassverbindlichkeit hinaus ist überraschend und verstößt gegen § 305c BGB (**Verbot überraschender Klauseln**). Dem steht nicht entgegen, dass die Bürgschaft auch für künftige Forderungen übernommen werden kann (§ 767 Abs. 1 S. 3 BGB), da diese Regelung keine Aussage dazu trifft, ob der Bürge mit solchen Erweiterungen der Bürgschaft im konkreten Einzelfall rechnen muss. Im Gegenteil ist die Globalbürgschaft auch nicht mit wesentlichen Grundgedanken der gesetzlichen Regelung des § 767 Abs. 1 S. 3 BGB vereinbar und verstößt gegen § 307 Abs. 2 Nr. 1 BGB (**Verbot der unangemessenen Benachteiligung**). Ist die Globalklausel danach unwirksam, bleibt die Globalbürgschaft durch Umformulierung für die Anlassverbindlichkeit bestehen. Die Bürgschaft soll einen Leistungsinhalt behalten, der den Vorstellungen des Bürgen bei der Abgabe der Bürgschaftserklärung entspricht, so dass seine berechtigten Interessen berücksichtig sind. Deshalb handelt es sich insofern nicht um eine unzulässige geltungserhaltende Reduktion der Globalklausel.

bb. Globalbürgschaften bei der GmbH

Die Globalbürgschaft für die Verbindlichkeiten der Gesellschaft ist für den Geschäftsführer, Allein- oder Mehrheitsgesellschafter der GmbH nicht **überraschend**, da dieser die Art und Höhe der Verbindlichkeiten der Gesellschaft bestimmten kann. Für den Kommanditisten (bei der GmbH & Co. KG), dessen Stellung innerhalb der Gesellschaft dem gesetzlichen Leitbild entspricht, ist die Globalbürgschaft dagegen **überraschend**. Denn er hat keine Möglichkeit, das Risiko einer Krediterweiterung durch die Geschäftsführung so rechtzeitig zu erkennen, dass er die Globalbürgschaft noch kündigen und damit seine Haftung für den zusätzlichen Kredit ausschließen kann. Deshalb darf er darauf vertrauen, aufgrund der Regelung des § 767 Abs. 1 S. 3 BGB dahingehend geschützt zu sein, für keine anderen oder höheren gegenwärtigen und zukünftigen Gesellschaftsverbindlichkeiten einstehen zu müssen als die, die ihn zur Übernahme der Globalbürgschaft veranlasst haben (BGHZ 130, 19). Die Globalbürgschaft der GmbH für Forderungen eines Gläubigers gegen ihre Alleingesellschafter ist ebenfalls **überraschend**. Trotz Vereinigung aller Geschäftsanteile beim Alleingesellschafter sind dieser und die Gesellschaft streng voneinander zu trennen. Zwar kann der Alleingesellschafter die Rechtshandlungen der Gesellschaft in aller Regel nach seinem Belieben ausrichten. Umgekehrt kann die Gesellschaft rechtlich nicht darauf einwirken, welche Verbindlichkeiten der Alleingesellschafter außerhalb des Geschäftsbetriebs der Gesellschaft privat oder in einem anderen Gewerbe begründet (BGH DB 2002, 1882).

d. Widerrufsrechte

Nach der Rechtsprechung ist die Bürgschaft **kein Verbrauchervertrag** (§ 310 Abs. 3 BGB), da es an der für diesen erforderlichen entgeltlichen Leistung des Unternehmers fehlt (BGH WM 2020, 2082). Für diese genügt es nicht, dass der Bürge sein Leistungsversprechen in der dem Gegner erkennbaren Erwartung abgibt, ihm selbst oder einem bestimmten Dritten werde daraus irgendein Vorteil erwachsen (z. B. damit der Gläubiger dem Hauptschuldner ein Darlehen gewährt oder belässt). Die Bürgschaft wird auch nicht von dem in § 312 Abs. 5 S. 1 BGB legal definierten Begriff der Finanzdienstleistung erfasst, so dass §§ 312ff BGB auch von daher nicht anwendbar sind. Der Bürge hat als Verbraucher **kein Widerrufsrecht** (§§ 312g, 355 BGB) bei Haustürgeschäften (§ 312b BGB) und Fernabsatzverträgen (§ 312c BGB). Im Übrigen ist die Bürgschaft auch kein Verbraucherdarlehensvertrag (§ 491 BGB), weil der Bürge nicht selbst Kreditnehmer ist. Er hat daher auch kein Widerrufsrecht nach §§ 495, 355 BGB.

4. Bestehen der Hauptschuld

Die Bürgschaft ist im Bestand und Umfang **vom Bestehen** der **Hauptschuld abhängig** (§ 767 S. 1 BGB). Ist die Hauptschuld (also die Forderung des Gläubigers gegen den Schuldner) nicht entstanden, hat der Gläubiger des Hauptschuldners keine Forderung gegen den Bürgen. Für zukünftige oder bedingte Verbindlichkeiten (vgl. § 765 Abs. 2 BGB) kann der Gläubiger erst nach Entstehen der Hauptschuld Rechte herleiten.

a. Nichtigkeit der Hauptschuld

Bei Nichtigkeit der Hauptschuld, etwa eines sittenwidrigen Darlehens nach § 138 Abs. 1 BGB, kann sich die Haftung des Bürgen auf den bereicherungsrechtlichen **Rückzahlungsanspruch** (§ 812 BGB) beziehen. Nach der Rechtsprechung (BGH NJW 1987, 2077) ist zu unterscheiden, ob die Bürgschaft aus Gefälligkeit etwa bei nahen Angehörigen oder Freunden übernommen wurde oder der Bürge als Kaufmann eigene wirtschaftliche Interessen verfolgt hat. Dann liegt es nahe, dass auch der Bereicherungsanspruch von der Bürgschaft abgesichert werden soll.

b. Verminderung/Erlöschen der Hauptschuld

Vermindert sich die Hauptschuld oder erlischt sie, etwa durch Erfüllung, Aufrechnung, Erlass, Vergleich oder Konfusion, **ermäßigt** sich oder **erlischt** auch die Bürgschaftsschuld. Der Bürge kann die Bürgschaft grundsätzlich nur bei entsprechender Vereinbarung kündigen. Handelt es sich um eine auf unbestimmte Zeit abgegebene Bürgschaft, kann er diese nach Ablauf eines gewissen Zeitraums mit angemessener Frist oder aus wichtigem Grund (§ 314 BGB) kündigen.

c. Erhöhung der Hauptschuld

Eine Erhöhung der Hauptforderung kraft Gesetzes, z. B. **Verzug** (§§ 280f, 286 BGB), erweitert den Umfang der Bürgschaftsverpflichtung (§ 767 Abs. 1 S. 2 BGB). Durch Rechtsgeschäft kann der Umfang der Hauptforderung nach Übernahme der Bürgschaft nicht ohne Zustimmung des Bürgen erweitert werden (§ 767 Abs. 1 S. 3 BGB).

5. Eintritt des Bürgschaftsfalles

Der Gläubiger kann den Bürgen aus der Bürgschaft erst in Anspruch nehmen, wenn der von den Parteien in dem zugrundeliegenden Auftrag (**Sicherungsabrede**) vorausgesetzte Fall der Inanspruchnahme (**Bürgschaftsfall**) eingetreten ist. Der Anspruch des Gläubigers gegen den Bürgen ist dann grundsätzlich mit Fälligkeit der Hauptschuld fällig. Eine Zahlungsaufforderung ist darüber hinaus nicht erforderlich, sofern nicht anders vereinbart.

6. Einwendungen des Bürgen

a. Verhältnis des Bürgen zum Gläubiger

aa. Allgemeines

Einwendungen des Bürgen gegen die Bürgschaft können sich aus seinem eigenen Verhältnis zum Gläubiger nach den allgemeinen Regeln etwa wegen Formnichtigkeit (§§ 766, 125 BGB), Sittenwidrigkeit (§ 138 Abs. 1 BGB) oder Anfechtung (§§ 119ff BGB) ergeben. Allerdings scheidet eine Anfechtung wegen Irrtums über die Kreditwürdigkeit des Hauptschuldners nach § 119 Abs. 2 BGB (Eigenschaftsirrtum) aus, da dies dem Zweck der Bürgschaft widerspricht, nach dem der Bürge für das Risiko der Leistungsfähigkeit des Hauptschuldners einstehen muss.

bb. Einrede der Vorausklage

Nach § 771 BGB kann der Bürge die Befriedigung des Gläubigers verweigern, solange nicht der Gläubiger eine Zwangsvollstreckung gegen den Hauptschuldner ohne Erfolg versucht hat (**Einrede der Vorausklage**). Dies gilt aber nicht, wenn der Bürge durch Rechtsgeschäft auf die Einrede der Vorausklage verzichtet hat (**selbstschuldnerische Bürgschaft** (§ 773 Abs. 1 Nr. 1 BGB) oder ein anderer Ausschlussgrund vorliegt (§ 773 Abs. 1 Nr. 2–4 BGB). Die Einrede der Vorausklage ist auch ausgeschlossen, wenn der Bürge Kaufmann ist und die Bürgschaft für ihn ein **Handelsgeschäft** darstellt (§§ 349 Abs. 1, 343 HGB). Erhebt der Bürge die Einrede der Vorausklage, ist die Verjährung des Anspruchs des Gläubigers gegen den Bürgen gehemmt, bis der Gläubiger eine Zwangsvollstreckung gegen den Hauptschuldner ohne Erfolg versucht hat.

b. Verhältnis des Schuldners zum Gläubiger

aa. Allgemeines

Der Bürge kann die dem Hauptschuldner gegen den Gläubiger zustehenden Einreden geltend machen (§ 768 Abs. 1 BGB). Die Regelung kann **nicht** durch **AGB eingeschränkt** werden, da das Akzessorietätsprinzip ein wesentliches Merkmal der Bürgschaft ist (§ 307 Abs. 2 Nr. 1 BGB). Der Verzicht des Hauptschuldners auf eine Einrede führt nicht dazu, dass der Bürge die Einrede verliert (§ 768 Abs. 2 BGB). Wenn der Hauptschuldner die Einrede verliert, kann sie der Bürge aber nicht mehr geltend machen. Ist die Einrede der **Verjährung** der Hauptforderung (§ 214 BGB) durch Verhandlungen des Hauptschuldners mit dem Gläubiger gehemmt ist (§ 203 S. 1 BGB), wirkt dies auch gegenüber dem Bürgen.

Beispiele: Stundung, Stillhalteabkommens, Zurückbehaltungsrecht (§ 273 BGB), Einrede der Bereicherung (§ 821 BGB).

bb. Anfechtbarkeit

Der Bürge kann die Befriedigung des Gläubigers verweigern, solange dem Hauptschuldner das Recht zusteht, das seiner Verbindlichkeit zugrunde liegende Rechtsgeschäft anzufechten (§ 770 Abs. 1 BGB). Er kann das Anfechtungsrecht des Schuldners aber nicht selbst ausüben. Das Leistungsverweigerungsrecht des Bürgen kann durch AGB nicht wirksam ausgeschlossen werden (§ 307 Abs. 2 Nr. 2 BGB). Erklärt der Schuldner die Anfechtung (§ 142 Abs. 1 BGB) erlischt damit auch die Verpflichtung des Bürgen aus dem Bürgschaftsvertrag. Wenn das Anfechtungsrecht aufgrund Zeitablaufs (§§ 121, 124 BGB) oder durch Verzicht des Schuldners erloschen ist, hat der Bürge nicht mehr das Recht, die Befriedigung des Gläubigers zu verweigern. § 770 Abs. 1 BGB ist auf andere Gestaltungsrechte (z. B. Minderung, Rücktritt) entsprechend anwendbar, wenn der Hauptschuldner nicht auf die Einrede verzichtet hat.

cc. Aufrechenbarkeit

Der Bürge kann die Befriedigung des Gläubigers verweigern, solange sich der Gläubiger durch Aufrechnung gegen eine fällige Forderung des Hauptschuldners befriedigen kann (§ 770 Abs. 2 BGB). Befriedigt der Bürge in **Unkenntnis** der Aufrechenbarkeit die Hauptschuld, kann er das Geleistete nicht zurückfordern. Fehlt die **Aufrechnungsbefugnis** des Gläubigers, weil seine Forderung noch nicht fällig ist, kann der Bürge die Leistung gleichwohl verweigern, wenn der Gläubiger auf künftige Leistung zu klagen befugt ist (§§ 257ff ZPO). Sofern die Aufrechnungsbefugnis des Gläubigers wegfällt, entfällt das Leistungsverweigerungsrecht des Bürgen, sofern im Bürgschaftsvertrag nichts anderes vereinbart ist. Die Vorschrift des § 770 Abs. 2 BGB ist nach ihrem Wortlaut und Zweck nicht anwendbar, wenn die **Befugnis** zur Aufrechnung nur dem **Hauptschuldner** zusteht (z. B. wegen §§ 393, 394 BGB). Teils wird eine analoge Anwendung wegen des Akzessorietätsprinzips im Schrifttum befürwortet. Der Bürge kann die Leistung nur soweit verweigern, wie der Hauptschuldner durch Aufrechnung von der Schuld befreit wird. Soweit die verbürgte Hauptforderung des Schuldners die Gegenforderung des Gläubigers übersteigt, kann der Bürge bei Inanspruchnahme der Bürgschaft die Leistung gegenüber dem Gläubiger nicht verweigern. Die Einrede der Aufrechenbarkeit ist **abdingbar.** Sie kann aber **nicht** durch Formularvertrag **(AGB)** ausgeschlossen werden, wenn davon auch die Aufrechnung mit unbestrittenen oder rechtskräftigen Forderungen erfasst ist (§ 307 BGB).

c. Bürgschaft auf erstes Anfordern

Bei der Bürgschaft auf erstes Anfordern muss der Bürge nach Erfüllung bestimmter **formaler Voraussetzungen** durch den Gläubiger ohne Rücksicht auf dessen materielle Berechtigung zunächst zahlen. Wegen nicht offensichtlich oder liquide beweisbarer Einwendungen wird er auf die **prozessuale** Rückforderung aus Leistungskondiktion (§ 812 Abs. 1 BGB) sowie die Einwendung des **Rechtsmissbrauchs** (§ 242 BGB) verwiesen. Die Übernahme der Bürgschaft auf erstes Anfordern durch Formularvertrag **(AGB)** unterliegt den §§ 305ff BGB. Sie kann nur durch Unternehmen erfolgen, zu deren Geschäftsbereich derartige Bürgschaften gehören und die deshalb das Risiko hinreichend einschätzen können (§ 307 Abs. 2 Nr. 1 BGB), vor allem **Kreditinstitute** und **Versicherungen.** Bei Unwirksamkeit ist die Haftung aus einfacher Bürgschaft zu prüfen, auch wenn lediglich die formalen Voraussetzungen der Inanspruchnahme des Bürgen umgangen werden sollen. Der **Inhalt** der Bürgschaft auf erstes Anfordern, vor allem welche Forderungen gesichert sind, ist wegen des Grundsatzes der Formstrenge anhand der **Bürgschaftsurkunde** zu ermitteln. Die Zahlungsaufforderung des Gläubigers ist

i. d. R. keine Fälligkeitsvoraussetzung für die Hauptschuld, sondern eine Voraussetzung der Zahlungsklage.

7. Erlöschen der Bürgschaft

a. Allgemeines

Die Bürgschaftsschuld kann nach den allgemeinen Grundsätzen erlöschen, z. B. bei Zahlung an den Gläubiger durch **Erfüllung** (§ 362 Abs. 1 BGB) oder durch **Aufrechnung** (§§ 387 ff BGB). Da die Bürgschaft als akzessorische Sicherheit vom Bestand der Hauptschuld abhängt, erlischt sie **automatisch**, wenn die Hauptschuld erlischt (§ 767 Abs. 1 S. 1 BGB). Dazu kommt es auch, wenn der Gläubiger ein mit der Forderung verbundenes Vorzugsrecht, eine für sie bestehende Hypothek oder Schiffshypothek, ein Pfandrecht oder das Recht gegen einen Mitbürgen aufgibt. Dies gilt auch dann, wenn das vom Gläubiger aufgegebene Recht erst nach Übernahme der Bürgschaft entstanden ist (§ 776 BGB). Bei **kumulativer Schuldübernahme** der Hauptschuld erlöschen die dafür bestellten Bürgschaften, sofern nicht der Bürge in die Schuldübernahme einwilligt (§ 418 Abs. S. 1, 3 BGB). Durch **Kündigung** des Bürgen gegenüber dem Gläubiger erlischt die Bürgschaft, sofern das ordentliche Kündigungsrecht in der Bürgschaft vereinbart war oder ein wichtiger Grund (§ 314 BGB) die Kündigung rechtfertigt.

b. Bürgschaft auf Zeit

Hat sich der Bürge für eine bestimmte Zeit verbürgt (**Bürgschaft auf Zeit**), so wird er nach Zeitablauf frei, wenn nicht der Gläubiger die Einziehung der Forderung gemäß § 772 BGB unverzüglich betreibt, das Verfahren ohne wesentliche Verzögerung fortsetzt und unverzüglich nach Beendigung des Verfahrens dem Bürgen anzeigt, dass er ihn in Anspruch nimmt. Bei rechtzeitiger Anzeige haftet der Bürge auf den Umfang der Hauptschuld zur Zeit der Beendigung des Verfahrens. Bei der selbstschuldnerischen Bürgschaft ohne Einrede der Vorausklage (§ 773 Nr. 1 BGB), wird der Bürge nach Zeitablauf der Bürgschaft frei, wenn der Gläubiger ihm die Inanspruchnahme nicht unverzüglich anzeigt. Bei rechtzeitiger Anzeige haftet der Bürge auf den Umfang, den die Hauptschuld bei dem Zeitablauf hat (§ 777 BGB).

8. Rückgriff des Bürgen

a. Verhältnis des Bürgen zum Schuldner

Der Bürge hat gegen den Schuldner regelmäßig Anspruch auf **Aufwendungsersatz** (§ 670 BGB) aus Auftrag (§ 662 BGB), Geschäftsbesorgung (§ 675 BGB) oder einer Geschäftsführung ohne Auftrag (§§ 677, 683 BGB), wenn er den Gläubiger aus der Bürgschaft befriedigt hat.

b. Gesetzlicher Forderungsübergang

Die Forderung des Gläubigers gegen den Schuldner geht kraft Gesetzes auf den Bürgen über, soweit er den Gläubiger befriedigt (**gesetzlicher Forderungsübergang**). Damit gehen auch die für die Forderung bestehenden **akzessorischen Sicherheiten** (Hypotheken, Schiffshypotheken oder Pfandrechte) mit **unselbstständigen Nebenrechten** auf den Bürgen über (§§ 412, 401 BGB). Die selbstständigen (**nicht-akzessorischen**) Sicherheiten (v. a. Sicherungsabtretung, Sicherungsabtretung, Sicherungsgrundschuld) gehen **nicht automatisch** auf den Bürgen über. Dieser hat jedoch einen schuldrechtlichen **Anspruch** gegen den Gläubiger auf Übertragung der Sicherheiten (analog §§ 774, 412, 401 BGB), soweit er ihn befriedigt hat. Der Schuldner kann dem Bürgen die **Einwendungen** und **Einreden** entgegenhalten, die er aus der Hauptschuld gegen seinen Gläubiger hatte (§§ 412, 404 BGB). Außerdem hat der Schuldner die Einwendungen aus seinem Rechtsverhältnis mit dem Bürgen (§ 774 Abs. 1 S. 3 BGB). Befriedigt der Bürge den Gläubiger nur teilweise (etwa bei einer Höchstbetragsbürgschaft), so geht die Hauptschuld mit akzessorischen Sicherungs- und Nebenrechten bezüglich dieses Teils auf den Bürgen über, auch wenn sie erst nach Übernahme der Bürgschaft entstanden sind. Der Gläubiger hat mit der ihm verbleibenden Teilforderung gegen den Schuldner Vorrang vor dem Bürgen bei Verwertung der auf ihn übergegangenen Sicherheiten in Zwangsvollstreckung und Insolvenz (§ 44 InsO). Dieser Vorrang folgt aus der Regelung des § 774 Abs. 1 S. 2 BGB. Danach kann der Übergang der (Teil-)Forderung des Gläubigers auf den Bürgen nicht zum Nachteil des Gläubigers geltend gemacht werden.

c. Anspruch auf Befreiung

Der Bürge hat für die Zeit **vor Befriedigung** des Gläubigers einen Anspruch auf Befreiung aus § 775 BGB, wenn sich der Bürge im Auftrag des Hauptschuldners verbürgt hat (§§ 662, 675 BGB) oder ihm die (Rückgriffs-)Rechte des Beauftragten wegen Übernahme der Bürgschaft aus Geschäftsführung ohne Auftrag (§§ 677, 683, 670 BGB) zustehen. Voraussetzung dafür ist, dass sich die **Vermögensverhältnisse** des Hauptschuldners **wesentlich verschlechtert** haben, die Rechtsverfolgung gegen den Hauptschuldner wesentlich erschwert hat, er mit der Erfüllung seiner Verbindlichkeit in Verzug ist oder der Gläubiger ein vollstreckbares Urteil auf Erfüllung erwirkt hat (§ 775 Abs. 1 Nr. 1–4 BGB). Ist die Hauptverbindlichkeit noch nicht fällig, so kann der Hauptschuldner dem Bürgen, statt ihn zu befreien, Sicherheit leisten (§ 775 Abs. 2 BGB).

9. Besondere Arten

a. Ausfallbürgschaft

Bei der Ausfallbürgschaft verpflichtet sich der Bürge gegenüber dem Gläubiger nur für den **endgültigen Ausfall** der Hauptschuld einzustehen. Er haftet damit i. d. R. nur für das, was der Gläubiger trotz Anwendung gehöriger Sorgfalt, insbesondere durch Geltendmachung seines Anspruchs gegen den Hauptschuldner und Zwangsvollstreckung in dessen gesamtes Vermögen sowie durch Verwertung anderer Sicherheiten nicht verlangen kann. Der **Gläubiger** muss dies sowie ggf. auch die Inanspruchnahme eines anderen Bürgen oder das Fehlen eines anderen Einstandspflichtigen anders als bei der Einrede der Vorausklage (§ 771 BGB) **beweisen**. Hat der Gläubiger nicht sorgfältig gehandelt, haftet der Ausfallbürge ihm nicht. Die Einzelheiten sind Gegenstand der **vertraglichen Vereinbarung**, die vom Grundsatz der Ausfallbürgschaft abweichende Feststellungen klar zum Ausdruck bringen muss. Eine AGB-Klausel, wonach der Ablauf einer Frist nach Anzeige der Nichtzahlung des Schuldners als Ausfall gelten soll, wird als überraschende Klausel nicht Vertragsbestandteil (§ 305c BGB). Hat sich der Ausfallbürge neben einem andern (Regel-)Bürgen subsidiär verbürgt und befriedigt er den Gläubiger, steht im ein interner Ausgleichsanspruch gegen den Bürgen zu (§§ 774 Abs. 2, 426 Abs. 1 BGB analog). Zugleich geht mit der Befriedigung des Gläubigers dessen Bürgschaftsanspruch gegen den Bürgen kraft Gesetzes auf den Ausfallbürgen über (§§ 774 Abs. 1, 412, 401 BGB).

b. Mitbürgschaft

Bei der Mitbürgschaft verbürgen sich **mehrere Personen** für die Hauptschuld. Die Mitbürgen können sich gemeinsam vertraglich oder unabhängig voneinander verbürgen, vorausgesetzt die gesicherte Forderung ist **identisch** ist. Nach §§ 769, 774 Abs. 2 BGB haften die Mitbürgen dem Gläubiger aus der Mitbürgschaft als Gesamtschuldner (§§ 421 ff BGB). Sofern nichts anderes vereinbart ist, sind sie im Verhältnis zueinander zu gleichen Anteilen verpflichtet (§ 426 Abs. 1 BGB).

c. Nachbürgschaft

Bei der Nachbürgschaft **sichert** der **Nachbürge** die Bürgschaftsverpflichtung des **Vorbürgen** gegenüber dem Gläubiger. Da sich der Nachbürge nicht für die Hauptschuld (sondern für den Vorbürgen) verbürgt, ist er anders als bei der Mitbürgschaft nicht Gesamtschuldner neben dem Vorbürgen. Befriedigt der Nachbürge den Gläubiger, so geht die Bürgschaftsforderung des Gläubigers gegen den Vorbürgen auf den Nachbürgen (analog § 774 Abs. 1 BGB) über.

d. Rückbürgschaft

Bei der Rückbürgschaft verbürgt sich der **Rückbürge** dem **Hauptbürgen**, für seine Forderung auf Rückgriff gegen den Hauptschuldner nach Erfüllung seiner Bürgschaftsverpflichtung. Mit Befriedigung des Gläubigers durch den Hauptbürgen entsteht die Schuld des Rückbürgen. Hat der Rückbürge den Hauptbürgen befriedigt, so geht die auf den Hauptbürgen übergegangene Forderung des Gläubigers (§ 774 BGB) **nicht automatisch** kraft Gesetzes auf den Rückbürgen über, weil die Rückbürgschaft in keiner unmittelbaren Beziehung zur Hauptbürgschaft steht. Der Rückbürge muss sich die Forderung des Hauptbürgen gegen den Hauptschuldner daher vom Hauptbürgen **abtreten** lassen (§ 398 BGB). Teils wird eine analoge Anwendung des § 774 BGB mit der Folge eines gesetzlichen Forderungsübergang nach dem Sinn und Zweck der Vorschrift befürwortet.

e. Höchstbetragsbürgschaft

Bei der Höchstbetragsbürgschaft verpflichtet sich der Bürge, für die gesamte gesicherte Schuld bis zu einer **betragsmäßigen Höchstgrenze** zu haften. Damit hat der Gläubiger einen Anspruch auf Befriedigung der Hauptschuld gegen den Bürgen nur bis zu dem mit ihm vereinbarten Höchstbetrag der Bürgschaftsschuld. Die Höchstbetragsbürgschaft kann auch für **zukünftige Forderungen** des Hauptschuldners bestellt werden, sofern der Bürge weiß, aus welchem Grund und bis zu welcher Höhe diese Forderungen entstehen werden. Die Erstreckung der Haftung in Formularverträgen **(AGB)** über die Forderungen hinaus, die Anlass für die Bürgschaft waren **(Anlassverbindlichkeiten)** ist jedoch unwirksam (§§ 305c, 307 Abs. 1 BGB).

f. Prozessbürgschaft

Die Prozessbürgschaft kann bei nicht-rechtskräftigen Urteilen, die nur gegen Leistung einer Sicherheit für **vorläufig vollstreckbar** erklärt werden dürfen (§ 709 Abs. 1 S. ZPO), als **Sicherheit** dienen. Dadurch soll die erstinstanzlich unterliegende Partei vor finanziellen Schäden aufgrund einer Zahlung an den Prozessgegner infolge einer von diesem gegen sie betriebenen Zwangsvollstreckung geschützt werden. Denn es besteht das Risiko, dass die unterliegende Partei letztinstanzlich obsiegt, der Prozessgegner zwischenzeitlich aber insolvent ist und die von ihm die geleistete Zahlung deshalb nicht mehr zurückerhält. Soweit das Gericht eine Bestimmung nicht getroffen hat, kann die Sicherheitsleistung durch die schriftliche, unwiderrufliche, unbedingte und unbefristete Bürgschaft eines **inländischen Kreditinstituts** bewirkt werden (§ 709 Abs. 2 S. 2 ZPO).

IX. Bereicherungsrecht

1. Allgemeines

Das Bereicherungsrecht (auch **Kondiktionsrecht**) ist in §§ 812–822 BGB als **gesetzliches Schuldverhältnis** geregelt. Es bezweckt, ungerechtfertigte Vermögensverschiebungen durch einen Anspruch auf Herausgabe der Bereicherung auszugleichen (**Ausgleichsfunktion**). Die einzelnen Anspruchsgrundlagen werden in Anlehnung an das römische und gemeine Recht als Kondiktionen bezeichnet. Sie sollen den Vorteil, den jemand erlangt hat (**Bereicherungsschuldner**), diesem nach dem Gesamturteil der Rechtsordnung jedoch nicht zusteht, an den wahren Berechtigten (**Bereicherungsgläubiger**) zurückführen (**Abschöpfungsfunktion**) und einen nicht gerechtfertigten Rechtserwerb rückgängig machen (**Restitutionsfunktion**). Im Unterschied zum Schadensersatz geht es nicht darum, einen dem Bereicherungsgläubiger entstandenen Nachteil zu restituieren, sondern um einen gerechten und billigen Ausgleich für den beim Bereicherungsgläubiger eingetretenen ungerechtfertigten (Vermögens-)Vorteil unabhängig von dessen Verschulden. Dabei ist die **Billigkeit** nach der Rechtsprechung bei der Auslegung und Anwendung der Vorschriften des Bereicherungsrechts nach dem Grundsatz von Treu und Glauben (§ 242 BGB) besonders zu berücksichtigen. Das Gesetz unterscheidet in § 812 Abs. 1 BGB ausdrücklich zwischen der Bereicherung durch Leistung und der Bereicherung in sonstiger Weise. Daran anknüpfend gibt es nach h. M. zwei Grundtatbestände der Leistungskondiktion und Nichtleistungskondiktion (**Trennungslehre**) und nicht einen einheitlichen Tatbestand der ungerechtfertigten Bereicherung (**Einheitslehre**). Da die Vermögensverschiebungen zwischen den beteiligten Parteien grundsätzlich im Rahmen der jeweiligen Leistungsbeziehungen abgewickelt werden sollen, ist vorrangig zu prüfen, ob die Bereicherung durch eine Leistung erlangt wurde (**Vorrang der Leistungskondiktion**). Nur sofern dies nicht der Fall ist, kommt eine Anwendung der Eingriffskondiktion in Betracht (**Subsidiarität der Eingriffskondiktion**). Damit bleiben den Parteien ihre **Einwendungen** aus den untereinander bestehenden Kausalverhältnissen erhalten und auch bei deren Abwicklung ist ihr Vertrauen auf die Solvenz der anderen Partei geschützt (**abstrakter Vertrauensschutz**).

2. Verweisungen

Das Gesetz verweist in zahlreichen Vorschriften auf das Bereicherungsrecht. Dabei handelt es sich meist um eine **Rechtsfolgenverweisung** auf den Umfang des Bereicherungsanspruchs (§§ 818–820 BGB), bei der die Voraussetzungen und Ausschlussgründe (§§ 812–817 BGB) nicht zu prüfen sind (z. B. §§ 347 Abs. 2 S. 2, 682, 684 S. 1 BGB). Bei einigen Vorschriften handelt es sich jedoch um eine **Rechtsgrundverweisung** (z. B. § 951 Abs. 1 S. 1 BGB), bei der diese zu prüfen sind, was durch Auslegung der jeweiligen Vorschrift zu ermitteln ist.

3. Konkurrenzen

a. Vertragliche Regeln

Besteht zwischen den Parteien ein wirksames Vertragsverhältnis, haben die vertraglichen Regeln grundsätzlich **Vorrang** vor den Bereicherungsansprüchen und schließen diese aus. Das gilt insbesondere für den Erfüllungsanspruch, die Gewährleistungsrechte, die speziellen Regeln bei Rücktritt (§§ 346ff BGB) und Widerruf (§§ 355ff BGB) sowie die ergänzende Auslegung von Vertragslücken (§§ 133, 157 BGB) und die Störung der Geschäftsgrundlage (§ 313 BGB). Es gilt jedoch nicht für Leistungen außerhalb des Vertragsverhältnisses, auch wenn diese im Zusammenhang mit dessen Durchführung erbracht wurden, und Leistungen nach Vertragsende. Dagegen erfolgt die Rückabwicklung bei unwirksamen Verträgen grundsätzlich nach §§ 812ff BGB. Bei in Vollzug gesetztem **fehlerhaftem Arbeitsvertrag** und **Gesellschaftsvertrag** sind sie wegen der Schwierigkeiten, die mit einer rückwirkenden Abwicklung der bereits erbrachten gegenseitigen Leistungen verbunden sind, grundsätzlich ausgeschlossen.

b. Gesetzliche Regeln

aa. Geschäftsführung ohne Auftrag

Die Vorschriften über die Geschäftsführung ohne Auftrag verdrängen das Bereicherungsrecht zwar grundsätzlich nicht. Bei der berechtigten GoA sind etwaige Vorteile des Geschäftsherrn im Verhältnis zum Geschäftsführer jedoch mit **Rechtsgrund** i. S. v. § 812 BGB erlangt, so dass ein Anspruch auf Herausgabe der Bereicherung ausscheidet. Bei der unberechtigten GoA richtet sich der Herausgabeanspruch des Geschäftsherrn in den Rechtsfolgen (§§ 818–820 BGB) nach dem Bereicherungsrecht (**Rechtsfolgenverweis**). Bei der angemaßten Eigengeschäftsführung werden die §§ 812ff BGB für den Geschäftsherrn nicht verdrängt, da der Geschäftsführer nicht schutzwürdig ist. Bereicherungsansprüche des Geschäftsführers sind hingegen ausgeschlossen.

bb. Unerlaubte Handlungen

Ansprüche aus unerlaubter Handlung (§§ 823ff BGB) und Bereicherungsrecht (§§ 812ff BGB) stehen nebeneinander (**Anspruchskonkurrenz**) und verjähren unabhängig voneinander. Bei unerlaubter Handlung besteht jedoch auch nach Eintritt der Verjährung des Ersatzanspruchs ein eigenständiger Bereicherungsanspruch, für den nicht die Regelverjährung von drei Jahren gem. § 195 BGB, sondern eine längere Verjährung gem. § 852 BGB gilt. Danach verjährt dieser Anspruch in zehn Jahren von seiner Entstehung an, ohne Rücksicht darauf in 30 Jahren von der Begehung der Verletzungshandlung oder dem sonstigen, den Schaden auslösenden Ereignis an.

cc. Eigentümer-Besitzer-Verhältnis

Die Herausgabeansprüche des Eigentümers gegen den Besitzer (§§ 985, 1007 BGB) stehen mit der Besitzkondiktion in Anspruchskonkurrenz. Dagegen wird das Kondiktionsrecht durch die Ansprüche des Eigentümers auf Herausgabe und Ersatz von Nutzungen (§§ 987–993 BGB) und des Besitzers auf Ersatz von Verwendungen (§§ 994–1003 BGB) in ihrem Anwendungsbereich ausgeschlossen. Das gilt jedoch nicht für den Bereicherungsanspruch wegen Veräußerung oder Verbrauch der Sache selbst, auf Herausgabe des Erlöses bei wirksamen Verfügungen eines Nichtberechtigten und der Rückabwicklung eines Vertragsverhältnisses. Bei der

Verarbeitung, Vermengung und Vermischung (§§ 946ff BGB) findet das Kondiktionsrecht (§§ 812ff BGB) gem. § 951 Abs. 1 S. 1 BGB Anwendung (**Rechtsgrundverweisung**).

4. Leistungskondiktion

a. Allgemeine Leistungskondiktion

§ 812 Abs. 1 S. 1 Fall 1 BGB regelt die allgemeine Leistungskondiktion. Danach ist derjenige, der durch Leistung eines anderen etwas ohne rechtlichen Grund erlangt hat, zur Herausgabe verpflichtet *(condictio indebiti)*.

aa. Etwas erlangt

Der Bereicherungsschuldner muss etwas erlangt haben (**Bereicherungsgegenstand**). Das kann **jeder Vorteil** sein, der seine Vermögenssituation wirtschaftlich oder rechtlich verbessert hat. In Betracht kommen schuldrechtliche (z. B. Forderungen) und dingliche Rechte, (z. B. Eigentum, Besitz, Pfandrechte, Anwartschafts- und Nutzungsrechte), ersparte Aufwendungen sowie die Befreiung von einer Verbindlichkeit (§ 812 Abs. 2 BGB).

bb. Durch Leistung eines anderen

Der Bereicherungsgegenstand muss durch die Leistung eines anderen erlangt sein. Leistung ist die **bewusste** und **zweckgerichtete Mehrung fremden Vermögens** aus Sicht des Empfängers. Die Vermögensmehrung kann durch rechtsgeschäftliche Verfügung oder tatsächliches Handeln erfolgen. Maßgeblich ist der Zweck, den die Beteiligten im Zeitpunkt der Zuwendung mit dieser nach ihrem zum Ausdruck gekommenen Willen verfolgt haben (**Zweckbestimmung**). Sofern die Vorstellungen der Parteien nicht übereinstimmen, ist nach der Rechtsprechung besonders bei Mehrpersonenverhältnissen entscheidend, wer aus Sicht des Empfängers der Zuwendung bei **objektiver Betrachtung** als Leistender anzusehen ist.

cc. Auf dessen Kosten

Nach h. M. setzt die Leistungskondiktion nicht voraus, dass die Bereicherung auf Kosten des Bereicherungsgläubigers erlangt sein muss, weil eine Einbuße nicht Voraussetzung seines Anspruchs ist. Soweit das Tatbestandsmerkmal der Bestimmung des Gläubigers dient, ist es nicht erforderlich, da dieses bereits durch den Leistungsbegriff bestimmt wird.

dd. Ohne rechtlichen Grund

Der Bereicherungsschuldner muss die Bereicherung ohne rechtlichen Grund erlangt haben. Dies ist nach h. M. der Fall, wenn zwischen den Parteien kein Schuldverhältnis besteht oder es unwirksam ist (**objektive Rechtsgrundtheorie**). Teilweise wird vertreten, dass der rechtliche Grund nicht besteht, wenn der Leistende den damit bezweckten Erfolg nicht erreicht hat (**subjektive Rechtsgrundtheorie**). Der Rechtsgrund fehlt dann, wenn der Anspruch entweder im Zeitpunkt der Leistung oder von Anfang an (z. B. §§ 125, 142 Abs. 1 BGB), nicht besteht. Der Bereicherungsgläubiger leistet damit auf eine Nichtschuld und kann das Nichtgeschuldete *(indebiti)* herausverlangen.

ee. Erfüllung trotz Einrede

Nach § 813 Abs. 1 BGB kann das zum Zwecke der Erfüllung einer Verbindlichkeit Geleistete auch dann zurückgefordert werden, wenn dem Anspruch eine Einrede entgegenstand, durch welche die Geltendmachung des Anspruchs dauernd ausgeschlossen werden sollte. Denn für den Fall der Erhebung der Einrede wäre die Forderung so anzusehen, als ob sie rechtlich nie bestanden hätte. Dabei handelt es sich um eine eigenständige **Anspruchsgrundlage**. Es muss sich um eine dauernde **(peremptorische) Einrede** (z. B. §§ 821, 853 BGB), nicht nur eine vorübergehende (dilatorische) Einrede handeln. Die Einrede der Verjährung wird allerdings nicht erfasst (§§ 813 Abs. 1 S. 2, 214 Abs. 2 BGB). Die Rückforderung ist auch ausgeschlossen, wenn eine noch nicht fällige Verbindlichkeit vorzeitig erfüllt wird (§ 813 Abs. 2 BGB).

ff. Ausschlussgründe

Die Leistungskondiktion (§§ 812 Abs. 1 Fall 1, 813 BGB) ist nach § 814 BGB ausgeschlossen. Die Vorschrift setzt voraus, dass der Leistende im Zeitpunkt der Leistung gewusst hat, dass er zur Leitung nicht verpflichtet war (Fall 1). Dafür ist die **positive Kenntnis** des Leistenden von der Sach- und Rechtslage, nicht dagegen grob fahrlässige Unkenntnis oder Zweifel ausreichend. Die Rückforderung ist auch ausgeschlossen, wenn die Leistung einer sittlichen Pflicht (Fall 2) oder einer auf den Anstand zu nehmenden Rücksicht entsprach (Fall 3). Die Vorschrift ist auf die anderen Leistungskondiktionen nicht anwendbar.

b. Wegfall des Rechtsgrunds

Nach § 812 Abs. 1 S. 2 Fall 1 BGB besteht der Kondiktionsanspruch auch dann, wenn der Rechtsgrund für die Leistung **später wegfällt** *(condictio ob causam finitam)*. Hierunter fällt z. B. der Eintritt einer auflösenden Bedingung (§ 158 Abs. 2 BGB) oder Befristung (§ 163 BGB), der Rücktritt vom Vertrag (§§ 346ff BGB), die Kündigung (z. B. § 314 BGB) und der Widerruf (§§ 355ff BGB). Dagegen wird die **Anfechtung** (§§ 119ff BGB) nach h. M. wegen ihrer Rückwirkung von der Vorschrift **nicht** erfasst.

c. Zweckverfehlungskondiktion

aa. Zweckabrede

Nach § 812 Abs. 1 S. 2 Fall 2 BGB besteht der Kondiktionsanspruch auch dann, wenn der mit einer Leistung nach dem Inhalt des Rechtsgeschäfts bezweckte Erfolg nicht eintritt *(condictio causa data causa non secuta bzw. condictio ob rem)*. Der Zweck der Leistung ist allerdings nicht die Erfüllung des Kausalgeschäfts durch Schuldtilgung, da dann bereits die anderen Formen der Leistungskondiktion eingreifen. Vielmehr ist darunter eine von der bloßen Erfüllung der Verbindlichkeit zu unterscheidende **besondere Zweckabrede** der Parteien zu verstehen. Diese sollte nach Absicht der Parteien (Einigung) auch Inhalt des Rechtsgeschäfts sein. Die Einigung darf aber nicht zu einer rechtsgeschäftlichen Bindung geführt haben, weil die Leistung sonst doch zur Erfüllung einer Verbindlichkeit erbracht wird und damit wieder die Leistungskondiktion eingreift. Die Zweckabrede bezieht sich insbesondere auf Leistungen in Erwartung eines künftigen Verhaltens oder auf eine künftige Verpflichtung (**Vorleistungen**). Der Kondiktionsanspruch entsteht aber erst, wenn der bezweckte Erfolg endgültig ausbleibt.

bb. Ausschlussgründe

Die Zweckverfehlungskondiktion ist nach § 815 BGB ausgeschlossen. Dies setzt voraus, dass der Eintritt des Erfolgs (i. S. d. der Realisierung des Zwecks) von Anfang an **unmöglich** war und der Leistende dies gewusst hat (Fall 1) oder der Leistende den Eintritt des Erfolgs **treuwidrig verhindert** hat (Fall 2). Zudem finden die Ausschlussgründe des § 817 S. 2 BGB

Anwendung. Die Ausschlussgründe des § 815 BGB sind auf andere Kondiktionen nicht anwendbar.

d. Kondiktion wegen verwerflicher Annahme

aa. Anwendungsbereich

§ 817 S. 1 BGB regelt die Herausgabe der Bereicherung für den Fall, dass der Empfänger durch die Annahme der Leistung gegen ein **gesetzliches Verbot** oder die **guten Sitten verstößt** *(condictio ob turpem vel iniustam causam)*. Ist das Kausalgeschäft wegen Verstoß gegen ein gesetzliches Verbot (§ 134 BGB) oder die guten Sitten (§ 138 BGB) nichtig, so ist die erbrachte Leistung bereits wegen fehlenden Rechtsgrunds nach § 812 Abs. 1 Fall 1 BGB kondizierbar. Der Anspruch aus § 817 S. 1 BGB kommt neben der allgemeinen Leistungskondiktion aber in Betracht, wenn lediglich der **Empfänger** gegen ein gesetzliches Verbot oder die guten Sitten verstößt. Er hat eigenständige Bedeutung, wenn die allgemeine Leistungskondiktion nach § 814 BGB ausgeschlossen ist, da dieser gesetzliche Ausschluss für den Anspruch aus § 817 S. 1 BGB nicht gilt. Zudem findet die Vorschrift anders als die Zweckverfehlungskondiktion auch Anwendung, wenn der mit der Leistung erfolgte besondere Zweck verwirklicht wird.

bb. Ausschluss der Rückforderung

Nach 817 S. 2 BGB ist die Kondiktion wegen verwerflichen Empfangs ausgeschlossen, wenn dem Leistenden **gleichfalls** ein Verstoß gegen ein gesetzliches Verbot oder die guten Sitten zur Last fällt (**Kondiktionssperre**). Da der Empfänger durch diese Regelung privilegiert wird, gilt sie ausnahmsweise nicht, wenn der **Schutzzweck** der **Nichtigkeitssanktion** oder der Grundsatz von **Treu und Glauben** (§ 242 BGB) der Kondiktionssperre entgegensteht. § 817 S. 2 BGB ist entgegen dem Wortlaut **analog** anwendbar, wenn **nur der Leistende** und nicht „zugleich" auch der Empfänger gegen ein gesetzliches Verbot oder die guten Sitten verstoßen hat. Zudem wird die allgemeine Leistungskondiktion gesperrt, damit durch diese der Schutzzweck des § 817 S. 2 BGB nicht umgangen wird. Dagegen findet die Vorschrift auf die Nichtleistungskondiktion keine Anwendung. Nach der Rechtsprechung ist sie auch bei Ansprüchen aus Eigentum (§§ 894, 985 ff BGB), GoA (§§ 677 ff BGB) und Delikt (§§ 823 ff BGB) ausgeschlossen, da es sich um eine Ausnahmevorschrift handelt, die eng auszulegen ist. Im Schrifttum wird ihre Anwendung auf die Vindikation des Eigentümers aus § 985 BGB befürwortet, wenn nicht nur das Kausalgeschäft, sondern auch das dingliche Geschäft nach §§ 134, 138 BGB nichtig ist. § 817 S. 2 BGB ist als **rechtshindernde Einwendung** von Amts wegen zu berücksichtigen.

5. Nichtleistungskondiktion

a. Eingriffskondiktion

Die Eingriffskondiktion regelt § 812 Abs. 1 S. 1 Fall 2 BGB. Danach ist derjenige, der **in sonstiger Weise** auf Kosten eines anderen etwas ohne rechtlichen Grund erlangt, ihm zur Herausgabe des Erlangten verpflichtet. Dieser Kondiktionsanspruch ist gegenüber der Leistungskondiktion **subsidiär**.

aa. Etwas erlangt

Der Bereicherungsschuldner muss etwas erlangt haben. Bereicherungsgegenstand ist **jeder Vorteil**, der die Vermögenssituation des Schuldners wirtschaftlich oder rechtlich verbessert hat.

bb. In sonstiger Weise

Das Tatbestandsmerkmal „in sonstiger Weise" tritt anstelle des Merkmals der „Leistung" und bedeutet, dass der Empfänger den Vorteil durch Eingriff in eine **Rechtsposition** erlangt, deren wirtschaftliche Verwertung nach der Rechtsordnung **allein dem Gläubiger zugewiesen** ist. Dies ist der Fall bei der Verletzung fremder **Rechte**, z. B. durch Gebrauch, Verwertung oder Verbrauch einer fremden Sache, oder anderer fremder **Vermögenswerte**. Erfasst werden vor allem absolute Rechte (Eigentum, Besitz, beschränkt dingliche Rechte), Immaterialgüterrechte (gewerbliche Schutzrechte, Urheberrechte), Persönlichkeitsrechte (z. B. Recht am eigenen Bild und Wort) sowie das Recht am eingerichteten und ausgeübten Gewerbebetrieb (ReaG). Dabei kommt es nicht darauf an, ob der Inhaber der betroffenen Rechtsposition diese selbst in der konkreten Weise verwertet hätte, sondern ob sie **generell** der **Verwertung zugänglich** ist.

cc. Auf dessen Kosten

Bei der Eingriffskondiktion ist zu prüfen, ob der Schuldner den Bereicherungsgegenstand auf Kosten des Gläubigers erlangt hat. Es geht auch hier nicht um den Nachweis des Eintritts einer Vermögensminderung, sondern um die Bestimmung des Bereicherungsgläubigers als Träger der Rechtsposition, in die **entgegen** der **rechtlichen Zuweisung** eingegriffen wurde. Der Eingriff in die geschützte Rechtsposition kann auch durch einen Dritten erfolgt sein, der nicht Erwerber ist. Zur Bestimmung des Bereicherungsschuldners kommt es nach der herrschenden Meinung darauf an, dass dieser den Vermögensnachteil unmittelbar, d. h. durch einen Vorgang ohne Zwischenerwerb eines Dritten, aus dem Vermögen des Bereicherungsgläubigers erlang hat (**Unmittelbarkeit der Vermögensverschiebung**).

dd. Ohne Rechtsgrund

Die Bereicherung ist ohne Rechtsgrund erfolgt, wenn der Bereicherungsgegenstand nach der Rechtsordnung dem Bereicherungsgläubiger zusteht. Ausnahmsweise sieht das Gesetz beim Eingriff in die Rechtsposition des Gläubigers dennoch einen Rechtsgrund für den Erwerb beim Schuldner vor. Beim **gutgläubigen Erwerb** (z. B. §§ 892 f, 932 ff, 1207 f BGB, 366 HGB) hat der Gläubiger nur einen Anspruch gegen den Nichtberechtigten oder sonstigen Dritten aus § 816 Abs. 1 BGB. Beim **Eigentumserwerb** nach §§ 946 ff BGB hat der Gläubiger einen Anspruch auf Wertersatz aufgrund Kondiktionsrecht (§ 951 Abs. 1 S. 1 BGB).

b. Verwendungskondiktion

Bei der Verwendungskondiktion nach § 812 Abs. 1 S.1 Fall 2 BGB erfolgen **Aufwendungen** zur Erhaltung, Verbesserung oder Wiederherstellung einer Sache, z. B. irrtümliche Beseitigung eines Schadens, zu dem ein anderer verpflichtet wäre (**Selbstreparatur**), oder der Einsatz von Arbeitskraft. Dabei darf die Bereicherung nicht auf einer Leistung des Gläubigers zur Erfüllung einer vertraglichen Verpflichtung beruhen, da sonst die Leistungskondiktion Vorrang hat. Nach h. M. wird die Verwendungskondiktion auch durch die Ansprüche auf Aufwendungsersatz aus berechtigter GoA (§§ 683 S. 1, 670 BGB) und unberechtigter GoA (§§ 684 S. 1, 818–820 BGB) sowie EBV (§§ 994 ff BGB) ausgeschlossen.

c. Rückgriffskondiktion

Die Rückgriffskondiktion nach § 812 Abs. 1 S.1 Fall 2 BGB kommt bei der **Zahlung fremder Schulden** (§ 267 BGB) durch einen Dritten in Betracht, dem kein Ablösungsrecht (§ 268 BGB) zusteht. Dabei ist vorrangig zu prüfen, ob der Gläubiger Aufwendungsersatz aus Auftrag (§ 670 BGB) oder GoA (§§ 683 S. 1, 670; 684 S. 1, 818–820 BGB), Rückgriff aufgrund gesetzlichen Forderungsübergangs (z. B. §§ 268 Abs. 3, 426 Abs. 2, 774 BGB) oder als Gesamtschuldner Ausgleich (§ 426 Abs. 1 BGB) verlangen kann. Zudem ist die Leistungskondiktion vorrangig, wenn der Dritte mit der Zahlung für den Gläubiger erkennbar eine **eigene Schuld** begleichen will, weil er sich **irrtümlich** für den Schuldner hält. Da der Schuldner somit nicht von seiner Schuld befreit und nicht bereichert wird, scheidet eine Rückgriffskondiktion gegen ihn aus. Nach herrschender Meinung kann der Dritte die Tilgungsbestimmung nicht nachträglich zu Gunsten des (solventen) Schuldners ändern und diesen wegen Befreiung der Schuld in Anspruch nehmen. Dagegen wird in der Literatur teils vertreten, dass der Dritte ein Wahlrecht zwischen der Leistungskondiktion und der Rückgriffskondiktion haben soll.

6. Verfügung eines Nichtberechtigten

§ 816 BGB regelt **Sondertatbestände** der Eingriffskondiktion bei der entgeltlichen Verfügung und der unentgeltlichen Verfügung eines Nichtberechtigten über eine **fremde Sache** sowie bei der **Leistung** an einen **Nichtberechtigten**.

a. Entgeltliche Verfügung

§ 816 Abs. 1 S. 1 BGB behandelt den Fall einer entgeltlichen Verfügung über einen Gegenstand durch einen zur Verfügung Nichtberechtigten, die dem Berechtigten gegenüber wirksam ist. Der Berechtigte hat dann gegen den Nichtberechtigten Anspruch auf Herausgabe des Erlangten. Die Vorschrift gibt dem Eigentümer bei **Eigentumsverlust** aufgrund gutgläubigen Erwerbs eines Dritten einen schuldrechtlichen **Ausgleichsanspruch**. Als Spezialvorschrift verdrängt sie die Eingriffskondiktion nach § 812 Abs. 1 S. 1 Fall 2 BGB. Indes besteht mit vertraglichen und deliktischen Schadensersatzansprüchen sowie Ansprüchen aus Geschäftsführung ohne Auftrag **Anspruchskonkurrenz**.

aa. Berechtigter

Berechtigter und Gläubiger des Anspruchs ist der von der Verfügung betroffene **Inhaber des Rechts**, z. B. der Eigentümer (§ 903 BGB). Dieser hat gegen den gutgläubigen Erwerber einer Sache vom Nichtberechtigten keinen Herausgabeanspruch. Nichtberechtigter und Schuldner ist, wer eine Verfügung trifft, ohne Rechtsinhaber oder gem. § 185 Abs. 1 BGB dazu ermächtigt zu sein.

bb. Verfügung des Nichtberechtigten

Der **Nichtberechtigte** muss über einen Gegenstand eine **Verfügung** getroffen haben. Verfügung ist jedes Rechtsgeschäft, durch das ein Recht unmittelbar aufgehoben, übertragen, seinem Inhalt nach geändert oder belastet wird, z. B. Übereignung, Verpfändung einer Sache, Abtretung einer Forderung. Ein schuldrechtliches Rechtsgeschäft, z. B. Vermietung einer fremden Sache, fällt nicht darunter.

cc. Wirksamkeit der Verfügung

Die Verfügung muss dem Berechtigten gegenüber wirksam sein. Dies ist der Fall, wenn ein Dritter den Gegenstand der Verfügung kraft Gesetzes **gutgläubig erwirbt** (z. B. §§ 892f, 932ff, 1207f BGB, § 366 HGB). Sofern ein gutgläubiger Erwerb jedoch ausgeschlossen ist, etwa weil der Erwerber bösgläubig oder die (bewegliche) Sache abhandengekommen war, besteht gegen den unberechtigten Besitzer ein Anspruch auf Vindikation aus § 985 BGB, aber kein Anspruch auf Herausgabe aus § 816 Abs. 1 S. 1 BGB. Der Berechtigte kann die unwirksame Verfügung aber **genehmigen** (§ 185 Abs. 2 S. 1 BGB) und hat dann Anspruch gegen den Nichtberechtigten aus der speziellen Eingriffskondiktion.

dd. Entgeltlichkeit der Verfügung

Die Verfügung des Nichtberechtigten über den Gegenstand des Berechtigten muss durch ein entgeltliches Rechtsgeschäft erfolgen. Das ist bei Leistungen im Gegenseitigkeitsverhältnis der Fall (**Synallagma**), bei der jemand eine Leistungspflicht nur deshalb übernimmt, weil auch sein Vertragspartner sich zur Leistung verpflichtet. Das Entgelt muss nicht in Geld, z. B. Kaufpreis (§ 433 Abs. 2 BGB). bestehen, sondern kann auch Sachleistung, z. B. Tausch (§ 480 BGB), sein.

ee. Rechtsfolge

Nach § 816 Abs. 1 S. 1 BGB ist der Nichtberechtigte zur Herausgabe des durch die Verfügung Erlangten verpflichtet. Darunter ist zu verstehen, was er durch das der Verfügung zugrunde liegende Geschäft erworben hat. Das ist nach h. M. die Gegenleistung, auch wenn diese bei der Veräußerung der Sache deren Wert über- oder unterschreitet (**Veräußerungserlös**). Nach a. A. ist dagegen der Wertersatz (§ 818 Abs. 2 BGB) geschuldet. Für die h. M. spricht, dass allein dem Eigentümer als Rechtsinhaber der bei einer Veräußerung erzielbare Erlös zusteht.

b. Unentgeltliche Verfügung

Erfolgt die Verfügung des Nichtberechtigten unentgeltlich, z. B. durch Schenkung (§ 516 BGB), so ist derjenige zur Herausgabe des durch die Verfügung Erlangten verpflichtet, der aufgrund dieser **unmittelbar** einen **Vorteil** erlangt (§ 816 Abs. 1 S. 2 BGB). Da der Nichtberechtigte selbst nichts erlangt, scheidet (mangels Entgeltlichkeit) ein Anspruch aus § 816 Abs. 1 S. 1 BGB gegen ihn aus. Stattdessen richtet sich der Anspruch auf Herausgabe gegen den **gutgläubigen Erwerber**, der nicht schutzwürdig ist, da er für den Erwerb keine Gegenleistung erbracht hat. Die **Kondiktionsfestigkeit** des gutgläubigen Erwerbs wird somit **durchbrochen**. Zudem scheitert ein dinglicher Herausgabeanspruch (§ 985 BGB) beim gutgläubigen Erwerb. Der Berechtigte kann allerdings **Ersatzansprüche** gegen den Nichtberechtigten aus Vertrag (§ 280 Abs. 1 BGB), Delikt (§§ 823ff BGB) oder GoA (§§ 677ff BGB) haben.

Sofern der Erwerber den Bereicherungsgegenstand nicht unentgeltlich, aber **rechtsgrundlos** erworben hat, z. B. aufgrund nichtigen Kaufvertrags, wird in der Literatur teils eine analoge Anwendung von § 816 Abs. 1 S. 2 BGB zugunsten des ursprünglichen Berechtigten befürwortet (**Einheitskondiktionslehre**). Nach h. M. muss indessen der Nichtberechtigte das Erlangte in seiner Leistungsbeziehung vom unentgeltlichen Erwerber kondizieren. Diesen Anspruch kann sich der ursprünglich Berechtigte vom Nichtberechtigten abtreten lassen und gegenüber dem Erwerber geltend machen, der diesem aber Einwendungen gegen den Nichtberechtigten nach § 404 BGB entgegenhalten kann (**Doppelkondiktionslehre**).

c. Leistung an Nichtberechtigten

Bei Leistung an einen Nichtberechtigten, die dem Berechtigten gegenüber wirksam ist, ist der Nichtberechtigte diesem gegenüber zur Herausgabe des Geleisteten verpflichtet (§ 816 Abs. 2 BGB). Dies bedingt, dass der Leistende von seiner Leistungspflicht befreit wird, obwohl er an den Nichtberechtigten und nicht den eigentlichen Anspruchsinhaber leistet. Das ist der Fall bei gesetzlichen Anordnungen der **Erfüllungswirkung** durch Leistung an einen Dritten, beispielsweise bei Leistung des Schuldners an den ursprünglichen Gläubiger in Unkenntnis der Forderungsabtretung (§§ 407, 408, 413 BGB) oder Zahlung der Pacht an den ursprünglichen Verpächter in Unkenntnis der Veräußerung des Grundstücks (§§ 566c, 567b, 581 BGB).

7. Durchgriffskondiktion

Die Durchgriffskondiktion ist in § 822 BGB geregelt. Sie setzt voraus, dass der Empfänger das Erlangte **unentgeltlich** einem **Dritten zuwendet** und infolgedessen die Verpflichtung des Empfängers zur Herausgabe der Bereicherung aus einem Kondiktionsanspruch wegen Wegfall der Bereicherung (§ 818 Abs. 3 BGB) ausgeschlossen ist. Der Dritte ist dann zur Herausgabe des Erlangten verpflichtet, wie wenn er die Zuwendung von dem Gläubiger ohne rechtlichen Grund erlangt hätte. Dies ist z. B. der Fall, wenn der Käufer eine Sache an einen Dritten unentgeltlich veräußert, die der Verkäufer dem Käufer aufgrund eines nichtigen Kaufvertrags übereignet hat. Kann sich der Käufer auf die Entreicherung nach § 818 Abs. 3 BGB berufen, hat der Verkäufer gegen den Dritten als unentgeltlichem Empfänger Anspruch auf Herausgabe der Sache aus § 822 BGB. Da hiermit von der Abwicklung in den Leistungsverhältnissen abgewichen wird, besteht der Anspruch aus der Durchgriffskondiktion nur **subsidiär**, falls die Leistungskondiktion nicht greift.

8. Umfang des Bereicherungsanspruchs

Der Bereicherungsanspruch richtet sich in erster Linie auf die Herausgabe des Erlangten. § 818 BGB konkretisiert den Umfang der Herausgabepflicht, den Wegfall der Bereicherung und die verschärfte Haftung des Empfängers.

a. Herausgabe von Nutzungen und Surrogaten

Nach § 818 Abs. 1 BGB erstreckt sich die Verpflichtung zur Herausgabe auf die gezogenen Nutzungen sowie auf dasjenige, was der Empfänger aufgrund eines erlangten Rechts (z. B. Geld bei Forderungseinzug) oder als Ersatz für die Zerstörung, Beschädigung oder Entziehung des erlangten Gegenstandes (z. B. Versicherungssumme) erwirbt (**Surrogate**). Nutzungen sind die **Sach-** und **Rechtsfrüchte** und die **Gebrauchsvorteile** (§§ 99, 100 BGB) des Gegenstandes, soweit sie genutzt werden konnten und tatsächlich genutzt wurden (z. B. Ausschüttungen von Fondsanteilen, Mietzinsen).

b. Wertersatz bei Unmöglichkeit der Herausgabe

Nach § 818 Abs. 2 BGB ist der Empfänger zum Wertersatz verpflichtet, wenn die Herausgabe wegen der Beschaffenheit des Erlangten (z. B. Gebrauchsvorteile) nicht möglich ist oder der Empfänger aus einem anderen Grunde (z. B. Zerstörung, Veräußerung der Sache) dazu nicht im Stande ist. Dabei bestimmt sich der Wert des Erlangten nach **objektiven Kriterien**, bei Sachen nach dem objektiver Verkehrs- oder Nutzungswert und bei Dienstleistungen entweder nach der üblichen oder sonst der angemessenen Vergütung. Dagegen wird im Schrifttum teilweise eine **subjektiv-individuelle Betrachtung** befürwortet, nach der sich der Wertersatz anhand eines Vermögenszuwachses beim Empfänger (z. B. Veräußerungserlös) bemisst. Für die Berechnung des Wertersatzes ist grundsätzlich auf den Zeitpunkt abzustellen, in dem der Anspruch entsteht.

c. Wegfall der Bereicherung

§ 818 Abs. 3 BGB regelt den Wegfall der Bereicherung. Dabei handelt es sich um eine rechtsvernichtende Einwendung (**Einrede der Entreicherung**). Diese beschränkt sich grundsätzlich jedoch auf alle Ansprüche des Bereicherungsrechts aus §§ 812 ff BGB. Nach dem Regelungszweck der Norm soll der gutgläubige Bereicherungsschuldner vermögensmäßig nicht schlechter stehen, als er vor der Bereicherung stand.

aa. Voraussetzungen

Nach § 818 Abs. 3 BGB ist die Verpflichtung zur Herausgabe oder zum Ersatz des Wertes ausgeschlossen, soweit der Empfänger nicht mehr bereichert ist. Daher darf der Anspruch des Gläubigers aus der Kondiktion nicht zu einer Minderung des Vermögens des gutgläubigen Schuldners über den Betrag der tatsächlichen Bereicherung hinaus erfolgen. Der Schuldner muss nicht damit rechnen, dass er den erlangten Gegenstand wieder herausgeben muss und darf über ihn verfügen, ohne dass dies zu Lasten seines Vermögens geht (**Vertrauensschutz**). Der Schuldner kann sich aber nur dann auf eine Entreicherung berufen, wenn der Gegenstand der Bereicherung unter wirtschaftlichen Gesichtspunkten nicht mehr in seinem Vermögen vorhanden ist.

bb. Ersparte Aufwendungen

Der Schuldner ist auch dann bereichert, wenn er durch Verwendung des Gegenstandes der Bereicherung anderweitige Aufwendungen erspart hat, etwa um seinen **eigenen Lebensbedarf** zu decken. Gleiches gilt, wenn der Schuldner mit dem Gegenstand eine eigene **Verbindlichkeit erfüllt**. Sofern er jedoch eine Bereicherung als Ausgabe für einen persönlichen Vorteil nutzt, den er ohne die Bereicherung nicht geleistet hätte, etwa **Luxusaufwendungen** z. B. eine Flugreise (BGHZ 55, 128), handelt es sich nicht um ersparte Aufwendungen, da diese weder notwendig noch von fortdauerndem Vorteil sind. Der Bereicherungsschuldner kann sich auch dann auf eine Entreicherung berufen, wenn er eine rechtsgrundlos erlangte Sache ersatzlos verliert, etwa durch **Diebstahl** oder **Zerstörung**. Bei **Veräußerung** der Sache ist der Schuldner so lange bereichert, wie er den Veräußerungserlös besitzt. Hat er als Nichtberechtigter über die Sache verfügt, kann er vom herauszugebenden Erlös (§ 816 Abs. 1 BGB) den Kaufpreis als Entgelt, den er einem Dritten für den Erwerb der Sache gezahlt hat, nicht abziehen.

cc. Vermögensnachteile

Nach der Rechtsprechung kann der Schuldner ihm entstandene Vermögensnachteile von den erlangten Vermögensvorteilen abziehen, wenn die Vermögensnachteile bei wirtschaftlicher Betrachtungsweise **adäquat-kausal** auf der Bereicherung, d. h. dem rechtsgrundlosen Vermögenszuwachs, beruhen (BGH NJW-RR 2015, 677). Im Schrifttum wird verlangt, dass die Vermögensnachteile dem Bereicherten wegen seines **Vertrauens** auf die **Endgültigkeit** des Vermögenszuwachses entstanden sind. Das Vermögen des Schuldners wird zum Zeitpunkt der Entstehung des Bereicherungsanspruchs mit demjenigen zum Zeitpunkt der Herausgabe bzw. der verschärften Haftung (§§ 818 Abs. 4, 819 BGB) verglichen. Dabei werden Nachteile, die als Entreicherung zu berücksichtigen sind, vermögensmindernd angerechnet und zugleich ersparte Aufwendungen vermögensmehrend angerechnet. Ein Bereicherungsanspruch besteht, insoweit ein Überschuss der Aktiv- über die Passivposten des Schuldners gegeben ist. Dabei wird bei gegenseitigen Verträgen die Gegenleistung auch bei rechtsgrundloser Leistung infolge des Synallagma saldiert (**Saldotheorie**). Die Gegenmeinung geht indessen davon aus, dass jede Partei einen selbständigen Kondiktionsanspruch hat (**Zweikondiktionentheorie**). Dies führt bei Verlust der Kaufsache aus einem vollzogenen, aber nichtigen Kaufvertrag, aber dazu, dass der Käufer den bereits gezahlten Kaufpreis zurückzahlen muss, während der Verkäufer sich auf den Wegfall der Bereicherung berufen kann. Dagegen ist der weggefallene Gegenstand nach der Saldotheorie mit dessen Wert in Ansatz zu bringen. Damit hat der Entreicherte nur insoweit einen Anspruch, als sich unter Berücksichtigung seiner Vermögensmehrung durch diesen Wert (dennoch) ein positiver Saldo ergibt. Die Saldotheorie ist jedoch nicht anwendbar, wenn eine Partei vorgeleistet hat sowie unter den Voraussetzungen der §§ 104ff, 123, 138 BGB.

d. Verschärfte Haftung

Nach § 818 Abs. 4 BGB haftet der Empfänger von dem Eintritt der **Rechtshängigkeit** an (vgl. § 261 ZPO) nach den allgemeinen Vorschriften (z. B. §§ 291, 292, 285 BGB). Insbesondere kann er sich nicht auf die Einrede der Entreicherung berufen. Dies gilt nach § 819 BGB auch, wenn der Empfänger den Mangel des rechtlichen Grundes **kennt** oder durch die Annahme der Leistung gegen ein **gesetzliches Verbot** oder die **guten Sitten** verstößt.

9. Einrede der Bereicherung

Der Schuldner kann bei einer rechtsgrundlosen Verbindlichkeit, z. B. aus §§ 780, 781, 397 Abs. 2 BGB, die Befreiung von der Verbindlichkeit verlangen (§ 812 Abs. 2 BGB). In diesem Fall kann er dem Verlangen des Gläubigers auf Erfüllung der Verbindlichkeit nach § 821 BGB die Einrede der Bereicherung entgegenhalten. Hat der Schuldner beispielsweise ohne Rechtsgrund ein abstraktes Schuldversprechen (§ 780 BGB) abgegeben, kann er die Leistung verweigern, in dem er die Einrede erhebt. Dabei handelt es sich um eine dauernde (**peremptorische) Einrede**, die nicht von Amts wegen zu berücksichtigen ist. Die Einrede steht dem Schuldner auch zu, wenn sein Anspruch auf Befreiung von der Verbindlichkeit (§ 812 Abs. 2 BGB) verjährt ist.

10. Mehrpersonenverhältnisse

Sind an Rechtsverhältnissen mehr als zwei Personen beteiligt (**Mehrpersonenverhältnisse**), kann sich die bereicherungsrechtliche Abwicklung schwierig gestalten. Diese erfolgt grundsätzlich auch hier innerhalb der Leistungsverhältnisse (**Vorrang der Leistungskondiktion**). Ist unklar, ob eine Leistung oder ein Eingriff in ein fremdes Recht vorliegt, beurteilt sich dies aus Gründen des Verkehrsschutzes danach, wer aus objektiver Sicht des Empfängers als Leistender anzusehen ist. Handelt es sich um mehrere Veräußerungsvorgänge (**Leistungskette**) wird eine Durchbrechung der Abwicklung in den einzelnen Leistungsverhältnissen durch eine Direktkondiktion abgelehnt, mit Ausnahme der Durchgriffskondiktion (§ 821 BGB). Dies gilt auch, wenn die Lieferung auf Anweisung des Käufers vom Lieferanten an den Endabnehmer erfolgt (**Durchlieferung**). Auch beim **echten Vertrag zugunsten Dritter** (§ 328 Abs. 1 BGB) und der **Leistung auf eine nicht bestehende Forderung** findet die Rückabwicklung in den jeweiligen Leistungsverhältnissen statt.

Abb. 23: Bereicherungsrecht

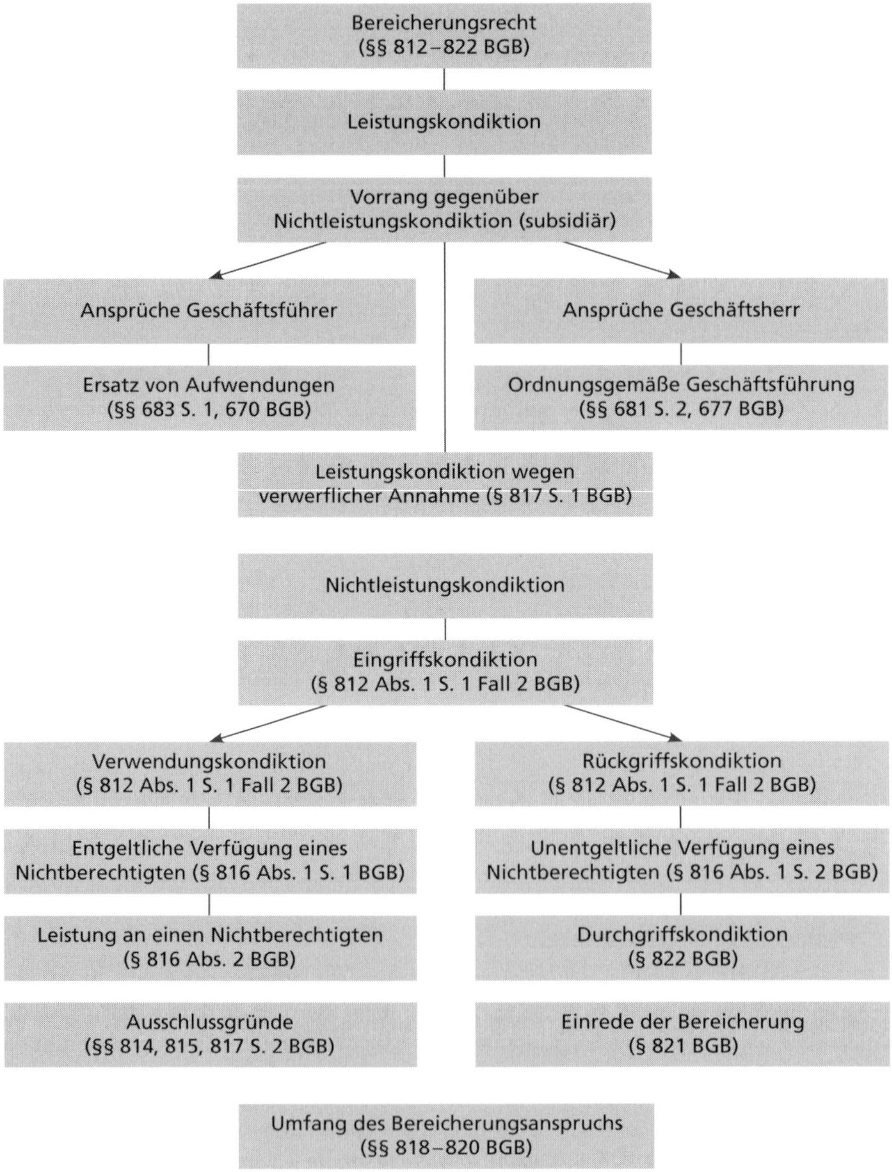

X. Unerlaubte Handlungen

1. Allgemeines

a. Grundsätze des Deliktsrechts

Das Recht der unerlaubten Handlungen (**Deliktsrecht**) ist in §§ 823–853 BGB. Es begründet bei der Verletzung von Rechtsgütern, absoluten Rechten und Schutzgesetzen unabhängig vom Parteiwillen ein **gesetzliches Schuldverhältnis** mit **Schadensersatzansprüchen**. Wenngleich diese also kein vertragliches Schuldverhältnis voraussetzen, können sich daneben vertragliche Ansprüche auf Schadensersatz ergeben, sofern zugleich Pflichten aus einem Vertrag verletzt werden. Die Haftung aus unerlaubter Handlung setzt grundsätzlich ein rechtswidriges und schuldhaftes Verhalten des Schädigers voraus (**Verschuldensprinzip**). Das Verschulden wird bei einigen Tatbeständen vermutet (§§ 831 ff BGB), nicht vorausgesetzt (§ 833 S. 1 BGB) oder unterliegt der Billigkeit (§ 829 BGB). Zudem ist in vielen Spezialgesetzen eine verschuldensunabhängige Haftung (**Gefährdungshaftung**) geregelt (z. B. § 7 Abs. 1 StVG, §§ 1, 2 HaftPflG, § 1 Abs. 1 S. 1 ProdHaftG). Im Unterschied zum Bereicherungsrecht bezweckt das Deliktsrecht nicht die Abschöpfung ungerechtfertigter Vermögensvorteile, sondern die Schäden beim Geschädigten zu kompensieren (**Kompensation**). Darüber hinaus soll es das Verhalten der Rechtssubjekte steuern, um Schäden möglichst zu vermeiden (**Verhaltenssteuerung**), den Schädiger jedoch nicht bestrafen. Das Deliktsrecht hat daher nach überwiegender Meinung **keine Straffunktion**.

b. Grundtatbestände des Deliktsrechts

Die drei Grundtatbestände des Deliktsrechts sind in § 823 Abs. 1 BGB (Verletzung bestimmter Rechtsgüter), § 823 Abs. 2 BGB (Verstoß gegen ein Schutzgesetz) und § 826 BGB (vorsätzliche sittenwidrige Schädigung) geregelt (**kleine Generalklauseln**). Ergänzt werden sie die durch weitere deliktische Tatbestände:

- Kreditgefährdung (§ 824 BGB)
- Bestimmung zu sexuellen Handlungen (§ 825)
- Ersatzpflicht aus Billigkeitsgründen (§ 829 BGB)
- Haftung für Verrichtungsgehilfen (§ 831 BGB)
- Haftung des Aufsichtspflichtigen (§ 832 BGB)
- Haftung des Tierhalters (§ 833 BGB)
- Haftung des Tieraufsehers (§ 834 BGB)
- Haftung des Grundstückbesitzers (§ 836 BGB)
- Haftung des Gebäudebesitzers (§ 837 BGB)
- Haftung des Gebäudeunterhaltungspflichtigen (§ 838 BGB)
- Haftung bei Amtspflichtverletzung (§ 839 BGB)
- Haftung des gerichtlichen Sachverständigen (§ 839a BGB)

Dabei ist § 823 Abs. 1 BGB der **zentrale Haftungstatbestand** des Deliktsrechts.

2. Verletzung geschützter Rechtsgüter

§ 823 Abs. 1 BGB regelt die Schadensersatzpflicht bei Verletzung geschützter Rechtsgüter. Wenn jemand vorsätzlich oder fahrlässig das Leben, den Körper, die Gesundheit, die Freiheit, das Eigentum oder ein sonstiges Recht eines anderen (**Schutzgüter**) verletzt, ist er ihm nach dieser Anspruchsgrundlage zum Ersatz des entstandenen Schadens verpflichtet.

a. Rechtsgüter

aa. Leben

Das Leben als Schutzgut wird durch die Verursachung des Todes eines anderen Menschen verletzt. Dies kann auch dadurch geschehen, dass durch die Handlung des Schädigers jemand zum Selbstmord getrieben wird. Daraus können sich **Ersatzansprüche Dritter** gem. §§ 844–846 BGB ergeben. Nach § 844 Abs. 3 BGB hat der Ersatzpflichtige dem Hinterbliebenen, der zur Zeit der Verletzung zu dem Getöteten in einem besonderen Näheverhältnis stand, für das dem Hinterbliebenen zugefügte seelische Leid eine angemessene Entschädigung in Geld zu leisten (**Hinterbliebenengeld**). Ein besonderes Näheverhältnis wird nach dem Gesetz vermutet, wenn der Hinterbliebene der Ehegatte, der Lebenspartner, ein Elternteil oder ein Kind des Getöteten war.

bb. Körper, Gesundheit

Der Schutz von Körper und Gesundheit geht ineinander über. Der Mensch wird vor Eingriffen in die **Integrität** der körperlichen Befindlichkeit und vor **Störungen** der körperlichen, geistigen und seelischen Lebensvorgänge funktional geschützt. Ein Eingriff in die körperliche Integrität ist auch der **ärztliche Heileingriff**, der wegen des Selbstbestimmungsrechts des Patienten durch eine **wirksame Einwilligung** legitimiert sein muss. Schutzgut ist zudem nicht nur der geborene Mensch, sondern auch die ungeborene Leibesfrucht *(nasciturus)*, sofern das Kind später mit einer entsprechenden Gesundheitsbeeinträchtigung zur Welt kommt. Auch **Schockschäden** können bei nahen Angehörigen des unmittelbar Verletzten zur Schadensersatzpflicht führen. Nach der Rechtsprechung (BGH NJW 2015, 1451) müssen sie fassbar sein und über die gesundheitlichen Beeinträchtigungen hinausgehen, denen Hinterbliebene im Todesfall typischerweise ausgesetzt sind. Dies gilt auch dann, wenn das haftungsbegründende Ereignis kein Unfall, sondern eine fehlerhafte ärztliche Behandlung ist (BGH NJW 2019, 2387). Wenn die Voraussetzungen für eine Schadensersatzhaftung wegen Schockschäden gegeben sind, geht der Anspruch auf Ersatz von Schockschäden dem Anspruch auf Hinterbliebenengeld aus § 844 Abs. 3 BGB vor.

cc. Freiheit

Die Freiheit des Menschen wird in Form der **körperlichen Bewegungsfreiheit** vor erheblichen Beeinträchtigungen gegen den Willen des Betroffenen geschützt (z. B. Untersuchungshaft). Sie kann auch durch **nötigende Eingriffe** in die Willensfreiheit wie etwa durch Zwang, Drohung oder Täuschung beeinträchtigt werden.

dd. Eigentum

Das Eigentum wird als dingliches, gegenüber jedermann wirkendes Recht (**absolutes Recht**) geschützt. Nach § 903 S. 1 BGB kann der Eigentümer mit der Sache nach Belieben verfahren und andere von jeder Einwirkung ausschließen. Beim Eigentümer-Besitzer-Verhältnis haftet der Besitzer dem Eigentümer aber nach § 992 BGB nur dann auf Schadensersatz aus unerlaubter Handlung, wenn er sich den Besitz durch verbotene Eigenmacht (§ 858 BGB) oder eine Straftat, z. B. Diebstahl (§ 242 StGB), verschafft hat (**Haftung des deliktischen Besitzers**). Die Verletzung des Eigentums kann durch unberechtigte Verfügung über das Eigentumsrecht, z. B. Veräußerung an den gutgläubigen Erwerber (§§ 932 ff BGB), Zerstörung oder Beschädigung der Substanz, Besitzentziehung oder Beeinträchtigung des bestimmungsgemäßen Gebrauchs der Sache eintreten. Dabei muss die Beeinträchtigung stets ihren

Grund in einer **unmittelbaren** tatsächlichen oder rechtlichen **Einwirkung** auf die Sache selbst haben.

Beispiele: Bei Unterbrechung der Stromzufuhr zu Brutapparaten einer Geflügelzucht durch fahrlässige Bauarbeiten stellt das Verderben der Eier eine Eigentumsverletzung dar (BGHZ 41, 123). Wird beim Einsturz der Ufermauer eines Fleets das Schiff eines Reeders zwischen einer Mühle und der Einbruchstelle eingeschlossen, ist dies eine Gebrauchsentziehung. Das gilt aber nicht für die ausgeschlossenen Schiffe, da ihr Transportzweck nicht Inhalt des Eigentums ist (BGHZ 55. 153).

Weiterfressender Mangel

Darüber hinaus kann dem Käufer einer Sache ein Ersatzanspruch wegen der Verletzung seines Eigentums zustehen, wenn diese nach ihrem Erwerb infolge eines fehlerhaft konstruierten oder mit Herstellungsmängeln versehenen Einzelteils beschädigt wird (**weiterfressender Mangel**). Nach der Rechtsprechung werden durch die deliktischen Verkehrspflichten, anders als durch die kaufrechtlichen Gewährleistungspflichten, nicht die auf den Erwerb einer mangelfreien Kaufsache gerichteten Nutzung- und Werterwartungen (**Nutzungs**- und **Äquivalenzinteresse**) geschützt. Die deliktischen Verkehrspflichten sind vielmehr auf das Interesse gerichtet, dass der Rechtsverkehr daran hat, durch die von dem Hersteller in Verkehr gegebene Sache nicht in seinem Eigentum oder Besitz verletzt zu werden (**Integritätsinteresse**). Sofern der Schaden dagegen nicht mit der im Mangel verkörperten Entwertung (**Mangelunwert**) der Sache für das Nutzungs- und Integritätsinteresse „**stoffgleich**" ist, kann sich im Schaden auch das verletzte Integritätsinteresse des Eigentümers oder Besitzers niederschlagen. Der deliktische Anspruch auf Ersatz eines solchen Schadens **verjährt** gem. § 195 BGB regelmäßig in **drei Jahren**. Ein damit konkurrierender kaufrechtlicher Gewährleistungsanspruch aus §§ 437 Nr. 3, 280 Abs. 1 BGB wegen **Mangelfolgeschäden** verjährt gem. § 438 Abs. 1 Nr. 3 BGB in **zwei Jahren**.

Beispiel: Der Käufer eines PKW mit mangelhafter Gaszuganlage hat gegen den Hersteller einen deliktischen Schadensersatzanspruch, da sich im Unfallschaden nicht der dem PKW anhaftende Minderwert manifestiert, sondern die Unfallgefahren hätten vermieden werden können, wenn der Defekt rechtzeitig entdeckt und behoben worden wäre. Dabei kann offenbleiben, ob es sich bei der Gaszuganlage um einen funktionell begrenzten Teil des Fahrzeugs handelt oder sich der Übertragungsdefekt funktionell nicht abgrenzen lässt (BHZ 86, 256).

b. Sonstige Rechte

Sonstige Rechte i. S. v. § 823 Abs. 1 BGB sind **absolute Rechte**, die wie das Eigentum eine gegenüber jedermann wirkende Rechtsposition begründen. Deliktisch nicht geschützt werden **Forderungsrechte**, die nur gegenüber einzelnen Personen wirken, **Gestaltungsrechte** sowie Schäden des **Vermögens** als solches, die nicht aus der Verletzung eines Schutzguts folgen.

aa. Besitz

Der Besitz ist als sonstiges Recht i. S. v. § 823 Abs. 1 geschützt, weil ihm ähnlich dem Eigentum eine **Ausschlussfunktion** (§§ 858 ff BGB) und **Nutzungsfunktion** (§ 854 BGB) zukommt. Es muss sich um unmittelbaren berechtigten Besitz, z. B. des Mieters (§ 535 BGB) oder Pächters (§ 581 BGB) oder mittelbaren berechtigten Besitz (§§ 868, 869 BGB) handeln. Dagegen wird der unberechtigte Besitzer grundsätzlich nicht deliktisch geschützt. Der entgeltliche redliche Besitzer darf im Verhältnis zu Dritten jedoch die vor Eintritt der Rechtshängigkeit gezogenen

Nutzungen behalten (§§ 987ff BGB). Da der Besitz nicht weiter reicht als das Eigentum, bedingt auch die Verletzung des Besitzes eine unmittelbare Einwirkung auf die Sache des Besitzers. **Keine** unmittelbare Sacheinwirkung liegt vor, wenn die **wirtschaftliche Nutzung** einer Anlage nur deshalb **vorübergehend** eingeengt wird, weil sie von Kunden infolge einer Störung des Zufahrtswegs nicht angefahren werden kann, ohne dass zugleich in die Sachsubstanz eingegriffen oder deren technische Brauchbarkeit beschränkt oder beseitigt wurde.

Beispiel: Durch die Sperrung der Zufahrt einer Autobahnraststätte aufgrund eines Unfalls ist das Besitzrecht des Pächters der Rastanlage nicht verletzt, da dies die unmittelbare Zufahrt und die unmittelbare Nutzung der Rastanlage nicht beeinträchtigt hat (BGH NJW 2015, 1174).

bb. Beschränkt dingliche Rechte

Deliktisch als sonstiges Recht geschützt sind auch die **beschränkt dinglichen Rechte**, die wie das Eigentum gegenüber jedermann gelten, z. B. Nießbrauch (§ 1030 BGB), Hypothek (§ 1113 BGB), Grundschuld (§ 1191 BGB), Rentenschuld (§ 1199 BGB), Pfandrecht (§ 1204 BGB).

cc. Mitgliedschaftsrechte

Mitgliedschaftsrechte an einem Verein oder einer Kapitalgesellschaft (z. B. GmbH, AG) sind als sonstige Rechte gegen mitgliedschaftsbezogene Eingriffe geschützt.

dd. Immaterialgüterrechte

Sonstige Rechte sind zudem die Immaterialgüterrechte, die den **gewerblichen Rechtsschutz** und das **Urheberrecht** umfassen.

ee. Persönlichkeitsrechte

Die Persönlichkeitsrechte sind gesetzlich nur lückenhaft geschützt für das **Namensrecht** (§ 12 BGB), das **Recht am eigenen Bild** (§§ 22ff KunstUrhG) die **persönliche Ehre** (§§ 185ff StGB) und das **Datenschutzrecht** (insbesondere EU-DSGVO, BDSG). Zur Schließung dieser Lücken hat die Rechtsprechung durch Rechtsfortbildung das **allgemeine Persönlichkeitsrecht** als deliktisch zu schützendes **(sonstiges) Recht** i. S. v. § 823 Abs. 1 BGB herausgebildet (BGHZ 13, 334). Das allgemeine Persönlichkeitsrecht schützt das Recht des Individuums auf die Achtung seiner Würde und auf freie Entfaltung seiner Persönlichkeit und wird aus Art. 2 Abs. 1 GG (allgemeine Handlungsfreiheit) und Art. 1 Abs. 1 GG (Menschenwürde) abgleitet. Es gewährt allerdings keinen verfassungsrechtlichen Schutz, sondern ist im Rahmen des deliktischen Haftungsrechts ein Auffangtatbestand und daher gegenüber den gesetzlichen Regelungen als Schutzgesetze i. S.V. § 823 Abs. 2 BGB **subsidiär**. Rechtsträger sind alle natürlichen Personen sowie auch Parteien und Kapitalgesellschaften, wenn sich der Eingriff auf ihr Wesen als Zweckschöpfung beschränkt. Das Persönlichkeitsrecht ist auch nach dem Tod einer natürlichen Person geschützt (**postmortales Persönlichkeitsrecht**). Nach Ansicht des BGH (Urteile vom 29. November 2021 – VI ZR 248/18 und VI ZR 258/18 „Vermächtnis – Die Kohl-Protokolle“) ist der Geldentschädigungsanspruch wegen Verletzung des allgemeinen Persönlichkeitsrechts grundsätzlich nicht vererblich und geht deshalb jedenfalls mit dem Tod des Geschädigten und Anspruchsinhabers unter. Aufgrund der Unbestimmtheit und Abstraktion des allgemeinen Persönlichkeitsrechts (**Rahmenrecht**) lässt sich ein Eingriff in den Schutzbereich oft nur schwer feststellen. Dieser ist deshalb durch

Rechtsprechung und Lehre in bestimmten Fallgruppen herausgebildet worden, um einen Eingriff in das Recht feststellen zu können:

- Ehrenschutz
- Verfälschung des Persönlichkeitsbildes
- Schutz vor unbefugter Ausspähung von Geheimnissen der Privatsphäre
- Schutz vor unbefugter Verbreitung von Geheimnissen der Privatsphäre
- Schutz der Persönlichkeit gegen kommerzielle Auswertung

Da das allgemeine Persönlichkeitsrecht ein nicht fest definiertes Rahmenrecht ist, indiziert ein Eingriff in das geschützte Recht nicht, dass der Schädiger das Recht widerrechtlich verletzt hat. Die **Rechtswidrigkeit** muss im Rahmen einer umfassenden Interessen- und Güterabwägung **positiv** festgestellt werden. Eine widerrechtliche Rechtsverletzung liegt dann (nur) vor, wenn die geschützten Interessen des Verletzten diejenigen des Eingreifenden überwiegen. Dabei sind die Anforderungen an einen gerechtfertigten Eingriff um so höher, je stärker geschützt die Sphäre des Eingriffs ist (**Sphärentheorie**). Die Sphäre eines Individuums mit seiner Umwelt (**Sozialsphäre**) ist am wenigsten geschützt, die des häuslichen und familiären Lebensbereichs (**Privatsphäre**) stärker, es bestehen jedoch Ausnahmen und Duldungspflichten. Am stärksten geschützt ist die Gedanken- und Gefühlswelt (**Intimsphäre**). Dabei kann ein Eingriff nur in extremen Ausnahmen gerechtfertigt sein.

ff. Recht am Gewerbebetrieb

Nach der Rechtsprechung stellt das Recht am eingerichteten und ausgeübten Gewerbebetrieb (**ReaG**) ein **sonstiges Recht** dar (BGHZ 45, 296). Es wird aus dem Eigentumsschutz (Art. 14 GG) abgeleitet (BGHZ 111, 349). Dadurch soll der Unternehmer vor schädigenden Handlungen geschützt werden, auf die Spezialgesetze keine Anwendung finden. Es handelt sich um einen Auffangtatbestand, der auch zu der deliktischen Haftung aus §§ 823 Abs. 1, Abs. 2, 824 BGB **subsidiär** ist, nicht dagegen zu § 826 BGB. Voraussetzung für das Schutzgut ist, dass ein eingerichteter und ausgeübter Gewerbebetrieb besteht. Darunter ist jede erlaubte, selbständige Tätigkeit zu verstehen, die auf gewisse Dauer angelegt und auf eine Gewinnerzielung gerichtet ist. Auch **freiberufliche Tätigkeiten** zählen zum Gewerbebetrieb. Der Schutzbereich umfasst nur unmittelbare Eingriffe, die sich gegen den Betrieb als solches richten und die nicht nur vom Betrieb ohne Weiteres ablösbare Rechte oder Rechtsgüter betreffen (**betriebsbezogene Eingriffe**). Ein Eingriff kommt insbesondere in folgenden Fallgruppen in Betracht:

- Geschäftsschädigende Kritik am Wettbewerbsbetrieb
- Boykott, Betriebsblockaden, Streiks
- Unberechtigte Schutzrechtsverwarnung

Da es sich wie beim allgemeinen Persönlichkeitsrecht um ein **Rahmenrecht** handelt, ist auch hier aufgrund einer umfassenden Güter- und Interessenabwägung festzustellen, ob der Eingriff in den Gewerbebetrieb widerrechtlich erfolgte. Zu berücksichtigen sind die Art und Schwere des Eingriffs in die Rechte des Betroffenen und etwaige Grundrechte des Eingreifenden. Sofern das Interesse des Betroffenen am Schutz des eingerichteten und ausgeübten Gewerbebetriebs überwiegt, handelt es sich um einen rechtswidrigen Eingriff in das geschützte sonstige Recht.

gg. Anwartschafts-/Aneignungsrechte

Sonstiges Recht ist das **Anwartschaftsrecht**, wie z. B. des Käufers auf Erwerb des Eigentums bei Kauf einer beweglichen Sache unter Eigentumsvorbehalt (§§ 449 Abs. 1, 158 Abs. 1 BGB) sowie des Käufers eines Grundstücks mit Eintragung der Auflassungsvormerkung auf Antrag des Eigentümers in das Grundbuch (§§ 883 Abs. 2, 888 BGB). Auch das **Aneignungsrecht**, z. B. das Jagdrecht, Fischereirecht und Bergrecht, ist als sonstiges Recht geschützt.

c. Rechtsgutsverletzung

aa. Verletzungshandlung

Deliktische Verletzungshandlung ist jedes menschliche Tun, dass der Bewusstseinskontrolle und Willenslenkung unterliegt und somit beherrschbar ist. Eine Handlung durch (aktives) **Tun** fehlt bei Einfluss von absoluter Gewalt, Bewusstlosigkeit und Reflexbewegungen. Ein Handeln durch (bloßes) **Unterlassen** führt nur dann zu einer Rechtsgutsverletzung, wenn der Schädiger eine **Verkehrssicherungs**- oder **Garantenpflicht** zur Abwendung der Rechtsgutsverletzung hat und ihm die Abwendung des Erfolgseintritts möglich ist.

bb. Verkehrssicherungspflicht

Die Haftung wegen der Verletzung einer Verkehrssicherungspflicht setzt voraus, dass jemand in seinem Verantwortungsbereich eine Gefahrenlage, gleich welcher Art, für Dritte schafft oder andauern lässt (BGH 2007, 762). Die Verkehrssicherungspflicht kann sich aus der Herrschaft über einen **räumlichen Bereich** oder eine **gefährliche Sache** ergeben. Beispielsweise hat der Grundeigentümer die Pflicht, Grundstückswege begehbar zu halten. Bei öffentlichen Straßen und Wegen bestehen regelmäßig öffentlich-rechtliche Verkehrssicherungspflichten. Bei deren schuldhaften Verletzung hat der Geschädigte einen Schadensersatzanspruch aus Amtshaftung nach § 839 BGB i. V. m. Art 34 GG. Eine Verkehrssicherungspflicht kann sich auch durch die Ausübung einer **gefährlichen Tätigkeit** oder eines **gefährlichen Berufs** ergeben. Dies kann etwa für Architekten, Bauunternehmer, Gastwirte, Reiseveranstalter und andere für öffentliche Veranstaltungen verantwortliche Personen gelten. Darüber hinaus gibt es Regelwerke für bestimmte Berufsgruppen wie der freien Berufe (z. B. BRAO, BORA, FAO, RVG für Rechtsanwälte), Gegenstände oder Tätigkeiten (z. B. DIN-Normen, ISO-Normen). Die Verkehrssicherungspflicht kann auch aus vorangegangenem Tun folgen, das eine Gefahr begründet (**Ingerenz**). Beispielsweise muss der Errichter gefährlicher baulicher Anlagen diese so absichern, dass Passanten, Kinder und Nachbargrundstücke vor Schäden geschützt werden. Dazu kann, je nach den Umständen, der Bauunternehmer (BGH WM 1990, 1209), Bauherr (BGHZ 203, 224) und der bauleitende Architekt (BGH ZMR 1991, 198: NJW 1997, 382) verpflichtet sein.

cc. Produzentenhaftung

Nach der Rechtsprechung besteht eine deliktische Haftung des Produzenten. Diese knüpft an die Verletzung von Verkehrssicherungspflichten an (BGHZ 104, 323). Danach hat der Produzent für Schäden einzustehen, die der Benutzer durch das von ihm in Verkehr gebrachte fehlerhafte Produkt erleidet (**Produzentenhaftung**). Das Verschulden des Produzenten für die Verletzung des Rechtsguts wird vermutet, wenn der Geschädigte nachweist, dass die Rechtsgutsverletzung durch eine Produktfehler verursacht wurde (**Umkehr der Beweislast**). Dieser muss beweisen, dass ihn kein Verschulden und kein Organisationsmangel trifft (§ 31 BGB). Produktfehler kann ein Konstruktionsfehler, Fabrikationsfehler oder Instruktionsfehler sein. Darüber hinaus muss der Produzent beobachten, was mit seinem Produkt im Markt geschieht und bei auftretenden Gefahren den Verwender darauf hinweisen, das Produkt nachbessern oder sogar zurückrufen (**Produktbeobachtungspflicht**). Neben der Produzentenhaftung kann der Geschädigte auch einen Schadensersatzanspruch aus verschuldensunabhängiger Gefährdungshaftung nach dem **Produkthaftungsgesetz** (§ 1 Abs. 1 ProdHaftG) haben, das aber einen **Haftungshöchstbetrag** (§ 10 ProdHaftG) vorsieht.

dd. Garantenpflicht

Eine Pflicht zur Abwendung einer Verletzung von Schutzgütern (**Garantenpflicht**) kann sich aus Vertrag, Gesetz, tatsächlicher Übernahme, Gefahrengemeinschaft und enger persönlicher Verbundenheit ergeben (**Garantenstellung**).

d. Haftungsbegründende Kausalität

Die Rechtsgutsverletzung muss durch den Schädiger adäquat kausal verursacht worden sein (**haftungsbegründende Kausalität**).

e. Rechtswidrigkeit

Die Verletzung des Schutzgutes **indiziert** die Rechtswidrigkeit und ist nur ausgeschlossen, wenn die Handlung durch einen Rechtfertigungsgrund gerechtfertigt ist. **Beispiele:** Notwehr (§ 227 BGB), Notstand (§§ 228, 904 BGB), Selbsthilfe (§§ 229 ff, 859, 860 BGB), Wahrnehmung berechtigter Interessen (Ehrverletzungen gem. § 193 StGB). Dagegen ist die Rechtswidrigkeit durch Eingriffe in das allgemeine Persönlichkeitsrecht und das Recht am eingerichteten und ausgeübten Gewerbebetrieb als **Rahmenrechte** nicht indiziert. Bei diesen ist im Rahmen einer umfassenden Güter- und Interessenabwägung festzustellen, ob der Eingreifende widerrechtlich gehandelt hat, da er selbst grundrechtlichen Schutz genießen kann.

f. Verschulden

Die Haftung aus § 823 Abs. 1 BGB setzt Verschulden voraus und umfasst die Schuldfähigkeit sowie das vorsätzliche oder fahrlässige Handeln des Schädigers.

aa. Schuldfähigkeit

Das Gesetzt regelt die Schuldfähigkeit nicht ausdrücklich. Es geht in § 276 Abs. 2 BGB davon aus, dass jeder Erwachsene bzw. Geschäftsfähige grundsätzlich schuldfähig ist. In bestimmten Fällen (§§ 828, 829 BGB) ist die Schuldfähigkeit allerdings gesetzlich ausgeschlossen.

bb. Vorsatz und Fahrlässigkeit

Der Schuldner hat grundsätzlich Vorsatz und Fahrlässigkeit zu vertreten (§ 276 Abs. 1 BGB). Das Gesetz definiert den Vorsatz nicht. Er ist das Wissen und Wollen der Rechtsgutsverletzung im Bewusstsein der Rechtswidrigkeit, wofür der bedingte Vorsatz *(dolus eventualis)* genügt. Die Fahrlässigkeit ist im Gesetz definiert. Der Schuldner handelt fahrlässig, wenn er die im Verkehr erforderliche Sorgfalt außer Acht lässt (§ 276 Abs. 2 BGB). Das Handeln muss sich auf den objektiven Haftungstatbestand der Rechtsverletzung, die Verletzungshandlung und die haftungsbegründende Kausalität, beziehen. Auf den Schaden und die haftungsausfüllende Kausalität muss das schuldhafte Handeln nicht gerichtet sein.

g. Schaden

Durch die widerrechtliche und schuldhaft verursachte Rechtsgutsverletzung muss ein Schaden entstanden sein.

h. Haftungsausfüllende Kausalität

Die Rechtsgutsverletzung muss den eingetretenen Schaden adäquat kausal verursacht haben (**haftungsausfüllende Kausalität**).

i. Rechtsfolge

Der Umfang des zu ersetzenden Schadens wird nach §§ 249ff BGB ermittelt. Bei Verletzungen des Körpers, der Gesundheit, der Freiheit oder der sexuellen Selbstbestimmung (§ 253 Abs. 2 BGB) sowie Verletzungen des allgemeinen Persönlichkeitsrechts hat der Verletzte Anspruch auf **Schmerzensgeld** (§ 253 Abs. 1 BGB). Darüber hinaus kann der Schadensersatzanspruch auf **Unterlassen, Beseitigung** oder **Widerruf** gerichtet sein. Zu beachten sind ferner deliktsrechtliche Sondervorschriften:

- Umfang der Ersatzpflicht bei Verletzung einer Person (§ 842 BGB)
- Geldrente oder Kapitalabfindung (§ 843 BGB)
- Ersatzansprüche Dritter bei Tötung (§ 844 BGB)
- Ersatzansprüche wegen entgangener Dienste (§ 845 BGB)

3. Verletzung eines Schutzgesetzes

a. Allgemeines

Nach § 823 Abs. 2 ist zum Schadensersatz verpflichtet, wer gegen ein Gesetz, das den Schutz eines anderen bezweckt (**Schutzgesetz**), verstößt. Ist nach dem Inhalt des Gesetzes ein Verstoß gegen das Schutzgesetz auch ohne Verschulden möglich, so trifft die Ersatzpflicht nur im Falle des Verschuldens ein. Durch die Regelung wird insbesondere der Schutz des **Vermögens** als solches, der nicht durch § 823 Abs. 1 BGB abgedeckt ist, durch spezielle Schutzgesetze erfasst.

b. Schutzgesetz

Schutzgesetz kann nicht nur ein formelles Gesetz gemäß Art. 70ff GG sein, sondern **jede Rechtsnorm** (Art. 2 EGBGB). Darunter fallen auch **Rechtsverordnungen** und kommunale **Satzungen** sowie auch das **Gewohnheitsrecht**, soweit es Gebote oder Verbote zum Inhalt hat. Verwaltungsakte sind keine Rechtsnormen, da sie keine generell-abstrakten Regelungen sind. Das Gesetz muss nach § 823 Abs. 2 BGB den Schutz „eines anderen" bezwecken (**Drittschutz**). Dies ist der Fall, wenn die Vorschrift auch dem Schutz der Rechte und Interessen des Einzelnen oder eines bestimmten Personenkreises dient. Normen, die nur die **Allgemeinheit** schützen, insbesondere den Staat, kommen nicht in Betracht, selbst wenn sie sich mittelbar auch zu Gunsten des Einzelnen auswirken. Schutzgesetze finden sich in erster Linie im öffentlichen Recht (z. B. §§ 4ff BImSchG) und im Strafrecht, dort besonders die **Vermögensdelikte** (§§ 263, 264, 266 StGB), aber auch im Zivilrecht, z. B. verbotene Eigenmacht (§ 858 BGB), Recht am eigenen Bild (§ 22 KunstUrhG). Es müssen alle Tatbestandsmerkmale des Schutzgesetzes schuldhaft erfüllt sein. Für den Schadenseintritt ist hingegen kein Verschulden erforderlich.

c. Schadenszurechnung

Der Schaden muss durch den Verstoß gegen das Schutzgesetz adäquat kausal entstanden sein. Die Person oder Personengruppe muss durch das Schutzgesetz geschützt werden (**persönlicher Anwendungsbereich**). Zudem muss das Schutzgesetz vor dem Schaden schützen, der durch die Schädigung beim Geschädigten eingetreten ist (**sachlicher Anwendungsbereich**).

d. Rechtswidrigkeit

Die Rechtswidrigkeit wird regelmäßig durch den Verstoß gegen das Schutzgesetz indiziert.

e. Verschulden

Ist nach dem Schutzgesetz ein Verschulden erforderlich, muss dies nach den für die Rechtsnorm geltenden Grundsätzen festgestellt werden. Wird dies nicht vorausgesetzt, haftet der Schädiger nur, wenn er schuldhaft gegen das Schutzgesetz verstößt (§ 823 Abs. 2 S. 2 BGB).

4. Kreditgefährdung

Die Schadensersatzpflicht wegen Kreditgefährdung ist in § 824 BGB geregelt. Die Vorschrift schützt sowohl **Unternehmen** wie auch **Privatpersonen** und ergänzt die deliktische Haftung im Falle der Verleumdung (§§ 187, 15 StGB) bei Fahrlässigkeit (§ 276 Abs. 2 BGB).

a. Tatsachenbehauptung

Die Haftung setzt voraus, dass der Schädiger eine unwahre Tatsache behauptet oder verbreitet (**Tatsachenbehauptung**). Eine Tatsache setzt etwas Geschehenes oder Bestehendes voraus, das in die Wirklichkeit getreten und daher dem Beweis zugänglich ist. Sie kann sich auf die Außenwelt beziehen (**äußere Tatsachen**) oder auf das menschliche Seelenleben (**innere Tatsachen**). Hiervon abzugrenzen sind **Werturteile**, die durch Elemente der Stellungnahme, des Dafürhaltens oder Meinens geprägt und daher objektiv nicht verifizierbar sind. Dazu ist der Inhalt der Äußerung durch Auslegung unter Berücksichtigung aller relevanten Umstände und besonders dem Verständnis des Adressaten der Äußerung zu ermitteln. Sofern dieser einer objektiven Klärung als wahr oder unwahr zugänglich ist, liegt eine Tatsachenbehauptung vor. Bei Äußerungen, die Tatsachenbehauptungen und Werturteile beinhalten, ist der Schwerpunkt des Inhalts unter Berücksichtigung der Meinungsfreiheit (Art. 5 Abs. 1 GG) maßgeblich.

b. Eignung zur Kreditgefährdung

Die Tatsachenbehauptung muss geeignet sein, den Kredit eines anderen zu gefährden oder sonstige Nachteile für dessen Erwerb oder Fortkommen herbeizuführen. Außerdem muss der Geschädigte unmittelbar beeinträchtigt sein (**unmittelbare Beeinträchtigung**). Dies ist der Fall, wenn die Aussage einen hinreichend konkreten Bezug zum Geschädigten hat. Daran fehlt es bei allgemeinen Aussagen mit wirtschaftlichem Inhalt, die nicht auf eine bestimmte Person oder ein bestimmtes Unternehmen bezogen sind und sich nur mittelbar zu Lasten Einzelner auswirken. Erforderlich ist, dass die Äußerung deren geschäftliche Interessen gefährden kann, insbesondere den Geschäftswert (**Goodwill**) sowie potenzielle oder sogar konkrete Geschäfte mit gegenwärtigen oder zukünftigen Handelspartnern oder Kunden.

c. Verschulden

Verschulden setzt **Kenntnis** oder **fahrlässige Unkenntnis** des Schädigers von der unwahren Tatsachenbehauptung voraus. Nach h. M. muss sich das Verschulden auch auf ihre Eignung zur Kreditgefährdung beziehen, obwohl dies nach dem Wortlaut der Norm nicht erforderlich ist.

d. Wahrnehmung berechtigter Interessen

Durch eine Mitteilung, deren Unwahrheit dem Mitteilenden unbekannt ist, wird dieser nicht zum Schadensersatz verpflichtet, wenn er oder der Empfänger der Mitteilung an ihr ein berechtigtes Interesse hat (§ 824 Abs. 2 BGB). Das berechtigte Interesse ist nach herrschender Meinung ein **Rechtsfertigungsgrund**, der die Rechtswidrigkeit des Handelns ausschließt. Zur Beurteilung ist angesichts der nach Art. 5 GG geschützten Freiheiten von Meinungsäußerung, Presse, Wissenschaften und Kunst eine umfassende Abwägung aller Interessen vorzunehmen.

e. Rechtsfolge

Der Inhalt des Ersatzanspruchs kann auf Unterlassen, Beseitigung oder Widerruf bei rechtswidrigem und Schadensersatz bei schuldhaftem Verhalten gerichtet sein.

5. Sittenwidrige Schädigung

a. Allgemeines

§ 826 BGB statuiert die deliktische Haftung wegen sittenwidriger Schädigung. Danach ist zum Schadensersatz verpflichtet, wer in einer gegen die guten Sitten verstoßenden Weise einem anderen vorsätzlichen einen Schaden zufügt. Die Vorschrift schützt vor Beeinträchtigungen von Rechten, Rechtsgütern und Interessen. Bei Verletzung des **Vermögens** kann der Anspruch in Konkurrenz mit der Haftung wegen **Kreditgefährdung** (§ 824 BGB) stehen. Daneben ist auch eine **Anfechtung** des Rechtsgeschäfts nach § 123 BGB möglich. Eine juristische Person kann schadensersatzpflichtig sein, wenn ihr das deliktische Handeln eines Organs oder eines anderen verfassungsmäßiger Vertreters nach § 31 BGB zugerechnet wird.

b. Schaden

Die Haftung setzt keine Rechtsgutsverletzung, sondern den Eintritt eines Schadens voraus. Ein Schaden ist nach der Rechtsprechung (BHG NJW 2004, 2971) jede nachteilige Einwirkung auf die Vermögenslage, Beeinträchtigung eines rechtlich anerkannten Interesses oder Belastung mit einer ungewollten Verpflichtung. Dabei ist unerheblich, ob das Rechtsgeschäft unwirksam (§§ 134, 138 BGB), schikanös (§ 226 BGB) oder treuwidrig (§§ 242 BGB) ist.

c. Sittenwidrigkeit

Eine Handlung ist objektiv sittenwidrig, wenn sie nach Inhalt oder Gesamtcharakter aufgrund zusammenfassender Würdigung von Inhalt, Beweggrund und Zweck gegen das Anstandsgefühl aller billig und gerecht Denkenden verstößt. Dies bedeutet, dass sie mit den grundlegenden Werten der Rechts- und Sittenordnung nicht vereinbar ist (BGH NJW 2014, 383). Dafür genügt es nicht, dass ein bestimmtes Verhalten gegen vertragliche Pflichten oder das Gesetz verstößt, unbillig erscheint oder einen Schaden hervorruft. Nach der Rechtsprechung (BGH NJW 2012, 1800) muss eine nach den Maßstäben der allgemeinen Gesellschaftsmoral und des anständigen Geltenden **besondere Verwerflichkeit** des Verhaltens, die sich aus dem verfolgten **Zweck**, den eingesetzten **Mitteln**, der zutage tretenden **Gesinnung** oder den eintretenden **Folgen** ergeben kann, hinzutreten. Sittenwidrig kann auch der **Missbrauch** einer **formalen Rechtsposition** sein (BGH NJW 2003, 1445). Erforderlich ist eine umfassende Interessenabwägung im Einzelfall, bei der auch die subjektiven Motive des Schädigers mit zu berücksichtigen sind. Im Unterschied zur Sittenwidrigkeit nach der Regelung des § 138 Abs. 1 BGB geht es nicht um die Nichtigkeit eines sittenwidrigen Rechtsgeschäfts, sondern um die Ersatzpflicht wegen eines sittenwidrigen Verhaltens des Schädigers. Daher sind die gesetzlichen Tatbestände nicht identisch und müssen bei einem Sachverhalt nicht zwingend gemeinsam zur Anwendung kommen.

d. Schädigungsvorsatz

Die sittenwidrige Schädigung muss vorsätzlich erfolgen (**Schädigungsvorsatz**). Dazu muss der Vorsatz sich darauf beziehen, dass durch die Handlung einem anderen ein Schaden zugefügt wird. Dieser ist getrennt von der Sittenwidrigkeit festzustellen. Zum Schadenseintritt muss der Schädiger den Schaden und die Schadensfolgen vorausgesehen und die Schädigung gewollt oder bedingt vorsätzlich, also billigend in Kauf genommen haben. Fahrlässiges Handeln, auch grobe Fahrlässigkeit, reicht nicht (BGH NJW 2017, 250). Ein Bewusstsein der Sittenwidrigkeit ist nicht erforderlich, aber Kenntnis der tatsächlichen Umstände, aus denen sie sich ergibt.

e. Fallgruppen

Die Rechtsprechung hat bestimmte Fallgruppen der sittenwidrigen Schädigung entwickelt:
- Arglistige Täuschung bei Vertragsschluss
- Bewusste Verleitung zum Vertragsbruch
- Wissentliche falsche Auskünfte und Ratschläge
- Missbrauch von Monopolstellungen
- Erschleichung von Gerichtsurteilen
- Missbrauch vollstreckbarer Titel

Gesellschaftsrecht:
- Verletzung gesellschaftsrechtlicher Treuepflichten
- Existenzvernichtender Vermögensentzug der GmbH
- Gläubigerbenachteiligung bei Insolvenzverschleppung

6. Haftung für Verrichtungsgehilfen

a. Allgemeines

§ 831 BGB regelt die Haftung einer Person (**Geschäftsherr**) für Schäden, die jemand bei der Ausführung einer Verrichtung für diesen (**Verrichtungsgehilfe**) einem Dritten widerrechtlich zufügt. Die Vorschrift statuiert einen selbständigen Haftungsgrund für **eigenes Verschulden**. Im Unterschied dazu ist § 278 BGB keine Anspruchsgrundlage, sondern eine Zurechnungsnorm für **fremdes Verschulden**. Haftungsvoraussetzung ist die tatbestandliche und widerrechtliche Schadenszufügung des Verrichtungsgehilfen. Anders als bei der Haftung aus §§ 823–826 BGB ist der Geschäftsherr aber nicht für sein tatsächliches Verschulden verantwortlich. Vielmehr gilt die Vermutung (§ 831 Abs. 1 S. 2 BGB), dass der Geschäftsherr den Verrichtungsgehilfen nicht ordnungsgemäß ausgewählt und überwacht hat (**Haftung für vermutetes Verschulden**) Deshalb muss der Geschäftsherr dem Geschädigten gegenüber darlegen und nachweisen, dass er bei der Auswahl und/oder Überwachung des Verrichtungsgehilfen nicht schuldhaft gehandelt hat (**Beweislastumkehr**). Ein Schadensersatzanspruch ist nur dann ausgeschlossen, wenn sich der Geschäftsherr entlasten kann (**Exkulpation**).

b. Verrichtungsgehilfe

Verrichtungsgehilfe ist, wer in weisungsgebundener und abhängiger Stellung mit Wissen und Wollen des Geschäftsherrn in dessen Interesse tätig wird. Die Tätigkeit kann tatsächlicher oder rechtlicher Natur sowie entgeltlich oder unentgeltlich sein. Auch kann sie, vorübergehend oder auf Dauer sowie niedriger oder höherer Art sein. Erforderlich und zugleich ausreichend ist, dass der Geschäftsherr die Tätigkeit des Handelnden jederzeit beschränken oder entziehen oder nach Zeit und Umfang bestimmten kann. Das ist typischerweise im Verhältnis von Arbeitgeber zu Arbeitnehmer der Fall (**Weisungsrecht des Arbeitgebers**) Daran **fehlt** es indes regelmäßig bei **Werkverträgen** mit selbstständigen Handwerkern und Unternehmern, selbst wenn diese in einen Konzern eingebunden sind. Das gilt auch für den **Subunternehmer**, der gegenüber dem Hauptunternehmer kein Verrichtungsgehilfe ist.

Beispiele: Angestellter Arzt für Krankenhausträger (BGH NJW 1988, 2298); freier Mitarbeiter für Verlag (BGH WM 1998, 257); freier Handelsvertreter für Unternehmer, dessen Weisungen er unterworfen und von dem er abhängig ist (BGH NJW 1980, 941).

Dagegen haftet der Geschäftsherr aufgrund der Zurechnung gemäß § 31 BGB für deliktische Schäden durch Organe oder sonstige verfassungsmäßig berufenen Vertreter einer juristischen Person (**Repräsentantenhaftung**). Eine Exkulpation scheidet nach der Zurechnungsnorm aus.

c. Widerrechtliche Schädigung

Der Verrichtungsgehilfe muss einen Dritten widerrechtlich geschädigt haben. Das kann eine unerlaubte Handlung nach §§ 823 ff BGB mit Ausnahme der Gefährdungshaftung (§ 833 BGB) sein. Dabei muss der jeweilige Tatbestand objektiv und rechtswidrig erfüllt sein. Dagegen ist ein **Verschulden** des Verrichtungsgehilfen **nicht** notwendig. Liegt sein Verschulden vor, haftet er unabhängig vom Geschäftsherrn deliktisch. Im Falle einer sittenwidrigen Schädigung (§ 826 BGB) oder strafrechtlicher (Vermögens-)Delikte (§§ 263, 264, 266 StGB) muss allerdings auch der **subjektive Tatbestand** des Vorsatzes erfüllt sein. Die Haftung des Geschäftsherrn entfällt jedoch, wenn der Verrichtungsgehilfe die im Verkehr erforderliche Sorgfalt i. S. v. § 276 Abs. 2 BGB beachtet hat. Nach dem Schutzzweck des § 831 BGB hat der Geschädigte unverschuldete Verletzungen grundsätzlich hinzunehmen.

d. In Ausführung der Verrichtung

Die Schadenszufügung durch den Verrichtungsgehilfen muss in Ausführung der Verrichtung erfolgt sein. Das ist der Fall, wenn er innerhalb des von ihm übernommenen Pflichtenkreises handelt, so dass ein **innerer Zusammenhang** zwischen der aufgetragenen Verrichtung und der schädigenden Handlung besteht. Auch ein Abweichen von Weisungen kann im Einzelfall noch davon erfasst sein. Sofern der Verrichtungsgehilfe dem Dritten Schäden nur **bei Gelegenheit der Ausführung** zugefügt hat, scheidet eine Haftung aus, da somit der innere Zusammenhang mit der Ausführung der Verrichtung fehlt (BGH NJW-RR 1989, 723). Im Schrifttum wird teils vertreten, es reiche aus, wenn dem Verrichtungsgehilfen durch die Übertragung der Aufgabe die deliktische Handlung wesentlich erleichtert worden sei. Denn hierdurch verwirkliche sich ein spezifisches Risiko des Einsatzes von Gehilfen.

Beispiele: Abweichen eines Kraftfahrers von der Fahrstrecke, nicht aber unerlaubte Mitnahme von Dritten (BGH NJW 1965, 391) oder unerlaubte Schwarzfahrten ohne Wissen und Wollen des Geschäftsherrn (BGH DB 1970, 2314).

e. Entlastungsbeweis

Der **Geschäftsherr** ist nicht zum Schadensersatz verpflichtet, wenn ihn **kein Verschulden** trifft. Das ist der Fall, wenn er bei der Auswahl des Gehilfen, bei der Beschaffung von Vorrichtungen oder Gerätschaften und bei der Leitung der Ausführung der Verrichtung die im Verkehr erforderliche Sorgfalt beobachtet hat (§ 831 Abs. 1 S. 2 BGB). Dies beurteilt sich vor allem nach der Art der übertragenen Tätigkeit, dem Maß der damit verbundenen Gefahren und der Persönlichkeit des Verrichtungsgehilfen. Der Geschäftsherr muss den Entlastungsbeweis dafür erbringen, dass er sorgfältig gehandelt hat, um die Verschuldensvermutung zu widerlegen (**Exkulpation**). Er darf eine Tätigkeit nur Gehilfen übertragen, die hierfür die gesetzlichen Voraussetzungen erfüllen und von denen eine gefahrlose Durchführung erwartet werden kann (BGH NJW 2003, 288). Dazu muss er sich von deren Fähigkeiten, Eignung und Zuverlässigkeit überzeugen und sie nach sorgfältiger Auswahl auch bei der konkreten Verrichtung überwachen. Gelingt dem Geschäftsherrn dieser Nachweis, ist seine Pflichtverletzung ausgeschlossen. Er kann aber auch nachweisen, dass der Schaden auch bei sorgfältiger Auswahl des Gehilfen entstanden wäre oder weil auch ein sorgfältiger Geschäftsherr die Person ausgewählt hätte. Der Sorgfaltsverstoß ist dann für die Schadenszufügung durch den Gehilfen nicht kausal.

Organisationsverschulden bei Großbetrieben

Bei Großbetrieben ist auch ein **dezentralisierter Entlastungsbeweis** möglich (BGHZ 4, 1). Der Geschäftsherr kann sich danach darauf berufen, dass er einen höheren Angestellten sorgfältig ausgewählt hat, in dessen Zuständigkeit die Auswahl und Überwachung des Mitarbeiters, der deliktisch gehandelt hat, fällt. Allgemeine **Aufsichts-** und **Sicherheitsanordnungen** muss jedoch der Geschäftsherr selbst treffen. Er muss ihre Einhaltung gelegentlich kontrollieren und durch geeignete Organisation die Schädigung Dritter durch betriebliche Arbeitsabläufe verhindern; sonst kann er sich nicht entlasten (**Organisationsverschulden**). Bei Organisationsverschulden haftet der Geschäftsherr entweder aus § 831 BGB oder aus § 823 Abs. 1 BGB. Dies ist im Schrifttum umstritten.

f. Haftung des Übernehmers

Wer für den Geschäftsherrn die Besorgung von Geschäften im Sinne des § 831 Abs. 1 S. 2 BGB durch Vertrag übernimmt, haftet in gleicher Verantwortung wie der Geschäftsherr nach § 831 Abs. 1 S. 1 BGB (§ 831 Abs. 2 BGB). Die Übernahme der Geschäfte betrifft die Beschaffung von Vorrichtungen oder die Leitung der Ausführung der Verrichtung. Für die Übernahme ist ein **Vertrag** mit dem Geschäftsherrn oder auch mit einem Dritten **erforderlich**, nach dem der Übernehmer die Pflichten des Geschäftsherrn **in eigener Verantwortung** übernimmt. Auf Organe und andere betriebliche Bedienstete des Geschäftsherrn findet § 831 Abs. 2 BGB keine Anwendung, nur auf die Haftungsübernahme durch betriebsfremde, selbständige Unternehmer.

7. Haftung als Gesamtschuldner

Sind für den aus einer unerlaubten Handlung entstehenden Schaden mehrere nebeneinander verantwortlich, so haften sie als **Gesamtschuldner** (§ 840 Abs. 1 BGB). Die Regelung gilt für sämtliche Delikte aus unerlaubter Handlung (§§ 823ff BGB) sowie für die Tatbestände der spezialgesetzlichen Gefährdungshaftung. Regelungsgegenstand ist die Haftung der Beteiligten im Verhältnis zum Geschädigten, der keine eigene Anspruchsgrundlage darstellt. Haftet einer der Beteiligten ganz oder teilweise nicht, ist die Regelung nicht anwendbar (BGH NJW 1988, 2667). Sie ist jedoch anwendbar, wenn einer der Beteiligten auch aus Vertrag haftet. Sofern ein Beteiligter nur aus Vertrag haftet, soll sie analog anwendbar sein. Teils wird dies abgelehnt und darauf verwiesen, dass sich die Gesamtschuld aber aus allgemeinen Regeln ergeben kann.

a. Außenverhältnis

Im Außenverhältnis haften die Beteiligten als Gesamtschuldner (§§ 421 ff BGB). Daher kann der Geschädigte jeden Schädiger nach seiner Wahl auf Ersatz des gesamten Schadens in Anspruch nehmen. Der Schadensersatz ist insgesamt aber nur einmal zu leisten (§ 421 Abs. 1 S. 1 BGB). Der Haftungsumfang der Gesamtschuldner kann aber unterschiedlich hoch sein. Bei Haftungsbeschränkung eines Schuldners gelten die Regeln über die **gestörte Gesamtschuld**. Ein **Mitverschulden** des Geschädigten (§ 254 BGB) ist zu berücksichtigen. Sofern dies aus der vertraglichen Beziehung mit einem beteiligten Schädiger folgt, wirkt das Mitverschulden auch zugunsten der anderen Schädiger, die dem Geschädigten selbst nicht vertraglich, sondern nur aus der unerlaubten Handlung haften.

b. Innenverhältnis

Im Innenverhältnis sind die Schädiger einander zu **gleichen Anteilen** verpflichtet, soweit nicht ein anderes bestimmt ist (§ 426 Abs. 1 BGB). Befriedigt ein Schuldner den Geschädigten, kann er von den übrigen Gesamtschuldnern Ausgleich verlangen (§ 426 Abs. 2 BGB).

c. Sonderregeln

Der Geschäftsherr oder Übernehmer (§ 831 BGB) und der Aufsichtspflichtige (§ 832 BGB) hat einen vollen Rückgriffsanspruch gegen den **Verrichtungsgehilfen**, der selbst aus unerlaubter Handlung (§§ 823 ff BGB) haftet. Der Verrichtungsgehilfe kann sich in diesem Fall nicht auf eine unzureichende Überwachung berufen (§ 840 Abs. 2 Fall 1 BGB). Der subsidiär haftende Täter (§ 829 BGB) hat einen vollen Rückgriffsanspruch gegen den mitverantwortlichen (§§ 827, 828 BGB) **Aufsichtspflichtigen** (§ 840 Abs. 2 Fall 2 BGB). Ein **Dritter** haftet den aus §§ 833 bis 838 BGB Ersatzpflichtigen, wenn er für den Schaden verantwortlich ist (§ 840 Abs. 3 BGB).

8. Gefährdungshaftung

Eine Schadensersatzpflicht kann sich auch **ohne** Rücksicht auf Unrecht und **Verschulden** aus den Gesetzen ergeben, die eine Gefährdungshaftung statuieren.

a. Allgemeines

Die **Produkthaftung** ist **spezialgesetzlich** im Produkthaftungsgesetz geregelt. Danach haftet der **Hersteller** von **fehlerhaften Produkten** in Form beweglichen Sachen und Elektrizität gegenüber dem Endabnehmer, ohne mit diesem in vertraglicher Beziehung oder Kontakt zu stehen, für die Verursachung von Folgeschäden außerhalb der Fehlerhaftigkeit (§§ 1, 2 ProdHaftG). Auf ein Verschulden des Herstellers kommt es für seine Haftung nicht an. Nach herrschender Meinung handelt es sich um eine **Gefährdungshaftung**. Im Schrifttum wird aber auch auf die Parallelen zur deliktischen Produzentenhaftung verwiesen, die freilich nur bei

Verschulden des Schädigers aus unerlaubter Handlung nach § 823 Abs. 1 BGB eingreift. Danach handelt es sich um ein Mischsystem mit Elementen der Haftung für Verhaltensunrecht und der Gefährdungshaftung.

b. Produkthaftungsgesetz

Die Anspruchsgrundlage der Produkthaftung ist § 1 ProdHaftG. Sie setzt voraus, dass durch den Fehler eines Produkts jemand getötet, sein Körper oder seine Gesundheit verletzt oder eine Sache beschädigt wird. Der Hersteller des Produkts ist dann verpflichtet, dem Geschädigten den daraus entstehenden Schaden zu ersetzen. Im Falle der Sachbeschädigung gilt dies nur, wenn eine andere Sache als das fehlerhafte Produkt beschädigt wird. Damit greift die Haftung bei einem weiterfressenden Mangel, der die gleiche Sache betrifft, nicht ein. Außerdem muss die andere Sache ihrer Art nach gewöhnlich für den privaten Ge- oder Verbrauch bestimmt und hierzu von dem Geschädigten hauptsächlich verwendet worden sein.

aa. Produktfehler

Der Produktfehler ist in § 3 ProdHaftG geregelt. Danach hat ein Produkt einen Fehler, wenn es nicht die Sicherheit bietet, die unter Berücksichtigung aller Umstände, insbesondere a) seiner Darbietung, b) des Gebrauchs, mit dem billigerweise gerechnet werden kann, c) des Zeitpunkts, in dem es in den Verkehr gebracht wurde, berechtigterweise erwartet werden kann (§ 3 Abs. 1 ProdHaftG). Ein Produkt hat nicht allein deshalb einen Fehler, weil später ein verbessertes Produkt in den Verkehr gebracht wurde (§ 3 Abs. 2 ProdHaftG).

bb. Haftungsausschluss

Die **Ersatzpflicht** des Herstellers ist nach § 1 Abs. 2 ProdHaftG **ausgeschlossen**, wenn:
- er das Produkt nicht in den Verkehr gebracht hat (Nr. 1),
- nach den Umständen davon auszugehen ist, dass das Produkt den Fehler, der den Schaden verursacht hat, noch nicht hatte, als es der Hersteller in den Verkehr brachte (Nr. 2),
- er das Produkt weder für den Verkauf oder eine andere Form des Vertriebs mit wirtschaftlichem Zweck hergestellt noch im Rahmen seiner beruflichen Tätigkeit hergestellt oder vertrieben hat (Nr. 3),
- der Fehler darauf beruht, dass das Produkt in dem Zeitpunkt, in dem der Hersteller es in den Verkehr brachte, dazu zwingenden Rechtsvorschriften entsprochen hat (Nr. 4), oder
- der Fehler nach dem Stand der Wissenschaft und Technik, in dem Zeitpunkt, in dem es der Hersteller in den Verkehr brachte, nicht erkannt werden konnte (Nr. 5).

Die Ersatzpflicht des Herstellers eines **Teilprodukts** ist ferner ausgeschlossen, wenn der Fehler durch die **Konstruktion** des Produkts, in welches das Teilprodukt eingearbeitet wurde, oder durch **Anleitungen** des Herstellers des Produkts verursacht worden ist. Diese Regelung ist auf den Hersteller eines **Grundstoffs** entsprechend anzuwenden (§ 2 Abs. 3 ProdHaftG).

Für den Fehler, den Schaden und den ursächlichen Zusammenhang zwischen Fehler und Schaden, trägt der **Geschädigte** die **Beweislast**. Ist streitig, ob die Ersatzpflicht gemäß § 1 Abs. 2 oder 3 ProdHaftG ausgeschlossen ist, so trägt der **Hersteller** die **Beweislast** (§ 1 Abs. 4 ProdHaftG).

cc. Haftungsadressat

Haftungsadressat ist nach § 4 ProdHaftG der Hersteller. Als solcher gilt, wer das Endprodukt, einen Grundstoff oder ein Teilprodukt hergestellt hat **(tatsächlicher Hersteller)** (§ 4 Abs. 1

S. 1 ProdHaftG). Als Hersteller gilt auch jeder, der sich durch das Anbringen seines Namens, seiner Marke oder eines anderen unterscheidungskräftigen Kennzeichens als Hersteller ausgibt **(Quasi-Hersteller)** (§ 4 Abs. 1 S. 2 ProdHaftG). Als Hersteller gilt ferner, wer ein Produkt zum Zweck des Verkaufs, der Vermietung des Mietkaufs oder einer anderen Form des Vertriebs mit wirtschaftlichem Zweck im Rahmen seiner geschäftlichen Tätigkeit in den Geltungsbereich des EWR-Abkommens einführt oder verbringt **(Importeur)** (§ 4 Abs. 2 ProdHaftG). Kann der Hersteller des Produkts nicht festgestellt werden, so gilt jeder **Lieferant** als Hersteller. Dies gilt nicht, wenn er dem Geschädigten innerhalb eines Monats, nachdem ihm dessen diesbezügliche Aufforderung zugegangen ist, den Hersteller oder diejenige Person benennt, die ihm das Produkt geliefert hat. Dies gilt auch für ein eingeführtes Produkt, wenn sich bei diesem der Importeur nicht feststellen lässt, selbst wenn der Name des Herstellers bekannt ist (§ 4 Abs. 3 ProdHaftG). Wenn für denselben Schaden mehrere Hersteller zum Schadensersatz verpflichtet sind, haften sie als **Gesamtschuldner**. Im Innenverhältnis der Gesamtschuldner hängt die die Verpflichtung untereinander insbesondere davon ab, ob und inwieweit der Schaden vorwiegend von einem Schuldner verursacht wurde. Im Übrigen gelten die §§ 421–425 sowie § 426 Abs. 1 S. 2 und Abs. 2 BGB (§ 5 Abs. ProdHaftG).

dd. Haftungsumfang

Der Haftungsumfang wird in §§ 7 ff ProdHaftG teilweise begrenzt. Der **Haftungshöchstbetrag** bei Personenschäden, die durch ein Produkt oder mehrere Produkte mit demselben Fehler verursacht wurden, beträgt **85 Millionen Euro** (§ 10 Abs. 1 ProdHaftG). Die **Selbstbeteiligung** bei Sachschäden beträgt höchstens **500 Euro** (§ 11 ProdHaftG).

c. Sonstige Tatbestände

Tatbestände der Gefährdungshaftung finden sich in weiteren gesetzlichen Regelungen:

- Haftung des Tierhalters (§ 833 S. 1 BGB)
- Haftung des Fahrzeughalters (§ 1 Abs. 1 StVG)
- Haftung des Luftfahrzeughalters (§ 33 LuftVG)
- Haftung des Luftfrachtführers (§§ 44 ff LuftVG)
- Haftung des Bahnunternehmers (§ 1 Abs. 1 HaftPflG)
- Haftung des Betreibers von Strom-/Rohrleitungsanlagen (§ 2 HaftPflG)
- Haftung des Anlagenbetreibers bei Umwelteinwirkungen (§ 1 UmweltHG)
- Haftung für Änderungen der Wasserbeschaffenheit (§ 89 WHG)
- Haftung des Betreibers von Atomanlagen (§§ 25, 26 AtomG)
- Haftung des Betreibers gentechnischer Anlage (§ 32 Abs. 1 GenTG)
- Haftung des pharmazeutischen Unternehmers (§ 84 AMG)
- Haftung bei automatisierter Datenverarbeitung (§ 83 BDSG)

Abb. 24: Deliktsrecht

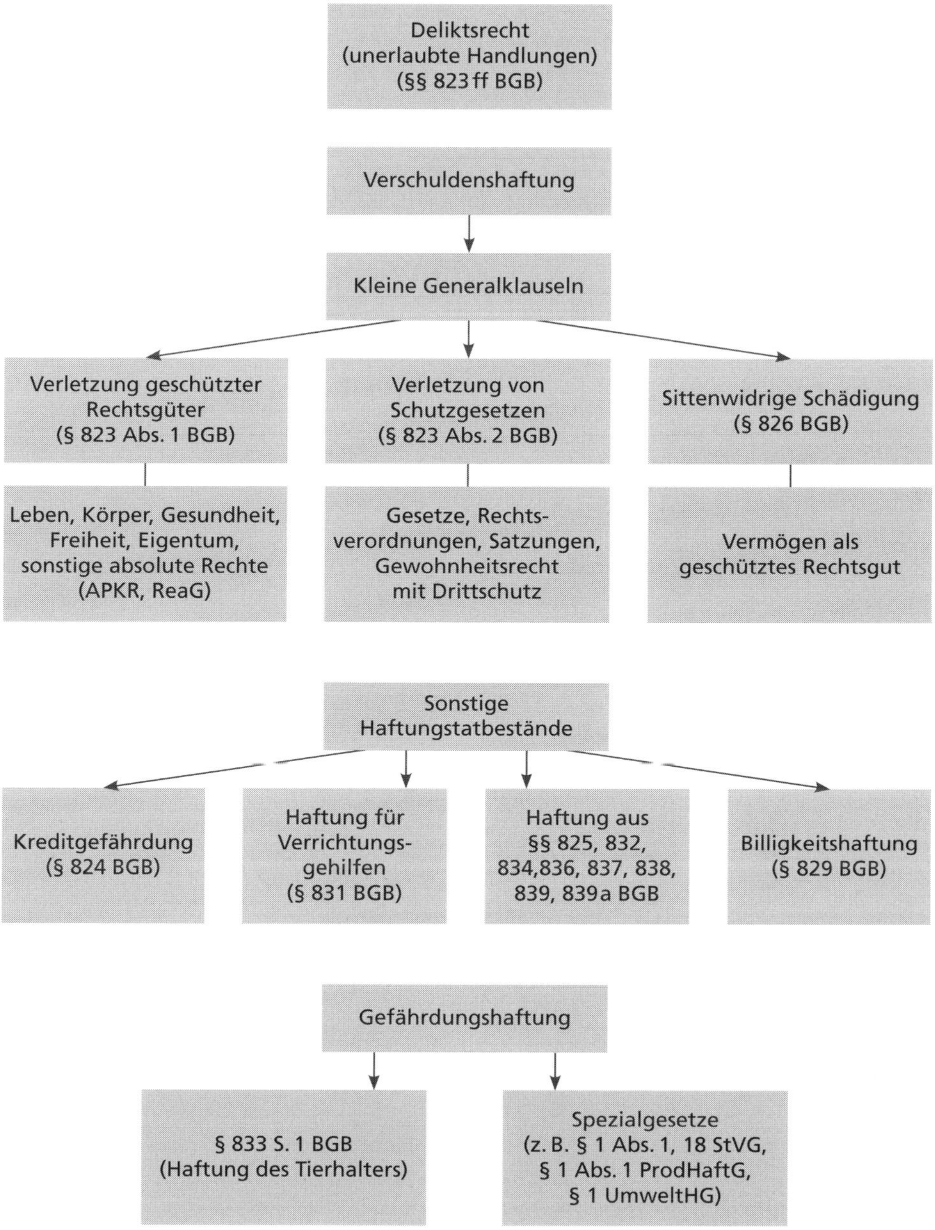

Lehrbücher:

Brox/Walker, Besonderes Schuldrecht, 45. Auflage, München 2021
Looschelders, Schuldrecht, Besonderer Teil, 16. Auflage, München 2021
Oetker/Maultzsch, Vertragliche Schuldverhältnisse, 5. Auflage, Heidelberg 2018
Wagner, Deliktsrecht, 14. Auflage, München 2021
Wandt, Gesetzliche Schuldverhältnisse, 10. Auflage, München 2020

UN-Kaufrecht:

Fischer, Praxishandbuch UN-Kaufrecht, 1. Auflage, Wien 2021
Güllemann, Internationales Vertragsrecht, 3. Auflage, Köln 2018
Herber/Eckhardt, Internationales Kaufrecht, 2. Auflage, München 2022
Horn/Balzer/Borges, UN-Kaufrecht, 3. Auflage, Berlin 2022
Schlechtriem/Schwenzer/Schroeter, Kommentar zum UN-Kaufrecht (CISG), 7. Auflage, München 2019

D. BGB Sachenrecht

Das Sachenrecht ist im **dritten Buch** (§§ 854–1296) des BGB kodifiziert. Es knüpft dabei an die Grundbegriffe über Sachen und Tiere im Allgemeinen Teil (§§ 90–103 BGB) an. Nach § 90 BGB können nur **körperliche Gegenstände** eine Sache sein. Dazu gehören bewegliche Sachen **(Fahrnis)** und unbewegliche Sachen **(Grundstücke)** Das Gesetz unterscheidet zwischen **Besitz** (§§ 854–872 BGB), **Eigentum** (§§ 903–924, §§ 985–1011 BGB) und **beschränkt dinglichen Rechten** (§§ 1018–1296 BGB) z. B. Pfandrecht (§ 1204 BGB) und Nießbrauch (§ 1030 BGB) an einer Sache **(dingliche Rechte)**. Die Erwerbs- und Verlusttatbestände sind gesondert geregelt für Eigentum an Grundstücken (§§ 925–928, 873–902 BGB) und an beweglichen Sachen (§§ 929–984 BGB). Sachenrechtliche **Sondervorschriften** finden sich für den Eigentumsvorbehalt (§ 449 BGB), das Wohnungseigentum (§§ 1 ff WEG) und das Erbbaurecht (§§ 1 ff ErbbauRG).

Die **Funktion** der dinglichen Rechte besteht darin, durch Zuordnung der Sache zu einer Person deren Befugnisse darüber zu bestimmten **(dinglicher Anspruch)**. Wird die Ausübung eines dinglichen Rechts durch einen Dritten beeinträchtigt, kann der Rechtsinhaber zum Schutz des Rechts gegen den Dritten seine dinglichen Ansprüche im Klageweg **(absoluter Klageschutz)** geltend machen. Die dinglichen Ansprüche können auf Herausgabe, z. B. des Eigentums (§ 985 BGB), Beseitigung und Unterlassung, z. B. der Besitzstörung (§ 862 BGB) oder Befriedigung aus beschränkt dinglichem Recht, z. B. aus dem Pfand (§§ 1204, 1228 ff BGB) gerichtet sein. Das Sachenrecht regelt auch Verfügungen über eine Sache **(dingliches Rechtsgeschäft)**, z. B. die Übereignung beweglicher Sachen (§§ 929 ff BGB). Die Verfügungsgeschäfte dienen vor allem der Erfüllung von Verpflichtungsgeschäften, z. B. der Verpflichtung des Verkäufers zur Verschaffung der Kaufsache (§ 433 Abs. 1 S. 1 BGB) durch Übereignung (§ 929 S. 1 BGB). Auf das dingliche Rechtsgeschäft sind die **allgemeinen Regeln** über Willenserklärungen und Rechtsgeschäfte grundsätzlich anwendbar, soweit nicht eine gesetzliche Ausnahme gilt, z. B. Bedingungsfeindlichkeit der Auflassung (§ 925 Abs. 2 BGB), beschränkte Bindungswirkung der Einigung (§ 873 Abs. 2 BGB). Die Vorschriften des Sachenrechts sind **zwingendes Recht** und sorgen für klare Rechtsverhältnisse und damit Rechtssicherheit. Kennzeichnend hierfür sind die Grundsätze der **P**ublizität (Offenkundigkeit), **A**bsolutheit (Allgemeinverbindlichkeit), **S**pezialität (Bestimmtheit), **T**ypisierung (Typenzwang) und **A**bstraktion (Abstraktheit) **(PASTA)**. Teils wird das Prioritätsprinzip auch hierzu gezählt.

I. Grundsätze

1. Publizität

Nach dem Grundsatz der Publizität muss die rechtliche Zuordnung einer Sache zu einer Person jederzeit und nach außen für jedermann erkennbar sein **(Offenkundigkeit)**. Denn sonst können die dinglichen Rechte nicht gegenüber jedermann gelten. Dagegen gilt das Schuldverhältnis nur relativ zwischen den Parteien (Relativität der Schuldverhältnisse). Publizitätsträger ist bei beweglichen Sachen der **Besitz** und bei Grundstücken das **Grundbuch**. Grundsätzlich gilt die gesetzliche Vermutung, dass der Publizitätsträger der dingliche Berechtigte ist (**Vermutungs-** und **Gutglaubenswirkung**). Die Veränderung der dinglichen Rechtslage an einer beweglichen Sache erfordert die Übertragung des Besitzes und bei einem Grundstück die Eintragung im Grundbuch **(Übertragungswirkung)**.

2. Absolutheit

Der Grundsatz der Absolutheit besagt, dass die Sachenrechte gegenüber jedermann wirksam und von jedermann zu beachten sind (**absolute Rechte**). Dagegen haben die Ansprüche im Schuldrecht nur Wirkung zwischen den Parteien (**relative Rechte**). Die Absolutheit bedeutet einen **umfassenden Rechtsschutz**, der für das Eigentum als Vollrecht ausgestaltet ist und auf beschränkt dingliche Rechte ausgeweitet ist, z. B. Herausgabeanspruch des Pfandgläubigers (§§ 985, 1227 BGB). Darüber hinaus ist die durch das Gesetz eingeräumte dingliche Rechtsstellung grundsätzlich personell unteilbar (Ausnahme z. B. bei der Sicherungsübereignung).

3. Spezialität

Dingliche Rechte und Rechtsänderungen können sich aus Gründen der Rechtsklarheit nur auf eine einzelne (**Spezialität**) und zugleich bestimmte Sache (**Bestimmtheit**) beziehen. Es gibt grundsätzlich kein dingliches Recht an einer Sachgesamtheit. Das Schuldrecht kennt hingegen Gattungssachen (§ 243 BGB). Der Grundsatz der Spezialität gilt für die Rechtsträgerschaft und das Verfügungsgeschäft. Der Inhaber eines Unternehmens kann sich zwar ohne Spezifizierung schuldrechtlich wirksam verpflichten, sein Unternehmen als sonstigen Gegenstand (§ 453 Abs. 1 Fall 2 BGB) zu veräußern (**Unternehmenskaufvertrag**). Für den dinglichen Vollzug müssen indessen die einzelnen Wirtschaftsgüter als Vermögensgegenstände (**Asset Deal**) bzw. Anteile am Unternehmen (**Share Deal**) in der gesetzlich vorgeschriebenen Form übertragen werden.

4. Typenzwang

Die dinglichen Rechte werden im Sachenrecht **enumerativ** aufgeführt. Dabei handelt es sich anders als im Schuldrecht mit seiner aufgrund der Vertragsfreiheit bestehenden Typenfreiheit um eine **abschließende Regelung** *(numerus clausus)* der gesetzlich zulässigen Sachenrechte (**Typenzwang**). Dies folgt aus dem Wesen der absoluten Rechte und schafft Rechtsklarheit bei Dritten.

5. Abstraktion

Das schuldrechtliche Verpflichtungsgeschäft wird vom dinglichen Vollzugsgeschäft (durch Verfügung) gesetzlich getrennt (**Trennungsprinzip**). Außerdem ist die rechtliche Wirksamkeit von Verpflichtungs- und Verfügungsgeschäft voneinander unabhängig (**Abstraktionsprinzip**). Dies bedeutet, dass sich eine unwirksame Verpflichtung grundsätzlich nicht auf die Verfügung auswirkt. Es gibt aber bestimmte Fälle, in denen auch das dingliche Rechtsgeschäft unwirksam ist (**Durchbrechung des Trennungs- und Abstraktionsprinzips**):

- Sittenwidrigkeit liegt gerade im dinglichen Vollzug (§ 138 Abs. 1 BGB)
- Nichtigkeit soll aufgrund Geschäftseinheit auch die Verfügung erfassen (§ 139 BGB)
- Bedingte Wirksamkeit der Verfügung, z. B. EVB (§§ 449, 158 BGB)
- Fehleridentität bei Verpflichtungs- und Verfügungsgeschäft

6. Priorität

Nach dem Prioritätsprinzip ist bei mehreren Verfügungen eines Berechtigten über das Eigentum als dingliches Recht nur die **frühere Verfügung** wirksam. Die nachfolgenden Verfügungen über das Eigentum sind unwirksam, da mit Wirksamwerden der zeitlich früheren Verfügung die Rechtsinhaberschaft des Verfügenden endet. Im Unterschied zum Eigentum ist bei bestimmten **beschränkt dinglichen Rechten** eine **Mehrheit von Rechten** möglich. Diese sind allerdings untereinander nicht gleichberechtigt, sondern stehen in einer **Rangfolge**, nach der sich das Recht des Gläubigers auf Anspruch des Erlöses aus der Verwertung seines Rechts bestimmt, wenn der nicht zur Befriedigung aller Gläubiger ausreicht. Bei **Grundbuchrechten** ergibt sich die Rangordnung aus der zeitlichen Reihenfolge (§ 17 GBO) der Eintragungsanträge beim Grundbuchamt (grundbuchrechtlicher Prioritätsgrundsatz). Bei **Mobiliarpfandrechten** geht das früher entstandene Recht einem späteren vor (§§ 1209, 1274 BGB).

II. Besitz

Das Gesetz regelt den Besitz in §§ 854–872 BGB, definiert ihn aber nicht. Nach Rechtsprechung und Literatur ist er eine **vom Eigentum unabhängige** tatsächliche Herrschaft einer Person über eine Sache **(tatsächliche Sachherrschaft)**, die vom Rechtsverkehr anerkannt und von der Rechtsordnung geschützt wird. Folglich ist der Besitz kein subjektives Recht, sondern ein tatsächliches Rechtsverhältnis, das kein rechtsgeschäftliches Handeln erfordert. Im Unterschied dazu ist das Eigentum (§§ 903ff BGB) eine rechtliche Vollherrschaft über eine Sache. Für die Bestimmung der tatsächlichen Sachherrschaft des Besitzers sind eine räumliche Nähe zur Sache, eine gewisse zeitliche Dauer der Herrschaft und ein Wille zum Besitz **(Besitzwille)** als notwendige Kriterien anerkannt. Auf die **Rechtmäßigkeit** des Besitzes kommt es **nicht** an, so dass auch der Mieter (§ 535 BGB) Besitz an der Wohnung und der Dieb (§ 242 StGB) Besitz an einer fremden beweglichen Sache hat.

1. Funktionen

Dem Besitz kommen unterschiedliche Funktionen zu.

a. Schutzfunktion

Der Besitzer hat unabhängig vom Besitzrecht die **possessorischen Besitzschutzansprüche:**

- Besitzwehr und Besitzkehr gem. § 859 BGB bei verbotener Eigenmacht (§ 858 BGB)
- Anspruch auf Wiedereinräumung bei Besitzentziehung (§ 861 BGB)
- Anspruch auf Beseitigung bei Besitzstörung (§ 862 BGB)

Der rechtmäßige Besitzer hat darüber hinaus die **petitorischen Besitzschutzansprüche:**

- Herausgabeansprüche des früheren Besitzers (§ 1007 Abs. 1 und 2 BGB)
- Eingriffs- oder Leistungskondiktion aus Bereicherungsrecht (§ 812 Abs. 1 BGB)
- Schadensersatzanspruch aus Deliktsrecht (§ 823 Abs. 1 BGB)

b. Erhaltungsfunktion

Dem Interesse des Besitzers, möglichst lange im Besitz einer Sache zu bleiben, wird im Gesetz an verschiedenen Stellen Rechnung getragen:

- Besitzrecht gegenüber dem Rechtsnachfolger aus § 986 Abs. 2 BGB
- Veräußerung bricht Miete nicht aufgrund §§ 566, 581 Abs. 2, 593b BGB
- Mieterschutz bei Kündigung, Erwerb, Zwangsversteigerung, Insolvenz

c. Publizitätsfunktion

Der Besitz hat verschiedene Publizitätsfunktionen:

- Übertragungswirkung bei beweglichen Sachen gem. §§ 929, 1032, 1205 BGB bzw. bei Grundstücken gem. §§ 873, 925 BGB
- Vermutungswirkung bei beweglichen Sachen gem. § 1006 Abs. 1 S. 1 BGB bzw. bei Grundstücken gem. § 891 BGB
- Gutglaubenswirkung bei beweglichen Sachen gem. §§ 932–934 BGB bzw. bei Grundstücken gem. §§ 892, 893 BGB

2. Besitzformen

Es werden verschiedene Besitzformen voneinander abgegrenzt.

a. Unmittelbarer Besitz

aa. Erlangung tatsächlicher Gewalt

Nach § 854 Abs 1 BGB erfolgt der Erwerb des unmittelbaren Besitzes durch die Erlangung der tatsächlichen Gewalt über die Sache. Dies setzt eine gewisse **räumliche Beziehung** und **Dauer** zur Sache voraus, die nach der Verkehrsauffassung eine tatsächliche Sachherrschaft zum Ausdruck bringt. Daneben ist noch ein **Besitzbegründungswille** des Erwerbers erforderlich. Darunter wird ein nach außen sichtbarer natürlicher Sachherrschaftswille verstanden, der keine Geschäftsfähigkeit verlangt. Vom **originären** Erwerb, z. B. Aufheben einer Sache, kann der **abgeleitete** Erwerb unterschieden werden. Zu der Erlangung der tatsächlichen Gewalt treten der **Abgabewille** des bisherigen Besitzers, der **Erwerbswille** des Erwerbers und die **Aufgabe** der tatsächlichen Sachgewalt durch Ersteren.

bb. Erwerb durch Einigung

Nach 854 Abs. 2 BGB genügt die **Einigung** des bisherigen Besitzers und des Erwerbers zum Erwerb, wenn der Erwerber in der Lage ist, die Gewalt über die Sache auszuüben. Die Einigung hat **vertraglichen** Charakter und unterliegt den allgemeinen Regeln über Willenserklärungen und Rechtsgeschäfte, z. B. der Stellvertretung nach §§ 164ff BGB. Davon ist die Einigung über den Eigentumsübergang, z. B. nach § 929 BGB, zu unterscheiden, die aber mit der Einigung über den Erwerb der tatsächlichen Sachherrschaft zusammenfallen kann.

Beispiel: Einigung über den Besitzerwerb eines Stapels Holz im Wald, über den der Erwerber jederzeit die Sachherrschaft ergreifen kann, durch Erteilung der Abfuhrerlaubnis.

cc. Besitzbeendigung

Der Besitz wir dadurch beendet, dass der Besitzer die tatsächliche Gewalt über die Sache aufgibt oder in anderer Weise verliert (§ 856 Abs. 1 BGB). Die Aufgabe des Besitzes erfolgt durch ein Handeln oder Unterlassen **mit dem Willen** die Sachherrschaft **aufzugeben**, z. B. durch Wegwerfen der Sache. Davon zu unterscheiden ist eine Beendigung durch Übertragung des Besitzes durch Übergabe oder rechtsgeschäftliche Einigung (§ 854 BGB). Eine Beendigung des Besitzes in anderer Weise bedeutet den Verlust der tatsächlichen Gewalt **ohne den Willen** des Besitzers, z. B. durch Verlieren, Besitzergreifung durch Dritte, oder andere Ereignisse, z. B. Wegnahme durch Vollstreckung einer einstweiligen Verfügung. Der Besitz wird durch eine ihrer Natur nach nur vorübergehende Verhinderung in der Ausübung der Gewalt nicht beendigt, z. B. zeitweilige Eigennutzung durch Besitzdiener (§ 856 Abs. 2 BGB). Beim Tod des Besitzers endet der Besitz und geht gem. § 857 BGB auf den Erben über.

b. Mittelbarer Besitz

aa. Allgemeines

Der mittelbare Besitz ist in § 868 BGB geregelt. Besitzt jemand eine Sache als Nießbraucher, Pfandgläubiger, Pächter, Mieter, Verwahrer oder in einem ähnlichen Verhältnis, vermöge dessen er einem anderen gegenüber auf Zeit zum Besitz berechtigt oder verpflichtet ist, so ist auch der andere Besitzer (**mittelbarer Besitz**). Kennzeichnend ist also, dass ein unmittelbarer Besitzer (**Besitzmittler**) einer anderen Person eine tatsächliche Beziehung zu einer Sache als mittelbaren Besitz vermittelt (**Besitzmittlungsverhältnis**) Die unmittelbare tatsächliche Sachherrschaft wird vom Besitzmittler (**unmittelbarer Besitzer**) ausgeübt, z. B. vom Mieter, wohingegen die andere Person (**mittelbarer Besitzer**) lediglich mittelbar über die Sache verfügen kann, z. B. der Vermieter. Voraussetzung für den mittelbaren Besitz ist neben dem Vorliegen eines Besitzmittlungsverhältnisses (**Besitzkonstitut**), der Fremdbesitzwille des Besitzmittlers (**Besitzmittlungswille**) und der Wille zur Begründung des mittelbaren Besitzes (**Besitzbegründungswillen**) auf Seiten des mittelbaren Besitzers.

bb. Besitzmittlungsverhältnis

Es muss ein Besitzmittlungsverhältnis bestehen, dass sich aus Vertrag, Gesetz oder Hoheitsakt ergeben kann. Dabei muss es sich um ein konkretes Rechtsverhältnis über eine bestimmte Sache handeln, aus welchem der unmittelbare Besitzer (**Unterbesitzer**) vom mittelbaren Besitzer (**Oberbesitzer**) eine abgeschwächte Sachherrschaft ableitet. Nicht erforderlich ist, dass der mittelbare Besitzer vorher Besitzer gewesen ist und der unmittelbare Besitzer durch ihn Besitz erlangt haben muss, da das Gesetz (§ 871 BGB) gestuften mittelbaren Besitz anerkennt. Das Recht oder die Pflicht zum Besitz darf aber nur auf Zeit bestehen, wenngleich der zeitliche Rahmen nicht von vornherein festgelegt sein muss. Daraus folgt nach der Rechtsprechung, dass für das Besitzmittlungsverhältnis ein **Herausgabeanspruch** zwischen mittelbaren Besitzer und Besitzmittler notwendig ist. Dieser muss sich aber nicht aus einem rechtlich wirksamen Vertrag ergeben. Maßgeblich ist nur, dass das Besitzmittlungsverhältnis von den Beteiligten tatsächlich gewollt ist. Sofern der Vertrag unwirksam ist, genügt irgendein Herausgabeanspruch, z. B. aus §§ 812, 823 BGB, GoA, sofern der Anspruch nicht endgültig ausgeschlossen ist. Auch der Anspruch auf Herausgabe an einen Dritten ist ausreichend.

Besitzmittlungsverhältnisse werden regelmäßig durch Vertrag begründet. Das Gesetz nennt in § 868 BGB beispielhaft:

- Nießbrauch (§ 1030 BGB)
- Pacht (§ 581 BGB),
- Miete (§ 535 BGB),
- Verwahrung (§ 681 BGB)

Zudem stellt die Vorschrift auf diesen Verträgen ähnliche Verhältnisse ab, aus denen sich ein Besitzmittlungsverhältnis ergeben kann. Das können u. a. folgende Rechtsgeschäfte sein:

- Leihe (§ 598 BGB)
- Dienstvertrag (§ 611 BGB)
- Werkvertrag (§ 631 BGB)
- Auftrag (§ 662 BGB)
- Geschäftsbesorgung (§ 675 BGB)
- Kommission (§ 383 HGB)

cc. Besitzmittlungswille

Der Besitzmittler muss einen Besitzmittlungswillen haben. Er muss den **Herausgabeanspruch** des mittelbaren Besitzers als Oberbesitzer **anerkennen**. Entsteht das Besitzmittlungsverhältnis kraft Gesetzes, ist der Besitzmittlungswille jedenfalls für dessen Fortbestand erforderlich. Es handelt sich um einen **natürlichen** und nicht rechtsgeschäftlichen **Willen** des Besitzmittlers. Der Wille muss jedoch dem mittelbaren Besitzer **erkennbar** sein.

dd. Besitzerwerbswille

Neben dem Besitzmittlungswillen des unmittelbaren Besitzers soll der Besitzerwerbswille des mittelbaren Besitzers erforderlich sein. Der mittelbare Besitz ist demnach eine Sachherrschaft, die einen Besitzwillen erfordert. Bei vertraglichen Besitzmittlungsverhältnissen ergibt er sich grundsätzliche bereits aus dem Vertrag. Sofern es kraft Gesetzes entsteht, ist er dann jedenfalls für dessen Fortbestand erforderlich. Dagegen wird teils vertreten, dass der mittelbare Besitz ein Rechtsverhältnis und keine Sachherrschaft und deshalb kein Besitzerwerbswille notwendig sei.

ee. Erwerb

Der Erwerb des mittelbaren Besitzes erfolgt durch **Neubegründung** oder **Übertragung**. Bei Neubegründung entsteht der mittelbare Besitz, wenn der unmittelbare Besitzer mit einer anderen Person ein Rechtsverhältnis i. S. v. § 858 BGB begründet und dieser den Besitz mitteln will, z. B. **Vermieter** durch Übergabe der Mietsache an den Mieter. Der unmittelbare Besitzer kann einem anderen mittelbaren Besitz aber auch durch Vereinbarung eines Besitzkonstituts verschaffen und dadurch Besitzmittler werden, z. B. **Sicherungsübereignung** nach § 930 BGB. Auf die Berechtigung des unmittelbaren Besitzers kommt es nicht an, so dass der mittelbare Besitz auch dann entsteht, wenn er dadurch die Rechte eines Dritten verletzt. Der mittelbare Besitzer kann selbst ein Besitzmittlungsverhältnis mit einem Dritten begründen, so dass ein **mehrstufiger** mittelbarer Besitz nach § 871 BGB vorliegt.

ff. Übertragung

Die Übertragung des mittelbaren Besitzes kann rechtsgeschäftlich oder gesetzlich erfolgen. Die **rechtsgeschäftliche** Übertragung erfolgt gem. § 870 BGB durch **Abtretung** (§ 398 BGB) des schuldrechtlichen Herausgabeanspruchs aus dem Besitzmittlungsverhältnis, z. B. §§ 546 Abs. 1, 604 Abs. 1, 695 S. 1 BGB. Ist dieses unwirksam, kann der Anspruch aus § 812 BGB oder GoA abgetreten werden, nicht aber der Herausgabeanspruch des Eigentümers aus § 985 BGB, da er nicht abtretbar ist, sondern dem Eigentum folgt. Eine Mitwirkung oder Kenntnis des unmittelbaren Besitzers ist nach der Rechtsprechung für die Abtretung nicht erforderlich. Beim **gesetzlichen** Übergang eines Anspruchs beurteilt es sich nach dem **Zweck der Norm**, ob der mittelbare Besitz übergeht, z. B. bei Veräußerung des vermieteten Wohnraums an den Erwerber anstelle des Vermieters (§ 566).

gg. Verlust

Der Verlust des mittelbaren Besitzes erfolgt bei **Beendigung** des **Besitzmittlungsverhältnisses** unter gleichzeitigem Erlöschen des Herausgabeanspruchs, z. B. durch Rückgabe (§ 362 BGB), Erlass (§ 397 BGB), Eintritt auflösender Bedingung (§ 158 Abs. 2 BGB), Aufhebungsvertrag. Auch bei Beendigung des **unmittelbaren Besitzes** durch den Besitzmittler und Beseitigung der Beziehungen des mittelbaren Besitzers zur Sache entfällt der mittelbare Besitz, z. B. Verbrauch, Veräußerung, Verlust, Besitzaufgabe. Dabei muss der Aufgabewille erkennbar in

Erscheinung treten (**objektive Erkennbarkeit**). Er muss aber weder dem mittelbaren Besitzer erkennbar gemacht werden, noch kommt es auf dessen Willen an. Die Aufgabe des mittelbaren Besitzes kann aber auf seine Anweisung hin erfolgen, mit einer anderen Person ein Besitzkonstitut zu begründen. Die Berechtigung des Besitzmittlers zur Besitzaufgabe ist aber ungeachtet dessen unerheblich. Das Besitzkonstitut entfällt deshalb auch, wenn der Besitzmittler die Sache für einen Dritten oder sich selbst als Eigenbesitzer (§ 872 BGB) besitzen will.

c. Besitzdiener

Übt jemand die tatsächliche Gewalt über eine Sache für einen anderen in dessen Haushalt oder Erwerbsgeschäft oder in einem ähnlichen Verhältnis aus, vermöge dessen er den sich auf die Sache beziehenden Weisungen des Anderen Folge zu leisten hat (**Besitzdiener**), so ist nach § 855 BGB nur der andere Besitzer (**Besitzherr**). Der Besitzherr ist demnach unmittelbarer Besitzer, wohingegen der Besitzdiener keinerlei Besitz hat. Dessen Weisungsabhängigkeit muss auf einem vertraglichen oder gesetzlichen Unterordnungsverhältnis basieren, dass nach außen erkennbar ist. Nach der Rechtsprechung sind Arbeitnehmer, auch leitende Angestellte, bezüglich der ihnen zur Ausübung überlassenen Sachen als Besitzdiener anzusehen. Dagegen gilt dies nicht für Beauftragte, Geschäftsbesorger oder Werkunternehmer, da die Vorschriften über den Auftrag, Geschäftsbesorgungsvertrag und Werkvertrag kein Direktionsrecht vorsehen.

Beispiele: Der Handlungsreisende hat den Weisungen seines Prinzipals in Bezug auf die in seinen Händen befindlichen Muster, Musterkoffer und dergleichen während der Reise ebenso Folge zu leisten, wie während seiner Anwesenheit im Geschäft. Deshalb bleibt der Prinzipal auch während der Reise seines Angestellten unmittelbarer Besitzer der ihm gehörigen Sachen (RGZ 71, 248).

Der Pfandhalter ist hinsichtlich der in einem Lagerraum verwahrten und zu verpfändenden Ware der beauftrage Besitzdiener der vermeintlichen Pfandgläubigerin. Sofern der Besitzdiener als solcher nicht äußerlich für diese hervortritt, erlangt sie aber keinen Besitz und kein Pfandrecht (RGZ 66, 258).

Eine Platzanweiserin, die verpflichtet ist, in einem Theaterraum verlorene Gegenstände bei der Geschäftsleitung abzugeben, erwirbt den Besitz an den Fundsachen nicht für sich selbst, sondern als Besitzdiener für ihren Arbeitgeber (BGHZ 8, 130).

d. Alleinbesitz

Alleinbesitz ist der typische Fall, dass eine Person die Sachherrschaft alleine ausübt. Dieser liegt auch vor, wenn jemand nur einen Teil einer Sache, insbesondere abgesonderte Wohnräume oder andere Räume, in Form von Teilbesitz i. S. d. § 865 BGB besitzt. Der Alleinbesitz ist auch vom Mitbesitz abzugrenzen. Nach h. M. hat der Mieter eines Bankschließfaches Alleinbesitz am Inhalt des gemieteten Faches. Da die Bank das Schließfach unter ihrem Mitverschluss hat, begründet sie dadurch zugleich an diesem, nicht aber dem Inhalt, (qualifizierten) Mitbesitz.

e. Mitbesitz

aa. Einfacher Mitbesitz

Beim Mitbesitz üben mehrere Personen unabhängig voneinander die tatsächliche Herrschaft über die gesamte Sache oder einen Teil der Sache aus (**einfacher Mitbesitz**). Jeder Mitbesitzer muss die Sachherrschaft aufgrund **eigenen Besitzwillens** haben. Dieser muss zur Vermeidung der Verschleierung der Besitzverhältnisse **objektiv erkennbar** sein. Die bloße Mitbenutzung einer Sache unter Anerkennung des fremden Besitzes genügt nicht. Die tatsächliche Sachherrschaft ist gleichberechtigt und durch den Mitbesitz der jeweils anderen beschränkt. Mitbesitz ist in jeder Besitzform, als unmittelbarer oder mittelbarer, Eigen-, Fremd- oder Teilbesitz möglich.

Beispiele: Mieter von Gewerberäumen in einem Fabrikanwesen haben Mitbesitz an einem dort befindlichen Lastenaufzug, der ihnen nach den Mietverträgen zur Verfügung steht (BGHZ 62, 243). Nimmt der Wohnungsmieter einen nichtehelichen Lebensgefährten auf, muss sich dessen Mitbesitz an der Wohnung aus den Umständen klar ergeben (BGH NJW 2008, 1959).

bb. Qualifizierter Mitbesitz

Beim Mitbesitz können mehrere Personen auch lediglich gemeinschaftlich zur Ausübung der tatsächlichen Gewalt in der Lage sein (**qualifizierter Mitbesitz**). Das gilt insbesondere für den Mitverschluss nach § 1206 Fall 1 BGB, z. B. Bankschließfach, Doppelschloss, wenn von zwei Schlüsseln beide zum Öffnen erforderlich sind.

cc. Rechtliche Wirkung

Für den Mitbesitz gelten grundsätzlich die **allgemeinen Besitzregeln**. Nach § 868 BGB findet der possessorische Besitzschutz (§ 862 BGB) jedoch keine Anwendung, soweit die Störungen des Mitbesitzes die Grenzen des Sachgebrauchs betreffen, der jedem Mitbesitzer zusteht. Das gilt aber nicht für eine vollständige Besitzentziehung (§ 861 BGB) und eine Besitzstörung, die dazu führt, dass der Mitbesitzer seinen Besitz ähnlich wie bei der Besitzentziehung nicht mehr ausüben kann. Im Außenverhältnis stehen jedem Besitzer indessen die Besitzschutzrechte zu. Auch sind die petitorischen Besitzschutzansprüche der Mitbesitzer nach §§ 812 Abs. 1, 823 Abs. 1, 1007 Abs. 1 und 2 BGB nicht ausgeschlossen. Im Übrigen begründet Mitbesitz als solcher keine Gesamtschuld (§§ 421 ff BGB) zur Herausgabe der Sache.

f. Teilbesitz

Nach § 865 BGB gelten die §§ 858–864 BGB auch für den Teilbesitz. Dieser liegt vor, wenn eine Person die uneingeschränkte Herrschaft über einen **realen Teil** einer Sache hat. Es kann sich um einen räumlich abgegrenzten Teil oder Bestandteile einer Sache handeln und zwar auch wesentliche Bestandteile (§ 93 BGB). Als Beispiele nennt § 865 BGB **Wohnräume** oder andere **Räume**. In Betracht kommen auch Teilflächen oder Bestandteile am Grundstück, z. B. Garten, Bäume, andere Gebäudeteile als Räume, z. B. Außen-, Innenwände oder Terrassen. Teilbesitz setzt die tatsächliche Beherrschbarkeit des Sachteils nach der Verkehrsanschauung voraus. Bei **Mietwohnungen** hat jeder Mieter unmittelbaren alleinigen (Allein-) und Teilbesitz an seiner Wohnung sowie Mitbesitz an den Gemeinschaftsflächen, z. B. Boden, Keller, Treppenhaus. Der Vermieter hat i. d. R. Teilbesitz an nicht vermieteten Teilen des Gebäudes.

g. Eigenbesitz

Wer die Sache als ihm gehörig besitzt, hat nach § 872 Eigenbesitz. Dazu muss der Besitzer den natürlichen Willen haben, die tatsächliche Gewalt über die Sache **wie ein Eigentümer** unter Ausschluss Dritter auszuüben. Es ist nicht erforderlich, dass sich der Wille auf das Eigentum oder den rechtmäßigen Erwerb stützt, z. B. Dieb, Hehler, bösgläubiger Erwerber (§ 932 Abs. 2

BGB). Der Besitzer ist **Fremdbesitzer**, solange er nicht den Willen hat, die Sachherrschaft wie ein Eigentümer auszuüben. An den Eigenbesitz als tatbestandliche Voraussetzung knüpft die Ersitzung nach § 937 BGB wie auch die Eigentumsvermutung nach § 1006 BGB an.

h. Fremdbesitz

Fremdbesitzer ist, wer eine Sache nicht mit dem Willen als Eigentümer, sondern in Bezug auf ein sonstiges Recht **für einen anderen** besitzen will. Das gilt für den **Besitzmittler** im Rahmen eines Besitzmittlungsverhältnisses, der eine fremde Sache in Anerkennung fremden Eigentums besitzt, z. B. Mieter, Pächter, Entleiher, Verwahrer, Finder.

III. Eigentum

1. Allgemeines

Das Eigentum ist ein dingliches Recht an Sachen, das gegenüber jedermann gilt, soweit nicht das Gesetz oder Rechte Dritter entgegenstehen (**absolutes Recht**). Es wird in §§ 903–1011 BGB für das gesamte Privatrecht geregelt und grundrechtlich durch Art. 14 GG gewährleistet. Das zivilrechtliche Eigentum erfasst nur Sachen als körperliche Gegenstände (§ 90 BGB). Dagegen wird das geistige Eigentum an immateriellen Gütern (**Immaterialgüterrechte**) durch die Gesetze des gewerblichen Rechtsschutzes und Urheberrechts sowie des Lauterkeitsrecht geschützt. Das **Unternehmen** als Ganzes unterfällt auch **nicht** dem Eigentumsbegriff, da es kein Eigentum an einer Sachgesamtheit gibt, sondern nur an einzelnen Sachen. Allerdings wird das Recht am eingerichteten und ausgeübten Gewerbebetrieb (**ReaG**) als sonstiges absolutes Recht nach § 823 Abs. 1 BGB vor betriebsbezogenen Eingriffen deliktisch geschützt.

2. Beschränkungen

Nach § 903 S. 1 BGB darf der Eigentümer einer Sache mit ihr grundsätzlich **nach seinem Belieben verfahren**, über sie verfügen, sie tatsächlich nutzen und Einwirkungen Dritter auf die Sache ausschließen. Die Eigentümerbefugnisse werden durch Vorschriften des Privatrechts und des öffentlichen Rechts beschränkt.

a. Privatrecht

Das Eigentumsrecht wird im bürgerlichen Recht durch spezielle Vorschriften beschränkt. Einige sehen einen Anspruch auf Schadloshaltung als Ausgleich für eine Duldungspflicht vor.

Privatrechtliche Beschränkungen des Eigentumsrechts, z. B.:

- Tierschutz (§ 903 S. 2 BGB)
- zivilrechtlicher Notstand (§ 904 BGB)
- Begrenzung des Grundeigentums (§ 906 BGB)
- privates Nachbarschaftsrecht (§§ 906–924 BGB)
- beschränkt dingliche Rechte (§§ 1018–1296 BGB)

allgemeine Schranken:

- Missbrauchsverbot (§ 242 BGB),
- Schikaneverbot (§ 226 BGB)
- Schädigungsverbot (§ 826 BGB)

b. Öffentliches Recht

Das Eigentumsrecht wird auch durch zahlreiche öffentlich-rechtliche Vorschriften beschränkt.

Öffentlich-rechtliche Beschränkungen des Eigentumsrechts, z. B.:

- Baurecht (BauGB) und Bauplanungsrecht (Bauordnungen der Länder)
- Raumordnungsrecht (Flurbereinigungs-, Raumordnungsgesetz)
- Umweltrecht (WHG, AtomG, BImSchG, BNatSchG)
- Öffentliches Verkehrs-/Sachenrecht (Gemeingebrauch, Anliegergebrauch)
- Straf- und Zwangsvollstreckungsrecht (Beschlagnahme, Einziehung, Verfall)

3. Eigentumsformen

a. Alleineigentum

Alleineigentum liegt vor, wenn der Rechtsinhaber der Sache **nur eine** natürliche oder juristische **Person** ist (§ 903 BGB).

b. Miteigentum

Das Miteigentum wird in §§ 1008–1011 BGB geregelt. Dabei steht das Eigentum an einer Sache **mehreren** natürlichen oder juristischen **Personen** nach Bruchteilen zu (§ 1008 BGB). Es gelten die Vorschriften der §§ 741–758 BGB (**Gemeinschaft nach Bruchteilen**). Jeder Miteigentümer kann unabhängig von den anderen über seinen Anteil verfügen. Über den gemeinschaftlichen Gegenstand im Ganzen können die Teilhaber nur gemeinschaftlich verfügen (§ 747 BGB). Die Eigentumsrechte daran, z. B. §§ 985, 1004 BGB, kann jeder Miteigentümer geltend machen, die Herausgabe der Sache jedoch nur an alle gemeinschaftlich verlangen (§§ 1011, 432 BGB).

c. Gesamthandseigentum

Gesamthandseigentum besteht an Sachen, die zum Vermögen einer Gesamthandsgemeinschaft gehören. Die Gesamthänder sind an jedem einzelnen Gegenstand des Vermögens beteiligt und zugleich auch alle Inhaber des **Gesamthandsvermögens**. Das Gesamthandseigentum kann nicht rechtsgeschäftlich begründet werden, sondern tritt **gesetzlich** ein, z. B. gemäß § 54 BGB (nicht rechtsfähiger Verein), §§ 718ff BGB (GbR), §§ 105ff, 161ff HGB (OHG und KG). Danach kann ein Gesamthänder nicht allein über einen einzelnen Gegenstand des Vermögens verfügen und grundsätzlich auch nicht über seinen Anteil am Gesamthandsvermögen.

d. Wohnungseigentum

aa. Allgemeines

Das Wohnungseigentum ist nach den Vorschriften im Wohnungseigentumsgesetz geregelt. Es ist das **Sondereigentum** an einer Wohnung in Verbindung mit dem **Miteigentumsanteil** an dem gemeinschaftlichen Eigentum, zu dem es gehört (§ 1 Abs. 2 WEG). Das Mitgliedschaftsrecht in der Wohnungseigentümergemeinschaft, welches ein Stimmrecht in der Versammlung der Wohnungseigentümer (§ 23 WEG) gewährt, wird vom Wohnungseigentum miterfasst. Davon zu unterscheiden ist das **Teileigentum** an nicht zu Wohnzwecken dienenden Räumen eines Gebäudes in Verbindung mit dem Miteigentumsanteil, zu dem es gehört (§ 1 Abs. 3 WEG), z. B. Ladengeschäfte, Geschäftsräume, Räume für sonstige gewerbliche Zwecke. Zudem gibt es zum gemeinschaftlichen Eigentum gehörende Teile, Anlagen und Einrichtung des Gebäudes (**Gemeinschaftseigentum**), die nicht im Sondereigentum eines Wohnungseigentümers oder im Eigentum eines Dritten stehen, z. B. Fundament, Außenwände, Geschossdecken, Dach.

bb. Begründung

Nach § 2 WEG wird das Sondereigentum durch **vertragliche Einräumung** (§ 3 WEG) oder durch **Teilung** (§ 8 WEG) begründet. Zur vertraglichen Einräumung und zur Aufhebung des Sondereigentums ist die Einigung über den Eintritt der Rechtsänderung und die Eintragung in das **Grundbuch** erforderlich (§ 4 Abs. 1 WEG). Die Einigung ist ein dinglicher Vertrag, der in der Form der Auflassung (§ 925 Abs. 1 BGB) vor einem Notar oder einer sonstigen zuständigen Stelle erfolgen muss. Davon zu unterscheiden ist der schuldrechtliche Vertrag, der dem dinglichen Rechtsgeschäft als Verpflichtungsgeschäft zugrunde liegt, z. B. Kaufvertrag (§ 433 BGB). Der **Kausalvertrag** bedarf nach § 4 Abs. 3 WEG der notariellen **Beurkundung** (§ 311b Abs. 1 BGB). Der Eigentümer eines Grundstücks kann durch Erklärung gegenüber dem Grundbuchamt das Eigentum teilen (**Teilung**) und damit Sondereigentum an einer bestimmten Wohnung oder an nicht zu Wohnzwecken dienenden bestimmten Räumen in einem Gebäude begründen. Dabei handelt es sich um eine formfreie einseitige Erklärung (**dingliche Verfügung**) des Eigentümers oder sonstigen Verfügungsberechtigten gegenüber dem Grundbuchamt. Die Teilung wird mit der Anlegung der Wohnungsgrundbücher wirksam (§ 8 Abs. 2 S. 2 WEG).

4. Gesetzlicher Eigentumserwerb bei Mobilien

Das Eigentum an beweglichen Sachen (**Mobilien**) kann **originär** kraft **Gesetzes** oder **Hoheitsakts** erworben worden. Ein Eigentumserwerb kraft Hoheitsakts erfolgt z. B. bei der Zwangsvollstreckung des Gläubigers nach der Zwangsversteigerung gepfändeter beweglicher Sachen des Schuldners mit Ablieferung der zugeschlagenen Sache beim Ersteher, dem lastenfreies Eigentum übertragen wird (§ 817 ZPO). Tatbestände eines gesetzlichen Eigentumserwerbs sind insbesondere folgende:

- Verbindung, Vermischung, Verarbeitung (§§ 946–950 BGB)
- Erwerb an getrennten Erzeugnissen und Bestandteilen (§§ 953–957 BGB)
- Aneignung herrenloser Sachen (§§ 958–964 BGB)
- Fund verlorener Sachen (§§ 973f, 976, 984 BGB)
- Ersitzung einer Sache (§§ 937–945 BGB)

5. Rechtsgeschäftlicher Eigentumserwerb bei Mobilien

Das Eigentum an beweglichen Sachen (**Mobilien**) kann durch rechtsgeschäftliche Übertragung nach §§ 929ff BGB erworben werden.

a. Übertragung des Eigentums durch Einigung und Übergabe

Die rechtsgeschäftliche Übertragung des Eigentums an einer beweglichen Sache kann durch Einigung und Übergabe erfolgen. Nach § 929 S. 1 BGB ist erforderlich, dass der Eigentümer die Sache dem Erwerber übergibt und beide darüber einig sind, dass das Eigentum übergehen soll.

aa. Einigung

Die Einigung nach § 929 S. 1 BGB ist ein **formfreier** Vertrag durch zwei übereinstimmende Willenserklärungen, nach denen der Erwerber Eigentümer werden soll. Sie ist ein **dinglicher Vertrag**, auf den die die allgemeinen Regeln über Willenserklärungen und Rechtsgeschäfte Anwendung finden und von dem zugrunde liegenden Verpflichtungsgeschäft zu unterscheiden. Der schuldrechtliche und der dingliche Vertrag können aber zusammenfallen. Die Einigung kann ausdrücklich oder durch schlüssiges Handeln **(konkludent)** erfolgen und unter einer Bedingung (§ 158 BGB), z. B. Eigentumsvorbehalt (§ 449 Abs. 1 BGB) oder Befristung (§ 163 BGB) stehen. Steht die Einigung unter einer Bedingung, ist nur der Übergang des Eigentums bedingt, wohingegen die Einigung selbst unbedingt ist. Nach dem Grundsatz der **Spezialität** und Bestimmtheit muss sich die Einigung auf eine konkrete und bestimmte Sache beziehen. Sachgesamtheiten müssen in ihrem Bestand zumindest einzeln bestimmbar sein. Des Weiteren muss der Wille der Parteien zur Übertragung des Eigentums **(Eigentumsübertragungswille)** im **Zeitpunkt der Übergabe** fortbestehen, da die Einigungserklärung des Veräußerers bis dahin nach herrschender Meinung einseitig frei widerrufen werden kann. Es besteht jedoch eine Vermutungswirkung für das Fortbestehen eines einmal erklärten Einigungswillens.

bb. Übergabe

Zur Übertragung des Eigentums ist neben der Einigung die Übergabe der beweglichen Sache vom Eigentümer auf den Erwerber notwendig. Dazu muss der Eigentümer den **unmittelbaren Besitz** an der Sache endgültig **aufgeben** und darf nicht mittelbaren oder Mitbesitz behalten. Er darf aber Besitzdiener des Erwerbers sein. Die Übertragung des Besitzes auf den Erwerber kann auf unterschiedliche Weise erfolgen.

cc. Unmittelbarer Besitz

Zur Übergabe der beweglichen Sache kann der Eigentümer dem Erwerber den unmittelbaren Besitz übertragen. Dafür ist erforderlich, dass er dem Erwerber die **tatsächliche Gewalt** durch Einräumung der Herrschaft über die Sache verschafft.

dd. Mittelbarer Besitz

Ist der Eigentümer mittelbarer Besitzer, kann er seinen unmittelbaren Besitzer **anweisen**, die Sache dem Erwerber zu übergeben oder mit diesem ein **Besitzmittlungsverhältnis** nach § 868 BGB zu vereinbaren. Zudem kann der Eigentümer die Sache auf Weisung des Erwerbers dessen Besitzmittler übergeben.

ee. Besitzdiener

Der Eigentümer kann seinen Besitzdiener zum unmittelbaren Besitzer machen, ihn anweisen, den Anweisungen des Erwerbers zu folgen oder selbst Besitzdiener des Erwerbers werden. Der Eigentümer kann den Besitzdiener zudem anweisen, den unmittelbaren Besitz auf den Erwerber zu übertragen. Der Erwerber muss mit dieser Vorgehensweise jeweils einverstanden sein.

ff. Geheißerwerb

Eine Übergabe ist auch **ohne Besitzerwerb** des Erwerbers möglich, sofern Repräsentanten auf Seiten des Veräußerers oder des Erwerbers eingeschaltet werden **(Geheißpersonen)**, die weder Besitzdiener (§ 855 BGB) noch Besitzmittler (§ 866 BGB) sind **(Geheißerwerb)**. Dabei kann der Veräußerer den Repräsentanten, z. B. Lieferanten, anweisen, die Sache dem Erwerber auf sein Geheiß zu übergeben (abgekürzte Lieferung), um ihm so den Besitz zu verschaffen (**Geheißerwerb auf Veräußererseite**). Die Sache kann auch auf Anweisung des Erwerbers an dessen Geheißperson übergeben werden (**Geheiß auf Erwerberseite**). Zudem können auf Seiten des Veräußerers als auch des Erwerbers Geheißpersonen eingeschaltet sein (**doppelter Geheißerwerb**). Schließlich kann der Erwerber, ohne Besitz zu begründen, die Geheißperson anweisen, die Sache an eine weitere Person, z. B. einen Anschlusskäufer, zu liefern (**Streckengeschäft**). Die Anweisung tritt an die Stelle des Besitzerwerbs. Dies wird damit gerechtfertigt, dass der Erwerber des Eigentums den tatsächlichen Verlauf der Besitzübertragung durch seine Anweisung bestimmten kann. Zu beachten ist, dass beim Streckengeschäft jeder Erwerber in der Lieferkette durch die Anweisung für eine „juristische Sekunde" Eigentum erwirbt (**Durchgangseigentum**).

b. Übertragung des Eigentums durch Einigung ohne Übergabe

Die Übergabe der Sache ist nach § 929 Abs. 1 S. 2 BGB entbehrlich, wenn der Erwerber diese bereits unmittelbar (auch über einen Besitzdiener) oder mittelbar besitzt (**Eigenbesitz des Erwerbers**) und der Veräußerer jeden Besitz aufgibt. Weiter ist erforderlich sich der Besitzer mit dem Veräußerer darüber einigt (**Einigung**), dass das Eigentum an den Besitzer als Erwerber übergehen soll. Da die Übereignung keiner formlichen Übergabe der Sache bedarf, wird sie auch als Übereignung kurzer Hand *(brevi manu traditio)* bezeichnet.

c. Übertragung des Eigentums durch Besitzkonstitut

Ist der Eigentümer im Besitz der Sache, so kann die Übergabe dadurch ersetzt werden, dass zwischen ihm und dem Erwerber ein Rechtsverhältnis (**Besitzkonstitut**) vereinbart wird, durch das der Erwerber (mittelbarer Besitzer) den mittelbaren Besitz erlangt (§ 930 BGB). Damit wird der veräußernde Eigentümer vom Eigenbesitzer zum Fremdbesitzer.

aa. Konstitutives Besitzkonstitut

Das Besitzmittlungsverhältnis (**Besitzkonstitut**) kann auch bereits vor Erlangung des Besitzes vereinbart werden (**konstitutives Besitzkonstitut**). Es kommt dann in dem Zeitpunkt zustande, in welchem der Veräußerer den unmittelbaren Besitz an der Sache erlangt. Dies setzt allerdings voraus, dass die Einigung über die Begründung des mittelbaren Besitzes und zugleich der Wille des Veräußerers, für den Erwerber die Sache als Fremdbesitzer besitzen zu wollen, in diesem Zeitpunkt weiterhin vorliegt. Der Erwerbstatbestand ist dann erfüllt, wenn der Veräußerer den Besitz an der Sache tatsächlich erlangt. Zu beachten ist dabei, dass der Veräußerer jedenfalls für eine „juristische Sekunde" Eigentum erlangt (**Durchgangserwerb**) und es von gesetzlichen, (z. B. § 562 BGB) und Grundpfandrechten (z. B. § 1120 BGB) erfasst werden kann, mit dem das Eigentum des unmittelbar nachfolgenden Erwerbers als mittelbarer Besitzer dann belastet ist. Das konstitutive Besitzkonstitut wird in der Praxis vor allem bei der Sicherungsübereignung eines wechselnden Sachbestands (**revolvierende Globalsicherheit**) verwendet.

bb. Sicherungsübereignung

Die Sicherungsübereignung ist eine **nicht akzessorische Sicherheit**, die in der Praxis ebenso wie die Sicherungsabtretung zur Kreditsicherung genutzt wird. Auch sie vermeidet das Erfordernis einer Anzeige der Verpfändung (§ 1205 Abs. 2 BGB a. E.) an den Pfandgläubiger. Dabei wird zwischen einem Unternehmen als sicherungsgebendem Kreditschuldner (**Siche-**

rungsgeber) und dessen sicherungsnehmender Bank (**Sicherungsnehmer**) typischerweise die Übereignung an einem wechselnden Sachbestand des Sicherungsgebers (**revolvierende Globalsicherheit**) sicherungshalber vereinbart. Der Sicherungsvertrag enthält eine dingliche Einigung (§ 929 S. 1 BGB) und ein dingliches Besitzkonstitut (§ 930 BGB), durch das dem Sicherungsnehmer das **volle Eigentumsrecht** an den gegenwärtigen und zukünftigen Waren des Sicherungsgebers im Zeitpunkt seines Besitzerwerbs bei Eingang der Ware, z. B. vom Hersteller oder Lieferanten., übertragen wird. Zu beachten ist, dass die dingliche Einigung und das Besitzkonstitut den Anforderungen an die Grundsätze der sachenrechtlichen Spezialität und Bestimmtheit genügen müssen. Dazu wird in der Praxis üblicherweise vereinbart, dass alle Waren in einem bestimmten Raum, z. B. Warenlager, zur Sicherheit übereignet werden (**Raumsicherungsklausel**) und diese durch **Listen** und eine Raummarkierung in **Anlagen** zum Sicherungsvertrag näher bestimmt werden. Zugleich wird schuldrechtlich in der **Sicherungsabrede** der **Sicherungszweck** vereinbart. Dabei ist zu beachten, dass die Sicherungsabrede selbst nach Auslegung des Parteiwillens bereits das Besitzkonstitut begründen kann. Hinsichtlich der Rechte aus dem **Sicherungsvertrag**, einer etwaigen **Übersicherung** und den Gegenrechten bei **Zwangsvollstreckung** durch Drittgläubiger sowie in der **Insolvenz** von Sicherungsgeber oder Sicherungsnehmer gelten die Grundsätze wie bei der Sicherungsabtretung von Forderungen.

d. Übertragung des Eigentums durch Abtretung des Herausgabeanspruchs

Ist ein Dritter im Besitz der Sache, so kann die Übergabe nach § 931 BGB dadurch ersetzt werden, dass der Eigentümer dem Erwerber den Anspruch auf Herausgabe der Sache abtritt. Sofern der Veräußerer mittelbaren Besitz hat kann dieser nach § 870 BGB durch **Abtretung** des Herausgabeanspruchs **aus dem Besitzmittlungsverhältnis** an den Erwerber übertragen werden. Ist der Veräußerer nicht der mittelbare Besitzer, können auch **schuldrechtliche Ansprüche** aus § 812 BGB oder § 823 BGB abtretbar sein. Der Herausgabeanspruch aus § 985 BGB ist dagegen nicht abtretbar, sondern folgt dem Eigentum nach der Abtretung (§§ 931, 870, 398 BGB). Die Übertragung des Eigentums erfordert zudem eine **Einigung** (§ 929 S. 1 BGB), die sich aufgrund Auslegung aus der Abtretung des Herausgabeanspruchs selbst konkludent ergeben kann. Nach h. M. genügt auch die bloße Einigung zur Übertragung des Eigentums auf den Erwerber, wenn er nicht mittelbarer Besitzer ist und auch sonst kein abtretbarer Herausgabeanspruch besteht, so bei Übereignung besitzloser Sachen (z. B. Ring auf dem Meeresgrund). Die Einigungserklärung des Veräußerers muss im Zeitpunkt der Abtretung des Herausgabeanspruchs noch vorliegen, da sie bis dahin einseitig frei widerrufen werden kann.

e. Sonderfälle

Teilweise kann auch eine Wahlmöglichkeit zwischen § 930 BGB und § 931 BGB bestehen und zudem eine Übereignung nach § 929 S. 1 BGB in Betracht kommen.

f. Übereignung an den, den es angeht

Bei der Übereignung an den, den es angeht, tritt der **Vertreter im eigenen Namen** auf, will das Eigentum aber nicht für sich, sondern für den Erwerber erlangen. Da es dem Veräußerer aber gleichgültig ist, wer Eigentümer wird, gibt er das Angebot zur dinglichen Einigung an den ab, den es angeht. Dieses Angebot nimmt der mittelbare Vertreter für den Erwerber an, so dass die Einigung zwischen diesem und dem Veräußerer zustande kommt. Zudem besteht zwischen Vertreter und Erwerber ein **antizipiertes Besitzkonstitut** (§ 868 BGB). Dadurch tritt mit der Übergabe der Sache an den Vertreter die Eigentumsübertragung auf den Erwerber ein. Es findet ein Direkterwerb ohne Durchgangserwerb des Vertreters für eine „juristische Sekunde" statt. Dabei handelt es sich um Fälle, in denen es dem Veräußerer gleichgültig ist, wer Eigentümer wird (**verdecktes Geschäft für den, den es angeht**), so bei Bargeschäften des täglichen Lebens und massenhaften Handelsgeschäften.

g. Eigentumsvorbehalt

aa. Allgemeines

Der Eigentumsvorbehalt ist in § 449 BGB geregelt und ebenso wie Sicherungsabtretung und Sicherungsübereignung eine **nicht akzessorische Sicherheit**. Er sichert den **Warenkredit**, den der Lieferant dem Unternehmer einräumt, wenn er den Kaufpreis nicht im Voraus oder Zug um Zug (§§ 320–322 BGB) gegen Übergabe der gekauften Sache erhält, vor unberechtigten Verfügungen des Käufers und dessen Gläubigern. Zudem sichert er den Kredit des Unternehmers beim **Ratenkauf** (§§ 506 Abs. 3, 507 BGB) des Verbrauchers (§ 474 BGB).

bb. Einfacher Eigentumsvorbehalt

Hat sich der Verkäufer einer beweglichen Sache das Eigentum bis zur Zahlung des Kaufpreises vorbehalten, so ist nach § 449 Abs. 1 BGB im Zweifel (**Auslegungsregel**) anzunehmen, dass das Eigentum unter der aufschiebenden Bedingung vollständiger Kaufpreiszahlung (§ 158 Abs. 2 BGB) übertragen wird (**Eigentumsvorbehalt**). Eine formularmäßige Vereinbarung (AGB) ist gem. § 307 Abs. 1 BGB grundsätzlich auch zulässig, wenn der Käufer ein Verbraucher ist.

Vorbehaltskaufvertrag

Beim Kauf unter Eigentumsvorbehalt wird ein **unbedingter Kaufvertrag** geschlossen mit der Verpflichtung des Verkäufers, die Kaufsache bereits vor Zahlung des gestundeten Kaufpreises dem Verkäufer zu übergeben (**Vorbehaltskaufvertrag**). Die dingliche Einigung über den Eigentumsübergang steht jedoch unter der aufschiebenden Bedingung (§ 158 Abs. 1 BGB) der vollständigen Kaufpreiszahlung (**aufschiebend bedingte Übereignung**). Bis dahin bleibt der **Verkäufer** der **Eigentümer** der Kaufsache. Er kann sie aber vom Vorbehaltskäufer nicht gem. § 985 BGB herausverlangen, solange dieser ihm gegenüber aus dem Kaufvertrag nach § 986 Abs. 1 S. 1 BGB zum Besitz berechtigt ist. Dazu muss der Verkäufer das Besitzrecht des Käufers gem. § 449 Abs. 2 BGB durch einen Rücktritt (§§ 323 ff BGB) vom Kaufvertrag beseitigen (**keine Rücknahme ohne Rücktritt**). Der Vorbehaltskäufer kann jedoch bis zum Zeitpunkt des Eigentumserwerbs durch den Käufer (bei vollständiger Kaufpreiszahlung) über die Kaufsache zwischenzeitlich verfügen und das Eigentum an Dritte übertragen. Das bedarf der dinglichen Einigung und Abtretung des Herausgabeanspruchs (§§§ 929 S.1, 931 BGB), der gem. § 346 BGB aufgrund des nach § 449 Abs. 1 BGB ausgeübten Rücktrittsrechts entsteht. Es kann aber auch der neue Eigentümer die Kaufsache nicht vom Vorbehaltskäufer herausverlangen, solange es nicht zum Rücktritt gekommen und der Vorbehaltskäufer folglich besitzberechtigt ist (§ 986 Abs. 1 S. 1 BGB).

Schutz vor Zwischenverfügungen

Der Vorbehaltskäufer wird vor Zwischenverfügungen des Vorbehaltsverkäufers durch §§ 160–162 BGB geschützt. Nach § 161 Abs. 1 BGB ist eine solche Verfügung bei Eintritt aufschiebender Bedingungen **unwirksam**, soweit sie deren Wirkung **vereiteln** oder **beeinträchtigen** würde. Bis zum Bedingungseintritt ist die Verfügung schwebend unwirksam. Dadurch wird sichergestellt, dass der Vorbehaltskäufer mit Zahlung des vollständigen Kaufpreises den Bedingungseintritt herbeiführen kann und somit das Eigentum an der Kaufsache auch dann wirksam erwirbt, wenn es der Vorbehaltsverkäufer zuvor einem Dritten übertragen hat. Die Zwischenverfügung(en) des Vorbehaltsverkäufers sind dann endgültig unwirksam.

Anwartschaftsrecht

Durch den Schutz vor Zwischenverfügungen (§§ 160–162 BGB) erhält der Vorbehaltskäufer eine geschützte Rechtsstellung (**Entstehungstatbestand**), die der Vorbehaltsverkäufer nicht mehr durch einseitige Erklärung zerstören kann (**Anwartschaftsrecht**). Dabei handelt es sich nach der Rechtsprechung um eine Vorstufe zum Eigentum, die im Vergleich zum Eigentum kein *aliud*, sondern ein **wesensgleiches Minus** ist. Im Schrifttum wird das Anwartschaftsrecht des Vorbehaltskäufers überwiegend als dingliches Recht qualifiziert. Nach § 161 Abs. 3 BGB kann ein Dritter das Eigentum vom Vorbehaltsverkäufer gutgläubig erwerben, etwa indem ihm dieser seinen Herausgabeanspruch aus dem Kaufvertrag abtritt (§§ 931, 934 Fall 1 BGB). Dabei **erlischt** das Anwartschaftsrecht des Vorbehaltskäufers, der die Kaufsache besitzt, nach § 936 Abs. 3 BGB **nicht.** Da der Käufer erst mit Kaufpreiszahlung das Sacheigentum erwirbt, darf er darüber bis dahin nicht verfügen und das Eigentum nicht an Dritte übertragen. Er kann aber über sein Anwartschaftsrecht wie über ein Vollrecht verfügen, es übertragen (§§ 929 ff BGB) oder mit dinglichen Rechten belasten. Das Anwartschaftsrecht vermittelt auf dinglicher Ebene ein **Besitzrecht** gegenüber jedermann. Mit der Zahlung des vollständigen Kaufpreises **erstarkt** das Anwartschaftsrecht bei der Person **zum Vollrecht** (Eigentum), die es innehat. Der Inhaber des Anwartschaftsrechts hat die **Besitzschutzansprüche** (§§ 858 ff, 1007 BGB) und kann die Ansprüche aus §§ 985, 1004 BGB neben dem Eigentümer geltend machen. Zudem ist das Anwartschaftsrecht als **sonstiges absolutes Recht** gem. § 823 Abs. 1 BGB deliktisch geschützt.

cc. Verlängerter Eigentumsvorbehalt

Beim verlängerten Eigentumsvorbehalt ist der Vorbehaltskäufer nicht Endabnehmer, sondern ein gewerblicher **Zwischenhändler**, der den Kaufpreis (§ 433 Abs. 2 BGB) erst nach einer erfolgreichen **Veräußerung** oder **Verarbeitung** der Kaufsache bezahlen kann. Deshalb verkauft der Vorbehaltsverkäufer diesem die Kaufsache unter Eigentumsvorbehalt (§ 449 BGB) und ermächtigt ihn zugleich, die Sache weiter zu veräußern oder zu verwerten, damit der Vorbehaltskäufer den Kaufpreis dadurch aufbringen kann.

Weiterveräußerung

Bei der Weiterveräußerung ermächtigt der Vorbehaltsverkäufer den Vorbehaltskäufer dazu, die Ware im ordnungsgemäßen Geschäftsbetrieb an dritte Abnehmer (Kunden) weiter zu verkaufen (**Weiterveräußerungsklausel**) und dem Endkäufer das unbedingte Eigentum an der Kaufsache zu übertragen (§§ 185 Abs. 1, 929 ff BGB). Mit Weiterveräußerung erwirbt der Endkäufer dann Volleigentum an der Ware und der Vorbehaltsverkäufer verliert sein Eigentum. Als **Ersatz** für den Eigentumsverlust werden die zukünftigen Ansprüche des Vorbehaltskäufer gegen seine Kunden auf Zahlung des Kaufpreises der weiterveräußerten Waren an den Vorbehaltsverkäufer als Sicherheit durch antizipierte Forderungsabtretung übertragen (**Sicherungsabtretung**). Der Vorbehaltskäufer wird ermächtigt (§§ 362 Abs. 2, 185 Abs. 1 BGB analog), die Forderungen im eigenen Namen bei den Endkäufern einzuziehen (**Einziehungsermächtigung**). Dies ist i. d. R. mit der Verpflichtung des Vorbehaltskäufers verbunden, die eingezogenen Beträge im Umfang der noch offenen Kaufpreisschuld an den Vorbehaltsverkäufer weiterzuleiten. Die Abtretung der Kaufpreisansprüche kann aber aus verschiedenen Gründen nichtig sein.

Vertragliches Abtretungsverbot

Nach § 399 Fall 2 BGB können die Kaufpreisansprüche nicht abgetreten werden, wenn dies in dem Vertrag zwischen dem Vorbehaltsverkäufer und dem Abnehmer der Ware ausgeschlossen ist (**vertragliches Abtretungsverbot**). Sofern das zugrundeliegende Rechtsgeschäft (Kauf) für beide Vertragsparteien jedoch ein **Handelsgeschäft** i. S. v. § 343 HGB darstellt, ist die Abtretung gleichwohl wirksam, wobei der Abnehmer mit befreiender Wirkung an den Vorbehaltskäufer leisten kann (§ 354a Abs. 1 HGB). Im Übrigen ist der formularmäßige (AGB) Ausschluss der Abtretung im kaufmännischen Verkehr gemessen an § 307 Abs. 1 BGB grundsätzlich zulässig.

Verarbeitung

Der verlängerte Eigentumsvorbehalt an der Kaufsache kann **infolge** ihrer **Verarbeitung** durch den Vorbehaltskäufer **untergehen**. Dieser erwirbt das Eigentum an der neuen Sache, sofern nicht der Wert der Verarbeitung erheblich geringer ist als der Wert der verarbeiteten Kaufsache (§ 959 Abs. 1 S. 1 BGB) Mit dem Erwerb des Eigentums an der neuen Sache erlischt zugleich das Eigentum an der Kaufsache (§ 950 Abs. 2 BGB). Die Vorschrift des § 950 BGB ist nach h. M. **zwingend** und nicht abdingbar. Nach der Rechtsprechung (BGHZ 14, 114) können die Parteien aber vertraglich vereinbaren, dass der Vorbehaltsverkäufer der **Hersteller** und damit zukünftiger Eigentümer der verarbeiteten Sache i. S. v. § 950 Abs. 1 BGB sein soll (**Verarbeitungsklausel**). Nach h. L. ist eine Verarbeitungsklausel wegen des zwingenden Charakters der Vorschrift unzulässig und die Parteien können den tatbestandlichen Hersteller folglich nicht vertraglich festlegen. Durch die Verarbeitung der Kaufsache trete daher zunächst ein Eigentumsverlust (§ 950 Abs. 2 BGB) beim Vorbehaltsverkäufer ein. Es könne aber eine sofortige Rückübertragung des Eigentums an der neuen Sache durch **antizipierte Sicherungsübereignung** (§§ 929 S. 1, 930, 868 BGB) auf den Vorbehaltsverkäufer vereinbart werden. Dadurch komme es zu einem **Durchgangserwerb** des Vorbehaltskäufers, so dass Rechte Dritter an der neu hergestellten Sache entstehen könnten, z.B. Sicherungseigentum eines Geldkreditgebers. Eine Verarbeitungsklausel kann aufgrund einer **anfänglichen** oder **nachträglichen Übersicherung** gemäß den dafür geltenden Grundsätzen der Rechtsprechung sittenwidrig und nichtig sein (§§ 138 Abs. 1, 307 Abs. 1 BGB).

dd. Weitergeleiteter Eigentumsvorbehalt

Beim weitergeleiteten Eigentumsvorbehalt verpflichtet sich der Vorbehaltskäufer gegenüber dem Vorbehaltsverkäufer, die Kaufsache nur mit dem bestehenden Eigentumsvorbehalt unter **Offenlegung** des bestehenden **Eigentumsvorbehalts** weiter **zu veräußern**. Der Warenabnehmer des Vorbehaltskäufers erwirbt mit der Bedingung der Bezahlung der Kaufpreisforderung des Vorbehaltsverkäufers ein **Anwartschaftsrecht**. Mit Kaufpreiszahlung erlangt er das Eigentum an der Kaufsache. Ein gutgläubiger Eigentumserwerb des Zweitkäufers scheidet aus, da ihm bekannt ist, dass die Kaufsache nicht dem veräußernden Vorbehaltskäufer gehört (§ 932 Abs. 2 BGB). Etwas anderes gilt nur dann, wenn der Zweitkäufer gutgläubig davon ausgeht, dass der Vorbehaltskäufer die Verfügungsbefugnis (§ 185 BGB) zur Übertragung des Eigentums hat und die Weiterveräußerung im Betrieb des Handelsgewerbes des Vorbehaltskäufers erfolgt (§ 366 HGB). Sonst scheidet ein gutgläubiger Erwerb aus, da § 932 BGB nur den guten Glauben an das Eigentum des Veräußerers, nicht aber an seine Verfügungsbefugnis schützt.

ee. Nachgeschalteter Eigentumsvorbehalt

Beim nachgeschalteten Eigentumsvorbehalt ist der Vorbehaltskäufer schuldrechtlich gegenüber dem Vorbehaltsverkäufer verpflichtet, nur unter der **aufschiebenden Bedingung** (§ 158 Abs. 2 BGB) der **Kaufpreiszahlung** weiter zu veräußern. Dabei besteht **keine** Verpflichtung zur **Offenlegung** des Eigentumsvorbehalts gegenüber dem Zweitkäufer. Unter diesen Voraussetzungen ist er zur Weiterveräußerung der Ware ermächtigt (§ 185 Abs. 1 BGB). Der Vorbehaltskäufer kann das Sacheigentum weiterhin erwerben, wenn er den Kaufpreis an den Vorbehaltskäufer zahlt. Der Zweitkäufer erwirbt das Eigentum, wenn er seine Kaufpreisschuld gegenüber dem Vorbehaltskäufer zahlt und somit die Bedingung für den Eigentumserwerb im Verhältnis zu diesem erfüllt. Damit wird zugleich die Bedingung des Vorbehaltsverkäufers für die Weiterveräußerung erfüllt und er verliert somit das Sacheigentum.

ff. Erweiterter Eigentumsvorbehalt

Beim erweiterten Eigentumsvorbehalt sichert der Vorbehaltsverkäufer neben dem Anspruch auf Kaufpreiszahlung **weitere Forderungen** gegen den Vorbehaltskäufer. Dieser erwirbt an der Kaufsache das Eigentum aufschiebend bedingt (§ 158 Abs. 2 BGB) erst dann, wenn er alle gesicherten Forderungen des Vorbehaltsverkäufers erfüllt. Beim Kontokorrentvorbehalt (**Kontokorrentabrede**) werden sämtliche auch künftige Forderungen des Lieferanten aus der Geschäftsverbindung mit dem Vorbehaltskäufer abgesichert (**Geschäftsverbindungsklausel**). Nach dem Wortlaut des § 449 Abs. 3 BGB ist die Vereinbarung eines Eigentumsvorbehalts nichtig, soweit der Eigentumsübergang davon abhängig gemacht wird, dass der Käufer Forderungen eines Dritten, insbesondere eines mit dem Verkäufer verbundenen Unternehmens (**Konzernvorbehalt**) erfüllt. Die Nichtigkeitsfolge gilt aber nur für die schuldrechtliche und dingliche Vereinbarung des Eigentumsvorbehalts zur Sicherung der Forderungen der dritten Konzernunternehmen. Der Kaufvertrag und der einfache Eigentumsvorbehalt unter aufschiebender Bedingung der Kaufpreiszahlung sind indessen wirksam. Umstritten ist, ob § 449 Abs. 3 BGB auch für einen Konzernvorbehalt **auf Käuferseite** gilt (**umgekehrter Konzernvorbehalt**). Dabei wird der Eigentumsübergang auf den Käufer davon abhängig gemacht (§ 158 Abs. 2 BGB), dass Forderungen des Vorbehaltsverkäufers gegen Dritte, die mit dem Käufer konzernmäßig verbunden sind, erfüllt werden. Der Normzweck, den Käufer in seiner wirtschaftlichen Bewegungsfreiheit zu schützen und bei Insolvenz des Käufers eine Schmälerung der Masse durch Absonderungsrechte zu verhindern, wird für eine analoge Anwendung angeführt. Teils wird der umgekehrte Konzernvorbehalt für zulässig erachtet, da der Gesetzgeber diesen Fall tatbestandlich hätte gleichstellen können. Bei formularmäßiger Vereinbarung (AGB) soll der umgekehrte Konzernvorbehalt unwirksam sein (§ 307 Abs. 2 Nr. 2 BGB).

6. Gutgläubiger Eigentumserwerb bei Mobilien

a. Allgemeines

aa. Regelungszweck des gutgläubigen Erwerbs

Die §§ 932–936 BGB regeln den gutgläubigen Erwerb von Eigentum an Mobilien. Sie setzten einen rechtsgeschäftlichen Erwerb voraus, bei dem der Veräußerer weder Eigentümer noch zur Veräußerung befugt ist. Beim Eigentumserwerb kraft Gesetzes oder Hoheitsakt sind sie nicht anwendbar. Auch muss es sich bei dem Rechtsgeschäft um ein **Verkehrsgeschäft** handeln, bei dem mindestens eine Person beteiligt ist, die nicht auch auf der Seite des Veräußerers steht. Denn die Veräußerung muss einen **Subjektwechsel** herbeiführen, was bei Identität von Veräußerer und Erwerber nicht der Fall ist. Dies beurteilt sich nach einer wirtschaftlichen Betrachtungsweise. Daher gibt es **keinen Gutglaubensschutz** bei **Personenidentität** oder **wirtschaftlicher Identität** von Veräußerer und Erwerber.

Beispiele: Übertragung auf Strohmann (RGZ 130, 390), von juristischer Person, z. B. Ein-Mann-GmbH, an einzigen Gesellschafter (RGZ 127, 46) und umgekehrt (BGH NJW-RR 1998, 1907), von Gesamthand auf alle oder einzelne Gesamthänder (BGHZ 30, 255).

Die Gutglaubensvorschriften beruhen auf dem Prinzip der Vertrauenshaftung und schützen als Regelungszweck das Interesse der Allgemeinheit an der Leichtigkeit des Rechtsverkehrs (**Erwerbsinteresse**) vor den Individualinteressen des Veräußerers (**Eigentümerinteresse**). Grund für den guten Glauben des Erwerbers ist der **Rechtsschein** des Besitzes beweglicher Sachen, aufgrund dessen gesetzlich vermutet wird, dass der Besitzer auch der Eigentümer ist (§ 1006 Abs. 1 S. 1 BGB). Rechtsfolge des gutgläubigen Erwerbs ist nach der Rechtsprechung die Erlangung **originären Eigentums** vom nichtberechtigten Veräußerer. Im Schrifttum wird dagegen teilweise vertreten, dass Eigentum könne nur abgeleitet (**derivativ**) vom berechtigten Alteigentümer erworben werden. Dieser verliert jedenfalls sein Eigentumsrecht an den dritten gutgläubigen Erwerber und ist auf **Ausgleichsansprüche** (§§ 687 Abs. 2, 816 Abs. 1, 823, 990 BGB) gegen den nichtberechtigten Veräußerer angewiesen.

bb. Rückerwerb des Nichtberechtigten

Nach der Rechtsprechung (BGH NJW-RR 2003, 170) **erwirbt** der **Nichtberechtigte** vom gutgläubigen Erwerber sowohl bei rechtsgeschäftlicher Rückveräußerung des Eigentums (z. B. §§ 433, 929ff BGB), wie auch bei Rückabwicklung etwa infolge Anfechtung (§§ 142 Abs. 1, 812 Abs. 1 BGB) oder Rücktritt (§§ 323ff, 346ff BGB) und Rückübertragung aufgrund schuldrechtlicher Verpflichtung etwa aus der Sicherungsabrede bei der Sicherungsübereignung originäres **neues Eigentum** an den zuvor unberechtigt veräußerten Sachen (**Rückerwerb des Nichtberechtigten**). Dies folgt nach der Rechtsprechung aus der Relativität der Schuldverhältnisse zwischen gutgläubigem Erwerber als Rückveräußerer und Veräußerer als Rückerwerber. Nach Ansichten in der Literatur kann das Eigentum dagegen nur (automatisch) auf den **Alteigentümer** zurückfallen. Dafür wird angeführt, dass der gutgläubige Erwerber nur in dessen Eigentümerstellung eingetreten sei und daher nicht originär neues Eigentum erlangt habe. Der Rückerwerb des Eigentums beim Nichtberechtigten sei zudem nicht vom Verkehrsschutzzweck des § 932 BGB gedeckt. Darüber hinaus würden Rechtsgeschäfte zur Rückabwicklung des gutgläubigen Erwerbs (**Innenverkehrsgeschäfte**) aus dem Anwendungsbereich der Gutglaubensvorschrift herausfallen. Einem Rückerwerb beim Nichtberechtigten kann jedenfalls der Einwand unzulässigen Rechtsmissbrauchs (§ 242 BGB) entgegenstehen, wenn er ihn bei Veräußerung an den gutgläubigen Erwerber beabsichtigt hat.

b. Gutgläubiger Erwerb bei Einigung und Übergabe

Der gutgläubige Erwerb des Eigentums bei Veräußerung durch Einigung und Übergabe (§ 929 S. 1 BGB) wird in § 932 Abs. 1 S. 1, Abs. 2 BGB geregelt. Die Voraussetzungen dafür sind:

- Einigung, Übergabe und Einigsein zum Übergabezeitpunkt (§ 929 S. 1 BGB)
- fehlende Berechtigung des Veräußerers (weder Eigentümer, noch ermächtigt)
- Gutgläubigkeit des Erwerbers zum Übergabezeitpunkt (§ 932 Abs. 2 BGB)

aa. Rechtsscheintatbestand

Rechtsscheintatbestand für den gutgläubigen Eigentumserwerb ist der **unmittelbare Besitz** des Veräußerers an der beweglichen Sache, die Gegenstand der Veräußerung ist. Dabei gilt die Vermutung, dass der Besitzer der beweglichen Sache auch Eigentümer der Sache ist (§ 1006 Abs. 1 S. 1 BGB). Beim **Geheißerwerb** begründet die **Anweisung** des Veräußerers an seine Geheißperson **zur Übergabe** der beweglichen Sache an den Erwerber den Rechtsschein seiner Besitzverschaffungsmacht. Dies gilt ebenso, wenn die Sache nicht an den Erwerber, sondern dessen Geheißperson übergeben wird oder auf beiden Seiten Geheißpersonen eingeschaltet sind. Die **Anweisung** muss tatsächlich und nicht nur dem Anschein nach **bestehen**, da § 932 BGB nicht den guten Glauben an eine nicht bestehende Anweisung schützt.

bb. Gutgläubigkeit des Erwerbers

Nach § 932 Abs. 1 S. 1 BGB erlangt der Erwerber das Sacheigentum vom Nichtberechtigten, es sei denn, dass er zum Erwerbszeitpunkt nicht in gutem Glauben ist. Der **Erwerber** muss demzufolge im Zeitpunkt von Einigung und Übergabe der beweglichen Sache **gutgläubig** sein, im Falle einer bedingten Übereignung (z. B. Eigentumsvorbehalt) aber nicht mehr bei Bedingungseintritt. Nach der Rechtsprechung ist die Gutgläubigkeit des Erwerbers eine rechtsbegründende Tatsache, deren Vorliegen **widerlegbar vermutet** wird. Der Erwerber ist nicht gutgläubig, wenn ihm **bekannt** oder infolge **grober Fahrlässigkeit** unbekannt ist, dass die Sache nicht dem Veräußerer gehört (§ 932 Abs. 2 BGB). Gegenstand des guten Glaubens ist das Eigentum des Veräußerers, aber **nicht** dessen **Verfügungsbefugnis**. Diese wird nur geschützt, wenn der Veräußerer die bewegliche Sache als Kaufmann im Betrieb seines **Handelsgewerbes** veräußert (§ 366 HGB). Grob fahrlässige Unkenntnis des Erwerbers liegt vor, wenn er die im Verkehr erforderliche Sorgfalt in ungewöhnlich hohem Maße verletzt und ungeachtet gelassen hat, was im gegebenen Fall sich jedem hätte aufdrängen müssen. Dies bestimmt sich nach objektiven Kriterien. Eine allgemeine **Nachforschungspflicht**, insbesondere bei Dritten, besteht allerdings nicht. Beim Eigentumswerber durch **Stellvertretung** kommt es auf die Redlichkeit des Vertreters (§ 166 Abs. 1 BGB) an. Handelt ein Bevollmächtigter nach bestimmten Weisungen des Vollmachtgebers (§ 166 Abs. 2 BGB), müssen beide gutgläubig sein.

Beispiele: Bei Veräußerung eines Gebrauchtwagens durch einen Privaten oder Kfz-Händler ist zumindest der Fahrzeugbrief vorzulegen, um die Berechtigung des Veräußerers prüfen zu können (BGH NJW-RR 2006, 3489). Bei Erwerb hochwertiger Investitions- oder Konsumgüter vom Händler (BGH WM 1980, 1349) oder Endabnehmer (BGH NJW 1999, 425) ist mit dem üblicherweise vereinbarten Eigentumsvorbehalt des Vorlieferanten zu rechen bzw. mit Sicherungsübereignung an ein Finanzierungsinstitut (BGH WM 1978, 1208).

c. Gutgläubiger Erwerb bei Einigung ohne Übergabe

Der gutgläubige Erwerb des Eigentums bei Veräußerung durch Einigung ohne Übergabe (§ 929 S. 2 BGB) wird in § 932 Abs. 1 S. 2, Abs. 2 BGB geregelt. Die Voraussetzungen dafür sind:

- Einigung (§ 929 S. 2 BGB)
- Besitz des Erwerbers (unmittelbar oder mittelbar)
- fehlende Berechtigung des Veräußerers (weder Eigentümer, noch ermächtigt)
- Besitzerwerb vom Veräußerer (§ 932 Abs. 1 S. 2 BGB)
- Gutgläubigkeit des Erwerbers zum Zeitpunkt der Einigung (§ 932 Abs. 2 BGB)

aa. Rechtsscheintatbestand

Ist der Erwerber bereits unmittelbarer oder mittelbarer Eigenbesitzer der beweglichen Sache liegt der Rechtsscheintatbestand darin, dass die **Besitzerlangung** vom Veräußerer stattgefunden hat (§ 932 Abs. 1 S. 2 BGB). Der Erwerber muss den Besitz **von dem Veräußerer** durch dessen Übergabe oder die Übergabe eines Dritten (**Geheißperson**) auf dessen Weisung nach § 929 S. 1 BGB erlangt haben.

bb. Gutgläubigkeit des Erwerbers

Die Gutgläubigkeit des Erwerbers muss im **Zeitpunkt** der **Einigung** mit dem Veräußerer über den Eigentumsübergang vorliegen. Hat der Erwerber den Besitz der beweglichen Sache nicht vom Veräußerer erlangt, mit dem die Einigung erfolgt, kann er nicht gutgläubig erwerben. Sonst ist der Erwerber nicht in gutem Glauben, wenn ihm bekannt oder infolge grober Fahrlässigkeit unbekannt ist, dass die Sache nicht dem Veräußerer gehört. Das beurteilt sich nach den für § 932 Abs. 2 BGB maßgeblichen Kriterien der Rechtsprechung.

d. Gutgläubiger Erwerb bei Besitzkonstitut

Der gutgläubige Erwerb des Eigentums bei Veräußerung durch Besitzkonstitut (§ 930 BGB) wird in § 933 BGB geregelt. Die Voraussetzungen dafür sind:

- Einigung (§ 929 S. 1 BGB)
- Vereinbarung eines Besitzkonstituts (§ 868 BGB)
- Einigsein im Zeitpunkt des Besitzkonstituts
- fehlende Berechtigung des Veräußerers (weder Eigentümer, noch ermächtigt)
- Übergabe der Sache von dem Veräußerer an den Erwerber (§ 933 BGB)
- Gutgläubigkeit des Erwerbers zum Übergabezeitpunkt (§ 932 Abs. 2 BGB)

aa. Rechtsscheintatbestand

Bei Veräußerung durch Vereinbarung eines Besitzkonstituts (§ 868 BGB) ist ein gutgläubiger Erwerb des Eigentums nur dann möglich, wenn dem Erwerber die Sache **von dem Veräußerer übergeben** wird (§ 933 BGB). Der Rechtsscheintatbestand knüpft an den **Besitz der Sache** beim Veräußerer an. Deshalb reicht eine Übereignung durch Besitzkonstitut ohne Übergabe für den gutgläubigen Erwerb nicht aus. Die Übergabe der Sache richtet sich nach § 929 S. 1 BGB. Sie kann durch den Veräußerer, seinen Besitzdiener oder seine Geheißperson an den Erwerber, dessen Besitzdiener, Besitzmittler oder seine Geheißperson erfolgen. Das **Besitzkonstitut** des Erwerbers mit dem Dritten muss bei der Übergabe der Sache vom Veräußerer an diesen bereits **bestehen**. Der Gutglaubenserwerb setzt eine **völlige Besitzaufgabe** des Veräußerers voraus, der keine Besitzverschaffungsmacht an der Sache zurückbehalten darf. Die Einigung zwischen Veräußerer und Erwerber über den Eigentumsübergang muss zum Zeitpunkt der Übergabe der Sache noch fortbestehen. Sofern eine **Übergabe nicht** stattfindet oder den Anforderungen des § 929 S.1 BGB für die Übergabe zur Eigentumsübertragung nicht genügt, erlangt der Erwerber durch Vereinbarung des Besitzkonstituts aber **mittelbaren Besitz**. Bei **Sicherungsübereignung** gilt dies für den Fall, dass der Vorbehaltskäufer die bis zur vollständigen Kaufpreiszahlung im Eigentum des Veräußerers stehenden Sachen an einen Dritten, z. B. Geldkreditgeber, nach §§ 929 S.1, 930 BGB durch ein Besitzkonstitut (§ 868 BGB) sicherungsübereignet. Dabei scheitert ein Gutglaubenserwerb des Dritten regelmäßig daran, dass dem Sicherungsnehmer die Sachen nicht vom Vorbehaltskäufer (als unberechtigtem Veräußerer) übergeben werden, wie es § 933 BGB dafür verlangt. Nach der Rechtsprechung ist das vereinbarte **Besitzkonstitut** zwischen den Parteien aber dennoch

wirksam. Daher kann der Dritte einem gutgläubigen Erwerber nach § 934 Fall 1 BGB durch Abtretung des Herausgabeanspruchs aus dem Besitzkonstitut gem. §§ 868, 398 BGB das Eigentum an dem Vorbehaltseigentum übertragen. Außerdem erfolgt eine Umdeutung (§ 140 BGB) der unwirksamen Verfügung an den dritten Sicherungsnehmer dahin, dass das bereits vom Sicherungsgeber als Vorbehaltskäufer erworbene **Anwartschaftsrecht** (§ 499, 158 Abs. 1 BGB) auf den Sicherungsnehmer übertragen wird.

bb. Gutgläubigkeit des Erwerbers

Die Gutgläubigkeit des Erwerbers muss zum **Zeitpunkt** der **Übergabe** der Sache vom Erwerber vorliegen. Hat der Erwerber den Besitz der beweglichen Sache nicht vom Veräußerer erlangt, kann er das Eigentum nicht gutgläubig erwerben. Im Übrigen ist der Erwerber nicht in gutem Glauben, wenn ihm bekannt oder infolge grober Fahrlässigkeit unbekannt ist, dass die Sache nicht dem Veräußerer gehört. Das beurteilt sich nach den für § 932 Abs. 2 BGB maßgeblichen Kriterien der Rechtsprechung.

e. Gutgläubiger Erwerb bei Abtretung des Herausgabeanspruchs

Der gutgläubige Erwerb bei Veräußerung durch Abtretung des Herausgabeanspruchs (§ 931 BGB) wird in § 933 BGB geregelt. Die Voraussetzungen dafür sind:

- Einigung (§ 929 S. 1 BGB)
- Abtretung des Herausgabeanspruchs
- Einigsein im Zeitpunkt der Abtretung
- fehlende Berechtigung des Veräußerers (weder Eigentümer, noch ermächtigt)
- Erlangung des mittelbaren Besitzes vom Veräußerer (§ 934 Fall 1 BGB) oder Erlangung des Besitzes vom Besitzmittler (§ 934 Fall 2 BGB)
- Gutgläubigkeit des Erwerbers zum Zeitpunkt der Besitzerlangung (§ 932 Abs. 2 BGB)

aa. Rechtsscheintatbestand

Erwerb vom mittelbaren Besitzer

Ist der nichtberechtigte Veräußerer mittelbarer Besitzer, wird der gutgläubige Erwerber mit der Abtretung des Herausgabeanspruchs **aus** dem **Besitzmittlungsverhältnis** gem. § 934 Fall 1 BGB Eigentümer. Der Rechtsscheintatbestand knüpft hier an die sich aus der Abtretung ergebende **Besitzverschaffungsmacht** des Veräußerers an. Maßgeblich für den gutgläubigen Erwerb ist, dass der unmittelbare Besitzer (Besitzmittler) bekundet, den Besitzwillen für den Eigentümer aufzugeben und stattdessen die tatsächliche Sachherrschaft für einen Dritten auszuüben, der als Nichtberechtigter durch Abtretung verfügt. So wird angenommen, dass der Vorbehaltskäufer sich bei **Sicherungsübereignung** der in seinem Besitz befindlichen Sachen des Verkäufers durch Besitzkonstitut mit dem Sicherungsnehmer **vom Verkäufer abwendet** und die Sache nicht mehr für ihn, sondern **für den Sicherungsnehmer besitzen will**. Somit kann der Sicherungsnehmer durch Abtretung des Herausgabeanspruchs aus dem Besitzkonstitut das Eigentum der Sache nach § 934 Fall 1 BGB an einen **gutgläubigen Dritten** übertragen. Infolgedessen verliert der Verkäufer das Eigentum an den unter seinem Eigentumsvorbehalt bestehenden Sachen. Gegen diese Rechtsprechung (BGHZ 50, 45) wird eingewandt, dass der gutgläubige Dritte nur neben den Eigentümer als Besitzer trete und sich dem Besitz an der Sache daher nicht ausreichend nähere, um diesen aus der Eigentümerstellung zu verdrängen (**Lehre vom Nebenbesitz**). Dabei wird auch auf das **Prioritätsprinzip** verwiesen, wonach der erste mittelbare Besitzer den Besitz erwerbe und diesen nicht deshalb verliere, weil der unmittelbare Besitzer (Besitzmittler) gegenüber Dritten danach etwas anderes bekunde.

Erwerb vom besitzlosen Veräußerer

Ist der Veräußerer nicht mittelbarer Besitzer (**besitzloser Veräußerer**) und übereignet eine Sache an den gutgläubigen Erwerber, wird dieser Eigentümer, wenn er den Besitz der Sache von dem Dritten erlangt. Für die Übereignung genügt die **Einigung** der Parteien nach § 929 S. 1 BGB. Die teils geforderte zusätzliche Abtretung des Herausgabeanspruchs aus § 985 BGB scheitert daran, dass dieser nicht abtretbar ist. Möglich ist allerdings die behauptete oder tatsächliche Abtretung eines Herausgabeanspruchs aus Kondiktion (§ 812 BGB) oder Delikt (§ 823 BGB). Der Gutglaubenserwerb erfordert, dass der Erwerber auf Grundlage des Veräußerungsgeschäfts unmittelbaren (auch an seinen Besitzdiener) oder mittelbaren **Besitz** (§ 868 BGB) **erlangt**. Es ist dazu nach umstrittener Auffassung nicht erforderlich, dass der Erwerber den Besitz vom Veräußerer selbst erlangt. Dagegen wird eingewandt, dass dies der Regelung des lastenfreien Erwerbs nach § 936 Abs. 1 S. 3 BGB widerspreche. Danach erlöschen Rechte Dritter bei einer Veraußerung gem. § 934 Fall 2 BGB erst dann, wenn der Erwerber aufgrund der Veräußerung den Besitz der Sache erlangt hat. Rechtsscheintatbestand ist jedenfalls der **Besitz** der Sache, den der Erwerber von dem Dritten erlangt. Dazu muss der Dritte seinen **Eigenbesitzwillen** freiwillig **aufgeben** oder diesen von vornherein **nicht haben**. Daher genügt die einseitige Besitzergreifung oder verbotene Eigenmacht des Erwerbers nicht zur Erlangung des Eigentums an der Sache im Besitz des Dritten. Etwas anderes gilt, wenn der Erwerber die Sache im Wege der Zwangsvollstreckung aus dem Vermögen des Dritten erlangt.

bb. Gutgläubigkeit des Erwerbers

Die Gutgläubigkeit des Erwerbers muss zum Zeitpunkt des **Besitzerwerbs** der Sache vorliegen. Der Erwerber ist nicht in gutem Glauben, wenn ihm bekannt oder infolge grober Fahrlässigkeit unbekannt ist, dass die Sache nicht dem Veräußerer gehört. Das beurteilt sich nach den für § 932 Abs. 2 BGB maßgeblichen Kriterien der Rechtsprechung.

f. Kein gutgläubiger Erwerb von abhandengekommenen Sachen

aa. Allgemeines

Ein gutgläubiger Erwerb des Eigentums von abhandengekommenen Sachen ist gem. § 935 Abs. 1 BGB ausgeschlossen. Dies setzt voraus, dass die Sache dem Eigentümer **gestohlen** worden, **verloren** gegangen oder sonst **abhandengekommen** ist. Das gleiche gilt, falls der Eigentümer nur mittelbarer Besitzer war, dann, wenn die Sache dem unmittelbaren Besitzer (**Besitzmittler**) abhandengekommen war. Das Eigentümerinteresse wird vor dem Erwerbsinteresse geschützt, da der Eigentümer **unfreiwillig** den Besitz an der Sache verloren hat. Ein Gutglaubenserwerb auch durch weitere Erwerber ist grundsätzlich und dauerhaft ausgeschlossen. Der Eigentümer kann das Eigentum von jedem späteren Erwerber nach § 985 BGB herausverlangen, wenn er es nicht durch Ersitzung (§§ 937ff BGB), Verbindung, Vermischung oder Verarbeitung (§§ 946ff BGB) verloren hat, da § 935 Abs. 1 BGB dann nicht anwendbar ist. Eine **Weiterveräußerung** von abhanden gekommenen Sachen durch einen Nichtberechtigten kann der Eigentümer **genehmigen** (§ 185 Abs. 1 BGB) und von ihm Herausgabe des Erlöses nach § 816 Abs. 1 BGB verlangen.

bb. Abhandenkommen

Eigentümer als unmittelbarer Besitzer

Nach § 935 Abs. 1 S. 1 BGB ist der Gutglaubenserwerb ausgeschlossen, wenn die Sache dem Eigentümer abhandengekommen ist. Dazu muss der Eigentümer oder sein Besitzdiener den unmittelbaren Besitz an der Sache ohne seinen Willen (**unfreiwillig**) verloren haben. Hierfür maßgeblich ist der **tatsächliche Wille** des Eigentümers. Daher gibt der Eigentümer den Besitz auch dann freiwillig auf, wenn er die Sache **täuschungs**- oder **irrtumsbedingt** weggibt. Etwas anderes gilt, wenn der Besitzdiener die Sache ohne den Willen des Eigentümers oder unter Verstoß gegen Weisungen unterschlägt oder weggibt. Ist die Sache einem **Miteigentümer** als unmittelbarem Besitzer abhandenkommen, so gilt dies auch für alle übrigen Miteigentümer, wenn der gutgläubige Erwerber Alleineigentum erwerben will. Wird die Sache durch das **Organ** einer **juristischen Person** weggegeben, liegt kein Abhandenkommen vor, weil die juristische Person durch das Organ besitzt und daher freiwillig den Besitz verliert. Die Sache ist solange abhandengekommen, bis der Eigentümer oder sein Besitzmittler wieder den unmittelbaren Besitz erhält oder der Eigentümer die Rückerlangung der Sache ablehnt.

Eigentümer als mittelbarer Besitzer

Nach § 935 Abs. 1 S. 1 BGB ist der Gutglaubenserwerb ausgeschlossen, wenn der Eigentümer mittelbarer Besitzer ist (§ 868 BGB) und die Sache dem Besitzmittler als unmittelbaren Besitzer abhandengekommen ist. Dies beurteilt sich nach dem **Besitzwillen** des **Besitzmittlers** und nicht des Eigentümers. Daher ist gutgläubiger Erwerb nicht ausgeschlossen, wenn der Besitzmittler die Sache ohne den Willen des Eigentümers weggibt, unterschlägt oder sonst den Willen, für den Eigentümer besitzen zu wollen aufgibt, wie etwa bei Begründung eines Besitzkonstituts mit einem Dritten.

cc. Ausnahmen

Nach § 935 Abs. 2 BGB ist ein gutgläubiger Erwerb vom Nichtberechtigten (§§ 932–934 BGB) an abhandengekommenem Geld oder Inhaberpapieren möglich. Geld ist jedes zum Umlauf im öffentlichen Zahlungsverkehr staatliche bestimmte **Zahlungsmittel**, nicht aber Falschgeld und Sammelmünzen. Dagegen wird ausländisches Geld mit Zahlungsfunktion erfasst, auch wenn es im Inland eher Sammelzwecken dient. Inhaberpapiere sind Wertpapiere, bei dem die Rechte aus dem Papier dem Eigentümer des Papiers zustehen und dieser sich durch bloße Innehabung des Papiers legitimiert. Dazu zählen **Inhaberschuldverschreibung** gem. § 793 Abs. 1 BGB, ihr gleichgestellten **Marken** gem. § 807 BGB und **Inhaberaktien** gem. § 10 Abs. 1 AktG. Ein Gutglaubenserwerb ist auch an Sachen möglich, die im Wege öffentlicher Versteigerung (§ 383 Abs. 3 BGB) oder in einer Versteigerung von Fundsachen im Internet nach § 979 Abs. 1a BGB veräußert werden.

g. Erlöschen von Rechten Dritter

aa. Lastenfreier Erwerb

§ 936 BGB regelt das Erlöschen von Rechten Dritter an einer Sache (**dingliche Rechte**). Sie erlöschen **bei Veräußerung** einer Sache mit dem Erwerb des Eigentums (**lastenfreier Erwerb**). Bei Veräußerung durch Einigung ohne Übergabe (§ 929 S. 2 BGB) muss der Erwerber den Besitz vom Veräußerer erlangt haben (§ 936 Abs. 1 S. 2 BGB). Erfolgt die Veräußerung durch Besitzkonstitut (§ 930 BGB) oder Abtretung des Herausgabeanspruchs (§ 931 BGB) muss der Erwerber aufgrund der Veräußerung den Besitz erlangt haben (§ 936 Abs. 1

S. 3 BGB). Damit knüpft die Regelung an die **Rechtsscheinträger** für den gutgläubigen Eigentumserwerb der mit dem dinglichen Recht belasteten Sache an. Ist der Erwerber hinsichtlich der Lastenfreiheit zur Zeit der Besitzerlangung nicht in gutem Glauben, tritt kein Erlöschen ein (§ 936 Abs. 2 BGB).

bb. Gutgläubigkeit des Erwerbers

Der Erwerber ist nicht gutgläubig, wenn ihm zum Zeitpunkt der Besitzerlangung bekannt oder infolge grober Fahrlässigkeit unbekannt ist, dass die Sache mit dem Recht eines Dritten belastet ist (§ 932 Abs. 2 BGB). Bei **Pfandrechten** (§§ 1204 ff BGB) erwirbt der Erwerber nicht gutgläubig lastenfreies Eigentum, wenn er die Belastung kennt, sich aber über die Höhe der gesicherten Forderung irrt. Sind Sachen mit einem **Vermieterpfandrecht** (§§ 562 ff BGB) belastet, hat der (bösgläubige) Erwerber grob fahrlässige Unkenntnis von der Pfandbelastung, wenn die Sachen erkennbar in die Mieträume eingebracht wurden und er sich nicht danach erkundigt, ob ein Pfandrecht besteht. Ist die Sache dem Rechtsinhaber, z. B. Pfandgläubiger (§ 1204 BGB), abhandengekommen, ist ein gutgläubiger lastenfreier Eigentumserwerb analog § § 935 Abs. 1 BGB ausgeschlossen.

cc. Ausschluss lastenfreien Erwerbs

Bei Veräußerung der Sache durch Abtretung des Herausgabeanspruchs (§ 931 BGB) erlischt das dingliche Recht eines Dritten, der im Besitz der Sache ist, z. B. Nießbraucher (§ 1030 BGB), Pfandgläubiger (§ 1204 BGB), auch dem gutgläubigen Erwerber gegenüber nicht (§ 936 Abs. 3 BGB). Die Regelung findet auch beim **Vorbehaltskauf** (§ 449 BGB) Anwendung, wenn der Vorbehaltskäufer das Eigentum nach § 931 BGB an einen Dritten veräußert. Dadurch erwirbt der Dritte das Eigentum nur mit dem Anwartschaftsrecht des Vorbehaltskäufer auf den Eigentumserwerb mit Bedingungseintritt (§ 158 Abs. 1 BGB) durch Kaufpreiszahlung. Das gilt ebenso bei der **Sicherungsübereignung** für das Anwartschaftsrecht des Sicherungsgebers auf Rückübertragung der Sachen vom Sicherungsnehmer, wenn in der Sicherungsabrede dafür eine auflösende Bedingung (§ 158 Abs. 2 BGB) vereinbart wurde.

Abb. 25: Eigentumserwerb bei Mobilien

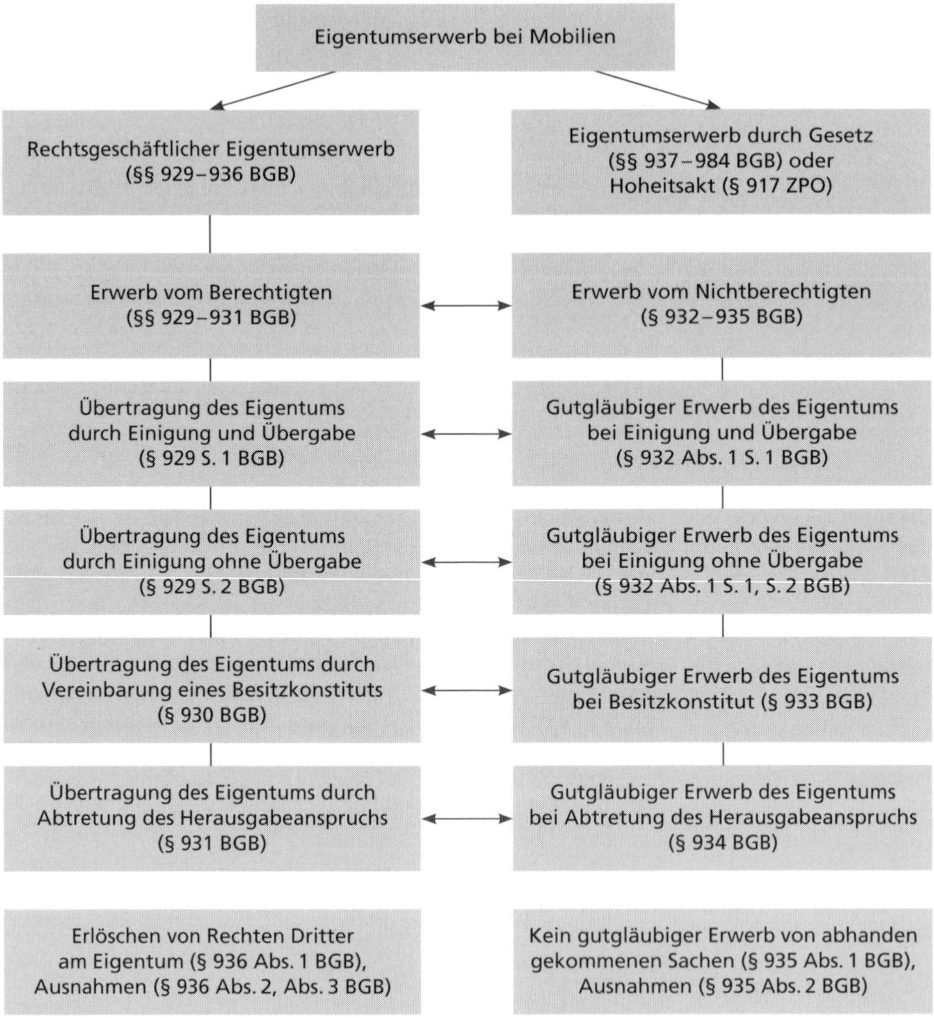

7. Gesetzlicher Erwerb bei Rechten an Grundstücken

Rechte an Grundstücken (**Immobilien**) können **originär kraft Gesetzes** oder **Hoheitsakts** erworben werden. Ein gesetzlicher Erwerb ist in § 900 BGB für den unberechtigt im Grundbuch eingetragenen Eigentümer oder zum Besitz Berechtigten geregelt (**Buchersitzung**). Dieser erwirbt Eigentum, wenn die Eintragung 30 Jahre bestanden hat und er während dieser Zeit das Grundstück im Eigenbesitz gehabt hat (§ 900 Abs. 1 BGB). Dafür ist anders als bei der Ersitzung beweglicher Sachen nach § 937 BGB kein guter Glaube des Erwerbers erforderlich. Dies gilt auch für einem Dritten nicht zustehende Rechte im Grundbuch, die zum Besitz des Grundstücks Berechtigen, z. B. Nießbrauch, Wohnungs-, Erbbaurecht, oder deren Ausübung nach den für den Besitz geltenden Vorschriften geschützt ist, z. B. Grund-, persönliche Dienstbarkeit (§ 900 Abs. 2 BGB). Ist der Eigenbesitzer nicht im Grundbuch eingetragen, kann er nach § 927 BGB den Eigentümer im **Aufgebotsverfahren** ausschließen und sich das Eigentum danach durch Eintragung in das Grundbuch aneignen (**Aneignungsrecht**). Ein Eigentumserwerb kraft Hoheitsakts erfolgt bei der Zwangsvollstreckung des Gläubigers in unbewegliche Sachen des Schuldners durch **Zuschlag** des versteigerten Grundstücks an den Ersteher (§§ 90 Abs. 1 ZVG). Mit dem Eigentum am Grundstück erwirbt er auch das Eigentum an den Gegenständen, auf die sich die Versteigerung erstreckt (§§ 90 Abs. 2, 50 Abs. 1, 20 Abs. 2 ZVG, §§ 1120ff BGB).

8. Rechtsgeschäftlicher Erwerb bei Rechten an Grundstücken

a. Allgemeines

aa. Rechte an Grundstücken

Der Erwerb von Rechten an Grundstücken wird in §§ 873–902 BGB geregelt. Rechte an Grundstücken sind das **Eigentum** und die **beschränkt dinglichen Rechte** an einem Grundstück oder an einem grundstücksgleichem Recht (z. B. Erbbaurecht). Die Vorschriften setzten den Rechtsbegriff des Grundstücks voraus, ohne ihn zu definieren. Ein **Grundstück** im **formell-rechtlichen** Sinne ist ein räumlich abgegrenzter Teil der Erdoberfläche, der katastermäßig vermessen und bezeichnet ist und im Bestandsverzeichnis eines Grundbuchblattes unter einer besonderen Nummer geführt wird. Zum Grundstück gehören auch dessen wesentlichen Bestandteile (§§ 93, 94 Abs. 1 BGB) und die Rechte, die mit dem Eigentum am Grundstück untrennbar verbunden sind (§ 96 BGB). Davon zu unterscheiden ist der **vermessungstechnische** Grundstücksbegriff (Flurstück oder Katasterparzelle) sowie das **Wirtschaftsgrundstück** (selbstständige ökonomische Einheit).

Nach § 3 Abs. 1 GBO wird jedes Grundstück in einem **Grundbuchblatt** eingetragen, das im Sinne des BGB als Grundbuch gilt (**Buchungszwang**). Nur das Grundbuchblatt ist für die gesetzliche Vermutung des § 891 BGB und den öffentlichen Glauben des Grundbuchs nach § 892 BGB maßgeblich. Bestimmte öffentliche und sonstigen Grundstücke (**buchungsfreie Grundstücke**) erhalten ein Grundbuchblatt nur auf Antrag des Eigentümers oder eines Berechtigten (§ 3 Abs. 2 GBO). Für mehrere Grundstücke desselben Eigentümers kann ausnahmsweise ein **gemeinschaftliches** Grundbuchblatt geführt werden, solange hiervon Verwirrung nicht zu besorgen ist (§ 4 GBO). Jedes Grundbuchblatt wird fortlaufend nummeriert und besteht aus dem **Bestandsverzeichnis** und **drei Abteilungen**. Die erste Abteilung (Abteilung I) bezeichnet Eigentümer und Erwerbsgrund (§ 9 GBV), die zweite Abteilung (Abteilung II) Belastungen und sonstige eintragungsfähige Tatsachen (Vormerkung, Widerspruch, (relative) Veräußerungsverbote (§ 892 Abs. 1 S. 2 BGB) und Einwendungen (§ 10 GBV), die dritte Abteilung (Abteilung III) Hypotheken, Grund- und Rentenschulden (§ 11 GBV). Das Grundbuch kann auch maschinell (**elektronisches Grundbuch**) mit einem für die Grundbucheintragungen bestimmten Datenspeicher geführt werden (§§ 126–134 GBO, §§ 61–93 GBV).

Die Übertragung und Belastung von Rechten an Grundstücken setzten nach § 873 Abs. 1 BGB eine **Einigung** der Parteien über den Eintritt der Rechtsänderung und ihre **Eintragung** in das Grundbuch voraus. Die Regelung gilt auch für **Änderungen** des Inhalts eines Rechts an einem Grundstück (§ 877 BGB). Zugunsten des Erwerbers eines eingetragenen Rechts gilt der Inhalt des Grundbuchs als richtig, sofern nicht gegen die Richtigkeit ein Widerspruch (§ 899 BGB) eingetragen oder dem Erwerber die Unrichtigkeit bekannt ist (§§ 891, 892 BGB). Das Grundbuch ist somit der **Rechtsscheinträger** für die Rechte an Grundstücken (**öffentlicher Glaube des Grundbuchs**).

bb. Grundsätze des Grundbuchrechts

Das Grundbuch ist ein **öffentliches Register** über die Rechte an Grundstücken mit der Funktion, diese den am Rechtsverkehr Beteiligten auszuweisen. Es wird von den Amtsgerichten (**Grundbuchämter**) geführt, die für die in ihrem Bezirk liegenden Grundstücke zuständig sind (§ 1 Abs. 1 GBO). Das Grundbuchrecht unterscheidet zwischen dem **materiellen Recht** über den Bestand des dinglichen Rechts und dem **formellen Recht** über das Verfahren zur konkreten Durchsetzung des materiellen Rechts. Das materielle Grundbuchrecht ist in §§ 873ff BGB geregelt, das formelle Grundbuchrecht in den Vorschriften der Grundbuchordnung (GBO), Grundbuchverfügung (GBV) sowie ergänzendem Landesrecht. Dabei gelten folgende Grundsätze:

- **Grundbuchsystem** (das Grundbuch erfasst sämtliche Rechte an Grundstücken und an grundstücksgleichen Rechten)
- **Antragsprinzip** (eine Eintragung in das Grundbuch erfolgt nur auf schriftlichen Antrag und nicht von Amts wegen durch das Grundbuchamt)
- **Formelles Konsensprinzip** (derjenige, dessen Recht von der Eintragung unmittelbar oder mittelbar betroffen ist, muss die Eintragung bewilligen)
- **Materielles Konsensprinzip** (die Auflassung eines Grundstücks sowie die Bestellung, Inhaltsänderung, Übertragung eines Erbbaurechts erfordert die Vorlage der Einigung)
- **Rangprinzip** (der Rang der Rechte richtet sich nach der Reihenfolge der Eintragung im Grundbuch)
- **Formelles Publizitätsprinzip** (jeder, der ein berechtigtes Interesse nachweisen kann, darf das Grundbuch einsehen)
- **Materielles Publizitätsprinzip** (nach dem öffentlichen Glauben des Grundbuchs gilt sein Inhalt als richtig bis zur Eintragung eines Widerspruchs)
- **Absolutheitsprinzip** (die im Grundbuch eingetragenen Rechte wirken gegenüber jedermann)

b. Übertragung des Eigentums durch Einigung und Eintragung

aa. Einigung

Zur Übertragung des Eigentums an einem Grundstück, Belastung des Grundstücks mit einem beschränkt dinglichen Recht sowie der Übertragung oder Belastung eines solchen Rechts ist die Einigung über den Eintritt der Rechtsänderung erforderlich, soweit nicht gesetzlich etwas anderes geregelt ist (§ 873 Abs. 1 S. 1 BGB). Gesetzliche **Ausnahmen** gelten z. B. für die Wertpapierhypothek (§ 1188 BGB), die Eigentümergrund- und Rentenschuld (§§ 1196, 199 BGB) und die Aufhebung eines Rechts an einem Grundstück (§ 875 BGB), die durch einseitige Willenserklärung erfolgen. Die Einigung ist ein **dinglicher Vertrag** zwischen Berechtigten und Erwerber über die **Rechtsänderung**, auf den die allgemeinen Regeln über Willenserklärungen und Rechtsgeschäfte anwendbar sind. Sie begründet keinen Anspruch auf Verschaffung oder Eintragung des Rechts, dessen Erwerb sie zum Gegenstand hat. Davon zu unterscheiden ist die **Eintragungsbewilligung** des Betroffenen (§ 19 GBO) zur Eintragung der Rechtsänderung im Grundbuch. Die Einigung ist grundsätzlich **formlos** möglich und kann auch konkludent mit dem zugrunde liegenden Verpflichtungsgeschäft (Kausalgeschäft) erklärt werden. **Mängel** des Kausalgeschäfts beeinträchtigen die Wirksamkeit der dinglichen Einigung grundsätzlich nicht.

Das Grundbuchamt hat die Gültigkeit des Kausalgeschäfts im Eintragungsverfahren auch nicht nachzuprüfen (§§ 19, 20 GBO). Bei Unwirksamkeit des Kausalgeschäfts kann der Berechtigte vor der Grundbucheintragung die Aufhebung der schon bindenden dinglichen

Einigung (§ 925 Abs. 2 BGB) und danach die Rückübertragung des eingetragenen Rechts aus § 812 Abs. 1 BGB verlangen. Die Einigung kann wegen **Fehleridentität**, z. B. bei verbotswidrigen Veräußerungen (§ 134 BGB), sittenwidrigen Geschäften (§ 138 Abs. 1 BGB) oder Wucher (§ 138 Abs. 2 BGB) zugleich mit dem Kausalgeschäft nichtig sein. Ihre Wirksamkeit kann auch an eine **Bedingung** (§ 158 BGB) geknüpft sein, was aber bei der Auflassung (§ 925 Abs. 2 BGB) nicht zulässig ist.

Die Einigung kann ausdrücklich vereinbart sein oder sich durch Auslegung der Erklärungen (§§ 133, 157 BGB) aus den Umständen im Einzelfall (**konkludent**) ergeben. Sie muss das betroffene Grundstück oder Grundstücksrecht, die Art, den Umfang und den Inhalt der gewollten Rechtsänderung sowie Veräußerer und Erwerber eindeutig bestimmen (**wesentliche Vertragsgegenstände**). Das Grundstück muss in der Einigung nicht grundbuchmäßig (§§ 2 Abs. 2, 28 GBO) bezeichnet und kann auch anders individualisiert werden. Zudem ist eine Falschbezeichnung unschädlich, wenn sich der übereinstimmende Willen der Parteien auf das tatsächlich Gewollte bezieht. Der Verfügende muss grundsätzlich noch im Zeitpunkt der Eintragung verfügungsberechtigt sein (**Berechtigter**). Berechtigter ist, wer als Rechtsinhaber die Befugnis zur Verfügung über den Gegenstand der Einigung hat.

bb. Bindung an die Einigung

Die Beteiligten sind **vor** der **Eintragung** nur an die Einigung gebunden, wenn die Erklärungen notariell beurkundet oder vor dem Grundbuchamt abgegeben oder bei diesem eingereicht sind oder wenn der Berechtigte dem Erwerber eine Eintragungsbewilligung gemäß § 19 GBO ausgehändigt hat (§ 873 Abs. 2 BGB). Die Einigung ist sonst bis zur Eintragung der Erklärung gegenüber der anderen Partei einseitig **widerruflich**, auch wenn sie als unwiderruflich oder unter Verzicht auf Widerruf vor Antrag zur Eintragung oder Eintragungsbewilligung vereinbart wurde. Bei Vorliegen der Voraussetzungen des § 873 Abs. 2 BGB tritt die **Bindung** der Parteien an die Einigung ein, die für beide Seiten **nicht** mehr **einseitig widerruflich** ist. Der Berechtigte wird durch die bindende Einigung indessen nicht zur Vornahme der Verfügung verpflichtet. Er kann nach herrschender Meinung den **Antrag** auf Eintragung der Rechtsänderung im Grundbuch **zurücknehmen**, wenngleich er an die Einigung gebunden bleibt. Zudem führt die Bindung an den Antrag nicht zu einer Verfügungsbeschränkung des Berechtigten. Dieser kann über das betreffende Recht also weiterhin verfügen und es an einen Dritten veräußern.

cc. Auflassung

Die Auflassung ist als besondere Form der **Einigung** zur Übereignung eines Grundstücks in § 925 BGB geregelt. Danach muss die zur Übertragung des Eigentums an einem Grundstück nach § 873 BGB erforderliche Einigung des Veräußerers und des Erwerbers bei gleichzeitiger Anwesenheit beider Teile vor einer **zuständigen Stelle** erklärt werden. Zur Entgegennahme ist jeder deutsche Notar zuständig. Eine Auflassung kann auch in einem gerichtlichen Vergleich oder rechtskräftig bestätigten Insolvenzplan erklärt werden (§ 925 Abs. 1 BGB). Die Veräußerung erstreckt sich im Zweifel auch auf das Zubehör (§§ 97, 98 BGB) des Grundstücks (§ 926 Abs. 1 BGB). Die Erklärung der Auflassung erfolgt gegenüber dem Vertragspartner vor der zuständigen Stelle und ist mit der Wahrnehmung durch ihn wirksam (§ 130 BGB). Die Auflassung wird regelmäßig als **Einwilligung** des Berechtigten (§ 185 BGB) zu Verfügungen über das Grundstück ausgelegt, sofern ihr Vollzug nicht gesperrt wurde. Der Erwerber kann insbesondere zu Weiterveräußerungen (**Kettenauflassung**) berechtigt sein, bei der der Zweiterwerber mit seiner Eintragung ohne Zwischeneintragung des Ersterwerbers unmittelbar vom Veräußerer Eigentum erwirbt. Eine Auflassung, die unter einer Bedingung oder Zeitbestimmung erfolgt, ist unwirksam (§ 925 Abs. 2 BGB). Eine **Bindung** der Parteien an die Auflassung erfolgt nur unter den Voraussetzungen des § 873 Abs. 2 BGB.

dd. Eintragung

Die Übertragung von Rechten an Grundstücken erfordert neben der Einigung die Eintragung der Rechtsänderung im **Grundbuch**. Wirksamkeitsvoraussetzung ist, dass die Eintragung mit der Einigung inhaltlich übereinstimmt. Sonst ist weder das vereinbarte Recht (mangels Eintragung), noch das eingetragene Recht (mangels Einigung) wirksam. Zugleich ist das Grundbuch dann i. S. v. § 894 BGB unrichtig. Sofern Einigung und Eintragung teilweise inhaltlich übereinstimmen, tritt die Rechtsänderung im Umfang der Deckung als **kongruentes Minus** ein (§ 139 BGB analog). Dagegen ist die zeitliche Reihenfolge von Einigung und Eintragung für die Wirksamkeit der Rechtsänderung nicht maßgeblich, solange sie sich inhaltlich decken. Die Eintragung erfordert einen **Antrag** (§ 13 Abs. 1 S. 1 GBO) von einem Antragsberechtigten (§ 13 Abs. 1 S. 2 GBO). Der Berechtigte muss die Eintragung gem. § 19 GBO bewilligen (**Eintragungsbewilligung**). Bei beschränkt dinglichen Rechten prüft das Grundbuchamt nicht, ob eine wirksame Einigung vorliegt, sondern nur das Vorliegen der Eintragsbewilligung des Berechtigten (**formelles Konsensprinzip**). Dagegen darf die Eintragung bei der Auflassung eines Grundstücks sowie der Verfügung über ein Erbbaurecht nach § 20 GBO nur erfolgen, wenn die erforderliche Einigung der Parteien vorliegt (**materielles Konsensprinzip**). Dazu muss die Einigung dem Grundbuchamt nach § 29 Abs. 1 S. 1 GBO durch öffentliche oder öffentlich beglaubigte Urkunde nachgewiesen werden (**Formprinzip**). Nach § 39 GBO soll die Eintragung nur erfolgen, wenn die Person, deren Recht betroffen ist, als der Berechtigte im Grundbuch eingetragen ist (**Voreintragungsprinzip**). Die Eintragung in das Grundbuch begründet nach § 891 BGB die **Vermutung** für das Bestehen des eingetragenen Rechts und nach §§ 892, 893 BGB den **Rechtsschein** für die Berechtigung des Eingetragenen. Ist die Einigungserklärung für den Berechtigten bindend und der Antrag auf Eintragung bei dem Grundbuchamt gestellt, wird sie nicht durch eine nachträglich Verfügungsbeschränkung des Berechtigten unwirksam (§ 878 BGB).

ee. Anwartschaftsrecht

Der **Erwerber** erlangt nach der Rechtsprechung ein **antragsgestütztes Anwartschaftsrech**t, wenn er den Eintragungsantrag stellt und sowohl die bindende Einigung (§ 873 Abs. 2 BGB), wie auch die Eintragungsbewilligung (§ 19 GBO) vorliegen. Der Berechtigte darf den Antrag nicht gestellt haben, da er ihn jederzeit frei widerrufen (§ 31 GBO) und der Erwerber somit keine sichere Rechtsposition erlangen kann. Das Anwartschaftsrecht wird damit begründet, dass der Erwerber nach § 17 GBO gegen Zwischenveräußerungen des Veräußerers und Vollstreckungsmaßnahmen geschützt ist. Es kann durch Auflassung (§ 925 BGB) ohne Zustimmung des Veräußerers übertragen, aber nicht gutgläubig erworben sowie verpfändet und belastet (z. B. Nießbrauch) werden. Der Anwartschaftsberechtigte wird deliktisch durch §§ 823, 826 BGB geschützt, z. B. bei Beschädigung des Grundstücks. Nach der Gegenmeinung in der Literatur erlangt der Erwerber kein Anwartschaftsrecht im Sinne eines vom Eigentum isolierten subjektiven Rechts. Denn die Position des Erwerbers sei schwächer, als diejenige beim Anwartschaftsrecht des Vorbehaltskäufers (§§ 449, 158 Abs. 1 BGB), der nach Übergabe der beweglichen Sache gegen Verfügungen des Veräußerers durch § 161 BGB geschützt werde. Die Bindung an die Eintragung schütze nicht vor späteren Verfügungen, die früher eingetragen würden. Außerdem gewähre § 17 GBO bloß verfahrensmäßigen Schutz und löse höchstens einen Amtshaftungsanspruch aus.

c. Rangverhältnis mehrerer Rechte

aa. Allgemeines

Ein Grundstück kann mit mehreren beschränkt dinglichen Rechten gleichzeitig belastet werden. In diesem Fall bestimmt der Rang des jeweiligen Rechts das Berechtigungsverhältnis bei der Kollision des Rechtsinhalts mit anderen beschränkt dinglichen Rechten (**Rangverhältnis**). Das Rangverhältnis der beschränkt dinglichen Rechte untereinander regeln §§ 879–881 BGB. Der **Rang** gehört zum **Inhalt des Rechts** und bestimmt das Recht des Gläubigers zur Befriedigung durch **Zwangsvollstreckung**. Im Zwangsversteigerungsverfahren ist für die Befriedigung von Ansprüchen aus verschiedenen Rechten nach § 10 Nr. 4, 6, 8 ZVG das Rangverhältnis maßgebend, welches unter ihnen besteht (§ 11 ZVG). Dies gilt außerdem für die Feststellung des geringsten Gebots (§§ 44ff ZVG), die Verteilung des Erlöses und der Nutzungen (§§ 109 Abs. 2, 155 Abs. 2 ZVG) und die Aufstellung des Teilungsplans (§ 113ff ZVG). Darüber hinaus bestimmt das Rangverhältnis die Rechte des Verwalters im Zwangsverwaltungsverfahren (§§ 146ff ZVG). Im Rahmen der kaufrechtlichen **Mängelhaftung** muss der Verkäufer eines Rechts auch für dessen Rang einstehen (§ 435 BGB). Die Regelung des Rangverhältnisses ist von dem schuldrechtlichen Anspruch auf Einräumung eines bestimmten Rangs zu unterscheiden, der keine dingliche Rangwirkung hat, aber durch Eintragung einer **Vormerkung** (§ 883 BGB) im Grundbuch gesichert werden kann. Auch die schuldrechtliche Abrede zwischen dinglich Berechtigten über ein internes Recht auf Vorwegbefriedigung eines nachrangigen Rechts hat keine dingliche Rangwirkung. Die §§ 879–881 BGB bestimmen den materiell-rechtlichen Rang, während die §§ 17, 44f GBO den Vollzug der Eintragung verfahrensrechtlich regeln.

bb. Belastungsgegenstand

Gegenstand der dinglichen Belastung von Rechten, die in das Grundbuch einzutragen sind (**eintragungsbedürftige Rechte**) kann das Grundstück, ein selbständig belastbarer Miteigentumsanteil (§§ 1095, 1106, 1114 BGB) des Grundstücks, ein grundstücksgleiches Recht (Erbbaurecht, Wohnungseigentum) sowie ein durch Eintragung in das Grundbuch entstehendes Grundstücksrecht sein. Ein Rangverhältnis ist nur für Rechte an **demselben** Belastungsgegenstand möglich, z. B. nicht für verschiedene Miteigentumsanteile an einem Grundstück.

cc. Rangfähige Rechte

Nur die in Abteilung II und III des Grundbuchs einzutragenden Belastungen sind rangfähig (**rangfähige Rechte**). Besteht nur ein Recht, hat es somit bereits einen Rang, und geht den später entstehenden Rechten vor. Das Rangverhältnis mehrerer Rechte besteht unabhängig davon, ob sie sich überschneiden. Das **Eigentum** am Grundstück hat **keinen Rang** und ist nicht rangfähig. Beim Miteigentum an Bruchteilen ist jeder Miteigentümer Inhaber eines Bruchteils (§ 1008 BGB). Beim Gesamthandseigentum, z. B. der Gesellschafter einer GbR (§ 718 Abs. 1 BGB), ist jeder Gesamthänder Inhaber einer gesamthänderischen Beteiligung. Bei Pfandrechten an beweglichen Sachen (§ 1204 BGB) und Rechten (§ 1273 BGB), die beschränkt dingliche, aber keine Grundbuchrechte sind, bestimmt sich der Rang des Pfandrechts nach dem Prioritätsprinzip (§ 1209, 1257, 1273 Abs. 2 BGB). Bei eintragungsbedürftigen Rechten gilt die Rangfolge des § 879 Abs. 1 BGB (**gesetzliche Rangfolge**). Eine davon abweichende Bestimmung des Rangverhältnisses durch die Beteiligten bedarf nach § 879 Abs. 3 BGB der Eintragung in das Grundbuch (**gewillkürte Rangfolge**). Bei nicht eintragungsbedürftigen Rechten gelten gesetzliche Rangprivilegien (§§ 914 Abs. 1 S. 1, 917 Abs. 2 BGB). Durch Eintragung einer **Vormerkung** im Grundbuch gesicherte Ansprüche sind den rangfähigen Rechten gleichgestellt (§ 883 BGB). Die Eintragung eines **Widerspruchs** bei

Antrag auf Berichtigung des Grundbuchs (§ 894 BGB) wahrt den Rang des fälschlich nicht eingetragenen gesicherten Rechts. Der Widerspruch hat selbst allerdings keinen Rang. Das gilt auch für Verfügungsbeschränkungen des Rechtsinhabers.

dd. Gesetzliches Rangverhältnis

Das gesetzliche Rangverhältnis mehrerer Rechte, mit denen ein Grundstück belastet ist, regelt § 879 Abs. 1, 2 BGB. Dabei wird zwischen der Eintragung der dinglichen Rechte in derselben und in verschiedenen Abteilungen des Grundbuchs unterschieden.

Eintragung mehrerer Rechte in derselben Abteilung

Nach § 879 Abs. 1 S. 1 BGB bestimmt sich das Rangverhältnis der eingetragenen Recht nach der Reihenfolge der Eintragung (**Prioritätsprinzip**), wenn mehrere Rechte in derselben Abteilung des Grundbuchs eingetragen sind. Umstritten ist, ob die räumliche Reihenfolge nach den laufenden Nummern (**Lokusprinzip**) oder die zeitliche Reihenfolge der Eintragung (**Tempusprinzip**) maßgeblich ist. Die h. M. begründet die maßgebliche räumliche Reihenfolge mit dem Umkehrschluss aus § 879 Abs. 1 S. 2 BGB, der nur dort auf die zeitliche Reihenfolge abstellt und aus der Entstehungsgeschichte. Danach sei die erforderliche Angabe des Tages der Eintragung, an dem sie erfolgt, eine bloße Sollvorschrift (§ 44 Abs. 1 GBO). Nach a. A. spricht das Prinzip der Alterspriorität, das der Systematik des BGB zugrunde liege, für die zeitliche Reihenfolge der Eintragungen. Diese soll aber nur unmittelbar unter den Beteiligten gelten, nicht jedoch für den gutgläubigen Erwerb mit dem der räumlichen Stellung entsprechenden Rang (§ 892 BGB).

Eintragung mehrerer Rechte in verschiedenen Abteilungen

Nach § 879 Abs. 1 S. 2 BGB hat das unter Angabe eines früheren Tages eingetragene Recht den Vorrang (**Tempusprinzip**), wenn Rechte in verschiedenen Abteilungen eingetragen sind. Rechte, die unter Angabe desselben Tages eingetragen sind, haben gleichen Rang, sofern nicht durch einen Rangvermerk einem Recht der Vorrang eingeräumt wird (§ 45 Abs. 2 GBO). Ein räumliches Aufeinanderfolgen der Eintragungen in verschiedenen Abteilungen gibt es nicht. Ist die Eintragung mit **falschem Datum** erfolgt, soll dieses nach umstrittener Auffassung so gelten, wie es eingetragen ist. Dagegen wird angeführt, der materielle Rang bestimme sich nach der tatsächlichen Eintragungszeit, wobei der Rang mit falschem Datum wegen der Vermutung für die Rangfolge (analog § 891 BGB) gutgläubig erworben werden könne (§ 892 BGB). Dafür spricht der Rechtsgedanke des § 242 BGB (**Treueprinzip**), nach dem sich einer der Beteiligten *(inter partes)* nicht auf eine der materiellen Einigung widersprechende Rangfolge berufen kann.

ee. Gewillkürtes Rangverhältnis

Das Rangverhältnis eines zu bestellenden Rechts kann durch Einigung (**materiell-rechtliche Rangbestimmung**) und Eintragung (**verfahrensrechtliche Rangbestimmung**) gem. § 879 Abs. 3 BGB abweichend zum gesetzlichen Rang (§ 879 Abs. 1 BGB) bestimmt werden (**gewillkürtes Rangverhältnis**). Die abweichende Rangregelung muss in der Bewilligung (§ 19 GBO) oder im Antrag (§§ 29, 45 Abs. 3 GBO) beinhaltet sein. Das Grundbuchamt muss die verlangte Abweichung bei der Eintragung durch entsprechende Reihenfolge der Einträge oder Rangvermerke zum Ausdruck bringen. Nach der Rechtsprechung hat eine Eintragung des Rangverhältnisses, die von einer verfahrensrechtlichen Rangbestimmung abweicht, nicht die Unrichtigkeit des Grundbuchs i. S. v. § 894 BGB zur Folge. Diese ist jedoch gegeben, wenn die Eintragung unter Verstoß gegen eine materiell-rechtliche Rangvereinbarung erfolgt. Das

Recht ist dann wegen der Nichtübereinstimmung von Einigung und Eintragung nicht wirksam entstanden und das Grundbuch bezüglich des Rechts und nicht nur des Rangs unrichtig. Sofern die Entstehung des Rechts auch ohne den vereinbarten Rang gewollt ist (§ 139 BGB), entsteht das Recht mit dem gesetzlichen Rang nach § 879 Abs. 1 BGB. Von der gewillkürten dinglichen Rangvereinbarung ist eine schuldrechtliche Vereinbarung zur Rangverschaffung zu unterscheiden (**vertragliche Rangverschaffungsvereinbarung**), bei deren Verletzung der benachteiligte Erwerber gegen den Besteller Anspruch auf **Schadensersatz** hat. Der Rangverschaffungsanspruch kann durch Eintragung einer **Vormerkung** (§ 883 BGB) im Grundbuch gesichert werden.

ff. Rangänderung

Die Rangänderung ist in § 880 BGB geregelt. Danach kann der Rang der Rechte durch eine Vereinbarung der betreffenden Rechtsinhaber nachträglich geändert werden. Dies erfordert:
- Einigung des zurücktretenden und des vortretenden Berechtigten (§ 880 Abs. 2 S. 1, 873 Abs. 2, 878 BGB)
- Zustimmung des Grundstückseigentümers, wenn eine Hypothek, Grundschuld oder Rentenschuld zurücktreten soll (§ 880 Abs. 1 S. 2 BGB)
- Zustimmung eines Dritten, wenn das zurücktretende Recht mit dem Recht eines Dritten belastet ist (§§ 878 Abs. 3, 876 BGB)
- Eintragung der Rangänderung im Grundbuch (§ 880 Abs. 2 S. 1 BGB)

gg. Rangvorbehalt

Der Rangvorbehalt ist in § 881 BGB geregelt. Danach kann sich der Eigentümer bei der Belastung eines Grundstücks mit einem Recht die Befugnis vorbehalten, ein anderes Recht mit dem **Rang vor** jenem Recht eintragen zu lassen (§ 881 Abs. 1 BGB). Dazu ist die die **Einigung** zwischen dem Eigentümer und dem Berechtigten des belasteten Rechts nach § 873 BGB über den Rangvorbehalt und die **Eintragung** im Grundbuch erforderlich. Der Rangvorbehalt ist bei dem Recht im Grundbuch einzutragen, dass zurücktreten soll (§ 881 Abs. 2 BGB). Wird das Grundstück veräußert, geht der Rangvorbehalt auf den Erwerber über (§ 881 Abs. 3 BGB). Werden vor Eintragung des Rangvorbehalts andere Rechte ohne Vorbehalt in das Grundbuch eingetragen, ist ihr Rang nur soweit wie der eines mit Vorbehalt eingetragenen Rechts geschützt (§ 881 Abs. 4 BGB).

d. Vormerkung

aa. Allgemeines

Die Vormerkung ist in §§ 883–888 BGB geregelt. Sie kann zur Sicherung eines schuldrechtlichen Anspruchs auf Eintragung oder Aufhebung eines Rechts an einem Grundstück, grundstücksgleichen Recht oder an einem Grundstücksrecht oder auf Änderung des Inhalts oder des Ranges eines solchen Rechts (**eintragungsfähiges Recht**) in das Grundbuch eingetragen werden. Die Eintragung ist auch zur Sicherung eines **künftigen Anspruchs**, z. B. aus Vorvertrag bzw. aufgrund eines bindenden Angebots des Veräußerers, oder eines **bedingten Anspruchs**, z. B. auf Rückübereignung bei nicht termingerechter Zahlung des Kaufpreises, zulässig (§ 883 Abs. 1 BGB). Die Belastung mit einer Vormerkung erfolgt durch Eintragung in Abteilung II des Grundbuchs. Eine Vormerkung wird i. d. R. zur Sicherung eines Anspruchs auf Übertragung des Grundstückseigentums in das Grundbuch eingetragen, um sich gegen eine Veräußerung des Grundstücks an einen Dritten im Zeitraum zwischen Auflassung (§ 925 Abs. 2 BGB) und Eintragung (§ 873 Abs. 1 BGB) abzusichern (**Auflassunsgvormerkung**). Nach h. M. handelt es sich bei der Vormerkung nicht um ein beschränkt dingliches Recht, sondern um ein **Sicherungsmittel eigener Art** *(sui generis)*. Es schützt einen schuldrechtlichen Anspruch auf dingliche Rechtsänderung gegen ihn gefährdende Verfügungen über das betroffene Recht. Dagegen sind dingliche Ansprüche, z. B. aus §§ 894, 1169 BGB, durch einen **Widerspruch** (§ 899 BGB) zu sichern. Der Widerspruch ist ein Sicherungsmittel eigener Art, das bei unrichtigem Grundbuch vor Verlust des gesicherten Rechts durch gutgläubigen Erwerb (§ 892 Abs. 1 S. 1 BGB) schützt, ohne die Vermutung des § 891 BGB zu widerlegen.

Da die Vormerkung vom Bestand des gesicherten Anspruchs abhängig ist, handelt es sich um ein **akzessorisches** Sicherungsmittel (§§ 883 Abs. 1, 886 BGB). Ansprüche aus nichtigen Verträgen, z. B. Formnichtigkeit (§ 125 BGB), können auch dann nicht durch eine Vormerkung gesichert werden, wenn das Gesetz eine Heilungsmöglichkeit vorsieht (z. B. §§ 311b Abs. 1 S. 2, 518 Abs. 2 BGB). Denn die Heilung führt nach h. M. nicht rückwirkend *(ex tunc)*, sondern nur für die Zukunft *(ex nunc)*, zur Wirksamkeit des Anspruchs. Damit fehlt der Vormerkung für die Vergangenheit das erforderliche Bestehen des Anspruchs, so dass ihr Schutz nicht zeitlich zurückwirkt. Nach der Rechtsprechung (BGH NJW 2012, 2032) ist eine **Aufladung** der Vormerkung durch Erstreckung auf weitere zu sichernde Ansprüche hinsichtlich des **Schuldgrundes**, nicht aber des Inhalts des Anspruchs möglich. Dabei bestimme sich der Rang der gesicherten Ansprüche nach dem Moment der aus materiell-rechtlicher Sicht allein erforderlichen Bewilligung (**Extension**). Dadurch werde die Akzessorietät der Vormerkung nicht aufgegeben. Dagegen soll dies nach Teilen des Schrifttums nicht möglich, vielmehr eine neue Grundbucheintragung erforderlich sein, die ihrerseits den Rang bestimmte.

bb. Ersterwerb

Erwerb vom Berechtigten

Die Entstehung der Vormerkung (Ersterwerb) hat folgende Voraussetzungen:

- **Bestehen eines wirksamen** (nicht notwendig fälligen) **schuldrechtlichen Anspruchs** auf dingliche Rechtsänderung, der sich auf ein eintragungsfähiges Recht bezieht. Es kann sich um einen Anspruch des Privatrechts aus Vertrag, einseitigem Rechtsgeschäft oder Gesetz (z. B. §§ 346, 812 BGB) handeln, der bis zum Eintritt der geschuldeten Rechtsänderung vormerkbar ist. Schuldner des Anspruchs muss bei Eintragung der Vormerkung derjenige sein, dessen dingliches Recht von der künftigen Änderung betroffen wird **(Identitätsgebot)**.
- **Bewilligung** (§ 29 GBO) des Betroffenen oder **einstweilige Verfügung** (§§ 935 ff ZPO) ohne Glaubhaftmachung des zu sichernden Anspruchs (§ 885 Abs. 1 BGB). Durch ein Urteil auf Abgabe der Willenserklärung (§ 894 ZPO) ist die Bewilligung ersetzbar.
- **Eintragung** der Vormerkung in das Grundbuch (§§ 883 Abs. 1, 885 BGB).
- **Fortbestehen** der Bewilligung im Zeitpunkt der Eintragung, wobei die Bewilligung eine Bindungswirkung analog § 875 Abs. 2 BGB haben kann.
- **Berechtigung** zur Einräumung der Vormerkung durch den Rechtsinhaber, der keiner Verfügungsbeschränkung unterliegt, den kraft Gesetzes oder Hoheitsakt Berechtigten oder Dritten, der mit Einwilligung des Berechtigten (§ 185 Abs. 1 BGB) handelt.

Gutgläubiger Erwerb vom Nichtberechtigten

Nach allgemeiner Meinung ist ein gutgläubiger Erwerb einer rechtsgeschäftlich bewilligten Vormerkung vom Nichtberechtigten möglich, da die Vormerkung im Unterschied zu einem rein schuldrechtlichen Anspruch (der nach §§ 398 ff BGB nicht gutgläubig erworben werden kann) als Sicherungsmittel eigener Art eine dingliche Wirkung hat (§§ 893 Fall 2, 892 BGB).

Dabei ist § 893 BGB Fall 2 nach Rechtsprechung (BGHZ 57, 341) und überwiegender Literatur unmittelbar anwendbar, da die Bestellung der Vormerkung eine Verfügung über das Rechte enthalte. Teils wird § 892 BGB direkt und teils § 893 BGB analog angewendet wegen vergleichbarer Interessenlage aus dem Vertrauen auf den Rechtsschein des Grundbuchs bei Erwerb einer dinglich gesicherten Position. Ein gutgläubiger Ersterwerb der Vormerkung hat folgenden Voraussetzungen:

- **Bestehen eines wirksamen** zu sichernden **schuldrechtlichen Anspruchs**. Das gilt auch für einen bedingten oder zukünftigen Anspruch.
- **Rechtsgeschäftlicher Erwerb** des Anspruchs durch ein **Verkehrsgeschäft**.
- **Gutgläubigkeit** des Erwerbers bezüglich Berechtigung des Bewilligenden im Zeitpunkt des Antrags auf Eintragung der Vormerkung.
- **Unrichtigkeit** des Grundbuchs, dass den Verfügenden legitimiert.
- **Keine Eintragung** eines Widerspruchs gegen die Richtigkeit des Grundbuchs.

cc. Zweiterwerb

Zweiterwerb vom Berechtigten

Die Vormerkung ist aufgrund ihrer **Akzessorietät** zur Forderung und ihres Charakters als ein unselbstständiges Nebenrecht **übertragbar**. Wird der gesicherte schuldrechtliche Anspruch auf dingliche Rechtsänderung durch die Vormerkung rechtsgeschäftlich (§ 398 BGB) oder kraft Gesetzes (§ 412 BGB) abgetreten, geht die Vormerkung auf den neuen Inhaber der Forderung als bloßer **Annex** in analoger Anwendung des § 401 BGB über. Eine eigenständige Abtretung scheidet aus, da sonst eine Verdoppelung der Rechtsposition eintreten würde. Grundsätzlich ist auch die Abtretung einer vormerkungsgesicherten Forderung **formfrei**. Ist die Abtretung der Forderung wegen Inhaltsänderung oder Vereinbarung mit dem Schuldner ausgeschlossen (§ 399 BGB), wird auch die Vormerkung nicht übertragen. Ist der Vormerkungsübergang bei der Abtretung ausgeschlossen, so erlischt die Vormerkung. Zur Wirksamkeit der Abtretung des vorgemerkten Anspruchs ist die **Eintragung** im Grundbuch **nicht** erforderlich. Vielmehr ist sie eine bloße zulässige Grundbuchberichtigung (§ 894 BGB, § 22 GBO) aufgrund einer notariell beglaubigten Bewilligung des Zedenten **(Umschreibung)**. Die **Verpfändung** (§ 1274 Abs. 2 BGB) und **Pfändung** (§ 871 ZPO) der Vormerkung sind nicht möglich.

Gutgläubiger Zweiterwerb

Ein gutgläubiger Zweiterwerb der Vormerkung mit Abtretung des schuldrechtlichen Anspruchs **scheidet aus**, wenn dieser nicht besteht oder nicht der Zessionar, sondern ein Dritter berechtigter Inhaber des Anspruchs ist. **Umstritten** ist der gutgläubige Zweiterwerb wegen **Mängeln** der Vormerkung, wenn der gesicherte Anspruch besteht und der Zedent Inhaber des Anspruchs ist. Nach der Rechtsprechung (BGH NJW 1957, 1229) und überwiegenden Literatur ist der gutgläubige Erwerb analog § 892 BGB möglich, wenngleich die Vorschrift eine rechtsgeschäftliche Übertragung schützt, da der Übergang der Vormerkung nach § 401 BGB mittelbar auf einem Rechtsgeschäft beruhe **(mittelbar rechtsgeschäftlicher Erwerb)**. Ein Teil der Literatur verneint einen gutgläubigen Zweiterwerb, da die Vormerkung bei Abtretung des gesicherten Anspruchs kraft Gesetzes nach §§ 398, 401 BGB übergehe und die Gutglaubensvorschrift des § 892 BGB in diesem Fall nicht anwendbar sei. Zudem fehle der für den Rechtsschein und damit den öffentlichen Glauben des Grundbuchs erforderliche Publizitätsakt (Eintragung) und der Schutzzweck der Vormerkung.

dd. Sicherungswirkung

Die Sicherungswirkung der Vormerkung regelt § 883 Abs. 2 BGB. Danach ist eine Verfügung, die nach der Eintragung der Vormerkung über das Grundstück oder Grundstücksrecht getroffen wird, unwirksam, wenn sie den gesicherten Anspruch des Vormerkungsberechtigten vereiteln oder beeinträchtigen würde (**relative Unwirksamkeit**). Das Vorliegen einer Vereitelung oder Beeinträchtigung bestimmt sich nach dem rechtlichen Inhalt des Anspruchs. Bei der Vormerkung eines Grundstückskäufers ist eine auf eine weitere Übereignung des Grundstücks gerichtete Verfügung des Veräußerers dem Vormerkungsberechtigten (Käufer) gegenüber unwirksam. In diesem Fall ist die Verpflichtung des Veräußerers, dem Vormerkungsberechtigten das Grundstück zu übereignen, nicht unmöglich (§ 275 BGB). Die weitere Verfügung ist dagegen gegenüber jedem **Dritten wirksam** und wird vom Grundbuchamt eingetragen, auch wenn sie gegen die Vormerkung verstößt. Die eingetragene Vormerkung löst **keine Grundbuchsperre** aus. Damit ist der Veräußerer grundbuchrechtlich nicht mehr in der Lage, die erforderlichen Erklärungen für den Erwerb des Vormerkungsberechtigten abzugeben. Dieser kann jedoch von dem Dritterwerber die **Zustimmung** zur **Löschung** des eingetragenen Rechts nach § 888 BGB verlangen. Das gilt auch, wenn die Verfügung im Wege der Zwangsvollstreckung oder der Arrestvollziehung oder durch den Insolvenzverwalters erfolgt ist (§§ 883 Abs. 2 S. 2, 888 Abs. 1 BGB).

ee. Rangwirkung

Die **Vormerkung** zur Sicherung des schuldrechtlichen Anspruchs auf Erwerb des Rechts an einem Grundstück **bestimmt** nach § 883 Abs. 3 BGB den Rang des Rechts (**Rangwirkung**). Der Rang der Vormerkung selbst wird von der Vorschrift vorausgesetzt und bestimmt sich nach den §§ 879ff BGB. Dabei richtet sich der Rang des Rechts (abweichend von § 879 BGB) nach dem **Zeitpunkt** des **Entstehens** der Vormerkung, i. d. R. der Eintragung der Vormerkung, sofern eingetragenes und vorgemerktes Recht identisch sind. Dies gilt auch für bedingte oder künftige Ansprüche auf dingliche Rechtsänderung, die durch eine Vormerkung gesichert werden. Da das Eigentum nicht rangfähig ist, hat die Auflassungsvormerkung keine Rangwirkung, wird aber durch §§ 883 Abs. 2, 888 BGB gegen vormerkungswidrige dingliche Rechte geschützt.

e. Erwerbsverbot

Nach der Rechtsprechung kann der Grundstücksverkäufer bei formnichtigem Kaufvertrag (§§ 311b Abs. 1 S. 1, 125 BGB) Auflassung (§ 925 Abs. 2 BGB) und Eintragungsantrag aus § 812 Abs. 1 S. 1 BGB **kondizieren** und diesen Anspruch im Wege einstweiliger Verfügung (§§ 935ff ZPO) durch ein Erwerbsverbot **sichern**. Dieses schließt nach h. M. die Heilung des nichtigen Kaufvertrags durch Auflassung und Eintragung ins Grundbuch nach § 311b Abs. 1 S. 2 BGB aus. Das Erwerbsverbot wird mit Zustellung an den Käufer wirksam und enthält das Gebot von einem Eintragungsantrag abzusehen bzw. ihn zurückzunehmen. Sofern es dem Grundbuchamt bekannt ist, stellt es ein Eintragungshindernis (§ 18 GBO) dar. Wird der Käufer dennoch in das Grundbuch als Erwerber eingetragen, ist es unrichtig und der Erwerb relativ unwirksam analog §§ 135, 136 BGB.

9. Gutgläubiger Erwerb bei Rechten an Grundstücken

a. Allgemeines

Das Eigentum oder ein beschränktes dingliches Recht an einem Grundstück, das im Grundbuch eingetragen ist, gilt aufgrund des **öffentlichen Glaubens** des **Grundbuchs** als richtig und kann durch rechtsgeschäftliche Verfügung redlich erworben werden (§ 892 BGB). Ein tatsächliches Einsehen in das Grundbuch ist nicht notwendig. Geschützt werden aber wie auch bei § 932ff BGB nur Verkehrsgeschäfte und nicht der Erwerb kraft Gesetzes (z. B. §§ 2ff UmwG) oder im Wege der Zwangsvollstreckung (Ausnahme § 898 ZPO). § 892 BGB findet auch bei der Leistung an einen Buchberechtigten und alle sonstigen Verfügungsgeschäfte zwischen dem Eingetragenen und einem anderen gem. § 893 BGB Anwendung.

b. Voraussetzungen

Ein gutgläubiger Erwerb von Grundstückseigentum hat folgende Voraussetzungen:

- **Vorliegen eines Rechtsgeschäfts** im Sinne eines **Verkehrsgeschäfts**.
- **Unrichtigkeit** des Grundbuchs, dessen Inhalt (formell) nicht der wahren Rechtslage (materiell) entspricht, z. B. materiell Nichtberechtigter ist als Berechtigter eingetragen.
- **Legitimation** des Verfügenden durch den Rechtsschein des Grundbuchs, z. B. wenn der verfügende Nichtberechtigte als (Buch-)Berechtigter im Grundbuch eingetragen ist.
- **Kein Widerspruch** im Grundbuch eingetragen, da sonst ein gutgläubiger Erwerb gem. § 892 Abs. 1 S. 1 BGB ausgeschlossen ist. Auf die Kenntnis des Erwerbers vom Widerspruch (**objektives Erwerbshindernis**) im Grundbuch kommt es nicht an.
- **Redlichkeit** des Erwerbers (§ 892 Abs. 1 S. 1 BGB), der keine **positive Kenntnis** von der Unrichtigkeit des Grundbuchs haben darf. Auf grob fahrlässige Unkenntnis kommt es anders als beim guten Glauben nach § 932 Abs. 2 BGB nicht an (**redlicher Erwerb**). Eine **Erkundigungspflicht** des Erwerbers besteht **nicht**, auch erhebliche Zweifel an der Richtigkeit oder ein Rechnen mit der Unrichtigkeit sind unschädlich. Der Kenntnis von der Unrichtigkeit gleichgestellt wir aber die Kenntnis von **Tatsachen**, die zwingend nur den Schluss auf eine fehlende Berechtigung des Veräußerers zulassen.
- **Maßgeblicher Zeitpunkt** der Redlichkeit des Erwerbers ist grundsätzlich der Zeitpunkt der **Vollendung** des **Rechtserwerbs**, i. d. R. der Zeitpunkt der Eintragung. Ist diese zum Rechtserwerb erforderlich, stellt § 892 Abs. 2 BGB auf den Zeitpunkt des Antrags auf **Eintragung** ab (**Vorverlagerung**). Die Parteien haben alles ihrerseits Erforderliche für den Rechtsübergang getan, so dass der Erwerber dann schutzwürdig ist. Folgt die Einigung der Stellung des Antrags oder der Eintragung, ist der Zeitpunkt der Einigung maßgebend. Wird das Grundbuch nach Antragstellung, aber vor Eintragung unrichtig, genügt nach h. M., wenn der Erwerber im Zeitpunkt, in dem das Grundbuch unrichtig wird, davon keine Kenntnis hat, aber im Zeitpunkt der Vollendung des Rechtserwerbs. Bei Eintragung einer Vormerkung für den Erwerber ist nach h. M. für die Redlichkeit des Erwerbers und die Legitimation des Veräußerers auf den Zeitpunkt des Erwerbs der Vormerkung abzustellen.

Abb. 26: Erwerb bei Rechten an Grundstücken

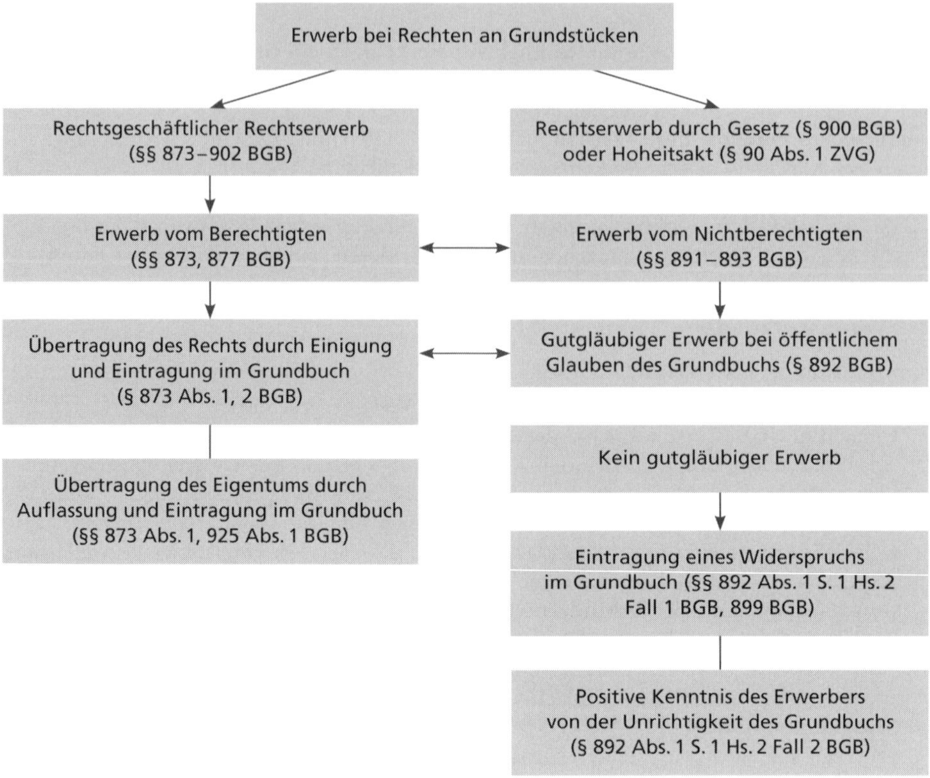

IV. Ansprüche des Eigentümers

1. Herausgabeanspruch

a. Allgemeines

Der Herausgabeanspruch des Eigentümers gegen den Besitzer ist in § 985 BGB geregelt. Er folgt aus dem bestehenden Eigentum (§ 903 BGB) an einer beweglichen oder unbeweglichen Sache (§ 90 BGB) und gewährt dem Eigentümer gegen den Besitzer einen Anspruch auf Herausgabe (**Vindikation**) sofern dem Besitzer kein Recht zum Besitz an der Sache zusteht (**Vindikationslage**). Auf die **Kenntnis** von der Vindikationslage kommt es anders als bei den Folgeansprüchen aus dem Eigentümer-Besitzer-Verhältnis nach §§ 987–1003 BGB **nicht** an. Die Vindikation ist ein dinglicher Anspruch und bezieht sich auf Eigentumsstörungen durch **Entziehung** oder **Vorenthaltungen** des Besitzes der Sache. Wird das Eigentum in anderer Weise beeinträchtigt, kann der Eigentümer vom Störer die Beseitigung der Beeinträchtigung und Unterlassung zukünftiger Beeinträchtigungen gem. § 1004 Abs. 1 BGB (**Beseitigungs- und Unterlassungsanspruch**) verlangen. Nach h. M. besteht zwischen der Vindikation und vertraglichen Ansprüchen auf Rückgabe der Sache (z. B. §§ 346, 546, 604, 667 BGB) echte **Anspruchskonkurrenz**. Dagegen wird im Schrifttum vertreten, dass die Vindikation zu den vertraglichen Rückgabeansprüchen subsidiär sei, da die Weggabe der Sache aufgrund zum

Besitz berechtigenden Schuldverhältnisses durch freiwillige Entscheidung des Eigentümers erfolge (**Lehre vom Vorrang der Vertragsverhältnisse**). Eine Konkurrenz besteht auch zu Ansprüchen aus Kondiktion (§§ 812, 816 Abs. 1 BGB), Delikt (§§ 823, 249 BGB), petitorischen Ansprüchen (§§ 861, 1007 Abs. 1, 2 BGB) und Geschäftsführung ohne Auftrag (§§ 677 ff BGB). Der Anspruch aus § 985 BGB ist nicht selbstständig abtretbar, da er untrennbar mit dem Eigentum verbunden ist und beim Erwerb des Eigentums entsteht. Auf ihn finden die Vorschriften des Schuldrechts Anwendung, sofern sachenrechtliche Sonderbestimmungen oder sachenrechtliche Grundsätze dies nicht ausschließen. In der Zwangsvollstreckung ist das Eigentum jedoch durch **Drittwiderspruchsklage** (§ 771 ZPO) und im Insolvenzverfahren durch **Aussonderung** (§ 47 InsO) geltend zu machen. Bei beweglichen Sachen gilt die Vindikation auch zugunsten des Pfandgläubigers (§ 1227, 1257 BGB), bei unbeweglichen Sachen des Erbbauberechtigten (§ 11 Abs. 1 ErbbauRG) und in beiden Fällen zugunsten des Nießbrauchers (§ 1065 BGB). Bei **Zusendung unbestellter Waren** ist § 985 BGB nach umstrittener Auffassung ausgeschlossen (§ 241 a BGB), beim **Anwartschaftsrecht** des Berechtigten analog anwendbar.

b. Voraussetzungen

Der Herausgabeanspruch des Eigentümers aus § 985 BGB hat folgende Voraussetzungen:

- **Eigentum** des Anspruchstellers im Zeitpunkt des Herausgabeverlangens.
- **Besitz** des Anspruchsgegners, der unmittelbarer (§ 854 Abs. 1 BGB) oder mittelbarer Besitzer (§ 868 BGB) der Sache ist. Der Besitzdiener (§ 855 BGB) ist kein Besitzer.
- **Kein Recht zum Besitz** des Besitzers gem. § 986 Abs. 1 oder 2 BGB (**rechtshindernde Einwendung**). Es gib **absolute Besitzrechte** gegenüber jedermann (z. B. §§ 1036 Abs. 1, 1093, 1205 Abs. 1 BGB) und **relative Besitzrechte** nur gegenüber dem Eigentümer aus wirksamen Schuldverträgen (z. B. §§ 433, 535, 598, 631 BGB), rechtsgeschäftlicher Ausübungsermächtigung (§ 185 Abs. 1, 140 BGB), dinglichen Verfügungen (z. B. §§ 1205, 1036 BGB, § 11 Abs. 1 ErbbauRG, § 31 WEG), Verwaltungsbefugnisse (z. B. § 152 Abs. 2 ZVG, § 80 Abs. 1 InsO) und berechtigter GoA (§§ 677, 683 BGB). Nach h. L. ist das **Anwartschaftsrecht** des Käufers unter Eigentumsvorbehalt (§§ 449, 158 Abs. 1 BGB) ein absolutes Besitzrecht. Nach der Rechtsprechung (BGHZ 10, 69) kann der gutgläubige Dritterwerber des Anwartschaftsrechts dem Herausgabeanspruch des Eigentümers die Dolo-agit-Einrede aus § 242 BGB (Treu und Glauben) entgegenhalten.
- **Keine Einreden des Besitzers**, wie **Verjährung** (§§ 214, 194 BGB) mit Ausnahme von § 902 BGB, nach h. L. **Zurückbehaltungsrechte** (z. B. §§ 273, 1000 BGB), die nach der Rechtsprechung allerdings schon ein Recht zum Besitz begründen, sowie die Einrede aus § 817 S. 2 BGB analog, was von der Rechtsprechung indes abgelehnt wird.
- **Rechtsfolge:** gegen unmittelbaren Besitzer Anspruch auf **Herausgabe unmittelbaren Besitzes**, gegen mittelbaren Besitzer nach h. M. **wahlweise** Übertragung des **mittelbaren** Besitzes durch Abtretung des Anspruchs auf Herausgabe aus dem Besitzkonstitut (§§ 870, 398 BGB) oder Verschaffung des **unmittelbaren** Besitzes (§ 986 Abs. 1 S. 2 BGB). Ist der Eigentümer nur Miteigentümer und der unmittelbare Besitzer ebenfalls Miteigentümer, kann er nur Einräumung des Mitbesitzes (§ 866 BGB) verlangen. Ist der unmittelbare Besitzer kein Miteigentümer, muss er die Sache an alle Miteigentümer herausgaben; sind mehrere Mitbesitzer keine Miteigentümer kann der Mitbesitzer nach h. M. nur zur Übertragung des auf ihn anfallenden Besitzanteils verurteilt werden. Nach der Rechtsprechung muss der Besitzer die Sache dort, wo sie sich bei Rechtshängigkeit bzw. Bösgläubigkeit befindet herausgeben; nach a. A. stets dort, wo sich die Sache befindet, wobei der bösgläubige Besitzer bei Ortsveränderung Ersatz der Transportkosten als Schadensersatz schuldet

(§§ 989, 990 BGB analog). Der Anspruch des Eigentümers aus § 985 BGB **erlischt** mit **Besitzverlust** des Schuldners unabhängig von einer Wiederbeschaffungsmöglichkeit. Der bisherige Schuldner **haftet** dann gem. §§ 989ff BGB.

2. Ansprüche aus dem Eigentümer-Besitzer-Verhältnis

a. Allgemeines

Die Ansprüche des Eigentümers gegen den unrechtmäßigen Besitzer aus dem sog. Eigentümer-Besitzer-Verhältnis **(EBV)** werden in §§ 987–1003 BGB geregelt. Die Vorschriften begründen ein **gesetzliches Schuldverhältnis**, setzen eine Vindikationslage voraus und können neben oder an die Stelle der Vindikation treten. Es handelt sich um ein spezielles Leistungsstörungsrecht für den Fall, dass der Herausgabeanspruch aus § 985 BGB beeinträchtigt ist. Die Regelungen haben den Zweck, Eigentümer und Besitzer in der Vindikationslage möglichst so zu stellen, als seien Eigentum und Besitz von vornherein nicht auseinandergefallen **(Restitutionsprinzip)**. Die Rückabwicklung erfolgt dabei nicht durch dingliche, sondern durch **schuldrechtliche Nebenansprüche**. Darauf finden grundsätzlich die schuldrechtlichen Vorschriften Anwendung finden. Daher können sie abgetreten (§ 398 BGB) und belastet (z. B. §§ 1074, 1279 BGB, § 829 ZPO) werden, gehen mit Übereignung des Vindikationsgegenstandes aber nicht automatisch auf den Erwerber über und sind einfache Insolvenzforderungen. Die EBV-Ansprüche sind grundsätzlich abschließend (vgl. § 993 Abs. 1 2 Hs. BGB), so dass auf andere Ansprüche (z. B. GoA, Kondiktion, Delikt) nicht zurückgegriffen werden darf **(Abschlussfunktion)**. Dies liegt daran, dass der gutgläubige unverklagte (redliche) Besitzer ohne Besitzrecht geschützt werden soll, der nach EBV nur sehr privilegiert haftet. Nach h. M. gilt die Abschlussfunktion aber auch bei Rechtshängigkeit oder Bösgläubigkeit des Besitzers.

b. Anspruchsgrundlagen

Die Anspruchsgrundlagen unterscheiden zwischen den Ansprüchen des Eigentümers gegen den Besitzer (§§ 987–993 BGB) und den Gegenrechten des Besitzers (§§ 994–1003 BGB). Dabei handelt es sich im Einzelnen um folgende Ansprüche aus dem Eigentümer-Besitzer-Verhältnis:

Ansprüche des Eigentümers gegen den Besitzer auf Nutzungsherausgabe:

- bei Rechtshängigkeit (§ 987 BGB)
- bei Bösgläubigkeit des Besitzers (§§ 990, 987 BGB)
- gegen den unentgeltlichen Besitzer (§ 988 BGB)
- gegen den bösgläubigen Besitzmittler (§§ 991 Abs. 1, 990, 987 BGB)
- gegen den gutgläubigen Besitzmittler (§§ 991 Abs. 2, 990, 987 BGB
- gegen den deliktischen Besitzer (§§ 992, 823ff BGB)
- gegen den gutgläubigen unverklagten Besitzer (§ 993 Abs. 1 Hs. 1 BGB)

Ansprüche des Eigentümers gegen den Besitzer auf Schadensersatz:

- bei Rechtshängigkeit und Verschulden des Besitzers (§ 989 BGB)
- bei Bösgläubigkeit und Verschulden des Besitzers (§§ 990, 989 BGB)
- bei verbotener Eigenmacht oder Straftat des Besitzers (§§ 929, 823ff BGB)
- bei Verzug des Besitzers (§§ 990 Abs. 2, 280 Abs. 1, 2, 286, 287 BGB)
- gegen den gutgläubigen Besitzmittler (§§ 991 Abs. 2, 989 BGB)

Ansprüche des Besitzers gegen den Eigentümer auf Ersatz von Verwendungen:
- notwendigen Verwendungen bei Gutgläubigkeit (§ 994 Abs. 1 BGB)
- notwendige Verwendungen bei Rechtshängigkeit (§ 994 Abs. 2 BGB)
- notwendige Verwendungen bei Bösgläubigkeit (§ 994 Abs. 2, 683, 677, 670 BGB)
- nützliche Verwendungen des gutgläubigen unverklagten Besitzers (§ 996 BGB)
- bei Verwendungen eines Vorbesitzers (§ 990 BGB)

Weitere Ansprüche und Rechte des Besitzers gegen den Eigentümer:
- Wegnahmerecht (§ 997 BGB)
- Zurückbehaltungsrecht (§ 1000 BGB)
- Befriedigungsrecht (§ 1003 BGB)

3. Beseitigungs- und Unterlassungsanspruch

a. Allgemeines

Die Ausschließungsbefugnis des Eigentümers wird ergänzend zu §§ 985, 894, 1005 BGB durch den Beseitigungs- und Unterlassungsanspruch des Eigentümers aus § 1004 Abs. 1 BGB **(Abwehransprüche)** gewährleistet. Danach kann der Eigentümer bei Beeinträchtigungen des Eigentums in anderer Weise als durch Entziehung oder Vorenthaltung des Besitzes von dem Störer die Beseitigung der gegenwärtigen Beeinträchtigung verlangen **(Beseitigungsanspruch)**. Der Anspruch ist nach § 1004 Abs. 2 BGB **ausgeschlossen**, wenn der Eigentümer zur **Duldung** verpflichtet ist. Diese kann sich aus vertraglicher Vereinbarung, dem privaten Nachbarrecht (§§ 906–924 BGB), Vorschriften des Landesnachbarrechts und einstweiligen Verfügungen (§ 935ff ZPO) ergeben. Zudem kann der Anspruch nach öffentlichem Recht (z. B. § 14 Abs. 1 BImSchG, § 11 WHG, § 11 LuftVG) sowie aufgrund allgemeiner gesetzlicher Rechtfertigungsgründe (z. B. §§ 227ff, 859, 904 BGB) ausgeschlossen sein. Der Abwehranspruch aus § 1004 Abs. 1 BGB schützt unmittelbar nur das Eigentum an beweglichen und unbeweglichen Sachen **(negatorischer Abwehranspruch)**. Er gilt kraft Gesetzes auch für bestimmte beschränkt dingliche Rechte, wie z. B. Dienstbarkeiten (§§ 1027, 1065, 190 Abs. 2 BGB), Pfandrechte (§§ 1227, 1257 BGB), Pfändungspfandrecht (§ 804 Abs. 2 ZPO, § 1227 BGB) und Erbbaurecht (§ 11 Abs. 1 S. 1 ErbbauRG). Er wird er von der Rechtsprechung **analog** auf alle **absoluten Rechte**, z. B. das Namensrecht (§ 12 BGB) die Immaterialgüterrechte (z. B. § 139 PatG, §§ 97, 98 UrhG), die **deliktsrechtlich** geschützten Rechtsgüter und sonstigen Rechte (823 Abs. 1 BGB) sowie geschützten Positionen (§§ 823 Abs. 2, 824 BGB) angewandt **(Quasi-negatorischer Unterlassungsanspruch)**. Sofern die Beeinträchtigung des Rechtsguts in einer Verletzung des allgemeinen Persönlichkeitsrechts (§ 823 Abs. 1 BGB) oder in einer Kreditgefährdung (§ 824 BGB) durch ehrkränkende Äußerungen besteht, geht der Beseitigungsanspruch auf Widerruf der Äußerung **(Widerrufsanspruch)**.

b. Voraussetzungen

Der Beseitigungs- und Unterlassungsanspruch hat folgende Voraussetzungen:
- **Eigentum** oder sonstiges geschütztes **Recht** des Anspruchstellers.
- **Beeinträchtigung** des Eigentums oder sonstigen geschützten Rechts anders als durch Entziehung oder Vorenthaltung des Besitzes.
- **Störer** ist **Handlungsstörer**, der durch seine Handlung oder pflichtwidrige Unterlassung die Beeinträchtigung verursacht hat oder **Zustandsstörer**, der Eigentümer oder Besitzer

einer Sache ist, von der die Beeinträchtigung ausgeht, wenn dies zumindest mittelbar auf seinen Willen zurückzuführen ist.

- **Rechtswidrigkeit** der Störung, wenn keine **Duldungspflicht** des Anspruchstellers (§ 1004 Abs. 2 BGB) und auch kein **Ausschlussgrund** für den Anspruch besteht.
- **Rechtsfolge** ist **verschuldensunabhängiger** Anspruch des Anspruchstellers gegen den Störer auf **Beseitigung** der Störung (§ 1004 Abs. 1 S. 1 BGB) und für den Fall einer Wiederholungsgefahr auf **Unterlassung** weiterer Störungen (§ 1004 Abs. 1 S. 2 BGB), die bei vorausgegangener Beeinträchtigung von der Rechtsprechung vermutet wird.

V. Beschränkt dingliche Rechte

1. Allgemeines

Die beschränkt dinglichen Rechte geben ihrem Inhaber eine nach der Art des jeweiligen Rechts bestimmte vom Eigentum abgespaltene Befugnis zu Nutzung, Erwerb oder Verwertung an einer Sache (**Teilberechtigungen**). Dementsprechend beschränken sie das das Herrschaftsrecht des Eigentümers am Vollrecht und belasten das Eigentum somit (**Belastungen des Eigentums**). Es sind absolute Rechte, die gegenüber jedermann, auch dem Vollrechtsinhaber selbst und dessen Rechtsnachfolger (**Sukzessionsschutz**) wirken. Aufgrund des Typenzwangs gibt es bestimmte beschränkt dingliche Rechte im Sachenrecht, die nicht beliebig erweiterbar sind. Sie können für bestimmte natürliche oder juristische Personen (**subjektiv-persönliche Rechte**) oder für den jeweiligen Eigentümer eines Grundstücks (**subjektiv-dingliche Rechte**) bestellt werden. Die beschränkt dinglichen Rechte an Grundstücken entstehen durch Einigung und Eintragung im Grundbuch (§ 873 Abs. 1 BGB). Die beschränkt dinglichen Rechte an beweglichen Sachen (Nießbrauch, Pfandrecht) entstehen durch Einigung und Übergabe der Sache (§§ 1032, 1205 BGB). Die beschränkt dinglichen Rechte an Rechten (Pfandrecht) entstehen durch Einigung und Übertragung des Rechts nach den für dieses jeweils geltenden Vorschriften (§ 1274 Abs. 1, 1205 Abs. 1 BGB). Die Verpfändung einer Forderung, zu deren Übertragung die Abtretung genügt, ist nur wirksam, wenn der Gläubiger sie dem Schuldner anzeigt (§ 1280 BGB).

2. Nutzungsrechte

Das Eigentum kann mit beschränkt dinglichen Rechten in Form der folgenden Nutzungsrechte belastet werden:

- Erbbaurecht (§ 1 Abs. 1 ErbbauRG)
- *Dienstbarkeiten:*
- Grunddienstbarkeit (§§ 1018 ff BGB)
- Nießbrauch (§§ 1030 ff BGB)
- Beschränkt persönliche Dienstbarkeit (§§ 1090 ff BGB)
- Beschränkt dingliches Wohnungsrecht (§ 1093 BGB)

3. Erwerbsrechte

Das Eigentum kann mit beschränkt dinglichen Rechten in Form der folgenden Erwerbsrechte belastet werden:

- Dingliches Vorkaufsrecht (§§ 1094 ff BGB)
- Vormerkung (§§ 883 ff BGB)

4. Verwertungsrechte

Das Eigentum kann mit beschränkt dinglichen Rechten in Form folgender Verwertungsrechte belastet werden:

- Reallast (§§ 1105 ff BGB)
- *Grundpfandrechte:*
- Hypothek (§§ 1113 ff BGB)
- Grundschuld (§§ 1191 ff BGB)
- Rentenschuld (§§ 1199 ff BGB)
- *Mobiliarpfandrechte:*
- Verpfändung (§§ 1204 ff BGB)
- Pfändungspfandrecht (§§ 808 ff ZPO)

Lehrbücher:

Baur/Stürner, Sachenrecht, 18. Auflage, München 2021
Kainer, Sachenrecht, 1. Auflage, Baden-Baden 2021
Prütting, Sachenrecht, 37. Auflage, München 2020
Vieweg/Lorz, Sachenrecht, 9. Auflage, München 2021
Wellenhofer, Sachenrecht, 36. Auflage, München 2021
Wörlen/Kokemoor, Sachenrecht, 11. Auflage, München 2020

3. Teil. Handels- und Gesellschaftsrecht

A. Handelsrecht

I. Allgemeines

1. Sonderprivatrecht

a. Regelungsgegenstand

Das Handelsrecht erfasst die für den **Handelsverkehr** geltenden Normen des Privatrechts als **Sonderprivatrecht** der **Kaufleute**. Diese sind allgemein im Bürgerlichen Gesetzbuch (**BGB**) und besonders im Handelsgesetzbuch (**HGB**) sowie weiteren **Spezialgesetzen** geregelt.

Beispiele (handelsrechtliche Spezialgesetze):
- Börsengesetz (BörsG)
- Depotgesetz (DepotG)
- Scheckgesetz (SchG)
- Wechselgesetz (WG)
- Wertpapierhandelsgesetz (WpHG)
- Wertpapiererwerbs- und Übernahmegesetz (WpÜG)

Die Vorschriften des Bürgerlichen Gesetzbuchs kommen in Handelssachen nur **subsidiär** zur Anwendung (**Kollisionsregel**), soweit nicht im Handelsgesetzbuch etwas anderes bestimmt ist (§ 1 Abs. 1 EGHGB). Die Regelungen des Handelsgesetzbuchs **ergänzen**, z. B. §§ 48 ff HGB (Prokura und Handlungsvollmacht), §§ 373 ff HGB (Handelskauf), 383 ff HGB (Kommission) oder **modifizieren**, z. B. §§ 348–350 HGB (Allgemeine Vorschriften) die Vorschriften in den ersten drei BGB-Büchern (Allgemeiner Teil, Schuldrecht und Sachenrecht) (**Anwendungsvorrang**).

b. Ungeschriebene Regeln

Neben den besonderen gesetzlichen handelsrechtlichen Normen finden auch **ungeschriebene handelsrechtliche Regeln** Anwendung, das **Handelsgewohnheitsrechts** (Scheinkaufmann, kaufmännisches Bestätigungsschreiben) und die **Handelsbräuche** unter Kaufleuten. Auf diese ist nach § 346 HGB im Handelsverkehr Rücksicht zu nehmen ist (z. B. branchenübergreifende Handelsklauseln, Börsenusancen).

c. Allgemeine Geschäftsbedingungen

Zudem werden handelsrechtliche Verträge vielfach durch Allgemeine Geschäftsbedingungen geregelt. Die Wirtschaftsverbände haben jeweils branchenspezifische Vertragsmuster erstellt.

Beispiele (handelsrechtliche AGB):
- Allgemeine Versicherungsbedingungen (AVB)
- Allgemeine Geschäftsbedingungen der Institute (AGB-Banken)
- Allgemeine Deutsche Seeversicherungsbedingungen (ADS)
- Allgemeine Deutsche Spediteurbedingungen (ADSp)
- International Commercial Terms (Incoterms)
- Einheitliche Richtlinien für Inkassi (ERI)

d. Subjektives System

Die Anwendung des Handelsgesetzbuchs ist grundsätzlich von der Person wenigstens eines der beteiligten Rechtssubjekte **(subjektives System)** in ihrer Eigenschaft als Kaufmann, der ein Handelsgewerbe betreibt (vgl. §§ 1 Abs, 1, 345, 343 HGB), abhängig **(Sonderprivatrecht der Kaufleute)**. Einzelne Vorschriften gelten auch für **Nichtkaufleute** (z. B. §§ 84 Abs. 4, 93 Abs. 3, 383 Abs. 2 HGB) oder betreffen nur den Vertragspartner, der Kaufmann ist (z. B. §§ 347–350 HGB). **Abzugrenzen** vom Kaufmann ist der **Unternehmer** i. S. v. § 14 BGB, der für die Anwendung der Vorschriften des Bürgerlichen Gesetzbuchs zum Schutz des Verbrauchers (§ 13 BGB) bei **Verbraucherverträgen** (§ 310 Abs. 3 BGB) maßgeblich ist. Der Begriff des Unternehmers ist mit demjenigen des Kaufmanns nur **teilidentisch** und erfasst anders als der Begriff des Kaufmanns auch solche Personen, die eine **freiberufliche** Tätigkeit (z. B. Architekt, Steuerberater) ausüben, Handwerker sowie nicht in das Handelsregister eingetragene Land- und Forstwirte sind **Kleingewerbetreibende**.

e. Aufbau des Handelsgesetzbuchs

Der Aufbau des Handelsgesetzbuchs ist gegliedert in **fünf Bücher** über den **Handelsstand** (Erstes Buch), die **Handelsgesellschaften** und **stille Gesellschaften** (Zweites Buch), die **Handelsbücher** (Drittes Buch), die **Handelsgeschäfte** (Viertes Buch) und den **Seehandel** (Fünftes Buch).

Abb. 27: Handelsgesetzbuch

Handelsgesetzbuch

Erstes Buch des HGB ***(Handelsstand):***
- Kaufmannseigenschaft (§§ 1–7)
- Handels- und Unternehmensregister (§§ 8–16)
- Handelsfirma (§§ 17–37a)
- Prokura und Handlungsvollmacht (§§ 48–58)
- Handlungsgehilfen und Handlungslehrlinge (§§ 59–83)
- Handelsvertreter (§§ 84–92c)
- Handelsmakler (§§ 93–104)

Zweites Buch des HGB ***(Handelsgesellschaften und stille Gesellschaft):***
- Offene Handelsgesellschaft (§§ 105–160)
- Kommanditgesellschaft (§§ 161–177a)
- Stille Gesellschaft (§§ 230–237)

Drittes Buch des HGB ***(Handelsbücher):***
- Vorschriften für alle Kaufleute (§§ 238–263)
- Ergänzende Vorschriften für Kapitalgesellschaften sowie bestimmte Personenhandelsgesellschaften (§§ 264–335b)
- Ergänzende Vorschriften für Genossenschaften (§§ 336–339)
- Ergänzende Vorschriften für Unternehmen bestimmter Geschäftszweige (§§ 340–341p)
- Privates Rechnungslegungsgremium; Rechnungslegungsbeirat (§§ 342, 342a)
- Prüfstelle für Rechnungslegung (§§ 342b–342e)

Viertes Buch des HGB ***(Handelsgeschäfte):***
- Allgemeine Vorschriften (§§ 343–372)
- Handelskauf (§§ 373–382)
- Kommissionsgeschäft (§§ 383–406)
- Frachtgeschäft (§§ 407–452d)
- Speditionsgeschäft (§§ 453–466)
- Lagergeschäft (§§ 467–475h)

Fünftes Buch des HGB ***(Seehandel):***
- Personen der Schifffahrt (§§ 476–480)
- Beförderungsverträge (§§ 481–552)
- Schiffsüberlassungsverträge (§§ 553–569)
- Schiffsnotlagen (§§ 570–595)
- Schiffsgläubiger (§§ 596–604)
- Verjährung (§§ 605–610)
- Allgemeine Haftungsbeschränkung (§§ 611–617)
- Verfahrensvorschriften (§§ 618, 619)

2. Internationales Handelsrecht

a. Europäisches Handelsrecht

Die Sonderregeln des Handelsrechts werden ebenso wie die allgemeinen Privatrechtsregeln des BGB (z. B. Verbraucherschutz) zunehmend durch die Vorgaben des europäischen Gesetzgebers an die EU-Mitgliedstaaten harmonisiert. Dies geschieht sowohl durch das EU-Primärrecht (z. B. IAS-Verordnung) wie das EU-Sekundärrecht (z. B. Bilanzrichtlinie, Handelsvertreterrichtlinie). Die EU-Verordnungen finden unmittelbare Anwendung zwischen den EU-Mitgliedstaaten und den EWR-Vertragsstaaten, wohingegen die Richtlinien in nationales Recht umzusetzen sind.

b. Internationales Kaufrecht

Im internationalen Handelsverkehr gilt das nach den IPR-Regeln anwendbare nationale Recht mit grundsätzlich freier Rechtswahl des Vertragsstatuts (Art. 3 Rom-I-VO). Danach kommt das **UN-Kaufrecht** für den internationalen Warenkauf bei einer Rechtswahl zum deutschen Recht zur Anwendung, wenn es nicht ausgeschlossen ist.

c. Internationales Transportrecht

Die **CMR-Konvention** über Beförderungsverträge auf Straßen gilt für Transporte, die auf dem Landtransportweg durchgeführt werden. Sie ist zwingend anwendbar, wenn mindestens ein Abgangs- oder Empfangsland des Gutes ein CMR-Mitgliedstaat ist (Art. 1 Abs. 1 CMR).

d. Internationale Handelsbräuche

Die internationalen Handelsbräuche werden im Rahmen von **§ 346 HGB** berücksichtigt.

e. Internationales Handelsgewohnheitsrecht

Das Schrifttum propagiert teils ein internationales Handelsgewohnheitsrecht ***(lex mercatoria)***. Nach anderem Verständnis handelt es sich dabei jedoch lediglich um einen Sammelbegriff für verschiedene Rechtsgrundlagen des internationalen Handelsverkehrs.

f. UNIDROIT-Grundregeln

Die UNIDROIT-Grundregeln für internationale Handelsverträge (**UNIDROIT-Grundregeln**) enthalten eine Zusammenfassung und Ordnung des internationalen Vertragsrechts. Es handelt sich nicht um einen bindenden völkerrechtlichen Vertrag, sondern um unverbindliche Regeln für den internationalen Handel. Diese können von den Vertragsparteien in der Rechtswahl- und Gerichtsstandklausel mit einer Schiedsgerichtsabrede vertraglich vereinbart werden.

g. UNCITRAL-Rechtsakte

Die UN-Kommission für Internationales Handelsrecht (**UNCITRAL**) verfolgt den Zweck einer fortschreitenden Harmonisierung und Vereinheitlichung des Internationalen Handelsrechts. Sie hat sechs Arbeitsgruppen für Vergaberecht, Schiedsrecht, Transportrecht, den elektronischen Handel, das Insolvenzrecht und das Recht der Sicherungsmittel. Die von ihr verabschiedeten UNCITRAL-Rechtsakte sind nicht immer verbindliche Übereinkommen. So sind zum Beispiel die **Modellgesetze** wie die **UNCITRAL-Schiedsverfahrensordnung (2010)** unverbindlich und haben nur empfehlenden Charakter.

3. Grundprinzipien

a. Allgemeines

Die Grundprinzipien des Handelsrechts ergeben sich aus den besonderen Anforderungen des rechtsgeschäftlichen Verkehrs beim Handel unter Kaufleuten. Sie haben Interesse an der freien Gestaltung (**Erweiterung der Privatautonomie**) sowie **einfachen** und **schnellen Abwicklung des Handelsverkehrs**. Zugleich wird von ihnen selbstständiges und **eigenverantwortliches Handeln** in höherem Maße erwarten als von Privatpersonen, die nicht geschäftserfahren sind. Zu den handelsrechtlichen Grundprinzipien gehören insbesondere Regelungen in Bezug auf Formerfordernisse, Registerpublizität, Verkehrsschutz, Schnelligkeit und die Entgeltlichkeit.

b. Formerfordernisse

Die Formerfordernisse für die **Bürgschaft** (§ 766 BGB) sowie das **Schuldversprechen** (§ 780 BGB) und das **Schuldanerkenntnis** (§ 781 BGB) gelten nicht, sofern auf der Seite des Bürgen, das Versprechen oder das Anerkenntnis auf der Seite des Schuldners ein Handelsgeschäft (§ 343 HGB) ist (§ 350 HGB). Kaufleute können als Vertragsparteien eine Vereinbarung über den besonderen **Gerichtsstand** des **Erfüllungsorts** vereinbaren (§ 29 Abs. 2 ZPO) und ein an sich unzuständiges Gericht des ersten Rechtszugs als **zugelassene Gerichtsstandsvereinbarung** (§ 38 Abs. 1 ZPO).

c. Registerpublizität

Das Handelsgesetzbuch enthält besondere Regeln über das **Handelsregister** (§§ 8, 9, 9b, 10ff HGB) und das **Unternehmensregister** (§§ 8b, 9, 9a, 9b HGB), die eine Publikations-, Beweis-, Kontroll- und Schutzfunktion für den Rechtsverkehr haben (**Registerpublizität**). Es gelten für Kapitalgesellschaften und bestimmte Personengesellschaften strenge **Rechnungslegungs**- und **Offenlegungsvorschriften** (§§ 264–335 HGB).

d. Verkehrsschutz

Die Vorschriften über die handelsrechtliche **Prokura** und die **Handlungsvollmacht** (§§ 48ff HGB), die **Handelsgeschäfte** (§§ 343ff HGB) und die **Handelsbräuche** (§ 346 HGB), wie das kaufmännische Bestätigungsschreiben und die Lehre vom Scheinkaufmann, bezwecken eine im kaufmännischen Rechtsverkehr verlässliche Geschäftsdurchführung unter Berücksichtigung der besonderen Belange der Kaufleute (**Verkehrsschutz**).

e. Schnelligkeit

Der Schnelligkeit der kaufmännischen Geschäftsdurchführung dienen die Vorschriften über den Handelskauf (§§ 373ff HGB) zum **Annahmeverzug** (§ 373 HGB), der **Erfüllungsanzeige** beim Fixhandelskauf (§ 376 Abs. 1 S. 2 HGB) und der **Untersuchungs**- und **Rügepflicht** (§ 377 HGB).

f. Entgeltlichkeit

Für Rechtsgeschäfte der Kaufleute gelten besondere Regeln über die Entgeltlichkeit, die von den bürgerlich-rechtlichen Vorschriften abweichen. Der **gesetzliche Zinssatz** beträgt anders als nach § 246 BGB nicht 4 %, sondern **5 %** (mit Ausnahme der Verzugszinsen) bei beiderseitigen Handelsgeschäften (§ 352 HGB). Außerdem sind Kaufleute untereinander berechtigt, für ihre Forderungen aus beiderseitigen Handelsgeschäften vom Tag der Fälligkeit an Zinsen (**Fälligkeitszinsen**) zu fordern. Zinsen von Zinsen (Zinseszinsen) dürfen aber nicht gefordert werden (§ 353 HGB). Für die Besorgung fremder Geschäfte kann auch ohne Verabredung **Provision**, bei Aufbewahrung **Lagergeld** und für Darlehen, Vorschüsse, Auslagen, andere Verwendungen können **Zinsen** berechnet werden (§ 354 HGB).

Abb. 28: Grundprinzipien des Handelsrechts

Grundprinzipien des Handelsrechts

Formerfordernisse:
- Keine Herabsetzung der Vertragsstrafe (§ 348 HGB; §§ 307 ff, 310 BGB)
- Formfreiheit von Bürgschaft, Schuldversprechen/-anerkenntnis (§ 350 HGB)
- Besonderer Gerichtsstand des Erfüllungsorts (§ 29 Abs. 2 ZPO)
- Zugelassene Gerichtsstandsvereinbarung (§ 38 Abs. 1 ZPO)

Registerpublizität:
- Wirkungen des Handelsregisters (§§ 5, 15, 25 Abs. 2 HGB)
- Unternehmensregister als zentraler Registerzugang (§ 8b HGB)
- Offenlegung des Jahresabschlusses (§§ 242 ff, 325 ff HGB)

Verkehrsschutz:
- Mindestumfang der Prokura (§§ 49, 50 HGB)
- Mindestumfang der Handlungsvollmacht (§ 54 HGB)
- Kaufmännisches Bestätigungsschreiben (§ 346 HGB)
- Lehre vom Scheinkaufmann (§ 346 HGB)
- Sorgfalt eines ordentlichen Kaufmanns (§ 347 HGB)
- Schweigen mit Erklärungswert (§ 362 HGB)
- Guter Glaube an die Verfügungsbefugnis (§ 366 HGB)

Schnelligkeit:
- Annahmeverzug beim Handelskauf (§ 373 HGB)
- Erfüllungsanzeige beim Fixhandelskauf (§ 376 Abs. 1 S. 2 HGB)
- Untersuchungs- und Rügepflicht beim Handelskauf (§ 377 HGB)

Entgeltlichkeit:
- Gesetzlicher Zinssatz bei Handelsgeschäften (§ 352 HGB)
- Fälligkeitszinsen bei Handelsgeschäften (§ 353 HGB)
- Vergütung bei Geschäften und Diensten (§ 354 HGB)

II. Kaufmann

1. Istkaufmann kraft Handelsgewerbes

Kaufmann im Sinne des Handelsgesetzbuchs ist (**Istkaufmann**), wer ein **Handelsgewerbe** betreibt (§ 1 Abs. 1 HGB). Das ist jeder **Gewerbebetrieb**, es sei denn, dass das Unternehmen nach Art und Umfang einen in kaufmännischer Weise eingerichteten Geschäftsbetrieb nicht erfordert (§ 1 Abs. 2 HGB). Der Begriff des Gewerbes im Handelsgesetzbuch unterscheidet sich vom öffentlich-rechtlichen Gewebebegriff. Für den handelsrechtlichen Gewerbebegriff sind die Vorschriften des öffentlichen Rechts, nach welchen die Befugnis zum Gewerbebetrieb ausgeschlossen oder von gewissen Voraussetzungen abhängig gemacht ist, unerheblich (§ 7 HGB).

a. Gewerbe

Der Begriff des Gewerbes wird im Handelsgesetzbuch nicht definiert. Nach h. M. ist Gewerbe jede (i) nach außen erkennbare, am Markt orientierte, (ii) selbstständige, (iii) planmäßig auf gewisse Dauer angelegte, (iv) zum Zwecke der Gewinnerzielung bzw. entgeltlich ausgeübte Tätigkeit, die (v) nicht freiberufliche Tätigkeit ist. Umstritten ist zudem, (vi) ob es sich um eine öffentlich-rechtlich zulässige, zivilrechtlich wirksame und prozessual einklagbare Tätigkeit handeln muss.

aa. Nach außen erkennbare, am Markt orientierte Tätigkeit

Eine gewerbliche Tätigkeit muss aufgenommen worden sein, um nach außen erkennbar zu sein. Es muss sich um eine auf den Abschluss von **entgeltlichen Rechtsgeschäften** gerichtete, auf einem Markt **anbietende** Tätigkeit unter Teilnahme am Wettbewerb handeln. Das schließt eine rein **nachfragende** Tätigkeit, Geschäfte und Produktion zur Deckung des Eigenbedarfs sowie andere Geschäfte im privaten Bereich, insbesondere die Verwaltung des eigenen Vermögens, aus. Auch **Besitzgesellschaften** und reine **Vermögensverwaltungsgesellschaften** treten nicht nach außen in Erscheinung und betreiben damit kein Gewerbe (§ 105 Abs. 1 HGB), können aber im Handelsregister eingetragen werden und sind dann Kaufleute (§ 105 Abs. 2, §§ 2 S. 2, 6 HGB). Auch das **private Spekulieren** an der Börse und die **stille Beteiligung** (§ 230 HGB) sind nicht nach außen auf Marktteilnahme bezogen und damit keine gewerbliche Tätigkeit.

bb. Selbstständige Tätigkeit

Der Kaufmann muss eine rechtlich, nicht notwendigerweise wirtschaftlich, selbstständige Tätigkeit ausüben. Dies wird für **Handelsgesellschaften** und andere Unternehmensträger, bei denen es sich nicht um **natürliche Personen** handelt, kraft Gesetzes zwingend angenommen, da auf diese das Kaufmannsrecht nach § 6 HGB automatisch Anwendung findet. Im Übrigen wird die selbstständige von der unselbstständigen **(abhängigen)** Tätigkeit insbesondere nach den Kriterien des § 84 Abs. 1 S. 2 HGB abgegrenzt. Danach ist derjenige selbstständig, der im Wesentlichen frei seine Tätigkeit gestalten und seine Arbeitszeit bestimmen kann (§ 84 Abs. 1 S. 2 HGB). Weiteres Indiz für die Selbstständigkeit der Tätigkeit ist die Übernahme des Unternehmensrisikos. Letztlich ist auf das Gesamtbild der vertraglichen Ausgestaltung und der tatsächlichen Durchführung vertraglicher Rechtsbeziehungen bei der jeweiligen Tätigkeit im Einzelfall abzustellen **(Schwerpunkttheorie)**. Nicht maßgeblich dafür ist, ob die Geschäfte im eigenen oder fremden Namen getätigt werden, z. B. Handelsvertreter (§§ 84 Abs. 1, 92a HGB), Handelsmakler (§ 93 HGB); ebenso nicht eine konzern- oder kartellrechtliche Abhängigkeit von anderen abhängigen Unternehmen. **Arbeitnehmer**, auch **leitende Angestellte, Beamte** sowie **unselbstständige Handelsvertreter** (§ 84 Abs. 2 HGB) üben eine abhängige Tätigkeit aus und sind daher keine Kaufleute.

cc. Planmäßig auf gewisse Dauer angelegte Tätigkeit

Die gewerbliche Tätigkeit muss planmäßig auf gewisse Dauer angelegt und damit grundsätzlich auf eine **Vielzahl** von Geschäften als Ganzes gerichtet sein. Dazu genügt nicht, dass einzelne Geschäfte **(Gelegenheitsgeschäfte)** aufgrund eines jeweils neuen Entschlusses vorgenommen werden, z. B. bei einzelnen Veräußerungen (z. B. Vermögensumschichtung, Verkauf jeweiliger Jahreswagen durch Werksangehörige). Eine **saisonale** (z. B. Saisonbetriebe) oder **befristete** (z. B. Messe, Wochenmarkt, Volksfest) Tätigkeit sowie gewerbliche **Nebentätigkeit**, z. B. als Handelsvertreter im Nebenberuf (§ 92b HGB), ist indessen unschädlich.

dd. Zum Zwecke der Gewinnerzielung bzw. entgeltlich ausgeübte Tätigkeit

Nach der Rechtsprechung (BGHZ 66, 48; 83, 382) ist die Absicht der Gewinnerzielung (**Gewinnerzielungsabsicht**) ein rechtsbegründendes (**konstitutives**) Merkmal des handelsrechtlichen Gewerbebegriffs. Dabei ist allerding **nicht** erforderlich, dass Betriebe auch **tatsächlich** Gewinn erwirtschaften, sofern zumindest eine Gewinnerzielungsabsicht vorliegt. Nach Meinung im Schrifttum ist dagegen (nur) notwendig, dass eine **entgeltliche Tätigkeit**, die auf den Abschluss von Rechtsgeschäften als Anbieter von Waren oder Dienstleistungen gerichtet ist, ausgeübt wird. Bei dieser muss es sich um privatrechtliche Schuldverträge handeln, so dass eine öffentlich-rechtlich ausgestaltete Staatstätigkeit gegen Gebühren oder sogar in Ausübung hoheitlichen Zwangs keine gewerbliche Tätigkeit darstellen kann. Etwas anderes gilt dann, wenn öffentliche Unternehmen in privatrechtlicher Gesellschaftsform (z. B. GmbH) wie private Marktteilnehmer am wirtschaftlichen Wettbewerb teilnehmen. In diesem Fall handelt es sich um Handelsgesellschaften, für die das Kaufmannsrecht gilt (§ 6 HGB). Während bei **privaten** Wirtschaftsunternehmen die Gewinnerzielungsabsicht von der Rechtsprechung **vermutet** wird, muss sie bei **öffentlichen** Unternehmen im Einzelfall **festgestellt** werden.

ee. Keine freiberufliche Tätigkeit

Der Begriff des Gewerbes setzt als negatives Tatbestandsmerkmal voraus, dass es sich nicht um eine freiberufliche Tätigkeit auf den Gebieten der Wissenschaft, Kunst und freier Berufe handelt. Denn die **freien Berufe** betreiben nach ihrem historisch gewachsenen Berufsbild und der Verkehrsanschauung **kein Gewerbe**. Freiberufler sind beispielsweise:

- Rechtsanwälte (§ 2 Abs. 2 BRAO)
- Patentanwälte (§ 2 Abs. 2 PAO)
- Notare (§ 2 S. 3 BNotO)
- Steuerberater (§ 32 Abs. 2 S. 1, 2 StBerG)
- Wirtschaftsprüfer (§ 1 Abs. 2 WPO)
- Ärzte (§ 1 Abs. 2 BÄO)
- Tierärzte (§ 1 Abs. 1 BTÄO)
- Zahnärzte (§ 1 Abs. 4 ZHG)
- Architekten, Unternehmensberater, Buchprüfer
- öffentlich bestellte Vermessungsingenieure
- Wissenschaftler, Künstler, Artisten
- Dolmetscher, Schriftsteller

ff. Zulässige, wirksame und erlaubte Tätigkeit

Umstritten ist, ob ein Gewerbe voraussetzt, dass eine erforderliche Erlaubnis nach Vorschriften des öffentlichen Rechts vorliegt und das Rechtsgeschäft zivilrechtlich wirksam und prozessual einklagbar sein muss. So wird vertreten, der Gesetzgeber wolle für unerlaubte bzw. gesetzes- oder sittenwidrige Tätigkeiten (§§ 134, 138 BGB) nicht die Rechte eines Kaufmanns gewähren. Dem wird entgegengehalten, dass den Betreibenden im Handelsverkehr grundsätzlich auch die Pflichten und dann auch die Rechte eines Gewerbetreibenden und Kaufmanns zustehen, auch wenn er verbotene Geschäfte betreibe. Teilweise soll dies jedenfalls nach den Grundsätzen über den Scheinkaufmann gelten. Dafür spricht, dass die handelsrechtlichen Vorschriften gegenüber den allgemeinen privatrechtlichen Vorschriften höhere Anforderungen an die Teilnehmer im geschäftlichen Handelsverkehr stellen und davon keine privilegierende Ausnahme quasi zum Schutz der einen unerlaubten Handel treibenden Marktteilnehmer gelten sollte.

b. Handelsgewerbe

Nach § 1 Abs. 2 HGB ist grundsätzlich jeder Gewerbebetrieb ein Handelsgewerbe, es sei denn, dass das Unternehmen nach Art oder Umfang einen in kaufmännischer Weise eingerichteten Geschäftsbetrieb nicht erfordert (**Vermutungsregelung**). Wer ein Handelsgewerbe betreibt, ist nach § 1 Abs. 1 HGB Kaufmann (**Istkaufmann**). Daher hat die bei allen Kaufleuten gesetzlich vorgeschriebene Handelsregistereintragung (§ 29 HGB) rechtsbekundende (**deklaratorische**) und nicht rechtsbegründende (konstitutive) **Wirkung** (Kaufmann kraft Betätigung).

aa. Kaufmännische Einrichtung

Erforderlich für den Gewerbebetrieb ist nach dem Gesetz eine kaufmännische Einrichtung, um ein kaufmännisches Unternehmen ordnungsgemäß und übersichtlich zu führen. Das ist eine Organisation, die nach den Regeln über die kaufmännische Buchführung, Inventarisierung und Rechnungslegung (§§ 238 ff HGB), die Firmenführung (§§ 17 ff HGB) und kaufmännische Stellvertretung, v. a. Bestellung von Prokuristen (§ 48 ff HGB), geführt wird.

bb. Art und Umfang eines kaufmännischen Geschäftsbetriebs

Das Unternehmen muss nach Art oder Umfang einen in kaufmännischer Weise eingerichteten Geschäftsbetrieb erfordern. Die **Art** des kaufmännischen Geschäftsbetriebs betrifft **qualitative Kriterien** wie die Schwierigkeit und Komplexität des Unternehmensgegenstandes, Vielfalt der erbrachten Leistungen und Geschäftsbeziehungen, Inanspruchnahme bzw. Gewährung von Kredit in maßgeblicher Höhe, erhebliche Teilnahme am Wechselverkehr sowie die sich aus der Komplexität dieser Vorgänge ergebende Erforderlichkeit einer doppelten Buchführung. Der **Umfang** des kaufmännischen Geschäftsbetriebs bezieht sich indes auf **quantitative Kriterien** wie Umsatz, Höhe des Anlage- und Kapitalvermögens, Anzahl und Größe der Betriebsstätten, Anzahl und Funktion der Mitarbeiter, Lohnsumme und Produktionskapazität.

cc. Erforderlichkeit eines kaufmännischen Geschäftsbetriebs

Zur Bestimmung eines Handelsgewerbes stellt § 1 Abs. 2 HGB auf die Erforderlichkeit, **nicht** auf das **tatsächliche** Bestehen eines Geschäftsbetriebs ab, der kaufmännisch eingerichtet ist. Daraus kann sich freilich ein Indiz dafür ergeben, dass eine solche kaufmännische Einrichtung auch erforderlich ist. Die Erforderlichkeit einer solchen Einrichtung beurteilt sich nach den objektiven Umständen des Einzelfalls unter Berücksichtigung auch der Interessen derjenigen, die mit dem Gewerbetreibenden in Geschäftsbeziehungen treten.

c. Betreiben

Kaufmann ist nach § 1 Abs. 1 HGB nur derjenige, der ein Handelsgewerbe betreibt. **Betreiber** ist der, **in dessen Namen** das Handelsgewerbe geführt wird und der aus den im Handelsgewerbe geschlossenen Geschäften **berechtigt** und **verpflichtet** wird. Dabei kann es sich um natürliche und juristische Personen handeln. Da Kaufmann nur der ist, in dessen Namen die

Geschäfte nach außen betrieben werden, sind Personen, die lediglich als **Stellvertreter** für einen anderen handeln und sein Handelsgeschäft führen, keine Kaufleute. Das gilt sowohl für gesetzliche, wie rechtsgeschäftliche und organschaftliche Vertreter eines Kaufmanns.

aa. Handelsgesellschaften

Handelsgesellschaften in Form der Personenhandels- und Kapitalgesellschaften betreiben **kraft Gesetzes** (§ 6 HGB) ein Handelsgewerbe. Dies gilt für **OHG** und **KG** aber nur **deklaratorisch**, da sie bereits aufgrund ihres Handelsgewerbes als Handelsgesellschaften (§§ 105 Abs. 1, 161 Abs. 1 HGB) gelten.

bb. Gesellschafter der Kapitalgesellschaften

Gesellschafter der Kapitalgesellschaften (z. B. GmbH, AG) sind **keine Kaufleute**, da nur die juristische Person selbst das Handelsgewerbe betreibt.

cc. Gesellschafter der Personenhandelsgesellschaften

Auch **Kommanditisten**, die für Verbindlichkeiten der KG nur beschränkt haften (§ 171 Abs. 1 HGB), betreiben **kein Handelsgewerbe**. Gesellschafter der **OHG** und **Komplementäre**, die für Verbindlichkeiten der KG unbeschränkt haften (§§ 161 Abs. 2, 128 HGB), sind nach h. M. **Kaufleute**, da sie als Mitunternehmer (§ 15 EstG) die Geschäfte der Gesellschaft betreiben und aufgrund der unbeschränkten Haftung nach § 128 HGB letztlich das **Unternehmensrisiko tragen**. Dies wird im Schrifttum teils abgelehnt, da Unternehmensträger bei OHG und KG nur diese selbst (§ 124 HGB) sei. Danach ist nur die Gesellschaft (der OHG und KG) Kaufmann, während die geschäftsführenden Gesellschafter lediglich als organschaftliche Vertreter der Gesellschaft fungieren und nur akzessorisch für die Gesellschaftsverbindlichkeiten haften (§§ 128–130 HGB).

dd. Stille Gesellschaft

Bei der stillen Gesellschaft (§ 230 HGB) ist weder die Gesellschaft selbst noch der stille Gesellschafter Kaufmann, sondern ausschließlich der gegenüber Dritten im Geschäftsverkehr **nach außen auftretende Inhaber** und Betreiber des Handelsgewerbes, an dem sich der stille Gesellschafter im Innenverhältnis beteiligt.

2. Kannkaufmann im Kleingewerbe

a. Wahlrecht

Ein Unternehmen, dessen Gewerbebetrieb keinen kaufmännischen Geschäftsbetrieb erfordert **(Kleingewerbetreibende)**, gilt als Handelsgewerbe, wenn die Firma des Unternehmens in das Handelsregister eingetragen ist (§ 2 S. 1 HGB). Kleingewerbetreibende sind demnach also grundsätzlich **Nichtkaufleute**. Sie sind berechtigt, aber nicht verpflichtet **(Wahlrecht)**, sich in das Handelsregister eintragen zu lassen (§ 2 S. 2 HGB). Die Eintragung in das Handelsregister hat eine rechtsbegründende **(konstitutive)** Wirkung, aufgrund derer der Kleingewerbetreibende die Eigenschaft als Kaufmann **(Kannkaufmann)** im Sinne des Handelsgesetzbuchs erlangt. Infolgedessen hat er alle Rechte, z. B. erhöhter Zinssatz (§ 352 HGB), Zurückbehaltungsrecht (§ 369 HGB) und Pflichten, insbesondere Buchführungspflicht (§§ 238 ff HGB), Pflicht zur Aufstellung der Eröffnungsbilanz sowie von Jahresabschlüssen (§§ 242 ff HGB), die für einen Kaufmann gelten. Die Eintragung im Handelsregister wirkt aber auch über das Handelsrecht hinaus und begründet z. B. die Vermutung für das Vorliegen eines gewerbesteuerpflichtigen Unternehmens.

b. Anmeldung

Für die Handelsregistereintragung ist eine wirksame **Anmeldung** notwendig. Bei dieser handelt es sich nach h. L. um eine materiell rechtsgestaltende Willenserklärung, durch die das Wahlrecht ausgeübt wird und eine Verfahrenshandlung stattfindet (**Doppeltatbestand**). Ist die Eintragung erfolgt, kann der Kleingewerbetreibende die Firma nach § 2 S. 3 HGB auf Antrag im Handelsregister wieder löschen lassen (**Löschungsoption**).

c. Herabsinken

Das Herabsinken eines kaufmännischen Geschäftsbetriebs (Istkaufmann) hat grundsätzlich zur Folge, dass die Kaufmannseigenschaft **entfällt** und die Firma **erlischt**. Umstritten ist, was bei einer **zwischenzeitlich** erfolgten **Eintragung** der Firma im Handelsregister erfolgt. Nach h. L. fehlt die notwendige materielle Willenserklärung des Kleingewerbetreibenden für den Erwerb der Kaufmannseigenschaft. Denn er übt mit Herabsinken des Betriebs auf Kleingewerbe nicht automatisch ein Wahlrecht aus, zumal dieses auch nicht ohne weitere Anhaltspunkte in der nach § 29 HGB für den Istkaufmann verpflichtenden, aber lediglich deklaratorischen, Anmeldung zum Handelsregister gesehen werden kann. Dies hat zur Folge, dass durch das Registergericht **von Amts wegen** ein Löschungsverfahren einzuleiten ist. Bis zur Löschung ist der eingetragene Kleingewerbetreibenden nur Kaufmann kraft Eintragung (**Fiktivkaufmann**) gem. § 5 HGB. Die Gegenauffassung betrachtet die Anmeldung des Kleingewerbetreibenden zur Eintragung in das Handelsregister als Kaufmann gem. § 2 S. 2 HGB lediglich als Verfahrenshandlung. Folglich ist der Kaufmann danach bei Herabsinken auf ein Kleingewerbe durch die **Löschungsoption** nach § 2 S. 3 HGB ausreichend geschützt.

3. Kannkaufmann in der Land- und Forstwirtschaft

a. Eintragungsoption

Auf Betriebe der Land- und Forstwirtschaft finden die handelsrechtlichen Vorschriften keine Anwendung, da sie nicht als Istkaufmann gelten (§ 3 Abs. 1 HGB). Sie können aber die Firma in das Handelsregister eintragen lassen (**Eintragungsoption**) und die Kaufmannseigenschaft erwerben (**Kannkaufmann**), wenn das Unternehmen nach Art oder Umfang einen in kaufmännischer Weise eingerichteten Geschäftsbetrieb erfordert. Die Handelsregistereintragung hat dann eine rechtsbegründende (**konstitutive**) Wirkung für den Erwerb der Kaufmannseigenschaft. Dies gilt mit der Maßgabe, dass nach Eintragung in das Handelsregister eine Löschung der Firma nur nach den allgemeinen Vorschriften stattfindet, die für die Löschung kaufmännischer Firmen gelten (§ 3 Abs. 2 HGB). Folglich haben in das Handelsregister eingetragene Betriebe der Land- und Forstwirtschaft **keine Löschungsoption**.

b. Nebengewerbe

Ein Unternehmen, dass die Land- und Forstwirtschaft im Nebengewerbe betreibt und mit dem Unternehmen des land- und forstwirtschaftlichen Hauptbetriebs verbunden ist (**Nebenbetrieb**), kann sich ebenfalls in das Handelsregister eintragen lassen (§ 3 Abs. 3 HGB). Außerdem kann ein kleingewerblicher land- und forstwirtschaftlicher Betrieb seine Firma nach § 2 HGB in das Handelsregister eintragen lassen und Kaufmann werden (**Kannkauf-**

mann). Denn § 3 Abs. 1 HGB sperrt lediglich die Anwendung der Vorschriften des § 1 HGB mit der Folge, dass Land- und Forstwirte kein Handelsgewerbe betreiben, selbst wenn das Unternehmen nach Art und Umfang einen kaufmännischen Geschäftsbetrieb erfordert. Sie sind dadurch nach h. M. aber nicht vom Gewerbebegriff ausgenommen und können daher gewerbliches Unternehmen eines Kleingewerbetreibende nach § 2 HGB sein.

4. Kaufmann kraft Eintragung; Fiktivkaufmann

Wer im Handelsregister als Kaufman eingetragen ist (**Kaufmann kraft Eintragung**) muss sich nach § 5 HGB gegenüber demjenigen, der sich auf die Eintragung beruft, als solcher behandeln lassen, selbst wenn er inzwischen kein Handelsgewerbe mehr betreibt (**Fiktivkaufmann**). Die Regelung fingiert damit unwiderlegbar das Vorliegen eines Gewerbes als Handelsgewerbe und dient dem objektiven Verkehrsschutz. Sie ist keine Rechtsscheinnorm und schützt daher nicht das Vertrauen gutgläubiger Dritter. Die unrichtige Eintragung als Kaufmann wirkt konstitutiv wie eine die Kaufmannseigenschaft begründende richtige Eintragung, z. B. nach §§ 2, 3 Abs. 2 HGB. Die Regelung greift dann ein, wenn der Unternehmer nicht schon nach §§ 1–4 HGB ein Kaufmann ist. Sie findet nach h. L. etwa Anwendung, wenn der eingetragene Gewerbebetrieb des Kaufmanns auf ein Kleingewerbe herabsinkt und die Voraussetzungen der Eintragung nach § 2 Abs. 1 HGB nicht vorliegen. Die Eintragung als Fiktivkaufmann wirkt anders als die Lehre vom Scheinkaufmann für und gegen alle und somit nicht nur zulasten, sondern auch zugunsten des Fiktivkaufmanns.

5. Formkaufmann kraft Rechtsform

a. Regelungszweck

Nach § 6 Abs. 1 HGB sind Handelsgesellschaften kraft Rechtsform Kaufleute, auf die deshalb die für Kaufleute geltenden Vorschriften Anwendung finden (**Formkaufmann**). Dies dient der Vereinfachung des Handelsverkehrs, da die Voraussetzungen für ein Handelsgewerbe und die Kaufmannseigenschaft (§ 1 Abs. 2 HGB) nicht geprüft werden müssen. Bei **OHG** und **KG** hat die Regelung nur **deklaratorische** Wirkung, da sie nach §§ 105 Abs. 1, 161 Abs. 1 HGB kraft Handelsgewerbes als Handelsgesellschaften gelten. Andere Handelsgesellschaften werden den Kaufleuten aufgrund der Fiktion des § 6 Abs. 1 HGB mit konstitutiver Wirkung gleichgestellt.

b. Handelsgesellschaften

Handelsgesellschaften sind die **Personenhandels**- und **Kapitalgesellschaften** sowie strukturell gleichwertige ausländische Gesellschaften, für die zudem eine Gleichbehandlungspflicht, z. B. aus dem AEUV, bestehen kann.

aa. Keine Handelsgesellschaften

Keine Handelsgesellschaften sind:
- (Innen- und Außen-)GbR (§ 705 ff BGB),
- stille Gesellschaft (§§ 230 ff HGB),
- Partnerschaftsgesellschaft (§§ 1 ff PartGG),
- Verein (§§ 21 ff BGB),
- Stiftung (§§ 80 ff BGB),
- Körperschaften des öffentlichen Rechts.

bb. Juristische Personen

Auch juristische Personen i. S. v. § 33 HGB sind **keine Formkaufleute**, da sie nur ausnahmsweise dann in das Handelsregister einzutragen sind, wenn sie die Voraussetzungen der §§ 1–3 HGB erfüllen. Die Regelung stellt insoweit klar, dass nicht nur natürliche, sondern auch juristische Personen in das Handelsregister eingetragen werden können.

cc. Eingetragene Genossenschaft

Zwar ist die eingetragene Genossenschaft (eG) keine Handelsgesellschaft, weil sie in das Genossenschaftsregister eingetragen ist. Sie gilt aber gem. § 17 Abs. 2 GenG als **Kaufmann** im Sinne des Handelsgesetzbuchs, ebenso aufgrund Verweisung (Art. 8 Abs. 2c) ii) SCE-VO) die europäische Genossenschaft (SCE).

dd. Versicherungsverein auf Gegenseitigkeit

Auch der Versicherungsverein auf Gegenseitigkeit (VVaG) ist weder Handelsgesellschaft noch Formkaufmann, aber die **Vorschriften** über **Kaufleute** im HGB finden nach Maßgabe des § 172 S. 1 VAG auf den VVaG **Anwendung**.

ee. Partnerschaftsgesellschaft

Das PartGG ordnet für die Partnerschaftsgesellschaft freier Berufe, die kein Handelsgewerbe ausübt (§ 1 Abs. 1 S. 2), ebenfalls die **Anwendung handelsrechtlicher Vorschriften** an.

ff. Verein

Das Gesetz stellt in § 6 Abs. 2 HGB deklaratorisch fest, dass ein Verein ohne Rücksicht auf den Gegenstand des Unternehmens Kaufmann kraft Gesetzes (**Formkaufmann**) ist, auch wenn er die Anforderungen für das Handelsgewerbe hinsichtlich des kaufmännischen Betriebs nach § 1 Abs. 2 HGB nicht erfüllt. Dabei bestimmt sich durch das jeweilige Gesetz und nicht durch § 6 Abs. 2 HGB, welcher Verein Formkaufmann ist, z. B. GmbH (§ 13 Abs. 3 GmbHG), AG (§ 3 Abs. 1 AktG), KGaA (§§ 3 Abs. 1, 278 Abs. 3 AktG), EWIV (§ 1 Hs. 2 EWIVAG). Die Formkaufmannseigenschaft setzt die **Eintragung** im Handelsregister voraus. Die nicht in das Handelsregister eingetragenen Vorgesellschaften, z. B. Vor-GmbH, sind keine Formkaufleute, können aber Kaufleute und Handelsgesellschaften nach §§ 1 ff HGB sein.

6. Kaufmann kraft Rechtsschein

Beim Kaufmann kraft Rechtsschein (**Scheinkaufmann**) fehlt es anders als beim Kaufmann kraft Eintragung (§ 5 HGB) an einer Eintragung im Handelsregister (§ 15 HGB). Damit erfasst das Gesetz die Fälle, in denen jemand im Geschäftsverkehr den Anschein erweckt oder unterhält, Kaufmann zu sein, aber nicht in das Handelsregister eingetragen ist. Das kommt nur dann in Betracht, wenn ein Nichtkaufmann als Kaufmann auftritt und gar kein Gewerbe oder ein nicht eingetragenes Gewerbe nach §§ 2, 3 HGB betreibt und weder § 5 HGB noch § 15 HGB eingreifen. Sofern dann ein **objektiver Rechtschein** der Kaufmannseigenschaft besteht und dem mutmaßlichen Scheinkaufmann **zugerechnet** werden kann, muss sich dieser hinsichtlich der Haftung, nicht aber der Rechnungslegung, gegenüber einem **gutgläubigen Dritten**, der auf den so gesetzten Rechtsschein vertraut, als Kaufmann behandeln lassen. Der Scheinkaufmann ist gesetzlich nicht geregelt, beruht aber auf der sich aus dem Gebot von Treu und Glauben nach § 242 BGB ergebenden **Lehre vom Rechtsschein**.

Durch eine analoge Anwendung des § 5 HGB i. V. m. § 242 HGB wird der Scheinkaufmann als Kaufmann angesehen und unterliegt folglich den Vorschriften des Handelsgesetzbuchs sowie weiteren privatrechtlichen Vorschriften, z. B. § 826 BGB, § 38 Abs. 1 ZPO. Der gutgläubige Dritte hat ein **Wahlrecht** und kann den Scheinkaufmann wie einen Kaufmann oder als Nichtkaufmann behandeln.

Abb. 29: Kaufmannseigenschaft

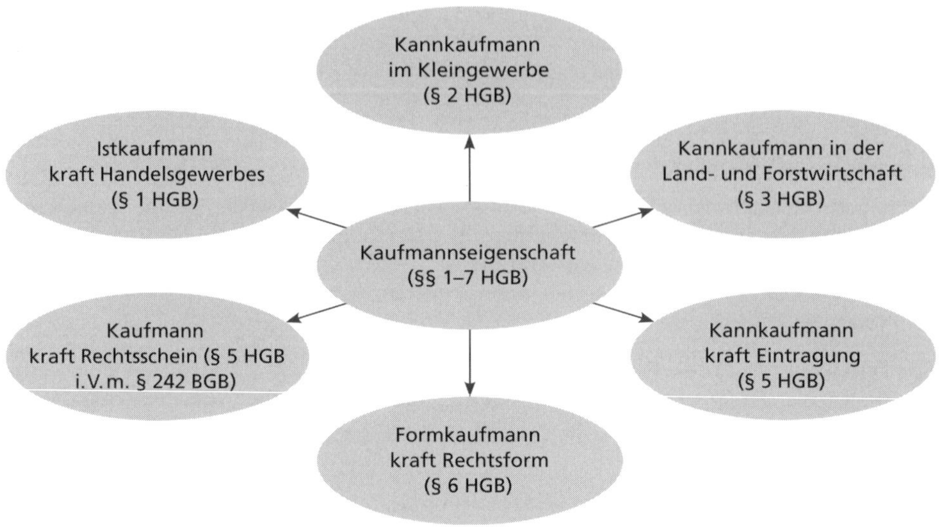

III. Handelsregister

1. Allgemeines

a. Öffentliches Register

Das Handelsregister ist ein bei den Amtsgerichten (**Registergerichte**) **elektronisch** geführtes **öffentliches Register** (§ 8 Abs. 1 HGB). Es verzeichnet Kaufleute und Handelsgesellschaften mit einer Handelsregisternummer unter ihrer Firma (§ 17 Abs. 1 HGB) und gibt Auskunft über wesentliche Tatsachen und Rechtsverhältnisse (**Tatsachen**). Anmeldungen zur Eintragung (Neueintragung, Veränderung, Löschung) in das Handelsregister sind elektronisch in öffentlich beglaubigter Form beim zuständigen Registergericht einzureichen (§ 12 HGB). Das Gesetz unterscheidet zwischen Tatsachen, die in das Handelsregister eingetragen werden können (**eintragungsfähige Tatsachen**), sowie Tatsachen, bei denen eine Anmeldepflicht besteht (**anmeldepflichtige Tatsachen**) und Eintragungen, die **von Amts wegen** vorzunehmen sind. Tatsachen, die nicht eintragungsfähig, anmeldepflichtig oder von Amts wegen einzutragen sind, können nicht in das Handelsregister eingetragen werden (**nicht eintragungsfähige Tatsachen**). Die Wirkungen der Eintragung von Tatsachen in das Handelsregister ist nach der gesetzlichen Regelung rein rechtsbekundend (**deklaratorisch**) oder aber rechtsbegründend (**konstitutiv**).

Die **Einsichtnahme** in das Handelsregister sowie in die dort eingereichten Dokumente ist **jedem** zu **Informationszwecken** gestattet (§ 9 Abs. 1 S. 1 HGB). Das Recht auf Einsichtnahme umfasst auch das Recht auf die Erstellung eines Ausdrucks oder einer Abschrift des Eintrags (§ 9 Abs. 4 HGB). Die Eintragungen und die eingereichten Dokumente sowie die Unterlagen der Rechnungslegung nach § 325 HGB sind auch über das **Europäische Justizportal** zugänglich, soweit sie Kapitalgesellschaften betreffen oder Zweiggesellschaften von Kapitalgesellschaften, die dem Recht eines anderen EU-Mitgliedstaats oder EWR-Vertragsstaats unterliegen (§ 9b Abs. 1 S. 1 HGB). Hierzu übermitteln die Landesjustizverwaltungen die Daten des Handelsregisters und die Betreiber des Unternehmensregisters übermitteln die Daten der Rechnungslegungsunterlagen jeweils an die zentrale Europäische Plattform (**Europäisches Systems der Registervernetzung**), soweit die Übermittlung für die Eröffnung eines Zugangs zu den Originaldaten über den Suchdienst auf der Internetseite des Europäischen Justizportals erforderlich ist (§ 9b Abs. 1 S. 2 HGB).

Das Registergericht macht die Eintragungen in das Handelsregister elektronisch in dem **Gemeinsamen Registerportal der Länder** (www.handelsregister.de) in der zeitlichen Folge ihrer Eintragungen nach Tagen geordnet bekannt (§ 10 S. 1 HGB). Daneben besteht die Möglichkeit, Handelsregistereintragungen über das **Unternehmensregister** (www.unternehmens register.de) einzusehen. Das Unternehmensregister macht Eintragungen aus dem Handels-, Genossenschafts- und Partnerschaftsregister, bestimmte Unterlagen der Rechnungslegung, gesellschaftsrechtliche Bekanntmachungen im Bundesanzeiger, weitere Veröffentlichungen und Bekanntmachungen von Unternehmen sowie Bekanntmachungen der Insolvenzgerichte (**Sammelregister**) zugänglich (§ 8b Abs. 2 HGB).

b. Eintragungsfähige Tatsachen

Eintragungsfähige Tatsachen sind Tatsachen, die in das Handelsregister eingetragen werden können. Dabei kann es sich auch um ein Rechtsverhältnis handeln. Tatsachen sind regelmäßig eintragungsfähig, wenn mit ihrer Eintragung bestimmte Rechtsfolgen eintreten, z. B.:

- Kannkaufmann im Kleingewerbe (§ 2 HGB)
- Kannkaufmann in der Land- und Forstwirtschaft (§ 3 HGB)
- Haftungsausschluss des Erwerbers bei Firmenfortführung (§ 25 Abs. 2 HGB)
- Haftungsausschluss bei Eintritt als Gesellschafter (§ 28 Abs. 2 HGB)
- Umfang der Prokura (§ 49 HGB)

c. Anmeldepflichtige Tatsachen

Das Handelsgesetzbuch und seine Nebengesetze (z. B. GmbHG, AktG) enthalten eine Vielzahl von öffentlich-rechtlichen und privatrechtlichen Pflichten zur Eintragung und Anmeldung bestimmter Tatsachen oder Rechtsverhältnisse. Darüber hinaus hat die Rechtsprechung im Hinblick auf ein besonderes Informationsbedürfnis des Rechtsverkehrs weitere gesetzlich nicht geregelte Anmeldepflichten (**ungeschriebene Anmeldepflichten**) begründet, z. B.:

- Befreiung vom Verbot des Insichgeschäfts (§ 181 BGB) bei GmbH (& Co KG)
- Unternehmensvertrag (§§ 291, 292 AktG) abhängiger GmbH (§§ 53, 54 GmbHG)

Das Registergericht kann die Eintragung von anmeldepflichtigen Tatsachen **zwangsweise** durchsetzen (§ 14 HGB), das sind z. B.

- Firma des Kaufmanns (§ 29 HGB)
- Veränderung der Firma (§ 31 HGB)
- Erlöschen der Firma (§ 31 HGB)

- Erteilung und Erlöschen der Prokura (§ 53 HGB)
- Anmeldung und Auflösung einer OHG (§§ 106, 143 HGB)
- Anmeldung und Auflösung einer KG (§§ 162, 161 Abs. 1, 143 HGB)
- Anmeldung und Auflösung einer GmbH (§§ 7, 65 GmbHG)
- Anmeldung und Auflösung einer Aktiengesellschaft (§ 36, 263 AktG)

d. Eintragungen von Amts wegen

Eintragungen von Amts wegen muss das Registergericht insbesondere beim **Insolvenzverfahren** über das Vermögen eines Kaufmanns vornehmen (§ 32 Abs. 1 HGB). Die Eintragungen werden nicht bekannt gemacht. Die Vorschriften des § 15 HGB sind nicht anzuwenden (§ 32 Abs. 2 HGB). Danach sind folgende Tatsachen von Amts wegen einzutragen:

- Eröffnung des Insolvenzverfahrens
- Aufhebung des Eröffnungsbeschlusses
- Anordnung und Aufhebung der Eigenverwahrung
- Zustimmungsbedürftigkeit bestimmter Rechtsgeschäfte
- Einstellung und Aufhebung des Insolvenzverfahrens
- Überwachung der Erfüllung eines Insolvenzplans
- Aufhebung der Überwachung der Erfüllung eines Insolvenzplans

e. Nicht eintragungsfähige Tatsachen

Nicht eintragungsfähige Tatsachen können nicht in das Handelsregister eingetragen werden. Es sind Tatsachen, die nicht eintragungsfähig, anmeldepflichtig oder durch das Registergericht von Amts wegen einzutragen sind, z. B.:

- Beschränkung des Umfangs der Prokura (§ 50 HGB)
- Erteilung einer Handlungsvollmacht (§ 54 HGB)
- Haftungskapital einer OHG (§§ 128, 105 Abs. 3 HGB, § 718 BGB)

f. Funktionen

Das Handelsregister hat folgende Funktionen:

- **Publizitätsfunktion:** Das Handelsregister gibt Auskunft über bestimmte Tatsachen oder Rechtsverhältnisse im Zusammenhang mit kaufmännischen Gewerben, die für den Rechtsverkehr von Interesse sind. Dies dient der Sicherheit des Handelsverkehrs, da die Rechtsverhältnisse der Kaufleute offengelegt und für jedermann einsehbar sind.
- **Kontrollfunktion:** staatliche Kontrolle durch das Registergericht, welches vorab prüft, ob die einzutragenden Tatsachen oder Rechtsverhältnisse dem Gesetz entsprechend begründet werden.
- **Publikationsfunktion:** für den Kaufmann. Dieser kann eintragungsfähige Tatsachen durch Eintragung und Bekanntmachung seinen Geschäftspartnern und sonstigen Dritten zugänglich machen.
- **Beweisfunktion:** Der Handelsregisterauszug ist eine öffentliche Urkunde ist (§ 415 ZPO), die den Beweis des ersten Anscheins begründet. Das erleichtert dem Kaufmann die Beweisführung über Tatsachen, die Voraussetzung für bestimmte Tatbestände sein können (z. B. § 2 HGB).

g. Aufbau

Das Handelsregister ist in zwei verschiedene Abteilungen A (HRA) und B (HRB) unterteilt, in denen bestimmte Tatsachen eingetragen werden. Einzelheiten sind in der HRV geregelt.

Eintragungen in Abteilung A (HRA):

- Einzelkaufmann (e.K., e.Kfm., e.Kfr.) und Betriebe der öffentlichen Hand, soweit sie gewerblich tätig sind (Eigenbetriebe)
- offene Handelsgesellschaft (OHG)
- Kommanditgesellschaft (KG), hierzu zählt auch die GmbH & Co KG
- Europäische Wirtschaftliche Interessenvereinigung (EWIV)
- Juristische Personen nach § 33 HGB

Eingetragen werden u. a.: Firma; Rechtsform, Sitz und Geschäftsanschrift des Unternehmens; Inhaber bzw. persönlich haftender Gesellschafter und Vertretungsbefugnis; bei KG Höhe der Kommanditeinlage; Bestellung und Abberufung von Prokuristen; Eröffnung, Einstellung oder Aufhebung eines Insolvenzverfahrens, Auflösung und Erlöschen der Firma.

Eintragungen in Abteilung B (HRB):

- Aktiengesellschaft (AG)
- Kommanditgesellschaft auf Aktien (KGaA)
- Gesellschaft mit beschränkter Haftung (GmbH), auch Unternehmergesellschaft (UG) (haftungsbeschränkt)
- Versicherungsverein auf Gegenseitigkeit (VVaG)
- Pensionsfondsverein auf Gegenseitigkeit (PVaG)
- Europäische Gesellschaft (SE)

Eingetragen werden u. a.: Firma; Rechtsform, Sitz, Gegenstand und Geschäftsanschrift des Unternehmens; Bestellung und Abberufung von Prokuristen; Eröffnung, Einstellung oder Aufhebung eines Insolvenzverfahrens, Auflösung und Erlöschen der Firma; zudem bei AG Vorstand und Höhe des Grundkapitals, bei KGaA persönlich haftende Gesellschafter und Höhe des Grundkapitals, bei GmbH Geschäftsführer und Höhe des Stammkapitals.

2. Publizität

Das Handelsregister dient als öffentliches Verzeichnis insbesondere der Rechtssicherheit des Geschäftsverkehrs mit Kaufleuten. Zentrale Rechtsvorschrift für diese Sicherheitsfunktion ist § 15 HGB. Diese Funktion wird durch das Prinzip der Offenkundigkeit (**Publizität**) in Bezug auf bestimmte Tatsachen, die in das Handelsregister eingetragen werden können, geregelt. Da das Handelsregister als öffentliches Verzeichnis für jeden einsehbar ist, erzeugt es gegenüber jedem gutgläubigen Dritten im Geschäftsverkehr einen Rechtsschein (**öffentlicher Glaube**), ob eine bestimmte Tatsache besteht oder nicht und somit an die Richtigkeit des Handelsregisters. § 15 HGB regelt die Rechtswirkung (i) in Absatz 1 bei einzutragenden Tatsachen, die nicht in das Handelsregister eingetragen sind (**negative Publizität**), (ii) in Absatz 2 bei Tatsachen, die richtig eingetragen und bekannt gemacht worden sind (**Regelpublizität**) und (iii) bei solchen Tataschen, die unrichtig bekannt gemacht worden sind (**positive Publizität**).

a. Negative Publizität

§ 15 Abs. 1 HGB regelt die negative Publizität. Solange eine einzutragende (anmeldepflichtige) Tatsache nicht in das Handelsregister eingetragen und nicht bekannt gemacht worden ist, kann sie von demjenigen, in dessen Angelegenheiten sie einzutragen war, einem Dritten nicht entgegengesetzt werden, es sei denn, dass sie diesem bekannt war. Der kenntnislose (**redliche**) Dritte kann sich daher auf das **Schweigen** des Handelsregisters verlassen. Dies bedeutet, dass die formelle Rechtslage des Handelsregisters unabhängig davon maßgeblich ist, ob sie mit der materiellen Rechtslage tatsächlich übereinstimmt (**formelle Publizitätswirkung**). Die Regel gilt nach überwiegender Ansicht nicht nur für deklaratorische (z. B. §§ 29, 49 HGB), sondern auch für konstitutive (z. B. §§ 2, 3 HGB) Registereintragungen. Sie gilt zudem nicht nur für die gesetzlich anmeldepflichtigen Tatsachen, sondern auch für die von der Rechtsprechung weiter begründeten ungeschriebenen Anmeldepflichten. Maßgeblich dafür ist der Zeitpunkt, ab dem eine solche Anmeldepflicht von der Rechtsprechung (vgl. instruktiv zum Unternehmensvertrag BGHZ 116, 37) anerkannt wird, da der Rechtsverkehr von da an auf die Eintragungspflicht für die bestimmte Tatsache vertrauen durfte.

aa. Fehlende Voreintragung

Umstritten ist, ob die negative Publizitätswirkung auch dann für eine Tatsache gilt, wenn bereits die voreintragungspflichtige Tatsache nicht im Handelsregister eingetragen war. Das wird in der Literatur teilweise abgelehnt, da das Handelsregister mangels Voreintragung keinen Scheintatbestand ausweise, auf den sich der Vertrauensschutz stützen ließe. Dagegen findet § 15 Abs. 1 HGB nach Rechtsprechung und h. L. auch in diesem Fall Anwendung, da die Norm einen abstrakten Vertrauensschutz bezwecke. Der Wortlaut des § 15 Abs. 1 HGB setzte dann auch lediglich die Nichteintragung einer Tatsache voraus und knüpfe die Rechtsfolge nicht an eine erfolgte Voreintragung. Zudem könne der Dritte auch auf andere Weise von der nicht voreingetragenen Tatsache Kenntnis haben.

Beispiel: Der Anmeldepflichtige kann dem redlichen Dritten den Widerruf der Prokura (§ 53 Abs. 2 HGB) auch dann nicht entgegenhalten, wenn bereits die Erteilung der Prokura (§ 53 Abs. 1 HGB) nicht in das Handelsregister eingetragen war (vgl. auch BGH NJW 1971, 1268; 1983, 2259).

bb. Wahlrecht des Dritten

§ 15 Abs. 1 HGB regelt in der Rechtsfolge einen **Einwendungsausschluss** zu Lasten des Anmeldepflichtigen. Dieser kann dem redlichen Dritten die wahre, im Handelsregister nicht eingetragene Rechtslage nicht entgegenhalten. Das Schweigen des Handelsregisters wirkt aber auch nicht zu Lasten des Dritten. Dieser kann sich zur Begründung eines Anspruchs gegen den Anmeldepflichtigen alternativ auf den wahren Sachverhalt stützen (**Wahlrecht des Dritten**).

cc. Meistbegünstigung des Dritten

Das Wahlrecht steht dem redlichen Dritten nach der Rechtsprechung auch innerhalb eines einheitlichen Sachverhalts zu (**Meistbegünstigung des Dritten**). Er kann sich bezüglich einer Anspruchsvoraussetzung auf das Schweigen des Handelsregisters berufen, bezüglich einer anderen Anspruchsvoraussetzung hingegen auf die tatsächliche Rechtslage (**Rosinentheorie**). Das dies dem Dritten verwehrt würde, könne weder dem Wortlaut noch dem Sinn des § 15 Abs. 1 BGB entnommen werden. In der Literatur wird dagegen vorgebracht, dass es treuwidrig sei, wenn sich ein Dritter die „Rosinen herauspicke“, indem er sich bei einem Sachverhalt sowohl auf die negative Publizität des Handelsregisters als auch zugleich auf die Wirklichkeit berufe. Ein Wahlrecht sei dem Dritten zwar grundsätzlich zuzubilligen, es könne aber nicht in Bezug auf ein und denselben Anspruch verschiedentlich ausgeübt werden.

Beispiel: Eine KG hat zwei Komplementäre, die nur zur Gesamtvertretung berechtigt sind, die auch in das Handelsregister eingetragen ist. Nach dem Ausscheiden eines Komplementärs, das nicht in das Handelsregister eingetragen ist, schließt der zweite Komplementär im Namen der KG Verträge mit einem redlichen Dritten. Nach dem Ausscheiden des zweiten Komplementärs ist der erste Komplementär nach der tatsächlichen Rechtslage alleinvertretungsberechtigt und haftet nach § 128 HGB für die vertraglichen Verbindlichkeiten der KG gegenüber dem Dritten. Zugleich ist es ihm nach § 15 Abs. 1 HGB verwehrt, sich auf sein Ausscheiden aus der KG zu berufen, da dies nicht im Handelsregister eingetragen ist (BGHZ 65, 309).

b. Regelpublizität

§ 15 Abs. 2 HGB regelt den Normalfall der Publizität (**Regelpublizität**) des Handelsregisters. Danach muss der Dritte eine Tatsache, die im Handelsregister eingetragen und bekanntgemacht worden ist, gegen sich gelten lassen. Dies gilt nicht bei Rechtshandlungen, die innerhalb von fünfzehn Tagen (**Schonfrist**) nach der Bekanntmachung vorgenommen werden, sofern der Dritte beweist, dass er die Tatsache weder kannte noch kennen musste (Vermutungsregelung). Dafür ist der Dritte, der eine **Informationsobliegenheit** hat, gegenüber dem Kaufmann, der sich auf die wahre im Handelsregister eingetragene Tatsache beruft, beweispflichtig. Die Norm betrifft nach h. M. nur wahre und eintragungspflichtige, nicht jedoch lediglich eintragungsfähige Tatsachen und kann nur von demjenigen, in dessen Angelegenheit die Eintragung erfolgt ist, entgegengehalten werden. Nach h. M. hat der Anmeldepflichtige ein **Wahlrecht** dahingehend, sich auf die eingetragene Tatsache zu berufen oder nicht. Nach überwiegender Ansicht wird ein der richtigen Registereintragung widersprechenden Rechtsschein grundsätzlich zerstört. Nach der Rechtsprechung verdrängt der Rechtsschein die Regelung des § 15 Abs. 2 HGB, wenn sich die Berufung auf den Registerinhalt gemäß § 242 BGB als rechtsmissbräuchlich erweist (BGH NJW 1972, 1418). Nach a. A. soll die Norm in diesen Fällen aufgrund teleologischer Reduktion nicht anwendbar sein.

c. Positive Publizität

§ 15 Abs. 3 HGB regelt die positive Publizität des Handelsregisters. Ist eine einzutragende Tatsache unrichtig bekannt gemacht, so kann sich ein Dritter demjenigen gegenüber, in dessen Angelegenheiten die Tatsache einzutragen war, auf die bekanntgemachte Tatsache berufen, es sei denn, dass er die Unrichtigkeit kannte. Gegenstand der Bekanntmachung sind dabei solche Tatsachen, die, ihre Richtigkeit unterstellt, einzutragen wären (**abstrakt eintragungspflichtige Tatsachen**). Es kann sich um anmeldepflichtige (deklaratorische) wie auch um einzutragende Tatsachen mit konstitutiver Wirkung handeln. Eintragungsfähige Tatsachen können allerdings nach den von der Rechtsprechung entwickelten Ergänzungssätzen (**Rechtsscheingrundsätze**) erfasst sein. Danach ist an eine Eintragung gegenüber einem gutgläubigen Dritten gebunden, wer durch unrichtige Anmeldung eine unrichtige Eintragung im Handelsregister veranlasst oder nicht schuldhaft beseitigt hat (BGH NJW 2017, 559). Die Publizitätswirkung des § 15 Abs. 3 HGB gilt zudem auch dann, wenn Eintragung und Bekanntmachung unrichtig sind oder die Eintragung gänzlich fehlt. Sie gilt indessen nicht, wenn die Eintragung fehlerhaft, aber die Bekanntmachung inhaltlich richtig ist. Umstritten ist, ob derjenige, in dessen Angelegenheit die Tatsache einzutragen war, die unrichtige Bekanntmachung veranlasst haben muss. Nach einem Teil der Literatur ist diese Voraussetzung nicht erforderlich, da der Wortlaut des § 15 Abs. 3 HGB dafür keinen Anhalt bietet. Dagegen verlangt die h. M., dass der Betroffene die fehlerhafte Bekanntmachung auch veranlasst hat (**Veranlassungsprinzip**). Dafür soll bereits ausreichen, dass dieser eine richtige Anmeldung vorgenommen und damit den Eintragungsvorgang initiiert hat. Dem Antragsteller obliegt damit eine Pflicht zur Überwachung des korrekten Vollzugs des Eintragungsantrags. Der Dritte kann sich auf die unrichtig bekanntgemachte Tatsache oder aber auf die tatsächliche Rechtslage berufen (**Wahlrecht**). Der Eintragungspflichtige kann sich umgekehrt nicht zu Lasten des Dritten auf die unrichtige Bekanntmachung, die der wahren Rechtslage widerspricht, berufen.

IV. Handelsfirma

1. Allgemeines

Die Handelsfirma wird in §§ 17–37a HGB geregelt. Die Normen können nach bestimmten Regelungsbereichen, den Grundsätzen des Firmenrechts und spezifischen Haftungsnormen bei Firmenfortführung (§§ 25–28 HGB) unterschieden werden. Die Regelungsbereiche lassen sich wie folgt untergliedern:

- Begriff und Kennzeichnung der Firma (§§ 17–19 HGB)
- Fortführung des Handelsgeschäfts (§§ 21–28 HGB)
- Eintragungen in das Handelsregister (§§ 29–34 HGB)
- Firmenschutz, Angaben auf Geschäftsbriefen (§§ 37, 37a HGB)

a. Begriff der Firma

§ 17 BGB definiert den Begriff der Firma im Handelsrecht. Nach 17 Abs. 1 HGB ist die Firma der Name eines Kaufmanns, unter dem er seine Geschäfte betreibt und die Unterschrift abgibt. Nach § 17 Abs. 2 HGB kann ein Kaufmann unter seiner Firma klagen und verklagt werden. Die Firma ist somit der **Geschäftsname** des Kaufmanns als Inhaber eines Unternehmens. Der **Kaufmann** und nicht seine Firma (Geschäftsname) ist **Träger** der Rechte und Pflichten des Unternehmens. Durch die Verwendung der Firma im Handelsverkehr macht der Kaufmann deutlich, dass er in Betreff eines Geschäftes **auftritt**, dass zum Betrieb seines Handelsgewerbes gehört (§ 343 Abs. 1 HGB) und als dessen Inhaber er berechtigt und verpflichtet werden soll. Die Firma ist vom bürgerlichen Namen (§ 12 BGB) zu unterscheiden, wenngleich sie mit ihm identisch sein kann. Der Kaufmann besitzt als Inhaber des Unternehmens ein **absolutes subjektives Recht** i. S. v. § 823 Abs. 1 BGB an der Firma. Dabei handelt es sich nach h. M. um ein Mischrecht, das sowohl ein Persönlichkeitsrecht als auch ein Vermögensrecht beinhaltet (**Doppelnatur der Firma**). Insbesondere bei Konzernen und größeren mittelständischen Unternehmen ist die Firma ein wesentlicher Bestandteil der Unternehmenspersönlichkeit (**Corporate Identity**). Sie hat die Funktion der Kennzeichnung, Identifizierung und Unterscheidung im Geschäftsverkehr. Zur Führung der Firma sind nur Einzelkaufleute, Personenhandels- und Kapitalgesellschaften berechtigt. Die Firma ist mit dem Handelsgeschäft (Unternehmen) des Kaufmanns untrennbar verbunden und kann deshalb nach § 23 HGB nicht ohne das Handelsgeschäft veräußert werden (**Veräußerungsverbot**). Sie ist von Geschäftsbezeichnungen und Marken zu unterscheiden.

b. Geschäftsbezeichnungen

Geschäftsbezeichnungen weisen anders als die Firma auf den Geschäftsbetrieb (**Unternehmen**) oder das Geschäftslokal selbst (**Etablissement**) hin, z. B. bei Hotels, Gaststätten, Kinos, Apotheken und Drogerien. Sie können sowohl von Kaufleuten neben der Firma wie auch von Nichtkaufleuten wie Kleingewerbetreibenden, die nicht in das Handelsregister eingetragen sind, und Freiberuflern verwendet werden. Kaufleute dürfen keine Geschäftsbezeichnung verwenden, wo der Geschäftsverkehr die Führung der Firma erwartet. Das ist grundsätzlich dann der Fall, wenn sie zum Handeln unter ihrer Firma verpflichtet sind, insbesondere im Rahmen geschäftlicher Korrespondenz (§ 37a HGB). Im Unterschied zu den Geschäftsbezeichnungen muss die Firma des Kaufmanns einen Rechtsformzusatz führen (§ 19 HGB). Nichtkaufleute dürfen eine Geschäftsbezeichnung firmenähnlich (**Minderfirma**) verwenden, wenn ihr jeder **Rechtsformzusatz** oder jede Kaufmannsbezeichnung fehlt, da so eine Verwechslung mit der Firma ausgeschlossen ist. Ein Rechtsformzusatz ist auch in **Kurzform** in Geschäftsbezeichnungen von Nichtkaufleuten **unzulässig**, da dies den Eindruck der Firma des Kaufmanns erweckt. Bestimmte Geschäftsbezeichnungen können **berufsrechtlich** unzulässig sein, z. B. bei Rechtsanwälten (§§ 43b BRAO, 9 BORA). Das Gesetz schützt die Geschäftsbezeichnungen (**Schutzvorschriften**) im Markenrecht (§§ 5, 15 MarkenG), Lauterkeitsrecht (§§ 3, 3a, 5 Abs. 1 UWG) und auch im bürgerlichen Recht (§ 12 BGB).

c. Marken

Marken bezeichnen nicht den Unternehmensträger, sondern dienen der **Identifizierung** und **Unterscheidung** von Waren oder Dienstleistungen des Unternehmens als Gewerbetreibender. Die Marke kann auch Firmenbestandteil sein, für sie gilt aber das **Markenrecht** und nicht das Firmenrecht. Als Marken können alle Zeichen geschützt werden, die geeignet sind, Waren oder Dienstleistungen eines Unternehmens von denjenigen anderer Unternehmen zu unterscheiden (§ 3 Abs. 1 MarkenG). Der Markenschutz entsteht i. d. R. durch Eintragung eines Zeichens als Marke in das vom Deutschen Patent- und Markenamt geführte Register (§ 4 Nr. 1 MarkenG) oder als Unionsmarke in das Register des Amts der Europäischen Union für geistiges Eigentum (Art. 6ff EU-Markenverordnung). Er kann aber auch entstehen durch Verkehrsgeltung (§ 4 Nr. 2 MarkenG) oder durch notorische Bekanntheit (§ 4 Nr. 3 MarkenG). **Geschäftliche Bezeichnungen** werden nach § 5 MarkenG in Form von **Unternehmenskennzeichen** und **Werktiteln** geschützt. Der Erwerb des Schutzes gewährt dem Inhaber ein absolutes Recht und gegen Dritte einen **Unterlassungsanspruch** sowie **Schadensersatzanspruch** bei unbefugter Benutzung (§ 15 MarkenG). Inhaber von eingetragenen und angemeldeten Marken können nach § 7 MarkenG natürliche Personen, juristische Personen oder Personengesellschaften (die Rechte erwerben und Verbindlichkeiten eingehen können) sein. Nach § 8 MarkenG sind als Marken schutzfähige Zeichen ausgeschlossen, die nicht geeignet sind im Register so dargestellt zu werden, dass die zuständigen Behörden und das Publikum den Gegenstand des Schutzes eindeutig bestimmen können (**absolute Schutzhindernisse**).

Websites (Patent- und Markenbehörden):
DPMA www. dpma.de
EUIPO www.euipo.europa.eu

d. Arten der Firma

Die Firma wird nach Entstehungszeitpunkt, Teilen und Inhalt unterschieden. Die **ursprüngliche** bzw. bisherige Firma ist von der **fortgeführten** Firma gem. §§ 21ff HGB abzugrenzen. Die Firma besteht aus einen **Firmenkern** und **Firmenzusätzen** in Form eines Rechtsform- und eines Nachfolgezusatzes. Ein Kaufmann kann hinsichtlich des Inhalts der Bezeichnung zwischen verschiedenen Arten der Firma wählen. Dabei muss er stets die Rechtsform bezeichnen (§ 19 HGB) und die Firmengrundsätze (§§ 17ff HGB) beachten.

aa. Personenfirma

Bei der Personenfirma verwendet der Kaufmann seinen bürgerlichen Vor- und Nachnamen oder eine Gesellschaft den Namen eines oder mehrerer ihrer Gesellschafter.

bb. Sachfirma

Bei der Sachfirma beinhaltet der Name den Unternehmensgegenstand bzw. die Tätigkeit des Unternehmens. Der Name des Kaufmanns oder der Gesellschaft muss nicht verwendet werden.

cc. Fantasiefirma

Bei der Fantasiefirma handelt es sich um einen Namen mit Kennzeichnungsfunktion, der keinen Bezug zum Namen des Kaufmanns oder Unternehmensgegenstand hat.

dd. Mischfirma

Bei der Mischfirma werden Elemente der Personen-, Sach- und Fantasiefirma kombiniert.

2. Firmengrundsätze

Bei der Firmenbildung gelten die in §§ 17ff HGB festgelegten Grundsätze des Firmenrechts (**Firmengrundsätze**).

a. Firmenwahrheit

aa. Firmenunterscheidbarkeit

Nach § 18 Abs. 1 HGB muss die Firma zur Kennzeichnung des Kaufmanns geeignet sein und Unterscheidungskraft besitzen:

- **Kennzeichnungseignung:** haben alle Zeichen, die im Verkehr als Namen verstanden werden. Die Firma muss sprachlich, nicht bildhaft ausgedrückt werden und dem Ausdruck muss ein **sprachlicher Bedeutungsinhalt** zukommen. Buchstabenfolgen müssen **artikulierbar**, aber nicht zwingend als Wort aussprechbar sein. **Nicht** zulässig sind sprechbare oder nicht sprechbare **Bildzeichen**.
- **Unterscheidungskraft:** Eignung des Namens, den Unternehmensträger abstrakt und generell von anderen zu unterscheiden; **fehlt** bei Gattungs- und Branchenbezeichnungen, bloßen Allerweltsnamen und Allgemeinbezeichnungen. Zulässig sind Personen-, Sach-, Fantasie- und Mischfirma.

bb. Irreführungsverbot

Nach § 18 Abs. 2 S. 1 HGB darf die Firma keinen Angaben enthalten, die geeignet sind über geschäftliche Verhältnisse, die für die angesprochenen Verkehrskreise wesentlich sind, irrezuführen (**Irreführungsverbot**):

- **geschäftliche Verhältnisse:** sind sämtliche Umstände, die den Geschäftsbetrieb des Firmenträgers z. B. Art, Umfang, Größe, Branchenbezug des Geschäfts, den Inhaber des Betriebs und seine Verhältnisse betreffen.
- **Täuschung: Täuschungseignung** zur Irreführung genügt.
- **Wesentlichkeit:** Sie fehlt bei geringer wettbewerblicher Relevanz oder nebensächlicher Bedeutung (**Wesentlichkeitsschwelle**).

b. Firmenzusatz

aa. Rechtsformzusatz

Die Firma muss, auch wenn sie nach den §§ 21, 22, 24 HGB oder nach anderen gesetzlichen Vorschriften fortgeführt wird, nach § 19 Abs. 1 HGB enthalten:

- bei **Einzelkaufleuten** die Bezeichnung „eingetragener Kaufmann", „eingetragene Kauffrau" oder eine allgemein verständliche Abkürzung dieser Bezeichnungen, insbesondere „e.K.", „e.Kfm." oder „eKfr.";
- bei einer **OHG** die Bezeichnung „offenen Handelsgesellschaft" oder eine allgemein verständliche Abkürzung dieser Bezeichnung;
- bei einer **KG** die Bezeichnung „Kommanditgesellschaft" oder eine allgemein verständliche Abkürzung dieser Bezeichnung.

bb. Haftungszusatz

Wenn bei einer OHG oder KG keine natürliche Person haftet, muss die Firma, auch wenn sie nach den §§ 21, 22, 24 HGB oder nach anderen gesetzlichen Vorschriften fortgeführt wird, eine Bezeichnung enthalten, welche die **Haftungsbeschränkung** kennzeichnet.

c. Firmenbeständigkeit

§§ 21, 22, 24 HGB regeln die Firmenbeständigkeit für die Fälle, dass sich entweder der Name des Kaufmanns oder der Inhaber des Unternehmens geändert hat und die ursprüngliche Firma unter den veränderten Umständen fortgeführt werden soll (**abgeleitete Firma**). Der Grundsatz der Firmenbeständigkeit schränkt den Grundsatz der Firmenwahrheit zur Erhaltung des in der Firma verkörperten wirtschaftlichen Werts und der Identifikation der eingebürgerten Firma im Rechtsverkehr ein. Danach darf eine einmal gebildete Firma in bestimmten Fällen unverändert bestehen bleiben, obwohl sie im Firmenkern unrichtig geworden ist. Firmenzusätze durfen nicht irreführend sein:

- **Namensänderung** (§ 21 HGB): Fortführung der Firma bei Namensänderung des in der Firma enthaltenen Namens des Geschäftsinhabers oder Gesellschafters ohne eine Änderung der Person ist **zulässig**. Es darf also **kein Wechsel** des Inhabers oder eines Gesellschafters des Unternehmens stattfinden.
- **Erwerb des Handelsgeschäfts** (§ 22 HGB): Fortführung der bisherigen Firma bei Erwerb des bestehenden Handelsgeschäfts unter Lebenden oder von Todes wegen durch den Erwerber (mit oder ohne Nachfolgezusatz) ist mit ausdrücklicher **Einwilligung** des bisherigen Geschäftsinhabers oder dessen Erben **zulässig** (§ 22 Abs. 1 HGB). Das gilt auch bei Übernahme des Handelsgeschäfts aufgrund eines Nießbrauchs, Pachtvertrags oder eines ähnlichen Verhältnisses (§ 22 Abs. 2 HGB).
- **Änderungen im Gesellschafterbestand** (§ 24 HGB): Fortführung der bisherigen Firma bei Aufnahme eines Gesellschafters in ein bestehendes Handelsgeschäft, Eintritt in eine Handelsgesellschaft oder Ausscheiden eines solchen Gesellschafters (auch wenn die Firma den Namen des bisherigen Geschäftsinhabers oder von Gesellschaftern enthält) ist **zulässig** (§ 24 Abs. 1 HGB). Beim **Ausscheiden** eines Gesellschafters, dessen Namen in der Firma enthalten ist, bedarf dies der ausdrücklichen **Einwilligung** des Gesellschafters oder seiner Erben (§ 24 Abs. 2 HGB).

d. Firmenausschließlichkeit

Jede neue Firma muss sich von allen an demselben Ort oder in derselben Gemeinde bestehenden und in das Handelsregister oder in das Genossenschaftsregister eingetragenen Firmen deutlich unterscheiden (§ 30 Abs. 1 HGB). Diese Regelung (**Gebot der Firmenausschließlichkeit**) gilt gegenüber allen Firmen, also auch Firmen anderer Branchen, aber **regional** klar begrenzt. Zudem ist die **zeitliche Priorität** bestehender und eingetragener Firmen maßgeblich. Zweck der Vorschrift ist es, eine Verwechslungsgefahr mit diesen zu vermeiden und jede eingetragene Firma eindeutig identifizieren zu können. Hierfür reicht es nicht aus, wenn sich zwei Firmen lediglich hinsichtlich ihrer **Rechtsformen** voneinander unterscheiden. Bei **Namensgleichheit** muss der Kaufmann der Firma einen **Zusatz** beifügen, durch den sie sich von der bereits eingetragenen Firma deutlich unterscheidet (§ 30 Abs. 2 HGB). Dies gilt auch für eine **Zweigniederlassung**, wenn bereits an dem Ort oder in der Gemeinde eine gleiche eingetragene Firma besteht (§ 30 Abs. 3 HGB). Durch die Landesregierungen kann bestimmt werden, dass **benachbarte** Orte oder Gemeinden als ein Ort oder eine Gemeinde im Sinne des § 30 Abs. 1–3 HGB anzusehen sind.

e. Firmeneinheit

Die Firmeneinheit besagt grundsätzlich, dass der Kaufmann nur eine einzige Firma für ein und dasselbe Unternehmen führen darf (**„Ein Unternehmen – eine Firma“**). Dadurch soll die Firma nicht nur den Unternehmensträger identifizieren, sondern auch seine Verbindung mit dem Unternehmen sicherstellen. Dies wird aus dem Grundsatz der Firmenwahrheit abgeleitet. Beim **Einzelkaufmann** ist es aber zulässig, dass dieser als natürliche Person mehrere Unternehmen als selbständige sachlich und räumlich **getrennte Handelsgeschäfte** betreibt und diese auch unter **verschiedenen Firmen** führt. Dagegen können **Handelsgesellschaften** nur **eine Firma** führen, da sie nur Träger eines Unternehmens sein können. Dadurch soll vermieden werden, dass es zu einer Täuschung des Rechtsverkehrs kommt. Sofern eine Handelsgesellschaft mit mehreren Firmen im Geschäftsverkehr auftritt, kann der Eindruck entstehen, dass es sich um verschiedene Rechtssubjekte mit je einem entsprechenden Stammkapital, z. B. bei der GmbH, handelt, obwohl tatsächlich nur ein Rechtssubjekt mit einem Stammkapital besteht. Dagegen dürfen **Zweigniederlassungen** gem. §§ 13–13g HGB unter der Firma der Hauptniederlassung mit oder ohne Zusatz der Bezeichnung als Zweigniederlassung betrieben werden. Im Falle des § 30 Abs. 3 HGB muss der Zweigniederlassung ein **Zusatz** zur Unterscheidbarkeit beigefügt werden.

f. Firmenöffentlichkeit

Der Grundsatz der Firmenöffentlichkeit besagt, dass die Firma der **Öffentlichkeit** durch ihre Eintragung in das Handelsregister **kundgegeben** werden muss. Zudem bestehen bestimmte Anforderungen hinsichtlich der Angaben auf den Briefköpfen.

aa. Eintragung im Handelsregister

Im Handelsregister einzutragen sind:
- die Anmeldung der Firma (§ 29 GBO)
- die Änderung der Firma, Erlöschen (§ 31 HGB)
- das Insolvenzverfahren (§ 32 GBO)

bb. Angaben auf Geschäftsbriefen

Auf Geschäftsbriefen sind nach § 37a HGB anzugeben:
- die Firma
- der Rechtsformzusatz
- der Ort der Handelsniederlassung
- das Registergericht
- die Handelsregisternummer

g. Veräußerungsverbot

Der Grundsatz des Veräußerungsverbots nach § 23 HGB besagt, dass die Firma nicht ohne das Handelsgeschäft, für welches sie geführt wird, veräußert werden darf. Ein Verstoß gegen dieses Verbot (auch **Verbot der Leerübertragung**) macht das dingliche Rechtsgeschäft nichtig (§ 134 BGB). Es gelten die Grundsätze der Firmenfortführung bei Erwerb des Handelsgeschäfts (§ 22 HGB) und Änderungen im Gesellschafterbestand (§ 24 HGB), wonach das Unternehmen mit der Firma übertragen werden muss. Dagegen gilt das Verbot des § 23 HGB nicht beim Kauf eines leeren GmbH-Mantels (**Mantelkauf**) bzw. einer Vorrats-GmbH (**Vorratskauf**), da die Firma zusammen mit der bestehenden Rechtsperson erworben wird.

3. Firmenschutz

Der Schutz der Firma gegen unzulässigen Firmengebrauch wird handelsrechtlich in § 37 HGB geregelt. Die Norm dient dem öffentlichen Interesse an der Einhaltung des Firmenrechts im Rechtsverkehr und gilt für **alle Firmen** aller Unternehmensträger (§§ 1, 6 HGB), auch für die Genossenschaft (§ 17 Abs. 2 GenG), den VVaG (§ 172 VAG) und die Partnerschaftsgesellschaft (§ 2 Abs. 2 PartGG). Zudem ist sie **analog** anwendbar auf den unzulässigen Firmengebrauch durch Nichtkaufleute (z. B. Kleingewerbetreibende, Freiberufler oder GbR), die zu Unrecht wie Kaufleute eine Firma führen oder eine andere Bezeichnung irreführend wie eine Firma führen. Zu beachten, ist dass es kein allgemeines Verbot firmenähnlicher Geschäftsbezeichnungen gibt, sondern nur bei Geschäftsbezeichnungen, die insbesondere durch einen Rechtsformzusatz wie eine Firma gebildet und gebraucht und deshalb mit einer Firma verwechselt werden können. Die Vorschrift des § 37 HGB unterscheidet zwischen einem Firmenmissbrauchsverfahren nach öffentlichem Recht (§ 37 Abs. 1 HGB) und einem privatrechtlichen Unterlassungsanspruch (§ 37 Abs. 2 HGB). Darüber hinaus wird die Firma durch privatrechtliche Ansprüche aus anderen Gesetzen geschützt.

a. Firmenmissbrauchsverfahren

Das in § 37 Abs. 1 HGB geregelte Firmenmissbrauchsverfahren ist ein öffentlich-rechtliches Verfahren von Amts wegen und dient dem öffentlichen Interesse (**Schutz der Allgemeinheit**). Danach wird derjenige, welcher eine nach den §§ 17ff HGB ihm nicht zustehende Firma gebraucht, von dem Registergericht zur Unterlassung des Gebrauchs durch Festsetzung von Ordnungsgeld angehalten.

aa. Firmenmäßiger Gebrauch

Ein Gebrauch der Firma ist jede Handlung mit unmittelbarem Bezug auf den Geschäftsbetrieb, die nach der Verkehrsauffassung als Gebrauch der verwendeten Bezeichnung als Firma zu verstehen ist. Das ist bereits der Fall beim Herbeiführen oder Dulden ihrer Eintragung im Handelsregister. Ein Gebrauch der Firma ist insbesondere ihre Anwendung im Geschäftsverkehr als Bezeichnung des Unternehmens (**firmenmäßiger Gebrauch**). Dies gilt auch bei einer an sich zulässigen Geschäftsbezeichnung, wenn sie die maßgebliche Verkehrsauffassung nicht nur als Hinweis auf das betreffende Geschäft, seine Produkte und Leistungen, sondern (mindestens auch) als Angaben des **Handelsnamens** der Firma des Unternehmensträgers selbst versteht.

Beispiele: Firmenangabe auf Geschäftsbriefen und sonstigen Geschäftspapieren, auf Tür- oder Firmenschildern, in Warenprospekten, Zeitungsinseraten, in der Anmeldung zum Telefonbuch sowie durch Briefunterzeichnung.

bb. Unzulässiger Gebrauch

Die Unzulässigkeit des Gebrauchs der Firma bestimmt sich nach den §§ 17ff HGB und allen sonstigen firmenrechtlichen Bestimmungen auch außerhalb des Handelsgesetzbuchs. Dagegen fällt der Verstoß gegen andere nicht firmenrechtliche Vorschriften des Namens-, Marken- und Lauterkeitsrecht nicht unter § 37 Abs. 1 HGB. Der Kaufmann muss die Firma so führen, wie sie im Handelsregister eingetragen ist und keine andere Bezeichnung firmenmäßig verwenden (**Firmenpflicht**). Firmenabkürzungen und **Firmenzusätze** sind unzulässig, wenn sie im Verkehr als vollständige Firmenbezeichnung erscheinen. **Firmenabkürzungen** in Werbung, Haus- und Schaufensteraufschrift, o. Ä. sind jedoch zulässig.

cc. Rechtsfolge

Das Registergericht leitet von Amts wegen ein Verfahren auf Unterlassung gegen die Person ein, welche die Firma unzulässigerweise (missbräuchlich) gebraucht (**Missbrauchsverfahren**). Dabei ist umstritten, ob das Registergericht bei der Einleitung des Verfahrens ein Ermessen hat. Nach der Rechtsprechung hat es ein **gebundenes Ermessen**. Dagegen hat es nach h. L. wegen des eindeutigen Wortlauts des § 37 Abs. 1 HGB („ist anzuhalten“) hierbei kein Ermessen und ist verpflichtet, gegen den Firmenmissbrauch einzuschreiten. Dafür soll auch die Regelung des § 37 Abs. 2 HGB sprechen, durch den Dritten ohne jede Rücksicht auf Ermessen Unterlassungsansprüche eingeräumt werden. Bei einem Verstoß gegen das **Irreführungsverbot** wird die Eignung zur Irreführung im Verfahren vor dem Registergericht nach § 18 Abs. 1 S. 2 HGB nur berücksichtigt, wenn sie **erheblich** ist.

b. Unterlassungsanspruch

§ 37 Abs. 2 HGB regelt den **privatrechtlichen** Unterlassungsanspruch. Danach kann derjenige, der dadurch in seinen Rechten verletzt wird, dass ein anderer eine Firma unbefugt gebraucht, von diesem die Unterlassung des Gebrauchs der Firma verlangen (§ 37 Abs. 2 S. 1 HGB). Die Vorschrift dient dem **öffentlichen Interesse** an der Einhaltung des Firmenrechts und mach die Initiative Privater für den Firmenschutz nutzbar.

aa. Unzulässiger Firmengebrauch

Umstritten ist, ob der Unterlassungsanspruch nur für einen unbefugten Firmengebrauch nach §§ 17ff HGB gilt oder darüber hinaus Verstöße gegen Vorschriften des Namens-, Marken- und Lauterkeitsrecht erfasst. Beim **Irreführungsverbot** prüft das Prozessgericht Verstöße gegen die firmenrechtlichen Vorschriften (§§ 17ff HGB) eigenständig und **ohne** die **Beschränkungen**, denen das Registergericht nach § 18 Abs. 2 S. 2 HGB bei der Berücksichtigung der Eignung zur Irreführung unterliegt. Auf ein **Verschulden** beim unzulässigen Firmengebrauch kommt es **nicht** an.

bb. Verletzung von eigenen Rechten

Bei der Verletzung von eigenen Rechten eines Dritten durch den unzulässigen Firmengebrauch werden die **absoluten Rechte** Dritter (z. B. Firmen-, Namens-, Patent-, Markenrechte) sowie die unmittelbare Verletzung **rechtlicher Interessen wirtschaftlicher Art** geschützt, nicht aber ideelle Interessen. Daher kann ein **Wettbewerber** wegen seiner wirtschaftlichen Belange durch einen unbefugten Firmengebrauch in seinen Rechten verletzt sein und einen Anspruch auf die Unterlassung dessen gegen die Person haben, welche die Firma unbefugt gebracht. Vereine zur Bekämpfung des unlauteren Wettbewerbs (§ 8 Abs. 3 UWG) haben nach der Rechtsprechung keine Befugnis (Klagebefugnis) einen Unterlassungsanspruch gerichtlich geltend zu machen. Der Schuldner des Anspruchs auf Unterlassung kann gegen die Klage **Einwendungen** geltend machen, die nur in der Person des Klägers begründet sind, z. B. **Einwilligung** (§ 185 Abs. 1 BGB analog), **Verwirkung** (§ 21 MarkenG analog).

cc. Rechtsfolge

Rechtsfolge ist ein privatrechtlicher Anspruch des Verletzten auf Unterlassung des unbefugten Firmengebrauchs gem. § 37 Abs. 1 HGB.

dd. Konkurrenzen

Ein privatrechtlicher Anspruch auf **Schadensersatz** kann bei Verschulden (§ 37 Abs. 2 HGB) nach sonstigen Vorschriften geltend gemacht werden:

- § 823 Abs. 1 BGB i. V. m. § 12 BGB
- § 823 Abs. 2 BGB i. V. m. § 37 Abs. 2 HGB
- § 826 BGB
- §§ 15 Abs. 5, 5 Abs. 2 MarkenG
- §§ 3, 5, 9 UWG

Darüber hinaus können privatrechtliche **Unterlassungsansprüche** nach sonstigen Vorschriften geltend gemacht werden:

- § 1004 Abs. 1 BGB analog i. V. m. § 823 BGB oder § 12 BGB
- § 12 S. 2 BGB
- §§ 15 Abs. 4, 5 Abs. 2 MarkenG
- §§ 3, 5, 8 UWG

Abb. 30: Firmengrundsätze

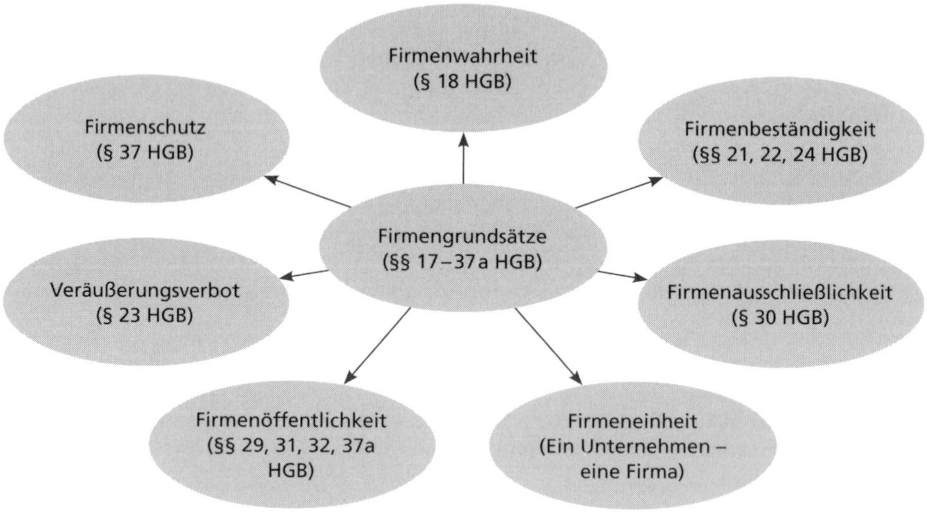

4. Haftung bei Firmenfortführung

Die Haftung bei Firmenfortführung ist in §§ 25–28 HGB geregelt. Dabei unterscheidet das Gesetz zwischen der Haftung bei Erwerb eines Handelsgeschäfts (§§ 25, 26 HGB), der Haftung des Erben bei Geschäftsfortführung (§ 27 HGB) und der Haftung bei Eintritt in das Geschäft eines Einzelkaufmanns (§ 28 HGB).

a. Haftung bei Erwerb eines Handelsgeschäfts

aa. Allgemeines

Die Haftung bei Erwerb eines Handelsgeschäfts ist in § 25 Abs. 1 HGB geregelt. Sie gilt für alle Fälle der **Übernahme des Unternehmens mit der Firma** (§ 22 HGB) durch ein **Rechtsgeschäft** unter Lebenden. Der wichtigste Fall ist die **Veräußerung** des Unternehmens, die Regelung gilt aber auch bei unentgeltlichem Erwerb und selbst bei nur tatsächlicher Übernahme aufgrund eines ungültigen Rechtsgeschäfts. Dabei genügt die Übernahme der wesentlichen Unternehmensteile, wofür die Rechtsform des Unternehmensträgers nicht maßgeblich ist. Das Unternehmen muss aber ein **kaufmännisches Handelsgeschäft** sein. Die gesetzliche Regelung erkennt der Einheit von Unternehmen und Firma eine eigenständige Identität zu und verselbstständigt sie bis zu einem gewissen Grad gegenüber dem Unternehmensträger. Dies betrifft allerdings nur die Haftung des Erwerbers für Geschäftsverbindlichkeiten (§ 25 Abs. 1 S. 1 HGB) und ggfs. den Übergang der Forderungen (§ 25 Abs. 1 S. 2 HGB) – soweit dieser nicht im Rahmen der Veräußerung erfolgt – nicht jedoch die Veräußerung des Unternehmens als Vermögensobjekt. Diese erfolgt schuldrechtlich durch Verpflichtungsgeschäft als **Unternehmenskaufvertrag** (§§ 433, 453 Abs. 1 BGB) und sachenrechtlich durch Übertragungsgeschäft in Form entweder einer Übertragung der einzelnen Vermögensgegenstände des Unternehmens (**Asset Deal**) oder durch Abtretung der Anteile an einer Gesellschaft (**Share Deal**).

bb. Firmenfortführung

Die Erwerber haftet bei **Firmenfortführung** für alle im Betrieb des Geschäfts begründeten Verbindlichkeiten (**Altverbindlichkeiten**) des früheren Inhabers, wenn er das Handelsgeschäft unter Lebenden unter der bisherigen Firma mit oder ohne Beifügung eines das Nachfolgeverhältnis andeutenden Zusatzes fortführt (§ 25 Abs. 1 HGB). Bei Firmenfortführung gelten die im Betrieb begründeten Forderungen den Schuldnern gegenüber als auf den Erwerber übergegangen (**Altforderungen**), falls der bisherige Inhaber oder seine Erben in die Fortführung der Firma eingewilligt haben (§ 25 Abs. 1 S. 2 HGB). Dies dient dem Schutz des Schuldners, der zur Erfüllung seiner Schuld an den Erwerber in der Annahme leistet, er sei der berechtigte (neue) Gläubiger, obwohl die Forderungen tatsächlich nicht auf ihn übergegangen sind (**Schuldnerschutzvorschrift**). Der Schuldner kann aber weiter mit befreiender Wirkung an den Veräußerer leisten. Wird die Firma **nicht fortgeführt**, haftet der Erwerber eines Handelsgeschäfts für die Altverbindlichkeiten nur, wenn ein besonderer Verpflichtungsgrund vorliegt. Dies ist insbesondere dann der Fall, wenn die Übernahmen der Verbindlichkeiten in handelsüblicher Weise von dem Erwerber bekannt gemacht worden ist (§ 25 Abs. 3 HGB).

cc. Voraussetzungen

Die Haftung bei Firmenfortführung (§ 25 Abs. 1 S. 1 HGB) hat folgende Voraussetzungen:

- Bestehen eines kaufmännischen Handelsgeschäfts: §§ 1 ff, 6 HGB.
- Erwerb durch Rechtsgeschäft unter Lebenden: Es muss sich um einen **abgeleiteten rechtsgeschäftlichen Erwerb** handeln. Dabei ist unerheblich ist, ob das Unternehmen auf Zeit, z. B. Pacht (§§ 581, 585 BGB), oder endgültig, z. B. Kauf (§§ 433, 453 Abs. 2 BGB) übernommen wurde, sowie ob das Erwerbsgeschäft wirksam oder nichtig ist. Es kommt nur auf die **tatsächliche Fortführung** des Unternehmens durch den Erwerber an. Keine Anwendung findet die Vorschrift auf den Erwerb vom Insolvenzverwalter im Rahmen des Insolvenzverfahrens.
- Fortführung des Handelsgeschäfts unter der bisherigen Firma: Dafür genügt, wenn der **Rechtschein** einer Unternehmensfortführung erzeugt wird. Zudem ist ausreichend, wenn **Teile** des Handelsgeschäfts fortgeführt werden, die den Kern des Unternehmens ausmachen. Die Firma muss nicht buchstabengetreu fortgeführt werden. Der prägende Teil der Firma, mit dem der Verkehr das Unternehmen gleichsetzt (**Firmenkern**), muss aber erhalten bleiben. Eine Veränderung des Rechtsformzusatzes ist unschädlich.
- Kein **Haftungsausschluss** (§ 25 Abs. 2 HGB): Die Haftung des Erwerbers kann durch Vereinbarung mit dem früheren Inhaber ausgeschlossen werden. Sie ist einem Dritten gegenüber aber nur wirksam, wenn sie in das Handelsregister eingetragen und bekannt gemacht oder von dem Erwerber oder Veräußerer dem Dritten mitgeteilt worden ist.

dd. Rechtsfolgen

Die Haftung bei Firmenfortführung (§ 25 Abs. 1 S. 1 HGB) hat folgende Rechtsfolgen:

- Haftung für die Altverbindlichkeiten, egal aus welchem Rechtsgrund, z. B. Vertrag (§§ 280 ff BGB), Bereicherung (§§ 812 ff BGB), Delikt (§§ 823 ff BGB). **Private Verbindlichkeiten** des früheren Geschäftsinhabers sind **ausgeschlossen**. Es gilt aber § 344 HGB, nach der die von einem Kaufmann abgeschlossenen Rechtsgeschäfte im Zweifel (Vermutungsregel) als zum Betrieb seines Handelsgewebes gehörig gelten.
- Unbeschränkte persönliche **Haftung des Erwerbers** mit seinem ganzen (Geschäfts- und Privat-)Vermögen für die Altverbindlichkeiten des früheren Geschäftsinhabers.

- Der **frühere Geschäftsinhaber haftet** für die bis zum Geschäftsübergang begründeten Verbindlichkeiten und die danach (§ 15 Abs. 1 HGB) bis zur Eintragung des Erwerbers begründeten Verbindlichkeiten **(Nachhaftung)**, wenn sie vor Ablauf von fünf Jahren nach Eintragung in das Handelsregister fällig sind und daraus Ansprüche gegen ihn geltend gemacht werden (§ 26 Abs. 1 HGB).
- Nach h. M. handelt es sich um einen **gesetzlichen Schuldbeitritt** des Erwerbers, der mit dem früheren Geschäftsinhaber als **Gesamtschuldner** (§§ 421 ff BGB) haftet.
- Bei **Nichtfortführung** der bisherigen Firma haftet der Erwerber eines Handelsgeschäfts für Altverbindlichkeiten nach Maßgabe des § 25 Abs. 3 HGB. Weitere mögliche Haftungstatbestände sind:
  - Haftung aus Schuldübernahme (§ 414 f BGB)
  - Haftung aus Schuldbeitritt (§ 311 Abs. 1 BGB)
  - Haftung aus Betriebsübergang (§ 611 a BGB)
  - Rechtsscheinhaftung, wenn im Rechtsverkehr der zurechenbare Anschein entsteht, dass zwei voneinander unabhängige Unternehmen ein fast namensgleiches Unternehmen fortführen.

b. Haftung bei Eintritt in das Geschäft eines Einzelkaufmanns

aa. Firmenfortführung

Die Haftung bei Eintritt in das Geschäft eines Einzelkaufmanns ist in § 28 HGB geregelt. Dies betrifft den Fall, dass der frühere Geschäftsinhaber mit weiteren Personen eine OHG oder KG gründet und sein Unternehmen in diese Gesellschaft einbringt. Das Unternehmen wird dabei auf die nach § 124 HGB teilrechtsfähige Gesamthandsgemeinschaft übertragen. § 28 Abs. 1 HGB regelt die Haftung der Gesellschaft für alle im Betrieb des Einzelkaufmanns entstandenen Verbindlichkeiten (**Altverbindlichkeiten**), auch wenn sie die frühere Firma nicht fortführt. § 28 Abs. 1 S. 2 HGB regelt, dass die im Betrieb begründeten Forderungen (**Altforderungen**) als auf die Gesellschaft übergangen gelten. Die Vorschrift dient dem Schutz des Schuldners, der zur Erfüllung seiner Schuld an die Gesellschaft in der Annahme leistet, er sei der berechtigte (neue) Gläubiger, obwohl die Forderungen tatsächlich nicht auf ihn übergegangen sind (**Schuldnerschutzvorschrift**). Der Schuldner kann aber weiter mit befreiender Wirkung an den früheren Geschäftsinhaber leisten.

bb. Voraussetzungen

Die Haftung bei Eintritt in das Handelsgeschäft des Kaufmanns hat folgende Voraussetzungen:

- Bestehen des Geschäfts eines Einzelkaufmanns: §§ 1 ff, 6 HGB.
- Entstehung einer **OHG** oder **KG**: durch Eintritt als persönlich haftender Gesellschafter oder Kommanditist in das Geschäft des Einzelkaufmanns; der Eintretende muss kein Kaufmann sein. Nach h. M. ist es **nicht** ausreichend, wenn durch den Eintritt eine **GbR** entsteht, z. B. Eintritt in Einzelkanzlei oder Praxis eines Freiberuflers (vgl. § 2 Abs. 2 PartGG). Der Eintritt erfolgt durch den Abschluss eines **Gesellschaftsvertrags**, bei dem der Kaufmann sein Handelsgeschäft als **Sacheinlage** in die Gesellschaft einbringt. Die **Gesellschafter** können natürliche, juristische Personen, Gesamthandsvermögen sein. Sie können auch eine **GmbH & Co. KG** gründen mit dem früheren Geschäftsinhaber als Kommanditisten und einer zu diesem Zweck gegründeten GmbH als Komplementär (auch als Ein-Mann-GmbH). Dagegen wird die **Einbringung** eines Unternehmens in eine **bestehende Kapitalgesellschaft** nach h. M. nicht von § 28 HGB erfasst, sondern für den Fall der Firmenfortführung des eingebrachten Vermögens von § 25 HGB. Dies gilt auch für

die Sachgründung der GmbH, bei der die Sacheinlage bereits in die Vorgesellschaft eingebracht werden muss (§ 7 Abs. 3 GmbHG). Eine Unwirksamkeit des geschlossenen Gesellschaftsvertrags ist gegenüber Dritten im Interesse des Verkehrsschutzes nicht erheblich, wenn die Gesellschaft bereits in Vollzug gesetzt worden ist.

- Fortführung des Unternehmens: bedeutet die des eingebrachten Geschäftsbetriebs, auch dann, wenn die Gesellschaft die frühere Firma nicht fortführt (§ 28 Abs. 1 S. 1 HGB). Eine unveränderte Fortführung des Handelsgeschäfts ist nicht notwendig. Indes darf der eingebrachte Geschäftsbetrieb nicht unmittelbar nach seiner Übernahme eingestellt werden. Es genügt, wenn der **Unternehmenskern** nach außen erkennbar weitergeführt wird.
- Kein **Haftungsausschluss** (§ 28 Abs. 2 HGB): Die Haftung der Gesellschaft kann durch Vereinbarung mit dem früheren Inhaber ausgeschlossen werden. Sie ist einem Dritten gegenüber aber nur wirksam, wenn sie in das Handelsregister eingetragen und bekannt gemacht oder von einem Gesellschafter dem Dritten mitgeteilt worden ist.

cc. Rechtsfolgen

Die Haftung bei Eintritt in das Handelsgeschäft des Kaufmanns hat folgende Voraussetzungen:

- Haftung der neu entstandenen **Gesellschaft** für alle Altverbindlichkeiten.
- Unbeschränkte Haftung der persönlich haftenden **Gesellschafter** der OHG oder des Komplementärs der KG (§§ 128, 161 Abs. 2 HGB), auch für Altverbindlichkeiten des Einzelkaufmanns.
- Beschränkte Haftung der Kommanditisten der KG auf die Einlage (§ 171 HGB), auch für Altverbindlichkeiten des Einzelkaufmanns.
- Nach h. M. handelt es sich um einen **gesetzlichen Schuldbeitritt** der in das Geschäft des Einzelkaufmanns eintretenden Gesellschafter.
- Der **Einzelkaufmann** haftet für die von ihm begründeten Altverbindlichkeiten seines Geschäftsbetriebs persönlich unbeschränkt weiter und **zudem** als persönlich haftender **Gesellschafter** bzw. Komplementär oder Kommanditist der Gesellschaft.
- Die Gesellschafter und der frühere Geschäftsinhaber haften als **Gesamtschuldner** (§§ 421 ff BGB) für die Altverbindlichkeiten.
- **Enthaftung:** Wird der frühere Geschäftsinhaber Kommanditist einer KG, haftet er für die Altverbindlichkeiten als Einzelkaufmann (**Nachhaftung**), wenn sie vor Ablauf von fünf Jahren nach der Eintragung der Gesellschaft in das Handelsregister fällig sind und daraus Ansprüche gegen ihn geltend gemacht werden (§§ 28 Abs. 3 S. 1 HGB). Die gilt auch dann, wenn der frühere Geschäftsinhaber in der Gesellschaft oder einem ihr als Gesellschafter angehörenden Unternehmen geschäftsführend tätig wird (§ 28 Abs. 2 S. 2 HGB). Seine Haftung als **Kommanditist** bleibt davon **unberührt** (§ 28 Abs. 2 S. 3 HGB).

V. Handelsgeschäfte

1. Allgemeines

Die Handelsgeschäfte sind im vierten Buch des HGB (§§ 343–475h HGB) geregelt. Das Gesetz stellt die für alle Handelsgeschäfte geltenden allgemeinen Vorschriften (§§ 343–372 HGB) voran (**Klammertechnik**). Danach regelt es „in der Klammer“ bestimmte **Geschäftstypen** in besonderen Vorschriften über den Handelskauf (§§ 373–382 HGB), das Kommissionsgeschäft (§§ 383–406 HGB), das Frachtgeschäft (§§ 407–452d HGB), das Speditionsgeschäft (§§ 453–466 HGB) und das Lagergeschäft (§§ 467–475h HGB). Die Vorschriften enthalten besondere Regelungen für Rechtsgeschäfte des Handelsverkehrs. Sie haben **Anwen-**

dungsvorrang vor den bürgerlich-rechtlichen Vorschriften und ergänzen, modifizieren oder ersetzen sie ganz oder teils. Die handelsrechtlichen Regelungen gelten für Geschäfte, die der Kaufmann im Betrieb seines Handelsgewerbes tätigt (§ 343 HGB). Dabei wird der Art des Geschäfts nach zwischen einseitigen und zweiseitigen Handelsgeschäften unterschieden, sowie solchen Geschäften, bei denen handelsrechtliche Vorschriften auch auf Nichtkaufleute angewandt werden. Der Begriff des Handelsgeschäfts bezieht sich in den §§ 343 ff HGB wie auch bei der Bestimmung der Kaufmannseigenschaft (§§ 1 ff HGB) auf die **Rechtsgeschäfte** eines Kaufmanns. Bei der Firmenfortführung (§§ 21–28 HGB) bedeutet das Handelsgeschäft hingegen das **Unternehmen** des Kaufmanns. Von den Handelsgeschäften eines Kaufmanns sind seine **Privatgeschäfte** zu unterscheiden. Die von einem Kaufmann vorgenommenen Rechtsgeschäfte gelten gem. § 344 HGB im Zweifel (**Vermutungsregelung**) als zum Betrieb seines Handelsgewerbes gehörig.

a. Begriff des Handelsgeschäfts

Nach § 343 HGB sind Handelsgeschäfte **alle Geschäfte** eines Kaufmanns, die zum **Betrieb seines Handelsgewerbes** gehören. Dafür müssen die folgenden Voraussetzungen vorliegen.

aa. Geschäft des Kaufmanns

Ein Geschäft des Kaufmanns ist jedes rechtserhebliche willentliche Verhalten. Es umfasst **mehrseitige** Rechtsgeschäfte, z. B. schuldrechtlicher Kauf (§ 433 BGB), dingliche Übereignung (§ 929 BGB) und **einseitige** Rechtsgeschäfte, z. B. Anfechtung (§ 142 BGB), Rücktritt (§ 346 BGB), **geschäftsähnliche Handlungen**, z. B. Mahnung (§ 286 Abs. 1 BGB). Zudem sind dies auch alle sonstigen rechtserhebliche Handlungen und Unterlassungen von geschäftlicher bzw. wirtschaftlicher Bedeutung, z. B. Mängelrüge (§ 377 HGB), Schweigen (§ 362 HGB). Nach h. M. werden darüber hinaus auch die **Realakte** erfasst, die vom Handelnden gewollt sind, z. B. Verbindung, Vermischung, Verarbeitung (§§ 946 ff BGB). **Kein** Geschäft sind unerlaubte Handlungen (§§ 823 ff BGB) und wettbewerbsrechtliche Delikte (§§ 1 ff UWG), Tatbestände der Gefährdungshaftung (z. B. § 1 ProdHaftG) und der Kondiktion (§§ 812 ff BGB) sowie der Rückgewähranspruch zur Insolvenzmasse (§ 143 InsO).

bb. Handelsgeschäft eines Kaufmanns

Das Geschäft muss Handelsgeschäft eines Kaufmanns sein. Die Kaufmannseigenschaft (§§ 1 ff, 6 HGB) muss im Zeitpunkt, in dem das Geschäft getätigt oder eine Erklärung (§ 130 Abs. 2 BGB analog) abgegeben wird, vorliegen. Bei wirksamer **Stellvertretung** muss der Vertretene Kaufmann sein (§ 164 Abs. 1 S. 1 BGB). Bei Handelsgeschäften, an denen ein **Nichtkaufmann** beteiligt ist (einseitige Handelsgeschäfte), kommen die Vorschriften über die Handelsgeschäfte grundsätzlich für beide Parteien des Rechtsgeschäfts zur Anwendung (§ 345 HGB). Zudem gelten die Vorschriften im Falle einer Rechtsscheinhaftung für den **Scheinkaufmann** sowie kraft gesetzlicher Anordnung beim Kommissionär (§ 383 Abs. 2 S. 2 HGB), Frachtführer (§ 407 Abs. 3 S. 2 HGB), Spediteur (§ 453 Abs. 3 S. 2 HGB), Lagerhalter (§ 467 Abs. 3 S. 2 HGB). Darüber hinaus werden einzelne Vorschriften (z. B. §§ 355 ff, 362, 366, 377 HGB) auf Nichtkaufleute, z. B. Kleingewerbetreibende, Freiberufler, **analog** angewandt.

cc. Betriebszugehörigkeit

Das Geschäfts des Kaufmanns muss zum Betrieb seines Handelsgewerbes gehören. Darunter fallen alle Geschäfte, die dem Interesse des Handelsgewerbes, der Erhaltung seiner Substanz und Erzielung von Gewinn dienen sollen. Es kommt nicht darauf an, ob das jeweilige

Geschäft der Art nach für das Handelsgewerbe üblich und typisch ist. Es genügt auch ein mittelbarer, entfernter **Funktionszusammenhang** mit dem Zweck oder Gegenstand des Handelsgewerbes. Auch die Unentgeltlichkeit oder Gefälligkeit stehen dem nicht entgegen. Zum Betrieb gehören daher neben den Handelsgrundgeschäften auch alle vorbereitenden Geschäfte, Hilfsgeschäfte, Nebengeschäfte und abwickelnde Geschäfte. Zu beachten ist weiterhin die Regelung des § 344 HGB, die eine widerlegbare Vermutung für die Zugehörigkeit der Geschäfte eines Kaufmanns zu seinem Handelsgewerbe aufstellt. Danach gelten die von einem Kaufmann vorgenommenen Rechtsgeschäfte im Zweifel (**Vermutungsregelung**) als zum Betrieb seines Handelsgewerbes gehörig (§ 344 Abs. 1 HGB). Die Vermutungsregelung gilt darüber hinaus nach h. M. für sämtliche von § 343 HGB erfassten Geschäfte, die jedes rechtserhebliche willentliche Verhalten erfassen. Sie gilt jedoch nicht für Handelsgesellschaften (§ 6 HGB), da diese ohnehin nicht privat tätig werden können und kein Privatvermögen haben. Um die Vermutung zu widerlegen muss der Kaufmann die Tatsache der Zugehörigkeit der Geschäfte zu seiner Privatsphäre voll beweisen (§ 292 ZPO). Sofern der äußere Anschein (**Rechtsschein**) für eine Zugehörigkeit zum Unternehmensbereich spricht und der Geschäftspartner gutgläubig darauf vertraut, muss der Kaufmann beweisen, dass dieser bösgläubig war. Zudem gilt für die von einem Kaufmann gezeichneten Schuldscheine die unwiderlegbare Vermutung der Betriebszugehörigkeit, sofern nicht aus der Urkunde sich das Gegenteil ergibt (§ 344 Abs. 2 HGB).

b. Allgemeine Vorschriften

Die allgemeinen Vorschriften über Handelsgeschäfte sind in §§ 343–372 HGB enthalten. Es handelt sich um Sonderregeln der **Rechtsgeschäftslehre** sowie des **Schuld**- und **Sachenrechts** für Geschäfte, die der Kaufmann im Betrieb seines Handelsgewerbes tätigt. Modifikationen betreffen den **Haftungsmaßstab** der Fahrlässigkeit (§ 276 Abs. 2 BGB) bei Handelsgeschäften als Einstehen für die Sorgfalt eines ordentlichen Kaufmanns (§ 347 HGB). Die Herabsetzung einer verwirkten Vertragsstrafe (§ 343 BGB) ist nicht zulässig (§ 348 HGB). Dem Bürgen steht die **Einrede der Vorausklage** (§ 771 S. 1 BGB) beim Handelsgeschäft nicht zu (§ 349 HGB). **Bürgschaft** und **Schuldanerkenntnis** (§§ 780, 781 BGB) als Handelsgeschäft auf der Seite des Schuldners sind formfrei (§ 350 HGB). Gesetzliche Zinsen betragen nicht vier Prozent (§ 246 BGB), sondern 5 Prozent (§ 352 HGB). Zulässig sind Fälligkeitszinsen (§ 353 HGB), Provision und Lagergeld (354 HGB). Geldforderungen können bei Abtretungsausschluss (§ 399 BGB) wirksam abgetreten werden, soweit sie nicht Darlehensforderungen eines Kreditinstituts sind (§ 354a HGB). Laufende Rechnung/**Kontokorrent** mit Saldoanerkenntnis des Überschusses werden geregelt (§ 355 HGB). Das **Schweigen** des Kaufmanns auf einen Antrag zur Besorgung von Geschäften gilt als Annahme (§ 362 HGB). Der **gutgläubige Erwerb** beweglicher Sachen gilt auch für die Verfügungsbefugnis (§ 366 HGB). Das **Zurückbehaltungsrecht** (§ 273f BGB) erfasst bewegliche Sachen und Wertpapiere aus Handelsgeschäften (§§ 369–372 HGB).

Abb. 31: Handelsgeschäfte

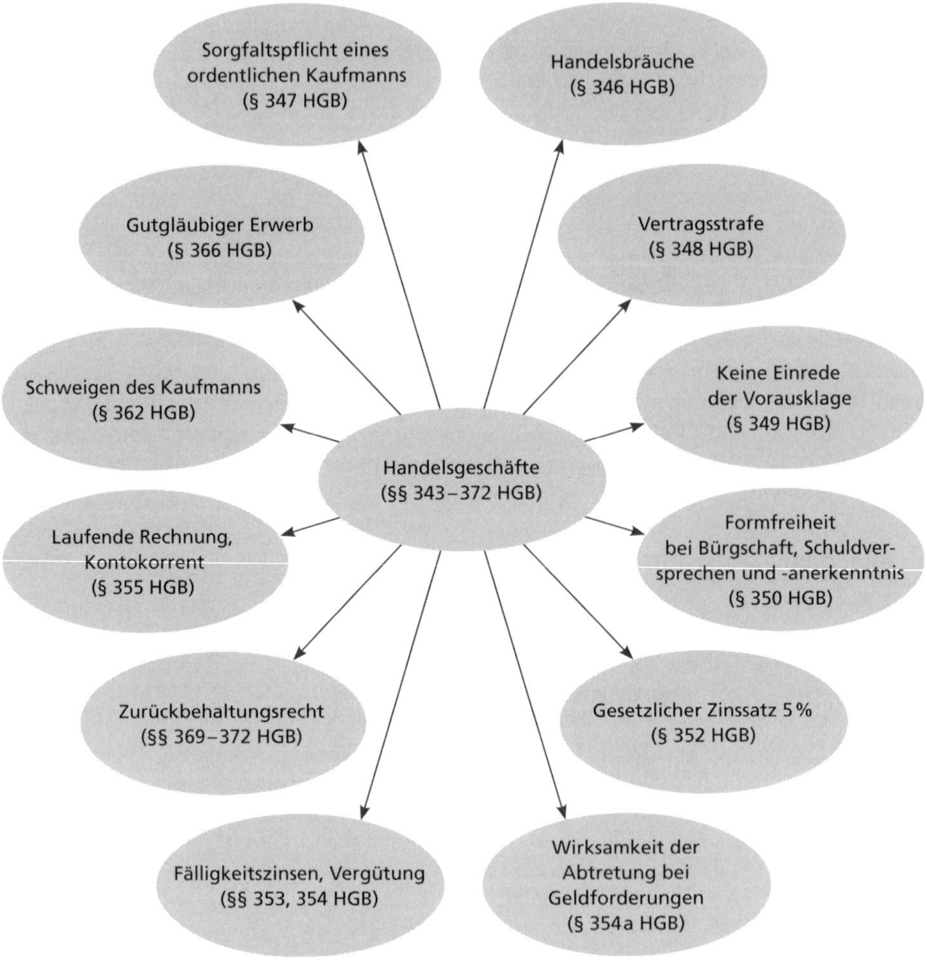

2. Handelskauf

a. Allgemeines

Die §§ 373–381 HGB regeln den Handelskauf. Sie ergänzen das Kaufrecht des BGB um einige Sonderregeln für Kaufverträge (§ 433 BGB), wenn sie zumindest einseitige Handelsgeschäfte sind (§§ 343, 345 HGB) und Waren (**Warenkauf**) als bewegliche Sachen (vgl. § 375 Abs. 1 HGB) zum Gegenstand haben. Sie gelten nach § 381 HGB auch für den Kauf von Wertpapieren (**Wertpapierkauf**) und den Vertrag über die Lieferung herzustellender oder zu erzeugender beweglicher (nicht vertretbarer) Sachen (**Werklieferungsvertrag**). Zudem gelten im grenzüberschreitenden internationalen Handel abweichende Vereinbarungen, die sich zu einem Handelsbrauch (§ 346 HGB) entwickelt haben. Dies gilt besonders für die von der Internationalen Handelskammer in Paris (ICC) entwickelten International commercial terms (**Incoterms**), die ein Regelwerk mit **Auslegungsregeln** darstellen. Die Incoterms regeln die

Rechte und Pflichten von Verkäufer und Käufer bei der Lieferung von Waren im Außenhandel (**Export**). Sie ermöglichen es den Vertragsparteien, in ihren Liefer- und Zahlungsbedingungen standardisierte und allgemein anerkannte Handelsklauseln über den Gefahrübergang der Ware, die Transportkosten und das Transportrisiko aufzunehmen. Nicht geregelt sind der Eigentumsübergang an der Ware, die Zahlungsbedingungen und der Gerichtsstand. Der Verkäufer (**Exporteur**) braucht lediglich ein bestimmtes definiertes Kürzel für eine Klausel (**Incoterms-Klausel**) verwenden, ohne die Kosten- und Gefahrverteilung vertraglich im Einzelnen zu beschreiben, z. B. fob-Klausel (free on board) und cif-Klausel (cost, insurance and freight). Nach der Rechtsprechung kann ein Incoterm auch dann mit dem Inhalt der dafür bestimmten Auslegungsregel zustande kommen, wenn dies nicht ausdrücklich zwischen den Vertragsparteien vereinbart ist. Außerdem kann bei internationalen Handelskäufen das **UN-Kaufrecht** zur Anwendung kommen.

b. Annahmeverzug

§ 373 HGB erweitert beim Annahmeverzug (§§ 293ff BGB) das Rechts des Verkäufers zur Hinterlegung (§ 372ff BGB) und zum Selbsthilfeverkauf (§ 383 BGB), damit er sich der Ware zur zügigen Geschäftsabwicklung schnell entledigen kann. Beim Handelskauf ist jede Ware hinterlegungsfähig, während beim bürgerlich rechtlichen Kauf nur Geld, Wertpapiere, sonstige Urkunden und Kostbarkeiten hinterlegt werden können. Auch kann die Ware auf Gefahr und Kosten des Käufers in einem öffentlichen Lagerhaus oder in sonstiger Weise und nicht nur beim Amtsgericht hinterlegt werden (§ 373 Abs. 1 HGB). Im Gegensatz zu § 378 HGB hat die Hinterlegung nach § 373 HGB aber keine Erfüllungswirkung, da der erforderliche Ausschluss des Rücknahmerechts nur bei einer staatlichen Hinterlegungsstelle möglich ist. Zudem hat der Verkäufer beim Handelskauf ein **Wahlrecht** zwischen Hinterlegung und Selbsthilfeverkauf bei allen Waren und Wertpapieren (§ 373 Abs. 2 HGB). Dagegen ist die Versteigerung nach § 383 Abs. 1 BGB nur bei beweglichen Sachen zulässig, die nicht zur Hinterlegung geeignet sind.

c. Bestimmungskauf

Der Bestimmungskauf ist in § 375 HGB geregelt. Dieser ist in erster Linie beim Gattungskauf von Bedeutung, findet aber auch beim Stückkauf Anwendung, wenn dem Käufer das Recht eingeräumt wird, eine bestimmte Ausstattung zu verlangen. Beim **Massengüterhandel**, z. B. von Eisen, Textilien. Papier, kann der Käufer ein Interesse daran haben, sich durch einen sofortigen Vertragsschluss den Bezug von Gütern zu einem bestimmten Preis zu sichern, bevor er genau weiß, welche Eigenschaften, z. B. Farbe, Format, die Güter im Einzelnen aufweisen müssen. Das Gesetz definiert den Bestimmungskauf (**Spezifikationshandelskauf**) als den Kauf einer beweglichen Sache, bei welchem dem Käufer die nähere Bestimmung über Form, Maß oder ähnliche Verhältnisse vorbehalten ist. In diesem Fall ist der Käufer vertraglich verpflichtet, die vorbehaltene Bestimmung zu treffen (§ 375 Abs. 1 BGB). Ist der Käufer mit der Erfüllung der Verpflichtung in Verzug, kann der Verkäufer die Bestimmung statt des Käufers vornehmen oder gem. §§ 280, 281 BGB Schadensersatz statt der Leistung verlangen oder gem. § 323 BGB vom Vertrag zurücktreten. Der Verkäufer hat eine von ihm getroffene Bestimmung dem Käufer mitzuteilen und muss ihm zugleich eine angemessene Frist zur Vornahme einer anderweitigen Bestimmung setzen. Sofern der Käufer keine solche Bestimmung innerhalb der Frist trifft, gilt die Bestimmung des Verkäufers (§ 375 Abs. 2 HGB).

d. Mängelrüge

Die Mängelrüge ist in § 377 HGB geregelt. Sie ist eine **Sonderreglung** für **Mängel** der Ware beim Handelskauf und bestimmt eine zusätzliche Anforderung an den Käufer. Dieser muss die gekaufte Ware unverzüglich nach der Ablieferung durch den Verkäufer, soweit dies nach ordnungsgemäßem Geschäftsgange tunlich ist, untersuchen und, wenn sich ein Sachmangel (§ 434 BGB) aufzeigt, dem Verkäufer unverzüglich Anzeige (**Rüge**) machen (§ 377 Abs. 1 HGB). Unterlässt der Verkäufer die Rüge, gilt die Ware als genehmigt (**Genehmigungsfiktion**), es sei denn, dass es sich um einen Mangel handelt, der bei der Untersuchung nicht erkennbar war (§ 377 Abs. 2 HGB). Zeigt sich der Mangel später, muss die Anzeige unverzüglich nach der Entdeckung gemacht werden; anderenfalls gilt die Ware auch in Ansehung dieses Mangels als genehmigt (§ 377 Abs. 3 HGB). Die Genehmigungsfiktion bewirkt den **Rechtsverlust** der Gewährleistungsrechte des Käufers wegen eines Sachmangels (**Mängelrechte**) aus § 437 BGB. Dadurch können Prozesse über Gewährleistungs- und Nichterfüllungsansprüche vermieden werden, deren Voraussetzungen mit zunehmendem Zeitablauf nur schwer festgestellt werden können.

aa. Zweiseitiges Handelsgeschäft

Die Untersuchungs- und Rügepflicht des Käufers nach § 377 HGB gilt grundsätzlich nur für **zweiseitige Handelsgeschäfte**. Dadurch soll der kaufmännische Käufer zusätzlich belastet werden und der kaufmännische Verkäufer begünstigt, da er auf die Beschleunigung angewiesen ist, um frühzeitig über die Vertragsmäßigkeit seiner Leistung Rechtssicherheit zu haben. Dies schließt nach der Rechtsprechung jedoch grundsätzlich nicht aus, dass im Einzelfall auch bei der Vertragsbeteiligung eines Nichtkaufmanns (**einseitiges Handelsgeschäft**), insbesondere wenn es bei diesem nicht um den Käufer, sondern um den Verkäufer handelt, besondere Umstände vorliegen können, die es angezeigt erscheinen lassen zu Rechtsfolgen zu gelangen, die denen des § 377 HGB entsprechen oder ähneln. Das kann sich etwa aus Vereinbarungen, Handelsbräuchen und sonstigen Verkehrssitten sowie Treu und Glauben (§ 242 BGB) ergeben.

bb. Mängelrüge als Obliegenheit

Bei der Pflicht des Käufers zur Mängelrüge handelt es sich nicht um eine Leistungs- oder Rücksichtnahmepflicht, sondern um eine Rügelast im Sinne einer **Obliegenheit** des Käufers (**Rügeobliegenheit**). Eine solche führt nur zu Rechtsnachteilen (**Mängelrechteverlust**), nicht aber zu weitergehenden Sanktionen. Die Obliegenheit kann nicht in Natur eingeklagt werden und aus ihrer Verletzung können auch keine Schadensersatzansprüche hergeleitet werden.

Voraussetzungen

Die Rügeobliegenheit setzt die **Ablieferung** der gekauften Ware beim Käufer und das Vorliegen eines **Sachmangels** voraus.

cc. Ablieferung der Ware

Die Ablieferung ist ein **Realakt** und liegt vor, wenn die Ware dem Käufer übergeben wird. Dazu genügt, dass der Verkäufer die Ware durch einseitige Handlung in Erfüllungsabsicht aus seiner Verfügungsgewalt entlässt und die Ware so in den **Machtbereich des Käufers** gelangt, dass diese sie an dem Ort, an dem sie sich dann befindet, untersuchen kann. Der Käufer muss in die Lage versetzt werden, sich durch einseitige Handlung jederzeit den **unmittelbaren Besitz** (§ 854 Abs. 1 BGB) zu verschaffen. Nicht maßgeblich ist, ob der Gefahrübergang erfolgt ist, das Sacheigentum an der Ware bereits übergegangen ist oder zugleich übergeht. der Käufer in Annahmeverzug geraten ist oder unter Eigentumsvorbehalt (§ 449 BGB) die Ware annimmt. Sofern der Käufer die mangelhafte Ware zurückweist, liegt keine Ablieferung vor. Ablieferung erfolgt beim **Versendungskauf** dadurch, dass dem Käufer oder einem von diesem beauftragen Transportunternehmen die Ware am Bestimmungsort zur sofortigen Abholung zur Verfügung gestellt wird. Die Übergabe an den vom Verkäufer beauftragten Spediteur oder Frachtführer bewirkt noch keine Ablieferung der Ware. Das gilt auch dann, wenn der Verkäufer die Ware auf Anweisung eines Zwischenhändlers (**Streckengeschäft**) unmittelbar an den Endabnehmer liefert. Vielmehr trifft auch den Zwischenhändler die Untersuchungs- und Rügeobliegenheit. Ist der Endkunde Verbraucher (§ 13 BGB) und untersucht die gelieferte Ware nicht, verliert der Zwischenhändler seine Mängelrechte, wenn er seiner Obliegenheit nicht nachkommt und sieht sich zugleich den Mängelansprüchen (§ 437 BGB) des Käufers ausgesetzt.

Beispiel: Bei einem Handelsgeschäft trifft den Käufer (Leasinggeber) die Rügeobliegenheit grundsätzlich auch dann, wenn der Verkäufer die Kaufsache auf Anweisung des Leasinggebers an einen nichtkaufmännischen Dritten (Leasingnehmer) abliefert, mit dem der Käufer einen Leasingvertrag über die Ware abgeschlossen hat und den er zur Geltendmachung der vertraglichen Ansprüche gegen den Verkäufer ermächtigt hat (BGH NJW 1990, 1290).

dd. Vorliegen eines Mangels

Das Vorliegen des Mangels einer Ware bezieht sich auf einen **Sachmangel**, der sich nach dem Begriff des § 434 BGB beurteilt. Umstritten ist, ob auch ein **Rechtsmangel** von § 377 HGB mit umfasst ist. Nach dem Wortlaut der Vorschrift, die allgemein von einem Mangel spricht, ist auch der Rechtsmangel erfasst. Dafür spricht nach einer zunehmend vertretenen Meinung auch, dass die Rechtsfolgen von Sach- und Rechtsmängeln durch die Schuldrechtsreform 2002 insbesondere auch hinsichtlich der Verjährung gleichgestellt worden sind. Die Regelungen der Rügeobliegenheit des § 377 HGB und der Verjährung des § 438 BGB seien funktionell und teleologisch verwandt, so dass die Gleichstellung auch für die Rügeobliegenheit gelten müsse. Dagegen wird eingewandt, dass der Gesetzgeber nicht beabsichtigt habe, die kaufmännische Rügeobliegenheit zu erweitern. Dem Käufer werde durch den Besitz der Kaufsache nicht die Kenntnis von Rechtsmängeln vermittelt, die auf der Vorgeschichte beruhe und im Verborgenen liege. Für die im Vordringen befindliche Meinung spricht auch, dass die Lieferung einer sach- und rechtsmängelfreien Sache nach neuer Rechtslage zur vertragsgemäßen Erfüllungspflicht des Verkäufers der Sache gehört.

ee. Untersuchungsobliegenheit

Die Untersuchung der Ware ist nach der Rechtsprechung für eine ordnungsgemäße Mängelrüge insoweit nicht erforderlich als es genügt, dass der Käufer die Ware zwar nicht untersucht, den Mangel aber auf andere Weise erfahren hat oder ihn auf Verdacht hin behauptet. Daher wird die Rügepflicht im Schrifttum allenfalls als Obliegenheit im weiteren Sinne verstanden, zumal der Käufer in der Regel nur nach einer Untersuchung der Ware zu einer substantiierten Rüge der Mängel in der Lage ist. Beim **Streckengeschäft** löst ein Unterlassen der Mängelrüge keine Schadensersatzpflicht des Zwischenhändlers gegenüber seinem Abnehmer aus, da es sich nicht um die Verletzung einer (einklagbaren) Rechtspflicht handelt. Eine Pflicht zur Überprüfung und Untersuchung der verkauften Ware durch den Verkäufer vor Übergabe an den Abnehmer besteht grundsätzlich nicht. Art und Umfang der Untersuchungsobliegenheit richten sich nach dem **vertraglich Vereinbarten**, z. B. Zahl der zu entnehmenden Stichproben oder Art und Dauer von Probeläufen. Dabei ist die Untersuchung so vorzunehmen, dass Mängel bei einer mit verkehrsüblicher Sorgfalt durchgeführten Überprüfung der Ware sichtbar werden. Dabei ist die **kaufmännische Sorgfaltspflicht** (§ 347 HGB) zu beachten. Sind keine Abreden getroffen und besteht auch kein **Handelsbrauch** (§ 346 HGB), ist nach § 377 Abs. HGB die **Tunlichkeit der Untersuchung** im ordnungsgemäßen Geschäftsgang maßgeblich. Dies bestimmt sich danach, was einem ordentlichen Kaufmann im konkreten Einzelfall nach einem objektiven Maßstab zugemutet werden kann, insbesondere hinsichtlich des Kosten- und Zeitaufwands und der diese bestimmenden technischen Kenntnisse des Käufers, z. B. Fachbetrieb oder Nichtfachmann.

ff. Unverzüglichkeit der Untersuchung

Nach § 377 Abs. 1 HGB hat die Untersuchung der Ware unverzüglich nach ihrer Ablieferung zu erfolgen. Die Unverzüglichkeit bezieht sich nicht nur auf den Beginn, sondern auch auf die Dauer der Untersuchung. Diese wird wiederum durch die Tunlichkeit im ordnungsgemäßen Geschäftsgang beschränkt. Dabei ist neben dem dafür geltenden objektiven Maßstab auch ein schuldhaftes Zögern (**Verschulden**) im Sinne des § 121 Ab. 1 S. 1 BGB zu berücksichtigen. Die Untersuchungsfrist beginnt mit Ablieferung der Ware und endet dann, wenn der Käufer selbst oder ein sachverständiger Dritter dazu in der Lage ist, Art und Umfang des Mangels so zu beschreiben, dass der Verkäufer der Mängelanzeige entnehmen kann, in welchem Punkt und in welchem Umfang der Käufer die gelieferte Ware als nicht vertragsgemäß beanstandet. Zu einer Anzeige der Mängelursache ist der Käufer nicht verpflichtet. War der Mangel unmittelbar nach Übergabe der Sache bei der gebotenen Untersuchung erkennbar (**offenkundiger Mangel**), muss die Rüge unverzüglich nach der Übergabe der Sache erfolgen. War der Mangel in diesem Zeitpunkt noch nicht feststellbar (**versteckter Mangel**), kommt es auf den Zeitpunkt der Entdeckung des Mangels an (§ 377 Abs. 3 HGB).

gg. Mängelanzeige

Der Käufer muss einen offenkundigen Mangel unverzüglich und einen versteckten Mangel nach der Entdeckung unverzüglich dem Verkäufer anzeigen, um seine Mängelrecht zu erhalten. Die Mängelanzeige dient dazu, den Verkäufer über die festgestellten Mängel der abgelieferten Ware zu unterrichten (**Informationsfunktion**). Zudem soll die Mängelanzeige den Verkäufer gegen ein Nachschieben anderer Beanstandungen durch den Käufer nach Ablauf der Rügefrist schützen (**Präklusionsfunktion**). Darüber hinaus soll die Mängelanzeige dem Anschein, der Käufer billige die Ware aufgrund seines Schweigens, vorgebeugt werden (**Protestfunktion**). Die Mängelanzeige ist eine geschäftsähnliche Handlung und Wissenserklärung, die vom Käufer nicht angefochten werden kann. Er muss eine unzureichende Anzeige richtigstellen oder eine neue Anzeige innerhalb der Rügefrist machen. Die Mängelanzeige muss unverzüglich (§ 121 Abs. 1 S. 1 BGB) erfolgen. Die Unverzüglichkeit beurteilt sich wiederum danach, ob es sich um einen offenkundigen Mangel oder um einen versteckten Mangel handelt. Zwar handelt es sich bei der Mängelanzeige um eine empfangsbedürftige Wissenserklärung, die vom Käufer veranlasst sein und dem Verkäufer wirksam zugehen muss (§ 130 Abs. 1 S. 1 BGB analog). Zur Erhaltung der Mängelrechte des Käufers genügt nach der gesetzlichen Regelung des § 377 Abs. 4 HGB jedoch die **rechtzeitige Absendung** der Anzeige des Mangels an den Verkäufer. Damit trägt der Verkäufer das Risiko bei Verzögerungen der Übermittlung der Mängelrüge. Die Mängelanzeige bedarf vorbehaltlich besonderer Abreden **keiner** bestimmten **Form** und kann schriftlich, aber auch mündlich, fernmündlich, in elektronischer Form oder in Textform (Computer-, Telefax, E-Mail, SMS) erfolgen. Auch ein Vermerk auf dem Übergabeprotokoll kann genügen.

hh. Arglistiges Verschweigen des Mangels

Der Verkäufer kann sich nicht darauf berufen, dass der Käufer seiner Untersuchungs- und Rügepflicht nicht nachgekommen ist, wenn er den Mangel arglistig verschwiegen hat (§ 377 Abs. 5 HGB). Eine nicht rechtzeitige oder nicht ordnungsgemäße Mängelrüge führt dann **nicht** zu einem **Rechtsverlust** der Mängelrechte des Käufers. Dabei ist nicht erforderlich, dass die Arglist für den Vertragsschluss oder das Unterlassen der Rüge kausal gewesen ist. Der Verkäufer muss sich die Arglist des **Vertreters** nach § 166 Abs. BGB und seiner **Erfüllungsgehilfen** nach § 278 BGB zurechnen lassen. Für den Zeitpunkt des Vorliegens der Arglist des Verkäufers ist nach der Rechtsprechung ausreichend, wenn sie erst im **Zeitpunkt der Ablieferung** gegeben ist. Im Schrifttum wird dagegen teils auf den Zeitpunkt des Vertragsschlusses, der Konkretisierung bei Gattungsschulden, des Gefahrübergangs oder der Erfüllung abgestellt.

ii. Rechtsfolge bei nicht ordnungsgemäßer Mängelrüge

Nach § 377 Abs. 2 HGB gilt die Ware bei nicht ordnungsgemäßer Mängelrüge als genehmigt. Der Käufer muss die Ware als vertragsmäßig geliefert ansehen und **verliert** in erster Linie die **Mängelrechte** aus § 437 BGB. Darüber hinaus sind **alle Ansprüche** des Käufers wegen der Lieferung der mangelhaften Ware ausgeschlossen. Dies gilt aufgrund der Genehmigungsfiktion unabhängig davon, ob sich der Verkäufer darauf beruft. Dagegen sind Ansprüche des Käufers **aus anderen Gründen**, insbesondere **vertragliche Ansprüche** wegen einer Verletzung von (vor-)vertraglichen Aufklärungs- und Nebenpflichten, die sich nicht auf die Beschaffenheit oder Verwendbarkeit der Sache beziehen, und **deliktische Ansprüche** nicht ausgeschlossen. Zu beachten ist, dass die Parteien die Untersuchungs- und Rügepflicht durch einzelvertragliche Abrede zugunsten des Käufers ausschließen können. Dagegen unterliegt ein Ausschluss der Rügeobliegenheit des Käufers in Formularvereinbarungen (**AGB**) der Inhaltskontrolle nach § 307 BGB.

Abb. 32: Handelskauf

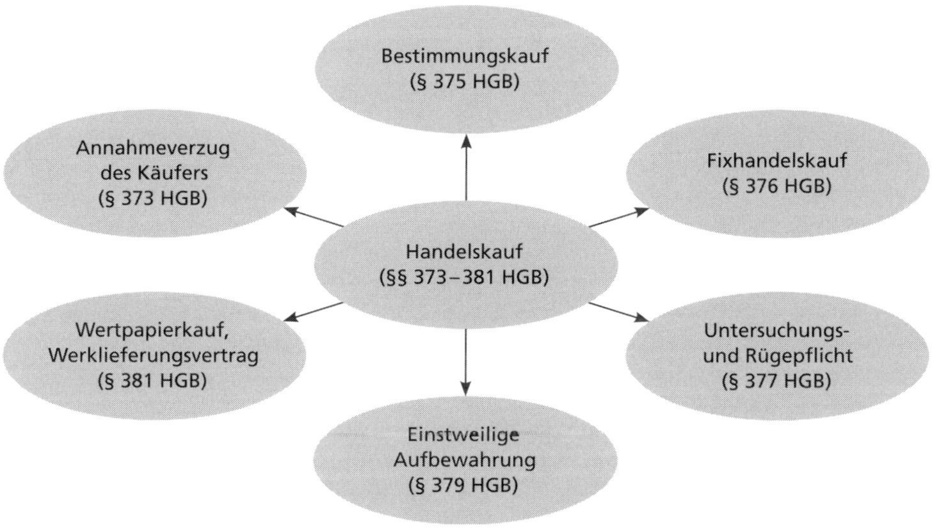

Lehrbücher:
Bitter/Schuhmacher, Handelsrecht mit UN-Kaufrecht, 3. Auflage, Köln 2018
Brox/Henssler, Handelsrecht, 23. Auflage, München 2020
Canaris, Handelsrecht, 24. Auflage, München 2006
Kindler, Grundkurs Handels- und Gesellschaftsrecht, 9. Auflage, München 2019
Lettl, Handelsrecht, 5. Auflage, München 2021
Maties/Wank, Handels- und Gesellschaftsrecht, 5. Auflage, München 2020
Prütting/Weller, Handels- und Gesellschaftsrecht, 10. Auflage, Köln 2020
K. Schmidt, Handelsrecht, 6. Auflage, Köln 2014

Kommentare:
Baumbach/Hopt, Handelsgesetzbuch, 41. Auflage, München 2022
BeckOK HGB/Berarbeiter, Beck'scher Online-Kommentar HGB, fortlaufend
Ebenroth/Boujong/Joost/Strohn, Handelsgesetzbuch, 4. Auflage, München 2020
Heymann/Bearbeiter, Handelsgesetzbuch, 3. Auflage, Berlin 2021
Koller/Kindler/Roth/Drüen, HGB, Kommentar, 9. Auflage, München 2019
Münchener Kommentar zum Handelsgesetzbuch/Bearbeiter, 5. Auflage, München 2021
Oetker/Bearbeiter, Handelsgesetzbuch, 7. Auflage, München 2021
Staub/Bearbeiter, Handelsgesetzbuch, 6. Auflage, Berlin, 2021

B. Gesellschaftsrecht

I. Allgemeines

1. Gesellschaftsformen

a. Katalog der Rechtsformen

Das Gesellschaftsrecht ist in verschiedenen Gesetzen geregelt und enthält einen Katalog von grundsätzlich **abschließenden Rechtsformen**. Dabei kann zwischen **Personengesellschaften** und **Kapitalgesellschaften** sowie **speziellen Rechtsformen** in weiteren Spezialgesetzen und den **europäischen Rechtsformen** der Personen- und Kapitalgesellschaften aufgrund des Sekundärrechts (durch Verordnungen) der Europäischen Union unterschieden werden.

aa. Personengesellschaften

Die Personengesellschaften sind im Bürgerlichen Gesetzbuch und im Handelsgesetzbuch geregelt. Grundform ist die in §§ 705–740 BGB geregelte Gesellschaft bürgerlichen Rechts (**GbR**). Die **Partnerschaftsgesellschaft** ist eine Personengesellschaft, die im Gesetz über Partnergesellschaften Angehöriger freier Berufe (§§ 1 ff PartG) geregelt ist. Personengesellschaften in Form der Handelsgesellschaften sind die in §§ 105–160 HGB sowie subsidiär § 105 Abs. 3 HGB, §§ 705 ff BGB geregelte offene Handelsgesellschaft (**OHG**) und die in §§ 160–177 a HGB sowie subsidiär §§ 161 Abs. 2, 105 ff HGB und dazu subsidiär § 105 Abs. 3 HGB, §§ 705 ff BGB geregelte Kommanditgesellschaft (**KG**). Die in §§ 230–236 HGB geregelte **stille Gesellschaft** ist ein reine Innengesellschaft, die nicht im Rechtsverkehr auftritt.

bb. Kapitalgesellschaften

Die Kapitalgesellschaften sind Rechtsformen des wirtschaftlichen Vereins aufgrund bundesgesetzlicher Vorschriften (vgl. § 22 BGB). Dabei handelt es sich um die im GmbH-Gesetz geregelte Gesellschaft mit beschränkter Haftung (**GmbH**) und die Unternehmergesellschaft (**UG**) (**haftungsbeschränkt**) (§ 5 a GmbHG) sowie die im Aktiengesetz geregelte Aktiengesellschaft (**AG**). Die Kommanditgesellschaft auf Aktien (**KGaA**) ist eine Mischform der Personenhandels- und Kapitalgesellschaft.

cc. Spezielle Rechtsformen

Spezielle Rechtsform des wirtschaftlichen Vereins (§ 22 BGB) sind der in §§ 171–210 VAG geregelte Versicherungsverein auf Gegenseitigkeit (**VVaG**) und die im Genossenschaftsgesetz (§§ 1 ff GenG) geregelte eingetragene Genossenschaft (**eG**). Diese ist eine Gesellschaft von nicht geschlossener Mitgliederzahl mit dem Zweck, den Erwerb oder die Wirtschaft ihrer Mitglieder oder deren soziale oder kulturelle Belange mittels gemeinschaftlichen Geschäftsbetriebs zu fördern (§ 1 Abs. 1 GenG).

dd. Europäische Rechtsformen

Europäischen Rechtsformen sind die Europäische (Aktien-)Gesellschaft (**SE**) aufgrund SE-Verordnung, SEAG und SEBG, die Europäische Wirtschaftliche Interessenvereinigung (**EWIV**) aufgrund EWIV-Verordnung und EWIV-AG sowie die Europäischen Genossenschaft (**SEC**) aufgrund SCE-Verordnung und SCE-AG.

b. Zulässige Mischformen

Elemente der gesetzlich abschließend vorgegebenen Rechtsformen des Gesellschaftsrechts dürfen nicht zu neuen Gesellschaftsformen kombiniert werden, da die Neuschaffung von Gesellschaftsformen dem Gesetzgeber vorbehalten ist. Es ist allerdings zulässig die Rechtsformen selbst miteinander zu kombinieren (**Mischformen**). Eine zulässige Mischform zwischen der Personenhandelsgesellschaft und der Kapitalgesellschaft ist die Gesellschaft mit beschränkter Haftung & Compagnie Kommanditgesellschaft (**GmbH & Co. KG**) sowie die Unternehmergesellschaft (haftungsbeschränkt) & Compagnie Kommanditgesellschaft (**UG (haftungsbeschränkt & Co. KG**), bei denen eine GmbH bzw. UG (haftungsbeschränkt) die persönlich haftende Gesellschafterin (Komplementärin) einer Kommanditgesellschaft ist (vgl. §§ 130a, 177a, 264a ff HGB).

Auch die Kommanditgesellschaft auf Aktien (**KGaA**) ist eine zulässige Mischform der Personengesellschaft und der Kapitalgesellschaft mit eigener Rechtspersönlichkeit (§§ 278 ff AktG). Sie besteht aus einem persönlich haftenden Gesellschafter (**Komplementär**) und den übrigen Gesellschaftern (**Kommanditaktionäre**), die an dem in Aktien zerlegten Grundkapital beteiligt sind (§ 278 Abs. 1 AktG). Dabei ist es nach der Rechtsprechung auch zulässig, dass der Komplementär wieder eine juristische Person in Form der GmbH (**GmbH & Co. KGaA**) ist. Schließlich kann es auch zu einer Formenverbindung kommen, bei der die Aktiengesellschaft (anstelle der GmbH) die Komplementärin einer Kommanditgesellschaft ist (**AG & Co. KG.**).

2. Gesellschaftszweck

a. Wahlfreiheit

Grundsätzlich kann jede Person im Rahmen der Vereinigungsfreiheit gemäß Art. 9 GG eine Gesellschaft frei gründen (**Gründungsfreiheit**). Dabei kann sie sich der zulässigen Gesellschaftsformen einschließlich der Mischformen bedienen und bestehende Rechtsträger durch bestimmte Formen nach dem Umwandlungsgesetz umwandeln (**Wahlfreiheit**). Sie muss dabei aber die gesetzlich vorgegebenen Voraussetzungen einhalten. So gelten bei der Gründung für jede Gesellschaftsform bestimmte Erfordernisse (**Gründungsvoraussetzungen**). Dadurch wird die grundsätzliche Wahlfreiheit zugleich eingeschränkt. Dies gilt etwa für die erforderliche Anzahl an Personen zur Gründung der Gesellschaft (**Gesellschafterkreis**). Die Gründung einer **Personengesellschaft** (GbR, OHG. KG) erfordert **mindestens zwei** Gründungsgesellschafter (§ 705 BGB, §§ 105 Abs. 3, 161 Abs. 2 HGB). Dagegen kann eine **Kapitalgesellschaft** in der Rechtsform der GmbH, UG (haftungsbeschränkt) und der AG auch durch eine Person als Gesellschafter (**Ein-Personen-Gesellschaft**) gegründet werden (§ 1 GmbHG, § 2 AktG). Gründungsvoraussetzung ist auch der Zweck, zu dem eine bestimmten Gesellschaftsform nach den gesetzlichen Vorschriften gegründet werden kann (**Gesellschaftszweck**).

b. Rechtsformzwang

Während der Gesellschaftszweck bei den Kapitalgesellschaften nicht eingeschränkt wird, bestehen bei den Personengesellschaften zwingend wirkende „Automatismen“, die bei einem bestimmten Gesellschaftszweck zu einer korrespondierenden Gesellschaftsform durch gesetzliche Anordnung führen (**Rechtsformzwang**).

aa. Personengesellschaften

Die Gesellschaft bürgerlichen Rechts (**GbR**) als Grundform der Personengesellschaften kann grundsätzlich zu jedem beliebigen Zweck (**gemeinsamer Zweck**) gegründet werden (§ 705 BGB). Nicht zulässig ist der Betrieb eines Handelsgewerbes als Kaufmann nach § 1 HGB (Istkaufmann). Eine offene Handelsgesellschaft (**OHG**) oder Kommanditgesellschaft (**KG**) kann nur zum Zwecke des **Betreibens eines Handelsgewerbes** unter gemeinsamer Firma gegründet werden (§§ 105 Abs. 1, 161 Abs. 1 HGB). Sie kann aber als Gesellschaft, deren Gewerbetrieb nicht schon nach § 1 Abs. 2 HGB Handelsgewerbe ist (**Kleingewerbetreibende**) oder die nur eigenes Vermögen verwaltet (**Vermögensverwaltungsgesellschaft**), den Status als **Handelsgesellschaft** (OHG, KG) herbeiführen (**Eintragungsoption**), wenn die Firma des Unternehmens in das Handelsregister eingetragen ist (§ 105 Abs. 2 S. 1 HGB, § 2 S. 2 und 3 HGB, § 161 Abs. 2 HGB).

Zwischen Gründung einer OHG und KG zum Zwecke des Betreibens eines Handelsgewerbes unter gemeinsamer Firma besteht grundsätzlich **Wahlfreiheit**. Diese gilt jedoch nicht, wenn die Gesellschafter einer GbR ein Handelsgewerbe (§ 1 HGB) betreiben, da dann automatisch kraft Gesetzes (§ 105 Abs. 1 HGB) eine OHG entsteht (**Rechtsformzwang**). Eine OHG oder KG, die im Handelsregister eingetragen ist, wird dagegen nicht automatisch zu einer GbR, wenn sie Kleingewerbetreibende oder Vermögensverwaltungsgesellschaft ist. Erfüllen die Gründer einer Partnerschaft nicht deren Voraussetzungen (§§ 1 ff PartG), entsteht stattdessen eine Gesellschaft bürgerlichen Rechts. Liegen indes die Voraussetzungen für eine Partnerschaft vor, besteht Wahlfreiheit zwischen den Gesellschaftsformen der GbR und der PartG.

bb. Kapitalgesellschaften

Die Kapitalgesellschaften in der Rechtsform der GmbH, UG (haftungsbeschränkt), AG, KGaA und den weiteren Mischformen mit den Personenhandelsgesellschaften (z. B. GmbH & Co. KG) können zu jedem gesetzlich zulässigen (§§ 134, 138 BGB), ansonsten aber **beliebigen Zweck** gegründet werden. Insoweit besteht hinsichtlich des Gesellschaftszwecks zwischen diesen Gesellschaftsformen **kein Rechtsformzwang**.

Abb. 33: Gesellschaftsrecht

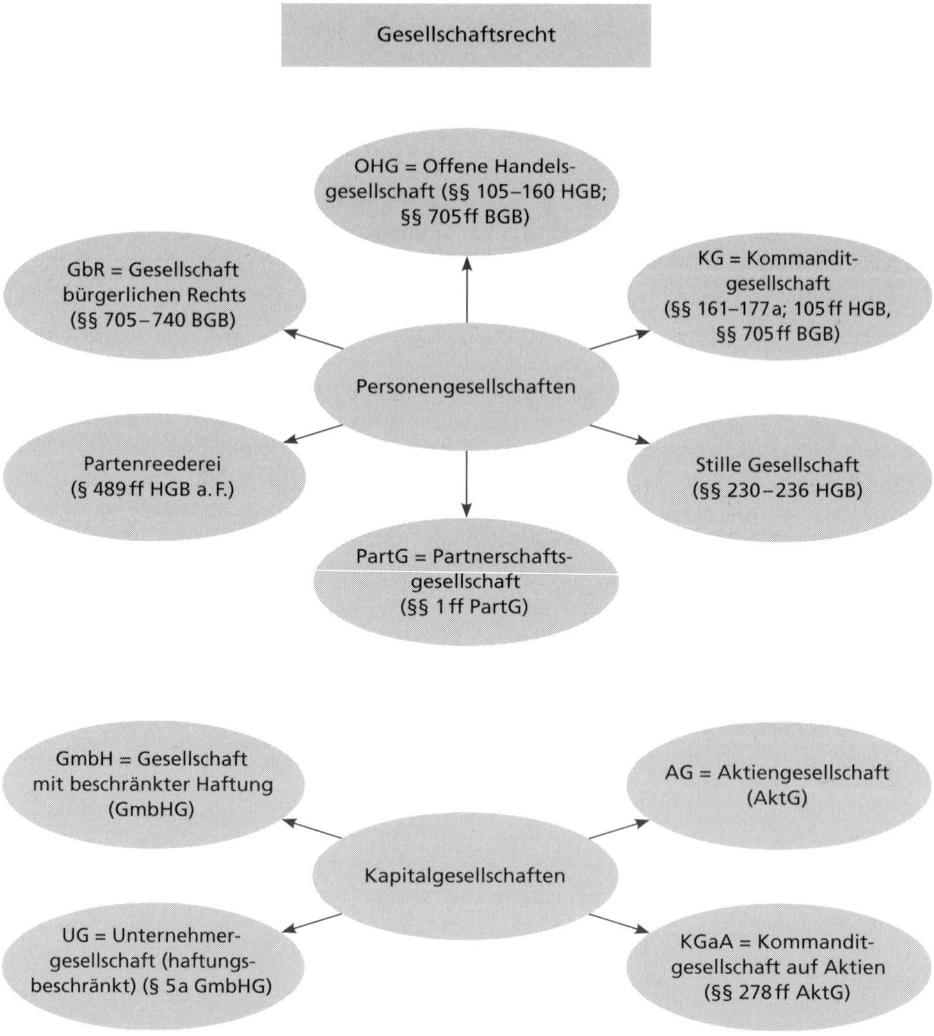

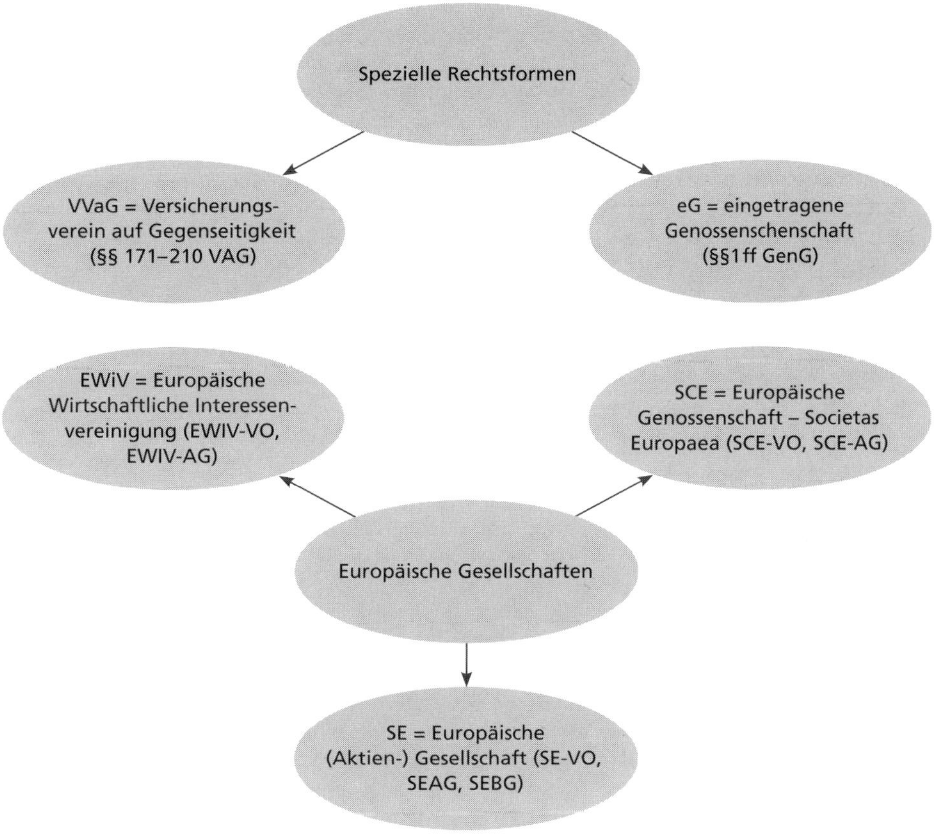

II. Personengesellschaften

1. Grundstrukturen

a. Allgemeines

Die Gesellschaftsformen der Personengesellschaften basieren auf der Gesellschaft bürgerlichen Rechts (**GbR**) als **Grundform** für alle Rechtsformen. Daher haben sie in ihren Grundstrukturen gemeinsame Merkmale (**Strukturmerkmale**). Ausgangspunkt dafür sind die Regelungen über die GbR in §§ 705–740 BGB. Darauf bauen die Regelungen (**Baukastenprinzip**) der §§ 105–160 HGB über die OHG (§ 105 Abs. 3 HGB) und die Regelungen der §§ 161–177a HGB über die KG (§ 161 Abs. 2 HGB) auf.

b. Strukturmerkmale

Wesentliche Strukturmerkmale einer Personengesellschaft (GbR, OHG, KG) sind folgende:

- **Gesellschaftsvertrag:** Zusammenschluss von mehreren, mindestens zwei, Personen (**Mehrgliedrigkeit**) zur Verfolgung eines gemeinsamen Zwecks **nicht wirtschaftlicher** Art bei GbR (§ 705 BGB) oder eines **Handelsgewerbes** unter gemeinschaftlicher Firma bei OHG, KG (§§ 105 Abs. 1, 161 Abs. 1 HGB). Eine Gesellschaft gilt aber auch als OHG oder

KG beim Betrieb eines Kleingewerbes oder der Verwaltung nur eigenen Vermögens, wenn die Firma des Unternehmens in das Handelsregister eingetragen ist (§§ 105 Abs. 2, 161 Abs. 2 HGB).

- **Keine juristische Person:** sondern **Gesamthandsvermögen** (§§ 718, 719 BGB; §§ 105 Abs. 3, 161 Abs. 2 HGB).
- **Formkaufmann:** (nur) OHG und KG (§§ 105 Abs. 1, 161 Abs. 1, § 6 Abs. 1 HGB).
- **Rechtsfähigkeit:** bei GbR ist nur die im Rechtsverkehr auftretende Außengesellschaft (**Außen-GbR**) rechtsfähige Personengesellschaft, nicht die Innengesellschaft (Innen-GbR). Die **OHG** und die **KG** sind rechtsfähige Personenhandelsgesellschaften (§§ 124 Abs. 1, 161 Abs. 2 HGB).
- **Geschäftsführung:** durch die Gesellschafter (**Selbstorganschaft**); bei GbR, wenn im Gesellschaftsvertrag nicht anders vereinbart, nur gemeinschaftliche Geschäftsführung (**Gesamtgeschäftsführung**) aller Gesellschafter (§§ 709, 710 BGB); bei OHG, wenn im Gesellschaftsvertrag nicht anders vereinbart, durch jeden Gesellschafter und bei KG jeden Komplementär (**Einzelgeschäftsführung**) einzeln (§§ 115, 161 Abs. 2 HGB); die Kommanditisten sind von der Führung der Geschäfte ausgeschlossen (§ 164 HGB).
- **Vertretung:** die GbR wird, wenn im Gesellschaftsvertrag nicht anders vereinbart, durch alle Gesellschafter (**Gesamtvertretung**) vertreten (§ 714 BGB). Die OHG wird, wenn im Gesellschaftsvertrag nicht anders bestimmt, durch jeden Gesellschafter und die KG durch jeden Komplementär einzeln (**Einzelvertretung**) vertreten (§§ 125, 161 Abs. 2 HGB); die Kommanditisten sind von der Vertretung ausgeschlossen (§ 170 HGB);
- **Haftung der Gesellschaft:** Außen-GbR, OHG und KG haften gegenüber Gläubigern mit dem Gesellschaftsvermögen (§§ 718, 719 BGB; §§ 124 Abs. 1, 161 Abs. 2 HGB).
- **Haftung der Gesellschafter:** unbeschränkte, akzessorische, primäre, unmittelbare **persönliche** Haftung aller Gesellschafter der GbR, OHG sowie der Komplementäre der KG mit ihrem **Privatvermögen** für Verbindlichkeiten der Gesellschaft gegenüber deren Gläubigern (Außenverhältnis) **als Gesamtschuldner** (§§ 128 ff HGB, §§ 421 ff BGB); beim **Kommanditisten** beschränkt auf die im Handelsregister eingetragene **Haftsumme**, die i. d. R. der Höhe der geschuldeten Einlage entspricht (§§ 171 ff HGB).

c. Reform des Personengesellschaftsrechts

Die GbR als Grundform der Personengesellschaften und die darauf aufbauenden Rechtsformen der OHG und der KG werden nach dem Willen des Gesetzgebers in wesentlichen Bereichen durch das Gesetz zur Modernisierung des Personengesellschaftsrechts (**MoPeG**) vom 10.08.2021 (BGBl. 2021 I, S. 3436) reformiert. Die Neuregelungen führen zu Änderungen in den bürgerlich-rechtlichen und handelsrechtlichen Vorschriften und gelten ab 01.01.2024.

aa. Rechtsfähigkeit der GbR

Die Unterscheidung der Gesellschaft bürgerlichen Rechts als rechtsfähige Außengesellschaft (**rechtsfähige Gesellschaft**) und als reine Innengesellschaft (**nicht rechtsfähige Gesellschaft**), die nicht gegenüber Dritten im Rechtsverkehr in Erscheinung tritt, wird der Rechtsprechung des Bundesgerichtshofs folgend (BGHZ 146, 341 „ARGE Weißes Ross") nun auch gesetzlich nachvollzogen (§ 705 Abs. 2 BGB n. F.). **Träger** des **Vermögens** der rechtsfähigen Gesellschaft ist zukünftig die **Gesellschaft** selbst und nicht mehr die Gesamthand der Gesellschafter (§ 713 BGB n. F.). Die nicht rechtsfähige Gesellschaft hat indessen kein Vermögen (§ 740 Abs. 1 BGB n. F.). Das **Gesamthandsprinzip gilt** künftig **nicht mehr** im Personengesellschaftsrecht, §§ 718, 719 BGB werden aufgehoben. Die Beiträge der Gesellschafter sowie die für oder durch die Gesellschaft erworbenen Rechte und die gegen sie begründeten

Verbindlichkeiten sind Vermögen der Gesellschaft (§ 713 BGB n. F.). Es bleibt aber bei der **Trennung** zwischen nicht kaufmännischer (GbR) und kaufmännischer Personengesellschaft (OHG, KG) sowie dem **Baukastenprinzip**, wonach subsidiär das Recht der GbR gilt, wenn sich für die OHG (§ 105 Abs. 3 HGB n. F.), die KG (§ 161 Abs. 2 HGB n. F.) oder die Partnerschaftsgesellschaft (§ 1 Abs. 4 PartGG n. F.) keine speziellen Regeln finden. Die **GbR** ist weiterhin **keine juristische Person** und kann keine eigenen Anteile erwerben (§ 711 Abs. 1 S. 2 BGB n. F.).

bb. Gesellschaftsregister der GbR

Die Gesellschaft bürgerlichen Rechts kann sich zukünftig freiwillig (**Eintragungswahlrecht**) in ein öffentliches und rechtssicheres **Gesellschaftsregister** eingetragen lassen (§ 707 Abs. 1 BGB n. F.). Damit hat die GbR die Wahl (**Sitzwahlrecht**), abweichend vom tatsächlichen Sitz (**Verwaltungssitz**) einen vertraglichen Sitz (**Vertragssitz**) zu wählen (§ 706 BGB n. F.). Auch kann sie mit Publizitätswirkung über ihre Vertretungsbefugnis disponieren (§ 720 BGB n. F.). Die Eintragung im Gesellschaftsregister ist allerdings **zwingende** Voraussetzung dafür, dass die GbR im Grundbuch (§ 47 Abs. 2 GBO n. F.), Schiffsregister (§ 51 Abs. 2 SchRegO n. F.), Aktienregister (§ 67 Abs. 1 S. 3 AktG n. F.) sowie der Liste der Gesellschafter der GmbH im Handelsregister (§ 40 Abs. 1 S. 3 GmbHG n. F.) eingetragen werden kann. Durch Verweisung auf § 15 HGB (§ 707a Abs. 3 S. 1 BGB n. F.) wird dem Gesellschaftsregister ein spezifischer öffentlicher Glaube für die eingetragene GbR (**Subjektpublizität**) beigemessen.

cc. Gesellschafterklage

Die Gesellschafterklage (**actio pro socio**) wird gesetzlich als einheitliches Rechtsinstitut für die Geltendmachung von Ansprüchen der Gesellschaft gegen Gesellschafter (**Sozialansprüche**) und gegen dritte Nichtgesellschafter (**Drittansprüche**) für **sämtliche Personengesellschaften** erstmals einheitlich geregelt (§ 715b BGB n. F.). Dabei wird der Meinungsstreit in der Literatur, ob die Gesellschafterklage ein Fall der Geltendmachung von Ansprüchen der Gesellschaft im eigenen Namen (Prozessstandschaft) oder von eigenen Ansprüchen des Gesellschafters ist, mit der Regelung zur Einziehungs- und Prozessführungsbefugnis als Prozessstandschaft beendet.

dd. Beschlussmängelrecht der OHG, KG

Für die **Personenhandelsgesellschaften** in der Rechtsform der OHG und der KG ist gesetzlich ein eigenes **Beschlussmängelrecht** (§§ 109–115 HGB n. F.) vorgesehen, dass sich an den Regeln des Aktienrechts ausrichtet. Dieses können die Gesellschafter aber als dispositiv **abbedingen**. Umgekehrt können die Gesellschafter einer GbR oder einer Partnerschaftsgesellschaft es im Gesellschaftsvertrag für **anwendbar** optieren. Nach § 110 Abs. 1 HGB n. F. kann ein Beschluss der Gesellschafter wegen Verletzung von Rechtsvorschriften durch Klage auf Nichtigerklärung angefochten werden (**Anfechtungsklage**). Er ist nach § 110 Abs. 2 HGB n. F. (nur) von Anfang an nichtig, wenn er (1.) durch seinen Inhalt Rechtsvorschriften verletzt, auf deren Einhaltung die Gesellschafter nicht verzichten können, oder (2.) nach einer Anfechtungsklage durch Urteil rechtskräftig für nichtig erklärt worden ist. Die Nichtigkeit eines Beschlusses der Gesellschafter kann auch auf andere Weise als durch Klage auf der Nichtigkeit (**Nichtigkeitsklage**) geltend gemacht werden, z. B. durch Einrede gegen eine auf den nichtigen Beschluss gestützte Klage.

ee. OHG, KG für Freie Berufe

Die Rechtsform der **Personenhandelsgesellschaften** steht zukünftig auch **Freiberuflern** offen. Eine offene Handelsgesellschaft ist auch eine Gesellschaft, wenn die Firma des Unternehmens in das Handelsregister eingetragen ist und deren Zweck die gemeinsame Ausübung freier Berufe durch ihre Gesellschafter ist, soweit das anwendbare Berufsrecht die Eintragung zulässt (§ 107 Abs. 1 S. 2 HGB n. F.). Damit können die Angehörigen freier Berufe zukünftig auch die OHG, KG (über die Verweisung des § 161 Abs. 2 HGB) und folglich auch die GmbH & Co. KG als Rechtsform wählen. Durch den allgemeinen **berufsrechtlichen Vorbehalt** kann der Bundesgesetzgeber etwa zusätzlich Vorgaben für die Kapitalbeteiligung von Personen stellen, die nicht Berufsträger sind. Die Gesetzesbegründung weist ferner auf die mögliche Pflicht der GmbH & Co. KG zur Entrichtung von Gewerbesteuer, zur Offenlegung des Jahresabschlusses sowie die Geltung der Vorschriften über Handelsgeschäfte und die Insolvenzantragspflicht hin.

2. Gesellschaft bürgerlichen Rechts

Die Gesellschaft bürgerlichen Rechts ist in §§ 705–740 BGB geregelt. Sie ist die einfachste und allgemeinste Organisationsform (**Grundform**) der Personengesellschaften. Als solche kommt sie für **nichtkaufmännische** und **nicht gewerbliche Unternehmungen** in Betracht. Auf der Grundform der GbR basieren die im Handelsgesetzbuch weiter geregelten **kaufmännischen** Personengesellschaften der OHG und der KG. Die Vorschriften über die OHG (§§ 105ff HGB) und die KG (§§ 161ff HGB) verweisen in §§ 105 Abs. 3, 161 Abs. 2 HGB auf die **subsidiäre Anwendbarkeit** der bürgerlich-rechtlichen Vorschriften über die GbR (§§ 705ff BGB). Die GbR ist ein vorübergehender oder dauerhafter Zusammenschluss von mehreren Personen als Gesellschafter. Diese verpflichten sich ausdrücklich oder konkludent im Gesellschaftsvertrag, die Erreichung eines gemeinsamen Zwecks in der durch den Vertrag bestimmten Weise zu fördern, insbesondere die vereinbarten Beiträge zu leisten (§ 705 BGB). Voraussetzung für das Entstehen der Gesellschaft ist ein **Gesellschaftsvertrag**, die gemeinsame Zweckverfolgung (**Gesellschaftszweck**) und die gemeinsame Zweckförderung durch Beiträge der Gesellschafter (**Beitragspflicht**).

a. Gründung der Gesellschaft

aa. Gesellschaftsvertrag

Die Gründung der Gesellschaft bürgerlichen Rechts erfolgt rechtsgeschäftlich durch einen Gesellschaftsvertrag. Dieser erfüllt zwei verschiedene Funktionen und hat daher eine **doppelte Rechtsnatur**. Er begründet ein vertragliches Schuldverhältnis mit wechselseitigen Rechten und Pflichten der Gesellschafter (**Schuldvertrag**). Diese umfassen insbesondere die Beitrags- und Mitwirkungspflichten. Zugleich bildet er die Verfassung der Gesellschaft als Personenverbund (**Gesamthand**) bzw. als Rechtssubjekt (**Organisationsvertrag**).

Abschluss des Gesellschaftsvertrags

Der Abschluss des Gesellschaftsvertrags erfordert **mindestens zwei** Gesellschafter, die sowohl natürliche und juristische Personen als auch rechtsfähige Personengesellschaften sein können (**Mehrgliedrigkeit**). Auf den Vertragsschluss sind die bürgerlich-rechtlichen Vorschriften über das Vertrags- und Schuldrecht nur **modifiziert** anwendbar.

Auslegung des Gesellschaftsvertrags

Die Auslegung des Gesellschaftsvertrags von Personengesellschaften wie der GbR erfolgt nach den **allgemeinen** für Rechtsgeschäfte geltenden **Auslegungsregeln** der §§ 133, 157 BGB. Die **subjektive** Auslegung nach dem Willen der Vertragsparteien tritt jedoch hinter eine **objektive** Auslegung zurück, wenn **Interessen Dritter** betroffen sind. Diese können Nichtgesellschafter, aber auch später in die Gesellschaft eintretende Gesellschafter sein, die oftmals keine Kenntnis vom individuellen Verständnis der Gründungsgesellschafter haben.

Verbot des Insichgeschäfts (§ 181 BGB)

Das Verbot des Insichgeschäfts (§ 181 BGB) ist beim **Abschluss** des Gesellschaftsvertrags wie auch bei späteren **vertragsändernden Beschlüssen** der Gesellschafter zu beachten, da es sich um Rechtsgeschäfte unter den Gründern bzw. Gesellschaftern handelt. Es findet indessen nach der Rechtsprechung **nicht** auf die Stimmabgabe bei der Beschlussfassung über **Maßnahmen der Geschäftsführung** und sonstige **gemeinsame Gesellschaftsangelegenheiten** im Rahmen des bestehenden Gesellschaftsvertrags Anwendung. Bei einem Gesellschafterbeschluss sei das Ziel der verbandsinternen Willensbildung nach dem gesetzlichen Leitbild des § 705 BGB nicht in der Austragung individueller Interessengegensätze zu sehen, deren Zusammentreffen in derselben Person § 181 BGB verhindern wolle. Vielmehr bestehe es in der Verfolgung des gemeinsamen Gesellschaftszwecks auf dem Boden der bestehenden Vertragsordnung. Dies gelte auch für die **Zustimmung** zu einer **Geschäftsführungsmaßnahme**, sofern diese nicht als Gesellschafterbeschluss verstanden würde (BGHZ 65, 93; 112, 339).

Leistungsstörungsrechte

Da die Rechte und Pflichten der Gesellschafter nach dem Gesellschaftsvertrag nicht in einem typischen Gegenseitigkeitsverhältnis (Synallagma) liegen, findet das **Leistungsstörungsrecht** (§§ 320 ff BGB) bei der GbR weitgehend keine Anwendung. Ein zur Leistung seines Beitrags verpflichteter Gesellschafter kann diesen nicht mit der **Einrede des nichterfüllten Vertrages** (§ 320 BGB) zurückhalten, weil ein anderer Gesellschafter seinen Beitrag noch nicht geleistet hat. Etwas anderes gilt jedoch bei einer Zweipersonengesellschaft, weil sich die wechselseitigen Beitragspflichten der Gesellschafter in diesem Fall einem Austauschverhältnis stark annähern. Ein **Schadensersatz statt der Leistung** (§ 281 BGB) oder ein **Rücktritt** (§ 323 BGB) vom Gesellschaftsvertrag wegen Verletzung der Beitragspflicht kommen nur in Betracht, bis die Gesellschaft in Vollzug gesetzt wurde, da die Gesellschaft nicht mit Rückwirkung wieder aus dem Rechtsverkehr entfernt werden kann. Mit Vollzug der Gesellschaft gelten die speziellen Vorschriften des Gesellschaftsrechts (§§ 723 ff, 730 ff BGB). Dagegen findet der Anspruch auf **Nachbesserung** (§ 439 BGB) sowie auf **Schadensersatz neben der Leistung** (§ 280 BGB) Anwendung, da dies nicht zur Rückabwicklung der Gesellschaft führt.

bb. Formerfordernisse

Für den Abschluss des Gesellschaftsvertrags bestehen grundsätzlich **keine** Formerfordernisse. Eine GbR kann folglich schriftlich, mündlich oder durch schlüssiges Verhalten (**konkludent**), z. B. einvernehmliche Aufnahme des Geschäfts, gegründet werden. Etwas anderes gilt, wenn die Einhaltung einer bestimmten Form zwischen den Gründern der Gesellschaft **vereinbart** ist oder ein Bestandteil des Gesellschaftsvertrags **formbedürftig** ist. Letzteres ist der Fall, wenn die Übertragung eines **Grundstücks** oder grundstückgleichen Rechts als Einlage vereinbart ist, da der Vertrag dann nach § 311 b BGB der notariellen Beurkundung (§ 128 BGB) bedarf. Gleiches gilt nach § 15 Abs. 4 GmbHG für die Übertragung von **GmbH-Geschäftsanteilen** als Einlagen. Ein Verstoß der Gesellschafter gegen das Formerfordernis hat die Nichtigkeit der Abrede nach § 125 S. 1 BGB und damit eine Teilnichtigkeit des Gesellschaftsvertrags zur Folge. Ob damit auch der gesamte Gesellschaftsvertrag nichtig ist, beurteilt sich gem. § 139 BGB danach, ob die Gesellschafter den Vertrag auch ohne die Abrede geschlossen hätten.

cc. Fehlerhafte Gesellschaft

Der Gesellschaftsvertrag der GbR ist nach den Grundsätzen der **Lehre von der fehlerhaften Gesellschaft** für wirksam zu erachten, wenn er tatsächlich durch zwei übereinstimmende Willenserklärungen abgeschlossen und nach innen und außen **in Vollzug gesetzt** wurde, aber nach allgemeinen Regeln insgesamt (§ 139 BGB) nichtig (§ 125 BGB) oder anfechtbar (§§ 119ff, 142 Abs. 1 BGB) ist. Die fehlerhafte Gesellschaft kann in diesen Fällen wegen der mit einer Rückabwicklung verbundenen Schwierigkeiten und des Schutzes des Rechtsverkehrs nicht rückwirkend kondiktionsrechtlich (§§ 812ff BGB) abgewickelt werden. Stattdessen kann bei Vorliegen eines Nichtigkeitsgrunds des Gesellschaftsvertrags der GbR jeder Gesellschafter und bei Vorliegen eines Anfechtungsgrunds der betroffene Gesellschafter durch **außerordentliche Kündigung** für die Zukunft *(ex nunc)* aus der fehlerhaften Gesellschaft **ausscheiden** (§ 723 Abs. 1 S. 2 BGB). An die Stelle des Anspruchs auf Rückzahlung der geleisteten Einlage nach den Grundsätzen des Bereicherungsrechts (§§ 812ff BGB) tritt ein **Abfindungsanspruch** auf das ihm zustehende Auseinandersetzungsguthaben (§ 738 Abs. 1 S. 2 BGB).

Keine Anwendung bei gewichtigen Interessen

Die Grundsätze der fehlerhaften Gesellschaft finden keine Anwendung, wenn der Wirksamkeit des Gesellschaftsvertrags der GbR für die Vergangenheit vorrangige **gewichtige Interessen** der Allgemeinheit oder einzelner Personen entgegenstehen. Dies gilt insbesondere für Verstöße gegen ein **gesetzliches Verbot** oder die **guten Sitten** (§§ 134, 138 BGB) und die fehlerhafte Mitwirkung besonders **schutzwürdiger Personen** (z. B. 105 BGB). Der Gesellschaftsvertrag ist in diesen Fällen von Anfang an nichtig *(ex tunc)* und kann rückabgewickelt werden (§§ 812ff BGB). Die Grundsätze der Lehre über die fehlerhafte Gesellschaft finden auf die fehlerhafte **Beitrittserklärung** zu einer bereits bestehenden Gesellschaft Anwendung sowie auf fehlerhafte **Vertragsänderungen**, die fehlerhafte **Anteilsübertragung** und den fehlerhaften **Austritt** aus der Gesellschaft. Die fehlerhafte Gesellschaft kann des Weiteren durch **Aufhebungsvertrag** oder einstimmigen **Aufhebungsbeschluss** aller Gesellschafter aufgehoben werden.

dd. Scheingesellschaft

Die Scheingesellschaft ist von der fehlerhaften Gesellschaft zu unterscheiden. Ersterer fehlt schon der Rechtsbindungswillen der Beteiligten zum Abschluss eines Gesellschaftsvertrags. Dieser ist bei der fehlerhaften Gesellschaft vorhanden. Bei der Scheingesellschaft kann es zu einer **Rechtsscheinhaftung** nach **§ 15 HGB** oder nach den **allgemeinen Grundsätzen** der Rechtsscheinhaftung kommen. Wurde die Scheingesellschaft im Handelsregister eingetragen, ergibt sich die Haftung der Beteiligten aus §§ 5, 15 Abs. 3 HGB. Nach den allgemeinen Grundsätzen kann sich der Rechtsschein ebenfalls aus dem Handelsregister ergeben oder aber durch das Auftreten von Personen im Rechtsverkehr, die den Anschein erzeugen, sie hätten eine Gesellschaft, z. B. GbR, gegründet (**Scheingesellschaft**). Sie müssen sich gutgläubigen Dritten gegenüber so behandeln lassen, als sei ihre Scheingesellschaft entstanden und haften dann Gläubigern wie die Gesellschafter einer GbR analog §§ 128ff HGB, §§ 421ff BGB. Darüber hinaus haftet eine Person, wenn sie bei einer bestehenden Gesellschaft den

Anschein erweckt, deren Gesellschafter zu sein, obwohl sie es tatsächlich nicht ist (**Scheingesellschafter**). Das ist insbesondere der Fall, wenn sie bereits aus der Gesellschaft ausgetreten ist, darauf aber nicht hingewiesen hat.

Beispiel: Name des Anwalts auf dem Briefpapier oder im Internetauftritt der Sozietät, obwohl er nicht mehr deren Gesellschafter ist (**Scheinsozius**).

ee. Gesellschaftszweck

Die Gesellschafter der GbR müssen sich dazu verpflichten, die Erreichung eines gemeinsamen Zwecks (**Gesellschaftszweck**) zu fördern. Als Gesellschaftszweck kommt grundsätzlich **jedes gemeinsame Interesse** in Betracht, das nicht gegen die Rechtsordnung verstößt. Sie darf aber kein Handelsgewerbe unter gemeinsamer Firma betreiben, da sie dann automatisch gem. § 1 Abs. 2 HGB eine OHG ist (**Rechtsformzwang**). Die GbR kann etwa wirtschaftliche, karitative, religiöse oder ideelle Interessen fördern. So kann sie zur Gründung einer auf Dauer angelegten Gesellschaft, wie etwa dem Zusammenschluss von Freiberuflern (z. B. **Rechtsanwaltssozietät**) eingesetzt werden. Möglich ist sie aber auch als Rechtform, die für einen zeitlich beschränkten Zeitraum besteht, und bei „Gelegenheit" der Durchführung einzelner Geschäftsvorhaben von den Beteiligten eingegangen wird (**Gelegenheitsgesellschaft**).

Beispiele: Reisegruppe, Arbeitsgemeinschaft im Baugewerbe **(ARGE)**, Gruppe zu einmaligen **Freizeitzwecken** oder als **Innengesellschaft**, etwa als Lotto-Tippgemeinschaft.

Gefälligkeitsverhältnis

Die Gesellschafter müssen allerdings den **Rechtsbindungswillen** haben, sich zur Förderung des gemeinsamen Zwecks zu verpflichten. Sofern es daran fehlt, handelt es sich nicht um eine Gesellschaft, sondern um eine bloße Gefälligkeit (**Gefälligkeitsverhältnis**). Dies beurteilt sich danach, ob das Verhalten der Erklärenden aus dem objektiven Empfängerhorizont (§§ 133, 157 BGB) nach den Umständen des Einzelfalls als rechtlich verbindlich zu betrachten ist.

Bruchteilsgemeinschaft

Die GbR ist von der Gemeinschaft nach Bruchteilen (**Bruchteilsgemeinschaft**) (§§ 741 ff BGB) zu unterscheiden. Diese entsteht **kraft Gesetzes** (z. B. §§ 947 Abs. 1, 948, 984 BGB, § 469 Abs. 2 HGB, § 6 Abs. 1 S. 1 DepotG) oder aufgrund vertraglicher **Vereinbarung**. Das Interesse der Teilhaber der Bruchteilsgemeinschaft liegt typischerweise in der werterhaltenden Verwaltung und/oder Abwicklung eines gemeinsamen Gegenstands, nicht dagegen in der Verfolgung eines darüber hinaus gehenden Vertragszwecks, wie es der Zweck der GbR (**Zweckgemeinschaft**) erfordert. Im Unterschied zur GbR beschränkt sich die Bruchteilsgemeinschaft auf die Wahrung und den Ausgleich von Individualinteressen (**Interessengemeinschaft**).

Partiarische Verträge

Partiarische Verträge sind gegenseitige Verträge (**Austauschverträge**), in der sich eine Partei zu einer bestimmten Leistung, wie der Vergabe eines Darlehens (**partiarisches Darlehen**) oder einer Dienstleistung, verpflichtet und als Gegenleistung statt oder neben einer festen Vergütung am **Gewinn** oder **Umsatz** der anderen Partei **beteiligt** wird. Diese Verträge unterscheiden sich von einer GbR dadurch, dass die Vertragsparteien nicht die Verfolgung eines gemeinsamen Zwecks vereinbaren, sondern ausschließlich **eigene Interessen** verfolgen. Entscheidend für das Vorliegen einer **GbR** ist, ob dem zur (partiarischen) Leistung Verpflichteten neben der Gewinn- oder Umsatzbeteiligung **weitere typische Gesellschafterrechte**, wie insbesondere Kontroll- und Mitwirkungsrechte, vertraglich eingeräumt sind. Das Fehlen einer Verlustbeteiligung ist nicht notwendig ein Indiz für ein partiarisches Darlehen, da auch bei einer stillen Gesellschaft der Ausschluss der Verlustbeteiligung vereinbart werden kann (§ 231 Abs. 2 HGB).

ff. Beitragspflicht der Gesellschafter

Die Gesellschafter der GbR sind nach § 705 BGB durch den Gesellschaftsvertrag zur Förderung des gemeinsamen Zwecks, insbesondere zur Leistung der vereinbarten Beiträge, verpflichtet (**Beitragspflicht**). Die Pflicht zur Leistung von Beiträgen, auch in Form einer Kapitalleistung, nicht aber die Pflicht zur Förderung des Gesellschaftszwecks, kann bei einzelnen Gesellschaftern abbedungen werden. Sofern nichts anders vereinbart ist, sind die Gesellschafter nach § 706 Abs. 1 BGB zur Leistung gleicher Beiträge (**Grundsatz der Gleichbehandlung der Gesellschafter**) verpflichtet. **Jede Leistung**, die gesellschaftsrechtlich zu erbringen ist, um den gemeinsamen Zweck zu fördern, stellt einen Beitrag dar. Beiträge, die bereits geleistet worden sind, nennt das Gesetz (vgl. § 707 BGB) „**Einlagen**".

Art und Umfang der Beiträge

Die Beiträge der Gesellschafter sind nach Art und Umfang **frei bestimmbar**. Sie müssen nicht gleichwertig sein oder einen Marktwert haben, wobei den Gesellschaftern eine Qualifizierung überlassen bleibt. Die Verpflichtung zur Erbringung von **Kapitalleistungen**, insbesondere von Darlehen, sind im Zweifel Teil der gesellschaftsvertraglichen Beitragspflicht. Der Beitrag eines Gesellschafters kann auch in der Leistung von **Rechten** (z. B. gewerbliche Schutzrechte) oder **Diensten** (z. B. Geschäftsführung) bestehen (§ 706 Abs. 3 BGB) sowie in der Bereitschaft zur **persönlichen Haftung**. Der Beitrag kann auch die Einbringung einer **Sache** sein, die in das Vermögen der Gesellschaft übergeht *(quoad dominium)*, dieser vorübergehend zum Gebrauch überlassen *(quoad usum)* oder lediglich ihrem Wert nach *(quoad sortem)* eingebracht wird. Nach § 707 BGB ist ein Gesellschafter zur Erhöhung des vereinbarten Beitrags oder Ergänzung der durch Verlust verminderten Einlage nicht verpflichtet (**Mehrbelastungsverbot**). Die Regelung schützt den Gesellschafter bei Vertragsschluss, um beurteilen zu können, in welchem Umfang er Beiträge erbringen muss. Nachträglich können die Gesellschafter jedoch die Beitragspflicht durch Änderung des Gesellschaftsvertrags anders regeln sowie eine **Nachschusspflicht** vereinbaren.

gg. Gesellschaftsvermögen

Nach der gesetzlichen Regelung des § 718 Abs. 1 BGB entsteht das Gesellschaftsvermögen als gemeinschaftliches Vermögen der Gesellschafter durch ihre **Beiträge** und die durch die Geschäftsführung für die Gesellschaft erworbenen **Gegenstände**. Dazu gehört auch, was aufgrund eines zu dem Gesellschaftsvermögen gehörenden Rechts oder als Ersatz für die Zerstörung, Beschädigung oder Entziehung eines dazu gehörenden Gegenstandes (**Surrogate**) erworben wird (§ 718 Abs. 2 BGB). Ein Gesellschafter kann nicht über seinen Anteil an dem Gesellschaftsvermögen und an den einzelnen dazu gehörenden Gegenständen verfügen und ist nicht berechtigt, Teilung zu verlangen (§ 719 Abs. 1 BGB). Allerdings kann ein Gesellschafter mit Zustimmung (§§ 182ff BGB) der übrigen Gesellschafter über seinen **Gesellschaftsanteil insgesamt** durch Abtretung (§ 398 BGB) **verfügen**. Gegenstand der Veräußerung ist nicht das Gesamthandsvermögen, sondern die **Mitgliedschaft** als solche. Dabei tritt der **Erwerber** als Einzelrechtsnachfolger in die mitgliedschaftliche **Stellung** des abtretenden

Gesellschafters ein, ohne dass eine Übertragung einzelner Rechte oder Pflichten stattfindet. Nach § 719 Abs. 2 BGB kann ein Schuldner gegen eine Forderung, die zum Gesellschaftsvermögen gehört, nicht eine ihm gegen den einzelnen Gesellschafter zustehende Forderung aufrechnen.

Gesamthandsvermögen

Das Gesellschaftsvermögen ist vom historischen Gesetzgeber als dingliches Sondervermögen der Gesellschafter der GbR mit gesamthänderischer Bindung (**Gesamthandsvermögen**) ausgestaltet worden (vgl. §§ 718, 719 BGB). Die gesetzliche Regelung ist nach der inzwischen herrschenden Auffassung allerdings modifiziert zu verstehen. Sofern es sich um eine nach außen im Rechtsverkehr auftretende und infolgedessen rechtsfähige **Außen-GbR** handelt, kann sie Rechte erwerben und Verbindlichkeiten begründen und ist nach der Rechtsprechung (BGHZ 146, 341) die **Trägerin** des Gesamthandvermögens. Bei der nicht rechtsfähigen **Innen-GbR**, die nicht nach außen am Rechtsverkehr teilnimmt, sind indes (weiterhin) die gesamthänderisch gebundenen **Gesellschafter** Träger des Gesamthandvermögens.

b. Rechts- und Parteifähigkeit

aa. Rechtsfähigkeit

Die Rechtsfähigkeit bezeichnet die Fähigkeit, Träger von Rechten und Pflichten zu sein. Eine solche ordnet das Gesetz für die GbR anders als für die OHG (§ 124 HGB) und KG (§ 161 Abs. 3 HGB) nicht ausdrücklich an. Der Gesetzgeber hat diese Frage vielmehr bei Inkrafttreten des BGB bewusst offengelassen. Nach der traditionellen Auffassung handelte es sich bei der GbR um ein bloßes **Schuldverhältnis** zwischen den Gesellschaftern, während die Gruppenlehre die GbR als **eigenständigen Rechtsträger** ansieht und ihr daher Rechtsfähigkeit zubilligt.

Außen-GbR

Dem folgt die Rechtsprechung seit der Entscheidung des Bundesgerichtshofs („ARGE Weißes Ross") vom 29.01.2001 (BGHZ 146, 341) für die nach außen am Rechtsverkehr teilnehmende GbR (**Außen-GbR**). Danach ist die Gesellschaft insoweit rechtsfähig, als sie durch ihre Teilnahme am Rechtsverkehr eigene Rechte und Pflichten begründet (vgl. § 14 Abs. 2 BGB). Dies bedeutet, dass die Gesellschaft selbst und nicht die einzelnen Gesellschafter Gläubiger, Schuldner und Vertragspartner ist. Insofern hat ein Gesellschafterwechsel also keine rechtlichen Auswirkungen auf den Fortbestand der Rechte und Pflichten der Gesellschaft. Diese ist aber weiterhin **nicht** als eine **juristische Person** zu qualifizieren.

Beispiele: GbR als Versicherungsnehmer (BGH NJW 2008, 1737), Markeninhaber (BPatG, GRUR 2004, 1030), Mitgliedschaft in einer Patentanwalts-GmbH (BGH NZG 2001, 983).

Innen-GbR

Die nicht nach außen am Rechtsverkehr teilnehmende GbR (**Innen-GbR**) besitzt indessen auch nach der aktuellen Rechtsprechung des BGH **keine Rechtsfähigkeit** und kann lediglich schuldrechtliche Bindungen **unter** den **Gesellschaftern** begründen.

Beispiele: Sozietät von Rechtsanwälten, Steuerberatern und anderen Freiberuflern (BVerfG 1998, 2269), Unterbeteiligung (BGH NJW 1988) und Konsortium (hier: von Gesellschaftern) als atypische stille Gesellschaft (BGHZ 125, 74), Bauherren- (BGH NJW-RR 1996, 869), Wohn- (BGH ZIP 1998, 27) und Lotto-Tippgemeinschaft (BGH WM 1968, 376).

Nachdem umstritten war, ob die GbR auch **grundbuchfähig** ist, konnte sie nach einer weiteren Entscheidung (BGHZ 179, 102) auch ohne Nennung ihrer Gesellschafter in das Grundbuch eingetragen werden. Aufgrund einer danach erfolgten Neufassung des § 47 Abs. 2 GBO müssen zum Nachweis der Existenz, Identität und ordnungsgemäßen Vertretung bei der GbR auch die Gesellschafter in das Grundbuch eingetragen werden.

bb. Parteifähigkeit

Die Parteifähigkeit bestimmt sich gem. § 50 Abs. 1 ZPO nach der Rechtsfähigkeit. Aufgrund der Anerkennung der Rechtsfähigkeit der Außen-GbR durch die Rechtsprechung ist sie folglich auch parteifähig. Damit kann die Außen-GbR unter ihrem Namen klagen und verklagt werden. Mangels Rechtsfähigkeit ist die Innen-GbR dagegen nicht parteifähig i. S. v. § 50 Abs. 1 ZPO.

c. Innenverhältnis

aa. Geschäftsführung

Die Geschäftsführung betrifft das **Innenverhältnis** der Gesellschaft und ist in § 709 BGB geregelt. Sie ist organschaftliches Handeln (**Selbstorganschaft**) der Gesellschafter für die Gesellschaft. Das Recht zur Geschäftsführung ist höchstpersönlich und unübertragbar (§§ 717, 664, 713 BGB). Eine **Fremdgeschäftsführung** der GbR ist daher **ausgeschlossen**.

Nach § 709 Abs. 1 BGB steht die Führung der Geschäfte der Gesellschaft den Gesellschaftern gemeinschaftlich zu; für jedes Geschäft ist die Zustimmung aller Gesellschafter erforderlich (**Gesamtgeschäftsführung**). Diese Regelung ist dispositiv und kann durch die Gesellschafter abweichend ausgestaltet werden. Nach § 709 Abs. 2 BGB kann anstelle der Einstimmigkeit die Mehrheitsentscheidung der Gesellschafter bei der Geschäftsführung treten. Außerdem kann die Geschäftsführung im Gesellschaftsvertrag auf **einen** Gesellschafter (**Einzelgeschäftsführung**) oder **mehrere** Gesellschafter übertragen werden. In diesem Fall kann für die Geschäftsführung die **Zustimmung aller** Gesellschafter (§§ 710 S. 2, 709 Abs. 1 BGB) oder die Mehrheit der Stimmen nach der Zahl der Gesellschafter (**Mehrheitsentscheidung**) erforderlich sein (§§ 710 S. 2, 709 Abs. 2 BGB). Des Weiteren kann auch eine Einzelgeschäftsführung aller oder einiger Gesellschafter mit (§ 711 BGB) oder ohne Widerspruchsrecht der anderen vereinbart werden.

Grundlagengeschäfte

Geschäftsführung umfasst jede zur Förderung des Gesellschaftszwecks ausgeübte Tätigkeit. Sie berechtigt zur umfassenden Führung aller **Geschäftsangelegenheiten**. Dies gilt aber nicht für Geschäfte, welche die strukturellen Grundlagen der Gesellschaft (Zweck und Organisation) betreffen oder eine Änderung des Gesellschaftsvertrags erfordern (**Grundlagengeschäfte**). Diese sind den Gesellschaftern durch Vereinbarungen im Rahmen des Gesellschaftsvertrags vorbehalten und können nur durch Ermächtigung auf die Geschäftsführung übertragen werden. Ist eine solche nicht im Gesellschaftsvertrag enthalten, bedarf es einer Beschlussfassung der Gesellschafter. In der Literatur wird teilweise vertreten, dass diese auch für außergewöhnliche Geschäfte erforderlich sein soll, die darüber hinausgehen, was die Teilnahme am Rechtsverkehr für gewöhnlich mit sich bringt.

Widerspruchsrecht

Ist von allen oder mehreren zur Geschäftsführung befugten Gesellschaftern jeder nach dem Gesellschaftsvertrag allein zu handeln berechtigt, kann jeder der anderen der Vornahme eines Geschäfts widersprechen (**Widerspruchsrecht**). Im Fall des Widerspruchs muss das Geschäft unterbleiben (§ 711 BGB). Handelt ein Gesellschafter trotz eines Widerspruchs, kann er sich im Innenverhältnis gegenüber seinen Mitgesellschaftern **schadensersatzpflichtig** machen. Er ist ihnen gegenüber gemäß § 708 BGB allerdings nur bei Verletzung der Sorgfalt in eigenen Angelegenheiten *(diligentia in suis rebus)* haftbar. Darüber hinaus kann dem handelnden geschäftsführungsbefugten Gesellschafter, der den Widerspruch gegen die Vornahme des Geschäfts missachtet, durch einstimmigen oder Mehrheitsbeschluss der übrigen Gesellschafter die **Befugnis** zur Geschäftsführung **entzogen** werden (§ 712 Abs. 1 BGB). Sein Handeln ist im Außenverhältnis gegenüber Dritten zum Schutz des Rechtsverkehrs aber dennoch **wirksam.**

bb. Beschlussfassung

Die Willensbildung in der GbR erfolgt durch Beschlussfassung ihrer Gesellschafter, für die das Gesetz kein besonderes Verfahren voraussetzt. Die Gesellschafterbeschlüsse können sowohl in einer Gesellschafterversammlung wie durch jede andere Kundgabe des Gesellschafterwillens und nachträgliche Genehmigung (§ 184 BGB) gefasst werden. Nach § 709 Abs. 1 BGB ist für Geschäftsführungsangelegenheiten ein Beschluss bzw. die Zustimmung (§§ 182ff BGB) aller Gesellschafter erforderlich (**Einstimmigkeitsprinzip**). Das Gesetz geht davon aus, dass auch für **Grundlagengeschäfte** das Einstimmigkeitsprinzip gilt, wenngleich dies nicht ausdrücklich geregelt ist. Die Gesellschafter können allerdings eine hiervon **abweichende Vereinbarung** im Gesellschaftsvertrag festlegen. Sofern sie eine Beschlussfassung durch Mehrheit der Stimmen vereinbaren, wird diese im Zweifel (**Auslegungsregel**) nach der Zahl der Gesellschafter („nach Köpfen") berechnet (§ 709 Abs. 2 BGB). Es können aber auch andere Kriterien, z. B. Umfang der Einlage oder Beteiligung oder eine andere Bezugsgröße, wie z. B. bei Publikums-GbR anwesende Gesellschafter, oder eine Sperrminorität vereinbart werden.

Mehrheitsklausel

Sieht der Gesellschaftsvertrag eine Beschlussfassung durch eine allgemeine Mehrheitsklausel (**Mehrheitsklausel**) vor, ist diese nach der Rechtsprechung in ihrer formellen Reichweite weder durch den Bestimmtheitsgrundsatz noch aus anderen Gründen auf gewöhnliche Geschäfte beschränkt (BGH NJW 2015, 859). Es ist auf der ersten Stufe durch Auslegung des Gesellschaftsvertrags zu prüfen, ob der betreffende Beschlussgegenstand einer Mehrheitsentscheidung unterworfen ist (**formelle Legitimation**). In diesem Fall ist auf einer zweiten Stufe die materielle Wirksamkeit des Mehrheitsbeschlusses einzelnen Gesellschaftern gegenüber zu prüfen (**materielle Legitimation**). Dabei stellt die Rechtsprechung nicht mehr darauf ab, ob ein Eingriff in den Kernbereich der Gesellschafterstellung gegeben ist. Abgesehen von unverzichtbaren und deshalb unentziehbaren Rechten kommt es danach maßgeblich darauf an, ob der **Eingriff** im Interesse der Gesellschaft **geboten** und dem betroffenen Gesellschafter unter Berücksichtigung seiner eigenen schutzwürdigen Belange **zumutbar** ist.

Beschlussmängel

Ist die **Stimmabgabe** eines Gesellschafters nach rechtsgeschäftlichen Regeln unwirksam, so führt dies zur **Nichtigkeit** des gesamten Gesellschafterbeschlusses, wenn er **Einstimmigkeit** erfordert. Bei **Mehrheitsentscheidungen** kommt es darauf an, ob der Beschluss auch ohne die unwirksame Stimme, die als Enthaltung zu werten ist, zustande gekommen wäre. Ein Verstoß gegen die Form, die Frist und den Inhalt der Einberufung einer Gesellschafterversammlung (**Verfahrensfehler**) führt zur Nichtigkeit des Beschlusses, wenn er für die Vorbereitung auf die Beschlussfassung von **zentraler** Bedeutung und für das Abstimmungsergebnis **kausal** war. Das ist nicht der Fall, wenn der nicht oder fehlerhaft geladene Gesellschafter an der Abstimmung teilnimmt, da der Verfahrensfehler dadurch (**Universalversammlung**) geheilt wird.

cc. Mitgliedschaft

Die Mitgliedschaft bezeichnet die Stellung des einzelnen Gesellschafters im Ganzen in der Gesellschaft, d. h. als Summe seiner persönlichen, vermögensrechtlichen korporativen Rechte und Pflichten (**Gesellschaftsanteil**). Sie ist ein **Rechtsverhältnis** und ein **subjektives Recht**, dass durch Abtretung (§§ 413, 398 BGB) übertragen werden kann. Ein Gesellschafter kann nur eine Mitgliedschaft innehaben (**Einheitlichkeit der Mitgliedschaft**). Er kann die ihm aus dem Gesellschaftsverhältnis zustehenden Einzelrechte (**Mitgliedschaftsrechte**) grundsätzlich **nicht übertragen** (§ 717 S. 1 BGB). Eine solche Übertragung ist unwirksam (§ 134 BGB), sofern keine Umdeutung (§ 140 BGB) in Betracht kommt. Dies gilt für die Ansprüche des einzelnen Gesellschafters gegen die Gesellschaft aus dem Gesellschaftsvertrag (**Sozialansprüche**). Davon ausgenommen sind die einem Gesellschafter aus seiner Geschäftsführung zustehenden Ansprüche, soweit deren Befriedigung vor der Auseinandersetzung verlangt werden kann, sowie die Ansprüche auf einen Gewinnanteil oder auf dasjenige, was dem Gesellschafter bei der Auseinandersetzung zukommt (§ 717 S. 2 BGB). Auch die **Verwaltungsrechte** der Gesellschafter, insbesondere das Stimmrecht, Kontrollrecht und Recht auf Mitwirkung an der Geschäftsführung und Vertretung der Gesellschaft, können **nicht von der Mitgliedschaft** abgespalten (**Abspaltungsverbot**) und einzeln übertragen werden (§ 717 S. 1 BGB analog).

dd. Kontrollrecht

§ 716 BGB regelt das Kontrollrecht der Gesellschafter. Ein Gesellschafter kann, auch wenn er von der Geschäftsführung ausgeschlossen ist, sich von den Angelegenheiten der Gesellschaft persönlich unterrichten, die Geschäftsbücher und die Papiere der Gesellschaft einsehen und sich aus ihnen eine Übersicht über den Stand des Gesellschaftsvermögens anfertigen. Ein darüber hinaus gehender Anspruch auf **Auskunft** besteht nur **ausnahmsweise**, wenn die erforderlichen Angaben aus den Büchern und Papieren nicht ersichtlich sind und somit ohne Auskunft keine Klarheit über die Angelegenheiten der GbR zu gewinnen ist. Ein **Ausschluss** oder eine Beschränkung des Kontrollrechts kann grundsätzlich vereinbart werden; das gilt aber nicht, wenn Grund zur Annahme unregelmäßiger Geschäftsführung besteht (§ 716 Abs. 2 BGB).

ee. Treuepflicht

Die Gesellschafter sind im Verhältnis zu ihren Mitgesellschaftern und zur Gesellschaft an eine mitgliedschaftliche Treuepflicht aus § 242 BGB bzw. dem Gesellschaftsvertrag (§ 705 BGB) gebunden. Sie verpflichtet die Gesellschafter bei der Ausübung ihrer im Gesellschaftsinteresse begründeten **fremdnützigen** mitgliedschaftlichen Befugnisse, etwa zur Geschäftsführung (§ 709 BGB), umfassend zum Schutz und zur Förderung der Interessen der Gesellschaft. Bei der Ausübung ihrer **eigennützigen** Mitgliedschaftsrechte, z. B. Stimmrecht (vgl. §§ 712, 715 BGB) und Gewinnrecht (§§ 721, 722 BGB), haben sie die **Schranken** einzuhalten, die sich aus dem Verbot einer willkürlichen (**Willkürverbot**) oder unverhältnismäßigen (**Verhältnismäßigkeit**) Rechtsausübung ergeben. Aus der Treuepflicht der Gesellschafter können sich je nach dem Gegenstand der Rechtsausübung und der Interessenlage **verschiedenartige Pflichten** ergeben, so z. B. Handlungs-, Unterlassungs-, Duldungs- oder Zustimmungspflichten. Zudem kann die Treuepflicht im Verhältnis zu Dritten **Wettbewerbsverbote** (vgl. auch §§ 112, 113 HGB) und **Verschwiegenheitspflichten** begründen. Darüber hinaus kommen bei Pflichtverletzungen der Gesellschafter Erfüllungs-, Unterlassungs- und Schadensersatzansprüche in Betracht.

ff. Haftung für Pflichtverletzungen

Bei Verletzung einer Leistungs- oder Rücksichtnahmepflicht des Gesellschafters aus dem Gesellschaftsvertrag (§ 705 BGB) haftet er der Gesellschaft für einen entstehenden Schaden, wenn er diesen zu vertreten hat (§ 280 Abs. 1 BGB). Das setzt abweichend von § 276 BGB, wonach der Schuldner Vorsatz und jede Fahrlässigkeit zu vertreten hat, nach § 708 BGB voraus, dass der Gesellschafter die Sorgfalt in eigenen Angelegenheiten *(diligentia in suis rebus)* nicht eingehalten hat (**eigenübliche** oder **konkrete Sorgfalt**). Diese Haftungserleichterung gilt allerdings nur im **Innenverhältnis** der Gesellschafter für das Schuldverhältnis aus dem Gesellschaftsvertrag. Sie gilt nicht im Verhältnis zwischen Gesellschaftern und Gesellschaft (**Drittverhältnisse**). Auch befreit die Regelung den Gesellschafter nicht von seiner Haftung für grobe Fahrlässigkeit und Vorsatz. § 708 BGB ist als dispositives Recht auch stillschweigend **abdingbar.** Folglich können die Gesellschafter den Haftungsmaßstab im Gesellschaftsvertrag anders regeln. Ansonsten gilt das Haftungsprivileg nach der Rechtsprechung (BGH NJW 1998, 2282) auch für konkurrierende **deliktische Ansprüche** (§§ 823ff BGB).

Schädigung bei Erfüllung der Verpflichtungen

§ 708 BGB findet nur Anwendung auf Schädigungen des Gesellschafters „**bei** der **Erfüllung** der ihm obliegenden Verpflichtungen" aus dem Gesellschaftsvertrag. In Abgrenzung dazu gilt die Vorschrift nicht für Schädigungen durch einen Gesellschafter, die lediglich **bei Gelegenheit** der Erfüllung der Verpflichtungen erfolgen, ohne mit diesen in objektivem Zusammenhang zu stehen (§§ 31, 831 BGB analog).

Ausnahmefallgruppen der Rechtsprechung

Nach der Rechtsprechung ist § 708 BGB in folgenden Fallgruppen nicht anwendbar:

- bei Überschreitungen der Geschäftsführungsbefugnis (BGH NJW 1997, 314);
- für die Pflichten eines Gesellschafters als Organwalter einer Publikumsgesellschaft mit körperschaftlicher Struktur, da die Mitgliedschaft bei dieser nicht auf persönlichem Vertrauen begründet sei (BGHZ 69, 209);
- bei der Teilnahme am Straßenverkehr (BGH NJW 1967, 558).

gg. Gesellschafterklage

Geltendmachung von Sozialansprüchen

Die Geltendmachung eines Anspruchs der Gesellschaft gegen einen Gesellschafter unterliegt grundsätzlich der Zuständigkeit der geschäftsführungsbefugten Gesellschafter. Es ist aber zum **Schutz der Minderheit** bzw. der von der Geschäftsführung ausgeschlossenen Gesellschafter durch die Rechtsprechung anerkannt, dass ein nicht geschäftsführungsbefugter Gesellschafter die Rechte der Gesellschaft aus dem Gesellschaftsverhältnis (Gesellschaftsvertrag) gegen Mitgesellschafter (**Sozialansprüche**) im eigenen Namen zugunsten der Gesellschaft einklagen kann, sog. *actio pro socio* (**Gesellschafterklage**). Die Gesellschafterklage ist allerdings durch die Grundsätze der gesellschaftsrechtlichen Treuepflicht (§ 242 BGB) beschränkt und kann sich als rechtsmissbräuchlich darstellen (BGH WM 2010, 1232; 2019, 923).

Beispiele (Sozialansprüche): auf Leistung der versprochenen Beiträge, Schadensersatz wegen pflichtwidriger Geschäftsführung, Verletzung sonstiger Treuepflichten.

Meinungsstreit über Rechtscharakter

Nach herrschender Meinung handelt es sich bei der Gesellschafterklage um eine richterrechtlich entwickelte **gesetzliche Prozessstandschaft**. Die Gegenmeinung argumentiert, dass sich der Gesellschafter nicht auf ein Recht der Gesellschaft, sondern ein **eigenes Recht** auf Leistung oder Feststellung berufe, dass sich aus seiner Mitgliedschaft ableite.

Geltendmachung von Drittansprüchen

Die Gesellschafterklage berechtigt auch zur Geltendmachung von Ansprüchen der Gesellschaft gegen **dritte Personen**, die keine Gesellschafter sind (**Drittansprüche**). Dies setzt nach der Rechtsprechung aber voraus, dass der klagende Gesellschafter ein **berechtigtes Interesse** hat, die Klage im Namen der Gesellschaft aus **gesellschaftswidrigen Gründen** unterblieben ist und der Dritte an dem gesellschaftswidrigen Verhalten der die Gesellschafterklage ablehnenden Gesellschafter **beteiligt** ist (BGH ZIP 2008, 1582). Eine Gesellschafterklage aus **wichtigem Grund** kann nach Meinung im Schrifttum gemäß § 118 Abs. 2 HGB analog grundsätzlich nicht ausgeschlossen oder beschränkt werden.

hh. Gewinn- und Verlustverteilung

Die Gewinn- und Verlustverteilung ist in §§ 721, 722 BGB geregelt. Nach § 721 Abs. 1 BGB kann ein Gesellschafter den Rechnungsabschluss und die Verteilung des Gewinns und Verlusts erst nach Auflösung der Gesellschaft verlangen. Besteht eine Gesellschaft **mehr als ein Jahr**, müssen der Rechnungsabschluss sowie die Gewinnverteilung im Zweifel **am Schluss jeden Geschäftsjahres** erfolgen (§ 722 Abs. 2 BGB). Sofern im Gesellschaftsvertrag nicht anders vereinbart, ist der Rechnungsabschluss als Bilanz sowie Gewinn- und Verlustrechnung durch die Geschäftsführer (Liquidatoren) zu erstellen. Seine Feststellung obliegt, wenn nicht anders vereinbart, allen Gesellschaftern, bei jährlichem Rechnungsabschluss im Rahmen der laufenden Verwaltung. Der Anspruch auf **Feststellung** und **Verteilung** des **Gewinns** ergibt sich aus dem Gesellschaftsvertrag (§ 705 BGB). Er besteht grundsätzlich bei **Auflösung** der Gesellschaft (§§ 730 ff BGB) sowie bei **Ausscheiden** eines Gesellschafters (§ 738 BGB) und ist dann Inhalt des Anspruchs auf **Auseinandersetzung** bzw. **Abfindung** (§ 738 Abs. 1 S. 2 BGB).

ii. Anteile am Gewinn und Verlust

Sind die Anteile der Gesellschafter am Gewinn und Verlust nicht bestimmt, so hat jeder Gesellschafter ohne Rücksicht auf die Art und Größe seines Beitrags einen **gleichen Anteil** am Gewinn und Verlust. Ist nur der Anteil am Gewinn oder am Verlust bestimmt, so gilt die Bestimmung im Zweifel für Gewinn und Verlust (§ 722 BGB). Allerdings kann die Gewinn- und Verlustbeteiligung auch vertraglich **abweichend** vereinbart werden. Dabei ist die Grenze zur Sittenwidrigkeit (§ 138 BGB) erst überschritten, wenn zur Ungleichbehandlung im Rahmen einer Gesamtwürdigung weitere Umstände wie etwa eine verwerfliche Gesinnung hinzutreten.

jj. Entnahmen

Die Entnahme von Beträgen aus dem Gesellschaftsvermögen durch die Gesellschafter ist nicht im Gesetz geregelt. Ein Entnahmerecht der Gesellschafter kann jedoch im Gesellschaftsvertrag **vereinbart** werden. Es richtet sich typischerweise nach der für die OHG geltenden Regelung des § 122 HGB. Danach ist jeder Gesellschafter berechtigt, aus der Gesellschaftskasse Geld **bis zum Betrag von 4%** seines für das letzte Geschäftsjahr festgestellten Kapitalanteils zur eigenen Verwendung zu entnehmen. Soweit es nicht zum offenbaren Schaden der Gesellschaft gereicht, kann er auch die Auszahlung seines diesen Betrag **übersteigenden Anteils am Gewinn** des letzten Jahres verlangen (§ 122 Abs. 1 HGB). Im Übrigen ist ein Gesellschafter nicht befugt, ohne Einwilligung der anderen Gesellschafter seinen Kapitalanteil zu vermindern (§ 122 Abs. 2 HGB).

d. Außenverhältnis

aa. Vertretung der Gesellschaft

Die GbR wird im Geschäftsverkehr mit Dritten (**Außenverhältnis**) durch die in ihrem Namen handelnden **Geschäftsführer** vertreten (§§ 164ff BGB). Nach der Regelung des § 714 BGB ist dafür im Zweifel die Befugnis der Geschäftsführung maßgeblich. Damit sind grundsätzlich entsprechend § 709 BGB alle Gesellschafter gemeinschaftlich (auch) zur Vertretung berechtigt (**Gesamtvertretung**). Sie können aber ebenso wie bei der Geschäftsführung im Innenverhältnis auch bei der Vertretung der Gesellschaft im Außenverhältnis **abweichende Regelungen** treffen und v. a. auch einen einzelnen Gesellschafter zur Vertretung ermächtigen (**Einzelvertretung**). Die Vertretung ist wie die Geschäftsführung ein organschaftliches Handeln für die Gesellschaft (**Selbstorganschaft**). Deshalb kann sie nicht vollständig auf Personen übertragen werden, die keine Gesellschafter sind. Dritten kann jedoch eine rechtsgeschäftliche **Vertretungsmacht** (§ 167 BGB) erteilt werden, so z. B. **Generalvollmacht.** Ist ein Gesellschafter zur Einzelvertretung der Gesellschaft berechtigt, kann diese nur aus einem wichtigen Grund und bei gleichzeitiger Geschäftsführungsbefugnis nur mit dieser entzogen werden (§§ 715, 712 Abs. 1 BGB).

bb. Haftung der Gesellschaft

Die Gesellschaft haftet mit dem **Gesellschaftsvermögen** für ihre **Verbindlichkeiten** gegenüber dritten Personen als Gläubigern, die durch das Handeln der geschäftsführenden Gesellschafter oder sonstiger bevollmächtigter Personen begründet worden sind. Darüber hinaus haftet sie mit ihrem Gesellschaftsvermögen für **vertragliche** und **außervertragliche Pflichtverletzungen** gegenüber Dritten. Bei der Verletzung vertraglicher Pflichten wird der GbR das **schuldhafte Verhalten** ihrer Geschäftsführer als organschaftliches Handeln analog § 31 BGB und das ihrer Erfüllungsgehilfen gem. § 278 BGB **zugerechnet.** Bei deliktischer Haftung (§§ 823ff BGB) wird das schuldhafte Verhalten für ihre Geschäftsführer und sonstigen Repräsentanten analog § 31 BGB und für die Verrichtungsgehilfen gem. § 831 BGB der Gesellschaft zugerechnet.

cc. Haftung der Gesellschafter

Nach Rechtsprechung und herrschender Meinung haften die Gesellschafter einer Außen-GbR für **rechtsgeschäftliche** und **gesetzliche Verbindlichkeiten** der Gesellschaft den Gläubigern der Gesellschaft als Rechtsfolge der Gesellschaftsschuld unbeschränkt, akzessorisch, primär, unmittelbar und persönlich **als Gesamtschuldner** (§§ 421ff BGB) mit ihrem **Privatvermögen** nach den Haftungsregelungen der §§ 128, 129, 130 HGB analog (**Akzessorietäts-**

theorie). Für **deliktische** Ansprüche haftet der handelnde Gesellschafter zusätzlich aus §§ 823ff BGB. Nach der früheren vertretenen Auffassung ergibt sich diese Haftung daraus, dass der handelnde Geschäftsführer gleichzeitig als Vertreter der Gesellschaft sowie ihrer einzelnen Gesellschafter auftritt mit der Folge, dass sowohl die Gesellschafter als auch die Gesellschaft vertreten werden (**Doppelverpflichtungslehre**). Nach dieser Lehre haften die Gesellschafter jedoch nicht für gesetzliche Verbindlichkeiten der Gesellschaft.

Haftungsbeschränkung

Nach der Rechtsprechung kann die Haftung der Gesellschafter für die Verbindlichkeiten der Gesellschaft durch eine **individualvertragliche Vereinbarung** ausdrücklich oder konkludent beschränkt werden, z. B. auf das Gesellschaftsvermögen, summen- oder quotenmäßig. **Nicht möglich** ist ein **einseitiger Hinweis** auf eine Haftungsbeschränkung, z. B. durch Bezeichnung als „GbR mbH“ (BGH NJW-RR 2005, 400). Auch die Beschränkung der Vertretungsmacht der geschäftsführenden Gesellschafter, die dem Geschäftspartner bekannt ist, führt nicht zur Haftungsbeschränkung der Gesellschafter. Eine Haftungsbeschränkung der Gesellschafter in **AGB** ist ebenfalls **unzulässig** (BGHZ 142, 315; 146, 341). Dies gilt ausnahmsweise dann nicht, wenn der Geschäftspartner nach den Umständen damit rechnen muss.

Beispiele: Bauherrengemeinschaften, geschlossene Immobilienfonds (BGHZ 50, 1; BGH NJW 2002, 1642; 2011, 2045).

dd. Ausgleichsanspruch

Wird ein Gesellschafter von einem Gläubiger der **Außen-GbR** in Anspruch genommen, hat er aus Auftragsrecht gem. §§ 713, 670 BGB **gegen die Gesellschaft** einen Ausgleichsanspruch. Zudem hat er einen Anspruch auf Ausgleich als Gesamtschuldner **gegen die Mitgesellschafter** als Schuldner gem. § 426 Abs. 2 S. 1 BGB.

e. Aufnahme in die Gesellschaft

Die Aufnahme in die Gesellschaft ist im Gesetz nicht geregelt, aber gem. § 311 Abs. 1 BGB im Rahmen der Vertragsfreiheit zulässig. Sie erfolgt durch Abschluss eines **Aufnahmevertrags** zwischen den bisherigen Gesellschaftern und dem eintretenden Gesellschafter. Da es sich um eine Änderung des Gesellschaftsvertrags (§ 705 BGB) und somit ein **Grundlagengeschäft** handelt, bedarf dies grundsätzlich die Entscheidung **sämtlicher Gesellschafter**. Allerdings kann der Gesellschaftsvertrag einen **Mehrheitsbeschluss** der Gesellschafter vorsehen oder den **Geschäftsführer** im Gesellschaftsvertrag **ermächtigen**, neue Gesellschafter aufzunehmen. Der beitretende Gesellschafter erwirbt eine neue Mitgliedschaft. Erbringt er einen Kapitalbeitrag (Einlage) erhält er einen Kapitalanteil und wird im Wege der Anwachsung gem. § 738 Abs. 1 S. 1 BGB am Gesellschaftsvermögen beteiligt. Er **haftet** für die bestehenden Verbindlichkeiten der Gesellschaft analog §§ 128f HGB und für Altverbindlichkeiten analog § 130 HGB.

f. Ausscheiden aus der Gesellschaft

aa. Fortsetzungsvereinbarung

Das **Ausscheiden** eines **Gesellschafters** kraft Gesetzes (§§ 723ff BGB) oder vertraglicher Vereinbarung führt grundsätzlich zur **Auflösung** der GbR, da der Bestand ihrer Gesellschafter im Innenverhältnis Geschäftsgrundlage der Gesellschaft ist. Nach § 736 Abs. 1 BGB ist dies nicht der Fall, wenn die Gesellschafter der GbR im Gesellschaftsvertrag vereinbaren, dass die

Gesellschaft bei Kündigung oder Insolvenz über das Vermögen eines Gesellschafters oder (nach allgemeiner Meinung) entsprechend bei anderen Auflösungsgründen unter den übrigen Gesellschaftern fortbestehen soll (**Fortsetzungsvereinbarung**)). Die Fortsetzung der Gesellschaft kann auch nachträglich beschlossen werden, bedarf dann aber der Zustimmung des ausscheidenden Gesellschafters, wenn der Gesellschafterbeschluss erst nach Eintritt des Auflösungstatbestandes erfolgt (BGHZ 48, 254). Mit Ausscheiden des Gesellschafters wächst dessen Anteil am Gesellschaftsvermögen den übrigen Gesellschaftern (**Anwachsung**) zu (§ 738 Abs. 1 S. 1 BGB).

bb. Abfindungsanspruch

Der Ausscheidende hat Anspruch (**Abfindungsanspruch**) auf Rückgabe der Gegenstände, die er der Gesellschaft zur Benutzung überlassen hat, Befreiung von den gemeinschaftlichen Schulden und Zahlung des Betrags, der ihm im Falle der Auflösung der Gesellschaft zugestanden hätte (§ 738 Abs. 1 S. 2 BGB). Der Abfindungsanspruch entsteht im Zeitpunkt des Ausscheidens. Der Wert des Gesellschaftsvermögens ist, soweit erforderlich, im Wege der Schätzung zu ermitteln (§ 738 Abs. 2 BGB). Der Abfindungsanspruch in Geld ist durch Erstellen einer Auseinandersetzungsbilanz (**Abschichtungsbilanz**) zu ermitteln. Darin gehen die Ansprüche auf Einlagenrückerstattung (§ 733 BGB) und Überschusszahlung (§ 734 BGB) auf. **Abweichende Vereinbarungen** über das Abfindungsguthaben sind zulässig, wobei der Ausschluss des Abfindungsanspruchs oder dessen erhebliche vertragliche Beschränkung nach der Rechtsprechung (BGHZ 116, 359) nur in eng begrenzten Ausnahmefällen zulässig ist. Der Abfindungsanspruch ist ein **schuldrechtlicher Anspruch** gegen die Gesellschaft, für die grundsätzlich auch die übrigen Gesellschafter einzustehen haben. Der Ausscheidende haftet den übrigen Gesellschaftern für einen Fehlbetrag nach dem Verhältnis seines Verlustanteils (**Haftung für Fehlbetrag**), wenn der Wert des Gesellschaftsvermögens zur Deckung der gemeinschaftlichen Schulden und der Einlagen nicht ausreicht (§ 739 BGB).

cc. Nachhaftung

Die persönliche Haftung des Ausscheidenden für Altverbindlichkeiten gegenüber Gläubigern der Gesellschaft besteht nach seinem Ausscheiden fort (**Nachhaftung**). Er haftet jedoch nur (§ 736 Abs. 2 BGB, § 160 HGB), wenn die Altverbindlichkeiten vor Ablauf von fünf Jahren nach dem Ausscheiden fällig (**Ausschlussfrist**) und daraus Ansprüche gegen ihn festgestellt oder eine gerichtliche oder behördliche Vollstreckungshandlung vorgenommen oder beauftragt wird (**Enthaftung**).

dd. Übernahme durch einen Gesellschafter

Bei Ausscheiden des **vorletzten** Gesellschafters der GbR tritt eine liquidationslose Beendigung der Gesellschaft und eine Anwachsung des Gesellschaftsvermögen bei dem verbliebenen Gesellschafter ein. Die **Fortsetzung** der Gesellschaft ist **nicht** möglich, da es eine Ein-Mann-Personengesellschaft nicht gibt. Für diesen Fall können die Gesellschafter allerdings nach der Rechtsprechung die Übernahme des Gesellschaftsvermögens durch nur einen Gesellschafter vereinbaren (**Übernahmevereinbarung**). Des Weiteren kann auch eine **Fortsetzungsklausel** im Gesellschaftsvertrag als Übernahmevereinbarung auszulegen sein. Sofern die Vereinbarung nicht den automatischen Vermögensübergang vorsieht, besteht ein Recht auf Übernahme (**Übernahmerecht**) des verbliebenen Gesellschafters. Dieser kann die Übernahme durch eine Erklärung (**Übernahmeerklärung**) gegenüber dem Ausscheidenden Gesellschafter ausüben. In beiden Fällen erlischt die GbR ohne Abwicklung und das Gesellschaftsvermögen geht im Wege der Gesamtrechtsnachfolgen durch Anwachsung auf den verbliebenen Gesellschafter über (BGH NJW 1994, 796; 2008, 2992).

g. Auflösung der Gesellschaft

Die Auflösung der Gesellschaft bürgerlichen Rechts ist in §§ 723ff BGB geregelt. Danach gibt es besondere Gründe der Auflösung der Gesellschaft und allgemeine Gründe für die Auflösung von Schuldverhältnissen, die auch auf die GbR Anwendung finden.

aa. Besondere Auflösungsgründe

Das Gesetz sieht die Auflösung der GbR aus **besonderen Gründen** vor durch:

- Zeitablauf (§ 723 BGB)
- Kündigung durch einen Gesellschafter (§§ 723, 724 BGB)
- Kündigung durch einen Pfändungspfandgläubiger (§ 725 BGB)
- Erreichen oder Unmöglichwerden des Zwecks (§ 726 BGB)
- Tod eines Gesellschafters (sofern keine Fortsetzungsklausel besteht) (§ 727 BGB)
- Insolvenz der Gesellschaft oder eines Gesellschafters (§ 728 BGB)
- Übernahme der Rechte durch Anwachsung (§ 740 BGB)

bb. Allgemeine Auflösungsgründe

Darüber hinaus gelten die **allgemeinen Gründe** für die Lösung von Schuldverhältnissen, die auch zur Auflösung der GbR führen können. Dabei handelt es sich v. a. um folgende Gründe:

- Zeitablauf (§§ 163, 158 Abs. 2 BGB)
- Eintritt auflösender Bedingung (§ 158 Abs. 2 BGB)
- Aufhebungsbeschluss oder -vertrag (§ 311 Abs. 1 BGB)
- Vereinigung aller Gesellschaftsanteile in einer Hand (Konfusion)

h. Auseinandersetzung

Nach der Auflösung der Gesellschaft findet in Ansehung des Gesellschaftsvermögens die Auseinandersetzung unter den Gesellschaftern statt, wenn über das Gesellschaftsvermögens nicht das Insolvenzverfahren eröffnet ist (§ 730 Abs. 1 BGB). Sofern der Gesellschaftsvertrag keine andere Regelung enthält, erfolgt die Auseinandersetzung gem. §§ 732–735 BGB (§ 731 S. 1 BGB) und wird ergänzt durch die Vorschriften der §§ 752–754 BGB, § 757 BGB über die Bruchteilsgemeinschaft (§ 731 S. 2 BGB). Danach sind zunächst jedem Gesellschafter die **Gegenstände zurückzugeben**, die er der Gesellschaft zur Nutzung überlassen hat. Für einen durch Zufall in Abgang gekommenen oder verschlechterten Gegenstand kann er nicht Ersatz verlangen (§ 732 BGB). Im Anschluss werden aus dem Gesellschaftsvermögen die **Gläubiger befriedigt** (§ 733 Abs. 1 BGB) und dann den Gesellschaftern ihre **Einlagen rückerstattet** (§ 733 Abs. 2 BGB). Dazu ist Gesellschaftsvermögen, soweit erforderlich, in Geld umzusetzen, also zu **verwerten** (§ 733 Abs. 3 BGB). Verbleibt danach ein **Überschuss** wird dieser den Gesellschaftern nach ihren Anteilen am Gesellschaftsgewinn **ausgezahlt** (§ 734 BGB). Reicht das Gesellschaftsvermögen nicht aus, um die Gläubiger zu befriedigen und die Einlagen an die Gesellschafter zurückzuzahlen, sind sie dazu verpflichtet, den Fehlbetrag entsprechend ihrem Verlustanteil auszugleichen **(Nachschusspflicht bei Verlust)**. Kann von einem Gesellschafter der auf ihn entfallende Betrag nicht erlangt werden, müssen die übrigen Gesellschafter den Ausfall nach dem gleichen Verhältnis tragen (§ 735 BGB).

Abb. 34: Gesellschaft bürgerlichen Rechts

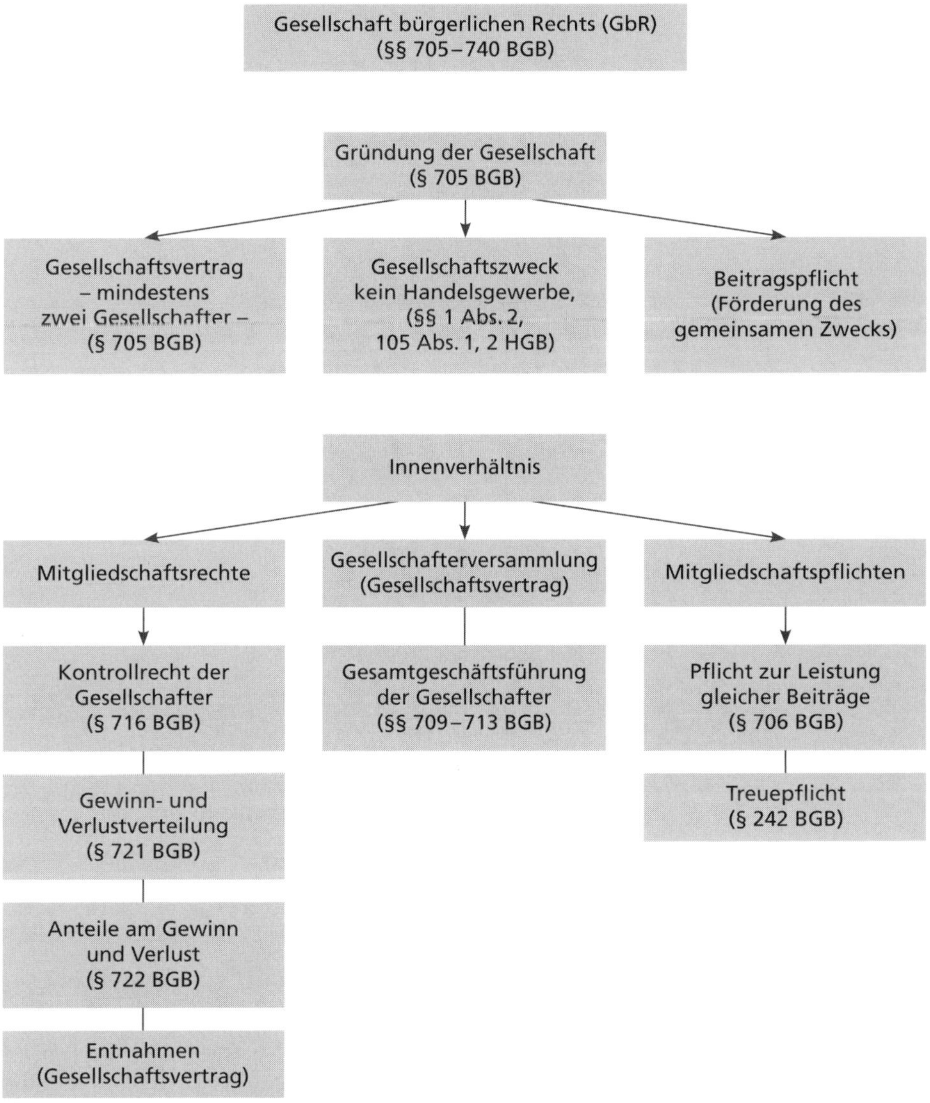

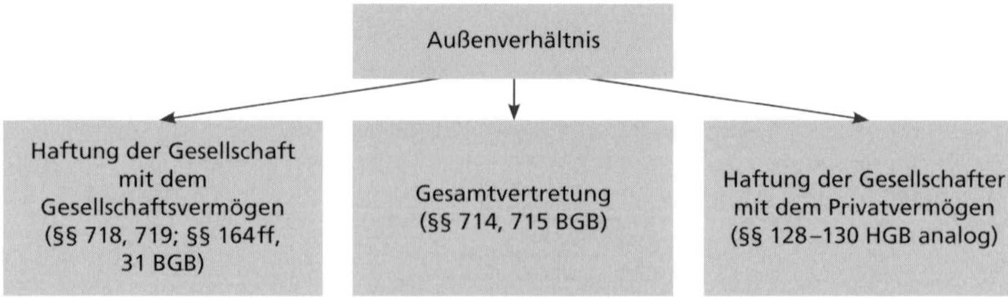

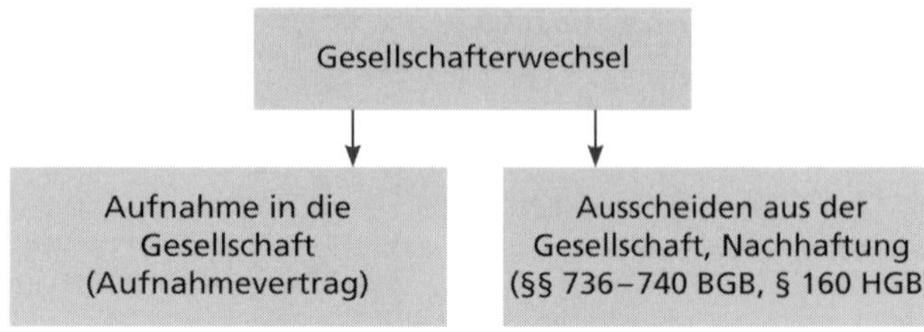

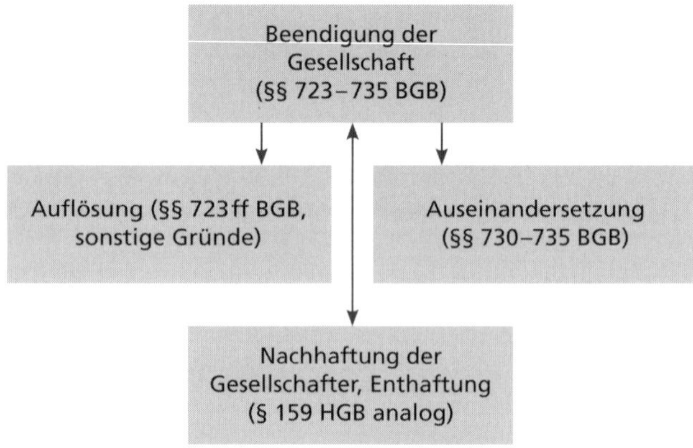

3. Offene Handelsgesellschaft

Die offene Handelsgesellschaft (**OHG**) ist in §§ 105 bis 160 HGB geregelt. Sie basiert auf der GbR als Grundform der Personengesellschaften, deren Vorschriften (§§ 705ff BGB) subsidiär Anwendung finden (§ 105 Abs. 3 HGB). Im Unterschied zur GbR ist der Zweck der OHG auf den **Betrieb eines Handelsgewerbes** unter gemeinsamer Firma gerichtet. Insoweit ist die OHG die **Grundform** für die Kommanditgesellschaft als weitere **Personenhandelsgesellschaft**, für die subsidiär die Vorschriften über die OHG (§ 160 Abs. 2 HGB) und die GbR (§ 105 Abs. 3 HGB) gelten. Im Unterschied zur KG, bei der die Haftung für die Kommanditisten beschränkt ist (§§ 171ff HGB), **haften** die Gesellschafter der OHG (wie auch die GbR-Gesellschafter) gegenüber den Gesellschaftsgläubigern **unbeschränkt** (§ 105 Abs. 1 HGB).

Da die OHG als Handelsgesellschaft Kaufmann ist (§ 6 Abs. 1 HGB), gelten für ihre Rechtsgeschäfte die **Sonderregeln des Handelsrechts**. Das Vorliegen eines Handelsgewerbes beurteilt sich gem. § 1 Abs. 2 HGB danach, ob das Unternehmen nach Art und Umfang einen in kaufmännischer Weise eingerichteten Geschäftsbetrieb erfordert. Das Erfordernis der **Handelsregistereintragung** gem. § 106 HGB ist dafür lediglich deklaratorisch. Dagegen hat die Eintragung bei kleingewerblichen und vermögensverwaltenden Gesellschaften, die gem. § 105 Abs. 2 HGB in das Handelsregister eingetragenen werden können, konstitutive Wirkung.

Kaufmannseigenschaft der Gesellschafter

Umstritten ist die Kaufmannseigenschaft der Gesellschafter der OHG. Die Rechtsprechung und Teile des Schrifttums stellen darauf ab, wer für die Gesellschaft und ihr Handelsgewerbe die Geschäfte führt und durch die getätigten Rechtsgeschäfte verpflichtet wird. Danach sind **neben der OHG** auch ihre **persönlich haftenden** Gesellschafter **Betreiber eines Gewerbes** und folglich als **Kaufleute** anzusehen. Dies gilt auch für die **Komplementäre** der KG, nicht aber für deren Kommanditisten, da sie nur beschränkt (gem. § 171 ff HGB) haften und von der gesetzlichen Vertretung (gem. § 170 HGB) ausgeschlossen sind. Nach der Gegenauffassung ist allein die Gesellschaft Betreiber des Handelsgewerbes, da nur diese nach der Definition des § 1 Abs. 2 HGB Kaufmann ist. **Statusnormen**, die auf die Kaufmannseigenschaft abstellen, z. B. § 109 GVG (Handelsrichter), §§ 29 Abs. 2, 38 Abs. 1 ZPO (Gerichtsstandsvereinbarungen) sollen auf den persönlich haftenden Gesellschafter anwendbar sein. **Normen**, die zusätzlich das Vorliegen eines **Handelsgewerbes** fordern, sollen nur anwendbar sein, wenn sie einen Bezug zur Geschäftstätigkeit der Gesellschaft aufweisen, z. B. § 350 HGB (formfreie Bürgschaft). Bei Rechtsgeschäften im Gesellschaftsverhältnis und Drittgeschäften sei der Gesellschafter indessen nicht als Kaufmann anzusehen.

a. Gründung der Gesellschaft

Bei Gründung der Gesellschaft ist zwischen dem Verhältnis der Gesellschafter untereinander (**Innenverhältnis**) und dem Verhältnis zu Dritten (**Außenverhältnis**) zu unterscheiden.

aa. Entstehung im Innenverhältnis

Die Entstehung der Gesellschaft im Innenverhältnis setzt einen **Gesellschaftsvertrag** zwischen mindestens zwei Gesellschaftern (Mehrgliedrigkeit), den Betrieb eines Handelsgewerbes (**Gesellschaftszweck**), die Förderung des Gesellschaftszwecks (**Beitragspflicht**) und die unbeschränkte **persönliche Haftung** der Gesellschafter voraus. Für den Abschluss des Gesellschaftsvertrags gelten bei der OHG dieselben Regeln wie bei der GbR, einschließlich der Grundsätze über der **fehlerhaften Gesellschaft**, die **Scheingesellschaft** und **Scheingesellschafter**. Der Gesellschaftszweck muss auf den Betrieb eines Handelsgewerbes unter gemeinschaftlicher Firma gerichtet sein (§ 105 Abs. 1 HGB). Für die **Beitragspflicht** der Gesellschafter der OHG gelten dieselben Regelungen (§§ 706, 707 BGB) wie für die GbR (§ 105 Abs. 3 HGB).

bb. Entstehung im Außenverhältnis

Die Wirksamkeit der Gesellschaft tritt im Rechtsverkehr mit Dritten im Außenverhältnis in dem Zeitpunkt ein, in welchem die Gesellschaft in das **Handelsregister eingetragen** wird (§ 123 Abs. 1 HGB). Die Anmeldungen zum Handelsregister nach §§ 106, 107 HGB sind durch alle Gesellschafter vorzunehmen (§ 108 HGB). Beginnt die Gesellschaft ihre Geschäfte schon vor der Eintragung, tritt die Wirksamkeit in dem Zeitpunkt des Geschäftsbeginns ein, wenn sie ein Handelsgewerbe als Istkaufmann (§ 1 Abs. 1 HGB) betreibt (§ 123 Abs. 2 HGB). Nach h. L. ist allerdings die Zustimmung aller Gesellschafter dafür erforderlich. Als Geschäftsbeginn sind auch Geschäfte zu verstehen, die erst die Grundlagen für die eigentliche Unternehmenstätigkeit schaffen (**Vorbereitungsgeschäfte**).

Beispiele: Einrichtung eines Geschäftskontos, Anmietung von Geschäftsräumen, Kauf eines Fabrikgeländes, Mitteilungen an die Öffentlichkeit etwa durch Zeitungsanzeigen.

Eine **kleingewerbliche** oder **vermögensverwaltende** Gesellschaft entsteht als OHG erst mit der konstitutiven **Eintragung** im Handelsregister (§ 105 Abs. 2 HGB) und ist bis dahin GbR. Die Gesellschafter der OHG können nicht mit Wirkung gegenüber Dritten vereinbaren, dass die Gesellschaft im Außenverhältnis später entsteht, als in § 105 Abs. 1 und 2 angeordnet (§ 105 Abs. 3 HGB). Die Zustimmung der Gesellschafter zur Aufnahme der Geschäfte kann indes schon vor der Registereintragung aufschiebend bedingt oder befristet (§§ 158 Abs. 2, 163 BGB) vereinbart werden. Die Firma muss die **Bezeichnung** „offene Handelsgesellschaft" oder eine allgemeinverständliche Abkürzung hierfür als Rechtsformzusatz enthalten (§ 19 Abs. 2 Nr. 2 HGB).

b. Rechts- und Parteifähigkeit

§ 124 Abs. 1 HGB regelt die Rechts- und Parteifähigkeit der OHG. Sie kann unter ihrer Firma Grundstücke erwerben, vor Gericht klagen und verklagt werden. Damit ist sie keine juristische Person, aber **rechtsfähige Personengesellschaft** (vgl. § 14 BGB). Zugleich ist sie die **Trägerin** des **Gesellschaftsvermögens**, bei dem es sich um Gesamthandsvermögen (§ 105 Abs. 3 HGB, §§ 718, 719 BGB) handelt. Dieses ist vom Privatvermögen der Gesellschafter strikt zu trennen. Zur **Zwangsvollstreckung** in das Gesellschaftsvermögen ist nach § 124 Abs. 2 HGB ein gegen die Gesellschaft gerichteter Titel erforderlich. Demgegenüber ist für die Zwangsvollstreckung in das Privatvermögen der Gesellschafter ein Titel gegen den jeweiligen Gesellschafter nötig. Sie kann nicht durch einen vollstreckbaren Schuldtitel gegen die Gesellschaft erfolgen (§ 129 Abs. 4 HGB).

c. Innenverhältnis

aa. Geschäftsführung

Nach § 114 Abs. 1 HGB sind alle Gesellschafter zur Führung der Geschäfte der Gesellschaft berechtigt und verpflichtet. Diese handeln als Organe für die Gesellschaft (**Selbstorganschaft**). Im Gesellschaftsvertrag kann aber bestimmt werden, dass einzelne Gesellschafter von der Geschäftsführung ausgeschlossen sind (§ 114 Abs. 2 HGB). Steht die Geschäftsführung allen oder mehreren Gesellschaftern zu, ist jeder von ihnen allein zu handeln berechtigt (**Einzelgeschäftsführung**). Widerspricht jedoch ein anderer geschäftsführender Gesellschafter der Vornahme einer Handlung, so muss diese unterbleiben (§ 115 Abs. 1 HGB). Es kann auch eine nur gemeinsame Geschäftsführung (**Gesamtgeschäftsführung**) vereinbart werden (§ 115 Abs. 2 HGB). Der **Umfang** der Geschäftsführungsbefugnis erstreckt sich auf alle Handlungen, die der gewöhnliche Betrieb des Handelsgewerbes mit sich bringt (§ 116 Abs. 1 HGB). Zur Vornahme **ungewöhnlicher Geschäfte** (§ 116 Abs. 2 HGB), die nach Inhalt, Zweck, Umfang oder Bedeutung über den bisherigen Geschäftsbetrieb hinausgehen sowie zu den nicht ausdrücklich geregelten **Grundlagengeschäften** ist grundsätzlich ein **Beschluss sämtlicher Gesellschafter** erforderlich. Die Befugnis zur Geschäftsführung kann einem Gesellschafter auf Antrag der übrigen Gesellschafter durch gerichtliche Entscheidung entzogen werden, wenn ein wichtiger Grund vorliegt, insbesondere grobe Pflichtverletzung oder Unfähigkeit zur ordnungsgemäßen Geschäftsführung (§ 117 HGB).

bb. Beschlussfassung

Ein Gesellschafterbeschluss erfordert grundsätzlich die Zustimmung aller zur Mitwirkung bei der Beschlussfassung berufenen Gesellschafter (**Einstimmigkeitsprinzip**) der OHG (§ 119 Abs. 1 HGB). Sofern nach dem Gesellschaftsvertrag die Mehrheit der Stimmen zu entscheiden hat, ist sie im Zweifel nach der Zahl der Gesellschafter („nach Köpfen") zu berechnen (§ 119 Abs. 2 HGB). Es gelten dieselben Regeln, insbesondere bezüglich **Mehrheitsentscheidungen** aufgrund einer **Mehrheitsklausel** im Gesellschaftsvertrag und für **Beschlussmängel**, wie sie auch für die Gesellschafterbeschlüsse der GbR gelten.

cc. Mitgliedschaft

Für die Mitgliedschaft bei der offenen Handelsgesellschaft gelten dieselben Grundsätze wie bei der Gesellschaft bürgerlichen Rechts. Sie repräsentiert die persönlichen, vermögensrechtlichen korporativen Rechte und Pflichten des Gesellschafters (**Gesellschaftsanteil**). Die Rechte aus der Mitgliedschaft (**Mitgliedschaftsrechte**) können nicht einzeln übertragen werden (§ 105 Abs. 3 HGB, § 717 S. 1 BGB), sondern nur die Mitgliedschaft durch Abtretung (§§ 413, 398 BGB). Die **Verwaltungsrechte** der Gesellschafter, v. a. das Stimmrecht, das Kontrollrecht und das Recht auf Mitwirkung an der Geschäftsführung und Vertretung der Gesellschaft, können auch nicht von der Mitgliedschaft abgespalten (**Abspaltungsverbot**) und einzeln übertragen werden (§ 105 Abs. 3 HGB, § 717 S. 1 BGB analog). Das gilt für die Mitgliedschaftsrechte in der Kommanditgesellschaft in gleicher Weise. Einzelrechte der Mitgliedschaft können nicht übertragen werden (§§ 161 Abs. 2, 105 Abs. 3 HGB, § 717 S. 1 BGB), insbesondere nicht die Verwaltungsrechte (**Abspaltungsverbot**) ohne die Mitgliedschaft (§§ 161 Abs. 2, 105 Abs. 3 HGB, § 717 S. 1 BGB analog).

dd. Aufwendungsersatz

Der Anspruch des Gesellschafters auf Aufwendungsersatz ist in § 110 HGB geregelt. Macht der Gesellschafter in Gesellschaftsangelegenheiten **Aufwendungen**, die er den Umständen nach für erforderlich halten darf, oder erleidet er unmittelbar durch seine Geschäftsführung oder aus Gefahren, die mit ihr untrennbar verbunden sind, **Verluste**, so ist ihm die Gesellschaft zum Ersatz verpflichtet (§ 110 Abs. 1 HGB). Nach h. M. fallen darunter auch solche Geldzahlungen, die der Gesellschafter auf seine **Haftung** gem. §§ 128, 130 HGB **leistet**, obwohl es sich dabei nicht um Aufwendungen im Sinne freiwilliger Vermögensopfer handelt. Dadurch und durch den Anspruch auf Ersatz von Verlusten wird der Anspruch auf Ersatz von Aufwendungen aus dem Auftragsrecht (§§ 670, 713 BGB) erweitert. Der Anspruch gilt für alle Gesellschafter, nicht nur die geschäftsführungsbefugten Gesellschafter. Er gilt auch für **Kommanditisten** der KG, **nicht** jedoch für **ausgeschiedene** Gesellschafter soweit diese nach Ausscheiden Aufwendungen oder Verluste im Gesellschaftsinteresse haben. Die Gesellschaft (OHG, KG) hat aufgewendetes Geld der Gesellschafter von der Zeit der Aufwendung an zu **verzinsen** (§ 110 Abs. 2 HGB).

ee. Kontrollrecht

§ 118 HGB regelt das Kontrollrecht der Gesellschafter. Ein Gesellschafter kann, auch wenn er von der Geschäftsführung ausgeschlossen ist, sich von den Angelegenheiten der Gesellschaft persönlich unterrichten, die Geschäftsbücher und die Papiere der Gesellschaft einsehen und sich aus ihnen eine Übersicht über den Stand des Gesellschaftsvermögens anfertigen (§ 118 Abs. 1 HGB). Ein darüber hinaus gehender Anspruch auf **Auskunft** besteht nur **ausnahmsweise**, wenn die erforderlichen Angaben aus den Büchern und Papieren der Gesellschaft nicht ersichtlich sind und somit ohne Auskunft keine Klarheit über die Angelegenheiten der

Gesellschaft zu gewinnen ist. Ein **Ausschluss** oder eine **Beschränkung** des Kontrollrechts kann grundsätzlich vereinbart werden; dies gilt nicht, wenn Grund zur Annahme unregelmäßiger Geschäftsführung besteht (§ 118 Abs. 2 HGB).

ff. Treuepflicht

Die Gesellschafter sind im Verhältnis zu ihren Mitgesellschaftern und zur Gesellschaft an eine **mitgliedschaftliche Treuepflicht** aus § 242 BGB bzw. dem Gesellschaftsvertrag gebunden. Es gelten dieselben Grundsätze wie bei der GbR hinsichtlich fremdnütziger mitgliedschaftlicher Befugnisse und eigennütziger Mitgliedschaftsrechte und der sich daraus ergebenden Pflichten.

gg. Wettbewerbsverbot

Das Wettbewerbsverbot ist in §§ 112, 113 HGB geregelt. Danach darf ein Gesellschafter ohne **Einwilligung** der anderen Gesellschafter weder in dem Handelszweig der Gesellschaft Geschäfte machen, noch an einer anderen gleichartigen Handelsgesellschaft als persönlich haftender Gesellschafter teilnehmen (§ 112 Abs. 1 HGB). Die Einwilligung zur Teilnahme an einer anderen Gesellschaft gilt als erteilt, wenn den übrigen Gesellschaftern bei Eingehung der Gesellschaft diese bekannt ist, und die Aufgabe dieser Beteiligung dennoch nicht ausdrücklich bedungen wird (§ 112 Abs. 2 HGB). Verletzt ein Gesellschafter das Wettbewerbsverbot, kann die Gesellschaft **Schadensersatz** fordern oder in die für eigene Rechnung gemachten Geschäfte des Gesellschafters eintreten (**Eintrittsrecht**) und Herausgabe der Vergütung oder Abtretung des Vergütungsanspruchs verlangen (§ 113 Abs. 1 HGB). Über die Geltendmachung dieser Ansprüche beschließen die übrigen Gesellschafter (§ 113 Abs. 2 HGB). Sie **verjähren** in drei Monaten ab Kenntnis oder grob fahrlässiger Unkenntnis der übrigen Gesellschafter; ansonsten in fünf Jahren von ihrer Entstehung an (§ 113 Abs. 3 HGB).

hh. Haftung für Pflichtverletzungen

Bei Verletzung einer Leistungs- oder einer Rücksichtnahmepflicht des Gesellschafters aus dem Gesellschaftsvertrag haftet er der Gesellschaft für einen entstehenden Schaden, wenn er diesen zu **vertreten** hat (§ 105 Abs. 3 HGB, § 708 BGB). Es gelten hierfür dieselben Regeln wie bei der Haftung des GbR-Gesellschafters im Innenverhältnis. Auch finden die Grundsätze für eine Geltendmachung von **Sozialansprüchen** gegen Mitgesellschafter (**Gesellschafterklage**) bei den Personenhandelsgesellschaften der OHG und der KG Anwendung. Dies gilt allerdings nicht für die Geltendmachung von **Drittansprüchen** gegen Personen, die keine Gesellschafter sind (BGH NJW 1973, 2198). Ein Beschluss sämtlicher Gesellschafter (§ 116 Abs. 2 HGB) ist nach allgemeiner Meinung nicht erforderlich.

ii. Anteil am Gewinn und Verlust

Das Gesetz regelt den Anteil am Gewinn und Verlust dispositiv in § 120 HGB. Die Regelung geht von einem variablen Kapitalanteil auf dem für den Gesellschafter geführten Kapitalkonto aus (**Ein-Konto-Modell**). Der Kapitalanteil ist eine Bilanzziffer und rechnerische Bezugsgröße, die den wirtschaftlichen Wert (Buchwert) der Beteiligung eines Gesellschafters an der Gesellschaft im Verhältnis zu demjenigen der anderen Gesellschafter zum Ausdruck bringt. Er kann vom tatsächlichen Wert des Anteils des Gesellschafters am Gesellschaftervermögen abweichen. Das Gesetz macht keine Aussagen über den Ausgangswert des Kapitalkontos, geht aber davon aus, dass die Gesellschafter als Bestandteil ihrer Leistungspflicht einen Kapitalbeitrag (Einlage) an die Gesellschaft zu erbringen haben, der bewertet und dem Kapitalkonto gutgeschrieben wird. Die OHG ist wegen der persönlichen Haftung des Gesellschafters anders als eine Kapitalgesellschaft aber nicht verpflichtet, dafür zu sorgen, dass dieser auch tatsächlich geleistet wird und dem für sie festgesetzten Wert entspricht.

Ein-Konto-Modell

Am Schluss jedes Geschäftsjahres wird auf Grund der **Bilanz** (§ 242 HGB) der Gewinn oder Verlust des Jahres ermittelt und für jeden Gesellschafter sein Anteil daran berechnet (§ 121 Abs. 1 HGB). Der einem Gesellschafter zukommende **Gewinn** wird seinem **Kapitalanteil zugeschrieben** und der auf ihn entfallende **Verlust** sowie das während des Geschäftsjahres auf den Kapitalanteil **entnommene Geld** davon **abgeschrieben** (§ 121 Abs. 2 HGB). Der so auf einem Kapitalkonto ermittelte variable Kapitalanteil gibt nicht notwendig den absoluten Wert der Beteiligung des Gesellschafters und auch nicht das Verhältnis der Kapitalanteile im Sinne der Beteiligung am Gesellschaftsvermögen wieder. Daher eignet er sich nicht als sachgerechter Maßstab für die Ergebnisverteilung und das Stimmgewicht.

Mehrkonten-Modell

Gebräuchlich ist stattdessen ein fester Kapitalanteil, der dem Gesellschafter auf einem **Kapitalkonto I** von mehreren Konten (**Mehrkonten-Modell**) gemäß der erbrachten Einlage gutgeschrieben wird. Somit werden die Beteiligungsverhältnisse korrekt abbildet. Auf dem **Kapitalkonto II** werden Gewinne des Gesellschafters und spätere Einlagen gutgeschrieben und Verluste sowie Entnahmen abgeschrieben. Auf einem für jeden Gesellschafter bestehenden **Privatkonto** werden die zwischen Gesellschaft und Gesellschafter bestehenden Ansprüche und Verbindlichkeiten gebucht.

jj. Verteilung von Gewinn und Verlust

Die Verteilung von Gewinn und Verlust ist dispositiv in § 121 HGB geregelt. Danach gebührt jedem Gesellschafter von dem **Jahresgewinn** zunächst ein Anteil **in Höhe von 4%** seines Kapitalanteils. Reicht der Jahresgewinn hierzu nicht aus, so bestimmten sich die Anteile nach einem entsprechend niedrigeren Satz (§ 121 Abs. 1 HGB). Dabei werden auch Änderungen des Kapitalanteils während des Geschäftsjahres berücksichtigt (§ 121 Abs. 2 HGB). Ein darüber hinaus gehender Gewinn und Verlust wird **nach Köpfen** verteilt (§ 121 Abs. 3 HGB). In der Praxis wird im Gesellschaftsvertrag regelmäßig eine abweichende Verteilung von Gewinn und Verlust vereinbart, typischerweise nach Maßgabe der unveränderlichen **festen Kapitalanteile.**

kk. Entnahmen

Nach § 122 Abs. 1 HGB ist jeder Gesellschafter berechtigt, aus der Gesellschaftskasse Geld bis zum **Betrag von 4%** seines für das letzte Geschäftsjahr festgestellten **Kapitalanteils** zur eigenen Verwendung zu entnehmen. Soweit es nicht zum offenbaren Schaden der Gesellschaft gereicht, kann er auch die Auszahlung seines diesen Betrag **übersteigenden Anteils am Gewinn** des letzten Jahres verlangen (§ 122 Abs. 2 HGB). Im Übrigen ist ein Gesellschafter nicht befugt, ohne **Einwilligung** der anderen Gesellschafter seinen Kapitalanteil zu vermindern (§ 122 Abs. 3 HGB). Eine Durchsetzung des gesetzlichen Entnahmerechts durch eigenmächtige Entnahmen der Gesellschafter ist nicht zulässig. Lediglich vertretungsberechtigte Gesellschafter dürfen im Rahmen ihrer Vertretungsmacht die zu entnehmenden Beträge selbst der Gesellschaftskasse entnehmen (§ 181 BGB). Dagegen müssen die nicht vertretungsberechtigten Gesellschafter ihr Entnahmerecht durch Zahlungsklage gegen die Gesellschaft geltend machen. Unzulässige Entnahmen sind zurückzuzahlen und bis zur Rückzahlung zu verzinsen (§ 111 HGB).

d. Außenverhältnis

aa. Vertretung der Gesellschaft

Die Verbindlichkeiten der OHG werden durch Stellvertretung (§§ 164 ff BGB) begründet. Stellvertreter sind ihre Geschäftsführer aus dem Gesellschaftsvertrag (§ 125 HGB), Prokuristen (§ 48 HGB) oder Handlungsbevollmächtigte (§ 54 f HGB) oder sonstige Bevollmächtigte (§ 167 BGB). Nach § 125 Abs. 1 HGB ist jeder Gesellschafter zur Vertretung ermächtigt, wenn diese nicht durch den Gesellschaftsvertrag ausgeschlossen ist (**Einzelvertretung**). Die Gesellschafter handeln organschaftlich für die Gesellschaft (**Selbstorganschaft**). Es können auch alle oder mehrere Gesellschafter nur gemeinschaftlich zur Vertretung der Gesellschaft berechtigt sein (**Gesamtvertretung**). Sie können einzelne von ihnen zur Vornahme bestimmter Geschäfte oder bestimmter Arten von Geschäften ermächtigen (§ 125 Abs. 2 HGB). Zudem kann bestimmt werden, dass die Gesellschafter die Gesellschaft nur gemeinsam mit einem Prokuristen vertreten können (**gemischte Gesamtvertretung**), wenn nicht mehrere von ihnen als Geschäftsführer handeln (§ 123 Abs. 3 HGB). Die Vertretungsmacht erstreckt sich auf alle gerichtlichen und außergerichtlichen Geschäfte und Rechtshandlungen einschließlich der Veräußerung und Belastung von Grundstücken sowie der Erteilung und des Widerrufs einer Prokura (§ 126 Abs. 1 HGB). Eine Beschränkung des Umfangs der Vertretungsmacht ist Dritten gegenüber unwirksam (§ 126 Abs. 2 HGB). Die Vertretungsmacht kann einem Gesellschafter auf Antrag der übrigen Gesellschafter durch gerichtliche Entscheidung entzogen werden, wenn ein wichtiger Grund vorliegt, insbesondere grobe Pflichtverletzung oder Unfähigkeit zur ordnungsgemäßen Geschäftsführung (§ 127 HGB).

bb. Haftung der Gesellschaft

Die OHG haftet mit dem **Gesellschaftsvermögen** für die **Verbindlichkeiten** gegenüber ihren Gläubigern, die durch das rechtsgeschäftliche Handeln der geschäftsführenden Gesellschafter oder sonstiger bevollmächtigter Personen begründet worden sind. Darüber hinaus haftet sie mit dem Gesellschaftsvermögen für **vertragliche** und **außervertragliche Pflichtverletzungen** gegenüber Dritten. Bei der Verletzung vertraglicher Pflichten wird der OHG das **schuldhafte Verhalten** ihrer Geschäftsführer als organschaftliches Handeln analog § 31 BGB und dasjenige ihrer Erfüllungsgehilfen gem. § 278 BGB zugerechnet. Die Zurechnung des schuldhaften Verhaltens bei der deliktischen Haftung (§§ 823 ff BGB) erfolgt für ihre Geschäftsführer und sonstigen Repräsentanten analog § 31 BGB und für die Verrichtungsgehilfen gem. § 831 BGB.

cc. Haftung der Gesellschafter

Die OHG-Gesellschafter haften für die Verbindlichkeiten der Gesellschaft Dritten gegenüber unbeschränkt, akzessorisch, primär, unmittelbar und persönlich als Gesamtschuldner (§§ 421 ff BGB) mit ihrem Privatvermögen nach der geltenden **Akzessorietätstheorie** gem. §§ 128, 129, 130 HGB. **Unbeschränkte** Haftung bedeutet, dass die Haftung weder gegenständlich noch summenmäßig begrenzt ist. Eine **Haftungsbeschränkung** unterliegt denselben Regeln wie bei der GbR. Die Haftung ist **akzessorisch**, da die Gesellschafter für eine **fremde Schuld** der Gesellschaft haften und ihre Haftung vom Bestand dieser Schuld dauerhaft abhängig ist und der gleichen Verjährung unterliegt. Sie ist **primär**, da der Gesellschafter bei Inanspruchnahme die Gläubiger der Gesellschaft nicht durch Einrede der Vorausklage (§ 771 BGB) auf das Gesellschaftsvermögen verweisen kann. Die Gesellschafter haften **unmittelbar**, da es sich nicht um eine bloße Nachschusspflicht gegenüber der Gesellschaft handelt, sondern eine Haftung gegenüber den Gläubigern. Sie haften **persönlich** mit dem **Privatvermögen** und nicht beschränkt auf das Gesellschaftsvermögen.

Gesamtschuldnerische Haftung

Die Gesellschafter sind **Gesamtschuldner** und haften solidarisch für die gesamte Forderung. Der Gesellschaftsgläubiger kann von jedem Gesellschafter die Erfüllung der Verbindlichkeit verlangen (§ 421 BGB). Das Verhältnis der Gesellschaft zu den Gesellschaftern ist dagegen **keine** Gesamtschuld, so dass die §§ 421 ff HGB in diesem Verhältnis nicht anwendbar sind. Für deliktische Ansprüche haftet der handelnde Gesellschafter aus §§ 823 ff BGB. Auch die **Gesellschafter** der **KG** haften für die Verbindlichkeiten der Gesellschaft gem. §§ 161 Abs. 2, 128 ff HGB. Dies gilt sowohl für den Komplementär wie auch die Kommanditisten bis zur Höhe seiner in das Handelsregister eingetragenen Haftsumme (§§ 171 Abs. 1, 172 Abs. 1 HGB).

Inhalt der akzessorischen Gesellschafterhaftung

Der Inhalt der akzessorischen Gesellschafterhaftung ist umstritten, insbesondere wenn es sich bei den Verbindlichkeiten der Gesellschaft nicht um eine Geldschuld handelt. Im Schrifttum wird teils vertreten, dass der Gesellschafter nur eine **Einstandspflicht** für die Gesellschaft in **Geld** bzw. **Schadensersatz** hat (**Haftungstheorie**). Dies wird damit begründet, dass die Schuld des Gesellschafters von der Gesellschaftsschuld zu unterscheiden sei. Rechtsträger der Gesellschaftsschuld sei die OHG als Gesellschaft (§ 124 HGB), während der Gesellschafter nur akzessorisch für eine fremde Schuld der Gesellschaft hafte (§ 128 HGB). Nach Rechtsprechung und herrschender Lehre schuldet der Gesellschafter grundsätzlich auch eine **Leistung in Natur**, wenn diese Leistung von der Gesellschaft geschuldet wird. Denn der Gesellschafter schulde die gleiche Leistung wie die Gesellschaft mit der Folge, dass **Haftungsverbindlichkeit** und **Gesellschaftsverbindlichkeit identisch** seien (**Erfüllungstheorie**). Dies soll ausnahmsweise nicht gelten, wenn etwas anderes vertraglich vereinbart ist, die Erfüllung dem Gesellschafter in seiner Person unmöglich ist oder ihm die Erfüllung in seiner freien Privatsphäre unzumutbar ist (vgl. BGH NJW 1979, 1361).

Einwendungen des Gesellschafters

Ein Gesellschafter, der wegen einer Verbindlichkeit der Gesellschaft in Anspruch genommen wird, kann Einwendungen und Einreden **der Gesellschaft neben** seinen **eigenen** geltend machten (§ 129 Abs. 1 HGB). Er kann die Befriedigung des Gläubigers verweigern (**Leistungsverweigerungsrecht**), solange der Gesellschaft das Recht zusteht, das ihrer Verbindlichkeit zugrunde liegende Geschäft **anzufechten** (§ 129 Abs. 2 HGB). Die Regelung gilt für **sämtliche Gestaltungsrechte der Gesellschaft**, die der einzelne Gesellschafter nicht geltend machen kann, da sie einer Willenserklärung der Gesellschaft bedürfen. Zudem besteht ein Leistungsverweigerungsrecht, wenn die Gesellschaft mit eigenen Forderungen gegen den Gläubiger **aufrechnen** kann (§ 129 Abs. 3 HGB). Der Gläubiger kann aus einem gegen die Gesellschaft gerichteten vollstreckbaren Schuldtitel keine Zwangsvollstreckung gegen einen Gesellschafter betreiben (§ 129 Abs. 4 HGB). Zur Zwangsvollstreckung gegen einen Gesellschafter ist ein vollstreckbarer Schuldtitel gegen den Gesellschafter selbst erforderlich.

Haftung des Eintretenden Gesellschafters

Der in eine bestehende Gesellschaft eintretende Gesellschafter haftet gleich den anderen Gesellschaftern nach Maßgabe der §§ 128, 129 HGB für die vor seinem Eintritt begründeten Verbindlichkeiten der Gesellschaft (**Altverbindlichkeiten**), ohne Unterschied, ob die Firma eine Änderung erleidet oder nicht (§ 130 Abs. 1 HGB). Die Regelung gilt auch bei der Kommanditgesellschaft (KG) für den Eintritt eines persönlich haftenden Gesellschafters (Komplementär) und die Beteiligungsumwandlung eines Kommanditisten, der Komplementär wird (§§ 161 Abs. 2, 130 HGB). Sie gilt darüber hinaus bei der GbR entsprechend für den Eintritt eines Gesellschafters in die Außen-GbR (§ 130 BGB analog).

e. Aufnahme in die Gesellschaft

Die Aufnahme in die Gesellschaft erfolgt durch Abschluss eines **Aufnahmevertrags** zwischen den bisherigen Gesellschaftern und dem eintretenden Gesellschafter. Es gelten grundsätzlich dieselben Regeln wie bei der Aufnahme eines GbR-Gesellschafters.

f. Auflösung der Gesellschaft

aa. Gesetzliche Regelung

Die Auflösung der Gesellschaft ist in §§ 131–144 HGB geregelt und führt zur Abwicklung (**Liquidation**) der Gesellschaft (§§ 145–158 HGB). Die OHG bleibt als Rechtsträger bestehen. Es ändert sich ihr **Gesellschaftszweck**, der nicht mehr auf den Betrieb eines Handelsgewerbes gerichtet ist, sondern der Liquidation der Gesellschaft dient. Die OHG („i. L.") wird fortgeführt, bis das Vermögen unter die Gläubiger und ein verbleibender Rest unter die Gesellschafter verteilt ist. Erst dann tritt die **Vollbeendigung** der Gesellschaft ein. Die Auflösung muss von sämtlichen Gesellschaftern zur **Eintragung** in das Handelsregister angemeldet werden (§ 143 Abs. 1 S. 1 HGB) und setzt voraus, dass ein Auflösungsgrund besteht. Das Gesetz regelt die allgemeinen und besonderen **Auflösungsgründe abschließend** in § 131 Abs. 2 und 3 HGB.

bb. Allgemeine Auflösungsgründe

Das Gesetz sieht in § 131 Abs. 1 Nr. 1–4 HGB **allgemeine Gründe** für die Auflösung einer offenen Handelsgesellschaft vor. Danach wird die OHG aufgelöst:

- durch den Ablauf der Zeit, für welche sie eingegangen ist;
- durch Beschluss der Gesellschafter;
- durch die Eröffnung des Insolvenzverfahrens über das Vermögen der Gesellschaft;
- durch gerichtliche Entscheidung (§ 133 HGB).

Auflösung durch gerichtliche Entscheidung

Die Auflösung durch gerichtliche Entscheidung kann auf Antrag eines Gesellschafters vor dem Ablauf der für die Gesellschaft bestimmten Zeit oder ohne Kündigung bei einer Gesellschaft auf unbestimmte Zeit durch gerichtliche Entscheidung erfolgen, wenn ein **wichtiger Grund** vorliegt (§ 133 Abs. 1 HGB). Ein solcher Grund ist insbesondere vorhanden, wenn ein anderer Gesellschafter eine ihm nach dem Gesellschaftsvertrag obliegende **wesentliche Verpflichtung** vorsätzlich oder grob fahrlässig **verletzt** oder wenn die Erfüllung einer solchen Verpflichtung **unmöglich** wird (§ 133 Abs. 2 HGB). Eine abweichende Vereinbarung ist nichtig (§ 133 Abs. 3 HGB).

cc. Besondere Auflösungsgründe

Eine OHG, bei der kein persönlich haftender Gesellschafter eine natürliche Person ist, wird nach § 131 Abs. 2 S. 1 Nr. 1–2 HGB aufgelöst:

- mit der Rechtskraft des Beschlusses, durch den die Eröffnung des Insolvenzverfahrens mangels Masse abgelehnt worden ist;
- durch die Löschung wegen Vermögenslosigkeit nach § 394 FamFG.

Dies gilt nicht, wenn zu den persönlich haftenden Gesellschaftern eine andere OHG oder KG gehört, bei der ein persönlich haftender Gesellschafter eine natürliche Person ist (§ 131 Abs. 2 S. 2 HGB).

g. Ausscheiden aus der Gesellschaft

§ 131 Abs. 3 Nr. 1–6 HGB regelt das Ausscheiden eines Gesellschafters aus der OHG.

aa. Gründe für das Ausscheiden

Folgende Gründe führen mangels abweichender Bestimmungen im Gesellschaftsvertrag zum Ausscheiden eines Gesellschafters:

- Tod des Gesellschafters;
- Eröffnung des Insolvenzverfahrens über das Vermögen des Gesellschafters,
- Kündigung des Gesellschafters (§ 132 HGB);
- Kündigung durch den Privatgläubiger des Gesellschafters (§ 135 HGB);
- Eintritt von weiteren im Gesellschaftsvertrag vorgesehenen Fällen;
- Beschluss der Gesellschafter.

Der Gesellschafter scheidet mit dem Eintritt des ihn betreffenden Ereignisses aus, im Falle der Kündigung nicht vor Ablauf der Kündigungsfrist.

bb. Kündigung eines Gesellschafters

Die Kündigung eines Gesellschafters kann, wenn die Gesellschaft für unbestimmte Zeit eingegangen ist, nur für den Schluss eines Geschäftsjahres erfolgen; sie muss mindestens sechs Monate vor diesem Zeitpunkt stattfinden (§ 132 HGB). Scheidet der Gesellschafter aus der Gesellschaft aus, wächst dessen Gesellschaftsanteil den übrigen Gesellschaftern gem. § 738 Abs. 1 S. 1 BGB, § 105 Abs. 3 HGB zu (**Anwachsung**). Der Ausscheidende hat einen Anspruch auf Auszahlung des Auseinandersetzungsguthabens gem. §§ 738 Abs. 1 S. 2 BGB, § 105 Abs. 3 HGB (**Abfindungsanspruch**). Er haftet für die Verbindlichkeiten der OHG auch nach seinem Ausscheiden persönlich gem. § 160 HGB (**Nachhaftung**). Diese Haftung ist zeitlich begrenzt auf Verbindlichkeiten, die vor Ablauf von fünf Jahren seit Eintragung des Ausscheidens in das Handelsregister fällig (**Ausschlussfrist**) und daraus Ansprüche gegen den Ausscheidenden geltend gemacht worden sind (**Enthaftung**).

cc. Kündigung durch den Privatgläubiger

§ 135 HGB regelt die Kündigung durch den Privatgläubiger eines Gesellschafters, die zum Ausscheiden des Gesellschafters aus der OHG führt. Dies setzt voraus, dass der Privatgläubiger im Wege der **Anteilspfändung** durch Pfändungs- und Überweisungsbeschluss (§ 829 ZPO) das Auseinandersetzungsguthaben aufgrund eines **rechtskräftigen Titels** bewirkt hat, nachdem er innerhalb der letzten sechs Monate eine Zwangsvollstreckung in das bewegliche Vermögen des Gesellschafters ohne Erfolg versucht hat. Zwischen dem ausgeschiedenen Gesellschafter und der Gesellschaft findet eine **Auseinandersetzung** (§§ 738–740 BGB, § 105 Abs. 3 HGB) statt. Der Privatgläubiger kann sich aus dem ihm überwiesenen Auseinandersetzungsguthaben befriedigen, aber nur so wie es sich dem Umfang nach aus Gesetz oder Gesellschaftsvertrag (z. B. **Abfindungsklausel**) ergibt.

h. Liquidation der Gesellschaft

aa. Verfahren

Das Verfahren der Liquidation ist in §§ 145–158 HGB geregelt. Es findet nach der Auflösung der Gesellschaft statt, sofern nicht eine andere Art der Auseinandersetzung vereinbart oder über das Verfahren der Gesellschaft das Insolvenzverfahren eröffnet ist (§ 145 Abs. 1 HGB). Eine Liquidation findet zudem nicht statt, wenn kein Aktivvermögen vorhanden ist. In diesem Fall ist die Gesellschaft mit ihrer Auflösung voll beendet. Ist die OHG wegen Vermögenslosigkeit aufgelöst, findet eine Liquidation nur statt, wenn sich nach der Löschung (§ 157 Abs. 1 HGB) herausstellt, dass Vermögen vorhanden ist, das der Verteilung unterliegt (§ 145 Abs. 3 HGB). Die Liquidation erfolgt durch **sämtliche Gesellschafter** als **Liquidatoren**, sofern sie nicht durch Gesellschafterbeschluss oder Gesellschaftsvertrag einzelnen Gesellschaftern oder anderen Personen übertragen ist (§ 146 Abs. 1 HGB). Die Liquidatoren und ihre Vertretungsmacht sind von sämtlichen Gesellschaftern zur Eintragung in das Handelsregister anzumelden (§ 148 Abs. 1 S. 1 HGB).

bb. Aufgabe der Liquidatoren

Die Liquidatoren haben die **laufenden Geschäfte** zu **beendigen**, die Forderungen einzuziehen, das übrige Vermögen in Geld umzusetzen und die **Gläubiger** zu **befriedigen**; zur Beendigung schwebender Geschäfte können sie auch neue Geschäfte eingehen (§ 149 S. 1, 2 HGB). Hierzu haben sie bei Beginn (**Eröffnungsbilanz**) und Abschluss (**Schlussbilanz**) eine Bilanz aufzustellen (§ 154 HGB). Die hierfür erforderliche Geschäftsführungsbefugnis haben die Liquidatoren nur gemeinsam, sofern nicht bestimmt ist, dass sie einzeln handeln können (§ 150 Abs. 1 HGB). Die Liquidatoren vertreten innerhalb ihres Geschäftskreises die Gesellschaft gerichtlich und außergerichtlich (§ 149 S. 2 HGB). Eine Beschränkung des Umfangs ihrer Befugnisse ist Dritten gegenüber unwirksam (§ 151 HGB). Das nach Berichtigung der Schulden **verbleibende Vermögen** der Gesellschaft ist von den Liquidatoren nach dem Verhältnis ihrer Kapitalanteile, wie sie sich aus der Schlussbilanz ergibt, unter die Gesellschafter **zu verteilen** (§ 155 Abs. 1 HGB).

i. Vollbeendigung

Mit der vollständigen Verteilung des Vermögens ist die OHG beendet (**Vollbeendigung**). Das Erlöschen der Firma nach der Beendigung der Liquidation ist von den Liquidatoren zur Eintragung in das Handelsregister anzumelden (§ 157 Abs. 1 HGB). Die Bücher und die Papiere der aufgelösten Gesellschaft werden einem der Gesellschafter oder einem Dritten in Verwahrung gegeben (§ 157 Abs. 2 HGB).

j. Nachhaftung der Gesellschafter

Nach Beendigung der OHG haften die Gesellschafter gem. §§ 128f HGB für Verbindlichkeiten der Gesellschaft und zwar auch für solche, die erst im Liquidationsverfahren begründet wurden (**Nachhaftung**). Die Ansprüche gegen die Gesellschafter aus den Verbindlichkeiten der Gesellschaft **verjähren** in **fünf Jahren** nach Eintragung der Auflösung der Gesellschaft, sofern nicht der Anspruch gegen die Gesellschaft einer kürzeren Verjährung unterliegt (§ 159 Abs. 1, 2 HGB). Wird der Anspruch des Gläubigers gegen die Gesellschaft erst nach der Eintragung fällig, so beginnt die Verjährung mit dem Eintritt der Fälligkeit (§ 159 Abs. 3 HGB). Neubeginn und Hemmung der Verjährung gegen die aufgelöste Gesellschaft wirken auch gegenüber den Gesellschaftern.

Abb. 35: Offene Handelsgesellschaft

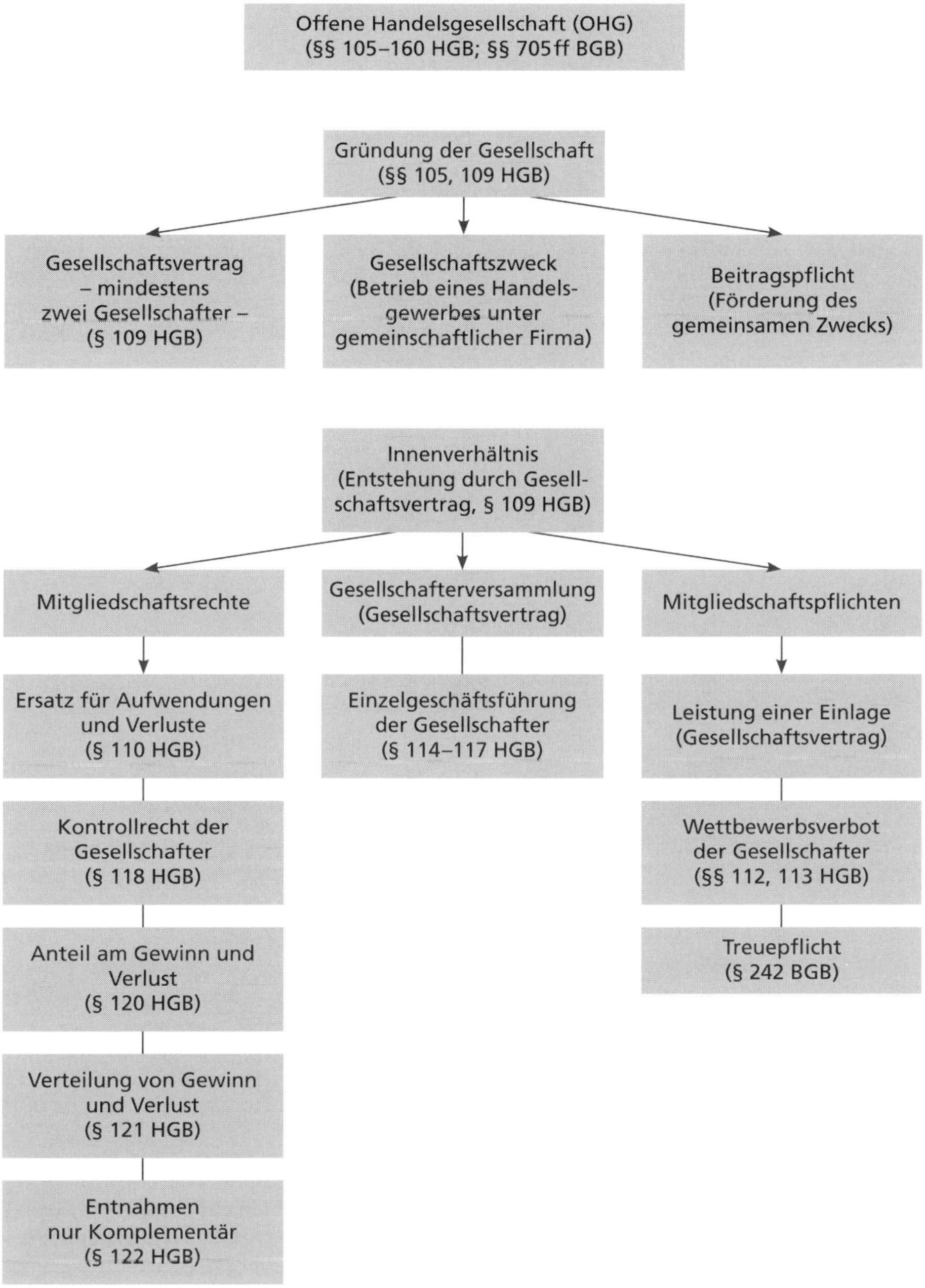

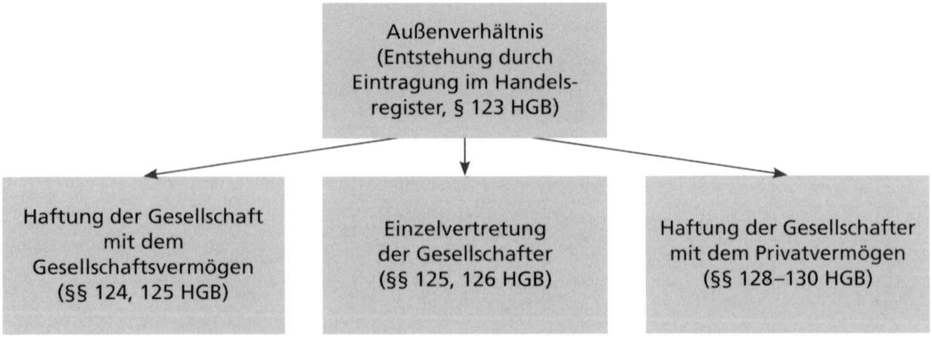

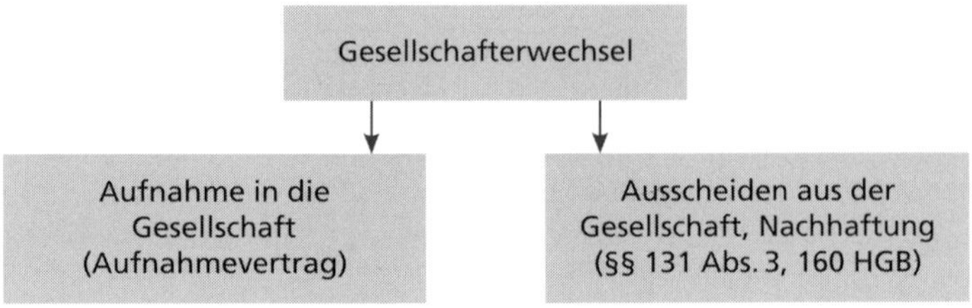

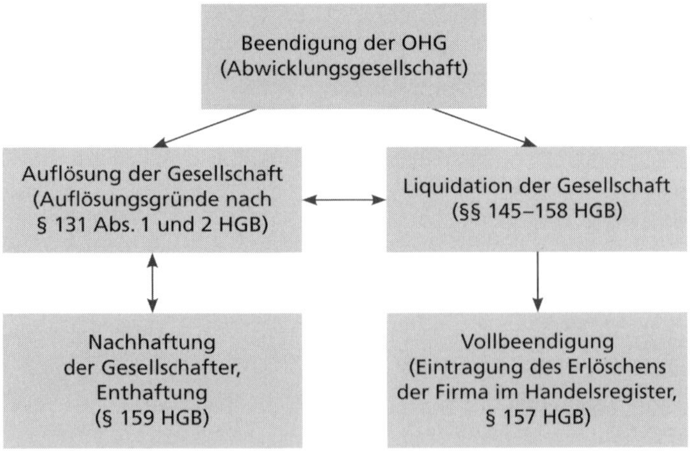

4. Kommanditgesellschaft

Bei der Kommanditgesellschaft (**KG**) handelt es sich um eine modifizierte Form (**Sonderform**) der offenen Handelsgesellschaft (§ 161 Abs. 1 HGB), bei der mindestens ein Gesellschafter mit seinem gesamten Vermögen unbegrenzt persönlich haftet (**Komplementär**) und die Haftung gegenüber den Gesellschaftsgläubigern bei mindestens einem weiteren Gesellschafter auf den Betrag der Haftsumme im Handelsregister begrenzt ist (**Kommanditist**). Die Vorschriften über die Kommanditgesellschaft (§§ 161–177a HGB) enthalten besondere Regelungen. Diese gelten für die Unterscheidung der beschränkten **kapitalistischen Beteiligung** des Kommanditisten gegenüber der unbeschränkten **unternehmerischen**

Beteiligung des Komplementärs. Soweit diese Vorschriften keine abweichenden Regelungen enthalten, findet (subsidiär) das Recht der OHG Anwendung (§ 161 Abs. 2 HGB), das wiederum durch die Vorschriften der GbR (§§ 705 ff BGB) ergänzt wird (§ 105 Abs. 3 HGB).

a. Abweichende Regelungen

Die Vorschriften über die Kommanditgesellschaft enthalten folgende von denjenigen über die offene Handelsgesellschaft (teils) abweichende Regelungen:

- **Entstehung im Innenverhältnis:** Abschluss des **Gesellschaftsvertrags** zum Zweck des Betriebs eines **Handelsgewerbes** unter gemeinschaftlicher Firma mit **Beitragspflicht** mit mindestens einem Komplementär und Kommanditisten als Gesellschafter der KG.
- **Entstehung im Außenverhältnis:** Entstehung durch Eintragung im Handelsregister (§§ 161 Abs. 2, 123 Abs. 1 HGB). Diese muss die Bezeichnung der Kommanditisten und den Betrag der Haftsumme enthalten (§ 162 Abs. 1 HGB). Bei der Bekanntmachung der Eintragung (§ 10 HGB) werden keine Angaben zu den Kommanditisten gemacht und nur insoweit ist § 15 HGB nicht anwendbar (§ 162 Abs. 2 HGB). Auf die (fehlende) Eintragung des Eintritts oder Ausscheidens von Kommanditisten ist § 15 HGB jedoch anwendbar (h. M.).
- **Formkaufmann:** kraft Gewerbetrieb als Handelsgesellschaft (§ 6 Abs. 1 HGB).
- **Firmenbezeichnung:** als „Kommanditgesellschaft" oder eine allgemein verständliche Abkürzung dieser Bezeichnung als Rechtsformzusatz (§ 19 Abs. 2 Nr. 3 HGB).
- **Geschäftsführung:** Jeder Komplementär ist einzeln (**Einzelgeschäftsführung**) befugt (§§ 161 Abs. 2, 115 Abs. 1 HGB); die **Kommanditisten** sind von der Geschäftsführung **ausgeschlossen** (§ 164 HGB), sofern nicht jeweils anders im Gesellschaftsvertrag vereinbart. Allerdings bedürfen **ungewöhnliche Geschäfte** und **Grundlagengeschäfte** grundsätzlich der **Zustimmung** (§§ 182 ff BGB) aller Gesellschafter, also auch der Kommanditisten, soweit nicht rechtswirksam anders vereinbart.
- **Kontrollrecht:** der nicht geschäftsführenden Gesellschafter gem. § 118 HGB gilt nur für die **Komplementäre** (§ 116 Abs. 2 HGB). Die **Kommanditisten** sind berechtigt, die abschriftliche Mitteilung des Jahresabschlusses zu verlangen und dessen Richtigkeit unter Einsicht der Bücher und Papiere zu prüfen (§ 166 Abs. 2 HGB). Auf **Antrag** kann das Gericht, wenn **wichtige Gründe** vorliegen, die Mitteilung einer Bilanz und eines Jahresabschlusses oder sonstiger Aufklärungen sowie die Vorlegung der Bücher und Papiere jederzeit anordnen (§ 166 Abs. 3 HGB).
- **Wettbewerbsverbot:** der §§ 112, 113 HGB gilt für die Komplementäre, nicht jedoch für die Kommanditisten (§ 165 HGB).
- **Anteil am Gewinn und Verlust:** Die Vorschrift des § 120 HGB **(Ein-Konten-Modell)** mit variablen Kapitalanteilen gilt grundsätzlich auch für den Kommanditisten (§ 167 Abs. 1 HGB). Der auf ihn entfallende Gewinn wird seinem Kapitalanteil aber nur so lange zugeschrieben, bis das Kapitalkonto den Betrag der vereinbarten Pflichteinlage erreicht hat (§ 167 Abs. 2 HGB). Weitere Gewinne des Kommanditisten erhöhen seinen Kapitalanteil grundsätzlich nicht mehr. Am Verlust nimmt der Kommanditist nur bis zum Betrag seines Kapitalanteils und seiner noch rückständigen Einlage teil (§ 167 Abs. 3 HGB). Der Gesellschaftsvertrag der KG sieht in der Praxis ebenso wie bei der OHG feste Kapitalanteile und drei Konten (**Mehrkonten-Modell**) je Gesellschafter vor.
- **Verteilung von Gewinn und Verlust:** Soweit der Gewinn den Betrag von 4% des Kapitalanteils nicht übersteigt, bestimmt er sich für jeden Gesellschafter nach § 121 Abs. 1 und 2 HGB (§ 168 Abs. 1 HGB) und beträgt grundsätzlich 4% seines Kapitalanteils. Ein darüber hinaus gehender Gewinn und Verlust wird (anders als gem. § 123 Abs. 3 HGB) jedoch

nicht nach Köpfen verteilt, sondern in einem den Umständen nach **angemessenem Verhältnis der Anteile**, sofern nicht etwas anderes vereinbart ist (§ 168 Abs. 2 HGB). Das bestimmt sich insbesondere nach den Beiträgen der Gesellschafter, wie z. B. Kapitaleinlagen, Geschäftsführung, persönliche Haftung.

- **Entnahmen:** Zu Entnahmen ist der **Komplementär** gem. § 122 HGB berechtigt. Die Regelung gilt **nicht** für den **Kommanditisten**, der nur Anspruch auf **Auszahlung** des auf ihn entfallenden **Gewinns** hat. Das kann er nicht fordern, solange sein Kapitalanteil durch Verlust unter den Einlagebetrag gemindert ist oder durch die Auszahlung des Gewinns unter diesen Betrag gemindert würde (§ 169 Abs. 1 HGB). Der Kommanditist ist **nicht** verpflichtet, den bezogenen Gewinn wegen späterer Verluste **zurückzuzahlen** (§ 169 Abs. 2 HGB). Bezogen ist ein Gewinn nicht bereits, wenn er auf seinem Kapitalkonto gutgeschrieben ist, sondern erst dann, wenn er dem Kommanditisten ausbezahlt, auf seinem Privatkonto gutgeschrieben oder durch Aufrechnung mit einer Forderung der KG erloschen ist.
- **Geschäftsführung:** durch jeden Komplementär **(Einzelgeschäftsführung)** einzeln (§§ 115, 161 Abs. 2 HGB); dagegen sind die Kommanditisten der KG von der Führung der Geschäfte ausgeschlossen (§ 164 HGB).
- **Vertretung:** durch jeden Komplementär **(Einzelvertretung)** einzeln (§§ 125 Abs. 1, 161 Abs. 2 HGB); der **Kommanditist** ist **nicht** dazu ermächtigt (§ 170 HGB), sofern nicht jeweils anders im Gesellschaftsvertrag vereinbart.
- **Haftung der Gesellschaft:** Die KG haftet mit dem Gesellschaftsvermögen für die Verbindlichkeiten gegenüber ihren Gläubigern (§§ 124, 161 Abs. 2 HGB).
- **Haftung der Gesellschafter:** unbeschränkte, akzessorische, primäre, unmittelbare und **persönliche** Haftung der Komplementäre für die Verbindlichkeiten der KG gegenüber deren Gläubigern als **Gesamtschuldner** (§§ 128 ff HGB, §§ 421 ff BGB). Diese Haftung ist bei den **Kommanditisten** der KG auf die im Handelsregister eingetragene **Haftsumme**, die i. d. R. der Höhe der geschuldeten Einlage entspricht, **beschränkt** (§§ 171 ff HGB).

b. Haftung des Kommanditisten

Die Haftung im Verhältnis der Gesellschafter untereinander **(Innenverhältnis)** ist in §§ 161 ff HGB nicht besonders geregelt. Sowohl Komplementär wie auch Kommanditist haften daher im Innenverhältnis der Gesellschaft nach denselben Regeln wie die Gesellschafter einer OHG, die wiederum wie die Gesellschafter einer GbR haften. Im Verhältnis der Gesellschaft gegenüber Dritten **(Außenverhältnis)** haftet die **Gesellschaft** (KG) diesen für ihre Verbindlichkeiten mit dem Gesellschaftsvermögen. Die KG ist eine rechtsfähige Personengesellschaft (§§ 124, 161 Abs. 2 HGB) und Träger des gesamthänderisch gebundenen Gesellschaftsvermögens. Daneben haften die **Komplementäre** nach der **Akzessorietätstheorie** für die Verbindlichkeiten der KG unmittelbar, unbeschränkt, akzessorisch und persönlich gem. §§ 128–130 HGB. Im Grundsatz haften auch die Kommanditisten akzessorisch gem. §§ 128–130 HGB. Diese Haftung ist jedoch in den §§ 171 ff HGB dem Umfang nach summenmäßig beschränkt.

aa. Allgemeines

Nach § 171 Abs. 1 HGB haftet der Kommanditist den Gläubigern der Gesellschaft bis zur Höhe seiner Einlage unmittelbar; die Haftung ist ausgeschlossen, soweit die Einlage geleistet ist. Der Begriff der Einlage ist dabei im Außenverhältnis gegenüber den Gläubigern (erster Halbsatz) als haftende Einlage **(Haftsumme)** zu verstehen. Im Innenverhältnis (zweiter Halbsatz) geht es indessen um die Einlage **(Pflichteinlage)**, die der Kommanditist gegenüber der KG zu leisten hat. Die **Haftsumme** des Kommanditisten bestimmt sich nach dem **Gesellschaftsvertrag.** Sie ist in das Handelsregister **einzutragen** (§ 162 Abs. 1 HGB) und bestimmt im Außenverhältnis zu den Gläubigern der Gesellschaft den **Umfang der Haftung** des Kommanditisten. Dies bedeutet, dass der Kommanditist den Gläubigern der Gesellschaft auf den Betrag der Haftsumme solange mit seinem Privatvermögen haftet, **bis** er die **Pflichteinlage** in das Gesellschaftsvermögen der KG **erbracht** hat. Nach Leistung und nicht zurück erhaltener Pflichteinlage ist eine Haftung des Kommanditisten gegenüber den Gläubigern der Gesellschaft mit Ausnahme von § 176 HGB (Haftung vor Eintragung) **ausgeschlossen.** Die Ansprüche der Gläubiger in Bezug auf die ihnen zur Verfügung stehende Haftsumme gegen den Kommanditisten, der seine Pflichteinlage nicht (vollständig) erbracht hat, gehen nach Eröffnung des Insolvenzverfahrens über das Vermögen der Gesellschaft (KG) auf den Insolvenzverwalter oder den Sachwalter über (§ 171 Abs. 2 HGB). Der Kommanditist ist demzufolge angehalten, nur noch auf die Insolvenzmasse der KG zu leisten, um einen Wettlauf der Gläubiger zu vermeiden und eine gleichmäßige Befriedigung sicherzustellen.

bb. Außenhaftung

Der Inhalt der Haftung des Kommanditisten gegenüber den Gläubigern der Gesellschaft bis zur Höhe der Haftsumme (§ 171 Abs. 1 Hs. 1 HGB) ist **umstritten.** Nach Teilen der Literatur haftet der Kommanditist den Gläubigern der Gesellschaft unabhängig von der Art der Verbindlichkeit stets nur auf einen bestimmten **Geldbetrag** bzw. eine **Geldleistung (Haftungstheorie).** Das soll sich aus der betragsmäßig beschränkten Haftung des Kommanditisten (§§ 161 Abs. 1, 172 Abs. 1 HGB) ergeben. Selbst bei einer nicht auf Zahlung gerichteten Schuld der Gesellschaft soll der Kommanditist nur bis zur Höhe der Haftsumme finanziell einstehen. Dagegen ist die Haftung nach Rechtsprechung und a. A. in der Literatur jedenfalls dann nicht nur auf eine Geld-, sondern auch auf eine **Naturalleistung** gerichtet, wenn der Kommanditist eine derartige Leistung als Pflichteinlage der KG schuldet oder die Erfüllungsleistung den Kommanditisten in seiner gesellschaftsfreien Privatsphäre nicht wesentlich stärker als eine Geldleistung beeinträchtigt (**Erfüllungstheorie**). Dafür spricht, dass der Kommanditist damit an den Gläubiger der KG nur zur Erfüllung dessen verpflichtet ist, was er der Gesellschaft selbst ohnehin in Natur schuldet. Sobald er seine diesbezügliche Pflichteinlage erbracht hat, ist seine Haftung ausgeschlossen. Nach der Rechtsprechung kann der Gläubiger den Kommanditisten darüber hinaus **persönlich** in Anspruch nehmen, wenn er etwa den Nacherfüllungsanspruch bei einem Sachmangel ohne persönlichen Einsatz durch Aufwendung von Geld und Beauftragung eines Dritten erfüllen kann (BGH NJW 1979, 361).

cc. Ausschluss der Haftung

Nach § 171 Abs. 1 Hs. 2 HGB ist die Haftung des Kommanditisten ausgeschlossen, soweit er die Pflichteinlage in das Gesellschaftsvermögen geleistet hat. Dafür ist erforderlich, dass der Kommanditist mit Leistung seiner Pflichteinlage ein der Haftsumme objektiv entsprechendes Vermögen der Gesellschaft tatsächlich zur Verfügung stellt (**Grundsatz der Kapitalaufbringung**). Dieses muss nicht in Geld (**Geldleistung**), sondern kann auch in Gegenständen, Dienstleistungen, der Abtretung werthaltiger Forderungen oder dem Stehenlassen tatsächlicher auf dem Kapitalkonto des Kommanditisten ausgewiesener Gewinne (**Naturalleistung**) bestehen. Es steht den Gesellschaftern im Innenverhältnis grundsätzlich frei (Grenzen: §§ 138, 826 BGB), wie sie die Einlagen bewerten. Um einen Haftungsausschluss im Außenverhältnis zu erreichen, ist für den Wert der Kapitalleistung, die nicht in Geld besteht, indessen auf den **tatsächlichen Wert** nach einem objektiven Maßstab zum Zeitpunkt der Leistungserbringung abzustellen.

Zudem muss der Kommanditist die Pflichteinlage auf die Haftsumme zum Zweck der Haftungsbefreiung leisten (**Zweckbestimmung**). Dafür reicht nicht aus, wenn er lediglich eine Forderung aus einem anderen Verkehrsgeschäft mit der KG erfüllen will. Die **Befriedigung** eines **Gesellschaftsgläubigers** ist zwar keine Einlageleistung. Nach der Rechtsprechung wird der Kommanditist aber in Höhe des objektiven Leistungswerts von seiner persönlichen Haftung frei, weil er die KG von einer Verbindlichkeit gegenüber ihrem Gläubiger befreit hat und die Gesellschaft um die ihr ersparten Aufwendungen objektiv bereichert ist (BGH NJW 2017, 3232). Im Schrifttum wird teils darauf abgestellt, dass der Kommanditist durch die Erfüllung der Verbindlichkeit einen Regressanspruch gegen die Gesellschaft erwerbe (§ 161 Abs. 2, 110 HGB). Durch Aufrechnung mit der Einlageschuld erfülle er diese und zugleich die Voraussetzung der Haftungsbefreiung.

dd. Aufleben der Haftung

§ 172 Abs. 4 HGB regelt das Aufleben der Haftung des Kommanditisten auf die Haftsumme. Soweit die Einlage eines Kommanditisten zurückbezahlt wird, gilt sie danach den Gläubigern gegenüber als nicht geleistet. Rückzahlung ist jede Zuwendung an den Kommanditisten, durch die dem Gesellschaftsvermögen Vermögenswerte ohne angemessene Gegenleistung entzogen werden (**Rückzahlung der Einlage**). Dabei kann es sich um Zahlungsvorgänge und sonstige Vermögensvorteile für den Kommanditisten handeln, die auch in der Wertdifferenz einer unangemessenen Gegenleistung im Rahmen eines Verkehrsgeschäfts mit der Gesellschaft liegen können (**verdeckte Ausschüttung**). Die Entnahme von Gewinnanteilen (**Gewinnentnahme**) ist grundsätzlich **keine** Einlagenrückgewähr, die zum Aufleben der Haftung des Kommanditisten führt. Das ist **erst** der Fall, wenn der Kapitalanteil des Kommanditisten durch Verluste **unter** den Betrag der **Haftsumme** herabgesunken ist oder durch Entnahmen unter diesen Betrag herabsinkt (§ 172 Abs. 4 S. 2 HGB). Was ein Kommanditist aufgrund einer in gutem Glauben errichteten Bilanz in gutem Glauben als Gewinn bezieht (**gutgläubiger Gewinnbezug**), ist er in keinem Fall zurückzuzahlen verpflichtet (§ 172 Abs. 5 HGB).

KG ohne natürliche Person als persönlich haftendem Gesellschafter

Hat die KG keinen persönlich haftenden Gesellschafter als natürliche Person (**GmbH & Co. KG**), gilt die Einlage eines Kommanditisten als nicht geleistet, soweit sie in Anteilen an den persönlich haftenden Gesellschaftern geleistet ist (§ 172 Abs. 6 S. 1 HGB). Dies gilt besonders bei der Rechtsform der GmbH & Co. KG für **Geschäftsanteile** an der **Komplementär-GmbH**, die als **Kommanditeinlage** geleistet werden. Die Geschäftsanteile sind Haftungsmasse der GmbH und sollen nicht zugleich als solche des Kommanditisten dienen, da den Gläubigern sonst nur eine Haftungsmasse zur Verfügung stünde. Die Regelung findet keine Anwendung, wenn zu den persönlich haftenden Gesellschaftern eine OHG oder KG gehört, bei der ein persönlich haftender Gesellschafter eine natürliche Person ist (§ 172 Abs. 6 S. 2 HGB).

ee. Haftung vor Eintragung

Die **Haftung des Kommanditisten** vor Eintragung der KG in das Handelsregister ist in § 176 Abs. 1 HGB geregelt. Hat die KG ihre Geschäfte begonnen, haftet der Kommanditist, der dem Geschäftsbeginn zugestimmt hat, für die bis zur Eintragung begründeten Verbindlichkeiten der Gesellschaft wie ein persönlich haftender Gesellschafter (§§ 128f HGB), es sei denn, dass seine Beteiligung als Kommanditist dem Gläubiger bekannt ist (§ 176 Abs. 1 Satz 1 HGB). Bei positiver **Kenntnis** des Gesellschaftsgläubigers von der **gesellschaftlichen Stellung** des Kommanditisten haftet dieser nur nach Maßgabe der §§ 171, 172 HGB. Kennenmüssen bzw. grob fahrlässige Unkenntnis reicht nicht aus. Es genügt auch nicht, dass der Gläubiger Kenntnis von der Gesellschaftsform der KG hat, wohl aber, wenn er weiß, dass es keine weiteren persönlich haftenden Gesellschafter gibt. Bei der **GmbH & Co. KG** kann die Kenntnis der Rechtsform nach der Rechtsprechung genügen, da keine natürliche Person hafte und im Rechtsverkehr keiner damit rechnen könne, dass ein nicht eingetragener Gesellschafter kein Kommanditist sei (BGH NJW-RR 1987, 416).

ff. Haftung ab Eintragung

Ab dem Zeitpunkt der Eintragung der KG in das Handelsregister **haftet** der **Kommanditist** den Gläubigern der Gesellschaft nur persönlich und unbeschränkt, **soweit** er seine als **Haftsumme** im Register eingetragenen Einlage **nicht erbracht** hat. Ansonsten ist seine persönliche Haftung gegenüber den Gläubigern der Gesellschaft **ausgeschlossen** (§ 171 Abs. 1, 172 Abs. 1 HGB). Die Haftung des Kommanditisten vor Eintragung gemäß § 176 Abs. 1 S. 1 BGB kommt bei **kleingewerblichen** (§ 2 HGB) und **Vermögensverwaltungsgesellschaften**, die erst durch konstitutive Eintragung zu Handelsgesellschaften werden (§ 105 Abs. 2 HGB), nicht zur Anwendung (§ 176 Abs. 1 S. 2 HGB). Diese Gesellschaften sind bis zur Eintragung GbR, so dass ihre Gesellschafter nach dem Recht der GbR gem. § 128f HGB analog haften.

gg. Rechtsscheinhaftung

Die Gesellschafter einer nicht in das Handelsregister eingetragenen KG haften gutgläubigen Dritten nach **allgemeinen Rechtsscheingrundsätzen**. Die Rechtsprechung hat klargestellt, dass der als persönlicher Gesellschafter Auftretende schon nach den **Grundsätzen der bürgerlichen Gesellschaft** unbeschränkt haftet. Ein Gesellschafter, der nach dem Gesellschaftsvertrag jedoch **Kommanditist** werden und eine bestimmte Einlage leisten sollte, ist wie ein Kommanditist persönlich zur Zahlung nur verpflichtet, soweit er seine Einlage noch nicht erbracht hat (§ 171 Abs. 1 Hs. 1 HGB). Maßgeblich ist das **Auftreten der Gesellschafter** als KG (**Schein-KG**) unabhängig davon, ob der Gläubiger weiß, welche einzelnen Gesellschafter nach dem Gesellschaftsvertrag nur als Kommanditisten beteiligt sein sollen (BGHZ 61, 59; BGH NJW 1980, 784). In der Literatur wird teilweise vertreten, dass sich alle Gesellschafter so behandeln lassen müssten, als bestehe bereits eine nicht eingetragene KG. Der Gesellschafter, dessen Haftung beschränkt sei, hafte nach außen einem Gutgläubigen wie ein nicht eingetragener Kommanditist gemäß § 176 Abs. 1 HGB. Dem hält die Rechtsprechung entgegen, dass damit die Vorschrift des § 176 Abs. 1 S. 2 HGB ausgeschaltet würde. Nach dieser Vorschrift kommt die Regelung des § 176 Abs. 1 S. 1 HGB nicht zur Anwendung für ein Unternehmen, dass kein Grundhandelsgewerbe betreibt und erst durch Eintragung zur Handelsgesellschaft werden kann (§§ 2, 105 Abs. 2 HGB).

hh. Haftung bei Eintritt

Verbindlichkeiten vor Eintritt

Haftung des Kommanditisten

Der **Kommanditist** haftet bei Eintritt in eine bestehende KG für die **vor seinem Eintritt** begründeten Verbindlichkeiten der Gesellschaft (**Altverbindlichkeiten**) nach Maßgabe der §§ 171, 172 HGB, ohne Unterschied, ob die Firma eine Änderung erleidet oder nicht (§ 173 Abs. 1 HGB). Die Haftung kann gegenüber Dritten (**Außenverhältnis**) nicht wirksam abbedungen werden (§ 173 Abs. 2 HGB).

Haftung des Komplementärs

Der **Komplementär** haftet bei Eintritt in die Gesellschaft für die **Altverbindlichkeiten** gem. §§ 161 Abs. 2, 130 HGB. Dies gilt ebenfalls, wenn ein Gesellschafter durch **Umwandlung** der Beteiligung des Kommanditisten **zum Komplementär** wird. Für den **umgekehrten Fall**, dass die Beteiligung des Komplementärs in eine **Kommanditbeteiligung** umgewandelt wird, haftet der Komplementär bis zur Eintragung als Kommanditist im Handelsregister und der Bekanntmachung dessen (§ 162 Abs. 3 HGB analog) als **persönlich** haftender Gesellschafter gem. §§ 15 Abs. 1, 128f HGB. Insoweit gilt für den Komplementär auch **die Nachhaftung** und **Enthaftung** gem. § 160 Abs. 1 HGB (§ 160 Abs. 3 S. 1 HGB). Die **Haftung** als **Kommanditist** ab Registereintragung wird dadurch nicht berührt (§ 160 Abs. 3 S. 3 HGB). Da durch die Anteilsumwandlung nicht die personelle Zusammensetzung der Handelsgesellschaft geändert wird, haftet der Kommanditist bei der Umwandlung nicht wie bei einem rechtsgeschäftlichen Beitritt gem. § 176 Abs. 2 HGB.

Verbindlichkeiten zwischen Eintritt und Eintragung

Für die in der Zeit zwischen dem Eintritt des Kommanditisten in die Gesellschaft und dessen Eintragung in das Handelsregister begründeten Verbindlichkeiten der Gesellschaft haftet der **Kommanditist** gem. § 176 Abs. 1 S. 1 HGB wie ein **persönlich** haftender Gesellschafter, sofern der Gläubiger der KG die Stellung des Kommanditisten nicht kennt (§ 176 Abs. 2 HGB). Eine **Zustimmung** des Kommanditisten zur Fortführung der Geschäfte ist **nicht** erforderlich. Er kann die Haftung aber vermeiden, wenn er seinen Eintritt in die KG unter die aufschiebende Bedingung (§ 158 Abs. 2 BGB) der Eintragung als Kommanditist in das Handelsregister stellt. Der Kommanditist haftet für die nach seiner **Eintragung** in das Handelsregister begründeten Verbindlichkeiten der Gesellschaft nach §§ 171, 172 HGB.

ii. Haftung bei Ausscheiden

Das **Ausscheiden** des Kommanditisten aus der Gesellschaft und ein rechtlich unabhängiger **Eintritt** eines anderen Kommanditisten ist von der **rechtsgeschäftlichen Übertragung** der Beteiligung des Kommanditisten auf eine andere Person etwa bei Veräußerung der Beteiligung zu unterscheiden. Beim **Ausscheiden** aus der Gesellschaft erhält der austretende Kommanditist eine **Abfindungszahlung** aus dem Gesellschaftsvermögen (§§ 161 Abs. 2, 105 Abs. 3 HGB, § 738 Abs. 1 S. 2 BGB), die als Einlagenrückgewähr (§ 172 Abs. 4 S. 1 HGB) gilt. Dadurch lebt die **Haftung** des **Kommanditisten** auf die eingetragene Haftsumme wieder auf, als wenn er seine Pflichteinlage darauf nicht in das Gesellschaftsvermögen eingebracht hätte (§ 171 Abs. 1 HGB). Daher haftet der Kommanditist bei Ausscheiden aus der KG **bis zur Haftsumme** für die bis zu diesem Zeitpunkt begründeten Verbindlichkeiten der Gesellschaft (**Nachhaftung**), wenn sie vor Ablauf von fünf Jahren nach dem Ausscheiden fällig und daraus Ansprüche gegen ihn festgestellt bzw. geltend gemacht wurden (**Enthaftung**) (§ 160 Abs. 1 S. 1 HGB). Die Frist beginnt mit der Eintragung des Ausscheidens in das Handelsregister (§ 160 Abs. 1 S. 2 HGB).

Bei **Eintritt** eines **anderen** Kommanditisten anstelle des ausgetretenen Kommanditisten muss der **Eintretende** die **Pflichteinlage** auf die Haftsumme in das Gesellschaftsvermögen erbringen (§ 171 Abs. 1 Hs. 1 HGB). Damit haftet der eintretende Kommanditist mit der **Haftsumme**, für die vor seinem Eintritt begründeten Verbindlichkeiten der Gesellschaft (§ 173 HGB), für die auch der ausgeschiedene Kommanditist fünf Jahre (§§ 161 Abs. 2, 160 Abs. 1 HGB) nachhaftet (**Doppelhaftung**).

jj. Haftung bei Übertragung

Die Mitgliedschaft in der KG kann durch Abtretung (§§ 413, 398 BGB) des Kommanditanteils übertragen werden, wenn sie im Gesellschaftsvertrag **(Abtretungsklausel)** vorgesehen ist oder wenn grundsätzlich alle Gesellschafter einer Übertragung zustimmen (§§ 182ff BGB). Nach der Rechtsprechung (BGHZ 81, 82; MDR 2006, 342) ist es **gewohnheitsrechtlich** anerkannt, dass die gesetzlich nicht geregelte **Sonderrechtsnachfolge** in einen Kommanditanteil und Übertragung der **Mitgliedschaft** zur **Abgrenzung** von dem im Gesetz normierten **(gleichzeitigen) Austritt** eines alten sowie **Eintritt** eines neuen Kommanditisten im Handelsregister durch Eintragung in das **Handelsregister** zu **vermerken** ist **(Sonderrechtsnachfolgevermerk)**. Nur dadurch könne im Handelsregister deutlich gemacht werden, ob – mit unterschiedlichen Haftungskonsequenzen – zeitgleich mit dem Ausscheiden eines Kommanditisten ein neuer Kommanditist eintritt oder ob sich lediglich die Person des Gesellschafters in Bezug auf einen gleichbleibenden Kommanditanteil verändert. Bei gleichzeitigem Austritt eines alten sowie Eintritt eines neuen Kommanditisten trete eine Verdoppelung der Haftsumme ein, während bei einem Kommanditistenwechsel lediglich die **einmalige Inanspruchnahme** der eingetragenen **Haftsumme** bestehe.

Keine Eintragung eines Sonderrechtsnachfolgevermerks

Dies bedeutet, dass der Kommanditist bei Veräußerung seines Kommanditanteils so behandelt wird, wie beim Ausscheiden aus der Gesellschaft, wenn kein Sonderrechtsnachfolgevermerk im Handelsregister eingetragen ist. In diesem Fall muss sich der Veräußerer gem. § 15 Abs. 1 HGB gegenüber gutgläubigen Dritten so behandeln lassen, als habe er eine Abfindungszahlung (§§ 161 Abs. 2, 105 Abs. 3 HGB, § 738 Abs. 1 S. 2 BGB) aus dem Gesellschaftsvermögen erhalten. Da die Abfindung als **Einlagenrückgewähr** gilt (§ 172 Abs. 4 S. 1 HGB) lebt die **Haftung** des **Veräußerers** als Kommanditist (§ 171 Abs. 1 Hs. 1 HGB) wieder voll auf. Zudem haftet der **Erwerber** mit seiner Pflichteinlage auf die im Handelsregister eingetragene Haftsumme (§§ 171, 172 HGB). Damit besteht eine **Doppelhaftung** wie bei zeitgleichem Austritt eines alten und Eintritt eines neuen Kommanditisten in die Gesellschaft.

Eintragung eines Sonderrechtsnachfolgevermerks

Ist jedoch ein Sonderrechtsnachfolgevermerk im Handelsregister eingetragen, lebt mangels Annahme einer Einlagenrückgewähr die **Haftung** des Veräußerers auf die im Handelsregister eingetragene Haftsumme **nicht** wieder auf. Der Erwerber kann sich seinerseits darauf berufen, dass die Pflichteinlage auf die Haftsumme erbracht und seine Haftung als Kommanditist somit ausgeschlossen ist (§ 171 Abs. 1 Hs. 2 HGB). Nach der Rechtsprechung setzt die Eintragung des Sonderrechtsnachfolgevermerks voraus, dass der veräußernde Kommanditist eine **negative Abfindungserklärung** abgibt. Darin muss er versichern, dass ihm im Zusammenhang mit der Übertragung seines Kommanditanteils **keine Abfindung** aus dem Gesellschaftsvermögen versprochen oder gewährt worden ist. Eine rechtsgeschäftliche Vertretung des Kommanditisten bei der Abgabe der Erklärung aufgrund einer entsprechenden Registervollmacht ist nicht zulässig; sie muss von dem ausscheidenden Kommanditisten **persönlich** gegenüber dem **Registergericht** abgegeben werden.

Abb. 36: Kommanditgesellschaft

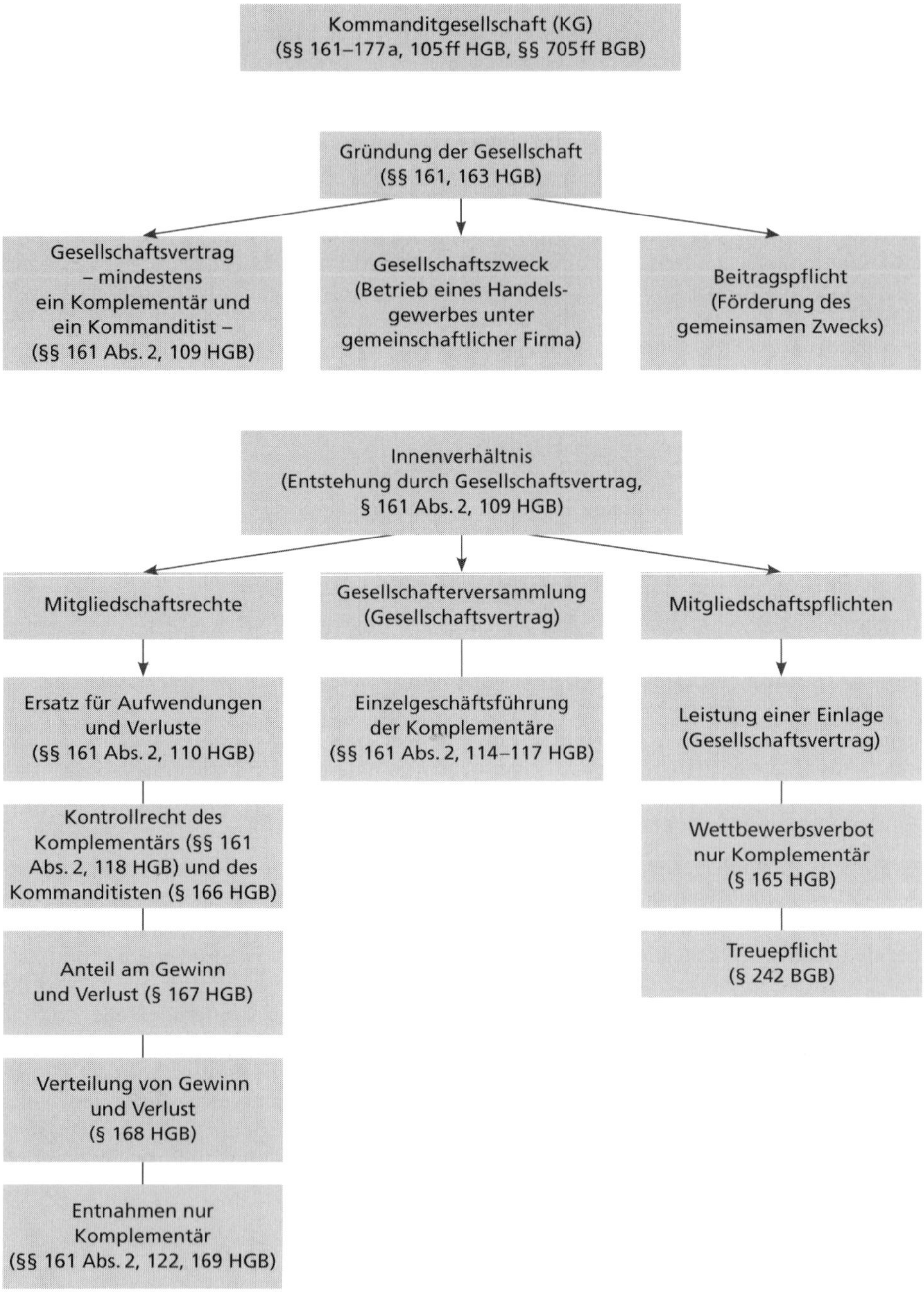

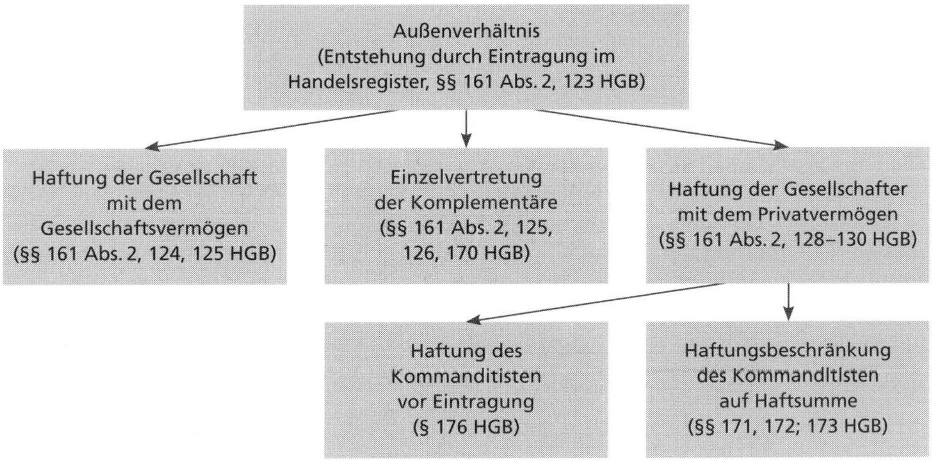
Außenverhältnis
(Entstehung durch Eintragung im
Handelsregister, §§ 161 Abs. 2, 123 HGB)
Haftung der Gesellschaft
mit dem
Gesellschaftsvermögen
(§§ 161 Abs. 2, 124, 125 HGB)
Einzelvertretung
der Komplementäre
(§§ 161 Abs. 2, 125,
126, 170 HGB)
Haftung der Gesellschafter
mit dem Privatvermögen
(§§ 161 Abs. 2, 128–130 HGB)
Haftung des
Kommanditisten
vor Eintragung
(§ 176 HGB)
Haftungsbeschränkung
des Kommanditisten
auf Haftsumme
(§§ 171, 172; 173 HGB)

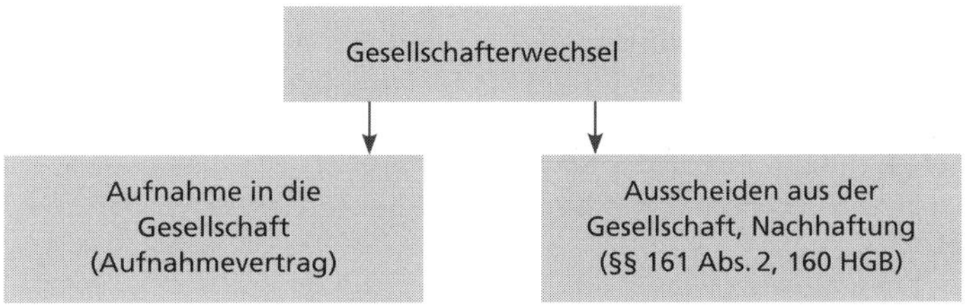
Gesellschafterwechsel
Aufnahme in die
Gesellschaft
(Aufnahmevertrag)
Ausscheiden aus der
Gesellschaft, Nachhaftung
(§§ 161 Abs. 2, 160 HGB)

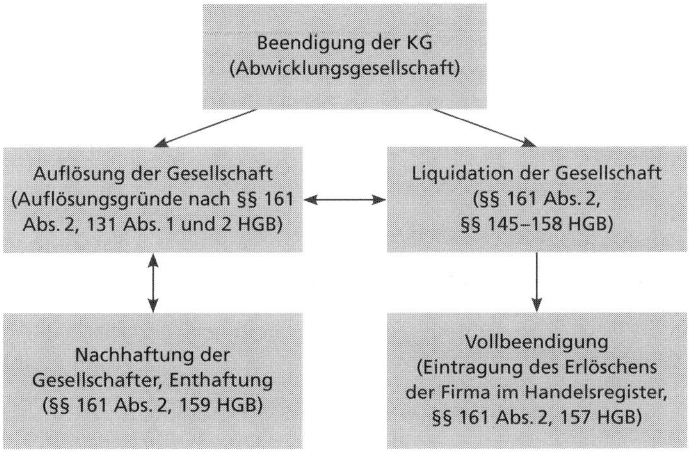
Beendigung der KG
(Abwicklungsgesellschaft)
Auflösung der Gesellschaft
(Auflösungsgründe nach §§ 161
Abs. 2, 131 Abs. 1 und 2 HGB)
Liquidation der Gesellschaft
(§§ 161 Abs. 2,
§§ 145–158 HGB)
Nachhaftung der
Gesellschafter, Enthaftung
(§§ 161 Abs. 2, 159 HGB)
Vollbeendigung
(Eintragung des Erlöschens
der Firma im Handelsregister,
§§ 161 Abs. 2, 157 HGB)

III. Kapitalgesellschaften

1. Grundstrukturen

a. Allgemeines

Die Kapitalgesellschaften sind **juristische Personen** mit einer **körperschaftlichen** Struktur, die auf der Grundform des **wirtschaftlichen Vereins** (§ 22 BGB) basieren. Kennzeichnend ist das Handeln der Gesellschaft durch ihre Organe, die nicht zwingend ihre Mitglieder sein müssen. Die Führung der Geschäfte im Innenverhältnis und die Vertretung im Außenverhältnis kann auch durch fremde Personen erfolgen (**Fremdorganschaft**). Die Gesellschaft und nicht ihre Mitglieder ist der Träger des Gesellschaftsvermögens, das von dem Privatvermögen der Gesellschafter strikt zu trennen ist (**Trennungsprinzip**). Die **Haftung** der **Gesellschafter** für Gesellschaftsverbindlichkeiten gegenüber ihren Gläubigern ist grundsätzlich **ausgeschlossen** (§ 13 Abs. 2 GmbHG, § 1 Abs. 1 S. 2 AktG, § 2 GenG). Die Gläubiger können für die Verbindlichkeiten nur die Kapitalgesellschaft mit ihrem Gesellschaftsvermögen in Anspruch nehmen. Deshalb schützt das Gesetz das Gesellschaftsvermögen der Kapitalgesellschaften als Haftungsgrundlage (**Haftungsfonds**) für die Gläubiger in besonderer Weise durch die Regeln über die Kapitalaufbringung und Kapitalerhaltung. Die Regeln der Kapitalaufbringung sollen die **tatsächliche** und **endgültige Aufbringung** des Stammkapitals (GmbH) bzw. Grundkapitals (AG) als Kern der Haftungsmasse der Kapitalgesellschaft sicherstellen (**Grundsatz der realen Kapitalaufbringung**). Die Regeln der Kapitalerhaltung sollen das **gezeichnete Kapital** während der Existenz der Gesellschaft erhalten und vor unzulässigen Auszahlungen an die Gesellschafter oder Dritte schützen (**Grundsatz der nominellen Kapitalerhaltung**).

b. Strukturmerkmale

Wesentliche Strukturmerkmale einer Kapitalgesellschaft (GmbH, AG) sind folgende:

- **Satzung:** Errichtung der Gesellschaft zu **jedem gesetzlichen Zweck** durch eine oder mehrere Personen, die kraft Gesetzes als Handelsgesellschaft gilt (§§ 1, 13 Abs. 3 GmbHG; § 3 Abs. 1 AktG).
- **Juristische Person:** GmbH (§ 13 Abs. 1 GmbHG), AG (§ 1 Abs. 1 S. 1 AktG).
- **Formkaufmann:** GmbH (§ 13 Abs. 3 GmbHG, § 6 Abs. 2 HGB), AG (§ 3 Abs. 1 AktG, § 6 Abs. 2 HGB).
- **Rechtsfähigkeit:** GmbH (§ 13 Abs. 1 GmbHG), AG (§ 1 Abs. 1 S. 1 AktG).
- **Geschäftsführung:** kann auf Dritte, die nicht Gesellschafter sind, übertragen werden (**Fremdorganschaft**); bei GmbH durch den Geschäftsführer; bei mehreren Geschäftsführern, wenn im Gesellschaftsvertrag nicht anders bestimmt, gemeinschaftliche Geschäftsführung (**Gesamtgeschäftsführung**) aller Geschäftsführer (§ 6 Abs. 4 GmbHG); bei der AG durch den Vorstand; bei mehreren Mitgliedern, wenn in der Satzung nicht anders bestimmt, nur durch alle Mitglieder des Vorstands (**Gesamtgeschäftsführung**) gemeinschaftlich (§§ 76 Abs. 1, 77 Abs. 1 AktG).
- **Vertretung:** die GmbH wird durch die Geschäftsführer gerichtlich und außergerichtlich vertreten; bei mehreren Geschäftsführern, wenn im Gesellschaftsvertrag nicht anders bestimmt, nur durch alle Geschäftsführer (**Gesamtvertretung**) gemeinschaftlich (§ 35 Abs. 1 S. 1, 2 S. 1 GmbHG); die AG wird durch den Vorstand gerichtlich und außergerichtlich vertreten; bei mehreren Mitgliedern, wenn in der Satzung nicht anders bestimmt, nur durch alle Mitglieder des Vorstands (**Gesamtvertretung**) gemeinschaftlich (§ 78 Abs. 1 S. 1, Abs. 2 S. 2 AktG).

- Haftung der Gesellschaft/Gesellschafter:
  - ***Vor Errichtung der Gesellschaft*** Sofern die Gesellschafter formlos die Gründung der Gesellschaft (GmbH oder AG) verabreden (**Vorgründungsgesellschaft**) haften sie als Gesellschafter einer **Innen-GbR** untereinander nach zivilrechtlichen Regeln. Betreiben sie ein Unternehmen, haften sie Gesellschafter einer **Außen-GbR** oder einer **OHG** (bei Betrieb eines Handelsgewerbes) für die Verbindlichkeiten der Gesellschaft gegenüber ihren Gläubigern unbeschränkt mit ihrem **Privatvermögen** als Gesamtschuldner (§§ 128 ff HGB, §§ 421 ff BGB). Die Vorgesellschaft haftet ihren Gläubigern zudem mit ihrem **Gesellschaftsvermögen** gem. § 124 HGB (analog).
  - ***Zwischen Errichtung und Eintragung*** Mit Errichtung der Gesellschaft (Abschluss des notariellen Gesellschaftsvertrags) entsteht eine **Vorgesellschaft** (Vor-GmbH/-AG). Bei Unterbilanz im Zeitpunkt der Eintragung der GmbH/AG im Handelsregister haften die Gesellschafter der Vorgesellschaft auf Ausgleich (**Unterbilanzhaftung**). Erfolgt keine Eintragung der GmbH/AG im **Handelsregister**, haften die Gesellschafter der Vorgesellschaft auf Ausgleich der Verluste (**Verlustdeckungshaftung**).
  - ***Nach Eintragung der Gesellschaft*** haftet den Gläubigern das Gesellschaftsvermögen (§ 13 Abs. 2 GmbHG, § 1 Abs. 1 S. 2 AktG); ausnahmsweise Haftung der Gesellschafter gegenüber den Gläubigern der Gesellschaft (§ 242 BGB) bei Vermögensvermischung (**Durchgriffshaftung**); Haftung der Gesellschafter nur gegenüber der Gesellschaft (**Innenhaftung**) bei einer vorsätzlichen sittenwidrigen Schädigung (§ 826 BGB) des Gesellschaftsvermögens (**Existenzvernichtungshaftung**).

c. Umsetzung der Digitalisierungsrichtlinie

Die Digitalisierungsrichtlinie (**DigRL**) ergänzt die Gesellschaftsrechtsrichtlinie (**GesRRL**). Sie bezweckt, die Gründung von Gesellschaften und die Eintragung von Zweigniederlassungen zu erleichtern sowie Kosten und Zeitaufwand für Kleinstunternehmen sowie kleine und mittlere Unternehmen (**KMU**) zu reduzieren. Die Vorgaben werden durch das Gesetz zur Umsetzung der Digitalisierungsrichtlinie (**DiRUG**) vom 05.07.2021 (BGBl. 2021 I, S. 3338) mit Wirkung zum 01.08.2022 in deutsches Recht umgesetzt.

aa. Online-Gründung der GmbH

Die notarielle Beurkundung des Gesellschaftsvertrags einer GmbH sowie die im Rahmen der Gründung der GmbH gefasste Beschlüsse im Falle einer Gründung **ohne Sacheinlagen** können auch online mittels **Videokonferenz** gemäß §§ 16a bis 16e BeurkG n. F. erfolgen (**Online-Gründung der GmbH**). Der Gesellschaftsvertrag der GmbH muss dazu nicht gemäß § 1 Abs. 1 S. 2 GmbHG durch die Gesellschafter unterzeichnet werden. Es genügen stattdessen vielmehr für die Unterzeichnung des Gesellschaftsvertrags die qualifizierten elektronischen Signaturen der mittels Videokommunikation teilnehmenden Gesellschafter. Die Gründung der GmbH mittels Videokommunikation kann auch im Wege des vereinfachten Verfahrens nach § 2 Abs. 1a GmbHG mit dem in Anlage 1 bestimmten Musterprotokoll oder unter Verwendung der in Anlage 2 bestimmten Musterprotokolle erfolgen (§ 2 Abs. 3 GmbHG n. F.). Das hierfür erforderliche **Videokommunikationssystem** wird von der Bundesnotarkammer betrieben (§ 78p BNotO n. F.).

bb. Online-Verfahren für Registeranmeldungen

Anmeldungen zur Eintragung in das Handelsregister sind derzeit noch elektronisch in öffentlich beglaubigter Form einzureichen (§ 12 Abs. 1 S. 1 HGB). Für bestimmte Registeranmeldungen ist künftig eine **öffentliche Beglaubigung** (§ 129 BGB n. F.) mittels **Videokom-**

munikation (§ 40a BeurkG n. F.) zulässig (**Online-Verfahren für Registeranmeldungen**). Dies betrifft die Registeranmeldung durch Einzelkaufleute, für die Rechtsformen der GmbH, AG, KGaA und Genossenschaften sowie für Zweigniederlassungen von diesen Rechtsformen oder von Kapitalgesellschaften, die dem Recht eines anderen EU-Mitgliedstaats oder EWR-Vertragsstaats unterliegen (§ 12 Abs. 1 S. 2 HGB n. F.). Die Beglaubigung muss mittels des von der Bundesnotarkammer betriebenen Videokommunikationssystems anerkannt worden sein. Sie kann mittels Videokommunikation nur erfolgen, soweit dies nach § 12 HGB n. F. oder § 157 GenG n. F. zugelassen ist (§ § 40a Abs. 1 BeurkG n. F.).

cc. Offenlegung von Urkunden und Informationen

Die Unterlagen der Rechnungslegung und Unternehmensberichte werden bislang durch das Registergericht beim Betreiber des Bundesanzeigers eingereicht und im Bundesanzeiger bekanntgemacht (§ 10 HGB) und können im Handelsregister eingesehen werden (§ 9 HGB). Der Betreiber des Bundesanzeigers übermittelt die Unterlagen dem Unternehmensregister zur Einstellung auf seiner Internetseite (§ 8b HGB). Der Gesetzgeber beabsichtigt, die hierdurch bestehende **Doppelpublizität** durch ein zentrales Verfahren zur Offenlegung zu vereinfachen. Zukünftig sollen die Unterlagen der Rechnungslegung und Unternehmensberichte direkt an das **Unternehmensregister** als führende Stelle zur Einstellung in das Unternehmensregister als das **zentrale Register** übermittelt werden und ausschließlich (**One-Stop-Shop**) dort abrufbar sein (§ 8b Abs. 2 Nr. 4 HGB n. F.).

dd. Grenzüberschreitender Informationsaustausch über Zweigniederlassungen

Der Gesetzentwurf sieht für Zweigniederlassungen einer Kapitalgesellschaft mit Sitz im Inland, die dem Recht eines anderen EU-Mitgliedstaats oder EWR-Vertragsstaats unterliegen, einen grenzüberschreitenden Informationsaustausch vor. Danach sollen zukünftig diejenigen Daten der Zweigniederlassungen, die im Rahmen des Europäischen Systems der Registervernetzung gem. § 9b HGB n. F. empfangen werden, an das Registergericht weitergeleitet werden, das für die Gesellschaft zuständig ist. Das bestätigt den **Empfang** der **Daten** über dieses System und trägt diese oder deren Änderung unverzüglich von Amts wegen im Handelsregister, d. h. **in das Registerblatt der Gesellschaft**, ein (§ 13a HGB n. F.).

Zudem ist für die Anmeldung und Eintragung von Zweigniederlassungen im Inland von einer Kapitalgesellschaft, die dem Recht eines anderen EU-Mitgliedstaats oder EWR-Vertragsstaats unterliegt, die Abgabe der **Versicherung** über das Nichtvorliegen von Bestellungshindernissen **nicht** länger **erforderlich**. Diesbezüglich sind die entsprechenden Anforderungen aus § 6 Abs 2 S. 2 und 3 GmbHG und § 76 Abs. 3 S. 2 und 3 AktG nicht länger anwendbar.

ee. Grenzüberschreitender Informationsaustausch über disqualifizierte Geschäftsführer

In Bezug auf disqualifizierte Geschäftsführer einer GmbH oder Mitglieder des Vorstands einer AG ist die das **Unternehmensregister** führende Stelle künftig zuständig, das **Ersuchen** über das Europäische System der Registervernetzung gem. § 9b Abs. 1 S. 2 HGB zu **beantworten**. Auf Anfrage eines Registergerichts führt die zuständige Stelle ein Ersuchen nach Art. 13i GesRRL gegenüber anderen EU-Mitgliedstaaten oder EWR-Vertragsstaaten durch und leitet die erhaltenen Antworten an das anfragende Registergericht weiter (§ 9c Abs. 1 HGB n. F.). Außerdem führen im Ausland ausgesprochene Berufs- und Gewerbeverbote zukünftig zur Disqualifikation deutscher Geschäftsführer und Vorstände (§ 6 Abs. 2 S. 3 GmbHG n. F., § 76 Abs. 3 S. 3 AktG n. F.).

2. Gesellschaft mit beschränkter Haftung

Die **GmbH** und die Unternehmergesellschaft (**UG**) (**haftungsbeschränkt**) sind im GmbH-Gesetz geregelt. Sie sind Kapitalgesellschaften mit eigener Rechtspersönlichkeit (**juristische Person**). Im Unterschied zu den Gesellschaftern einer Personengesellschaft haften die Gesellschafter der GmbH nicht mit ihrem Privatvermögen. Vielmehr ist dieses streng vom Gesellschaftsvermögen der GmbH zu trennen (**Trennungsprinzip**). Für die Verbindlichkeiten der Gesellschaft haftet den Gläubigern derselben nur das **Gesellschaftsvermögen** (§ 13 Abs. 2 GmbHG). Deshalb gelten zum Schutz der Gläubiger der Gesellschaft die Regeln über die **Kapitalaufbringung** (§§ 5f, §§ 8ff GmbHG) und die **Kapitalerhaltung** (§§ 30ff GmbHG). Diese Regeln sollen das Gesellschaftsvermögen der GmbH als **Haftungsfonds** sicherstellen. Die GmbH ist die meist gewählte Rechtsform einer Kapitalgesellschaft.

Die Vorschriften des GmbH-Gesetzes sind in sechs Abschnitte unterteilt:

- Abschnitt 1. Errichtung der Gesellschaft (§§ 1–12)
- Abschnitt 2. Rechtsverhältnisse der Gesellschaft und der Gesellschafter (§§ 13–34)
- Abschnitt 3. Vertretung und Geschäftsführung (§§ 35–52)
- Abschnitt 4. Abänderung des Gesellschaftsvertrags (§§ 53–59)
- Abschnitt 5. Auflösung und Nichtigkeit der Gesellschaft (§§ 60–77)
- Abschnitt 6. Ordnungs-, Straf- und Bußgeldvorschriften (§§ 78–88)
- Anlage (zu § 2 Abs. 1a. Musterprotokolle)

a. Gründung der Gesellschaft

Bei Gründung der Gesellschaft ist zwischen dem Entstehen der GmbH unter Einhaltung der gesetzlichen Voraussetzungen durch **konstitutive Eintragung** in das Handelsregister und den davor liegenden Gründungsphasen der **Vorgründungs**- und **Vorgesellschaft** zu unterscheiden.

aa. Allgemeine Voraussetzungen

Die Gesellschaft kann zu jedem gesetzlich zulässigen Zweck (**Gesellschaftszweck**) durch eine (**Ein-Mann-GmbH** bzw. **Ein-Personen-GmbH**) oder mehrere Personen (**Mehr-Personen-GmbH**) errichtet werden (§ 1 GmbHG). Die Errichtung erfordert den Abschluss eines **Gesellschaftsvertrags**, der notariell zu **beurkunden** und von sämtlichen Gesellschaftern zu unterzeichnen ist (§ 2 Abs. 1 GmbHG). Darin übernimmt jeder Gesellschafter die Geschäftsanteile gegen Einlage (**Einlagepflicht**) auf das Stammkapital (Stammeinlage), das mindestens 25.000 Euro (**Mindeststammkapital**) betragen muss (§ 5 Abs. 1 GmbHG). Die Gesellschaft muss einen oder mehrere **Geschäftsführer** nach Maßgabe des § 6 GmbHG haben. Sie ist zur Eintragung in das Handelsregister gemäß § 7 Abs. 1 GmbHG anzumelden, wobei sich der Inhalt der Anmeldung nach § 8 GmbHG bestimmt. Die GmbH entsteht erst durch Eintragung (**konstitutive Eintragung**) in das Handelsregister als juristische Person (vgl. § 11 Abs. 1 GmbHG).

Gesellschaftsvertrag

Inhalt des Gesellschaftsvertrags

Der Gesellschaftsvertrag muss (1.) die Firma und den Sitz der Gesellschaft, (2.) den Gegenstand des Unternehmens, (3.) den **Betrag** des **Stammkapitals**, (4.) die **Zahl** und **Nennbeträge** der **Geschäftsanteile**, die jeder Gesellschafter als Stammeinlage übernimmt, enthalten (§ 3 Abs. 1 GmbHG). Soll das Unternehmen auf eine gewisse **Zeit** beschränkt sein oder sollen den Gesellschaftern außer der Leistung von Kapitaleinlagen noch **andere Verpflichtungen** gegenüber der Gesellschaft auferlegt werden, so bedürfen auch diese Bestimmungen der Aufnahme im Gesellschaftsvertrag (§ 3 Abs. 2 GmbHG).

Auslegung des Gesellschaftsvertrags

Bei der **Auslegung** des Gesellschaftsvertrags ist zwischen den materiellen und den formellen Satzungsbestimmungen zu unterscheiden. Die Auslegung **materieller** Satzungsbestimmungen mit Regelungscharakter erfolgt nach ihrem objektiven Erklärungswert (**objektive Auslegung**). Zu berücksichtigen sind Wortlaut, Zweck und systematische Stellung der Regelung sowie allgemein zugängliche Unterlagen. Das sind vor allem die Akten des Handelsregisters wegen der Anlagen zur Registeranmeldung gem. § 8 Abs. 1 GmbHG. Dagegen erfolgt die Auslegung **formeller** Satzungsbestimmungen ohne Regelungscharakter, deklaratorischer Bestimmungen und schuldrechtlicher Nebenabreden nach den allgemeinen Auslegungsregeln der §§ 133, 157 BGB für Willenserklärungen aus der Sicht des Erklärungsempfängers nach Treu und Glauben (§ 242 BGB) unter Berücksichtigung der Verkehrssitte (**subjektive Auslegung**).

Vereinfachtes Verfahren

Das vereinfachte Verfahren zur Gründung der GmbH ist in § 2 Abs. 1a GmbHG geregelt. Wenn die Gesellschaft höchstens **drei** Gesellschafter und **einen** Geschäftsführer hat, kann sie in einem **vereinfachten** Verfahren gegründet werden. Für die Gründung sind die in der Anlage zu dieser Norm bestimmten **Musterprotokolle** (Gründung einer Ein- oder Mehrpersonengesellschaft) zu verwenden. Darüber hinaus dürfen keine vom Gesetz abweichende Bestimmungen getroffen werden. Das Musterprotokoll gilt zugleich als **Gesellschafterliste**. Im Übrigen finden auf das Musterprotokoll zur Gesellschaftsgründung die Vorschriften des GmbH-Gesetzes über den Gesellschaftsvertrag Anwendung.

Gesellschafter der GmbH

Gesellschafter der GmbH können natürliche und juristische Personen sowie andere rechtsfähige Gesellschaften sein, wie z. B. Außen-GbR (§ 705 BGB) oder OHG (§ 105 HGB).

Firma der Gesellschaft

Die Firma der Gesellschaft muss den **Rechtsformzusatz** „Gesellschaft mit beschränkter Haftung" oder eine allgemein verständliche Abkürzung dieser Bezeichnung enthalten. Verfolgt die Gesellschaft ausschließlich und unmittelbar **steuerbegünstigte Zwecke** nach §§ 51–68 AO kann die Abkürzung „gGmbH" lauten (§ 4 GmbHG).

Sitz der Gesellschaft

Der Sitz der Gesellschaft (**Satzungssitz**) ist der **Ort im Inland**, den der Gesellschaftsvertrag bestimmt (§ 4a GmbHG). Die **Wahl** des Ortes im Inland ist **freigestellt**. Der satzungsmäßige Sitz muss nicht in örtlichem Zusammenhang mit der Betriebsstätte oder der Hauptverwaltung (**Verwaltungssitz**) stehen. Die Verlegung des statuarischen Sitzes der Gesellschaft erfordert eine Änderung des Gesellschaftsvertrags (§§ 53, 54 GmbHG). Sie ist beim Registergericht des bisherigen Sitzes anzumelden, das dem Registergericht des neuen Sitzes die Unterlagen der Gesellschaft zur formellen Prüfung und Eintragung in das Handelsregister weitergibt (§ 13h HGB). Ein **Doppelsitz** der Gesellschaft ist grundsätzlich **unzulässig**. Ausnahmen gelten nur, wenn überragende firmenhistorische oder wirtschaftliche Interessen die registerrechtlichen Nachteile überwiegen. Dann erfolgen alle Eintragungen der Gesellschaft in das Handelsregister beider Sitzgerichte. Das Recht zur Errichtung einer **Zweigniederlassung** (§ 13 HGB) an einem anderen Ort als demjenigen der Hauptniederlassung wird dadurch nicht berührt.

bb. Gesellschaftsstatut

Internationales Gesellschaftsrecht (IPR)

Der Satzungssitz oder der Verwaltungssitz ist der Anknüpfungspunkt für das auf Gesellschaften und juristische Personen nach den Regeln des Internationalen Privatrechts anzuwendende Recht (**Gesellschaftsstatut**). Dieses bestimmt umfassend das rechtliche Innen- und Außenverhältnis der Gesellschaft von ihrer Errichtung bis zur Auflösung und Beendigung, einschließlich ihrer Rechts- und Parteifähigkeit, der Gesellschafterhaftung und Organvertretung („**von der Wiege bis zur Bahre**"). Das Internationale Gesellschaftsrecht und das Unionsrecht enthalten keine gesetzlichen Regelungen für das Gesellschaftsstatut.

Gründungstheorie

Nach der Gründungstheorie ist das Gesellschaftsstatut das Recht des Staates, in dem sie nach dortigem Recht wirksam gegründet wurde (**Gründungsstaat**). Sie ist vorherrschend im anglo-amerikanischen Recht und gilt zwischen der Bundesrepublik Deutschland und den Vereinigten Staaten (Art. XXV Abs. 5 S. 2 FrHSchV D-USA). Die Rechtsfähigkeit der Gesellschaft nach den Regeln des Gründungsstaates bleibt auch bei einer **Verlegung** des Verwaltungssitzes in einen anderen Staat **ohne rechtlichen Identitätsverlust** erhalten. Dies begünstigt die Mobilität von Gesellschaften und sichert ein liberales Gesellschaftsrecht durch die Wahl eines liberalen Gründungsrechts, birgt aber zugleich die Gefahr eines Rechtsmissbrauchs. Ein Vorteil ist auch die Rechtsklarheit durch eine einfache Feststellung des Gesellschaftsstatuts.

Strenge Sitztheorie

Nach der Sitztheorie ist Gesellschaftsstatut das Recht des Staates, in dem die Gesellschaft ihren effektiven Verwaltungssitz hat und tatsächlich ihre Geschäfte führt (**Sitzstaat**). Sie ist in den kontinental-europäischen Rechtsordnungen vorherrschend. Danach führt die Sitzverlegung der Gesellschaft zu einem **Statutenwechsel** nach Maßgabe des Rechts des Zuzugsstaats und zwar auch dann, wenn diese unter der Wahrung der Identität der Gesellschaft (**identitätswahrende Sitzverlegung**) erfolgt. Das führt zu einem Verlust der Rechtsfähigkeit der Gesellschaft. Diese muss nach dem Recht des Zuzugsstaats neu gegründet werden, wenn das materielle Recht des Wegzugs- und des Zuzugsstaats eine identitätswahrende Sitzverlegung der Gesellschaft nicht ermöglicht (**strenge Sitztheorie**).

Modifizierte Sitztheorie

Nach der aktuellen Rechtsprechung (BGH NJW 2002, 3359) ist eine ausländische Gesellschaft (hier: „Limited Company"), die den tatsächlichen Verwaltungssitz in Deutschland hat, als eine rechtsfähige Personengesellschaft (§ 14 Abs. 2 BGB) zu behandeln. Diese ist vor deutschen Gerichten jedenfalls parteifähig, auch wenn sie nach der Sitztheorie nicht entsprechend ihrem Gründungsstatut als Gesellschaft (mit beschränkter Haftung) zu behandeln wäre. Damit wird die ausländische Gesellschaft im Inland in eine deutsche Personengesellschaft umgewandelt. Die Gesellschafter haften (analog § 128f HGB) persönlich und unbeschränkt für die Schulden der Gesellschaft bürgerlichen Rechts (**modifizierte Sitztheo-**

rie). Die Kollisionsregeln werden im Anwendungsbereich des **Unionsrechts** durch die Niederlassungsfreiheit **verdrängt**. Sie sind im Verhältnis zu **Drittstaaten** aber weiterhin anwendbar, sofern nicht staatsvertraglich etwas anderes geregelt ist.

Verlegung des Verwaltungssitzes

Der Verwaltungssitz einer Gesellschaft, die in einem EU-Mitgliedstaat oder EWR-Vertragsstaat gegründet wurde, kann im Rahmen der **Niederlassungsfreiheit** (Art. 49, 54 AEUV; Art. 31, 34 EWRA) als **Zweigniederlassung** unter Beibehaltung der **Rechtsform des Gründungsstaats** in einen anderen Mitgliedstaat oder Vertragsstaat verlegt werden. Nach dieser Rechtsprechung des Europäischen Gerichtshofs ist der Zuzugsstaat verpflichtet, die Rechts- und Parteifähigkeit der Gesellschaft **anzuerkennen**. Das gilt unabhängig davon, ob die Gesellschaft bereits bei der Gründung oder erst nachträglich ihren Verwaltungssitz verlegt. Es gilt darüber hinaus, wenn die Gesellschaft nur in einem Mitgliedstaat/Vertragsstaat gegründet wurde, um sich in einem anderen niederzulassen und dort die Geschäftstätigkeit im Wesentlichen oder ausschließlich auszuüben (EuGH NJW 1999, 2027 – Centros, NJW 2002; 3614 – Überseering; NJW 2003, 3331 – Inspire Art; NJW 2016, 223 – Kornhaas/Dithmar). Die Niederlassungsfreiheit verdrängt das nationale Kollisionsrecht, da es nicht darauf ankommt ob im Zuzugsstaat die Gründungs- oder Sitztheorie vorherrscht. Gleichwohl führt die EuGH-Rechtsprechung im Ergebnis zu der Anwendung des Gründungstheorie im Zuzugsstaat bei der Verlegung des Verwaltungssitzes.

Grenzüberschreitender Rechtsformwechsel

Auch der **Satzungssitz** einer Gesellschaft kann nach der Rechtsprechung des Gerichtshofs im Rahmen der Niederlassungsfreiheit gleichzeitig mit (EuGH NJW 2012, 2715 Vale) und **ohne** den **Verwaltungssitz** (EuGH NJW 2017, 3639 Polbud) in die Rechtsform des aufnehmenden EU-Mitgliedsstaat oder EWR-Vertragsstaats verlegt werden. Die Niederlassungsfreiheit führt somit zu einer **Freiheit** der **Rechtsformwahl** für Gesellschaften im europäischen Rechtsraum. Sie gilt auch für die grenzüberschreitende **Umwandlung** einer Gesellschaft, soweit diese nach dem Recht des Aufnahmestaats möglich ist (EuGH NJW 2209, 569 Cartesio) und gleichfalls (EuGH NJW 2006, 425 SEVIC) die grenzüberschreitende **Verschmelzung** (§§ 122a–l UmwG).

cc. Vorgründungsgesellschaft

Von dem Zusammenschluss der künftigen Gesellschafter zur Gründung einer GmbH bis zur notariellen Beurkundung des Gesellschaftsvertrags besteht eine Vorgründungsgesellschaft. Sie entsteht **konkludent** und **formlos**, wenn die Gründer die Gesellschaftsgründung vereinbaren. Ein Vorvertrag, aus dem auf die Gründung einer GmbH geklagt werden kann, ist formbedürftig (§ 2 GmbHG analog) und muss bereits den Inhalt des Gesellschaftsvertrags (§ 3 GmbHG) enthalten. Grundsätzlich ist die Vorgründungsgesellschaft eine Innengesellschaft in Form der **Innen-GbR**. Betreiben die Gründer bereits gemeinsam ein Unternehmen, handelt es sich um eine rechtsfähige **Außen-GbR** (§§ 705 ff BGB) oder eine **OHG** (§§ 105 ff HGB), wenn die Gesellschaft ein Handelsgewerbe betreibt.

Haftung bei der Innengesellschaft

Bei der Innengesellschaft in Form der Innen-GbR haften die Gesellschafter untereinander nach **allgemeinen zivilrechtlichen Vorschriften**. Dabei kommt insbesondere eine Haftung aus Verschulden bei Vertragsschluss (§§ 280 Abs. 1, 241 Abs. 2, 311 Abs. 2 BGB) in Betracht.

Haftung bei der Außengesellschaft

Bei der Außen-GbR oder OHG haften die **Gründer**, wenn sie für die Gesellschaft handeln und in ihrem Namen Geschäfte tätigen, für die Verbindlichkeiten der Gesellschaft **unbeschränkt** mit ihrem **Privatvermögen** gem. § 128f HGB (analog) als Gesamtschuldner (§§ 421ff BGB). Die Vorgründungsgesellschaft **haftet** für ihre Verbindlichkeiten gegenüber den Gläubigern mit ihrem **Gesellschaftsvermögen** gem. § 124 Abs. 1 HGB (analog).

dd. Vorgesellschaft

Mit Abschluss des notariellen Gesellschaftsvertrags bis zur Eintragung der Gesellschaft als GmbH in das Handelsregister besteht eine Vorgesellschaft (**Vor-GmbH**). Rechte und Pflichten der Vorgründungsgesellschaft gehen **mangels Identität** der Gesellschaften nicht von der Vorgründungsgesellschaft auf die Vorgesellschaft über und auch nicht auf die später als GmbH in das Handelsregister eingetragene Gesellschaft. Vielmehr bedarf es dafür einer **Übertragung** des **Unternehmens** der Vorgründungsgesellschaft auf die Vorgesellschaft (Vor-GmbH) sobald diese entstanden ist. Sodann ist die Vorgründungsgesellschaft zu liquidieren (§§ 726, 730ff BGB; 105 Abs. 3 HGB). **Alternativ** können **sämtliche Anteile** der Vorgründungsgesellschaft auf die Vor-GmbH **übertragen** werden, was zur Folge hat, dass die Vorgründungsgesellschaft ohne Liquidation erlischt (**anwachsende Verschmelzung**). Die Vorgesellschaft ist eine rechtliche selbständige **Gesamthandgesellschaft** eigener Art *(sui generis)* und Inhaberin eigener Rechte und Pflichten. Sie ist Personengesellschaft, auf die bereits die Regelungen des GmbH-Gesetzes anwendbar sind, soweit diese nicht die Eintragung in das Handelsregister voraussetzen.

Haftung der Vorgesellschaft

Die Vorgesellschaft (Vor-GmbH) **haftet** mit ihrem **Gesellschaftsvermögen** für die in ihrem Namen eingegangenen Verbindlichkeiten gegenüber ihren Gläubigern.

Handelndenhaftung

Die Handelndenhaftung ist in § 11 Abs. 2 GmbHG geregelt. Sie begründet eine **Außenhaftung** für Personen, die nach der Gründung, aber vor der Eintragung der Gesellschaft in ihrem Namen (oder dem Namen der GmbH) rechtsgeschäftlich handeln. Die Regelung gilt allerdings nur für das **organschaftliche** Handeln der Vorgesellschaft durch ihre **Geschäftsführer** oder **faktisch** auftretenden Geschäftsführer. Sie haften für die Verbindlichkeiten der Gesellschaft gegenüber ihren Gläubigern persönlich **unbeschränkt** mit ihrem **Privatvermögen** (§ 11 Abs. 2 GmbHG) als **Gesamtschuldner** (§§ 421ff BGB). Mit Eintragung der Gesellschaft in das Handelsregister erlischt die Haftung aus § 11 Abs. 2 GmbHG. Ab diesem Zeitpunkt haftet den Gläubigern der Gesellschaft diese mit dem Gesellschaftsvermögen. Davon **zu unterscheiden** ist die Haftung der **Gesellschafter** der Vorgesellschaft.

Haftung der Vorgesellschafter – Unterbilanzhaftung

Die Gesellschafter der Vorgesellschaft (Vor-GmbH) müssen die Gesellschaft zur Eintragung in das Handelsregister anmelden und ihre Stammeinlagen erbringen. Die Stammeinlagen müssen in Summe mit dem Stammkapital der Gesellschaft übereinstimmen. Nach der Rechtsprechung (BGHZ 80, 129) **haften** die **Gesellschafter** für eine Unterbilanz der Vorgesellschaft im Zeitpunkt der Eintragung **der Gesellschaft** als GmbH im Handelsregister, die nicht auf die Höhe des Stammkapitals begrenzt ist (**Unterbilanzhaftung**). Der Wert der Vermögensgegenstände der Vorgesellschaft am Stichtag der Registereintragung muss den Betrag der Verbindlichkeiten und Rückstellungen um den Betrag des Stammkapitals überschreiten. Dies bedeutet, dass der von den Vorgesellschaftern auszugleichende Fehlbetrag auch eine etwaige über die Höhe des Stammkapitals hinausgehende Überschuldung umfasst (BGHZ 105, 300). Diese ergibt sich durch die Erstellung einer **Vorbelastungsbilanz** auf den Stichtag der Eintragung.

Die Unterbilanzhaftung setzt voraus, dass sämtliche Gesellschafter mit dem Geschäftsbeginn **einverstanden** sind und die Geschäftsführer so zur Vertretung der Vor-GmbH **ermächtigt** haben. Sonst wird die Gesellschaft nicht verpflichtet und der **Geschäftsführer** haftet als Vertreter ohne Vertretungsmacht (§ 11 Abs. 2 GmbHG bzw. § 179 BGB). Es haftet dann nicht die Gesellschaft und auch kein Gesellschafter. Bei Leistung einer **Sacheinlage** (§ 5 Abs. 4 GmbHG) ist damit die **Ermächtigung zur Geschäftsaufnahme** verbunden. Denn die Sacheinlage, z. B. Einbringung eines Unternehmens zur Fortführung, muss im **Gesellschaftsvertrag** festgesetzt werden, womit die **Gesellschafter** der Geschäftsaufnahme **zustimmen**.

Die Gesellschafter haften jedoch nur im Innenverhältnis (**Innenhaftung**) der Gesellschaft und nicht als Gesamtschuldner, sondern entsprechend ihrer **Beteiligungsquote**, in der Höhe aber unbegrenzt. Eine **Außenhaftung** der Gesellschafter als Gesamtschuldner kommt nach der Rechtsprechung (BGHZ 134, 333) nur in bestimmten Ausnahmefällen bei Vermögenslosigkeit der Vorgesellschaft, der Existenz nur eines Gläubigers oder nur eines Gründers sowie Fehlen einer ernsthaften Eintragungsabsicht oder Fortsetzung der Geschäfte nach Aufgabe der Eintragungsabsicht in Betracht.

Anspruchsverjährung

Der Anspruch der Gesellschaft gegen ihre Gesellschafter entsteht mit der Registereintragung der GmbH und **verjährt** in **zehn Jahren** beginnend ab dem Zeitpunkt der Eintragung (§ 9 Abs. 2 GmbHG analog).

Verlustdeckungshaftung der Gesellschafter

Außerdem haften die Gründer der Vor-GmbH, die der Aufnahme der Geschäfte **zugestimmt** haben, bei **Ausbleiben** der **Eintragung** in das Handelsregister persönlich unbeschränkt für die der Gesellschaft nach Verbrauch des Stammkapitals verbleibenden, bilanziell ausgewiesenen Verluste (**Verlustdeckungshaftung**). Dabei handelt es sich nach der Rechtsprechung (BGHZ 134, 333) um eine **Innenhaftung** der **Gesellschafter gegenüber** der nicht mehr eingetragenen **Vorgesellschaft** zur restlosen Befriedigung aller Gesellschaftsgläubiger. Diese sei ein Pendant zur internen Vorbelastungshaftung (Unterbilanzhaftung), die mit der Eintragung gegenüber der juristischen Person entstehe. Eine Haftungsbeschränkung der Gesellschafter der Vor-GmbH nach § 13 Abs. 2 GmbHG scheide aus, solange es an der Eintragung fehle. Vor der Eintragung in das Handelsregister besteht die GmbH als solche nicht (§ 11 Abs. 1 GmbHG).

ee. Eintragung der GmbH

Mit der Eintragung der GmbH in das Handelsregister gehen auf diese alle Rechte und Pflichten der Vor-GmbH von selbst *(ipso iure)* ohne gesonderte Vereinbarung und Übertragungsakt über. Dies beruht darauf, dass der Zweck der Vorgesellschaft bereits identisch mit dem Zweck der eingetragenen GmbH ist (**Identitätstheorie**). Die **Haftung** der im Namen der Vor-GmbH handelnden Personen nach § 11 Abs. 2 GmbHG erlischt mit der Eintragung der GmbH in das Handelsregister. Von diesem Zeitpunkt an haftet den Gläubigern der GmbH grundsätzlich nur das **Gesellschaftsvermögen** für die Verbindlichkeiten der Gesellschaft

(§ 13 Abs. 2 GmbHG). Die Gesellschafter haften für die Verbindlichkeiten der GmbH grundsätzlich nicht mit ihrem Privatvermögen. Aufgrund der Ausgestaltung der GmbH als juristische Person wird zwischen dem Vermögen der Gesellschaft und dem Vermögen ihrer Gesellschafter streng getrennt (**Trennungsprinzip**). Nur in bestimmten Fallgruppen kommt eine Haftung der Gesellschafter für die Verbindlichkeiten der Gesellschaft gegenüber ihren Gläubigern in Betracht (**Verlust des Haftungsprivilegs** des § 13 Abs. 2 GmbHG).

ff. Kapitalaufbringung

Bei der GmbH gilt der Grundsatz der Kapitalaufbringung. Das **Stammkapital** der GmbH muss mindestens **25.000 Euro** betragen (§ 5 Abs. 1 GmbHG). Es dient als **Haftungsfonds** zur Sicherung der Ansprüche der Gläubiger gegen die Gesellschaft, da die Haftung der Gesellschafter mit ihrem Privatvermögen ausgeschlossen ist (§ 13 Abs. 2 GmbHG). Bei Errichtung der Gesellschaft hat jeder Gesellschafter einen Gesellschaftsanteil zu übernehmen, dessen Nennbetrag auf volle Euro lauten muss. Daher muss jeder Gesellschafter eine Einlage von mindestens einem Euro übernehmen (**Einlagepflicht**). Ein Gesellschafter kann auch mehrere Geschäftsanteile übernehmen (§ 5 Abs. 2 GmbHG). Die Höhe der Nennbeträge der einzelnen Geschäftsanteile kann verschieden bestimmt werden. Die Summe der Nennbeträge aller Geschäftsanteile muss mit dem Stammkapital übereinstimmen (§ 5 Abs. 3 GmbHG).

Das Stammkapital kann durch **Bareinlagen** (Geldeinlagen) oder durch **Sacheinlagen** erbracht werden. In der **Anmeldung** zur Eintragung in das Handelsregister ist **zu versichern**, dass die Leistungen der Bareinlagen und Sacheinlagen auf die Geschäftsanteile bewirkt und dass der Gegenstand der Leistungen sich **endgültig in der freien Verfügung** der Geschäftsführer befindet. Das Gericht kann bei erheblichen Zweifeln an der Richtigkeit der Versicherung **Nachweise** (unter anderem Einzahlungsbelege) verlangen (§ 8 Abs. 2 GmbHG). Die freie Verfügbarkeit über den Geschäftsanteil durch die Geschäftsführer setzt voraus, dass der Gesellschafter seine Verfügungsmacht endgültig und vorbehaltlos zugunsten der Gesellschaft aufgibt und den Geschäftsführern die Verfügungsmacht über die Einlage verschafft, so dass diese wenigstens über den Wert des Gegenstandes frei disponieren können. Das Erfordernis der freien Verfügbarkeit ist nicht nur eine **formelle** Voraussetzung der Eintragung, sondern auch **materielle** Voraussetzung für die Erfüllung der Einlagepflicht.

Bareinlagen

Die Bareinlage ist der **gesetzliche Regelfall** zur Erbringung der Einlage auf das Stammkapital. Die Anmeldung der Gesellschaft zur Eintragung in das Handelsregister darf erst erfolgen, wenn auf **jeden Geschäftsanteil**, soweit nicht Sacheinlagen erbracht werden, ein **Viertel des Nennbetrags** eingebracht ist. Insgesamt muss auf das Stammkapital mindestens die Hälfte des Mindeststammkapitals, also **mindestens 12.500 Euro**, eingezahlt sein (§ 7 Abs. 2 GmbHG). Bareinlagen müssen in gesetzlichen Zahlungsmitteln bar oder unbar an die Gesellschaft geleistet werden. Die Leistung kann durch **Einzahlung** in die Gesellschaftskasse, Banküberweisung oder Geldsurrogate wie Scheck- oder Wechselzahlung als **Kontogutschrift** bei einem Kreditinstitut **zugunsten** der Gesellschaft erfolgen. Zweck der Bareinlagen ist, die Gesellschaft mit liquiden Mitteln auszustatten und die Haftungsmasse zu stärken. Die Einzahlung des Restbetrags kann im Gesellschaftsvertrag geregelt werden, ansonsten wird darüber durch Gesellschafterbeschluss bestimmt (§ 46 Nr. 2 GmbHG).

Aufrechnungsverbot

Zur Sicherung der realen Kapitalaufbringung können die Gesellschafter von der Verpflichtung zur Leistung der Einlagen **nicht befreit** werden und grundsätzlich **nicht** gegen den Anspruch der Gesellschaft auf Leistung der Einlagen **aufrechnen** (§ 19 Abs. 2 GmbHG). **Umgekehrt** ist die Aufrechnung der Gesellschaft gegen Ansprüche der Gesellschafter nur dann zulässig, wenn die Forderung des Gesellschafters **fällig, unbestritten** (**liquide**) und **wirtschaftlich vollwertig** ist. Das ist nicht der Fall, wenn die Gesellschaft sich schon in der Krise befindet und auch nicht, wenn der Gegenanspruch des Gesellschafters bereits verjährt ist (BGHZ 125, 141). Liegen die Voraussetzungen für eine Aufrechnung der Gesellschaft nicht vor, ist dies nach überwiegender Meinung dennoch wirksam, da der tatsächlich erreichte Wert des Gesellschafteranspruchs auf die Einlageforderung der Gesellschaft angerechnet werden könne (§ 19 Abs. 4 S. 3 GmbHG analog).

Kaduzierung, Ausfallhaftung

Die **weiteren Rechtsfolgen** des auf eine Stammeinlage nicht rechtzeitig eingezahlten Betrags regeln §§ 21–24 GmbHG. Soweit ein **säumiger Gesellschafter** seine Einzahlung auf die Stammeinlage nicht (vollständig) erbringt, kann der Gesellschafter mit seinem Geschäftsanteil von der Gesellschaft gem. § 21 GmbHG **ausgeschlossen** werden (**Kaduzierung**). Der Anteil bleibt aber anders als bei einer Einziehung bestehen und der Gesellschafter haftet der Gesellschaft weiterhin (**Ausfallhaftung**) für den rückständigen Einlagebetrag (§ 21 Abs. 4 GmbHG).

Rückgriffhaftung der Vormänner

Die Rechtsvorgänger (**Vormänner**) des ausgeschlossenen Gesellschafters haften für eine von ihm nicht erfüllte Einlageverpflichtung gem. § 22 GmbHG.

Öffentliche Versteigerung

Ist die Zahlung des rückständigen Betrags von Rechtsvorgängern nicht zu erlangen, kann die Gesellschaft den Geschäftsanteil im Weg der **öffentlichen Versteigerung** verkaufen lassen. Eine andere Art des Verkaufs ist nur mit Zustimmung des ausgeschlossenen Gesellschafters zulässig (§ 23 GmbHG).

Rückgriffhaftung der Mitgesellschafter

Soweit eine Stammeinlage weder von den Zahlungspflichtigen eingezogen, noch durch Verkauf des Geschäftsanteils gedeckt werden kann, haben die übrigen Gesellschafter den Fehlbetrag nach Verhältnis ihrer Geschäftsanteile aufzubringen (**Rückgriffhaftung der Mitgesellschafter**). Beiträge, welche von einzelnen Gesellschaftern nicht zu erlangen sind, werden nach dem Verhältnis ihrer Geschäftsanteile auf die übrigen Gesellschafter verteilt (§ 24 GmbHG). Von den in §§ 21 bis 24 GmbHG bezeichneten Rechtsfolgen können die Gesellschafter gem. § 25 AktG nicht befreit werden (**Befreiungsverbot**).

Sacheinlagen

Die Erbringung einer Sacheinlage auf das Stammkapital erfolgt aufgrund einer besonderen Erfüllungsvereinbarung (**Sacheinlagevereinbarung**). In diesem Fall besteht die Pflicht zur Geldeinlage subsidiär weiter, wenn die Sacheinlage fehlschlägt. Die Gefahr bei einer Sacheinlage ist eine Überbewertung der in das Gesellschaftsvermögen eingebrachten Gegenstände zum Nachteil der Gläubiger, da deren Wert nicht so einfach feststellbar ist wie bei einer Geldeinlage. Sollen Sacheinlagen eingebracht werden, so müssen der **Gegenstand** der Sacheinlage und der **Nennbetrag** des Geschäftsanteils, auf den sich die Sacheinlage **bezieht**, im Gesellschaftsvertrag **festgesetzt** werden.

Sachgründungsbericht

Die Gesellschafter haben in einem Sachgründungsbericht die für die **Angemessenheit** der Leistungen für Sacheinlagen **wesentlichen Umstände** darzulegen und beim Übergang eines Unternehmens auf die Gesellschaft die Jahresergebnisse der beiden letzten Geschäftsjahre anzugeben (§ 5 Abs. 4 GmbHG). Die Sacheinlagen müssen **vor** der **Anmeldung** der Gesellschaft zur Eintragung in das Handelsregister **vollständig eingebracht** werden, so, dass sie **endgültig zur freien Verfügung** der Geschäftsführer stehen (§ 7 Abs. 3 GmbHG). Sacheinlage ist **jede Form** der Einlage, die nicht Geldeinlage ist.

Vermögensgegenstände

Einlagefähig sind alle Gegenstände, die im Zeitpunkt ihrer Erbringung einen **feststellbaren Vermögenswert** haben (§ 27 Abs. 2 AktG analog) und zur freien Verfügung der Geschäftsführung auf die Gesellschaft übertragen und aus dem Vermögen des Sacheinlegers ausgeschieden werden können. Vermögensgegenstände können bewegliche, unbewegliche, vertretbare und unvertretbare **Sachen** sein, die zu Eigentum der Gesellschaft eingebracht werden, beschränkt dingliche **Rechte, Gesellschaftsanteile**, sofern sie übertragbar sind, Immaterialgüterrechte sowie Sach- und Rechtsgesamtheiten, also auch **Unternehmen** im Ganzen. Grundsätzlich sind auch **Forderungen** gegen die Gesellschaft einlagefähig, wenn sie als Sacheinlage unter Wahrung der dafür geltenden Regeln eingebracht werden sowie obligatorische **Nutzungsrechte.** Dagegen sind **Dienstleistungen** sind **nicht** einlagefähig.

Fallgruppen

Bei einer **einfachen Sacheinlage** entspricht der Einlagewert der Sache dem Nennbetrag des dafür übernommenen Geschäftsanteils. Bei einer gemischten Einlage (**Mischeinlage**) hat der Gesellschafter auf einen Anteil eine **Bar**- und **Sacheinlage** zu leisten, die betragsmäßig zusammen den Nennwert des Geschäftsanteils decken. Bei einer **gemischten Sacheinlage** aufgrund Sacheinlagevereinbarung **übersteigt** der Nennwert der Sache den Geschäftsanteil; der einbringende Gesellschafter (Inferent) kann einen **Ausgleich** für den Wertunterschied durch entsprechende Vereinbarung der Gesellschafter erhalten. Bei der **Sachübernahme** wird der Gegenwert einer Sacheinlage aufgrund Sachübernahmevereinbarung bei einer Bareinlage auf die Geldeinlagepflicht angerechnet.

Differenzhaftung

Die **Überbewertung** von Sacheinlagen ist **unzulässig.** Das Registergericht hat die Eintragung abzulehnen, wenn es feststellt, dass Sacheinlagen nicht unwesentlich überbewertet worden sind (§ 9c Abs. 1 S. 2 GmbHG). Wird die Gesellschaft jedoch in das Handelsregister eingetragen und erreicht der Wert der Sacheinlage im Zeitpunkt der Anmeldung nicht den Nennbetrag des dafür übernommenen Geschäftsanteils, muss der Gesellschafter in Höhe des Fehlbetrags (Differenz) eine Einlage in Geld leisten (**Differenzhaftung**). Sonstige Ansprüche wegen eines nicht durch den Wert der Sacheinlage vollständig gedeckten Agio, Mängeln der Sache oder weiterreichende Ansprüche aus Garantieverpflichtungen, insbesondere für die Vollwertigkeit der Einlage, Unterbilanzhaftung oder Gründungsverschulden, bestehen konkurrierend neben der Differenzhaftung (§ 9 Abs. 1 GmbHG). Der Anspruch auf Differenzhaftung gegen den Inferenten **verjährt** in **zehn Jahren** seit der Eintragung der Gesellschaft in das Handelsregister (§ 9 Abs. 2 GmbHG).

Verdeckte Sacheinlagen

Die verdeckte Sacheinlage ist in § 19 Abs. 4 GmbHG geregelt. Ist eine Geldeinlage eines Gesellschafters bei wirtschaftlicher Betrachtung und aufgrund einer im Zusammenhang mit der Übernahme der Geldeinlage getroffenen Abrede vollständig oder teilweise als Sacheinlage zu bewerten (**verdeckte Sacheinlage**), **befreit** dies den Gesellschafter **nicht** von seiner **Einlageverpflichtung. Objektiv** muss bei wirtschaftlicher Betrachtung eine Sacheinlage und **subjektiv** ein dahingehender Parteiwille (**Verwendungsabsprache**) im Zusammenhang mit der Bareinlage vorliegen. Bei der verdeckten Sacheinlage handelt sich nach der Rechtsprechung (BGHZ 170, 479) um eine Aufspaltung eines wirtschaftlich einheitlichen Vorgangs einer Sacheinbringung in zwei rechtlich getrennte Geschäfte, bei denen der Gesellschaft formell Bargeld als Einlage zugeführt (**Barzeichnung**), dieses jedoch gegen Zuführung eines anderen Gegenstandes (**Erwerbsgeschäft**) zurückgewährt wird. Die Gesellschaft erhält infolgedessen im wirtschaftlichen Ergebnis keine Bar-, sondern eine Sacheinlage.

Es macht keinen Unterschied, ob das vereinbarte Entgelt für die einzubringenden Gegenstände mit dem Bareinlagebetrag verrechnet wird, die Gesellschaft die übernommenen Sachgüter zunächst bezahlt und der veräußernde Inferent alsdann mit dem Erlös seine Bareinlageschuld begleicht oder die Gesellschaft eine schon erbrachte Bareinlage Abrede gemäß alsbald wieder zur Vergütung einer Sachleistung zurückzahlt. Die gesetzliche Regelung erfordert weiter, dass Bareinlage und verdeckte Sacheinlage durch die Verwendungsabsprache in **Zusammenhang** stehen. Diese wird bei einem zeitlichen Abstand von **weniger als sechs Monaten** zwischen Bareinlage und Abschluss des Erwerbsgeschäfts von der Rechtsprechung vermutet.

Beispiele: Die Gesellschaft zahlt mit den eingelegten Barmitteln dem Inferenten ein Darlehen zurück (§ 488 BGB), dass dieser der Gesellschaft vor Errichtung der Gesellschaft oder einer Kapitalerhöhung gewährt hat. Ebenso erfasst wird der Fall, dass die Gesellschaft erst die Forderung auf Rückzahlung des Darlehens tilgt und der Inferent sodann den erhaltenen Betrag als Bareinlage an diese zurückzahlt (BGH ZIP 2016, 762).

Rechtsfolge

Die verdeckte Sacheinlage bewirkt **keine Erfüllung** der Einlagepflicht des Gesellschafters (§ 19 Abs. 4 S. 1 GmbHG). Die schuldrechtlichen und dinglichen **Verträge** über die Sacheinlage und die Rechtshandlungen zu ihrer Ausführung sind jedoch **wirksam** (§ 19 Abs. 2 S. 2 GmbHG). Der **Geschäftsführer** darf bei der Anmeldung der Gesellschaft zur Eintragung in das Handelsregister nicht versichern, dass die geschuldete Geldeinlage bewirkt sei. Sonst macht er sich **strafbar** (§ 82 Abs. 1 Nr. 1 GmbHG) und kann mit einem Berufsverbot belegt werden (§ 6 Abs. 2 S. 2 Nr. 3c) GmbHG). Auch **haftet** er Gläubigern der Gesellschaft **deliktisch**, wenn er falsche Angaben macht (§§ 8 Abs. 2, 82 Abs. 2 GmbHG). Das Registergericht hat die Eintragung abzulehnen, wenn es feststellt, dass Sacheinlagen nicht unwesentlich überbewertet worden sind (§ 9c Abs. 1 S. 2 GmbHG). Wird die Gesellschaft jedoch in das Handelsregister eingetragen und erreicht der Wert der Sacheinlage im Zeitpunkt der Anmeldung nicht den Nennbetrag des dafür übernommenen Geschäftsanteils, wird auf die **fortbestehende Geldeinlagepflicht** des Gesellschafters der Wert des Vermögensgegenstandes im Zeitpunkt der Anmeldung der Gesellschaft zur Eintragung in das Handelsregister oder im Zeitpunkt seiner Überlassung an die Gesellschaft, falls dies später erfolgt, **angerechnet** (§ 19 Abs. 4 S. 3 GmbHG). Die verdeckte Sacheinlage kann aber nachträglich durch einen satzungsändernden Gesellschafterbeschluss mit der Bezeichnung des tatsächlich eingebrachten Gegenstandes und Erstattung eines Sachgründungsberichts geheilt werden. Mit Eintragung der Satzungsänderung in das Handelsregister (§§ 53, 54 GmbHG) ist die **Heilung** wirksam.

Hin- und Herzahlen

Das Hin- und Herzahlen ist in § 19 Abs. 5 GmbHG geregelt. Dabei geht es um Sachverhalte, nach denen die Leistung auf eine Bareinlagepflicht zeitnah an den Gesellschafter oder eine von ihm bestimmte Gesellschaft zurückfließen soll. Die Vorschrift betrifft die **Kapitalaufbringung** und wurde (wie auch § 30 Abs. 2 S. 2 Fall 2 GmbHG zur Kapitalerhaltung) durch das MoMiG 2008 eingeführt, um das **Cash-Pooling** zum Liquiditätsausgleich in **Konzernen** gesetzlich zu regeln. Bis dahin wurde das von der Rechtsprechung (BGHZ 157, 72 – November-Entscheidung) und herrschenden Lehre für unzulässig erachtet. Beim Cash-Pooling werden die Bankguthaben (freie Liquidität) von Unternehmen in einem Konzern auf ein zentral für den Konzern geführtes Konto, meist der Muttergesellschaft oder von dieser verwaltet, transferiert, wofür die jeweils daran beteiligten Konzernunternehmen einen Ausgleichsanspruch erhalten. Ist das Konzernunternehmen eine GmbH kann dies eine gegen die Kapitalaufbringung verstoßende **verdeckte Sacheinlage** bei der Gründung der Gesellschaft darstellen (§ 19 Abs. 4 GmbHG), da der Muttergesellschaft von der Tochter-GmbH durch den Beitritt zum Cash-Pool-System nach überwiegender Ansicht ein Darlehen (§ 488 BGB) zur Verfügung gestellt wird.

Die Muttergesellschaft verpflichtet sich zum **Ausgleich** eines **negativen Saldos** auf dem an das Cash Pooling angeschlossenen Unterkonto der Tochter-GmbH. Die Muttergesellschaft erbringt ihre Einlage als Gesellschafterin der Tochter-GmbH auf deren Konto, dass in das Cash-Pooling einbezogen ist oder von dem die Einlage auf ein solches transferiert wird (**Hinzahlen**). Die Einlage soll sodann als Darlehen (§ 488 BGB) an die Muttergesellschaft oder an ein von ihr bestimmtes Konzernunternehmen gezahlt und vom dem Cash-Pool-Unterkonto der Tochter-GmbH wieder abgebucht werden (**Herzahlen**). Dafür erhält sie gegen die Muttergesellschaft einen Anspruch auf Darlehensrückzahlung (§ 488 Abs. 1 S. 2 BGB). Wenn es sich dabei um eine verdeckte Sacheinlage handelt, ist der Gesellschafter nicht von der **Einlageverpflichtung** befreit (§ 19 Abs. 4 S. 1 GmbHG). Die Befreiung tritt als **Ausnahme** davon in diesem Fall nur bei Vorliegen der Voraussetzungen des 19 Abs. 5 GmbHG ein.

Voraussetzungen der Ausnahme nach § 19 Abs. 5 GmbHG

Die gesetzliche Regelung des § 19 Abs. 5 S. 1 GmbHG setzt voraus, dass vor der Einlage eine **Leistung** an den Gesellschafter **vereinbart** worden ist, die **wirtschaftlich** der **Rückzahlung** einer Einlage entspricht und die **nicht** als **verdeckte Sacheinlage** i. S. v. § 19 Abs. 4 GmbHG zu beurteilen ist. Dies befreit den Gesellschafter von seiner Einlageverpflichtung, wenn die Leistung durch einen **vollwertigen Rückgewähranspruch** gedeckt ist, der **jederzeit fällig** ist, oder durch **fristlose Kündigung** durch die Gesellschaft fällig werden kann (§ 19 Abs. 5 S. 1 GmbHG). Eine solche Leistung oder die Vereinbarung einer solche Leistung ist in der **Anmeldung** der Gesellschaft zum Handelsregister **anzugeben** (§ 19 Abs. 5 S. 2 GmbHG).

Vereinbarung „vor der Einlage"

Die Anwendbarkeit der Regelung des § 19 Abs. 5 S. 1 GmbHG setzt voraus, dass die Beteiligten vor der Einlage eine Leistung an den Gesellschafter vereinbart haben. Die Leistung bezieht sich auf die Rückführung einer Bareinlage und nicht einer Sacheinlage, die im **Gründungsstadium** der Gesellschaft vereinbart wurde. Dabei wird in der Literatur teils auf den Zeitpunkt schon vor der Leistung der Einlage an den Gesellschafter und nicht nur der

Anmeldung zur Eintragung in das Handelsregister, teils auf den Zeitpunkt vor der Anmeldung oder erst vor der Eintragung abgestellt. Jedenfalls ist die Regelung **ab Eintragung nicht** mehr anwendbar. Dann handelt es sich nicht mehr um eine Frage der Kapitalaufbringung, sondern der **Kapitalerhaltung** (§§ 30, 31, 43 Abs. 3 GmbHG). Eine Vereinbarung ist **jede Übereinkunft** der Beteiligten, die nicht rechtsverbindlich sein muss. Sie wird bei sachlichem und zeitlichem Zusammenhang zwischen Einlageleistung und Rückgewähr widerleglich vermutet.

Leistung an den Gesellschafter

Die vereinbarte Leistung ist i. d. R. eine **Darlehensgewährung** (§ 488 BGB). Sie muss von der Gesellschaft an den Gesellschafter erfolgen oder ihm wirtschaftlich zuzurechnen sein. Das kommt insbesondere bei verwandtschaftlicher oder wirtschaftlicher Verbundenheit in Betracht (**qualifizierte Nähe**). Eine wirtschaftliche Zurechnung liegt nach der Rechtsprechung auch vor, wenn die Einlage des Kommanditisten bei der GmbH & Co. KG von der Komplementär-GmbH an die KG als Darlehen weitergereicht wird (BGHZ 174, 370).

Vollwertiger Rückgewähranspruch der Gesellschaft

Die Gesellschaft muss für die Leistung einen Rückgewähranspruch erwerben, der sie in vollem Umfang deckt und vollwertig ist. Bei Darlehensgewährung folgt der Anspruch aus § 488 Abs. 1 S. 2 BGB. Der Rückgewähranspruch ist **vollwertig**, wenn nach den Vermögensverhältnissen des einlegenden Gesellschafters damit zu rechnen ist, dass er im Zeitpunkt der Rückgewähr imstande ist, seine Verbindlichkeit vollständig zu erfüllen. Die Wiederherstellung der Einlage darf in keiner Weise als gefährdet erscheinen. Ein vollwertiger Anspruch liegt vor, wenn er als Forderung bilanziell in voller Höhe aktiviert werden darf (**bilanzielle Betrachtungsweise**). Das ist nicht der Fall, wenn der Gesellschafter sich schon in der **Krise** befindet oder der Anspruch **verjährt** ist (BGHZ 125, 141).

Jederzeitige Fälligkeit des Rückgewähranspruchs

Der **Rückgewähranspruch** ist jederzeit **fällig**, wenn für die Leistung eine Zeit weder bestimmt noch aus den Umständen zu entnehmen ist (§ 271 Abs. 1 BGB).

Cash-Pool-Entscheidungen des Bundesgerichtshofs

Nach der Rechtsprechung des Bundesgerichtshofs (BGHZ 182, 103 – Cash Pool II) ist die Einzahlung auf ein Cash-Pool-Konto der GmbH eine **verdeckte Sacheinlage** (§ 19 Abs. 4 GmbHG), wenn der **Saldo** auf dem Zentralkonto des Cash-Pools, über das der einlegende Gesellschafter (Inferent) mittelbar oder unmittelbar verfügungsberechtigt ist, im Zeitpunkt der Weiterleitung zu Lasten der GmbH **negativ** ist, andernfalls liegt ein Hin- und Herzahlen vor. Der GmbH fließe beim negativen Saldo im wirtschaftlichen Ergebnis infolge der Weiterleitung der Bareinlage nicht der vereinbarte Barbetrag, sondern die Befreiung von der Verbindlichkeit aus der Cash-Pool-Verbindung zu. Sie erhalte damit nicht den Barbetrag, sondern mit dem Verzicht des Inferenten auf die Darlehensrückzahlung einen **Sachwert**. Der Inferent nehme es bei der Vereinbarung eines Cash-Pools in Kauf, dass auf dem Zentralkonto des Cash-Pools im Zeitpunkt der Weiterleitung des Einlagebetrags ein negativer Saldo zulasten der GmbH besteht und es dann zu einer **verbotenen Verrechnung** kommt. Soweit die Einlage dagegen auf ein Zentralkonto des Inferenten weitergeleitet werde, dessen Saldo **ausgeglichen** oder zugunsten der GmbH **positiv** ist, liege ein reines **Hin- und Herzahlen** vor.

Mit der Weiterleitung auf das Zentralkonto gewähre die GmbH dem Inferenten ein **Darlehen**. Der Inferent werde dann nur von seiner Einlageverpflichtung **befreit**, wenn die besonderen Voraussetzungen des § 19 Abs. 5 S. 1 GmbHG **erfüllt** seien und der Geschäftsführer diese bei der Anmeldung zur Eintragung (§ 8 GmbHG) **angebe** (§ 19 Abs. 5 S. 2 GmbHG). Übersteige die Einlagezahlung den negativen Saldo, liege nur **teilweise** eine **verdeckte Sacheinlage** und in Höhen der den Sollsaldo übersteigenden Zahlung **teilweise** ein **Hin- und Herzahlen** vor, da die Einzahlung geteilt werden könne. Soweit mit der Zahlung der Einlage eine verdeckte Sacheinlage vorliege, führten **spätere Leistungen** aus dem Cash-Pool nach der Rechtsprechung (BGHZ 166, 8 – Cash-Pool I) **nicht** zur **Tilgung** der Einlageschuld. Auch beim bloßen Hin und Herzahlen würde die fortbestehende Einlageschuld nicht durch spätere Leistungen über den Cash-Pool an Gläubiger der GmbH getilgt. Zudem liege die für das zulässige Hin und Herzahlen erforderliche jederzeitige Fälligkeit nicht schon mit der Möglichkeit vor, über den abgeflossenen Betrag zu verfügen. Dem Erfordernis der jederzeitigen Fälligkeit gleichwertig sei nur die Befugnis, den Rückgewähranspruch ohne Einschränkungen jederzeit fällig stellen zu können.

Rechtsfolge

Das **zulässige** Hin- und Herzahlen führt zur **Befreiung** des Gesellschafters von der Pflicht zur Erbringung der Bareinlage auf das Stammkapital. Dabei erfordert die Rechtsprechung anders als teilweise das Schrifttum dafür auch die Einhaltung der **Angaben** bei der **Anmeldung** der Gesellschaft zur Eintragung in das Handelsregister nach § 8 GmbHG (§ 19 Abs. 5 S. 2 GmbHG) als **Erfüllungsvoraussetzung**. Liegen die Voraussetzungen des § 19 Abs. 5 S. 1 GmbHG nicht vor, ist die Pflicht des Gesellschafters zur Einbringung der Bareinlage **nicht erfüllt** und besteht weiterhin. Der **Geschäftsführer** darf bei der Anmeldung der Gesellschaft zur Eintragung in das Handelsregister in diesem Fall nicht versichern, dass die geschuldete Geldeinlage bewirkt sei. Sonst macht er sich **strafbar** (§ 82 Abs. 1 Nr. 1 GmbHG) und kann mit einem Berufsverbot belegt werden (§ 6 Abs. 2 S. 2 Nr. 3c) GmbHG). Auch **haftet** er Gläubigern der Gesellschaft **deliktisch**, wenn er falsche Angaben macht (§§ 8 Abs. 2, 82 Abs. 2 GmbH). Das Registergericht muss die Eintragung der nicht ordnungsgemäß errichteten und angemeldeten Gesellschaft ablehnen (§ 9c Abs. 1 S. 1 GmbHG).

gg. UG (haftungsbeschränkt)

Die Unternehmergesellschaft **(UG) (haftungsbeschränkt)** ist als GmbH **ohne** ein **Mindeststammkapital** nach § 5 Abs. 1 GmbHG ist durch das MoMiG 2008 eingeführt worden (§ 5a GmbHG). Damit bezweckte der Gesetzgeber, eine Alternative zu der nicht börsennotierten britischen *Limited Company* **(Rechtsformwahlfreiheit)** zu schaffen. Es war auch grundsätzlich beabsichtigt, im Wettbewerb der europäischen Rechtsordnungen attraktive Voraussetzungen für die Gründung einer Kapitalgesellschaft anbieten zu können. Die UG (haftungsbeschränkt) ist allerdings keine eigene Rechtsform, sondern eine gesetzliche Variante der GmbH mit der Besonderheit, dass ihr Stammkapital 25.000 Euro unterschreitet. Sie unterliegt dem **GmbH-Recht**, soweit sich nicht aus § 5a GmbHG Abweichungen ergeben. Wie die GmbH kann die UG (haftungsbeschränkt) für **alle zulässigen Zwecke**, auch für nicht unternehmerische und gemeinnützige Zwecke (§§ 51ff AO) und als Ein-Personen-Gesellschaft **(Ein-Mann-UG)**, gegründet werden. Sie ist auch Handelsgesellschaft (§ 13 Abs. 3 GmbHG) und rechnungslegungspflichtig (§§ 264ff HGB).

Firma

Die Gesellschaft muss abweichend von § 4 GmbHG für die Firma den **Rechtsformzusatz** als „Unternehmergesellschaft (haftungsbeschränkt)" oder „UG (haftungsbeschränkt)" führen (§ 5a Abs. 1 GmbHG). Dies dient dazu, im Rechtsverkehr eine Verwechslung mit der GmbH zu vermeiden. Wird der Rechtsformzusatz der GmbH für eine UG (haftungsbeschränkt) verwendet und dadurch im Rechtsverkehr der Rechtsschein einer GmbH gesetzt, haftet der Handelnde gutgläubigen Dritten gegenüber nach den Grundsätzen der **Rechtsscheinhaftung** auf Erfüllung oder Schadensersatz.

Stammkapital

Das Stammkapital der Gesellschaft muss den Betrag von 25.000 Euro unterschreiten. Es gibt zwar kein gesetzliches Mindeststammkapital. Der Nennwert eines Geschäftsanteils muss aber mindestens 1 Euro betragen (§ 5 Abs. 2 S. 1 GmbHG). Daher kann die Gesellschaft mit einem **Stammkapital** von **1 Euro bis 24.999 Euro** gegründet werden. Die Anmeldung zur Eintragung in das Handelsregister darf nach § 5a Abs. 2 S. 1 GmbHG erst erfolgen, wenn das Stammkapital in voller Höhe bar eingezahlt ist **(Volleinzahlungsgebot)**. Sacheinlagen sind nach § 5a Abs. 2 S. 2 GmbHG ausgeschlossen **(Sacheinlageverbot)**. In der Bilanz des Jahresabschlusses (§§ 242, 264 HGB) ist eine gesetzliche Rücklage zu bilden, in die ¼ des um einen Verlustvortrag aus dem Vorjahr geminderten Jahresüberschusses einzustellen ist (§ 5a Abs. 3 S. 1 HGB). Nach dem Gesetzeszweck soll die gesetzliche Rücklage dazu führen, dass die mit nur geringem Stammkapital gegründete Gesellschaft durch Thesaurierung innerhalb einiger Jahre eine höhere Eigenkapitalausstattung erreicht. Die Rücklage darf nur verwendet werden (§ 5a Abs. 3 S. 2 Nr. 1–3 GmbHG):

- für eine Kapitalerhöhung aus Gesellschaftsmitteln (§ 57c GmbHG);
- zum Ausgleich eines Jahresfehlbetrags soweit er nicht durch einen Gewinnvortrag aus dem Vorjahr gedeckt ist;
- zum Ausgleich eines Verlustvortrags aus dem Vorjahr, soweit er nicht durch einen Jahresüberschuss gedeckt ist (§ 5a Abs. 3 S. 2 Nr. 1–3 GmbHG).

Kapitalerhöhung aus Gesellschaftsmitteln

Die zulässige Verwendung der Rücklage zu einer Kapitalerhöhung aus Gesellschaftsmitteln (§ 57c GmbHG) soll bewirken, dass die UG (haftungsbeschränkt) Eigenkapital sammelt und das Mindeststammkapital (§ 5 Abs. 1 GmbHG) der GmbH erreicht **(Kapitalaufholung)**. Erhöht die Gesellschaft ihr Stammkapital dementsprechend gem. § 57c GmbHG durch Umwandlung von Rücklagen in Stammkapital **(Kapitalerhöhung aus Gesellschaftsmitteln)** wird sie zu einer GmbH und die Vorschriften des § 5a Abs. 1–4 GmbHG finden keine Anwendung mehr; die bisherige Bezeichnung der Firma als „UG (haftungsbeschränkt)" darf beibehalten werden (§ 5a Abs. 5 GmbHG).

b. Rechts- und Parteifähigkeit

aa. Rechtsfähigkeit

Die GmbH ist **juristische Person** mit Rechtsfähigkeit und Parteifähigkeit (§ 50 Abs. 1 ZPO). Sie hat selbstständig ihre Rechte und Pflichten, kann Eigentum und andere dingliche Rechte an Grundstücken erwerben, vor Gericht klagen und verklagt werden (§ 13 Abs. 1 GmbHG). Als juristische Person in Form einer Körperschaft ist sie **Trägerin** des **Gesellschaftsvermögens**, das von dem Vermögen der Gesellschafter getrennt ist. Für die Gesellschaftsverbindlichkeiten haftet den Gläubigern nur das Gesellschaftsvermögen (§ 13 Abs. 2 GmbHG). Die Gesellschaft gilt als **Handelsgesellschaft** im Sinne des Handelsgesetzbuchs (§ 13 Abs. 3 GmbHG). Da die GmbH Formkaufmann ist, finden die für Kaufleute geltenden Vorschriften auf sie Anwendung (§ 6 Abs. 2 HGB). Die GmbH handelt als juristische Person durch die **Geschäftsführer** und die **Gesellschafterversammlung** als ihre Organe. Die Gesellschafter können als drittes Organ der Gesellschaft einen Aufsichtsrat (**fakultativer Aufsichtsrat**) bestellen. Sie müssen diesen als Pflichtorgan nach den Vorgaben des **Mitbestimmungsrechts** der Arbeitnehmer (§ 1 Abs. 1 Nr. 3 DrittelbG, § 1 Abs. 1 Nr. 2 MitbestG, § 52 Abs. 2 GmbHG) bestellen (**obligatorischer Aufsichtsrat**). Sie können anstelle eines fakultativen Aufsichtsrats im Gesellschaftsvertrag ein anderes drittes Organ, wie z. B. einen Beirat, Verwaltungsrat oder Gesellschafterausschuss vorsehen.

bb. Parteifähigkeit

Die Parteifähigkeit bestimmt sich gem. § 50 Abs. 1 ZPO nach der Rechtsfähigkeit. Aufgrund ihrer Rechtsfähigkeit (§ 13 Abs. 1 GmbHG) ist die GmbH auch parteifähig. Damit kann die Gesellschaft unter ihrem Namen klagen und verklagt werden.

c. Innenverhältnis

aa. Geschäftsführung

Die Geschäftsführung ist in §§ 6, 35 ff GmbHG geregelt. Die GmbH muss einen oder mehrere Geschäftsführer haben (§ 6 Abs. 1 GmbHG). Dieser ist **Handlungs-** und **Vertretungsorgan** der Gesellschaft. **Geschäftsführer** kann nur eine natürliche unbeschränkt geschäftsfähige Person sein (§ 6 Abs. 2 S. 1 GmbHG). Ein Gesellschafter kann nur für die Gesellschaft handeln und sie vertreten, wenn er zum Geschäftsführer bestellt ist. Die Geschäftsführung kann auch auf eine Person, die nicht Gesellschafter ist (**Fremdorganschaft**), als Organwalter übertragen werden. Die Bestellung zum Geschäftsführer erfolgt entweder im Gesellschaftsvertrag oder durch Mehrheitsbeschluss der Gesellschafterversammlung (§§ 6 Abs. 3, 46 Nr. 5 GmbHG). Die Bestellung des Geschäftsführers ist grundsätzlich jederzeit durch Mehrheitsbeschluss der Gesellschafter **widerruflich** (§§ 38 Abs. 1, 46 Nr. 5 GmbHG). Die Zulässigkeit des Widerrufs des Geschäftsführers kann im Gesellschaftsvertrag auf wichtige Gründe, beschränkt werden, v. a. auf grobe Pflichtverletzungen oder Unfähigkeit zur ordnungsgemäßen Geschäftsführung (§ 38 Abs. 2 GmbHG). Bei Bestellung mehrerer Geschäftsführer sind diese nur gemeinschaftlich zur Geschäftsführung befugt (**Gesamtgeschäftsführungsbefugnis**), es sei denn, dass der Gesellschaftsvertrag etwas anderes bestimmt (vgl. § 35 Abs. 2 S. 1 GmbHG).

Der Geschäftsführer ist **Organ** und **Angestellter** der GmbH. Seine Organstellung folgt aus der Bestellung als körperschaftlicher Akt. Das Anstellungsverhältnis ist Geschäftsbesorgungs- oder Dienstvertrag (§§ 675, 611 BGB) (**Anstellungsvertrag**). Dieser kann auch konkludent durch Tätigkeitsbeginn abgeschlossen werden und bedarf keiner Schriftform (BGH GmbHR 1997, 547). Im Anstellungsvertrag verpflichtet sich der Geschäftsführer gegenüber der Gesellschaft zur Wahrnehmung der Organstellung. Im Unterschied zur Organstellung des Geschäftsführers kann der Anstellungsvertrag i. d. R. nur fristgemäß oder aus wichtigem Grund außerordentlich (§ 626 BGB) gekündigt werden. Der Anstellungsvertrag besteht **rechtlich unabhängig** von der grundsätzlich frei widerrufbaren Organstellung des Geschäftsführers.

Der Geschäftsführer ist auch bei Eintragung mit dieser Bezeichnung in das Handelsregister **kein Kaufmann** i. S. v. § 1 HGB. Dies ist nur die GmbH als Handelsgesellschaft (§ 13 Abs. 3 GmbHG, § 6 HGB). Außerdem ist er **kein Unternehmer** i. S. v. § 14 Abs. 1 BGB, da er keine gewerbliche oder selbständige, sondern eine angestellte Tätigkeit ausübt (BGH NJW 2004, 3039). Er kann aber besonders als Fremdgeschäftsführer oder mit einer Beteiligung unterhalb der Sperrminorität **Verbraucher** (§ 13 BGB) sein (BAG ZIP 2010, 1816). Der Geschäftsführer ist grundsätzlich **kein Arbeitnehmer**, weshalb viele Bestimmungen des Arbeitnehmerrechts keine Anwendung finden. Insbesondere gilt das Kündigungsschutzrecht nicht für Mitglieder des Vertretungsorgans einer juristischen Person (§ 14 Abs. 1 Nr. 1 KSchG).

Aufgaben der Geschäftsführung

Die Aufgabe der Geschäftsführung wird durch die Geschäftsführer wahrgenommen. Sie sind dazu verpflichtet, die Gesellschaft zu führen und zu vertreten. Insoweit ist Geschäftsführung jede tatsächliche oder rechtsgeschäftliche Tätigkeit für die Gesellschaft. **Im Innenverhältnis** müssen sie gegenüber der Gesellschaft die Beschränkungen der Vertretungsbefugnis aufgrund Gesellschaftsvertrags oder Beschlüsse der Gesellschafter (**Weisungen**) einhalten (vgl. § 37 Abs. 1 GmbHG). Entscheidungen, die **ungewöhnliche** oder **Grundlagengeschäfte** betreffen, müssen der Gesellschafterversammlung zur Beschlussfassung vorgelegt werden. Aufgrund der **Weisungsbefugnis** und der damit verbundenen **Weisungsgebundenheit** der Geschäftsführer haben die Gesellschafter eine **übergeordnete Geschäftsführungskompetenz**. Zu beachten ist, dass gegenüber dritten Personen (**Außenverhältnis**) Beschränkungen der Geschäftsführungs- und Vertretungsbefugnis im Innenverhältnis **keine Wirkung** haben (§ 37 Abs. 2 GmbHG). Rechtsgeschäfte können bei einem evidenten Missbrauch der Vertretungsmacht und wegen Kollusion (§ 138 Abs. 1 BGB) **ausnahmsweise nichtig** sein. Überschreiten die Geschäftsführer ihre Kompetenzen im Innenverhältnis, können sie sich gegenüber der Gesellschaft außerdem **schadensersatzpflichtig** machen.

bb. Haftung für Pflichtverletzungen

Nach § 43 Abs. 2 GmbHG haften Geschäftsführer, welche ihre Obliegenheiten verletzen, der Gesellschaft gesamtschuldnerisch (§§ 421 ff BGB) für den entstandenen Schaden (§ 43 Abs. 2 GmbHG). Die Haftung besteht grundsätzlich nur der Gesellschaft gegenüber (**Innenhaftung**) und wird i. d. R. durch einen Beschluss der Gesellschafterversammlung geltend gemacht (§ 46 Nr. 8 GmbHG). Die Haftung setzt eine **schuldhafte Pflichtverletzung** des Geschäftsführers in Ausübung seiner Funktion voraus, durch die der GmbH ein **kausaler Schaden** entstanden ist. Der Maßstab für Verschulden durch fahrlässiges Verhalten (§ 276 Abs. 2 BGB) wird in § 43 Abs. 1 GmbHG konkretisiert. Danach haben die Geschäftsführer in den Angelegenheiten der Gesellschaft die **Sorgfalt eines ordentlichen Geschäftsmannes** anzuwenden. Darunter ist diejenige Sorgfalt zu verstehen, die ein ordentlicher Geschäftsmann in verantwortlicher Position bei selbstständiger Wahrnehmung fremder Vermögensinteressen zu beachten hat. Art und Größe des Unternehmens und auch der Unternehmenszweck sind zu berücksichtigen. Das Haftungsprivileg des § 708 BGB gilt bei der GmbH nicht, auch wenn der Geschäftsführer zugleich Gesellschafter ist.

Business Judgement Rule

Eine Pflichtverletzung liegt analog § 93 Abs. 1 S. 2 AktG nicht vor, wenn der Geschäftsführer bei einer unternehmerischen Entscheidung vernünftigerweise annehmen durfte, auf der Grundlage angemessener Information zum Wohl der Gesellschaft zu handeln (**Business Judgement Rule**). Er hat insoweit einen **unternehmerischen Ermessensspielraum**. Die von der Rechtsprechung für den Vorstand der Aktiengesellschaft entwickelten Grundsätze (BGHZ 135, 244 ARAG/Garmenbeck) gelten auch für den Geschäftsführer einer GmbH (BGHZ 152, 280). Danach ist der Geschäftsführer nicht bereits bei Fehlen der „glücklichen

Hand", sondern erst dann schadensersatzpflichtig, wenn die Grenzen verantwortungsbewussten unternehmerischen Handelns deutlich überschritten sind. Wesentlich ist die vom Geschäftsführer vorzunehmende **Prognose** bei der unternehmerischen Entscheidung und sein **gutgläubiges Handeln** zum **Wohl** des **Unternehmens** aufgrund angemessener Informationen. Die Einhaltung der Business Judgement Rule setzt demgemäß folgendes voraus:

- bewusstes zielgerichtetes unternehmerisches Handeln,
- zukunftsbezogene prognostische unternehmerische Entscheidung,
- Handeln ohne Sonderinteressen oder sachfremde Einflüsse,
- Handeln zum Wohle der Gesellschaft,
- Handeln auf der Grundlage angemessener Information,
- gutgläubiges Handeln hinsichtlich der im Voraus (ex ante) getroffenen Entscheidung für das Unternehmenswohl.

Beweislastverteilung

Die **Gesellschaft** trifft die Beweislast für den Eintritt eines Schadens und für das Handeln des Geschäftsführers durch ein Tun oder Unterlassen, das für den Schaden ursächlich war. Der **Geschäftsführer** muss beweisen, dass er unter Einhaltung der Business Judgement Rule keine Pflichtverletzung begangen und nicht schuldhaft i. S. v. § 43 Abs. 1 GmbHG gehandelt hat.

Haftung faktischer Geschäftsführer

Die Haftung für Pflichtverletzungen gegenüber der Gesellschaft besteht auch für Personen, die die Aufgaben eines Geschäftsführers übernommen haben, ohne wirksam bestellt worden zu sein (**Haftung faktischer Geschäftsführer**). Dies setzt nach der Rechtsprechung voraus, dass der Betreffende die Geschicke der Gesellschaft durch eigenes Handeln im Außenverhältnis, das die Tätigkeit des rechtlichen Geschäftsführungsorgans nachhaltig prägt, maßgeblich in die Hand genommen hat (BGHZ 150, 61; ZIP 2005, 1550).

Haftungsausschluss

Die Haftung der Geschäftsführer ist grundsätzlich ausgeschlossen, wenn sie eine **rechtmäßige Weisung** der Gesellschafterversammlung ausführen oder eine Maßnahme der Geschäftsführer von der Gesellschafterversammlung nachträglich gebilligt wird. Denn damit fehlt es bereits an einer Pflichtverletzung im Sinne des § 43 Abs. 2 GmbHG. Zudem entfällt die Haftung, wenn die Gesellschafterversammlung die **Entlastung** eines Geschäftsführers beschließt. Denn damit verzichtet die Gesellschaft auf Schadensersatzansprüche, die für alle Gesellschafter bekannt oder erkennbar waren.

Verstoß gegen das Stammkapitalerhaltungsgebot

Die Geschäftsführer sind der Gesellschaft zum Ersatz verpflichtet, wenn den Bestimmungen des § 30 GmbHG (**Stammkapitalerhaltungsgebot**) zuwider Zahlungen aus dem zur Erhaltung des Stammkapitals erforderlichen Vermögen der Gesellschaft gemacht oder entgegen den Bestimmungen des § 33 GmbHG eigene Geschäftsanteile der Gesellschaft erworben worden sind (§ 43 Abs. 3 S. 1 GmbHG). Ein **Verzicht** der Gesellschaft auf die Ersatzansprüche oder ein **Vergleich** über die Ersatzansprüche ist **unwirksam**, soweit der Ersatz zur Befriedigung der Gläubiger der Gesellschaft erforderlich ist (§ 9b Abs. 1 S. 1 GmbHG). In diesem Fall wird die Verpflichtung der Geschäftsführer zur Leistung von Schadensersatz nicht dadurch aufgehoben, dass sie einen Beschluss der Gesellschafter befolgt haben (§ 43 Abs. 3 S. 2, 3 GmbHG). Die Ansprüche aus § 43 Abs. 2 und 3 GmbHG **verjähren** in **fünf Jahren**.

cc. Gesellschafterversammlung

Die Gesellschafterversammlung ist in §§ 46–51 GmbHG geregelt. Sie ist das **oberste Organ** der GmbH, in der die Gesellschafter ihre Entscheidungen durch **Beschlüsse** treffen (§ 48 Abs. 1 GmbHG). Die Gesellschafter können einen einstimmigen Beschluss auch in Textform (§ 126b BGB) fassen oder einverständlich eine Abstimmung im schriftlichen Verfahren abhalten (§ 48 Abs. 2 GmbHG). Die **Zuständigkeit** umfasst alle Angelegenheiten der Gesellschaft, soweit der Gesellschaftsvertrag keine abweichenden Regelungen enthält. **Ungewöhnliche** Geschäfte und **Grundlagengeschäfte**, z. B. Satzungsänderung (§ 53 GmbHG), Kapitalmaßnahmen (§§ 55ff GmbHG), können jedoch nicht auf andere Organe wie etwa die Geschäftsführung übertragen werden.

Aufgabenkreis

Der Aufgabenkreis der Gesellschafterversammlung wird in § 46 GmbHG **beispielhaft** und nicht abschließend definiert:

- Feststellung des Jahresabschlusses und Verwendung des Ergebnisses (Nr. 1);
- Entscheidung über die Offenlegung eines Einzelabschlusses nach internationalen Rechnungslegungsstandards (§ 325a HGB) und über die Billigung des von den Geschäftsführern aufgestellten Abschlusses (Nr. 1a);
- Billigung eines von den Geschäftsführern aufgestellten Konzernabschlusses (Nr. 1b);
- Einforderung der Einlagen (Nr. 2);
- Rückzahlung von Nachschüssen (Nr. 3);
- Teilung, Zusammenlegung sowie Einziehung von Geschäftsanteilen (Nr. 4);
- Bestellung und Abberufung von Geschäftsführern sowie Entlastung derselben (Nr. 5);
- Maßregeln zur Prüfung und Überwachung der Geschäftsführung (Nr. 6);
- Bestellung von Prokuristen und Handlungsbevollmächtigten zum gesamten Geschäftsbetrieb (Nr. 7);
- Geltendmachung von Ersatzansprüchen, welche der Gesellschaft aus der Gründung oder Geschäftsführung gegen Geschäftsführer oder Gesellschafter zustehen, sowie die Vertretung der Gesellschaft in Prozessen, welche sie gegen die Geschäftsführer zu führen hat (Nr. 8).

Einberufung und Abstimmung

Die Einberufung der Gesellschafterversammlung ist in § 49 GmbHG und die Abstimmung in § 47 GmbHG geregelt. Die Entscheidungen werden grundsätzlich durch Beschlussfassung mit der **einfachen Mehrheit** der abgegebenen Stimmen getroffen (§ 47 Abs. 1 GmbHG). Das Gesetz sieht in bestimmten Fällen davon abweichend eine **qualifizierte Mehrheit** von ¾ der abgegebenen Stimmen vor, z. B. Satzungsänderung (§ 53 Abs. 2 GmbHG), Umwandlung (§ 128 UmwG), Auflösung (§ 60 Abs. 1 Nr. 2 GmbHG). Eine Vermehrung der den Gesellschaftern obliegenden Leistungen (§ 53 Abs. 3 GmbHG), Eingriffe in den Kernbereich der Mitgliedschaft sowie der Entzug von Sonderrechten dürfen nur mit Zustimmung des Gesellschafters von der Gesellschafterversammlung beschlossen werden.

Stimmrecht und Stimmabgabe

Das **Stimmrecht** richtet sich nach dem Anteil des Gesellschafters am Stammkapital; **jeder Euro** eines Geschäftsanteils gewährt **eine Stimme** (§ 47 Abs. 2 GmbHG). Davon kann indessen im Gesellschaftsvertrag eine abweichende Regelung getroffen werden. Es können etwa auch stimmrechtslose Geschäftsanteile festlegt werden. Bei der **Stimmabgabe**, die grundsätzlich frei erfolgen kann, sind die Gesellschafter an die **Treuepflicht** gegenüber der Gesellschaft und den Mitgesellschaftern gebunden. Ein Gesellschafter, der durch die Beschlussfassung **entlastet** oder von einer Verbindlichkeit **befreit** werden soll, hat hierbei **kein Stimmrecht** und darf ein solches auch nicht für andere ausüben. Das gilt auch für Beschlüsse betreffend die Vornahme eines Rechtsgeschäfts oder die Einleitung oder Erledigung eines Rechtsstreits gegenüber einem Gesellschafter (§ 47 Abs. 4 GmbHG). Für **Beschlussmängel** gelten die §§ 241 ff AktG analog.

dd. Kapitalerhaltung

Die Regelungen zur Kapitalerhaltung der Gesellschaft und das daraus folgende **Verbot der Einlagenrückgewähr** sind in §§ 30 ff GmbHG niedergelegt. Die zentrale Vorschrift zur Erhaltung des Stammkapitals (**Grundsatz der Kapitalerhaltung**) ist § 30 GmbHG. Sie dient dem Schutz der Gesellschaftsgläubiger und soll das Stammkapital als Haftungsfonds sichern. Danach darf das zur Erhaltung des Stammkapitals erforderliche Vermögen der Gesellschaft an die Gesellschafter nicht ausgezahlt werden (§ 30 Abs. 1 S. 1 GmbHG) (**Auszahlungsverbot**). Das Verbot gilt ab dem **Zeitpunkt der Eintragung** der Gesellschaft in das Handelsregister (§ 11 Abs. 1 GmbHG). Zahlungen, die unter Verstoß gegen das Auszahlungsverbot erfolgen, müssen der Gesellschaft **erstattet** werden (§ 31 Abs. 1 GmbHG).

Das zur Erhaltung des Stammkapitals erforderliche **Vermögen** wird durch eine **bilanzmäßige Gegenüberstellung** der Aktiva und Passiva ermittelt. Die Aktiva sind insoweit gebunden, als sie zur Deckung der Passiva (Fremdkapital einschließlich Rückstellungen und Stammkapital) erforderlich sind. **Auszahlungsfähig** ist nur der Teil des Reinvermögens, der den Betrag des Stammkapitals der Gesellschaft übersteigt und dem bilanzmäßig auf der Passivseite eine frei verfügbare Rücklagen-, Gewinn- oder Gewinnvortragsposition entspricht. Auszahlungen sind dagegen **verboten**, wenn das Aktivvermögen das Fremdkapital zuzüglich Rückstellungen und das Stammkapital nicht mehr deckt (**Unterbilanz**). Bei der **UG** (haftungsbeschränkt) ist die **gesetzliche Rücklage** (§ 5a Abs. 3 GmbHG) erfasst, weil sie den Ersatz für ein gebundenes Stammkapital (§ 5 Abs. 1 GmbHG) bildet.

Das Auszahlungsverbot setzt voraus, dass die Gesellschaft einem Gesellschafter **aufgrund** des **Gesellschaftsverhältnisses** *(causa societas)* einen Vermögenswert zukommen lässt. Dies gilt nicht, sofern die Leistung im Rahmen eines **marktüblichen Drittgeschäfts** erfolgt. Durch die Leistung der GmbH an den Gesellschafter unter Verstoß gegen das Auszahlungsverbot muss eine Unterbilanz herbeigeführt oder vertieft werden.

Zahlungsempfänger

Adressat des Auszahlungsverbots ist grundsätzlich der **Gesellschafter** als Zahlungsempfänger. Maßgeblicher Zeitpunkt ist die Begründung der Verpflichtung zur Leistung und nicht erst die effektive Leistung (BGH NJW 1988, 139). Deshalb gilt das Auszahlungsverbot auch für einen Gesellschafter, der nach dem Abschluss des Verpflichtungsgeschäfts, aber vor Erfüllung der Verpflichtung aus der Gesellschaft ausscheidet (**Altgesellschafter**). Es gilt darüber hinaus für die Zusage der Leistung an einen **künftigen Gesellschafter**, wenn diese im Hinblick auf das künftige Gesellschaftsverhältnis erbracht werden soll (BGHZ 173, 1).

Leistungen an Dritte

Auch Leistungen an Dritte, die indirekt dem Gesellschafter **zugutekommen**, werden direkt von § 30 Abs. 1 S. 1 GmbHG erfasst, z. B. durch Erfüllung der Verbindlichkeit eines Gesellschafters gegenüber einem Dritten oder durch Zahlung auf die Verbindlichkeit einer anderen Gesellschaft des Gesellschafters. Auszahlungen an Gesellschafter werden auch solche Leistungen an Dritte gleichgestellt, die dem Gesellschafter aufgrund **verwandtschaftlicher** oder **wirtschaftlicher Verbundenheit** dem Gesellschafter nahestehen oder für seine Rechnung handeln (**qualifizierte Nähe**), z. B. Haftung des Treugebers/Strohmanns (BGHZ 157, 72; 118, 107).

Verdeckte Ausschüttung

Unter das Auszahlungsverbot des § 30 Abs. 1 S. 1 GmbHG fällt als Umgehungsgeschäft jede Leistung an einen Gesellschafter, die sich der Sache nach als verdeckte Auszahlung von Kapital darstellt (**verdeckte Ausschüttung**). Eine solche Leistung wird steuerrechtlich als **verdeckte Gewinnausschüttung** bezeichnet. Auch bei einer verdeckten Ausschüttung liegt die für die Erfüllung der Einlageschuld (§ 19 Abs. 1 GmbHG) erforderliche Leistung des Gesellschafters zur freien Verfügung des Geschäftsführers (§ 8 Abs. 2 GmbHG) nicht vor. Dies gilt nach der Rechtsprechung (BGH NJW 1992, 2894) für die Gewährung überhöhter oder zu niedriger Gegenleistungen in Verträgen zwischen der Gesellschaft und dem Gesellschafter, die ein Verkehrsgeschäft darstellen. Maßgeblich ist, ob die **Gegenleistung** an die Gesellschaft nach bilanziellen Kriterien **vollwertig** ist und der Gesellschafter demnach willens und in der Lage ist, diese auch zu erfüllen (**bilanzielle Betrachtungsweise**). Daneben muss das **Verhältnis** der ausgetauschten Leistungen in der Zone der Unterdeckungen auch **angemessen** sein und einem **Drittvergleich** standhalten. Der Zahlungsanspruch gegen den Gesellschafter muss zudem auch wertmäßig nach Marktwerten und nicht nach Abschreibungswerten den geleisteten Gegenstand decken (**Deckungsgebot**).

Beispiele (verdeckte Ausschüttungen): Zahlung überhöhter Geschäftsführerbezüge, gewinnabhängiger Tantiemen, eines überhöhten Kaufpreises, überhöhter Miet- oder Darlehenszinsen, Verkauf oder Vermietung unter Preis.

Bestellung von aufsteigenden Sicherheiten

Die Bestellung von schuldrechtlichen (z. B. Bürgschaft, Garantie), und dinglichen Sicherheiten (z. B. Pfandrecht, Hypothek, Grundschuld), durch die GmbH für die Verbindlichkeiten (z. B. aus Gelddarlehen nach § 488 BGB) eines Gesellschafters oder für dessen Forderung gegen Dritte, sog. aufsteigende Sicherheiten (**Upstream Security**) unterliegt dem Auszahlungsverbot gemäß § 30 Abs. 1 S. 1 GmbHG. Maßgeblicher Zeitpunkt für die Beurteilung, ob eine **Unterbilanz** entsteht oder vertieft wird, ist nach der Rechtsprechung des Bundesgerichtshofs (ZIP 2017, 472; 971) der **Zeitpunkt der Bestellung** und nicht der Verwertung der Sicherheiten. Danach kommt es darauf an, ob der Gesellschafter als Darlehensschuldner und Sicherungsnehmer aus **ex-ante Perspektive** zur Darlehensrückzahlung in der Lage ist, so dass der Darlehensgeber nicht auf die Sicherheiten zugreifen wird. In dieser Fallgruppe passe die bilanzielle Betrachtungsweise nicht, vielmehr sei eine **wirtschaftliche Betrachtungsweise** geboten. Im Gegensatz dazu wird im Schrifttum teilweise auf eine **bilanzielle Betrachtungsweise** abgestellt. Danach ist auf den **Zeitpunkt der Verwertung** oder zumindest drohenden Verwertung der Sicherheit abzustellen. Dies deshalb, weil erst in diesem Zeitpunkt ein Aktivum der Gesellschaft auszubuchen oder eine Rückstellung zu passivieren sei. Teils stellt die Literatur aber auch auf den Zeitpunkt der Sicherungsabrede ab. Nach der Rechtsprechung ist bei Stellung der Sicherheit zu prüfen, ob der **Freistellungs**- oder **Rückgriffsanspruch** der Gesellschaft als Gegenleistung für die Sicherheit im Zeitpunkt der Bestellung der Sicherheiten **vollwertig** ist. Das soll dann anzunehmen sein, wenn ein späterer Ausfall des Gesellschafters unwahrscheinlich ist. Auf eine Verschlechterung der Vermögensverhältnisse, die nach diesem Zeitpunkt eintritt, komme es danach nicht mehr an, weil darin keine verbotene Auszahlung zu erkennen sei. Allerdings seien die Geschäftsleiter auch nach der Bestellung der

Sicherheiten dazu verpflichtet, die Bonität des begünstigten Gesellschafters unter Kontrolle zu halten.

Leveraged Buy-Out

Die Grundsätze zur Erhaltung des Stammkapitals der GmbH (§ 30 Abs. 1 GmbHG) gelten auch im Rahmen von Akquisitionsfinanzierungen für den fremdfinanzierten Unternehmenskauf (**Leveraged Buy-Out**). Dabei erwirbt die Erwerbsgesellschaft (Zweckgesellschaft) die Anteile an dem Unternehmen (Zielgesellschaft) und finanziert den Kaufpreis (§§ 433, 453 Abs. 1 BGB) durch den Kredit eines Bankenkonsortiums (**Konsortialkredit**). Als Sicherheiten dienen den Banken nicht nur die verpfändeten Anteile der Zweckgesellschaft an der Zielgesellschaft. Denn als Gläubigerin der Zweckgesellschaft ist sie strukturell nachrangig gegenüber den Gläubigern der Zielgesellschaft. Deshalb stellt auch die Zielgesellschaft ihre Vermögenswerte den Banken als Sicherheit für den Konsortialkredit an die Zweckgesellschaft (**Upstream Security**). Ist die Zielgesellschaft GmbH, so darf das zur Erhaltung des Stammkapitals erforderliche Vermögen nicht ausgezahlt werden (§ 30 Abs. 1 S. 1 GmbHG), sofern nicht die Voraussetzungen für eine gesetzliche Ausnahme hiervon nach § 30 Abs. 1 S. 2 GmbHG erfüllt sind.

Gesetzliche Ausnahmen

§ 30 Abs. 1 S. 2 GmbHG regelt zwei gesetzliche Ausnahmen zum Auszahlungsverbot des § 30 Abs. 1 S. 1 GmbHG. Dieses gilt nicht für Leistungen, die bei Bestehen eines **Beherrschungs-** oder **Gewinnabführungsvertrags** (§ 291 AktG) erfolgen (Fall 1) oder durch einen **vollwertigen Gegenleistungs-** oder **Rückgewähranspruch** gegen den Gesellschafter gedeckt sind (Fall 2).

Beherrschungs- oder Gewinnabführungsvertrag

Besteht ein Beherrschungs- und Gewinnabführungsvertrag, so hat die abhängige Gesellschaft gegen das herrschende Unternehmen Anspruch auf Verlustübernahme gem. § 302 AktG analog. (**Verlustausgleichsanspruch**). Leistungen an das herrschende Unternehmen sowie an Dritte, v. a. konzernangehörige Gesellschaften, sind vom Verbot der Einlagenrückgewähr freigestellt. Der Verlustausgleichsanspruch muss nach überwiegender Meinung **vollwertig** sein. Teils wird auch vertreten, dass es nur auf das **Bestehen** eines Unternehmensvertrags ankomme, weil der Gesetzgeber ansonsten das Erfordernis der Vollwertigkeit im Wortlaut der Norm (§ 30 Abs. 1 S. 2 Fall 1 GmbHG) zum Ausdruck gebracht hätte. Der Geschäftsführer solle aber verpflichtet sein, die Solvenz und Liquidität des herrschenden Unternehmens fortwährend zu prüfen.

Vollwertiger Gegenleistungs- oder Rückgewähranspruch

Auch bei Leistungen, die durch einen vollwertigen Gegenleistungs- oder Rückgewähranspruch gegen den Gesellschafter gedeckt sind, findet das Auszahlungsverbot keine Anwendung. Der Gesetzgeber hat diese Ausnahme (wie auch § 19 Abs. 5 GmbHG bei der Kapitalaufbringung) durch das MoMiG 2008 im Kapitalerhaltungsrecht (§ 30 Abs. 1 S. 2 Fall 2 GmbHG) eingeführt, um der faktisch abhängigen GmbH (**faktischer Konzern**) Gelddarlehen (§ 488 BGB) an da herrschende Unternehmen (**Upstream Loan**) zur kurzfristigen Liquidität (**Cash-Pooling**) zu ermöglichen. Der Bundesgerichtshof hatte in seiner November-Entscheidung vom 24. 11. 2003 (BGHZ 157, 72) Kreditgewährungen, die nicht aus Rücklagen oder Gewinnvorträgen, sondern zu Lasten des gebundenen Vermögens der GmbH erfolgen, als unzulässig erachtet, auch wenn der Rückzahlungsanspruch gegen den Gesellschafter im Einzelfall vollwertig sein sollte.

Vollwertigkeit

Aus der Gesetzesbegründung folgt, dass die **Vollwertigkeit** des Rückzahlungsanspruchs nach den allgemeinen Bilanzierungsgrundsätzen zu bestimmen ist (**bilanzielle Betrachtungsweise**). Die Einbringlichkeit der Forderung darf unter Berücksichtigung des individuellen Kreditrisikos des Gesellschafters nicht zweifelhaft sein. Nicht erforderlich ist hingegen eine an Sicherheit grenzende Wahrscheinlichkeit der Anspruchserfüllung (BGHZ 179, 71). Im Rahmen des **Cash-Pooling** sind sämtliche Risiken aus der spezifischen Ausgestaltung zu berücksichtigen, v. a. ob allen freien Mittel nur bei einem Schuldner angelegt werden (**Klumpenrisiko**). Nach h. M. muss der Rückerstattungsanspruch im Zeitpunkt der Valutierung zu **100% aktivierbar** sein. Nach der Gegenansicht ist bei Wertberichtigung des Anspruchs wegen eines Bonitätsmangels des Schuldners nur erforderlich, dass dieser mit dem Teil des Nennbetrags zur Kapitaldeckung ausreicht (**Teilwerthaltigkeit**). Für die bilanzielle Vollwertigkeit kommt es jedenfalls nicht auf eine ausreichende Besicherung des Rückerstattungsanspruchs an. Umstritten ist allerdings, ob zusätzlich eine **angemessene Verzinsung** des vollwertigen Anspruchs notwendig ist. Teils soll es sich dabei um eine Frage der verdeckten Ausschüttung (§ 30 Abs. 1 S. 1 GmbHG) handeln, wenn die Verzinsung dem Drittvergleich nicht standhält. Das könne beim Cash-Pooling nur im Einzelfall beurteilt werden, da der zinslosen Überlassung von Liquidität durch die Gesellschaft der Vorteil gegenüberstehe, selbst bei Bedarf Liquidität beanspruchen zu können. Das Gesetz verlangt anders als bei der Kapitalaufbringung nach § 19 Abs. 5 S. 1 GmbHG nicht, dass der Rückzahlungsanspruch jederzeit fällig ist oder fällig gestellt werden kann. Die **Darlegungs**- und **Beweislast** für die Vollwertigkeit trägt der kreditnehmende Gesellschafter im Cash-Pool.

Eigenkapitalersetzende Darlehen

Nach § 30 Abs. 1 S. 3 GmbHG ist das Auszahlungsgebot nicht anzuwenden auf die Rückgewähr eines Gesellschafterdarlehens und Leistungen auf Forderungen aus Rechtshandlungen, die einem Gesellschafterdarlehen wirtschaftlich entsprechen. Die früheren Regelungen der §§ 32a und 32b GmbHG (**eigenkapitalersetzende Darlehen**) hat der Gesetzgeber aufgehoben und stattdessen Regelungen in die Insolvenzordnung und das Anfechtungsgesetz aufgenommen. Die Darlehensrückzahlungsansprüche werden als **nachrangige Insolvenzforderungen** kraft der gesetzlichen Anordnung eingestuft (§§ 39 Abs. 1 Nr. 5, 44a, 135, 143 InsO) und sind insoweit **anfechtbar** (§§ 6, 6a AnfG).

Rechtsfolge

Bei Verstoß gegen das Auszahlungsverbot sind das schuldrechtliche Verpflichtungsgeschäft und das dingliche Verfügungsgeschäft auch bei bewusster Zuwiderhandlung **rechtswirksam**. Der Leistungsempfänger, i. d. R. der Gesellschafter, ist aber nach § 31 Abs. 1 GmbHG zur **vollen Rückgewähr** der empfangenen Leistung verpflichtet. Dies gilt grundsätzlich auch dann, wenn die Unterbilanz der GmbH später anderweitig beseitigt wird. Bei der **verdeckten Rückzahlung** ist die Leistung auch insoweit an die Gesellschaft zu erstatten, als sie durch die Gegenleistung des Gesellschafters abgedeckt ist, die dieser Zug um Zug gegen die Erstattung der Leistung zurückerhält. Der Anspruch wird in diesem Fall teils aus § 31 Abs. 1 GmbHG analog oder aus Bereicherungsrecht (§ 812 BGB) hergeleitet. Bestand die Leistung nicht in einer **Auszahlung**, sondern in einer **Sachleistung** an den Leistungsempfänger, muss dieser die erhaltene Sache an die Gesellschaft zurückzugeben. Sofern dies nicht möglich ist, muss er der Gesellschaft den **Wertersatz** für die Sache erstatten (§ 818 Abs. 2 BGB). Dies gilt ebenso für **geleistete Dienste** und **Nutzungen**. Der Empfänger kann der Gesellschaft nicht den Einwand der Entreicherung (§ 818 Abs. 3 BGB) entgegenhalten. Der Erstattungsanspruch ist unmittelbar nach Gewährung der verbotenen Leistung fällig und kann ohne Beschluss der Gesellschafter von der Gesellschaft geltend gemacht werden. Gesellschaftsgläubiger haben keinen Anspruch auf Rückerstattung der verbotenen Leistung. § 30 Abs. 1 S. 1 GmbHG ist nach der Rechtsprechung und h. L. **kein Verbotsgesetz** i. S. v. § 134 BGB. Das Verpflichtungs- und Verfügungsgeschäft der verbotenen Leistung ist deshalb wirksam.

Gutgläubigkeit des Empfängers

War der Empfänger der (verbotenen) Leistung in gutem Glauben, so kann die Erstattung nur insoweit verlangt werden, als sie zur Befriedigung der Gesellschaftsgläubiger erforderlich ist (§ 31 Abs. 2 GmbHG). Das ist grundsätzlich in der Insolvenz der Gesellschaft der Fall, d. h. bei Zahlungsunfähigkeit (§ 17 InsO) und Überschuldung (§ 19 InsO).

Ausfallhaftung der übrigen Gesellschafter

Erlangt die Gesellschaft vom Empfänger keine Erstattung der Leistung, so haften für den zu erstattenden Betrag, soweit er zur Befriedigung des Gesellschaftsgläubiger erforderlich ist, die übrigen Gesellschafter nach Verhältnis ihrer Gesellschaftsanteile (**Ausfallhaftung**). Beiträge, welche von einzelnen Gesellschaftern nicht zu erlangen sind, werden nach dem Verhältnis der Anteile auf die übrigen verteilt (§ 31 Abs. 3 GmbHG). Nach der Rechtsprechung (BGHZ 150, 61) ist die Ausfallhaftung bei einer Überschuldung der Gesellschaft **summenmäßig** auf die Höhe des Stammkapitals **begrenzt**.

Rückzahlung von Gewinn

Gesellschafter, welche in **gutem Glauben** Beträge als Gewinnanteile bezogen haben, sind nach § 32 GmbHG nicht verpflichtet, diese zurückzuzahlen, wenn es sich nicht um einen Verstoß gegen das Auszahlungsverbot handelt. Die Regelung schützt den Gewinnbezug bei nichtigen oder erfolgreich angefochtenen Gewinnverteilungsbeschlüssen. Sie gilt aber nicht für andere Arten der Gewinnbeteiligung wie etwa Tantiemen, Zinsen oder Vorschüsse und auch nicht die versehentliche doppelte Auszahlung des Gewinns. Nach h. M. schützt die Regelung auch die Rechtsnachfolger des Gesellschafters bei Abtretung seines Gesellschaftsanteils.

Erwerb eigener Geschäftsanteile

Der Erwerb eigener Geschäftsanteile ist in § 33 GmbHG geregelt. Danach kann die Gesellschaft eigenen Geschäftsanteile, auf welche die Einlagen noch nicht vollständig geleistet sind, nicht erwerben oder als Pfand nehmen (§ 33 Abs. 1 GmbHG). Die Vorschrift verhindert, dass die Einlageforderung der Gesellschaft aufgrund Erwerbs eigener Anteile durch Zusammenfallen als Gläubiger und Schuldner (Konfusion) erlischt. Als **Verbotsgesetz** i. S. v. § 134 BGB führt sie bei einem Verstoß zur **Nichtigkeit** des Verpflichtungs- und Verfügungsgeschäfts. Voll einbezahlte Geschäftsanteile darf die Gesellschaft nur erwerben, sofern sie im Zeitpunkt des Erwerbs eine Rücklage in Höhe der Aufwendungen für den Erwerb bilden könnte, ohne das Stammkapital oder eine nach dem Gesellschaftsvertrag zu bildende Rücklage zu mindern, die nicht zur Zahlung an die Gesellschafter verwandt werden darf. Bei einem Erwerb, der dagegen verstößt, ist das schuldrechtliche Geschäft, nicht aber der dingliche Erwerb unwirksam (§ 33 Abs. 2 GmbHG). Außerdem ist der Erwerb eigener Geschäftsanteile zulässig zur Abfindung von Gesellschaftern im Rahmen von **Umwandlungen** (§ 33 Abs. 3 GmbHG).

ee. Mitgliedschaftsrechte

Die Mitgliedschaft der Gesellschafter in der GmbH ist wie bei den Personengesellschaften ein Rechtsverhältnis und zugleich ein subjektives Recht. Davon umfasst werden die **Verwaltungs-** und **Vermögensrechte** der Gesellschafter (**Mitgliedschaftsrechte**). Der Mitgliedschaft in der Gesellschaft entspricht der **Geschäftsanteil** des Gesellschafters, der im Gesellschaftsvertrag festgelegt ist. Dieser kann nur im Ganzen im Wege der Abtretung (§§ 15 GmbHG, §§ 413, 398 BGB) übertragen werden, nicht jedoch einzelne Mitgliedschaftsrechte (**Abspaltungsverbot**).

Verwaltungsrechte

Die Gesellschafter haben folgende **Verwaltungsrechte:**

- **Teilnahmerecht:** Recht zur Teilnahme und Beschlussfassung der Gesellschafter in der Gesellschafterversammlung (§ 47 Abs. 1 GmbHG).
- **Stimmrecht:** Jeder **Euro** eines Geschäftsanteils am Stammkapital gewährt **eine Stimme** in der Gesellschafterversammlung (§ 47 Abs. 2 GmbHG).
- **Anfechtungsrecht:** Recht zur Anfechtung von Gesellschafterbeschlüssen (§§ 241 ff AktG analog).
- **Minderheitsrechte:** Recht auf Einberufung der Gesellschafterversammlung, wenn die Anteile der Gesellschafter **mindestens 10%** am Stammkapital der GmbH entsprechen, unter Angabe des Zwecks und der Gründe der Einberufung (§ 50 GmbHG).
- **Auskunfts- und Einsichtsrecht:** Jeder Gesellschafter kann von der Geschäftsführung unverzüglich Auskunft über die Angelegenheiten der Gesellschaft und die Einsicht der Bücher und Schriften verlangen (§ 51a GmbHG).

Vermögensrechte

Die Gesellschafter haben folgende **Vermögensrechte:**

- **Gewinnrecht:** Anspruch auf den **Jahresüberschusses** zuzüglich eines Gewinnvortrags und abzüglich eines Verlustvortrags nach dem Verhältnis der Geschäftsanteile, soweit nicht nach Gesetz, Gesellschaftsvertrag oder Beschluss über die Verwendung des Ergebnisses (Gewinnverwendungsbeschluss) anders bestimmt (§ 29 GmbHG).
- **Beteiligung am Liquidationserlös:** Das Vermögen der Gesellschaft wird unter die Gesellschafter nach Verhältnis ihrer Geschäftsanteile infolge Liquidation (§§ 60 ff GmbHG) verteilt (§ 72 GmbHG).

ff. Mitgliedschaftspflichten

Die Gesellschafter der GmbH haben als Inhaber von Geschäftsanteilen insbesondere folgende **Mitgliedschaftspflichten**:

- **Einlagepflicht:** Jeder Gesellschafter hat sich im Gesellschaftsvertrag zur Leistung eines Anteils am Stammkapital verpflichtet (§ 3 Abs. 1 Nr. 4 GmbHG). Die Einzahlungen auf die Geschäftsanteile sind nach dem Verhältnis der Geldeinlagen zu leisten (§ 19 Abs. 1 GmbHG).
- **Nachschusspflicht:** Im Gesellschaftsvertrag kann bestimmt werden, dass die Gesellschafter über die Nennbeträge der Geschäftsanteile hinaus die Einforderung von weiteren Einzahlungen (**Nachschüssen**) beschließen können (§ 26 Abs. 1 GmbHG). Die Einzahlung hat

nach dem Verhältnis der Geschäftsanteile zu erfolgen (§ 26 Abs. 2 GmbHG). Die Nachschusspflicht kann im Gesellschaftsvertrag auf einen bestimmten, nach Verhältnis der Geschäftsanteile festzusetzenden Betrag, **beschränkt** werden (§§ 26 Abs. 3, 28 GmbHG). Für die unbeschränkte Nachschusspflicht gilt § 27 GmbHG.

- **Insolvenzantragspflicht:** der Gesellschafter, wenn die Gesellschaft **führungslos** ist, also keinen organschaftlichen Vertreter hat (§§ 15a Abs. 3, 10 Abs. 2 InsO) und, wenn sie **zahlungsunfähig** (§ 17 InsO) oder **überschuldet** (§ 19 InsO) ist.
- **Treuepflicht:** der Gesellschafter untereinander sowie im Verhältnis zur Gesellschaft (§ 242 BGB).

gg. Gesellschafterklage

Die Geltendmachung von **Sozialansprüchen**, insbesondere bezüglich der Kapitalaufbringung und der Kapitalerhaltung, durch die Mitgesellschafter (**Gesellschafterklage**) ist grundsätzlich auch bei den GmbH-Gesellschaftern anwendbar. Nach der Rechtsprechung (BGH v. 19.12.2017 – II ZR 255/16) gilt dies aber nicht bei der **GmbH & Co. KG** für Ansprüche der KG gegen den Fremd-Geschäftsführer der Komplementär-GmbH. In diesem Fall erfolge die Einziehung einer Gesellschaftsforderung gegen einen Nichtgesellschafter (**Drittansprüche**) und sei Aufgabe der Geschäftsführung der Personenhandelsgesellschaft. Ein Gesellschafter brauche nicht zu dulden, dass ein nichtberechtigter Gesellschafter die darin liegende Geschäftsmaßnahme alleine treffe und damit die gesetzlichen oder gesellschaftsvertraglichen Bestimmungen über die Geschäftsführungsbefugnis durchbreche.

d. Außenverhältnis

aa. Vertretung der Gesellschaft

Die GmbH wird durch ihre Geschäftsführer gerichtlich und außergerichtlich vertreten. Hat sie keinen Geschäftsführer (**Führungslosigkeit**), wird sie bei Willenserklärungen ihr gegenüber oder Zustellung von Schriftstücken durch die Gesellschafter vertreten (§ 35 Abs. 1 GmbHG). Sind mehrere Geschäftsführer bestellt, sind sie nur alle gemeinschaftlich zur Vertretung der Gesellschaft (**Gesamtvertretung**) befugt, sofern der Gesellschaftsvertrag nicht etwas anderes bestimmt. Ist eine Willenserklärung gegenüber der Gesellschaft abzugeben, genügt die Abgabe gegenüber einem Vertreter der Gesellschaft (§ 35 Abs. 2 GmbHG). Neben der Vertretung der Gesellschaft ausschließlich durch die Geschäftsführer kann auch eine Vertretung gemeinsam mit einem Prokuristen (§§ 48 Abs. 3 AktG, 47 HGB) erfolgen (**gemischte Gesamtvertretung**) sowie Erteilung einer **Generalhandlungsvollmacht** (§ 54 HGB). Dies setzt voraus, dass die organschaftlichen Rechte und Pflichten der Geschäftsführer durch einen Prokuristen nicht beeinträchtig werden und der Geschäftsführer auch ohne dessen Mitwirkung handeln darf. Die Generalhandlungsvollmacht erlaubt keine Übernahme organschaftlicher Rechte und Pflichten, die bei der Geschäftsführung verbleiben müssen.

Insichgeschäfte des Geschäftsführers sind nur zulässig, wenn sie im Gesellschaftsvertrag oder durch Gesellschafterbeschluss ausdrücklich gestattet sind (§ 181 BGB). Das gilt auch für den Geschäftsführer der Ein-Mann-GmbH (§ 35 Abs. 3 GmbHG).

Auf allen **Geschäftsbriefen** der GmbH, die an einen bestimmten Empfänger gerichtet sind, müssen die in § 35a GmbHG niedergelegten **Pflichtangaben** angegeben werden.

bb. Haftung der Gesellschaft

Für die Verbindlichkeiten der GmbH haftet ihren Gläubigern das Gesellschaftsvermögen. Die Gesellschafter haften nach dem Trennungsprinzip des § 13 Abs. 2 GmbHG grundsätzlich nicht persönlich, d. h. nicht mit ihrem Privatvermögen (**Haftungsprivileg**).

cc. Haftung der Geschäftsführer

Die Geschäftsführer der GmbH haften grundsätzlich nicht gegenüber dritten Personen und den Gesellschaftern, da die organschaftlichen Pflichten nur im Verhältnis zur Gesellschaft bestehen. Eine Haftung kommt aufgrund eigener vertraglicher Verpflichtungen, z. B. Bürgschaft (§ 765 BGB) für Verbindlichkeiten der GmbH, Verschulden bei Vertragsschluss (§§ 280 Abs. 1, 241 Abs. 2, 311 Abs. 3 BGB) oder aus Delikt (§ 823 ff BGB) in Betracht. § 43 Abs. 2 GmbHG ist kein Schutzgesetz i. S. d. § 823 Abs. BGB. Dagegen ist die Vorschrift des § 15a Abs. 1 InsO ein solches Schutzgesetz. Danach sind die Geschäftsführer als Mitglieder des Vertretungsorgans der juristischen Person verpflichtet, ohne schuldhaftes Zögern (§ 121 BGB), spätestens aber drei Wochen nach Eintritt der Zahlungsunfähigkeit oder Überschuldung, einen Eröffnungsantrag zu stellen (**Insolvenzantragspflicht**). Dadurch werden sowohl die Personen geschützt, die bereits vor Insolvenz Gesellschaftsgläubiger waren (**Altgläubiger**), als auch solche Personen, deren Forderungen erst nach der Insolvenz begründet wurden (**Neugläubiger**).

Durchgriffshaftung

Eine persönliche unbeschränkte Haftung der Gesellschafter unter Durchbrechung der Trennung des Gesellschaftsvermögens der juristischen Person vom Privatvermögen der Gesellschafter (§ 13 Abs. 2 GmbHG) kommt nur in Ausnahmefällen in Betracht (**Durchgriffshaftung**). Nach der Rechtsprechung darf über die Rechtsfigur einer juristischen Person nicht leichtfertig und schrankenlos hinweggegangen werden (BGHZ 61, 380). Der Gesellschafter haftet persönlich (§§ 128 ff HGB analog), wenn er aufgrund des von ihm wahrgenommenen Einflusses als Allein- oder Mehrheitsgesellschafter für eine Vermischung des Gesellschaftsvermögens der GmbH mit dem Privatvermögen (**Vermögensvermischung**) verantwortlich ist. Das ist dann der Fall, wenn die Abgrenzung beider Vermögen durch eine undurchsichtige Buchführung oder auf andere Weise verschleiert worden ist und deshalb die Kapitalerhaltungsvorschriften als unverzichtbarer Ausgleich für die Haftungsbeschränkung nicht funktionieren können (BGHZ 165, 85).

Existenzvernichtungshaftung

Die Existenzvernichtungshaftung ist im Sinne der neueren Rechtsprechung **nicht mehr** als eine **Durchgriffshaftung** zu verstehen (BGHZ 173, 246 – Trihotel). Dabei geht es um Sachverhalte, in denen die Gesellschafter der Gesellschaft Kapital und Ertragschancen entziehen und diese auf sich selbst oder nahestehende Personen oder Gesellschaften übertragen, so dass die GmbH in die Insolvenz getrieben wird (**existenzvernichtender Eingriff**). Dagegen war nach früherer Rechtsprechung (BGHZ 122, 123 – TBB) der beherrschende Unternehmensgesellschafter in einem qualifiziert-faktischen Konzern im Innenverhältnis zum Ausgleich der Verluste der abhängigen Gesellschaft analog §§ 302, 303 AktG verpflichtet. Die Haftung wurde mit dem Rechtsinstitut des existenzvernichtenden Eingriffs sodann (BGHZ 149, 10 – Bremer Vulkan) zu einer Außenhaftung der Gesellschafter gegenüber den Gläubigern für die Verbindlichkeiten der Gesellschaft. Unter Beibehaltung dieses Rechtsinstituts ordnet der BGH (bestätigt BGHZ 179, 134 – GAMMA) die Haftung jetzt als **Schadenersatzhaftung** (§ 826 BGB) deliktisch ein, die von der Gesellschaft oder deren Insolvenzverwalter geltend zu machen ist (**Innenhaftung**). Dabei haften die beteiligten Gesellschafter als Gesamtschuldner (§§ 421 ff BGB).

Nach der BGH-Rechtsprechung müssen folgende Voraussetzungen für eine Innenhaftung vorliegen:

- Die Gesellschafter entziehen der GmbH planmäßig Gesellschaftsvermögen.
- Dadurch wird die Insolvenz der GmbH kausal hervorgerufen oder vertieft.
- Sittenwidrigkeit liegt vor, wenn der Gesellschafter das planmäßig entzogene Vermögen in seine (unmittelbare oder mittelbare) Vermögenssphäre überführt hat.
- Für Vorsatz genügt, dass den Gesellschaftern aufgrund objektiver Umstände bewusst ist, dass sie das Gesellschaftsvermögen sittenwidrig schädigen (Eventualvorsatz).
- Der Schaden ermittelt sich nach §§ 249 ff BGB und umfasst auch Kollateralschäden, die z. B. durch insolvenzbedingte Zerschlagungsverluste entstehen.

Bei Vorliegen der Haftungsvoraussetzungen können Gläubiger den Schadensersatzanspruch der Gesellschaft gegen ihre Gesellschafter wegen eines existenzvernichtenden Eingriffs in das Gesellschaftsvermögen aus § 826 BGB durch Pfändungs- und Überweisungsbeschluss (§§ 829, 835 ZPO) zur Einziehung an sich überweisen lassen.

e. Übertragung von Geschäftsanteilen

aa. Übertragbarkeit

Die **Geschäftsanteile** der Gesellschafter sind **veräußerlich** und **vererblich** (§ 15 Abs. 1 GmbHG). Im Unterschied zu Aktien können die Anteile jedoch nicht in Wertpapieren verbrieft werden und folglich nicht zum Handel an der Börse zugelassen werden. Die dingliche Übertragung der Geschäftsanteile durch Abtretung (§ 398 BGB) bedarf eines in notarieller Form (§ 128 BGB) geschlossenen Vertrags (§ 15 Abs. 3 GmbHG). Die Abtretung kann durch Gesellschaftsvertrag an weitere Voraussetzungen geknüpft werden und insbesondere von der Genehmigung der Gesellschaft (**Vinkulierung**) abhängig gemacht werden (§ 15 Abs. 5 GmbHG). Auch das schuldrechtliche Verpflichtungsgeschäft der Anteilsveräußerung bedarf der notariellen Form, die durch die (zwingend formbedürftige) Abtretung geheilt wird (§ 15 Abs. 4 GmbHG). Der Notar hat unverzüglich nach Wirksamwerden der Anteilsübertragung die aktualisierte **Gesellschafterliste** zu unterzeichnen und zum Handelsregister einzureichen und eine Abschrift an die Gesellschaft zu übermitteln (§ 40 Abs. 2 GmbHG). Dabei handelt es sich aber nicht um eine Wirksamkeitsvoraussetzung für die Übertragung des Geschäftsanteils.

bb. Gutgläubiger Erwerb

Der **gutgläubige Erwerb** von **Geschäftsanteilen** ist in § 16 Abs. 3 GmbHG geregelt. Danach kann der Erwerber einen Geschäftsanteil oder ein Recht daran durch Rechtsgeschäft wirksam vom Nichtberechtigten erwerben, wenn der Veräußerer als Inhaber des Geschäftsanteils in der im Handelsregister aufgenommenen **Gesellschafterliste eingetragen** ist. Dies gilt nicht, wenn die Liste zum Zeitpunkt des Erwerbs hinsichtlich des Geschäftsanteils weniger als **drei Jahre** unrichtig und die Unrichtigkeit dem Berechtigten nicht zuzurechnen ist. Ein gutgläubiger Erwerb ist ferner nicht möglich, wenn dem Erwerber die mangelnde Berechtigung bekannt oder infolge grober Fahrlässigkeit unbekannt ist (**bösgläubig**) oder wenn der Liste ein **Widerspruch** zugeordnet ist. Eine solche **Zuordnung** erfolgt aufgrund einer einstweiligen Verfügung oder einer Bewilligung desjenigen, gegen dessen Berechtigung sich der Widerspruch richtet. Nach der Rechtsprechung (BGHZ 191, 84) kann ein Widerspruch nicht zugunsten eines bedingten oder befristeten Erwerbers (§§ 158, 163 BGB) eingetragen werden, da das Prioritätsprinzip, das den Ersterwerb bei einer bedingten Abtretung gegen den Zweiterwerber schützt (§ 161 Abs. 1 BGB), durch die Einführung des gutgläubigen Erwerbs von Geschäftsanteilen nicht außer Kraft gesetzt sei. Ein gutgläubiger Erwerb durch einen **Zweiterwerber** beurteile sich nicht allein nach § 161 Abs. 3 BGB (so aber die Gegenansicht), sondern vorrangig nach den Vorschriften, die einen Gutglaubensschutz für den jeweiligen Verfügungsgegenstand vorsehen.

f. Auflösung der Gesellschaft

Die Auflösung der Gesellschaft ist in §§ 60 ff GmbHG geregelt. Nach § 60 Abs. 1 Nr. 1–7 GmbHG wird sie aus den folgenden Gründen (**Auflösungsgründe**) aufgelöst:

- Ablauf der im Gesellschaftsvertrag bestimmten Zeit;
- Beschluss der Gesellschafter mit einer Mehrheit von ¾ der abgegebenen Stimmen, sofern im Gesellschaftsvertrag nicht anders bestimmt;
- Gerichtliches Urteil (§ 61 GmbHG) oder Entscheidung des Verwaltungsgerichts oder der Verwaltungsbehörde in den Fällen der §§ 61 und 62 GmbHG;
- Eröffnung des Insolvenzverfahrens; wird das Verfahren auf Antrag des Schuldners eingestellt oder nach der Bestätigung eines Insolvenzplans, der den Fortbestand der Gesellschaft vorsieht, aufgehoben, so können die Gesellschafter die Fortsetzung der Gesellschaft beschließen;
- mit Rechtskraft des Beschlusses, durch den die Eröffnung des Insolvenzverfahrens mangels Masse abgelehnt worden ist;
- mit Rechtskraft einer Verfügung des Registergerichts, durch welche nach § 399 FamFG ein Mangel des Gesellschaftsvertrags festgestellt worden ist;
- Löschung der Gesellschaft wegen Vermögenslosigkeit nach § 394 FamFG.

Im **Gesellschaftsvertrag** können **weitere** Auflösungsgründe festgesetzt werden (§ 60 Abs. 2 GmbHG).

Anmeldung und Eintragung der Auflösung

Die Auflösung der Gesellschaft ist zur **Eintragung** in das **Handelsregister anzumelden**. Dies gilt nicht in den Fällen der Eröffnung oder Ablehnung der Eröffnung des Insolvenzverfahrens und der gerichtlichen Feststellung eines Mangels des Gesellschaftsvertrags (§ 65 Abs. 1 GmbHG). Die Auflösung ist von den Liquidatoren in den Gesellschaftsblättern **bekanntzumachen**. Durch die Bekanntmachung sind zugleich die Gläubiger der Gesellschaft aufzufordern, sich bei dieser zu melden (§ 65 Abs. 2 GmbHG).

g. Liquidation der Gesellschaft

Durch Auflösung der Gesellschaft ändert sich der Gesellschaftszweck (**Abwicklungszweck**). Die GmbH wird zu einer **Abwicklungsgesellschaft in Liquidation**. In Fällen der Abwicklung außer in dem Fall des Insolvenzverfahrens erfolgt die Liquidation durch die Geschäftsführer (**Liquidatoren**), wenn sie nicht im Gesellschaftsvertrag oder durch Gesellschafterbeschluss auf andere Personen übertragen wird (§ 66 Abs. 1 GmbHG). Auf Antrag einer Minderheit von Gesellschaftern mit Anteilen von mindestens 10 % am Stammkapital kann die Bestellung von Liquidatoren aus wichtigen Gründen durch das Gericht erfolgen (§ 66 Abs. 2 GmbHG). Die Liquidatoren haben die laufenden Geschäfte zu beendigen, die Verpflichtungen der aufgelösten Gesellschaft zu erfüllen, die Forderungen der Gesellschaft einzuziehen und das Vermögen der Gesellschafter in Geld umzusetzen. Sie haben die Gesellschaft gerichtlich und außergerichtlich zu vertreten. Zur Beendigung schwebender Geschäfte können die Liquidatoren auch neue Geschäfte eingehen (§ 70 GmbHG).

Die Liquidatoren vertreten die Gesellschaft im Außenverhältnis grundsätzlich gemeinschaftlich (**Gesamtvertretung**) und haben der Firma bei Zeichnungen für diese als Liquidationszusatz eine Bezeichnung („**i. L.**“) hinzuzufügen (§ 68 GmbHG). Sie haben für den Beginn der Liquidation eine Bilanz (**Eröffnungsbilanz**) und einen erläuternden Bericht sowie für den Schluss eines jeden Jahres einen Jahresabschluss und einen Lagebericht aufzustellen (§ 71 Abs. 1 GmbHG). Auf den Geschäftsbriefen ist anzugeben, dass sich die Gesellschaft in Liquidation befindet (§ 71 Abs. 5 GmbHG). Für das letzte (Rumpf-) Geschäftsjahr bis zur Auflösung ist eine **Schlussbilanz** zu erstellen (§§ 42, 42a, 46 Nr. 1 GmbHG). Das verbliebene Vermögen der Gesellschaft aufgrund Liquidation (§ 70 GmbHG) wird unter die Gesellschafter nach Verhältnis ihrer Geschäftsanteile verteilt, wobei durch den Gesellschaftsvertrag ein anderes Verhältnis für die Verteilung bestimmt werden kann (§ 72 GmbHG). Die Verteilung darf nicht vor Tilgung oder Sicherstellung der Schulden und nicht vor Ablauf eines Jahres (**Sperrjahr**) seit der Gläubigeraufforderung (§ 65 Abs. 2 GmbHG) vorgenommen werden (§ 73 Abs. 1 GmbHG).

h. Vollbeendigung

Nach Beendigung der Liquidation endet die Abwicklungsgesellschaft (**Vollbeendigung**). Die Liquidatoren haben den Schluss der Liquidation und das Erlöschen der Firma zur **Eintragung** in das **Handelsregister anzumelden** (§ 74 Abs. 1 GmbHG). Mit der Eintragung des Löschens der Firma endet das Amt der Liquidatoren. Nach Beendigung der Liquidation sind die Bücher und Schriften der Gesellschaft für die Dauer von **zehn Jahren** der Gesellschaft oder einem Dritten zur **Verwahrung** zu geben (§ 74 Abs. 2 GmbHG).

Abb. 37: Gesellschaft mit beschränkter Haftung

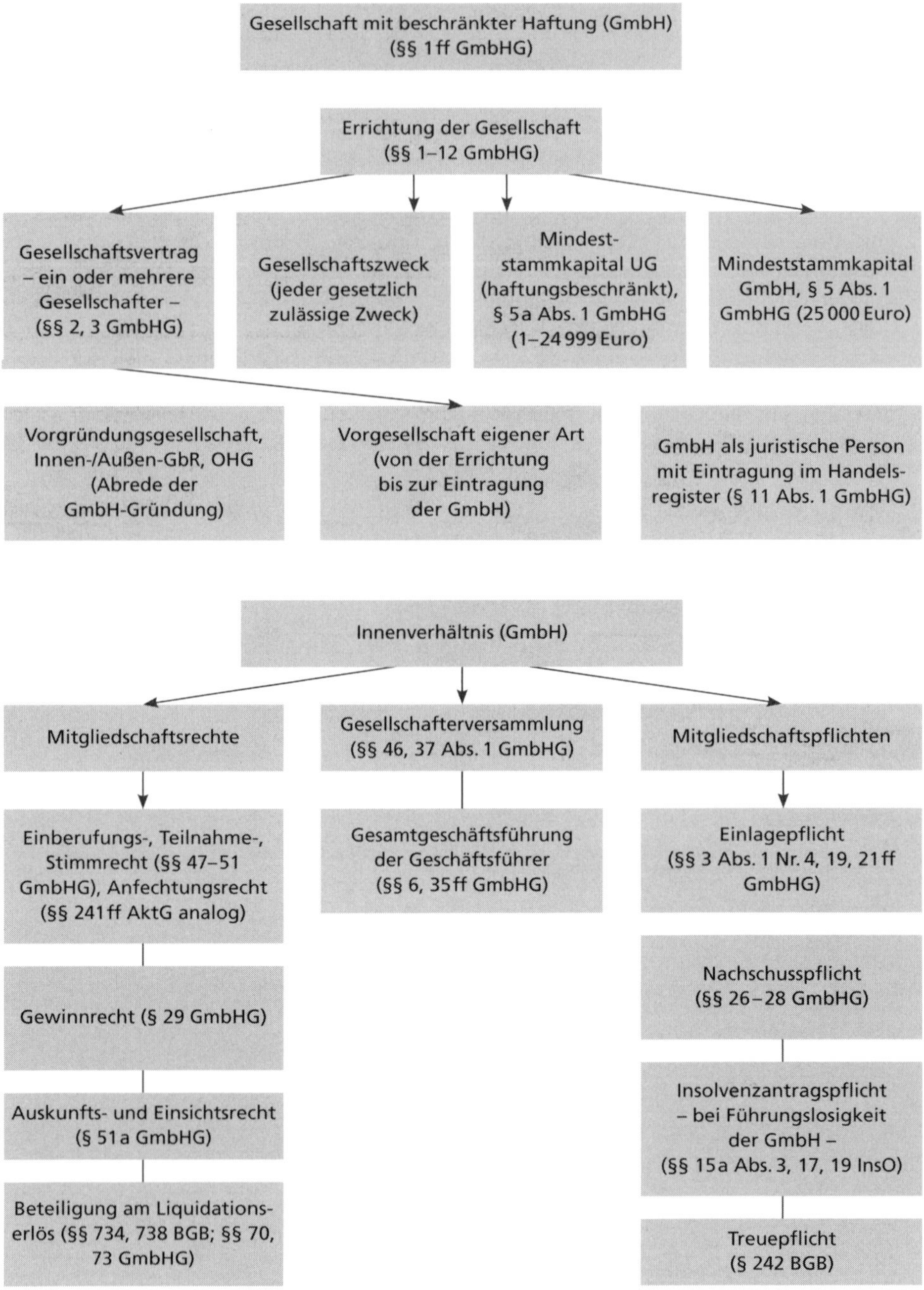

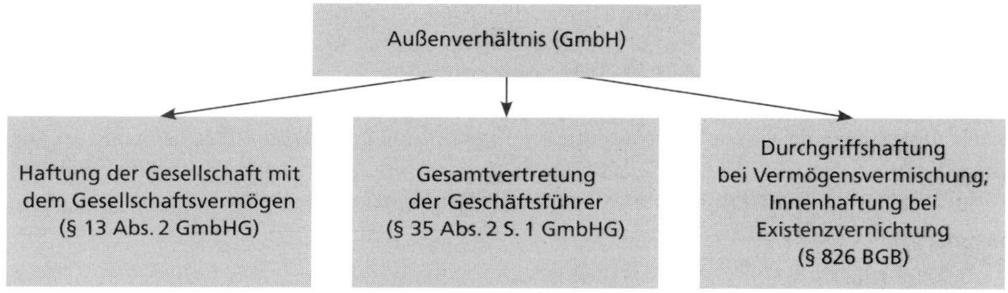

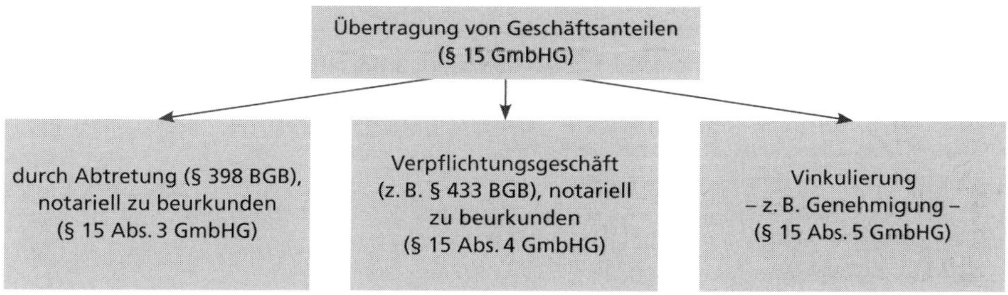

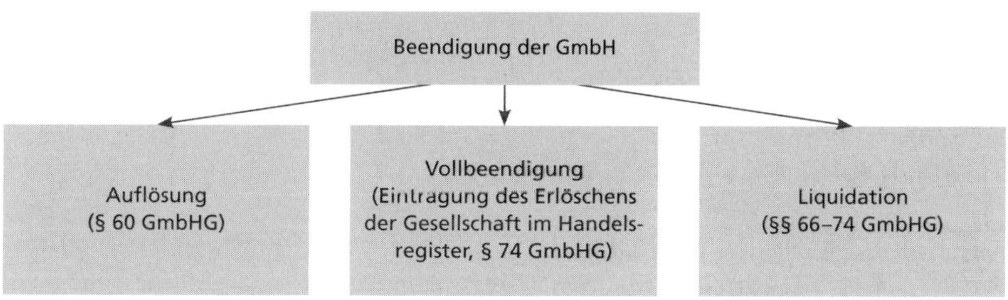

3. Aktiengesellschaft

Die Aktiengesellschaft (**AG**) ist eine Rechtsform der **Kapitalgesellschaft**, die im Aktiengesetz geregelt ist. Sie ist eine Gesellschaft mit eigener Rechtspersönlichkeit (**juristische Person**), für deren Verbindlichkeiten den Gläubigern das Gesellschaftsvermögen haftet. Dagegen ist eine **Haftung** der **Aktionäre** gegenüber den Gläubigern der Gesellschaft **ausgeschlossen** (§ 1 Abs. 1 AktG). Zur Gewährleistung des Schutzes der Gesellschaftsgläubiger gelten die Grundsätze der **Kapitalaufbringung** und der **Kapitalerhaltung**. Diese sollen sicherstellen, dass für die Haftung der Aktiengesellschaft gegenüber ihren Gläubigern das Gesellschaftsvermögen als **Haftungsfonds** zur Verfügung steht.

Die AG ist die typische Gesellschaftsform für Großunternehmen und auf die Beteiligung von zahlreichen Gesellschaftern als Kapitalanleger ausgelegt (**Publikumsaktiengesellschaft**). Da ihre Anteile (**Aktien**) an der Börse zum Handel zugelassen werden können (**Börsennotierung**), hat die Aktiengesellschaft **Zugang** zum **Kapitalmarkt**. Die Aktien können auch außerhalb der Börse öffentlich oder im Rahmen einer Privatplatzierung zur Zeichnung und Übernahme nach den prospektrechtlichen Vorschriften angeboten werden. Dies ermöglicht ihr die Aufnahme von Eigenkapital durch die Ausgabe von Aktien (**Aktienemissionen**). Damit kann sie sich durch eigene Mittel (Eigenkapital) finanzieren (**Eigenkapitalfinanzierung**). Davon zu unterscheiden ist die Finanzierung mit Aufnahme von fremden Mitteln (Fremdkapital), z. B. durch Aufnahme von Darlehen oder Emission von Anleihen (**Fremdkapitalfinanzierung**). Eine Mischform von Eigen- und Fremdkapitalfinanzierung ist die Ausgabe von Wandelschuldverschreibungen und Gewinnschuldverschreibungen sowie von Genussrechten (§ 221 AktG), die mit Optionsrecht auf Aktien oder mit Gewinnanteilen ausgestattet sind (**Mezzaninfinanzierung**).

Die Vorschriften des Aktiengesetzes sind in vier Bücher unterteilt:

- **Erstes Buch:** Aktiengesellschaft (§§ 1–277)
- **Zweites Buch:** Kommanditgesellschaft auf Aktien (§§ 278–290)
- **Drittes Buch:** Verbundene Unternehmen (§§ 291–328)
- **Viertes Buch:** Sonder-, Straf- und Schlussvorschriften (§§ 394, 410)

Das Erste Buch über die **Aktiengesellschaft** (§§ 11–277) ist wie folgt gegliedert:

- **Erster Teil**. Allgemeine Vorschriften (§§ 1–22)
- **Zweiter Teil**. Gründung der Gesellschaft (§§ 23–53)
- **Dritter Teil**. Rechtsverhältnisse der Gesellschaft und der Gesellschafter (§§ 53 a–75)
- **Vierter Teil**. Verfassung der Aktiengesellschaft (§§ 76–149)
- **Fünfter Teil**. Rechnungslegung. Gewinnverwendung (§§ 150–178)
- **Sechster Teil**. Satzungsänderung. Maßnahmen der Kapitalbeschaffung und Kapitalherabsetzung (§§ 179 – 240)
- **Siebenter Teil**. Nichtigkeit von Hauptversammlungsbeschlüssen und des festgestellten Jahresabschlusses. Sonderprüfung wegen unzulässiger Unterbewertung (§§ 241–261)
- **Achter Teil**. Auflösung und Nichtigerklärung der Gesellschaft (§§ 262–277)

a. Gründung der Gesellschaft

Bei der Gründung der Aktiengesellschaft ist wie bei der Gründung der GmbH zwischen dem Entstehen der Gesellschaft unter Einhaltung der gesetzlichen Gründungsvoraussetzungen durch konstitutive **Eintragung** in das **Handelsregister** und den davor liegenden Gründungsphasen der **Vorgründungsgesellschaft** und der **Vorgesellschaft** (Vor-AG) zu unterscheiden.

aa. Allgemeine Voraussetzungen

Die Aktiengesellschaft kann durch Gesellschaftsvertrag (**Satzung**) zu jedem gesetzlich zulässigen Zweck (**Gesellschaftszweck**) von einer (**Ein-Mann-AG** bzw. **Ein-Personen-AG**) oder mehreren natürlichen oder juristischen Personen oder rechtsfähigen Personengesellschaften (**Mehr-Personen-AG**) gegründet werden. Die Aktien werden von den Gründern gegen Einlagen (**Einlagepflicht**) übernommen (§ 2 AktG). Die Aktien von börsennotierten Aktiengesellschaften (**Publikumsaktiengesellschaften**) sind an einem Markt (Börse) zugelassen, der von staatlich anerkannten Stellen geregelt und überwacht wird, regelmäßig stattfindet und für das Publikum zugänglich ist (§ 3 Abs. 2 AktG). Die **Firma** der Gesellschaft muss die Bezeichnung „**Aktiengesellschaft**“ oder eine dementsprechende Abkürzung („**AG**“) enthalten (§ 4 AktG).

bb. Satzung der Gesellschaft

Die Feststellung der Satzung der AG ist **Abschluss** des **Gesellschaftsvertrags** und in § 23 AktG geregelt. Das Gesetz verwendet die Begriffe Satzung und Gesellschaftsvertrag synonym.

Die Satzung muss durch **notarielle Beurkundung** (§ 128 BGB) festgestellt werden (§ 23 Abs. 1 AktG). Sie muss die **Erklärung** der **Aktienübernahme** (§ 23 Abs. 2 AktG) und die Angaben zum weiteren **Inhalt** (§ 23 Abs. 3 AktG) enthalten sowie Bestimmungen über die **Form** der Bekanntmachung (§ 23 Abs. 4 AktG). Zudem gelten **Grenzen** der **Satzungsautonomie** (§ 23 Abs. 5 AktG).

Aktienübernahmeerklärung

Nach § 23 Abs. 2 Nr. 1–3 AktG sind in der **Urkunde** anzugeben:

- die Gründer;
- bei Nennbetragsaktien der Nennbetrag, bei Stückaktien die Zahl, der Ausgabebetrag und, wenn mehrere Gattungen bestehen, die Gattung der Aktien, die jeder Gründer übernimmt;
- der eingezahlte Betrag des Grundkapitals.

Notwendiger Inhalt der Satzung

Nach § 23 Abs. 3 Nr. 1–6 AktG muss die **Satzung** bestimmten:

- die Firma und den Sitz der Gesellschaft;
- den Gegenstand des Unternehmens; namentlich ist bei Industrie- und Handelsunternehmen die Art der Erzeugnisse und Waren, die hergestellt und gehandelt werden, näher anzugeben;
- die Höhe des Grundkapitals;
- die Zerlegung des Grundkapitals entweder in Nennbetragsaktien oder in Stückaktien, bei Nennbetragsaktien deren Nennbeträge, bei Stückaktien deren Zahl, außerdem wenn mehrere Gattungen bestehen, die Gattung der Aktien und die Zahl der Aktien jeder Gattung;
- ob die Aktien auf den Inhaber oder auf den Namen ausgestellt werden;
- die Zahl der Mitglieder des Vorstands oder die Regeln, nach denen diese Zahl festgelegt wird.

Nach § 23 Abs. 4 AktG muss die Satzung ferner Bestimmungen über die Form der (freiwilligen) Bekanntmachungen der Gesellschaft enthalten (Wahlfreiheit). Für Pflichtbekanntmachungen gilt der Bundesanzeiger als Pflicht-Gesellschaftsblatt (§ 25 AktG).

Grundsatz der Satzungsstrenge

Die Satzung kann von den Vorschriften des Gesetzes nur abweichen (§ 23 Abs. 5 S. 1 AktG), wenn es ausdrücklich zugelassen ist (**Grundsatz der Satzungsstrenge**). Im Unterschied dazu geht das Recht der Personenhandelsgesellschaften und das GmbH-Recht von der Abdingbarkeit seiner Regelungen aus. Die Satzungsstrenge begrenzt die Satzungsautonomie zum Schutz von Gläubigern und künftigen Aktionären. Sie schafft die **Umlauffähigkeit** der Aktie insbesondere für börsennotierte Gesellschaften (Publikumsaktiengesellschaften), gilt aber auch für die nicht börsennotierten Gesellschaften. Die Satzung kann jedoch ergänzende Bestimmungen vorsehen (§ 23 Abs. 5 S. 2 AktG), wenn das Gesetz einen entsprechenden Regelungsinhalt nicht enthält oder wenn eine gesetzliche Regelung ihrem Gedanken nach weitergeführt wird, was durch eine Auslegung der Norm festzustellen ist (**Regelungswahlrechte**).

Beispiele: Aufstellen persönlicher Voraussetzungen für Vorstandsmitglieder, Erweiterung des Auskunftsrechts der Aktionäre, Bildung fakultativer Gremien (Bereit, Verwaltungsrat, o. Ä.).

Auslegung der Satzung

Die Auslegung der Satzung erfolgt nach Eintragung der Gesellschaft im Handelsregister nicht nach den allgemeinen vertraglichen Auslegungsgrundsätzen (§§ 133, 157 BGB). Vielmehr gilt die **objektive Auslegung** für materielle Satzungsbestimmungen und die **subjektive Auslegung** für formelle Satzungsbestimmungen. Insoweit gelten dieselben Grundsätze wie bei der GmbH.

cc. Grundkapital in Aktien

Die Gesellschaft hat ein in Aktien zerlegtes Grundkapital (§ 1 Abs. 2 AktG). Das Grundkapital muss auf einen Nennbetrag in **Euro** lauten und mindestens **50.000 Euro** (Mindestnennbetrag) betragen (§§ 6, 7 AktG).

Form der Aktien und Mindestnennbeträge

Die Aktien können als **Nennbetragsaktien** oder **Stückaktien** begründet werden (§ 8 Abs. 1 AktG).

Nennbetragsaktien

Nennbetragsaktien müssen auf **mindestens einen Euro** lauten. Aktien über einen geringeren Nennbetrag als ein Euro sind nichtig. Für den Schaden aus der Ausgabe sind die Ausgeber den Inhabern als Gesamtschuldner verantwortlich. Höhere Aktiennennbeträge müssen auf volle Euro lauten (§ 8 Abs. 2 AktG).

Stückaktien

Stückaktien lauten auf **keinen Nennbetrag**. Die Stückaktien einer Gesellschaft sind am Grundkapital im **gleichen Umfang** beteiligt. Der auf die einzelne Aktie entfallende anteilige Betrag des Grundkapitals darf einen Euro nicht unterschreiten (§ 8 Abs. 3 AktG).

Anteil am Grundkapital

Der Anteil am Grundkapital bestimmt sich bei Nennbetragsaktien nach dem Verhältnis ihres Nennbetrags zum Grundkapital, bei Stückaktien nach der Zahl der Aktien (§ 8 Abs. 5 AktG). Die Aktien sind **unteilbar** (§ 8 Abs. 5 AktG). Daher kann weder der Aktionär noch die AG eine Aktie (Realteilung) in mehrere Mitgliedschaftsrechte auf- oder abspalten (**Abspaltungsverbot**).

Zwischenscheine

Die Vorschriften der § 8 Abs. 1–4 AktG gelten auch für Anteilsscheine (**Zwischenscheine**), die den Aktionären vor der Ausgabe der Aktien erteilt werden (§ 8 Abs. 6 AktG).

Verbot der Unterpari-Emission

Aktien dürfen nicht für einen geringeren Betrag als den Nennbetrag oder den auf die einzelne Stückaktie entfallenden anteiligen Betrag des Grundkapitals (**geringster Ausgabebetrag**) ausgegeben werden (**Verbot der Unterpari-Emission**). Für einen höheren Betrag (**Agio**) ist die Ausgabe zulässig (§ 9 Abs. 1, 2 AktG).

Namens- und Inhaberaktien

Die Aktien lauten grundsätzlich auf den Namen (**Namensaktien**). Sie können auf den Inhaber lauten (**Inhaberaktien**), wenn die Aktien börsennotiert sind oder eine Einzelverbriefung ausgeschlossen ist und sie bei einer Wertpapiersammelbank (§ 1 Abs. 3 S. 1 DepotG), einem nach EU-Verordnungen (Nr. 909/214, 236/2012) anerkannten Drittland-Zentralverwahrer oder ausländischen Verwahrer (§ 5 Abs. 4 S. 1 DepotG) hinterlegt werden. Solange in diesen Fällen die Sammelurkunde nicht hinterlegt ist, sind die Inhaberaktien entsprechend § 67 AktG in das Aktienregister einzutragen (§ 10 Abs. 1 AktG). Die Aktien müssen auf den Namen lauten, wenn sie vor der vollen Leistung des Ausgabebetrags ausgegeben werden. Der Betrag der Teilleistungen ist in der Aktie anzugeben (§ 10 Abs. 2 AktG). **Zwischenscheine** müssen auf den Namen lauten (§ 10 Abs. 3 AktG). In der Satzung kann der Anspruch des Aktionärs auf Verbriefung (**Einzelverbriefung**) seines Anteils **ausgeschlossen** oder eingeschränkt werden (§ 10 Abs. 5 AktG).

Aktien besonderer Gattung

Die Aktien können verschiedene Rechte gewähren, namentlich bei der Verteilung des Gewinns und des Gesellschaftsvermögens (**Aktien besonderer Gattung**). Aktien mit gleichen Rechten bilden eine Gattung (§ 11 AktG).

Stimmrecht und Vorzugsaktien

Jede Aktie gewährt das **Stimmrecht** (§ 12 Abs. 1 S. 1 AktG). Mehrstimmrechte sind unzulässig (§ 12 Abs. 2 AktG). **Vorzugsaktien** können nach den Vorschriften des Gesetzes als Aktien ohne Stimmrecht ausgeben werden (§ 12 Abs. 1 S. 2 AktG). Für Vorzugsaktien kann das Stimmrecht ausgeschlossen werden (§ 139 Abs. 1 S. 1 AktG). Der Vorzug kann insbesondere in einem auf die Aktie vorweg entfallenden Gewinnanteil (**Vorabdividende**) oder einem erhöhten Gewinnanteil (**Mehrdividende**) bestehen (§ 139 Abs. 1 S. 2 AktG). Wenn die Satzung nichts anderes bestimmt, ist eine Vorabdividende nachzuzahlen (§ 139 Abs. 1 S. 3 AktG). Vorzugsaktien ohne Stimmrecht dürfen nur **bis zur Hälfte des Grundkapitals** ausgegeben werden (§ 139 Abs. 2 AktG).

dd. Aktienregister

Eintragung von Namensaktien

Das Aktienregister regelt § 67 AktG. **Namensaktien** sind unabhängig von einer Verbriefung unter Angabe des Namens, Geburtsdatums und der Adresse des Aktionärs sowie der Stückzahl oder der Aktiennummer und bei Nennbetragsaktien des Betrags in das Aktienregister der Gesellschaft **einzutragen** (§ 67 Abs. 1 S. 1 AktG). Der Aktionär ist verpflichtet, diese Angaben der Gesellschaft mitzuteilen (§ 67 Abs. 1 S. 2 AktG). Die Satzung kann die Voraussetzungen näher bestimmen, nach denen Eintragungen im eigenen Namen (**Legitimationsaktionär**) für Aktien, die einem anderen gehören (vgl. auch § 129 Abs. 3 S. 2 AktG) zulässig sind (§ 67 Abs. 1 S. 3 AktG).

Eintragungswirkungen

Die Eintragung der Namensaktie im Aktienregister hat **keine rechtsbegründende Wirkung** für die Erlangung der Mitgliedschaft. Die Wirkungen der Eintragung von Namensaktien betrifft vielmehr das **Verhältnis** zur Aktiengesellschaft. Als **Aktionär** gilt im Verhältnis zu dieser nur, wer als solcher im Aktienregister **eingetragen** ist (§ 67 Abs. 2 S. 1 AktG). Jedoch bestehen Stimmrechte aus Eintragungen nicht, die eine satzungsmäßig bestimmte Höchstgrenze nach § 67 Abs. 1 S. 3 AktG überschreiten oder hinsichtlich derer eine satzungsmäßige Pflicht zur Offenlegung, dass die Aktien einem anderen gehören, nicht erfüllt wird (§ 67 Abs. 2 S. 2 AktG). Ferner bestehen Stimmrechte aus Aktien nicht, solange ein Auskunftsverlangen gemäß § 67 Abs. 4 Satz 2 oder 3 AktG nach Fristablauf nicht erfüllt wird (§ 67 Abs. 2 S. 3 AktG).

Die Eintragung begründet eine **unwiderlegliche Vermutung**, wonach nur der Eingetragene gegenüber der Gesellschaft stimm- und dividendenberechtigter **Aktieninhaber** ist. Dieser hat gegenüber der Gesellschaft die mitgliedschaftlichen Pflichten als Aktionär. Nach umstrittener Auffassung muss er v. a. die vom Vorstand geforderte Einlage leisten. Eine Mitteilungspflicht nach Wertpapierhandelsrecht hinsichtlich der Zurechnung von **Stimmrechten** war nach alter Rechtslage umstritten. Sie soll nur noch unter den Voraussetzungen des § 34 Abs. 1 S. 1 Nr. 6 WpHG in Betracht kommen, sofern der Legitimationsaktionär im Einzelfall nach eigenem Ermessen handeln kann.

Übergang der Namensaktie

Den Übergang der Namensaktie im Aktienregister bei einer Rechtsübertragung regelt § 67 Abs. 3 AktG. Sofern die Namensaktien auf einen anderen übergehen, erfolgen die **Löschung** des alten und die **Neueintragung** des neuen Namensaktionärs im Aktienregister auf **Mitteilung** und **Nachweis**. Zur Mitteilung des Rechtsübergangs sind der Veräußerer und der Erwerber der Namensaktie berechtigt, aber nicht verpflichtet. Erfolgt keine Mitteilung, so wird der Vorstand der Gesellschaft nicht von sich aus tätig und es kommt nicht zu Löschung und Neueintragung im Aktienregister. Es besteht bei Mitteilung und Nachweis aber eine **klagbare Verpflichtung** der Gesellschaft zur Löschung und Neueintragung.

Es ist indes zulässig, für eine angemessen kurze Frist vor der Hauptversammlung Eintragungen im Aktienregister auszusetzen, damit die Teilnahmeberechtigung rechtzeitig feststeht. Denn das Teilnahmeverzeichnis (§ 129 Abs. 1 S. 2 AktG) muss mit dem Aktienregister übereinstimmen. Bei Börsennotierung der Namensaktien mit fortlaufendem Aktienhandeln kann dies meist nur durch **Eintragungsstopp** erreicht werden (BGHZ 182, 272).

Pflichten der Kreditinstitute

Die Pflichten der Kreditinstitute, die bei der Übertragung oder Verwahrung von Namensaktien mitwirken regelt § 67 Abs. 4 AktG. Diese sind verpflichtet, der Gesellschaft die für die Führung des Aktienregisters erforderlichen **Angaben** gegen **Erstattung** der notwendigen **Kosten** zu **übermitteln** (§ 67 Abs. 4 S. 1 AktG). Wird der Inhaber von Namensaktien **nicht** in das Aktienregister eingetragen, so ist das **depotführende Institut** auf Verlangen der Gesellschaft verpflichtet, sich gegen Erstattung der notwendigen Kosten durch die Gesellschaft an dessen Stelle gesondert in das Aktienregister **eintragen** zu lassen. (§ 67 Abs. 4 S. 5 AktG). Wird ein Kreditinstitut im Rahmen eines Übertragungsvorgangs nur vorübergehend (als **Platzhalter**) gesondert in das Aktienregister eingetragen, so löst diese Eintragung keine mitgliedschaftlichen Pflichten aufgrund § 67 Abs. 2 AktG aus.

Pflichten des Eingetragenen

Der Eingetragene hat der Gesellschaft auf ihr Verlangen innerhalb einer angemessenen Frist mitzuteilen, inwieweit ihm die Aktien, als deren Inhaber er im Aktienregister eingetragen ist, auch gehören; soweit dies nicht der Fall ist, hat er die in § 67 Abs. 1 S. 1 AktG genannten Angaben zu demjenigen zu übermitteln, für den er die Aktien hält (§ 67 Abs. 4 S. 2 AktG).

Das gilt entsprechend für denjenigen, dessen Daten übermittelt werden (§ 64 Abs. 4 S. 3 AktG).

Löschung von Eintragungen

Die Löschung von Eintragungen im Aktienregister regelt § 67 Abs. 5 AktG. Ist jemand nach Ansicht der Gesellschaft zu Unrecht als Aktionär in das Aktienregister eingetragen worden, so kann die Gesellschaft die Eintragung nur löschen, wenn sie vorher die Beteiligten von der beabsichtigten Löschung benachrichtigt und ihnen eine angemessene Frist zur Geltendmachung eines Widerspruchs **(Widerspruchsverfahren)** gesetzt hat (§ 67 Abs. 5 S. 1 AktG). Unrichtig ist eine nicht ordnungsgemäße Eintragung, z. B. weil der Eingetragene nicht Aktionär ist oder aber keine Anmeldung vorgenommen wurde. Widerspricht einer der Beteiligten innerhalb der Frist, so hat die Löschung zu unterbleiben (§ 67 Abs. 5 S. 2 AktG). Dagegen kann **Klage** auf **Rücknahme** des Widerspruchs erhoben werden. Es besteht aber kein Anspruch auf Löschung.

Auskunftsrecht des Namensaktionärs

Das Auskunftsrecht des Namensaktionärs und die Verwendung der Daten durch die AG regelt § 67 Abs. 6 AktG. Der Aktionär kann von der Aktiengesellschaft **Auskunft** über die zu seiner Person in das Aktienregister eingetragenen Daten verlangen (§ 67 Abs. 6 S. 1 AktG). Bei nicht börsennotierten Gesellschaften kann die Satzung Weiteres bestimmen (§ 67 Abs. 6 S. 2 AktG). Die Gesellschaft darf die Registerdaten sowie die ihr mitgeteilten Daten für ihre **Aufgaben** im Verhältnis zu den Aktionären verwenden. Zur **Werbung** für das Unternehmen darf sie Daten nur verwenden, soweit der Aktionär nicht widerspricht. Diese sind in angemessener Weise über ihr Widerspruchsrecht zu informieren (§ 67 Abs. 6 S. 3–5 AktG).

Zwischenscheine

Zwischenscheine lauten auf Namen und sind deshalb **Namensaktien**. Daher gelten für sie die Vorschriften des § 67 Abs. 1–6 AktG entsprechend (§ 67 Abs. 7 AktG).

ee. Organbestellung

Die Aktionäre, die die Satzung festgestellt haben, sind die Gründer der Gesellschaft (§ 28 AktG). Mit **Übernahme aller Aktien** durch die Gründer ist die **Gesellschaft errichtet** (§ 29 AktG). Die Bestellung der Organe der Aktiengesellschaft regeln §§ 30 ff AktG.

Bestellung des ersten Aufsichtsrats und der Abschlussprüfer

Die Gründer haben den ersten Aufsichtsrat und den Abschlussprüfer für das erste Vor- oder Rumpfgeschäftsjahr durch **notarielle Beurkundung** zu bestellen (§ 30 Abs. 1 AktG). Die Vorschriften über die Bestellung der Aufsichtsratsmitglieder der Arbeitnehmer sind auf die Zusammensetzung und Bestellung des ersten Aufsichtsrats nicht anzuwenden (§ 30 Abs. 2 AktG). Die **Mitglieder** des **ersten Aufsichtsrats** können nicht für längere Zeit als **bis zur Beendigung** der Hauptversammlung bestellt werden, die über die Entlastung für das erste Vor- oder Rumpfgeschäftsjahr beschließt. Der Vorstand hat rechtzeitig vor Ablauf der Amtszeit des ersten Aufsichtsrats **bekanntzumachen**, nach welchen gesetzlichen Vorschriften der **nächste Aufsichtsrat** nach seiner Ansicht zusammenzusetzen ist (§ 30 Abs. 3 AktG). Der Aufsichtsrat bestellt den ersten **Vorstand** (§ 30 Abs. 4 AktG).

Bestellung des Aufsichtsrats bei Sachgründung

Die Bestellung und Amtszeit des ersten Aufsichtsrats bei Sachgründung durch Einlage oder Übernahme eines Unternehmens oder Unternehmensteils regelt § 31 AktG. Die Gründer haben nur so viele Aufsichtsratsmitglieder zu bestellen, wie nach Mitbestimmungsrecht ihrer Ansicht nach für die Zusammensetzung des Aufsichtsrats erforderlich und von der Hauptversammlung ohne Bindung an Wahlvorschläge bestellt werden können (§ 31 Abs. 1 S. 1 AktG). Sie haben jedoch, wenn dies nur zwei Aufsichtsratsmitglieder sind, drei Mitglieder zu bestellen (§ 31 Abs. 1 S. 2 AktG). Der Aufsichtsrat ist, soweit die Satzung nichts anderes bestimmt, beschlussfähig, wenn die Hälfte, mindestens jedoch drei seiner Mitglieder an der Beschlussfassung teilnehmen (§ 31 Abs. 2 AktG). Die Bekanntmachungspflicht des Vorstands regelt § 31 Abs. 3–5 AktG.

ff. Prüfungspflichten

Gründungsbericht

Die Gründer der Gesellschaft haben einen schriftlichen Bericht über den Hergang der Gründung (**Gründungsbericht**) zu erstatten (§ 32 Abs. 1 AktG). In dem Bericht sind die wesentlichen Umstände darzulegen, von denen die Angemessenheit der Leistungen für **Sacheinlagen** oder **Sachübernahmen** abhängt (§ 32 Abs. 2 Nr. 1–3 AktG). Dabei sind anzugeben:

- die vorausgegangenen Rechtsgeschäfte, die auf den Erwerb durch die Gesellschaft hingezielt haben;
- die Anschaffungs- und Herstellungskosten aus den letzten beiden Jahren;
- beim Übergang eines Unternehmens auf die Gesellschaft die Betriebserträge aus den letzten beiden Geschäftsjahren.

Im Gründungsbericht ist ferner anzugeben, ob und in welchem Umfang bei der Gründung **für Rechnung** eines Mitglieds des Vorstands oder des Aufsichtsrats Aktien übernommen worden sind und ob und in welcher Weise ein Mitglied des Vorstands oder des Aufsichtsrats sich einen **besonderen Vorteil** oder für die Gründung oder ihre Vorbereitung eine **Entschädigung** oder **Belohnung** ausbedungen hat (§ 32 Abs. 3 AktG).

Gründungsprüfung

Die Mitglieder des Vorstands und des Aufsichtsrats haben den Hergang der Gründung zu prüfen (**Gründungsprüfung**) (§ 33 Abs. 1 AktG). Damit soll die ordnungsgemäße Errichtung der Gesellschaft sichergestellt werden, die im Interesse der künftigen Gläubiger und Aktionäre die notwendigen Sicherungen erfüllt. Außerdem hat in bestimmten Fällen daneben noch eine **externe Prüfung** durch einen oder mehrere Prüfer (**Gründungsprüfer**) stattzufinden (§ 33 Abs. 2 AktG).

Eine Prüfung durch Gründungsprüfer hat stattzufinden (§ 33 Abs. 2 Nr. 1–4 AktG), wenn:

- ein Mitglied des Vorstands oder des Aufsichtsrats zu den Gründern gehört oder
- bei der Gründung für Rechnung eines Mitglieds des Vorstands oder des Aufsichtsrats Aktien übernommen worden sind oder
- ein Mitglied des Vorstands oder des Aufsichtsrats sich einen besonderen Vorteil oder für die Gründung oder ihre Vorbereitung eine Entschädigung oder Belohnung ausbedungen hat oder
- eine Gründung mit Sacheinlagen oder Sachübernahmen vorliegt.

Gründungsprüfer

Ist ein Mitglied des Vorstands oder des Aufsichtsrats Gründer (§ 33 Abs. 1 Nr. 1 AktG), kann der **beurkundende Notar** (§ 23 Abs. 1 S. 1 AktG) anstelle eines Gründungsprüfers die Prüfung im Auftrag der Gründer vornehmen. Nimmt nicht der Notar die Prüfung vor, bestellt das Gericht die Gründungsprüfer. Gegen die Entscheidung ist die Beschwerde zulässig (§ 33 Abs. 3 AktG).

Als Gründungsprüfer sollen, wenn die Prüfung keine anderen Kenntnisse fordert, nur bestellt werden (§ 33 Abs. 4 Nr. 1–2 AktG):

- Personen, die in der **Buchführung** ausreichend **vorgebildet** und **erfahren** sind;
- Prüfungsgesellschaften, von deren gesetzlichen Vertretern mindestens einer in der Buchführung ausreichend vorgebildet und erfahren ist.

Zwingende **Bestellungsverbote** regelt (§ 33 Abs. 5 AktG). Als Gründungsprüfer darf nicht bestellt werden, wer nach § 143 Abs. 2 AktG nicht Sonderprüfer sein kann. Gleiches gilt für Personen und Prüfungsgesellschaften, auf deren Geschäftsführung die Gründer oder Personen, für deren Rechnung die Gründer Aktien übernommen haben, maßgebenden Einfluss haben.

Sachgründung ohne externe Gründungsprüfung

Von einer Prüfung durch Gründungsprüfer kann bei einer Gründung mit Sacheinlagen oder mit Sachübernahmen (§ 33 Abs. 2 Nr. 4 AktG) unter bestimmten Voraussetzungen abgesehen werden. Das ist der Fall, soweit eingebracht werden sollen (§ 33a Abs. 1 Nr. 1 und 2 AktG):

- **Übertragbare Wertpapiere** oder **Geldmarktinstrumente** i. S. v. § 2 Abs. 1 und 2 WpHG, wenn sie mit dem gewichteten Durchschnittspreis bewertet werden, zu dem sie während der letzten drei Monate vor dem Tag ihrer tatsächlichen Einbringung auf einem oder mehreren organisierten Märkten i. S. v. § 2 Abs. 11 WpHG gehandelt worden sind,
- **andere Vermögensgegenstände**, wenn eine Bewertung zu Grunde gelegt wird, die ein unabhängiger, ausreichend vorgebildeter Sachverständiger nach allgemein anerkannten Bewertungsgrundsätzen mit dem beizulegenden Zeitwert ermittelt hat und wenn der Bewertungsstichtag nicht mehr als sechs Monate vor dem Tag der tatsächlichen Einbringung liegt.

Eine Sachgründung ohne externe Gründungsprüfung ist nicht zulässig (**Gegenausnahmen**), wenn der gewichtete **Durchschnittspreis** der Wertpapiere oder Geldmarktinstrumente (§ 33a Abs. 1 Nr. 1 AktG) durch außergewöhnliche Umstände **erheblich beeinflusst** worden ist oder wenn anzunehmen ist, dass der beizulegende **Zeitwert** der anderen Vermögensgegenstände (§ 33a Abs. 1 Nr. 2 AktG) am Tag ihrer tatsächlichen Einbringung aufgrund neuer oder neu bekannt gewordener Umstände **erheblich niedriger ist** als der von dem Sachverständigen angenommene Wert (§ 33a Abs. 2 AktG).

Umfang der Gründungsprüfung

Die Prüfung durch die Mitglieder des Vorstands und des Aufsichtsrats sowie die Prüfung durch die Gründungsprüfer haben sich namentlich darauf zu erstrecken (§ 34 Abs. 1 Nr. 1–2 AktG),

- ob die Angaben der Gründer über die Übernahme der Aktien, über die Einlagen auf das Grundkapital und über die Festsetzungen nach §§ 26, 27 AktG richtig und vollständig sind;

- ob der Wert der Sacheinlagen oder Sachübernahmen den geringsten Ausgabebetrag der dafür zu gewährenden Aktien oder den Wert der dazu zu gewährenden Leistungen erreicht.

Prüfungsbericht

Über jede Prüfung ist unter Darlegung der vorgenannten Umstände schriftlich zu berichten. In dem Bericht ist der Gegenstand **jeder Sacheinlage** oder **Sachübernahme** zu beschreiben sowie anzugeben, welche **Bewertungsmethoden** bei der Ermittlung des Wertes angewandt worden sind. In dem Prüfungsbericht der Mitglieder des Vorstands und des Aufsichtsrats kann davon sowie von den Ausführungen über den Wert der Sacheinlagen oder Sachübernahmen abgesehen werden, soweit nach § 33a AktG von einer externen Gründungsprüfung abgesehen wird (§ 34 Abs. 2 AktG). Je ein Stück des Berichts der Gründungsprüfer ist dem **Gericht** und dem **Vorstand** einzureichen. Jedermann kann den Bericht bei dem Gericht einsehen (§ 34 Abs. 3 AktG).

gg. Vorgründungsgesellschaft

Von dem Zusammenschluss der Gründer bis zur notariellen Beurkundung der Satzung (§ 23 AktG) besteht eine **Vorgründungsgesellschaft**. Sie entsteht **konkludent** und **formlos**, wenn die Gründer die Gesellschaftsgründung vereinbaren. Ein Vorvertrag, aus dem auf die Gründung einer Aktiengesellschaft geklagt werden kann, ist formbedürftig (§ 23 Abs. 1 S. 1 AktG analog) und muss bereits den Inhalt des § 23 AktG enthalten. Die Vorgründungsgesellschaft ist eine **Innen-GbR** (§ 705 BGB) oder bei Auftreten im Rechtsverkehr eine **Außen-GbR** (§§ 705ff BGB) bzw. beim Betrieb eines Handelsgewerbes unter gemeinschaftlicher Firma eine **OHG** (§§ 105ff HGB). Die **Haftung** der Gründer richtet sich nach den allgemeinen zivilrechtlichen Regeln, ebenso wie sie für die Gründer der Vorgründungsgesellschaft zur GmbH gelten.

hh. Vorgesellschaft

Mit Feststellung der Satzung durch notarielle Beurkundung (§ 23 AktG) bis zur Eintragung der Aktiengesellschaft in das Handelsregister besteht eine **Vorgesellschaft (Vor-AG)**. Die Rechte und Pflichten der Gründer der Vorgründungsgesellschaft (GbR oder OHG) gehen **mangels Identität** der Gesellschaften nicht von der Vorgründungsgesellschaft auf die Vorgesellschaft und auch nicht auf die später in das Handelsregister eingetragene Aktiengesellschaft über. Dazu ist eine Übertragung des Unternehmens der Vorgründungsgesellschaft oder sämtlicher Anteile auf die Vorgesellschaft (Vor-AG) erforderlich. Die Vor-AG ist eine rechtliche selbständige **Gesamthandsgesellschaft** eigener Art *(sui generis)* und also solche Inhaberin eigener Rechte und Pflichten. Sie ist Personengesellschaft, auf die bereits die Regelungen des Aktiengesetzes anwendbar sind, soweit diese nicht die Eintragung in das Handelsregister voraussetzen. Für die **Haftung** der **Gesellschafter** (Unterbilanzhaftung, Verlustdeckungshaftung) gelten die Regeln, wie auch für die Haftung der Gesellschafter bei der Vor-GmbH. Die Haftung der Personen, die vor der Eintragung der Gesellschaft in ihrem Namen handeln (Handelndenhaftung) ist für die Vor-AG (vgl. § 11 Abs. 2 GmbHG für die Vor-GmbH) in § 41 Abs. 1 S. 2 AktG geregelt.

ii. Eintragung der AG

Mit der Eintragung der Aktiengesellschaft in das Handelsregister gehen auf diese **alle Rechte** und **Pflichten** der Vorgesellschaft **ohne gesonderte Vereinbarung** und Übertragungsakt **über**. Dies beruht darauf, dass der Zweck der Vorgesellschaft bereits identisch mit dem Zweck der eingetragenen Aktiengesellschaft identisch ist (**Identitätstheorie**). Mit der Eintragung erlischt die persönliche gesamtschuldnerische Haftung der Handelnden (§ 41 Abs. 1 S. 2 AktG). Von diesem Zeitpunkt an **haftet** den Gläubigern der Aktiengesellschaft für ihre Verbindlichkeiten nur das **Gesellschaftsvermögen** (§ 1 Abs. 1 S. 2 AktG). Dagegen haften die **Aktionäre** für die Verbindlichkeiten der Gesellschaft grundsätzlich **nicht** mit ihrem Privatvermögen. Aufgrund der Ausgestaltung der Aktiengesellschaft als juristische Person wird zwischen dem Vermögen der Gesellschaft und dem Vermögen ihrer Gesellschafter streng getrennt (**Trennungsprinzip**). Nur in bestimmten von der Rechtsprechung entwickelten Fallgruppen kommt eine Haftung der Aktionäre für die Verbindlichkeiten der Gesellschaft gegenüber ihren Gläubigern in Betracht (**Verlust des Haftungsprivilegs** des § 1 Abs. 1 S. 2 AktG).

Anmeldung der Gesellschaft

Alle Mitglieder des Vorstands und des Aufsichtsrats müssen die Gesellschaft bei dem Gericht zur Eintragung in das Handelsregister anmelden (§ 36 Abs. 1 AktG). Die Anmeldung darf erst erfolgen, wenn auf jede Aktie, soweit nicht Sacheinlagen vereinbart sind, der **eingeforderte Betrag** ordnungsgemäß **eingezahlt** worden ist (§ 54 Abs. 3 AktG) und soweit er nicht bereits zur Bezahlung der bei der Gründung angefallenen Steuern und Gebühren verwandt wurde, endgültig **zur freien Verfügung des Vorstands** steht (§ 36 Abs. 2 AktG).

Bei **Bareinlagen** muss dieser Betrag mindestens ein Viertel des geringsten Ausgabebetrags und bei Ausgabe der Aktien für einen höheren als diesen auch den Mehrbetrag umfassen (§ 36a Abs. 1 AktG). **Sacheinlagen** sind vollständig zu leisten. Sofern die Sacheinlage in der Verpflichtung besteht, einen Vermögensgegenstand auf die Gesellschaft zu übertragen, so muss diese Leistung innerhalb von fünf Jahren nach der Eintragung der AG in das Handelsregister zu bewirken sein. Der Wert muss dem geringsten Ausgabebetrag und bei Ausgabe der Aktien für einen höheren als diesen auch dem Mehrbetrag entsprechen (§ 36a AktG).

Inhalt der Anmeldung

In der Anmeldung ist zu erklären, dass die Voraussetzungen des § 36 Abs. 2 und des § 36a AktG erfüllt sind; dabei sind der Betrag, zu dem die Aktien ausgegeben werden, und der darauf eingezahlte Betrag anzugeben. Es ist **nachzuweisen**, dass der eingezahlte Betrag **endgültig zur freien Verfügung** des Vorstands steht. Ist der Betrag durch Gutschrift auf ein Konto eingezahlt worden, so ist der Nachweis durch eine Bestätigung des kontoführenden Instituts zu führen. Für die Richtigkeit der Bestätigung ist das **Institut** der Gesellschaft **verantwortlich**. Sind von dem eingezahlten Betrag Steuern und Gebühren bezahlt worden, so ist dies nach Art und Höhe der Beträge nachzuweisen (§ 37 Abs. 1 AktG). In der Anmeldung müssen die **Vorstandsmitglieder versichern**, dass keine Umstände vorliegen, die ihrer Bestellung nach § 76 Abs. 3 S. 2 Nr. 2 und 3 sowie Satz 3 AktG entgegenstehen und, dass sie über ihre unbeschränkte Auskunftspflicht gegenüber dem Gericht belehrt worden sind (§ 37 Abs. 2 S. 1 AktG). In der Anmeldung sind ferner eine inländische Geschäftsanschrift und Art und Umfang der Vertretungsbefugnis der Vorstandsmitglieder anzugeben (§ 37 Abs. 3 Nr. 1, 2 AktG).

Der Anmeldung sind beizufügen (§ 37 Abs. 4 Nr. 1–5 AktG):

- die **Satzung** und die **Urkunden**, in denen die Satzung festgestellt worden ist und die Aktien von den Gründern übernommen worden sind;
- im Fall der §§ 26 und 27 AktG die **Verträge**, die den Festsetzungen zu Grunde liegen oder zu ihrer Ausführung geschlossen worden sind und eine **Berechnung** des der Gesellschaft

zu Last fallenden **Gründungsaufwands**; in der Berechnung sind die **Vergütungen** nach Art und Höhe und die Empfänger einzeln aufzuführen;
- die Urkunden über die Bestellung des Vorstands und des Aufsichtsrats;
- eine **Liste** der Mitglieder des **Aufsichtsrats**, aus welcher Name, Vorname, ausgeübter Beruf und Wohnort der Mitglieder ersichtlich ist;
- der **Gründungsbericht** und die **Prüfungsberichte** der Mitglieder des Vorstands und des Aufsichtsrats sowie die **Gründungsprüfer** nebst ihren urkundlichen Unterlagen.

Die Einreichung der Unterlagen erfolgt elektronisch gem. § 12 Abs. 2 HGB (§ 37 Abs. 5 AktG). Die Anmeldung bei Sachgründung ohne externe Gründungsprüfung regelt § 37a AktG.

Prüfung durch Gericht

Das Gericht hat zu prüfen, ob die Gesellschaft ordnungsgemäß errichtet und angemeldet ist. Ist dies nicht der Fall, so hat es die Eintragung abzulehnen (§ 38 Abs. 1 AktG). Dabei umfasst die Prüfung die Ordnungsmäßigkeit der Anmeldung (**formelle Prüfung**) und die Gesetzmäßigkeit der Errichtung (**materielle Prüfung**). Die Prüfung erfolgt anhand der vorgelegten Unterlagen zum **Zeitpunkt** der **Anmeldung.** Die Eintragungsvoraussetzungen müssen zum Zeitpunkt der **Eintragung** aber weiter vorliegen. Vor Eintragung besteht die Aktiengesellschaft als juristische Person nicht (§ 41 Abs. 1 S. 1 AktG).

Das Gericht kann die Eintragung auch ablehnen, wenn die Gründungsprüfer es erklären oder es offensichtlich ist, dass der Gründungsbericht oder der Prüfungsbericht der Mitglieder des Vorstands und des Aufsichtsrats **unrichtig** oder **unvollständig** ist oder den gesetzlichen Vorschriften **nicht entspricht**. Es kann dies auch, wenn die Gründungsprüfer erklären oder das Gericht der Auffassung ist, dass der **Wert** der Sacheinlagen oder Sachübernahmen **nicht unwesentlich** hinter dem geringsten Ausgabebetrag der dafür zu gewährenden Aktien oder dem Wert der dafür zu gewährenden Leistungen **zurückbleibt** (§ 38 Abs. 2 AktG).

Enthält die Anmeldung die Erklärung, dass von einer externen Gründungsprüfung abgesehen ist (§ 37a Abs. 1 S. 1 AktG), hat das Gericht hinsichtlich der Werthaltigkeit der Sacheinlagen oder Sachübernahmen ausschließlich zu prüfen, ob die Voraussetzungen des § 37a AktG erfüllt sind. Lediglich bei einer offenkundigen und erheblichen Überwertung kann das Gericht die Eintragung ablehnen (§ 37 Abs. 3 AktG).

Wegen einer mangelhaften, fehlenden oder nichtigen Bestimmung der Satzung darf das Gericht die Eintragung nach § 37 Abs. 1 AktG nur ablehnen, soweit diese Bestimmung, ihr Fehlen oder ihre Nichtigkeit (§ 37 Abs. 4 Nr. 1–3 AktG)
- Tatsachen oder Rechtsverhältnisse betrifft, die nach § 23 Abs. 3 AktG oder aufgrund anderer zwingender gesetzlicher Vorschriften in der Satzung bestimmt sein müssen oder die in das Handelsregister einzutragen oder von dem Gericht bekanntzumachen sind,
- Vorschriften verletzt, die ausschließlich oder überwiegend zum Schutze der Gläubiger der Gesellschaft oder sonst im öffentlichen Interesse gegeben sind, oder
- die Nichtigkeit der Satzung zur Folge hat.

jj. Kapitalaufbringung

Einlagepflicht

Die Vorschriften der Kapitalaufbringung (§§ 54–57 AktG) sollen das Mindestgrundkapital von 50.000 Euro (§§ 7, 23 Abs. 3 Nr. 3 AktG) bei Gründung der Gesellschaft als **Haftungsfonds** für die Gläubiger im Ausgleich für den Haftungsausschluss ihrer Aktionäre (§ 1 Abs. 1

S. 2 AktG) sicherstellen **(Grundsatz der Kapitalaufbringung)**. Die Hauptverpflichtung der Aktionäre regelt § 54 AktG. Diese haben eine Pflicht zur Leistung der Einlagen **(Einlagepflicht)** mit Übernahme der Aktien bei Gründung (§ 23 Abs. 2 AktG), die durch den Ausgabebetrag der Aktien begrenzt wird (§ 54 Abs. 1 AktG). Die Einlagepflicht ist durch **Bareinlagen** zu erbringen, soweit die Satzung nicht die Leistung von **Sacheinlagen** (§ 27 AktG) festsetzt (§ 54 Abs. 2 AktG).

Befreiungsverbot

Die Aktionäre und ihre Vormänner können von ihren Leistungspflichten nach den §§ 54 und 65 AktG nicht befreit werden **(Befreiungsverbot)** (§ 66 Abs. 1 S. 1 AktG). Erfasst werden **sämtliche Einlagepflichten** der Aktionäre unabhängig davon, ob sie bei Gründung (§ 23 Abs. 2 AktG) oder bei Kapitalerhöhung (§§ 182–221 AktG) übernommen wurden und es sich um Bar- oder Sacheinlagen handelt. Das Befreiungsverbot gilt sowohl für die Leistungspflichten vor Anmeldung (§§ 36 Abs. 2, 36a, 188 Abs. 2, 203 Abs. 1 AktG) auch als auch für diejenigen später nach Aufforderung (§ 63 Abs. 1 AktG). **Leistungspflichten** sind jedes Rechtsgeschäft, dass im Falle seiner Wirksamkeit Ansprüche der Aktiengesellschaft nach Grund, Höhe, Inhalt oder Leistungszeitpunkt aufheben oder beeinträchtigen würde.

Aufrechnungsverbot

Die Aufrechnung gegen eine Forderung der Aktiengesellschaft nach den §§ 54 und 65 AktG ist unzulässig **(Aufrechnungsverbot)** (§ 66 Abs. 1 S. 2 AktG). Adressat des Aufrechnungsverbots, das auch die reale Kapitalaufbringung sichern soll, sind die **Aktionäre** und ihre **Vormänner**. Die Aufrechnung der Gesellschaft gegen eine Forderung der Aktionäre oder Vormänner ist nicht Regelungsgegenstand der Verbotsnorm. Die **Aktiengesellschaft** kann deshalb aber **nicht unbeschränkt** gegen die Forderung eines Aktionärs oder Vormanns aufrechnen. Vielmehr muss die Forderung nach der Rechtsprechung (BGHZ 191, 364) **fällig**, **liquide** und **vollwertig**, sein. Die Fälligkeit der Gegenforderung ist danach abweichend von § 387 BGB erforderlich. Sie ist liquide, wenn sie nach Grund und Höhe außer Zweifel steht und auch nicht mit Einreden oder Einwendungen behaftet ist. Sie ist zudem vollwertig, wenn sie aus dem Vermögen der Aktiengesellschaft realisierbar ist. Daran fehlt es bei Überschuldung und auch bei nachhaltigen Zahlungsschwierigkeiten, nicht aber bei Besicherung der Forderung in voller Höhe. Das Schrifttum lässt die Aufrechnung teils zu soweit der tatsächlich erreichte Wert des Anspruchs des Aktionärs auf die Einlageforderung der Gesellschaft angerechnet werden kann (§ 27 Abs. 3 S. 3 AktG analog). Teils wird indes darauf abgestellt, dass die Gegenforderung zum Nennwert eingebracht werden kann.

Entsprechende Anwendung

Das Befreiungsverbot (§ 66 Abs. 1 S. 1 AktG) und das Aufrechnungsverbot (§ 66 Abs. 1 S. 2 AktG) gelten entsprechend für die Verpflichtung zur Rückgewähr von Leistungen, die entgegen den Vorschriften des Gesetzes empfangen sind, für die Ausfallhaftung des ausgeschlossenen Aktionärs (§ 64 Abs. 4 S. 2 AktG) sowie für die Schadensersatzpflicht des Aktionärs wegen nicht gehöriger Leistung einer Sacheinlage, z. B. Unmöglichkeit, Verzug, Sachmängelhaftung.

Bareinlagen

Der vor der Anmeldung der Gesellschaft eingeforderte Betrag der Bareinlagen **(Geldeinlagen)** kann nur durch **Einzahlung** gesetzlicher Zahlungsmittel in die Gesellschaftskasse oder durch **Gutschrift** bei einem Kreditinstitut oder nach § 53 Abs. 1 S. 1 oder § 53b Abs. 1

S. 1 oder Abs. 7 KWG tätigen Unternehmen auf ein Konto der Gesellschaft oder des Vorstands zu **seiner freien Verfügung** erbracht werden. Forderungen des Vorstands aus diesen Einzahlungen gelten als Forderungen der Gesellschaft (§ 54 Abs. 3 AktG). Der Anspruch der Gesellschaft auf Leistung der Einlagen **verjährt** in **zehn Jahren** von seiner Entstehung an, bei Eröffnung eines Insolvenzverfahrens über das Vermögen der Gesellschaft nicht vor Ablauf von sechs Monaten ab dem Zeitpunkt der Eröffnung (§ 54 Abs. 4 AktG).

Freie Verfügbarkeit

Die **Bareinlagepflicht** ist erst **erfüllt**, wenn der Geldbetrag dem Vorstand endgültig zur freien Verfügung steht (§ 54 Abs. 3 AktG). Freie Verfügbarkeit setzt voraus, dass der Einlagebetrag aus dem Herrschaftsbereich des Einlegers ausgesondert und dem Vorstand so übergeben wurde, dass er **nach eigenem Ermessen** unter Berücksichtigung seiner Verantwortung für die Gesellschaft (§§ 76, 93 Abs. 1 AktG) über die Einlage verfügen kann. Der muss über den Betrag **ohne Einschränkung disponieren** können und darf weder rechtlich noch tatsächlich an seiner Verwendung gehindert sein (BGHZ 113, 335). Das ist nicht der Fall, wenn die Einzahlung des Einlagebetrags nur zum Schein erfolgt, eine direkte oder indirekte Rückzahlung vereinbart wird sowie bei Abreden, die dem Interesse des Einlegers an auch nur mittelbarer Rückführung der Einlagen dienen (BGH NZG 2004, 618; BGHZ 122, 180).

Nicht rechtzeitige Einzahlung

Die **weiteren Rechtsfolgen** des auf das Grundkapital nicht rechtzeitig eingezahlten Betrags regeln §§ 63–66 AktG. Aktionäre, die den Einlagebetrag nach Aufforderung durch den Vorstand nicht rechtzeitig einzahlen, haben ihn vom Eintritt der Fälligkeit an mit **5% p. a.** zu **verzinsen**. Die Geltendmachung eines weiteren **Schadens** ist nicht ausgeschlossen. Die Satzung kann auch **Vertragsstrafen** festsetzen (§ 63 AktG).

Ausschluss säumiger Aktionäre

Aktionäre, die den eingeforderten Betrag nicht rechtzeitig einzahlen **(säumige Aktionäre)**, kann eine Nachfrist mit der Androhung gesetzt werden, dass sie nach Fristablauf ihrer Aktien und der geleisteten Einlagezahlungen für verlustig erklärt werden (§ 64 Abs. 1 AktG). Sie muss dreimal in den Gesellschaftsblättern bekannt gemacht werden (§ 64 Abs. 2 AktG). Aktionäre, die den eingeforderten Betrag trotzdem nicht zahlen, werden durch Bekanntmachung in den Gesellschaftsblättern ihrer Aktien und der geleisteten Einlagen zugunsten der Gesellschaft für verlustig erklärt **(Kaduzierung)**. In der Bekanntmachung sind die für verlustig erklärten Aktien mit ihren Unterscheidungsmerkmalen anzugeben (§ 64 Abs. 3 AktG). An Stelle der alten Urkunden werden neue ausgegeben; diese haben außer den geleisteten Teilzahlungen den rückständigen Betrag anzugeben. Für den Ausfall der Gesellschaft an dem rückständigen Betrag oder den später eingeforderten Beträgen haftet **(Ausfallhaftung)** ihr der ausgeschlossene Aktionär (§ 64 Abs. 4 S. 2 AktG).

Zahlungspflicht der Vormänner

Jeder im Aktienregister (§ 67 AktG) verzeichnete Vormann des ausgeschlossenen Aktionärs ist der Gesellschaft zur Zahlung des **rückständigen Betrags** verpflichtet, soweit dieser von seinen Nachmänner nicht zu erlangen ist. Von der Zahlungsaufforderung an einen früheren Aktionär hat die Gesellschaft seinen unmittelbaren Vormann zu **benachrichtigen**. Dass die Zahlung des rückständigen Betrags nicht zu erbringen ist, **wird vermutet**, wenn sie nicht innerhalb eines Monats seit der Zahlungsaufforderung und der Benachrichtigung des Vormanns eingegangen ist. Gegen Zahlung des rückständigen Betrags wird die neue Urkunde ausgegeben (§ 65 Abs. 1 S. 1 AktG). Jeder Vormann ist nur zur Zahlung der Beträge verpflichtet, die binnen zwei Jahren eingefordert werden. Die **Frist** beginnt mit dem Tage, an dem die Übertragung der Aktie zum Handelsregister angemeldet wird (§ 65 Abs. 2 AktG). Ist die Zahlung des rückständigen Aktionärs von Vormännern nicht zu erlagen, muss die Gesellschaft die Aktie unverzüglich **zum Börsenpreis** und beim Fehlen eines Börsenpreises durch **öffentliche Versteigerung** verkaufen (§ 65 Abs. 3 AktG).

Hin- und Herzahlen

Das Hin- und Herzahlen ist wegen des **Gebots der realen Kapitalaufbringung** nach § 27 Abs. 4 AktG unter den gleichen Voraussetzungen zulässig wie bei der Gesellschaft mit beschränkter Haftung nach § 19 Abs. 5 GmbHG. Dies gilt auch für die Einbeziehung von Einlageleistungen des Aktionärs beim **Cash-Pooling** auf ein zentrales Cash-Pool-Konto im Konzern. Sofern die gesetzlichen Voraussetzungen nicht vorliegen, ist die Einlagepflicht des Aktionärs **nicht erfüllt** und besteht fort. Das Registergericht darf die nicht ordnungsgemäß errichtete und angemeldete Gesellschaft nicht in das Handelsregister eintragen (§ 38 Abs. 1 S. 2 AktG). Der Vorstand darf keine falschen Angaben bei der Anmeldung der Gesellschaft zur Erbringung der Bareinlage machen (§§ 37 Abs. 1, 36 Abs. 2 AktG) und macht sich sonst **strafbar** (§ 399 Abs. 1 Nr. 6 AktG). Auch **haftet** er Gläubigern der Gesellschaft deliktisch, wenn er falsche Angaben macht (§§ 37 Abs. 1, 339 Abs. 1 Nr. 6 AktG).

Einzahlung des Mindestbetrags

Bereits vor der Anmeldung der Gesellschaft zur Eintragung muss bei Bareinlagen **mindestens ein Viertel** des geringsten Ausgabebetrags, also mindestens **25.000 Euro**, und bei Ausgabe der Aktien für einen höheren als diesen, auch der Mehrbetrag (**Agio**) eingezahlt werden (§ 36a Abs. 1 AktG). Zudem ist der Restbetrag der Einlage von den Aktionären nach Aufforderung durch den Vorstand einzuzahlen (§ 63 Abs. 1 AktG).

Sacheinlagen

Sacheinlagen sind **vollständig** zu leisten. Besteht die Sacheinlage in der Verpflichtung, einen Vermögensgegenstand auf die Gesellschaft zu übertragen, so muss diese Leistung innerhalb von **fünf Jahren** nach der Eintragung der AG in das Handelsregister zu bewirken sein. Der Wert muss dem **geringsten Ausgabebetrag** und bei Ausgabe der Aktien für einen höheren als diesen auch dem **Mehrbetrag** entsprechen (§ 36a Abs. 2 AktG).

Sollen Aktionäre Einlagen machen, die nicht durch Einzahlung des Ausgabebetrags der Aktien zu leisten sind (**Sacheinlagen**), oder soll die Aktiengesellschaft vorhandene oder herzustellende Anlagen oder andere Vermögenswerte übernehmen (**Sachübernahme**), müssen in der Satzung festgesetzt werden der **Gegenstand** der Sacheinlage oder der Sachübernahme, die **Person**, von der die Gesellschaft den Gegenstand erwirbt und der **Nennbetrag**, bei Stückaktien die **Zahl** der bei der Sacheinlage zu gewährenden **Aktien** oder die bei der Sachübernahme zu gewährende **Vergütung**. Soll die Aktiengesellschaft einen Vermögensgegenstand übernehmen, für den eine Vergütung gewährt wird, die auf die Einlage eines Aktionärs angerechnet werden soll, so gilt dies als Sacheinlage (§ 27 Abs. 1 AktG).

Sacheinlagen oder Sachübernahmen können nur Vermögensgegenstände (**einlagefähig**) sein, deren **wirtschaftlicher Wert** feststellbar ist. Verpflichtungen zu **Dienstleistungen** sind **nicht** einlagefähig (§ 27 Abs. 2 AktG). Einlagefähige Vermögensgegenstände können bewegliche wie unbewegliche Sachen sein, sofern die Gesellschaft das Eigentum erwerben soll, beschränkt dingliche Rechte, Gesellschaftsanteile, sofern sie übertragbar sind, Immaterialgüterrechte sowie Sach- und Rechtsgesamtheiten, also auch **Unternehmen im Ganzen**. Grundsätzlich sind auch Forderungen gegen die Gesellschaft einlagefähig, wenn sie als Sacheinlage unter Wahrung der dafür geltenden Regeln eingebracht werden sowie obligatorische Nutzungsrechte.

Die **Überbewertung** von Vermögensgegenständen als Sacheinlage oder Sachübernahme ist wegen des Verbots der Unterpari-Emission **unzulässig** (§§ 9 Abs. 1, 34 Abs. 1 Nr. 2, 36a Abs. 3 S. 2, 38 Abs. 2 S. 2 AktG) und führt zur Ablehnung der Eintragung nach § 38 Abs. 2 AktG, sofern nicht die Gesellschafter Wertansätze berichtigen und die Einlage durch Geldleistung auffüllen. Ist die Gesellschaft jedoch mit einer minderwertigen Einlage in das Handelsregister eingetragen so entsteht die Aktiengesellschaft. Die Gründer haften der Gesellschaft dann aber (§ 9 GmbHG analog) verschuldensunabhängig auf die Differenz in bar (**Differenzhaftung**). Nach der Rechtsprechung gilt dies auch, wenn der Wert der Sacheinlage zwar den geringsten Ausgabebetrag, aber nicht das Agio gem. § 9 Abs. 2 AktG abgedeckt (BGHZ 191, 364).

Verdeckte Sacheinlage

Eine verdeckte Sacheinlage liegt bei der Aktiengesellschaft gem. § 27 Abs. 3 AktG unter den gleichen Voraussetzungen vor, wie bei der GmbH gem. § 29 Abs. 4 GmbHG. Sie bewirkt **keine Erfüllung** der Einlagepflicht des Gesellschafters (§ 27 Abs. 3 AktG). Die schuldrechtlichen und dinglichen **Verträge** über die Sacheinlage und die Rechtshandlungen zu ihrer Ausführung sind jedoch **wirksam** (§ 27 Abs. 3 S. 2 AktG). Der **Vorstand** darf bei der Anmeldung der Gesellschaft zur Eintragung in das Handelsregister nicht versichern, dass die geschuldete Geldeinlage bewirkt sei. Sonst macht er sich **strafbar** (§ 399 Abs. 1 Nr. 6 AktG). Auch **haftet** er Gläubigern der Gesellschaft deliktisch, wenn er falsche Angaben macht (§§ 37 Abs. 1, 339 Abs. 1 Nr. 6 AktG). Das Registergericht hat die Eintragung abzulehnen, wenn die Gesellschaft nicht ordnungsgemäß errichtet und angemeldet ist (§ 38 Abs. 1 S. 2 AktG). Wird sie jedoch in das Handelsregister eingetragen und erreicht der Wert der Sacheinlage im Zeitpunkt der Anmeldung nicht den Nennbetrag des dafür übernommenen Geschäftsanteils, wird auf die **fortbestehende Geldeinlagepflicht** des Aktionärs der Wert des Vermögensgegenstandes im Zeitpunkt der Anmeldung der Gesellschaft zur Eintragung in das Handelsregister oder im Zeitpunkt seiner Überlassung an die Gesellschaft, falls dies später erfolgt, **angerechnet** (§ 27 Abs. 3 S. 3 AktG).

b. Rechts- und Parteifähigkeit

aa. Rechtsfähigkeit

Die Aktiengesellschaft ist eine Gesellschaft mit eigener Rechtspersönlichkeit (§ 1 Abs. 1 S. 1 AktG), die mit der Eintragung in das Handelsregister entsteht (§ 41 Abs. 1 S. 1 AktG). Damit ist sie eine **juristische Person** und als solche **Trägerin** des **Gesellschaftsvermögens**, das von dem Vermögen der Gesellschafter getrennt ist (**Trennungsprinzip**). Die Aktiengesellschaft gilt als Handelsgesellschaft im Sinne des Handelsgesetzbuchs (**Formkaufmann**), auch wenn der Gegenstand des Unternehmens nicht im Betreibe eines Handelsgewerbes besteht (§ 3 Abs. 1 AktG). Da die Gesellschaft Formkaufmann ist, finden die für Kaufleute geltenden Vorschriften des Handelsgesetzbuchs auf sie Anwendung (§ 6 Abs. 2 HGB). Die Aktiengesellschaft handelt als juristische Person und Körperschaft durch ihre Organe. Das Gesetz siehe eine dreigliedrige Organisationsverfassung der Gesellschaft vor. Die Gesellschaftsorgane der Aktiengesellschaft sind **Vorstand** (§§ 76ff AktG), **Aufsichtsrat** (§§ 95ff AktG) und **Hauptversammlung** (§§ 118ff AktG).

bb. Parteifähigkeit

Die Parteifähigkeit bestimmt sich gem. § 50 Abs. 1 ZPO nach der Rechtsfähigkeit. Aufgrund ihrer Rechtsfähigkeit (§ 1 Abs. 1 S. 1 AktG) ist die Aktiengesellschaft auch parteifähig. Damit kann die Gesellschaft unter ihrem Namen klagen und verklagt werden.

c. Vorstand

Der Vorstand als Gesellschaftsorgan der Aktiengesellschaft ist in §§ 76–94 AktG geregelt. Er leitet unter eigener Verantwortung die Gesellschaft (**Leitungsorgan**) (§ 76 Abs. 1 AktG).

aa. Zusammensetzung

Der Vorstand kann aus **einer** oder **mehreren Personen** bestehen. Bei Gesellschaften mit einem Grundkapital von mehr als drei Millionen Euro muss er aus mindestens zwei Personen bestehen, es sei denn, die Satzung bestimmt, dass er aus einer Person besteht. Soweit ein Arbeitsdirektor nach dem Mitbestimmungsrecht (§ 13 Abs. 1 MontanMitbestG, § 33 Abs. 1 S. 1 MitbestG) als Vorstand zu bestellen ist, muss er aus mindestens zwei Personen bestehen (§ 76 Abs. 2 AktG).

Besteht der Vorstand bei **börsennotierten** Gesellschaften, die der **Mitbestimmung** unterliegen, aus mehr als drei Personen, so muss mindestens eine Frau und mindestens ein Mann Mitglied des Vorstands sein (**Mindestbeteiligungsgebot**). Eine Bestellung eines Vorstandsmitglieds unter Verstoß gegen das Mindestbeteiligungsgebot ist nichtig (§ 76 Abs. 3a AktG).

Bei börsennotierten oder der Mitbestimmung unterliegenden Gesellschaften legt der Vorstand für den **Frauenanteil** in den beiden Führungsebenen **unterhalb** des Vorstands Zielgrößen fest.

Diese müssen den angestrebten Frauenanteil der jeweiligen Führungsebene beschreiben und bei Angaben in Prozent vollen Personenzahlen entsprechen. Legt der Vorstand für den Frauenanteil auf einer der Führungsebenen die Zielgröße null fest, so hat der diesen Beschluss klar und verständlich zu begründen. Die Begründung muss ausführlich die Erwägungen darlegen, die der Entscheidung zugrunde liegen. Liegt der Frauenanteil bei Festlegung der **Zielgrößen** unter **30 Prozent**, so dürfen die Zielgrößen den jeweils erreichten Anteil nicht mehr unterschreiten. Gleichzeitig sind Fristen zur Erreichung der Zielgrößen festzulegen. Die **Fristen** dürfen jeweils nicht länger als **fünf Jahre** sein (§ 76 Abs. 4 AktG). Die Festlegungen und Begründungen und die Angaben, ob die festgelegten Zielgrößen erreicht worden sind, und, wenn nicht, Angaben zu den Gründen, sind im Lagebericht in der Erklärung zur Unternehmensführung aufzunehmen (§ 289f Abs. 2 Nr. 4–5a HGB n. F.).

bb. Bestellung

Der Vorstand wird auf höchstens **fünf Jahre** durch den **Aufsichtsrat** bestellt. Eine wiederholte Bestellung oder Verlängerung der Amtszeit, jeweils für höchstens fünf Jahre, ist zulässig (§ 84 Abs. 1 AktG). Mitglieder des Vorstands müssen keine Aktionäre sein, da die AG Körperschaft ist (**Fremdorganschaft**). Werden mehrere Personen zu Vorstandsmitgliedern bestellt, kann der Aufsichtsrat ein Mitglied zum Vorsitzenden des Vorstands ernennen (§ 84 Abs. 2 AktG). Ein Mitglied eines Vorstands, der aus mehreren Personen besteht, hat das Recht, den Aufsichtsrat um den **Widerruf** seiner Bestellung zu **ersuchen**, wenn es wegen Mutterschutz, Elternzeit, der Pflege eines Familienangehörigen oder Krankheit seinen mit der Bestellung verbundenen Pflichten vorübergehend nicht nachkommen kann (§ 84 Abs. 3 AktG). Der Aufsichtsrat kann die Bestellung zum Vorstandsmitglied und die Ernennung zum

Vorsitzenden des Vorstands **aus wichtigem Grund** widerrufen. Ein solcher Grund ist grobe Pflichtverletzung, Unfähigkeit zur ordnungsgemäßen Geschäftsführung oder Vertrauensentzug durch die Hauptversammlung, es sei denn, dass das Vertrauen aus offenbar unsachlichen Gründen entzogen worden ist (§ 84 Abs. 4 AktG).

Organstellung und Anstellungsvertrag

Der Vorstand hat eine **Organstellung** und ein **Anstellungsverhältnis** zu der Aktiengesellschaft. Die Leitung der Gesellschaft, Geschäftsführung und Vertretung (§§ 76–78 AktG) betreffen die Organstellung. Die Verpflichtung zur Wahrnehmung seiner Organstellung gegen Vergütung ist Gegenstand des Anstellungsvertrags mit der Gesellschaft als juristische Person. Der Abschluss des Anstellungsvertrags und die Kündigung liegt in der Zuständigkeit des Aufsichtsrats (§§ 84 Abs. 1 S. 5, 112 AktG). Der Anstellungsvertrag ist rechtlich unabhängig von der Bestellung und Abberufung des Vorstands als Gesellschaftsorgan.

cc. Aufgaben

Leitung der Gesellschaft

Der Vorstand hat unter **eigener Verantwortung** die Gesellschaft zu leiten (§ 76 Abs. 1 AktG). Bei der Leitung handelt es sich um einen herausgehobenen Teil der Geschäftsführung, der die Wahrnehmung der **Führungsfunktion** betrifft, die **nicht delegiert** werden darf. Zulässig ist eine Delegation vorbereitender **Hilfsaufgaben**, soweit die letztverantwortliche Entscheidung beim Vorstand bleibt. Nicht delegationsfähig sind indes die gesamte **Unternehmensplanung**, die Bestimmung der Leitlinien der **Geschäftspolitik** sowie Ausübung der **Personalkompetenz** hinsichtlich der zweiten und dritten **Führungsebene** und die Einführung ausreichend effektiver Kontrollsysteme einschließlich der Überwachung der Regeleinhaltung (**Compliance**) innerhalb des Unternehmens. Da der Vorstand die Leitungsaufgabe unter eigener Verantwortung erfüllen muss, ist er grundsätzlich **nicht** an **Weisungen** der Hauptversammlung oder des Aufsichtsrats **gebunden**.

Geschäftsführung der Gesellschaft

Die dem Vorstand im **Innenverhältnis** obliegende Geschäftsführung umfasst jede tatsächliche oder rechtsgeschäftliche Tätigkeit für die Gesellschaft. Besteht der Vorstand aus mehreren Personen, so sind sämtliche Vorstandmitglieder nur gemeinschaftlich zur Geschäftsführung (**Gesamtgeschäftsführung**) befugt. Die Satzung oder die Geschäftsordnung des Vorstands kann Abweichendes bestimmten; es kann jedoch nicht bestimmt werden, dass ein oder mehrere Vorstandsmitglieder Meinungsverschiedenheiten im Vorstand gegen die Mehrheit seiner Mitglieder entscheiden (§ 77 Abs. 1 AktG). Der Vorstand kann sich eine **Geschäftsordnung** geben, wenn nicht die Satzung den Erlass der Geschäftsordnung dem Aufsichtsrat übertragen hat oder der Aufsichtsrat eine Geschäftsordnung für den Vorstand erlässt. Die **Satzung** kann **Einzelfragen** der Geschäftsordnung bindend regeln. **Beschlüsse** des Vorstands über die Geschäftsordnung müssen **einstimmig** gefasst werden (§ 77 Abs. 2 AktG).

Vertretung der Gesellschaft

Im **Außenverhältnis** vertritt der Vorstand die Gesellschaft gerichtlich und außergerichtlich. Hat die Gesellschaft keinen Vorstand (**Führungslosigkeit**), wird die Gesellschaft für den Fall, dass ihr gegenüber Willenserklärungen abgegeben oder Schriftstücke zugestellt werden, durch den Aufsichtsrat vertreten. (§ 78 Abs. 1 AktG). Besteht der Vorstand aus mehreren

Personen, so sind sämtliche Vorstandsmitglieder nur gemeinschaftlich zur Vertretung der Gesellschaft (**Gesamtvertretung**) befugt, wenn die Satzung der Gesellschaft nichts anderes bestimmt. Ist eine Willenserklärung gegenüber der Gesellschaft abzugeben, so genügt die Abgabe gegenüber einem Vorstandsmitglied oder bei Führungslosigkeit gegenüber einem Aufsichtsratsmitglied. An die Vertreter der Aktiengesellschaft können unter der im Handelsregister eingetragenen Geschäftsanschrift Willenserklärungen gegenüber dieser abgegeben und Schriftstücke für diese zugestellt werden. Abgabe und die Zustellung können auch unter der eingetragenen Anschrift der empfangsberechtigten Person (§ 39 Abs. 1 S. 2 AktG) erfolgen (§ 78 Abs. 2 AktG).

Die Satzung der Aktiengesellschaft kann auch bestimmen, dass einzelne Vorstandsmitglieder allein oder in Gemeinschaft mit einem Prokuristen (§ 47 HGB) zur Vertretung der Gesellschaft (**unechte Gesamtvertretung**) befugt sind. Der Aufsichtsrat kann dies dann bestimmen, wenn die Satzung ihn hierzu ermächtigt hat (§ 78 Abs. 3 AktG). Zur Gesamtvertretung befugte Vorstandsmitglieder können einzelne von ihnen zur Vornahme bestimmter Geschäfte oder bestimmter Arten von Geschäften ermächtigen (**Einzelermächtigung**). Dies gilt sinngemäß, wenn ein einzelnes Vorstandsmitglied in Gemeinschaft mit einem Prokuristen zur Vertretung der Gesellschaft befugt ist (§ 78 Abs. 4 AktG). Ein Prokurist sollte aber nur im Ausnahmefall eines Zusammenwirkens mit einem Vorstandsmitglied organschaftliche Vertretungsbefugnis erhalten. Die Vertretungsbefugnis des Vorstands kann **nicht beschränkt** werden (§ 82 Abs. 1 AktG).

Angaben auf Geschäftsbriefen

Auf allen Geschäftsbriefen gleich welcher Form, die an einen bestimmten Empfänger gerichtet sind, müssen die **Rechtsform** und der **Sitz** der Gesellschaft, das **Registergericht** des Sitzes und die **Nummer**, unter der die Gesellschaft in das Handelsregister eingetragen ist, sowie alle **Vorstandsmitglieder** und der **Vorsitzende** des **Aufsichtsrats** mit dem Familiennamen und mindestens einem ausgeschriebenen Vornamen angegeben werden. Der **Vorstandsvorsitzende** ist als solcher zu bezeichnen. Werden Angaben über das Kapital der Gesellschaft gemacht, so müssen in jedem Fall das Grundkapital sowie ggf. der Gesamtbetrag der ausstehenden Einlagen angegeben werden (§ 80 Abs. 1 AktG). Diese Angaben sind **nicht** erforderlich bei Mitteilungen oder Berichten, die im Rahmen einer **bestehenden Geschäftsverbindung** ergehen und für die üblicherweise Vordrucke verwendet werden, in denen lediglich die im Einzelfall erforderlichen Angaben eingefügt zu werden brauchen (§ 80 Abs. 2 AktG).

Beschränkungen der Vertretungs- und Geschäftsführungsbefugnis

Im Innenverhältnis der Vorstandsmitglieder zur Aktiengesellschaft sind diese verpflichtet, **Beschränkungen** einzuhalten, die im Rahmen der Vorschriften über die Aktiengesellschaft die Satzung, der Aufsichtsrat, die Hauptversammlung und die Geschäftsordnung des Vorstands und des Aufsichtsrats für die Geschäftsführungsbefugnis getroffen haben (§ 82 Abs. 2 AktG).

Vorstandspflichten

Der Vorstand hat dem **Aufsichtsrat** zu **berichten** (§ 90 Abs. 1 AktG) und dafür zu sorgen, dass die erforderlichen **Handelsbücher** geführt werden (§ 91 AktG). Ergibt sich bei Aufstellung der Jahresbilanz oder einer Zwischenbilanz oder ist bei pflichtgemäßem Ermessen anzunehmen, dass ein Verlust in Höhe der Hälfte des Grundkapitals besteht, so hat der Vorstand unverzüglich die Hauptversammlung einzuberufen und ihr dies anzeigen (**Verlustanzeigepflicht**) (§ 92 Abs. 1 AktG). Er muss den Insolvenzantrag stellen, wenn die Aktiengesellschaft zahlungsfähig oder überschuldet ist (**Insolvenzantragspflicht**) (§ 15a InsO). Er ist insbesondere zur **Aufstellung** des **Jahresabschlusses** (§ 242 HGB), erweitert um einen Anhang, der mit der Bilanz und der Gewinn und Verlustrechnung eine Einheit bildet, sowie eines Lageberichts verpflichtet (§ 264 Abs. 1 HGB). Der Vorstand der börsennotierten Aktiengesellschaft muss gemeinsam mit dem Aufsichtsrat einmal jährlich die **Entsprechenserklärung** zum **DCGK** abgeben und auf der Internetseite der Gesellschaft dauerhaft öffentlich zugänglich machen (§ 161 AktG).

dd. Haftung

Die Haftung des Vorstands gegenüber der Aktiengesellschaft im Innenverhältnis ist von der Haftung gegenüber dritten Personen im Außenverhältnis zu unterscheiden.

Innenverhältnis

Die Haftung des Vorstands auf **Schadensersatz** im Innenverhältnis regelt § 93 AktG. Danach sind Vorstandsmitglieder, die ihre Pflichten verletzen, der **Gesellschaft** zum Ersatz des daraus entstandenen Schadens als **Gesamtschuldner** (§§ 421 ff BGB) verpflichtet (§ 93 Abs. 2 S. 1 AktG). Maßgeblich für das Vorliegen einer Pflichtverletzung ist, ob die Vorstandsmitglieder bei ihrer Geschäftsführung die **Sorgfalt** eines **ordentlichen** und **gewissenhaften Geschäftsleiters** angewendet haben (§ 93 Abs. 1 S 1 AktG). Ist streitig, ob die Vorstandsmitglieder die ihnen obliegende Sorgfalt angewandt haben, so trifft sie die Beweislast (§ 93 Abs. 2 S. 2 AktG). Eine Pflichtverletzung liegt nicht vor (§ 93 Abs. 1 S. 2 AktG), wenn das Vorstandsmitglied bei einer unternehmerischen Entscheidung vernünftigerweise annehmen durfte, auf der Grundlage angemessener Information zum Wohle der Gesellschaft zu handeln (**Business Judgement Rule**). Hierfür gelten die von der Rechtsprechung entwickelten Grundsätze, wie sie auch für die Haftung des Geschäftsführers der GmbH (§ 43 Abs. 1 GmbHG) maßgeblich sind.

Business Judgement Rule

Die Entlastung des Vorstands von der Haftung gegenüber der Aktiengesellschaft aufgrund der Business Judgement Rule setzt folgendes voraus:

- bewusstes zielgerichtetes unternehmerisches Handeln,
- zukunftsbezogene prognostische unternehmerische Entscheidung,
- Handeln ohne Sonderinteressen oder sachfremde Einflüsse,
- Handeln zum Wohle der Gesellschaft,
- Handeln auf der Grundlage angemessener Information,
- gutgläubiges Handeln hinsichtlich der im Voraus (ex ante) getroffenen Entscheidung für das Unternehmenswohl.

Beweislastverteilung

Die Beweislast für den Eintritt eines Schadens und ein Handeln des Vorstandsmitglieds, das für den Schaden der Gesellschaft ursächlich war, trägt die Gesellschaft. Das Vorstandsmitglied muss hingegen beweisen, dass es nach der Business Judgment Rule keine Pflichtverletzung begangen und nicht schuldhaft im Sinne von § 93 Abs. 1 S. 1 AktG gehandelt hat.

D&O-Versicherung

Schließt die Gesellschaft eine Versicherung zur Absicherung eines Vorstandsmitglieds gegen Risiken aus dessen beruflicher Tätigkeit für die Gesellschaft ab (**D&O-Versicherung**), ist ein Selbstbehalt von **mindestens 10%** des Schadens bis mindestens zur Höhe des Eineinhalbfachen der festen jährlichen Vergütung des Vorstandsmitglieds (**obligatorischer Selbstbehalt**) vorzusehen (§ 93 Abs. 2 S. 3 AktG).

Sondertatbestände der Ersatzpflicht

Die Vorstandsmitglieder sind insbesondere zum Ersatz verpflichtet (§ 93 Abs. 3 AktG), wenn entgegen dem Aktiengesetz:

- Einlagen an die Aktionäre zurückgewährt werden (Nr. 1),
- den Aktionären Zinsen oder Gewinnanteile gezahlt werden (Nr. 2),
- eigene Aktien der Gesellschaft oder einer anderen Gesellschaft gezeichnet, erworben, als Pfand genommen oder eingezogen werden (Nr. 3),
- Aktien vor der vollen Leistung des Ausgabebetrags ausgegeben werden (Nr. 4),
- Gesellschaftsvermögen verteilt wird (Nr. 5),
- Vergütungen an Aufsichtsratsmitglieder gewährt werden (Nr. 7),
- Kredit gewährt wird (Nr. 8),
- bei der bedingten Kapitalerhöhung außerhalb des festgesetzten Zwecks oder vor der vollen Leistung des Gegenwerts Bezugsaktien ausgegeben werden (Nr. 9).

Haftungsausschluss, Verzicht und Vergleich

Der Gesellschaft gegenüber ist ein Vorstandsmitglied nicht zum Schadensersatz verpflichtet, wenn die Handlung auf einem **gesetzmäßigen Beschluss** der Hauptversammlung beruht. Dadurch, dass der Aufsichtsrat die Handlung gebilligt hat, wird die Schadensersatzpflicht nicht ausgeschlossen. Die Gesellschaft kann erst **drei Jahre** nach der Entstehung des Anspruchs und nur dann auf Ersatzansprüche **verzichten** oder sich über sie **vergleichen**, wenn die Hauptversammlung zustimmt und nicht eine Minderheit, deren Anteile zusammen 10 % des Grundkapitals erreichen, zur Niederschrift Widerspruch erhebt. Die zeitliche Beschränkung **gilt nicht**, wenn der Ersatzpflichtige zahlungsunfähig ist und sich zur Abwendung des Insolvenzverfahrens mit seinen Gläubigern vergleicht oder wenn die Ersatzpflicht in einem Insolvenzplan geregelt wird (§ 93 Abs. 4 AktG).

Geltendmachung durch Gesellschaftsgläubiger

Der Ersatzanspruch der Gesellschaft kann von den Gläubigern geltend gemacht werden, soweit sie von dieser keine Befriedigung erlangen können. Dies gilt in anderen Fällen, als denen nach § 93 Abs. 3 AktG nur dann, wenn die Vorstandsmitglieder die Sorgfalt eines ordentlichen und gewissenhaften Geschäftsleiters gröblich verletzt haben. Den **Gläubigern** gegenüber wird die Ersatzpflicht der Vorstandsmitglieder durch einen Verzicht oder Vergleich der Gesellschaft oder dadurch, dass die Handlung auf einem Beschluss der Hauptversammlung beruht, **nicht aufgehoben** (§ 93 Abs. 5 AktG).

Verjährung

Die Ersatzansprüche verjähren bei Gesellschaften, die zum Zeitpunkt der Pflichtverletzung **börsennotiert** sind, in **zehn Jahren**, bei **anderen** Gesellschaften in **fünf Jahren**.

Außenverhältnis

Die Vorstandsmitglieder haften **grundsätzlich nicht** im Außenverhältnis gegenüber Dritten für Verbindlichkeiten der Aktiengesellschaft, da die organschaftlichen Pflichten nur im Verhältnis zur Gesellschaft bestehen und für Verbindlichkeiten den Gläubigern der Gesellschaft nur das Gesellschaftsvermögen haftet (§ 1 Abs. 1 S. 2 AktG). Bei Verletzung **eigener** vertraglicher Verpflichtungen oder **unerlaubter Handlungen** (§§ 823ff BGB) haften sie jedoch persönlich. Eine **Durchgriffshaftung** unter Durchbrechung der Trennung des Privatvermögens von dem Gesellschaftsvermögen (Trennungsprinzip) wegen der Verletzung organschaftlicher Pflichten kommt in der von der Rechtsprechung anerkannten Fallgruppe der **Vermögensvermischung** unter denselben Voraussetzungen in Betracht, wie sie bei der GmbH für die Durchgriffshaftung gelten. Eine **Innenhaftung** kann sich wegen eines existenzvernichtenden Eingriffs in das Vermögen der Gesellschaft (**Existenzvernichtungshaftung**) unter den auch für die GmbH geltenden Voraussetzungen aus § 826 BGB ergeben.

d. Aufsichtsrat

Der Aufsichtsrat als Gesellschaftsorgan der Aktiengesellschaft ist in §§ 95–117 AktG geregelt. Er hat die Geschäftsführung der Aktiengesellschaft zu überwachen (**Kontrollorgan**) (§ 111 Abs. 1 AktG).

aa. Zusammensetzung

Der Aufsichtsrat der Aktiengesellschaft besteht aus **drei Mitgliedern**. Die Satzung kann eine bestimmte höhere Zahl festsetzten. Diese muss durch drei teilbar sein, wenn dies zur Erfüllung mitbestimmungsrechtlicher Vorgaben erforderlich ist.

Die Höchstzahl beträgt bei Gesellschaften mit einem Grundkapital

- bis zu 1,5 Mio. Euro **neun**,
- von mehr als 1,5 Mio. Euro **15**,
- von mehr als 10 Mio. Euro **21 Mitglieder**.

Durch das Mitbestimmungsrecht (§ 7 MitbestG, § 4 MontanMitbestG, § 5 MontanMitbestG) kann sich die Zahl abweichend bestimmten (§ 95 AktG).

Die Zusammensetzung des Aufsichtsrats bei **paritätisch mitbestimmten** Gesellschaften besteht aus Aufsichtsratsmitgliedern der Aktionäre, der Arbeitnehmer und ggf. weiteren Mitgliedern; bei den übrigen Gesellschaften nur aus den Aufsichtsratsmitgliedern der Aktionäre (§ 96 Abs. 1 AktG). Bei **börsennotierten** paritätisch mitbestimmten Aktiengesellschaften setzt sich der Aufsichtsrat zu **mindestens 30 Prozent** aus Frauen und zu mindestens 30 Prozent aus Männern zusammen. Der Mindestanteil ist vom Aufsichtsrat insgesamt zu erfüllen (§ 96 Abs. 2 AktG). Besteht das Aufsichts- oder Verwaltungsorgan bei börsennotierten Gesellschaften, die aus einer grenzüberschreitenden Verschmelzung hervorgegangen sind, nach dem MgVG aus derselben Zahl von Anteilseigner- und Arbeitnehmervertretern, müssen in den entsprechenden Organen Frauen und Männer jeweils mit einem Anteil von mindestens 30 Prozent vertreten sein (§ 96 Abs. 3 AktG).

bb. Bestellung

Das Verfahren der Bestellung der Aufsichtsratsmitglieder regelt § 101 AktG. Sie werden von der **Hauptversammlung** gewählt, soweit sie nicht in den Aufsichtsrat zu entsenden oder als Aufsichtsratsmitglieder der Arbeitnehmer nach Mitbestimmungsrecht zu wählen sind (§ 101 Abs. 1 AktG). Ein **Recht**, Mitglieder in den Aufsichtsrat **zu entsenden**, kann nur durch die Satzung und nur für bestimmte Aktionäre oder für die jeweiligen Inhaber bestimmter Aktien begründet werden. Inhabern bestimmter Aktien kann das Entsendungsrecht nur eingeräumt werden, wenn die Aktien auf Namen lauten und ihre Übertragung an die Zustimmung der Gesellschaft (**Vinkulierung**) gebunden ist (§ 101 Abs. 2 AktG).

Die Amtszeit der Aufsichtsratsmitglieder beträgt höchstens **vier Geschäftsjahre** (§ 102 Abs. 1 AktG). Ein Aufsichtsratsmitglied kann nicht zugleich Vorstandsmitglied, dauernd Stellvertreter von Vorstandsmitgliedern, Prokurist oder zum gesamten Geschäftsbetrieb ermächtigter Handlungsbevollmächtigter der Gesellschaft sein (§ 105 Abs. 1 AktG). Der Aufsichtsrat hat sich nach näherer Bestimmung der Satzung aus seiner Mitte einen **Vorsitzenden** und mindestens einen **Stellvertreter** zu wählen (§ 107 Abs. 1 AktG).

cc. Aufgaben

Überwachung des Vorstands

Der Aufsichtsrat hat die Vorstandstätigkeit zu überwachen (§ 111 Abs. 1 AktG). Er kann die Bücher und Schriften der Gesellschaft sowie die Vermögensgegenstände einsehen und prüfen und damit auch einzelne Mitglieder oder für bestimmte Aufgaben besondere Sachverständige beauftragen. Er erteilt dem Abschlussprüfer den Prüfungsauftrag für den Jahresabschluss und den Konzernabschluss gem. § 290 HGB (§ 111 Abs. 2 AktG). Die Kontrolle des Vorstands umfasst die **Rechtmäßigkeit** des Handelns **(Legalitätspflicht)** sowie die Erfüllung besonderer Organisationspflichten und die **Zweckmäßigkeit** und **Wirtschaftlichkeit**.

Einberufung der Hauptversammlung

Der Aufsichtsrat hat eine Hauptversammlung einzuberufen, wenn das **Wohl der Gesellschaft** es fordert. Für den Beschluss genügt die einfache Mehrheit (§ 111 Abs. 3 AktG). Maßnahmen der Geschäftsführung können dem Aufsichtsrat nicht übertragen werden. Die Satzung oder der Aufsichtsrat hat jedoch zu bestimmen, dass bestimmte Arten von Geschäften nur mit seiner **Zustimmung** vorgenommen werden dürfen. Verweigert der Aufsichtsrat seine Zustimmung, kann der Vorstand verlangen, dass die Hauptversammlung über die Zustimmung mit zwingend qualifizierter Mehrheit beschließt (§ 111 Abs. 4 AktG).

Festlegung des Frauenanteils

Der Aufsichtsrat legt bei **börsennotierten** oder **paritätisch** mitbestimmten Gesellschaften für den Frauenanteil im Aufsichtsrat und im Vorstand **Zielgrößen** fest. Diese müssen den angestrebten Frauenanteil am jeweiligen Gesamtgremium beschreiben und bei Angaben in Prozent vollen Personenzahlen entsprechen. Legt der Aufsichtsrat für den Aufsichtsrat oder den Vorstand die Zielgröße **Null** fest, so hat er diesen Beschluss klar und verständlich zu **begründen**. Dabei muss die Begründung ausführlich die Erwägungen darlegen, die der Entscheidung zugrunde liegen. Liegt dieser bei der Festlegung der Zielgrößen **unter 30 Prozent**, so dürfen die Zielgrößen den jeweils erreichten Anteil nicht mehr unterschreiten. Gleichzeitig sind Fristen zur Erreichung der Zielgrößen festzulegen. Die **Fristen** dürfen jeweils nicht länger als **fünf Jahre** sein. Wenn für den Aufsichtsrat bereits das Mindestbeteiligungsgebot nach § 96 Abs. 2 oder 3 AktG gilt, sind die Erwägungen nur für den Vorstand vorzunehmen. Gilt für den Vorstand das Beteiligungsgebot nach § 76 Abs. 3a AktG, entfällt auch die Pflicht zur Zielgrößenfestsetzung für den Vorstand (§ 111 Abs. 5 AktG). Im Übrigen soll der Aufsichtsrat bei Zusammensetzung des Vorstands auf die **Diversität** achten (Empfehlung B.1 DCGK).

Weitere Aufgaben des Aufsichtsrats

Der Aufsichtsrat hat insbesondere die folgenden weiteren Aufgaben:

- **Vertretung:** Der Aufsichtsrat **vertritt** die Gesellschaft Vorstandsmitgliedern gegenüber gerichtlich und außergerichtlich (§ 112 AktG). Er muss **Schadensersatzansprüche** gegen die Vorstandsmitglieder geltend machen, sofern diese nach Ermittlung des Sachverhalts und der Rechtslage einschließlich des Prozessrisikos bestehen und durchsetzbar sind.

- **Vergütung:** Der Aufsichtsrat hat bei der Festsetzung der Gesamtbezüge des einzelnen Vorstandsmitglieds dafür zu sorgen, dass diese in einem **angemessenen Verhältnis** zu den Aufgaben und Leistungen des Vorstandsmitglieds sowie zur Lage der Gesellschaft stehen und die übliche Vergütung nicht ohne besondere Gründe übersteigen. Bei börsennotierten Gesellschaften (**Publikumsgesellschaften**) ist die Vergütungsstruktur auf eine **nachhaltige** Unternehmensentwicklung auszurichten. **Variable Vergütungsbestandteile** sollen daher eine mehrjährige Bemessungsgrundlage haben; für außerordentliche Entwicklungen soll der Aufsichtsrat eine Begrenzungsmöglichkeit vereinbaren (§ 87 Abs. 1 AktG). Weitere Vorgaben für die Vorstandsvergütung enthält der DCGK (Empfehlung G.I.1-16.)
- **Jahresabschluss:** Der Aufsichtsrat muss den Jahresabschluss, den Lagebericht und den Vorschlag für die Verwendung des Bilanzgewinns **prüfen**, bei Mutterunternehmen (§ 290 Abs. 1, 2 HGB) hat er auch den Konzernabschluss und den Konzernlagebericht zu prüfen (§ 171 AktG). Bei **Billigung** durch den Aufsichtsrat ist der Jahresabschluss **festgestellt**, sofern nicht Vorstand und Aufsichtsrat beschließen, die Feststellung des Jahresabschlusses der Hauptversammlung zu überlassen (§ 172 AktG).
- **Insolvenzantrag:** Der Aufsichtsrat ist zur Stellung des Insolvenzantrags verpflichtet, wenn die Gesellschaft führungslos ist und Zahlungsunfähigkeit (§ 17 InsO) oder Überschuldung (§ 19 InsO) als Antragsgrund vorliegt (§ 15a Abs. 3 InsO).

dd. Haftung

Für die Haftung der Aufsichtsratsmitglieder gegenüber der Gesellschaft verweist § 116 S. 1 AktG auf die Haftung der Mitglieder des Vorstands gemäß § 93 AktG. Die Verantwortlichkeit und Sorgfaltspflicht des Vorstands (§ 93 Abs. 1 S. 1 und 2 AktG) obliegen sinngemäß auch den Mitgliedern des Aufsichtsrats. Dabei sind die **Unterschiede** in den **Aufgaben** des Aufsichtsrats, der Struktur der **Nebentätigkeit** und der **beruflichen Herkunft** zu berücksichtigen. Nach § 116 S. 3 AktG sind die Aufsichtsratsmitglieder insbesondere zum Ersatz verpflichtet, wenn sie eine **unangemessene Vergütung** des Vorstands **festsetzten** (§ 87 Abs. 1 AktG). Dies gilt ebenso, wenn sie die Vorstandsvergütung bei einer Verschlechterung der Lage der Gesellschaft **nicht** auf die angemessene Höhe **herabsetzen** (§ 87 Abs. 2 AktG). Entsteht der Gesellschaft durch pflichtwidriges Verhalten des Aufsichtsrats ein Schaden, so haften dessen Mitglieder persönlich **unbeschränkt** und **gesamtschuldnerisch** (§§ 421 ff BGB). Die Aufsichtsräte trifft im Schadensfalle die Beweislast, wenn streitig ist, ob sie die Sorgfalt wie die eines ordentlichen und gewissenhaften Geschäftsleiters angewandt haben (§ 93 Abs. 2 S. 2 AktG).

e. Hauptversammlung

Die Hauptversammlung ist als Gesellschaftsorgan in §§ 118–149 AktG geregelt. Die Aktionäre üben ihre Rechte in der Hauptversammlung (**Aktionärsorgan**) aus (§ 118 Abs. 1 S. 1 AktG).

aa. Allgemeines

Teilnahme an der Hauptversammlung

Die Hauptversammlung besteht aus **allen Aktionären** und ist ihr **Willensbildungsorgan**. Sie ist aber kein gegenüber Vorstand und Aufsichtsrat übergeordnetes Organ, hat keine umfassende Zuständigkeit und kann dem Vorstand der Gesellschaft keine Weisungen erteilen. Über Fragen der Geschäftsführung kann sie nur entscheiden, wenn der Vorstand es verlangt

(§ 119 Abs. 2 AktG). Die **Aktionäre** üben ihre **Rechte** in den **Angelegenheiten der Aktiengesellschaft** in der Hauptversammlung aus **(Teilnahmerecht an der Hauptversammlung)**, soweit das Gesetz nichts anderes bestimmt (§ 118 Abs. 1 S. 1 AktG).

Online-Teilnahme an der Hauptversammlung

Die Satzung kann jedoch vorsehen oder den Vorstand dazu ermächtigen vorzusehen, dass die Aktionäre an der Hauptversammlung auch **ohne Anwesenheit** an deren Ort und ohne einen Bevollmächtigten teilnehmen und sämtliche oder einzelne ihrer Rechte ganz oder teilweise im Wege elektronischer Kommunikation **(Online-Teilnahme)** ausüben können (§ 118 Abs. 1 S. 2 AktG).

Briefwahl ohne Teilnahme an der Hauptversammlung

Außerdem kann die Satzung vorsehen oder den Vorstand ermächtigen vorzusehen (§ 118 Abs. 2 AktG), dass Aktionäre ihre Stimmen, auch ohne an der Hauptversammlung teilzunehmen, schriftlich oder im Wege elektronischer Kommunikation abgeben dürfen **(Briefwahl ohne Teilnahme an der Hauptversammlung)**. Die Mitglieder des Vorstands und des Aufsichtsrats sollen an der Hauptversammlung teilnehmen (§ 118 Abs. 3 S. 1 AktG). Die Satzung kann jedoch bestimmte Fälle vorsehen, in denen die Teilnahme von Mitgliedern des Aufsichtsrats im Wege der **Bild**- und **Tonübertragung** erfolgen darf (§ 118 Abs. 3 S. 2 AktG).

Zulassung der Bild- und Tonübertragung

Die Satzung oder die Geschäftsordnung (§ 129 Abs. 1 AktG) kann vorsehen oder den Vorstand oder den Versammlungsleiter dazu ermächtigen vorzusehen, die Bild- und Tonübertragung der Hauptversammlung zuzulassen (§ 118 Abs. 4 AktG).

Virtuelle Hauptversammlung bis 31.08.2022

Das COVMG hat Erleichterungen für die Durchführung von Hauptversammlungen der AG eingeführt. Dies soll die betroffenen Unternehmen in die Lage versetzten, auch bei weiterhin bestehenden Beschränkungen der Versammlungsmöglichkeiten erforderliche Beschlüsse zu fassen und handlungsfähig zu bleiben. Der Vorstand der Gesellschaft kann die Entscheidungen über die Online-Teilnahme der Aktionäre an der Hauptversammlung (§ 118 Abs. 1 S. 2 AktG), die Briefwahl (§ 118 Abs. 2 AktG), die Teilnahme von Aufsichtsratsmitgliedern im Wege der Bild- und Tonübertragung (§ 118 Abs. 3 S. 2 AktG) und die Zulassung der Bild- und Tonübertragung (§ 118 Abs. 4 AktG) auch ohne Ermächtigung durch die Satzung oder eine Geschäftsordnung treffen (§ 1 Abs. 1 COVMG).

Der Vorstand kann entscheiden, dass die Versammlung ohne physische Präsenz der Aktionäre oder ihrer Bevollmächtigten als **virtuelle Hauptversammlung** abgehalten wird (§ 1 Abs. 2 S. 1 COVMG), sofern:

- die Bild- und Tonübertragung der gesamten Versammlung erfolgt (Nr. 1),
- die Stimmrechtsausübung der Aktionäre über elektronische Kommunikation (Briefwahl oder elektronische (Online-) Teilnahme) sowie Vollmachtserteilung möglich ist (Nr. 2),
- den Aktionären eine Fragemöglichkeit im Wege der elektronischen Kommunikation eingeräumt wird (Nr. 3),
- den Aktionären, die ihr Stimmrecht nach Nr. 2 ausgeübt haben, in Abweichung von § 245 Nr. 1 AktG unter Verzicht auf das Erfordernis des Erscheinens in der Versammlung eine Möglichkeit zum Widerspruch gegen einen Versammlungsbeschluss eingeräumt wird (Nr. 4).

Der Vorstand entscheidet nach **pflichtgemäßem**, **freiem Ermessen**, welche Fragen er wie beantwortet und kann vorgeben, dass Fragen bis spätestens zwei Tage vor der Versammlung im Wege elektronischer Kommunikation einzureichen sind (§ 1 Abs. 2 S. 2 COMVG). Auch kann der Vorstand abweichend von § 123 Abs. 1 S. 1 und Abs. 2 S. 5 AktG die Versammlung spätestens am 21. Tag vor dem Tag der Versammlung einzuberufen (§ 1 Abs. 3 S. 1 COMVG).

Zudem kann der Vorstand entscheiden, dass die Versammlung abweichend von § 175 Abs. 1 S. 2 AktG innerhalb des Geschäftsjahres stattfindet (§ 1 Abs. 5 COVMG). Die Entscheidungen des Vorstands bedürfen der Zustimmung des Aufsichtsrats. Dieser kann sie ohne physische Anwesenheit der Mitglieder schriftlich, fernmündlich oder in vergleichbarer Weise vornehmen (§ 1 Abs. 6 COVMG). Die Anfechtung eines Hauptversammlungsbeschlusses kann auch nicht auf Verletzungen von § 118 Abs. 1 S. 3–5, Abs. 2 S. 2 oder Abs. 4 AktG, die Verletzung von Formerfordernissen nach § 125 AktG sowie nicht auf eine Verletzung von § 1 Abs. 2 COVMG gestützt werden, es sei denn, der Gesellschaft ist Vorsatz nachzuweisen (§ 1 Abs. 7 COVMG).

Diese Regelungen gelten weiterhin bis zum Ablauf des 31.08.2022 (§ 7 COVMG).

bb. Rechte

Die Rechte der Hauptversammlung sind **beispielhaft** und nicht abschließend in § 119 Abs. 1 Nr. 1–9 AktG geregelt. Danach beschließt die Hauptversammlung in den im **Gesetz** und in der **Satzung** ausdrücklich **bestimmten Fällen**, namentlich über

- die Bestellung der Mitglieder des Aufsichtsrats, soweit sie nicht in den Aufsichtsrat zu entsenden oder als Aufsichtsratsmitglieder der Arbeitnehmer nach Mitbestimmung zu wählen sind (§ 101 AktG);
- die Verwendung des Bilanzgewinns (§ 175 AktG);
- die Entlastung der Mitglieder des Vorstands und des Aufsichtsrats (§ 120 AktG);
- die Bestellung des Abschlussprüfers (§§ 316 ff HGB);
- Satzungsänderungen (§ 179 AktG);
- Maßnahmen der Kapitalbeschaffung und der Kapitalherabsetzung (§§ 182 ff AktG);
- die Bestellung von Prüfern zur Prüfung von Vorgängen bei der Gründung oder der Geschäftsführung (§ 142 AktG);
- die Auflösung der Gesellschaft (§ 262 Abs. 1 Nr. 2 AktG).

Darüber hinaus hat die Hauptversammlung insbesondere folgende Rechte:

- Geltendmachung von Ersatzansprüchen (§ 147 AktG);
- Übertragung des gesamten Gesellschaftsvermögens (§ 179 a AktG);
- Fortsetzung einer aufgelösten Gesellschaft (§ 274 AktG);
- Abschluss und Änderung von Unternehmensverträgen (§ 293 AktG);
- Eingliederung in eine andere Aktiengesellschaft (§ 319 AktG);
- Übertragung von Aktien gegen Barabfindung (Squeeze Out) (§ 327 a AktG);
- Umwandlungen nach UmwG: Verschmelzung (§§ 13, 65, 73 UmwG), Spaltung (§ 125), Formwechsel (§§ 226 ff, 193 UmwG).

Entlastung des Vorstands

Die Hauptversammlung beschließt alljährlich in den **ersten acht Monaten** des Geschäftsjahres über die Entlastung der Mitglieder des **Vorstands** und des **Aufsichtsrats** (§ 120 Abs. 1 S. 1 AktG). Durch die Entlastung billigt die Hauptversammlung die Verwaltung der Gesellschaft durch die Mitglieder des Vorstands und des Aufsichtsrats. Die Entlastung enthält **keinen Verzicht** auf **Ersatzansprüche** (§ 120 Abs. 2 AktG). Die Verhandlung über die Entlastung soll mit der Verhandlung über die Verwendung des Bilanzgewinns verbunden werden (§ 120 Abs. 3 AktG). Die Hauptversammlung der **börsennotierten** Gesellschaft kann über die Billigung des **Systems** der **Vergütung** über **Vorstandsmitglieder** beschließen. Der Beschluss begründet weder Rechte noch Pflichten; insbesondere lässt er die Verpflichtungen des Aufsichtsrats nach § 87 AktG unberührt. Der Beschluss ist nicht nach § 243 AktG anfechtbar (§ 120 Abs. 4 AktG).

Ungeschriebene Zuständigkeiten

Holzmüller-Doktrin

Nach der Rechtsprechung hat die Hauptversammlung **neben** den **gesetzlichen** Zuständigkeiten außerdem **ungeschriebene Zuständigkeiten**. Diese hat der Bundesgerichtshof (BGHZ 83, 122) erstmals grundlegend in der Holzmüller-Entscheidung entwickelt. In dem streitigen Fall hatte eine Aktiengesellschaft einen Holzhandel und einen Seehafen betrieben, den sie auf eine neu gegründete Tochtergesellschaft übertragen und ausgliedern wollte. Dabei stellte der Seehafen als ausgegliederter Vermögensteil 80 % der Unternehmensaktiva dar. Gegen die Ausgliederung klagte ein Aktionär gegen die Aktiengesellschaft. Der Bundesgerichtshof entschied, dass der Vorstand der Aktiengesellschaft bei der **Ausgliederung** eines Betriebs, der den wertvollsten Teil des Gesellschaftsvermögens ausmachte, durch Übertragung auf eine Tochtergesellschaft aus dem bisherigen Gesellschaftsunternehmen dafür die **Zustimmung** der Hauptversammlung einholen müsse (**Holzmüller-Doktrin**).

Von einer ungeschriebenen Hauptversammlungskompetenz sei auszugehen, wenn der Vorstand eine Maßnahme plant, die so schwer in die Rechte der Aktionäre eingreift, dass er nicht davon ausgehen kann, sie im Alleingang ohne Beteiligung der Hauptversammlung vornehmen zu dürfen. Gerade bei Ausgliederungen drohe eine beachtliche Verschlechterung der Aktionärsrechte, da diese hierdurch etwa die Möglichkeit verlieren, die Geschehnisse in der Tochtergesellschaft zu beeinflussen (**Mediatisierungseffekt**). Die Vorschrift des § 119 Abs. 2 AktG gestatte dem Vorstand, die Hauptversammlung an einer Entscheidung nach eigenem Ermessen zu beteiligen. Dieses Ermessen sie bei schwerwiegenden Eingriffen in Aktionärsrechte auf null reduziert. Die fehlende Zustimmung der Hauptversammlung bedeute zwar einen Pflichtverstoß im Innenverhältnis gegenüber den Aktionären. Sie führe jedoch im Außenverhältnis nicht zur Unwirksamkeit der Maßnahme, da die Vertretungsmacht des Vorstands gem. § 82 Abs. 1 AktG nicht durch Gesetz beschränkt werden könne.

Gelatine-Entscheidungen

Umstritten war im Schrifttum, auf welche Sachverhalte die Holzmüller-Doktrin anwendbar ist. Der Bundesgerichtshof (BGHZ 159, 30 – Gelatine I; BGH NZG 2004, 575 – Gelatine II) hat diese Doktrin hinsichtlich von Umstrukturierungen innerhalb eines Konzerns bestätigt und geprüft, ob ein hinreichend schwerwiegender Eingriff in die Rechte der Aktionäre vorliegt. Dazu müsse qualitativ ein Mediatisierungseffekt vorliegen (**qualitatives Kriterium**). Das sei der Fall, wenn die Aktionärsrechte durch eine Rechtshandlung faktisch verkürzt würden, insbesondere, indem eine Aktiengesellschaft Beteiligungen abgebe. Zudem sei erforderlich, dass die Entscheidung die Grundstruktur der Gesellschaft berühre, deren Gestaltung der Hauptversammlung obliege (**quantitatives Kriterium**). Diese sei bei erheblichen Veränderungen zu beteiligen, die faktisch wie eine Satzungsänderung wirkten. Hiervon sei auszugehen, wenn die Maßnahme für die Gesellschaft ähnlich bedeutend sei, wie es die Ausgliederung im Fall Holzmüller war, die 80 % des Gesellschaftsvermögens betraf. Die ungeschriebene Hauptversammlungskompetenz sollte damit auf **Ausnahmefälle** beschränkt sein.

cc. Einberufung

Die Einberufung der Hauptversammlung ist in §§ 121–128 AktG geregelt. Sie ist einzuberufen in den durch Gesetz oder Satzung bestimmten Fällen (**ordentliche Hauptversammlung**), sowie, wenn das Wohl der Gesellschaft es fordert (**außerordentliche Hauptversammlung**) (§ 121 Abs. 1 AktG).

Einberufung durch den Vorstand

Die Hauptversammlung wird durch den Vorstand der AG einberufen, der darüber mit **einfacher Mehrheit** beschließt. Personen, die in das Handelsregister als Vorstand eingetragen sind, gelten als befugt. Das auf Gesetz oder Satzung beruhende Recht anderer Personen zur Einberufung der Hauptversammlung bleibt unberührt (§ 121 Abs. 2 AktG).

Angaben der Einberufung

Die Einberufung muss als die **Firma**, den **Sitz** der Gesellschaft sowie **Zeit** und **Ort** der Hauptversammlung enthalten. Zudem ist die Tagesordnung anzugeben. Bei **börsennotierten Gesellschaften** muss der Vorstand oder der Aufsichtsrat, wenn er die Versammlung einberuft, die Voraussetzungen für die **Teilnahme** und die Ausübung des **Stimmrechts**, das Verfahren für die **Stimmabgabe**, die **Aktionärsrechte** und die **Internetseite** der Gesellschaft, über die Informationen nach § 124a AktG zugänglich sind, angeben (§ 121 Abs. 3 AktG).

Bekanntmachung in den Geschäftsblättern

Die Einberufung der Hauptversammlung ist in den Geschäftsblättern bekannt zu machen. Sind die Aktionäre **namentlich** bekannt, so kann die Hauptversammlung mit **eingeschriebenem Brief** einberufen werden, wenn die Satzung nichts anderes bestimmt (§ 121 Abs. 4 AktG). Die Hauptversammlung soll am **Sitz der Gesellschaft** stattfinden, wenn die Satzung nichts anderes bestimmt. Sind die Aktien der Gesellschaft an einer deutschen Börse zum Handel im regulierten Markt zugelassen sind, kann sie auch am **Sitz der** Börse stattfinden (§ 121 Abs. 4a AktG).

Einberufung durch den Aufsichtsrat

Der Aufsichtsrat hat eine Hauptversammlung einzuberufen, wenn das **Wohl der Gesellschaft** es erfordert. Für den Beschluss genügt die **einfache Mehrheit** (§ 111 Abs. 3 AktG).

Einberufung durch Minderheitsaktionäre

Die Hauptversammlung **ist einzuberufen**, wenn Aktionäre, deren Anteil zusammen **20% des Grundkapitals** erreicht (**Minderheitsaktionäre**), die Einberufung **schriftlich** unter Angabe des Zwecks und der Gründe verlangen; das Verlangen ist an den Vorstand zu richten. Die Satzung kann das Recht zur Einberufung an eine andere Form und an den Besitz eines geringeren Anteils am Grundkapital knüpfen (§ 122 Abs. 1 AktG). In gleicher Weise können Aktionäre, deren Anteil zusammen 20% des Grundkapitals oder den anteiligen Betrag von 500.000 Euro erreicht, verlangen, dass **Gegenstände** auf die **Tagesordnung** gesetzt und bekannt gemacht werden (§ 122 Abs. 2 AktG).

Einberufungsfrist, Anmeldefrist

Die Hauptversammlung ist **mindestens 30 Tage vor** dem Tag der Versammlung einzuberufen. Der Tag der Einberufung ist nicht mitzurechnen (§ 123 Abs. 1 AktG). Die Satzung kann die Teilnahme an der Hauptversammlung oder die Ausübung des Stimmrechts davon abhängig machen, dass die Aktionäre sich vor der Versammlung **anmelden**. Die Anmeldung muss der Gesellschaft unter der in der Einberufung hierfür mitgeteilten Adresse mindestens **sechs Tage vor** der Versammlung zugehen. In der Satzung oder der Einberufung aufgrund Ermächtigung in der Satzung kann eine kürzere in Tagen zu bemessende Frist vorgesehen werden. Der Tag des Zugangs ist nicht mitzurechnen. Die Mindestfrist des § 123 Abs. 1 AktG **verlängert** sich um die Tage der Anmeldefrist (§ 123 Abs. 2 AktG).

Nachweis der Berechtigung zur Versammlungsteilnahme

Die Satzung kann bestimmen, wie die Berechtigung zur Teilnahme an der Versammlung oder zur Ausübung des Stimmrechts nachzuweisen ist (§ 124 Abs. 3 AktG).

Inhaberaktien börsennotierter Gesellschaften

Bei Inhaberaktien von börsennotierten Gesellschaften reicht ein durch das **depotführende Institut** in Textform erstellter **besonderer Nachweis** des Anteilsbesitzes aus. Dieser besondere Nachweis muss sich auf den Beginn des **21. Tages** vor der Versammlung beziehen und muss der Gesellschaft unter der Einberufung hierfür mitgeteilten Adresse mindestens **sechs Tage vor** der Versammlung zugehen. In der Satzung oder in der Einberufung aufgrund Ermächtigung in der Satzung kann eine kürzere in Tagen zu bemessende Frist vorgesehen werden. Der Tag des Zugangs ist nicht mitzurechnen. Im Verhältnis zur Gesellschaft gilt für die Teilnahme an der Versammlung oder die Ausübung des Stimmrechts als **Aktionär nur**, wer den **Nachweis** erbracht hat (§ 123 Abs. 4 AktG).

Namensaktien börsennotierter Gesellschaften

Bei Namensaktien börsennotierter Gesellschaften folgt die Berechtigung zur Teilnahme an der Hauptversammlung oder zur Ausübung des Stimmrechts gemäß § 67 Abs. 2 S. 1 AktG aus der **Eintragung im Aktienregister**.

Veröffentlichung auf der Internetseite der Gesellschaft

Bei **börsennotierten** Gesellschaften müssen alsbald nach der Einberufung der Versammlung über die **Internetseite der Gesellschaft** zugänglich sein (§ 124a Abs. 1 S. 1 Nr. 1–5 AktG):

- der Inhalt der Einberufung;
- eine Erläuterung, wenn zu einem Gegenstand der Tagesordnung kein Beschluss gefasst werden soll;
- die der Versammlung zugänglich zu machenden Unterlagen;
- die Gesamtzahl der Aktien und der Stimmrechte im Zeitpunkt der Einberufung, einschließlich getrennter Angaben zur Gesamtzahl für jede Aktiengattung;
- ggf. die Formulare, die bei Stimmabgabe durch Vertretung oder mittels Briefwahl zu verwenden sind, sofern diese Formulare den Aktionären nicht direkt übermittelt werden.

Mitteilungspflichten

Der Vorstand muss mindestens **21. Tage vor** der Hauptversammlung den **Kreditinstituten** und den **Vereinigungen von Aktionären**, die in der letzten Hauptversammlung Stimmrechte für Aktionäre ausgeübt oder die Mitteilung verlangt haben die Einberufung der Hauptversammlung mitteilen. Ist die Tagesordnung zu ändern (§ 122 Abs. 2 AktG), so muss bei börsennotierten Gesellschaften die geänderte Tagesordnung mitgeteilt werden. Der Tag der Mitteilung ist nicht mitzurechnen. In der Mitteilung ist auf die Möglichkeit der **Ausübung des**

Stimmrechts durch einen **Bevollmächtigten**, auch durch eine **Vereinigung von Aktionären**, hinzuweisen (§ 125 Abs. 1 AktG). Die gleiche Mitteilung hat der Vorstand den Aktionären zu machen, die es verlangen oder zu Beginn des **14. Tages vor** der Versammlung als Aktionär im Aktienregister eingetragen sind. Die Satzung kann die Übermittlung auf elektronische Kommunikation **(E-Mail)** beschränken (§ 125 Abs. 2 AktG). Jedes **Aufsichtsratsmitglied** kann verlangen, dass ihm der Vorstand die gleichen Mitteilungen übersendet (§ 125 Abs. 3 AktG). Jedem **Aktionär** und jedem Aufsichtsratsmitglied sind auf Verlangen die in der Hauptversammlung gefassten Beschlüsse mitzuteilen (§ 125 Abs. 4 AktG).

dd. Durchführung

Die Durchführung der Hauptversammlung ist unvollständig in §§ 129–132 AktG geregelt:

- Geschäftsordnung (§ 129 Abs. 1 S. 1 AktG)
- Teilnahmeverzeichnis (§ 129 Abs. 1 S. 2 AktG)
- Versammlungsniederschrift (§ 130 AktG)
- Auskunftsrecht der Aktionäre (§§ 131, 132 AktG)
- Versammlungsleiter (§§ 118 Abs. 3, 130 Abs. 2, 131 Abs. 2 S. 2 AktG)

ee. Beschlussfassung

Die Beschlussfassung der Hauptversammlung ist in §§ 133–138 AktG geregelt. Grundsätzlich bedürfen die Beschlüsse der Versammlung der Mehrheit der abgegebenen Stimmen **(einfache Stimmenmehrheit)**, soweit nicht Gesetz oder Satzung eine größere Mehrheit (z. B. § 179 AktG) oder weitere Erfordernis bestimmen (§ 133 Abs. 1 AktG).

Stimmrecht der Aktionäre

Das Stimmrecht der Aktionäre wird nach **Aktiennennbeträgen**, bei Stückaktien nach deren **Zahl** ausgeübt (§ 134 Abs. 1 S 1 AktG). Jede Aktie gewährt ein Stimmrecht ***(one share, one vote)***, sofern dieses nicht bei Vorzugsaktien ausgeschlossen ist (§ 12 Abs. 1 AktG). Für den Fall, dass einem Aktionär mehrere Aktien gehören, kann bei einer börsennotierten Gesellschaft **(Publikumsgesellschaft)** die Satzung das Stimmrecht durch Festsetzung eines Höchstbetrags oder von Abstufungen beschränken. Sie kann außerdem bestimmen, dass zu den Aktien, die dem Aktionär gehören, auch die Aktien rechnen, die einem anderen für seine Rechnung gehören. Ist ein Unternehmen Aktionär, kann sie auch bestimmten, dass zu den Aktien, die ihm gehören, auch die Aktien rechnen, die einem von ihm **abhängigen** oder ihn **beherrschenden** oder einem mit ihm **konzernverbundenen** Unternehmen oder **für Rechnung** solcher Unternehmen einem Dritten gehören (§ 134 Abs. 1 S. 2–5 AktG).

Leistung der Einlage

Das Stimmrecht beginnt mit der **vollständigen** Leistung der Einlage (§ 134 Abs. 2 S. 1 AktG). Entspricht der Wert einer **verdeckten Sacheinlage** nicht dem Wert gem. § 36a Abs. 2 S. 3 AktG, steht dies dem Beginn des Stimmrechts nicht entgegen; das gilt aber nicht, wenn der Wertunterschied offensichtlich ist. Die Satzung kann bestimmten, dass das Stimmrecht beginnt, wenn auf die gesetzliche oder höhere satzungsmäßige **Mindesteinlage** geleistet ist. In diesem Fall gewährt die Leistung der Mindesteinlage **eine Stimme**; bei höheren Einlagen richtet sich das Stimmverhältnis nach der Höhe der geleisteten Einlagen (§ 134 Abs. 2 S. 2–4 AktG). Dem Stimmrecht soll auch nicht entgegenstehen, wenn bei **offener Sacheinlage** eine Überbewertung vorliegt und ein Anspruch der Gesellschaft auf Differenzhaftung besteht. Der

Fall sei zwar nicht gesetzlich geregelt, aber aufgrund der vergleichbaren Sachlage nach der gesetzlichen Regelung zur verdeckten Sacheinlage zu behandeln (h. M.)

Ausübung durch Bevollmächtigte

Das Stimmrecht kann durch einen Bevollmächtigten ausgeübt werden (§ 134 Abs. 3 S. 1 AktG). Als Bevollmächtigten kann der Aktionär grundsätzlich jede natürliche oder juristische Person frei bestimmen (**personelle Wahlfreiheit**). Nicht zulässig ist es nach dem Rechtsgedanken des § 136 Abs. 2 AktG, Organe der Gesellschaft zur Ausübung der Stimmrechte von Aktionären zu ermächtigen (**Verwaltungsstimmrechte**) und die Willensbildung der Gesellschaft durch ein sich selbst stabilisierendes System zu manipulieren (**Manipulationsverbot**). Hingegen dürfen die Aktionäre einzelne Mitglieder der Organe zur Ausübung des Stimmrechts bevollmächtigen. Bevollmächtigt der Aktionär mehr als eine Person, so kann die Gesellschaft einen oder mehrere von diesen zurückweisen (§ 134 Abs. 3 S. 2 AktG). Mehrere Aktionäre können auch gemeinsam einen Bevollmächtigten bestellen (**obligatorische Gruppenvertretung**) und müssen es bei der Bruchteils-, Erben- und Gütergemeinschaft (§ 69 Abs. 1 AktG).

Die Ermächtigung zur Stimmrechtsausübung begründet **keine Vertretungsmacht**, sondern die **Befugnis**, das Stimmrecht aus fremden Aktien im eigenen Namen auszuüben. Das Stimmrecht darf jedoch nicht von der Aktie getrennt und auf eine andere Person als den Aktionär übertragen werden (**Abspaltungsverbot**). Die Bevollmächtigung kann grundsätzlich durch **jede Art** der **Vollmacht** erfolgen. Die Erteilung, ihr Widerruf und der Nachweis der Bevollmächtigung der Gesellschaft bedürfen allerdings der **Textform** (§ 126b BGB), wenn in der Satzung oder in der Einberufung aufgrund Ermächtigung in der Satzung nichts Abweichendes bestimmt wird. Bei **börsennotierten** Gesellschaften kann nur eine Erleichterung bestimmt werden (§ 134 Abs. 3 S. 3 AktG). Die Bevollmächtigung ist der Gesellschaft **nachzuweisen**, wofür bei Textform eine Bildschirmdarstellung aus Smartphone, Tablett, o. Ä. ausreicht. Die börsennotierte Gesellschaft hat zumindest einen Weg elektronischer Kommunikation für die Übermittlung des Nachweises anzubieten (§ 134 Abs. 3 S. 4 AktG).

Ausübung durch Stimmrechtsvertreter der AG

Die Aktiengesellschaft kann eigene Stimmrechtsvertreter benennen (**Proxy Voting**). Dies ist aber nur zulässig, wenn der Aktionär zu den einzelnen Tagesordnungspunkten, die Gegenstand der Beschlussfassung sind, **ausdrückliche Weisung** erteilt. Im Gesetz wird lediglich geregelt, dass die Vollmachtserklärung drei Jahre nachprüfbar festzuhalten ist (§ 134 Abs. 3 S. 5 AktG). **Gesellschaftsorgane** können wegen des Manipulationsverbots **nicht** Stimmrechtsvertreter sein. Als Personen kommen solche externen Vertreter oder Mitarbeiter der Gesellschaft in Betracht, die aufgrund ihrer Professionalität Abstand gegenüber Einflussnahme der Verwaltung halten.

Ausübung durch Kreditinstitute

Die Ausübung des Stimmrechts durch Kreditinstitute (**Depotstimmrecht**) regelt § 135 AktG. Die Vorschrift ist durch das ARUG 2009 novelliert und dereguliert worden. Bezweckt war es, sicherzustellen, dass die Aktionäre in der Hauptversammlung durch die Wahrnehmung ihrer Eigeninteressen (**Aktionärsinteresse**) die Verwaltung der Gesellschaft kontrollieren und, dass die Stimmrechte nicht im Interesse der Banken (**Bankeninteresse**) ausgeübt werden. Nach der Regelung des § 135 Abs. 1 AktG darf ein Kreditinstitut das Stimmrecht für Aktien, die ihm nicht gehören und als deren Inhaber es nicht im Aktienregister eingetragen ist (**fremde Aktien**), nur ausüben, wenn es dazu bevollmächtigt ist. Bevollmächtigt werden darf nur ein bestimmtes Kreditinstitut, dass die Vollmacht nachprüfbar festzuhalten hat. Zulässig ist es aber, ein anderes Institut als die Depotbank zu bevollmächtigen. Die Vollmachtserklärung muss vollständig sein und darf nur mit der Ausübung des Stimmrechts verbundene Erklärungen enthalten.

Erteilt der Aktionär **ausdrücklichen Weisungen** an das Kreditinstitut, ist es daran **gebunden**. Ist dies nicht der Fall, kann eine **generelle Vollmacht** nur die Berechtigung des Kreditinstituts zur Stimmrechtsausübung entsprechend eigenen Abstimmungsvorschlägen gem. § 135 Abs. 2 und 3 AktG oder entsprechend den Vorschlägen des Vorstands oder des Aufsichtsrats oder für den Fall voneinander abweichender Vorschläge den Vorschlägen des Aufsichtsrats vorsehen. Das Kreditinstitut muss zugleich anbieten, im Rahmen des Zumutbaren und bis auf Widerruf einer **Aktionärsvereinigung** oder einem **sonstigen Vertreter** nach Wahl des Aktionärs die zur Stimmrechtsausübung erforderlichen Unterlagen zuzuleiten. Es hat den Aktionär jährlich und deutlich hervorgehoben auf die Möglichkeit des **jederzeitigen Widerrufs** der Vollmacht und der **Änderung** des Bevollmächtigten hinzuweisen.

Ein Institut darf das Stimmrecht für **Namensaktien**, die ihm nicht gehören, als deren Inhaber es aber im **Aktienregister eingetragen** ist, nur aufgrund einer Ermächtigung gem. § 135 Abs. 1–5 AktG ausüben (§ 135 Abs. 6 AktG).

Ausübung durch Aktionärsvereinigungen und geschäftsmäßig Handelnde

Das Stimmrecht kann durch **Aktionärsvereinigungen** und **geschäftsmäßig Handelnde** nach den für Kreditinstitute geltenden Regelungen des § 135 Abs. 1–7 AktG ausgeübt werden (§ 135 Abs. 8 AktG). Geschäftsmäßig Handelnde sind Personen, die sich gegenüber Aktionären mit **Wiederholungsabsicht** zur Stimmrechtsausübung erbieten. Eine berufliche, gewerbliche oder entgeltliche Tätigkeit ist nicht erforderlich; die Norm gilt aber auch für professionelle externe Anbieter.

Rechtsfolge bei unzulässiger Stimmausübung

Die Stimmrechtsausübung ist nur **unwirksam**, wenn **keine Bevollmächtigung** gem. § 135 Abs. 1 S. 1 AktG vorliegt; bei anderen Normverstößen ist sie dagegen wirksam. Das gilt auch, wenn die Ermächtigung des Instituts bei registrierten Namensaktien (§ 135 Abs. 6 AktG) fehlt.

ff. Nichtigkeit von Beschlüssen

Die **Nichtigkeit** von **Hauptversammlungsbeschlüssen** ist in §§ 241 ff AktG geregelt. § 241 AktG **verweist** auf die **anderen** ausdrücklich gesetzlich **normierten** Nichtigkeitsgründe (§§ 192 Abs. 4, 212, 217 Abs. 2, 228 Abs. 234 Abs. 3 und 235 Abs. 2 AktG) und führt **enumerativ weitere** Nichtigkeitsgründe auf. Danach ist ein Beschluss der Hauptversammlung nur dann nichtig (§ 241 Nr. 1–6 AktG), wenn er

- in einer Hauptversammlung gefasst worden ist, die unter Verstoß gegen die § 121 Abs. 2 und 3 Satz 1 und Abs. 4 AktG einberufen war,
- nicht nach § 130 Abs. 1 und 2 Satz 1 und Abs. 4 beurkundet ist,
- mit dem Wesen der Aktiengesellschaft nicht zu vereinbaren ist oder durch seinen Inhalt Vorschriften verletzt, die ausschließlich oder überwiegend zum Schutz der Gläubiger der Gesellschaft oder sonst im öffentlichen Interesse gegeben sind,
- durch seinen Inhalt gegen die guten Sitten verstößt,
- auf Anfechtungsklage durch Urteil rechtskräftig für nichtig erklärt worden ist,
- nach § 398 FamFG aufgrund rechtskräftiger Entscheidung als nichtig gelöscht worden ist.

Die **Heilung** der Nichtigkeit eines Hauptversammlungsbeschlusses ist in § 242 AktG geregelt. Darüber hinaus regelt § 250 AktG **besondere** Nichtigkeitsgründe für Beschlüsse über die **Wahl** des **Aufsichtsrats.** Auf die Nichtigkeit von Hauptversammlungsbeschlüssen kann sich jeder auch im Rahmen eines anderen Verfahrens berufen. Darüber hinaus kann auch ein Aktionär, der Vorstand oder ein Mitglied des Vorstands oder des Aufsichtsrats Klage auf Feststellung der Nichtigkeit **(Nichtigkeitsklage)** eines Hauptversammlungsbeschlusses gegen die Gesellschaft erheben (§ 249 AktG). Dies soll dem Zweck der Rechtsklarheit und Rechtssicherheit dienen. Die **Wirkungen** des Urteils treten über die Prozessparteien hinaus auch **für** und **gegen alle** *(erga omnes)* Aktionäre sowie die Mitglieder von Vorstand und Aufsichtsrat ein (§§ 248 Abs. 1 S. 1, 249 Abs. 1 AktG).

gg. Anfechtbarkeit von Beschlüssen

Die Anfechtbarkeit von Hauptversammlungsbeschlüssen ist in §§ 243 ff AktG geregelt. Ein Beschluss kann wegen **Verletzung** des **Gesetzes** oder der **Satzung** durch Klage angefochten werden (§ 243 Abs. 1 AktG). Allerdings sind Nichtigkeitsgründe davon auszunehmen, da diese spezieller geregelt sind. Die Anfechtung kann auch darauf gestützt werden, dass ein **Aktionär** mit der Ausübung des Stimmrechts für sich oder einen Dritten Sondervorteile zum **Schaden** der Gesellschaft oder der anderen Aktionäre zu erlangen suchte und der **Beschluss geeignet** ist, diesem Zweck zu dienen. Das gilt nicht, wenn der Beschluss den anderen Aktionären einen angemessenen Ausgleich für ihren Schaden gewährt (§ 243 Abs. 2 AktG). Die Anfechtung kann nicht mehr geltend gemacht werden, wenn die Hauptversammlung den anfechtbaren Beschluss durch einen neuen Beschluss mit einfacher Mehrheit bestätigt hat **(Bestätigungsbeschluss)**. Der Beschluss darf innerhalb der Anfechtungsfrist nicht angefochten oder die Anfechtung nicht rechtskräftig zurückgewiesen worden sein (§ 244 AktG). Ein anfechtbarer Beschluss muss mit der **Anfechtungsklage** für nichtig erklärt werden und wird bis dahin als wirksam behandelt. Die Klage muss innerhalb eines Monats nach der Beschlussfassung erhoben werden (§ 246 Abs. 1 AktG). Die **Anfechtungsbefugnis** zur Klageerhebung für Aktionäre, Mitglieder des Vorstands und des Aufsichtsrats ist in § 245 AktG festgelegt.

hh. Freigabeverfahren

Das Freigabeverfahren ist in § 246a AktG geregelt. Es wurde vom Gesetzgeber (UMAG 2005) eingeführt und zwischenzeitlich geändert (ARUG 2009), um dem **gewerblichen Missbrauch** des Anfechtungsrechts **(Berufsaktionäre)** zu begegnen. Wurde gegen einen Beschluss der Hauptversammlung über eine Maßnahme der Kapitalbeschaffung, der Kapitalherabsetzung (§§ 182. 240 AktG) oder einen Unternehmensvertrag (§§ 291–307 AktG) Klage erhoben, so kann das Gericht auf **Antrag der Gesellschaft** durch **Beschluss feststellen**, dass die Erhebung einer Klage der Eintragung nicht entgegensteht und Mängel des Hauptversammlungsbeschlusses die Wirkung der Eintragung unberührt lassen (§ 246a Abs. 1 AktG).

Ein Beschluss nach § 246a Abs. 1 AktG ergeht (§ 246a Abs. 2 Nr. 1–3 AktG), wenn

- die Klage **unzulässig** oder offensichtlich **unbegründet** ist,
- der Kläger nicht binnen einer Woche nach Zustellung des Antrags durch Urkunden nachgewiesen hat, dass er seit Bekanntmachung der Einberufung einen anteiligen Betrag von **mindestens 1.000 Euro** hält odcr
- das alsbaldige **Wirksamwerden** des Hauptversammlungsbeschlusses **vorrangig** erscheint, weil die vom Antragsteller dargelegten **wesentlichen Nachteile** für die Gesellschaft und ihre Aktionäre nach freier Überzeugung des Gerichts die Nachteile für den Antragsgegner **überwiegen**, es sei denn es liegt eine besondere Schwere des Rechtsverstoßes vor.

Sofern sich die die **Klage** als **begründet** erweist, ist die Gesellschaft, die den Beschluss erwirkt hat, verpflichtet, dem Antragsgegner den **Schaden** zu **ersetzen**, der ihm aus einer auf dem Beschluss beruhenden Eintragung des Hauptversammlungsbeschlusses entstanden ist. **Nach** der **Eintragung** lassen Mängel des Beschlusses seine Durchführung unberührt; die Beseitigung dieser Wirkung der Eintragung kann auch nicht als Schadensersatz verlangt werden (§ 246a Abs. 4 AktG).

ii. Schadensersatzpflicht

Bei schädigendem Verhalten gegen die Gesellschaft oder ihre Aktionäre besteht gem. § 117 AktG eine Schadensersatzpflicht. Dabei handelt es sich um einen **besonderen Tatbestand** des **Deliktsrechts**. Die Vorschrift bezweckt die Integrität des Verwaltungshandelns und den Schutz des Gesellschaftsvermögens durch Schadensausgleich. Daneben dient sie auch dem Schutz der Aktionäre, soweit ihr Schaden nicht durch das Gesellschaftsvermögen ausgeglichen werden kann. Die Haftung setzt voraus, dass jemand **vorsätzlich** unter Benutzung seines **Einflusses auf die Gesellschaft** ein Mitglied des Vorstands oder des Aufsichtsrats, einen Prokuristen oder einen Handlungsbevollmächtigten, dazu **bestimmt**, zum Schaden der Gesellschaft oder ihrer Aktionäre zu handeln. In der Rechtsfolge ist der Schädiger der **Gesellschaft** zum Ersatz des ihr daraus entstandenen **Schadens** verpflichtet. Er ist auch den **Aktionären** zum Ersatz des ihnen daraus entstehenden Schadens verpflichtet, soweit sie abgesehen von einem Schaden, der ihnen durch Schädigung der Gesellschaft zugefügt worden ist, **geschädigt** worden sind (§ 117 Abs. 1 AktG).

Gesamtschuldnerische Haftung

Neben dem Schädiger haften zudem als **Gesamtschuldner** (§§ 421 ff BGB) die Mitglieder des **Vorstands** und des **Aufsichtsrats**, wenn sie unter Verletzung ihrer Pflichten gehandelt haben. Sofern streitig ist, ob sie die Sorgfalt eines ordentlichen und gewissenhaften Geschäftsleiters angewandt haben, so triff sie die **Beweislast**. Der Gesellschaft und den Aktionären gegenüber tritt die Ersatzpflicht der Mitglieder des Vorstands und des Aufsichtsrats nicht ein, wenn die Handlung auf einem **gesetzmäßigen** Beschluss der Hauptversammlung beruht. Dadurch, dass der Aufsichtsrat die Handlung gebilligt hat, wird die Ersatzpflicht nicht ausgeschlossen (§ 117 Abs. 2 AktG). Neben dem Schädiger haftet ferner, wer durch die schädigende Handlung einen **Vorteil** erlangt hat, sofern er die Beeinflussung **vorsätzlich** veranlasst hat (§ 117 Abs. 3 AktG).

Aufhebung der Ersatzpflicht

Die Gesellschaft kann erst **drei Jahre** nach der Entstehung des Anspruchs und nur dann auf Ersatzansprüche verzichten oder sich über sie vergleichen, wenn die Versammlung **zustimmt** und **nicht** eine **Minderheit**, deren Anteile zusammen den zehnten Anteil des Grundkapitals erreicht, zur Niederschrift **Widerspruch** erhebt. Die zeitliche Beschränkung gilt nicht, wenn der Ersatzpflichtige zahlungsunfähig ist und sich zur Abwendung des Insolvenzverfahrens mit seinen Gläubigern vergleicht oder wenn die Ersatzpflicht in einem Insolvenzplan geregelt wird (§§ 117 Abs. 4, 93 Abs. 4 S. 3, 4 AktG).

Geltendmachung durch Gesellschaftsgläubiger

Die Ersatzpflicht kann auch von den **Gläubigern** der Gesellschaft geltend gemacht werden, soweit sie von dieser **keine Befriedigung** erlangt haben. Den Gläubigern gegenüber wird die Ersatzpflicht weder durch einen Verzicht oder Vergleich der Gesellschaft noch dadurch aufgehoben, dass die Handlung auf einem Beschluss der Hauptversammlung beruht. Ist über das Vermögen der Gesellschaft das Insolvenzverfahren eröffnet, so übt während dessen Dauer der Insolvenzverwalter oder der Sachwalter das Recht der Gläubiger aus (§ 117 Abs. 5 AktG).

Anspruchsverjährung

Die Ansprüche aus § 117 AktG **verjähren** in **fünf Jahren** (§ 117 Abs. 6 AktG). Die Haftung ist **ausgeschlossen**, wenn das Mitglied des Vorstands oder des Aufsichtsrats, der Prokurist oder der Handlungsbevollmächtigte durch Ausübung

- der Leitungsmacht auf Grund eines Beherrschungsvertrags oder
- der Leitungsmacht einer Hauptgesellschaft (§ 319 AktG) in die die Gesellschaft eingegliedert ist

zu der schädigenden Handlung bestimmt worden ist (§ 117 Abs. 7 Nr. 1–2 AktG).

f. Mitgliedschaftsrechte des Aktionärs

Die Mitgliedschaft ist die Gesamtheit der Rechte und Pflichten des Aktionärs als Teilhaber der Aktiengesellschaft. Sie wird durch die Aktie repräsentiert und umfasst die Verwaltungs- und Vermögensrechte (**Mitgliedschaftsrechte**) des Aktionärs. Eine Aktie kann nicht in mehrere für sich bestehende Mitgliedschaftsrechte aufgespalten werden (**Abspaltungsverbot**).

aa. Verwaltungsrechte

Die Aktionäre haben folgende **Verwaltungsrechte:**

- **Teilnahmerecht:** Recht auf Teilnahme an der Hauptversammlung (§ 118 Abs. 1 AktG).
- **Stimmrecht:** Jede Aktie gewährt das **(ein)** Stimmrecht (§ 12 Abs. 1 S. 1 AktG). Vorzugsaktien (§§ 139ff AktG) können als Aktien ohne Stimmrecht ausgegeben werden (§ 12 Abs. 1 S. 2 AktG). Mehrstimmrechte sind unzulässig (§ 12 Abs. 2 AktG).
- **Anfechtungsrecht:** Recht zur Anfechtung von Hauptversammlungsbeschlüssen (§§ 241 ff AktG).
- **Minderheitsrechte:** Recht auf **Gleichbehandlung** der Aktionäre (§ 53a AktG); Recht auf **Einberufung** der **Hauptversammlung**, wenn ihre Anteile **mindestens 20%** des Grundkapitals entsprechen (§ 122 Abs. 1 AktG). Recht der Aktionäre, deren Anteile im Zeitpunkt der Antragstellung zusammen den **100sten Teil** des Grundkapitals oder einen anteiligen Betrag von 100.000 Euro erreichen, auf eine **gerichtliche Zulassung** für die **Aktionärsklage** (§ 148 AktG).
- **Auskunftsrecht:** Jedem Aktionär ist auf Verlangen der Hauptversammlung vom Vorstand Auskunft über Angelegenheiten der Gesellschaft zu geben, soweit sie zur sachgemäßen Beurteilung des Gegenstands der Tagesordnung erforderlich ist. Die **Auskunftspflicht** erstreckt sich auch auf die rechtlichen und geschäftlichen Beziehungen der Gesellschaft zu einem verbundenen Unternehmen (§ 131 Abs. 1 AktG). Die Auskunft hat den Grundsätzen einer gewissenhaften und getreuen Rechenschaft zu entsprechen. Die Satzung oder die Geschäftsordnung kann den Versammlungsleiter ermächtigen, das **Frage-** und **Rederecht** des Aktionärs zeitlich angemessen zu beschränken (§ 131 Abs. 2 AktG). Der Vorstand hat ein Recht zur Verweigerung der Auskunft in den Fällen des § 131 Abs. 3 Nr. 1–7 AktG.

bb. Vermögensrechte

Die Aktionäre haben folgende **Vermögensrechte:**

- **Gewinnrecht:** Die Aktionäre haben Anspruch auf den (Anteil am) Bilanzgewinn (**Dividende**), soweit er nicht nach Gesetz oder Satzung, durch Hauptversammlungsbeschluss oder als zusätzlicher Aufwand aufgrund des Gewinnverwendungsbeschlusses (§ 174 AktG) von der Verteilung unter die Aktionäre ausgeschlossen ist. Der Anspruch ist am dritten auf den Hauptversammlungsbeschluss folgenden Geschäftstag fällig, soweit darin oder in der Satzung nicht eine spätere Fälligkeit festgesetzt wird (§ 58 Abs. 4 AktG). Die Anteile der Aktionäre am Gewinn bestimmt sich nach ihren Anteilen am Grundkapital (§ 60 Abs. 1 AktG). Die Satzung kann eine andere Art der Gewinnverteilung bestimmen (§ 60 Abs. 3 AktG).
- **Bezugsrecht:** Recht des Aktionärs auf Zuteilung eines seinem Anteil an dem bisherigen Grundkapital entsprechenden Teils der neuen Aktien bei einer **Kapitalerhöhung** gegen Einlagen (§§ 186 Abs. 1, 211 AktG) sowie bei der **Ausgabe** von Wandelschuldverschreibungen, Gewinnschuldverschreibungen und Genussrechten (§§ 221 Abs. 4 S. 1, 186 Abs. 1 AktG).
- **Rückzahlungsanspruch:** Recht der Aktionäre bei **ordentlicher Kapitalherabsetzung** auf Rückzahlung, wenn dies so beschlossen wurde (§§ 222 Abs. 3, 225 Abs. 2 AktG).
- **Beteiligung am Liquidationserlös:** nach den Anteilen am Grundkapital, wenn nicht Aktien mit verschiedenen Rechten vorhanden sind (§ 271 AktG), nach Berichtigung der Verbindlichkeiten bei der Liquidation (§§ 262 ff AktG).
- **Ausgleichs-** und **Abfindungsansprüche:** Anspruch bei Gewinnabführungsvertrag und Beherrschungsvertrag für die **außenstehenden** Aktionäre auf Ausgleichszahlung (§ 304 Abs. 1 AktG) und Abfindung (§ 305 AktG). Anspruch der ausgeschiedenen Aktionäre der eingegliederten Gesellschaft auf Abfindung (§ 320b AktG).

cc. Aktionärsklage

Das Verfahren zur Zulassung der Aktionärsklage (**Klagezulassungsverfahren**) regelt § 148 AktG). Danach können Aktionäre, deren Anteile im Zeitpunkt der Antragstellung zusammen den **100sten Teil des Grundkapitals** oder einen **anteiligen Betrag von 100.000 Euro** erreichen, die gerichtliche Zulassung beantragen, im eigenen Namen die in § 147 Abs. 1 S. 1 AktG bezeichneten Ersatzansprüche der Gesellschaft geltend zu machen.

Voraussetzungen der Zulassung

Das Gericht lässig die Klage zu (§ 148 Abs. 1 S. 2 Nr. 1.-4 AktG), wenn

- die Aktionäre nachweisen, dass sie die Aktien vor dem Zeitpunkt erworben haben, in dem sie oder im Falle der Gesamtrechtsnachfolge ihre Rechtsvorgänger von den behaupteten Pflichtverstößen oder dem behaupteten Schaden aufgrund einer Veröffentlichung Kenntnis erlangen mussten,
- die Aktionäre nachweisen, dass sie die Gesellschaft unter Setzung einer angemessenen Frist vergeblich aufgefordert haben, selbst Klage zu erheben,
- Tatsachen vorliegen, die den Verdacht rechtfertigen, dass der Gesellschaft durch Unredlichkeit oder grobe Verletzung des Gesetzes oder der Satzung ein Schaden entstanden ist, und
- der Geltendmachung des Ersatzanspruchs keine überwiegenden Gründe des Gesellschaftswohls entgegenstehen.

Zuständiges Gericht

Über den Aktionärsantrag auf Klagezulassung entscheidet das **Landgericht**, in dessen Bezirk die Gesellschaft ihren Sitz hat, durch **Beschluss** (§ 148 Abs. 2 S. 1 AktG). Die Gesellschaft ist jederzeit berechtigt, ihren Ersatzanspruch **selbst** gerichtlich geltend zu machen. Ein anhängiges Zulassungs- oder Klageverfahren von Aktionären über diesen Ersatzanspruch wird mit der Klageerhebung durch die Gesellschaft **unzulässig**. Sie ist nach ihrer Wahl dazu berechtigt, ein anhängiges Klageverfahren über ihren Ersatzanspruch in der Lage **zu übernehmen**, in der sich das Verfahren zur Zeit der Übernahme befindet (§ 148 Abs. 3 AktG). Die Klage der Aktionäre kann nur binnen drei Monaten nach Rechtskraft der Entscheidung des Gerichts, dem Antrag stattzugeben, erhoben werden. Zusätzlich müssen die Aktionäre die Gesellschaft nochmals unter Setzung einer **angemessenen Frist aufgefordert** haben, selbst Klage zu erheben (§ 148 Abs. 4 S. 1 AktG).

Wirkung des Urteils

Das Urteil wirkt, auch wenn es auf Klageabweisung lautet, für und gegen die **Gesellschaft** und die **übrigen Aktionäre**. Entsprechendes gilt für einen nach § 149 AktG bekannt zu machenden Vergleich. Dieser wirkt aber nur nach Klagezulassung für und gegen die Gesellschaft (§ 148 Abs. 5 AktG).

Verfahrenskosten

Die Kosten hat der **Antragsteller** zu tragen, soweit sein Antrag **abgewiesen** wird. Beruht die Abweisung auf entgegenstehenden Gründen des **Gesellschaftswohls**, die die Gesellschaft vor Antragstellung hätte mitteilen können, aber **nicht mitgeteilt** hat, so hat sie dem Antragsteller die Kosten zu **erstatten**. Im Übrigen entscheidet das Gericht im Endurteil über die Kosten (§ 148 Abs. 6 S. 1–3 AktG).

Bekanntmachungen zur Haftungsklage

Nach rechtskräftiger Zulassung des Antrags auf Aktionärsklage (§ 148 AktG) sind der Antrag und die Verfahrensbeendigung von der börsennotierten Gesellschaft (**Publikumsgesellschaft**) unverzüglich in den Geschäftsblättern der Gesellschaft bekanntzumachen (§ 149 Abs. 1 AktG). Die Bekanntmachung der Verfahrensbeendigung muss ihre **Art**, alle mit ihr im Zusammenhang stehenden **Vereinbarungen** einschließlich Nebenabreden in vollständigem **Wortlaut** sowie die **Namen** der **Beteiligten** enthalten. Leistungen der Gesellschaft und ihr zurechenbare Leistungen Dritter sind gesondert zu beschreiben und hervorzuheben. Die vollständige Bekanntmachung ist **Wirksamkeitsvoraussetzung** für alle Leistungspflichten (§ 149 Abs. 2 AktG). Das gilt für Vereinbarungen, die zur Vermeidung eines Prozesses geschlossen werden, entsprechend (§ 149 Abs. 3 AktG).

g. Mitgliedschaftspflichten des Aktionärs

Die Aktionäre haben als Teilhaber der Aktiengesellschaft folgende Mitgliedschaftspflichten:

- **Einlagepflicht:** Die Aktionäre sind zur Leistung der Einlagen verpflichtet, die durch den Ausgabebetrag der Aktien begrenzt wird (§ 54 Abs. 1 AktG). Soweit nicht in der Satzung **Sacheinlagen** festgesetzt sind, haben die Aktionäre den Ausgabebetrag der Aktie bar (**Bareinlage**) einzuzahlen (§ 54 Abs. 2 AktG). Die Satzung kann Aktionären die Verpflichtung (Nebenverpflichtung der Aktionäre) auferlegen, neben den Einlagen auf das Grundkapital wiederkehrende nicht in Geld bestehende Leistungen zu erbringen, wenn die Übertragung der Aktien an die Zustimmung der Gesellschaft (Vinkulierung) gebunden ist (§ 55 Abs. 1 AktG).

- **Treuepflicht:** der Aktionäre untereinander sowie im Verhältnis zur Gesellschaft (§ 242 BGB).

h. Kapitalerhaltung

aa. Verbot der Einlagenrückgewähr

Die Aktiengesellschaft unterliegt dem Prinzip der strengen Kapitalbindung (**Grundsatz der Kapitalerhaltung**). Geschützt wird im Aktienrecht anders als im Kapitalerhaltungsrecht der GmbH nicht nur das zur Erhaltung des Grundkapitals erforderliche, sondern das **gesamte Gesellschaftsvermögen**. Dies wird durch das in § 57 AktG festgelegte **Verbot der Einlagenrückgewähr** sichergestellt. Den Aktionären dürfen die Einlagen nicht zurückgewährt, Zinsen weder zugesagt noch ausgezahlt und nur der Bilanzgewinn (§§ 172f, 174 AktG) darf an diese verteilt werden. Das Verbot umfasst jede **wertmäßige Beeinträchtigung** des Gesellschaftsvermögens aufgrund der Mitgliedschaft zur Gesellschaft *(causa societas)*, unabhängig davon, ob es sich um eine Einlage (§ 54 AktG) handelt. Leistungen dürfen weder aus dem Grundkapital noch aus den gesetzlichen oder freien Rücklagen erbracht werden. Das Verbot der Einlagenrückgewähr erfasst auch **verdeckte Ausschüttungen** der Einlage, die tatbestandlich den Voraussetzungen bei § 30 Abs. 1 S. 1 GmbHG entsprechen. Anders als bei der GmbH ist aber nicht nur das Stammkapital gegen eine Herbeiführung oder Vertiefung der Unterbilanz geschützt. Bei der Aktiengesellschaft unterliegt vielmehr **jede verdeckte Ausschüttung** dem Verbot des § 57 AktG.

Beispiele: Dividendenzahlungen ohne wirksamen Jahres- oder Gewinnverwendungsabschluss, Vorauszahlung nicht von § 57 AktG gedeckter Dividende, Haftungsübernahme gegenüber Aktionären, Prämien auf langjährige Mitgliedschaft oder zur Steigerung der Präsenz bei der Hauptversammlung.

bb. Verbotsausnahmen

Als Rückgewähr der Einlage gilt nicht die Zahlung des Erwerbspreises beim zulässigen **Erwerb eigener Aktien** (§ 57 Abs. 1 S. 2 AktG). Das Verbot des § 57 Abs. 1 S. 1 AktG gilt nicht bei Leistungen, die bei Bestehen eines **Beherrschungs-** oder **Gewinnabführungsvertrags** (§ 291 AktG) erfolgen oder durch einen **vollwertigen** Gegenleistungs- oder Rückgewähranspruch gegen den Aktionär gedeckt sind (§ 57 Abs. 1 S. 3 AktG). Es gelten die Grundsätze wie für die entsprechende Ausnahme des § 30 Abs. 1 S. 2 GmbHG. Das Verbot der Einlagenrückgewähr ist auch nicht anzuwenden auf die Rückgewähr eines **Aktionärsdarlehens** und **Leistungen auf Forderungen** aus Rechtshandlungen, die einem Aktionärsdarlehen wirtschaftlich entsprechen (§ 57 Abs. 1 S. 4 AktG). Hierfür gelten die gleichen Grundsätze wie sie für die entsprechende Ausnahme des § 30 Abs. 1 S. 3 GmbHG gelten.

Das Gesetz regelt **weitere Ausnahmen** für den zulässigen Erwerb eigener Aktien (§§ 57 Abs. 1 S. 2, 71ff AktG), für wechselseitige Beteiligungen (§§ 19, 328, 71d AktG), Rückzahlungen nach einer ordentlichen Kapitalherabsetzung (§ 222 Abs. 3 AktG) oder Einziehung (§ 237 Abs. 2 AktG) sowie für Leistungen aufgrund eines Unternehmensvertrags (§§ 57 Abs. 1 S. 2, 291 Abs. 3 AktG).

cc. Rechtsfolgen bei Verstoß

Die Gesellschaft hat gegen die Empfänger der Leistung einen Anspruch auf **Rückgewähr** des Empfangenen in **Natur** oder als **Wertersatz** (§ 818 Abs. 2 BGB), der dem Anspruch aus § 31 GmbHG entspricht, wenn gegen das Einlagenrückgewährverbot verstoßen wird. Sofern sie Beträge als Gewinnanteile bezogen haben, so besteht die Verpflichtung nur, wenn sie wussten, dass sie zum Bezuge nicht berechtigt waren (§ 62 Abs. 1 AktG). Ein Empfänger kann sich nicht auf Entreicherung (§ 818 Abs. 3 BGB) berufen, da es sich nicht um einen Kondiktionsanspruch handelt und es durch den Normzweck gesperrt wird. Der Rückgewähranspruch ist wie § 31 Abs. 1 GmbHG auf die Rückabwicklung des **gesamten Geschäfts** gerichtet und nicht lediglich die Differenz (bei verdeckter Rückzahlung). Da § 57 AktG kein Verbotsgesetz i. S. v. § 134 BGB ist, bleibt das **Geschäft** schuldrechtlich und dinglich jedoch **wirksam**.

Geltendmachung durch Gesellschaftsgläubiger

Der Anspruch der Gesellschaft kann auch von den Gläubigern der Gesellschaft geltend gemacht werden, soweit sie von dieser keine Befriedigung erlangen können. Sofern über das Vermögen der Gesellschaft das Insolvenzverfahren eröffnet ist, übt während dessen Dauer der Verwalter oder der Sachwalter das Recht der Gesellschaftsgläubiger gegen die Aktionäre aus (§ 62 Abs. 2 AktG).

Anspruchsverjährung

Die Ansprüche **verjähren** in **zehn Jahren** nach dem Leistungsempfang. Wird das Insolvenzverfahren über das Vermögen der Gesellschaft eröffnet, tritt die Verjährung nicht vor Ablauf von **sechs Monaten** ab dem Zeitpunkt der Eröffnung ein (§ 62 Abs. 3 AktG).

dd. Verbot des Erwerbs eigener Aktien

Der Kapitalaufbringung und Kapitalerhaltung dienen auch die Vorschriften der §§ 71 ff AktG. Es gilt grundsätzlich das **Verbot des Erwerbs eigener Aktien** durch die Aktiengesellschaft.

ee. Verbotsausnahmen

Vom Verbot des Erwerbs eigener Aktien werden bestimmte Ausnahme getroffen, nach denen die Gesellschaft eigene Aktien nur erwerben darf (§ 71 Abs. 1 Nr. 1–8 AktG):

- wenn der Erwerb notwendig ist, um einen schweren unmittelbaren **Schaden** von der Gesellschaft **abzuwenden**,
- wenn die Aktien Personen, die im Arbeitsverhältnis zu der Gesellschaft oder einem mit ihr verbundenen Unternehmen stehen oder standen **(Belegschaftsaktien)** zum Erwerb angeboten werden sollen,
- wenn der Erwerb geschieht, um Aktionäre nach Umwandlungsrecht **abzufinden**,
- wenn der Erwerb **unentgeltlich** geschieht oder ein Kreditinstitut mit dem Erwerb eine **Einkaufskommission** ausführt,
- durch Gesamtrechtsnachfolge,
- aufgrund eines Beschlusses der Hauptversammlung zur **Einziehung** von Aktien nach den Vorschriften über die Herabsetzung des Grundkapitals (§§ 222–240 AktG),
- wenn sie ein Kreditinstitut, Finanzdienstleistungsinstitut oder Finanzunternehmen ist, aufgrund Beschlusses der Hauptversammlung zum Zwecke des Wertpapierhandels. Der Beschluss muss bestimmen, dass der Handelsbestand der zu erwerbenden Aktien **5% des**

Grundkapitals am Ende jeden Tages nicht übersteigen darf und den niedrigsten und höchsten Gegenwert festlegen. Die Ermächtigung darf höchstens **fünf Jahre** gelten,
- aufgrund einer höchstens **fünf Jahre** geltenden Ermächtigung der Hauptversammlung, die den niedrigsten und höchsten Gegenwert sowie deren **Anteil am Grundkapital**, der **10%** nicht übersteigen darf, festlegt. Der Handel in eigenen Aktien ist ausgeschlossen.

Erwerbsschranken

Auf die zum Zwecke des § 71 Abs. 1 Nr. 1 bis 3, 7 und 8 AktG erworbenen Aktien dürfen zusammen mit anderen Aktien der Gesellschaft, welche die Gesellschaft bereits erworben hat und noch besitzt, nicht mehr als **10%** des **Grundkapitals** entfallen. Dieser Erwerb ist darüber hinaus nur zulässig, wenn die Gesellschaft im Zeitpunkt des Erwerbs eine **Rücklage** in Höhe der Aufwendungen für den Erwerb **bilden könnte**, **ohne** das Grundkapital oder eine nach Gesetz oder Satzung zu bildende Rücklage zu **mindern**, die nicht zur Zahlung an die Aktionäre verwandt werden darf. In den Fällen des § 71 Abs. 1 Nr. 1, 2, 4, 7 und 8 AktG ist der Erwerb nur zulässig, wenn auf die Aktien der **Ausgabebetrag voll geleistet** ist (§ 71 Abs. 2 AktG).

Unterrichtungspflicht

In den Fällen des § 71 Abs. 1 Nr. 1 und 8 AktG hat der Vorstand die nächste Hauptversammlung über die Gründe und den Zweck des Erwerbs, über die Zahl der erworbenen Aktien und den auf sie entfallenden Betrag des Grundkapitals, über deren Anteil am Grundkapital sowie über den Gegenwert der Aktien zu unterrichten (**Unterrichtungspflicht**).

Belegschaftsaktien

Im Falle des § 71 Abs. 2 Nr. 2 AktG (**Belegschaftsaktien**) sind die Aktien **innerhalb eines Jahres** nach ihrem Erwerb an die Arbeitnehmer auszugeben (§ 71 Abs. 3 AktG).

ff. Rechtsfolgen bei Verstoß

Ein Verstoß gegen das Erwerbsverbot (§ 71 Abs. 1 und 2 AktG) macht den **sachenrechtlichen** Erwerb eigener Aktien **nicht unwirksam**. Ein **schuldrechtliches** Geschäft über den Erwerb ist jedoch **nichtig**, soweit der Erwerb gegen das Erwerbsverbot verstößt (§ 71 Abs. 4 AktG). Bei einem **zulässigen** Erwerb eigener Aktien stehen der Gesellschaft aus eigenen Aktien **keine Mitgliedschaftsrechte**, insbesondere keine Stimmrechte zu (§ 71 b AktG).

gg. Verbot der Umgehungsgeschäfte

In § 71 a AktG wird das Verbot von Geschäften geregelt, mit denen die Gesellschaft Dritten ermöglicht, ihre Aktien zu erwerben oder mit denen sie eigene Aktien durch Dritte erwirbt (**Verbot der Umgehungsgeschäfte**).

Verbotene Finanzierungsgeschäfte und Sicherheitsleistungen

Ein Rechtsgeschäft, das die Gewährung eines Vorschusses oder eines Darlehens (**Finanzierungsgeschäfte**) oder die Leistung einer Sicherheit **durch die Gesellschaft** an einen (**Sicherheitsleistungen**) anderen zum Gegenstand hat, ist nichtig (§ 71 a Abs. 1 S. 1 AktG).

Verbotsausnahmen

Das Verbot des § 71 a Abs. 1 S. 1 AktG gilt nicht für Rechtsgeschäfte im Rahmen der **laufenden Geschäfte** von **Kredit**- oder **Finanzdienstleistungsinstituten** sowie für die Gewährung eines Vorschusses oder eines Darlehens oder die Leistung einer Sicherheit zum Zweck des Erwerbs von **Belegschaftsaktien** (§ 71 a Abs. 1 S. 2 Hs. 1 AktG). Das Rechtsgeschäft ist jedoch **nichtig**, wenn die Gesellschaft im Zeitpunkt des Erwerbs eine **Rücklage** in Höhe der Aufwendungen für den Erwerb **nicht bilden könnte**, ohne das Grundkapital oder einer nach Gesetz oder Satzung zu bildende Rücklage zu mindern, die nicht zur Zahlung an die Aktionäre verwendet werden darf (§ 71 a Abs. 1 S. 2 Hs. 2 AktG).

Das Umgehungsverbot gilt auch nicht für Rechtsgeschäfte bei Bestehen eines **Beherrschungs**- oder **Gewinnabführungsvertrags** nach § 291 AktG (§ 71 a Abs. 1 AktG). Nach Ansicht des Schrifttums ist der Wortlaut der Regelung des Umgehungsverbots nach § 71 a Abs. 1 S. 1 AktG nicht abschließend und erfasst daher insbesondere auch unentgeltliche Zuwendungen ohne Rückzahlungsanspruch (z. B. Schenkung), wenn dadurch der Aktienerwerb ermöglicht wird.

Verbotenes Handeln Dritter

Nichtig ist auch ein Rechtsgeschäft zwischen der Gesellschaft und einem anderen, nach dem dieser **Dritte** berechtigt oder verpflichtet sein soll, Aktien der Gesellschaft **für Rechnung** der **Gesellschaft**, eines **abhängigen** oder eines in ihrem **Mehrheitsbesitz** stehenden Unternehmens zu erwerben, soweit der Erwerb durch die Gesellschaft gegen § 71 Abs. 1 und AktG verstoßen würde (§ 71 a Abs. 2 AktG). Das Handeln für Rechnung der Gesellschaft erfasst den Auftrag (§ 662 BGB), die Geschäftsbesorgung (§ 675 BGB) und die Kommission (§§ 383, 406 HGB, §§ 18 ff DepotG), wenn der andere die Aktien als **mittelbarer Stellvertreter** erwerben soll. Dabei ist unerheblich, ob das Geschäft vor oder nach Erwerb der Aktien abgeschlossen worden ist.

hh. Rechtsfolgen bei Verstoß

Ein Verstoß gegen das Verbot der Umgehungsgeschäfte gem. § 71 a Abs. 1 und 2 AktG bewirkt die Nichtigkeit der **schuldrechtlichen**, nicht aber der **sachenrechtlichen** Rechtsgeschäfte. Bei Nichtigkeit eines kausalen Finanzierungsgeschäfts (§ 71 a Abs. 1 S. 1 AktG) ist die empfangene Leistung kondizierbar (§§ 812 ff BGB). Die Nichtigkeit des kausalen Auftragsgeschäfts (§ 71 a Abs. 2 AktG) betrifft nur das Innenverhältnis. Im Außenverhältnis ist der **Aktienerwerb** durch den mittelbaren Stellvertreter hingegen **wirksam**.

ii. Veräußerung und Einziehung

Hat die Gesellschaft eigene Aktien unter Verstoß gegen § 71 Abs. 1 oder 2 AktG erworben, so müssen sie **innerhalb eines Jahres** nach ihrem Erwerb **veräußert** werden (§ 71 c As. 1 AktG). Entfallen auf die Aktien, welche die Gesellschaft nach § 71 Abs. 1 AktG in zulässiger Weise erworben hat und noch besitzt, **mehr als 10% des Grundkapitals**, muss der Anteil der Aktien, der diesen Satz übersteigt, innerhalb von **drei Jahren** nach dem Erwerb der Aktien veräußert werden (§ 71 c Abs. 2 AktG). Sind eigene Aktien innerhalb dieser vorgegebenen Fristen nicht veräußert worden, so sind sie nach § 237 AktG **einzuziehen** (§ 71 c Abs. 3 AktG).

jj. Erwerb eigener Aktien durch Dritte

Den Erwerb eigener Aktien durch Dritte regelt (§ 71d Abs. 1 AktG). Ein im eigenen Namen, jedoch für Rechnung der Gesellschaft handelnder **Dritter**, darf Aktien der Gesellschaft nur erwerben oder besitzen, soweit dies der Gesellschaft nach § 71 Abs. 1 Nr. 1 bis 5, 7 und 8 und Abs. 2 gestattet wäre. Das gilt auch für den Erwerb oder den Besitz von Aktien der Gesellschaft durch ein **abhängiges** oder ein im **Mehrheitsbesitz** der Gesellschaft stehendes Unternehmen sowie den Erwerb oder den Besitz durch einen Dritten, der im eigenen Namen, jedoch für Rechnung eines solchen Unternehmens handelt. Bei der Berechnung der Grundkapitalgrenze von 10% (§§ 71 Abs. 2 S. 1, 71c Abs. 2 AktG) gelten diese Aktien als Aktien der Gesellschaft. Der Dritte oder das Unternehmen hat der Gesellschaft auf ihr Verlangen das Eigentum an den Aktien zu verschaffen (**Verschaffungspflicht**). Die Gesellschaft hat den Gegenwert der Aktien zu erstatten (**Erstattungspflicht**).

i. Übertragung von Aktien

aa. Namensaktien

Namensaktien können als (geborene) Orderpapiere durch **Abtretung** gem. §§ 398, 413, 952 Abs. 2 BGB („Das Recht am Papier folgt dem Recht aus dem Papier.") oder durch **Indossament** übertragen werden. Für die Form des Indossaments, des Rechtsausweis des Inhabers und seine Verpflichtung zur Herausgabe gelten sinngemäß §§ 12, 13 und 16 des Wechselgesetzes (§ 68 Abs. 1 AktG). Bei der Übertragung durch Indossament ist die Gesellschaft verpflichtet, die Ordnungsmäßigkeit der Reihe der Indossamente, nicht aber die Unterschriften zu prüfen (§ 68 Abs. 3 AktG). Die Satzung kann die Übertragung von Namensaktien an die Zustimmung der Gesellschaft (**vinkulierte Namensaktien**) binden (§ 68 Abs. 2 S. 1 AktG). Die Regelung zur Übertragung von Namensaktien gilt sinngemäß für Zwischenscheine (§ 68 Abs. 4 AktG).

Blankoindossament, Börsenhandel

Namensaktien, die mit einem **Blankoindossament** ohne Angabe des begünstigten Empfängers (Indossatars) versehen sind („blankoindossiert"), können durch bloße Einigung und Übergabe der Urkunde übertragen werden, ohne dass es einer erneuten Indossierung bedarf (vgl. Art. 14 Abs. 2 WG). Vinkulierte Namensaktion können auch durch **Blankozession** übertragen werden (§§ 398, 413, 952 Abs. 2 BGB). Namensaktien und vinkulierte Namensaktien können an der Wertpapierbörse gehandelt werden (**handelbare Namensaktien**). Die letzte Übertragung und nur diese muss für ihre Lieferbarkeit durch ein Blankoindossament ausgedrückt sein. Sie sind dann in der **Girosammelverwahrung** über die Clearstream Banking AG lieferbar (vgl. § 5 Abs. 1 BörsZulV, § 17 der Bedingungen für Geschäfte an der FWB, abrufbar unter www.boerse-frankfurt.de/certificates/zulassungen-und-regelwerke).

Girosammel- und Streifbandverwahrung

Die Clearstream Banking AG, Frankfurt ist Wertpapiersammelbank, die diese Funktion als zugelassener **Zentralverwahrer** (§ 1 Abs. 3 DepotG) wahrnimmt. Sind die blankoindossierten (vinkulierten) Namensaktien zur Sammelverwahrung zugelassen (§ 5 DepotG) und regelmäßig in einer Sammelurkunde hinterlegt (§ 9a DepotG), erfolgt die Verschaffung des Eigentums bei der Einkaufskommission durch Übertragung des **Miteigentums** an den zum Sammelbestand gehörenden Wertpapieren (§ 24 Abs. 1 DepotG). Die Übertragung erfolgt durch Einigung und Abtretung des Herausgabeanspruchs (§§ 7, 8 DepotG) gem. §§ 929, 931 BGB. Aktienurkunden, die zur gesonderten Aufbewahrung – mittels eines um die Wertpapiere gelegten Streifbandes – hinterlegt werden (**Streifbanddepot**) werden gem. § 929 BGB übereignet. Die Übergabe der Urkunde muss spätestens mit der Absendung des Stückeverzeichnisses des Kommissionärs (Einkaufskommission) erfolgen (§ 18 Abs. 3 DepotG).

bb. Inhaberaktien

Inhaberaktien sind **(echte) Wertpapiere** und werden als solche durch Einigung und Übergabe der Urkunde nach §§ 929ff BGB **übereignet** („Das Recht aus dem Papier folgt dem Recht am Papier."). Die Übertragung erfolgt bei der Girosammelverwahrung (Börsengeschäfte) und der Streifbandverwahrung wie bei (blankoindossierten) Namensaktien.

j. Auflösung und Liquidation

Die Auflösung der Aktiengesellschaft ist in §§ 262–263 AktG geregelt. Sie setzt das Vorliegen eines **Auflösungsgrund** nach § 262 Abs. 1 AktG voraus und ist vom Vorstand zur Eintragung in das Handelsregister anzumelden (§ 263 AktG). Nach der Auflösung findet die Abwicklung statt, wenn nicht über das Vermögen der Gesellschaft das Insolvenzverfahren eröffnet worden ist (§ 264 Abs. 1 AktG). Die Einzelheiten der Abwicklung **(Liquidation)** sind in §§ 264–274 AktG geregelt. Die Abwicklungsgesellschaft ist mit dem Abschluss der Liquidation beendet **(Vollbeendigung)**. Die Liquidatoren haben den Schluss der Abwicklung zur Eintragung in das Handelsregister **anzumelden**. Die Gesellschaft ist aus dem Register **zu löschen** (§ 273 Abs. 1 AktG). Die Bücher und Schriften der Gesellschaft sind an einem vom Gericht bestimmten sicheren Ort **zehn Jahre** zu hinterlegen (§ 273 Abs. 2 AktG).

Abb. 38: Aktiengesellschaft

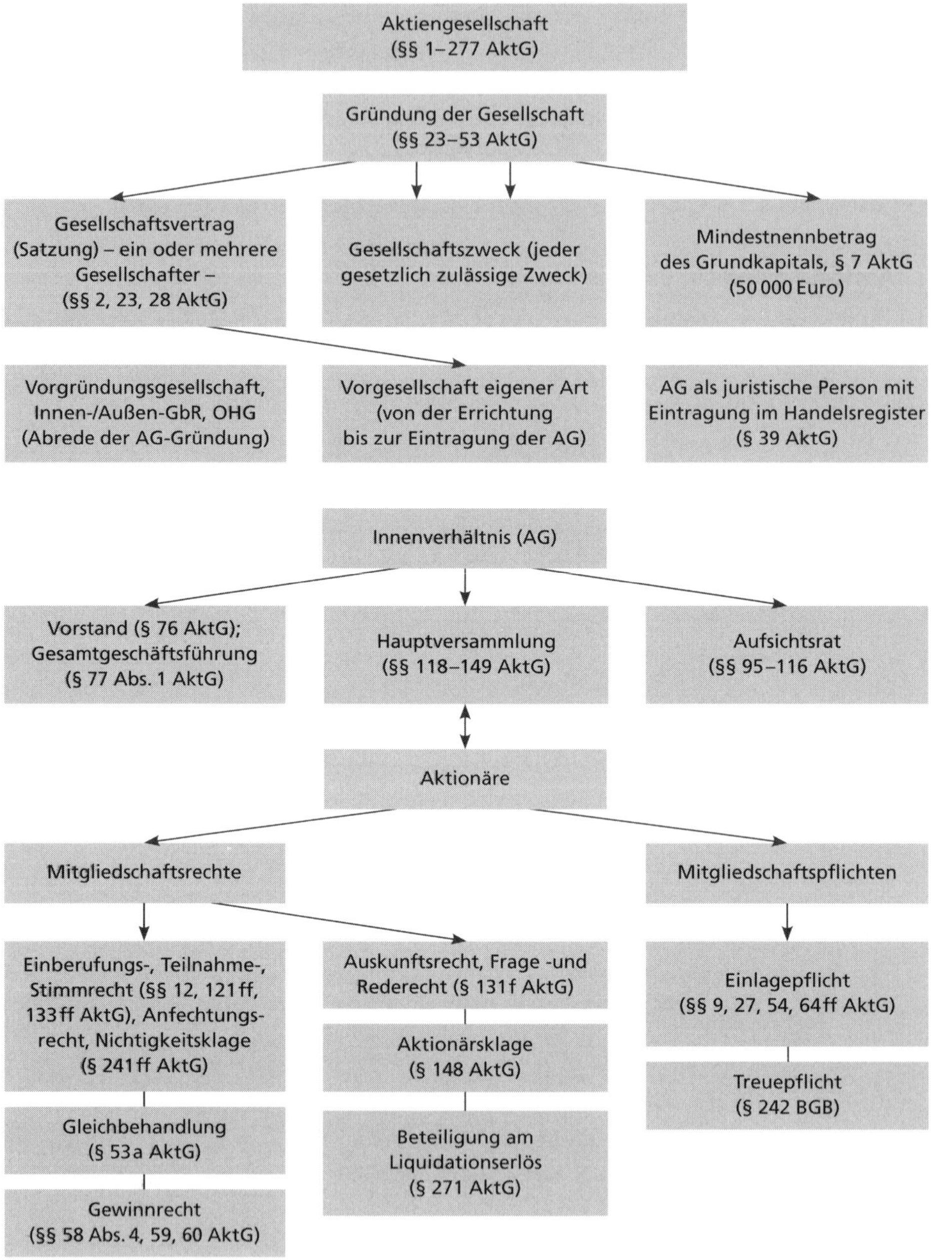

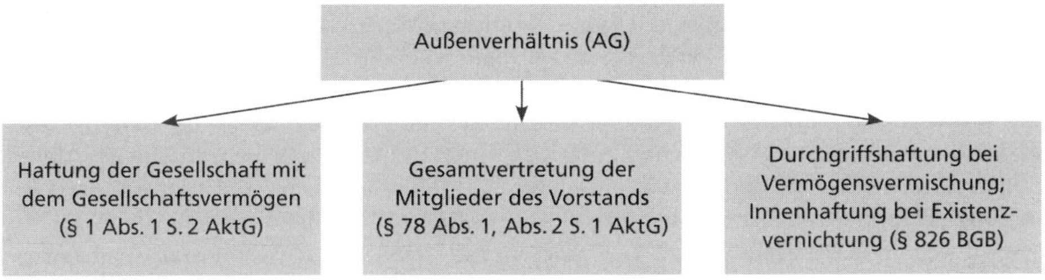

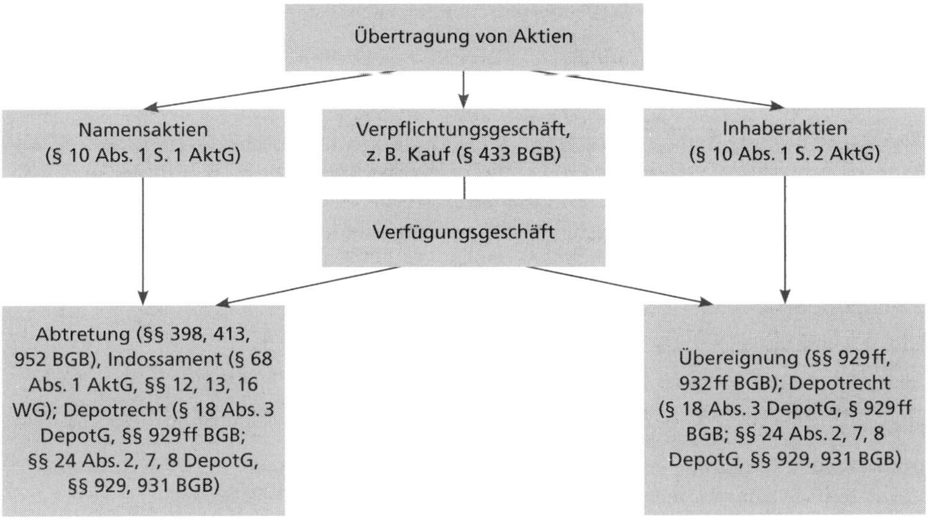

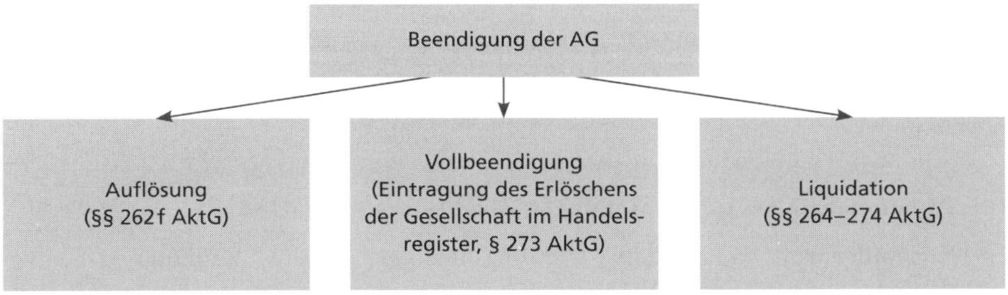

4. Europäische Gesellschaft

a. Allgemeines

Die Europäische Gesellschaft – *Societas Europaea* (SE) – ist eine Rechtsform für Unternehmen, die in der Europäischen Union (**EU**) und im Europäischen Wirtschaftsraum (**EWR**) als **Aktiengesellschaft** ihre Geschäftstätigkeit betreiben können. SE-Verordnung, SE-Ausführungsgesetz (SEAG) und SE-Beteiligungsgesetz (SEBG) regeln die Voraussetzungen für die Gründung der Gesellschaft. Die **Rechtsvorschriften** der **Mitgliedstaaten**, die auf eine nach dem Recht des Sitzstaates der SE gegründeten Aktiengesellschaften Anwendung finden würden, gelten **subsidiär** (Art. 9 Abs. 1 c) ii) SE-VO). Die Europäische Gesellschaft wird in jedem EU-Mitgliedstaat und EWR-Vertragsstaat wie eine Aktiengesellschaft behandelt, die nach dem Recht des Sitzstaates der SE gegründet wurde (Art. 10 SE-VO). Daher gilt für eine mit Sitz im Inland gegründete Europäische Gesellschaft subsidiär das deutsche **Aktiengesetz**. Zudem darf der Sitz der Gesellschaft anlässlich einer Umwandlung nicht in einen anderen Mitgliedstaat verlegt werden (Art. 37 Abs. 3 SE-VO). Die Gesellschaft entsteht mit der **Eintragung** im Register des Sitzstaates (Art. 12 Abs. 1 SE-VO). Im Inland entsteht die SE sie mit der Eintragung in das Handelsregister. In diesem Fall ist die Europäische Gesellschaft **Formkaufmann** (§ 6 Abs. 2 HGB). Damit finden die Vorschriften des **Handelsgesetzbuchs** für Kaufleute auf die SE Anwendung. Die Regelungen zur Rechtsform der Europäischen Gesellschaft soll Unternehmen eine grenzüberschreitende Geschäftstätigkeit erleichtern.

b. SE-Verordnung

Die Bestimmungen der SE-Verordnung gliedern sich nach verschiedenen Titeln in Allgemeine Vorschriften, die Regelungen für die **(grenzüberschreitende) Gründung** der Gesellschaft, für den **Aufbau** der Gesellschaft mit ihren Organen als dualistisches oder monistisches System, den **Jahresabschluss**, die **Auflösung** und **Liquidation** sowie abschließende Bestimmungen:

Titel I. **Allgemeine Vorschriften** (Art. 1–14)

Titel II. **Gründung** (Art. 15–37)
- Abschnitt 1. Allgemeines (Art. 15–16)
- Abschnitt 2. Gründung einer SE durch Verschmelzung (Art. 17–31)
- Abschnitt 3. Gründung einer Holding-SE (Art. 32–34)
- Abschnitt 4. Gründung einer Tochter-SE (Art. 35–36)
- Abschnitt 5. Umwandlung einer bestehenden Aktiengesellschaft in eine SE (Art. 37)

Titel III. **Aufbau der SE** (Art. 38–60)
- Aufbau der SE (Art. 38)
- Abschnitt 1. Dualistisches System (39–42)
- Abschnitt 2. Monistisches System (43–45)
- Abschnitt 3: Gemeinsame Vorschriften für das monistische und das dualistische System (Art. 46–51)
- Abschnitt 4: Hauptversammlung (Art. 52–60)

Titel IV. **Jahresabschluss und konsolidierter Abschluss** (Art. 61–62)

Titel V. **Auflösung, Liquidation, Zahlungsunfähigkeit und Zahlungseinstellung** (Art. 63–66)

Titel VI. **Ergänzungs- und Übergangsbestimmung** (Art. 67)

Titel VII. **Schlussbestimmungen** (Art. 68–70)

c. Strukturmerkmale

Die SE hat folgende Strukturmerkmale
- **Kapitalgesellschaft:** Die SE ist eine Gesellschaft deren Kapital in **Aktien** zerlegt ist. Jeder **Aktionär** haftet nur bis zur Höhe des von ihm gezeichneten Kapitals (Art. 1 Abs. 2 SE-VO).

- **Juristische Person:** Die SE besitzt Rechtspersönlichkeit (Art. 1 Abs. 3 SE-VO).
- **Aktiengesellschaft:** Die SE gilt als Aktiengesellschaft, die zum Zweck der Anwendung von Art. 2 Abs. 1–3 SE-VO dem Recht des Sitzmitgliedstaats unterliegt (§ 3 Abs. 1 SE-VO). Eine SE kann selbst eine oder mehrere **Tochtergesellschaften** in Form einer SE gründen. Bestimmungen des Sitzmitgliedstaats der Tochter-SE, gemäß denen eine Aktiengesellschaft mehr als einen Aktionär haben muss, gelten nicht für die Tochter-SE (Art. 3 Abs. 2 SE-VO).
- **Mitbestimmung:** Die Beteiligung der Arbeitnehmer in der SE wird durch die EU-Richtlinie zur Arbeitnehmerbeteiligung geregelt.
- **Mindestkapital:** Das Kapital der SE lautet auf Euro (Art. 4 Abs. 1 SE-VO). Das gezeichnete Kapital muss mindestens **120.000 Euro** betragen (Art. 4 Abs. 2 SE-VO). Die Rechtsvorschriften eines Mitgliedstaats, die ein höheres gezeichnetes Kapital für Gesellschaften vorsehen, die bestimmte Arten von Tätigkeiten ausüben, gelten auch für SE mit Sitz in dem betreffenden Mitgliedstaat (Art. 4 Abs. 3 SE-VO).
- **Kapital der SE:** Für das Kapital der SE, dessen Erhaltung und Änderungen sowie die Aktien, die Schuldverschreibungen und sonstige vergleichbare Wertpapiere der SE, gelten die **Vorschriften** für eine Aktiengesellschaft mit Sitz in dem Mitgliedstaat, in dem die SE **eingetragen** ist (Art. 5 SE-VO).
- **Sitz der SE:** Der Sitz der SE muss in dem **EU-Mitgliedstaat** oder **EWR-Vertragsstaat** liegen, in dem sich die **Hauptverwaltung** der SE befindet. Jeder Mitgliedstaat kann vorschreiben, dass die SE ihren Sitz und ihre Hauptverwaltung am selben Ort haben müssen (Art. 7 SE-VO).
- **Verlegung des Sitzes:** Der Sitz der SE kann gem. Art. 8 Abs. 2–13 SE-VO in einen anderen Mitglied-/Vertragsstaat verlegt werden. Dies führt weder zur Auflösung der SE noch zur Gründung einer neuen juristischen Person (Art. 8 Abs. 1 SE-VO).
- **Firma:** Die SE muss ihrer Firma den Zusatz „**SE**" voran oder nachstellen. Nur eine SE darf ihrer Firma diesen Zusatz hinzufügen (Art. 11 Abs. 1, 2 SE-VO).
- **Eintragung ins Register:** Jede SE wird im Sitzstaat in ein nach dem Recht dieses Staates bestimmtes Register eingetragen (Art. 12 Abs. 1 SE-VO).
- **Gründung:** Auf die Gründung der SE findet vorbehaltlich der Bestimmungen der SE-VO das **Recht** des **Staates** Anwendung, in dem die SE ihren **Sitz** hat (Art. 15 Abs. 1 SE-VO). Die Registereintragung wird nach Maßgabe der Rechtsvorschriften des Sitzstaates der SE offengelegt (Art. 15 Abs. 2, 13 SE-VO).
- **Rechtspersönlichkeit:** Die SE erwirbt Rechtspersönlichkeit am Tag ihrer **Eintragung** in das Register (Art. 16 Abs. 1, 12 SE-VO).
- **Handelndenhaftung:** Wurden im Namen der SE vor ihrer Eintragung in das Register Rechtshandlungen vorgenommen und übernimmt die SE nach der Eintragung die sich daraus ergebenden Verpflichtungen nicht, so **haften** die natürlichen Personen, die Gesellschaften oder anderen juristischen Personen, die diese Rechtshandlungen vorgenommen haben, vorbehaltlich anders lautender Vereinbarungen **unbegrenzt** und **gesamtschuldnerisch** (Art. 16 Abs. 2 SE-VO).
- **Gründungsformen: Verschmelzung** durch Aufnahme oder Gründung einer neuen Gesellschaft (Art. 17–31), Gründung einer **Holding-SE** (Art. 32–34), Gründung einer **Tochter-SE** (Art. 35–36 SE-VO), **Umwandlung** einer bestehenden Aktiengesellschaft in eine SE (Art. 37 SE-VO).
- **Aufbau der SE:** Die SE verfügt a) über eine Hauptversammlung der Aktionare und b) entweder ein Aufsichtsorgan und ein Leitungsorgan **(dualistisches System)** oder ein Verwaltungsorgan **(monistisches System)**, entsprechend der in der Satzung (Art. 6 SE-VO) gewählten Form (Art. 38 SE-VO).

- **Dualistisches System:**
  Leitungsorgan
  Das Leitungsorgan führt die Geschäfte der SE in **eigener Verantwortung**. Die **laufenden Geschäfte** durch einen oder mehrere Geschäftsführer können denselben Voraussetzungen unterliegen wie sie für Aktiengesellschaften im Sitzstaat gelten (Art. 39 Abs. 1 SE-VO). Die Mitglieder des Leitungsorgan werden **vom Aufsichtsrat bestellt** oder **abberufen** (Art. 39 Abs. 2 SE-VO). Niemand darf zugleich Mitglied des Leitungsorgans und des Aufsichtsorgans der SE sein (Art. 39 Abs. 3 S. 1 SE-VO). Die Zahl der **Mitglieder** oder die Regeln für ihre Festlegung werden durch die **Satzung** der SE bestimmt. Die Mitgliedstaaten können jedoch eine **Mindest**- und/oder **Höchstzahl** festsetzen (Art. 39 Abs. 4 SE-VO). Enthält das Recht eines Mitgliedstaats keine Vorschriften über ein dualistisches System für Aktiengesellschaften mit Sitz in seinem Hoheitsgebiet, kann dieser Mitgliedstaat entsprechende Vorschriften in Bezug auf SE erlassen (Art. 39 Abs. 5 SE-VO).
  Aufsichtsorgan
  Das Aufsichtsorgan **überwacht** die Führung der Geschäfte durch das **Leitungsorgan**. Es ist nicht berechtigt, die Geschäfte der SE selbst zu führen (Art. 40 Abs. 1 SE-VO). Die Mitglieder des Aufsichtsorgans werden **von der Hauptversammlung bestellt**; diejenigen des ersten Aufsichtsorgans können durch die Satzung bestellt werden (Art. 40 Abs. 2 SE-VO). Die Zahl der Mitglieder des Aufsichtsorgans oder die Regeln für ihre Festlegung werden durch die Satzung bestimmt. Die Mitgliedstaaten können jedoch die Mitgliederzahl oder eine Höchst- und/oder Mindestzahl festlegen (Art. 40 Abs. 3 Se-VO). Das **Leitungsorgan unterrichtet** das Aufsichtsorgan mindestens **alle drei Monate** über den Gang der Geschäfte der SE und deren voraussichtliche Entwicklung. Neben der regelmäßigen Unterrichtung teilt das Leitungsorgan dem Aufsichtsorgan rechtzeitig alle Informationen über Ereignisse mit, die sich auf die **Lage der SE spürbar auswirken** können. Das Aufsichtsorgan kann vom Leitungsorgan **jegliche Informationen** verlangen, die für die Ausübung der Kontrolle erforderlich ist. Das Aufsichtsorgan kann alle zur Erfüllung seiner Aufgaben **erforderlichen Überprüfungen** vornehmen oder vornehmen lassen (Art. 41 SE-VO). Es wählt aus seiner Mitte einen **Vorsitzenden** (Art. 42 SE-VO).
- **Monistisches System:**
  Verwaltungsorgan
  Das Verwaltungsorgan **führt** die **Geschäfte** der SE. Die **laufenden** Geschäfte durch einen oder mehrere Geschäftsführer können denselben Voraussetzungen unterliegen wie sie für Aktiengesellschaften im Sitzstaat gelten (Art. 43 Abs. 1 SE-VO). Die Zahl der **Mitglieder** oder die Regeln für ihre Festlegung werden durch die **Satzung** der SE bestimmt. Die Mitgliedstaaten können jedoch eine **Mindest**- und/oder **Höchstzahl** festsetzen (Art. 43 Abs. 2 SE-VO). Die Mitglieder des Verwaltungsorgans werden von der Hauptversammlung bestellt; diejenigen des ersten Verwaltungsorgans können durch die Satzung bestellt werden. Enthält das Recht eines Mitgliedstaats keine Vorschriften über ein monistisches System für Aktiengesellschaften mit Sitz in seinem Hoheitsgebiet, kann dieser Mitgliedstaat entsprechende Vorschriften in Bezug auf SE erlassen (Art. 43 SE-VO). Das Verwaltungsorgan wählt aus seiner Mitte einen **Vorsitzenden** (Art. 45 SE-VO).
- **Bestellung:** Die Mitglieder der Organe der Gesellschaft werden für einen in der Satzung festgelegten Zeitraum, der **sechs Jahre** nicht überschreiten darf, bestellt. Vorbehaltlich in der Satzung festgelegter Einschränkungen können die Mitglieder für den festgelegten Zeitraum **wiederbestellt** werden (Art. 46 SE-VO).
- **Mitglieder:** Die Satzung der SE kann vorsehen, dass eine **Gesellschaft** oder **andere juristische Person** Mitglied eines Organs sein kann, sofern das Aktienrecht des Sitzstaats nichts anderes bestimmt (Art. 47 Abs. 1 SE-VO).

- **Haftung:** Die Mitglieder des Leitungs-, Aufsichts- oder Verwaltungsorgans haften gem. den im **Sitzstaat** der SE für Aktiengesellschaften maßgeblichen **Rechtsvorschriften** für den **Schaden**, welcher der SE durch eine Verletzung der ihnen bei der **Ausübung** ihres Amtes obliegenden gesetzlichen, satzungsmäßigen oder sonstigen Pflichten entsteht (Art. 51 SE-VO).
- **Hauptversammlung:** Die Hauptversammlung beschließt über die Angelegenheiten, für die ihr durch die **SE-VO** und **Rechtsvorschriften** des **Sitzstaats** der SE die alleinige **Zuständigkeit** übertragen wird. Außerdem beschließt sie in Angelegenheiten, für die eine Hauptversammlung nach dem Recht des Sitzstaats aufgrund Rechtsvorschriften oder einer mit diesen in Einklang stehenden **Satzung** die Zuständigkeit übertragen worden ist (Art. 52 SE-VO). **Organisation** und **Ablauf** der Hauptversammlung sowie **Abstimmungsverfahren** richten sich nach den im Sitzstaat für Aktiengesellschaften maßgeblichen Rechtsvorschriften, soweit nicht in Art. 54–60 SE-VO bestimmt (Art. 53 SE-VO).

Abb. 39: Europäische Gesellschaft

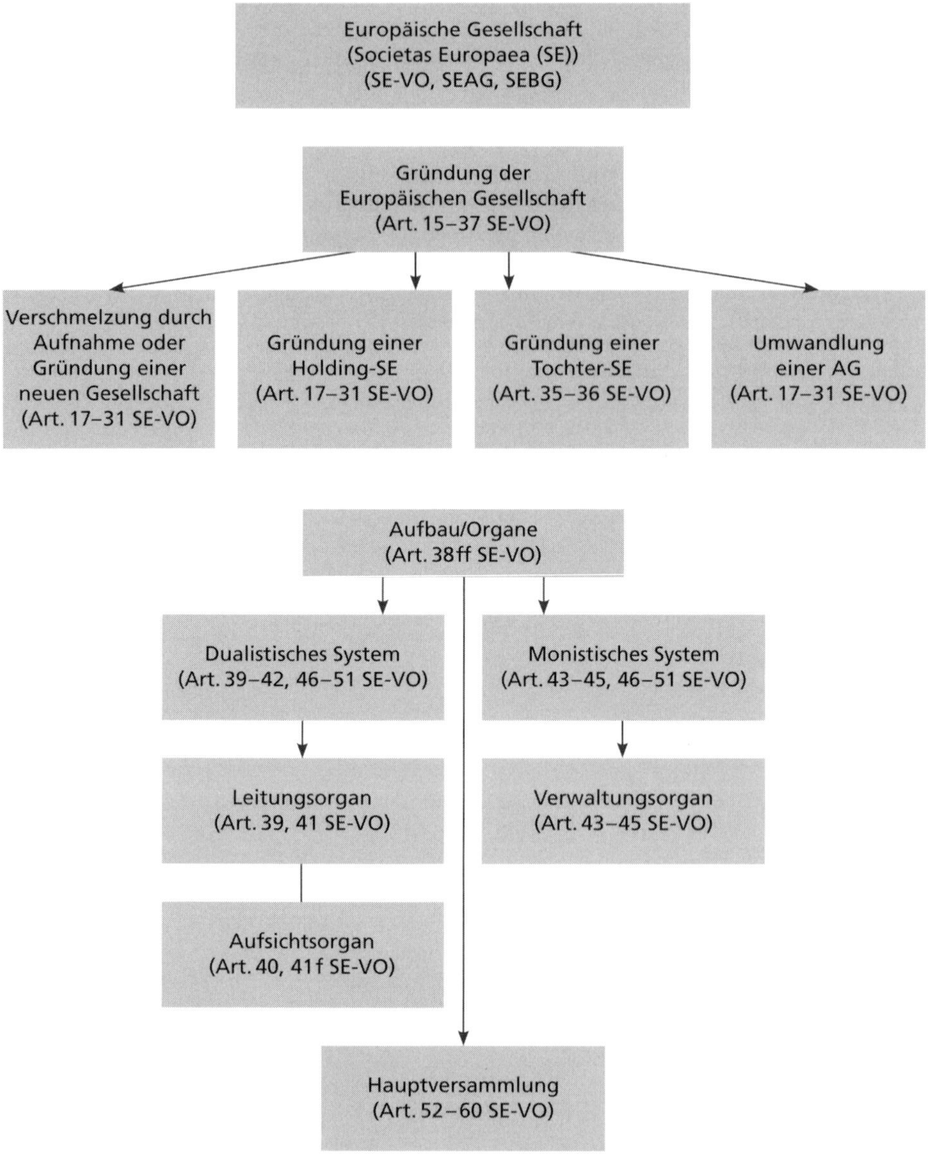

Lehrbücher:

Bitter/Heim, Gesellschaftsrecht, 5. Auflage, Köln 2020
Grunewald, Gesellschaftsrecht, 11. Auflage, Tübingen 2020
Hirte, Kapitalgesellschaftsrecht, 9. Auflage, Köln 2021
Koch, Gesellschaftsrecht, 12. Auflage, München 2021
Schäfer, Gesellschaftsrecht, 5. Auflage, München 2018
Saenger, Gesellschaftsrecht, 5. Auflage, Köln 2021
Windbichler, Gesellschaftsrecht, 24. Auflage, München 2017

Kommentare zum GmbH-Gesetz
Noack/Servatius/Haas, GmbHG, 23. Auflage, München 2022
BeckOK GmbHG/Bearbeiter, Beck'scher Online Kommentar GmbHG, fortlaufend
Bork/Schäfer, GmbHG, 4. Auflage, Köln 2019
Lutter/Hommelhoff, GmbHG, 20. Auflage, Köln 2020
Michalski/Heidinger/Leible/Schmidt, Kommentar zum GmbHG, 3. Auflage, München 2017
Münchener Kommentar zum GmbH-Gesetz/Bearbeiter, 4. Auflage, München 2022
Roth/Altmeppen, GmbHG, 10. Auflage, München 2021
Rowedder/Schmidt-Leithoff, GmbHG, 6. Auflage, Köln 2017
Scholz, GmbH-Gesetz, 12. Auflage, Köln 2018/2021

Kommentare zum Aktiengesetz
BeckOK AktG/Bearbeiter, Beck'scher Online Kommentar AktG, fortlaufend
Bürgers/Körber/Lieder, Aktiengesetz, 5. Auflage, Heidelberg 2021
Grigoleit, AktG, 2. Auflage, München 2020
Hölters/Weber, Aktiengesetz, 4. Auflage, Köln 2022
Hüffer/Koch, AktG, 16. Auflage, München 2022
K. Schmidt/Lutter, Aktiengesetz, 4. Auflage, Köln 2020
Münchener Kommentar zum Aktiengesetz/Bearbeiter, 5. Auflage, München 2022
Spindler/Stilz, Kommentar zum Aktiengesetz, 5. Auflage, München 2022
Kölner Kommentar zum Aktiengesetz/Bearbeiter, 4. Auflage, fortlaufend

Europäische Gesellschaft
Gebauer/Teichmann, Europäisches Privat- und Unternehmensrecht, 2. Auflage 2022
Kindler/Lieder, European Corporate Law, München 2021
Habersack/Verse, Europäisches Gesellschaftsrecht, 5. Auflage, München 2019
Jung/Krebs/Stiegler, Gesellschaftsrecht in Europa, Baden-Baden 2019
Habersack/Drinhausen, SE-Recht, Kommentar, 3. Auflage, München 2022
Van Hulle/Maul/Drinhausen, Handbuch zur Europäischen Gesellschaft (SE), 2. Auflage, München 2022

Sonstige:
Beck'sches Handbuch der GmbH/Bearbeiter, 6. Auflage, München 2021
Beck'sches Handbuch der AG/Bearbeiter, 3. Auflage, München 2018
Emmerich/Habersack, Aktien- und GmbH-Konzernrecht, 9. Auflage, München 2019
Henssler/Strohn, Gesellschaftsrecht, Kommentar, 5. Auflage 2021
Kremer/Bachmann/Lutter/v. Werder, DCGK, 8. Auflage, München 2021
Langenbucher, Aktien- und Kapitalmarktrecht, 5. Auflage, München 2022
Marsch-Barner/Schäfer, Handbuch börsennotierte AG, 4. Auflage, Köln 2022
Münchener Handbuch des Gesellschaftsrechts/Bearbeiter, 5. Auflage, fortlaufend
Reichert, GmbH & Co. KG, Handbuch, 8. Auflage, München 2021
Semler/Stengel/Leonard, Umwandlungsgesetz, 5. Auflage, München 2021
Schmitt/Hörtnagel, UmwG, UmwStG, 9. Auflage, München 2020

Stichwortverzeichnis

H

T